Hein Kötz

Europäisches Vertragsrecht

Hein Kötz

Europäisches Vertragsrecht

2., aktualisierte und vervollständigte Auflage

Mohr Siebeck

Hein Kötz, geboren 1935; 1962 Promotion; 1970 Habilitation; 1971–1978 Professor an der Universität Konstanz; 1978–2000 Professor an der Universität Hamburg und Direktor am Max-Planck-Institut für ausländisches und internationales Privatrecht; 2000–2004 Präsident der Bucerius Law School.

ISBN 978-3-16-153767-7
ISSN 2364-2505 (Mohr-Lehrbuch)

Die Deutsche Nationalbibliothek verzeichnet diese Publikation in der Deutschen Nationalbibliographie; detaillierte bibliographische Daten sind im Internet über *http://dnb.dnb.de* abrufbar.

1. Auflage 1996

© 2015 Mohr Siebeck Tübingen. www.mohr.de

Das Buch wurde von Computersatz Staiger in Rottenburg/N. aus der Bembo gesetzt sowie von Gulde-Druck in Tübingen auf alterungsbeständiges Werkdruckpapier gedruckt und gebunden. Den Umschlag entwarf Uli Gleis in Tübingen. Die Abbildung stellt einen Ausschnitt aus dem Gemälde »Der Geldwechsler und seine Frau« von Quentin Massys (1466[?]–1530) dar.

Vorwort

Wenn ein Autor vom Gegenstand seines Buches behauptet, dass er »schwierig« sei, so geht es dabei meist – wie *Savigny* einmal gesagt hat – um eine »vorläufige Lobrede« auf sein eigenes Werk.[1] Vielleicht darf man das »Europäische Vertragsrecht« aber dennoch als einen »schwierigen« Gegenstand bezeichnen. Was unter »Vertragsrecht« zu verstehen ist, mag noch einigermaßen klar sein. Was bedeutet es aber, wenn vom »Europäischen Vertragsrecht« die Rede sein soll?

Gemeint sind damit diejenigen Regeln des Vertragsrechts, die den Rechtsordnungen der europäischen Länder gemeinsam sind. Lassen sich auf diesem Gebiet gemeineuropäische Strukturen auffinden? Gibt es allgemein akzeptierte Regeln? Wie sind sie zu formulieren? Natürlich darf dieses Buch die nationalen Rechtsordnungen nicht ignorieren. Aber es behandelt sie doch nur als lokale Variationen eines einheitlichen europäischen Themas. Dabei wird sich zeigen, ob die praktischen Lösungen so sehr übereinstimmen oder einander doch so ähnlich sind, dass es sinnvoll ist, von einem gemeineuropäischen Vertragsrecht zu sprechen. Richtig ist, dass ein solches Recht nirgends »gilt«, dass es als solches von keinem Gericht in Europa »angewendet« wird und dass ihm deshalb nur eine gleichsam virtuelle Existenz zukommt. Trotzdem kann eine Darstellung des europäischen Vertragsrechts bei der Vorbereitung international einheitlichen Gesetzesrechts, bei seiner Auslegung, bei der Reform der nationalen Rechtsordnungen und auch bei der Ausbildung der jungen europäischen Juristen eine wichtige Rolle spielen. Gerade aus dem zuletzt genannten Grund durfte das Buch nicht zu dick werden. Es hat sich deshalb auf Grundzüge des Vertragsrechts beschränkt und Gebiete nicht behandelt, die zwar – wie z.B. das Recht der Geschäftsfähigkeit, der Aufrechnung oder der Verjährung – zum Vertragsrecht gehören, aber weniger wichtig erschienen als andere Fragen. Auch die Fußnoten beschränken sich auf knappe Hinweise, über die sich der an einer Vertiefung interessierte Leser weitere Literatur und Rechtsprechung erschließen kann.

Dieses Buch ist in seiner ersten Auflage schon im Jahre 1996 erschienen und inzwischen in mehrere Sprachen übersetzt worden.[2] Da es damals noch un-

---

[1] *Friedrich Carl v. Savigny*, Das Recht des Besitzes (6. Aufl. 1837) 1 f.

[2] Vgl. European Contract Law (übersetzt von *Tony Weir*), Oxford: Clarendon Press (1997); Diritto europeo dei contratti (bearbeitet von *Salvatore Patti*, übersetzt von *Sa-*

vollständig war, ist immer wieder gefordert worden, es solle auf den neuen Stand gebracht und vervollständigt werden. Das geschieht mit diesem Buch, in dem auch die damals noch fehlenden Abschnitte dargestellt werden. Diese Abschnitte – sie betreffen vor allem die Vertragserfüllung, die Vertragsaufhebung und den Schadensersatzanspruch wegen Nichterfüllung des Vertrages – sollten ursprünglich als Band II des Werkes von *Axel Flessner* verfasst werden. Er will die dafür vorgesehene umfangreichere Darstellung nunmehr als ein eigenes Werk veröffentlichen, das ebenfalls beim Verlag Mohr Siebeck erscheinen soll.

»Schwierig« war dieses Buch auch deshalb, weil sich bei seiner Bearbeitung viele ungewohnte technische Fragen stellten. Ich wäre ihnen nicht gewachsen gewesen, wenn nicht Frau *Angelika Okotokro* und Frau *Andrea Jahnke* den Text mit sicherer Hand durch alle Fährnisse der elektronischen Datenverarbeitung hindurchgesteuert hätten. Dafür möchte ich mich bei ihnen herzlich bedanken.

Hamburg, im November 2014   Hein Kötz

---

bine Buchberger), Mailand: Giuffré (2006); japanische Übersetzung von *Kunihiro Nakata, Yoshio Shiomi, Hisakazu Matsuoka*, Tokio: Horitsubunka-Sha (1999); chinesische Übersetzung von *Zhonghai Zhou, Juquian Li, Liyun Gong*, Beijing: Falü chubanshe (2001).

Inhalt

A. Abschluss, Gültigkeit und Inhalt des Vertrages

B. Vertragliche Rechtsbehelfe

C. Die Beteiligung Dritter am Vertrag

Abkürzungen

1. Abgekürzt zitiertes Schrifttum

Atiyah (-Smith)	*Patrick Atiyah*, An Introduction to the Law of Contract (6. Aufl. bearbeitet von *S. A. Smith*, 2005)
Bork	*Reinhard Bork*, Allgemeiner Teil des Bürgerlichen Gesetzbuchs (3. Aufl. 2011)
Carbonnier	*Jean Carbonnier*, Droit civil: Les obligations (22. Aufl. 2000)
Cheshire/Fifoot (-Furmston)	*G.S. Cheshire, C.H.S. Fifoot, Michael P. Furmston*, Law of Contract (16. Aufl. 2012)
Coing	*Helmut Coing*, Europäisches Privatrecht, Band I: Älteres Gemeines Recht (1985), Band II: 19. Jahrhundert (1989)
Farnsworth	*E. Allan Farnsworth*, On Contracts, 3 vol. (1990)
Ghestin	*Jacques Ghestin*, Traité de droit civil, La formation du contrat (3. Aufl. 1993)
Larenz AT	*Karl Larenz*, Allgemeiner Teil des deutschen Bürgerlichen Rechts (7. Aufl. 1989)
Larenz Schuldrecht	*Karl Larenz*, Lehrbuch des Schuldrechts, Band I: Allgemeiner Teil (14. Aufl. 1987)
Larenz/Canaris	*Karl Larenz, Claus-Wilhelm Canaris*, Lehrbuch des Schuldrechts, Band 2: Besonderer Teil, Halbband 2 (13. Aufl. 1994)
Larroumet	*Christian Larroumet*, Droit civil, Vol. III: Les obligations, Le contrat, Teil 2: Effets (6. Aufl. 2007)
Malaurie/Aynès/ Stoffel-Munck	*Philippe Malaurie, Laurent Aynès, Philippe Stoffel-Munck*, Les obligations (6. Aufl. 2013)
Mazeaud (-Chabas)	*Henri* und *Leon Mazeaud, Jean Mazeaud, François Chabas*, Leçons de droit civil, Vol. II 1: Obligations, Théorie générale (9. Aufl. 1998)
McKendrick	*Ewan McKendrick*, Contract Law (8. Aufl. 2009)
Medicus	*Dieter Medicus*, Allgemeiner Teil des BGB (9. Aufl. 2006)
Starck/Roland/Boyer	*Boris Starck, Henri Roland, Laurent Boyer*, Droit civil, Obligations, Contrat et quasi-contrat, Régime général (5. Aufl. 1995)
Terré/Simler/Lequette	*François Terré, Philippe Simler, Yves Lequette*, Droit civil, Les obligations (13. Aufl. 2013)
Treitel (-Peel)	*G. H. Treitel*, The Law of Contract (13. Aufl., bearbeitet von *Edwin Peel*, 2011)
Zimmermann	*Reinhard Zimmermann*, The Law of Obligations, Roman Foundations of the Civilian Tradition (1990)

2. Sonstige Abkürzungen

aaO	am angegebenen Ort
ABGB	(Österreichisches) Allgemeines Bürgerliches Gesetzbuch
ABl.	Amtsblatt
A.C.	Law Reports, Appeal Cases (seit 1891)
AcP	Archiv für die civilistische Praxis
AEUV	Vertrag über die Arbeitsweise der Europäischen Union (2007)
AGB	Allgemeine Geschäftsbedingungen
AktG	Aktiengesetz
All E.R.	All England Law Reports (seit 1936)
Am.J.Comp.L.	The American Journal of Comparative Law
Anm.	Anmerkung
App.Cas.	Law Reports, Appeal Cases (1875-1890)
Aranzadi	Aranzadi, Repertorio de Jurisprudencia (Spanien)
Ass.plén.	Assemblée plénière, Cour de cassation
BAG	Bundesarbeitsgericht
BayObLG	Bayerisches Oberstes Landesgericht
BB	Der Betriebs-Berater (seit 1946)
BG	Schweizerisches Bundesgericht
BGB	Bürgerliches Gesetzbuch
BGBl.	Bundesgesetzblatt
BGE	Entscheidungen des Schweizerischen Bundesgerichts
BGH	Bundesgerichtshof
BGHZ	Entscheidungen des Bundesgerichtshofs in Zivilsachen
BlZüRspr.	Blätter für Zürcherische Rechtsprechung
Brüssel I-VO	Verordnung (EG) Nr. 44/2001 vom 22. Dez. 2000 über die gerichtliche Zuständigkeit und die Anerkennung und Vollstreckung von Entscheidungen in Zivil- und Handelssachen
Bull.cass.	Bulletin des arrêts de la Cour de cassation, chambres civiles
BVerfG	Bundesverfassungsgericht
BW	Burgerlijk Wetboek
C.A.	Court of Appeal (England)
Cal.L.Rev.	California Law Review
Camb.L.J.	The Cambridge Law Journal
Cardozo L.R.	Cardozo Law Review
Cass.	Corte Suprema di Cassazione (Italien)
CEC	Code Européen des Contrats, *Accademia dei Giurisprivatisti Europei* (Hrsg.), Livre premier (Mailand 2002)
CESL	Vorschlag einer Verordnung des Europäischen Parlaments und des Rates über ein Gemeinsames Europäisches Kaufrecht (Common European Sales Law) vom 11. Okt. 2011
Ch.	Law Reports, Chancery Division (seit 1891)
Ch.D.	Law Reports, Chancery Division (1875–1890)
Ch. mixte	Cour de cassation, Chambre mixte

CISG	Übereinkommen der Vereinten Nationen über Verträge über den internationalen Warenkauf (Convention on the International Sale of Goods) vom 11. April 1980
Civ.	Cour de cassation, Chambre civile
C.L.R.	Commonwealth Law Reports (Australien)
Col.J.Transnat.L.	Columbia Journal of Transnational Law
Col.L.Rev.	Columbia Law Review
Com.	Cour de cassation, Chambre commerciale et financière
Cornell L.Rev.	Cornell Law Review
C.P.D.	Law Report, Common Pleas Division (seit 1876)
Curr.Leg.Probl.	Current Legal Problems (seit 1948)
D.	Recueil Dalloz de doctrine de jurisprudence et de législation (1945–1964); Recueil Dalloz et Sirey de doctrine, de jurisprudence et de législation (ab 1965)
D.A.	Dalloz, Recueil analytique de jurisprudence et de législation (1941–1944)
DCFR	*Christian von Bar, Eric Clive, Hans Schulte-Nölke* (Hrsg.), Principles, Definitions and Model Rules of European Private Law, Draft Common Frame of Reference, Interim Outline Edition (2008)
D.H.	Dalloz, Recueil hebdomadaire de jurisprudence (1924–1940)
D.P.	Dalloz, Recueil périodique et critique de jurisprudence, de législation et de doctrine (1825–1940)
Dr.prat.com.int.	Droit et pratique du commerce international (ab 1975)
D.S.	Recueil Dalloz et Sirey de doctrine, de jurisprudence et de législation (ab 1965)
EFSlg.	Ehe- und familienrechtliche Entscheidungen (Österreich)
EG	Europäische Gemeinschaft
Eng.Rep.	English Reports (1307–1865)
ERCL	European Review of Contract Law
EuGH	Europäischer Gerichtshof
Eur.Rev.P.L.	European Review of Private Law
EWGV	Vertrag zur Gründung der Europäischen Wirtschaftsgemeinschaft (1957)
Ex.D.	Law Reports, Exchequer Division (1975–1988)
Foro it.	Il Foro Italiano
Gaz.Pal.	Gazette du Palais
GlUNF	Sammlung von zivilrechtlichen Entscheidungen des Obersten Gerichtshofs, begründet von *Glaser* und *Unger* (Neue Folge, ab 1900)
GmbHG	Gesetz betreffend die Gesellschaften mit beschränkter Haftung
Harv.L.Rev.	Harvard Law Review
HD	Högsta Domstola (Schweden)
HGB	Handelsgesetzbuch
HR	Hoge Raad (Niederlande)

HWB	*Jürgen Basedow, Klaus J. Hopt, Reinhard Zimmermann* (Hrsg.), Handwörterbuch des Europäischen Privatrechts, 2 Bände (2009)
IHR	Internationales Handelsrecht
InsO	Insolvenzordnung
Int.Comp.L.Q.	The International and Comparative Law Quarterly
Int.Enc.Comp.L.	International Encyclopedia of Comparative Law
IPrax	Praxis des Internationalen Privat- und Verfahrensrechts
J.	Judge
JBl.	Juristische Blätter
J.Bus.L.	Journal of Business Law
J.C.L.	Journal of Contract Law
J.Cl.	Juris-classeur civil
J.L. & Ec.	Journal of Law and Economics (seit 1958)
J.L. & Soc.	Journal of Law and Society
J.Leg.Stud.	Journal of Legal Studies (seit 1972)
J.O.	Journal officiel
J.T.	Journal des tribunaux (seit 1881)
JuS	Juristische Schulung
JZ	Juristenzeitung
K.B.	Law Reports, King's Bench (1901–1952)
L.Ch.	Lord Chancellor
L.J.	Lord Justice
L.J.Ch.	Law Journal Reports, Chancery (1831–1949)
Lloyd's L.Rep.	Lloyd's Law Reports
LM	Nachschlagewerk des Bundesgerichtshofs, hrsg. von Lindenmaier/Möhring u.a.
L.Q.Rev.	The Law Quarterly Review
L.R.Ch.App.	Law Reports, Chancery Appeal Cases (1865–1875)
L.R.Ex.	Law Reports, Exchequer Cases (1865–1875)
L.T.	Law Times Reports (1859–1947)
Mod.L.Rev.	The Modern Law Review
M.R.	Master of the Rolls
MünchKomm	Münchener Kommentar zum Bürgerlichen Gesetzbuch
N.	Fußnote
Ned.Jur.	Nederlandse Jurisprudentie
New L.J.	New Law Journal
N.J.A.	Nytt Juridiskt Arkiv
NJW	Neue Juristische Wochenschrift
NJW-RR	Neue Juristische Wochenschrift, Rechtsprechungs-Report (seit 1982)
N.W. (2d)	North Western Reporter (Second Series)
Nw.U.L.Rev.	Northwestern University Law Review
OGH	Oberster Gerichtshof (Österreich)
OGHZ	Entscheidungen des Obersten Gerichtshofs für die Britische Zone in Zivilsachen
ÖJZ	Österreichische Juristen-Zeitung
OLGZ	Entscheidungen der Oberlandesgerichte in Zivilsachen

OR	(Schweizerisches) Obligationenrecht
Oxf.J.Leg.Stud.	Oxford Journal of Legal Studies
P.	Law Reports, Probate Division (seit 1891)
Pas.	Pasicrisie belge
P.C.	Privy Council
P.D.	Law Reports, Probate Division (seit 1876)
PECL	*Ole Lando, Hugh Beale* (Hrsg.), Principles of European Contract Law, Parts I and II (2000); *Ole Lando, Eric Clive, Reinhard Zimmermann* (Hrsg.), Principles of European Contract Law, Part III (2003)
PICC	*International Institute for the Unification of Private Law (UNIDROIT)* (Hrsg.), Principles of International Commercial Contracts (2010)
Q.B.	Law Reports, Queen's Bench (1891–1900, seit 1952)
RabelsZ	Rabels Zeitschrift für ausländisches und internationales Privatrecht
R.D.C.	Revue des Contrats
Reformentwurf Catala	*Pierre Catala* (Hrsg.), Avant-projet de réforme du droit des obligations et de la prescription (2006, übersetzt von Hans J. Sonnenberger in ZEuP 2007, 633)
Reformentwurf Terré	*François Terré* (Hrsg.), Pour une réforme du droit des contrats (2009)
Rep. Foro it.	Repertorio Generale Annuale di Giurisprudenza del Foro Italiano
Rép.not. Défrénois	Répertoire du Notariat Défrenois
Req.	Cour de cassation, Chambre de requêtes
Rev.crit.jur. belge	Revue critique de jurisprudence belge
Rev.dr.unif.	Revue de droit uniforme
Rev.int.dr.comp.	Revue internationale de droit comparé
Rev.trim.civ.	Revue trimestrielle de droit civil
RG	Reichsgericht
R.G.A.T.	Revue générale des assurances terrestres
RGZ	Entscheidungen des Reichsgerichts in Zivilsachen
RL	Richtlinie
Rn.	Randnummer
Rom I-VO	Verordnung (EG) Nr. 593/2008 über das auf vertragliche Schuldverhältnisse anzuwendende Recht vom 17. Juni 2008
Rom II-VO	Verordnung (EG) Nr. 864/2007 über das auf außervertragliche Schuldverhältnisse anzuwendende Recht vom 11. Juli 2007
Rs.	Rechtssache
s.	section
S.	Recueil Sirey (1791–1954, 1957–1964)
S.Afr.L.J.	The South African Law Journal
Scand.Stud.L.	Scandinavian Studies in Law
Sem.jur.	Semaine juridique
SJZ	Schweizerische Juristenzeitung
Slg.	Sammlung der Rechtsprechung des Europäischen Gerichtshofs
Soc.	Cour de cassation, Chambre sociale

Stb.	Staatsblad van het Konikrijk der Nederlanden
SZ	Entscheidungen des österreichischen Obersten Gerichtshofes in Zivil- und Justizverwaltungssachen
T.L.R.	Times Law Reports
Trib.civ.	Tribunal civil
T.S.	Tribunal Supremo (Spanien)
Tul.L.Rev.	Tulane Law Review
U.Chi.L.Rev.	The University of Chicago Law Review
UCC	Uniform Commercial Code
U.Mich.L.R.	University of Michigan Law Review
Uniform L.R.	Uniform Law Review
U.Pa.L.Rev.	University of Pennsylvania Law Review
U.Tor.L.J.	University of Toronto Law Journal
Va.L.Rev.	Virginia Law Review
VersR	Versicherungsrecht
Wis.L.Rev.	Wisconsin Law Review (seit 1920)
W.L.R.	Weekly Law Reports
WM	Wertpapier-Mitteilungen, Teil IV
Yale L.J.	Yale Law Journal
ZBJV	Zeitschrift des Bernischen Juristenvereins
ZEuP	Zeitschrift für Europäisches Privatrecht
ZfRvgl	(öst.) Zeitschrift für Rechtsvergleichung (seit 1960)
ZGB	(Schweizerisches) Zivilgesetzbuch
ZHR	Zeitschrift für das gesamte Handelsrecht und Wirtschaftsrecht (1858–1944, 1948 ff.)
ZvglRWiss	Zeitschrift für vergleichende Rechtswissenschaft (1878–1942, 1953 ff.)

§ 1 Die Entwicklung des europäischen Vertragsrechts

I. Grundlagen

Alle europäischen Länder haben heute ihr eigenes Vertragsrecht. Ob ein Vertrag gültig zustande gekommen ist, ob er wegen eines Irrtums, einer Täuschung oder einer Drohung aufgehoben werden kann oder ob eine Partei Schadensersatz verlangen darf, weil ihr Kontrahent den Vertrag nicht oder nicht richtig erfüllt hat – alle diese Fragen werden in Frankreich oder Italien nach französischem oder italienischem und in England nach englischem Vertragsrecht entschieden. Ein »europäisches Vertragsrecht« im strengen Sinne gibt es daher nicht. Zwar hat die Europäische Union inzwischen viele Richtlinien erlassen, die dazu führen, dass manche Fragen des Vertragsrechts – besonders auf dem Gebiet des Verbraucherschutzes – in den Mitgliedstaaten einheitlich geregelt sind.[1] Auch solche Richtlinien erlangen aber ihre Wirksamkeit grundsätzlich erst dann, wenn sie von den Mitgliedstaaten umgesetzt, also zum Bestandteil ihres nationalen Rechts gemacht worden sind; auch sie beseitigen also noch nicht die Tatsache, dass wir es in Europa immer noch mit nationalen Vertragsrechten zu tun haben. Immerhin hat das Europäische Parlament schon vor 25 Jahren die Forderung erhoben, es möge »mit den erforderlichen Vorbereitungs-

---

[1] Vgl. dazu noch näher unter II = S. 8 ff. Man kann deshalb den Begriff des »europäischen Vertragsrechts« auch dann verwenden, wenn mit ihm – anders als in diesem Buch – nur diejenigen Regeln gemeint sind, die für bestimmte Einzelfragen deshalb in allen Mitgliedstaaten einheitlich gelten, weil sie auf einer *europäischen* Grundlage beruhen, also auf dem EWG-Vertrag und dem AEUV, auf Verordnungen und Richtlinien der Europäischen Union und auf allgemeinen Rechtsgrundsätzen, die sich in der Rechtsprechung des EuGH entwickelt haben. Vgl. dazu ausführlich das Buch von *Karl Riesenhuber*, EU-Vertragsrecht (2013), ferner *Bettina Heiderhoff*, Europäisches Privatrecht (3. Aufl. 2012).

arbeiten zur Ausarbeitung eines einheitlichen Europäischen Gesetzbuches für Privatrecht begonnen« werden, weil sich ein gemeinsamer Binnenmarkt – so hieß es damals – nicht anders herstellen lassen werde als durch die »Vereinheitlichung umfassender Bereiche des Privatrechts«.[2] Manchen erschien das damals als ein Traum. In der Tat ist noch heute die Schaffung eines europäischen Zivilgesetzbuches ebenso Zukunftsmusik wie die eines einheitlichen Gesetzes über das europäische Vertragsrecht. Dennoch war die Forderung des Europäischen Parlaments damals vielen aus dem Herzen gesprochen, selbst wenn klar war, dass es bis zu ihrer Verwirklichung noch gute Weile dauern werde. Immerhin konnte man zur Unterstützung dieser Forderung darauf hinweisen, dass es durch den Erlass von EU-Richtlinien bisher nur zur Vereinheitlichung punktueller Einzelfragen gekommen sei; daher sei das Recht der Mitgliedstaaten – auch das Vertragsrecht – zu einem buntgewirkten Flickenteppich geworden, in dem sich Regeln des nationalen Rechts mit Regeln des europäischen Einheitsrechts überlappten, diese Regeln nur schwer voneinander abzugrenzen seien und noch dazu auf unterschiedlichen Wertungen beruhten. Diese Schwierigkeiten würden sich – so dachte man – auf einen Schlag durch die Schaffung eines einheitlichen europäischen Vertragsrechts beseitigen lassen. Auf Sympathie stieß die Forderung des Europäischen Parlaments auch deshalb, weil sie sich eng mit einem Gedanken berührte, der schon seit langem in der Rechtswissenschaft vertreten worden war. Dort hatte sich nämlich die Überzeugung durchgesetzt, dass eine wichtige neue Aufgabe der Rechtsvergleichung in der »Europäisierung« von Rechtswissenschaft, Rechtsliteratur und Rechtsunterricht besteht und damit auch in der allmählichen Herausbildung eines »europäischen Privatrechts«.

Damit war für die Rechtsvergleichung eine neue Aufgabe entstanden. Sie war schon immer durch das Interesse an der Gewinnung neuer Erkenntnisse geleitet. Schon immer wurde sie in der Absicht betrieben, einen Beitrag zur Fortbildung einer bestimmten nationalen Rechtsordnung dadurch zu leisten, dass sie aus rechtsvergleichenden Beobachtungen Vorschläge zum besseren Verständnis dieser Rechtsordnung oder zur Schließung ihrer Lücken unterbreitet. Schon immer ging es ihr auch darum, die Grundlagen zu klären, ohne die sich ein bestimmtes Einzelprojekt der Rechtsvereinheitlichung nicht lösen lässt.[3] Und schon im-

---

[2] Vgl. die Entschließung des Europäischen Parlaments vom 26. Mai 1989 »on action to bring into line the private law of the Member States« (ABl. C 158/89, 400), abgedruckt in RabelsZ 56 (1992) 320. Dazu *W. Tilmann*, Entschließung des Europäischen Parlaments über die Angleichung des Privatrechts der Mitgliedsstaaten, ZEuP 1993, 613. Das Europäische Parlament hat seine Forderung inzwischen mehrfach bekräftigt.

[3] Ein wichtiges Beispiel dafür bildet die Vereinheitlichung des auf internationale Kaufverträge anwendbaren Rechts. Dieses Gebiet ist inzwischen durch das »Einheitliche Gesetz über den internationalen Warenkauf« (CISG) geregelt, das in mehr als 80 Staaten gilt und nicht hätte ausgearbeitet werden können, wenn nicht vorher durch gründliche

mer hat die Rechtsvergleichung auch ein besonderes rechtspädagogisches Interesse verfolgt. Alle diese Ziele der Rechtsvergleichung waren wichtig und sind es noch heute.[4] Darüber hinaus sollte es nun aber der Rechtsvergleichung um mehr gehen, nämlich darum, auf vergleichender Grundlage ein eigenes gemeineuropäisches System zu entwickeln und für bestimmte Gebiete – nicht nur für das Vertragsrecht, sondern auch für das Recht der unerlaubten Handlungen, das Kreditsicherungsrecht, das Gesellschaftsrecht, das Familien- und Erbrecht – zu zeigen, ob und aus welchen Gründen es in Europa allgemein akzeptierte Grundlagen gibt, welches diese Grundlagen sind und ob ihre Entwicklung auf konvergierenden oder auch auf divergierenden Linien verläuft.

Wirtschaft und Politik bewegen sich heute wie selbstverständlich in europäischen Dimensionen. Das zeigen schon die Existenz und der Erfolg der Europäischen Union. Es gibt deshalb gute praktische Gründe dafür, dass auch die Jurisprudenz daraus Konsequenzen ziehen und die Grundlagen des europäischen Privatrechts zu ermitteln suchen sollte. Freilich sollte man nicht vergessen, dass es die *Rechtsgeschichte* war und ist, die das europäische Privatrecht schon seit langem als einen legitimen und attraktiven Gegenstand der Forschung ins Bewusstsein gehoben hat. Denn es ist ja keineswegs so, dass der Bau eines europäischen Privatrechts auf jungfräulichem Boden errichtet werden müsste. Vielmehr geht es dabei zu einem guten Teil um die Wiederbewusstmachung von etwas zeitweilig Vergessenem, nämlich um die Wiederaufdeckung jener inneren Einheit des europäischen Rechts, wie sie unter dem Einfluss des römischen Rechts, des kanonischen Rechts, des *ius commune*, des *usus modernus*, des Naturrechts und des Rechtsdenkens der Aufklärungszeit in allen europäischen Ländern bis in das 18. Jahrhundert hinein bestanden hat und, wenn man nur genau genug hinsieht, auch nach dem Inkrafttreten der nationalen Zivilgesetzbücher nicht verlorengegangen ist.[5] Schon 1947 hatte *Paul Koschaker* in sei-

---

rechtsvergleichende Arbeit die gemeinsamen Grundlagen der nationalen Kaufrechte aufgedeckt worden wären.

[4] Vgl. ausführlich zu den Zielen der Rechtsvergleichung *K. Zweigert/H. Kötz*, Einführung in die Rechtsvergleichung (3. Aufl. 1996) 12 ff.

[5] Vgl. zur Bedeutung, die die im Text genannten Rechtsquellen für die Entstehung des europäischen Privatrechts gehabt haben, die Überblicksaufsätze im HWB des Europäischen Privatrechts (2009): *R. Zimmermann*, Römisches Recht (S. 1310), *A. Thier*, Kanonisches Recht (S. 920); *N. Jansen*, Ius commune (Gemeines Recht) (S. 916); *K. Luig*, Usus Modernus (S. 1591); *J. Liebrecht*, Naturrecht (S. 1099). Vgl. auch zum Verhältnis zwischen Rechtsvergleichung und Rechtsgeschichte *R. Zimmermann*, Das römisch-kanonische ius commune als Grundlage europäischer Rechtseinheit, JZ 1992, 8; *ders.*, Roman Law and the Harmonization of Private Law in Europe, in: A. Hartkamp u.a. (Hrsg.), Towards a European Civil Code (4. Aufl., 2011) 27; *H. Kötz*, Vom Beitrag der Rechtsgeschichte zu den modernen Aufgaben der Rechtsvergleichung, in: P. Caroni/G. Dilcher (Hrsg.), Norm und Tradition, Welche Geschichtlichkeit für die Rechtsgeschichte? (1998) 153; *ders.*, Was erwartet die Rechtsvergleichung von der Rechtsgeschichte?, JZ 1992, 20; *A. Flessner*, Die Rechtsvergleichung als Kundin der Rechtsgeschichte, ZEuP 1999, 513.

nem mitreißenden Buch über »Europa und das römische Recht« auf den europäischen Charakter des Privatrechts hingewiesen und damit den Weg zu einem Forschungsfeld eröffnet, für das nationale Grenzen keine Rolle mehr spielen sollten. *Helmut Coing* hat dann mit seinem »Europäischen Privatrecht« für die Entwicklung des älteren »gemeinen Rechts« (Band I, 1985) und der nationalen Gesetzgebungen (Band II, 1989) eine quellengestützte Gesamtdarstellung des europäischen Privatrechts produziert.[6] Im Jahre 1990 erschien schließlich das Buch von *Reinhard Zimmermann* über »The Law of Obligations, Roman Foundations of the Civilian Tradition«. Dieses Buch hat zwar seinen Schwerpunkt in einer Darstellung des römischen Schuldrechts. Aber dort macht es nicht halt. Es verfolgt den Weg, den die römischen Regeln im älteren und neueren *ius commune* genommen haben; es beschreibt, wie diese Regeln von den kontinentalen Zivilgesetzbüchern rezipiert worden sind; und es zeigt schließlich, was die deutsche, die französische und die englische Rechtsprechung bis in die Gegenwart hinein aus diesen Regeln gemacht haben. Stoffauswahl und Darstellungsstil dieses Buches sind auf Schritt und Tritt von der Überzeugung geleitet, dass das römische, kanonische und gemeine Recht »provide the intellectual and doctrinal framework within which a new European legal unity may one day emerge«.[7] Von hier aus war es dann nur noch ein Schritt zur Darstellung' der verschiedenen Wege, auf denen die Rechtsvergleichung zur Herausbildung eines »gemeineuropäischen Zivilrechts« beitragen könne.[8]

Eine erste und – wie sich zeigen sollte – sehr folgenreiche Maßnahme der Umsetzung dieses Ziels bestand darin, dass aufgrund einer privaten Initiative des dänischen Professors *Ole Lando* im Jahre 1982 eine »Kommission für Europäisches Vertragsrecht« ihre Arbeit begann. Ihr gehörten Juristen aus allen europäischen Ländern an. Ihre Aufgabe lag darin, aus dem gesamten Kernbestand der nationalen Vertragsrechte ein funktionstüchtiges System von Grundregeln des »Europäischen Vertragsrechts« zu entwickeln.[9] Die Arbeitsergebnisse dieser Kommission sind inzwischen unter dem Namen »Principles of European Contract Law« (PECL) vorgelegt worden.[10] Zwar sind die PECL nicht gelten-

---

[6] Vgl. dazu auch *H. Coing*, Europäisierung der Rechtswissenschaft, NJW 1990, 937. Die Herausbildung einer europäischen Rechtstradition, die sich aus gemeinsamen Quellen, Regeln und Begriffen gespeist hat, bildet auch den Gegenstand des Buches von *Harold J. Berman*, Law and Revolution: The Formation of the Western Legal Tradition (1983).

[7] *Zimmermann* a.a.O. S. X. Vgl. auch zur Bedeutung der Rechtsgeschichte für die Entwicklung des europäischen Privatrechts *J. Liebrecht*, Rechtsgeschichte, in: HWB des Europäischen Privatrechts (2009) 1245 mit ausführlichen Nachweisen.

[8] Vgl. dazu H. Kötz, Gemeineuropäisches Zivilrecht, Festschrift Zweigert (1981) 481

[9] Vgl. dazu ausführlich *R. Zimmermann*, Principles of European Contract Law, in: HWB des Europäischen Privatrechts (2009) 1177..

[10] *Ole Lando/Hugh Beale* (Hrsg.), Principles of European Contract Law (Parts I and II,

des Recht; richtig ist auch, dass sie nicht die (oft erst später in Kraft getretenen) Regeln der vielen EU-Richtlinien berücksichtigen, die insbesondere zum Zweck des Verbraucherschutzes erlassen worden sind. Das schließt aber nicht aus, dass die Parteien eine vertragliche Vereinbarung treffen können, nach der auf vertragliche Streitigkeiten die PECL anzuwenden sind.[11] Auch wird den Gerichten die Anwendung der PECL anheimgestellt, wenn die Parteien vereinbart haben, dass sich der Vertrag nach »allgemeinen Rechtsgrundsätzen« oder der im Handelsverkehr akzeptierten »lex mercatoria« beurteilen soll.[12] Die wichtigste praktische Wirkung der PECL liegt aber auf einem anderen Gebiet: Ihnen können Gesetzgeber, Gerichte und Rechtswissenschaft entnehmen, in welche Richtung die Fortbildung, Ergänzung und Auslegung der nationalen Vertragsrechte gehen sollte, wenn sie sich am Ziel einer europäischen Rechtseinheit orientiert. Dafür gibt es inzwischen viele Beispiele.[13]

Die PECL beschäftigen sich mit dem *europäischen* Vertragsrecht. Dennoch hat sich gezeigt, dass sie sich nicht wesentlich von den »Principles of International Commercial Contracts« (PICC) unterscheiden. Sie sind vom »Internationalen Institut für die Vereinheitlichung des Privatrechts« (UNIDROIT)[14] ausgearbeitet worden, zielen auf die gemeinsamen Prinzipien des Vertragsrechts *aller Länder* ab und haben nur internationale *Handelsverträge* im Auge.[15] Dennoch

---

2000); *Ole Lando/Eric Clive/André Prüm/Reinhard Zimmermann* (Hrsg.), Principles of European Contract Law (Part III, 2003).

[11] Vgl. Art. 1:101 (2) PECL. Eine solche »Rechtswahlvereinbarung« ist allerdings von den staatlichen Gerichten nur insoweit zu beachten, als das für das Gericht maßgebliche Internationale Privatrecht die Verweisung auf ein nichtstaatliches Recht als zulässig ansieht. Diese Frage wird generell verneint, so insbesondere nach Art. 3 Rom I-VO. Anders liegt es bei Schiedsgerichten. Zu beachten ist auch, dass die PECL im Wesentlichen nur dispositives Recht enthalten und dass daher, soweit es um zwingendes Recht geht, diejenige nationale Rechtsordnung maßgeblich bleibt, die das staatliche Gericht nach Internationalem Privatrecht auf den Vertrag anzuwenden hat.

[12] Vgl. Art. 1:101 (3) PECL.

[13] Vgl. z.B. *J. Basedow* (Hrsg.), Europäisches Vertragsrechtsvereinheitlichung und deutsches Recht (2000); *C. Prieto* (Hrsg.), Regards croisés sur les Principes du Droit Européen du Contrat et sur le droit français (2003), *D. Busch/E. Hondius/H. van Kooten/H. Schelhaas/W. Schrama*, The PECl and Dutch Law: A Commentary (Band I 2002, Band II 2006); *D. Busch*, The PECL before the Supreme Court of the Netherlands, ZEuP 2008, 549; *L. Antoniolli/A. Veneziano*, The PECL and Italian Law (2005); *C. Vendrell Cervantes*, The Application of the PECL by Spanish Courts, ZEuP 2008, 534. Vgl. ferner *A. Hartkamp u.a.* (Hrsg.) (oben N. 5): Auch die in diesem Sammelband abgedruckten Aufsätze beurteilen, soweit sie das Vertragsrecht betreffen, durchweg die PECL als Inspirationsquelle, die von Gesetzgebung, Rechtsprechung und Rechtswissenschaft im Zuge der Europäisierung der nationalen Rechte berücksichtigt werden sollten.

[14] Vgl. dazu *H. Kronke*, UNIDROIT, in: HWB des Europäischen Privatrechts (2009) 1542.

[15] Vgl. *UNIDROIT* (Hrsg.), UNIDROIT Principles of International Commercial Contracts (2010). Eine ausführliche Behandlung der Regeln des PICC findet sich bei *S. Vogenauer/J. Kleinheisterkamp* (Hrsg.), Commentary on the UNIDROIT Principles of

kommen beide Regelwerke weithin zu den gleichen oder ähnlichen Lösungen. Das mag man mit dem beherrschenden Einfluss erklären, den das europäische Recht auf die Vertragsrechte auch der nichteuropäischen Länder gehabt hat, ferner damit, dass die Unterschiede zwischen dem allgemeinen Vertragsrecht und dem Vertragsrecht der Handelsverträge, wenn man von den besonderen Verbraucherschutzregeln absieht, nicht so groß sind, wie dies manchmal angenommen wird. Jedenfalls gehören neben den PECL auch die PICC zu den internationalen Regelwerken, auf die auch in diesem Buch ständig Bedacht zu nehmen sein wird. Das gilt auch für den »Vorentwurf eines Europäischen Vertragsgesetzbuchs«, der im Namen der Akademie Europäischer Privatrechtswissenschaftler im Jahre 2002 von *Giuseppe Gandolfi* vorgelegt worden ist[16] sowie für den »Draft Common Frame of Reference« (DCFR).[17]

Heute ist die Idee eines »europäischen Privatrechts« in aller Munde.[18] Die Methode der »Kommission für Europäisches Vertragsrecht« hat auch für die Arbeit auf anderen Rechtsgebieten Pate gestanden, so z.B. im Deliktsrecht, Bereicherungsrecht, Versicherungsvertragsrecht, Treuhandrecht, Familienrecht, Zivilprozessrecht.[19] Es mehren sich die Bücher, die mit Hilfe der rechtsvergleichenden Methode nicht nur das Vertragsrecht, sondern auch andere Rechtsgebiete zum Gegenstand einer »europäischen Betrachtung« machen. Auch gibt es inzwischen Zeitschriften, die sich auf das europäische Privatrecht konzen-

---

International Commercial Contracts (2009). Vgl. ferner *J. Kleinheisterkamp*, UNIDROIT Principles of International Commercial Contracts, in: HWB des Europäischen Privatrechts (2009) 1547; *R. Zimmermann*, Die Unidroit-Grundregeln der internationalen Handelsverträge in vergleichender Perspektive, ZEuP 2005, 264; *S. Vogenauer*, Die UNIDROIT Grundregeln der internationalen Handelsverträge 2010, ZEuP 2013, 7.

[16] Vgl. *Accademia dei Giurisprivatisti Europei* (Koordinator Giuseppe Gandolfi), Code Européen des Contrats, Avant-projet (2002), besprochen von *E. Kramer*, RabelsZ 66 (2002) 781. Der Text des Entwurfs ist in einer deutschen Übersetzung abgedruckt in ZEuP 2002, 139 und 165. Vgl. dazu ferner *G. Gandolfi*, Der Vorentwurf eines Europäischen Vertragsgesetzbuches, ZEuP 2002, 1 sowie *R. Zimmermann*, Der »Codice Gandolfi« als Modell eines einheitlichen Vertragsrechts für Europa?, in: Festschrift Jayme (Band II 2004) 1401 und (mit ausführlichen Hinweisen) *K. Siehr*, Code Européen des Contrats (Avant-projet), in: HWB des Europäischen Privatrechts (2009) 260.

[17] Vgl dazu noch unten S. 14 f.

[18] Vgl. dazu ausführlich *R. Zimmermann*, Die Europäisierung des Privatrechts und die Rechtsvergleichung (2006).

[19] Vgl. dazu *W. Wurmnest*, Common Core, Grundregeln, Kodifikationsentwürfe, Acquis-Grundsätze, Ansätze internationaler Wissenschaftlergruppen zur Privatrechtsvereinheitlichung in Europa, ZEuP 2003, 714 und insbesondere die Überblicke und Literaturnachweise im HWB für Europäisches Privatrecht (2009): *U. Magnus*, Principles of European Tort Law (S. 1189); *S. Meier*, Bereicherung (S. 182); *H. Heiss*, Principles of European Insurance Contract Law (S. 1183); *R. Kulms*, Trust und Treuhand (S. 1501); *W. Pintens*, Principles of European Family Law (S. 1180); *V. Brandt*, Prozessrechtsharmonisierung (S. 1211).

trieren.[20] Und schließlich ist hier auch das zweibändige »Handwörterbuch des Europäischen Privatrechts« (2009) zu erwähnen, das vom Max-Planck-Institut für ausländisches und internationales Privatrecht herausgegeben worden ist und den Zweck verfolgt, »ausgehend von der historischen Entwicklung … die Tendenzen zur internationalen Rechtsvereinheitlichung und zur europäischen Harmonisierung auf den verschiedenen Gebieten des Privatrechts in den Mittelpunkt« zu stellen.[21]

II. Vertragsrecht und Wirtschaftsordnung

Die rechtsvergleichende Forschung hat sich zuerst dem europäischen *Vertragsrecht* zugewandt. Dies mag damit zusammenhängen, dass die Europäische Union von Anfang an einen »Binnenmarkt« herstellen, also ein Ziel erreichen wollte, das sich – so jedenfalls die allgemeine Ansicht – nicht ohne ein mehr oder weniger einheitliches europäisches Vertragsrecht verwirklichen lässt. Damit allein ist aber noch nicht erklärt, warum die Erforschung des europäischen Vertragsrechts besonders weit gediehen ist und vielfach Ergebnisse erzielt hat, die – jedenfalls im Vergleich zum europäischen Delikts-, Bereicherungs- oder Familienrecht – einen Konsens nicht bloß in den Grundfragen, sondern oft auch in den Einzelheiten aufgedeckt haben. Wie ist das zu erklären?

Zwischen Wirtschaftsordnung und Vertragsrecht besteht ein enger Zusammenhang. Wo Grundfragen der Wirtschaftsordnung ähnlich beurteilt werden, wird sich deshalb früher oder später auch ein Vertragsrecht entwickeln, das mit jener Wirtschaftsordnung im Einklang steht. In Europa befand sich das Vertragsrecht so lange in einem wenig entwickelten Zustand, wie der Austausch von Gütern und Leistungen auf den Statusverhältnissen beruhte, in die die Menschen als Mitglieder einer Familie, einer Sippe, eines Berufs oder Standes hineingeboren waren und denen sie ihr Leben lang angehörten. Zwar musste der Vasall seinem Lehnsherrn, der Klient seinem Patron, der Leibeigene dem Gutsbesitzer, der Lehrling seinem Lehrherrn bestimmte Leistungen erbringen, und richtig ist auch, dass dafür bestimmte Gegenleistungen erwartet und erbracht wurden. Aber die Rechte und Pflichten der Beteiligten ergaben sich hier nicht aus vertraglichen Vereinbarungen, sondern aus den Statusbeziehungen, die für die Wirtschaftsordnung der Gesellschaft typisch und in ihrem Inhalt durch die hergebrachte Übung und durch Gewohnheit und Sitte geprägt waren. Ein wirkliches Bedürfnis für die rechtliche Anerkennung von Verträgen

---

[20] Erwähnt seien z.B.: Zeitschrift für Europäisches Privatrecht (ZEuP), European Review of Private Law (Eur.Rev.P.L.), beide seit 1993.

[21] So die Herausgeber *J. Basedow/K.J. Hopt/R. Zimmermann* in: Vorwort zum HWB des Europäischen Privatrechts (2009) VI.

hat sich erst in dem Maße entwickelt, in dem sich zeigte, welche gewaltigen
Vorteile mit der Arbeitsteilung verbunden sind. Wer sich als Bauer auf die Er-
zeugung von Nahrungsmitteln, als Händler auf den Umsatz von Waren, als
Schneider auf die Herstellung von Kleidern spezialisiert oder wer besondere
Leistungen als Beförderungsunterhemer, Geldverleiher, Bauhandwerker, Leh-
rer oder Arzt erbringt, muss Verträge schließen können, mit denen er seine
Produkte oder Leistungen gegen Geld und sodann Geld gegen diejenigen Produkte oder Leistungen eintauscht, die er zur Deckung seiner Lebensbedürfnisse
braucht. Je mehr sich in einer Gesellschaft das Prinzip der Arbeitsteilung durch-
setzt, desto mehr werden die Beziehungen unter den Einzelnen nicht mehr
durch die Statusverhältnisse determiniert, denen sie kraft Geburt angehören,
sondern durch frei gestaltete, auf Sachbeschaffung und Leistungsaustausch gerichtete Verträge. In einer vielzitierten Formel hat daher *Sir Henry Maine* davon
gesprochen, »that the movement of the progressive societies has hitherto been a
movement from Status to Contract«.[22]

Erst der Liberalismus ist es gewesen, der im 18. und 19. Jahrhundert die Beseitigung der traditionellen feudalen, politischen und religiösen Bindungen zu
seinem Programm gemacht hat. Er hat in der Autonomie des Einzelnen einen
Wert von zentraler Bedeutung gesehen und deshalb gefordert, dass jedermann
die Freiheit haben müsse, seinen Lebensverhältnissen eine selbstgeschaffene
Ordnung zu geben und die Ziele, die er für richtig hält, so lange zu verfolgen,
wie er dadurch nicht die gleiche Freiheit anderer verletzt. Daraus folgt, dass der
Staat die Freiheit seiner Bürger achten und Religionsfreiheit, Pressefreiheit,
Handels- und Gewerbefreiheit gewährleisten muss; daraus folgt auch das Prinzip der Vertragsfreiheit: Ob und mit welchem Inhalt die Parteien einen Vertrag
schließen, also einen Austausch von Gütern oder Leistungen verabreden wollen, muss danach grundsätzlich ihrer Entscheidung überlassen bleiben.[23]

Im Laufe des 19. Jahrhunderts hat sich der Liberalismus in allen europäischen
Ländern früher oder später durchgesetzt, und überall hat sich ein Vertragsrecht
etabliert, das seinen Forderungen weitgehend Rechnung getragen hat. Sicherlich waren und sind der Vertragsfreiheit viele Grenzen gesetzt. Zwar kann sich
keine Partei allein deshalb auf die Ungültigkeit eines Vertrages berufen, weil sie

---

[22] *Maine,* Ancient Law (1864) 165.
[23] Vgl. *H. Unberath*, Vertragsfreiheit, in: HWB des Europäischen Privatrechts (2009)
1692. – Freilich gibt es viele Stimmen, die der Vertragsfreiheit bereits das Todesglöckchen geläutet haben. Auch für das europäische Vertragsrecht wird die Auffassung vertreten, dass die Vertragsfreiheit überall dort ihren Abschied nehmen müsse, wo dies erforderlich sei, um den Armen vor dem Reichen zu schützen, den Schwachen gegen den
Mächtigen zu verteidigen, für eine gerechtere Verteilung von Einkommen und Vermögen zu sorgen und unerlaubten Diskriminierungen entgegenzutreten. Vgl. z.B. *Study
Group on Social Justice in European Private Law* (Hrsg.), Social Justice in European Contract
Law: A Manifesto, European Law Journal 10 (2004) 653.

mit ihm ein schlechtes Geschäft gemacht hat, nämlich Leistung und Gegenleistung nicht gleichwertig sind oder sich die Gegenleistung – wie man oft in England sagt – nur auf ein »peppercorn« beläuft.[24] Wohl aber steht ihr dieses Recht zu, wenn das *Verfahren*, in dem sie sich mit ihrem Kontrahenten geeinigt hat, an Fehlern leidet, die es ausschließen, dass man ihr die von ihr abgegebene Erklärung als verantwortlich getroffen zurechnen kann.[25] So liegt es, wenn jemand bei Abschluss des Vertrages nicht die erforderliche Urteilsfähigkeit besaß und deshalb nicht geschäftsfähig war oder wenn er von seinem Kontrahenten getäuscht oder in unzulässiger Weise unter Druck gesetzt worden ist. Fehlerhaft ist das zum Vertragsabschluss führende Verfahren auch dann, wenn sich jemand an seiner Haustür, im Bereich seiner privaten Wohnung, an seinem Arbeitsplatz oder auf einer Straße oder in einem öffentlichen Verkehrsmittel von der anderen Vertragspartei zu dem Geschäft hat bestimmen lassen. Besonders bei wenig geschäftsgewandten Personen besteht hier die Gefahr, dass ihre Überraschung ausgenutzt wird und sie sich ohne ausreichende Überlegung, auch ohne die Möglichkeit zu einem Preisvergleich, auf den Vertrag einlassen. Auch dann ist das Verfahren fehlerhaft, wenn eine Partei nur deshalb eine für sie ungünstige Vertragsbedingung akzeptiert hat, weil sich für sie nach den Umständen des Falles der Aufwand nicht lohnte, dessen es bedurft hätte, um die Vertragsbedingung – meist eine Klausel der von der anderen Partei aufgestellten »Allgemeinen Geschäftsbedingungen« – zu prüfen, über ihre Abänderung zu verhandeln oder den Vertragsschluss abzulehnen und sich die Leistung von einem anderen Anbieter zu beschaffen.[26] Wenig Staat ist mit der Vertragsfreiheit auch dort zu machen, wo der Gesetzgeber bestimmte Klassen von Vertragsparteien – z.B. Arbeitnehmer, Wohnungsmieter oder »Verbraucher« – als von vornherein schutzbedürftig ansieht und ihnen deshalb durch zwingende Vorschriften Rechte einräumt, über die nicht mehr verhandelt werden darf. Schließlich sind Verträge auch dann nichtig, wenn die Parteien durch sie in unerlaubter Weise die Interessen Dritter oder der Allgemeinheit verletzt und deshalb gegen die guten Sitten, gegen gesetzliche Vorschriften, gegen den »ordre public« oder gegen »public policy« verstoßen haben.

Dennoch bleibt es richtig, dass alle europäischen Rechtsordnungen den Grundsatz der Vertragsfreiheit akzeptiert haben und Ausnahmen nur dort als

---

[24] Vgl. dazu *Treitel (-Peel)* no. 3–013 ff. und zur »Inäquivalenz von Leistung und Gegenleistung«, zum »iustum pretium« und zur »laesio enormis« unten § 7 II = S. 161 ff.

[25] Vgl. zu der vieldiskutierten Unterscheidung zwischen den »prozeduralen« und den »inhaltlichen« Mängeln des Vertrages *Unberath* (oben N. 24) 1693 f.; *M. Trebilcock*, The Limits of Freedom of Contract (1993); *M. Eisenberg*, The Bargain Principle and Its Limits, Harv. L. Rev. 94 (1982) 323; *J. Gordley*, Equality in Exchange, Cal. L. Rev. 69 (1981) 1587; *P. Atiyah*, Contract and Fair Exchange, U. Tor. L. Rev. 35 (1985) 1 = Essays on Contract Law (1988) 329.

[26] Vgl. dazu unten § 8 = S. 191 ff.

zulässig ansehen, wo sie sich auf besondere Gründe stützen lassen. Es gilt also die allgemeine Regel, nach der es nicht klug ist,

»to extend arbitrarily those rules which say that a given contract is void as being against public policy, because if there is one thing more than another which public policy requires, it is that men of full age and competent understanding shall have the utmost liberty of contracting and that their contracts, when entered into freely and voluntarily, shall be held sacred and shall be enforced by Courts of Justice«.[27]

Man kann die Triebfeder dieser Entwicklung darin sehen, dass jedem Menschen eine Sphäre der Freiheit gesichert werden sollte, innerhalb derer er seine Entscheidungen weder dem Staat noch einem sonstigen Dritten gegenüber rechtfertigen muss. Man kann sich aber auch auf den Boden des Utilitarismus stellen und behaupten, dass sich der Vertrag als frei vereinbarter Austausch von Gütern und Leistungen deshalb überall durchgesetzt hat, weil er es den Menschen ermöglicht, in einer Welt knapper Ressourcen ein Höchstmaß an Befriedigung ihrer Bedürfnisse zu erreichen. In der Tat gibt es gute Gründe, warum der Vertrag in dieser Hinsicht mehr leistet als ein Verfahren, bei dem jene Güter und Leistungen nach Maßgabe fester Statusbeziehungen oder auch – wie in den dahingeschwundenen sozialistischen Wirtschaftsordnungen – nach Maßgabe der Befehle einer staatlichen Planungsbehörde verteilt werden.[28]

Aus dem überall akzeptierten Grundsatz der Vertragsfreiheit ergibt sich eine weitere Konsequenz, die wesentlich dazu beiträgt, dass sich – jenseits aller Staatsgrenzen – ein einheitliches Vertragsrecht entwickelt hat. Sie besteht darin, dass viele Regeln des Vertragsrechts »dispositiv« sind, also nur eine »Reserveordnung« darstellen und als »règles supplétives«, »implied terms« oder »default rules« nur dann gelten, wenn die Parteien nichts anderes vereinbart haben.[29] So hat sich z.B. in den meisten europäischen Rechtsordnungen eine Regel entwickelt, nach der eine Partei zur Aufhebung des Vertrages nur dann berechtigt ist, wenn die andere Partei eine »wesentliche Vertragsverletzung« begangen hat.[30] Diese Regel ist aber überall nur »dispositiv«; sie gilt also nicht, wenn dem Vertrag etwas anderes entnommen werden kann. Ist etwa vereinbart, dass der Verkäufer den Vertrag schon dann aufheben darf, wenn der Kaufpreis auch nur einen Tag später als verabredet gezahlt wird, so darf er, wenn die Vereinbarung über die Zahlungsfrist gültig ist und die Frist nicht eingehalten wird,

---

[27] *Sir George Jessel* M.R. in *Printing and Numerical Registering Co.* v. *Sampson* (1875) L.R. 19 Eq. 462, 465.

[28] Die Analyse der wohlfahrtssteigernden Wirkungen des Vertrages bildet einen Forschungsgegenstand der Rechtsökonomie, die dafür ein besonderes Instrumentarium von Begriffen und Methoden entwickelt hat. Vgl. zur Einführung in dieses Gebiet z.B. *H.B. Schäfer/C. Ott*, Lehrbuch der ökonomischen Analyse des Zivilrechts (5. Aufl. 2012) 423 ff., 449 ff.

[29] Vgl. dazu noch näher § 6 V = S. 146 ff.

[30] Vgl. auch dazu § 13 IV = S. 329 ff.

den Vertrag auch dann für erledigt erklären, wenn ihm durch die Säumnis des Käufers keine greifbaren Nachteile entstanden sind und seine »wahren« Gründe für die Aufhebung des Vertrages ganz anderer Art sein mögen. Regeln des dispositiven Rechts werden im Common Law ganz überwiegend allein von der Rechtsprechung entwickelt. In den kontinentalen Rechtsordnungen finden sie sich dagegen – systematisch geordnet und nach Vertragstypen unterschieden – in den Zivilgesetzbüchern; auch sie werden aber, weil sie der Gesetzgeber oft nur unbestimmt formulieren kann, von der *Rechtsprechung* ständig verfeinert und fortgebildet. Welche Prinzipien sind es, von denen Gesetzgeber und Rechtsprechung sich bei der Schaffung und Fortentwicklung des dispositiven Rechts leiten lassen sollten? Dazu heißt es meist, dass solche Regeln der typischen Interessenlage Rechnung tragen, dem »hypothetischen Parteiwillen« entsprechen und einen Inhalt haben müssten, der dasjenige widerspiegelt, auf was sich die Parteien geeinigt hätten, wenn man unterstellt, dass sie in redlicher Absicht miteinander über die Verteilung der vertraglichen Risiken verhandelt und sich dabei auf die für beide Seiten vorteilhafteste Lösung verständigt hätten. Sie wird in der Regel darin bestehen, dass das in Rede stehende Risiko von derjenigen Partei übernommen wird, die es mit geringeren Kosten als die andere abwenden, die Wahrscheinlichkeit seines Eintritts mindern oder sich durch Vorsorgemaßnahmen – auch durch die Beschaffung von Versicherungsschutz – gegen die Folgen der Verwirklichung des Risikos sichern kann. Dies ergibt sich aus den Geboten der ökonomischen Logik oder – wem das lieber ist – aus dem gesunden Menschenverstand, damit also aus Erwägungen, die sich aus der Sache selbst ergeben, nicht an den nationalen Grenzen Halt machen und deshalb dazu führen, dass sich die Vertragsrechte auf der Suche nach dem richtigen »dispositiven Recht« überall in die gleiche Richtung entwickeln.[31]

III. Das Vertragsrecht der Europäischen Union

Seit etwa 30 Jahren geht vom Recht der Europäischen Union ein erheblicher Einfluss auf die Vertragsrechtsordnungen der Mitgliedstaaten aus. Dieser Einfluss äußert sich vor allem in einer langen Reihe von Richtlinien, die dafür sorgen wollen, dass im Recht der Mitgliedstaaten ein im Wesentlichen einheitliches Mindestniveau des Verbraucherschutzes eingehalten wird.[32] Von diesen Richtli-

---

[31] Vgl. dazu näher *H. Kötz*, Dispositives Recht und ergänzende Vertragsauslegung, JuS 2013, 289 und (rechtsvergleichend) *R. Zimmermann*, »Heard melodies are sweet, but those unheard are sweeter …«: Condictio tacita, implied condition und die Fortbildung des europäischen Vertragsrechts, AcP 193 (1993) 121.

[32] Dabei wird von solchen Regeln des EU-Rechts abgesehen, die bestimmte besondere Gebiete des Privatrechts – z.B. das Wettbewerbsrecht, das Gesellschafts- und Arbeitsrecht, das Internationale Privatrecht – betreffen. Manche Richtlinien beziehen sich

nien beziehen sich manche auf bestimmte Absatzformen, so z.B. auf Haustürgeschäfte[33] und Fernabsatzgeschäfte.[34] Andere betreffen bestimmte Vertragstypen,
so z.B. Pauschalreiseverträge,[35] Teilzeitnutzungsverträge,[36] Verbraucherkreditverträge[37] und Verbraucherkaufverträge.[38] In eine besondere Kategorie fällt die
Richtlinie vom 5. April 1993 über missbräuchliche Klauseln in Verbraucherverträgen: Sie erlaubt dem Richter die Aufhebung vorformulierter Klauseln in Verbraucherverträgen, sofern er sie als »missbräuchlich« ansieht.

Es lassen sich verschiedene Instrumente unterscheiden, mit deren Hilfe diese
Richtlinien den Schutz des Verbrauchers sichern wollen. Manchmal wird ihm
ein befristetes *Widerrufsrecht* eingeräumt, für das er keine besonderen Gründe
zu nennen braucht.[39] Ferner werden dem Unternehmer weitgehende *Informationspflichten* auferlegt, die er meist vor, manchmal auch erst nach dem Abschluss
des Vertrages erfüllen muss, damit der Verbraucher weiß oder doch wenigstens
wissen *kann*, welchen genauen Inhalt der Vertrag hat und wie die ihm einge-
räumten Rechte durchzusetzen sind.[40] Schließlich werden oft bestimmte Regeln über die vertragliche Risikoverteilung zugunsten des Verbrauchers für
zwingend erklärt. Das gilt besonders für die Rechte, die ihm als Käufer zustehen, wenn er mit mangelhafter Ware beliefert wird.

Offensichtlich ist, dass alle diese Richtlinien nur bestimmte ausgesuchte
Einzelprobleme betreffen und deshalb einen durchaus »fragmentarischen« oder
»pointillistischen« Charakter haben. Gewiss werden durch sie die Vertragsrechte der Mitgliedstaaten einander angeglichen. Aber diese Angleichung hat
nur eine beschränkte Tragweite, weil sie diejenigen Regeln der nationalen
Rechtsordnungen nicht erfasst, die z.B. das Zustandekommen des Vertrages,

---

auch nur auf Geschäfte zwischen Unternehmern, so z.B. die RL vom 18. Dez. 1986 über
das Recht der selbständigen Handelsvertreter und die RL vom 29. Juni 2000 »zur Bekämpfung von Zahlungsverzug im Geschäftsverkehr«. Nicht näher sollen hier auch diejenigen Richtlinien erörtert werden, die es verbieten, dass eine Person wegen ihres Ge-
schlechts, ihrer Rasse oder ihrer ethnischen Herkunft diskriminiert wird.

[33] Vgl. RL vom 20. Dez. 1985 betreffend den Verbraucherschutz in Fällen von außerhalb von Geschäftsräumen abgeschlossenen Verträgen. Diese RL ist inzwischen aufgehoben und in die RL vom 25. Okt. 2011 »über die Rechte der Verbraucher« integriert
worden.

[34] Vgl. RL vom 20. Mai 1997 über den Verbraucherschutz bei Vertragsabschlüssen
im Fernabsatz. Auch sie ist jetzt in die RL vom 25. Okt. 2011 »über die Rechte der Verbraucher« einbezogen worden.

[35] RL vom 13. Juni 1990 über Pauschalreisen.

[36] RL vom 14. Juni 2009 über »Teilzeitnutzungsverträge« und »Verträge über langfristige Urlaubsprodukte«.

[37] RL vom 23. April 2008 über Verbraucherkreditverträge.

[38] RL vom 25. Mai 1999 über den Verbrauchsgüterkauf.

[39] Vgl. dazu näher unten § 11 = S. 279 ff.

[40] Vgl. dazu näher *B. Heiderhoff*, Informationspflichten (Verbraucherverträge), in:
HWB des Europäischen Privatrechts (2009) 858.

seine Auslegung, seine Rückgängigmachung im Falle eines Irrtums oder einer Täuschung oder Drohung oder auch die Haftung betreffen, mit der eine Partei rechnen muss, wenn sie den Vertrag nicht erfüllt. Auch wird das nationale Vertragsrecht selbst dort nicht vereinheitlicht, wo Richtlinien gelten, sei es, weil sie von den Mitgliedstaaten unterschiedlich umgesetzt oder von ihren Gerichten unterschiedlich angewendet werden, sei es, weil sie nur einen Mindestschutz sichern wollen, also unterschiedliches nationales Recht fortgilt, solange es nur den Verbraucher im Ergebnis ebenso stark oder stärker schützt, als es von der Richtlinie bezweckt war.

Es hat deshalb nicht an Versuchen gefehlt, das vorhandene Verbraucherschutzrecht von seinem punktuellen Charakter zu befreien und es zu allgemeinen Regeln auszubauen. Zunächst stellte sich eine Gruppe von Rechtswissenschaftlern die Aufgabe, den *acquis communautaire* – also dasjenige, was an Regeln des EU-Gemeinschaftsrechts bereits in Geltung war – zusammenzufassen, Widersprüche und Unstimmigkeiten auszugleichen und ihn nach Kräften so zu verbreitern, dass er die Grundlage für ein europäisches Vertragsrecht bilden könne.[41] Sodann legte die EU-Kommission im Jahre 2003 einen »Aktionsplan« vor, in dem es hieß, dass zur Vorbereitung eines gemeinsamen europäischen Vertragsrechts ein »Gemeinsamer Referenzrahmen« (»Common Frame of Reference«) auszuarbeiten sei, in dem nicht nur der *acquis communautaire*, sondern auch der *acquis commun* berücksichtigt werden sollte, also diejenigen Regeln, die den nationalen Vertragsrechtsordnungen gemeinsam und insbesondere in den PECL dargestellt sind.[42] Mit der Ausarbeitung dieses »Gemeinsamen Referenz-

---

[41] Die Arbeitsergebnisse dieser Gruppe wurden 2007 vorgelegt: vgl. *Research Group on the Existing EC Private Law (Acquis Group)*, Principles of the Existing EC Contract Law (Acquis Principles), Part I (2007), in deutscher Übersetzung abgedruckt in ZEuP 2007, 896 und 1152. Vgl. dazu *R. Schulze*, Die »Acquis-Grundregeln« und der Gemeinsame Referenzrahmen, ZEuP 2007, 731; *H.C. Grigoleit/L. Tomasic*, Acquis Principles, in: HWB des Europäischen Privatrechts (2009) 12. Eine revidierte Fassung der Acquis-Grundregeln ist unter dem gleichen Titel als Part II im Jahre 2010 veröffentlicht und in deutscher Übersetzung in ZEuP 2012, 377 abgedruckt worden. Auf der Grundlage dieser Arbeiten hat die EU-Kommission zunächst eine umfassende RL über die Rechte der Verbraucher vorgeschlagen. Sie beruhte auf dem Prinzip der »Vollharmonisierung«, hätte also den Mitgliestaaten die Möglichkeit genommen, durch Regeln des jeweiligen nationalen Rechts den Verbraucher noch stärker zu schützen, als dies im Entwurf der RL vorgesehen war. Diese Beschränkung war für viele Mitgliedstaaten nicht akzeptabel. Daher kam es nur zu der RL vom 25. Okt. 2011 über die Rechte der Verbraucher. Durch sie werden (nach dem Prinzip der »Vollharmonisierung«) nur noch die beiden Richtlinien über Haustürgeschäfte und Fernabsatzverträge zusammengeführt; ferner werden für alle Verbraucherverträge (nach dem Prinzp der »Mindestharmonisierung«) den Unternehmen weitgehende Informationspflichten auferlegt. Vgl. dazu ausführlich *O. Unger*, Die Richtlinie über die Rechte der Verbraucher, ZEuP 2012, 270.

[42] Vgl. Mitteilung der Kommission vom 12. Feb. 2003 über »Ein kohärentes europäisches Vertragsrecht, Ein Aktionsplan« (KOM 2003, 68 endg.).

rahmens« wurde ein Netzwerk von Wissenschaftlern beauftragt. Ihnen gehörten zum Teil Mitglieder der Arbeitsgruppe an, die sich schon mit dem *acquis communautaire* beschäftigt hatte, zum Teil aber auch Wissenschaftler der »Study Group on a European Civil Code«.[43] Diese Gruppe versteht sich als Nachfolgerin der »Kommission für Europäisches Vertragsrecht«; sie hat sich seit 1999 unter der Leitung von *C. von Bar* die umfassende Aufgabe gestellt, im Anschluss an die PECL nicht nur Prinzipien des europäischen Vertragsrechts, sondern des gesamten Obligationenrechts und noch dazu gewisser Gebiete des Sachenrechts zu entwickeln. Das Ergebnis dieser Arbeiten ist ein »Draft Common Frame of Reference« (DCFR).[44]

Auf den gewaltigen Anspruch, der dem DCFR zugrunde liegt, hat die EU-Kommission mit einiger Zurückhaltung reagiert. Es besteht Klarheit darüber, dass die Ausarbeitung eines europäischen Zivilgesetzbuches heute nicht auf der Tagesordnung steht und dass der DCFR im Zuge der Ausarbeitung weiterer EU-Regeln nur als »Inspirationsquelle« heranzuziehen ist.[45] Einen wichtigen Schritt hat sie aber insoweit unternommen, als sie inzwischen den Entwurf einer EU-Verordnung über ein »Gemeinsames Europäisches Kaufrecht« – »Common European Sales Law (CESL) – vorgelegt hat.[46] Diese Regelung soll auf grenzüberschreitende Verträge anwendbar sein, die den Warenkauf, die Bereitstellung digitaler Inhalte und die damit verbundenen Dienstleistungen betreffen. Sie soll in erster Linie für Verbraucherverträge gelten, für Verträge zwischen Unternehmen dagegen nur dann, wenn eines von ihnen ein »kleines oder mittleres Unternehmen« ist, also z.B. einen Jahresumsatz von nicht mehr als 50 Mio. € erzielt. Entscheidend ist, dass es sich bei der vorgeschlagenen Regelung um ein »optionales Instrument« handelt: Schließen die Parteien einen grenzüberschreitenden Vertrag, so ergibt sich das auf ihn anwendbare Recht zunächst aus den Regeln des Internationalen Privatrechts, in den Mitgliedstaaten also aus der Rom I-VO. Ist danach das Recht eines Mitgliedstaates anwendbar, so steht es den Parteien nunmehr frei, eine ausdrückliche Verein-

---

[43] Vgl. dazu ausführlich *M. Schmidt-Kessel*, Study Group on a European Civil Code, in: HWB des Europäischen Privatrechts (2009)1453.

[44] Vgl. *C. von Bar/E. Clive/H. Schulte-Nölke* (Hrsg.), Principles, Definitions and Model Rules of European Private Law, Draft Common Frame of Reference (DCFR), Interim Outline Edition (2008). Dort finden sich u.a. Regeln über das allgemeine Vertragsrecht, über das Recht der Kauf-, Leasing-, Dienst-, Werk-, Geschäftsbesorgungs- und Sicherungsverträge, ferner über das Delikts- und Bereicherungsrecht und das Recht der Geschäftsführung ohne Auftrag, schließlich über bestimmte Aspekte des Sachenrechts. Eine vollständige Fassung des DCFR mitsamt einer ausführlichen rechtsvergleichend dokumentierten Erläuterung der einzelnen Regeln ist unter dem gleichen Titel als »Full Edition« im Jahre 2009 in 6 Bänden veröffentlicht worden. Vgl. dazu *R. Zimmermann*, Draft Common Frame of Reference, in: HWB des Europäischen Privatrechts (2009) 276.

[45] Mitteilung des EU-Rates vom 18. April 2004, abgedruckt in ZEuP 2008, 880.

[46] KOM 2011, 635 endg.

barung zu treffen, nach der für den Vertrag die Regeln des »Gemeinsamen Europäischen Kaufrechts« (CESL) maßgeblich sein sollen. Ob die sich darauf beziehende EU-Verordnung jemals in Kraft treten wird, ist zur Zeit noch offen; ebenso offen ist, ob der Kreis der Verträge, für die sie gelten soll, noch enger begrenzt werden sollte als dies derzeit vorgeschlagen wird. Für die hier zu erörternden Fragen ist das CESL aber in jedem Fall von Interesse, weil es nicht nur Regeln über das Kaufrecht, sondern auch solche Regeln enthält, die für das Vertragsrecht im Ganzen maßgeblich sind, also z.B. über den Abschluss und die Auslegung von Verträgen, über die Rückgängigmachung in Fällen des Irrtums, der Täuschung oder der Drohung, über die Fairnesskontrolle vorformulierter Vertragsbedingungen und über die Aufhebung des Vertrages und die Haftung der vertragsbrüchigen Partei. Außerdem ist auch das Verbraucherschutzrecht der geltenden Richtlinien in das CESL übernommen und hier und da noch ausgebaut worden.

IV. Ein europäisches Vertragsgesetzbuch?

Niemand muss damit rechnen, dass in der Europäischen Union in absehbarer Zeit ein »Europäisches Zivilgesetzbuch« oder ein »Europäisches Vertragsgesetzbuch« ausgearbeitet wird. Dafür fehlt es nicht nur an einer klaren Kompetenzgrundlage, sondern auch an dem politischen Willen der Mitgliedstaaten, dessen es zur Schaffung einer solchen Grundlage und zur Billigung der auf sie gestützten Rechtsakte bedürfte. Das ändert aber nichts daran, dass heute alle Geister von der Frage bewegt werden, ob ein solches Vorhaben sinnvoll ist, durch ein ausreichendes praktisches Bedürfnis gerechtfertigt wird und auf welchen Gebieten, auf welcher Grundlage und in welchem Verfahren es sich realisieren ließe.

Als vor etwa 20 Jahren die »Principles of European Contract Law« veröffentlicht waren und überall Beifall gefunden hatten, hatten viele Betrachter den Eindruck, dass bis zum Erlass eines »Europäischen Vertragsgesetzbuches« nicht mehr viel Zeit vergehen werde. Auch dem Buch, das *A. Hartkamp* 1995 mit dem bezeichnenden Titel »Towards a European Civil Code« herausgab, liegt die Vorstellung zugrunde, dass sich nicht nur auf dem Gebiet des Vertragsrechts, sondern auch auf anderen Gebieten das europäischen Privatrechts einheitliche Lösungen finden und vielleicht auch bald auf die eine oder andere Weise kodifizieren lassen würden.[47] Hier liegt schließlich auch die Triebfeder dafür, dass

---

[47] Vgl. jetzt *A. Hartkamp* et al., Towards a European Civil Code (4. Aufl. 2011). Der Einleitungsaufsatz von *E. Hondius*, Towards a European Civil Code gibt einen Überblick über die mehr als 40 in diesem Band veröffentlichten Aufsätze, weist auf die übrige kaum mehr übersehbare Literatur hin und kommt, soweit es um das allgemeine Vertragsrecht geht, zu dem Schluss, dass »contract law is ready for codification« (S. 13).

sich die »Study Group on a European Civil Code« seit 1999 die wahrlich umfassende Aufgabe der Formulierung von Grundsätzen des europäischen Privatrechts gestellt und dafür inzwischen den »Draft Common Frame of Reference« vorgelegt hat.

Freilich gibt es auch viel Kritik.[48] Manche behaupten, dass das Rechtsleben jedes Landes so tief in seinen besonderen Traditionen, Wertungen und Vorverständnissen eingebettet sei, dass jeder Versuch der Harmonisierung oder gar Vereinheitlichung des geschriebenen Rechts von vornherein eine bloße Chimäre sei.[49] Manchmal wird mit einiger Leidenschaft der Standpunkt vertreten, dass auch in der Europäischen Union kein Land verpflichtet sei, die gewachsenen Traditionen seines Rechtslebens auf dem Altar der europäischen Rechtseinheit zu opfern, dies vor allem dann nicht, wenn jenes Opfer mit Vorteilen begründet wird, die nicht ins Gewicht fallen.[50] Die EU-Kommission wird denn auch nicht müde zu betonen, dass jene Vorteile in der Einsparung der »Transaktionskosten« liegen, die beim Abschluss grenzüberschreitender Geschäfte jeder Partei dadurch entstehen, dass sie sich – manchmal mit der Hilfe eines Anwalts – Gewissheit über den Inhalt der verschiedenen in Betracht kommenden nationalen Rechtsordnungen verschaffen, die für sie günstigste auswählen und über ihre Anwendbarkeit mit der anderen Partei verhandeln muss und dass sie, wenn sich der dadurch entstehende Aufwand für sie nicht lohnt, vielleicht vom Abschluss des Vertrages ganz absehen wird.[51] Dagegen wird eingewandt,

---

[48]   Einen umfassenden Überblick über die Gründe der Kritiker (mit zahlreichen Literaturnachweisen) findet man bei *R. Zimmermann*, Codification, The Civilian Experience Reconsidered on the Eve of a Common European Sales Law, ERCL 2012, 367. Vgl. auch *J.M. Smits*, Law Making in the European Union: On Globalization and Contract Law in Divergent Legal Cultures, La. L. Rev. 67 (2007) 1181; *ders.*, European Private Law: A Plea for a Spontaneous Legal Order, in: D. Curtin/J.M. Smits/A. Klip/J. McCahery, European Integration and Law (2006) 55.

[49]   So insbesondere *P. Legrand*, European Legal Systems Are Not Converging, Int. Comp. L. Q. 45 (1996) 52; *ders.*, Against a European Civil Code, Mod. L. Rev. 60 (1997) 44. Vgl. auch *T. Weir*, Die Sprachen des Europäischen Rechts, Eine skeptische Betrachtung, ZEuP 1995, 368. Als schlechthin unüberbrückbar sieht *Legrand* insbesondere die Unterschiede zwischen dem Civil Law und dem Common Law an. Anders dazu *R. Zimmermann*, Der europäische Charakter des englischen Rechts, Historische Verbindungen zwischen civil law und common law, ZEuP 1993, 4; *ders.*, Die Europäisierung des Privatrechts und die Rechtsvergleichung (2006) 32 ff.

[50]   So z.B. *G. Cornu*, Un Code civil n'est pas un instrument communautaire, D. 2002, 351; *Y. Lequette*, Le Code européen est de retour, R.D.C. 2011, 1028; *T. Genicon*, Commission européenne et droit des contrats, R.D.C. 2011, 1050. Es gibt aber auch andere Stimmen. Vgl. z.B. *C. Witz*, Plaidoyer pour un Code européen des obligations, D. 2000, 79; *B. Fauvarque-Cosson*, Faut-il un Code civil européen?, Rev. trim. civ. 2002, 463.

[51]   Vgl. z.B. die Begründung des Vorschlags einer Verordnung über das »Gemeinsame Europäische Kaufrecht« (CESL, oben N. 46): Hier wird das Argument der »Transaktionskosten« ausführlich dargestellt und daraus der Schluss gezogen, dass »[d]ifferences in national contract laws therefore constitute barriers which prevent consu-

dass der Abschluss grenzüberschreitender Geschäfte oft durch ganz *andere* Hindernisse erschwert wird, etwa durch Unterschiede der Sprachen, durch unterschiedliche Regeln des Steuer- und Verwaltungsrechts, durch unterschiedliche Verfahren der Rechtsdurchsetzung. Eingewandt wird auch, dass in der Praxis viele Parteien an der anwendbaren Rechtsordnung überhaupt nicht interessiert sind, weil sie die Verlässlichkeit des Vertragspartners nach anderen Kriterien prüfen und, wenn sie gleichwohl enttäuscht werden, auf die Durchsetzung ihrer vertraglichen Ansprüche von vornherein verzichten. Auch wenn die geschilderten »Transaktionskosten« tatsächlich entstehen, würden sie doch oft weit von denjenigen Kosten übertroffen, die sich aus der Anwendbarkeit einer Regelung ergeben, die zwar europäisch einheitlich ist, aber bisher nur auf dem Papier steht, in der Rechtsprechung noch nicht getestet ist und außerdem befürchtet werden muss, dass sie ihrerseits von den nationalen Gerichten bald unterschiedlich ausgelegt werden wird. Hingewiesen wird auch darauf, dass beim wichtigsten Typ grenzüberschreitender Geschäfte – nämlich beim internationalen Warenkauf – den Vertragsparteien schon heute die Wahl des CISG zur Verfügung steht, ferner darauf, dass eine Partei ohne Rücksicht darauf, welche Rechtsordnung auf den von ihr geschlossenen Vertrag anzuwenden ist, sich gemäß Art. 6 Rom I-VO in jedem Falle auf die Anwendung der zwingenden Regeln des Verbraucherschutzes verlassen kann, die der Staat, in dem sie wohnt, zu ihren Gunsten erlassen hat.[52]

Grundsätzlich anerkannt ist, dass eine Maßnahme der europäischen Rechtsangleichung nicht schon deshalb gerechtfertigt ist, weil zwischen den Rechtsordnungen der Mitgliedstaaten ein Unterschied besteht. Vielmehr muss die Maßnahme den erkennbaren Zweck verfolgen, durch Beseitigung der Rechtsverschiedenheit die Voraussetzungen für die Errichtung und das Funktionieren des Binnenmarktes zu verbessern.[53] Manchmal wird allerdings die Frage gestellt, ob die Organe der Europäischen Union diese Beschränkung genügend ernst nehmen und nicht schon jegliche Rechtsverschiedenheit als von

---

mers and traders from reaping the benefits of the internal market. Those contract-law related barriers would be significantly reduced if contracts could be based on a single uniform set of contract law rules irrespective of where parties are established« (Erwägung Nr. 6).

[52] Allerdings ist das Verbraucherschutzrecht in den einzelnen Staaten unterschiedlich ausgestaltet, dies auch deshalb, weil die EU-Richtlinien in der Regel nur eine Mindestharmonisierung vorschreiben. Das führt zu Schwierigkeiten für denjenigen Unternehmer, der seine Waren oder Leistungen europaweit zu denselben Vertragsbedingungen anbieten will. Sie würden sich dadurch vermeiden lassen, dass er mit dem Verbraucher die Anwendbarkeit des »Gemeinsamen Europäischen Kaufrechts« vereinbart. Dann würde nur das dort geregelte Verbraucherschutzrecht gelten.

[53] So EuGH R. C-376/98, Slg. 2000, I-8419 (*Deutschland v. Parlament/Rat,* »Tabakwerberichtlinie«, vgl. dort Rn. 84). Das Urteil bezieht sich noch auf die Kompetenzregel des Art. 95 EWGV, an deren Stelle inzwischen Art. 114 AEUV getreten ist.

vornherein anstößig und daher als nicht akzeptabel ansehen. In der Tat kann man zeigen, dass es viele Länder gibt, in denen zwar durchaus unterschiedliche Vertragsrechtsordnungen gelten, aber dennoch niemand an der Existenz eines funktionierenden Binnenmarktes zweifelt. So liegt es z.B. in den Vereinigten Staaten und in Kanada. In den Vereinigten Staaten besitzt jeder der 50 Einzelstaaten und in Kanada jede der 11 »Provinzen« eine eigene Zuständigkeit für das Zivilrecht und daher auch für das Vertragsrecht; daher ist das Vertragsrecht in Louisiana und Québec ein anderes als in Massachusetts oder Ontario. Auch das englische und schottische Vertragsrecht unterscheiden sich; dennoch gibt es in Großbritannien einen tadellos funktionierenden Binnenmarkt. Richtig ist zwar, dass auch in diesen Ländern ein einheitliches Recht gilt, wenn es vom zentralen Gesetzgeber erlassen worden ist oder die Einzelstaaten oder »Provinzen« sich durch eigene Gesetzgebung einer ihnen vorgeschlagenen einheitlichen Modelllösung angeschlossen haben. Dies geschieht aber nur dann, wenn im Einzelfall zwingende politische oder wirtschaftliche Gründe für eine solche Einheitslösung geltend gemacht werden können, also offenbar nur unter viel engeren Voraussetzungen, als sie zur Zeit in Europa zu gelten scheinen.[54] In der Tat wird es in den Vereinigten Staaten als ein Vorzug angesehen, dass das Land ein großes »Laboratorium« bildet, in dem bald dieser, bald jener Staat mit seiner Gesetzgebung und Rechtsprechung in dieser oder jener Richtung vorangehen, dadurch Erfahrungen sammeln, Fallanschauung vermitteln, die rechtspolitische Auseinandersetzung befruchten und dadurch mit den anderen Staaten in einen »Wettbewerb« treten und in ihm beispielgebend oder abschreckend wirken kann.[55] Gute Gründe sprechen deshalb dafür, dass auch in Europa für bestimmte Gebiete zwar ein einheitliches Recht geschaffen wird, daneben aber

---

[54] Vgl. dazu näher *H. Kötz*, Contract Law in Europe and the United States: Legal Unification in the Civil Law and Common Law, Tulane Eur. & Civil Law Forum 27 (2012) 1; *R. Hyland*, American Private Legislatures and the Process Discussion, in: A. Hartkamp et al. (Hrsg.), Towards a European Civil Code (4. Aufl. 2011) 71. – Manchmal wird eingewandt, dass in den Vereinigten Staaten die Rechte der Einzelstaaten, weil am Common Law orientiert, einander viel ähnlicher seien als die Rechte der EU-Mitgliedstaaten, dass alle amerikanischen Juristen die gleiche Sprache sprächen und dass ein starker einheitsstiftender Effekt von »rechtskulturellen Faktoren« ausgehe, z.B. von der im ganzen Lande einheitlichen Juristenausbildung. Das trifft zu, legt aber die Frage nahe, warum in den Vereinigten Staaten eine Vereinheitlichung der Vertragsrechte trotz ihrer Ähnlichkeit von niemandem gefordert und nicht einmal der Erlass eines entsprechenden »Modellgesetzes« vorgeschlagen wird. Auch kann man sagen, dass in Europa nicht der vorschnelle Erlass einheitlicher Rechtstexte, sondern in erster Linie eine Annäherung der »rechtskulturellen Faktoren« – also z.B. eine Europäisierung der Juristenausbildung und der wissenschaftlichen Diskussion – vonnöten ist.

[55] Der »Wettbewerb der Rechtsordnungen« (»regulatory competition«) wird auch in Europa lebhaft diskutiert. Vgl. dazu z.B. *E.M. Kieninger*, Wettbewerb der Rechtsordnungen, in: HWB des Europäischen Privatrechts (2009) 1771; *dies.*, Wettbewerb der Privatrechtsordnungen im europäischen Binnenmarkt (2002) sowie die Aufsätze in C. Ott/

die nationalen Vertragsrechte anwendbar bleiben, so dass es die Parteien sind, die den »Wettbewerb« zu entscheiden, nämlich der einen oder anderen Lösung den Vorrang zu geben haben.[56] Dies ist denn auch der Weg, den der Vorschlag einer Verordnung über das »Gemeinsame Europäische Kaufrecht« gehen will.

Bedenken kann man auch insoweit erheben, als es um die Regeln des *Verbraucherschutzes* geht, die dem bereits geltenden *acquis communautaire* zugrunde liegen und auch vom DCFR und vom Vorschlag einer Verordnung über das »Gemeinsame Europäische Kaufrecht« übernommen worden sind. Von diesen Regeln wird meist angenommen, dass sie sich vielleicht noch hier und da ergänzen und von Unstimmigkeiten befreien ließen, aber einer grundsätzlichen Überprüfung nicht mehr bedürften und als gesicherter Bestand europäischer Rechtseinheit in die Scheuer gefahren werden könnten. Aber das ist ein Irrtum.[57] Gute Argumente sprechen z.B. dafür, dass nach dem *acquis communautaire* dem Verbraucher ein Recht zum Widerruf des Vertrages auch in Fällen gewährt wird, in denen es in Wahrheit an den dafür erforderlichen zwingenden Gründen fehlt.[58] Zweifelhaft ist auch, ob nicht die weitgehenden Informationspflichten, die der Unternehmer bei Verbraucherverträgen zu erfüllen hat, viel zu üppig dimensioniert sind. Gewiss gibt es Vertragsklauseln, die der Richter als unangemessen beanstanden und deshalb aufheben darf. Der Grund dafür liegt aber – anders als dies im *acquis communautaire* immer wieder behauptet wird – nicht darin, dass der Verbraucher, weil er »schwach« wäre, vor solchen Klauseln unbedingt »geschützt« werden muss. Der Grund liegt vielmehr darin, dass er sich auf sie in einer Situation eingelassen hat, in der er sie aus durchaus rationalen Gründen nicht prüfen und deshalb eine wohlüberlegte Entscheidung in verantwortlicher Weise nicht treffen konnte.[59]

Im folgenden Text wird auf solche Bedenken immer wieder hinzuweisen sein. In erster Linie geht es ihm aber um die Vertragsrechte der europäischen Länder und um die Frage, ob sich aus ihnen allgemeine Grundsätze eines »europäischen Vertragsrechts« herleiten lassen und welchen Inhalt sie haben könn-

---

H.B. Schäfer (Hrsg.), Vereinheitlichung und Diversität des Zivilrechts in transnationalen Wirtschaftsräumen (2002) und *H. Eidenmüller*, Recht als Produkt, JZ 2009, 641.

[56] Dabei steht es jedem Mitgliedstaat frei, sein Recht durch Gesetzgebung oder Rechtsprechung an neu auftretende Bedürfnisse anzupassen, seine Attraktivität zu erhöhen und damit die Chancen seines Erfolges in jenem »Wettbewerb«zu verbessern. Zu bedenken ist auch, dass der Mitgliedstaat dabei schneller reagieren kann als die Europäische Union, weil die Änderung eines europäischen Rechtstextes einen gewaltigen Aufwand, insbesondere die Mitwirkung der anderen Mitgliedstaaten erfordert und deshalb die europäischen Regeln stets von einer Gefahr der »Versteinerung« bedroht sind.

[57] Vgl. dazu ausführlich *H. Eidenmüller/F. Faust/H.C. Grigoleit/N. Jansen/G. Wagner/R. Zimmermann*, Revision des Verbraucher-acquis (2011); *N. Jansen*, Revision des Acquis communautaire, ZEuP 2012, 741.

[58] Vgl. dazu § 11 = S. 279 ff.

[59] Vgl. dazu § 8 III = S. 200 ff.

ten. Das gleiche Ziel haben sich die »Principles of European Contract Law« und andere internationale Regelwerke gesetzt; auch sie sind deshalb zu bedenken. Das Buch nimmt deshalb seinen Ausgangspunkt bei den Regeln der nationalen Vertragsrechte. Dafür kann es sich auf gute Gründe stützen. Denn es ist eine längst ins Grab gelegte Lehre der Aufklärung, dass alles Recht allein auf dem Text der Gesetze – auch der europäischen Gesetze – beruht. Recht findet auch in den Köpfen der Juristen statt, und daraus folgt, dass sich auch das europäische Vertragsrecht erst dann mit Leben erfüllen wird, wenn es – wie *Helmut Coing* schon vor vielen Jahren gesagt hat – gelungen sein wird, »bei den Juristen unserer Länder ein gemeinsames Vorverständnis zu schaffen, eine gemeinsame Denktradition, welche den vereinheitlichten Normen gerecht werden kann und ihre gleichmäßige Anwendung sichert«.[60] Leider wird in den europäischen Juristenfakultäten immer noch hauptsächlich nur das Recht desjenigen Landes gelehrt, in dem sie ihren Sitz haben. Das muss man bedauern. Aber gerade deshalb ist es sinnvoll, von den Regeln der nationalen Rechte auszugehen und auf ihrer Grundlage um ein Verständnis der europäischen Dimension des Themas zu werben. In der Tat gibt es vieles, was sich auch durch den strengsten Befehl des Gesetzgebers nicht erreichen lässt, dies besonders dann nicht, wenn er – was ganz unvermeidlich ist – Regeln einführt, die sich zu wichtigen Fragen nur mit allgemeinen Formeln und unbestimmten Begriffen äußern. Was nämlich der Gesetzgeber – der nationale ebenso wie der europäische – nicht oder nur sehr unvollkommen erreichen kann, ist die traditionelle Denkweise der Juristen, ihr Arbeitsstil, ihre Methode der Gesetzesauslegung, ihre Wertungspräferenzen und das Verfahren, in dem nach den Traditionen dieses oder jenes Landes Rechtsfälle von den Gerichten entschieden werden. Dafür ein Gespür zu entwickeln, ist nicht einfach. Die Grundlage dafür findet sich aber in den nationalen Rechtsordnungen. Von ihnen ist deshalb auszugehen, weil sie es letzten Endes sind, die den Stoff liefern, aus dem das europäische Vertragsrecht gemacht sein wird.

---

[60] *H. Coing*, Ius Commune, nationale Kodifikation und Internationale Abkommen: Drei historische Formen der Rechtsvereinheitlichung, in: Le nuove frontiere del diritto e il problema dell'unificazione, Atti del Congreso Internazionale di Bari I (1979) 171, 192.

A. Abschluss, Gültigkeit und Inhalt des Vertrages

§ 2 Vertragsverhandlungen und Vertragsabschluss

A. Der Konsens der Parteien

Schon im ersten Semester lernt der Student, dass der vertragliche Konsens der Parteien sich stets aus zwei Erklärungen ergibt, nämlich daraus, dass die eine Partei der anderen ein *Angebot* unterbreitet und die andere Partei das Angebot durch eine *Annahme* akzeptiert. Freilich trifft es keineswegs zu, dass Verträge ausschließlich durch Angebot und Annahme zustande kommen. Denn das für den Vertragsschluss Entscheidende ist der Konsens der Parteien: Er kann in der Annahme eines Angebots, er kann aber auch in jedem anderen Verhalten der Parteien liegen, sofern nur ihr Wille, an einen Vertrag gebunden zu sein, in dem Verhalten hinreichend deutlich zum Ausdruck kommt. Ein praktisches Bedürfnis, den vertraglichen Konsens auf das Schema von »Angebot« und »Annahme«

zu bringen, besteht – wie die historische Entwicklung zeigt – solange nicht, wie Verträge gewöhnlich unter Anwesenden geschlossen werden. Das war bis in die Neuzeit hinein die Regel. In Rom konnte lange Zeit eine vertragliche Verpflichtung im wesentlichen nur durch stipulatio, also nur bei gleichzeitiger und persönlicher Anwesenheit der Parteien begründet werden. Auch als später für die Entstehung einer vertraglichen Bindung der formlose Konsens der Parteien genügte, blieb es dabei, dass Verträge durchweg unter Anwesenden geschlossen wurden. Daher haben die römischen Juristen es nie als erforderlich angesehen, den vertraglichen Konsens aus zwei getrennten je für sich abgegebenen Erklärungen der Parteien – genannt »Angebot« und »Annahme« – zusammenzusetzen.[1]

Dazu bestand erst dann ein Anlass, als durch die Entwicklung eines zuverlässig funktionierenden Postverkehrs der Abschluss von »Distanzverträgen« möglich und üblich geworden war. »Distanzverträge« werden von Parteien mit Sitz an verschiedenen Orten im Korrespondenzwege verhandelt und geschlossen; daher kommt es hier zu einer Sequenz von Erklärungen, die in zeitlichem Nacheinander je für sich abgegeben, je für sich auf die Reise zum Partner gebracht und je für sich von ihm entgegengenommen werden. Vor allem bei »Distanzverträgen« entsteht deshalb die Frage, wie, wann und wo es zum Konsens der Parteien kommt, wie lange ein Angebot oder eine Annahmeerklärung widerrufen werden kann und wann ein solcher Widerruf wirksam wird.

Die Regeln, die wir über das Zustandekommen von Verträgen in den modernen Rechtsordnungen finden, sind daher im wesentlichen alle erst im 18. Jahrhundert entwickelt worden. Sie erwecken alle den Anschein, als seien dafür *stets* ein Angebot und eine Annahme erforderlich.[2] Aber das wäre ein Irrtum. Es gibt viele Fälle, in denen niemand am Abschluss eines Vertrages zweifelt und es gleichwohl unmöglich, lebensfremd oder willkürlich wäre, in dem Verhalten der einen Partei ein Angebot und in dem der anderen eine Annahme zu sehen. Wenn etwa ein Grundstückskaufvertrag vom Notar entworfen und dann von den Parteien gleichzeitig unterschrieben wird, so lässt sich schwerlich sagen, dass eine der Parteien der anderen ein »Angebot« gemacht und die andere eine »Annahme« erklärt habe. Auch dort, wo jemand eine Packung Zigaretten gegen bar kauft, steht das Einverständnis der Parteien fest; nur der Übung des juristischen Scharfsinns dient es, wenn man den Sachverhalt in »Angebot« und »Annahme« zerlegt und darüber streitet, ob das »Angebot« darin liegt, dass der Ver-

---

[1] Vgl. dazu *Zimmermann* 563 f.
[2] Vgl. z.B. § 145 ff. BGB; Art. 3 ff. OR; Art. 6:217 ff. BW; Art. 185 ff. griech. ZGB, wo überall nur vom Zustandekommen des Vertrages durch Angebot und Annahme die Rede ist. Anders Art. 2.1.1 PICC: »A contract may be concluded either by the acceptance of an offer or by conduct of the parties that is sufficient to show agreement.« Ähnlich Art. 2:211 PECL. Vgl. auch *Jansen/Zimmermann*, Vertragsschluss und Irtum im europäischen Vertragsrecht, AcP 210 (2010) 196, 225 (Fn. 154).

käufer die Zigaretten oder dass der Käufer das Geld auf den Ladentisch gelegt hat. In das Prokrustesbett von »Angebot« und »Annahme« lässt sich vor allem der Fall nicht zwingen, in dem die Parteien über einen langen Zeitraum hinweg miteinander in Vertragsverhandlungen gestanden, zahlreiche Vorschläge und Gegenvorschläge ausgetauscht und schließlich ein Einverständnis über den Abschluss eines Vertrages erzielt haben. In einem solchen Fall lässt sich oft schon nicht mit Sicherheit bestimmen, von welchem Zeitpunkt ab ein bindender Vertrag vorliegt; erst recht hilft die Vorstellung nicht weiter, dass der Vertrag aufgrund der Annahme eines Angebots zustandegekommen sei.

Die folgenden Ausführungen haben es daher zunächst nur mit einem – praktisch allerdings sehr wichtigen – Sonderfall zu tun, mit dem Fall nämlich, in dem der Konsens der Parteien seinen Ausdruck in getrennten Erklärungen gefunden hat, die man je für sich als Angebot, Widerruf des Angebots, Gegenangebot, Annahmerklärung oder Widerruf der Annahmeerklärung würdigen kann.

Die Regeln über den Vertragsabschluss durch Angebot und Annahme sind im rechtsvergleichenden Schrifttum besonders gründlich erörtert worden.[3] Eine internationale Vereinheitlichung dieser Regeln ist inzwischen insoweit geglückt, als es um das Zustandekommen internationaler Kaufverträge über bewegliche Sachen geht. Das Wiener Übereinkommen über Verträge über den internationalen Warenkauf (im folgenden: CISG) enthält in Art. 14–24 eine Regelung über den »Abschluss des Vertrages«, die auch in den folgenden Ausführungen besondere Aufmerksamkeit verdient.

B. *Angebot*

Ein Angebot muss so beschaffen sein, dass durch seine Annahme ein Vertrag zustandekommen kann. Daraus folgt, dass ein wirksames Angebot nur dann vorliegt, wenn es – so Art. 14 I CISG – »bestimmt genug« ist (darüber unter I) und außerdem »den Willen des Anbietenden zum Ausdruck bringt, im Falle der Annahme gebunden zu sein« (darüber unter II). Weiter ist von Bedeutung, zu welchem Zeitpunkt das Angebot wirksam wird (darüber unter III) und unter welchen Voraussetzungen es erlischt (darüber unter IV).

---

[3] *Schlesinger*, Formation of Contract, A Study of the Common Core of Legal Systems, 2 Bände (1968). Vgl. ferner die rechtsvergleichenden Darstellungen bei *A. von Mehren*, in: Int.Enc.Comp.L. VII/1, Kap. 9–19 ff., 50 ff., 112 ff. (1991); *F. Ranieri*, Europäisches Obligationenrecht (3. Aufl. 2009) Kap. 2–4; *R. Sacco*, in: Hartkamp et al. (Hg.), Towards a European Civil Code (3. Aufl. 2004) 353 ff.; *J. Schmidt*, Der Vertragsschluss, Ein Vergleich zwischen dem dt., fr. und engl. Recht (2013).

I. Bestimmtheit des Angebots[4]

Wer einem anderen mitteilt, dass er bereit sei, einen Vertrag zu schließen oder darüber in Verhandlungen zu treten, gibt damit allein noch kein Angebot ab. Ein Angebot muss »bestimmt« sein, also die wesentlichen Punkte des Geschäfts so genau bezeichnen, dass durch die Erklärung des Adressaten, er nehme das Angebot an, ein gültiger Vertrag zustandekommt.[5] Ein Angebot zum Abschluss eines Kaufvertrages ist daher nur dann »bestimmt«, wenn in ihm die Kaufsache und ihr Preis genannt sind.[6] Allerdings genügt es, wenn die wesentlichen Punkte des Vertrages »bestimmbar« sind. Das ist der Fall, wenn ein vernünftiger Mensch in der Lage des Angebotsempfängers aus den Umständen – also z.B. aus den Gepflogenheiten des kaufmännischen Verkehrs in der betreffenden Branche oder aus der Abwicklung früherer Verträge unter den gleichen Vertragspartnern – entnehmen kann, zu welchem Preis, in welcher Menge und Qualität und zu welchen sonstigen wesentlichen Bedingungen ihm die Ware zum Kauf oder Verkauf angeboten wird.

Damit steht es nicht in Widerspruch, dass ein gültiger Kaufvertrag auch dann vorliegen kann, wenn ein Kaufpreis in ihm nicht bestimmt ist und sich auch nicht aufgrund der Umstände bestimmen lässt.[7] Das setzt freilich voraus, dass die Parteien Einverständnis darüber erzielt haben, dass der Kaufpreis (zunächst) offen bleiben und der Vertrag gleichwohl wirksam sein soll. Ein solches Einverständnis muss sich aus dem gesamten Inhalt der Verhandlungen ergeben, die die Parteien miteinander geführt haben. Unerheblich ist dabei, ob im Zuge dieser Verhandlungen eine Partei eine Erklärung abgegeben hat, die, weil in ihr ein bestimmter Kaufpreis nicht genannt war, als »Angebot« unwirksam wäre. Denn für das Zustandekommen des Vertrages ist der Konsens der Parteien das Entscheidende; dieser Konsens kann sich aber auch aus ganz anderen Umständen als einem »Angebot« und einer »Annahme« ergeben.[8]

---

[4] Vgl. dazu die ausführlichen rechtsvergleichenden Ausführungen bei *Schlesinger* (oben N. 3) 84 ff., 431 ff.

[5] So ausdrücklich z.B. *Ghestin* no. 291 ff.; *Schmidt*, Négociation et conclusion de contrats (Paris 1982) no. 72 ff.; *Larroumet* no. 246; *Larenz* AT 517 f.; *Bork* Rn. 704, 711 f.

[6] Vgl. Art. 14 I 2 CISG; Art. 2:201 (1) PECL; Art. 2.1.2 PICC.

[7] So Art. 55 CISG. Dort wird für diesen Fall »vermutet, dass die Parteien sich stillschweigend auf den Kaufpreis bezogen haben, der bei Vertragsabschluss allgemein für derartige Ware berechnet wurde, die in dem betreffenden Geschäftszweig unter vergleichbaren Umständen verkauft werden«.

[8] Vgl. dazu schon oben S. 24 f. – Zu dem (angeblichen) Widerspruch zwischen Art. 14 und 55 CISG vgl. ausführlich und treffend *Bucher*, Preisvereinbarung als Voraussetzung der Vertragsgültigkeit beim Kauf: Mélanges Piotet (Bern 1990) 371 = *Bucher* (Hrsg.), Wiener Kaufrecht (1991) 53; vgl. dazu *Schlechtriem/Schwenzer*, Kommentar zum CISG (5. Aufl. 2008) Art. 14 Rn. 19 ff.

II. Bindungswille des Offerenten[9]

Ein Vertrag setzt voraus, dass die Parteien die vertragliche Bindung gewollt und ihren Willen nach außen hin manifestiert haben. Daraus ergibt sich, dass überall dort, wo der Vertrag durch Angebot und Annahme zustandekommen soll, schon im Angebot zum Ausdruck kommen muss, dass der Offerent, sofern sein Angebot angenommen wird, an den Vertrag gebunden sein will. Fehlt es an einem solchen Bindungswillen, so liegt kein Angebot im Rechtssinne vor, sondern in der Regel nur eine Aufforderung an den Empfänger, er möge seinerseits ein Angebot unterbreiten oder seine Bereitschaft zur Aufnahme von Vertragsverhandlungen zu erkennen geben (»invitatio ad offerendum«, »invitation to treat«, »offre de pourparlers«).

Die Unterscheidung zwischen Angebot und invitatio offerendi ist nicht schwierig, wenn die Erklärung sich selbst ausdrücklich als »bindendes Angebot« oder aber als »freibleibend«, »sans engagement«, »senza impegno«, »without obligation«, »subject to agreement« o.ä. bezeichnet.[10] Fehlt es an solchen Hinweisen, so kommt es darauf an, wie die Erklärung von einem vernünftigen Menschen in der Lage des Adressaten verstanden werden konnte, insbesondere: ob ihm erkennbar war, dass der Erklärende ein schutzwürdiges Interesse daran hat, auch im Falle einer zustimmenden Gegenäußerung nicht vertraglich gebunden zu sein. So wird es z.B. liegen, wenn der Empfänger der Erklärung erkennen kann, dass sie nicht nur ihm, sondern gleichzeitig einer großen Zahl anderer Personen übermittelt worden ist. Dass in einem solchen Fall die Erklärung nicht als Angebot im Rechtssinne gemeint sein kann, ergibt sich daraus, dass anderenfalls alle Adressaten durch Annahmeerklärung Verträge zustandebringen und der Erklärende mangels ausreichenden Liefer- oder Leistungsvermögens alle diese Verträge nicht gleichzeitig erfüllen und daher wegen Vertragsverletzung schadensersatzpflichtig sein könnte. Deshalb wird in

---

[9] Vgl. dazu die ausführlichen rechtsvergleichenden Ausführungen bei *Schlesinger* (oben N. 3) 77 ff., 325 ff., 645 ff.

[10] Vgl. aber die lehrreiche Entscheidung BGH 8. März 1984, NJW 1984, 1885: Auf eine Anfrage der Klägerin hatte die Beklagte die Vermietung eines Flugzeugs zu einem bestimmten Preis »freibleibend entsprechend unserer Verfügbarkeit« angeboten. Aufgrund der besonderen Umstände des Falles nahm das Gericht an, dass in dieser Erklärung der Beklagten nicht eine bloße invitatio ad offerendum, sondern ein Angebot liege, freilich mit der Maßgabe, dass sie sich das Recht vorbehalten habe, ihr Angebot zu widerrufen. Ob ein solcher Widerruf nur bis zum Eingang der Annahmeerklärung oder auch später noch zulässig sein sollte, konnte dahingestellt bleiben, weil selbst im letzteren Falle der Widerruf unverzüglich nach dem Eingang der Annahmeerklärung hätte erklärt werden müssen. Dies aber hatte die Beklagte unterlassen. Dass ein Angebot grundsätzlich unwiderruflich ist, sofern sich der Offerent nicht – wie in diesem Fall – ein Widerrufsrecht vorbehalten hat, ist eine Regel, die zwar in manchen Rechtsordnungen – besonders im deutschen Recht –, aber längst nicht überall in Europa anerkannt ist. Vgl. dazu noch unten S. 30 ff.

der Übersendung von Preislisten und Katalogen, auch in der Veröffentlichung
von Anzeigen in den gedruckten oder elektronischen Medien, ja überhaupt in
allen Erklärungen, die an einen unbestimmten Personenkreis gerichtet sind,
im allgemeinen kein Angebot gesehen.[11]

Allerdings kennt dieser Grundsatz manche Ausnahmen. So hat die französische Rechtsprechung eine andere Ansicht in Fällen vertreten, in denen jemand
eine Ware durch ein Zeitungsinserat zum Verkauf angeboten hatte: Hier komme
ein Vertrag in dem Augenblick zustande, in dem der erste Kaufinteressent die
Annahme des Angebots zu den geforderten Bedingungen erkläre.[12] Das gilt freilich nicht, wenn derjenige, der durch Inserat oder Aushang sich öffentlich zum
Abschluss von Verträgen erbietet, ein vernünftiges Interesse daran hat, seine
Entscheidung über den Vertragsschluss von persönlichen Merkmalen des Vertragspartners, also z.B. von seiner Zahlungsfähigkeit oder Vertrauenswürdigkeit
abhängig zu machen.[13] In England hat man ein Angebot im Rechtssinne sogar
in einer Zeitungsanzeige gesehen, in der der Hersteller »karbolischer Rauchku-
geln« jedem Leser £ 100 versprach, der die aus einer solchen Kugel aufsteigen-
den Dämpfe inhalieren und gleichwohl an Grippe erkranken würde.[14] Zweifeln
kann man auch in Fällen, in denen ein Händler seine Waren mit einem Preisschild
versieht und in seinem Geschäftslokal – z.B. im Schaufenster – auslegt. Im allgemeinen wird darin nur eine invitatio ad offerendum gesehen. Anders Art. 7 III
OR: Danach »gilt die Auslage von Waren mit Angabe des Preises in der Regel
als Antrag«. Noch weiter geht Art. 2:201 (3) PECL: Danach wird vermutet, dass
ein Angebot auch dann vorliegt, wenn ein Unternehmer in öffentlichen Anzeigen oder Katalogen oder bei der Auslage von Waren erklärt, dass er gegen Zahlung eines bestimmten Preises zur Lieferung der Waren bereit sei. Allerdings soll
das nur so lange gelten, wie der Vorrat an Waren ausreicht und der Vertrag, den
der Kunde durch seine Annahmeerklärung zustande bringt, von dem Unterneh-

---

[11] Vgl. Art. 14 II CISG.

[12] Civ. 28. Nov. 1968, J.C.P. 1969.II.15797; Civ. 13. Juni 1972, Bull. cass. 1972.III.
no. 392. Vgl. dazu auch *Ghestin* no. 297; *Schmidt* (oben N. 5) no. 120 ff.

[13] Vgl. Nîmes 13. Mai 1932, D.H. 1932, 404: Veröffentlicht eine Zeitung ihre Anzei-
genpreise, so kann sie die Veröffentlichung einer Anzeige zwar nicht deshalb ablehnen,
weil der Kunde einen höheren als den angegebenen Preis nicht zahlen will, wohl aber
deshalb, weil sie gegen den Inhalt der Anzeige begründete Bedenken hat. Vgl. dazu auch
Mazeaud (-Chabas) no. 133.

[14] *Carlill v. Carbolic Smoke Ball Co.* [1892] 2 Q.B. 484; 1 Q.B. 256. Für den Bindungswillen des Herstellers sprach der Umstand, dass er in der Anzeige, »um seine Aufrichtig-
keit zu zeigen«, erklärt hatte, er habe zur Sicherheit bei seiner Bank £ 1000 hinterlegt.
Vgl. zu dieser Entscheidung den ebenso lehrreichen wie amüsanten Aufsatz von *A.W.B.
Simpson*, Quackery and Contract Law, The Case of the Carbolic Smoke Ball, J.Leg.Stud.
14 (1985) 345 = *ders.*, Leading Cases in the Common Law (1995) 259 ff. Dort sind die
näheren Umstände des Falles und sein interessanter kultur- und wirtschaftshistorischer
Hintergrund ausführlich dargestellt.

mer erfüllt werden kann. Dagegen spricht aber, dass der Unternehmer keine Möglichkeit mehr hätte, den Vertragsschluss zu verweigern, wenn er den Kunden für zahlungsunfähig oder unzuverlässig hält oder er ihn aus guten anderen Gründen nicht beliefern möchte.[15]

III. Wirksamwerden des Angebots

Ein Angebot wird wirksam, sobald sein Empfänger es durch eine Annahmeerklärung zu einem Vertrag perfektionieren kann. Das ist der Fall, wenn das Angebot dem Empfänger »zugegangen« ist. Wird ein Angebot mündlich oder telefonisch gemacht, so geht es dem Empfänger zu, sobald er die Worte, die das Angebot darstellen, vernommen hat. Ein Angebot, das einem bestimmten Empfänger auf andere Weise übermittelt wird, geht ihm zu, wenn es derart in seinen Einflussbereich gelangt ist, dass er die Möglichkeit hat, von ihm Kenntnis zu nehmen.[16] Ein brieliches Angebot ist daher zugegangen, sobald der Brief in den Briefkasten des Empfängers eingeworfen, in sein Postfach gelegt oder einer dazu von ihm autorisierten Person übergeben worden ist.

Allgemein anerkannt ist auch, dass ein Angebot, selbst wenn es unwiderruflich ist, nicht wirksam wird, wenn es der Offerent zurücknimmt und die Rücknahmeerklärung dem Empfänger vor oder gleichzeitig mit dem Angebot zugeht.[17]

IV. Erlöschen des Angebots

Ein Angebot ist erloschen, wenn eine Annahmeerklärung den Abschluss eines Vertrages nicht mehr herbeiführen kann.

1. *Ablehnung und Nichtannahme des Angebots.* – Ein Angebot erlischt, wenn es vom Empfänger abgelehnt wird und die Ablehnung den Offerenten erreicht

---

[15] Vgl. *H. Köhler*, Das Verfahren des Vertragsschlusses, in: J. Basedow (Hrsg.), Europäische Vertragsrechtsvereinheitlichung und deutsches Recht (2000) 33, 36 ff. Vgl. ferner *Treitel (-Peel)* no. 2-006 ff.

[16] Vgl. Art. 15 I, 24 CISG; § 130 BGB; Art. 3:37 III BW; Art. 167 griech. ZGB; Art. 224 port. CC; Art. 61 I poln. ZGB; Art. 214 I ung. ZGB; ebenso Art. 1.10 (2) und (3), 2.1.3 (1) PICC, Art. 1:303 PECL. Vgl. dazu ausführlich *M. Hennemann*, Zugang von Erklärungen im europäischen Vertragsrecht, ZEuP 2013, 565.

[17] Vgl. Art. 15 II CISG; § 130 I 2 BGB; Art. 2.1.3 (2) PICC; *Ghestin* no. 303; *Schmidt* (oben N. 5) no. 126; *Mazeaud (-Chabas)* no. 134; Art. 3:37 V BW; § 7 schwed. Vertragsgesetz; Art. 230 II port. CC; Art. 61 Satz 2 poln. ZGB; Art. 214 II ung. ZGB. Vgl. aber auch Art. 9 I OR: Danach gilt ein Angebot auch dann als zurückgenommen, wenn die Rücknahmeerklärung zwar später als das Angebot *zugeht*, der Angebotsempfänger aber von ihr eher als vom Angebot *Kenntnis erlangt*.

hat.[18] Dies gilt auch dann, wenn der Offerent eine Frist für die Annahme gesetzt hat und die Ablehnung vor dem Ende der Frist erfolgt ist.

Wird das Angebot im Laufe einer mündlichen Besprechung gemacht, so erlischt es, wenn es nicht sofort oder allenfalls bis zum Ende der Besprechung
angenommen wird, es sei denn, dass der Offerent sich damit einverstanden erklärt, dass das Angebot auch später noch soll angenommen werden können.[19]

2. *Ablauf der Annahmefrist.* – Ein Angebot erlischt, wenn die Frist abläuft, bis
zu deren Ende es hätte angenommen werden müssen.

Eine solche Frist kann von dem Offerenten gesetzt sein. Ist das nicht der Fall,
so erlischt das Angebot nach Ablauf einer »angemessenen« Frist.[20] Ihre Länge
hängt vom Ergebnis einer Interessenabwägung ab. Der Offerent ist an einer
kurzen Frist interessiert, weil er während ihrer Dauer in seiner Dispositionsfrei-
heit eingeschränkt, also z.B. daran gehindert sein kann, die Ware einem Dritten
zu verkaufen. Auch trägt er, wenn er die Ware zu festem Preis zu kaufen oder
verkaufen sich erboten hat, das Risiko einer Veränderung ihres Marktpreises
während der Dauer der Frist. Der Empfänger des Angebots hat umgekehrt ein
Interesse an einer *langen* Frist, weil er seine Entscheidung umso gründlicher bedenken und Veränderungen der Marktlage umso eher zu seinem Vorteil nutzen kann, je mehr Zeit er sich für die Annahme oder Ablehnung des Angebots
nehmen darf. Für die Länge der »angemessenen« Frist kommt es also nicht nur
darauf an, wie lange die Übersendung von Angebot und Annahmeerklärung
unter Zugrundelegung der vom Offerenten gewählten Übermittlungsart gewöhnlich dauert, sondern vor allem auf die Umstände des Geschäfts, insbesondere darauf, ob die angebotene Ware oder Leistung zu fluktuierenden Preisen
gehandelt wird und die Bedenkzeit des Empfängers kurzgehalten werden muss,
damit er nicht zum Nachteil des Offerenten spekulieren kann.

3. *Widerruf des Angebots*[21]. – Zweifelhaft ist, ob ein Angebot, bevor es durch
Ablehnung oder Fristablauf erledigt ist, auch dadurch zum Erlöschen gebracht
werden kann, dass der Offerent es *widerruft.*

Im englischen Recht wird diese Frage grundsätzlich bejaht: Ein Angebot
kann jederzeit widerrufen werden, solange es noch nicht angenommen ist. Dies
gilt auch dann, wenn in dem Angebot eine bestimmte Frist für die Annahme

---

[18] Vgl. Art. 17 CISG; Art. 2.1.5 PICC; *Treitel (-Peel)* no. 2-062; § 146 BGB; Art. 187
griech. ZGB; Art. 6:221 II BW; § 5 schwed. Vertragsgesetz; Art. 33 CESL.

[19] Vgl. Art. 18 II 3 CISG; Art. 2.1.7 Satz 2 PICC; § 147 I BGB; § 862 Satz 2 ABGB;
Art. 5 OR; § 3 II schwed. Vertragsgesetz.

[20] Art. 18 II 2 CISG; Art. 2.1.7 Satz 1 PICC; *Ramsgate Victoria Hotel Co. Ltd. v. Mon-
tefiore* (1866) L.R. 1 Ex. 109 und *Treitel (-Peel)* no. 2-064 f.; *Ghestin* no. 315; *Schmidt* (oben
N. 5) no. 130; § 147 II BGB; § 862 Satz 2 ABGB; Art. 5 OR; Art. 189 Satz 2 griech. ZGB;
Art. 6:221 I BW; § 3 I schwed. Vertragsgesetz; Art. 1326 II Codice civile; Art. 66 II 2
poln. ZGB; Art. 211 II 3 ung. ZGB.

[21] Vgl. dazu rechtsvergleichend *von Mehren* Int.Enc.Comp.L. Vol. VII Ch. 9
s. 134 ff.

genannt wird.[22] Diese Regel wird meist aus der »consideration«-Lehre hergeleitet, also aus jenem Grundsatz des Common Law, wonach jemand sich nur
dann wirksam vertraglich binden kann, wenn der andere Teil dafür eine Gegenleistung erbracht oder versprochen hat, oder wenn die Bindung durch eine
in einer besonderen Urkunde (»deed«) niedergelegte Erklärung übernommen
worden ist (vgl. §4). Unwiderruflich ist demnach ein Angebot nur dann, wenn
der Offerent sich durch entgeltlichen Vertrag zur Aufrechterhaltung des Angebots (in der Regel für einen bestimmten Zeitraum) verpflichtet, dem anderen
Teil also – wie man auch sagt – eine »Option« eingeräumt hat. In vielen Fällen
kommt dieser kostspielige und umständliche Weg – ebenso wie die Errichtung
einer besonderen Urkunde – aus praktischen Gründen nicht in Betracht. Dies
kann zu unbilligen Konsequenzen führen, wenn ein Angebot widerrufen wird,
nachdem sein Empfänger vor Ablauf der in ihm für die Annahme gesetzten
Frist Dispositionen getroffen, also z.B. sich als Bauunternehmer an einer Ausschreibung beteiligt und dabei einen Preis genannt hat, der aufgrund der Preis-
angaben in dem Angebot seines Unterlieferanten kalkuliert war. Dass in einem
solchen Fall der erklärte Wille des Offerenten, er wolle für eine bestimmte Frist
an sein Angebot gebunden sein, nicht ausreicht und eine Bindung an das Angebot nur durch Abschluss eines entgeltlichen »Optionsvertrages« erreicht werden
kann, wird freilich auch in England kritisiert. Nur in einem Punkt ist die englische Rechtsprechung den Interessen des Angebotsempfängers entgegengekom-
men: Sie nimmt an, dass eine briefliche oder telegraphische Annahmeerklärung nicht erst dann wirksam wird, wenn sie den Offerenten erreicht, sondern
schon dann, wenn sie von dem Empfänger auf den Weg gebracht, also in den
Briefkasten geworfen oder der Post zum Zweck der Übermittlung übergeben
worden ist (»mailbox rule«).[23] Es leuchtet zwar nicht ein, warum eine Annahmeerklärung schon früher wirksam werden soll, als das für andere Erklärungen
– z.B. für Angebote (vgl. oben S. 29) – angenommen wird. Anderseits hat die
»mailbox rule« aber den Vorteil, dass sie die Frist verkürzt, innerhalb derer ein
Widerruf der Offerte noch wirksam werden kann. Denn da die Annahmeerklä-

---

[22] *Dickinson* v. *Dodds* (1876) 2 Ch.D. 463 (C.A.). Eine solche Frist bedeutet nur, dass
das Angebot nach Fristablauf erlischt, nicht, dass es bis zum Fristablauf unwiderruflich ist. Vgl. *Routledge* v. *Grant* (1828) 4 Bing 653, 130 Eng.Rep. 920; *Byrne* v. *Leon van
Tienhoven & Co.* (1880) 5 C.P.D. 344: »There is no doubt that an offer can be withdrawn
before it is accepted, and it is immaterial whether the offer is expressed to be open for
acceptance for a given time or not« (so Richter *Lindley* aaO S. 347). Vgl. ferner *Treitel
(-Peel)* no. 2-058.
[23] *Adams* v. *Lindsell* (1818) B. & Ald. 681, 106 Eng.Rep. 250 und dazu ausführlich *Treitel (-Peel)* no. 2-027 ff. und *Evans*, The Anglo-American Mailing Rule, Int.Comp.L.Q.
15 (1966) 553. Vgl. aber auch *Entores Ld.* v. *Miles Far East Corp.* [1955] 2 Q.B. 327 und
Brinkibon Ltd. v. *Stahag Stahl* [1983] 2 A.C. 34: Wird die Annahmeerklärung per *Telex*
aufgegeben, so kommt der Vertrag nicht am Ort der Aufgabe des Telex, sondern am Ort
seines Zugangs zustande.

rung schon mit ihrer Aufgabe zur Post wirksam wird (und damit der Vertrag zustandekommt), ist ein Widerruf der Offerte verspätet, der erst nach diesem Zeitpunkt den Angebotsempfänger erreicht.

Um einiges stärker ist die verpflichtende Wirkung des Angebots im französischen Recht.[24] Zwar geht die Rechtsprechung von dem Grundsatz aus, dass ein Angebot so lange widerrufen werden kann, wie es vom Empfänger noch nicht angenommen ist. Wenn sich jedoch aus den Umständen des Falles ergibt, dass der Widerruf missbräuchlich ist, weil durch ihn berechtigte Erwartungen des Angebotsempfängers enttäuscht werden, so liegt darin ein rechtswidriges und schuldhaftes Verhalten (»faute«), das gemäß Art. 1382 f. Code civil zu einer Schadensersatzpflicht führt. Missbräuchlich ist ein Widerruf, wenn er vor Ablauf der Frist erfolgt, die der Anbietende für die Annahme gesetzt hat, ferner dann, wenn zwar eine Annahmefrist nicht gesetzt war, sich aber aus den Umständen oder aus einem Handelsbrauch ergibt, dass das Angebot für einen »délai raisonnable« offenzuhalten war und es gleichwohl schon vorher widerrufen worden ist.[25] Unklar ist, welchen Umfang der Schadensersatzanspruch hat. Da er auf das Deliktsrecht gestützt wird, möchte man meinen, dass nur derjenige Schaden ersetzt werden muss, der dem Angebotsempfänger dadurch entstanden ist, dass er auf den Bestand des Angebots vertraut hat.[26] Gelegentlich haben die Gerichte aber den Beklagten auch dazu verurteilt, den Kläger im Wege des Schadensersatzes so zu stellen, wie er im Falle des Zustandekommens des Vertrages gestanden hätte.[27]

Die stärkste rechtliche Wirkung hat das Angebot im deutschen, schweizerischen und österreichischen Recht: Sobald das Angebot dem Empfänger zugegangen ist, ist der Offerent daran »gebunden«. Das bedeutet, dass er das Angebot innerhalb der von ihm gesetzten Frist oder – beim Fehlen einer solchen Frist – innerhalb einer »angemessenen« Frist nicht widerrufen kann und dass ein

---

[24] Vgl. zum folgenden die ausführliche Darstellung bei *Ghestin* no. 303 ff. und *Schmidt* (oben N. 5) no. 223 ff.

[25] Vgl. Civ. 17.12.1958, D. 1959.1.33 und Colmar 4. Feb. 1936, D.H. 1936, 187: Ein Lieferant hatte sein Angebot widerrufen, nachdem der Angebotsempfänger sich – gestützt auf das Angebot – an einer Ausschreibung beteiligt und den Zuschlag erhalten hatte. Das Gericht ging davon aus, dass eine Offerte bindend sei, »dès lors qu'il résulte d'un accord exprès ou tacite, mais indiscutable, qu'elle a été formulée pour être maintenue pendant un délai déterminé«. In casu sei jedoch eine solche Vereinbarung nicht bewiesen: Der Offerent habe bei Abgabe der Offerte nicht gewusst, dass der Angebotsempfänger sich aufgrund der Offerte an einer Ausschreibung beteiligen wolle. Das italienische Recht gewährt dem Angebotsempfänger einen Anspruch auf Ersatz des durch den Widerruf entstandenen Schadens, wenn er »gutgläubig und vor Kenntnis des Widerrufs mit der Ausführung des Vertrages begonnen hat« (Art. 1328 f. Codice civile).

[26] So z.B. Bordeaux 17. Jan. 1870, S. 1870.2.219; Civ. 10. Mai 1968, Bull.cass. 1968. III. no. 209; Civ. 8. Okt. 1958, Bull.cass. 1958.I. no. 413.

[27] Paris 5. Feb. 1910, D. 1913.2.1 mit Anm. *Valéry*; Civ. 17. Dez. 1958, D. 1959, 33; Soc. 22. März 1972, D.S. 1972, 468.

Widerruf, wenn er gleichwohl erfolgt, wirkungslos ist.[28] Diese Bindung kann der Offerent aber dadurch ausschließen, dass er sein Angebot als »freibleibend« bezeichnet. Durch diese oder eine ähnliche Formel behält er sich den Widerruf vor. Ob in diesem Falle ein Widerruf auch dann noch zulässig sein soll, wenn die Annahmeerklärung dem Offerenten bereits zugegangen (und der Vertrag damit an sich zustandegekommen) ist, hängt von einer Auslegung der Formel ab. Sie kann sogar zu dem Ergebnis führen, dass das »freibleibende« Angebot in Wahrheit gar kein Angebot, sondern nur eine invitatio ad offerendum sein sollte.[29]

Die drei geschilderten Systeme gehen zwar von unterschiedlichen Grundsätzen aus, kommen aber in ihrer praktischen Anwendung zu Ergebnissen, die nicht sehr weit auseinanderliegen. Unhaltbar ist allerdings die Regel des englischen Rechts, nach der ein Widerruf des Angebots grundsätzlich sogar dann in das freie Belieben des Offerenten gestellt ist, wenn er sich in schriftlicher Form als für einen bestimmten Zeitraum gebunden bezeichnet hat. Ob man aber – wie z.B. das deutsche Recht – vom Grundsatz der Bindung ausgeht, jedoch »freibleibende« Angebote als jederzeit widerruflich ansieht, oder ob man – wie das französische Recht – Angebote zwar grundsätzlich für widerruflich hält, aber jeden Widerruf, der berechtigte Erwartungen des anderen Teils enttäuscht, mit einer Ersatzpflicht sanktioniert, macht in der Praxis keinen sehr großen Unterschied. Daher hat man sich bei der Ausarbeitung des einheitlichen Kaufrechts auf einen vernünftigen Kompromiss verständigen können. Zwar geht Art. 16 I CISG von dem Grundsatz aus, dass Angebote widerruflich sind, dies freilich – wie bei der »mailbox rule« – nur unter der Voraussetzung, dass der Widerruf dem Angebotsempfänger vor Absendung der Annahmeerklärung zugeht. Dies gilt jedoch gemäß Art. 16 II nicht, wenn das Angebot »durch Bestimmung einer festen Frist zur Annahme oder auf andere Weise zum Ausdruck bringt, dass es unwiderruflich ist,[30] oder wenn der Empfänger vernünf-

---

[28] 145 BGB; Art. 3 und 5 OR; § 862 Satz 3 ABGB; Art. 185 f. griech. ZGB; Art. 230 port. CC. – Im gemeinen Recht hatte man noch den Widerruf des Angebots als zulässig angesehen, aber dem Angebotsempfänger – wie im heutigen französischen Recht – einen Schadensersatzanspruch zugebilligt; vgl. z.B. *Windscheid*, Lehrbuch des Pandektenrechts II (1865) 307. Die Verfasser des BGB meinten jedoch, dass »der Verkehr … eine glatte und rasche Abwickelung der Geschäfte [erfordert], während die Verweisung auf Schadensersatz erfahrungsgemäß zu Prozessen heikler Art und von zweifelhaftem Erfolge führt und auf den Verkehr lähmend einwirkt«. Vgl. Motive zu dem Entwurfe eines BGB I S. 166.

[29] Vgl. BGH 8. März 1984 (oben N. 10). Vgl. auch Art. 6:219 II Satz 2 BW: Danach kann ein »freibleibendes« Angebot auch noch nach der Annahme widerrufen werden, sofern der Widerruf »unverzüglich« nach der Annahme erfolgt.

[30] Ebenso Art. 2.1.4 (2)(a) PICC; Art. 2:202 (3)(a) und (b) PECL; Art. 32 (3) CESL. – Zu beachten ist, dass die Fristbestimmung das Angebot nicht stets, sondern nur dann unwiderruflich macht, wenn sie die Unwiderruflichkeit »zum Ausdruck bringt«. Ein Offerent – insbesondere aus einem Lande des Common Law – wird also (leider) zu dem Beweis zugelassen werden müssen, dass er zwar eine Frist bestimmt hat, damit aber – in ei-

tigerweise darauf vertrauen konnte, dass das Angebot unwiderruflich ist und er im Vertrauen auf das Angebot gehandelt hat.«[31]

4. *Tod oder Geschäftsunfähigkeit.* – Stirbt jemand nach Abgabe eines Angebots, so entsteht die Frage, ob es gleichwohl noch angenommen werden kann. Die gleiche Frage kann sich stellen, wenn es der Angebotsempfänger ist, der nach der Absendung des Angebots stirbt: Kann der Vertrag durch eine Annahmeerklärung seiner Erben zustandekommen? Ähnlich verhält es sich, wenn der Anbietende oder der Empfänger des Angebots vor dem Wirksamwerden einer Annahmeerklärung geschäftsunfähig werden.

Manche Rechtsordnungen gehen von dem Grundsatz aus, dass auch nach dem Tod oder dem Eintritt der Geschäftsunfähigkeit ein Angebot noch angenommen werden kann.[32] Andere Rechtsordnungen folgen dem entgegengesetzten Ausgangspunkt und lassen ein Angebot durch Tod oder Geschäftsunfähigkeit eines Beteiligten nur dann nicht erlöschen, wenn dafür besondere Gründe gegeben sind. So bleibt nach italienischem Recht ein Angebot nach dem Tode oder der Geschäftsunfähigkeit des Offerenten nur dann annahmefähig, wenn dieser in dem Angebot ausdrücklich eine Frist für die Annahme bestimmt hatte. Das gleiche gilt, wenn das Angebot von jemandem abgegeben wurde oder für jemanden bestimmt war, der das Angebot als Unternehmer im Rahmen seines Gewerbebetriebs abgegeben hat oder annehmen würde.[33] Im englischen Recht neigt man dazu, ein Angebot nur so lange als annahmefähig anzusehen, wie der Angebotsempfänger von dem Tode des Offerenten keine Kenntnis hat.[34] Überall anerkannt ist freilich, dass alle diese Regeln nur im Zweifel gelten und dass es letztlich auf die besonderen Umstände des einzelnen Falles ankommt, so z.B. darauf, ob es für den Vertrag, um dessen Zustandekommen es geht, auf die persönlichen Eigenschaften des Vertragspartners an-

---

ner dem Angebotsempfänger erkennbaren Weise – nur hat sagen wollen, dass das Angebot bei Fristablauf erlöschen, nicht, dass es bis zum Fristablauf unwiderruflich sein solle. Vgl. dazu *Schlechtriem/Schwenzer* (oben N. 8) Art. 16 Rn. 9.

[31] Ähnlich auch Art. 2.1.4 (2)(b) PICC; Art. 2:202(3)(c) PECL; Art. 1328 I, 1329 I Codice civile und Art. 6:219 BW.

[32] So § 862 Satz 4 ABGB; Art. 6:222 BW; Art. 188 griech. ZGB. Ebenso §§ 130 II, 153 BGB für den Fall des Todes oder des Eintritts der Geschäftsunfähigkeit des *Offerenten*. Die Lehre wendet die gleiche Regel aber auch an, wenn der Angebots*empfänger* stirbt oder geschäftsunfähig wird; vgl. *Kramer* in Münchener Kommentar (6. Aufl. 2012) § 153 BGB Rn. 7. Ebenso Art. 231 I port. CC und Art. 62 poln. ZGB für den Fall des Todes oder der Geschäftsunfähigkeit des Offerenten. Dagegen schreibt Art. 231 II port. CC ein Erlöschen des Angebots vor, wenn der Angebots*empfänger* stirbt oder geschäftsunfähig wird.

[33] Vgl. Art. 1329, 1330 Codice civile. Im französischen Recht nimmt die Lehre ein Erlöschen des Angebots an; vgl. *Larroumet* no. 241; *Schmidt* (oben N. 5) no. 133; anders mit guten Gründen *Ghestin* no. 316. Die Rechtsprechung schwankt, vgl. einerseits Civ. 9. Nov. 1983, Bull.cass. 1983.III. no. 222; andererseits Civ. 10. Mai 1989, Bull.cass. 1989. III. no. 108.

[34] Vgl. *Treitel (-Peel)* no. 2-067 ff.

kommt. So liegt es z.B. bei Dienstverträgen: Niemand wird auf den Gedanken kommen, dass die Erklärung eines Malers, mit der er sich gegen Zahlung eines bestimmten Honorars zur Herstellung eines Portraits erbietet, auch noch nach seinem Tode – oder gar nach dem Tode des zu Portraitierenden – durch eine Annahmeerklärung zu einem Vertrag perfektioniert werden könnte.

C. Annahme

Ein Vertrag kommt zustande, wenn das Angebot angenommen wird. In der Regel geschieht dies durch eine an den Offerenten gerichtete Annahme*erklärung* (darüber unter I). Manchmal genügt es aber, wenn der Annahmewille durch ein Verhalten zum Ausdruck gebracht wird; ausnahmsweise kann sogar Schweigen oder Untätigkeit als Annahme gewertet werden (darüber unter II). Grundsätzlich muss eine wirksame Annahme rechtzeitig erfolgen und die uneingeschränkte Zustimmung zu dem Angebot enthalten. Unter bestimmten Voraussetzungen können aber auch eine modifizierte Annahme (darüber unter III) und eine verspätete Annahme (darüber unter IV) noch zu einem Vertragsschluss führen.

I. Annahmeerklärung

1. *Bindungswille des Annehmenden.* – Eine Annahmeerklärung liegt nur dann vor, wenn der Annehmende mit ihr seinen Willen zum Ausdruck bringt, an einen Vertrag gebunden zu sein, dessen Inhalt sich mit den Bedingungen des Angebots deckt. Daran fehlt es, wenn die Erklärung lediglich den Empfang des Angebots bestätigt oder wenn sie das Angebot modifiziert oder wenn die Auslegung der Erklärung ergibt, dass der Erklärende zwar von dem Angebot zustimmend Kenntnis nehmen will, aber eine vertragliche Bindung erst dann eintreten soll, wenn weitere Voraussetzungen erfüllt sind, also z.B. wenn er eine weitere – nunmehr bindende – Erklärung abgegeben hat.

2. *Wirksamwerden der Annahmeerklärung.* – Die Frage, zu welchem Zeitpunkt eine Annahmeerklärung wirksam wird, verliert heute mehr und mehr ihre praktische Bedeutung, weil es die modernen Techniken der Nachrichtenübermittlung immer häufiger erlauben, dass die Absendung und das Eintreffen einer Mitteilung auch dann zum gleichen Zeitpunkt stattfinden, wenn Absender und Empfänger ihren Sitz an weit voneinander entfernten Orten haben. Nur wenn eine Annahmeerklärung per Brief oder Telegramm versandt wird, kann daher die Frage entstehen, ob sie schon mit ihrer Absendung oder erst mit ihrem Eintreffen beim Empfänger wirksam wird. Darauf kann es deshalb ankommen,

weil es nur im letzteren Fall möglich erscheint, dass der Annehmende seine Erklärung dadurch rückgängig macht, dass er eine Rücknahmeerklärung auf den Weg bringt, die den Offerenten vor oder gleichzeitig mit der Annahmeerklärung erreicht. Weiterhin ist zu bedenken, dass ein Vertrag nur dann zustandekommen kann, wenn im Zeitpunkt des Wirksamwerdens der Annahmeerklärung das Angebot noch annahmefähig ist; das ist nicht der Fall, wenn es zu diesem Zeitpunkt durch einen Widerruf oder durch den Ablauf der für die Annahme gesetzten Frist bereits erloschen ist.

Die meisten Rechtsordnungen[35] und Art. 18 II 1, 24 CISG gehen davon aus, dass eine Annahmeerklärung – ebenso wie ein Angebot – wirksam wird, wenn sie dem Offerenten zugeht, also derart in seinen Einflussbereich gelangt, dass er jederzeit die Möglichkeit hat, von ihr Kenntnis zu nehmen.[36] Daraus folgt, dass eine Annahmeerklärung – ebenso wie ein Angebot – durch eine Erklärung zurückgenommen werden kann, die dem Offerenten spätestens zugleich mit der Annahmeerklärung zugeht.[37] Daraus folgt auch, dass eine Annahmefrist nur dann gewahrt wird, wenn die Annahmeerklärung vor Fristablauf dem Offerenten zugegangen ist.

Nach der »mailbox rule« kommt allerdings ein Vertrag schon in dem Zeitpunkt zustande, in dem die (briefliche oder telegraphische) Annahmeerklärung zur Post gegeben wird.[38] Die praktischen Konsequenzen, die die englische Rechtsprechung daraus zieht, sind aber beschränkt. Sie bestehen vor allem darin, dass der Widerruf eines Angebots wirkungslos bleibt, wenn er den Angebotsempfänger erst nach Absendung der Annahmeerklärung erreicht.[39] Dagegen gibt es keine Entscheidung, die aus der »mailbox rule« den – an sich »logischen« – Schluss zöge, dass eine bereits zur Post gegebene Annahmeerklärung nicht noch durch eine »überholende« Rücknahmeerklärung wirkungslos

---

[35] Vgl. § 130 BGB; Art. 167, 192 griech. ZGB; § 2, 3 schwed. Vertragsgesetz; Art. 3:37 III BW; Art. 61 Satz 1, 70 I poln. ZGB; Art. 213 ung. ZGB. Ebenso Art. 2.1.6(2) PICC; Art. 2:105(1) PECL; Art. 18 II CISG. Vgl. aber auch Art. 10 I OR: Danach kommt der Vertrag bereits dann wirksam zustande, wenn die Annahmeerklärung »zur Absendung abgegeben wurde«. Das verträgt sich schlecht mit Art. 9 II OR, wonach eine Annahmeerklärung durch eine »überholende« Erklärung zurückgenommen und damit der (gemäß Art. 10 I OR bereits wirksame) Vertrag nachträglich wirkungslos gemacht werden kann.

[36] Dem steht nicht entgegen, dass schon durch die *Absendung* der Annahmeerklärung der Zeitpunkt bestimmt wird, bis zu dem ein wirksamer Widerruf des Angebots zugegangen sein muss (Art. 16 I CISG). Denn die Frage, wann der Vertrag zustandekommt, hat nichts mit der Frage zu tun, bis wann die Offerte widerrufen werden kann.

[37] Vgl. Art. 22, 24 CISG; § 130 I 2 BGB; Art. 1328 II Codice civile; Art. 3:37 V BW; § 7 schwed. Vertragsgesetz; Art. 235 II port. CC; Art. 61 Satz 2 poln. ZGB; Art. 214 II ung. ZGB. Vgl. aber auch Art. 9 II OR: Danach gilt eine Annahmeerklärung auch dann als zurückgenommen, wenn die Rücknahmeerklärung zwar später als sie *zugeht*, der Offerent von ihr aber eher als von der Annahmeerklärung *Kenntnis erlangt*.

[38] Vgl. oben zu N. 23.

[39] Ebenso Art. 16 I CISG.

gemacht worden könnte.[40] Dass eine Annahmeerklärung verspätet ist, die zwar vor Ablauf der dafür gesetzten Frist zur Post gegeben wurde, den anderen Teil aber erst nach Fristablauf erreicht, wird sich in der Regel aus der Auslegung des Angebots ergeben:[41] Denn wenn der Offerent in ihm für die Annahmeerklärung eine Frist gesetzt hat, wird das in der Regel bedeuten, dass eine solche Erklärung nur rechtzeitig ist, wenn sie ihn vor Fristablauf erreicht.

In Frankreich ist das Problem lebhaft umstritten. Viele ältere Entscheidungen des Kassationshofs haben auf die Absendung der Annahmeerklärung (»théorie de l'expédition«), andere auf ihren Zugang (»théorie de la réception«) abgestellt. Sie haben heute aber nur noch geringe Aussagekraft, weil es in ihnen meist nicht um den *Zeitpunkt*, sondern um den *Ort* des Vertragsschlusses ging, von dem nach früherem Recht die örtliche Zuständigkeit des Gerichts abhing. Heute ist in der Doktrin anerkannt, dass – mit den Worten von *Ghestin* – »la solution ne peut se déduire d'analyses abstraites, mais d'un juste equilibre entre les intérêts en présence«:[42] daher dürfe nicht nach einer Einheitslösung gesucht, sondern es müsse je nach der praktischen Frage unterschieden werden, für die es auf den Zeitpunkt des Wirksamwerdens der Annahmeerklärung ankommt. So muss nach Auffassung von *Ghestin* schon mit *Absendung* der Annahmeerklärung die Möglichkeit eines Widerrufs des Angebots ausgeschlossen sein (ebenso Art. 16 I CISG). Hingegen müsse eine Annahmeerklärung auch noch nach ihrer Absendung durch eine sie »überholende« Rücknahmeerklärung beseitigt werden können.[43] Praktisch besonders wichtig ist die Frage, ob eine vom Anbietenden gesetzte Annahmefrist schon durch fristgemäße Absendung oder nur durch fristgemäßen Zugang der Annahmeerklärung gewahrt wird. Der Kassationshof hat in einer neueren Entscheidung angenommen, dass, sofern der Offerent nichts anderes vorgeschrieben hat, die fristgemäße *Absendung* ausreiche und der Vertrag auch dann zustandekomme, wenn die Annahmeerklärung den Empfänger erst nach Fristablauf oder, weil sie auf dem Postweg verlorengegangen ist, überhaupt nicht erreicht.[44]

---

[40] Vgl. dazu *Treitel (-Peel)* no. 2-029 ff.

[41] Vgl. *Household Fire & Carriage Acc. Ins. Co. Ltd.* v. *Grant* (1879) 41 L.T. 298: Dort ist zwar die »mailbox rule« bestätigt, aber gleichzeitig klargestellt worden, dass »an offeror, if he chooses, may always make the formation of the contract which he proposes dependent upon the actual communication to himself of the acceptance« (aaO S. 304).

[42] *Ghestin* no. 353.

[43] Vgl. *Ghestin* no. 355 f.

[44] Com. 7. Jan. 1981, Bull.cass. 1981.IV. no. 11: Die Klägerin hatte mit ihrer auf Vertrag gestützten Klage Erfolg, weil sie das befristete Angebot der Beklagten mit einem (auf dem Postweg verlorengegangenen) Schreiben angenommen hatte, von dem sie beweisen konnte, dass sie es vor Fristablauf abgesandt habe. Vgl. dazu *Ghestin* no. 359 und *Schmidt* (oben N. 5) no. 181 ff.

Diese Entscheidung überzeugt nicht. Sie führt dazu, dass der Offerent, wenn die fristgemäß abgesandte Annahmeerklärung auf dem Postweg verlorengeht oder sich verspätet, an einen Vertrag gebunden ist, von dessen Zustandekommen er bei Ablauf der von ihm gesetzten Frist nichts weiß und auch nichts wissen kann. Stellt man auf den fristgemäßen *Zugang* ab, so trägt dafür zwar der Annehmende die Beweislast. Aber das ist nicht unbillig. Er kann die Art der Übermittlung seiner Erklärung und den Zeitpunkt der Absendung bestimmen und kann, wenn er trotz Kenntnis der Annahmefrist den besonders riskanten Weg der Übersendung eines Briefs wählt, Vorsorge dafür treffen, dass sein Zugang beweisbar ist, etwa dadurch, dass er ihn als »eingeschriebenen« Brief absendet und die Post um Rücksendung einer Empfangsbestätigung (»Rückschein«) bittet. Deshalb verdient die Lösung des Art. 18 II 1 CISG den Vorzug.

II. Annahme durch schlüssiges Verhalten

1. *Annahme durch Beginn der Vertragsausführung.* – Ein Angebot muss nicht durch eine besondere Erklärung angenommen werden. Überall anerkannt ist, dass auch ein Verhalten des Angebotsempfängers ausreicht.[45] Voraussetzung dafür ist, dass das Verhalten hinreichend deutlich den Willen zur Annahme des Angebots zum Ausdruck bringt und dass eine Äußerung des Annahmewillens durch besondere Erklärung, die dem Empfänger zugehen müsste, im konkreten Fall nicht erforderlich ist.

Ein Verhalten, das den Annahmewillen des Angebotsempfängers zum Ausdruck bringt, liegt meist darin, dass er mit der Ausführung des Vertrages beginnt, dessen Abschluss ihm angeboten war.[46] Hat jemand einem Händler angeboten, Ware von ihm zu kaufen, so kann die Annahme darin liegen, dass der Händler die Ware abschickt oder, wenn er sie erst noch beschaffen muss, mit einem Dritten ein Deckungsgeschäft über die Ware abschließt oder dass er den Scheck, der ihm zusammen mit dem Angebot übersandt war, seiner Bank zur Einlösung übergibt. Hat umgekehrt jemand seinem Kunden Ware zum *Verkauf* angeboten, so kann der Kunde seinen Willen zur Annahme dieses Angebots dadurch zum Ausdruck bringen, dass er den Kaufpreis an den Anbietenden zahlt

---

[45] Vgl. Art. 18 III CISG; Art. 2.1.6 PICC; Art. 2:204 PECL; § 151 BGB; § 864 ABGB; § 193 griech. ZGB; Art. 1327 I it. CC; Art. 234 port. CC; Art. 69 poln. ZGB; vgl. auch *Ghestin* no. 397 ff.; *Schmidt* (oben N. 5) no. 166 f.; *Mazeaud (-Chabas)* no. 136; *Treitel (-Peel)* no. 2-015 ff.

[46] In manchen Fällen liegt ein solches Verhalten darin, dass der Angebotsempfänger die ihm angebotene Vertragsleistung in Anspruch nimmt. So verhält es sich, wenn jemand die Ware, die ihm zum Kauf angeboten und gleichzeitig übersandt worden ist, in Benutzung nimmt, verbraucht oder in sonstiger Weise wie ein Eigentümer über sie disponiert.

oder zu seinen Gunsten ein Akkreditiv eröffnet. Nicht anders liegt es – so zwei Schulfälle – wenn der Hotelier, der eine briefliche Zimmerbestellung empfangen hat, den Absender in seine Zimmerliste einträgt oder wenn sich jemand in ein Taxi setzt, das am Straßenrand auf Fahrgäste wartet.

In all diesen Fällen kommt der Vertrag jedoch nur dann zustande, wenn nach den Umständen feststeht, dass eine Äußerung des Annahmewillens durch eine zugangsbedürftige Erklärung nicht erforderlich ist. Das ist der Fall, wenn der Offerent des Schutzes nicht bedarf, den ihm eine Annahmeerklärung dadurch bietet, dass er, wenn sie ihm zugegangen ist, von dem Zustandekommen des Vertrages weiß oder wissen kann. Oft ist der Offerent aber durchaus damit einverstanden, dass ein Vertrag auch ohne sein Wissen zustandekommen soll. So liegt es nicht nur, wenn der Offerent auf die Annahmeerklärung ausdrücklich oder stillschweigend verzichtet, indem er z.B. den Angebotsempfänger um »schnellstmögliche Versendung« der Ware bittet. Auch aus der Verkehrssitte, dem Handelsbrauch oder aus der Übung, die sich zwischen den Parteien gebildet hat, kann sich ergeben, dass eine Annahme durch besondere Erklärung als entbehrlich anzusehen ist.

2. *Annahme durch Schweigen.* – Überall anerkannt ist der Grundsatz, dass in bloßem Schweigen keine Annahme des Angebots liegt,[47] dies auch dann nicht, wenn der Anbietende so dreist gewesen sein sollte, in seinem Angebot zu erklären, dass Schweigen als Annahme gelten solle. Ebenso anerkannt ist aber, dass ein Schweigen des Angebotsempfängers als Annahme gewertet werden kann, wenn besondere Umstände hinzutreten, die es erlauben, das Schweigen ausnahmsweise als Annahme zu werten. Manchmal werden solche besonderen Umstände durch eine gesetzliche Vorschrift festgelegt. So heißt es z.B. in Art. L 112–2 des französischen Code des assurances, dass jedes Angebot eines Versicherungsnehmers, mit dem er dem Versicherer durch eingeschriebenen Brief eine Änderung oder Verlängerung eines bereits bestehenden Versicherungsvertrages vorschlägt, als angenommen gilt, sofern der Versicherer nicht binnen 10 Tagen nach Erhalt des Angebots die Ablehnung erklärt.[48] Nach § 362 HGB muss ein Kaufmann, der – wie z.B. ein Frachtführer, Lagerhalter oder Kommissionär – gewerbsmäßig Geschäfte für andere besorgt, ein Angebot zum Abschluss eines entsprechenden Vertrags beantworten; tut er das nicht, so ist sein Schweigen als Annahme anzusehen.[49] Allerdings gilt das nur, wenn ihm das

---

[47] So ausdrücklich Art. 18 I 2 CISG; Art. 2:204(2) PECL; Art. 2.1.6(1) PICC, Art. 34(2) CESL. – Vgl. zum folgenden auch *Treitel (-Peel)* no. 2-041; *Terré/Simler/Lequette* no. 124; *Owsia*, Silence: Efficacy in Contract Formation, A Comparative Review of French and English Law, Int.Comp.L.Q. 40 (1991) 784.

[48] Diese Regelung gilt nicht für Lebensversicherungsverträge. – Eine ähnliche Vorschrift (beschränkt auf den Bereich der obligatorischen Kraftfahrzeug-Haftpflichtversicherung) findet man in § 5 III 1 Pflichtversicherungsgesetz.

[49] Ebenso Art. 395 OR, wenn mit dem Angebot der Auftrag zu Geschäften erteilt

Angebot von jemandem unterbreitet wird, »mit dem er in Geschäftsverbindung steht«.

Eine zwischen den Parteien bereits bestehende Vertrags- oder Geschäftsbeziehung kann auch sonst dafür sprechen, dass das Schweigen auf ein Angebot als Annahme gilt, ebenso der Umstand, dass das Angebot auf besondere Aufforderung des anderen Teils oder im Zuge von Vertragsverhandlungen abgegeben worden ist. Hat A darum gebeten, dass ihm B ein Kaufangebot machen und dabei einen bestimmten Preis vorschlagen möge, und hat er weiterhin erklärt, dass er sich zu diesem Angebot binnen 14 Tagen äußern werde, so soll nach einer Entscheidung des Kassationshofs der Kaufvertrag zu dem von B offerierten Preis zustande kommen, wenn A das Angebot erhalten und darauf während der Frist nicht reagiert hat.[50] Macht die eine Partei im Zuge der Vertragsverhandlungen einen bestimmten Vorschlag, den die andere Partei zurückweist und mit einem Gegenvorschlag beantwortet, so gilt der Gegenvorschlag, wenn er widerspruchslos hingenommen wird, als akzeptiert, sofern es sich bei den Parteien um Kaufleute handelt und der Gegenvorschlag »d'une manière qui suffisait à éveiller son attention« zur Kenntnis des Verhandlungspartners gebracht worden ist.[51] Der Bundesgerichtshof hatte einen Fall zu beurteilen, in dem sich der Verkäufer einen Kaufpreis von 4.850,- DM ausbedungen, sich jedoch vorbehalten hatte, einen höheren Preis zu verlangen, wenn sich bis zur Lieferung, die 4 Monate später erfolgen sollte, die Lohn- und Transportkosten erhöhen würden. Nach Ablauf der 4 Monate erklärte sich der Verkäufer mit Schreiben vom 11. September zur Lieferung bereit und verlangte nunmehr einen Preis von 6.845,– DM. Darauf antwortete der Käufer nicht; er schwieg auch auf eine weitere Anfrage. Der Klage des Verkäufers auf Zahlung Zug um Zug gegen Lieferung der Ware wurde stattgegeben. In dem Schreiben vom 11. September liege ein Angebot, das der Käufer durch sein Schweigen angenommen habe:

»Gewiss ist in aller Regel Stillschweigen auf ein Vertragsangebot im Handelsverkehr nicht als Zustimmung zu werten. Es muss aber dann als Zustimmung angesehen werden, wenn nach Treu und Glauben ein Widerspruch des Angebotsempfängers erforderlich gewesen wäre. Widerspruch ist insbesondere dann zu verlangen, wenn die Parteien schon

---

werden sollte, »die der Beauftragte kraft obrigkeitlicher Stellung oder gewerbsmäßig betrieben oder zu deren Besorgung er sich öffentlich empfohlen hat«. Vgl. auch Com. 9. Jan 1956, Bull.cass. 1956.III. no. 17: Auf eine Warenbestellung des Klägers hatte der beklagte Verkaufskommissionär geschwiegen. Der Vertrag wurde als zustandegekommen angesehen, und zwar aufgrund eines Handelsbrauchs, »selon lequel le fait, pour un professionnel, de recevoir un avis confirmatif d'une commande et de ne pas y répondre télégraphiquement dans les 24 heures, équivaut à une ratification tacite de la commande«.

[50]   Civ. 12. Jan. 1988, Bull.cass. 1988.I. no. 8 und dazu *Mestre* Rev.trim.civ. 89 (1988) 521.

[51]   Com. 21. Mai 1951, Bull.cass. 1951.II. no. 168. Ähnlich Civ. 6. Juli 1966, Bull. cass. 1966.II. no. 737 (Schweigen auf Auftragsbestätigung).

vorher in Geschäftsverbindung standen, wenn zwischen ihnen ein bis dahin noch nicht aufgelöster Vertrag vorlag, und erst recht dann, wenn der Briefschreiber, wie dies hier der Fall ist, für den Gegner erkennbar ein Interesse an einer baldigen Antwort hatte.«[52]

Anders liegt es, wenn ein Vertrag *bereits zustandegekommen* ist und die eine Vertragspartei der anderen nachträglich – oft zusammen mit der Ware – eine Rechnung oder einen Lieferschein übersendet, der zusätzliche Regelungen enthält. Darin kann zwar ein Angebot zum Abschluss eines Vertrages liegen, durch den der bereits geschlossene Vertrag modifiziert würde. Jedoch gilt ein solches Angebot grundsätzlich nicht schon deshalb als angenommen, weil der Empfänger der Rechnung oder des Lieferscheins geschwiegen hat. Vor dem Abschluss des Vertrages werden die Dokumente, die seinen Inhalt festlegen sollen, von den Parteien im allgemeinen genau gelesen; deshalb kann in diesem Falle ihr Schweigen eher als Zustimmung aufgefasst werden als in dem Fall, in dem ihnen ein solches Dokument erst nach Vertragsschluss zugesandt wird. Dafür spricht auch der Umstand, dass Rechnungen und Lieferscheine oft nur der Buchhaltung zugeleitet werden und nicht in die Hand derjenigen gelangen, die in einem Unternehmen über Abschluss und Inhalt der Verträge entscheiden.[53] Auch hier kann es aber anders liegen, wenn die Regelung, um die es geht, bei früheren Geschäften zwischen den gleichen Parteien Vertragsinhalt gewesen ist. Wer sie jetzt nicht gelten lassen will, muss das sagen, auch wenn er auf sie erst nachträglich aufmerksam gemacht wird.

Davon zu unterscheiden ist der Fall des »kaufmännischen Bestätigungsschreibens«, der besonders in der deutschen Rechtsprechung eine große Rolle spielt. Hier liegt es so, dass die Parteien miteinander Verhandlungen geführt und den Vertrag entweder bereits geschlossen haben oder ihn aufgrund der Verhandlungen als abschlussreif ansehen: Wenn nunmehr die eine Partei der anderen ein »Bestätigungsschreiben« zusendet, das den Inhalt der getroffenen Abmachungen in klarstellender Absicht zusammenfasst, präzisiert oder in einzelnen Punkten ergänzt, so muss die andere Partei unverzüglich widersprechen,

---

[52] BGH 4. April 1951, BGHZ 1, 353, 355 f. Vgl. auch BGH 14. Feb. 1995, NJW 1995, 1281; BGH 2. Nov. 1995, NJW 1996, 919.

[53] Vgl. BG 25. Nov. 1986, BGE 112 II 500; *Ghestin* no. 426 ff.; *Schmidt* (oben N. 5) no. 202 ff.; *Mazeaud (-Chabas)* no. 137, alle mit ausführlichen Nachweisen aus der französischen Rechtsprechung. In England wird der Versuch, einen bereits geschlossenen Vertrag durch eine nachträglich getroffene Vereinbarung zu modifizieren, in der Regel schon deshalb erfolglos bleiben, weil die nachträgliche Vereinbarung – wie grundsätzlich *jede* Vereinbarung – zu ihrer Gültigkeit einer Gegenleistung (»consideration«) bedarf. Selbst wenn also der Empfänger der Rechnung den in ihr vorgeschlagenen Vertragsmodifikationen (eventuell durch Schweigen) zugestimmt haben sollte, so würde die darin liegende Vereinbarung doch nur dann gültig sein, wenn der durch sie Begünstigte – das ist der Absender der Rechnung – dafür eine Gegenleistung erbracht oder versprochen hätte. Daran fehlt es in aller Regel. Vgl. zum »consideration«-Erfordernis bei Vertragsmodifikationen noch unten S. 93 ff.

wenn das Schreiben den Inhalt der getroffenen Vereinbarungen nach ihrer Ansicht nicht richtig wiedergibt. Schweigt der Empfänger, so kann er später nicht
mehr geltend machen, dass der Vertrag mit einem anderen Inhalt oder gar nicht
geschlossen worden sei.[54]

Diese Regel schafft offensichtlich einen Anreiz dafür, dass der Bestätigende
in das Schreiben ihm günstige Vereinbarungen aufnimmt, die bisher nicht oder
anders getroffen waren, dies in der Hoffnung, dass das Schreiben von seinem
Empfänger nicht beanstandet und sein Inhalt daher Vertragsbestandteil werden wird. Das schweizerische Bundesgericht will deshalb einem Bestätigungsschreiben die genannten Wirkungen nur dann beilegen, »wenn der Absender
der ehrlichen Überzeugung ist, in seinem Bestätigungsschreiben lediglich das
zusammengefasst zu haben, was tatsächlich bereits mündlich vereinbart war«.[55]
Aber in das Herz der Menschen lässt sich vor Gericht schwer hineinleuchten.
Praktikabler ist deshalb eine weitere Einschränkung: Danach treten die Folgen
einer widerspruchslosen Hinnahme des Bestätigungsschreibens nicht ein, wenn

---

[54] So besonders die deutsche Rechtsprechung, sofern die Parteien Kaufleute sind oder
wie Kaufleute am kaufmännischen Geschäftsverkehr teilnehmen. Vgl. BGH 24. Sept.
1952, BGHZ 7, 187; BGH 26. Juni 1963, BGHZ 40, 42; BGH 9. Juli 1970, BGHZ 54,
236; BGH 30. Jan. 1985, BGHZ 93, 338. Vgl. auch BG 25. Sept. 1945, BGE 71 II 223 und
BG 8. Feb. 1974, BGE 100 II 18. Zurückhaltender die österreichische Rechtsprechung.
Sie behandelt das Schweigen auf ein kaufmännisches Bestätigungsschreiben nur dann
als Zustimmung, wenn es sich mit dem vorher Vereinbarten deckt oder es in Punkten
ergänzt oder modifiziert, durch die wesentliche Interessen des Empfängers nicht beeinträchtigt werden; vgl. OGH 26. Juni 1974, JBl. 1975, 89 und OGH 16. Juni 1976, JBl.
1977, 593. – Aus der französischen Rechtsprechung hat *Ghestin* no. 424 f. die Regel hergeleitet, dass »en matière commerciale la réception sans réserve d'une lettre de confirmation vaut généralement acceptation«. Die Rechtsprechung, auf die er sich beruft, hat
es aber in der Regel mit dem Schweigen auf eine »modifizierte Annahmeerklärung« zu
tun (vgl. dazu noch unten S. 43 ff.). Vgl. immerhin Req. 22. März 1920, S. 1920.1.208:
Nachdem der Vertrag aufgrund eines Telefongesprächs geschlossen worden war, wurde
sein Inhalt von der einen Partei durch »lettre nette et précise, écrite le jour même … pour
confirmer la conversation par téléphone« bestätigt. Das Schweigen der anderen Partei galt
als Zustimmung, weil sie nach Handelsbrauch hätte widersprechen müssen. Die Regeln
des deutschen Rechts über das Schweigen auf ein »kaufmännisches Bestätigungsschreiben« sind nicht in das CISG, wohl aber, sofern die Verhandlungen der Parteien bereits
zu einem Vertragsabschluss geführt haben, in Art. 2:210 PECL aufgenommen worden.
Ebenso Art. 2.1.12 PICC: »Wenn ein Schriftstück, das innerhalb einer angemessenen Frist
nach Vertragsschluss übersandt wird und das eine Bestätigung des Vertrages darstellen
soll, ergänzende oder abweichende Bedingungen enthält, werden solche Bedingungen
Vertragsinhalt, außer wenn sie den Vertrag wesentlich ändern oder der Empfänger unverzüglich der fehlenden Übereinstimmung widerspricht. Vgl. dazu *Köhler* (oben N. 15)
48 ff.

[55] BG 25. Sept. 1945 (vorige N.) 224. Ähnlich BGH 26. Juni 1963 (vorige N.): Danach
muss sich der Absender des Bestätigungsschreibens das arglistige Verhalten seiner Hilfsperson, die die Verhandlungen für ihn geführt und ihn über ihr Ergebnis bewusst falsch
informiert hat, als eigene Arglist entgegenhalten lassen.

sein Inhalt von dem Inhalt des vorher Vereinbarten so weit abweicht, dass der Absender vernünftigerweise mit einem Einverständnis des Empfängers nicht rechnen kann. Ist also in das Bestätigungsschreiben eine Schieds- oder Vertragsstrafeklausel aufgenommen worden, so ist der Empfänger, auch wenn er dem Schreiben nicht widersprochen hat, an derartige Klauseln nicht gebunden, wenn er beweisen kann, dass von ihnen im Rahmen der Vertragsverhandlungen nicht die Rede gewesen ist und dass sie nach den Gepflogenheiten des Handelsverkehrs in der betreffenden Branche ungewöhnlich sind und daher mit ihnen nicht gerechnet zu werden brauchte.[56]

III. Modifizierte Annahme

Durch die Annahme kommt ein Vertrag nur dann zustande, wenn sie die uneingeschränkte Zustimmung zu dem Angebot zum Ausdruck bringt. Daran fehlt es, wenn die Annahme Erweiterungen, Einschränkungen oder Ergänzungen des Angebots enthält. Deshalb wird überall angenommen, dass eine solche »modifizierte« Annahme in der Regel als Ablehnung des ursprünglichen Angebots und gleichzeitig als neues Angebot (»Gegenofferte«) gilt.[57]

Es kann aber auch anders liegen. Werden jemandem 50 zum Kauf angeboten und erklärt er, dass er 80 kaufen wolle, so hängt es von der Auslegung seiner Erklärung ab, ob er mit ihr das Angebot über 50 annehmen und einen weiteren Kaufvertrag über 30 offerieren oder ob er das Angebot ablehnen und nur den Kauf von 80 anbieten wollte. Auch kann die Erklärung, die jemand auf ein Angebot hin abgibt, den Sinn haben, dass er mit ihr zwar eine Gegenofferte machen, aber das ursprüngliche Angebot nicht ablehnen, vielmehr sich die Möglichkeit offenhalten will, auf dieses Angebot zurückzukommen, falls seine Gegenofferte abgelehnt werden sollte.

Mitunter weicht eine Annahmeerklärung nur in ganz unwesentlichen Punkten vom Angebot ab. Hier besteht die Gefahr, dass der Offerent sich zunächst still verhält und den Vertrag erst später, wenn er sich als für ihn unvorteilhaft herausstellt, dadurch zu Fall bringt, dass er die Annahmeerklärung wegen ihrer geringfügigen Abweichungen vom Angebot als Gegenofferte behandelt und sie ablehnt. Deshalb wird, sofern die Annahmeerklärung nur in einem »unwesentlichen« Punkt von der Offerte abweicht, in Art. 19 II CISG, Art. 38 CESL;

---

[56] Vgl. BGH 24. Sept. 1952 (oben N. 54) 192 f. (Schiedsklausel); OGH 26. Juni 1974 (oben N. 54) (Vertragsstrafeklausel).

[57] Art. 19 I CISG; Art. 38(1) CESL; § 150 II BGB; Art. 191 Satz 2 griech. ZGB; Art. 1326 V Codice civile; Art. 6:225 I BW; § 6 I schwed. Vertragsgesetz; Art. 233 port. CC; Art. 68 poln. ZGB; Art. 213 II ung. ZGB. Ebenso Com. 17. Juli 1967, Bull.cass. 1967. III. no. 299 mit Anm. *Chevallier* in Rev.trim.civ. 66 (1968) 707; OGH 2. Juli 1969, SZ 42 Nr. 103 (S. 323 f.); *Treitel (-Peel)* no. 2-018.

Art. 2:208 PECL, Art. 2.1.11 (2) PICC bestimmt, dass der Vertrag zu den Bedingungen der Annahmeerklärung zustande kommt, es sei denn, dass der Offerent unverzüglich widerspricht. Als »unwesentlich« wird man freilich nur solche
Abänderungen ansehen dürfen, die für den Offerenten nicht zu einem greifbaren Nachteil führen und von denen daher ein vernünftiger Mensch annehmen
würde, dass er mit ihnen einverstanden sein werde.

Wenn die Annahme in »wesentlichen« Punkten von dem Angebot abweicht
und deshalb als Gegenofferte anzusehen ist, so kommt der Vertrag nur dann
zustande, wenn diese Gegenofferte ihrerseits angenommen wird. Auch hier
entsteht wieder die Frage, unter welchen Voraussetzungen bloßes Schweigen
eine Annahme bedeuten kann. Typisch ist der Fall, in dem jemand Waren oder
Leistungen zu einem bestimmten Preis bestellt hat und der andere Teil zwar
diese Bestellung annimmt, aber in seiner »Auftragsbestätigung« (»lettre de confirmation«, »confirmation note« usw.) darauf hinweist, dass dem Vertrag seine
Allgemeinen Geschäftsbedingungen (AGB) zugrunde liegen sollen. Wenn der
Offerent dazu nichts ausdrücklich erklärt und mit der Durchführung des Vertrages beginnt, insbesondere: die ihm angebotene Ware oder Leistung widerspruchslos entgegennimmt, so fragt sich, ob in diesem Verhalten eine Annahme
der Gegenofferte liegt. Diese Frage wird allgemein bejaht, sofern der Vertrag
zwischen Kaufleuten abgeschlossen worden ist und die allgemeinen Voraussetzungen erfüllt sind, unter denen AGB Vertragsbestandteil werden (vgl. dazu
S. 195 ff.).[58]

Besondere Schwierigkeiten ergeben sich, wenn sowohl der Offerent wie der
andere Teil darauf hingewiesen haben, dass der Vertrag sich nach ihren (unter
sich verschiedenen) AGB richten soll. Gemäß Art. 6:225 III BW sollen in einem
solchen Falle die AGB des Offerenten den Vorrang haben, es sei denn, dass dem
in der Annahmeerklärung ausdrücklich – durch eine sog. »Abwehrklausel« –
widersprochen wird. Damit wird das Problem aber nicht gelöst, weil solche
»Abwehrklauseln« heute allgemein üblich sind. Folgt man der oben dargestellten Grundregel, so müsste in dieser Auseinandersetzung (»battle of the forms«)
diejenige Partei die Oberhand behalten, die den »letzten Schuß« abgefeuert,
nämlich vor dem Beginn der Vertragsausführung durch den anderen Teil zuletzt auf die Maßgeblichkeit ihrer eigenen AGB gedrungen hat. Dass dies eine
befriedigende Lösung wäre, wird man nicht sagen können, zumal sie, ohne dass
dafür ein überzeugender Grund ersichtlich wäre, in der Regel den Verkäufer
begünstigt. Denn gewöhnlich geht die Initiative zum Abschluss des Vertrages
vom Käufer aus. Selbst wenn er in seinem Angebot auf seine AGB verwiesen

---

[58] Vgl. Civ. 6. Mai 1954, Bull.cass. 1954.II. no. 165; Com. 17. Okt. 1961, D. 1962,
106; Civ. 6. Juli 1966, Bull.cass. 1966.II. no. 737 und *Ghestin* no. 424 f.; *Treitel (-Peel)*
no. 2-018; BGH 29. Sept. 1955, BGHZ 18, 212, 215: Danach gilt zwar nicht schon das
Schweigen als solches, wohl aber der Beginn der Vertragsdurchführung als Annahme.

hat, ist es doch in der Regel der Verkäufer, der danach in seiner Auftragsbestätigung die eigenen AGB als maßgeblich bezeichnet und sich damit, wenn
der Käufer nunmehr die Ware ohne Protest entgegennimmt, auch durchsetzen
wird. Besonders in Deutschland hat die Rechtsprechung deshalb der »Theorie
des letzten Wortes« die Gefolgschaft verweigert und angenommen, dass die
AGB der beiden Parteien, soweit sie sich widersprechen, nicht Vertragsbestandteil werden; die dadurch entstehende Lücke sei durch die Regeln des dispositiven Rechts zu schließen.[59]

Diese Lösung verdient Zustimmung. Der »Theorie des letzten Wortes« wäre
nur dann zu folgen, wenn in dem oben genannten Beispielsfall die wider-
spruchslose Entgegennahme der Waren durch den Käufer tatsächlich als Einverständnis mit den AGB des Verkäufers gewertet werden könnte. Das verbietet sich jedoch deshalb, weil es in der geschilderten Situation eine Alternative
für den Käufer praktisch nicht gibt. Sie läge darin, dass er die Annahme der
Ware verweigert, durch einen juristischen Fachmann die Divergenzen zwischen seinen AGB und denen des Verkäufers aufspüren lässt und darüber Verhandlungen zu führen versucht. Das unterbleibt, weil dem Käufer dadurch
Aufwendungen (in der Sprache der Ökonomen: »Transaktionskosten«) entstünden, die viel größer wären als der bescheidene Nutzen, der ihm dadurch winkt,
dass er in Verhandlungen mit dem Verkäufer hier oder da eine ihm günstigere
Regelung erreichen könnte. Darf aber das Verhalten des Käufers aus diesem
Grunde nicht als Annahme gewertet werden, so kommt es auch nicht zu einem
wirklichen Einverständnis über die Geltung der AGB des Verkäufers. In diese
Lücke müssen alsdann diejenigen Regeln treten, auf die sich die Parteien verständigt hätten, wenn man unterstellt, dass sie, ohne auf Zeit und Geld achten

---

[59] Vgl. BGH 26. Sept. 1973, BGHZ 61, 282, 287 ff.; OLG Köln 19. März 1980, BB
1980, 1237; BGH 20. März 1985, NJW 1985, 1838, 1839; BGH 9. Jan. 2002, NJW
2002, 1651. So auch Art. 39 CISG; Art. 2:209 PECL und Art. 2.1.22 PICC: »Where both
parties use standard terms and reach agreement except on those terms, a contract is concluded on the basis of the agreed terms and of any standard terms which are common in
substance unless one party clearly indicates in advance, or later and without undue delay
informs the other party, that it does not intend to be bound by such a contract.« – Die
englische Rechtsprechung folgt der »Theorie des letzten Wortes«, vgl. *B.R.S.* v. *Arthur
V. Crutchley Ltd.* [1968] 1 W.L.R. 811; *Butler Machine Tool Co. Ltd.* v. *Ex-Cell-O Corp.
(England) Ltd.* [1979] 1 W.L.R. 401 und dazu *Treitel (-Peel)* no. 2-019 f. – Während in
den USA das Problem in Art. 2–207 UCC behandelt wird (vgl. dazu *Farnsworth* § 3.21),
haben sich die Verfasser des CISG in dieser schwierigen Frage nicht auf eine Lösung verständigen können; vgl. *Schlechtriem/Schwenzer* (oben N. 8) Art. 19 Rn. 19 ff. Rechtsvergleichend haben sich mit der Frage u.a. beschäftigt: *v. Mehren*, The »Battle of the Forms«:
A Comparative View, Am.J.Comp.L. 38 (1990) 265; *ders.*, Int.Enc.Comp.L. Vol. VII Ch.
9 s. 157 ff.; *Ernst Kramer*, »Battle of the Forms«, in: P. Tercier u.a. (Hg.), Gauchs Welt, FS
Gauch (2004) 493; *Gisela Rühl*, The Battle of the Forms, U.Pa.J. of Int'l Economic Law
24 (2003) 189. Vgl. auch Art. 2:209 PECL; Art. 2.1.22 PICC; Art. II.-4: 209 DCFR;
Art. 39 CESL.

zu müssen, über den Vertragsinhalt hätten verhandeln können; und das sind die Regeln des dispositiven Rechts oder, wenn es daran fehlt, der ergänzenden Vertragsauslegung.[60]

IV. Verspätete Annahme

Grundsätzlich kommt ein Vertrag nicht zustande, wenn die Annahme verspätet war, also erst wirksam wurde, als die vom Offerenten gesetzte oder sonst aus den Umständen sich ergebende angemessene Annahmefrist bereits abgelaufen war. Ausnahmsweise kann aber auch eine verspätete Annahme noch zu einem Vertragsschluss führen.

Das ist zunächst dann der Fall, wenn der Offerent die verspätete Annahme als rechtzeitig gelten lassen möchte und er dies dem anderen Teil gegenüber durch eine entsprechende Erklärung oder durch ein sonstiges Verhalten – etwa durch die Absendung der Ware – zum Ausdruck bringt. In rechtlicher Hinsicht lässt sich dies dadurch erfassen, dass man in einer verspäteten Annahme – ebenso wie in einer modifizierten Annahme – ein »neues« Angebot sieht, für dessen Annahme durch den anderen Teil alsdann die allgemeinen (oben unter I und II) dargestellten Regeln gelten.[61] Statt dessen kann man dem anderen Teil auch die Möglichkeit einräumen, durch eine unverzüglich abzugebende Erklärung klarzustellen, dass er die Annahme als rechtzeitig und den Vertrag daher als geschlossen ansehe.[62] Die letztere Lösung hat den Vorteil, dass der Vertrag nicht erst mit dem Zugang derjenigen Erklärung wirksam wird, die der Offerent auf das »neue« Angebot hin abgegeben hat, sondern – im Einklang mit den Vorstellungen der Beteiligten – schon mit Zugang der (zwar verspäteten, aber als rechtzeitig akzeptierten) Annahmeerklärung.

Diese Regeln müssen ohne Rücksicht darauf gelten, ob sich die Annahmeerklärung nur wenig oder erheblich verspätet hat. Zwar mag es unbillig erscheinen, dass der Vertrag auf die geschilderte Weise auch dann noch soll zustande gebracht werden können, wenn die Verspätung erheblich ist und die Marktlage sich inzwischen so stark verändert hat, dass für den Offerenten ein großer Vorteil herausspringt, wenn er jetzt noch den anderen Teil beim Wort nehmen und die verspätete Erklärung als rechtzeitig gelten lassen kann. Andererseits sollte hier wie auch sonst das Verspätungsrisiko derjenigen Partei aufgebürdet werden, die es mit geringerem Aufwand als die andere abwenden

---

[60] Vgl. dazu noch unten S. 146 ff.

[61] So z.B. § 150 I BGB; Art. 191 Satz 1 griech. ZGB; § 4 I schwed. Vertragsgesetz; ebenso Art. 37(1) CESL.

[62] So Art. 21 CISG; Art. 2:207(1) PECL; Art. 2.1.9(1) PICC; Art. 1326 III Codice civile; Art. 6:223 I BW; Art. 229 II port. CC.

oder reduzieren kann. Das ist die annehmende Partei, weil sie darüber bestimmt, wann und wie sie die Annahmeerklärung übermitteln will. Mit anderen Worten: Wer Waren zu festem Preis kaufen oder verkaufen will, muss, wenn er in Kenntnis der fluktuierenden Marktlage den Weg der brieflichen Übermittlung wählt, das Risiko dafür tragen, dass der Brief sich verzögert und der Offerent ihn gleichwohl an seiner Erklärung festhält.

Eine andere Frage ist es, ob ein Vertrag auch dann zustandekommen kann, wenn der Offerent, nachdem er von der verspäteten Annahme Kenntnis erlangt, untätig bleibt. Grundsätzlich muss man diese Frage verneinen: Der Offerent darf die Annahme, weil verspätet, als unwirksam ansehen und braucht davon dem anderen Teil nicht auch noch besondere Mitteilung zu machen. Freilich ist man sich über einen Fall einig, in dem man dem Offerenten ausnahmsweise eine solche Mitteilungspflicht auferlegen und, wenn er sie nicht erfüllt, den Vertrag als geschlossen ansehen muss: Ist die Annahmeerklärung vor Fristablauf abgeschickt worden und nur deshalb dem Offerenten erst danach zugegangen, weil sich ihre Beförderung verzögert hat, und war dies dem Offerenten erkennbar, so muss er dem anderen Teil unverzüglich mitteilen, dass die Annahme verspätet erfolgt ist; unterlässt er diese Mitteilung, so gilt die Annahme als rechtzeitig.[63]

Die deutsche Rechtsprechung ist sogar noch einen Schritt weitergegangen und hat gelegentlich dem Offerenten eine solche Mitteilungspflicht auch in Fällen auferlegt (und daher sein Schweigen als Annahme gewertet), in denen die Annahmeerklärung aus anderen Gründen verspätet zugegangen war. Freilich hat sie das nur unter besonderen Voraussetzungen getan, so etwa dann, wenn die versäumte Annahmefrist nicht vom Offerenten exakt fixiert, sondern als »angemessene« Frist in ihrer Dauer für den Annehmenden nicht genau bestimmbar war, oder wenn die Verspätung geringfügig war und der Annehmende nicht erkennen konnte, dass nach Fristablauf eine neue Sachlage für den Offerenten gegeben sein würde.[64] In der Tat wird man in solchen Ausnahmefällen von einem vernünftigen Menschen erwarten müssen, dass er die geringe Mühe aufwendet, derer es bedarf, um den anderen Teil davon zu unterrichten, dass – entgegen seiner nach den Umständen naheliegenden Annahme – der Vertrag *nicht* zustandegekommen ist. Wer diese Mühe nicht aufwendet, muss es sich gefallen lassen, so behandelt zu werden, wie wenn die Annahme rechtzeitig erfolgt wäre.

---

[63] Vgl. Art. 21 II CISG; Art. 2.1.9(2) PICC; Art. 2:207(2) PECL; Art. 37(2) CESL; § 149 BGB; § 862a Satz 2 ABGB; Art. 5 III OR; Art. 190 griech. ZGB; Art. 6:223 II BW; § 4 II schwed. Vertragsgesetz; Art. 229 I port. CC; Art. 67 poln. ZGB; Art. 214 IV ung. ZGB.

[64] Vgl. RG 7. Okt. 1921, RGZ 103, 11, 13; BGH 31. Jan. 1951, LM § 150 BGB Nr. 1 (zu Leitsatz c).

D. Haftung für den Abbruch von Vertragsverhandlungen

Vertragsverhandlungen sind nicht kostenlos. Wer über den Kauf eines Unternehmens verhandelt, wird oft einen Wirtschaftsprüfer um ein Gutachten über den Wert des Unternehmens bitten. Wer sich als Bauunternehmer an einer Ausschreibung für ein Bauvorhaben beteiligen will, wird in der Regel viel Geld in die Kalkulation seines Angebots investieren müssen. In anderen Fällen entstehen Kosten dadurch, dass im Zuge der Vertragsverhandlungen Reisen durchgeführt, Auskünfte eingeholt oder Rechtsanwälte um juristische Beratung oder um die Vorbereitung von Vertragsentwürfen gebeten werden. Nicht selten liegt es so, dass die Vertragsverhandlungen zwar noch schweben, ihr erfolgreicher Abschluss dem einen Beteiligten aber so sicher zu sein scheint, dass er im Vertrauen auf das Zustandekommen des Vertrages Dispositionen trifft, also z.B. das günstige Vertragsangebot eines Dritten ausschlägt, einen bestehenden Vertrag kündigt oder mit einem Dritten einen neuen Vertrag schließt. Wenn in diesen Fällen die Vertragsverhandlungen schließlich scheitern, so entsteht dem Verhandlungspartner ein Schaden dadurch, dass der Aufwand, den er bis dahin getrieben, und die Dispositionen, die er bis dahin getroffen hat, sich als nutzlos erweisen: Kann er dafür von dem anderen Verhandlungspartner Ersatz verlangen? Kann er sich in einem solchen Fall vielleicht sogar auf den Standpunkt stellen, dass der Vertrag zwar gescheitert sei, er aber trotzdem verlange, so gestellt zu werden, wie er stünde, wenn der Vertrag zustande gekommen wäre und er den mit seiner Durchführung verbundenen Gewinn gemacht hätte?[65]

Einig ist man sich darüber, dass grundsätzlich jeder den Aufwand selbst tragen muss, den er in einen erhofften, aber gescheiterten Vertragsschluss investiert hat. Würde man anders entscheiden, so geriete man in Widerspruch zum Prinzip der Vertragsfreiheit: Danach hat jeder nicht nur das Recht, frei darüber zu entscheiden, ob er einen Vertrag schließen, sondern auch, ob er ihn *nicht* schließen, begonnene Vertragsverhandlungen also abbrechen will.

---

[65] Vgl. dazu allgemein: *van Erp*, The Pre-Contractual Stage, in: A. Hartkamp u.a. (Hrsg.), Towards a European Civil Code (4. Aufl. 2011) 493; *von Mehren* Int.Enc.Comp.L. Vol. VII Ch. 9 s. 112 ff.; *Cohen*, Pre-contractual Duties and Good Faith in Contract Law, in: Beatson/Friedmann (Hrsg.), Good Faith and Fault in Contract Law (1995) 25. – Neben Schadensersatzansprüchen kommen auch Ansprüche aus ungerechtfertigter Bereicherung in Betracht. Hat ein Verhandlungspartner dem anderen während der Verhandlungen – gleichsam unter Vorwegnahme des Vertrages – Leistungen erbracht, für die es, nachdem der Vertragsschluss gescheitert ist, keinen rechtlichen Grund gibt, so muss sie der Empfänger in natura zurückerstatten oder, wenn das nicht mehr möglich ist, ihren objektiven Wert (nicht etwa den für sie in Aussicht genommenen Vertragspreis) ersetzen. Vgl. *British Steel Corp.* v. *Cleveland Bridge and Engineering Co. Ltd.* [1984] 1 All E.R. 504. Ebenso, wenn jemand im Laufe von Vertragsverhandlungen einem anderen technisches Wissen offenbart hat, aus dem der andere nach dem Scheitern der Verhandlungen – sei es auch gutgläubig – Nutzen zieht; vgl. *Seager* v. *Copydex Ltd.* [1967] 1 W.L.R. 923.

Könnte man Vertragsverhandlungen nur um den Preis beenden, dass man dem anderen Teil die ihm bis dahin entstandenen Aufwendungen erstattet, so würde ein Stück weit Vertragsfreiheit durch Kontrahierungszwang ersetzt.

Andererseits sind auch bei Vertragsverhandlungen Pflichten zu beachten, deren Verletzung zu Sanktionen führen kann. Auch ein Verhandlungspartner darf sich nicht anders verhalten, als das ein vernünftiger Mensch in gleicher Lage tut, der auf die Interessen des anderen Teils in der gebotenen Weise Rücksicht nimmt. So wird niemand bestreiten, dass auch bei Vertragsverhandlungen die eine Partei die andere nicht arglistig täuschen, also z.B. nicht zur Abgabe eines Angebots auffordern darf, wenn sie von vornherein zur Ablehnung des Angebots fest entschlossen ist und weiß, dass dem anderen Teil durch die Ausarbeitung des Angebots Kosten entstehen werden.[66] Andere Fälle liegen schwieriger: Darf eine Partei im Zuge der Vertragsverhandlungen den Eindruck erwecken, dass es zu einem Vertragsabschluss kommen werde, obwohl sie weiß oder wissen kann, dass dies zweifelhaft ist und dass der andere Teil, wenn ihm diese Zweifel nicht mitgeteilt werden, im Vertrauen auf das Zustandekommen des Vertrags Dispositionen treffen wird? Sicherlich darf man im allgemeinen Vertragsverhandlungen abbrechen, ohne dass man dafür dem anderen Teil irgendeine Begründung schuldet. Aber wie liegt es, wenn die Verhandlungen schon lange angedauert haben, dem anderen Teil durch sie ein erheblicher Aufwand entstanden ist und er mit dem Abschluss eines Vertrages rechnet: Bedarf in diesem Fall der Abbruch der Vertragsverhandlungen eines besonders stichhaltigen Grundes?

Die Pflichten, die man bei der Führung von Vertragsverhandlungen zu beachten hat, kann man auf unterschiedliche rechtliche Grundlagen stützen. Sie können sich zunächst aus einer *vertraglichen Vereinbarung* ergeben, die die Verhandlungspartner ausdrücklich oder stillschweigend miteinander geschlossen haben. Man kann solche Pflichten aber auch daraus herleiten, dass man annimmt, es entstehe unter den Parteien mit der Aufnahme von Vertragsverhandlungen ein besonderes Vertrauensverhältnis, das sie zu gegenseitiger Rücksichtnahme verpflichtet: Dies ist die Lehre von der Haftung für *culpa in contrahendo*, die von *Rudolf von Jhering* entwickelt worden ist und besonders von der deutschen und schweizerischen Rechtsprechung auf die hier interessierenden Fälle angewandt wird. Und schließlich kann man die Grundlage einer Haftung für Fehler bei Vertragsverhandlungen auch in einer Verletzung allgemeiner Sorgfaltspflichten, also im *Deliktsrecht* suchen.[67] Dies ist der Weg, den die Recht-

---

[66] Vgl. zu einem solchen Fall BG 6. Juni 1951, BGE 77 II 135.

[67] Gemäß § 311 II Nr. 1 BGB kann ein »Schuldverhältnis« nicht nur durch einen Vertrag, sondern auch durch »die Aufnahme von Vertragsverhandlungen« begründet werden, dies mit der Folge, dass die Verhandlungsparteien »zur Rücksicht auf die Rechte, Rechtsgüter und Interessen« der anderen Partei verpflichtet sind (§ 241 II BGB) und, wenn sie diese Pflichten verletzen und den Entlastungsbeweis nicht führen können, ge-

sprechung besonders in Frankreich und Großbritannien beschritten hat. Frei-
lich gibt es hier wesentliche Unterschiede. Das französische Recht geht von dem
Grundsatz aus, dass die Parteien zwar frei darüber entscheiden können, ob sie
Vertragsverhandlungen aufnehmen, wie sie sie fortsetzen und wann sie sie abbre-
chen wollen, dass sie aber dennoch verpflichtet sind, sich dabei so zu verhalten,
wie es den Anforderungen von Treu und Glauben entspricht. Wenn danach der
Abbruch von Vertragsverhandlungen nicht erlaubt war – vgl. dazu noch unten
S. 55 f., so wird die Haftung auf die allgemeine deliktsrechtliche Grundregel des
Art. 1382 Code Civil gestützt.[68] Anders das britische Recht. Ein allgemeines
Prinzip, nach dem die Parteien schon im Stadium der Vertragsverhandlungen
die Gebote von Treu und Glauben beachten, wichtige Informationen auch ungefragt einander offenbaren oder in anderer Weise auf die besonderen Interessen
der anderen Partei Rücksicht nehmen müssten, kennt es nicht. Zwar kann eine
Haftung gegeben sein. Sie hat aber ihre Grundlage entweder darin, dass die Parteien einen Vertrag geschlossen haben, aus dem sich ergibt, welche Verpflichtungen sie bei den Verhandlungen über den von ihnen angestrebten »Hauptvertrag«
zu erfüllen haben, oder darin, dass eine Partei bei den Verhandlungen die Voraussetzungen eines bestimmten Tatbestands deliktischer Haftung erfüllt hat:
Hat sie ihren Verhandlungspartner belogen, so haftet sie auf Schadensersatz wegen *deceit*. Hat sie ihm schuldhaft etwas Unrichtiges erklärt, so kann sie wegen
misrepresentation[69] oder auch wegen *negligence* haften, sofern in der unrichtigen
Erklärung die Verletzung einer dem Verhandlungspartner geschuldeten »duty
of care« liegt.[70]

Wir wenden uns zunächst den *vertraglichen Vereinbarungen* zu, die dem Abschluss des eigentlichen Vertrages (im folgenden: des »Hauptvertrages«) vor-
ausgehen. Sie können einen ganz unterschiedlichen Inhalt haben und ganz un-

---

mäß § 280 I BGB »auf Ersatz des dadurch entstehenden Schadens haften. Diese Haftung
– oft als Haftung wegen »culpa in contrahendo« bezeichnet – gilt auch in der Schweiz
und in Österreich. Vgl. *E. Bucher* in: Honsell/Vogt/Wiegand (Hrsg.), Basler Kommentar,
Obligationenrecht I (5. Aufl. 2012) Art. 1 OR Rn. 78 ff.; *P. Apathy/A. Riedler* in: Schwi-
mann (Hrsg.), AGBG-Praxiskommentar (3. Aufl. 2006) § 878 Rn. 10 ff. Ebenso auch in
Italien und Griechenland, wo durch gesetzliche Vorschriften bestimmt wird, dass die
Parteien während der Vertragsverhandlungen einander die Beachtung der Gebote von
Treu und Glauben schulden, vgl. Art. 1337 f. Codice civile und Art. 197 f. griech. ZGB.
Vgl. zur historischen Entwicklung der culpa in contrahendo *Zimmermann* 244 f. und die
dort gegebenen Hinweise.

[68] Auch das Kollisionsrecht der EG ordnet die Haftung aus Verhandlungen vor Abschluss eines Vertrages als deliktsrechtlich ein und bestimmt das auf sie anzuwendende
Recht nach den Regeln, die in der Rom II-VO »über das auf außervertragliche Schuld-
verhältnisse anzuwendende Recht« niedergelegt sind (vgl. dort Art. 12).

[69] Dazu S. 239 ff.

[70] Vgl. dazu rechtsvergleichend *B. Fauvarque-Cosson/Cartwright* in: Cartwright/Vo-
genauer/Whittaker (Hrsg.), Reforming the French Law of Obligations (2009) 33 ff. und
55 ff.

terschiedliche rechtliche Wirkungen erzeugen. Haben die Parteien ein Einverständnis über die wesentlichen Punkte des Hauptvertrages erzielt, so kann darin ein »Vorvertrag« liegen, aufgrund dessen die Parteien sich zum Abschluss des Hauptvertrages verpflichten. Verweigert in einem solchen Falle eine Partei den Abschluss des Hauptvertrages oder bricht sie die weiteren Vertragsverhandlungen ab, so liegt darin eine Vertragsverletzung. Die vertragstreue Partei kann daher auf den Abschluss des Hauptvertrages oder auf Ersatz des Schadens klagen, der ihr durch das Nichtzustandekommen des Hauptvertrages entsteht. Voraussetzung dafür ist freilich, dass die Parteien eine echte vertragliche Bindung gewollt haben und der Inhalt des Hauptvertrages durch den »Vorvertrag« hinreichend sicher bestimmt ist; dies ist nur dann der Fall, wenn die noch offengebliebenen Punkte unwesentliche Fragen betreffen, die das Gericht mit Hilfe der Regeln des dispositiven Rechts oder durch ergänzende Auslegung[71] eindeutig beantworten kann.

Schwächer sind die Wirkungen einer »*Grundsatzvereinbarung*« (»letter of intent«, »memorandum of understanding«, »accord de principe«).[72] Sie kann z.B. bedeuten, dass die Parteien künftig nur noch aus bestimmten Gründen die Vertragsverhandlungen für gescheitert erklären dürfen oder dass sie sich verpflichten, nicht ohne stichhaltigen Grund – sei es mit, sei es ohne das Wissen des anderen Teils – Verhandlungen mit einem Dritten aufzunehmen oder beim Scheitern der Vertragsverhandlungen dem anderen Teil die Aufwendungen zu ersetzen, die er in die weitere Vorbereitung des Vertragsschlusses investieren wird. Was in einem solchen Falle von den Parteien gewollt war und insbesondere: ob das Gewollte so bestimmt ist, dass das Gericht daraus rechtliche Folgen herleiten, in einem Urteil aussprechen und die Vollstreckung des Urteils überwachen kann – alles dies sind schwierige Fragen, die nur durch Auslegung des Vereinbarten beantwortet werden können.[73]

---

[71] Vgl. zur »ergänzenden Vertragsauslegung« noch ausführlich unten S. 146 ff.

[72] Vgl. dazu *Fontaine*, Les lettres d'intention dans la négociation des contrats internationaux, Dr.prat.com.int. 1977, 105; *Oppetit*, L'engagement d'honneur: D. 1979, Chron. 107; *Lutter*, Der Letter of Intent (1982); *Ghestin* no. 343 ff.; *Schmidt*, La période précontractuelle en droit français, Rev.int.dr.comp. 42 (1990) 545, 555 ff.; *Treitel (-Peel)* no. 4-013; *Farnsworth* § 3.26b; *ders.*, Negotiation of Contracts and Precontractual Liability: General Report, in: Kollision und Vereinheitlichung, Mélanges en l'honneur d'Alfred von Overbeck (Fribourg 1990) 657.

[73] Ähnliche Fragen stellen sich bei den »Patronatserklärungen« oder »Letters of Comfort«: Wenn etwa eine Muttergesellschaft dem Verhandlungspartner ihrer Tochtergesellschaft oder eine Bank dem Verhandlungspartner ihres Kunden erklärt, dass es ihrer Geschäftspolitik entspreche, für die Schulden ihrer Tochtergesellschaft einzustehen oder dass der Bankkunde über die finanziellen Ressourcen verfüge, derer es zur Erfüllung des in Aussicht genommenen Vertrages bedarf, so fragt sich, ob die Muttergesellschaft oder die Bank, mag auch ein Bürgschaftsvertrag stricto sensu nicht zustandegekommen sein, aus dieser Erklärung haftet, wenn die Tochtergesellschaft oder der Bankkunde schon bei Abgabe der Erklärung zahlungsunfähig war oder es später geworden ist. Vgl. dazu z.B.

Auch wenn es an einer ausdrücklichen Vereinbarung fehlt, kann sich aus den Umständen ergeben, dass jemand verpflichtet sein will, schon während der Vertragsverhandlungen im Interesse des anderen Teils bestimmte Verhaltensregeln zu beachten. Der englische Court of Appeal hatte einen Fall zu beurteilen, in dem die beklagte Gemeinde eine Konzession zur Nutzung eines Flugplatzes für die Veranstaltung von Rundflügen vergeben wollte und daher mehrere Flugsportvereine – darunter auch den Kläger – aufgefordert hatte, anonymisierte Angebote in bestimmter Form bis zu einem bestimmten Zeitpunkt einzureichen. Das Angebot des Klägers wurde, obwohl rechtzeitig eingereicht, von der Beklagten irrtümlich als verspätet behandelt und deshalb nicht sachlich geprüft. Seine Klage auf Schadensersatz hatte Erfolg: Durch die Art der Ausschreibung habe die Beklagte stillschweigend eine *vertragliche* Verpflichtung übernommen, alle rechtzeitig eingereichten Angebote sachlich zu prüfen.[74] Ähnlich ein vom Bundesgerichtshof entschiedener Fall, in dem der Kläger, ein Architekt, sich an einem von der Beklagten ausgeschriebenen Architektenwettbewerb beteiligt hatte, bei dem der besten vorgelegten Arbeit ein Preis von DM 22.000,- winkte. Auch hier wurde die Arbeit des Klägers zu Unrecht als verspätet zurückgewiesen; auch hier stützte er seine Klage darauf, dass die Beklagte eine vertragliche Verpflichtung zur Einhaltung eines fairen Ausschreibungsverfahrens verletzt hatte.[75] In einem anderen Falle hatte der Kläger, ein holländischer Bauunternehmer, sich auf Aufforderung einer rhei-

---

Com. 21. Dez. 1987, J.C.P. 1988.II.21113 mit Schlussanträgen *Montanier*; Com. 4. Okt. 1994, Bull. cass. 1994. IV. no. 276; Com. 15. Okt. 1996, D. 1997, 330; Com. 9. Juli 2002, D. 2002, 3332; *Kleinwort Benson Ltd.* v. *Malaysia Mining Corp. Ltd.* [1988] 1 All E.R. 714; [1989] 1 All E.R. 785 (C.A.) und *Treitel (-Peel)* no. 4-013; OLG Düsseldorf 26. Jan. 1989, NJW-RR 1989, 1116; BGH 30. Nov. 1992, NJW 1992, 2093.

[74] *Blackpool Aero Club* v. *Blackpool Borough Council* [1990] 3 All E.R. 25 (C.A.) und dazu *Treitel (-Peel)* no. 2-012, 4-021. Vgl. auch *Wiliam Lacey (Hounslow) Ltd.* v. *Davis* [1957] 1 W.L.R. 932: Nachdem der Kläger, ein Bauunternehmer, von dem Beklagten erfahren hatte, dass sein Angebot das billigste sei, führte er auf Veranlassung des Beklagten weitere Entwurfsarbeiten in der Annahme, dass ein Bauvertrag demnächst geschlossen werde. Dazu kam es aber nicht, weil der Beklagte das Grundstück an einen Dritten verkaufte. Es wurde entschieden, »that the court should imply a condition or imply a promise that the defendant should pay a reasonable sum to the plaintiffs for the whole of these services which were rendered by them« (aaO S. 940).

[75] BGH 23. Sept. 1982, NJW 1983, 442. Das Zustandekommen eines Vertragsverhältnisses ergibt sich hier aus § 661 BGB: Ein Preiswettbewerb ist eine Auslobung i.S. der § 657 ff. BGB. Allerdings nahm der BGH an, dass der Schadensersatzanspruch sich nur auf die Zahlung des gesamten Preisgelds richten könne und der Architekt daher den vollen Beweis dafür zu erbringen habe, dass er den Wettbewerb gewonnen hätte; misslinge der Beweis, erhalte er nichts. Das leuchtet nicht ein. Näher lag es, die Wahrscheinlichkeit zu berechnen, mit der der Architekt den Preis gewonnen hätte, und ihm denjenigen Prozentsatz des Preisgelds zuzubilligen, der dieser Wahrscheinlichkeit entspricht. Vgl. dazu *H. Kötz/H.B. Schäfer*, Judex oeconomicus (2003) 266 ff. und allgemein zur Haftung auf den Wert einer verlorenen Chance unten S. 392 ff.

nischen Gemeinde an der Ausschreibung für den Bau eines Hallenbades beteiligt. Allerdings war die Finanzierung im Zeitpunkt der Aufforderung nicht gesichert; auch später gelang der Gemeinde die Beschaffung des erforderlichen Geldes nicht, so dass sie zu dem dafür vorgesehenen Termin einen Zuschlag nicht erteilen konnte. Erst viele Monate später wurden der Gemeinde Mittel aus einem Sonderprogramm zur Belebung der Konjunktur zur Verfügung gestellt. Da aber diese Mittel nur inländischen Bauunternehmen zufließen durften, ging der Kläger leer aus. Er verlangte Ersatz der Aufwendungen, die er in die Ausarbeitung seines Angebots investiert hatte. Das OLG Düsseldorf gab ihm Recht: Die Gemeinde sei zwar nicht aufgrund eines Vertrages, wohl aber aufgrund des durch den Eintritt in Vertragsverhandlungen begründeten Vertrauensverhältnisses verpflichtet gewesen, dem Kläger »mit der erforderlichen Eindeutigkeit zu offenbaren, dass ihr zum Bau des Hallenbades keine Mittel zur Verfügung standen und die Finanzierung auch nicht während der Zuschlagsfrist gesichert werden konnte«.[76]

Wer sich bei Vertragsverhandlungen fehlerhaft verhält, muss den anderen Teil so stellen, wie er ohne den Fehler gestanden hätte. Er schuldet also Ersatz nur des Vertrauensschadens (»negatives Interesse«, »reliance interest«), nicht des Erfüllungsschadens (»positives Interesse«, »expectation interest«). Hätte die Gemeinde in dem eben geschilderten Fall dem Kläger den gebotenen Hinweis gegeben, so hätte er – dies jedenfalls sah das Gericht als erwiesen an – sich an der Ausschreibung nicht beteiligt und den dafür geleisteten Aufwand erspart. Möglich ist aber auch, dass der Vertrag, auf dessen Abschluss die Vertragsverhandlungen abzielten, ohne den Fehler des Beklagten mit Sicherheit zustandegekommen wäre. Zwar wird auch hier nur der Vertrauensschaden ersetzt, jedoch erreicht er in diesem besonderen Fall den Umfang des Erfüllungsschadens. So lag es in der wichtigen Entscheidung des Hoge Raad in der Sache *Plas v. Valburg*:[77] Der Kläger hatte sich an einer Ausschreibung der Gemeinde Valburg mit einem Angebot beteiligt, das das billigste war und sich in dem finanziellen Rahmen hielt, der der Gemeinde zur Verfügung stand. Vor der Zustimmung des Gemeinderats, die für die Erteilung des Zuschlags noch erforderlich war, aber von den meisten Beteiligten als eine Formalität angesehen wurde, gelang es einem Mitglied des Gemeinderats, von einem anderen Unternehmer ein noch günstigeres – und deshalb später von der Gemeinde akzeptiertes – Angebot zu erlangen. Nach Auffassung des Hoge Raad hatte die Gemeinde hier durch ihr Verhalten gegen Treu und Glauben verstoßen. Die Verhandlungen hätten ein

---

[76] OLG Düsseldorf 27. Jan. 1976, NJW 1977, 1064, 1065.
[77] HR 18. Juni 1982, Ned.Jur. 1983, 723. Vgl. dazu *van Dunné*, The Prelude to Contract, the Threshold of Tort, in: Hondius/Steenhoff (Hrsg.), The Law on Precontractual Dealings in the Netherlands: Netherlands Reports to the XIIIth Congress of the International Academy of Comparative Law (1991) 71. Vgl. dazu auch HR 23. Okt. 1987, Ned. Jur. 1988, 1017 und HR 31. Mai 1991, Ned.Jur. 1991, 647.

so fortgeschrittenes Stadium erreicht und sich dem Abschluss eines Vertrages schon so sehr angenähert, dass dem Unternehmer ein Anspruch auf Ersatz des Erfüllungsschadens zustehe. Auch der Bundesgerichtshof hat anerkannt, dass eine Gemeinde, die ein Ausschreibungsverfahren nicht ordnungsgemäß durchgeführt und daher das Angebot des Klägers nicht berücksichtigt hat, ihm wegen vorvertraglichen Verschuldens den Erfüllungsschaden ersetzen muss, sofern er beweisen kann, dass er bei ordnungsmäßiger Durchführung des Verfahrens den Zuschlag hätte erhalten müssen.[78]

Fehler bei Vertragsverhandlungen werden aber auch in anderen Zusammenhängen gemacht, so etwa bei Kreditverhandlungen. Typisch ist der Fall in *Box v. Midland Bank*.[79] Dem Kläger war von einem Angestellten der beklagten Bank erklärt worden, dass der beantragte Kredit, sofern bestimmte Voraussetzungen erfüllt würden, mit Sicherheit gewährt werde. Obwohl an der Erfüllbarkeit der Voraussetzungen erhebliche Zweifel bestanden, von denen der Angestellte aufgrund seiner Sachkunde Kenntnis haben musste, unterließ er einen entsprechenden Hinweis; dabei war ihm klar, dass der Kläger im Vertrauen auf die Gewährung des Kredits Dispositionen treffen werde. In einem anderen – vom Bundesgerichtshof entschiedenen – Fall verhandelte der Kläger mit der beklagten Bank über die Stellung eines Akkreditivs, das er in Höhe von 12 Mio. US $ innerhalb kürzester Frist zur Durchführung des Kaufs einer Tankerladung Kerosin benötigte. Als die Zeit knapp wurde, fragte der Kläger den zuständigen Bankangestellten, ob das Akkreditiv rechtzeitig gestellt werden könne. Obwohl der Angestellte wusste, dass daran Zweifel bestanden, erklärte er dem Kläger, er solle sich keine Sorgen machen; dadurch hielt er ihn davon ab, sich anderswo um das Akkreditiv zu bemühen.[80] Schließlich noch ein Fall des schweizerischen Bundesgerichts: Der Leiter einer Bankfiliale hatte bei einem Kunden den Eindruck erweckt, dass die Vertragsverhandlungen erfolgreich sein würden, obwohl er wusste, dass der Vertrag einer Zustimmung der Zentrale bedurfte, dass diese Zustimmung ungewiss war und dass der Kunde, wenn ihm nicht reiner Wein eingeschenkt würde, Dispositionen treffen werde.[81]

In allen drei Fällen sind die beklagten Banken zu Schadensersatz verurteilt worden.[82] Die rechtliche Grundlage, auf der die Klaganspüche geprüft und bejaht wurden, war freilich unterschiedlich. In dem deutschen und dem schwei-

---

[78] BGH 25. Nov. 1992, BGHZ 120, 281.
[79] [1979] 2 Lloyd's Rep. 391.
[80] BGH 17. Okt. 1983, NJW 1984, 866.
[81] BG 6. Feb. 1979, BGE 105 II 75. Vgl. auch BG 6. Juni 1951, BGE 77 II 135.
[82] In BGH 17. Okt. 1983 (oben N. 80) war der Verkäufer von dem Kaufvertrag über das Kerosin zurückgetreten, weil das Akkreditiv nicht rechtzeitig gestellt worden war. Nach Auffassung des BGH musste die Bank dem Kläger den Gewinn ersetzen, den dieser aus dem Kerosingeschäft gezogen hätte, sofern er beweisen könne, dass er sich das Akkreditiv bei einer anderen Bank noch rechtzeitig hätte beschaffen können.

zerischen Fall wurde in dem Verhalten der Bank eine culpa in contrahendo, also ein schuldhafter Verstoß gegen die durch den Eintritt in Vertragsverhandlungen begründeten Sorgfaltspflichten gesehen. Der englische Richter stützte sich hingegen auf den Deliktstatbestand »negligence«. Dieser Tatbestand ist auch dann erfüllt, wenn – wie hier – ein »reiner Vermögensschaden« durch eine schuldhaft unrichtige Erklärung herbeigeführt worden ist, sofern die Erklärung aufgrund einer besonderen beruflichen Sachkunde abgegeben wurde, der Erklärungsempfänger deshalb auf ihre Richtigkeit vertraut hat und vertrauen durfte und aufgrund dieses Vertrauens Dispositionen getroffen hat.[83] Freilich ist nicht erkennbar, dass die unterschiedliche rechtliche Einordnung des Anspruchs irgendeinen Unterschied in der Sache gemacht hätte.

Auch die deutschen und österreichischen Gerichte bekennen sich zu der allgemeinen Regel, nach der jedermann Vertragsverhandlungen beenden darf, »at any time and for any reason – a change of heart, a change of circumstances, a better deal – or for no reason at all.«[84] Gleichwohl muss sich aber derjenige eine Beschränkung seiner Freiheit zum Abbruch von Vertragsverhandlungen gefallen lassen, der in seinem Partner ein Vertrauen auf das Zustandekommen des Vertrages geweckt, vielleicht sogar ihm den Vertragsabschluss als so gut wie sicher hingestellt oder ihn auf Vertragshindernisse nicht aufmerksam gemacht hat, die ihm bekannt, dem anderen aber unbekannt waren oder von denen er sich mit geringeren Kosten als der andere Kenntnis verschaffen konnte. In einer solchen Situation handelt pflichtwidrig, wer die Vertragsverhandlungen gleichwohl abbricht und sich dafür nicht auf vernünftige und plausible, sondern nur auf sachfremde, vorgeschobene oder gar keine Gründe stützen kann.[85] Ähnlich die französische Rechtsprechung: Haben die Vertragsverhandlungen bereits dicht an einen Vertragsschluss herangeführt und sind dem Kläger dadurch erhebliche Aufwendungen entstanden, so handelt der Beklagte pflichtwidrig, wenn er sie nunmehr »sans raison légitime, brutalement

---

[83] Die Leitentscheidung des House of Lords, mit der der Deliktstatbestand »negligence« in dem geschilderten Sinne ausgebaut wurde, ist *Hedley Byrne & Co.* v. *Heller & Partners* [1964] A.C. 465 Vgl. dazu S. 91 f.

[84] *Farnsworth*, Mélanges v. Overbeck (oben N. 72) 659.

[85] Vgl. z.B. BGH 8. Juni 1978, BGHZ 71, 386, 395 f.; BGH 7. Feb. 1980, BGHZ 76, 343, 348 f.; BGH 29. März 1996, NJW 1996, 1884. Ähnlich in Österreich; vgl. OGH 6. Juli 1976, JBl. 1977, 315; OGH 30. Mai 1979, JBl. 1980, 33 und dazu *Ostheim*, Zur Haftung für culpa in contrahendo bei grundloser Ablehnung des Vertragsabschlusses, JBl. 1980, 522 und 570. – Vgl. auch Art. 2:301 PECL: »A party is free to negotiate and is not liable for failure to reach an agreement. However, a party who has negotiated or broken off negotiations contrary to good faith and fair dealing is liable for the losses caused to the other party. It is contrary to good faith and fair dealing, in particular, for a party to enter into or continue negotiations with no real intention of reaching an agreement with the other party.« Vgl. auch Art. 2.1.15 PICC; Art. II.-3:301 DCFR.

et unilatéralement« für gescheitert erklärt.[86] Dabei kommt es sehr auf die Umstände des einzelnen Falles an, so etwa darauf, ob im Hinblick auf die Dauer und Intensität der geführten Verhandlungen auch ein vernünftiger Mensch in der Lage des Klägers auf das Zustandekommen des Vertrages vertraut hätte, ob der Beklagte zur Herausbildung des Vertrauens durch eigenes Verhalten beigetragen hat und beitragen durfte, ob die vom Kläger getroffenen Dispositionen einen erheblichen Umfang hatten, in diesem Umfang dem Beklagten bekannt oder erkennbar waren und auch von einem vernünftigen Menschen in gleicher Lage in diesem Umfang getroffen worden wären. Die Haftung wird daraus hergeleitet, dass es zu dem Abbruch der Verhandlungen unter Umständen gekommen ist, die ihn als »brutal«, als »missbräuchlich« oder als auf »böswillige« Überlegungen gestützt erscheinen lassen. Zwar werden Schadensersatzansprüche wegen »rupture abusive des pourparlers« unter dem rechtlichen Gesichtspunkt einer unerlaubten Handlung (Art. 1382 f. Code civil) geprüft. Aber dass die französischen Gerichte deswegen zu anderen Ergebnissen kämen als die Rechtsprechung anderer Länder, in denen man mit der Haftung aus culpa in contrahendo operiert, ist nicht ersichtlich. Jedenfalls geht der Kassationshof davon aus, dass der Geschädigte nur dasjenige ersetzt verlangen kann, was er an Zeit und Geld in die (abgebrochenen) Verhandlungen investiert hat.[87] Zu diesem »negativen Interesse« kann auch der Verlust zählen, der ihm dadurch entstanden ist, dass er das Angebot eines Dritten, das ihm während der Verhandlungen gemacht worden ist, nur deshalb nicht angenommen hat, weil er sich auf das Zustandekommen des Vertrages mit seinem Verhandlungspartner verlassen hat und verlassen durfte. Ungewiss ist allerdings, ob er nicht unter bestimmten Voraussetzungen auch den Schaden ersetzt verlangen kann, der ihm dadurch entsteht, dass er durch den Abbruch der Verhandlungen um die »Chance« des Zustandekommens des Vertrages gebracht worden ist.[88]

---

[86] Com. 20. März 1972, J.C.P. 1973.II.17543 mit Anm. *Schmidt*. Vgl. auch Com. 7. Jan. und 22. April 1997, D.1998, 45 mit Anm. *Chauvel*, Com. 26. Nov. 2003, D. 2004, 869 mit Anm. *A.-S. Dupré-Dallemagne* = RDC 2004, 257 mit Anm. *D. Mazeaud*. Vgl. auch die Entscheidung des it. Kassationshofs vom 12. März 1993, Foro it. 1993 I 956 (no. 2973).

[87] So z.B. Com. 26. Nov. 2003 (vorige N.); Civ. 28. Juni 2006, Bull. cass. 2006.III. no.68= D.2006, 2963 mit Anm. *D. Mazeaud*.

[88] Nach dem Reformentwurf Terré wird für die Haftung vorausgesetzt, dass in dem Verhalten desjenigen, der die Verhandlungen abgebrochen hat, eine *»faute«* liegt. Als *»faute«* soll es insbesondere gelten, wenn jemand einen Vertrag nicht wirklich schließen wollte, aber dennoch Verhandlungen aufgenommen oder fortgesetzt hat. Zum Umfang der Haftung bestimmt Art. 24 (3) des Reformentwurfs, dass der Schadensersatz in keinem Fall einen Ausgleich für »la perte des bénéfices attendus du contrat non conclu« gewähren dürfe. Vgl. dazu *Aubert de Vincelles* in: Terré (Hrsg.), Pour une réforme du droit des contrats (2009) 119, 133 ff. Vgl. dazu aber auch oben S. 54 f.

Die englische Rechtsprechung scheint freilich in dieser Frage eine strengere Position zu vertreten. In *Walford v. Miles*[89] hatte der Beklagte seit Januar 1987 über den Verkauf seines Unternehmens mit dem Kläger verhandelt und dabei – freilich unter dem Vorbehalt, dass es zum Abschluss eines Vertrages kommen werde (»subject to contract«) – ein vorläufiges Einverständnis darüber erzielt, dass der Kaufpreis £ 2 Mio. betragen und dem Kläger im ersten Jahr nach Übernahme des Unternehmens ein Betriebsgewinn von £ 300.000 zugesichert werden solle. Am 17. März 1987 vereinbarten die Parteien zusätzlich, dass der Beklagte schwebende Verhandlungen mit dritten Kaufinteressenten abbrechen und auf neue Angebote Dritter nicht eingehen werde.[90] Gleichwohl verkaufte der Beklagte sein Unternehmen wenige Tage später an einen Dritten. Daraufhin verlangte der Kläger von dem Beklagten Ersatz des Schadens, der ihm dadurch entstanden war, dass er das Unternehmen, dessen wahren Wert er auf £ 3 Mio. schätzte, nicht habe für £ 2 Mio. kaufen können. Er stützte seine Klage in erster Linie darauf, dass der Beklagte in der – richtig ausgelegten – Vereinbarung vom 17. März 1987 eine Verpflichtung »to negotiate in good faith with the plaintiff« übernommen und diese Verpflichtung durch den Abbruch der Verhandlungen verletzt habe. Das House of Lords wies die Klage ab. Eine vertragliche »duty to carry on negotiations in good faith« stehe in Widerspruch zu dem Recht jeder Partei, Vertragsverhandlungen abzubrechen oder mit ihrem Abbruch zu drohen, wenn immer ihr dies angemessen erscheine. Auch könnten weder der Verhandlungspartner noch später ein Gericht mit der erforderlichen Sicherheit feststellen, ob ein ausreichender Grund für den Abbruch der Verhandlungen gegeben sei:

»How is a vendor ever to know that he is entitled to withdraw from further negotiations? How is the court to police such an ›agreement‹? A duty to negotiate in good faith is as unworkable in practice as it is inherently inconsistent with the position of a negotiating party. It is here that the uncertainty lies. In my judgment, while negotiations are in existence either party is entitled to withdraw from these negotiations, at any time and for any reason. There can be thus no obligation to continue to negotiate until there is a ›proper reason‹ to withdraw. Accordingly a bare agreement to negotiate has no legal content.«[91]

Diese Behauptungen sind viel zu allgemein und apodiktisch, als dass sie überzeugen könnten. Die Praxis der kontinentaleuropäischen Gerichte zeigt, dass es wesentlich darauf ankommt, ob es um den Ersatz des Vertrauensinteresses oder

---

[89] [1992] 2 A.C. 128.

[90] Diese Vereinbarung war nicht schon mangels »consideration« nichtig, weil der Kläger als Gegenleistung für das Versprechen des Beklagten einen »letter of comfort« seiner Bank (vgl. dazu oben N. 73) versprochen und auch beigebracht hatte.

[91] *Lord Ackner* in *Walford v. Miles* (oben N. 89) 138. Diese Entscheidung hat zu vielen kritischen Kommentaren geführt, so z.B. von *McKendrick* no. 4.1, 12.10 und *A. Berg*, Promises to Negotiate in Good Faith, L.Q.R. 119 (2003) 357. Anders aber *Treitel (-Peel)* no. 2-106.

des Erfüllungsinteresses geht; sie zeigt vor allem, dass es im Einzelfall durchaus praktikable und einleuchtende Kriterien gibt, die es gestatten, zwischen pflichtmäßigem und pflichtwidrigem Verhalten bei Vertragsverhandlungen zu unterscheiden.

In der Tat wäre die Klage wohl auch von einem französischen oder deutschen Richter abgewiesen worden. Der deutsche Richter hätte vermutlich darauf abgestellt, dass es in diesem Falle nicht um den Ersatz von Aufwendungen ging, die der Kläger im Vertrauen auf den erfolgreichen Abschluss des Geschäfts gemacht hatte. Vielmehr verlangte er das Erfüllungsinteresse. Das kommt aber nur ausnahmsweise, nämlich nur dann in Betracht, wenn durch den Abbruch der Verhandlungen eine sichere Erwartung auf das Zustandekommen des Vertrages zerstört wird.[92] So lag der Fall nicht, weil die Parteien alle Verhandlungen – auch die Vereinbarung vom 17. März 1987 – unter den Vorbehalt »subject to contract« gestellt, also eine vertragliche Bindung – auch eine Bindung an einen Vorvertrag – gerade *nicht* gewollt hatten. Der französische Richter hätte vielleicht als entscheidend angesehen, dass der Beklagte einen guten Grund für den Abbruch der Vertragsverhandlungen gehabt und sein Verhalten daher keine »faute« dargestellt habe: Er hatte nämlich vorgetragen, dass ihm nach dem 17. März 1987 Zweifel daran gekommen seien, ob seine Leute mit dem Geschäftsgebaren des Klägers einverstanden sein würden. Er habe daher befürchten müssen, dass es aus diesem Grunde zur Kündigung von Arbeitsverhältnissen kommen und der von ihm zu garantierende Betriebsgewinn nicht erreicht werden würde. Auch seien ihm angesichts seines hohen Alters und seiner schwachen Gesundheit Bedenken gekommen, ob er die Verpflichtung, dem Käufer ein Jahr lang als Berater zur Verfügung zu stehen, werde erfüllen können.

---

[92] Vgl. dazu oben zu N. 79 ff.

§ 3 Bestimmtheit des Vertragsinhalts

I. Einleitung

Ein bindender Vertrag kommt nicht zustande, wenn die Vereinbarung der Parteien nicht genügend »bestimmt« ist. Freilich kommt es alle Tage vor, dass ein Vertrag manche Punkte nicht regelt und deshalb unvollständig ist oder dass er Vereinbarungen enthält, die so unbestimmt gefasst sind, dass sich nur durch Auslegung klären lässt, was genau mit ihnen gemeint sein sollte. So wird in vielen Kaufverträgen nichts darüber gesagt, wann und wo die Ware geliefert werden und wie sie beschaffen sein soll. Gleichwohl sind solche Verträge nicht mangels »Bestimmtheit« ungültig. Vielmehr treten an die Stelle der fehlenden Vereinbarungen diejenigen Regeln, die die Rechtsordnung gerade für diesen Fall bereitstellt, also etwa die Regel, dass die Ware »innerhalb einer vernünftigen Zeit«, »am Sitz der gewerblichen Niederlassung des Verkäufers« zu liefern ist und keine »versteckten Mängel« haben darf, die sie »zu dem Gebrauch, für den sie bestimmt ist, ungeeignet machen« (Art. 1641 Code civil). Häufig ergibt sich die fehlende Regel aus den kaufmännischen Gewohnheiten, die sich im Handel mit bestimmten Waren herausgebildet haben. Sind 100 t Dieselöl »zu den üblichen Zahlungsbedingungen« verkauft worden, so bedeutet das nach den Usancen des Mineralölhandels, dass der Käufer ein Bankakkreditiv eröffnen muss, das bei Vorlage der handelsüblichen Dokumente freigegeben wird,[1] und wenn ein Holzimporteur eine bestimmte Menge Fichtenholz »of fair specification« gekauft hat, so lässt sich den Gewohnheiten des Holzhandels entnehmen, nach welchen Regeln der Käufer sein Recht auf Spezifizierung ausüben muss.[2]

---

[1] OLG Frankfurt 27. April 1976, NJW 1977, 1015.
[2] *Hillas & Co v. Arcos Ltd.* (1932) 147 L.T. 503.

Ein Vertrag ist also nicht schon deshalb »unbestimmt«, weil es in ihm an Vereinbarungen über die *Modalitäten* der Vertragserfüllung fehlt. Hier gilt stattdessen dasjenige, was sich aus den Usancen der betreffenden Branche, aus den bisherigen Geschäftsbeziehungen der Parteien, aus den Regeln des dispositiven Rechts oder aus der (ergänzenden) Vertragsauslegung ergibt.[3] Entsprechendes gilt auch dann, wenn die *Hauptleistung* nicht genau bestimmt ist, sofern nur feststeht, dass die Parteien eine vertragliche Bindung gewollt haben. So liegt es z.B., wenn die Parteien in dem Vertrag über die Höhe des Kaufpreises nichts gesagt oder lediglich vereinbart haben, dass ein Kaufpreis in der »üblichen« oder »angemessenen« Höhe geschuldet sein soll. In der Regel sind es gesetzliche Bestimmungen, aus denen sich ergibt, wie in einem solchen Fall der Kaufpreis festzulegen ist. Meist wird dabei der Börsen- oder Marktpreis oder der vom Verkäufer üblicherweise verlangte Preis oder ein »vernünftiger« Preis als maßgeblich bezeichnet.[4] Ähnliche Regeln gelten, wenn bei Werk- oder Dienstverträgen oder bei anderen Verträgen der Preis für die geschuldeten Leistungen von den Parteien nicht genau bestimmt worden ist.[5]

Alle diese Regeln können freilich nur dann angewendet werden, wenn feststeht, dass die Parteien eine rechtlich bindende Verpflichtung überhaupt eingehen wollten. Haben sie nichts oder nur Vages über die Art der geschuldeten Leistung oder über den für sie zu zahlenden Preis vereinbart, so kann darin ein Indiz dafür liegen, dass es ihnen an einem Willen zu vertraglicher Bindung gefehlt hat. Betrifft der offen gebliebene Punkt nur eine Nebensache, so wird man das selten sagen können. Art. 2 Abs. 1 OR stellt deshalb die Vermutung auf, dass, wenn »sich die Parteien über alle wesentlichen Punkte geeinigt [haben], … der Vorbehalt von Nebenpunkten die Verbindlichkeit des Vertrages nicht hindern soll.« § 155 BGB betrifft den Fall, in dem die Parteien den Vertrag geschlossen, dabei aber verkannt haben, dass sie sich über bestimmte Punkte »in Wirklichkeit« nicht geeinigt haben: Hier gilt das Vereinbarte, sofern anzunehmen ist, dass die Parteien auch ohne eine Einigung über die offengebliebenen Punkte eine vertragliche Bindung gewollt haben. Die entscheidende Frage ist immer, ob die Parteien sich trotz der Unvollständigkeit oder Unbestimmtheit ihrer Vereinbarung vertraglich binden *wollten*.

---

[3] Vgl. dazu S. 146 ff.

[4] Vgl. z.B. Art. 7:4 BW; s. 8 Sale of Goods Act 1970; Art. 1474 Codice civile; Art. 212 OR; Art. 883 port. CC. Vgl. ferner Art. 6:104 PECL; Art. 5.1.7 (1) PICC; Art. II.-9:104 DCFR. Art. 55 CISG bestimmt: »Ist ein Vertrag gültig geschlossen worden, ohne dass er den Kaufpreis ausdrücklich oder stillschweigend festsetzt oder dessen Festsetzung ermöglicht, so wird mangels gegenteiliger Anhaltspunkte vermutet, dass die Parteien sich stillschweigend auf den Kaufpreis bezogen haben, der bei Vertragsabschluss allgemein für derartige Ware berechnet wurde, die in dem betreffenden Geschäftszweig unter vergleichbaren Umständen verkauft wurde.«

[5] Vgl. z.B. §§ 612, 632 BGB; Art. 1657, 1709, 1733, 1740 Codice civile; s. 15 Supply of Goods and Services Act 1982.

Daran fehlt es, wenn sich aus den Umständen ergibt, dass sie zwar eine Vereinbarung getroffen, aber dabei nicht mit einer »intention of creating legal relations« oder ohne die Absicht »de produire des effets juridiques« oder ohne »Rechtsbindungswillen« gehandelt haben.[6]

II. Fallgruppen

Wenn der Beklagte behauptet, dass die mit dem Kläger getroffene Vereinbarung unvollständig oder nicht genügend bestimmt und daher ungültig ist, so muss der Richter, wenn er der Klage gleichwohl stattgeben will, zwei Fragen prüfen und bejahen: Haben sich die Parteien trotz der Unvollständigkeit oder Unbestimmtheit ihrer Vereinbarung vertraglich binden *wollen*? Lassen sich der Vereinbarung und den Umständen des Falles hinreichend klare Kriterien entnehmen, mit deren Hilfe er die Vereinbarung vervollständigen oder den unbestimmt gebliebenen Punkt präzisieren und auf dieser Grundlage der Klage stattgeben kann?[7] Diese beiden Fragen werden in der Praxis oft nicht klar voneinander unterschieden, weil in vielen Fällen nur die eine Frage streitig ist oder beide Fragen von den gleichen Erwägungen abhängen.[8] Gleichwohl ist diese Unterscheidung nützlich, wie die folgende Erörterung einiger Fallgruppen zeigen mag.

1. Vorbehalt künftiger Vereinbarung. – Nicht selten kommt es vor, dass die Parteien bei ihren Verhandlungen einen bestimmten Punkt bewusst offenlassen und vereinbaren, dass darüber zu einem späteren Zeitpunkt Verhandlungen geführt und ein Einvernehmen hergestellt werden soll. Wenn etwa die verkaufte Sache erst in einem Jahr geliefert oder das Haus dem Mieter erst in 5 Jahren überlassen werden soll, so haben die Parteien ein Interessse daran, die Festlegung des Kaufpreises oder Mietzinses bis zur Lieferung oder Überlassung auf-

---

[6] Vgl. dazu näher S. 97 ff.

[7] Vgl. Art. 2.1.14 PICC: Haben die Parteien einen bestimmten Punkt künftigen Verhandlungen vorbehalten, so liegt ein gültiger Vertrag vor, wenn zwei Voraussetzungen erfüllt sind: Die Parteien müssen eine vertragliche Bindung *gewollt* haben. Erforderlich ist ferner, »that there is an alternative means of rendering the term definite that is reasonable in all the circumstances, having regard to the intention of the parties.«

[8] Vgl. *Scammel* v. *Ouston* [1941] A.C. 251. Hier hatten die Parteien vereinbart, dass ein Teil des Kaufpreises für ein Kraftfahrzeug »on hire purchase terms over a period of two years« bezahlt werden solle. *Lord Wright* hielt den Vertrag für ungültig, einmal deswegen, weil »these words, considered however broadly and untechnically and with due regard to all the just implications, fail to evince any definite meaning on which the Court can safely act … But I think the other reason, which is that the parties never in intention nor even in appearance reached an agreement, is a still sounder reason against enforcing the claim« (aaO S. 268 f.).

zuschieben, weil sie erst dann wissen, in welchem Maße die Marktsituation sich
verändert oder die Währung an Kaufkraft verloren hat. Hier stellt sich zunächst
die Frage, ob die Parteien überhaupt vertraglich gebunden sein wollten, ferner,
wenn das zu bejahen ist, wie über den offengebliebenen Punkt zu entscheiden
ist, wenn sich zeigt, dass die Parteien für ihn eine einverständliche Lösung nicht
haben finden können. Beide Fragen werden im Allgemeinen bejaht, wenn die
Parteien in Kenntnis des offengebliebenen Punktes mit der Ausführung des
Vertrages begonnen haben. Dafür spricht auch die Überlegung, dass die Parteien im Falle der Ungültigkeit des Vertrages ihre Leistungen »ohne rechtlichen
Grund« erbracht hätten. Die Leistungen müssten daher zurückgegeben oder,
soweit das nicht mehr möglich ist, nach ihrem Wert abgerechnet werden; davor
scheuen aber die Gerichte aus guten Gründen zurück. In *British Bank for Foreign
Trade Ltd. v. Novinex Ltd.*[9] hatte die Klägerin für die Beklagte ein Geschäft mit
einem Dritten arrangiert und daraufhin von ihr die Zusage erhalten, dass sie
»an agreed commission« zahlen werde, sofern ihr der Name des Dritten mitgeteilt und es zu weiteren Geschäften mit ihm kommen werde. Obwohl die Beklagte den Namen des Dritten von der Klägerin erfahren und Geschäfte mit
ihm abgeschlossen hatte, wollte sie nichts bezahlen. Der Court of Appeal ließ
es dahinstehen, wie zu entscheiden gewesen wäre, wenn es *vor* der Ausführung
des Vertrages zu einem Streit über seine Gültigkeit gekommen wäre. Hier aber
hatte die Klägerin den Namen des Dritten bekanntgegeben und damit die versprochene Leistung erbracht. Der Vertrag wurde daher als wirksam angesehen
und der Klägerin eine vom Gericht festgesetzte »reasonable commission« zuge-
sprochen. Die entscheidende Erwägung war die folgende (aaO S. 158):

»The principle to be deduced from the cases is that, if there is an essential term which has
yet to be agreed and there is no express or implied provision for its solution, the result
in point of law is that there is no binding contract. In seeing whether there is an implied
provision for its solution, however, there is a difference between an arrangement which
is wholly executory on both sides, and one which has been executed on one side or the
other. In the ordinary way, if there is an arrangement to supply goods at a price ›to be
agreed‹, or to perform services on terms ›to be agreed‹, then, although, while the matter
is still executory there may be no binding contract, nevertheless, if it is executed on one
side, that is, if the one does his part without having come to an agreement as to the price
or the terms, then the law will say that there is necessarily implied from the conduct of the
parties a contract that, in default of agreement, a reasonable sum is to be paid.«

Die deutsche Rechtsprechung vertritt den gleichen Standpunkt. Hat sich jemand an einer Gesellschaft beteiligt und die von ihm versprochene Sacheinlage
geleistet, so kommt ein gültiger Gesellschaftsvertrag auch dann zustande, wenn
die Parteien die Bewertung der Einlage auf einen späteren Zeitpunkt aufge-

---

[9] [1949] 1 All E.R. 155 (C.A.).

schoben haben, aber eine Einigung nicht erzielen können.[10] Wenn jemand einen Stromlieferungsvertrag gekündigt, aber gleichwohl weiterhin Strom bezogen hat, so liegt darin der Abschluss eines neuen Vertrages, auch wenn Streit über die Höhe des Preises besteht. Können sich die Parteien nicht einigen, so darf der Lieferant gemäß §§ 315, 316 BGB den Preis einseitig festsetzen und der Bezieher ihn alsdann vom Gericht darauf überprüfen lassen, ob seine Höhe »billigem Ermessen« entspricht. Ist das nicht der Fall, so wird er auf Antrag des Beziehers vom Gericht nach diesem Maßstab bestimmt.[11] Das gleiche gilt, wenn ein Haus verkauft und mitsamt seinen Möbeln dem Käufer übergeben wird, aber eine Einigung über die Höhe des für die Möbel zu zahlenden Kaufpreises fehlt. Auch hier hat das Gericht den Umständen entnommen, dass ein Kaufvertrag über die Möbel zustandegekommen und ein »angemessener« Preis vereinbart sei. Da die Parteien sich über diesen Preis nicht hatten einigen können, wurde er vom Gericht festgesetzt.[12]

Schwieriger liegt der Fall, wenn der Streit über die Gültigkeit des (unvollständigen) Vertrages zu einem Zeitpunkt entsteht, in dem er noch von keiner der Parteien erfüllt worden ist. Hier neigen die Gerichte dazu, eine vertragliche Bindung zu verneinen. So wird insbesondere dann entschieden, wenn der offengebliebene Punkt für die Parteien von erheblicher Bedeutung ist, die Einigung über diesen Punkt weit in die Zukunft aufgeschoben war oder es an Anhaltspunkten fehlt, mit deren Hilfe das Gericht an die Stelle der misslungenen Einigung eine eigene Regelung setzen könnte. Das Problem stellt sich z.B. in Fällen, in denen in einem auf bestimmte Zeit abgeschlossenen Pachtvertrag vereinbart ist, dass nach Ablauf jener Zeit der Pachtvertrag »zu einem noch zu vereinbarenden Pachtzins« fortgesetzt werden soll. Der Bundesgerichtshof hatte einen Fall zu entscheiden, in dem ein Grundstück für 16 Jahre zum Betrieb eines Kinos verpachtet und ferner vereinbart worden war, dass danach über die Verlängerung des Vertrages verhandelt und im Falle des Misslingens einer Einigung eine bindende Entscheidung von einem von der Industrie- und Handelskammer zu benennenden Sachverständigen getroffen werden sollte. Das Gericht hielt diese Vereinbarung für ungültig, weil die Parteien keine bestimmten oder auch nur bestimmbaren Anhaltspunkte vereinbart hätten, nach denen eine Entscheidung von dem Sachverständigen hätte getroffen und vom

---

[10] BGH 23. Nov. 1959, NJW 1960, 430. Vgl. ferner BGH 24. Feb. 1983, NJW 1983, 1727, BGH 30. Sept. 1992, BGHZ 119, 283, 288 und *J. Busche* in Münchener Kommentar (6. Aufl. 2002) § 154 Nr. 5.

[11] BGH 19. Jan. 1983, NJW 1983, 1777. Aus § 315–319 BGB ergibt sich, dass ein Preis, der nach der getroffenen Vereinbarung von einer Vertragspartei oder von einem Dritten bestimmt werden soll, im Zweifel »nach billigem Ermessen« festzusetzen ist, und dass das Gericht, wenn es dieses Erfordernis als nicht erfüllt ansieht, einen solchen Preis selbst substituieren darf.

[12] OLG Hamm 24. Okt. 1975, NJW 1976, 1212.

Gericht gemäß § 317 BGB hätte überprüft werden können.[13] Dagegen ist in *Brown* v. *Gould*[14] eine Vereinbarung als wirksam angesehen worden, nach der der Pächter eine Fortsetzung des Pachtvertrages um weitere 21 Jahre verlangen konnte »at a rent to be fixed having regard to the market value of the premises at the time of exercising this option.« Anders als in dem deutschen Fall war hier ein – wenn auch gewiss nicht sehr präziser – Maßstab für die Festsetzung des Pachtzinses von den Parteien vereinbart worden. Vor allem stand aber in *Brown* v. *Gould* nur eine Verlängerung des Pachtvertrages um 21 Jahre in Rede, während in dem deutschen Fall nicht nur der Pachtzins, sondern auch die *Pachtdauer* in das freie Belieben des Sachverständigen gestellt waren.

Wie liegt es, wenn dem Pächter eine Option auf den Erwerb des Eigentums an dem Pachtgrundstück eingeräumt ist? Aus *Sudbrook Trading Estate Ltd.* v. *Eggleton*[15] ergibt sich, dass mit Ausübung der Option ein gültiger Kaufvertrag auch dann zustandekommt, wenn lediglich vereinbart ist, dass ein »angemessener Preis« bezahlt werden soll. Die Frage war, ob es einen Unterschied macht, wenn der Preis nicht von den Parteien selbst, sondern von zwei von ihnen zu benennenden sachverständigen Gutachtern und, falls diese sich nicht einigen können, von einem von ihnen auszuwählenden Dritten festgesetzt werden soll. Das House of Lords verneinte diese Frage: Durch die Beauftragung von Sachverständigen hätten die Parteien implizit zum Ausdruck gebracht, dass ein angemessener Preis bezahlt werden solle.

2. Einseitige Preisfestsetzung. – Häufig vereinbaren die Parteien, dass der Preis für die künftig zu liefernde Ware nicht in gegenseitigem Einverständnis, sondern *einseitig* – meistens vom Verkäufer – bestimmt werden soll. Das geschieht besonders dann, wenn der Verkäufer seine Waren in der Weise vertreibt, dass er allen seinen Abnehmern den gleichen Listenpreis in Rechnung stellt, den er von Zeit zu Zeit an die Entwicklung der Marktverhältnisse und seiner Kosten anpaßt.[16] Kauft jemand ein Auto, das erst später geliefert werden soll, so wird regelmäßig der am Tage der Lieferung geltende Listenpreis des Verkäufers oder Herstellers als der maßgebliche Preis vereinbart. Ebenso liegt es bei Verträgen, durch die sich die Betreiber von Gastwirtschaften oder Tankstellen für mehrere

---

[13] BGH 27. Jan. 1971, BGHZ 55, 248.

[14] [1971] 2 All E.R. 1505.

[15] [1982] 3 All E.R. 1 (H.L.). Vgl. auch *Queensland Electricity Generating Board* v. *New Hope Collieries Ltd.* [1989] 1 Lloyd's L.Rep. 205, 210: »At the present day, in cases where the parties have agreed on an arbitration or valuation clause in wide enough terms, the Courts accord full weight to their manifest intention to create continuing legal relations. Arguments invoking alleged uncertainty, or alleged inadequacy in the machinery available to the Courts for making contractual rights effective, exert minimal attraction.«

[16] Auch Kreditinstitute behalten sich beim Abschluss langfristiger Kreditverträge regelmäßig das Recht vor, den Zins von Zeit zu Zeit einseitig zu verändern. Solche Vereinbarungen werden in England und Deutschland nicht beanstandet; vgl. *Lombard Tricity Finance Ltd.* v. *Paton* [1989] 1 All E.R. 918 (C.A.) und BGH 14. April 1992, BGHZ 118, 126.

Jahre verpflichten, ihren Bedarf an Getränken oder Kraftstoffen ausschließlich von einer bestimmten Brauerei oder Mineralölgesellschaft zu beziehen, ebenso dort, wo eine entsprechende Bindung durch einen Franchising-Vertrag oder durch einen Vertrag zwischen einer Telefongesellschaft und ihren Kunden begründet wird. Durch solche Bindungen wird der Wettbewerb beschränkt, weil der Abnehmer gezwungen wird, seinen Bedarf an bestimmten Waren oder Leistungen ausschließlich bei seinem Vertragspartner zu decken. Daraus folgt, dass solche Verträge ganz oder teilweise nichtig sein können, wenn sie gegen das Wettbewerbsrecht verstoßen oder wegen ihrer langen Dauer die wirtschaftliche Selbständigkeit und Bewegungsfreiheit des Abnehmers zu stark beschränken.[17] Ferner kann man bei Geschäften mit Verbrauchern Vertragsklauseln als bedenklich ansehen, die den Käufer ohne jede Einschränkung dazu verpflichten, den am Tag der Lieferung geltenden Listenpreis zu zahlen. Die deutsche Rechtsprechung hält solche »Tagespreisklauseln« nur dann für wirksam, wenn sie gleichzeitig dem Verbraucher ein Rücktrittsrecht für den Fall einräumen, dass der Tagespreis den bei Vertragsabschluss geltenden Preis in erheblich stärkerem Maß übersteigt, als das nach dem Anstieg der allgemeinen Lebenshaltungskosten zu erwarten ist.[18] Im Verkehr unter Kaufleuten werden solche Klauseln dagegen nicht beanstandet, weil »erfahrungsgemäß die Mechanismen des Marktes bewirken, dass ein einzelner Anbieter nicht allgemein durch die Marktlage nicht gerechtfertigte überhöhte Preise am Markt durchsetzen kann« und weil ferner von einem Kaufmann – anders als von einem Verbraucher – erwartet werden kann, dass er notfalls den Weg des § 315 BGB beschreitet, also den schwierigen Beweis dafür führt, dass der Verkäufer den Preis anders festgesetzt hat, als er das nach billigem Ermessen tun durfte.[19]

Die französische Rechtsprechung hat in diesen Fällen früher einen ganz anderen Ausgangspunkt gewählt. Gemäß Art. 1108, 1129 Code civil hängt die Gültigkeit eines Vertrages u.a. davon ab, dass ihm ein »objet certain« zugrunde

---

[17] Vgl. dazu unten § 7 III.

[18] Vgl. BGH 7. Okt. 1981, BGHZ 82, 21; BGH 1. Feb. 1984, BGHZ 90, 69. Dem entspricht es, dass die EG-Richtlinie vom 5. April 1993 über missbräuchliche Klauseln in Verbraucherverträgen gemäß Art. 3 Abs. 3 den Gerichten der Mitgliedstaaten empfiehlt, eine Klausel als nichtig anzusehen, nach der der Verkäufer einer Ware oder der Erbringer einer Dienstleistung den Preis festsetzen oder erhöhen kann, ohne dass er dem Verbraucher, falls der Endpreis im Verhältnis zu dem bei Vertragsabschluss geltenden Preis »zu hoch« ist, ein Rücktrittsrecht eingeräumt hat (Anhang Nr. 1 l).

[19] BGH 27. Sept. 1984, BGHZ 92, 200, 204 f. – Vgl. auch Art. 6:105 und 106 PECL; Art. II.-9:105 und 106 DCFR; Art. 31 (2) und (3) CEC; Art. 74 und 75 CESL: Wenn vertraglich vereinbart ist, dass der Preis oder eine andere Vertragsbedingung von der einen Partei oder von einem Dritten bestimmt werden soll, so wird die Bestimmung, wenn sie »offenbar unvernünftig« ist, dadurch ersetzt, dass der Richter einen »vernünftigen« Preis oder eine »vernünftige« Vertragsbedingung festlegt. Ebenso Art. 5.1.7 (2) und (3) PICC, allerdings nur für den Fall, dass die eine Partei oder ein Dritter den *Preis* zu bestimmen hat.

liegt. Verspricht jemand gegen Zahlung eines Preises die Lieferung von Waren
oder die Erbringung anderer Leistungen, so hat der darüber geschlossene Vertrag nur dann ein »objet certain«, wenn der Preis bestimmt oder doch wenigstens
»bestimmbar« ist. Auf die Frage, unter welchen Voraussetzungen ein Preis »bestimmbar« ist, hat die frühere Rechtsprechung eine bemerkenswert engherzige
Antwort gegeben. Sie nahm nämlich an, dass ein Preis nicht »bestimmbar« sei,
wenn seine Festsetzung irgendwie von einer künftigen vertraglichen Vereinbarung der Parteien abhänge, erst recht dann nicht, wenn eine Partei ein *einseitiges* Recht zur Bestimmung des Preises habe.[20] Daraus ergab sich die Folge, dass
langfristige Verträge ungültig waren, in denen sich Lieferanten im Verhältnis
zu Gastwirten, Tankstellenbetreibern, Franchise-Nehmern oder Telefonkunden
zur Lieferung von Waren oder Dienstleistungen verpflichtet, sich aber gleichzeitig vorbehalten hatten, dass ihre Kunden den jeweils geltenden Listenpreis
zu bezahlen hätten. Keine Rolle spielte es, ob der Preis angemessen oder markt-
üblich war; daher konnten die Kunden sich auf die Unwirksamkeit des Vertrages auch dann berufen, wenn sie im Grunde gegen die Höhe des Preises oder
die Preispolitik des Lieferanten gar keine Einwendungen hatten, ihnen vielmehr
der Vertrag aus ganz anderen Gründen inzwischen lästig geworden war. Diese
Rechtsprechung wurde immer wieder lebhaft kritisiert; auch wurde darauf hingewiesen, dass sie in schlagendem Widerspruch zu den Regeln stehe, die in anderen europäischen Rechtsordnungen gelten und auch in den internationalen
Regelwerken akzeptiert sind (vgl. oben N. 19). Schließlich hat der Kassationshof nachgegeben. Ihm wurde ein Fall vorgelegt, in dem die Telefongesellschaft
GST-Alcatel ihrem Kunden eine Fernsprechanlage vermietet und sich in dem
Vertrag das Recht vorbehalten hatte, die Anlage auf Wunsch des Kunden zu
verändern und ihm in diesem Falle eine veränderte Gebühr »sur la base du tarif en vigueur« in Rechnung zu stellen. Der Kassationshof entschied, dass ein
Preis, der sich nach dem jeweils geltenden Tarif der Telefongesellschaft richtet,
als ein »prix déterminable« im Sinne des Art. 1129 Code civil anzusehen sei. Der
Vertrag sei daher gültig, solange nicht bewiesen werde,

»que la société GST-Alcatel eût abusé de l'exclusivité qui lui était réservée pour majorer son
tarif dans le but d'en tirer un profit illégitime, et ainsi méconnu son obligation d'exécuter
le contrat de bonne foi.«[21]

---

[20] Vgl. Req. 7. Jan. 1925, D.H. 1925, 57. Danach ist ein Preis nur dann bestimmbar,
wenn er zu dem maßgeblichen Zeitpunkt bestimmt werden kann »en vertu des clauses
du contrat par voie de relation avec des éléments qui ne dépendent plus de la volonté ni de
l'une ni de l'autre partie«. Vgl. Zimmermann 253 ff. zu den Regeln des römischen Rechts
über das »pretium certium«, die bei Art. 1129 Code civil Pate gestanden haben.

[21] Com. 29. Nov. 1994, J.C.P. 1995 II.22371 mit Anm. *J. Ghestin* = D. 1995,122 mit
Anm. *L. Aynès*. Auch die Assemblée plénière des Kassationshofs ist auf die gleiche Linie
eingeschwenkt; vgl. Ass. plén. 1. Dez. 1995, D. 1996, 13 mit Anm. *L. Aynès* = J.C.P. 1996
II. 22565 mit Anm. *J. Ghestin*.

Darin liegt in der Tat ein »revirement de jurisprudence spectaculaire.«[22] Die genaue Tragweite der neuen Regeln ist freilich noch umstritten: Gilt sie für sämtliche Verträge oder nur für solche, in denen die eine Partei die Erbringung wiederkehrender oder zeitlich abgestufter Leistungen verspricht? Gilt sie auch dann, wenn vereinbart ist, dass die eine Partei nicht den Preis, sondern andere Vertragsbedingungen einseitig bestimmen darf? Auch die Entwürfe zu einer Reform des französischen Vertragsrechts sprechen nicht mit einer Sprache. Am liberalsten ist der Vorschlag des Entwurfs Terré: Danach darf der Gegenstand des Vertrages auch einseitig festgelegt werden »dès lors que les modalités de détermination ont été précisément fixé par le contrat et qu'il est fait usage de cette faculté de manière raisonnable.«[23]

---

[22] So *J. Ghestin* J.C.P. 1995. II. 22371.

[23] Vgl. Art. 60 (3) des Reformentwurfs Terré. Anders der Reformentwurf Catala: Gemäß Art. 1124–4 darf sich das einseitige Bestimmungsrecht nur auf den Preis der Leistung beziehen, und auch dies nur bei Verträgen mit wiederkehrender oder gestaffelter Leistungspflicht.

§ 4 Seriositätsindizien

A. Einleitung

Jede Rechtsordnung steht vor der Frage, ob eine vertragliche Einigung der Parteien ausreicht, um einen durchsetzbaren Anspruch auf Erfüllung oder auf Schadensersatz wegen Nichterfüllung zu begründen. Ein solcher Anspruch besteht sicherlich nicht, wenn die eine Partei von der anderen durch eine Täuschung oder eine Drohung zur Abgabe ihres Versprechens veranlasst worden ist, ebenso dann nicht, wenn die Einigung der Parteien gegen gesetzliche Vorschriften oder die öffentliche Ordnung verstößt. Muß man aber nicht noch mehr verlangen? Muß man nicht verlangen, dass der Versprechende eine rechtliche Bindung ernsthaft gewollt hat? Oder dass es einen plausiblen Grund gibt, der einem vernünftigen Menschen als Motiv für die Eingehung einer rechtlichen Bindung einleuchtet? Oder dass der Versprechende seine Erklärung in einer feierlichen Form abgibt? Oder dass andere Indizien für die Seriosität seines Verpflichtungswillens sprechen?

Im römischen Recht und im älteren Common Law hat man diese Fragen noch nicht zu stellen brauchen. Denn dort wurden überhaupt nur ganz bestimmte Versprechen als durchsetzbar anerkannt, nämlich solche, bei denen von vornherein kein Zweifel daran bestand, dass der Versprechende eine rechtliche Bindung reiflich überlegt und ernsthaft gewollt hatte.

Zu diesen Geschäften gehörte im römischen Recht das an strenge Formen gebundene Leistungsversprechen der *stipulatio*, ferner der Fall, in dem jemand eine Sache hingegeben, also z.B. einem anderen ein Darlehen gewährt oder ihm den Besitz an einer Sache verschafft und sich von ihm gleichzeitig die Rückzahlung des Darlehens oder die Rückgabe der Sache hatte versprechen lassen. Vor allem zählen hierher die »Konsensualverträge«. Bei ihnen brauchte für die Entstehung eines klagbaren Erfüllungsanspruchs weder eine besondere Form beachtet noch eine Sache hingegeben zu werden; es genügte vielmehr der bloße Konsens der Parteien. Darin lag – mit den Worten von *Kaser* – »eine der großartigsten und fruchtbarsten Schöpfungen des römischen Rechts, mit der es auch die griechischen und germanischen Rechte überragt.«[1] Freilich muss man bedenken, dass es einen numerus clausus der Konsensualverträge gab. Dazu gehörten z.B. Kaufverträge, Miet- und Pachtverträge, Werk- und Dienstverträge, also nur solche Verträge, bei denen jede Partei sich um einer Gegenleistung willen zu ihrer eigenen Leistung verpflichtet hatte. Andere vertragliche Vereinbarungen blieben dagegen ohne Rechtsschutz: »Nuda pactio obligationem non parit.«[2] Zwar hat der Prätor später auch bestimmte pacta unter Klagschutz gestellt. Aber das ändert nichts daran, dass das römische Recht den mittelalterlichen Juristen eine wenig übersichtliche Erbschaft überließ, nämlich einen buntgewirkten Flickenteppich einzelner, als klagbar angesehener vertraglicher Ansprüche.

Erst im 17. Jahrhundert hat sich in den kontinentaleuropäischen Rechtsordnungen der allgemeine Gedanke durchgesetzt, dass grundsätzlich jede ernstgemeinte, auf eine Leistung oder einen Leistungsaustausch gerichtete Vereinbarung bindende Wirkung haben kann. Dies entsprach den Bedürfnissen der sich entwickelnden Verkehrswirtschaft; in der Tat wird berichtet, dass der römische Satz von der Unklagbarkeit eines »nudum pactum« in der kaufmännischen Praxis schon gegen Ende des Mittelalters nicht mehr ernstgenommen

---

[1] *Kaser*, Das römische Privatrecht I (2. Aufl. 1971) 526.

[2] *Ulpian* D. 2.14.7.4. Später sagte man: »Ex nudo pacto non oritur actio.« Auf ein bloßes pactum konnte zwar keine Klage, wohl aber eine Verteidigung gestützt werden. So konnte sich z.B. ein Käufer auf die Kaufpreisklage mit der Behauptung verteidigen, es sei zwischen ihm und dem Verkäufer eine Stundungsabrede (pactum de non petendo) vereinbart worden.

wurde.[3] Ebenso das kanonische Recht: Es sah ein Versprechen als gültig und seinen Bruch als sittlich verwerflich an, ohne dass es darauf ankam, ob es unter den numerus clausus der klagbaren Versprechenstypen fiel. Auch die aristotelische Tugendlehre hat – vermittelt durch Thomas von Aquin und die spanische Spätscholastik – in dieselbe Richtung gewirkt.[4] Die holländischen Naturrechtslehrer waren es schließlich, die im 17. Jahrhundert die Entwicklung auf den Punkt gebracht und die allgemeine – bald in ganz Kontinentaleuropa akzeptierte – Regel aufgestellt haben, nach der jedem ernstgemeinten vertraglichen Leistungsversprechen rechtlicher Schutz gebührt.

Auch im Common Law waren ursprünglich vertragliche Ansprüche nur dort klagbar, wo sie unter bestimmte Klagetypen (*writs*) paßten. Wer z.B. seine Verpflichtung in einer gesiegelten Vertragsurkunde übernommen hatte, konnte mit Hilfe des *writ of covenant*, wer die Rückzahlung einer Darlehenssumme versprochen hatte, mit Hilfe des *writ of debt* auf Erfüllung in Anspruch genommen werden. Die allgemeine Klage auf Schadensersatz wegen Vertragsbruchs hat sich aus deliktischer Wurzel – nämlich aus dem *writ of trespass* – entwickelt. Diese Klage wurde zunächst nur dort gewährt, wo jemand mit Gewalt oder unter Bruch des Landfriedens die Sachen eines anderen beschädigt oder ihn körperlich verletzt hatte. Später wurde sie auch dort zugelassen, wo jemand kraft seines Gewerbes – etwa als Arzt, Schmied oder Fährunternehmer – dem Publikum gegenüber bestimmte Pflichten »übernommen« (assumpsit) hatte: Wenn hier der Arzt den Kläger verletzt statt geheilt oder der Schmied das Pferd des Klägers fehlerhaft beschlagen und dadurch getötet hatte oder wenn der Fährmann die Waren, statt sie ans andere Ufer zu bringen, hatte in den Fluss fallen lassen, so konnte aus assumpsit auf Schadensersatz geklagt werden. Allmählich wurde diese Klage auf alle Fälle der Schlechterfüllung einer vertraglich übernommenen Verpflichtung ausgedehnt, schließlich – etwa ab Mitte des 16. Jahrhunderts – auch auf Fälle, in denen der Schaden des Klägers nicht durch die Schlechterfüllung des Versprechens, sondern dadurch entstanden war, dass der Beklagte zur Erfüllung seines Versprechens überhaupt nichts unternommen hatte. Damit war auch im Common Law der allgemeine Grundsatz anerkannt, dass jede Partei auf Schadensersatz verklagt werden kann, die eine vertraglich übernommene Pflicht nicht oder nicht ordentlich erfüllt.[5]

So hat sich überall in Europa der Grundsatz durchgesetzt, dass vertragliche Versprechen grundsätzlich als rechtlich bindend anzuerkennen sind. Damit entstand aber sofort die Frage, ob nicht dadurch das Tor zu weit geöffnet sei.

---

[3] Vgl. dazu und zum folgenden *Zimmermann* 540 ff.; *Coing* I 399 f.

[4] Dazu *Gordley*, The Philosophical Origins of Modern Contract Doctrine (1991).

[5] Dazu die eindrucksvolle Schilderung dieser Entwicklung bei *Simpson*, A History of the Common Law of Contract, The Rise of the Action of Assumpsit (1975) 199 ff.

Soll wirklich der bloße Konsens geschäftsfähiger Parteien, der ohne Irrtum, Täuschung oder Drohung zustande gekommen ist, in allen Fällen für die Annahme einer durchsetzbaren vertraglichen Bindung ausreichen? Diese Frage hat man überall verneint; überall hat man erkannt, dass es bestimmte Versprechen gibt, die nur dann gültig oder durchsetzbar sind, wenn dafür *zusätzliche* Gründe bestehen. Welches sind diese zusätzlichen Gründe?

In Frankreich hat man sich zu diesem Zweck auf den – aus dem römischen und kanonischen Recht stammenden – Begriff der »causa« gestützt.[6] Zwar galt der Satz »pacta sunt servanda«. Ein pactum war aber nicht durchsetzbar, wenn es »nudum a causa« war, und das war der Fall, wenn es ihm an einem vernünftigen und erlaubten Motiv fehlte. *Pothier* verlangte deshalb: »[T]out engagement doit avoir une cause honnête«.[7] Daraus ist schließlich die Vorschrift des Art. 1131 Code civil hervorgegangen: »L'obligation sans cause, ou sur une fausse cause, ou sur une cause illicite, ne peut avoir aucun effet.«

Eine ähnliche Regel haben die englischen Gerichte entwickelt: Wer Ansprüche wegen Vertragsbruchs geltend machte, konnte mit der zu diesem Zweck erhobenen *assumpsit*-Klage nur dann durchdringen, wenn feststand, dass das Versprechen des Beklagten auf ein vernünftiges Motiv – auf eine »good«, »sufficient« oder »adequate consideration« gestützt war.[8]

In vielen Rechtsordnungen wird ferner vorgesehen, dass bestimmte vertragliche Versprechen nur dann gültig oder durchsetzbar sind, wenn die Erklärung des Versprechenden oder die Vereinbarung der Parteien, mag sie auch auf noch so vernünftigen Motiven beruhen, in einer bestimmten *Form* niedergelegt worden ist.[9] Dem gleichen Zweck dient es, wenn die Gerichte in manchen Fällen prüfen, ob das Versprechen wirklich als rechtlich bindend gewollt war, also auf einer »intention to create legal relations« oder auf dem Willen des Versprechenden beruht, »dass seinem Handeln rechtliche Geltung zukommen solle«.[10] Alle diese Techniken verfolgen den gleichen Zweck: Sie wollen bindende und durchsetzbare Versprechen von solchen unterscheiden, die den Schutz der Gerichte nicht verdienen. Auch wenn sie zum Teil aus historisch gleicher Wurzel entsprungen sind, haben sie doch in den geltenden europäischen Rechtsordnungen eine ganz unterschiedliche praktische Bedeutung erlangt und eine ganz unterschiedliche rechtliche Ausprägung erfahren. Davon soll nunmehr die Rede sein.

---

[6] Vgl. dazu *Coing* I 402 f.
[7] Traité des obligations no. 42.
[8] Dazu ausführlich *Simpson* (oben N. 5) 316 ff.
[9] Vgl. dazu unten § 5.
[10] BGH 22. Juni 1956, BGHZ 21, 102, 106. Dazu näher unten S. 97 ff.

B. »Cause« als Gültigkeitserfordernis

Sowohl der Code civil wie auch das italienische und spanische Zivilgesetzbuch machen die Gültigkeit eines Vertrages davon abhängig, dass ihm eine »cause« oder »causa« zugrunde liege.[11] In anderen kontinentalen Rechtsordnungen und im englischen Recht ist dieser Begriff ganz unbekannt. Das hat dazu geführt, dass manche ausländischen Betrachter die »cause« als ein wichtiges und für das französische Vertragsrecht geradezu charakteristisches Erfordernis angesehen haben, mit dessen Hilfe – ähnlich wie im englischen Recht mit Hilfe der consideration – durchsetzbare von undurchsetzbaren Verträgen geschieden würden.[12] Davon kann aber nicht ernstlich die Rede sein. Zwar trifft es zu, dass der Code civil in Art. 1108 für die Gültigkeit eines Vertrages (außer dem Konsens der Parteien, ihrer Geschäftsfähigkeit und der Bestimmtheit des Vertragsobjekts) auch noch eine »cause« verlangt; sie dürfe – wie Art. 1131 präzisiert – weder ganz fehlen noch »falsch« oder rechtswidrig sein. Aber in Frankreich sind über das richtige Verständnis der »cause« ganze Ströme gelehrter Tinte ausgegossen worden, dies mit dem Ergebnis, »que la notion de cause … est célèbre par les obscurités qu'y a accumulées un siècle de commentaires aussi ingénieux que stériles«.[13] Aber wenn man prüft, welche Rolle die »cause« in der heutigen französischen Rechtsprechung spielt, so zeigt sich nicht nur, dass darunter bald dies, bald jenes verstanden wird, sondern auch, dass der Begriff in manchen Fällen entbehrlich ist und in anderen zur Lösung des eigentlichen Interessenkonflikts, um den es geht, nichts Nützliches beiträgt.

Wenn ein Vertrag gegen die guten Sitten oder gegen gesetzliche Vorschriften verstößt, so spricht man in Frankreich davon, dass ihm eine »cause illicite« zugrundeliege, also eine »cause … prohibée par la loi« oder »contraire aux bonnes moeurs ou à l'ordre public«.[14] Hier bedeutet »cause« die Gesamtheit der Ziele und Absichten, die die Parteien im konkreten Fall mit dem Abschluss des Vertrages verfolgt haben. Auf diese Ziele und Absichten kommt es in diesen Fällen aber auch für den deutschen oder englischen Richter an. Der Unterschied liegt darin, dass man in Deutschland und England den Vertrag selbst, in Frankreich hingegen die ihm zugrunde liegende »cause« als gesetz- oder sittenwidrig an-

---

[11] Vgl. Art. 1108, 1131 Code civil; Art. 1325, 1343, 1418 Codice civile; Art. 1274 ff. span. CC.

[12] Vgl. z.B. *Lorenzen*, Causa and Consideration in Contracts, Yale L.J. 28 (1919) 621; *David*, Cause et considération: Mélanges Maury II (1960) 111; *Markesinis*, Cause and Consideration, A Study in Parallel, Camb.L.J. 37 (1978) 53.

[13] So schon *Rouast*, A propos d'un livre sur la cause des obligations, Rev.trim.civ. 2 (1923) 395. Vgl. auch *Bénabent*, Droit civil, Les obligations (12. Aufl. 2010) no. 178: »Expressément visé par le Code, la cause du contrat est une notion difficile à cerner, qui a donné lieu à des débats inépuisables ayant souvent un aspect essentiellement académique.«

[14] Art. 1133 Code civil. Ebenso Art. 1343 Codice civile: »La causa é illicita quando é contraria a norma imperative, all'ordine pubblico o al buon costume.«

sieht. Im Ergebnis kommt man aber überall zur Nichtigkeit des Vertrages. Der Begriff der »cause« erscheint daher in diesem Zusammenhang entbehrlich.[15]

»Cause« hat eine andere Bedeutung in Fällen, in denen ein gegenseitiger Vertrag wegen »absence de cause« als nichtig angesehen wird. Hier versteht man unter »cause« die Gegenleistung, die sich jemand von seinem Vertragspartner hat versprechen lassen. Stellt sich heraus, dass diese Gegenleistung nicht existiert oder keinen greifbaren wirtschaftlichen Wert hat, so kann der Vertragspartner, dem sie versprochen war, die Nichtigkeit des Vertrages wegen »absence de cause« geltend machen und auf diese Weise erreichen, dass er auch seine eigene Leistung nicht zu erbringen braucht. Hat z.B. jemand dem Inhaber einer Fahrschule für die Übertragung der Lizenz, die zum Betrieb einer solchen Schule berechtigt, einen Geldbetrag versprochen, so ist dieses Versprechen ungültig, wenn sich zeigt, dass die Lizenz als solche keinen wirtschaftlichen Wert hat, weil sie von der Behörde jedem Bewerber erteilt wird, sofern er nur die dafür vorgesehenen Bedingungen erfüllt.[16] Hat sich ein Hausverwalter gegen ein Entgelt dazu verpflichtet, seinen Vertragspartner dem Hauseigentümer als seinen Nachfolger zu »präsentieren«, so soll ein solcher Vertrag wegen »absence de cause« nichtig sein, weil der Hausverwalter keinerlei Recht darauf gehabt habe, dass der von ihm »Präsentierte« von dem Eigentümer auch tatsächlich zu seinem Nachfolger bestellt werde.[17] Hier muss man aber doch wohl unterscheiden: Hat der Hausverwalter seinem Kontrahenten arglistig vorgespiegelt, dass die »Präsentation« automatisch zu seiner Bestellung als Nachfolger führen werde, so ist der Vertrag wegen Täuschung nichtig. Haben beide Parteien irrtümlich angenommen, dass es sich so verhalte, so mag der Vertrag wegen eines gemeinsamen Irrtums ungültig sein. Wußten die Parteien, dass durch die »Präsentation« des Vertragspartners nur eine bloße Chance seiner Bestellung zum Nachfolger eröffnet werde, so ist der Vertrag als gültig anzusehen, wenn der Vertragspartner die »Präsentation« als Chance gekauft und das Risiko eines Fehlschlags akzeptiert hat. Ist das Gericht der Meinung, dass Geschäfte dieser Art auf einen unerwünschten Ämterhandel hinauslaufen, so mag es den Vertrag wegen Verstoßes gegen den ordre public als nichtig ansehen. *Diese* Erwägungen sind es, auf die es für die Lösung des Falles ankommen sollte.

Ebenso verhält es sich in Fällen, in denen die Rechtsprechung einen Vertrag wegen »absence de cause« als nichtig angesehen hat. Hat z.B. jemand, der sich als Ahnenforscher (»généalogiste«) auf die Ermittlung von Abstammungsverhältnissen spezialisiert hat, seinem Vertragspartner versprochen, Beweise beizubringen, aus denen sich ergibt, dass er mit einem vermögenden Erblasser verwandt ist und ihm daher ein Erbteil zusteht, so soll er die dafür ausbedungene

---

[15] Vgl. dazu auch § 7 I.
[16] Civ. 4. Mai 1983, J.C.P. 1983.IV.214.
[17] Civ. 20. Feb. 1973, D.S. 1974, 37 mit Anm. *Malaurie*.

Vergütung – in der Regel ein Erfolgshonorar in Höhe einer bestimmten Quote des Erbteils – nicht verlangen dürfen, wenn sich zeigt, dass jene Beweise dem Vertragspartner ohnehin früher oder später zugänglich geworden wären, ihre Beschaffung für ihn also keinen wirtschaftlichen Wert hatte.[18] Auch hier fragt sich, ob nicht in manchen Fällen der wahre Grund für die Ungültigkeit des Vertrages darin zu sehen ist, dass der Ahnenforscher als Fachmann seinen ahnungslosen Vertragspartner über den Wert seiner Dienste getäuscht oder die Unerfahrenheit seines Vertragspartners arglistig ausgenutzt hat. Vielleicht unterlagen die Parteien einem »gemeinsamen Irrtum« darüber, dass die erforderlichen Informationen verborgen seien und nur durch besondere Suchanstrengungen ans Licht gebracht werden könnten. Vielleicht war der Vertrag über die Suche nach den Informationen ergänzend dahin auszulegen, dass der Auftraggeber zu seiner Aufhebung berechtigt sei, wenn sich zeigen sollte, dass die Informationen ihm ohnehin zugänglich sind und es daher nichts »zu suchen« gab. Mit der Feststellung, dass dem Vertrag eine »cause« gefehlt habe, wird nur das gefundene Ergebnis in eine leere Formel gekleidet, dagegen nichts über die wirklichen Gründe gesagt, die jenes Ergebnis tragen.

In der vieldiskutierten *Chronopost*-Entscheidung hatte sich ein Unternehmer vertraglich verpflichtet, die Sendungen seines Auftraggebers binnen kurzer Frist zum Empfänger zu befördern. Nachdem er diese Frist nicht eingehalten hatte, verteidigte er sich auf den Schadensersatzanspruch seines Auftraggebers mit einer Haftungsbeschränkungsklausel, in der vorgesehen war, dass er in einem solchen Falle nur den Beförderungspreis zurückzuzahlen habe. Nach der Auffassung des Kassationshofs war die Klausel unwirksam: Ihr fehle eine ausreichende »cause«, wenn sich mit ihrer Hilfe der Unternehmer seiner Haftung wegen Verletzung einer »wesentlichen Vertragspflicht« fast vollständig entziehen wolle. Im Ergebnis ist diese Entscheidung sicherlich vertretbar. Man darf aber nicht verkennen, dass es Haftungsbeschränkungsklauseln gibt, für deren Wirksamkeit es selbst dann gute Gründe geben kann, wenn es um die Haftung wegen Verletzung einer »wesentlichen Vertragspflicht« geht. Hier muss es in jedem Einzelfall auf eine richterliche Abwägung des Pro und Contra ankommen. Sie wird im englischen Recht dadurch ermöglicht, dass gemäß s. 2 (2) des Unfair Contract Terms Act 1977 eine Vertragsklausel, mit der ein Unternehmer seine Haftung für einen durch Fahrlässigkeit verursachten Vermögensschaden ausschließen oder beschränken will, nichtig ist, wenn der Richter zu dem Ergebnis kommt, dass sie nach den Umständen des Falles »unvernünftig« ist. Die gleiche Abwägung wird dem Richter nach deutschem Recht dadurch ermöglicht, dass er Haftungsbeschränkungsklauseln, sofern sie – wie es die Regel ist – als AGB-Klauseln Vertragsinhalt geworden sind, gemäß § 307 BGB für

---

[18] Civ. 18. April 1953, D. 1953, 403; Civ. 3. Nov. 1960, J.C.P. 1960.II.11884; Rouen 9. Feb. 1981, Gaz.Pal. 1981.2. Somm. 245; Paris 17. Mai 1985, Gaz.Pal. 1985.2.431.

ungültig erklären kann, wenn sie den Kunden »entgegen den Geboten von Treu und Glauben unangemessen benachteiligen«; dies gilt auch dann, wenn beide Parteien Kaufleute sind.[19]

Gelegentlich hat der Kassationshof einen Vertrag im Ganzen als ungültig angesehen, wenn sich der mit ihm verfolgte Geschäftszweck nicht erreichen lässt. So lag es in einem Fall, in dem jemand von einem Unternehmer 200 Video-Kassetten auf 8 Monate gemietet hatte, um auf diese Weise – so war es vereinbart – in einem Dörfchen mit 1315 Einwohnern einen »Video-Club« zu gründen und zu betreiben. Nach Auffassung des Kassationshofs war der Vertrag wegen Fehlens einer »cause« ungültig.[20] Gründe dafür sind in dem Urteil nicht zu finden. Auch hier verdient es den Vorzug, wenn geprüft werden müsste, ob nicht der Vermieter nach den konkreten Umständen des Falles die Unerfahrenheit seines Kunden arglistig ausgenutzt und sich einen erheblichen Vorteil dadurch gesichert hat, dass er ihm ein Risiko aufbürdete, von dem er wusste, dass es sich in jedem Fall zum Nachteil des Kunden verwirklichen würde.[21] Der bloße Umstand, dass der Mieter mit dem Vertrag ein schlechtes Geschäft gemacht hat, reicht jedenfalls für sich allein nicht aus, um die Ungültigkeit des Vertrages zu begründen.

Wir fassen zusammen: Der Code civil geht davon aus, dass eine vertragliche Einigung der Parteien nur dann gültig ist, wenn ihr eine »cause« zugrunde liegt. Daran fehlt es, wenn ein Vertrag gegen die guten Sitten oder den ordre public verstößt. Das »cause«-Erfordernis braucht man dafür freilich nicht. An einer »cause« fehlt es ferner vor allem dann, wenn einer Partei durch den Vertrag eine Leistung versprochen wird, die für sie keinen greifbaren wirtschaftlichen Wert hat, oder wenn er eine Klausel enthält, nach der eine Partei für die Verletzung einer wesentlichen Vertragspflicht nicht haften soll. Auch hier spricht aber viel dafür, dass auf das »cause«-Erfordernis verzichtet und stattdessen in jedem Einzelfall geprüft wird, ob der Vertrag wegen einer Täuschung oder Drohung oder wegen eines gemeinsamen Irrtums aufgehoben werden kann, oder ob er wegen der krassen Übervorteilung einer arglosen Partei nichtig ist oder ob eine Haftungsbeschränkungsklausel nach den konkreten Umständen des Falles als »angemessen« oder »vernünftig« angesehen werden kann. Die internationalen Regelwerke haben sich deshalb alle gegen die »cause« als ein besonderes Er-

---

[19] Es mag in der Tat ein Grund für die Zuflucht zur Lehre von der »cause« darin liegen, dass es in Frankreich bis heute an einer allgemeinen Regel fehlt, die es dem Richter erlaubt, AGB-Klauseln auch im Verhältnis unter Kaufleuten auf ihre Angemessenheit zu überprüfen. Vgl. dazu im Einzelnen unten S. 200 ff.

[20] Civ. 3. Juli 1996, D. 1997, 499 mit Anm. *P. Reigné*; anders aber in einem ähnlichen Fall Com 27. März 2007, J.C.P. 2007. II. 10119 mit Anm. *Y.-M. Serinet* = RDC 2008, 231 mit Anm. *D. Mazeaud*.

[21] So wäre z.B. nach § 138 BGB, aber auch nach Art. 4:109 PECL und Art. 3.10 PICC zu entscheiden. Vgl. dazu auch noch unten S. 206 ff.

fordernis der Vertragsgültigkeit ausgesprochen.[22] Auch in Frankreich selbst ist
streitig, ob im Zuge der Reform des französischen Vertragsrechts an diesem
Erfordernis festgehalten werden sollte.[23]

C. Schenkungsgeschäfte

Wer einem anderen eine Leistung verspricht, tut das in der Regel deshalb, weil
er von dem anderen eine Gegenleistung zu erhalten wünscht: Do ut des. Ziemlich ungewöhnlich ist es dagegen, dass sich jemand zu einer Leistung verpflichtet, ohne dass nicht auch der andere seinerseits etwas hergibt oder herzugeben
verspricht. Hier drängt sich dem Juristen sofort die Frage auf, ob ein so unei-
gennütziges Geschäft wirklich ernsthaft gewollt und so sorgfältig überdacht
war, dass man es als rechtlich bindend anerkennen kann. Welche Seriositätsin-
dizien werden für die Gültigkeit eines Schenkungsversprechens verlangt?

I. Formbedürftigkeit im kontinentalen Recht

In den Rechtsordnungen des europäischen Kontinents wird für ein Schenkungsversprechen in der Regel die notarielle Beurkundung verlangt; wird
diese Form nicht gewahrt, so ist das Schenkungsgeschäft ungültig.[24] Dadurch
soll der Gefahr entgegengewirkt werden, dass der Schenker seinen Entschluss
aus unbedachter Freigebigkeit, aus Gedankenlosigkeit oder aus Urteilsschwä-
che oder nur deshalb gefasst hat, weil ihm jemand leere Versprechungen gemacht oder Krokodilstränen vorgeweint hat. Für die Mitwirkung eines Notars

---

[22] Vgl. Art. 2:201(1) PECL; Art. 3.1.2 PICC; Art. 30 CESL.

[23] Vgl. dazu *W. Doralt*, Der Wegfall der Geschäftsgrundlage, RabelsZ 76 (2012) 761,
773 ff. Im Reformentwurf Catala wird die Beibehaltung der »cause« bejaht (Art. 1124 ff.);
hingegen ist im Reformentwurf Terré von der »cause« nicht mehr die Rede. Für die
Beibehaltung der »cause« haben sich z.B. ausgesprochen: *J. Ghestin*, Cause de l'engagement et validité du contract (2006); *J. Rochfeld*, A Future for *la cause*? Observations of a
French Jurist, in: Cartwright/Vogenauer/Whittaker (Hrsg.), Reforming the French Law
of Obligations (2009) 73 ff. Dagegen: *B. Fauvarque-Cosson*, La Réforme du droit français
des contrats: Perspective comparative, RDC 2006, 147, 152 ff.; *D. Houtcieff* in: F. Terré
(Hrsg.), Pour une réforme du droit des contrats (2009) 183, 198 ff. ; *R. Sefton-Green*, La
cause or the Length of the French Judiciary's Foot, in: Cartwright/Vogenauer/Whittaker
(Hrsg.), Reforming the French Law of Obligations (2009) 101 ff.

[24] § 518 BGB; § 943 ABGB; Art. 931 Code civil; Art. 782 Codice civil; Art. 498 I
griech. ZGB. Manchmal wird die notarielle Beurkundung nur für die schenkweise Übereignung eines Grundstücks verlangt und für sonstige Schenkungen die schriftliche Erteilung als ausreichend angesehen; vgl. Art. 243 OR; Art. 632, 633 span. CC; Art. 497
port. CC.

spricht, dass der Wille des Schenkers in klarer und eindeutiger Form schriftlich fixiert und dass er von einem Fachmann über die rechtlichen Konsequenzen einer Schenkung belehrt werden kann. Für eine solche Belehrung besteht besonders deshalb ein Bedürfnis, weil man auf dem Kontinent zwischen Schenkungen und letztwilligen Verfügungen einen engen Zusammenhang sieht. Ist z.B. der Beschenkte ein Familienangehöriger des Schenkers, so liegt in der Schenkung oft eine vorweggenommene Erbfolge; hier entsteht regelmäßig die Frage, ob der Beschenkte sich nach dem Tode des Schenkers die Schenkung auf seinen Erbteil anrechnen lassen muss. Anders als das Common Law räumen die kontinentalen Rechtsordnungen – besonders die romanischen Länder – den nahen Verwandten eines Erblassers ein unentziehbares Noterbrecht oder Pflichtteilsrecht ein; sie müssen daher Vorkehrungen gegen den Fall treffen, dass jemand wesentliche Teile seines Vermögens vor seinem Tode verschenkt und dadurch seine nahen Verwandten um ihren rechtlich geschützten Erbteil oder Pflichtteil bringt.[25] Auch darüber muss der Notar die Beteiligten belehren.

Der enge Zusammenhang zwischen Schenkungen und letztwilligen Verfügungen macht vielleicht auch verständlich, warum man in den kontinentalen Rechtsordnungen nur dort von einer Schenkung spricht, wo jemand ohne Gegenleistung über eine »Sache«, ein »Recht« oder einen »Vermögensgegenstand« verfügt[26] oder dem Beschenkten etwas »aus seinem Vermögen« zuwendet.[27] Daher liegt eine Schenkung nur dann vor, wenn jemand, ohne sich eine Gegenleistung auszubedingen, einem anderen verspricht, er werde ihm ein Grundstück oder eine Sache übereignen, eine Zahlung leisten, eine Forderung oder ein sonstiges Recht abtreten oder eine Schuld erlassen. Dagegen handelt es sich nicht um Schenkung, wenn sich jemand verpflichtet, seinem Kontrahenten unentgeltlich einen Dienst zu leisten, ihm also z.B. Informationen zu verschaffen, Auskünfte zu erteilen, seine Interessen wahrzunehmen, seine Sachen aufzubewahren oder irgendein sonstiges Geschäft für ihn zu führen.[28]

II. Die consideration-Doktrin des englischen Rechts

Anders verhält es sich im Common Law. Sein Vertragsrecht wird von der »doctrine of consideration« beherrscht, also von dem Grundsatz, dass ein vertragliches Versprechen nur dann bindend und durchsetzbar ist, wenn es entweder

---

[25] Vgl. z.B. Art. 913 ff. Code civil; § 2325 ff. BGB. Vgl. dazu und zum folgenden *Dawson*, Gifts and Promises, Continental and American Law Compared (1980).

[26] Vgl. den Wortlaut von Art. 894 Code civil; § 943 ABGB (»Sache«); Art. 769 Codice civil (»Recht«); Art. 498 griech. ZGB (»Vermögensgegenstand«).

[27] So § 516 BGB; Art. 239 OR.

[28] Vgl. dazu noch näher unten S. 88 ff.

in die besondere Form eines »deed« gekleidet[29] oder von dem Versprechenden im Hinblick auf eine Gegenleistung des Versprechensempfängers abgegeben worden ist. Eine *consideration* wird also nicht nur dort verlangt, wo jemand die schenkweise Leistung eines bestimmten Vermögensgegenstandes, sondern auch dort, wo er die unentgeltliche Erbringung irgendeiner anderen Leistung versprochen hat, wie etwa die Beschaffung von Informationen, die Beförderung oder Einlagerung von Waren oder die Erledigung irgendeines anderen Geschäfts. Daraus folgt: Wer als Kläger seinen Anspruch auf ein Vertragsversprechen des Beklagten stützt, muss nicht bloß beweisen, dass der Beklagte das Versprechen überhaupt abgegeben hat. Ist es nicht in der besonderen Form eines »deed« niedergelegt, so muss er außerdem beweisen, dass der Beklagte das Versprechen als »Preis« dafür betrachtet hat, dass entweder er selbst einen rechtlichen Vorteil erworben oder dass der Kläger einen rechtlichen Nachteil auf sich genommen hat. Bei einem Kaufvertrag sind Vorteil und Nachteil gewöhnlich dasselbe. So ist z.B. das Lieferungsversprechen eines Verkäufers durchsetzbar, weil er es im Hinblick auf einen *Nachteil* des Käufers – nämlich wegen seines Versprechens zur Zahlung des Kaufpreises – oder im Hinblick auf einen eigenen *Vorteil* – nämlich zum Erwerb des Kaufpreisanspruchs gegen den Käufer – abgegeben hat. Es genügt aber auch, dass das Versprechen nur im Hinblick auf einen Nachteil des Versprechensempfängers erklärt worden ist. So liegt es, wenn jemand einer Bank verspricht, dass er für den Kredit, den sie einem Dritten geben werde, einstehen will: Das Verspechen ist durchsetzbar, weil die Bank durch die Gewährung des Kredits an den Dritten einen Nachteil erleidet, mag davon der Versprechende selbst auch gar keinen Vorteil haben. Wir werden noch sehen, zu welchen – manchmal ziemlich überraschenden – Konsequenzen die consideration-Doktrin in manchen Fällen führen kann. Ihr Grundgedanke ist aber klar: Genügender Anlass für die Gewährung gerichtlichen Schutzes für die Durchsetzung eines Versprechens ist nur dort gegeben, wo das Versprechen als quid pro quo abgegeben worden ist, also um einer Gegenleistung willen, an der der Versprechende interessiert ist und deren Erbringung er von dem Versprechensempfänger gewünscht hat. Fehlt es daran, so ist das Versprechen undurchsetzbar. Es mag noch so reiflich überdacht und auf noch so löbliche Motive gestützt gewesen sein, und es mag noch so gute moralische Gründe geben, aus denen der Versprechende sein gegebenes Wort zu halten verpflichtet sein sollte. Das Common Law verlangt mehr. Es verlangt, dass die Parteien ein Geschäft (»bargain«) miteinander gemacht haben und dass das Versprechen, um dessen Durchsetzung es geht, sich als Teil eines solchen »bargain« darstellt.

Unter Kaufleuten hat niemand etwas zu verschenken, und deshalb wird es gerade einem Kaufmann einleuchten, dass die Rechtsordnung mit einem gewissen Argwohn reagiert, wenn es um die gerichtliche Durchsetzbarkeit eines

---

[29] Zur Form des »deed« vgl. S. 112 f.

Versprechens geht, das der Versprechende aus purer Freigebigkeit abgegeben hat. Vielleicht ist es deshalb kein Zufall, dass die consideration-Doktrin, die diesen Argwohn zum Prinzip erhoben hat, gerade in England zu Hause ist, also in einem Lande, von dessen Vertragsrecht man behauptet hat, dass es eher für ein Volk von Händlern als für ein Volk von Bauern entwickelt worden sei.[30]

Aber auch auf dem Kontinent wird der Grundgedanke, auf dem die consideration-Doktrin beruht, jedenfalls insoweit akzeptiert, als es um »Schenkungen« in dem beschriebenen Sinne geht. Denn wer einem anderen die Zahlung einer Geldsumme, die Übereignung einer Sache oder eines Grundstücks oder die Übertragung eines Rechts versprochen und sich dafür von dem anderen keinerlei Gegenleistung ausbedungen hat, kann auch auf dem Kontinent zur Erfüllung des Versprechens nur dann gerichtlich gezwungen werden, wenn eine bestimmte Form gewahrt und damit ein Indiz für seine Seriosität gegeben ist. Zwar besteht zwischen der notariellen Beurkundung und der Errichtung eines »deed« ein erheblicher Unterschied. Aber der Grundgedanke ist derselbe, mag auch seine Anwendung in der Praxis zu mancherlei Schwierigkeiten führen.

III. Vollzogene Schenkungen

Wie liegt es, wenn der Schenker seine Leistung nicht für einen künftigen Zeitpunkt verspricht, sondern sie sofort erbringt, indem er die Sache dem Beschenkten übergibt, den Geldbetrag bar oder durch Banküberweisung an ihn bezahlt oder seine Bank anweist, dass ein bisher für ihn geführtes Wertpapierdepot künftig für den Beschenkten zu führen sei? Wer Handlungen vornimmt, mit denen er die Verfügungsbefugnis über einen bestimmten Gegenstand endgültig verliert, weiß in der Regel, was er tut; ihm braucht deshalb nicht mehr durch eine Formvorschrift Gelegenheit zur Überprüfung seines Entschlusses gegeben zu werden. In manchen Rechtsordnungen gilt deshalb die Formvorschrift von vornherein nur für Schenkungs*versprechen*[31] oder für Schenkungen »ohne wirkliche Übergabe«.[32] Auch die consideration-Doktrin betrifft nur »promises«. Hat der Versprechende sein Versprechen freiwillig erfüllt und den versprochenen Gegenstand (unter Wahrung der dafür etwa vorgesehenen Form) auf den Beschenkten übertragen, so liegt eine vollzogene Schenkung (»perfected gift«) vor, an deren Gültigkeit niemand zweifelt. Art. 931 Code civil verlangt zwar die notarielle Beurkundung für »tous actes portant donation entre vifs«. Aber es ist

---

[30] Vgl. *Kahn-Freund/Lévy/Rudden*, A Source-book of French Law (1979) 318: »It certainly seems that the English law of contract was designed for a nation of shopkeepers. If that be so, the common lawyer might retort, then the French system was made for a race of peasants.«

[31] § 518 BGB; Art. 243 I OR.

[32] § 943 ABGB.

anerkannt, dass ein »don manuel« auch ohne Wahrung einer besonderen Form gültig ist, sofern nur nach den Umständen feststeht, dass der Schenker unwiderruflich jede Verfügungsbefugnis über den geschenkten Gegenstand aufgegeben hat.[33] Dieser Verlust muss allerdings noch zu Lebzeiten des Schenkers eintreten. Ist das nicht der Fall, weil der Schenker die Verfügungsbefugnis bis zu seinem Tode noch selbst ausüben und die Sache erst danach dem Beschenkten zuwenden wollte, so handelt es sich der Sache nach um eine testamentarische Verfügung, die zu ihrer Wirksamkeit der für Testamente vorgesehenen Form bedarf.

Ist ein Schenkungsversprechen erfüllt worden, so kann der Schenker das Geschenk nicht später mit der Begründung zurückfordern, dass er sein Versprechen nicht in der erforderlichen Form abgegeben habe. § 518 II BGB bestimmt daher, dass der Formmangel »durch die Bewirkung der versprochenen Leistung geheilt« wird.[34] Zum gleichen Ergebnis führt die consideration-Doktrin. Danach ist das nicht in der Form eines *deed* erteilte »gift promise« zwar undurchsetzbar, nicht aber ungültig; deshalb stellt ein solches Versprechen einen Grund dar, der den Beschenkten zum Behaltendürfen des Geschenks berechtigt. In Frankreich ist die Frage zweifelhaft, weil es in Art. 1340 Code civil heißt, dass nach freiwilliger Erfüllung eines Schenkungsversprechens der Formmangel nur dann nicht mehr geltend gemacht werden kann, wenn das Versprechen durch die *Erben* des Versprechenden erfüllt worden ist. Aber die Rechtsprechung hat anerkannt, dass in der Übergabe des Geschenks, mag ihr auch ein formungültiges Schenkungsversprechen vorangegangen sein, ein wirksames *don manuel* liegt, sofern der Schenker bei der Übergabe freiwillig und in Schenkungsabsicht gehandelt hat.[35]

---

[33] Vgl. Art. 894 Code civil. Wenn später streitig wird, ob ein *don manuel* vorgelegen hat, so gilt Art. 1341 Code civil (vgl. unten S. 114 ff.). Wer sich also auf eine Herausgabeklage damit verteidigt, dass ihm die Sache vom Kläger geschenkt worden sei, kann, wenn die Sache mehr als 800 €. wert war, den Beweis dafür nur durch Urkunden, durch Zeugen nur dann erbringen, wenn er die Schenkung durch ein *commencement de preuve par écrit* wahrscheinlich machen kann. Das gleiche gilt, wenn der Erbe des Schenkers von dem Beklagten als Miterben verlangt, dass er sich das Geschenk gemäß Art. 843 Code civil auf seinen Erbteil anrechnen lasse, und der Beklagte behauptet, dass ihm die Sache nicht geschenkt, sondern verkauft worden sei.

[34] Ebenso Art. 243 III OR: »Ist das Schenkungsversprechen vollzogen, so wird das Verhältnis als Schenkung von Hand zu Hand beurteilt.« Ebenso Art. 498 II griech. ZGB.

[35] Dijon 26. April 1932, D.H. 1932, 339. – Eine weitere drastische Einschränkung der Tragweite des Art. 931 ergibt sich daraus, dass die französische Rspr. eine »versteckte« Schenkung (»donation déguisée«) auch formlos als gültig ansieht. Eine »versteckte Schenkung« liegt z.B. vor, wenn die Parteien das Geschäft bewusst und einverständlich in die äußere Form eines Kaufvertrags kleiden, aber in Wahrheit eine Schenkung wollen. So liegt es, wenn der Verkäufer den Empfang des »Kaufpreises« dem Käufer in einer fingierten Quittung bestätigt oder wenn der Kaufpreis auf einen lächerlich niedrigen Betrag oder gar auf 1 Franc festgesetzt worden ist (so Civ. 29. Mai 1980, D.S. 1981, 273 mit Anm. *Najjar*). Im Schrifttum wird diese Rspr., die eine klare Umgehung des Art. 931

Unter bestimmten Voraussetzungen wird es dem Schenker von den kontinentalen Rechtsordnungen gestattet, die Erfüllung seines Versprechens zu verweigern oder, wenn er bereits erfüllt hat, das Geschenk von dem Beschenkten zurückzufordern. Das ist zum einen der Fall, wenn »sich der Beschenkte durch eine schwere Verfehlung gegen den Schenker oder einen nahen Angehörigen des Schenkers groben Undanks schuldig« gemacht hat,[36] ferner dann, wenn der Schenker durch den Vollzug der Schenkung außerstande gesetzt wird, sich selbst oder seine nahen Angehörigen zu unterhalten.[37] Solche Regeln sind dem Common Law ganz unbekannt, dies vielleicht deshalb, weil es seinen Gerichten die Mühe ersparen will, derer es bedarf, um festzustellen, ob im Einzelfall die »Bedürftigkeit« des Schenkers oder der »Undank« schwer genug wiegen, um ein Widerrufs- oder Rückforderungsrecht zu begründen.[38]

IV. Durchsetzung formungültiger Schenkungsversprechen

Ein Schenkungsversprechen ist ungültig oder undurchsetzbar, wenn es nicht notariell beurkundet oder nicht in der Form eines »deed« abgegeben worden ist. Das gilt auch dann, wenn der Versprechensempfänger Beweis dafür anbietet, dass der Versprechende seine Erklärung mit großer Sorgfalt bedacht hat und eine rechtliche Bindung eingehen wollte. Denn der Sinn der Formvorschrift besteht gerade darin, die Unsicherheiten von vornherein zu vermeiden, die mit der Erhebung und Würdigung solcher Beweise verbunden sind. Schwierig liegen die Fälle, in denen es Gründe gibt, die es gerecht oder wünschenswert erscheinen lassen, ein Schenkungsversprechen trotz Fehlens der Form als gültig oder durchsetzbar anzusehen. Ein solcher Grund kann darin liegen, dass mit dem Versprechen ein durchaus vernünftiges, verdienstliches oder anerkennens-

---

darstellt, damit gerechtfertigt, dass gerade die Mühe, die sich die Parteien mit der Verschleierung des Geschäfts gegeben haben, für die Ernstlichkeit des Verpflichtungswillens des Schenkers spricht Vgl. dazu *Thomas-Debenest*, J.Cl. Art. 931 Code civil (Donations entre vifs, Fasc. 20) no. 32: »L'effort que le donateur doit accomplir pour dissimuler son intention libérale et masquer la donation sous l'apparence d'un contrat à titre onéreux atteste que l'opération a été mûrement réfléchie.«

[36] So § 530 BGB. Vgl. auch § 948 ABGB; Art. 249 Nr. 1 und 2, 250 Nr. 1 OR; Art. 505 und 506 griech. ZGB; Art. 953, 955 Code civil; Art. 800 und 801 Codice civile; Art. 648 span. CC; Art. 970, 974 ff. port. CC.

[37] §§ 519, 528 f. BGB; §§ 947, 954 ABGB; Art. 250 Nr. 2 und 3 OR. In den romanischen Rechtsordnungen ist eine Schenkung schon dann widerruflich, wenn dem kinderlosen Schenker nach der Schenkung ein Kind geboren wird; vgl. Art. 960 ff. Code civil; Art. 803 Codice civile; Art. 644 f. span. CC; Art. 508 griech. ZGB.

[38] Vgl. dazu *Eisenberg*, Donative Promises, U. Chi. L. Rev. 47 (1991) 1, 15 f.: »Perhaps the civil-law style of adjudication is suited to wrestling with these kinds of inquiries, but they have held little appeal to common-law courts, which have traditionally been oriented toward inquiry into acts rather than personal characteristics.«

wertes Ziel verfolgt worden ist und der Versprechende (oder seine Erben) sich
nicht einfach unter Berufung auf den Formmangel davon sollten lösen können. Auch der Gedanke des Vertrauensschutzes kann für die Durchsetzbarkeit
sprechen: Durfte der Versprechensempfänger sich nach den Umständen auf die
Gültigkeit des Versprechens verlassen und hat er deshalb Dispositionen getroffen und seine Lage dadurch zu seinem Nachteil verändert, so verdient sein Vertrauen Schutz, dies jedenfalls dann, wenn der Versprechende erkennen konnte,
dass sein Versprechen ernst genommen werden würde.

Die Rechtsprechung neigt überall dazu, in solchen Ausnahmefällen den Versprechenden an seiner (formlos abgegebenen) Erklärung festzuhalten. Freilich
werden die dafür maßgeblichen Gründe nur selten beim Namen genannt. Ein
englischer Richter wird sich Mühe geben, auf irgendeinem Wege eine consideration ausfindig zu machen, selbst wenn von einem echten »bargain«, den
die Parteien miteinander geschlossen hätten, keine Rede sein kann. In Deutschland und Frankreich wird in solchen Fällen angenommen, dass das Versprechen, sofern man nur genau genug hinsieht, nicht »unentgeltlich« oder nicht »à
titre gratuit« abgegeben wurde und deshalb auch formlos gültig ist.

1. *Spendenzusagen.* – Eine Bindung des Versprechenden wird gern bejaht,
wenn mit der versprochenen Leistung ein wohltätiger oder gemeinnütziger
Zweck verfolgt werden sollte. Besonders die französische Rechtsprechung bietet dafür viele Beispiele. Als im Jahre 1914 die Stadt Nancy zu einer Spenden-
aktion zugunsten der Angehörigen von Kriegsteilnehmern aufgerufen hatte,
erklärte Herr Bailly, dass er 1 Million ffrs. spenden wolle. Später überlegte er
es sich anders und machte geltend, dass sein Versprechen nicht notariell beurkundet worden sei. Das Gericht verurteilte ihn gleichwohl zu der versprochenen Zahlung. Es habe sich nicht um eine Schenkung, sondern um einen Aus-
tauschvertrag (»contrat commutatif«) gehandelt; die »Gegenleistung« der Stadt
habe darin bestanden, dass sie im Vertrauen auf die Zusage das Geld aus eigenen
Mitteln vorgeschossen und bereits ausgegeben, ihre Organisation für diesen
Zweck eingesetzt und außerdem den Großmut des Spenders »de la façon la plus
flatteuse« öffentlich gerühmt habe.[39] Auch in anderen Fällen haben die Gerichte
den Spender an seiner Zusage festgehalten, weil er mit ihr gewisse, oft wenig
greifbare Vorteile – etwa eine Mehrung seines gesellschaftlichen Ansehens als
Folge demonstrativ zur Schau gestellter Freigebigkeit – erstrebt habe.[40] Auch
in Deutschland ist die schriftliche Erklärung eines Spenders, er werde an einen Verein zur Förderung der Feuerbestattung einen Betrag von 50.000 Mark
zum Bau eines Krematoriums zahlen, als gültig angesehen worden, dies aber

---

[39] Nancy 17.März 1920, D.P. 1920.2.65; bestätigt durch Civ. 5. Feb. 1923, D.P.
1923.1.20.
[40] Vgl. z.B. Req. 14. April 1863, D.P. 1863.1.402; Civ. 19. Juli 1894, D.P. 1895.1.125;
Aix 30. Jan. 1882, D.P. 1883.2.245 und dazu die Darstellung bei *Dawson* (oben N. 25)
84 ff.

nur deshalb, weil der Verein das Krematorium auf städtischem Boden bauen
wollte, das Geld für ihn daher nur einen durchlaufenden Posten bilde und er
selbst durch die Zahlung nicht bereichert werde.[41] Aber warum sollte es darauf
ankommen, ob die Stadt oder ob der Verein Eigentum an dem Krematorium
erwerben würde? War der Fall nicht vielleicht deshalb richtig entschieden, weil
der Verein mit den Bauarbeiten bereits begonnen, also in schutzwürdigem Vertrauen auf die Zusage des Spenders Dispositionen getroffen hatte?

Nach englischem Recht hängt die Durchsetzbarkeit einer Spendenzusage
davon ab, ob es dem Spender darauf angekommen ist, durch sein Versprechen
den Empfänger zu einem bestimmten Verhalten zu veranlassen; in diesem erwünschten Verhalten liegt alsdann eine consideration. So war es in *Re Soames*:[42]
Hier hatte jemand £ 3.000 für den Bau einer Schule versprochen, dabei aber
klargemacht, dass er an der Verwaltung der Schule beteiligt sein und bei der
Festsetzung des Schulgeldes mitreden wolle. Nachdem der Schulträger darauf
eingegangen war und die Schule gebaut hatte, konnte er Erfüllung des Versprechens verlangen. Eine Kirchengemeinde, der die Zahlung eines Geldbetrages
zum Bau einer Kapelle versprochen wird, sollte den Spender dazu veranlassen,
dass er den Wunsch äußert, es möge die Kapelle nach ihm benannt oder in ihr
zu seinen Ehren ein Gedenkstein aufgestellt werden;[43] anderenfalls muss die
Gemeinde darauf bestehen, dass die Spendenzusage in der Form eines »deed«
abgegeben wird. Das ist aber eine ziemlich einfache und in solchen Fällen allgemein übliche Formalität,[44] und man kann daher nicht sagen, dass die consideration-Doktrin der Betätigung philantropischer Gesinnung in England irgendwelche ernstzunehmenden Hindernisse in den Weg legt.

2. *Unterhaltsversprechen.* – Anders liegt es häufig, wenn jemand einem Familienangehörigen, dem Partner einer nichtehelichen Lebensgemeinschaft oder
dem Ehegatten, von dem er sich getrennt hat, die Zahlung von Unterhalt verspricht. Ein solches Versprechen wird zwar oft schriftlich erteilt. Aber dass darüber eine notarielle Urkunde errichtet oder dass ein Rechtsanwalt eingeschaltet wird, der für die Abgabe der Erklärung in der Form eines »deed« sorgt, ist

---

[41] RG 6. Feb. 1905, RGZ 62, 386.

[42] (1897) 13 T.L.R. 439 und dazu *Treitel (-Peel)* no. 3-011.

[43] Vgl. *Re Hudson* (1885) 54 L.J.Ch. 811; *Re Cory* (1912) 29 T.L.R. 18.

[44] Anders liegt es in den USA, weil dort die Form der gesiegelten Erklärung in den
meisten Staaten abgeschafft worden ist. Hier hat die Rspr. aber schon seit langem einen
anderen Ausweg gefunden. Sie nimmt an, dass ein Versprechen durchsetzbar ist, wenn
der Versprechensempfänger sich auf die Erklärung des Versprechenden verlassen und Dispositionen getroffen hat und wenn auch der Versprechende eine solche Reaktion erwartet hat oder doch vernünftigerweise erwarten musste (»promissory estoppel«), vgl. s. 90
Restatement of Contract Second und unten N. 79. Nach s. 90 (2) soll es bei einer Spendenzusage (»charitable subscription«) nicht einmal erforderlich sein, dass der Versprechensempfänger Dispositionen tatsächlich getroffen hat, sofern nur der Spender solche
Dispositionen als möglich voraussehen konnte. Vgl. dazu *Farnsworth* § 2.19.

im Verhältnis unter Familienangehörigen eher selten. Sind solche Versprechen gleichwohl gültig?

Die Frage wird in der Regel bejaht, wenn der Versprechende sich nach den Umständen des Falles rechtlich binden wollte und das Versprechen auf vernünftigen und achtenswerten Gründen beruht, an deren Respektierung ein allgemeines Interesse besteht. So liegt es z.B., wenn ein Mann einer Frau, mit der er ohne gültige Ehe zusammengelebt und Kinder gehabt hat, aus Anlass der Trennung die Leistung von Unterhalt verspricht. Für den englischen Richter hängt die Durchsetzbarkeit eines solchen Versprechens zwar davon ab, dass die Frau eine consideration leistet. Aber welche Erfindungsgabe hier aufgeboten wird, zeigt *Ward* v. *Byham*:[45] Hier hatte der Vater eines nichtehelichen Kindes der Mutter Unterhaltszahlungen zugunsten des Kindes versprochen, »provided you can prove that [the child] is well looked after and happy«. Der Klage der Mutter wurde stattgegeben, und zwar von *Lord Denning* mit der Begründung, dass auch die Erfüllung der die Mutter kraft Gesetzes ohnehin treffenden Pflicht zur Sorge für das Kind als »sufficient consideration« anzusehen sei,[46] von den beiden anderen Richtern mit dem Hinweis darauf, dass die Mutter sich nicht nur zur Sorge für ihr Kind, sondern auch dazu verpflichtet habe, es gut zu beaufsichtigen und glücklich zu machen. In *Williams* v. *Williams*[47] hatte ein Mann seiner Ehefrau Unterhaltszahlungen versprochen, zu denen er, weil sie ihn grundlos verlassen hatte, nicht verpflichtet war. Auch dieses Versprechen wurde als durchsetzbar angesehen. Die consideration, um deretwillen es abgegeben worden sei, bestehe darin, dass die Ehefrau sich verpflichtet habe, ein keusches Leben zu führen, keine den Mann verpflichtenden Schulden einzugehen und keine Unterhaltsklage gegen ihn anzustrengen.[48]

Die französischen und deutschen Gerichte haben es in solchen Fällen leichter. In Frankreich nimmt man an, dass das Unterhaltsversprechen eines Vaters zugunsten seines nichtehelichen und von ihm nicht anerkannten Kindes als »ac-

---

[45] [1956] 2 All E.R. 318 (C.A.).

[46] Diese Auffassung steht nicht im Einklang mit der orthodoxen Lehre. Danach besteht für ein Versprechen keine ausreichende consideration, wenn der Versprechensempfänger eine Gegenleistung zusagt, deren Erbringung er aus anderen Gründen ohnehin schuldet, etwa deshalb, weil er zu ihr kraft Gesetzes oder aufgrund eines bereits bestehenden Vertrages verpflichtet ist. Vgl. dazu noch unten S. 93.

[47] [1957] 1 All E.R. 305 (C.A.). Vgl. aber auch *Coombe* v. *Coombe* [1951] 1 All E.R. 767 (C.A.).

[48] Einen anderen Weg geht das englische Recht, wenn jemand nicht die Zahlung von Geld, sondern die unentgeltliche Übertragung eines *Grundstücks* oder *Grundstücksrechts* versprochen hat und die für eine solche Erklärung vorgeschriebene Form nicht gewahrt worden ist. Hat in einem solchen Fall der Versprechensempfänger in schutzwürdigem Vertrauen auf die Erklärung Dispositionen getroffen, so kann er sich auf ein »proprietary estoppel« berufen und Erfüllung des Versprechens in specie oder eine angemessene Geldentschädigung verlangen. Vgl. dazu unten S. 124 ff.

complissement d'un devoir de conscience« oder als »reconnaissance d'une dette naturelle« anzusehen sei und mithin keine formbedürftige Schenkung darstelle.[49] In Deutschland wird für eine Schenkung verlangt, dass die Parteien sich über die Unentgeltlichkeit des Geschäfts einig sind. An einem solchen Einverständnis fehlt es, wenn »die Parteien die Zuwendung auch nur subjektiv als Gegenleistung, als Abgeltung für eine vom Versprechensempfänger zu gewährende oder gewährte Leistung, sei es vermögensrechtlicher oder irgendwelcher sonstigen Art, ansehen«.[50] So verhält es sich, wenn der Vater eines nichtehelichen Kindes, das von seiner Mutter schon bisher unterhalten worden ist und auch künftig unterhalten werden wird, die Zahlung eines Unterhaltsbeitrags verspricht:[51] Ein solches Versprechen bewerten beide Parteien nicht als einen Akt purer Freigebigkeit, sondern als Erfüllung einer Schuld, die vielleicht nicht rechtlich erzwingbar ist, aber von einem anständigen Menschen als durchaus existent angesehen wird. Gültig ist deshalb auch das Versprechen eines Kavallerieoffiziers, mit dem er seiner langjährigen Geliebten, einer Kellnerin, und den drei gemeinsamen Kindern 15.000 Mark für den Fall zusagt, dass er sich mit einer anderen Frau »standesgemäß« verheiraten würde,[52] ebenso das Versprechen eines verheirateten Mannes, mit dem er einem anderen Mann eine »Mitgift« von 3.000 Mark zusagt, falls dieser die Geliebte des Versprechenden, die von ihm ein Kind erwartete, heiraten werde.[53] In beiden Fällen stellte sich zunächst die Frage, ob nicht das Versprechen wegen Verstoßes gegen die guten Sitten nichtig sei. Sie wurde in beiden Fällen ohne falsche Prüderie verneint. Ebenso verneint wurde aber auch die weitere Frage, ob ein Schenkungsversprechen vorliege. Denn in beiden Fällen fehle es

---

[49] Civ. 14. Mai 1862, D.P. 1862.1.208; Civ. 15. Jan. 1873, D.P. 1873.1.180; Civ. 8. Dez. 1959, D. 1960, 241. Ebenso Paris 25. April 1932, Sem.jur. 1932, 607 (Bruder verspricht seinen verarmten Schwestern eine Geldsumme, weil der Vater sein Vermögen inter vivos allein auf ihn übertragen und seine Töchter übergangen hat). Vgl. auch BG 29. Juni 1927, BGE 53 II 198: Herr Stähelin hatte sich gegenüber einer Vormundschaftsbehörde mündlich verpflichtet, seine elternlose Nichte wie ein eigenes Kind zur Pflege und Erziehung in seine Familie aufzunehmen. Später wollte er den dadurch entstandenen Aufwand in Rechnung stellen, indem er geltend machte, daß seine Erklärung als Schenkungsversprechen formbedürftig gewesen sei. Das BG folgte dieser Auffassung nicht: »Es genügt, wenn der Zuwendende, was bei Stähelin offenbar der Fall gewesen ist, in der Meinung handelte, er erfülle eine sittliche Pflicht, auch wenn eine solche nicht allgemein als bestehend anerkannt werden sollte. In einem solchen Falle fehlt dem Zuwendenden der Schenkungswille, und von einer Schenkung kann dann bei seiner Verpflichtung zu unentgeltlichen Leistungen nicht mehr die Rede sein. Die Vereinbarung unentgeltlicher Versorgung der Klägerin stand somit unter der allgemeinen Bestimmung der Formlosigkeit der Verträge, und es genügte für ihre Gültigkeit die bloß mündliche Abmachung zwischen Stähelin und der Vormundschaftsbehörde.« (aaO S. 199 f.).

[50] RG 13. Nov. 1916, JW 1917, 103.

[51] RG 13. Nov. 1916 (vorige N.); BGH 13. April 1952, BGHZ 5, 302.

[52] RG 23. Feb. 1920, RGZ 98, 176. Im Ergebnis ebenso Civ. 6. Okt. 1959, D. 1960, 515.

[53] RG 11. Jan. 1906, RGZ 62, 273.

auf der Seite des Versprechenden »an dem Willen, [die versprochene Leistung] freigebig zu gewähren, und auf der anderen Seite an dem Willen, sie als eine unentgeltliche Leistung anzunehmen«.[54]

Eine besonders lehrreiche Entscheidung ist *Thomas v. Thomas*.[55] Auf dem Sterbebett hatte John Thomas den Wunsch geäußert, dass seine Frau Eleanor sein Haus haben solle. Als seine Testamentsvollstrecker davon hörten, schlossen sie »in consideration of such desire« mit Eleanor einen Vertrag, durch den sie ihr an dem Haus ein Wohnrecht auf Lebenszeit einräumten und Eleanor sich ihrerseits verpflichtete, jährlich 1 £ zu zahlen und das Haus in gutem Zustand zu erhalten. Nach dem Tode des einen Testamentsvollstreckers wollte der andere den Vertrag nicht mehr erfüllen. Eleanor drang mit ihrer Klage durch. Dass die Testamentsvollstrecker dem Wunsch des Erblassers hätten Rechnung tragen wollen, stelle zwar ein höchst achtenswertes Motiv dar, reiche aber als consideration für das von ihnen abgegebene Versprechen nicht aus. Jedoch könne man eine consideration darin sehen, dass Eleanor sich zur Zahlung von 1 £ und zur Instandhaltung des Hauses verpflichtet habe. Dass diese Leistungen Eleanors außer Verhältnis zu dem Wert der Überlassung des Hauses stehen, ist offensichtlich. Darauf kommt es aber nicht an. Eine ausreichende consideration liegt auch dann vor, wenn sie »inadequate« oder gar nur »nominal« ist. Entscheidend ist, ob die Parteien einen ernstlichen Willen zum Abschluss eines bindenden Geschäfts erkennbar geäußert haben. Das ist nicht nur dann der Fall, wenn sie einen »bargain« geschlossen, sondern auch dann, wenn sie bewusst ihrem Geschäft die äußere Form eines »bargain« gegeben haben: »The deliberate use of a nominal consideration can be regarded as a form to make a gratuitous promise binding.«[56]

3. *Vergütung bereits erbrachter Leistungen.* – Nach englischem Recht ist ein Zahlungsversprechen undurchsetzbar, wenn es im Hinblick auf eine Gegenleistung abgegeben wird, die der Versprechensempfänger schon früher dem Versprechenden geleistet hatte. Einem solchen Versprechen fehlt es an einer consideration, weil es den Versprechensempfänger weder dazu veranlassen soll, sich zu künftigen Diensten zu verpflichten, noch dazu, dass er solche Dienste, wenn auch ohne Verpflichtung, künftig tatsächlich erbringt. Wenn also der Mieter ein Grundstück auf seine Kosten durch Baumaßnahmen verbessert hat und ihm erst später von den Grundstückserben der Ersatz dieser Kosten versprochen wird, so ist ein solches Versprechen undurchsetzbar, weil es zwar von den Erben als »Belohnung« für die Arbeiten gedacht war, diese Arbeiten aber bereits geschehen waren und deshalb in ihnen keine »Gegenleistung« für das erst jetzt

---

[54] RG 11. Jan. 1906 (vorige N.) 277.
[55] (1842) 2 Q.B. 851.
[56] *Treitel (-Peel)* no. 3-014. Mit einer ähnlichen Begründung sieht man in Frankreich eine »donation déguisée« als ein von den Parteien ernstlich gemeintes Geschäft an; vgl. oben N. 35.

abgegebene Versprechen liegen kann.[57] Allerdings darf in dieser Frage nicht mit
übertriebener Strenge verfahren werden, wenn das Versprechen zwar erst nach
der Gegenleistung abgegeben worden ist, aber zwischen beiden Geschäften ein
enger Zusammenhang besteht. Wenn also in dem eben genannten Fall der Mieter die Baumaßnahmen auf Wunsch der Erben ausgeführt hat und schon vor ihrem Beginn Einigkeit unter den Parteien darüber bestand, dass sie künftig auf
irgendeine Art vergütet werden würden, so besteht für das Zahlungsversprechen der Erben eine ausreichende *consideration* auch dann, wenn es von ihnen erst
nach dem Abschluss der Bauarbeiten abgegeben worden ist.[58] Ein ähnliches Problem entsteht, wenn einem Angestellten bei Beendigung des Arbeitsverhältnisses von seinem Arbeitgeber eine Gratifikation oder eine Rente versprochen
wird. Ein solches Versprechen ist nur dann durchsetzbar, wenn dafür eine consideration geleistet wird, also der Angestellte irgendeinen von dem Arbeitgeber
erstrebten Nachteil auf sich nimmt oder ihm irgendeinen von ihm erstrebten
Vorteil zuwendet. Das ist z.B. dann der Fall, wenn der Zeitpunkt des Ausschei-
dens *vor* dem ursprünglich vereinbarten Ende des Arbeitsverhältnisses liegt und
der Angestellte daher auf die restliche Vertragslaufzeit verzichtet, oder wenn
der Angestellte sich verpflichtet, nach seinem Ausscheiden nicht in Wettbewerb
zu seinem Arbeitgeber zu treten.[59] Zwar wird es in solchen Fällen meist so
liegen, dass der Arbeitgeber mit seinem Gratifikations- oder Rentenverspre-
chen in Wahrheit die schon früher erbrachten Dienste seines Angestellten zusätzlich honorieren will. Dies allein genügt aber für die Durchsetzbarkeit des
Versprechens nicht, mag die Absicht des Arbeitgebers auch noch so vernünftig
und ernstgemeint sein. Denn ein »bargain« liegt nur dann vor, wenn auch der
Angestellte seinerseits für die Gratifikations- oder Rentenzusage irgendetwas
aufgeopfert hat.

Die französischen und deutschen Gerichte brauchen sich auf solche Überlegungen nicht einzulassen. Zwar müssen auch sie die Frage stellen, ob nicht ein
Schenkungsversprechen vorliegt. Aber diese Frage wird verneint, wenn sich
aus den Umständen ergibt, dass das Versprechen von den Beteiligten nicht als
ein durch reine Freigebigkeit motiviertes Geschenk, sondern als Erfüllung einer
Verpflichtung angesehen worden ist. Dafür spielt es eine Rolle, welcher Art die
Leistungen waren, wie lange sie bereits erbracht und wie sie vergütet worden
sind und welche Vorteile der Empfänger von den Leistungen gehabt hat. In einem vom Kassationshof entschiedenen Fall hatte ein Gutsherr seiner Angestellten in einer privaten Urkunde eine Leibrente ausgesetzt. Auf ihre Klage wurde

---

[57] *Re McArdle* [1951] Ch. 669. – Eine andere Frage ist es, ob die Erben nicht Herausgabe des »quantum meruit« schulden, also desjenigen, um das sie durch die Baumaßnahmen ungerechtfertigt bereichert sind.

[58] Vgl. *Re Casey's Patents* [1892] 1 Ch. 104 (C.A.); *Pao On* v. *Lau Yiu Long* [1980] A.C.
614 (P.C.); *Treitel (-Peel)* no. 3-018 ff.

[59] *Wyatt* v. *Kreglinger* [1933] 1 K.B. 793.

seine Erbin zur Erfüllung verurteilt. Das Gericht stellte fest, dass die Klägerin viele Jahre lang bei häufiger Abwesenheit des Gutsherrn in einer verantwortlichen Stellung die Verwaltung seiner Ländereien geleitet hatte. Unter diesen Umständen liege in seinem Versprechen nicht eine »donation«, sondern die Erfüllung einer »obligation ordinaire«; es sei daher auch ohne notarielle Form gültig.[60] Nach Auffassung der deutschen Gerichte kommt es darauf an, ob aufgrund der bereits früher geleisteten Dienste ein Gefühl des Dankes entstanden ist, dem der Versprechende durch ein großzügiges Geschenk Ausdruck geben will; in diesem Falle liegt ein Schenkungsversprechen vor.

»Haben dagegen die geleisteten Dienste auf der einen Seite das Gefühl einer wirklichen Schuld oder auf der anderen Seite das Gefühl eines wirklichen Anspruchs hervorgerufen [und] wird das Geleistete in der Annahme gegeben oder genommen, dass dadurch die Schuld abgetragen, die Dienste bezahlt werden sollen, so liegt keine Einigkeit über die Unentgeltlichkeit der Zuwendung und deshalb keine Schenkung vor.«[61]

D. Andere unentgeltliche Geschäfte

Von einer Schenkung spricht man in den kontinentalen Rechtsordnungen nur dort, wo jemand einem anderen etwas »aus seinem Vermögen« zugewandt, ihm also eine Geldsumme gezahlt, eine Sache übereignet oder ein anderes Recht übertragen hat. Jede Schenkung ist deshalb ein unentgeltliches Geschäft, aber es gibt viele unentgeltliche Geschäfte, die keine Schenkungen sind. So liegt z.B., wenn jemand verspricht, dass er einem anderen für eine bestimmte Zeit die unentgeltliche Nutzung seines Hauses gestatten, ihm einen zinslosen Kredit gewähren oder ihm unentgeltlich eine Auskunft erteilen oder irgendein sonstiges Geschäft für ihn besorgen werde, ebenso dann, wenn jemand, ohne sich dafür eine Gegenleistung auszuhandeln, einem Gläubiger verspricht, dass er für die Schuld eines Dritten einstehen wolle. Solche Geschäfte können zwar für den Versprechenden mit erheblichen wirtschaftlichen Nachteilen und Risiken verbunden sein. Um Schenkungen handelt es sich dabei gleichwohl nicht, und das bedeutet, dass die für sie geltenden Formvorschriften als Test für die Ernstlichkeit des Verpflichtungswillens auf dem Kontinent nicht zur Verfügung stehen.

Anders das Common Law. Die consideration-Doktrin sieht *jedes* Versprechen als undurchsetzbar an, für das es an einer Gegenleistung des Versprechensempfängers fehlt. Für sie macht es daher keinen Unterschied, ob jemand

---

[60] Civ. 3. Feb. 1846, D.P. 1846.1.159. Vgl. auch Civ. 21. April 1959, Bull.cass. 1959.I. no. 205; Orléans 17. Jan. 1977, D.S. 1977 I.R. 279; anders, wenn das Versprechen als »un acte de pure libéralité« anzusehen ist, vgl. Req. 7. Jan. 1862, S. 1862.1.599.

[61] RG 7. Feb. 1919, RGZ 94, 322; ebenso RG 22. Nov. 1909, RGZ 72, 188; BAG 19. Juni 1956, NJW 1959, 1746.

einem anderen ein Haus zu schenken oder ob er ihm nur ein Recht zur Nutzung des Hauses zu gewähren verspricht: In beiden Fällen erwirbt der Versprechensempfänger einen durchsetzbaren Anspruch nur dann, wenn ihm das
Versprechen in der Form eines »deed« erteilt worden ist oder wenn er seinerseits irgendeine Gegenleistung versprochen oder (zwar nicht versprochen,
aber doch wenigstens auf Verlangen des Versprechenden) tatsächlich erbracht
hat. Das gilt auch für Bürgschaftsverträge, für Verträge über Dienstleistungen
und noch für manche anderen vertraglichen Vereinbarungen, deren Durchsetzbarkeit zur Verblüffung des kontinentalen Juristen wegen der consideration-Doktrin in Zweifel gezogen und manchmal nur mit knapper Not oder auf
reichlich gekünstelte Weise bejaht werden kann.

I. Bürgschaftsverträge

Um den Bürgen vor Übereilung zu schützen, wird überall für seine Erklärung
eine bestimmte Form verlangt.[62] Ist diese Form gewahrt, so steht damit fest,
dass der Bürge eine rechtliche Bindung übernommen hat. Nicht so in England. Zwar schreibt auch dort das Statute of Frauds für Bürgschaftserklärungen die Schriftform vor (s. 4). Aber auch eine schriftliche Bürgschaftserklärung begründet für den Gläubiger einen durchsetzbaren Anspruch nur dann,
wenn der Bürge außerdem eine consideration geleistet hat, es sei denn, dass das
Versprechen des Bürgen in der Form eines deed abgegeben worden ist.[63] Soll
durch die Bürgschaft eine künftige Darlehensforderung gesichert werden, so
ist das consideration-Erfordernis gewahrt, sofern sich der Gläubiger seinerseits
zur Gewährung des Darlehens verpflichtet oder sobald er es dem Schuldner
tatsächlich gewährt. Schwieriger liegt es, wenn die Forderung des Gläubigers
bereits besteht und nachträglich durch die Bürgschaft gesichert werden soll.
Hier sieht man die vom Gläubiger zu leistende consideration darin, dass er verspricht, er werde seine Forderung gegen den Schuldner nicht im Klagewege
durchsetzen oder die gegen ihn bereits erhobene Klage zurücknehmen oder
ihm die Forderung stunden oder in eine Reduzierung des Zinssatzes einwilli-
gen; es genügt auch, wenn der Gläubiger sich zu diesen Maßnahmen zwar nicht
verpflichtet, sie aber (auf ausdrückliches oder schlüssiges Verlangen des Bürgen)
tatsächlich ergreift. Zwar hat der Bürge in diesen Fällen von der vom Gläubiger
versprochenen oder geleisteten consideration in der Regel keinen eigenen Vorteil. Wohl aber hat davon der Gläubiger einen Nachteil, und dies reicht für eine
gültige consideration auch dann aus, wenn jener Nachteil für den Gläubiger

---

[62] Vgl. dazu im einzelnen S. 118 ff.
[63] Vgl. zum folgenden *Chitty (-Whittaker)*, The Law of Contracts II (31. Aufl. 2012)
no. 44-022 ff.

wirtschaftlich nicht ins Gewicht fällt. Bei allem Respekt wird man freilich bezweifeln können, ob die Erklärung des Gläubigers, er werde dem Schuldner die Forderung für einen weiteren Monat stunden, wirklich eine »Gegenleistung« für die Übernahme der Haftung durch den Bürgen darstellt und ob wirklich der Bürgschaftsvertrag mit dieser Begründung als »bargain« zwischen Gläubiger und Bürgen angesehen werden kann.

II. Gebrauchsüberlassungsverträge

Für den kontinentalen Juristen ist es selbstverständlich, dass kein Schenkungsversprechen vorliegt, wenn sich jemand verpflichtet, eine Sache seinem Vertragspartner unentgeltlich zum Gebrauch oder zur Nutzung zu überlassen. Für die consideration-Doktrin besteht dagegen zwischen diesem Fall und einer Schenkung kein Unterschied. Das erscheint durchaus plausibel. Denn ob jemand ein gebrauchtes Auto, das eine Lebenserwartung von noch 6 Jahren hat, einem anderen schenkt oder ob er es ihm für 3 Jahre unentgeltlich zum Gebrauch überlässt, macht nur insofern einen Unterschied, als er die in dem Auto steckenden Nutzungsmöglichkeiten im ersten Fall zu 100 %, im zweiten zu 50 % aus der Hand gibt. In wirtschaftlicher Hinsicht liegt daher in beiden Fällen »Schenkung« vor, in rechtlicher Hinsicht – jedenfalls nach kontinentalem Recht – nur im ersten.

In besondere Nähe zur Schenkung gerät eine unentgeltliche Gebrauchsüberlassung dann, wenn sie auf lange Dauer erfolgt. In einem vom Bundesgerichtshof entschiedenen Fall[64] hatte jemand Räume seines Hauses seinem Vertragspartner »zur Benutzung als Wohnung unentgeltlich und auf Lebenszeit« überlassen. Zwar räumte das Gericht ein, dass »der Schutzzweck des Formzwangs, der bei Schenkungsversprechen vor unbedachter Übereilung bewahren soll, unter Umständen auch für den Abschluss eines Leihvertrags angebracht erscheinen« kann, und zwar besonders dann, wenn der Vertrag auf Lebenszeit des begünstigten Vertragspartners geschlossen wird und der Eigentümer daher auf viele Jahre die Chance einbüßt, die verliehenen Räume selbst zu nutzen oder sie an Dritte zu vermieten. Gleichwohl entschied das Gericht, dass für die Gültigkeit des Vertrages eine notarielle Beurkundung, wie sie für Schenkungsversprechen vorgesehen ist, nicht erforderlich sei. In der Tat ist nicht daran zu deuteln, dass nach dem klaren Wortlaut des § 598 BGB ein »Leihvertrag« gültig geschlossen werden kann, ohne dass es auf die Beachtung einer besonderen Form oder auf den Zeitraum ankommt, für den dem Entleiher der unentgeltliche Gebrauch der Sache gestattet wird.[65]

---

[64] BGH 11. Dez. 1981, BGHZ 82, 354. Ähnlich BGH 20. Juni 1984, NJW 1985, 1553.
[65] Ebenso Art. 1875, 1876 Code civil; Art. 1803 Codice civile.

Ist ein Leihvertrag zustande gekommen, so können beiden Parteien vertragliche Schadensersatzansprüche zustehen, so z.B. dem Verleiher, wenn ihm das verliehene Auto in beschädigtem Zustand zurückgegeben wird, oder dem Entleiher, wenn das Auto nicht verkehrssicher war und er infolgedessen einen Unfall erlitten hat. In beiden Fällen wird, sofern Fahrlässigkeit vorliegt, Schadensersatz auch nach englischem Recht gewährt, zwar nicht wegen Vertragsbruchs, aber doch aus unerlaubter Handlung. Anders liegt es, wenn Ersatz bloßer Vermögensschäden verlangt wird, so vom Verleiher, wenn ihm das Auto verspätet zurückgegeben wurde, oder vom Entleiher, weil er statt des defekten Leihautos ein Ersatzauto gemietet hat und die dafür aufgewandten Kosten erstattet haben möchte. Hier gewährt das englische Deliktsrecht keinen Schutz. Auf dem Kontinent kommt zwar eine vertragliche Haftung in Betracht. Immerhin wird aber der Verleiher für seinen Altruismus mit einer Haftungsmilderung belohnt. Denn er braucht nur dann Schadensersatz zu leisten, wenn er vorsätzlich oder grob fahrlässig gehandelt oder, sofern der Schaden auf einen Fehler der verliehenen Sache zurückzuführen ist, wenn er den Fehler arglistig verschwiegen hat.[66]

III. Geschäftsbesorgungsverträge

Die gleichen Regeln gelten auch dann, wenn jemand unentgeltlich die Besorgung eines Geschäfts versprochen, sich also gegenüber dem Versprechensempfänger dazu verpflichtet hat, ihm eine Auskunft oder einen Rat zu erteilen, ihm Hilfe zu leisten, seine Sachen aufzubewahren oder zu befördern, ihm Versicherungsschutz zu beschaffen, ihm den Abschluss eines Vertrages mit einem Dritten zu vermitteln oder sonst irgendeinen Auftrag für ihn auszuführen. In den kontinentalen Rechtsordnungen zweifelt niemand daran, dass in allen diesen Fällen auch ohne Wahrung irgendeiner Formvorschrift ein gültiger Vertrag zustandekommen kann.[67] Daraus folgt, dass der Versprechende, wenn er das Geschäft fehlerhaft besorgt und seinem Auftraggeber dadurch einen Schaden zugefügt hat, wegen Vertragsbruchs ersatzpflichtig sein kann; in der Regel kann er sich in diesem Fall – anders als beim Leihvertrag – nicht einmal auf eine Haftungsmilderung berufen.[68]

Auch hier kommt das englische Recht mit Hilfe eines deliktischen Anspruchs oft zum gleichen Ergebnis. Das gilt nicht nur dann, wenn durch den

---

[66] Vgl. §§ 599, 600 BGB; Art. 1891 Code civil; Art. 1812 Codice civile.

[67] Das ergibt sich häufig unmittelbar aus gesetzlichen Vorschriften. Vgl. § 662 BGB; Art. 394 OR; § 1004 ABGB; Art. 1709 Codice civile; Art. 1986 Code civil: »Le mandat est gratuit, s'il n'y a convention contraire.«

[68] Vgl. aber § 690 BGB: Wer sich verpflichtet hat, unentgeltlich die Sachen eines anderen aufzubewahren, hat nur für diejenige Sorgfalt einzustehen, »welche er in eigenen Angelegenheiten anzuwenden pflegt«.

Fehler, den der Beklagte bei der Besorgung des Geschäfts gemacht hat, ein Körper- oder Sachschaden des Klägers verursacht worden ist. Aufgrund des Deliktstatbestandes negligence kann der Kläger auch bloße Vermögensschäden ersetzt verlangen, sofern sie darauf zurückzuführen sind, dass er sich auf unrichtige oder irreführende Erklärungen verlassen hat, die der Beklagte unter Verletzung einer ihm obliegenden (deliktischen) »duty of care« abgegeben hat. Eine solche »duty of care« besteht allerdings nur dort, wo zwischen den Parteien ein besonderes Verhältnis der Nähe (»a special relationship of proximity«) gegeben ist, und das ist dort der Fall, wo der Beklagte Erklärungen im geschäftlichen Verkehr abgibt, sich dabei auf eine besondere professionelle Sachkunde stützt und vernünftigerweise erkennen musste, dass der Kläger zu denjenigen gehört, in deren Hand die Erklärung gelangen und die sich auf ihre Richtigkeit verlassen würden.[69] Das sind die gleichen Erwägungen, die auch der kontinentale Richter anstellt, wenn er prüft, ob jemand unentgeltlich eine *vertragliche* Verpflichtung zur Erteilung zutreffender Informationen übernommen hat und daher wegen Vertragsverletzung haftet, wenn die Informationen falsch sind.[70]

IV. Vertragsangebote

Hat jemand einem anderen den Abschluss eines Vertrages angeboten und erklärt, dass er sich für eine bestimmte Frist an sein Angebot gebunden halten wolle, so kann er es nach englischem Recht gleichwohl widerrufen, solange es nicht angenommen ist. Auch dies wird aus der consideration-Doktrin hergeleitet. Denn der Offerent verspricht in einem solchen Fall, dass er sein Angebot vor Fristablauf nicht widerrufen werde; an ein solches Versprechen kann er nur dann gebunden sein, wenn er es entweder in der Form eines »deed« erklärt hat oder ihm vom Angebotsempfänger eine Gegenleistung – und sei es auch nur in ganz geringfügiger Höhe – versprochen oder geleistet worden ist.

---

[69] *Hedley Byrne & Co. Ltd.* v. *Heller & Partners Ltd.* [1964] A.C. 465; *Smith* v. *Eric S. Bush* [1990] 1 A.C. 831; *Caparo Industries Plc* v. *Dickman* [1990] 2 A.C. 605.
[70] In *Hedley Byrne* (vorige N.) hatte die beklagte Bank dem Kläger eine unrichtige Auskunft über die Kreditwürdigkeit eines Dritten erteilt. Aus Vertrag haftete sie nicht, weil sie sich für die Auskunft eine consideration nicht ausbedungen hatte. Stattdessen haftete sie aus Delikt. Das Problem, das auf diese Weise gelöst wurde, ist daher von *Lord Devlin* beschrieben worden als »a by-product of the doctrine of consideration. If the respondents had made a nominal charge for the reference, the problem would not exist. If it were possible in English law to construct a contract without consideration ... the question would be, not whether on the facts of the case there was a special relationship [giving rise to a duty of care in tort], but whether on the facts of the case there was a contract« (S. 525).

In den kontinentalen Rechtsordnungen gelten hier andere Regeln. Manche sehen Angebote zwar – wie im englischen Recht – als jederzeit widerruflich an, gewähren aber dem Angebotsempfänger unter bestimmten Voraussetzungen einen Anspruch auf Ersatz des durch den Widerruf entstandenen Schadens. In anderen Rechtsordnungen sind Angebote unwiderruflich. Hier wird freilich der Richter mit besonderer Sorgfalt prüfen, ob in der Erklärung des Offerenten wirklich ein Angebot im Rechtssinne liegt und ob er sich nicht vielleicht einen Widerruf vorbehalte oder nur eine invitatio ad offerendum abgeben wollte.[71]

V. Vertragsänderungen

Mangels consideration undurchsetzbar ist ein Versprechen ferner dann, wenn der Versprechensempfänger zwar eine Gegenleistung zusagt, er aber zu dieser Gegenleistung aus anderen rechtlichen Gründen ohnehin verpflichtet ist. Denn wer etwas verspricht, was er aufgrund einer »pre-existing duty« ohnehin leisten muss, bestätigt oder bekräftigt eine bereits bestehende Verpflichtung, schafft aber keine neue und nimmt auch sonst keinen Nachteil auf sich, der als consideration für das ihm gemachte Versprechen in Betracht kommt.

Undurchsetzbar ist deshalb ein Versprechen, wenn als Gegenleistung ein Verhalten versprochen wird, das ohnehin von Rechts wegen geschuldet ist.[72] Wer also als Gastwirt einem Mafioso Geld verspricht, damit sein Lokal nicht verwüstet werde, kann sich daher, wenn er auf Zahlung verklagt wird, damit verteidigen, dass der Mafioso schon von Rechts wegen anderer Leute Sachen nicht zerstören dürfe und daher für das ihm gemachte Zahlungsversprechen keine gültige consideration erbracht habe. Niemand wird bestreiten, dass der Gastwirt nicht zahlen muss. Aber dies lässt sich überzeugender damit begründen, dass die Rechtsordnung anderenfalls einen Anreiz für Erpressungsmanöver setzen und dass die Gerichte sich noch dazu dem Erpresser als Inkassostellen zur Verfügung stellen würden. Das Versprechen ist deshalb wegen Verstoßes gegen die öffentliche Ordnung nichtig.[73] Ähnlich liegt es, wenn sich eine Polizeibehörde oder eine andere staatliche Stelle Geld versprechen lässt, damit sie tue, was zu tun sie schon von Amts wegen verpflichtet ist. Auch ein solches Versprechen verstößt gegen die öffentliche Ordnung, weil staatliche Leistungen

---

[71] Vgl. dazu oben S. 31 ff.

[72] Vgl. zu dieser Fallgruppe *Treitel (-Peel)* no. 3-018 ff. Vgl. ferner *Ward* v. *Byham* (oben N. 45) und N. 44.

[73] Vgl. *Patterson*, An Apology for Consideration, Col.L.Rev. 58 (1958) 929, 938: »If D has promised not to murder C in exchange for C's promise to pay D $ 500, the transaction reeks of extortion and blackmail, and one need not have recourse to such a colorless doctrine as consideration.«

denjenigen gebühren, die darauf einen rechtlich begründeten Anspruch haben, nicht denjenigen, die dafür auch noch Geld anbieten. Im übrigen mag der Staat, wenn er für Amtshandlungen Geld nehmen will, die dafür erforderlichen Voraussetzungen gesetzlich regeln. Die consideration-Doktrin ist in allen diesen Fällen überflüssig, ja sogar schädlich, weil sie den Zugang zu den für die Entscheidung wesentlichen Gesichtspunkten eher erschwert als erleichtert.

Größere praktische Bedeutung hat die Regel in Fällen, in denen ein bestehender Vertrag durch eine nachträglich getroffene Vereinbarung zugunsten der einen Partei modifiziert oder ergänzt wird. So liegt es z.B., wenn ein Verkäufer erklärt, dass ihm die Lieferung der verkauften Ware schwerer falle als erwartet und daraufhin der Käufer, um ihn bei der Stange zu halten, die Zahlung eines Preiszuschlags verspricht. Hier folgt aus der consideration-Doktrin, dass der Käufer nach dem Empfang der Ware die Zahlung des Zuschlags verweigern kann. Denn der Verkäufer hat im Gegenzug nur pünktliche Lieferung, also nur dasjenige versprochen, was er aufgrund des Vertrages dem Käufer ohnehin zu leisten hatte.

In manchen Fällen sprechen für dieses Ergebnis gute Gründe. Ob sie in der vielzitierten Entscheidung *Stilk* v. *Myrick*[74] vorlagen, ist allerdings zweifelhaft. Dort waren dem Kapitän eines englischen Schiffs in einem russischen Hafen zwei Matrosen weggelaufen, und weil Ersatz nicht zu beschaffen war, hatte er den übrigen einen Heuerzuschlag versprochen. Nach der Rückkehr nach England wollte er den Zuschlag nicht mehr bezahlen. Das Gericht gab ihm recht: Die Matrosen seien ohnehin verpflichtet gewesen, allen Gefahren der Seefahrt nach besten Kräften zu trotzen; zu diesen Gefahren zähle es auch, dass wegen des Ausfalls anderer Mannschaftsmitglieder Mehrarbeit geleistet werden müsse. Dieses Ergebnis leuchtet ein, wenn man annimmt, dass die Matrosen unter bewusster Ausnutzung der Zwangslage des Kapitäns die Forderung nach einem Heuerzuschlag erhoben und ihrem Verlangen vielleicht noch durch die Drohung Nachdruck verliehen haben, dass sie dem Beispiel der beiden anderen Matrosen Folge leisten könnten. Dass ein unter solchen Umständen abgegebenes Versprechen nicht durchsetzbar ist, wird niemand bezweifeln. Aber die consideration-Doktrin braucht man dafür nicht. Das folgt schon daraus, dass der Fall nicht anders zu entscheiden wäre, wenn die Matrosen eine geringfügige »Gegenleistung« versprochen, also auf die ihnen nach dem Heuervertrag zustehende Teepause oder Rumration verzichtet hätten. Vielmehr ist die Vereinbarung über die Zahlung des Heuerzuschlags ungültig, weil sie von den Matrosen durch eine rechtswidrige Drohung erwirkt worden ist.[75] Zwar darf

---

[74] (1809) 2 Camp. 317, 170 Eng.Rep. 1168. Vgl. aber auch 6 Esp. 129, 170 Eng.Rep. 851, wo über diese Entscheidung ganz anders berichtet wird. Beide Berichte sind abgedruckt bei *Beale/Bishop/Furmston*, Contract, Cases and Materials (3. Aufl. 1995) 105 f.

[75] So *Harris* v. *Watson* (1791) Peake 102, 170 Eng.Rep. 94. In dieser Entscheidung hatte der Kapitän eines in schweres Wetter geratenen Schiffs den Heuerzuschlag verspro-

eine Vertragspartei, um eine für sie günstige Vertragsabänderung zu erreichen, ihrem Kontrahenten durchaus drohen; niemand verlangt, dass Kaufleute einander stets mit Samthandschuhen anfassen. Aber diese Drohung muss doch nach den Umständen erlaubt sein, und das ist sie nicht, wenn der Drohende mit ihr zu seinem Vorteil eine Zwangslage ausbeutet, in die der Bedrohte durch eine unerwartete Entwicklung der Verhältnisse oder dadurch geraten ist, dass er zum Zweck der Vertragserfüllung Aufwendungen getätigt hat oder Verpflichtungen eingegangen ist, die er nur unter erheblichen Kosten rückgängig machen oder mit Hilfe eines Schadensersatzanspruchs bei dem Drohenden liquidieren kann. Auf dem Kontinent operiert man in solchen Fällen mit der Figur der rechtswidrigen Drohung, und auch in England ist man sich darüber einig, dass die consideration-Doktrin dort nicht mehr benötigt wird, wo man mit den Regeln über »economic duress« helfen kann.[76]

Die Bedeutung der consideration-Doktrin in diesen Fällen ist auch durch eine weitere Regel eingeschränkt worden, die zum ersten Mal in einem bekannten Urteil des Richters Denning aus dem Jahre 1947 niedergelegt worden ist und heute als »doctrine of promissory estoppel« bezeichnet wird.[77] Drei Jahre nach dem Abschluss eines Pachtvertrags über einen Komplex von Wohnungen hatte der Verpächter dem Pächter eine Halbierung des Pachtzinses zugestanden, weil sich gezeigt hatte, dass der Pächter wegen des inzwischen ausgebrochenen Weltkriegs einen großen Teil der Wohnungen nicht vermieten und deshalb den Pachtzins in der ursprünglich vereinbarten Höhe nicht zahlen konnte. Nach Kriegsende verlangte der Verpächter Zahlung des vollen Pachtzinses. Richter Denning entschied, dass der Verpächter den Pachtzins nur für die Dauer der kriegsbedingten Unvermietbarkeit der Wohnungen habe reduzieren wollen und der Anspruch auf den vollen Pachtzins daher ab 1945 begründet sei. Keinen Zweifel ließ er aber daran, dass für die Zeit davor anders zu entscheiden sei. Zwar treffe es zu, dass dem Verpächter für die Ermäßigung des Pachtzinses keine consideration geleistet worden sei. Aber darauf könne er sich nicht berufen. Denn es handele sich um einen Fall, »in which a promise was made which was intended to create legal relations and which, to the knowledge of the person making the promise, was going to be acted on by the person to

---

chen, um seine Leute zu besonderen Anstrengungen anzuspornen. Auch hier wurde die Klage der Matrosen abgewiesen, freilich nicht, weil sie keine gültige consideration geleistet hätten, sondern weil – in den Worten von *Lord Kenyon* – »if this action was to be supported, it would materially affect the navigation of this kingdom … for if sailors were … in times of danger to insist on an extra charge on such a promise as this, they would in many cases suffer a ship to sink, unless the captain would pay any extravagant demand they might think proper to make«. Vgl. dazu auch die Darstellung bei *Gilmore*, The Death of Contract (1974) 22–28.

[76] Vgl. *Treitel (-Peel)* no. 3-051 und ferner unten S. 272 f.

[77] *Central London Property Trust Ltd.* v. *High Trees House Ltd.* [1947] K.B. 130. Vgl. auch schon *Hughes* v. *Metropolitan Railway* (1877) 2 App.Cas. 439 (H.L.).

whom it was made, and which was in fact so acted on«.[78] Wer also seinem Vertragspartner eine ihm günstige Vertragsänderung zugesteht, muss sich, auch wenn ihm dafür eine consideration nicht geleistet worden ist, an dem geänderten Vertrag festhalten lassen, wenn er erkannt hat, dass die andere Partei sich auf den geänderten Vertrag einrichten werde, sie sich tatsächlich darauf eingerichtet hat und es unbillig wäre, wenn er gleichwohl jetzt noch auf den Vertrag mit seinem ursprünglichen Inhalt zurückkommen könnte.[79]

Mit dem Urteil des Court of Appeal in *Williams* v. *Roffey Brothers & Nicholls (Contractors) Ltd.*[80] ist der consideration-Doktrin ein weiterer Stoß, wenn nicht gar der Todesstoß versetzt worden. Der Kläger war ein Tischler, der mit der Beklagten einen Vertrag über den Innenausbau von 27 Wohnungen geschlossen hatte, aber nach Fertigstellung von 9 Wohnungen in finanzielle Schwierigkeiten geraten war. Die Beklagte war in Sorge, dass der Kläger den Vertrag nicht pünktlich erfüllen und sie in diesem Falle eine hohe Vertragsstrafe an den Bauherrn zu zahlen haben werde. Sie bot dem Kläger deshalb an, über den vereinbarten Vertragspreis hinaus einen Bonus von £ 575 für jede Wohnung zu zahlen, die er noch fertigstellen werde. Der Kläger ging darauf ein, schaffte auch noch 8 Wohnungen, stellte dann aber seine Arbeiten ein. Auf seine Klage wurde die Beklagte zur Zahlung nicht nur des anteiligen Vertragspreises für die fertiggestellten 17 Wohnungen, sondern auch des Bonus für 8 Wohnungen verurteilt. Dafür war die Überlegung maßgeblich, dass die nachträglich getroffene Vereinbarung nicht auf einer rechtswidrigen Drohung oder Täuschung des Klägers, sondern auf einem wohlbedachten Vorschlag der Beklagten beruhte und dass der Inhalt dieser Vereinbarung den kaufmännischen Interessen beider Parteien in vernünftiger Weise Rechnung trug. Das sind die gleichen Überlegungen, die auch ein kontinentaler Richter anstellt, wenn er die Gültigkeit einer Änderungsvereinbarung zu überprüfen hat. Zwar haben die Richter in

---

[78] *Central London Property* (vorige N.) 134.

[79] Diese Regel wird in ähnlicher Form auch in Fällen angewandt, in denen eine Vertragspartei durch »waiver« einseitig auf ein vertragliches Recht verzichtet, sich also z.B. mit einer Hinausschiebung des Lieferzeitpunkts, einem veränderten Zahlungsmodus oder einer anderen oder geringeren Leistung ihres Kontrahenten einverstanden erklärt. Vgl. *Alan & Co. Ltd.* v. *El Nasr Export and Import Co.* [1972] 2 All E.R. 127 (C.A.) und *Treitel (-Peel)* no. 3-089 ff.; *McKendrick* no. 5.24. – Allerdings kann sich in England auf diese Regel nur derjenige berufen, der sich als Beklagter gegen die Durchsetzung des Vertrages in seiner ursprünglich vereinbarten Form *verteidigen*, nicht derjenige, der als *Kläger* Ansprüche aus dem geänderten Vertrag herleiten möchte. Vgl. dazu *Coombe* v. *Coombe* (oben N. 47). In den USA ist dagegen die »doctrine of promissory estoppel« zu einem allgemeinen Prinzip des Vertrauensschutzes im Vertragsrecht verbreitet worden. Vgl. § 90 Restatement of Contracts Second: »A promise which the promisor should reasonably expect to induce action or forbearance on the part of the promisee or a third party and which does induce such action or forbearance is binding if injustice can be avoided only by enforcement of the promise.« Vgl. dazu ausführlich *Farnsworth* § 2.19.

[80] [1991] 1 Q.B. 1 (C.A.).

Williams v. *Roffey* auch noch der consideration-Doktrin ihre Reverenz erwiesen. Sie nahmen nämlich an, dass sich die Beklagte mit ihrem Versprechen, sie werde dem Kläger für jede fertiggestellte Wohnung einen zusätzlichen Bonus von 575 £ zahlen, einen Vorteil erkauft habe: Er bestehe in den »practical benefits«, die ihr dadurch entstanden seien, dass der Kläger, statt sein Werkzeug hinzuwerfen, seine Arbeiten fortgesetzt und ihr dadurch die Kosten erspart habe, die sie sonst, um die ihr drohende Vertragsstrafe abzuwenden, durch die Gewinnung eines anderen Unternehmers hätte aufwenden müssen. Diese Überlegungen sind einleuchtend. Sie zeigen, aus welchen kaufmännischen Gründen das Geschäft von den Parteien ernst gemeint war und deshalb als bindend angesehen werden darf. Dass es auf diese Überlegungen für die Begründung einer *consideration* ankam, ist im Grunde wenig überzeugend und zeigt nur, dass die consideration-Doktrin ihre Stellung als Kontrolltest für die Seriosität von Änderungsvereinbarungen praktisch geräumt hat.[81]

E. Rechtsbindungswille

Ein gültiger Vertrag setzt überall voraus, dass die Parteien bei seinem Abschluss mit einer »intention of creating legal relations«,[82] »en vue de produire des effets juridiques«[83] gehandelt haben oder dass der Versprechende den Willen gehabt hat, »dass seinem Handeln rechtliche Geltung zukommen solle … und der Empfänger die Leistung in diesem Sinne entgegengenommen hat«.[84] Ist diese Voraussetzung nicht erfüllt, so mag zwar eine Vereinbarung vorliegen, die ohne Irrtum, Täuschung oder Drohung zustandegekommen ist und die zu honorieren ein Mensch von Anstand allen Anlass hätte. Aber eine bindende rechtliche Verpflichtung entsteht nicht. Wer zu einem Abendessen eingeladen

---

[81] Vgl. dazu *McKendrick* no. 5.11-14; *B. Coote*, Consideration and Variations: A Different Solution, L.Q.Rev. 120 (2004) 19. Die gleichen Überlegungen gelten auch für die verwandte Fallgruppe, in der ein Gläubiger eine geringere als die ihm geschuldete Leistung annimmt und seine Forderung damit für erledigt erklärt. Nach der Regel in *Foakes* v. *Beer* (1884) 9 App.Cas. 605 kann der Gläubiger später gleichwohl noch die Zahlung des Restbetrages verlangen, weil ihm der Schuldner für den Erlaß keine consideration geleistet hat. Auch diese Regel gilt heute nur noch mit erheblichen Einschränkungen. Nach Ansicht von *Treitel (-Peel)* no. 3-101 sollte sie durch den Grundsatz ersetzt werden, dass Vereinbarungen der genannten Art nur dann ungültig sind, wenn sie der Schuldner durch unerlaubte Ausnutzung einer Zwangslage des Gläubigers (economic duress) erwirkt hat: »The law would be more consistent, as well as more satisfactory in its practical operation, if it adopted the same approach [of *Williams* v. *Roffey*] to cases of part payment of a debt. Agreements of the kind here under discussion would then be binding unless they had been made under duress« Vgl. auch *McKendrick* no. 5.15.

[82] *Treitel (-Peel)* no. 4-001.

[83] *Ghestin* no. 10.

[84] BGH 22. Juni 1956 (oben N. 10) 106.

ist – so ein in allen Ländern gern verwandtes Lehrbuchbeispiel – kann, wenn
er zum vereinbarten Zeitpunkt vor verschlossener Tür steht, nicht bei Gericht
den Gastgeber auf Ersatz der vergeblich aufgewandten Taxikosten verklagen.

Die eben genannten Formeln stellen alle darauf ab, ob die Parteien eine
rechtliche Bindung »gewollt« haben. Aber wenn man die Rechtsprechung näher betrachtet, so zeigt sich bald, dass die Gerichte oft dasjenige in den »Willen«
der Parteien hineinlegen, was aus ganz anderen Gründen vernünftig erscheint.
Zwar kommt es vor, dass die Parteien eine rechtliche Bindung an das Vereinbarte *ausdrücklich* ausschließen; hier spielt in der Tat ihr Wille eine wesentliche
Rolle.[85] In der Regel verschwenden sie aber keinen Gedanken auf die Frage, ob
ihre Vereinbarung auch rechtliche Konsequenzen haben soll oder nicht. Wenn
die Gerichte auch in solchen Fällen den »Willen« der Parteien zum Maßstab
nehmen, so läuft das meist auf eine Fiktion hinaus. So hat der Bundesgerichtshof zwar auf den Rechtsbindungswillen des Versprechenden abgestellt, aber
sofort hinzugefügt, dass es dafür nicht auf seinen »inneren Willen« ankommt,
sondern darauf, »ob der Leistungsempfänger aus dem Handeln des Leistenden
unter den gegebenen Umständen nach Treu und Glauben mit Rücksicht auf die
Verkehrssitte auf einen solchen Willen schließen musste«. Ob er diesen Schluss
ziehen konnte, hängt wiederum von rein objektiven Umständen ab, also z.B.
davon, welche wirtschaftliche Bedeutung die Angelegenheit für die Beteiligten hat und wie schwer die Nachteile wiegen, die der einen Partei in erkennbarer Weise drohen, wenn die andere ihre Leistung fehlerhaft oder gar nicht
erbringt.[86]

In erster Linie muss man danach unterscheiden, ob die streitige Vereinbarung im Verkehr unter Geschäftsleuten geschlossen worden ist. Ist das der Fall
und hat sich die eine Partei von der anderen für ihre Leistung ein Entgelt versprechen lassen, so wird kein vernünftiger Mensch auf den Gedanken kommen,
dass ihnen bei diesem Geschäft der »Rechtsbindungswille« gefehlt haben könne.
Anders, wenn sie in einem engen sozialen Kontakt zueinander stehen, insbesondere also: wenn es sich bei ihnen um Eheleute oder Angehörige einer Familie
handelt. Ihren Vereinbarungen wird gerichtlicher Schutz oft deshalb verweigert, weil die Parteien eine rechtliche Bindung nicht »gewollt« hätten, in Wahrheit aber doch wohl deshalb, weil die Rechtsordnung sich mit ihren grobfing-

---

[85] In *Rose & Frank Co. v. Crompton & Bros. Ltd.* [1925] A.C. 445, [1924] All E.R. 245
(C.A.) hatten die Parteien einen Vertrag mit der Maßgabe geschlossen, dass »this arrangement is not entered into … as a formal or legal agreement … but it is only a definite expression and record of the purpose and intention of the three parties concerned, to which
they each honourably pledge themselves«. Hierher gehören auch Fälle, in denen die Parteien ihre Vereinbarung »subject to contract« abgeschlossen oder sie lediglich als »letter of
intent«, »accord de principe«, »gentlemen's agreement« oder »comfort letter« bezeichnet
haben. Vgl. dazu oben S. 51 ff.
[86] Vgl. BGH 22. Juni 1956 (oben N. 10) 106 und 107.

rigen Mitteln nicht vorschnell in die komplizierten und delikaten Beziehungen unter Familienangehörigen einmischen will. Hat der Vater dem Sohn für das Mähen des Rasens Geld versprochen und zahlt er nicht, so mag der Sohn mit Liebesentzug, mit der Verweigerung der Essensaufnahme oder mit schlechten Noten in der Schule reagieren; den Vater auf Zahlung verklagen kann er nicht. Freilich kann es auch anders liegen. So hatte die Cour d'Appel Lyon die von einer Tochter gegen die Erben ihres Vaters erhobene Klage auf Zahlung eines Gehalts abgewiesen »au motif que les soins donnés à un père par une fille vivant sous son toit ne sauraient donner lieu à un salaire«. Der Kassationshof hob die Entscheidung auf und wies den Tatsachenrichter an, genau zu prüfen, ob hier nicht doch ein bindender Arbeitsvertrag geschlossen worden sei.[87]

In *Balfour* v. *Balfour*[88] hatte die Ehefrau eines in Ceylon tätigen Kolonialbeamten nach einem gemeinsam verbrachten Heimaturlaub auf ärztlichen Rat in England bleiben müssen und von ihrem Mann kurz vor seiner Rückreise die mündliche Zusage erhalten, dass er ihr für die Zeit ihrer Trennung monatlich £ 30 zahlen werde. Nachdem sich das eheliche Verhältnis getrübt und der Mann seine Zahlungen eingestellt hatte, erhob sie eine Klage. Zweifelhaft war hier schon, ob die Klägerin für das Versprechen ihres Mannes eine consideration geleistet hatte. Für die Klagabweisung entscheidend war aber der Umstand, dass die Parteien ihrer Vereinbarung rechtliche Wirkungen nicht hätten beilegen wollen oder – das trifft wohl eher den Kern der Sache – dass Vereinbarungen der vorliegenden Art

»are outside the realm of contracts altogether. The common law does not regulate the form of agreements between spouses. Their promises are not sealed with seals and sealing wax. The consideration that really obtains for them is that natural love and affection which counts for so little in these cold courts … In respect of these promises each house is a domain into which the king's writ does not seek to run.«[89]

Diese Überlegungen treffen freilich nur für solche Vereinbarungen unter Ehegatten zu, von denen angenommen werden kann, dass ausreichende Anreize für die Erfüllung ebenso wie ausreichende Sanktionen für die Nichterfüllung allein in der Gewährung und Versagung von »natural love and affection« bestehen. Häufig geht es aber auch unter Ehegatten durchaus geschäftsmäßig zu, so etwa dann, wenn sie die Vereinbarung zu einem Zeitpunkt treffen, in dem ihr Verhältnis bereits gestört ist, sie voneinander getrennt leben oder die Scheidung bevorsteht.[90] Geschäftsmäßig kann es auch unter den Partnern einer nichtehelichen Lebensgemeinschaft zugehen, wenn sie z.B. realistisch genug sind zu vereinbaren, was der eine dem anderen zahlen oder herausgeben muss, falls die

---

[87] Civ. 19. März 1975, Bull.cass. 1975.I. no. 117 (troisième moyen).
[88] [1919] 2 K.B. 571. Vgl. auch *Jones* v. *Padavatton* [1969] 2 All E.R. 616 (C.A.).
[89] AaO S. 579.
[90] Vgl. *Merrit* v. *Merritt* [1970] 2 All E.R. 760 (C.A.).

Gemeinschaft aufgelöst wird. Zwar kann eine solche Vereinbarung ungültig sein. Aber das liegt dann nicht daran, dass den Parteien der Rechtsbindungswille gefehlt hat, sondern daran, dass der Inhalt der Vereinbarung gegen die guten Sitten oder gegen public policy verstößt.[91]

In der Rechtsprechung der kontinentalen Gerichte findet man viele Fälle, in denen die Zweifel am Rechtsbindungswillen ihren Grund darin haben, dass die eine Partei ihre Leistung unentgeltlich und deshalb lediglich »par complaisance« oder »aus Gefälligkeit«[92] erbracht hat. In England würde eine vertragliche Bindung in diesen Fällen meist schon wegen des Fehlens einer consideration nicht bestehen. Den kontinentalen Richtern steht dieser Weg nicht zur Verfügung. Aber das heißt nicht, dass ihnen der Grundgedanke fremd wäre, auf dem die consideration-Doktrin beruht. Sie müssen ihm auf andere Weise Rechnung tragen, dadurch nämlich, dass sie mit besonderer Sorgfalt prüfen, ob die Parteien trotz der Unentgeltlichkeit des Geschäfts mit einer »volonté d'assumer un engagement juridiquement obligatoire«[93] gehandelt haben. So hatte der Kassationshof einen Fall zu entscheiden, in dem eine Malerin dem Barkeeper eines

---

[91] Vgl. dazu näher unten § 7 I. In BGH 17. April 1986, BGHZ 97, 372 hatte eine 18jährige Frau ihrem Partner mündlich versprochen, dass sie die Pille nehmen werde. Nachdem sie, ohne ihm davon etwas zu sagen, die Pille abgesetzt und ein Kind geboren hatte, verlangte er von ihr wegen Vertragsverletzung Schadensersatz, nämlich Befreiung von seiner Unterhaltsverpflichtung. Das Gericht hielt den Anspruch für unbegründet, weil die Erklärung der Frau, sie werde die Pille nehmen, nicht »als eine mit rechtlichem Bindungswillen abgegebene Äußerung aufgefasst werden durfte« (S. 377). Aber es wäre nicht anders zu entscheiden gewesen, wenn die Frau ihre Erklärung hoch und heilig beschworen, schriftlich niedergelegt und vielleicht sogar für die Beurkundung einen Notar gefunden hätte. Denn eine Frau kann sich nicht selbst durch Vertrag des Rechts berauben, jederzeit frei darüber zu entscheiden, ob sie ein Kind haben will oder nicht. Auch würden dem Kind erhebliche Nachteile dadurch entstehen, dass seine Mutter nicht nur ihre eigene Unterhaltspflicht erfüllen, sondern auch den Mann von seiner Pflicht freistellen, im Ergebnis also allein für den gesamten Unterhalt des Kindes aufkommen müsste (so auch BGH aaO S. 379 f.).

[92] Vgl. *Viandier*, La complaisance, J.C.P. 1980.I.2987 und *Willoweit*, Die Rechtsprechung zum Gefälligkeitshandeln, JuS 1986, 96. – Zweifelhaft ist, z.B., ob ein rechtlich bindender Vertrag oder ein bloßes Gefälligkeitsverhältnis vorliegt, wenn mehrere Personen gemeinsame Fahrten mit einem Kraftfahrzeug verabredet und sich die daraus entstehenden Kosten geteilt haben. Die französische Rechtsprechung nimmt an, dass Schadensersatzansprüche unter den Beteiligten ihr Grundlage nicht im Vertragsrecht, sondern im Recht der unerlaubten Handlungen finden; daher wird, wenn sich ein Unfall im Ausland zugetragen hat, das anwendbare Recht nach den für das Deliktsrecht maßgeblichen IPR-Regeln bestimmt (Civ. 6. April 1994, Rev.trim.civ. 1994, 866 mit Anm. *Jourdain*). Die deutsche Rechtsprechung neigt eher zur Annahme eines Vertrages (vgl. BGH 20. Dez. 1966, NJW 1967, 558; BGH 14. Nov. 1991, NJW 1992, 498, 499). Vgl. dazu auch *Coward* v. *Motor Insurers' Bureau* [1963] 1 Q.B.- 259; *Albert* v. *Motor Insurers' Bureau* [1972] A.C. 301. Rechtsvergleichend: *A. Fötschl*, Hilfeleistungsabreden und contrat d'assistance 2005).

[93] *Petit*, J.Cl. Art. 1109 Code civil Fasc. 2-1, no. 10.

Hotels eine Mappe mit Bildern zur Aufbewahrung übergeben hatte und, nachdem die Mappe verschwunden war, von dem Hotelunternehmer Schadensersatz wegen Verletzung eines Verwahrungsvertrages verlangte. Der Kassationshof wies die Klage ab, weil die Mappe »par pure complaisance« entgegengenommen und ein bindender Vertrag daher nicht geschlossen worden sei.[94] Ein »contrat de dépôt ou de garde même tacite« kommt auch dort nicht zustande, wo ein Unternehmer aus Gefälligkeit »par simple tolérance« gestattet, dass ein anderer ein Kraftfahrzeug auf seinem Betriebsgelände parkt.[95] Hat der Angestellte eines Pariser Nachtclubs von einem Gast die Schlüssel seines Autos entgegengenommen und ihm versprochen, dass er einen Parkplatz finden werde, so liegt auch darin nur ein »service bénévole« des Clubs; nicht etwa kommt zwischen ihm und dem Gast ein Verwahrungsvertrag über das Auto zustande.[96] Dagegen wird in ständiger Rechtsprechung angenommen, dass der Restaurateur seinem Gast nicht nur ein akzeptables Essen liefern, sondern aufgrund des mit ihm geschlossenen Vertrages sich auch um seine Garderobe kümmern muss und daher für ihren Verlust wegen Verletzung einer vertraglichen »obligation accessoire« haftbar ist.[97]

Haben sich mehrere dazu verabredet, gemeinsam auf den Sieg eines bestimmten Pferdes zu wetten und sich den Einsatz zu teilen, so kann die Frage entstehen, ob derjenige, der die Plazierung der Wette übernommen, aber versehentlich auf das falsche Pferd gesetzt oder die Ausführung des Auftrags vergessen hat, den anderen den Gewinn ersetzen muss, der anderenfalls gemacht worden wäre. In England müsste die Frage vermutlich verneint werden, weil der Beauftragte die Plazierung der Wette zwar versprochen, dafür aber keine consideration empfangen hat. So im Ergebnis aber auch der Bundesgerichtshof, freilich mit der Begründung, dass eine Abwägung der Interessen gegen die Übernahme einer bindenden Vertragspflicht spreche.[98] Denn damit würde dem Beauftragten ein Risiko aufgelastet, das – wenn auch nur in seltenen Fällen – eine ganz außergewöhnliche Höhe erreichen und geradezu zu einer Vernichtung seiner wirtschaftlichen Existenz führen könne. Dass seine Partner leer ausgingen, sei für sie zumutbar, weil jeder nur einen geringen Einsatz geleistet und nur eine ganz winzige Gewinnchance bestanden habe. Anders sei zu ent-

---

[94] Com. 25. Sept. 1984, Bull.cass. 1984.IV. no. 242. Anders RG 4. Dez. 1922, LZ 1923, 275 in einem Falle, in dem der Hinterleger Hotelgast war.

[95] Civ. 29. März 1978, Bull.cass. 1978.I. no. 126. Ebenso OLG Köln 5. Okt. 1971, OLGZ 1972, 213.

[96] Paris 14. Jan. 1988, Gaz.Pal. 1988.I.269.

[97] Paris 20. März 1987, D.S. 1987 I.R. 115; Civ. 13. Okt. 1987, Bull.cass. 1987.I. no. 262; Paris 3. Dez. 1987, D.S. 1988 I.R. 28.

[98] BGH 16. Mai 1974, NJW 1974, 1705 (Verabredung zur Plazierung bestimmter Nummern in einer Lotterie). Anders hätte der BGH entschieden, wenn die Wettgemeinschaft einen Gewinn erzielt hätte und Streit unter den Wettpartnern darüber entstanden wäre, wie er unter ihnen zu verteilen sei. So auch *Simpkins* v. *Pays* [1955] 1 W.L.R. 975.

scheiden, wenn die Verabredung in einen geschäftlichen Kontext eingebettet gewesen wäre, also ein Unternehmer die Plazierung der Wette gegen Entgelt übernommen hätte

»oder wenn … mehrere Kaufleute sich aufgrund planmäßig spekulativer Überlegungen zusammengetan haben und mit besonders hohen Einsätzen spielen. Liegen aber, wie hier, solche Umstände nicht vor, so widerspricht eine rechtliche Verpflichtung in der Regel der Intention der Parteien, und es bedarf, wenn sie ausnahmsweise doch gewollt ist, einer besonderen Vereinbarung«.[99]

Daraus folgt, dass eine vertragliche Bindung bejaht wird, wenn die versprochene Leistung, mag sie auch unentgeltlich oder »gefälligkeitshalber« erbracht werden, in den Bereich der normalen geschäftlichen Tätigkeit des Versprechenden fällt und er erkennen muss, dass ihre Fehlerfreiheit für den Versprechensempfänger von erheblicher wirtschaftlicher Bedeutung ist. So lag es in einem Fall, in dem ein Fuhrunternehmer A einen eiligen Transportauftrag auszuführen und, nachdem sein einziger Fahrer tödlich verunglückt war, von dem Fuhrunternehmer B einen Ersatzfahrer erbeten und gestellt erhalten hatte, der aber keine ausreichende Fahrpraxis besaß und deshalb Schäden an dem ihm von A überlassenen Lastzug verursachte. Auf den vertraglichen Schadensersatzanspruch des A verteidigte sich B mit der Behauptung, dass er dem A in einer Notlage habe helfen wollen und deshalb »nur aus menschlichem Mitgefühl ohne den Willen, eine rechtliche Verpflichtung einzugehen« gehandelt habe. Damit hatte er aber keinen Erfolg.[100] Erst recht kann sich eine Bank nicht darauf berufen, dass sie eine unrichtige Auskunft unentgeltlich und deshalb bloß »gefälligkeitshalber« erteilt habe und deshalb nicht wegen Vertragsverletzung hafte:

»Vertragliche oder vertragsähnliche Beziehungen entstehen bei einer Bankauskunft … zwischen dem Anfragenden und dem Kreditinstitut stillschweigend bereits dann, wenn die Auskunft der sachverständigen Bank für den Anfragenden erkennbar von erheblicher Bedeutung ist und er sie zur Grundlage wesentlicher Vermögensverfügungen machen will.«[101]

---

[99] BGH (vorige N.) 1707.
[100] BGH 22. Juni 1956 (oben N. 10).
[101] BGH 12. Feb. 1979, NJW 1979, 1595, 1597. Ebenso BGH 4. März 1987, BGHZ 100, 117, 118 f.: »Eine Entgeltsvereinbarung zwischen dem [Kreditinstitut] und seinem Kunden ist keine notwendige Voraussetzung für einen verbindlichen Vertrag.« In England würde die Haftung der Bank in diesem Fall zwar aus Vertrag (mangels consideration) verneint, aber aus Delikt bejaht werden. Vgl. dazu oben Text zu N. 69 f.

F. Resümee

Unser Überblick hat gezeigt, dass ein Konsens der Parteien für das Zustandekommen eines bindenden Vertrages zwar stets notwendig, aber in manchen
Fällen nicht ausreichend ist. Die Frage, unter welchen Voraussetzungen zusätzliche Anforderungen gestellt und wie diese Anforderungen beschaffen sein
müssen, wird nicht einheitlich beantwortet. Eine besonders umfassende und
ambitionierte Antwort findet man in der consideration-Doktrin des Common
Law. Zwar werden gleiche Fälle auch auf diesem Gebiet häufig gleich entschieden. Aber es bleibt doch richtig, dass die kontinentalen Rechtsordnungen ein
unmittelbar vergleichbares Prinzip nicht kennen. Daraus hat man in England
unterschiedliche Schlüsse gezogen. Manche sehen in der consideration-Doktrin
ein ebenso charakteristisches wie unverzichtbares Kennzeichen des englischen
Vertragsrechts, gleichsam die schönste Perle an seiner Krone. Kritiker der consideration-Doktrin haben dagegen aus dem Umstand, dass man auf dem Kontinent recht gut ohne sie auskommt, den Schluss gezogen, dass man sie auch in
England abschaffen könne. So schrieb *Lord Wright*, dass er als Richter im House
of Lords und im Privy Council oft schottisches und südafrikanisches Recht anzuwenden gehabt habe:

»In these jurisdictions consideration has no place; nor has it a place in the laws of France,
Italy, Spain, Germany, Switzerland and Japan. These are all civilized countries with a
highly developed system of law; how then is it possible to regard the common law rule of
consideration as axiomatic or as an inevitable element in any code of law?«[102]

Das Ergebnis seiner Überlegungen fasste er wie folgt zusammen:

»When I review in my mind the scattered threads of argument and illustration which I
have set out in this article, I cannot resist the conclusion that the doctrine is a mere in-
cumbrance. A scientific or logical theory of contract would in my opinion take as the test
of contractual intention the answer to the overriding question whether there was a deliberate and serious intention, free from illegality, immorality, mistake, fraud or duress, to
make a binding contract. That must be in each case a question of fact.«[103]

Ein anderer Autor kam zu dem Schluss,

»that English law would lose nothing if the doctrine of consideration were to be abolished
… The civil law systems have been able to develop a perfectly adequate law of contract
without consideration. If the idea of the harmonization of laws, therefore, is to be taken
seriously the doctrine of consideration must go. In its present form it makes no contri-
bution to English law, it is alien to the civil law and it will serve no useful purpose in an
enlarged area of European law«.[104]

---

[102] *Wright*, Ought the Doctrine of Consideration to be Abolished from the Common
Law?, Harv.L.Rev. 49 (1936) 1225, 1226.
[103] AaO S. 1251.
[104] *Chloros*, The Doctrine of Consideration and the Reform of the Law of Contract,

Das sind starke Worte. Aber wenn man näher hinschaut, so erkennt man, dass sich der Zorn der englischen Kritiker nicht gegen den Grundgedanken der consideration-Doktrin richtet, sondern dagegen, dass ihr im Laufe der Zeit Aufgaben zugewiesen und Kunststücke andressiert worden sind, für die sie ursprünglich nicht gedacht war.[105] So wird man wenig Sympathie dafür aufbringen, dass mit Hilfe der consideration-Doktrin die Gültigkeit einer Vereinbarung in Zweifel gezogen werden kann, durch die ein Vertrag nachträglich zugunsten der einen Partei modifiziert oder ihr das Recht eingeräumt wird, ihn durch eine geringere als die ursprünglich vereinbarte Leistung zu erfüllen.[106] Hier handelt es sich in der Tat um »that adjunct of the doctrine of consideration which has done most to give it a bad reputation«.[107] Auch wird aus der consideration-Doktrin mit eiserner Logik abgeleitet, dass ein Geschäftsmann, der unmissverständlich erklärt hat, dass er sich an seine Offerte für eine bestimmte Frist gebunden halten wolle, sie gleichwohl vor Fristablauf widerrufen kann, solange sie nicht angenommen ist. Freilich ist man sich heute in England weitgehend einig darüber, dass es auf den genannten Gebieten für die consideration-Doktrin an der Zeit ist, Positionen mit Gelassenheit zu räumen, die sie mit Autorität nicht mehr verteidigen kann. Auch nach den internationalen Regelwerken ist für den Abschluss, für die Veränderung und für die Aufhebung eines Vertrages nichts weiter erforderlich als ein bindendes »agreement« der Parteien, und zwar – wie mit deutlicher Wendung gegen die Lehren von der *cause* und der *consideration* hinzugefügt wird – »without further qualification«.[108]

Anders liegt es bei Schenkungsversprechen (»gift promises«), also dort, wo eine Leistung unentgeltlich versprochen wird, durch die das Vermögen des Versprechenden dauerhaft vermindert und das Vermögen des Versprechensempfängers dauerhaft gemehrt werden soll. Solche Versprechen sind sowohl in England wie auf dem Kontinent nur dann gültig, wenn sie in einer bestimmten Form – in einem »deed« oder einer notariellen Urkunde – niedergelegt worden

---

A Comparative Analysis, Int.Comp.L.Q. 17 (1968) 137, 164 f. Vgl. ferner in kritischer Absicht: *Pound*, Promise or Bargain, Tul.L.Rev. 33 (1959) 455; in apologetischer Absicht: *Patterson*, An Apology for Consideration (oben N. 73); in spöttisch-reformatorischer Absicht: *Gordon*, A Dialogue about the Doctrine of Consideration, Cornell L.Rev. 75 (1990) 1987. Nach Ansicht von *P. Atiyah* geht es bei der *consideration*-Doktrin im Grunde allein um die Frage, ob das Gericht im konkreten Fall »a sufficient reason« für die Durchsetzung eines Versprechens finden kann oder nicht; vgl. *Atiyah*, Consideration: A Restatement, in: *ders.*, Essays on Contract (1986) 179. Vgl. auch *McKendrick* no. 5.29.

[105] Vgl. in ähnlichem Sinne die Kritik bei *Dawson* (oben N. 25) 207 ff.; *Gilmore* (oben N. 75) 21 ff.

[106] Vgl. dazu oben Text bei N. 72 ff. Deshalb sagt Art. 29 I UN-Kaufrecht, was für die Rechtsordnungen des Kontinents selbstverständlich ist: »Ein Vertrag kann durch bloße Vereinbarung der Parteien geändert oder aufgehoben werden.«

[107] *Patterson* (oben N. 73) 936.

[108] Vgl. Art. 2:101 (1) PECL (in Verbindung mit Art. 1:107 PECL); Art. 3.1.2 PICC; Art. II.–4:101, III.–1:108 DCFR; Art. 30 CESL.

sind. In dieser Frage liegen somit die europäischen Rechtsordnungen auf einer Linie, und das aus gutem Grund. Durch Formvorschriften soll ein sicherer Beweis dafür erbracht werden, dass der Versprechende die Bindung an sein Versprechen ernsthaft gewollt hat. Zwar wird es immer wieder Fälle geben, in denen das Versprechen nur mündlich oder in privater oder geschäftlicher Korrespondenz abgegeben und dennoch reiflich überlegt war. Aber es würde der Rechtsunsicherheit Tür und Tor geöffnet, wenn man auf Formerfordernisse verzichten und damit den Richter dazu zwingen würde, in jedem Einzelfall zu prüfen, ob die mündliche oder schriftliche Erklärung des Versprechenden auf einer »deliberate and serious intention« beruht haben.

Es bleiben die sonstigen unentgeltlichen Geschäfte. Hier besteht zwischen Common Law und Civil Law ein tiefgreifender und wohl unüberbrückbarer Unterschied, weil kein englischer Jurist es akzeptieren wird, dass ein bindender Vertrag auch dort zustandekommt, wo jemand sich unentgeltlich zu einer Gebrauchsüberlassung, einer Auskunft oder einer Geschäftsbesorgung verpflichtet hat. Über diesen Unterschied müsste man aber nur dann betrübt sein, wenn bewiesen werden könnte, dass er die Ursache für erhebliche Divergenzen in den praktischen Ergebnissen ist. Ob sich dieser Beweis führen lässt, ist aber zweifelhaft. Die kontinentalen Gerichte können in manchen Fällen mit der Annahme helfen, dass der Versprechende eine rechtliche Bindung nicht gewollt habe,[109] die englischen Gerichte damit, dass sie irgendwo doch noch eine consideration aus dem Hut zaubern. Vor allem geht es in der Praxis fast immer um Fälle, in denen nicht etwa Erfüllung des Versprechens in natura, sondern Schadensersatz verlangt wird, weil die versprochene Leistung fehlerhaft erbracht worden ist. Was hier das kontinentale Recht mit vertraglichen Schadensersatzansprüchen erreicht, kann in England weithin mit deliktischen geleistet werden.[110]

---

[109] Vgl. oben Text zu N. 97 ff.
[110] Vgl. oben Text zu N. 91 f.

§ 5 Formvorschriften

A. Einleitung

In allen europäischen Rechtsordnungen findet man Regeln, nach denen die Gültigkeit bestimmter Verträge davon abhängt, dass die Parteien bei ihrem Abschluss eine Form gewahrt haben. Allerdings werden diese Regeln überall als Ausnahme von dem allgemeinen Grundsatz der »Formfreiheit« verstanden. Die meisten Zivilgesetzbücher legen diesen Grundsatz sogar ausdrücklich fest.[1] Der französische Code civil schweigt zwar zu dieser Frage. Aber dass auch er vom Grundsatz der Formfreiheit ausgeht, kann man Art. 1108 entnehmen. Dort werden in programmatischer Absicht die vier wesentlichen Voraussetzungen genannt, unter denen ein Vertrag gültig zustande kommt: consentement, capacité, objet certain und cause licite. Von der Beobachtung einer Form ist nicht die Rede.

Dass Verträge zu ihrer Wirksamkeit keiner besonderen Form bedürfen, also auch dann gültig sind, wenn sich die Parteien nur mündlich geeinigt haben, mag heute selbstverständlich erscheinen. Es ist aber lehrreich, sich daran zu erinnern, dass der Grundsatz der Formfreiheit keineswegs immer gegolten hat. In der Tat ist die Bedeutung, die die Wahrung äußerer Formen für die Gültig-

---

[1] So Art. 11 OR; § 883 ABGB; § 125 Satz 1 BGB; Art. 158 griech. ZGB; Art. 1325 Nr. 4 Codice civile; Art. 3:39 BW; Art. 1278 span. CC; Art. 219 port. CC; Art. 216 ung. ZGB; Art. 73 poln. ZGB.

keit eines Rechtsakts hat, um so größer, je weiter wir in der historischen Entwicklung zurückgehen. Ursprünglich herrschte sogar die Vorstellung, dass
rechtliche Bindungen überhaupt *nur* durch formgebundenes Handeln erzeugt
werden könnten. Das ältere römische Recht bietet dafür viele Beispiele.[2] Für
die *mancipatio* – also für den Erwerb des Eigentums an bestimmten, gegen Bar-
zahlung verkauften Sachen – wurde z.B. verlangt, dass der Erwerber in Anwesenheit des Veräußerers und eines unparteiischen »Waagehalters« vor mindestens 5 Zeugen eine bestimmte Spruchformel mit vorgeschriebenem Wortlaut aufsagte und die Sache mit der Hand ergriff. Auf den inneren Willen der
Parteien kam es dabei nicht an; vielmehr war es der Formalakt selbst, der den
Eigentumsübergang herbeiführte – und dies auch dann, wenn er von den Parteien, etwa weil sie sich über die Identität der Sache geirrt hatten, in Wahrheit
gar nicht gewollt gewesen war.[3]

Diese archaischen Formen sind im Laufe der Rechtsentwicklung um so stärker vereinfacht, durch andere weniger umständliche Formen ersetzt oder auch
ganz aufgegeben worden, je mehr die Verkehrswirtschaft aufblühte und die Beachtung umständlicher Formalitäten als lästig erschien. Während ursprünglich
ein klagbares Leistungsversprechen nur durch die streng formgebundene *stipulatio* begründet werden konnte, hat man später die gleiche Wirkung auch den
sogenannten »Konsensualverträgen« zuerkannt; damit genügte in bestimmten
Fällen die formlos erklärte Einigung der Parteien, um einen durchsetzbaren
Anspruch zu erzeugen. An die Stelle der althergebrachten Formen trat mehr
und mehr die Errichtung von Urkunden, die oft von gewerbsmäßigen Ur-
kundsschreibern aufgesetzt wurden und manchmal von Zeugen testiert oder
von einer Behörde registriert werden mussten. Damit geht Hand in Hand die
Vorstellung, dass die Wahrung der Form (neben dem Konsens der Parteien) lediglich ein *zusätzliches* Erfordernis für die Gültigkeit des Vertrages sei und dass
es für die Aufstellung einer Formvorschrift stets besonderer Gründe bedürfe.
Ein solcher Grund war die Verhinderung oder Erschwerung des Prozessbe-
trugs. Solange nämlich das gerichtliche Verfahren noch an schwerfällige Be-
weisregeln gebunden war und vor leicht in die Irre zu führenden Geschwo-
renen stattfand, bestand die Gefahr, dass der Kläger zum Beweis des angeb-
lich bloß mündlich geschlossenen Vertrages vor Gericht falsch aussagte, einen

---

  [2] Vgl. dazu ausführlich *Zimmermann* 68 ff., 82 ff.

  [3] Zur Illustrierung dieses Sachverhalts wird gern auch die Geschichte aus der Bibel
erzählt, nach der Laban seinem Knecht Jakob als Lohn für 7 Jahre mühevoller Arbeit
zwar die Hand seiner schönen Tochter Rahel versprach, aber listigerweise dafür sorgte,
dass die Trauungszeremonie mit ihrer tiefverschleierten häßlichen Schwester Lea vollzogen wurde. Jeder wird verstehen, dass Jakob, als sich am Morgen nach der Hochzeitsnacht
sein Irrtum herausstellte, enttäuscht war. Aber dass es ihm in den Sinn gekommen wäre,
die Gültigkeit der formgerecht vollzogenen Trauung in Zweifel zu ziehen, wird nicht berichtet, weder von der Bibel (1. Mose 29. Kap.) noch von *Thomas Mann* (Joseph und seine
Brüder, Buch 1: Die Geschichten Jaakobs, 6. Hauptstück).

Meineid schwor oder gedungene Zeugen aufmarschieren ließ. Deshalb wurde
in Frankreich schon im Jahre 1566 durch Art. 54 der Ordonnance de Moulins
(heute: Art. 1341 Code civil) der Beweis durch Zeugen ausgeschlossen, sofern
der Vertrag, dessen Abschluss im Streit war, einen Wert von mehr als 100 Pfund
hatte. Auch das englische Statute of Frauds von 1677 bezweckte – wie es in seiner Präambel heißt – »the prevention of many fraudulent practices which are
commonly endeavoured to be upheld by perjury and subornation of perjury«.
Aus diesem Grunde ordnete es an, dass bestimmte Erklärungen und Verträge
nur dann durchsetzbar sind, wenn für sie die Schriftform gewahrt ist.[4]

Heute bestehen diese Gründe nicht mehr. Und doch wäre es ein Irrtum
zu glauben, dass Formvorschriften in den modernen Rechtsordnungen keine
große Bedeutung mehr hätten. Eher ist das Gegenteil richtig. Besonders im
Namen des Verbraucherschutzes werden heute überall neue Formvorschriften
aufgestellt, dies in einem solchen Maße, dass man in Frankreich eine breite Diskussion über eine »renaissance du formalisme« zu führen begonnen hat.[5] Unter
Juristen gilt zwar die Formfreiheit als Regel. Ob sie aber heute der Realität
des Lebens entspricht, ist eine andere Frage. Nicht nur nimmt die Zahl der
formgebundenen Verträge zu. Die Regel stimmt auch schlecht mit der Tatsache
zusammen, dass der Mann auf der Straße mündlich geschlossene Verträge im
allgemeinen für unwirksam hält: »A verbal contract isn't worth the paper it is
written on.«[6] Diese Auffassung ist auch durchaus verständlich. Denn mündlich
werden heute Verträge fast nur noch dort geschlossen, wo es um Geschäfte des
täglichen Lebens geht, die von beiden Parteien auf der Stelle erfüllt werden.
Andere Verträge kommen fast immer dadurch zustande, dass ein Formular vorgelegt, manchmal hier und da hand- oder maschinenschriftlich ergänzt und
dann von den Parteien unterzeichnet wird. Dass schriftliche Verträge heute
die Regel sind, hat einen doppelten Grund. Zum einen ist es aus Gründen der
Rationalisierung der Geschäftsabwicklung erforderlich, dass der Unternehmer über jeden Geschäftsvorfall ein Schriftstück errichtet, mit dessen Hilfe in
den verschiedenen Abteilungen seines Hauses der Lagerbestand überprüft, die
geschuldete Leistung hergestellt, beschafft, verpackt, versandt oder in anderer
Form für den Kunden bereitgestellt, die Forderung gegen ihn verbucht und der
Eingang seiner Zahlung kontrolliert wird. Zum anderen ist jeder Unternehmer
daran interessiert, seine Leistung nach Möglichkeit zu den von ihm selbst aus-

---

[4]   Vgl. *Rabel*, The Statute of Frauds and Comparative Legal History, L.Q.Rev. 63
(1947) 174. Kritisch dazu *Simpson*, A History of the Common Law of Contract (1975)
599 ff.

[5]   Vgl. dazu *Ghestin* no. 373 mit Hinweisen auf die Literatur.

[6]   So der Samuel Goldwyn zugeschriebene Aphorismus, zitiert nach *Beale/Bishop/
Furmston*, Contract, Cases and Materials (3. Aufl. 1995) 139. Vgl. auch *Cheshire/Fifoot
(-Furmston)* no. 7.4: »It may well be that the most widely held lay misapprehension about
English law is that a contract needs to be in writing and signed.«

gearbeiteten Vertragsbedingungen zu erbringen. Das kann nur dadurch geschehen, dass er diese Bedingungen in einem von ihm vorformulierten Text nie-
derlegt und diesen Text alsdann von seinem Kunden unterschreiben lässt. Aus
diesen Gründen regiert heute in der Praxis die Schriftform, und schon deshalb
liegt die Frage nahe, ob es wirklich etwas einbringt, wenn der Gesetzgeber im
Namen des Verbraucherschutzes für eine immer zunehmende Zahl von Verträgen die Schriftform ausdrücklich vorschreibt.

B. Formzwecke

Die Beobachtung von Formvorschriften kostet Mühe und Zeit, weil ein Text
formuliert, in der vorgeschriebenen Weise zu Papier gebracht und von den Beteiligten unterzeichnet werden muss. Der Gesetzgeber stellt deshalb Formvorschriften nur dann auf, wenn er mit ihnen einen bestimmten Zweck verfolgt.

An erster Stelle ist der *Beweiszweck* zu nennen. Haben die Parteien eine bloß
mündliche Abrede getroffen, so kann später zwischen ihnen leicht Streit darüber entstehen, ob, zu welchem Zeitpunkt und mit welchem Inhalt ein gültiger Vertrag geschlossen war. Solche Streitigkeiten werden zwar nicht ausgeschlossen, aber doch erheblich verringert, wenn die Parteien ihre Erklärungen
oder Vereinbarungen schriftlich niedergelegt haben.

Anderen Formvorschriften liegt (statt oder neben der Beweisfunktion) ein
Warnzweck zugrunde. Hier soll demjenigen, der eine rechtlich bedeutsame Erklärung abgeben will, durch das Formerfordernis eine letzte Chance zu be-
sonnener Überlegung gegeben werden. Dafür besteht besonders dann ein Bedürfnis, wenn es um ein Geschäft von erheblicher Bedeutung geht oder wenn
die eine Partei für ihre Leistung keine Gegenleistung erhält und deshalb vor unbedachter Freigebigkeit oder leichtfertiger Übernahme eines Risikos geschützt
werden muss. Deshalb bedürfen Schenkungsversprechen und Bürgschaftserklärungen überall zu ihrer Gültigkeit einer besonderen Form. Zwar ist es richtig, dass auch eine Bürgschaftserklärung in wenigen Sekunden aufgesetzt und
unterschrieben ist und dass der Zwang zur Schriftform nicht notwendig einen
zeitlichen Aufschub und damit die Gelegenheit zu nochmaligem Überdenken
bedeutet. Immerhin verbindet sich gerade für den Laien mit der Schriftform
die Vorstellung, dass die Sphäre unverbindlicher Verhandlungen verlassen wird
und es nunmehr darum geht, ob er eine geschäftsmäßige und rechtlich durchsetzbare Bindung eingehen will oder nicht.

Gelegentlich haben Formvorschriften auch den Zweck, eine klare *Trennungs-*
linie zwischen Vertragsverhandlungen und Vertragsschluss zu ziehen. Besonders bei Verträgen, die durch Verhandlungen von langer Dauer vorbereitet zu
werden pflegen, kann leicht Streit darüber entstehen, ob nicht schon zu irgendeinem Zeitpunkt während des Laufs der Verhandlungen die Parteien ein Ein-

verständnis erzielt und eine rechtliche Bindung begründet haben. Wird für den Vertrag eine Niederlegung in schriftlicher Form oder sogar die notarielle Beurkundung verlangt, so besteht in dieser Frage Klarheit: Jeder Verhandlungspartner weiß, dass Erklärungen, die er während der Verhandlungen mündlich oder brieflich abgegeben hat, rechtlich ohne Wirkung bleiben; er weiß, dass er die Verhandlungen abbrechen kann, ohne sich ersatzpflichtig zu machen; er weiß freilich auch, dass er sich auf die Erklärungen des anderen Teils solange nicht verlassen darf, wie sie nicht in der vorgesehenen Form zu Papier gebracht worden sind.

Besonders in der modernen Gesetzgebung findet man immer häufiger Vorschriften, die für Verträge mit schutzbedürftigen Parteien die Einhaltung der Schriftform verlangen. Damit rennt freilich der Gesetzgeber offene Türen ein, weil solche Verträge ohnehin stets schriftlich geschlossen werden. Es geht ihm in Wahrheit auch gar nicht um die Einhaltung der Schriftform als solcher, sondern darum, dass der schutzbedürftigen Vertragspartei vor oder bei Vertragsabschluss in schriftlicher Form bestimmte Hinweise erteilt werden. Die Schriftform dient hier also in erster Linie einem *Informationszweck*. So müssen dem Verbraucher in einem Kreditvertrag zahlreiche, gesetzlich genau vorgeschriebene Informationen, insbesondere über den »effektiven« Jahreszins gegeben werden.[7] Kauft er Waren an der Haustür, so kann der Vertrag, mag das auch praktisch nicht vorkommen, zwar mündlich geschlossen werden. Jedenfalls muss aber der Verbraucher schriftlich darüber belehrt werden, dass er den Vertrag binnen einer bestimmten Frist widerrufen kann und an wen er den Widerruf zu richten hat. Besonders der französische Gesetzgeber tut sich mit der Statuierung hochdetaillierter Informationspflichten hervor.[8] Manchmal erweckt er dabei den Eindruck einer gewissen Hilflosigkeit, so etwa, wenn er für Versicherungsverträge nicht nur die – ohnehin selbstverständliche – Schriftform verlangt, sondern außerdem noch vorschreibt, dass die Klauseln der Police »en caractères apparents« und bestimmte, vom Gesetzgeber aufgezählte Klauseln sogar »en caractères très apparents« gedruckt sein müssen.[9] Ob diese gutgemeinten Regelungen immer zweckmäßig sind, muss man bezweifeln.[10] Ein Verbraucher, der dringend Geld benötigt, wird sich durch die mannigfachen

---

[7] Art. 4 II und III der EG-Richtlinie über den Verbraucherkredit vom 22. Dez. 1986 (ABl. EG 1987 L 42/48).

[8] Vgl. die Angaben bei *Ghestin* no. 443; *Starck/Roland/Boyer* no. 197 ff.; *Terré/Simler/Lequette* no. 139 ff.

[9] Art. L 112–3, 112–4, 113–15 Code des assurances.

[10] Vgl. *Starck/Roland/Boyer* no. 210: »Il n'est pas sûr que ce fratas bureaucratique atteindra la protection tant recherchée … Quel esprit morbide s'aventurera dans la lecture attentive d'une telle masse de documents. Ce qui est certain, c'est qu'un contentieux ne manquera pas de naître de cette accumulation de précisions en pratique inaccessibles.« Vgl. auch die bittere Kritik bei *Terré/Simler/Lequette* no. 256.

Hinweise, die ihm bei Vertragsabschluss gegeben werden müssen, wohl kaum von der Aufnahme des Kredits abschrecken lassen. Immerhin kann er nicht hinterher sagen, dass er nicht gewusst habe, worauf er sich einließ. Freilich kann aus einer Wohltat, wenn sie nicht richtig dosiert wird, auch Plage werden. Denn die Fähigkeit des Menschen zur Verarbeitung der auf ihn eindringenden Informationen ist begrenzt. Auch scheint es, als würden manchmal die Kosten eines derart paternalistischen Gesetzgebungsstils nicht richtig veranschlagt. Sie bestehen nicht in dem Aufwand, dessen die Herstellung bedruckten Papiers bedarf, sondern in der Rechtsunsicherheit, die dadurch geschaffen wird, dass die Gerichte sich immer wieder mit der Frage auseinandersetzen müssen, welche Sanktionen bei einem Verstoß gegen die genannten Informationspflichten zu verhängen sind, insbesondere: ob die geschützte Vertragspartei einen solchen Verstoß zum Anlass nehmen kann, sich von einem Vertrag zu lösen, von dem sie – vielleicht aus Gründen, die mit dem Verstoß nichts zu tun haben – jetzt nichts mehr wissen will.

C. Formtypen

Wenn für bestimmte Erklärungen oder Verträge eine Form verlangt wird, so ist damit heute stets die Schriftform gemeint.[11] Diese Form wird im allgemeinen dadurch gewahrt, dass eine Urkunde errichtet wird, die den Wortlaut der Erklärung oder des Vertrages enthält und von dem Erklärenden oder von den Vertragsparteien unterzeichnet ist.[12] Gelegentlich wird mehr gefordert. Ein

---

[11] Zu einer ganz besonderen »Förmlichkeit« führt gelegentlich auch die consideration-Doktrin des Common Law. Danach ist ein Versprechen nur dann gültig, wenn es im Hinblick auf eine vom Versprechensempfänger erbrachte oder versprochene Gegenleistung (consideration) abgegeben wird. Eine »nominal consideration« reicht dafür aber aus. Wer also einem anderen den Kauf seines Hauses anbietet und ihm verspricht, sein Angebot für einen bestimmten Zeitraum offenzuhalten, hat dem anderen ein gültiges Optionsrecht auch dann eingeräumt, wenn der andere als Gegenleistung nur £ 1 oder gar nur ein »peppercorn« versprochen hat. Die Zusage einer solchen »symbolischen« Gegenleistung von geringem Wert hat sicherlich einen »formalen« Charakter, führt aber dem Versprechenden gerade deswegen klar vor Augen, dass ein rechtlich bindendes Geschäft gewollt ist. Vgl. dazu oben S. 80 (N. 35) und 85 f.

[12] Vgl. § 126 BGB; Art. 13–15 OR; Art. 160 griech. ZGB; Art. 1325 Code civil; Art. 2702 ff. Codice civile; Art. 78 poln. ZGB. – In manchen Fällen wird die Schriftform auch dadurch erfüllt, dass die betreffende Erklärung von ihrem Urheber nicht handschriftlich unterzeichnet, sondern mit einer »qualifizierten elektronischen Signatur« versehen wird. Zum Erlass von Vorschriften, die die Voraussetzungen einer solchen »elektronischen Signatur« bestimmen, sind die EG-Mitgliedstaaten durch Art. 9 der EG-Richtlinie vom 8. Juni 2000 über den elektronischen Geschäftsverkehr (ABl. L 178 S. 1) angehalten worden. Vgl. dazu z.B. § 126 a BGB.

gültiger Wechsel oder Scheck liegt nur dann vor, wenn in der Urkunde das Wort »Wechsel« oder »Scheck« verwendet worden ist.[13] Manchmal muss die Erklärung ganz oder teilweise von dem Erklärenden mit eigener Hand geschrieben sein. So ist in manchen Rechtsordnungen eine schriftliche Bürgschaftserklärung nur dann gültig, wenn sie neben der Unterschrift des Bürgen eine von ihm mit eigener Hand geschriebene Erklärung enthält, aus der sich ergibt, bis zu welchem Höchstbetrag er vom Gläubiger soll in Anspruch genommen werden können.[14] In anderen Fällen wird verlangt, dass die eine Vertragspartei in dem Vertrag ihrem Kontrahenten bestimmte Informationen und Auskünfte in schriftlicher Form erteilt.[15] Schließlich gibt es mehrere Formen einer »qualifizierten« Schriftlichkeit.

Dazu gehört in England die Form des »deed«. Zwar wird auch nach englischem Recht die Schriftform im allgemeinen gewahrt durch »some memorandum or note … in writing and signed by the party to be charged therewith« (Statue of Frauds 1677, s. 4). Wenn aber ein Versprechen, dem keine Gegenleistung (consideration) gegenübersteht, gültig erteilt werden soll, so muss die Erklärung des Versprechenden in der Form eines *deed* abgegeben werden. Dabei handelt es sich um eine schriftliche, von dem Erklärenden unterschriebene Erklärung, die zum Ausdruck bringen muss, dass sie als *deed* gewollt ist. Erforderlich ist ferner die Unterschrift eines Zeugen, mit der dieser die Unterschrift des Erklärenden als von ihm geleistet bestätigt. Früher wurde auch noch die Siegelung der Urkunde verlangt. Sie ist freilich längst zu einer leeren Formalität herabgesunken. Es genügt z.B., wenn auf der Urkunde die Buchstaben »L.S.« (loco sigilli) oder das Wort »seal« vorgedruckt sind oder wenn der Erklärende (oder auch sein Anwalt) eine rote Papiermarke auf die Urkunde geklebt hat, die einen entsprechenden Hinweis trägt. Seit langem wurde in England das Erfordernis der Siegelung als überflüssig angesehen, und nachdem *Lord Wilberforce* hatte wissen lassen, er hätte gehofft »that we might have got rid of that mumbo-jumbo and aligned ourselves with most other civilized nations«,[16] hat sich schließlich das britische Parlament erbarmt und auf Vorschlag der Law Commission im Jahre 1989 die Siegelung als Erfordernis der Gültigkeit eines

---

[13] So die Wechsel- und Scheckgesetze der Länder, die die Genfer Wechsel- und Scheckübereinkommen von 1930/31 ratifiziert haben. Vgl. aber auch Bills of Exchange Act 1882, s. 3 (1).

[14] Art. 1325 Code civil und dazu noch unten S. 118 ff.

[15] Manchmal wird – besonders bei Geschäften mit Verbrauchern – dem Unternehmer die Erfüllung der ihm obliegenden Informationspflichten dadurch erleichtert, dass er den erforderlichen Text dem Kunden zwar schriftlich übermitteln muss, ihm aber – z.B. durch § 126 b BGB – erlaubt wird, von einer handschriftlichen Unterzeichnung abzusehen und sich statt dessen z.B. mit einer Erklärung durch eine E-Mail zu begnügen.

[16] Parliamentary Debates, House of Lords, Official Report 1970/71, vol. 315, col. 1213.

deed abgeschafft.[17] Dass die juristische Praxis ihre liebgewordenen Gewohnheiten deshalb nicht aufgeben und weiterhin an Erklärungen und Verträgen »under seal« festhalten wird, steht auf einem anderen Blatt.

Eine weitere »qualifizierte« Schriftform von großer praktischer Bedeutung kennt man nur in den kontinentaleuropäischen Ländern. Sie besteht in der Errichtung einer »notariellen Urkunde«[18] oder eines »acte authentique«.[19] Zu diesem Zweck müssen die Personen, die eine Erklärung abgeben oder einen Vertrag schließen wollen, sich bei einem Notar – einer unabhängigen, juristisch ausgebildeten und vom Staat zu diesem Zweck bestellten Amtsperson – zu einer Verhandlung einfinden, in der sie in seiner Gegenwart die Erklärungen abgeben. Darüber wird von dem Notar eine Urkunde errichtet, deren Text den Beteiligten vorgelesen, von ihnen genehmigt und sodann von ihnen und dem Notar unterschrieben wird. Dieses Verfahren ist zwar zeitraubend und, da ein Notar natürlich nicht umsonst tätig wird, auch kostspielig. Aber es bietet erhebliche Vorteile. Der Notar kann als ein auf Beurkundungen spezialisierter Fachmann dafür sorgen, dass der Text den Willen der Beteiligten klar und unzweideutig zum Ausdruck bringt; auch wird der Warnzweck, den viele Formvorschriften verfolgen, besonders gut erfüllt, wenn die Beteiligten ihre Erklärungen in einer eigens dafür anberaumten Verhandlung vor dem Notar abgeben müssen. Vor allem hat der Notar dafür Sorge zu tragen, dass den Beteiligten die rechtliche Tragweite des Geschäfts klar vor Augen steht, dass Irrtümer und Zweifel vermieden und dass unerfahrene und ungewandte Beteiligte nicht benachteiligt werden. In England und Irland sowie in den nordischen Ländern kennt man die notarielle Beurkundung nicht,[20] und vielleicht wird dieses Formerfordernis manchen Juristen aus diesen Ländern ein wenig paternalistisch erscheinen. Aber aus dem Rechtsleben des Kontinents ist der Notar überhaupt nicht wegzudenken, und streiten kann man allenfalls darüber, ob nicht der Kreis der Geschäfte, die zu ihrer Gültigkeit einer notariellen Beurkundung bedürfen, zu weit gezogen ist oder anders gezogen werden sollte.

---

[17] Law of Property (Miscellaneous Provisions) Act 1989, s. 1.

[18] Vgl. § 128 BGB und dt. Beurkundungsgesetz vom 28. Aug. 1969. In Österreich spricht man von »Notariatsakt« (vgl. z.B. § 1278 II ABGB), in der Schweiz von »öffentlicher Urkunde« (vgl. Art. 55 Schlusstitel des schweiz. ZGB).

[19] Art. 1317 Code civil; Art. 2699 Codice civile; Art. 1216 span. CC; Art. 369 port. CC.

[20] Zwar gibt es in England den »Public Notary« und in den nordischen Ländern den »Notarius publicus«. Aber ihre Aufgabe besteht vor allem darin, Urkunden aufzusetzen, die die Parteien nach ausländischem Recht benötigen und von denen sie im Ausland Gebrauch machen wollen. Vgl. *Brooke (-Charlesworth)*, Treatise on the Office and Practice of a Notary of England (9. Aufl. 1985).

D. Sanktionen

Ist beim Abschluss eines Vertrages die dafür vorgesehene schriftliche Form nicht eingehalten worden, so kann das zur Folge haben, dass der Vertrag ungültig oder »unenforceable« ist (vgl. dazu unten II). In anderen Fällen wird der Vertrag zwar als gültig angesehen, aber eine andere Sanktion angeordnet (unten III). Besonderer Erwähnung bedarf der Fall, in dem die Nichteinhaltung der schriftlichen Form durch ein Beweisverbot sanktioniert wird. Davon ist zunächst zu sprechen.

I. Ausschluss des Zeugenbeweises

Art. 1341 Code civil schreibt vor, dass alle Geschäfte mit einem Wert von mehr als 1.500 €. in schriftlicher oder notarieller Form vorzunehmen sind und dass im Falle der Verletzung dieser Formvorschrift der Zeugenbeweis ausgeschlossen ist.[21] Zwar findet man im Code civil und in anderen Gesetzen zahlreiche Vorschriften, die für bestimmte einzelne Verträge die schriftliche Form vorsehen. Aber diese Vorschriften werden in der Regel als bloßer Hinweis auf Art. 1341 verstanden, es sei denn, dass in ihnen eine notarielle Beurkundung vorgesehen oder die schriftliche Form ausdrücklich »à peine de nullité« verlangt wird.

Wenn also ein Kläger einen vertraglichen Anspruch geltend macht, aber eine Vertragsurkunde nicht vorlegen kann und sich deshalb für das Zustandekommen des Vertrages auf Zeugen beruft, so muss die Klage abgewiesen werden, ohne dass der Richter den Zeugenbeweis erheben darf. Dies gilt nicht, wenn der Beklagte den Abschluss des vom Kläger behaupteten Vertrages nicht bestreitet, ferner dann nicht, wenn der Beklagte auf seine Rechte aus Art. 1341 verzichtet hat. Denn diese Regelung ist nicht zwingend; sie gehört nicht – wie man in Frankreich sagt – zum »ordre public« und darf daher vom Richter nicht von Amts wegen angewendet werden. Hat also der Beklagte gegen die Vernehmung der vom Kläger benannten Zeugen nicht protestiert oder hat er sich an ihrer Vernehmung selbst beteiligt oder die Unglaubwürdigkeit ihrer Aussagen behauptet, so liegt darin ein »stillschweigender« Verzicht auf seine Rechte aus Art. 1341.

Es hat mithin den Anschein, als könne ein Vertrag, dessen Abschluss der Beklagte bestreitet, nur durch Urkunden bewiesen werden, sofern mehr als

---

[21] Um die Anpassung der Wertgrenze an Veränderungen der Kaufkraft der Währung zu erleichtern, bestimmt Art. 1341, dass die Fixierung der Wertgrenze durch Regierungsdekret erfolgen darf. Die Wertgrenze von zur Zeit 1.500 € gilt seit 1. Jan. 2005. Vgl. auch die Wertgrenzen in Art. 1341 belg. Code civil, Art. 2721 Codice civile, Art. 1280 II span. CC.

1.500 € auf dem Spiel stehen. Dieser Anschein trügt. Denn die Regel des Art. 1341 gilt nur mit sehr erheblichen Einschränkungen.

Sie gilt nicht, wenn das mündlich vereinbarte Geschäft, auf das der Kläger seinen Anspruch stützt, für den Beklagten ein Handelsgeschäft ist.[22] Verlangt also der Kläger die Rückzahlung eines Darlehens, das nach seiner (vom Beklagten bestrittenen) Behauptung mündlich vereinbart worden ist, so muss das Gericht den vom Kläger angebotenen Zeugenbeweis erheben, wenn der Beklagte den Vertrag im Rahmen seines Handelsgewerbes abgeschlossen hat. Keinen Unterschied macht es, ob auch der Kläger die Verhandlungen über den Vertrag als Kaufmann oder ob er sie als Privatmann geführt hat. Ein Urkundenbeweis ist somit nicht erforderlich, wenn der streitige Vertrag entweder einen Wert von 5000 ffrs. oder weniger betrifft, oder wenn er für den Beklagten (oder für beide Parteien) ein Handelsgeschäft darstellt. Offenbar sieht der Gesetzgeber in beiden Fällen die Einhaltung der Schriftform als unökonomisch an: im ersteren Fall, weil der durch sie entstehende Aufwand in Anbetracht des geringen Geschäftswerts nicht lohnt, im zweiten Fall, weil die Zeit eines Kaufmanns besonders viel wert ist und ihm besondere Nachteile entstünden, wenn er Verträge, die er im Rahmen seiner gewerblichen Tätigkeit mündlich geschlossen hat, erst noch zu Papier bringen und von seinen Kunden unterschreiben lassen müsste.

Eine weitere wesentliche Einschränkung des Art. 1341 ergibt sich daraus, dass der Zeugenbeweis zulässig ist, sobald der Kläger ein »commencement de preuve par écrit«, also einen schriftlichen Ansatz zum Beweise vorlegen kann. Darunter versteht man vom Prozessgegner stammende Schriftstücke, aus denen sich mit einer gewissen Wahrscheinlichkeit das Zustandekommen einer vertraglichen Einigung ergibt.[23] Als solche Schriftstücke werden z.B. Urkunden anerkannt, die zwar vom Beklagten unterzeichnet sind, aber die vorgeschriebene Schriftform deshalb nicht erfüllen, weil entgegen Art. 1325 von der Urkunde nicht so viele Originale hergestellt wurden, wie es Parteien gibt, oder weil der beklagte Bürge zwar die Bürgschaftserklärung unterschrieben, aber entgegen Art. 1326 den Höchstbetrag nicht mit eigener Hand in die Urkunde eingesetzt hat. Ebenso liegt es, wenn ein Gläubiger, der auf Rückzahlung eines Darlehens klagt, ein Schreiben des Beklagten vorlegen kann, in dem dieser sich für die ihm erwiesene Gefälligkeit bedankt: Wird durch dieses Schreiben nach Lage der Umstände die Gewährung des Darlehens wahrscheinlich gemacht, so darf der Kläger trotz Art. 1341 die volle richterliche Überzeugung mit sämtlichen Beweismitteln, insbesondere durch Zeugenbeweis herbeiführen. Gemäß Art. 1347 III kann ein *commencement de preuve par écrit* auch dann angenommen werden, wenn eine Partei in einer Gerichtsverhandlung trotz Ladung nicht erschienen ist oder zwar erschienen ist, aber bestimmte Fragen nicht oder nur aus-

---

[22] Art. 1341 II Code civil in Verbindung mit Art. 109 fr. Code de commerce.
[23] Art. 1347 Code civil; ebenso Art. 2724 Nr. 1 Codice civile; Art. 74 II poln. ZGB.

weichend beantwortet und somit durch ihr tatsächliches Verhalten im Prozess ein Indiz für den mündlichen Abschluss des Vertrages geliefert hat.

Schließlich muss gemäß Art. 1348 der Zeugenbeweis auch dann zugelassen werden, wenn zwar über das Geschäft eine Urkunde errichtet worden ist, der Kläger aber aus Gründen, die ihm nicht zuzurechnen sind, die Urkunde nicht mehr in Besitz hat und sie deshalb nicht vorlegen kann. Ebenso liegt es, wenn dem Kläger aus tatsächlichen oder »moralischen« Gründen die Erlangung einer Urkunde nicht möglich war. Wenn z.B. der Vertrag unter Ehegatten oder von Eltern mit ihren Kindern oder von einem Arbeitgeber mit seinem Arbeitnehmer geschlossen wird, so kann es taktlos, unhöflich oder sogar kontraproduktiv sein, wenn der eine Vertragspartner vom anderen in aller Form die Errichtung einer beweiskräftigen Urkunde verlangt, und der Code civil ist lebensklug genug, um diesem Umstand durch Zulassung des Zeugenbeweises Rechnung zu tragen.

Von dem eindrucksvollen Grundsatz des Art. 1341 bleibt also in der Praxis wenig übrig. Man hat den Eindruck, dass der französische Richter, wenn ihm die Behauptung vom mündlichen Abschluss des Vertrages nach den Umständen des Falles plausibel erscheint, immer irgendeinen Weg finden wird, um dem Kläger den Zeugenbeweis zu eröffnen. In Italien ist dem Richter ausdrücklich gestattet, über die Zulassung oder Ablehnung des Zeugenbeweises nach freiem Ermessen zu entscheiden. Denn zwar hat der Codice civile die Regel des Art. 1341 übernommen, aber den Zeugenbeweis gleichwohl immer dann erlaubt, wenn er dem Richter »mit Rücksicht auf die Art der Parteien, die Natur des Vertrages oder die sonstigen Umstände« vernünftig erscheint (Art. 2721 II).

Man hat in Frankreich schon die Frage gestellt, ob an der Regel des Art. 1341 heute noch festgehalten werden sollte.[24] Die historischen Gründe, die man früher für diese Regel hatte (vgl. oben S. 107 f.), sind längst weggefallen. Heute wird sie nur noch damit verteidigt, dass sie für die Parteien einen Anreiz zur Einhaltung der Schriftform setzt. Aber es ist zweifelhaft, ob es eines solchen Anreizes bedarf. Denn die Regel gilt nur dort, wo vertragliche Ansprüche gegen Privatleute durchgesetzt werden sollen. Kaufleute schließen aber Verträge mit ihren privaten Kunden ohnehin schriftlich ab. Für Nichtkaufleute besteht ein Anreiz zu schriftlichem Vertragsschluss schon deshalb, weil sie offenbar mündliche Geschäfte ohnehin als ungültig ansehen. Im übrigen würde jener Anreiz auch dann erhalten bleiben, wenn man die Regel des Art. 1341 streicht. Denn dann würde zwar bei mündlichem Vertragsabschluss ein Zeugenbeweis zulässig sein. Aber jeder weiß, dass dieser Beweis in der Praxis nicht einfach zu führen ist und dass sich schon aus diesem Grunde eine schriftliche Fixierung des Vertrages dringend empfiehlt.

---

[24] Vgl. *Carbonnier* 187.

II. Ungültigkeit

Anders liegt es, wenn eine Formvorschrift den Zweck verfolgt, eine Partei beim Abschluss eines für sie bedeutsamen oder gefährlichen Geschäfts vor Übereilung zu bewahren. In einem solchen Fall muss die Nichtbeachtung der Formvorschrift dazu führen, dass die schutzbedürftige Partei auf Erfüllung ihres bloß mündlich abgegebenen Versprechens nicht in Anspruch genommen werden kann. Das lässt sich auf zwei verschiedenen Wegen erreichen.

Der eine Weg besteht darin, dass der unter Verletzung der Formvorschrift abgeschlossene Vertrag als ungültig angesehen wird. Diesen Weg wählen die kontinentalen Rechtsordnungen. Meist findet man in den Zivilgesetzbüchern eine allgemeine Bestimmung, nach der ein »Rechtsgeschäft, welches der durch Gesetz vorgeschriebenen Form ermangelt, nichtig ist«.[25] Der Code civil freilich kennt eine solche allgemeine Bestimmung nicht. Dort muss jede einzelne Formvorschrift daraufhin befragt werden, welche Sanktion im Falle ihrer Verletzung eingreifen soll. Die Nichtigkeit des Vertrages ergibt sich manchmal aus dem Umstand, dass die Form »sous peine de nullité« vorgeschrieben ist. In anderen Fällen – insbesondere dort, wo die notarielle Beurkundung des Geschäfts verlangt wird – folgt die Nichtigkeit des Vertrages aus dem Zweck, der der Formvorschrift zugrunde liegt.

Den anderen Weg geht das englische Recht. In s. 4 des Statute of Frauds wird bestimmt, dass gegen denjenigen, der ein Versprechen nicht in der vorgeschriebenen schriftlichen Form abgegeben hat, »eine Klage nicht erhoben werden darf«. Aus dieser Formulierung leitet man her, dass das Versprechen zwar nicht durchsetzbar (»unenforceable«), wohl aber gültig ist. Ein praktisch ins Gewicht fallender Unterschied liegt darin jedoch nicht. Denn aus der Gültigkeit des formlos abgegebenen Versprechens wird nur der Schluss gezogen, dass die Leistungen, die in Erfüllung eines solchen Versprechens erbracht worden sind, nicht zurückgefordert werden können.[26] Hat z.B. ein Bürge die Bürgschaftserklärung nicht in der vorgeschriebenen Form abgegeben, aber gleichwohl Zahlung an den Gläubiger geleistet, so kann er das Geleistete nicht später zurückfordern: in England nicht, weil der Bürge mit seiner Zahlung ein gültiges Versprechen erfüllt hat; in Deutschland nicht, weil die Erklärung des Bürgen zwar nichtig ist, diese Nichtigkeit aber als durch die Erfüllung »geheilt« fingiert wird.[27] Der Gedanke der »Heilung durch Erfüllung« wird oft auch noch in an-

---

[25] § 125 BGB. Ebenso Art. 11 II OR; Art. 3:39 BW; Art. 159 I griech. ZGB; Art. 1325 Nr. 4 Codice civile; Art. 220 port. CC; Art. 73 I poln. ZGB; Art. 217 I ung. ZGB.

[26] Vgl. *Treitel (-Peel)* no. 5-022.

[27] § 766 Satz 2 BGB. Ebenso Art. 849 Satz 2 griech. ZGB; Art. 7:859 II BW. § 1432 ABGB bestimmt, dass »Zahlungen einer Schuld, welche nur aus Mangel an Förmlichkeiten ungültig ist«, nicht zurückgefordert werden können. Anders das schweizerische Recht. Danach steht dem Bürgen, der einen Bürgschaftsvertrag in Unkenntnis seiner

deren Fällen verwendet, in denen die Einhaltung einer Formvorschrift verlangt wird. Von ihnen sollen einige praktisch besonders wichtige im folgenden näher betrachtet werden.

Zu den Geschäften, bei denen mit der Formvorschrift ein Warnzweck verfolgt wird, gehören zunächst die *Schenkungsversprechen* (vgl. dazu oben § 4 C). Wenn sie sich auf die unentgeltliche Zuwendung eines bestimmten Vermögensgegenstandes richten, sind sie in den kontinentalen Rechtsordnungen nur dann gültig, wenn sie notariell beurkundet worden sind. Im Common Law ergibt sich aus der *consideration*-Doktrin, dass *alle* Versprechen undurchsetzbar sind, sofern nicht der Versprechensempfänger seinerseits eine Gegenleistung erbringt oder verspricht. Das gilt allerdings nicht, wenn das Versprechen in der Form eines *deed* erteilt worden ist.

1. *Bürgschaftserklärungen.* – Ein weiteres besonders gefährliches Geschäft schließt ab, wer sich für die Schuld eines Dritten verbürgt, also seinem Vertragspartner Zahlung verspricht, falls der Dritte eine Schuld, die er gegenüber dem Vertragspartner eingegangen ist, nicht erfüllt. Die Erfahrung lehrt, dass viele Bürgen die Zahlungsfähigkeit des Dritten überschätzen und sich in der optimistischen Hoffnung wiegen, dass der Dritte rechtzeitig zahlen werde. An einer realistischen Einschätzung des Risikos fehlt es besonders häufig, wenn der Bürge, weil der Dritte sein Ehegatte oder ein Familienangehöriger ist, unter einem moralischen Druck steht, der von dem Dritten nicht selten bewusst erzeugt oder verstärkt wird. Um dem Bürgen diese Gefahren deutlich vor Augen zu führen und die Ernstlichkeit seines Verpflichtungswillens auf die Probe zu stellen, wird in der Regel für die Erklärung des Bürgen die Schriftform verlangt.[28] Damit allein ist aber wenig gesagt. Denn man kann an Inhalt und Form der schriftlichen Erklärung unterschiedlich hohe Anforderungen stellen. Auch kann man bestimmte Personen als nicht schutzbedürftig ansehen und ihre Bürgschaftserklärungen deshalb von dem Formerfordernis freistellen. Schließlich können an die Verletzung der Formvorschrift unterschiedliche Sanktionen geknüpft werden.

In den meisten Rechtsordnungen begnügt man sich mit einer Regel, nach der die Erklärung des Bürgen in schriftlicher Form niedergelegt und von dem

---

Formungültigkeit erfüllt hat, ein Bereicherungsanspruch zu, dessen Geltendmachung allerdings im Einzelfall einen Rechtsmissbrauch darstellen kann. Vgl. BG 17. Okt. 1944, BGE 70 II 271; *Giovanoli* in Berner Kommentar Art. 493 OR Rn. 12.

[28] Manche Rechtsordnungen verlangen nur, dass der Bürge seinen Willen zur Übernahme der Bürgschaft »ausdrücklich« erklärt; vgl. Art. 1937 Codice civile; Art. 1827 span. CC. Das bedeutet, dass der Bürge sich klar und unmissverständlich geäußert, nicht, dass er seinen Willen zu Papier gebracht haben muss. Freilich wird es sich dem Gläubiger empfehlen, auf einer schriftlichen Erklärung zu bestehen, weil er sonst Gefahr läuft, dass er nicht zum Zeugenbeweis zugelassen wird. Vgl. auch noch unten S. 166 ff. zu der Frage, ob eine Bürgschaft, selbst wenn sie in der richtigen Form erklärt ist, *aus anderen Gründen* unwirksam sein kann.

Bürgen eigenhändig unterschrieben sein muss.[29] Die Erklärung der anderen
Vertragspartei kann hingegen mündlich abgegeben oder aus seinem tatsächlichen Verhalten erschlossen werden. Die Form ist gewahrt, wenn die schriftliche Erklärung des Bürgen die wesentlichen Merkmale einer Bürgschaft erkennen lässt, also mit hinreichender Klarheit zum Ausdruck bringt, dass der
Erklärende für die Schuld eines anderen einstehen will, wer der Gläubiger sein
und für welche Schuld die Bürgschaft übernommen werden soll. Der Code civil verlangt außerdem noch, dass der Geldbetrag, dessen Zahlung versprochen
wird, von dem Bürgen sowohl in Zahlen wie in Worten (»en chiffres et en toutes lettres«) handschriftlich in die Urkunde eingesetzt wird (Art. 1326).

In manchen Rechtsordnungen gelten die Formvorschriften nicht, wenn der
Bürge zu einem Personenkreis gehört, den man als geschäftskundig und daher
als nicht schutzbedürftig ansieht. In Frankreich, Deutschland und Österreich
zählen dazu »Kaufleute«, sofern sie die Bürgschaft im Rahmen ihres Handelsgewerbes übernommen haben.[30] In der Schweiz und in Holland gibt es keine
besonderen Regeln für »Kaufleute«. Dort unterscheidet man stattdessen danach, ob der Bürge eine natürliche oder juristische Person ist. So braucht gemäß Art. 7:857 BW die Schriftform nur dann beachtet zu werden, wenn der
Bürge eine natürliche Person ist, die die Bürgschaft nicht im Rahmen einer
geschäftlichen oder beruflichen Tätigkeit übernommen hat. Eine mündliche
Erklärung reicht auch dann aus, wenn sich das Vorstandsmitglied oder der Geschäftsführer einer Aktiengesellschaft oder GmbH für Schulden verbürgt, die
die Gesellschaft im Rahmen ihres »normalen Geschäftsbetriebes« gegenüber
den Gläubigern eingegangen ist. Allerdings soll das nur dann gelten, wenn es
sich um eine Gesellschaft handelt, deren Aktien oder Anteile mehrheitlich von
den Mitgliedern ihres Vorstands oder ihrer Geschäftsführung gehalten werden.
In der Schweiz müssen die Bürgschaftserklärungen natürlicher Personen sogar notariell beurkundet werden (Art. 493 OR). Wenn der Haftungsbetrag die
Summe von 2000 sfrs. nicht übersteigt, reicht zwar eine schriftliche Erklärung
aus. Aber in diesem Falle muss der Bürge den Höchstbetrag seiner Haftung mit
eigener Hand in die Erklärung eingesetzt haben. Dass der Bürge diesen Betrag
»en toutes lettres« schreibt, ist zwar nicht erforderlich, aber üblich, weil dadurch
der Beweis der Eigenschriftlichkeit erleichtert wird.

Alle diese Vorschriften sind sicherlich gut gemeint; ob sie zweckmäßig sind,
kann aber bezweifelt werden. Nicht nur wird immer wieder Streit darüber entstehen, ob der Bürge »Kaufmann« im technischen Sinne ist oder ob er als natürliche Person innerhalb oder außerhalb einer geschäftlichen oder beruflichen Tätigkeit gehandelt hat. Auch lässt sich nicht bestreiten, dass es »Kaufleute« gibt,

---

[29] Statute of Frauds s. 4; § 766 BGB; Art. 849 Satz 1 griech. ZGB; Art. 7:859 I BW.
[30] Frankreich: Art. 109 Code de commerce; Deutschland und Österreich: § 350 HGB;
anders aber Art. 439 f. span. Handelsgesetzbuch.

die man für durchaus schutzbedürftig halten kann, ebenso wie manche Privatleute sich an geschäftlichem Raffinement von niemandem übertreffen lassen. Deshalb spricht viel für die klare Lösung des englischen Rechts. Danach müssen *sämtliche* Bürgschaftserklärungen schriftlich niedergelegt werden. Zwar mag in seltenen Fällen die schriftliche Fixierung der Bürgschaftserklärung im Verkehr unter Banken oder in bestimmten anderen kaufmännischen Branchen eine gewisse Erschwerung des Geschäftsverkehrs bedeuten. Aber man darf darauf vertrauen, dass in solchen Fällen die Bürgschaft von den Beteiligten auch dann als wirksam behandelt wird, wenn sie nur mündlich übernommen war. Denn die geschäftliche Reputation einer Bank wäre ruiniert, wenn sie sich der Haftung aus einer mündlich von ihr übernommenen Bürgschaft mit dem Argument zu entziehen versuchte, dass die Schriftform nicht gewahrt worden sei. Erwägenswert ist dagegen eine Regel, nach der die Bürgschaftserklärung stets den Höchstbetrag beziffern muss, bis zu dem der Bürge haften soll.[31] Zwar muss sich dann der Gläubiger Gedanken darüber machen, wie der Höchstbetrag unter Einschluss von Zinsen und Nebenkosten festgesetzt werden soll. Aber darin liegt für ihn eine geringe Mühe, die dadurch mehr als aufgewogen wird, dass der Bürge eine klare Vorstellung vom Umfang seines Risikos erhält.

Hat der Bürge seine Erklärung nicht in der dafür vorgesehenen Form abgegeben, so ist die Erklärung nichtig oder »unenforceable«; die Klage des Gläubigers muss deshalb ohne weiteres abgewiesen werden. Nicht so eindeutig ist die Position der französischen Rechtsprechung. Dies hat seine Ursache vor allem darin, dass Art. 1326 ursprünglich eine bloße Beweisregel sein sollte und die handschriftliche Nennung des Haftungsbetrages »en chiffres et en toutes lettres« nur deshalb verlangte, weil damit eine Urkundenfälschung erschwert werden sollte. Die neuere Rechtsprechung hat dagegen Art. 1326 zu einer Vorschrift umgedeutet, die den Schutz des Bürgen bezweckt. Daraus hätte eigentlich der Schluss gezogen werden müssen, dass eine Bürgschaftserklärung stets nichtig ist, wenn sie den Anforderungen des Art. 1326 nicht entspricht. Diesen Schritt hat der Kassationshof aber nicht getan. Zwar sieht er eine Bürgschaft als nichtig an, wenn sie für eine Forderung von bestimmter Höhe übernommen werden sollte, aber der Betrag der Forderung in der handgeschriebenen Erklärung des Bürgen überhaupt nicht oder zwar mit einer Zahl, nicht aber in Worten niedergelegt worden ist.[32] Wird aber die Bürgschaft für eine unbestimmte Forderung übernommen – also etwa für die Forderung einer Bank aus einem laufenden Kreditverhältnis –, so verlangt die Rechtsprechung, dass sich die Kenntnis des Bürgen von Art und Umfang seiner Verpflichtung aus dem von ihm handgeschriebenen Text »de façon explicite et non équivoque« ergeben muss. Hier hängt alles von den Umständen ab, zumal das Gericht neben dem

---

[31] So Art. 493 I OR und Art. 1938 Codice civile.
[32] Com. 29. Okt. 1991, J.C.P. 1992.II.21874 mit Anm. *Legeais*.

Wortlaut der Erklärung auch berücksichtigen muss, welche geschäftlichen Erfahrungen der Bürge hat, welches sein Verhältnis zum Schuldner ist und ob er weiß oder nach den Umständen wissen kann, welches Risiko er mit der Bürgschaft übernimmt.[33] Hat sich also ein Bürge für die Forderungen einer Bank aus einem laufenden Kredit verbürgt, so macht es einen erheblichen Unterschied, ob sich ein Geschäftsführer für die Bankschulden einer von ihm beherrschten Gesellschaft[34] oder eine Ehefrau für die Bankschulden ihres Mannes verbürgt hat.[35] Selbst wenn eine Bürgschaftserklärung die Anforderungen des Art. 1326 nicht erfüllt, kann das Gericht sie immer noch als ein *commencement de preuve par écrit* ansehen und Zeugenbeweis darüber erheben, ob der Bürge bei Abgabe seiner Erklärung die zu seinem Schutz erforderliche Kenntnis von dem übernommenen Risiko besaß.[36] Diese Regeln mögen den Gerichten viel Spielraum lassen; ob sie Einzelfallgerechtigkeit und Rechtssicherheit richtig gegeneinander ausbalancieren, muss man aber wohl bezweifeln.

2. *Grundstückskaufverträge.* – Nicht einfach zu begründen ist, warum in vielen Rechtsordnungen auch für Kaufverträge über Grundstücke Formvorschriften bestehen. Sicherlich geht es bei solchen Verträgen oft um erhebliche wirtschaftliche Werte. Dies trifft aber auch auf Kaufverträge über Aktienpakete, Schiffe, Flugzeuge oder andere bewegliche Sachen von großem Wert zu. Andererseits schließt heute ein Mensch von niedrigem oder durchschnittlichem Einkommen Kaufverträge von vergleichbarer wirtschaftlicher Bedeutung nur dann ab – und auch dies nur wenige Male in seinem Leben –, wenn er ein Grundstück kauft oder verkauft. Daher sind Formvorschriften speziell für Grundstückskaufverträge ein sinnvolles Mittel des Verbraucherschutzes, zumal agressive Geschäftsmethoden von Grundstücksgesellschaften und Maklern nicht selten sind. Weiterhin ist zu bedenken, dass in den meisten Ländern der Grundstückskäufer unanfechtbares Eigentum nur dann erwirbt, wenn er als Eigentümer in ein öffentliches Register eingetragen wird. Es ist aber offensichtlich, dass die mit der Führung des Registers betraute Behörde nicht schon aufgrund der Mitteilung von einem mündlichen Vertragsschluss, sondern nur aufgrund von Dokumenten tätig werden kann. Erwünscht ist ferner, dass an der Errichtung solcher Dokumente ein juristischer Fachmann mitgewirkt und für eine klare und eindeutige Ausdrucksweise gesorgt hat. Dies wird auf dem Kontinent

---

[33] Civ. 22. Feb. 1984, J.C.P. 1985.II.20442 mit Anm. *Storck;* Civ. 28. Okt. 1991, J.C.P. 1992.II.21874 mit Anm. *Legeais;* Com. 18. Feb. 1992, J.C.P. 1992.IV.1147.

[34] Com. 26. Nov. 1990, J.C.P. 1991.II.21701 mit Anm. *Legeais;* Com. 25. Mai 1993, J.C.P. 1993.IV.1853.

[35] Civ. 10. März 1992, Bull.cass. 1992.I. no. 77.

[36] Com. 26. Juni 1990, Bull.cass. 1990.IV. no. 188 und 189; Civ. 15. Okt. 1991, J.C.P. 1992.II.21923 mit Anm. *Simler;* Civ. 20. Okt. 1992, J.C.P. 1992.IV.3083; Com. 16. März 2002, J.C.P. 2002, 592 mit Anm. *Legais.*

durch das Erfordernis der notariellen Beurkundung erzwungen.[37] In Italien genügt die Schriftform,[38] ebenso wie in Großbritannien: »A contract for the sale or other disposition of an interest in land can only be made in writing.«[39]

Dagegen kann in Frankreich auch der mündlich abgeschlossene Grundstückskaufvertrag wirksam sein, dies mit der Folge, dass der Käufer das Eigentum erwirbt, ohne dass es dazu noch eines besonderen Verfügungsgeschäfts bedürfte.[40] Zwar kann das Zustandekommen des Vertrages nicht durch Zeugen bewiesen werden (Art. 1341). Aber das gilt nicht, wenn ein *commencement de preuve par écrit*, also z.B. ein Brief vorgelegt wird, in dem der Verkäufer dem Notar das Ergebnis der mit dem Käufer geführten Verhandlungen mitteilt und ihn um die Vorbereitung der Urkunde bittet. Auch wenn der Verkäufer nach der Absendung des Briefs an den Notar verstorben ist und die notarielle Beurkundung unterbleibt, kann das Gericht gleichwohl den Vertrag als gültig geschlossen ansehen, sofern es aufgrund der Umstände davon überzeugt ist, dass die Verhandlungen der Parteien zu einer als bindend gewollten Einigung über Kaufsache und Preis geführt haben.[41]

Dies alles gilt freilich nur im Verhältnis inter partes. Hat der Verkäufer das gleiche Grundstück zum zweiten Mal einem Dritten verkauft oder hat er es zugunsten des Dritten mit einem Pfandrecht belastet, so kann sich der Käufer dem Dritten gegenüber auf sein Eigentum nur dann berufen, wenn er als Eigentümer in das öffentliche Register eingetragen ist. Eine solche Eintragung nimmt die Registerbehörde nur dann vor, wenn ihr eine notarielle Urkunde vorgelegt wird. Daraus folgt, dass ein Grundstückskaufvertrag, der dem Käufer

---

[37] § 311 b (früher § 313) BGB; Art. 216 I OR; Art. 875 port. CC.

[38] Art. 1350 Nrn. 1–8 Codice civile.

[39] Law of Property (Miscellaneous Provisions) Act 1989, s. 2 I. Die vorher geltende Regelung (Law of Property Act 1925, s. 40) beruhte auf dem Statute of Frauds und bestimmte daher, dass mündlich abgeschlossene Grundstückskaufverträge zwar gültig, aber »unenforceable« seien (vgl. dazu oben S. 131). – Zu beachten ist, dass man in England und Deutschland zwischen dem Kaufvertrag und demjenigen Geschäft unterscheidet, durch das in Erfüllung des Kaufvertrages das Grundstückseigentum auf den Käufer übertragen wird. Dieses Geschäft (in England: »conveyance«, in Deutschland: »Auflassung«) bedarf seinerseits einer Form, und zwar in England eines *deed* (Law of Property Act 1925, s. 52 I), in Deutschland der notariellen Beurkundung (925 BGB).

[40] Art. 1583 Code civil. Das führt zu dem bemerkenswerten Ergebnis, dass ein mündlicher Kaufvertrag über ein Grundstück gültig, ein mündlicher Kaufvertrag über eine Zahnbürste dagegen ungültig ist, sofern der Käufer die Zahnbürste an seiner Haustür gekauft hat (vgl. unten S. 280 f.). Auch in Frankreich wird allerdings eine notarielle Beurkundung verlangt, wenn mitsamt dem Grundstück ein Haus verkauft wird, das der Verkäufer erst noch zu errichten hat (Code de la construction et de l'habitation, Art. L 261–11). – Auch in Österreich können mündlich abgeschlossene Grundstückskaufverträge gültig sein; vgl. § 883 ABGB und OGH 15. Sept. 1970, JBl. 1971, 305.

[41] Civ. 1. April 1971, J.C.P. 1972.II.16998 mit Anm. *Ghestin*; Civ. 27. Nov. 1990, D. 1992 Somm. 195 mit Anm. *Paisant*.

unanfechtbares Eigentum erga omnes verschaffen soll, einer notariellen Beurkundung bedarf:[42] »Cela impose pratiquement de passer les ventes immobilières par acte notarié.«[43]

III. *Andere Sanktionen*

Ist die für eine bestimmte Erklärung oder für einen bestimmten Vertragstyp vorgesehene Form nicht eingehalten worden, so wäre es in vielen Fällen unsinnig, wenn man die Erklärung oder den Vertrag aus diesem Grunde als ungültig oder undurchsetzbar ansehen oder den Zeugenbeweis ausschließen würde. So liegt es besonders in Fällen, in denen der Gesetzgeber eine Vertragspartei als schutzbedürftig ansieht und deshalb ihrem Kontrahenten vorschreibt, dass er sie bei Vertragsabschluss in schriftlicher Form über bestimmte, für sie wichtige Umstände belehrt. Hier würde der geschützen Vertragspartei ein schlechter Dienst erwiesen, wenn man im Falle unterlassener Belehrung den Vertrag als im ganzen ungültig ansähe. Deshalb muss der Gesetzgeber andere Sanktionen verhängen, die einen genügenden Anreiz zur Beachtung der Belehrungspflicht setzen und gleichzeitig den Interessen der schutzbedürftigen Vertragspartei Rechnung tragen. Einige Beispiele sollen das veranschaulichen.

Gemäß § 568 I BGB muss die Kündigung eines Mietvertrages über Wohnraum schriftlich ausgesprochen werden. Kündigt der Vermieter, ohne dass er in dem Kündigungsschreiben auf die Gründe der Kündigung hinweist, so ist die Kündigung zwar nicht unwirksam. Jedoch darf sich der Vermieter, wenn später ein Prozess über die Berechtigung der Kündigung geführt wird, auf Kündigungsgründe nicht berufen, die er in dem Kündigungsschreiben hätte nennen können, aber nicht genannt hat (§ 573 III BGB).

Weitere Beispiele findet man in den Gesetzen, die dem Unternehmer, der einem Verbraucher Kredit gewährt oder ihm Waren an der Haustür verkauft, bestimmte Informationspflichten auferlegen. Da die EG-Richtlinien es den Mitgliedstaaten freistellen, wie sie die Verletzung der Belehrungspflicht sanktionieren wollen, finden wir ein bizarres Potpourri an nationalen Lösungen. Hat z.B. ein Kreditgeber beim Abschluss eines Verbraucherdarlehensvertrages den Verbraucher nicht über den »effektiven Jahreszins« belehrt, so bleibt er zwar an den Vertrag gebunden, kann aber keinen Zins verlangen.[44] Nach deutschem Recht ist in diesem Falle der Vertrag zunächst unwirksam; jedoch wird er, sobald der Verbraucher das Darlehen empfangen hat, nachträglich wirksam (§ 494

---

[42] Vgl. *Starck/Roland/Boyer* no. 96; *v. Hoffmann*, Das Recht des Grundstückskaufs, Eine rechtsvergleichende Untersuchung (1982) 23 ff., 101 f., 119 f.
[43] *Carbonnier* 173.
[44] Art. L 311–33 Code de la consommation.

Abs. 2 BGB), dies aber nur mit dem gesetzlichen Zinssatz, der gemäß § 246 BGB 4 % p.a. beträgt. In Großbritannien muss der Kreditgeber in einem solchen Fall seine vertraglichen Ansprüche gegen den Verbraucher zunächst durch einen Gerichtsbeschluss feststellen lassen, den der Richter so fassen kann, wie ihm das nach Lage der Umstände vernünftig erscheint.[45] Ähnlich liegt es dort, wo durch EG-Richtlinien bestimmt wird, dass bei bestimmten Verträgen dem Verbraucher ein Widerrufsrecht zusteht und er darüber bei Vertragsabschluss in bestimmter Form zu belehren ist. Welche Rechtsfolgen treten ein, wenn der Verbraucher ein Haustürgeschäft abgeschlossen hat und er über sein Widerrufsrecht nicht oder nicht ordnungsgemäß belehrt worden ist? Zu dieser Frage gab es früher zwischen den nationalen Rechtsordnungen erhebliche Divergenzen, dies nicht zuletzt deshalb, weil die Richtlinie über Haustürgeschäfte es den Mitgliedstaaten überließ, im Fall einer unterbliebenen oder ungenügenden Belehrung »geeignete Maßnahmen zum Schutze des Verbrauchers« zu treffen.[46] Sodann hat der EuGH die Richtlinie (in einer für alle Mitgliedstaaten verbindlichen Weise) dahin ausgelegt, dass das Widerrufsrecht des nicht richtig belehrten Verbrauchers nicht schon nach einem Jahr erlöschen darf[47] und dass ihm unter bestimmten Voraussetzungen ein Anspruch auf Ersatz des Schadens zusteht, den er durch die unterbliebene oder nicht ordnungsmäßige Belehrung erlitten hat.[48] Inzwischen wird durch die Richtlinie über die Rechte der Verbraucher vom 25. Oktober 2011 ganz allgemein bestimmt, dass die Widerrufsfrist 14 Tage beträgt und dass sie sich, wenn eine ordnungsmäßige Belehrung über das Widerrufsrecht unterblieben ist, um 12 Monate verlängert.

E. *Aufrechterhaltung formungültiger Verträge*

In vielen Fällen wird durch eine gesetzliche Vorschrift angeordnet, dass ein Vertrag nur dann gültig zustandekommt, wenn die Vereinbarungen der Parteien in einer bestimmten Form niedergelegt worden sind. Ist die Formvorschrift nicht eingehalten worden, so ist der Vertrag ungültig, ohne dass es eine Rolle spielen darf, ob die Ziele, die der Gesetzgeber mit der Formvorschrift hat erreichen wollen, im konkreten Fall auf anderen Wegen erreicht worden sind. Hat also ein Bürge seine Erklärung nicht in der dafür vorgesehenen Form abgegeben, so ist sie auch dann ungültig, wenn die andere Partei beweisen kann, dass

---

[45] Consumer Credit Act 1974, ss. 60, 61, 65, 127. Vgl. dazu *Treitel (-Peel)* no. 5-007.
[46] Vgl. Art. 4 III der Richtlinie vom 20. Mai 1997 (ABl. L 144 S. 19).
[47] Vgl. EuGH Rs. C 481/99 – *Heininger*, Slg. 2001, I-9945 = NJW 2002, 281 und EuGH Rs. C 350/03 – *Schulte*, Slg. 2005, I-9215 = NJW 2005, 3551.
[48] Art. 10 (1) der Richtlinie.

der Bürge seine Erklärung erst nach reiflicher Überlegung und nach Einholung unabhängigen Rats abgegeben hat.

Jedoch kann es Fälle geben, in denen die rigorose Anwendung dieses Prinzips zu unannehmbaren Ergebnissen führt. »While it is important not to undermine the general rule that the formalities should be observed, it is equally important that the law should not be so inflexible as to cause inacceptable hardship in cases of non-compliance.«[49] Auch hier geht es wieder um die Frage, wie zwischen Rechtssicherheit und Gerechtigkeit im Einzelfall ein vernünftiger Ausgleich gefunden werden kann.

Meist tritt das Problem in Fällen auf, in denen jemand einem anderen in Schenkungsabsicht oder gegen ein Entgelt die Übereignung eines Grundstücks versprochen hat, aber die Formvorschrift nicht gewahrt worden ist, von der die Gültigkeit eines solchen Versprechens abhängt. Unter welchen Voraussetzungen kann der Versprechensempfänger gleichwohl Erfüllung verlangen? In Deutschland, in der Schweiz und in England findet man viele Entscheidungen, die sich mit dieser Frage befassen, nicht dagegen in Frankreich. Dies beruht darauf, dass – wie wir bereits wissen – dort auch mündlich abgeschlossene Grundstückskaufverträge inter partes gültig sind, sofern eine hinreichend bestimmte Einigung vorliegt und eine rechtliche Bindung gewollt ist.[50] Wird das vom Verkäufer bestritten, so kann der Käufer den Gegenbeweis durch Zeugen zwar nur dann führen, wenn er ein *commencement de preuve par écrit*, also ein Schriftstück vorlegen kann, das seine Behauptungen plausibel macht (Art. 1341). Ein solches Schriftstück wird sich aber oft finden lassen. Manchmal ist nicht einmal ein solches Schriftstück erforderlich, so z.B. dann, wenn ein Mann seiner Lebensgefährtin oder seinem Sohn ein Grundstück mündlich verkauft hat und es der Lebensgefährtin oder dem Sohn »moralement impossible« war, auf einer schriftlichen oder notariellen Urkunde zu insistieren (Art. 1348).

Anders liegt es in denjenigen Ländern, in denen die Verpflichtung zur Übereignung eines Grundstücks nur dadurch gültig begründet werden kann, dass das Geschäft – so in Deutschland und der Schweiz – notariell beurkundet oder – so in England – bei Schenkungen in einem *deed*, bei entgeltlichen Verträgen in einer schriftlichen Urkunde niedergelegt wird.

---

[49] Law Commission, Formalities for Contracts for Sale etc. of Land (Law Com. No. 164, 1987) 5.1 (S. 17).

[50] Vgl. oben S. 122. Auch in Frankreich ist das mündliche Versprechen nichtig, wenn das Grundstück dem Versprechensempfänger *geschenkt* werden sollte (Art. 931 Code civil). Hat aber der Versprechende viele Jahre lang den Versprechensempfänger auf dem Grundstück wohnen lassen und hat er durch sein Verhalten »volontairement créé de faux espoirs dans l'esprit de celui-ci«, so hat er dadurch eine unerlaubte Handlung begangen und schuldet Schadensersatz gemäß Art. 1382 f. Code civil. Vgl. Aix 11. Jan. 1983, D.S. 1985, 169 mit Anm. *Légier*.

In der deutschen Rechtsprechung ist anerkannt, dass der Verkäufer sich nicht auf die Formungültigkeit des Vertrages berufen kann, wenn er in Betrugsabsicht gehandelt, nämlich dem arglosen Käufer die Gültigkeit des Vertrages bewusst vorgetäuscht hat, um die Rückgabe des Grundstücks erzwingen zu können, falls sein Preis später steigen sollte.[51] Solche Fälle sind aber selten. Häufiger kommt es vor, dass beide Parteien die Ungültigkeit des Vertrages gekannt oder mit ihr gerechnet haben oder dass sie beide irrtümlich den Vertrag für gültig gehalten oder sich über seine Gültigkeit keine Gedanken gemacht haben. Auch in solchen Fällen kann der Vertrag unter bestimmten Voraussetzungen aufrechterhalten werden. In Deutschland geschieht das, »wenn es nach den Beziehungen der Parteien und nach den gesamten Umständen mit Treu und Glauben unvereinbar wäre, vertragliche Ansprüche an einem formellen Mangel scheitern zu lassen«.[52] Einen greifbaren operationalen Gehalt hat diese Formel natürlich nicht. Aber sie macht deutlich, dass die Gerichte großes Gewicht auf das Verhalten der Parteien und ihr Verhältnis zueinander legen und die Frage stellen, ob es danach unredlich, illoyal oder treuwidrig ist, wenn die eine Partei unter Berufung auf den Formfehler später von ihrem Versprechen wieder abrückt.

Die englischen Gerichte haben für diese Fälle die Lehre vom »*proprietary estoppel*« entwickelt. Danach ist es dem Versprechenden »verwehrt«, sich auf die Ungültigkeit seines Versprechens zu berufen, wenn der Versprechensempfänger in berechtigtem Vertrauen auf die Erklärungen des Versprechenden seine Lage zu seinem Nachteil verändert, sich also mit seinen Dispositionen auf den Bestand des Vertrages derart eingerichtet hat, dass es dem Gedanken des Vertrauensschutzes widerspräche, wollte man das Versprechen nunmehr als ungültig ansehen.[53]

Allgemein anerkannt ist, dass ein Versprechensempfänger keinen Schutz verdient, wenn sich ein vernünftiger Mensch in seiner Lage auf die Erklärungen des Versprechenden nicht verlassen hätte. So liegt es, wenn der Versprechensempfänger die Ungültigkeit des Versprechens gekannt und sich auf seine Erfüllung nur deshalb verlassen hat, weil der Versprechende dafür sein »Edelmannswort« verpfändet[54] oder in anderer Weise zum Ausdruck gebracht hat, dass er sich für gebunden hält und die Ungültigkeit nicht geltend machen wird.[55] Ebenso liegt es, wenn die Parteien eine Grundsatzvereinbarung (»agreement in principle«) über einen Grundstückstausch schriftlich niedergelegt haben und die

---

[51] RG 4. Okt. 1919, RGZ 96, 313, 315; BGH 3. Dez. 1958, BGHZ 12, 6. In England würde hier ein deliktischer Schadensersatzanspruch wegen *deceit*, ein Erfüllungsanspruch aber wohl nur dann gegeben sein, wenn die Voraussetzungen eines *proprietary estoppel* vorliegen (darüber sogleich).

[52] Ständige Rspr. Vgl. z.B. BGH 3. Dez. 1958 (vorige N.) 10.

[53] Vgl. *Gray*, Elements of Land Law (3. Aufl. 2001) 573 ff.

[54] RG 21. Mai 1927, RGZ 117, 121.

[55] BGH 21. März 1969, NJW 1969, 1167 mit Anm. *Reinicke*.

eine Partei in der festen und keineswegs unvernünftigen Erwartung, dass es zum Abschluss des definitiven Vertrages kommen werde, das Grundstück in Besitz nimmt, es für ihre Bedürfnisse umbaut und ihre Arbeitnehmer dort einziehen lässt: War die Grundsatzvereinbarung ausdrücklich »subject to contract« geschlossen, so trägt jede Partei das Risiko dafür, dass der Vertrag nicht zustandekommt und ihre Aufwendungen verloren sind.[56] Ebenso ist in einem Fall entschieden worden, in dem jemand das Haus, das ihm formungültig verkauft war, 14 Jahre bewohnt und in gutem Zustand erhalten, auch die vereinbarten Kaufpreisraten bezahlt hatte: Seine Klage auf Erfüllung wurde abgewiesen, weil er nach der Überzeugung des Gerichts von der Bereitschaft des Verkäufers zur Übereignung des Hauses »nicht ganz überzeugt« war und erkannt hatte, dass er mit der Zahlung der Kaufpreisraten ein »gewisses Risiko« eingehe.[57]

In *Pascoe* v. *Turner*[58] hatte der Kläger seiner Lebensgefährtin im Jahre 1973 mündlich erklärt, dass sie das Haus, in dem er mit ihr seit 1965 wohnte, als ihr Eigentum betrachten könne. Nachdem der Kläger sich einer anderen Frau zugewandt hatte, verlangte er 1976 von der Beklagten, dass sie das Haus räume. Das Gericht wies die Klage ab und verurteilte den Kläger auf die Widerklage der Beklagten dazu, ihr das Eigentum an dem Haus zu übertragen. Dafür war es von entscheidender Bedeutung, dass die Beklagte im Vertrauen auf die Erklärungen des Klägers und mit seiner Billigung einen erheblichen Teil ihrer Ersparnisse auf die Modernisierung des Hauses verwandt hatte. Auch für die deutschen Gerichte ist es von Bedeutung, ob der Versprechensempfänger im Vertrauen auf die ihm gemachten Zusagen Dispositionen getroffen und dadurch seine Lage zu seinem Nachteil verändert hat. Wenn ein Bauer seinem Sohn verspricht, dass er ihm den Hof künftig zu Eigentum übertragen werde, und es dann viele Jahre lang duldet, dass der Sohn seine gesamte Arbeitskraft auf die Bewirtschaftung des Hofes konzentriert und die vorher von ihm verfolgten beruflichen Pläne aufgibt, so kann der Bauer nicht nachträglich geltend machen, dass sein Versprechen, weil mündlich abgegeben, ungültig und er daher berechtigt sei, den Hof nunmehr seiner Tochter zu übertragen.[59] Ebenso

---

[56] *Attorney General of Hong Kong* v. *Humphreys Estate Ltd.* [1987] 2 All E.R. 387 (P.C.), *Cobbe* v. *Yeoman's Row Management Ltd.* [2008] 1 W.L.R. 1752. Ähnlich BGH 25. Feb. 1966, BGHZ 45, 179 in einem Fall, in dem die mündlichen Erklärungen nur in allgemein gehaltene Ausdrücke gekleidet waren und keine feste Zusage darstellten.

[57] BGH 22. Juni 1973, NJW 1973, 1455. – Eine andere Frage ist es, ob der Versprechensempfänger nicht in diesen Fällen von dem Versprechenden Schadensersatz oder Herausgabe desjenigen verlangen kann, um was dieser ungerechtfertigt bereichert ist.

[58] [1979] 2 All E.R. 945. Vgl. auch *Inwards* v. *Baker* [1965] 2 Q.B. 29, *Crabb* v. *Arun District Council* [1976] Ch. 179, *Greasley* v. *Cooke* [1980] 1 W.L.R. 1306.

[59] BGH 16. Feb. 1954, BGHZ 12, 286. Ebenso BGH 5. Feb. 1957, BGHZ 23, 249: Danach soll es »vor allem darauf ankommen, ob der [Versprechensempfänger] aufgrund der Zusage des [Versprechenden] ein erhebliches Opfer gebracht, insbesondere eine sichere Lebensstellung für sich und seine Familie aufgegeben hat« (S. 263).

ist in Fällen entschieden worden, in denen die eine Partei während der Verhandlungen über den Abschluss eines (später gescheiterten) Vertrages oder nach Abschluss eines formungültigen Vertrages ihren Kontrahenten zu erheblichen Vermögensdispositionen ermutigt oder solche Dispositionen gekannt und gebilligt hat.[60]

Die schweizerische Rechtsprechung geht in die gleiche Richtung. Danach kann in der Geltendmachung eines Formmangels der »offenbare Missbrauch eines Rechtes« liegen (Art. 2 II ZGB); dies wird von den Gerichten besonders dann angenommen, wenn der Vertrag von beiden Parteien vollständig oder in einem wesentlichen Teil erfüllt worden ist.[61] Zwar wird nicht ausdrücklich darauf abgestellt, ob im Vertrauen auf den Bestand des Vertrages Dispositionen getroffen worden sind. Das wird aber, wenn die Parteien bereits für längere Zeit im Besitz der einander erbrachten Leistungen gewesen sind, regelmäßig der Fall sein. So lag es in einer Entscheidung aus dem Jahre 1967:[62] Hier hatten die Parteien einen formungültigen Kaufvertrag über ein landwirtschaftliches Grundstück geschlossen; gleichzeitig hatte der Käufer das Grundstück dem Verkäufer verpachtet. 9 Jahre später berief sich der Käufer auf die Nichtigkeit des Vertrages und verlangte den Kaufpreis zurück. Das Bundesgericht wies die Klage ab, weil der Käufer den Kaufpreis bezahlt hatte, als Eigentümer im Grundbuch eingetragen worden war[63] und von dem Verkäufer Pachtzins gefordert und vereinnahmt hatte; umgekehrt hatte der Verkäufer das Grundstück jahrelang als Pächter bewirtschaftet.

In Deutschland finden wir aber auch Entscheidungen, in denen die Dispositionen des Versprechensempfängers keine Rolle spielen und stattdessen gefragt wird, ob die nachträgliche Berufung auf den Formfehler nach den Umständen des Falles als missbräuchlich oder illoyal anzusehen ist. Das zeigt ein Fall, in dem die Beklagte im Jahre 1943 zahlreiche Parzellen eines ihr gehörenden Grundstückes an Siedler verpachtet und ihnen in dem (schriftlichen, aber nicht notariell beurkundeten) Pachtvertrag versprochen hatte, dass sie ihnen das Eigentum an den Parzellen übertragen werde, sofern sie 5 Jahre lang ihre Vertragspflichten pünktlich erfüllen würden. Im Jahre 1952 erhob ein Siedler Klage auf Übereignung seiner Parzelle. Aus dem Sachverhalt ergibt sich nicht,

---

[60] BGH 30. Okt. 1961, WM 1962, 9; BGH 16. April 1962, WM 1962, 786.

[61] Vgl. BG 1. Nov. 1966, BGE 92 II 323; BG 21. März 1967, BGE 93 II 97; BG 14. März 1978, BGE 104 II 99; BG 25. März 1986, BGE 112 II 107; BG 24. Sept. 1986, BGE 112 II 330. Dies gilt jedenfalls dann, wenn die Parteien den Vertrag in Kenntnis seiner Ungültigkeit erfüllt haben, vielleicht aber auch dann, wenn sie den Vertrag irrtümlich für gültig hielten.

[62] BG 21. März 1967 (vorige N.).

[63] Nach deutschem Recht wird in einem solchen Fall der nichtige Kaufvertrag »geheilt« (313 Satz 2 BGB). Das setzt aber voraus, dass (zwar der Kaufvertrag formungültig, aber) die Auflassung gültig ist und der Käufer daraufhin durch Eintragung im Grundbuch erga omnes Eigentum erlangt hat.

ob der Kläger im Vertrauen auf das Versprechen der Beklagten vermögenswerte Dispositionen getroffen, also z.B. Verwendungen auf die Parzelle getätigt oder die Möglichkeit zum Erwerb eines anderen Grundstücks nicht genutzt hatte. Der Klage wurde gleichwohl stattgegeben, weil die Beklagte »mit dem ganzen Gewicht ihres Ansehens« den rechtsunkundigen und geschäftlich unerfahrenen Siedlern gegenübergetreten sei und in ihnen das Vertrauen auf eine gesicherte Rechtsstellung erweckt habe; unter diesen Umständen verstoße sie gegen Treu und Glauben, wenn sie »sich die Möglichkeit offengehalten hat und weiter offen hält, den Vertrag tatsächlich in der Schwebe und es jahrelang in ihrem Belieben zu lassen, ob sie den Vertrag erfüllen oder seine Nichtigkeit geltend machen will«.[64]

Für die englische Rechtsprechung ist es demgegenüber von entscheidender Bedeutung, ob sich der Versprechensempfänger auf die Erklärungen des Versprechenden »verlassen« und nachteilige Dispositionen getroffen, also – wie man auch sagt – einen »change of position« vorgenommen hat: »The promisee must have relied on the promise or representation to his detriment.«[65] Die Voraussetzungen eines *proprietary estoppel* liegen deshalb nicht vor, wenn der Versprechende beweisen kann, dass der Versprechensempfänger seine Dispositionen auch ohne die Zusage getroffen hätte, etwa deshalb, weil er an ihnen ein eigenes wirtschaftliches Interesse hatte[66] oder sich zu ihnen aufgrund seiner familiären Bindungen zu dem Versprechenden ohnehin verpflichtet fühlte. Weiterhin ist erforderlich, dass der Versprechensempfänger im Vertrauen auf die Zusage Dispositionen getroffen und dadurch seine Lage zu seinem Nachteil verändert hat, und zwar in einem solchen Ausmaß, dass es gerade deshalb unbillig wäre, wenn die Zusage des Versprechenden nunmehr als ungültig angesehen würde. Häufig bestehen solche Dispositionen darin, dass der Versprechensempfänger auf dem ihm versprochenen Grundstück ein Haus errichtet oder das versprochene Haus umgebaut oder modernisiert hat. Es kann aber auch ausreichen, wenn er im Vertrauen auf die Zusage Dienstleistungen für den Versprechenden oder seine Familie erbringt und im Zusammenhang damit seinen Beruf oder seine bisherige Wohnung aufgibt.[67]

Sind die Voraussetzungen eines *proprietary estoppel* gegeben, so steht es im Ermessen des Richters, welche Ansprüche er dem Versprechensempfänger zubilligen will. Dafür kommt es auf die Umstände des Einzelfalles an. Manchmal wird ein Anspruch auf Erfüllung gewährt, sei es auf Übertragung des Eigentums an dem versprochenen Grundstück,[68] sei es auf Einräumung eines lebens-

---

[64] BGH 18. Feb. 1955, BGHZ 16, 334, 338. Vgl. auch März BGH 27. Okt. 1967, BGHZ 48, 396 und BGH 29.3.1996, NJW 1996, 1884.
[65] *Treitel (-Peel)* no. 3-128. Vgl. auch *Gray* (oben N. 53) 793 ff.
[66] Vgl. *Taylors Fashions Ltd. v. Liverpool Victoria Trustees Co. Ltd.* [1982] Q.B. 133.
[67] Vgl. *Grant v. Edwards* [1986] Ch. 638 und ausführlich *Gray* (oben N. 53) 796 ff.
[68] So in *Pascoe v. Turner* (oben N. 58).

langen Rechts auf unentgeltliche Nutzung.[69] In anderen Fällen wird dem Versprechensempfänger lediglich ein Anspruch auf Geld zugebilligt, so z.B. dann, wenn er den Besitz an dem Grundstück inzwischen aufgegeben hat oder wenn der Wert seiner Dispositionen außer Verhältnis zu dem Wert des versprochenen Grundstücks steht. Auch hier hängt die Höhe des Anspruchs von den Umständen ab. Der Richter kann sich an den Aufwendungen orientieren, die der Versprechensempfänger – sei es in bar, sei es in Form von Diensten – geleistet hat; er kann aber auch den Vorteil abschöpfen, der dem Versprechenden dadurch entsteht, dass er das von dem Versprechensempfänger bebaute oder verbesserte Grundstück zu den heutigen Preisen verkaufen kann.[70]

Über ein ähnliches Ermessen verfügt auch der deutsche Richter. Wenn er den formungültigen Vertrag als wirksam aufrechterhält, so muss er zwar den Erfüllungsanspruch gewähren. Wenn er aber den Vertrag als ungültig ansieht, so bedeutet das keineswegs, dass der Versprechensempfänger stets leer ausgeht. Vielmehr steht ihm ein Anspruch aus ungerechtfertigter Bereicherung zu, soweit er in Erfüllung des ungültigen Vertrages – und daher ohne rechtlichen Grund – Leistungen an den Versprechenden erbracht hat (§ 812 BGB). Daneben hat die Rechtsprechung dem Versprechensempfänger auch einen Anspruch auf Schadensersatz aus culpa in contrahendo zugebilligt. Das geschieht freilich nur in seltenen Fällen. Denn der Zweck der Formvorschrift liegt darin, jeder Partei ihre Entschließungsfreiheit zu sichern, solange der Vertrag nicht notariell beurkundet ist; dieser Zweck würde aber verfehlt, wenn eine Partei zwar die Verhandlungen abbrechen könnte, aber ihrem Verhandlungspartner Schadensersatz leisten müsste.[71] Wenn jedoch eine geschäfts- und rechtskundige Partei im Laufe der Vertragsverhandlungen ihrem unerfahrenen Kontrahenten das Zustandekommen des Vertrages als sicher hinstellt, ihm ein von ihr selbst entworfenes Schriftstück vorlegt und weiß, dass er durch seine Unterschrift eine gesicherte Rechtsposition zu erwerben glaubt, und wenn sie ihn vielleicht auch noch dazu ermuntert, Dispositionen zu treffen, so verletzt sie damit ihre Verpflichtung, den Kontrahenten über die Risiken des Geschäfts so aufzuklären, wie man dies von einem vernünftigen Menschen in gleicher Lange verlangen muss.[72] Zwar kommt es in einem solchen Fall auch in Betracht, den Vertrag als gültig aufrechtzuerhalten und dem Versprechensempfänger den Erfüllungsanspruch zuzubilligen. Welchen Weg der Richter geht, hängt davon ab, was er nach den Umständen für angemessen hält. Hat also ein großes gemeinnütziges Wohnungsunternehmen sich schriftlich zur Übereignung eines Grundstücks

---

[69] So in *Inwards* v. *Baker* und *Greasley* v. *Cooke* (oben N. 58).

[70] Vgl. dazu ausführlich *Treitel (-Peel)* no. 3-138 ff.

[71] Vgl. oben S. 122 und BGH 18. Okt. 1974, NJW 1975, 43; BGH 8. Okt. 1982, WM 1982, 1436.

[72] BGH 29. Jan. 1965, NJW 1965, 812; BGH 16. Feb. 1965, WM 1965, 674; BGH 19. April 1967, WM 1967, 798.

verpflichtet und dem rechtlich unerfahrenen Käufer nachdrücklich versichert, dass damit alles seine Ordnung habe, so wird zwar im allgemeinen ein Schadensersatzanspruch ausreichen,[73] dagegen ein Erfüllungsanspruch zu gewähren sein, wenn der Käufer in vorgerücktem Alter steht, das versprochene Haus seinen Alterssitz bilden sollte, er seine gesamten Ersparnisse als Kaufpreis hingegeben hat und befürchtet werden muss, dass, falls man ihn mit einem Schadensersatzanspruch abfindet, er sich erst noch ein anderes Haus suchen müsste und darüber hinwegsterben würde.[74]

Es mag sein, dass die deutsche und englische Rechtsprechung in dieser schwierigen Frage weithin zu den gleichen Ergebnissen kommt. Man sollte aber nicht verkennen, dass es doch auch gewisse – vielleicht charakteristische – Unterschiede gibt. Sie liegen vor allem darin, dass man in England streng an dem Erfordernis einer »detrimental reliance« festhält, und dass die deutsche Rechtsprechung eher dazu bereit ist, einer Partei die Berufung auf die Formungültigkeit des Vertrages als treuwidrig zu verbieten, wenn sie ihrem rechtlich unerfahrenen Kontrahenten das Geschäft als vollkommen gefahrlos hingestellt hat, später aber gleichwohl von ihm abrücken möchte. Die englischen Richter scheinen hier einen robusteren Standpunkt zu vertreten. In *Taylors Fashions*[75] hatten die Kläger das behauptete Grundstücksrecht mangels Registrierung nicht erworben. Freilich hatten auch die Beklagten die Registrierung nicht für erforderlich gehalten und das streitige Recht jahrelang als zugunsten der Kläger gültig entstanden angesehen. Gleichwohl beriefen sie sich jetzt auf die Ungültigkeit des Rechts. Richter *Oliver* machte keinen Hehl daraus, dass die Position der Beklagten

»is not one which impresses itself upon one immediately as overburdened with merit, and the first impression is not significantly improved by a closer examination of the background. But if they are right in law and if there is no equity which assists the plaintiffs, it is no part of a judge's function to seek to impose upon a party to litigation his own idiosyncratic code of commercial morality.«[76]

---

[73] BGH 29. Jan. 1965 (vorige N.).
[74] BGH 21. April 1972, NJW 1972, 1189.
[75] Oben N. 66.
[76] AaO S. 135.

§ 6 Vertragsauslegung

I. Einleitung

Wörter werden oft anders verstanden als sie gemeint sind. Die Bedeutung einer in Worte gefassten Erklärung hängt wesentlich von den Vorstellungen ab, die sich der Erklärende und der Erklärungsadressat von dem Sinn der Worte gemacht haben. Da diese Vorstellungen bei jedem Menschen durch seine besonderen Kenntnisse und Erfahrungen, auch durch seine Neigungen, Absichten und Interessen geprägt sind, kommt es oft dazu, dass eine und dieselbe Erklärung von demjenigen, zu dessen Kenntnis sie gelangt, anders verstanden wird als von ihrem Urheber. Die Literaturwissenschaft, aber auch viele andere geisteswissenschaftliche Disziplinen beschäftigen sich deshalb immer wieder mit dem Phänomen, dass einem bestimmten Text – einem Gedicht, einem Roman, einem philosophischen Werk – von seinem Autor eine andere Bedeutung beigelegt wird als von seinen Lesern, und dass das Verständnis der Leser früher ein anderes war als heute und hier ein anderes ist als anderswo. Auch der Jurist muss sich mit diesem Sachverhalt immer wieder auseinandersetzen. Für ihn ergibt sich allerdings ein besonderes Problem daraus, dass die Texte, mit denen er es zu tun hat, rechtliche Geltung beanspruchen, sei es, weil sie als *Gesetzestexte* für alle Bürger, sei es, weil sie als *Vertragstexte* für die Parteien des Vertrages eine verbindliche Ordnung schaffen wollen. Deshalb muss der Jurist, auch wenn das noch so schwierig ist, bestrebt sein, dem Text einen einheitlichen, für alle Beteiligten gleichen Sinn zu geben.

Soweit es um Verträge geht, nennt man die Feststellung dieses Sinns *Vertragsauslegung*.[1]

II. »Willenstheorie« v. »Erklärungstheorie«

Die Vertragsauslegung hat es in der Regel mit Fällen zu tun, in denen zwar feststeht, welche mündlichen oder schriftlichen Erklärungen die Parteien abgegeben haben, sie sich aber darüber streiten, welches der wirkliche Sinn der Erklärungen ist. Es liegt auf der Hand, dass hier die Auslegung der Erklärungen prinzipiell von zwei entgegengesetzten Standpunkten aus erfolgen kann. Die eine Auffassung wird dem *Willen* der Parteien den Vorrang einräumen, und sie wird dies damit begründen, dass nach dem Prinzip der Parteiautonomie rechtliche Bindungen grundsätzlich durch den frei gebildeten Willen des Menschen erzeugt würden und in ihm ihren eigentlich Geltungsgrund fänden: »Denn eigentlich muss der Wille als das einzig Wichtige und Wirksame gedacht werden, und nur, weil er ein inneres und unsichtbares Ereignis ist, bedürfen wir eines Zeichens, woran er erkannt werden könne.«[2] Die andere Auffassung wird statt dessen in erster Linie den äußeren Tatbestand der *Erklärung* für maßgeblich halten, weil es aus Gründen des Verkehrs- und Vertrauensschutzes nicht darauf ankommen dürfe, was der Erklärende gewollt habe, sondern darauf, wie seine Erklärung verstanden worden ist.

Schon im römischen Recht hat die Auslegungsmethode zwischen diesen beiden Polen geschwankt. Historisch älter ist die am Äußeren haftende Wortinterpretation. Im älteren römischen Recht konnten viele rechtliche Bindungen überhaupt nur dadurch begründet werden, dass bestimmte Handlungen vorgenommen oder bestimmte Worte oder Spruchformeln gebraucht wurden: Hier ist offensichtlich, dass es für den Eintritt der rechtlichen Wirkung nur auf die Handlungen, Worte oder Formeln selbst, nicht auf die Vorstellungen ankommen konnte, die der Handelnde oder Sprechende mit ihnen verband. Allmählich begann aber auch der Wille der Parteien eine Rolle für die Auslegung zu

---

[1] Vgl. *C.-W. Canaris/H.C. Grigoleit*, Interpretation of Contracts, in: A. Hartkamp u.a. (Hrsg.), Towards a European Civil Code (4. Aufl. 2011) 587; *S. Ferreri*, The Interpretation of Contracts from a European Perspective, in: R. Schulze (Hrsg.), Informationspflichten und Vertragsschluss im Acquis communautaire (2003) 117; *N. Kornet*, Contract Interpretation and Gap Filling (2006); *J.H. Herbots*, Interpretation of Contracts, in: J.M. Smits (Hrsg.), Elgar Encyclopedia of Comparative Law (2006) 325; *S. Vogenauer*, Auslegung von Verträgen in: HWB des Europäischen Vertragsrechts (2009) 135; *S. Vogenauer*, Interpretation of Contracts: Concluding Comparative Observations, in: A. Burrows, E. Peel (Hrsg.), Contract Terms (2007) 123; *R. Zimmermann*, Die Auslegung von Verträgen: Textstufen transnationaler Modellregelungen, in: T. Lobinger (Hrsg.), Festschrift für E. Picker (2010) 1353.

[2] *Savigny*, System des heutigen römischen Rechts III (1840) 258.

spielen, und neben den Satz »Cum in verbis nulla ambiguitas est, non debet admitti voluntatis quaestio«[3] trat die Auslegungsmaxime: »In conventionibus contrahentium voluntatem potius quam verba spectari placuit.«[4] Unter dem Einfluss der griechischen Moralphilosophie und der christlichen Tugendlehre verlor in der spätrömischen Zeit die streng am Äußeren haftende Auslegung mehr und mehr an Boden. Nicht mehr auf die »verba«, sondern auf die »voluntas« sollte es jetzt vor allem ankommen. Als Justinian im 6. Jahrhundert nach Christus den Befehl gab, als Herzstück der von ihm beabsichtigten Kodifikation des römischen Rechts repräsentative Auszüge aus klassischen Juristenschriften zusammenzustellen, war diese »subjektive« Auslegungsmethode die herrschende. Die Fachleute nehmen daher an, dass viele der überlieferten Texte bei dieser Gelegenheit nachträglich im Sinne der neueren, damals als fortschrittlich geltenden »subjektiven« Lehre verändert (»interpoliert«) worden sind.[5]

Die Spannung zwischen einer eher »subjektiven« und einer stärker »objektiven« Auslegung – oder (wie man später sagte) zwischen der »Willenstheorie« und der »Erklärungstheorie« – lässt sich durch die gesamte europäische Rechtsgeschichte hindurch verfolgen. Im juristischen Schrifttum – ob auch in der juristischen Praxis, ist zweifelhaft – herrschte bis zum Ende des 19. Jahrhunderts die »subjektive« Auslegung vor. Sie fand auch Eingang in den Code civil. So bestimmt Art. 1156: »On doit dans les conventions rechercher qu'elle a été la commune intention des parties contractantes, plutôt que de s'arrêter au sens littéral des termes.« Zwar haben die meisten neueren Zivilgesetzbücher an dieser Regel festgehalten. So heißt es in § 133 BGB, dass bei der Auslegung einer Willenserklärung »der wirkliche Wille zu erforschen und nicht an dem buchstäblichen Sinne des Ausdrucks zu haften« sei. Sie haben sie aber häufig durch eine weitere, stärker auf die »objektive« Bedeutung des Erklärten abhebende Regel ergänzt und es damit dem Richter überlassen, diesen Widerspruch in jedem Einzelfall aufzulösen. So findet sich im Bürgerlichen Gesetzbuch neben § 133 auch noch § 157, wo es heißt, dass Verträge so auszulegen seien, »wie Treu und Glauben mit Rücksicht auf die Verkehrssitte es erfordern«. Das österreichische ABGB nennt beide Auslegungsregeln sogar in einer und derselben Vorschrift: Gemäß § 914 ist einerseits »nicht an dem buchstäblichen Sinn des Ausdrucks zu haften, sondern die Absicht der Parteien zu erforschen«, andererseits aber der Vertrag »so zu verstehen, wie es der redlichen Übung des Verkehrs entspricht«.

Einverständnis besteht immerhin über den besonderen Fall, in dem die Parteien dem von ihnen gewählte Ausdruck eine andere als die allgemein übliche Bedeutung beigelegt haben. Hier gilt das von den Parteien gemeinsam Ge-

---

[3] *Paulus* D. 32.25.1.
[4] *Papinian* D. 50.16.219.
[5] Vgl. zum ganzen die anschauliche Darstellung bei *Zimmermann* 621 ff.

wollte, nicht dasjenige, was sie erklärt haben: *Falsa demonstratio non nocet.*[6] Haben also die Parteien die verkaufte Ware in dem Vertrag als »Haakjöringsköd« bezeichnet – das bedeutet, richtig übersetzt: Haifischfleisch –, haben sie aber beide unter diesem Begriff »Walfischfleisch« verstanden, so gilt der Vertrag als über »Walfischfleisch« geschlossen; daher kann der Käufer Schadensersatz wegen Nichterfüllung verlangen, wenn ihm vom Verkäufer Haifischfleisch angedient wird.[7] Ebenso wird entschieden, wenn in einem Grundstückskaufvertrag nicht das von den Parteien wirklich gemeinte, sondern versehentlich ein anderes Grundstück als verkauft bezeichnet worden ist.[8] Auch das Common Law hält in einem solchen Fall den gemeinsamen Willen der Parteien für maßgeblich, allerdings nicht aufgrund einer »Auslegung« des Vertrages, sondern deshalb, weil die *rectification* des Vertrages verlangt werden kann, wenn eine Partei nachweist, dass bei Abschluss des Vertrages ein *consensus ad idem* – »a continuing common intention« – tatsächlich bestanden, aber im Text des Dokuments keinen Ausdruck gefunden hat.[9] Das gilt auch dann, wenn der wirkliche Wille der einen Partei vom Wortlaut des Vertragstextes abweicht und die andere Partei diesen »einseitigen Irrtum« ihres Kontrahenten erkannt und den Vertrag gleichwohl abgeschlossen hat.[10] Die gleiche Lösung findet sich in Art. 8 CISG. Danach kommt es für die Auslegung der Erklärungen einer Partei – also auch der Erklärungen, die sie zum Zweck des Vertragsabschlusses abgegeben hat – auf ihren Willen an, sofern die andere Partei »diesen Willen kannte oder darüber nicht in Unkenntnis sein konnte.« Ebenso Art. 5:101 PECL. Maßgeblich ist danach für die Vertragsauslegung die »common intention of the parties even if this differs from the literal meaning of the words.« Dies gilt auch dann, wenn nur die eine Partei den Wortlaut des Vertrages einen bestimmten Sinn gegeben hat, sofern bewiesen werden kann, dass »at the time of the conclusion of the contract the other party could not have been unaware of the first party's intention.«[11]

---

[6] So ausdrücklich Art. 1281 II span. CC und Art. 236 II port. CC.

[7] RG 8. Juni 1920, RGZ 99, 147.

[8] BGH 25. März 1983, BGHZ 87,150.

[9] Vgl. *Craddock* v. *Hunt* [1923] 2 Ch. 136 (C.A.) und allgemein zur »rectification« *Treitel (-Peel)* no. 8-059 ff.

[10] Vgl. *Treitel (-Peel)* no. 8-067 ff. Ebenso die deutsche Rechtsprechung, vgl. z.B. BGH 20. Nov. 1992, NJW-RR 1993, 373.

[11] So Art. 5:101 (2) PECL. Ebenso Art. 4.2 (1) PICC; Art. 34 (2) CEC; Art. II.-8:101 (2) DCFR; Art. 58 (2) CESL. Ebenso BGH 20. Nov. 1992, NJW-RR 1993, 373.

III. Objektive Auslegung

Verträge, in denen die Parteien das übereinstimmend Gewollte versehentlich falsch oder unklar bezeichnet haben, gelangen selten vor die Gerichte, weil die Parteien in solchen Fällen den Vertrag in der Regel so durchführen werden, wie er von ihnen gemeint war. Viel öfter kommt es vor, dass die Parteien sich zwar auf eine bestimmte Formulierung geeinigt haben, jede von ihnen ihr aber einen anderen Sinn beilegt, sei es, dass die unterschiedliche Auffassung der Parteien schon bei Vertragsabschluss bestand (freilich von ihnen nicht bemerkt oder in der Hoffnung, es werde nicht darauf ankommen, von ihnen hingenommen worden ist), sei es, dass die Parteien erst später einen Anlass haben, sich Gedanken über ihre genaue Tragweite zu machen und erst dann zu einem unterschiedlichen Ergebnis kommen. Wie ist hier zu entscheiden?

Sicher ist, dass in diesen Fällen die Ermittlung des »gemeinsamen Willens« der Parteien nicht zum Ziel führt, jedenfalls dann nicht, wenn man darunter ihren wirklichen, empirisch vorhandenen Willen versteht. Einig ist man sich auch darüber, dass einer Erklärung nicht einfach diejenige Bedeutung beigelegt werden darf, die ihr der Erklärende oder der Erklärungsempfänger bei Vertragsabschluss gegeben hat oder heute gibt. Maßgeblich ist vielmehr diejenige Bedeutung, die der Erklärung von einem vernünftigen Menschen gegeben würde, von dem man sich vorstellen muss, er befinde sich in der Lage des Erklärungsadressaten und habe sich unter Berücksichtigung des Wortlauts der Erklärung und aller anderen dafür maßgeblichen und ihm erkennbaren Umstände ein Urteil über ihren Inhalt zu bilden. So formuliert es auch Art. 8 CISG. Kann ein gemeinsamer Wille der Parteien nicht festgestellt werden (Abs. 1) – das ist der Regelfall –, so ist die Erklärung so auszulegen, »wie eine vernünftige Person der gleichen Art wie die andere Partei sie unter den gleichen Umständen aufgefasst hätte« (Abs. 2); dabei sind »alle erheblichen Umstände zu berücksichtigen, insbesondere die Verhandlungen zwischen den Parteien, die zwischen ihnen entstandenen Gepflogenheiten, die Gebräuche und das spätere Verhalten der Parteien« (Abs. 3).

Wenn sich also z.B. ein im Außenhandel tätiger Kaufmann für die aus einem Exportgeschäft entstandene Kaufpreisforderung verbürgt, indem er dem Verkäufer »Zahlung auf erstes Anfordern« verspricht, so muss er entsprechend der Bedeutung, die dieser nur im Außenhandelsverkehr üblichen Klausel im geschäftlichen Verkehr beigelegt wird, Zahlung leisten, sobald sie vom Verkäufer angefordert wird; Einwendungen, die er gegen den Anspruch haben mag, kann er erst in einem nachfolgenden Rückforderungsprozess geltend machen. Das gilt auch dann, wenn dem Bürgen die technische Bedeutung dieser Klausel unbekannt war. Wird hingegen durch die Bürgschaft ein gewöhnliches Darlehen gesichert und handelt es sich bei dem Bürgen um die geschäftlich unerfahrene Ehefrau des Darlehensnehmers, so muss man die Erklärung als einfache Bürg-

schaft auslegen und es daher der Bürgin gestatten, dass sie sich mit allen Einreden verteidigt, mit denen sich auch der Darlehensnehmer verteidigen könnte.
Nicht nur durfte sie ihre Bürgschaftserklärung unter den hier gegebenen Umständen als einfache Bürgschaft verstehen; auch der Gläubiger musste sich als
vernünftiger Mensch sagen, dass sie sie so verstehen würde.[12]

Diese oder ähnliche Regeln sind überall anerkannt und manchmal auch gesetzlich fixiert. So bestimmt Art. 207 des ungarischen Zivilgesetzbuchs, dass
eine vertragliche Erklärung so auszulegen ist, wie »die andere Partei sie unter Berücksichtigung der allgemein akzeptierten Bedeutung der verwendeten
Worte verstehen konnte; dabei sind die vermutliche Absicht des Erklärenden
und die Umstände des Falles zu beachten.« Zu berücksichtigen sind insbesondere auch die »Verkehrssitte«, die Gebote von »Treu und Glauben«[13] und die
»Übung des redlichen Verkehrs.«[14] Auch die internationalen Regelwerke enthalten lange, im Wesentlichen übereinstimmende Kataloge von »erheblichen Umständen«, die bei der Vertragsauslegung zu berücksichtigen sind. Dazu zählen die
Art und der Zweck des Vertrages, die Auslegung, die die Parteien der in Rede
stehenden Vereinbarung in früher geschlossenen Verträgen bereits gegeben haben, ferner die dem Vertrag vorangegangenen Vorverhandlungen der Parteien,
schließlich auch ihr nachvertragliches Verhalten, sofern es Licht auf den Sinn der
streitigen Vereinbarung wirft.[15]

Die englische Rechtsprechung geht schon seit langem davon aus, dass es für
die Auslegung eines schriftlichen Vertrages auf diejenige Bedeutung ankommt,
die vernünftige Personen unter den gleichen Bedingungen der auslegungsbe-
dürftigen vertraglichen Vereinbarung gegeben hätten: »Interpretation is the
ascertainment of the meaning which the document would convey to a reasonable person having all the background knowledge which would reasonably have
been available to the parties in the situation in which they were at the time of
the contract.«[16] Zu dem »background«, den eine vernünftige Person zur richtigen
Auslegung des Vertrages heranziehen muss, zählen der Zweck, den die Parteien

---

[12] BGH 12. März 1992, NJW 1992, 1446.

[13] § 157 BGB; Art. 1366 Codice civile.

[14] § 914 ABGB.

[15] Vgl. Art. 5:102 PECL; Art. 4.3 PICC; Art. II.-8:102 (1) DCFR; Art. 59 CESL. Davon macht Art. II.-8:102 (2) DCFR eine Ausnahme, wenn ein *Dritter* sich auf den äußeren
Wortlaut des Vertrages verlassen hat und verlassen durfte: In einem solchen Fall dürfen
Umstände, die dem Vertrag eine andere Bedeutung geben, als er sie nach seinem äußeren
Wortlaut hat, nur insoweit berücksichtigt werden, als sie der Dritte kannte oder kennen
musste. Ob eine solche Regelung erforderlich ist, kann man aber bezweifeln. Denn zu
den Umständen, die eine vernünftige Person bei der Auslegung zu beachten hat, kann es
auch gehören, dass ein Dritter im Vertrauen auf den Vertrag Dispositionen treffen wird
und sich dabei auf eine bestimmte Bedeutung des Vertragstexts verlassen darf.

[16] *Investors Compensation Scheme Ltd.* v. *West Bromwich Building Society* [1998] 1 W.L.R.
896, 912–913 (*Lord Hoffmann*).

mit dem Geschäft verfolgt haben, die tatsächlichen Umstände, unter denen der Vertrag geschlossen worden ist, die Handelsgewohnheiten und darüber hinaus »absolutely anything which would have affected the way in which the language of the document would have been understood by a reasonable man.«[17] Daraus könnte man den Schluss ziehen, dass auch im englischen Recht zur Vertragsauslegung alle »erheblichen Umstände« heranzuziehen sind, wie sie z.B. in Art. 8 Abs. 3 CISG und (noch ausführlicher) in Art. 5:102 PECL genannt werden. So verhält es sich aber nicht. Mit »absolutely anything« ist – wie *Lord Hoffmann* in einer späteren Entscheidung des House of Lords klargestellt hat – nicht dasjenige gemeint, was sich aus den *vorvertraglichen Verhandlungen* der Parteien für die Auslegung des Vertrages ergeben könnte.[18] Dies wird auf die Überlegung gestützt, dass die Erklärungen, die die Parteien im Zuge der Vertragsverhandlungen abgegeben haben, oft nur einseitige Erwartungen wiedergeben, als bloß vorläufig gemeint sind und später wieder aufgegeben und am Ende durch den allein maßgeblichen Vertrag ersetzt werden. Das ist sicherlich richtig, muss aber nicht dazu führen, dass vorvertragliche Verhandlungen als Mittel der Vertragsauslegung ganz ausgeschlossen werden, sondern nur dazu, dass der Richter ihren Beweiswert mit großer Zurückhaltung beurteilen muss.[19]

Wie liegt es, wenn die Auslegung eines schriftlichen Vertrages nach den hier dargestellten Regeln zu einem bestimmten Ergebnis führt, aber von einer Partei behauptet wird, es sei vor oder bei Abschluss des Vertrages eine *zusätzliche Vereinbarung* getroffen worden, die ihm einen anderen Inhalt gibt, als er ihm nach seinem (richtig ausgelegten) Text zukommt? Darf die Partei zum Beweis ihrer Behauptung Dokumente vorlegen oder Zeugen benennen? Muss das Ge-

---

[17] So *Lord Hoffmann* in *Investors Compensation Scheme* (vorige N.) 913.

[18] *Chartbrook Ltd.* v. *Persimmon Houses Ltd.* [2009] 3. W.L.R. 267. – Ebenfalls unzulässig ist es, zum Zweck der Vertragsauslegung auf das *nachvertragliche Verhalten* der Parteien abzustellen. Zur Begründung dieser Regel heißt es in *Whitworth Street Estates Ltd.* v. *James Miller & Partners* [1970] A.C. 583, dass, würde man anders entscheiden, »one might have the result that a contract meant one thing the day it was signed, but by reason of subsequent events meant something different a month or a year later« (*Lord Reid* auf S. 603). Ebenso auch *Schuler* v. *Wickman Machine Tool Sales Ltd.* [1974] A.C. 235. Anders aber Art. 5:102 (b) PECL, 4.3 (c) PICC, 59 (b) CESL und 8 (3) CISG. Anders auch die deutsche Rechtsprechung. Vgl. z.B. BGH 7.12.2006, NJW-RR 2007, 529. Dort wird mit Recht klargestellt, dass Behauptungen über das nachvertragliche Verhalten einer Partei nur dann für die Vertragsauslegung schlüssig sind, wenn sich aus ihnen ergibt, dass der gemeinsame Parteiwille *schon bei Abschluss des Vertrages* in die behauptete Richtung ging.

[19] So wohl auch *E. McKendrick*, The Interpretation of Contracts: Lord Hoffmann's Restatement, in: S. Worthington (Hrsg.), Commercial Law and Commercial Practice (2003) 139, 155 f. Vgl. auch *H. Kötz*, Vorvertragliche Verhandlungen und ihre Bedeutung für die Vertragsauslegung, ZEuP 2013, 777. *Lord Hoffmann* stützt sich ferner auf die Befürchtung, dass sich die Kosten der Prozessführung vor den Gerichten und Schiedsgerichten erheblich erhöhen würden, wenn die vorvertraglichen Verhandlungen bei der Auslegung berücksichtigt werden dürften; vgl. auch dazu *Kötz* a.a.O. S. 783 ff.

richt diese Dokumente prüfen und die Zeugen anhören? In den kontinentaleuropäischen Rechtsordnungen wird diese Frage bejaht, auch wenn die Vermutung
der Vollständigkeit und Richtigkeit der schriftlichen Vertragsurkunde schwierig
zu widerlegen ist; in Frankreich kann die Vernehmung von Zeugen auch schon
nach Art. 1341 Code civil unzulässig sein.[20] Im Common Law wird demgegenüber angenommen, dass es für die Rechtssicherheit im kaufmännischen Verkehr
von großer Bedeutung sei anzunehmen »that parties who have reduced a contract to writing [are] bound by that writing and that writing alone«; daher besagt
die *parol evidence rule*, dass bei schriftlichem Vertragsschluss jeder Beweis für das
Zustandekommen einer zusätzlichen vertragsabändernden Vereinbarung ausgeschlossen sei. Freilich wird auch im Common Law anerkannt, dass die *parol evidence rule* zu Ungerechtigkeiten führen kann. Die Rechtsprechung hat sie deshalb
in so vielen Fällen für unanwendbar gehalten, dass die Law Commission sie zur
Abschaffung empfohlen hat und heute angenommen wird, es sei »highly unli-
kely that the parol evidence rule will preclude a party from leading evidence on
terms which were intended to be part of the contract.«[21]

Mit den bisher dargestellten Regeln steht es nicht in Widerspruch, dass in
den gesetzlichen Vorschriften vieler Rechtsordnungen, aber auch in Art. 5:101
PECL die Behauptung aufgestellt wird, Ziel der Vertragsauslegung sei die Ermittlung des »gemeinsamen Willens der Parteien«. Besonders in Frankreich gehen sowohl Rechtsprechung wie Lehre davon aus, dass es bei der Auslegung
eines Vertrages – wie in Art. 1156 Code civil vorgeschrieben – um die Aufde-
ckung der »commune intention des parties contractantes« geht. Aber ebenso
anerkannt ist, dass, wenn ein solcher gemeinsamer Wille der Parteien tatsächlich nicht vorhanden ist, der Richter den »hypothetischen« Parteiwillen zu ermitteln[22] oder sich an dasjenige zu halten hat, was unter Berücksichtigung aller
subjektiven und objektiven Umstände als von den Parteien vernünftigerweise
gewollt angesehen werden muss.[23] In der Tat spricht der Code civil nicht nur

---

[20] Vgl. dazu S. 114 ff.

[21] So *McKendrick* (oben N. 19) 185. Vgl. auch *Treitel (-Peel)* no. 6:012 ff.; *Vogenauer*,
Interpretation of Contracts (oben N. 1) 135 ff. In den internationalen Regelungswerken
findet man daher keine Bestimmung, die der parol evidence rule entspricht. Anders liegt
es, wenn in dem schriftlichen Vertrag durch eine *Parteivereinbarung* – eine sogenannte
»merger clause« – ausdrücklich bestimmt wird, dass der Vertrag »vollständig« sei. In einem solchen Falle darf ein Beweis über zusätzliche mündliche oder schriftliche Vereinbarungen oder Erklärungen nur zum Zweck der Auslegung des schriftlichen Vertrages,
nicht aber zu dem Zweck des Nachweises einer ihn abändernden oder ergänzenden Vereinbarung erhoben werden. Vgl. dazu im Einzelnen Art. 2:105 PECL; Art. 2.1.17 PICC;
Art. II.-4:104 DCFR; Art. 72 CESL und *O. Meyer*, Die privatautonome Abbedingung
der vorvertraglichen Abreden, RabelsZ 72 (2008) 562.

[22] So *Simler*, Interprétation des contrats, in: J.Cl. Art. 1156 à 1164 (Contrats et obligations en général, Fasc. 29 à 36) no. 24.

[23] So *Larroumet* no. 141. Ähnlich *Rieg*, Le rôle de la volonté dans l'acte juridique en
droit civil français et allemand (1961) 367: »Telle est la doctrine française de l'interpréta-

in Art. 1156 vom »gemeinsamen Willen« der Parteien, sondern er weist den
Richter auch an – ebenso wie § 157 BGB –, »objektive« Umstände zu berücksichtigen, also z.B. unklare Vertragsklauseln so auszulegen, wie dies dem »Sinn
des Vertrages« oder den »Übungen« entspricht (Art. 1158–1160). Auch heißt es
in Art. 1135, dass eine Vertragspartei nicht nur dasjenige leisten muss, was in
dem Vertrag ausdrücklich ausgesprochen wird, sondern auch, was »Billigkeit,
Übung oder Gesetz« je nach der Art des Vertrages erfordern. Da der Richter
einen real vorhandenen gemeinsamen Parteiwillen nur selten wird feststellen
können, lässt es sich in der Praxis gar nicht vermeiden, auf »objektive« Gesichtspunkte abzuheben, also zu prüfen, wie die betreffende Erklärung nach
ihrem Wortlaut und nach den Umständen von einem vernünftigen Menschen
gewöhnlich verstanden werden musste und durfte. Dem steht nicht entgegen,
dass er das danach gefundene Ergebnis in der Urteilsbegründung als »commune
intention des parties contractantes« ausgeben wird.[24]

Lässt sich ein gemeinsamer Parteiwille nicht feststellen – das ist der Regelfall –, so kommt es für die Auslegung des Vertrages auf diejenige Bedeutung
an, die »reasonable persons of the same kind as the parties would give to it in
the same circumstances« (so Art. 5:101 PECL). Das gilt nicht nur dann, wenn
die auslegungsbedürftige Vertragsklausel mehrdeutig ist, sondern auch dann,
wenn sie nach ihrem Wortlaut »klar und eindeutig« zu sein scheint. Zwar finden sich hier und da ältere Gerichtsentscheidungen, in denen es noch heißt, dass
eine Auslegung nicht in Betracht komme, »wenn der Wortlaut der Urkunde ein
völlig klarer und unzweideutiger ist und einen Zweifel über den Sinn des darin
Erklärten nicht übrig lässt«.[25] Auch der französische Kassationshof überlässt die
Auslegung des Vertrages, weil es sich dabei um eine Tatsachenfrage handelt,
den unteren Gerichten, macht davon aber eine Ausnahme, wenn sich zeigt, dass
der Instanzrichter einer »clause claire et précise« – vielleicht unter Berufung auf
den gemeinsamen Parteiwillen – einen anderen Sinn gegeben hat, als er ihn ihr
nach ihrem klaren Wortlaut hätte geben dürfen.[26] Allerdings hängt die Frage,
ob eine Vertragsklausel wirklich »klar und eindeutig« ist, auch nach Ansicht

tion des actes juridiques: rechercher avant toute chose la volonté des auteurs d'un acte, et
si cette recherche ne donne pas des résultats, appliquer les règles objectives d'interprétation formulées dans le code civil.« Aufgrund einer sorgfältigen Analyse kommt *Rieg* daher zu dem Ergebnis, dass zwar die deutsche und französische Doktrin von unterschiedlichen Positionen ausgeht, die Rechtsprechung in den beiden Ländern aber im wesentlichen zu den gleichen praktischen Ergebnissen kommt; vgl. aaO no. 365 und 419.

[24] Vgl. *Mazeaud (-Chabas)* no. 351: »Prenant prétexte de déceler l'intention des parties
à travers des clauses ambiguës ou dans le silence du contrat, [le juge] prête aux contractants des intentions équitables.«

[25] So RG 28. Okt. 1911, JW 1912, 69; ebenso RG 8. Nov. 1918, JW 1919, 102, 103.

[26] Civ. 15. April 1872, D.P. 1872.1.176; Civ. 14. Dez. 1942, D. 1944.112 mit Anm. *Le-
rebours-Pigeonnière*. Auch Art. 1138 des Reformentwurfs Catala bestimmt, dass klare und
eindeutige Vertragsklauseln der Auslegung nicht zugänglich seien.

des Kassationshofs nicht allein von ihrem Wortlaut, sondern auch vom Zweck des Vertrages und den Umständen ab, unter denen ihn die Parteien geschlossen haben. Deshalb soll mit der Regel von den »clauses claires et précises« nur klargestellt werden, dass sich der Kassationshof zur Aufhebung einer Entscheidung für berechtigt hält, wenn sie nach seiner Meinung auf einem besonders gravierenden Auslegungsfehler beruht.[27] Gleichwohl muss es bei dem Grundsatz bleiben, dass bei der Auslegung eines schriftlichen Vertrages zunächst einmal vom Wortlaut des Dokuments auszugehen ist. Die deutsche Rechtsprechung hat dafür die Formel entwickelt, nach der zwar eine »Vermutung für die Vollständigkeit und Richtigkeit der Urkunde« spricht, sofern »der Urkundtext nach Wortlaut und innerem Zusammenhang unter Berücksichtigung der Verkehrssitte ... einen bestimmten Geschäftsinhalt zum Ausdruck bringt«. Diese Vermutung ist aber widerleglich. Wer zu seinem Vorteil behauptet, dass der Vertrag einen anderen Geschäftsinhalt habe, darf sich dazu auf »außerhalb der Urkunde liegende Mittel der Auslegung« berufen, indem er, was praktisch nicht einfach ist, den Beweis dafür erbringt, dass die Parteien ausnahmsweise mit ihrer Vereinbarung einen vom Wortlaut abweichenden Sinn verbunden haben.[28] Ebenso verfährt die neuere englische Rechtsprechung. Auch sie geht davon aus, dass grundsätzlich diejenige Bedeutung maßgeblich ist, die der gewählten Formulierung nach dem gewöhnlichen Sprachgebrauch zukommt. Dies beruht auf der

»common sense proposition that we do not easily accept that people have made linguistic mistakes, particularly in formal documents. On the other hand, if one would nevertheless conclude from the background that something must have gone wrong with the language, the law does not require judges to attribute to the parties an intention which they plainly could not have had«.[29]

Wir fassen zusammen: Der Streit zwischen »Willenstheorie« und »Erklärungstheorie« mag früher – auf dem europäischen Festland wohl noch mehr als in England – eine wichtige Rolle gespielt haben. Für die Frage der Auslegung von Verträgen hat er heute keine praktische Bedeutung mehr. Gewiss trifft es zu, dass ein Vertrag nicht zustandekommt, wenn die Parteien die vertragliche

---

[27] Vgl. dazu *Terré/Simler/Lequette* no. 459; *Vogenauer* (oben N. 1) 132 ff.

[28] Vgl. z.B. BGH 31. Mai 1995, NJW 1995, 3258; BGH 5. Feb. 1999, NJW 1999, 1702; BGH 11. Sept. 2000, NJW 2001, 144; BGH 7. Feb. 2002, BGHZ 150, 32, 37 ff. Ebenso die schweizerische Rechtsprechung. Vgl. BG 5. Juli 2001, BGE 127 III 444, 445.

[29] *Lord Hoffmann* in *Investors Compensation Scheme* (oben N. 16) 913. In dieser Entscheidung ging es um eine Vertragsklausel, die trotz ihres an sich eindeutigen Wortlauts so ausgelegt wurde, dass sie den vernünftigen Erwartungen der Parteien Rechnung trug. Ebenso *Mannai Investment Co.* v. *Eagle Star Life Assurance Co.* [1997] A.C. 749: Hier wurde die Kündigungserklärung eines Pächters, die nach ihrem an sich eindeutigen Wortlaut unwirksam gewesen wäre, so ausgelegt, wie sie ein vernünftiger Mensch in der Lage des Verpächters verstehen musste; daher war sie wirksam. Vgl. dazu auch *Treitel (-Peel)* no. 6-011.

Bindung nicht gewollt haben. Auf der anderen Seite bleibt aber der Wille einer Partei so lange folgenlos, wie er nicht in eine Erklärung umgesetzt und in dieser Form der anderen Partei zur Kenntnis gebracht worden ist. Jede Erklärung ist damit ein Akt der sozialen Kommunikation, für den der Erklärende Verantwortung trägt, weil er wissen muss, dass der andere der Erklärung einen bestimmten Sinn beilegen und im Vertrauen darauf seinerseits handeln – also z.B. das in der Erklärung liegende Angebot annehmen und mit der Ausführung des Vertrages beginnen oder sonstige Dispositionen treffen – wird. Deshalb muss sich jeder seine Erklärung mit derjenigen Bedeutung zurechnen lassen, die ihr von einem vernünftigen Menschen in der Lage des Adressaten nach den Umständen des Falles gegeben würde. Dabei ist von der Bedeutung auszugehen, die die Erklärung hat, wenn man die in ihr verwendeten Worte so versteht, wie sie nach dem allgemeinen Sprachgebrauch verstanden werden. Ein vernünftiger Mensch würde aber auch bedenken, ob es nicht besondere Gründe gibt, die die Annahme nahelegen, dass der Erklärung von ihrem Urheber ein anderer als der gewöhnliche Sinn beigelegt worden ist. Gehören beide Parteien einem bestimmten Verkehrskreis an, so müssen sie vernünftigerweise damit rechnen, dass der andere die Erklärung so verstehen wird, wie dies der Übung des betreffenden Verkehrskreises entspricht. Das ist dort besonders wichtig, wo es um die Auslegung handelsüblicher Vertragsklauseln geht, die in gleicher Form auch in zahlreichen anderen Verträgen verwendet oder typischerweise in Vertragsdokumente aufgenommen werden, die – wie z.B. Konnossemente oder Schuldscheine – in die Hand Dritter gelangen und deshalb so ausgelegt werden müssen, dass das schutzwürdige Vertrauen solcher Dritter nicht enttäuscht wird.[30]

Gelegentlich kommt es vor, dass die Auslegungsbemühungen keinen eindeutigen Erfolg haben, weil die streitige Vertragsklausel aus der Sicht vernünftiger Parteien sowohl die eine wie auch eine andere Bedeutung haben kann. Betrifft eine solche mehrdeutige Klausel einen für die Parteien wesentlichen Punkt, so kommt ein Vertrag nicht zustande, weil es an einer Einigung der Parteien fehlt. Das ist freilich sehr selten. Ist z.B. Zahlung des Kaufpreises in »Franken« vereinbart und hat der Käufer darunter französische, der Verkäufer schweizerische Franken verstanden, so wird es in aller Regel möglich sein festzustellen, dass vernünftige Vertragsparteien unter Berücksichtigung aller relevanten Umstände (Ort des Vertragsabschlusses, Sitz der Bank, auf deren Konto die Zahlung zu leisten war usw.) *entweder* schweizerische *oder* französische Franken als vereinbart angesehen hätten. Dagegen mag es in der Entscheidung *Raffles v. Wichelhaus*[31] um einen echten Fall des Einigungsmangels gegangen sein. Der Kläger hatte dem Beklagten 125 Ballen Baumwolle »to arrive ex ›Peerless‹ from

---

[30] Vgl. dazu auch schon o. Fn. 15.
[31] (1864) 2 H. & C. 906, 159 Eng.Rep. 375. Vgl. dazu *Simpson*, Contracts for Cotton to Arrive: The Case of the Two Ships *Peerless*, Cardozo L.Rev. 11 (1989) 287 = *ders.,*

Bombay« verkauft. Als die Ware auf einem Schiff dieses Namens im Dezember in Liverpool eintraf, verweigerte der Beklagte die Abnahme. Auf den Schadensersatzanspruch des Klägers verteidigte er sich mit der Behauptung, dass er – wie er durch Zeugen beweisen könne – angenommen habe, es werde ihm die Baumwolle mit einem anderen Schiff gleichen Namens geliefert werden, das Bombay früher verlassen hatte und schon im Oktober in Liverpool eingetroffen war. Das Gericht hielt diese Verteidigung für schlüssig und ließ daher die Erhebung des vom Beklagten angebotenen Zeugenbeweises zu. Wie der Fall schließlich entschieden worden ist, weiß man nicht. Aber wenn man unterstellt, dass nach dem Ergebnis der Beweisaufnahme auch ein vernünftiger Beobachter nicht hätte definitiv sagen können, auf welches der beiden gleichnamigen Schiffe die Parteien sich geeinigt hatten, so wäre der Vertrag als nicht zustandegekommen anzusehen.[32]

IV. Auslegungsmaximen

In allen Rechtsordnungen haben sich gewisse Erfahrungssätze herausgebildet, die dem Richter Fingerzeige für die Auslegung des Vertrages geben sollen. Ihr praktischer Wert ist freilich nicht besonders groß, weil sie in der Regel nur dasjenige besagen, was dem Richter schon der gesunde Menschenverstand sagen wird. Die Verfasser des Bürgerlichen Gesetzbuchs haben sich deshalb geweigert, solche Regeln zu kodifizieren. Es handele sich um »Denkregeln ohne positivrechtlichen Gehalt«; es sei nicht Sache des Gesetzgebers, dem Richter »Belehrungen über praktische Logik« zu erteilen.[33] Anders der Code civil und die ihm folgenden Zivilgesetzbücher der romanischen Länder. Sie enthalten eine große Zahl solcher Auslegungsmaximen, die alle schon dem römischen und dem gemeinen Recht bekannt waren.[34] So liest man in Art. 1157 Code civil, dass von den mehreren Bedeutungen einer Vertragsklausel diejenige vorzuziehen sei, nach der die Klausel eine Wirkung entfaltet, nicht diejenige, bei der sie wirkungslos bleibt.[35] Sei eine Erklärung doppelsinnig, so solle man denjenigen

---

Leading Cases in the Common Law (1995) 135. Dort wird der rechtliche und tatsächliche Hintergrund dieser berühmten Gerichtsentscheidung in allen Einzelheiten dargestellt.

[32] Vgl. dazu *Treitel (-Peel)* no. 8-042. Anders liegt es, wenn nach den allgemeinen Regeln der Vertragsauslegung ein Konsens festgestellt werden kann und zu prüfen ist, ob die neue Partei, weil sie sich darunter etwas anderes vorgestellt hat, den Vertrag wegen Irrtums aufheben kann. Vgl. z.B. *D. Smith* v. *Hughes* und dazu unten S. 265 ff.

[33] Mugdan (Hrsg.), Materialien zum BGB I (1899) 436.

[34] Vgl. dazu *Zimmermann* 637 f.

[35] Ebenso Art. 1367 Codice civile; Art. 1284 span. CC und *Ulpian* D. 45.1.80: »Quotiens in stipulationibus ambigua oratio est, commodissimum id accipi quo res, qua de agitur, in tuto sit.« Ebenso das englische Recht; vgl. *Lord Brougham* in *Langston* v. *Langston* (1834) 2 Cl. & Fin. 194 (243), 6 Eng.Rep. 1128 (1147): »There are two modes of reading

Sinn als maßgeblich ansehen, »qui convient le plus à la matière du contrat«,[36] oder auch denjenigen Sinn, den man der gewählten Formulierung am Ort des Vertragsschlusses beilegt.[37] Die Tragweite eines unbestimmten Ausdrucks sei so einzuschränken, dass von ihm nur das von den Parteien wirklich Gemeinte erfasst werde;[38] auch dürfe man bei der Auslegung einer einzelnen Klausel nicht den Vertrag als ganzen aus dem Auge verlieren,[39] und so fort. In der Gerichts-praxis spielt dieser Maximenkatalog – von *Carbonnier* als »Eselsbrücke« bezeich-net[40] – keine große Rolle, und der Kassationshof hat sich beeilt zu erklären, dass ein Urteil nicht allein mit der Behauptung angegriffen werden könne, der Richter der Vorinstanz habe eine der genannten Regeln nicht beachtet.[41] In der Tat hat man den Eindruck, dass die Richter erst nachträglich diejenige Ausle-gungsmaxime hervorsuchen, die ihnen zur Stützung des schon vorher aus ganz anderen Gründen gefundenen Ergebnisses passend erscheint.[42]

Die bisher erwähnten Auslegungsregeln wollen die Bedeutung ermitteln helfen, die einer unklaren Vertragsklausel aus der Sicht vernünftiger Parteien beizulegen ist. Davon sind Auslegungsregeln zu unterscheiden, die auf einer be-stimmten rechtlichen *Wertung* beruhen und deshalb derjenigen Bedeutung den Vorzug geben, die besser als eine andere mit jener Wertung in Einklang steht. So bestimmt der Code civil, dass ein Vertrag im Zweifel gegen den Gläubiger und zugunsten des Schuldners (Art. 1162) und dass ein Kaufvertrag im Zwei-fel gegen den Verkäufer und zugunsten des Käufers auszulegen sei (Art. 1602

---

an instrument: where the one destroys and the other preserves, it is the rule of law, and of equity, … that you should lean towards the construction with preserves, than towards that which destroys. *Ut res magis valeat quam pereat* is a rule of common law and common sense …«. Ähnlich auch Art. 5:106 PECL; Art. II.-8:106 DCFR; Art. 40 CEC; Art. 63 CESL.

[36] Art. 1158 Code civil; Art. 1369 Codice civile; Art. 1286 span. CC und *Julian* D. 50.17.67: »Quotiens idem sermo duas sententias exprimit, ea potissimum excipiatur, quae rei gerendae aptior sit.«

[37] Art. 1159 Code civil; Art. 1368 Codice civile und *Ulpian* D. 50.17.34: »Semper in stipulationibus et in ceteris contractibus id sequimur … quod in regione in qua actum est frequentatur.«

[38] Art. 1163 Code civil; Art. 1364 Codice civile; Art. 1283 span. CC.

[39] Art. 1161 Code civil; Art. 1363 Codice civile; Art. 1285 span. CC. Ebenso *Lord Watson* in *Chamber Colliery Co. Ltd.* v. *Twyerould* [1915] 1 Ch. 268, 272; vgl. auch Art. 5:105 PECL; Art. 4.4 PICC; Art. 60 CESL.

[40] *Carbonnier* no. 68.

[41] Vgl. z.B. Com. 19. Jan. 1981, Bull.cass. 1981.I. no. 34.

[42] Vgl. *Megarry* in einer Buchbesprechung in L.Q.Rev. 61 (1945) 102: »The cynical truth about interpretation in England seems to be that the Bench has been provided with some dozens of ›principles‹ from which a judicious selection can be made to achieve sub-stantial justice in each individual case. From time to time, all the relevant principles point in the same direction and leave the Court no choice. But in most of the cases susceptible of any real dispute, the function of counsel is merely to provide sufficient material for the Court to perform its task of selection.«

II). Diese Regeln sind nicht überzeugend, soweit sie auf die verbreitete, aber gleichwohl unrichtige Vorstellung gestützt werden, es seien der Gläubiger und der Verkäufer stets reich und mächtig, Schuldner und Käufer hingegen stets arm und schwach und deshalb im Zweifel schutzbedürftig. Hingegen haben sie einen guten Sinn, wenn man annimmt, dass der Gläubiger oder der Verkäufer die unklare Vertragsklausel *formuliert* haben. So war es in der Tat im römischen Recht, das auch diese Regeln zuerst aufgestellt hat.[43] Es mag sein, dass auch heute Verkäufer und Gläubiger häufiger die tonangebende Rolle bei der Formulierung eines Vertrages spielen als Käufer und Schuldner. Aber es gibt viele Fälle, in denen es anders liegt. Deshalb wird die Regel heute dadurch auf ihren richtigen Kern zurückgeführt, dass man annimmt, es habe die Auslegung einer unklaren Vertragsklausel zum Nachteil derjenigen Partei zu erfolgen, die sie aufgestellt hat und sich deshalb klarer hätte ausdrücken können. In der Tat sollte das Risiko, das sich aus der Mehrdeutigkeit einer Vertragsklausel ergibt, der Vertragspartei aufgebürdet werden, die es mit geringeren Kosten als die andere abwenden kann. Das ist in der Regel diejenige Partei, die die Klausel formuliert oder ausgewählt hat, nicht diejenige, der sie in einer fertigen Fassung präsentiert wird.

Diese »Unklarheitenregel« oder »contra proferentem rule« kann nur dann angewendet werden, wenn feststeht, dass eine Partei die auslegungsbedürftige Klausel formuliert oder bei ihrer Formulierung die führende Rolle gespielt hat. Diese Voraussetzung ist stets erfüllt, wenn die unklare Klausel in *Allgemeinen Geschäftsbedingungen* (AGB) enthalten ist. Die EG-Richtlinie über missbräuchliche Klauseln in Verbraucherverträgen bestimmt deshalb, dass bei Zweifeln über die Bedeutung von AGB-Klauseln »die für den Verbraucher günstigste Auslegung« maßgeblich sei.[44] In vielen Rechtsordnungen hat die *contra proferentem*-Regel aber einen weiteren Anwendungsbereich: Sie setzt zwar voraus, dass die Klausel unklar und von der einen Vertragspartei formuliert worden ist; dagegen kommt es nicht darauf an, ob es sich dabei um eine AGB-Klausel handelt, ob sie »individuell ausgehandelt« ist oder ob die Partei, die sich auf sie beruft, ein Verbraucher ist oder nicht.[45] Auch die internationalen Regelwerke vertreten unterschiedliche Positionen. Gemäß Art. 4.6 PICC soll die *contra proferentem*-Regel

---

[43] Vgl. auch dazu im einzelnen *Zimmermann* 639 ff.

[44] Art. 5 Satz 2 EG-Richtlinie 93/13/EWG vom 5. April 1993 (ABl. Nr. L 95 S. 29). Vgl. auch Code de la consommation Art. 133 (2); Art. 6:238 (2) BW; § 915 ABGB. In Deutschland gilt diese Regel sogar dann, wenn die AGB im kaufmännischen Verkehr vereinbart worden sind und es daher ein Unternehmer ist, der sich auf sie beruft. Vgl. § 305c Abs. 2, 310 BGB und dazu noch unten S. 200 ff.

[45] Die französische Rechtsprechung stützt sich dabei auf Art. 1162 Code civil. Vgl. z.B. Colmar 25. Jan. 1963, Gaz. Pal. 1963.1.277; Com. 20. Jan. 1981, Bull. cass. 1981.IV. no. 42. Vgl. ferner Art. 1370 Codice civile und Art. 1288 span. CC. Nach englischem Recht gilt die contra proferentem-Regel nur dort, wo die unklare Vertragsklausel eine Haftungsbefreiung oder -beschränkung bezweckt. Vgl. *Treitel (-Peel)* no. 7–014 ff. Aber

für *alle* unklaren Klauseln gelten, gemäß Art. 5:103 PECL nur für solche, die nicht »individuell ausgehandelt« worden sind.[46] Beide Vorschläge sagen allerdings, dass die Auslegung der unklaren Klausel zum Nachteil desjenigen, der sie formuliert hat, nicht in jedem Falle geboten, sondern nur »zu bevorzugen« sei.

Die »Unklarheitenregel« setzt – wie jede Auslegungsregel – voraus, dass die streitige Vertragsklausel »unklar« ist. In ihrem Bemühen, unangemessene AGB-Klauseln auf einen für den Kunden erträglichen Umfang zurückzustutzen, haben sich die Gerichte bei der Entdeckung (angeblicher) »Unklarheiten« als außerordentlich findig erwiesen, dies vor allem, solange sie nicht durch besondere gesetzliche Vorschriften ermächtigt waren, AGB-Klauseln als ungültig anzusehen, die den Kunden unangemessen benachteiligen. Solche Vorschriften sind in den meisten europäischen Ländern inzwischen in Kraft getreten. Damit hat auch das Bedürfnis abgenommen, auf dem Umweg über die »Unklarheitenregel« dasjenige zu erreichen, was besser durch eine »offene Inhaltskontrolle« von AGB erreicht wird.[47]

V. Ergänzende Vertragsauslegung

Die Vertragsauslegung erschöpft sich nicht darin, dass die Bedeutung der von den Parteien abgegebenen Erklärungen festgestellt wird. Denn häufig entsteht bei der Abwicklung des Vertrages ein Problem, zu dessen Lösung die Erklärungen der Parteien nichts beitragen, weil es bei Vertragsabschluss von ihnen nicht gesehen oder zwar gesehen, aber nicht geregelt worden ist. Der Vertrag enthält also eine Lücke. Wie ist das zu erklären? Manchmal denken die Parteien bei Abschluss des Vertrages nur an die Hauptleistungen, die sie einander versprechen; nur sie werden deshalb zum Gegenstand der vertraglichen Vereinbarung gemacht. Dagegen fehlt es oft an Regelungen, die die Frage betreffen, unter welchen Voraussetzungen eine Vertragsverletzung vorliegen und zu welchen praktischen Konsequenzen sie führen soll. Das liegt nicht an der Dummheit oder Trägheit der Parteien, sondern daran, dass ihnen solche Verhandlungen als nicht lohnend erscheinen, zu schwierig oder zu kostspielig wären oder den Vertragsschluss zum Scheitern bringen könnten, manchmal auch daran, dass sie sich vor dem Vertragsabschluss gern als leistungsfähig darstellen und deshalb

---

auch die Rechtsprechung der anderen Länder hat es ganz überwiegend mit solchen Klauseln zu tun.

[46] Vgl. dazu *Zimmermann* (oben N. 1) 1360 ff. – Ebenso Art. II.-8:103 DCFR; Art. 40 (3) CEC. Vgl. auch Art. 64 f. CESL: Danach kann sich ein Verbraucher stets auf die ihm günstigste Auslegung der unklaren Klausel berufen, eine andere Vertragspartei nur dann, wenn die Klausel nicht »individuell ausgehandelt« ist.

[47] So ausdrücklich HR 1. Juli 1977, Ned.Jur. 1978, 125 und HR 28. Sept. 1989, Ned. Jur. 1990, 583. Vgl. dazu ausführlich S. 195 ff.

nicht gern darüber sprechen wollen, was bei Störungen der Vertragsabwicklung geschehen soll. Besonders bei langfristigen Verträgen – bei Arbeitsverträgen, Gesellschaftsverträgen oder Lieferverträgen mit jahrelangen Laufzeiten –
reicht oft die Phantasie der Parteien nicht aus, um sich alle denkbaren künftigen
Fälle einer »gestörten« Vertragsabwicklung auszumalen und für sie eine Regelung zu treffen. Der eigentliche Grund für die Unvollständigkeit der meisten
Verträge ist ein ökonomischer. Er liegt darin, dass Vertragsverhandlungen häufig einen Aufwand (»Transaktionskosten«) verursachen, der außer Verhältnis zu
dem dadurch erreichbaren Nutzen steht. Wenn etwa die Wahrscheinlichkeit
für den Eintritt eines bestimmten Risikos 1:100 beträgt und in diesem Fall der
einen Partei ein Nachteil von 500 entstünde, so wäre es unsinnig, wenn sie einen Aufwand von mehr als 5 in Vertragsverhandlungen investierten, die die
Abwälzung des Risikos auf den anderen Vertragteil zum Ziel haben. Deshalb
ist es kein Zufall, dass relativ »vollständige« Verträge in der Praxis nur dort
vorkommen, wo sich der Aufwand lohnt, dessen es zu ihrer Ausarbeitung bedarf. Das ist z.B. dann der Fall, wenn für beide Vertragsparteien viel Geld auf
dem Spiel steht, ferner dann, wenn die eine Partei Verträge gleicher Art – sei es
auch über geringwertige Leistungen – in so großer Zahl schließt, dass sich für
sie der Aufwand auszahlt, den sie treiben muss, um eine detaillierte und meist
in der Form »Allgemeiner Geschäftsbedingungen« gekleidete Regelung zu entwickeln und dem anderen Teil zur Annahme vorzuschlagen. Freilich muss der
Vertrag, der wirklich »vollständig« ist, erst noch erfunden werden. Die Erfahrung zeigt, dass ein Vertrag, selbst wenn die Parteien und ihre juristischen Berater auf seine Ausarbeitung viel Sorgfalt verwandt haben, immer noch Lücken
enthält, die der Richter schließen muss. Manchmal geschieht dies dadurch, dass
Regeln angewendet werden, die der Gesetzgeber oder die Rechtsprechung gerade für den Fall bereithalten, dass es bei bestimmten Vertragstypen zu einer
Lücke kommt. Fehlt es an solchen Regeln oder passen sie nicht, so wird die
Lücke in den kontinentaleuropäischen Rechtsordnungen durch »ergänzende
Vertragsauslegung«, in England dadurch geschlossen, dass der Vertrag durch
einen »implied term« ergänzt wird. Dies ist ein Weg, der nach der traditionellen
englischen Auffassung nichts mit den allgemeinen Regeln der Vertragsauslegung zu tun hat. In der neueren Rechtsprechung mehren sich aber die Anzeichen dafür, dass es auch bei der »implication of a term« im Grunde um nichts
anderes geht als um die richtige Auslegung des Vertrages.[48]

---

[48] Vgl. *Lord Hoffmann* in *Attorney General of Belize* v. *Belize Telecom Ltd.* [2009] 1
W.L.R. 1988 (P.C.): »It follows that in every case in which it is said that some provision
ought to be implied in an instrument, the question for the court is whether such provision
would spell out in express words what the instrument, read against the relevant background, would reasonably be understood to mean« (Nr. 21). Ebenso *Lord Hoffmann*, The
Intolerable Wrestle with Words and Meanings, S.Afr. L. J. 114 (1997) 656, 662: »In fact,
of course, the implication of a term into a contract is an exercise in interpretation like any

Die internationalen Regelungswerke stimmen darin überein, dass die Vertragslücke durch eine Abrede geschlossen werden muss, die der Richter in der Weise zu ermitteln hat, dass er den Willen der Parteien, die Natur und den Zweck des Vertrages, die Gepflogenheiten der Parteien, den Handelsbrauch und die Anforderungen von Treu und Glauben berücksichtigt. Die entsprechenden Regelungen finden sich meist in Abschnitten, die (nicht die Auslegung des Vertrages, sondern) den »Vertragsinhalt« betreffen; sie folgen also der traditionellen englischen Auffassung, indem sie dem Richter gestatten, den Vertragsinhalt durch einen »implied term« zu ergänzen.[49]

1. *Vertragsergänzung durch dispositives Recht.* – In den kontinentaleuropäischen Rechtsordnungen greift der Richter im Falle einer Vertragslücke zunächst auf gesetzliche Vorschriften zurück. Für die häufigen und praktisch wichtigen Vertragstypen findet er in den Zivil- und Handelsgesetzbüchern, manchmal auch in Spezialgesetzen, Regelungen, die gerade für den Fall gelten wollen, dass die Parteien nichts anderes vertraglich vereinbart haben. Man fasst sie in Frankreich unter dem Begriff »règles supplétives«, in Deutschland unter dem Begriff »dispositives« Recht zusammen.[50] Dazu gehören nicht nur die gesetzlichen Vorschriften selbst, sondern auch dasjenige, was die Rechtsprechung aus diesen Vorschriften im Wege der Rechtsfortbildung gemacht hat. Ist also z.B. in einem Kaufvertrag über die Haftung des Verkäufers für versteckte Mängel der Kaufsache nichts vereinbart, so tritt in diese Lücke nicht nur die Regel des Art. 1645 Code civil ein, nach der der Verkäufer, der den versteckten Mangel kennt, dem Käufer den gesamten daraus entstehenden Schaden ersetzen muss. Es gilt auch die dazu von der Rechtsprechung entwickelte Regel, nach der jeder, der als Fabrikant, Großhändler oder Detaillist mit Waren gleichen Typs

---

other. It may seem odd to speak of interpretation when, by definition, the term has not been expressed in words, but the only difference is that when we imply a term, we are engaged in interpreting the meaning of the contract as a whole.«

[49] So Art. 6:102 PECL, Art. 32 (1) CEC; Art. II.-9:101 (2) DCFR; Art. 68 CESL. Die Regelung der PICC tanzt auf beiden Hochzeiten. Vgl. Art. 4.8 (Auslegung) und Art. 5.1.2 (Vertragsergänzung durch »implied term«). Auch wenn von der systematischen Einordnung der Frage praktisch nicht viel abhängt, würde die beste Lösung doch wohl darin bestehen, dass die Schließung einer Vertragslücke als ein besonderes Problem der Vertragsauslegung angesehen wird und der Richter dabei die gleichen Maßstäbe zu berücksichtigen hat, wie sie allgemein für die Vertragsauslegung gelten. So auch *Zimmermann* (oben N. 1) 1364 f.

[50] Vgl. z.B. *Mazeaud (-Chabas)* no. 347 f.; *Medicus* Rn. 338 ff.; *Bork* Rn. 532 ff. Freilich muss man beachten, dass eine abweichende Parteivereinbarung dem dispositiven Recht zwar in der Regel, aber durchaus nicht immer vorgeht. Insbesondere lässt sich in vielen Rechtsordnungen eine deutliche Tendenz beobachten, Vereinbarungen als unwirksam anzusehen, wenn sie in die Form Allgemeiner Geschäftsbedingungen gekleidet sind und darauf abzielen, den Kunden des Schutzes zu berauben, der ihm durch die dispositiven Regeln gewährt werden soll. Vgl. dazu noch unten S. 206 ff.

gewerbsmäßig umgeht, so behandelt wird, als habe er die versteckten Mängel seiner Ware gekannt.

Mit der Aufstellung und Fortbildung der Regeln des dispositiven Rechts verfolgen Gesetzgeber und Rechtsprechung die Absicht, einen gerechten Ausgleich zwischen den typischen Interessen der Parteien zu schaffen; gleichzeitig soll ihnen ein Anreiz geboten werden, im Vertrauen auf die Ausgewogenheit der in Reservestellung bereitstehenden dispositiven Regeln von vertraglichen Vereinbarungen über Einzelpunkte abzusehen und dadurch Verhandlungskosten zu sparen.

Aus dem Umstand, dass die kontinentaleuropäischen Rechtsordnungen für die wichtigsten Vertragstypen eine ziemlich vollständige, weitgehend dispositive Regelung bereitstellen, ergibt sich eine Frage, die im Common Law überhaupt nicht diskutiert wird, nämlich ob die Parteien auch *andere* Verträge schließen können und wie, wenn sie dies getan haben, die maßgeblichen dispositiven Regeln zu bestimmen sind. Dass die Parteien auch andere Verträge schließen können, ist selbstverständlich und ergibt sich schon aus dem allgemeinen Prinzip der Vertragsfreiheit; die passenden dispositiven Regeln findet die Rechtsprechung dadurch, dass sie, wenn etwa ein Vertrag zwischen einem Hotelunternehmer und seinem Gast in Rede steht, die gesetzlichen Vorschriften über den Mietvertrag heranzieht, wenn der Gast aus der fehlerhaften Beschaffenheit des ihm überlassenen Zimmers Ansprüche herleitet, hingegen auf die Regeln über den Kaufvertrag oder über den Verwahrungsvertrag zurückgreift, wenn dem Gast verdorbenes Essen geliefert wurde oder ein Gepäckstück, das er dem Hotelier zur Aufbewahrung übergeben hat, gestohlen worden ist.[51]

Auch in England ergänzt man lückenhafte vertragliche Vereinbarungen dadurch, dass man auf »terms implied in law« zurückgreift, also den Vertrag nach Regeln beurteilt, die allgemein für Verträge des in Rede stehenden Typs entwickelt worden sind und »von Rechts wegen« gelten, sofern die Parteien nichts anderes vereinbart haben. Zwar sind *gesetzliche* Vorschriften, die in dieser Funktion zur Ergänzung eines unvollständigen Vertrages bereitstehen, vergleichsweise selten. Immerhin findet man z.B. im Sale of Goods Act 1979 und im Supply of Goods and Services Act 1982 Normen, die (mitsamt der dazu ergangenen Rechtsprechung) für Kauf-, Werk- und Dienstverträge Ähnliches leisten wie die entsprechenden dispositiven Regeln der kontinentaleuropäischen Zivilgesetzbücher. Im übrigen hält sich der englische Richter an diejenigen Regeln, die für Kaufverträge, Beförderungsverträge, Versicherungsverträge und andere wichtige Vertragstypen von der Rechtsprechung entwickelt worden sind. Hat sich z.B. ein Architekt vertraglich zur Planung eines Gebäudes verpflichtet, das bestimmten Anforderungen genügen muss, so liest die Rechtsprechung in

---

[51] Vgl. zu solchen »contrats innomés« *Mazeaud (-Chabas)* no. 111 f.; zu den »typengemischten Verträgen« *Larenz/Canaris* § 63, zu den »mixed contracts« Art. II.-1:108 DCFR.

diesen Vertrag einen »term implied in fact« hinein, nach dem er eine Garantie für die Tauglichkeit des Gebäudes übernimmt, also Schadensersatz auch dann leisten muss, wenn ihm aus der Untauglichkeit des Gebäudes kein Vorwurf gemacht werden kann.[52] Hat sich ein Werbeunternehmer verpflichtet, für die Gemüsekonserven des Klägers dadurch zu werben, dass er mit seinem Flugzeug ein Spruchband mit dem Text »Eat Batchelor's Peas« hinter sich herzieht, so kann der Kläger die weitere Erfüllung des Vertrages verweigern, wenn der Unternehmer zum Entsetzen aller Beteiligten den Marktplatz einer Stadt zu einem Zeitpunkt überfliegt, zu dem dort eine vieltausendköpfige Menschenmenge aus Anlass des Heldengedenktags in einer Schweigeminute verharrt:

> »There must be implied in that contract a term that the flying under the contract would be carried out with reasonable skill and reasonable care, having regard to the object of the contract, and, in whatever precise words the implied obligation is expressed, it must be, I think, certainly wide enough to exclude flying in a way which would bring the advertisers into hatred and contempt.«[53]

Ebenso muss der Vermieter eines Motorboots Schadensersatz leisten, wenn er die aus einem »implied term« sich ergebende Verpflichtung verletzt hat, »that the vessel hired shall be as fit for the purpose as reasonable care and skill can make it«.[54] Wer in einem 15stöckigen Hochhaus Wohnungen vermietet, ist seinen Mietern aufgrund eines »implied term« verpflichtet, »to take reasonable care to maintain the common parts of the building in a state of reasonable repair«; er haftet daher auf Schadensersatz, wenn bewiesen werden kann, dass er die nach Sachlage gebotenen Reparaturen unterlassen hat und infolgedessen Fahrstühle und Treppenhausbeleuchtung über längere Zeit hinweg nicht funktioniert haben.[55] Ein Arbeitgeber ist, auch wenn der Arbeitsvertrag darüber keine Vereinbarungen enthält, dazu verpflichtet, die Arbeitsplätze seiner Leute so einzurichten, dass von ihnen keine vermeidbaren gesundheitlichen Gefahren ausgehen,[56] nicht aber dazu, eine Haftpflichtversicherung abzuschließen, die die Arbeitnehmer gegen das Risiko schützt, bei Ausführung ihrer Arbeit einem Dritten ersatzpflichtig zu werden.[57]

---

[52] *Greaves & Co. Ltd.* v. *Baynham Meikle & Partners* [1975] 3 All.E.R 99.

[53] *Atkinson*, J. in *Aerial Advertising Co.* v. *Batchelors Peas, Ltd.* [1938] 2 All E.R. 788, 792.

[54] *Reed* v. *Dean* [1949] 1 K.B. 188, 193.

[55] *Liverpool City Council* v. *Irwin* [1977] A.C. 239.

[56] *Matthews* v. *Kuwait Bechtel Corp.* [1959] 2 Q.B. 57.

[57] *Lister* v. *Romford Ice & Storage Co.* [1957] A.C. 555. Hingegen ist in einen Fahrschulvertrag ein »implied term« hineingelesen worden, wonach der Unternehmer vertraglich verpflichtet ist, seinen Fahrschüler durch Abschluss einer Versicherung gegen sein Haftungsrisiko zu schützen; vgl. *British School of Motoring Ltd.* v. *Simms* [1971] 1 All E.R. 317.

2. *Ergänzende Vertragsauslegung.* – Dispositive gesetzliche Regelungen und »terms implied in law« sind regelmäßig so allgemein gefasst, dass sie auf alle Verträge eines bestimmten Typs angewendet werden können, sofern es in ihnen an besonderen Vereinbarungen fehlt. Sie bieten deshalb keine Hilfe, wenn in den Parteivereinbarungen ein spezieller Punkt offengeblieben ist, für den man eine »maßgeschneiderte« Lösung braucht. Haben etwa zwei Ärzte durch Vertrag einen Tausch ihrer Arztpraxen verabredet und lässt sich der eine Arzt, weil es ihm an dem neuen Ort nicht gefällt, nur 9 Monate später an dem Ort seiner früheren Tätigkeit nieder, so entsteht die Frage, ob sich in den Vertrag ein Rückkehrverbot hineinlesen und damit eine Grundlage für den Anspruch finden lässt, mit dem der andere Arzt in der Sorge, seine Patienten könnten zu dem ihnen noch von früher her vertrauten Kollegen abwandern, ihm die Rückkehr verbieten lassen möchte. In *The Moorcock*[58] hatte sich der Beklagte verpflichtet, seine an der Themse gelegene Kaianlage dem Kläger für die Löschung der Ladung seines Schiffes zur Verfügung zu stellen. Als das Schiff wie vorgesehen bei Ebbe auf Grund aufsetzte, schlug es leck, weil der Grund uneben war. Kann man sagen, dass der Beklagte aufgrund des Vertrages (auch) verpflichtet war, den Kläger darauf hinzuweisen, dass der Grund der Themse an der Anlegestelle uneben sei oder dass er von seiner Beschaffenheit nichts wisse? In beiden Fällen sind passende Regeln des dispositiven Rechts oder »terms implied in law« nicht ersichtlich, die die Lücke in den vertraglichen Vereinbarungen schließen könnten.

In England fragt man in diesen Fällen, ob der unvollständige Vertrag durch einen »term implied in fact« ergänzt werden kann.[59] Das ist zulässig, wenn die Vereinbarung, um die der Vertrag ergänzt werden soll, so sehr auf der Hand liegt, dass die Parteien mit ihrer Einbeziehung in den Vertrag ohne weiteres einverstanden gewesen wären, wenn ein neutraler Dritter sie bei Vertragsabschluss auf ihr Fehlen hingewiesen hätte.[60] Manchmal wird auch darauf abgestellt, ob die Vertragsergänzung notwendig sei, »to give the transaction such business efficacy as the parties must have intended«.[61] In *The Moorcock* wurde diese Frage bejaht, weil der Beklagte zu Informationen über die Beschaffenheit des Flussgrunds vor seiner Kaianlage leichteren Zugang hatte als der Kläger:

»The owners of the jetty, or their servants, were there at high tide and low tide, and with little trouble they could satisfy themselves, in case of doubt, as to whether the berth was reasonably safe. The ship's owner, on the other hand, had not the means of verifying the state of the jetty.«[62]

---

[58] (1889) 14 P.D. 64.

[59] Vgl. dazu *Treitel (-Peel)* no. 6-029 ff.; *McKendrick* no. 9.8; *Scally* v. *Southern Health and Social Services Board* [1992] 294, 306 f.

[60] Vgl. *Shirlaw* v. *Southern Foundries Ltd.* [1939] 2 K.B. 206, 227.

[61] *Lord Wright* in *Luxor (Eastbourne) Ltd.* v. *Cooper* [1941] A.C. 108, 137.

[62] *Lord Bowen* in *The Moorcock* (oben N. 58) 69.

Für den deutschen Richter geht es in solchen Fällen um die Frage, ob die Lücke in den Vereinbarungen durch »ergänzende Vertragsauslegung« geschlossen werden kann. Dabei hat der Richter – so die von der Rechtsprechung immer wieder verwandte Formel –

»dasjenige zu ermitteln und zu berücksichtigen, was die Parteien zwar nicht erklärt haben, was sie aber in Anbetracht des gesamten Vertragszwecks erklärt haben würden, wenn sie den offen gebliebenen Punkt in ihren Vereinbarungen ebenfalls geregelt hätten und hierbei zugleich die Gebote von Treu und Glauben und der Verkehrssitte beachtet hätten.«[63]

Gestützt auf diese Formel hat der Bundesgerichtshof in dem oben erwähnten Praxistausch-Fall in den Vertrag der beiden Ärzte eine Vereinbarung hineingelesen, nach der jeder für einen Zeitraum von 2–3 Jahren verpflichtet war, sich nicht in unmittelbarer Nähe seiner früheren Praxis niederzulassen.[64] Auch Unternehmenskaufverträge sind oft im Wege der Auslegung dahin ergänzt worden, dass der Verkäufer sich verpflichte, die dem Käufer überlassenen Geschäftsverbindungen und Absatzmöglichkeiten nicht dadurch zu beeinträchtigen, dass er später ein eigenes Unternehmen gründet und mit ihm in Wettbewerb zu dem Käufer tritt.[65] Hat jemand von den beiden Ladengeschäften seines Hauses das eine an einen Einzelhändler vermietet, so kann im Wege der ergänzenden Vertragsauslegung anzunehmen sein, dass er sich damit auch verpflichtet hat, die Vermietung des anderen Ladenraums an einen anderen Einzelhändler mit identischem Warensortiment zu unterlassen.[66] Auch Lücken in Gesellschaftsverträgen werden oft durch ergänzende Vertragsauslegung geschlossen.[67]

Ebenso entscheiden die französischen Gerichte, auch wenn es in den Urteilsbegründungen oft heißt, dass die Regel, die die Vertragslücke schließen soll, auf der »commune intention des parties contractantes« beruhe. Wenn etwa eine Rundfunkanstalt bei einem Autor ein Hörspiel in Auftrag gibt und das Manuskript entgegennimmt und das vereinbarte Honorar bezahlt, ohne Beanstandungen zu erheben, so ist es zulässig, dass der Richter – »par une inter-

---

[63] BGH 18. Dez. 1954, BGHZ 16, 71, 76. Vgl. auch BGH 22. April 1953, BGHZ 9, 273, 278; BGH 29. April 1987, BGHZ 84, 1, 7. Ebenso die schweizerische und österreichische Rechtsprechung; vgl. BG 23. April 1981, BGE 107 II 144, 149; BG 13. Okt. 1981, BGE 107 II 411, 414; OGH 1. Feb. 1972, JBl. 1973, 309; OGH 31. Mai 1983, JBl. 1983, 592.

[64] BGH 18. Dez. 1954 (vorige N.) 81.

[65] RG 31. Mai 1925, RGZ 117, 176.

[66] Vgl. RG 2. Feb. 1931, RGZ 131, 274.

[67] Vgl. z.B. BGH 23. Nov. 1978, NJW 1979, 1705; BGH 28. Juni 1982, NJW 1982, 2816. Dabei wird der Weg der ergänzenden Auslegung auch dann gewählt, wenn zur Schließung der Vertragslücke an sich dispositive gesetzliche Regeln bereitstehen, diese Regeln aber dem vermutlichen Parteiwillen nicht gerecht werden. Vgl. allgemein zum Rangverhältnis zwischen ergänzender Vertragsauslegung und dispositivem Recht *Larenz* AT § 29 II; *Bork* Rn. 534 ff.

prétation rendue nécessaire par l'ambiguïté de la convention sur ce point« –
zu dem Ergebnis kommt, dass die Anstalt zur Verbreitung des Hörspiels nicht
nur berechtigt, sondern verpflichtet ist und daher Schadensersatz leisten muss,
wenn sie die Produktion und Ausstrahlung des Hörspiels verweigert.[68] Ähnlich entscheidet der Kassationshof in Fällen, in denen der Vertrag dadurch unvollständig wird, dass eine bestimmte vertragliche Abrede sich nachträglich als
unwirksam erweist. Haben z.B. die Parteien eines langfristigen Vertrages vereinbart, dass der zu zahlende Preis mit einem bestimmten Preisindex steigen
oder fallen soll und ist diese »Wertsicherungsklausel« unwirksam, weil der vereinbarte Preisindex nicht existiert oder nicht mehr ermittelt wird oder weil die
für eine solche Klausel erforderliche behördliche Genehmigung nicht erlangt
werden kann, so tritt in die Lücke eine Vertragsklausel ein, die der vereinbarten so nahe kommt wie möglich, die aber gleichzeitig funktions- oder genehmi-
migungsfähig ist.[69]

Man kann darüber streiten, ob es bei der ergänzenden Vertragsauslegung
noch um »Auslegung« oder nicht einfach darum geht, dass der Richter die Regel bestimmt, die die Streitfrage gerecht und angemessen löst. Das eine vom
anderen klar abzugrenzen, ist aber meist nicht möglich und auch nicht nötig.
Keinesfalls darf der Richter zu einem Ergebnis kommen, das in Widerspruch
zu den tatsächlich von den Parteien getroffenen Vereinbarungen steht. Auch
darf er nicht eine Abrede in den Vertrag nur deshalb hineinlesen, weil er selbst
sie für vernünftig hält. Ebensowenig darf er einen Fehler, den eine unacht-
same, leichtfertige oder allzu risikofreudige Partei bei Abschluss des Vertrages
gemacht hat, dadurch korrigieren, dass er nachträglich zu ihrem Vorteil – und
damit zum Nachteil ihres Kontrahenten – eine Abrede in den Vertrag einführt, die zu treffen die Partei zwar gut beraten gewesen wäre, die sie tatsächlich aber nicht getroffen hat. Vielmehr ist es der Vertrag selbst, den der Richter
– wie die schöne Formel bei *Ripert-Boulanger* heißt – »zum Sprechen bringen«
muss.[70] Wenn es also in einem Vertrag an einer Abrede über die Verteilung eines bestimmten Risikos fehlt, so muss der Richter die Vertragslücke durch eine
Regelung schließen, auf die sich die Parteien geeinigt hätten, wenn man unterstellt, dass sie in redlicher Absicht miteinander über die Verteilung des Risikos
verhandelt und sich dabei auf die für beide Seiten vorteilhafteste und deshalb
»effiziente« Lösung verständigt hätten. Wenn man will, mag man von dieser
Lösung sagen, dass sie auf dem »hypothetischen Parteiwillen« beruht. Sie wird
in der Regel darin bestehen, dass diejenige Partei mit dem Risiko belastet wird,

---

[68] Civ. 2. April 1974, Bull.cass. 1974.I. no. 109.
[69] Civ. 15. Feb. 1972, D. 1973, 417 mit Anm. *Ghestin*; Com. 7. Jan. 1975, J.C.P. 1975.
II.18167 mit Anm. *Ghestin*; Civ. 9. Nov. 1981, Bull.cass. 1981.I. no. 332; Civ. 18. Juli
1985, Bull.cass. 1985.III. no. 113. Ebenso BGH 25. Jan. 1967, NJW 1967, 830; BGH
30. Okt. 1974, BGHZ 63, 132, 136.
[70] *Ripert-Boulanger*, Droit civil II (1957) no. 470: »l'art de faire parler le contrat«.

die es mit geringeren Kosten als die andere abwenden, die Wahrscheinlichkeit
seines Eintritts mindern oder sich durch Vorsorgemaßnahmen – auch durch die
Beschaffung von Versicherungsschutz – gegen die Folgen der Verwirklichung
des Risikos sichern kann.[71]

3. *Vertragliche Nebenpflichten.* – Die bisher erörterten Fälle waren meist dadurch gekennzeichnet, dass die Parteien bei Vertragsabschluss einen Punkt
nicht bedacht hatten, den zu bedenken deshalb nahegelegen hätte, weil durch
ihn die vertraglichen *Hauptpflichten* näher ausgestaltet worden wären. Davon
kann man Fälle unterscheiden, in denen es an vertraglichen Vereinbarungen
über *Nebenpflichten* fehlt, also z.B. darüber, ob die Vertragsparteien im Zuge
der Vertragsabwicklung auch dazu verpflichtet sein sollen, Gefahren für Leib
oder Leben des anderen abzuwenden, mit seinem Eigentum sorgsam umzu-
gehen oder ihm Auskünfte, Ratschläge oder Warnungen zu erteilen und ihn
dadurch vor Schaden zu bewahren. Die deutsche Rechtsprechung stützt sich
in solchen Fällen nur selten darauf, dass eine Vertragslücke gegeben und durch
ergänzende Vertragsauslegung zu schließen sei. Vielmehr greift sie, sofern sie
die Erwähnung gesetzlicher Vorschriften hier überhaupt noch für nötig hält,
meist auf § 242 BGB zurück. Danach muss der Richter bei der Bestimmung
dessen, was eine Partei zur Bewirkung der Vertragsleistung zu tun hat, die
gleichen Maßstäbe beachten, die er gemäß § 157 BGB auch bei der Vertragsauslegung beherzigen soll: er muss den Geboten von Treu und Glauben und der
Verkehrssitte Rechnung tragen. Beide Vorschriften werden deshalb von den
Gerichten oft nebeneinander zitiert, und auch nach Ansicht der Lehre ist eine
Trennung des Anwendungsbereichs der beiden Regeln in §§ 157 und 242 weder
möglich noch nötig.[72] In Frankreich stützt sich die Rechtsprechung manchmal
darauf, dass die ergänzte vertragliche Regelung auf der »commune intention
des parties« beruhe, manchmal auch auf Art. 1135 und 1160 Code civil: Gemäß
Art. 1135 muss eine Vertragspartei nicht nur das ausdrücklich Versprochene,
sondern auch dasjenige leisten, was »Billigkeit, Übung oder Gesetz« fordern,
und nach Art. 1160 darf der Richter »suppléer dans le contrat les clauses qui y
sont d'usage quoiqu'elles n'y soient pas exprimées«.

Alle diese gesetzlichen Bestimmungen haben bestenfalls einen gewissen
hortativen, aber keinen operationalen Gehalt. Die Regeln, nach denen in einen Vertrag beim Fehlen ausdrücklicher Vereinbarungen Nebenpflichten hineingelesen werden, stellen daher reines Richterrecht dar. In Frankreich setzt
man die Geburtsstunde dieser Entwicklung gern auf den 21. November 1911
an, auf den Tag nämlich, an dem der Kassationshof zum ersten Mal entschied,

---

[71] Gleiche Überlegungen sind anzustellen, wenn es um die Frage geht, ob eine
AGB-Klausel »angemessen« und deshalb wirksam ist oder nicht oder wenn sich ein
»außergewöhnliches« Risiko verwirklicht hat, mit dem die Parteien bei Vertragsschluss
nicht gerechnet und das sie daher nicht vertraglich geregelt haben (vgl. S. 206 ff.).

[72] Vgl. z.B. *Medicus/Lorenz*, Schuldrecht I (19. Aufl. 2010) § 16 II 1.

dass ein Transportunternehmer aufgrund des Vertrages nicht nur verpflichtet ist, seinen Fahrgast zu dem vereinbarten Zielort zu befördern, sondern
aufgrund des Vertrages auch dafür sorgen muss, dass er das Ziel wohlbehalten und unversehrt erreicht.[73] Wird daher der Fahrgast während der Beförderung durch einen Unfall verletzt, so ergibt sich die Haftung des Unternehmers aus der Verletzung einer vertraglichen »obligation de sécurité«. Das bedeutet, dass sich der Unternehmer von der Haftung nur dann befreien kann,
wenn er beweist, dass der Unfall auf eine »cause étrangère«, also z.B. auf einen
betriebsfremden Zufall oder auf das eigene Verschulden des Fahrgastes zurückzuführen ist.[74] Diese vertragliche Haftung ist strenger als die Haftung
aus unerlaubter Handlung, und darin liegt denn auch der innere Grund, der
die französische Rechtsprechung dazu veranlasst hat, eine vertragliche »obligation de sécurité« nicht nur in Beförderungsverträge, sondern in praktisch
alle Verträge hineinzulesen, deren Durchführung es mit sich bringt, dass der
eine Vertragspartner seine Person oder sein Eigentum einer Sphäre anvertraut,
die mit Gefahren für ihn verbunden ist und von der anderen Vertragspartei
derart beherrscht wird, dass man erwarten muss, sie werde die nach Sachlage gebotenen Sicherungsvorkehrungen treffen.[75] An dieser Position hält die
Rechtsprechung auch heute noch fest, obwohl die Entwicklung auch im Deliktsrecht vorangeschritten und der ursprüngliche Grund für die vertragliche
Einfärbung der »obligations de sécurité« jedenfalls teilweise entfallen ist.[76]

Nicht anders liegt es im deutschen Recht. Auch hier wird ein Kläger durch
vertragliche Schadensersatzansprüche in mancher Hinsicht besser gestellt als
durch deliktische; auch hier hat die Rechtsprechung aus diesem Grunde auf
breiter Front vertragliche Verpflichtungen zur Sorge für die Person und das
Eigentum des anderen Vertragspartners bejaht;[77] und auch hier beruht diese
Rechtsprechung nicht auf der Ermittlung eines tatsächlichen oder vermutli-

---

[73] Civ. 21. Nov. 1911, D. 1913.1.249 mit Anm. *Sarrut*.

[74] Dies gilt nur dann, wenn die »obligation de sécurité« – wie das bei Transportver-
trägen in der Tat angenommen wird – eine »obligation de résultat« darstellt. Vgl. zur
Unterscheidung zwischen »obligations de résultat« und »obligations de moyen«, unten
S. 364 ff.

[75] Vgl. dazu die eindrucksvolle Darstellung bei *G. Viney*, Les obligations, Responsabilité: conditions (1982) no. 499 ff.

[76] Vgl. auch dazu *Viney* (vorige N.) no. 501.

[77] Die Entwicklung in Deutschland geht allerdings in zwei Punkten über die französische noch hinaus: Zum einen bejaht die Rechtsprechung vertragliche Schadensersatzansprüche auch dann, wenn es im Stadium der *Vertragsverhandlungen* zu einer Verletzung
der genannten Sicherungspflichten gekommen ist. In Frankreich werden hier deliktische
Ansprüche gewählt. Zum anderen nehmen die deutschen Gerichte an, dass vertragliche
Sicherungspflichten nicht nur dem anderen Vertragspartner, sondern auch bestimmten
vertragsfremden Dritten geschuldet werden. Vgl. zum letzteren Punkt unten S. 478 ff.

chen Parteiwillens, sondern auf dem Bestreben nach einer vernünftigen Risikoverteilung.[78]

Die gleiche Entwicklung kann man auch dort beobachten, wo es um vertragliche Pflichten zur Erteilung von Auskünften, Hinweisen, Ratschlägen oder Warnungen geht (»obligations de renseignement et de conseil«). Damit sind nicht diejenigen Verträge gemeint, in denen die Auskunftserteilung selbst vertragliche Hauptpflicht ist, wie etwa dort, wo ein Fachmann eine Expertise über die Echtheit eines Bildes, über den Wert eines Grundstücks oder über die Aussichten eines Gerichtsprozesses erteilen soll. Gemeint sind Fälle, in denen der Schuldner in erster Linie etwas anderes schuldet, also z.B. Waren liefern, ein bestimmtes Geschäft besorgen, einen Kredit gewähren oder ein Risiko durch Versicherung decken soll, daneben aber auch als verpflichtet angesehen wird, dem anderen Teil alle auf den Vertragsgegenstand bezogenen Auskünfte, Hinweise und Ratschläge zu erteilen, von denen er weiß oder wissen muss, dass sie nach den Umständen für den anderen von wesentlicher Bedeutung sind, und in denen es um Informationen geht, zu denen er – in der Regel aufgrund besonderer beruflicher Sachkunde – leichteren Zugang als sein Vertragspartner hat. Das gilt besonders für den Verkäufer: Auch wenn er eine an sich fehlerfreie Sache geliefert hat, muss er dem Käufer außerdem diejenigen Informationen geben, derer dieser nach den Umständen bedarf, um die Sache gefahrlos zu benutzen, richtig zu installieren oder zweckmäßig zu warten.[79]

Auch nach englischem Recht ist eine Vertragspartei verpflichtet, mit der Sorgfalt, die man von einem vernünftigen Menschen fordern muss, Schäden von ihrem Kontrahenten abzuwenden. Aber diese Verpflichtung wird nur selten als eine – auf einem »implied term« beruhende – Vertragspflicht angesehen. So geschah es zwar in *The Moorcock*:[80] Dort haftete der Beklagte wegen »breach of contract«, weil er den Kläger vor der unebenen Beschaffenheit des Flussgrundes nicht gewarnt hatte. Aber in der Regel halten sich die englischen Gerichte in den hier interessierenden Fällen an das Deliktsrecht, und zwar besonders an den Haftungstatbestand »negligence«.

Das ist in der Regel auch in Deutschland möglich. So kann ein Käufer, der vom Verkäufer nicht über den richtigen Umgang mit der Ware belehrt worden ist und deshalb einen Körperschaden erlitten hat, seinen Ersatzanspruch nicht nur auf die Verletzung einer »kaufvertragsrechtlichen Nebenpflicht« zur Aufklärung, sondern auch »auf die allgemein deliktsrechtliche Verpflichtung zur Gefahrenabwehr« stützen.[81] Wäre allerdings dem Käufer nur ein »reiner

---

[78]   Ebenso *Viney* (oben N. 75) no. 515.
[79]   Vgl. z.B. Com. 5. Feb. 1973, J.C.P. 1974.II.17791; Com. 16. Okt. 1973, J.C.P. 1974. II.17846 mit Anm. *Malinvaud*; Civ. 9. Dez. 1975, J.C.P. 1977.II.18588 mit Anm. *Malinvaud*; BGH 5. April 1967, BGHZ 47, 312; BGH 19. Feb. 1975, BGHZ 64, 46.
[80]   Oben N. 58.
[81]   BGH 19. Feb. 1975 (oben N. 79) 49.

Vermögensschaden« (»mere pecuniary loss«) entstanden, so würde er allein mit
Hilfe des vertraglichen Anspruchs zum Ziel kommen können, weil nach § 823
I BGB eine deliktische Haftung für »reine Vermögensschäden« grundsätzlich
nicht gegeben ist. Wieder anders liegt es im französischen Recht: Dort kommen zwar in den hier interessierenden Fällen deliktische Ansprüche nicht in
Betracht. Aber das liegt nicht daran, dass die Voraussetzungen des Art. 1382 f.
Code civil nicht gegeben wären; vielmehr sind nach der Lehre vom »non-cumul« Ansprüche aus Delikt a limine ausgeschlossen, wenn dem Geschädigten
ein Anspruch wegen Verletzung einer vertraglich geschuldeten »obligation de
sécurité, de renseignement ou de conseil« zusteht.

Aus alledem kann man zwei Schlussfolgerungen ziehen: Für die Frage, ob
in einem konkreten Fall eine vertragliche Nebenpflicht gegeben ist oder nicht,
kommt es nicht auf den tatsächlichen oder vermuteten Willen der Parteien,
sondern – wie im Deliktsrecht – darauf an, ob die Annahme einer solchen
Pflicht im Interesse einer vernünftigen Risikoverteilung geboten ist. Ferner:
Ob die Haftung des Beklagten ex contractu oder ex delicto hergeleitet wird,
ist nicht eine Frage der Gerechtigkeit, sondern eine eher technische Frage. Für
sie spielt es vor allem eine Rolle, ob sich das vom Richter gewollte Ergebnis in
der jeweiligen Rechtsordnung besser mit deliktsrechtlichen oder vertragsrecht-
lichen Ansprüchen erreichen lässt. Sind beide Wege gangbar, so kommt auf die
Klassifikation nicht viel an. In *Lister* v. *Romford* stritten die Parteien darum, ob
die Verpflichtung eines Arbeitnehmers zum sorgfältigen Umgang mit den Sachen seines Arbeitgebers aus einer vertraglichen »implied duty« oder aus Delikt
herzuleiten sei. Für *Lord Radcliffe* war das eine akademische Frage: »Since, in any
event, the duty in question is one which exists by imputation or implication of
law and not by virtue of any express negotiation between the parties, I should
be inclined to say that there is no real distinction between the two possible sour-
ces of obligations.«[82]

---

[82] *Lister* v. *Romford* (oben N. 57) 587.

§ 7 Gesetz- und sittenwidrige Verträge

I. Einleitung

Hat sich jemand für Geld dazu verpflichtet, zugunsten seines Vertragspartners vor Gericht eine falsche Aussage zu machen, so mag es sein, dass die beiden Beteiligten eine vertragliche Bindung ernsthaft gewollt, ihre Erklärungen nach reiflicher Überlegung abgegeben und dabei unter dem Einfluss weder eines Irrtums noch einer Täuschung oder Drohung gestanden haben. Und doch steht keinem der Beteiligten ein Anspruch auf Erfüllung oder auf Schadensersatz wegen Nichterfüllung der Vereinbarung zu. Zwar gilt überall das Prinzip der Vertragsfreiheit. Aber keine Rechtsordnung kann darauf verzichten, einen Vertrag als nicht erlaubt und daher als ungültig anzusehen, wenn er gegen die Gesetze, gegen die guten Sitten oder gegen »public policy« verstößt oder »contraire aux bonnes mœurs ou à l'ordre public« ist.

Es liegt in der Natur der Sache, dass der Gesetzgeber auf dem hier interessierenden Gebiet nur mit sehr unbestimmt gefassten Vorschriften operieren kann.[1] Die kontinentalen Zivilgesetzbücher begnügen sich oft damit, zwischen dem Verstoß gegen ein Gesetz und dem Verstoß gegen die guten Sitten zu unterscheiden;[2] das neue niederländische Zivilgesetzbuch kennt dane-

---

[1] Vgl. dazu *von Mehren* Int.Enc.Comp.L. Vol. VII Ch. 1 s. 37 ff.
[2] Vgl. §§ 134, 138 BGB; § 879 ABGB; Art. 20 I OR; Art. 174, 178 griech. ZGB. Bemerkenswert ist, dass man in der Schweiz zwischen gesetz- und sittenwidrigen Verträgen

ben auch noch den Verstoß gegen die öffentliche Ordnung.[3] Der französische
Code civil und die ihm folgenden Zivilgesetzbücher Italiens und Spaniens
verknüpfen das hier behandelte Problem mit dem Begriff der »cause« oder
»causa«. Gemäß Art. 1131 Code civil bleibt eine vertragliche Bindung ohne
rechtliche Wirkung, wenn ihr »une cause illicite« zugrunde liegt; und nach
Art. 1133 liegt eine »cause illicite« vor, wenn sie »prohibée par la loi« oder »contraire aux bonnes mœurs ou à l'ordre public« ist.[4] Dabei wird unter »cause«
nicht nur der Grund verstanden, der eine Partei zur Eingehung der vertraglichen Verpflichtung bestimmt hat. Mit »cause« ist auch das Ziel gemeint, das
die Partei mit dem Geschäft verfolgt, sowie die wesentlichen Motive, die sie
zu seinem Abschluss veranlasst haben. Damit stellt aber der französische Richter bei der Prüfung der Gültigkeit des Vertrages auf die gleichen Umstände ab
wie der englische oder deutsche, und es ist nicht ersichtlich, wieso der Begriff
der »cause« zu dieser Prüfung noch etwas Nützliches beiträgt oder gar zu anderen Ergebnissen führt.[5]

Bei den gesetzlichen Vorschriften, nach denen Verträge wegen eines Verstoßes gegen gute Sitte, öffentliche Ordnung oder gesetzliche Vorschriften
nichtig sind, handelt es sich – wie man in Deutschland sagt – um »Gene-
ralklauseln«, die einen konkreten Inhalt erst dann gewinnen, wenn man die
Rechtsprechung hinzuzieht. Deshalb wird im Schrifttum überall so verfahren, dass man zur Ordnung des Stoffs bestimmte Fallgruppen bildet, dabei
aber stets darauf hinweist, dass diese Fallgruppen sich überschneiden können
und nicht erschöpfend sind.

Dabei kann man oft beobachten, dass Verträge heute als erlaubt gelten, die
noch vor gar nicht langer Zeit als anstößig angesehen wurden. So verhält es
sich besonders bei Verträgen, von denen zweifelhaft ist, ob sie gegen Gebote
des Familienlebens oder der Sexualmoral verstoßen. So galten Verträge früher
durchweg als unerlaubt, in denen der eine Partner einer nichtehelichen Lebensgemeinschaft dem anderen versprach, er werde ihm im Falle des Scheiterns der
Beziehung eine bestimmte Geldsumme zahlen; das Gleiche galt für Verträge,
durch die ein Ehemann einer Frau, mit der er nicht verheiratet war, Geld oder
die Zahlung von Unterhalt versprach. Heute sind solche Verträge gültig, wenn

---

(Art. 20 OR) und solchen Verträgen unterscheidet, die wegen Verstoßes gegen Art. 27 II
ZGB nichtig sind. In dieser Vorschrift wird bestimmt, dass »niemand sich seiner Freiheit
entäußern oder sich in ihrem Gebrauch in einem das Recht oder die Sittlichkeit verlet-
zenden Grade beschränken« kann. Vgl. zu dieser Unterscheidung im einzelnen *Bucher*,
Berner Kommentar Bd. I Abt. II 2 (1993) Art. 27 ZGB Rn. 92 und 162 ff.

[3] Art. 3:40 I und II BW.

[4] Ebenso Art. 1343 Codice civile; Art. 1275 span. CC.

[5] Soweit es um gesetz- oder sittenwidrige Verträge geht, hat man daher sowohl in
den Niederlanden wie in Portugal bei der Neukodifikation des Zivilrechts an dem »cause«-Erfordernis nicht mehr festgehalten; vgl. Art. 3:40 I und II BW; Art. 280 port. CC.
Vgl. zum Begriff der »cause« auch noch oben S. 72 ff.

der Richter feststellen kann, dass das Verspechen auf achtenswerten Motiven beruht, also etwa darauf abzielt, nach dem Ende einer langjährigen Beziehung den
Unterhalt des anderen Partners zu sichern oder ihm den Dank für die von ihm
gewährte Unterstützung oder Fürsorge zum Ausdruck zu bringen.[6]

Die rechtsvergleichende Betrachtung zeigt auch, dass ein und derselbe Vertrag
in manchen Rechtsordnungen wegen Verstoßes gegen gesetzliche Vorschriften,
in anderen deshalb ungültig ist, weil er gegen (ungeschriebene) Regeln der guten Sitte oder der öffentlichen Ordnung verstößt. Auch wird ein Vertrag aus den
genannten Gründen manchmal als »nichtig« oder »unwirksam«, manchmal als
»undurchsetzbar« bezeichnet; oft kommt es auch vor, dass ein Vertrag von der
einen Rechtsordnung als nichtig angesehen wird, während der gleiche Vertrag
anderswo zwar als gültig behandelt, aber einer Partei erlaubt wird, ihn unter bestimmten Voraussetzungen nachträglich durch eine besondere Erklärung – z.B.
wegen einer Täuschung oder einer Drohung – anzufechten oder aufzuheben.
Auch in den Principles of European Contract Law finden sich beide Lösungen.
Gemäß Art. 4:109 (1) kann eine Partei den Vertrag aufheben, wenn ihr Kontrahent ihre Schwächelage bewusst ausgenutzt und sich dadurch einen unfai-
ren oder übermäßigen Vorteil verschafft hat. Dagegen ist ein Vertrag gemäß
Art. 15:101 von vornherein »of no effect«, soweit er in Widerspruch stehe »to
principles recognised as fundamental in the laws of the Member States of the European Union«; das gilt gemäß Art. 15:102 PECL auch dann, wenn der Vertrag
gegen zwingende gesetzliche Bestimmungen der auf ihn anwendbaren Rechtsordnung verstößt.[7]

Im folgenden Text wollen wir uns zunächst mit Fallen beschäftigen, in denen
ein offensichtliches *Missverhältnis* zwischen Leistung und Gegenleistung besteht
und zweifelhaft ist, ob der Vertrag allein deshalb oder doch jedenfalls dann ungültig ist, wenn bestimmte weitere Gründe hinzutreten. In einer weiteren Fallgruppe geht es um die Frage, ob der Vertrag die persönliche oder wirtschaftliche *Entscheidungsfreiheit* der einen Partei in unerlaubter Weise beschränkt und
deshalb ungültig ist. Besondere Probleme können schließlich entstehen, wenn
der Abschluss oder die Durchführung des Vertrags gegen *gesetzliche Vorschriften*
verstößt.

---

[6] Vgl. dazu z.B. Civ. 22. Okt. 1980, Bull cass. 1980. I. no. 269; Civ 11. Feb. 1986,
Bull. cass. 1986. I. no. 21; BGH 31. März 1970, BGHZ 53, 369; BGH 12. Jan. 1984, NJW
1984, 2150: BG 17. Jan. 1983, BGE 109 II 15. Ebenso die bei *Treitel (-Peel)* no. 11–040 erwähnte Rechtsprechung.
[7] Vgl. dazu *H. MacQueen*, Illegality and Immorality in Contracts, in: A. Hartkamp
u.a. (Hrsg.), Towards a European Civil Code (4. Aufl. 2011) 555.

II. Inäquivalenz von Leistung und Gegenleistung

Die Frage, ob zur Gültigkeit eines Vertrages ein ausgewogenes Verhältnis von Leistung und Gegenleistung erforderlich ist, wird in Europa seit Jahrhunderten diskutiert. Das klassische römische Recht hat diese Frage verneint und daher einen Kaufvertrag auch dann als gültig angesehen, wenn zwischen Kaufpreis und wahrem Wert der Ware ein Missverhältnis bestand. Erst in spätrömischer Zeit – so berichtet das Corpus Iuris[8] – ist eine Verordnung erlassen worden, die dem Verkäufer eines Grundstücks ein Recht zur Auflösung des Vertrages gab, wenn sich der Kaufpreis auf weniger als die Hälfte des wahren Werts des Grundstücks belief. Streitig ist, ob diese Verordnung schon im 3. oder erst im 6. Jahrhundert nach Christus erlassen worden ist. Offensichtlich verfolgte sie aber einen sozialpolitischen Zweck: Sie sollte die Bauern schützen, die durch die brutale Steuerpolitik der Kaiser verarmt und deshalb gezwungen waren, ihre Felder für einen Spottpreis an städtische Kapitalisten zu verkaufen, die ihr Geld inflationssicher anlegen wollten.[9]

Erst im Mittelalter ist die Vorstellung, dass jeder Vertrag zu seiner Gültigkeit der Äquivalenz von Leistung und Gegenleistung bedarf, in voller Breite entwickelt worden. Thomas von Aquin und andere Kirchenväter lehrten, dass zwischen den vertraglichen Leistungen ein Gleichgewicht bestehen müsse und dass es sündhaft sei, wenn jemand sich von seinem Vertragspartner etwas versprechen lasse, ohne ihm dafür einen »gerechten Preis«, ein »iustum pretium« zu bezahlen. Auch die Naturrechtslehrer billigten die Regel, dass in einem solchen Falle der Vertrag wegen *laesio enormis* aufgelöst werden könne; freilich sahen sie diese Regel nicht als ein Gebot der christlichen Moral, sondern als ein Gebot der menschlichen Vernunft an. Viel Streit gab es darüber, wie das Äquivalenzprinzip in der Praxis zu handhaben sei. Zweifelhaft war z.B., ob der Käufer durch nachträgliche Zuzahlung einer Summe die Auflösung des Vertrages abwenden und ob nur der Verkäufer eines Grundstücks oder auch der Verkäufer anderer Sachen den Vertrag wegen *laesio enormis* rückgängig machen konnte. Sollte ein solches Recht auch dem *Käufer* zustehen, der einen zu hohen Kaufpreis bezahlt hatte? Wie war bei Miet- und Dienstverträgen zu entscheiden? Und vor allem: Wie war der »gerechte Preis« zu ermitteln?

Die Zivilgesetzbücher, die am Anfang des 19. Jahrhunderts in Kraft getreten sind, haben die Lehre von der *laesio enormis* in unterschiedlichem Umfang rezipiert. Das österreichische ABGB ist dabei am weitesten gegangen. § 934 gibt beiden Vertragsparteien das Recht, die Aufhebung eines Vertrages wegen

---

[8] C. 4.44.2.
[9] Vgl. dazu und zum folgenden die Darstellung bei *Zimmermann* 259 ff. mit Nachweisen zu dem umfangreichen Schrifttum über die Entwicklung der *laesio enormis*. Vgl. auch *von Mehren* Int.Enc.Comp.L. Vol. VII Ch. 1 s. 83 ff.

»Verkürzung über die Hälfte« zu verlangen, wenn der Wert der Leistung den Wert der Gegenleistung um mehr als die Hälfte übersteigt. Dieses Recht steht allerdings demjenigen nicht zu, für den der Vertrag ein Handelsgeschäft ist,[10] ebensowenig demjenigen, der den Vertrag in voller Kenntnis des wahren Werts der Sache abgeschlossen, sie also z.B. bewusst zu einem »Freundschaftspreis« verkauft oder als Käufer erklärt hat, dass er sie »aus besonderer Vorliebe um einen außerordentlichen Wert« übernehmen wolle (§ 935).

Der Code Civil steht der Vertragsauflösung wegen *lésion* mit größerer Zurückhaltung gegenüber. Gemäß Art. 1118 findet sie nur in den gesetzlich geregelten Fällen statt, und zwar insbesondere beim Grundstückskaufvertrag. Einen solchen Vertrag kann der Verkäufer binnen 2 Jahren nach Vertragsschluss auflösen, sofern zu diesem Zeitpunkt der Kaufpreis weniger als 7/12 des wahren Grundstückswerts betrug (Art. 1674 ff.). Dies gilt nicht, wenn es sich bei dem Vertrag nach Lage der Umstände um ein »Risikogeschäft« gehandelt oder der Verkäufer den niedrigeren Kaufpreis deshalb bewilligt hat, weil er den Käufer beschenken wollte. Steht dem Verkäufer ein Auflösungsrecht zu, so kann es der Käufer dadurch abwenden, dass er sich zur Zahlung der Differenz bereiterklärt, die zwischen dem Kaufpreis und dem jetzigen Verkehrswert des Grundstücks besteht. Damit dem Käufer auch in diesem Falle ein bescheidener Gewinn verbleibe, erlaubt ihm Art. 1681, den zu erstattenden Differenzbetrag um ein Zehntel des Verkehrswerts zu kürzen. In der Praxis bereitet die Anwendung dieser Vorschrift nicht geringe Schwierigkeiten.[11]

Die neueren Zivilgesetzbücher haben solche Regeln nicht mehr aufgenommen. Sie paßten nicht mehr in eine Zeit, deren Wirtschaftsleben von einem ausgeprägten Liberalismus beherrscht war. Man nahm an, dass der Mensch geschäftskundig und urteilsfähig genug sei, um sich in der auf Vertragsfreiheit, Gewerbefreiheit und Wettbewerbsfreiheit gegründeten bürgerlichen Erwerbsgesellschaft vernünftig zu bewegen und Schaden von sich abzuwenden; daher musste eine Regel, die den Richter zur Auflösung inhaltlich unausgewogener Verträge berechtigt, als paternalistisch und als gefährlich für die Rechtssicherheit erscheinen. Bis zuletzt haben daher die Verfasser des Bürgerlichen Gesetzbuchs geglaubt, dass mit dem allgemeinen Grundsatz auszukommen sei, nach dem Verträge nichtig sind, die gegen das Gesetz oder die guten Sitten verstoßen (§ 138 I BGB). Aber der Gedanke, dass unausgewogene Verträge suspekt sind, entspricht dem Gerechtigkeitsempfinden offenbar so sehr, dass man ihn am Ende nicht ganz übergehen mochte. § 138 BGB wurde daher um einen zweiten Absatz ergänzt: Danach ist ein Vertrag nichtig, wenn Leistung und Gegenleistung »in einem auffälligen Missverhältnis« zueinander stehen *und* die eine Partei

---

[10] 351 a österreichisches HGB.
[11] Vgl. dazu im einzelnen *Ghestin* no. 555 ff.; *Starck/Roland/Boyer* no. 806 ff.

den Vertrag »unter Ausbeutung der Zwangslage, der Unerfahrenheit, des Mangels an Urteilsvermögen oder der erheblichen Willensschwäche« der anderen Partei zustandegebracht hat.

Dieser Lösung haben sich die meisten europäischen Zivilgesetzbücher angeschlossen.[12] Nur der Codice civile hat noch an einer genauen quantitativen Fixierung des Missverhältnisses von Leistung und Gegenleistung festgehalten. Zwar kann die übervorteilte Partei den Vertrag nur dann auflösen, wenn sie sich aufgrund einer Notlage (*stato di bisogno*) auf den Vertrag eingelassen hat. Aber dies gilt nur dann, wenn sich der Wert ihrer Leistung auf mehr als das Doppelte des Werts der Gegenleistung beläuft (Art. 1448).[13] Dagegen hat das holländische Zivilgesetzbuch auf das Erfordernis eines Missverhältnisses von Leistung und Gegenleistung ganz verzichtet. Gemäß Art. 3:44 IV BW kann ein Vertrag wegen »Missbrauchs der Umstände« angefochten werden, wenn jemand die Zwangslage, Abhängigkeit oder Unerfahrenheit der anderen Vertragspartei oder ihren Leichtsinn oder Mangel an Erfahrung gekannt hat oder kennen konnte und sie gleichwohl in unzulässiger Weise zum Abschluss des Vertrages gedrängt hat.[14]

In den internationalen Regelwerken wird verlangt, dass sich die eine Partei durch den Vertrag ein »excessive benefit« oder einen »grossly unfair advantage« verschafft hat; außerdem ist – ähnlich wie in § 138 Abs. 2 BGB – erforderlich, dass sich die benachteiligte Partei in einer besonderen Zwangs- oder Notlage befunden hat und ihr Kontrahent diesen Umstand kannte oder kennen musste und für sich ausgenutzt hat.[15] Die deutsche Rechtsprechung geht freilich mehr und mehr zu der Auffassung über, dass es für die Ungültigkeit des Vertrages schon ausreicht, wenn nur ein »grobes Missverhältnis« zwischen Leistung und Gegenleistung vorliegt; das bedeutet praktisch, dass die alte Lehre von der »laesio enormis« zu neuem Leben erweckt wird. Bei Kaufverträgen wird nämlich angenommen, dass ein solches »grobes Missverhältnis«, gegeben ist, wenn eine Sache für weniger als die Hälfte oder für mehr als das Doppelte ihres Marktwerts verkauft wird. In einem solchen Fall kann die benachteiligte Partei, auch wenn es an einer Ausbeutung ihrer Zwangslage und damit an den Voraussetzungen des § 138

---

[12] § 879 II Nr. 4 ABGB; Art. 21 OR; Art. 179 griech. ZGB; § 31 nordisches Vertragsgesetz; Art. 282 port. CC. Vgl. auch Art. 388 poln. ZGB; Art. 201 II und 202 ung. ZGB.

[13] Vgl. it. Cass. 28. Juni 1994, auszugsweise veröffentlicht in ZEuP 1997, 475 mit Anm. *C. Becker.*

[14] Vgl. Hoge Raad 29. Mai 1964, Ned. Jur. 1965, 104: Ein Verkäufer, dessen altersbedingte Unerfahrenheit ausgenutzt worden ist, kann einen Grundstückskaufvertrag auch dann aufheben, wenn für das Grundstück ein angemessener Preis vereinbart war.

[15] Vgl. Art. 4: 109 PECL; Art. 3.2.7 PICC; Art. II.-7:207 DCFR; Art. 30 (3) CEC; Art. 51 CESL. Einigkeit besteht darüber, dass der Vertrag unter den genannten Voraussetzungen nicht von vornherein ungültig ist, sondern von der benachteiligten Partei aufgehoben oder angefochten werden kann.

Abs. 2 fehlt, immer noch geltend machen, dass der Vertrag gemäß § 138 *Abs. 1* nichtig ist. Zwar wird dafür verlangt, dass die begünstigte Partei »aus verwerflicher Gesinnung« gehandelt hat. Aber eine solche Gesinnung darf ohne weiteres vermutet werden, dies selbst dann, wenn die begünstigte Partei keine Kenntnis von dem »groben Missverhältnis« hatte.[16]

Der französische Code civil enthält keine Regelung, die der Vorschrift des § 138 Abs. 2 BGB vergleichbar wäre.[17] Die Rechtsprechung erreicht aber praktisch die gleichen Ergebnisse, indem sie der übervorteilten Partei die Anfechtung des Vertrages wegen einer Täuschung (*dol*) oder einer Drohung (*violence*) gestattet. Wer das hohe Alter, die schwere Krankheit, die jugendliche Unerfahrenheit oder eine Zwangslage seines Kontrahenten ausnutzt, indem er ihm keine Zeit zu ruhiger Überlegung lässt oder ihm die Beratung durch seine Familienangehörigen oder einen Rechtsanwalt ausredet oder die Tragweite des Vertrages verharmlost oder verschleiert, muss sich die Anfechtung wegen *dol* gefallen lassen.[18] Zwar hat er seinen Vertragspartner nicht durch eine bewusst falsche Tatsachenbehauptung in die Irre geführt und daher keine arglistige Täuschung im engeren Sinne begangen. Nach der französischen Rechtsprechung liegen aber »manœuvres dolosives« auch dort vor, wo jemand die Zwangslage, in die ein anderer ohne sein Zutun geraten ist, erkennt und in missbräuchlicher Weise zu seinem eigenen Vorteil ausnutzt. Auch wird es als ein Fall der »*violence économique*« angesehen, wenn eine Partei unter Ausnutzung ihrer wirtschaftlichen Überlegenheit die andere Partei in missbräuchlicher Weise zum Abschluss eines für sie ungünstigen Vertrages veranlasst hat.[19] Und wenn sich unter solchen Umständen die übervorteilte Partei auf einen Preis eingelassen, der als »un véritable scandale« oder als »prix dérisoire« bezeichnet werden kann, so helfen die Gerichte manchmal auch mit der An-

---

[16] Vgl. BGH 19. Jan. 2001, BGHZ 146, 298; BGH 19. Juli 2002, NJW 2002, 3165; BGH 29. Juni 2007, NJW 2007, 2841. Die Vermutung, sie habe aus »verwerflicher Gesinnung« gehandelt, kann die begünstigte Partei z.B. dadurch widerlegen, dass sie beweist, es hätten sich die Parteien auf das (fehlerhafte) Gutachten eines Sachverständigen verlassen. Vgl. kritisch zu dieser Rechtsprechung *T. Finkenauer*, Zur Renaissance des laesio enormis beim Kaufvertrag, in Festschrift H.P. Westermann (2008) 183; *Bork* Rn. 1193, 1199.

[17] In Art. 65 und 66 des Reformentwurfs Terré wird eine Regelung vorgeschlagen, nach der zwar die Inäquivalenz von Leistung und Gegenleistung keinen Nichtigkeitsgrund darstellt, aber die benachteiligte Partei vom Richter eine Vertragsanpassung verlangen kann, sofern der andere Vertragspartner ihre Zwangslage ausgebeutet und dadurch einen »avantage manifestement excessif« erlangt hat.

[18] Civ. 4. Nov. 1913, S. 1914.1.259; Req. 10. Feb. 1926, S. 1926.1.59; Req. 27. Juni 1939, S. 1940.1.39; Paris 22. Jan. 1953, J.C.P. 1953.II.7435; Civ. 20. April 1966, Bull.cass. 1966.I. no. 224; Civ. 13. Jan. 1969, Bull.cass. 1969.I. no. 21.

[19] Civ. 30. Mai 2000, Bull cass. 2000. I. no. 169; Civ. 3. April 2002, Bull cass. 2002. I. no. 108.

nahme, dass der Vertrag wegen »inexistence d'un prix« nichtig sei (Art. 1591 Code civil).[20]

Auch das englische Recht kennt kein allgemeines Prinzip, aufgrund dessen eine Partei den für sie offensichtlich nachteiligen Vertrag rückgängig machen kann, wenn sie zu seinem Abschluss durch Ausnutzung ihrer Zwangslage oder eines anderen Verhandlungshandicaps bestimmt worden ist. Wohl aber gibt es eine Reihe verstreut umherliegender Regeln, die – wenn auch unter unterschiedlichen Voraussetzungen – die übervorteilte Vertragspartei in ähnlicher Weise wie in den kontinentalen Rechtsordnungen schützen. So kann sich eine Vertragspartei, die sich in einer besonderen Zwangslage auf eine für sie nachteilige Vertragsänderung eingelassen hat, gelegentlich auf *economic duress* berufen, so z.B. dann, wenn sie in die für sie nachteilige Vertragsänderung nur deshalb eingewilligt hat, weil ihr Kontrahent sie anderenfalls mit einem Vertragsbruch bedroht hat und diese Drohung unter den besonderen Umständen des Falles als nicht erlaubt anzusehen ist.[21] Ferner sind in vielen älteren Entscheidungen, von denen manche auf das 18. Jahrhundert zurückgehen, Verträge als ungültig angesehen worden, durch die eine in geschäftlichen Dingen unerfahrene oder in wirtschaftlicher Not befindliche Partei einen wertvollen Vermögensgegenstand für wenig Geld verkauft oder zu ungünstigen Bedingungen verpfändet hatte. Typisch war der Fall, dass ein junger Mann aus vermögender Familie, aber ohne eigenes Einkommen seine Erbanwartschaft zu einem Spottpreis versilbert hatte, um damit seinen Unterhalt oder seine Spielschulden zu bezahlen. Solche Verträge waren ungültig, und zwar unter Voraussetzungen, die sich bei einigem guten Willen auch auf heutige Verhältnisse übertragen lassen. So geschah es in *Cresswell* v. *Potter*:[22] Hier hatte eine Ehefrau – von Beruf Telefonistin und geschäftlich unerfahren – ihrem Mann aus Anlass der Trennung ihren Miteigentumsanteil an einem gemeinsam erworbenen Grundstück überlassen und dafür von ihm als Gegenleistung nichts weiter erhalten als eine Erklärung, nach der sie von der Haftung für einen durch Hypothek an dem Grundstück gesicherten Kredit freigestellt werden sollte.

Besondere Bedeutung haben in diesem Zusammenhang die Regeln des englischen Rechts, nach denen ein Vertrag wegen *undue influence* aufgehoben werden kann, wenn sein Abschluss darauf zurückzuführen ist, dass die eine Partei beweisen kann, dass sie von der anderen zwar nicht geradezu bedroht, aber doch in anderer unerlaubter Weise unter Druck gesetzt oder durch falsche Be-

---

[20] Vgl. Req. 12. Jan. 1931, Gaz.Pal. 1931.1.441; Paris 22. März 1952, Gaz.Pal. 1952.2.102. Gelegentlich erlaubt die Rechtsprechung der übervorteilten Partei auch die Anfechtung des Vertrages wegen *erreur* oder *violence*; vgl. dazu *Ghestin* no. 513, 579, 586, 588.

[21] Vgl. dazu noch unten S. 275 ff.

[22] [1978] 1 W.L.R. 255. Ähnlich auch *Backhouse* v. *Backhouse* [1978] 1 All E.R. 1158 (1165 f.).

hauptungen in die Irre geführt worden ist. Dieses Beweises bedarf es allerdings nicht, wenn unter den Parteien des Vertrages eine besondere Vertrauensbeziehung bestand, aufgrund derer die eine Partei sich darauf verlassen durfte, von der anderen loyal beraten und vollständig informiert zu werden. Eine solche besondere Vertrauensbeziehung hat die Rechtsprechung z.B. für das Verhältnis zwischen dem Kind und seinen Eltern, dem Mündel und seinem Vormund, dem Patienten und seinem Arzt, dem Beichtkind und seinem Seelsorger oder dem Mandanten und seinem Anwalt oder sonstigen Berater angenommen. Kommt es unter den Parteien einer solchen Vertrauensbeziehung zum Abschluss eines Vertrages, der für den Vertrauenden offensichtlich nachteilig ist, so wird, ohne dass dafür noch ein besonderer Beweis geführt werden müsste, angenommen, dass der Vertrag auf einen Missbrauch des geschenkten Vertrauens zurückzuführen und deshalb ungültig ist.[23] Zwischen Eheleuten besteht eine solche besondere Vertrauensbeziehung zwar grundsätzlich nicht. Aber auch hier liegt ein solcher Missbrauch nicht fern. Die Rechtsprechung hilft deshalb hier auf andere Weise: Hat eine Ehefrau – dies ist der praktisch wichtigste Fall – für die geschäftlichen Schulden ihres Mannes gegenüber einer Bank eine Bürgschaft übernommen oder hat sie aus dem gleichen Grunde zugunsten der Bank ein Grundpfandrecht an einem Grundstück bestellt, dessen Eigentümerin oder Miteigentümerin sie ist, so besteht eine Vermutung dafür, dass das Geschäft, sofern es »erklärungsbedürftig« ist, also den Interessen der Frau nicht offensichtlich Rechnung trägt, auf eine ungehörige Einflussnahme des Mannes zurückzuführen ist. Diese Vermutung kann die Bank zwar widerlegen. Aber dafür muss sie beweisen, dass sie vernünftige Schritte unternommen hat, die ihr die Gewissheit verschaffen durften, dass die Entscheidung der Ehefrau auf ihrem freien Willen beruhte. Praktisch bedeutet dies, dass die Bank der Ehefrau erklären muss, sie werde das Geschäft mit ihr nur dann abschließen, nachdem sie die schriftliche Erklärung eines Anwalts vorgelegt hat, aus der sich ergibt, dass er sie in Abwesenheit ihres Eheman-

---

[23] In den kontinentalen Rechtsordnungen findet man oft gesetzliche Bestimmungen, die in ähnlicher Weise der Gefahr von Interessenkollisionen entgegenwirken sollen. So handeln Eltern und Vormünder bei Geschäften mit ihren Schutzbefohlenen als deren gesetzliche Vertreter; ihnen sind daher – wie allen Vertretern – »Insichgeschäfte« grundsätzlich verboten; dazu unten S. 444 ff. Vgl. auch Art. 907, 909 Code civil: Danach sind Verträge und Testamente nichtig, durch die ein Patient dem ihn behandelnden Arzt oder einem Geistlichen, der ihm während seiner Krankheit beigestanden hat, einen Vermögensvorteil zuwendet, sofern die Krankheit, während derer das Geschäft vorgenommen wurde, zum Tode des Patienten geführt hat. Nichtig sind auch Geschäfte, die von den Bewohnern eines Altersheims zugunsten des Heimpersonals vorgenommen werden; vgl. Art. 1125-1 Code civil, Art. L-331-4 und L-443-6 fr. Code de l'action sociale et des familles, BGH 9. Feb. 1990, BGHZ 110, 235; BayObLG 28. Juni 1991, NJW 1992, 55. Vgl. dazu ausführlich *A. P. Bell*, Abuse of a Relationship: Undue Influence in English and French Law, Eur.Rev. P.L. 15 (2007) 555.

nes über die Auswirkungen des in Rede stehenden Geschäfts in vollem Umfang unterrichtet hat.[24]

Umstritten ist die Frage, ob sich nicht die soeben dargestellten Regeln des englischen Rechts zu einem allgemeinen Grundsatz zusammenfassen lassen: Danach wäre ein Vertrag immer dann unwirksam, wenn er für die eine Partei einen gravierenden Nachteil bedeutet und sie sich auf ihn nur deshalb eingelassen hat, weil sie der anderen Partei an Verhandlungsstärke (*bargaining power*) erheblich unterlegen war. Diesen Standpunkt vertrat *Lord Denning* in *Lloyd's Bank Ltd. v. Bundy*:[25] Hier hatte ein Kreditnehmer seiner Bank erklärt, dass die zur Verlängerung des Kredits benötigten zusätzlichen Sicherheiten zwar nicht von ihm selbst, vielleicht aber von seinem Vater gewährt werden würden. Daraufhin fuhr ein Bankangestellter in Begleitung des Sohnes zu dem Vater, der als Landwirt einen kleinen Hof betrieb. Er erreichte es, dass der Vater den Hof – praktisch sein gesamtes Vermögen – für die Schulden des Sohnes verpfändete, ohne dass er zuvor nähere Auskünfte über dessen wirtschaftliche Lage erhalten oder die Gelegenheit zur Einholung unabhängigen Rats gehabt hätte. Die Klage der Bank auf Duldung der Zwangsvollstreckung in den Hof wurde vom Court of Appeal abgewiesen. Zwei Richter stützten dies auf die Regeln über *undue influence*, weil der Vater – selbst seit Jahrzehnten Kunde der Bank – unter den hier gegebenen besonderen Umständen auf eine – ihm tatsächlich nicht erteilte – Beratung und Information habe vertrauen dürfen. *Lord Denning* kam als dritter Richter zum gleichen Ergebnis, stützte es aber auf ein allgemeines Rechtsprinzip. Nach einer Darstellung der verschiedenen Wege, auf denen das Common Law die schwächere Vertragspartei gegen unvorteilhafte Verträge schützt, sagte er:

»Gathering all together, I would suggest that through all these instances there runs a single thread. They rest on inequality of bargaining power. By virtue of it, the English law gives relief to one who, without independent advice, enters into a contract on terms which are very unfair or transfers property for a consideration which is grossly inadequate, when his bargaining power is grievously impaired by reason of his own needs or desires, or by his own ignorance or infirmity, coupled with undue influences or pressures brought to bear on him by or for the benefit of the other.«[26]

Man streitet heute in England darüber, ob es ein Bedürfnis dafür gibt, die herkömmlichen Einzelregeln durch ein solches allgemeines Prinzip zu ersetzen.

---

[24] *Royal Bank of Scotland* v. *Etridge* (No 2) [2001] 4 All. E. R. 449, vgl. ferner *Barclays Bank* v. *O'Brien* [1994] 1 A.C 180 und *Treitel (-Peel)* no. 10-013 ff.

[25] [1975] Q.B. 326 (C.A.).

[26] *Lloyd's Bank Ltd.* v. *Bundy* (vorige N.) 339.

Das House of Lords hat diesem Vorschlag bisher eine kühle Schulter gezeigt;[27] im Schrifttum findet er dagegen bei vielen Unterstützung.[28]

Auch in der französischen Rechtsprechung findet man Fälle, in denen jemand ohne gründliche Überlegung und ohne volle Einsicht in die Tragweite seiner Erklärung eine Mithaftung für die Schulden eines Familienangehörigen übernommen hat. In einer Entscheidung der Pariser Cour d'Appel hatte eine 73jährige Witwe »de situation très modeste, sans instruction particulière ni connaissance des affaires« sich gegenüber einer Bank für die Schulden ihres Schwiegersohns verbürgt. Nachdem seine Grundstücksspekulationen gescheitert waren, belief sich die Forderung der Bank auf 1,4 Mio. ffrs und damit auf einen Betrag, den die beklagte Witwe nie auch nur annähernd bezahlen konnte. Das Gericht stellte fest, dass »une disproportion frappante entre la pauvreté des ressources de veuve Silly et l'énormité du cautionnement souscrit par elle« bestehe und dass die geschäfts- und rechtsunkundige Beklagte nicht gewusst habe, worauf sie sich einlasse; daraus zog es den Schluss, dass sie den Bürgschaftsvertrag wegen Irrtums über seinen Gegenstand und Grund anfechten könne.[29] Heute werden solche Fälle in der Regel durch Art. 341-4 Code de la consommation erfasst: Hat danach ein Verbraucher durch eine Bürgschaft eine Verpflichtung übernommen, die »manifestment disproportionné à ses biens et revenues« ist, so kann die Bank aus der Bürgschaft keine Rechte herleiten, soweit der Verbraucher zur Erfüllung seiner Pflichten außerstande ist.[30]

---

[27] Vgl. *National Westminster Bank* v. *Morgan* [1985] 1 All E.R. 821, 830. In dieser Entscheidung bezweifelt *Lord Scarman* »whether there is any need in the modern law to erect a general principle of relief against inequality of bargaining power. Parliament has undertaken the task – and it is essentially a legislative task – of enacting such restrictions upon freedom of contract as are in its judgment necessary to relief against [such] mischief.« Solche Gesetze bestehen z.B. dort, wo der Verbraucher gegen Nachteile geschützt werden soll, die ihm durch den Abschluss von Kreditverträgen (vgl. Consumer Credit Act 1974, s. 140 A und B) oder durch unangemessene Vertragsbedingungen auferlegt werden (vgl. Unfair Contract Terms Act 1977; Unfair Terms in Consumer Contracts Regulations 1999 und dazu S. 206 ff.).

[28] Vgl. z.B. *Waddams*, Unconscionability in Contracts, Mod.L.Rev. 39 (1976) 369; *McKendrick* no. 17.4 und 7; skeptisch *Treitel (-Peel)* no. 10-046. In anderen Rechtsordnungen des Common Law geht die Entwicklung eindeutig in diese Richtung, so in Kanada und Australien und vor allem in den Vereinigten Staaten. Dort bestimmt Art. 2–302 UCC, dass ein Vertrag oder eine Vertragsklausel ungültig ist, wenn das Gericht den Vertrag oder die Klausel für »unconscionable« hält; ebenso s. 208 Restatement of Contract 2d.

[29] Paris 18. Jan. 1978, J.C.P. 1980.II.19318 mit Anm. *Simler*. Vgl. auch die ebendort abgedruckte Entscheidung Bordeaux 6. Dez. 1977: Haben sich die Ehefrau und die Schwiegereltern eines Notars für seine Schulden verbürgt, so ist der Vertrag wegen »défaut de cause et erreur substantielle« nichtig, wenn ihnen jegliche Vorstellung vom Umfang der von ihm begangenen Unterschlagungen fehlte. Vgl. ferner Civ. 25. Mai 1964, D.P. 1964, 626; ebenso HR 1. Juni 1990, Ned. Jur. 1991, 3293.

[30] Vgl. auch § 25 d österreichisches Konsumentenschutzgesetz: Danach darf der Rich-

Die deutsche Rechtsprechung stützt sich dagegen in solchen Fällen auf § 138 BGB. Zwar ist der oben erwähnte Abs. 2 dieser Vorschrift nicht anwendbar. Denn bei einem Bürgschaftsvertrag steht der Leistung des Bürgen keine Gegenleistung des Gläubigers gegenüber; daher kann man ein »auffälliges Missverhältnis« zwischen Leistung und Gegenleistung nicht feststellen. Stattdessen wird gefragt, ob der Bürgschaftsvertrag gegen die guten Sitten verstößt und daher gemäß § 138 *Abs. 1* BGB nichtig ist. Grundsätzlich wird diese Frage verneint, weil ein Erwachsener auch ohne besondere Geschäftskunde das erhebliche, mit einer Bürgschaft verbundene Risiko erkennen könne.[31] Anders liegt es aber, wenn eine Bank sich eine Bürgschaft von einem Familienangehörigen ihres Schuldners – also von seinem Ehegatten, seinem Verlobten oder seinen Eltern oder Kindern – beschafft hat. Zwar ist auch in diesem Falle die Bürgschaft wirksam, wenn die Gewährung des Kredits an den Schuldner dem Bürgen selbst einen eigenen Vorteil verschafft, so etwa dann, wenn er Miteigentümer des mit dem Kredit zu erwerbenden Grundstückes werden soll. Aber wenn es daran fehlt, ist die Bürgschaft gemäß § 138 Abs. 1 BGB nichtig, wenn der Angehörige durch sie »krass überfordert« wird; so liegt es insbesondere, wenn sich voraussehen lässt, dass er aus eigenen Mitteln nicht einmal die laufenden Zinsen des Kredits aufzubringen vermag. In einem solchen Fall besteht eine praktisch unwiderlegliche Vermutung dafür, dass der Angehörige die Bürgschaft aufgrund seiner »emotionalen Bindung« zum Schuldner übernommen hat und dass dieser Umstand vom Kreditgeber in anstößiger Weise zu seinem Vorteil ausgenutzt worden ist.[32] Gegen diese Rechtsprechung kann man schon einwenden, dass sie nur zugunsten der vermögenslosen Bürgen gilt, nicht aber zugunsten derjenigen Bürgen, die über eigenes Vermögen verfügen und deshalb durch ihre Haftung keineswegs »krass überfordert« werden. Vor allem sollte es aber darauf ankommen, ob der Bürge seine Entscheidungsfreiheit in verantwortlicher Weise ausgeübt hat. Gewiss bestehen daran erhebliche Zweifel, wenn er die Bürgschaft als Angehöriger des Schuldners übernommen hat. Dem trägt

---

ter die Verpflichtungen, die sich für einen Verbraucher aus der von ihm übernommenen Bürgschaft (oder aus einer anderen Form der Interzession) ergeben, insoweit »mäßigen oder auch ganz erlassen, als sie in einem unter Berücksichtigung aller Umstände unbilligen Missverhältnis zur Leistungsfähigkeit« des Verbrauchers steht. Zu den Umständen, die der Richter zu berücksichtigen hat, zählen u.a. der Nutzen, der dem Verbraucher aus der Leistung des Gläubigers zufließt sowie »der Leichtsinn, die Zwangslage, die Unerfahrenheit, die Gemütsaufregung oder die Abhängigkeit des Interzedenten vom Schuldner bei Begründung der Verbindlichkeit.«

[31] Zu bedenken ist auch, dass der Bürge seine Erklärung schriftlich erteilen muss (vgl oben § 5 II 1) und dass er sie, wenn er sie als Verbraucher im Rahmen eines »Haustürgeschäfts« abgegeben hat, auch noch nachträglich widerrufen kann (vgl. § 8 II 1).

[32] Vgl. z.B. BGH 18. Sept. 1997, BGHZ 136, 350; BGH 14. Nov. 2000, BGHZ 146, 37; BGH 14. Mai 2002, BGHZ 151,34; BGH 14 Okt. 2003, BGHZ 156, 302; BGH 25. Jan. 2005, NJW 2005, 971 (ständige Rechtsprechung).

aber die Rechtsprechung der englischen Gerichte in vorbildlicher Weise dadurch Rechnung, dass sie in solchen Fällen zwar die Vermutung aufstellt, es sei
die Bürgschaft durch »undue influence« des Schuldners zustande gekommen,
aber gleichzeitig zulässt, dass der Kreditgeber diese Vermutung widerlegt, indem er beweist, dass er die Bürgschaft entgegengenommen hat, nachdem er den
Familienangehörigen auf die Erforderlichkeit einer Beratung durch einen unabhängigen Anwalt hingewiesen hat und ihm eine entsprechende Urkunde des
Anwalts vorgelegt worden ist. In diesem Falle darf der Kreditgeber von einer
überlegten und eigenständigen Willensbildung des Bürgen ausgehen.[33]

Sehr umstritten ist, die Frage, ob ein Vertrag, der gegen die guten Sitten
oder den ordre public verstößt, stets in vollem Umfang ungültig ist, oder ob der
Richter den Vertrag von sich aus »modifizieren«, »reduzieren« oder »reformie-
ren« und sodann mit dem in dieser Weise veränderten Inhalt aufrechterhalten
kann.[34] Wie liegt es z.B., wenn eine Vertragspartei sich einen anstößig hohen
oder niedrigen Kaufpreis ausbedungen oder sich eine Bürgschaft hat versprechen lassen, die den Schuldner »krass überfordert«: Darf der Richter von sich
aus den Kaufpreis auf einen angemessenen Umfang reduzieren oder aufstocken?

---

[33] So auch (mit einer rechtshistorischen und rechtsvergleichenden Darstellung des
Problems) *N. Jansen*, Seriositätskontrollen existentiell belastender Versprechen, in: R.
Zimmermann (Hrsg.), Störungen der Willensbildung bei Vertragsschluss (2007) 125.
Ebenso *G. Wagner*, Materialisierung des Schuldrechts unter dem Einfluss von Verfas-
sungsrecht und Europarecht – Was bleibt von der Vertragsfreiheit?, in: U. Blaurock/G.
Hager (Hrsg.), Obligationenrecht im 21. Jahrhundert (2010) 13, 30 ff.

[34] Dieses Problem entsteht auch dort, wo der Vertrag Vereinbarungen enthält, durch
die die Handlungsfreiheit einer Partei »übermäßig« beschränkt oder sie in ihrer Rechtsstellung »übermäßig« benachteiligt oder in die zu ihrem Schutz erlassenen gesetzlichen
Vorschriften »übermäßig« verstoßen wird. Hier stellt sich überall die Frage, ob das
»Übermaß« reduziert und der Vertrag mit dieser Maßgabe aufrechterhalten werden darf.
Vgl. dazu S. 176 ff., 210 ff. Anders liegt es, wenn die Partei, die sich auf die Ungültigkeit
des Vertrages berufen könnte, den Wunsch äußert, sie wolle an ihm festhalten, wenn
er zu ihren Gunsten abgeändert wird. Für diesen Fall wird in den internationalen Regelwerken eine entsprechende Vertragsänderung für zulässig gehalten. Vgl. Art. 4:109
(2) PECL: Danach kann eine Partei die Aufhebung des Vertrages verlangen, wenn ihre
Schwäche von der anderen Partei ausgenutzt worden ist und sie sich dadurch einen unfai-
ren oder übermäßigen Vorteil verschafft hat. Auf ihr Verlangen kann aber der Richter »if
it is appropriate adapt the contract in order to bring it into accordance with what might
have been agreed had the requirements of good faith and fair dealing been followed.«
Ähnlich Art. 3.2.7 (2) und (3) PICC; Art. II.-7: 207 (2) und (3) DCFR. Auch diejenigen
Rechtsordnungen, die die »laesio enormis« kennen, erlauben die Aufrechterhaltung des
Vertrages, sofern sich die begünstigte Partei von sich aus bereit erklärt, die eigene Leistung so zu verändern, dass sie in einem Gleichgewicht zur Leistung der anderen Vertragspartei steht. Vgl. Art. 1450 Codice civile; Art. 1674 Code civil; § 947 ABGB. Auch gemäß
Art. 3:54 (2) BW darf der Richter auf Verlangen einer Partei, statt den Vertrag wegen
Missbrauchs der Umstände für nichtig zu erklären, ihn so abändern, dass der Nachteil
ausgeglichen wird. Vgl. in gleichem Sinne BG 26. Juni 1997, BGE 123 III 292 und dazu
die rechtsvergleichende Anm. von *Pichonnaz* ZEuP 1999, 140.

Darf er den Umfang der Bürgschaft so einschränken, dass der Bürge die sich daraus ergebenden Pflichten mit den ihm zugänglichen Mitteln erfüllen kann? Die Frage muss verneint werden, wenn sich eine Vertragspartei in einer für sie klar erkennbaren Weise über die Grenzen des rechtlich Zulässigen hinweggesetzt hat. Denn in solchen Fällen wird mit der Ungültigkeit des Vertrages (auch) ein Präventionsziel verfolgt, mit anderen Worten: alle Parteien sollen mit dem Risiko der Ungültigkeit des Vertrages rechnen müssen und dadurch vom Abschluss solcher Verträge abgeschreckt werden. Dieses Ziel würde mit einer richterlichen Modifikation des Vertrages verfehlt. Denn dann könnte »derjenige, der seinen Vertragspartner in sittenwidriger Weise übervorteilt, damit rechnen, schlimmstenfalls durch gerichtliche Festsetzung das zu bekommen, was gerade noch vertretbar und sittengemäß ist«.[35] Allerdings gibt es viele Fälle, in denen das Präventionsziel keine Rolle spielt, so z.B. dort, wo eine Partei mit der sie begünstigenden vertraglichen Regelung ein an sich vernünftiges Ziel verfolgt hat und sie die Vereinbarung für wirksam halten durfte, weil die Grenzen ihrer Zulässigkeit ungewiss waren. In solchen Fällen können gute Gründe dafür sprechen, dass die Reform des Vertrags an die Stelle seiner Kassation tritt, dies jedenfalls dann, wenn nach den Regeln der ergänzenden Vertragsauslegung anzunehmen ist, dass die Parteien bei Kenntnis der Ungültigkeit ihrer Vereinbarung sich auf eine bestimmte »reformierte« Fassung verständigt hatten.

III. Beschränkungen der persönlichen und wirtschaftlichen Handlungsfreiheit

1. *Grundsätzliches.* – Mit den Grundprinzipien einer freiheitlichen Rechts- und Wirtschaftsordnung wäre es nicht vereinbar, wenn Verträge als wirksam angesehen würden, durch die sich jemand einer übermäßigen Beschränkung seiner persönlichen oder wirtschaftlichen Handlungsfreiheit unterwirft. Unwirksam ist deshalb eine vertragliche Vereinbarung, mit der sich ein Darlehensnehmer verpflichtet, nicht ohne schriftliche Zustimmung des Gläubigers seine Wohnung oder seinen Arbeitsplatz zu wechseln, weitere Darlehen aufzunehmen oder über sein Vermögen zu verfügen.[36] Ebenso ungültig ist ein Geschäft, durch das jemand sein Vermögen in einem solchen Umfang auf einen anderen überträgt, dass er dadurch seine Fähigkeit zu eigenen Dispositionen verliert und sich gleichsam selbst entmündigt.[37]

---

[35] BGH 21. März 1977, BGHZ 68, 204, 207; BGH 14. Nov. 2000, BGHZ 146, 37, 47 f.; BGH 17. Okt. 2008, NJW 2009, 1135.

[36] *Horwood* v. *Millar's Timber and Trading Co.* [1917] 3 K.B. 305.

[37] Vgl. BGH 9. Nov. 1955, BGHZ 19, 12: Danach kann ein Vertrag, durch den ein Bauunternehmer eine Werklohnforderung an eine Bank abtritt, unwirksam sein, wenn die Bank schon vorher unter Ausnutzung ihrer wirtschaftlichen Überlegenheit das ge-

In den hier erörterten Fällen geht es vor allem die Wahrung des öffentlichen Interesses an freier wirtschaftlicher, beruflicher oder künstlerischer Betätigung. Damit vermischt sich aber oft das Bestreben, im konkreten Fall die ökonomisch schwächere oder unerfahrene Partei vor einer für sie nachteiligen Vereinbarung zu schützen. So lag es in *Schroeder Music Publishing Co. Ltd. v. Macaulay*:[38] Der Kläger war ein Liedermacher, der gegen Zahlung von £ 50 dem beklagten Musikverleger für die Dauer von bis zu 10 Jahren das Copyright an allen künftig von ihm produzierten Liedern übertragen hatte. Das House of Lords entschied, dass der Vertrag die künstlerische Betätigungsfreiheit des Klägers übermäßig beschränke und daher wegen »undue restraint of trade« ungültig sei. Dabei stützte es sich darauf, dass der Beklagte zu einer Veröffentlichung der Lieder nicht verpflichtet war, ferner darauf, dass zwar er, nicht aber der Kläger die Vereinbarung jederzeit kündigen konnte, vor allem aber darauf, dass der Kläger, weil bei Abschluss des Vertrages erst 21 Jahre alt und bis dahin künstlerisch ganz erfolglos, dem Beklagten an »bargaining power« deutlich unterlegen gewesen sei.[39] Um eine Beschränkung der künstlerischen Betätigungsfreiheit ging es auch in der Entscheidung des Bundesgerichtshofs vom 14. Dezember 1956:[40] Hier hatte sich ein Autor unentgeltlich verpflichtet, seine sämtlichen künftigen Werke dem beklagten Verleger zur Veröffentlichung anzubieten. Zwar war er berechtigt, mit anderen Verlegern zu kontrahieren, falls der Beklagte die Veröffentlichung ablehnen oder ungünstigere Bedingungen bieten würde. Gleichwohl sah das Gericht in dieser Vereinbarung »eine einseitige Belastung des Autors, die ihn in seiner wirtschaftlichen und persönlichen Freiheit über das erträgliche Maß hinaus einengt«. Denn der Autor würde auch im Falle einer Störung des gegenseitigen Vertrauensverhältnisses seine Werke lebenslang dem Beklagten anbieten müssen; auch werde der Autor in seiner Freiheit zum Abschluss von Verträgen mit anderen Verlegern dadurch erheblich be-

---

samte übrige Vermögen ihres Schuldners sich hat übertragen lassen und ihm dadurch »jegliche Freiheit für eigene wirtschaftliche und kaufmännische Entscheidungen genommen wird« (aaO S. 18). – Vgl. zur Abtretung sämtlicher künftiger Lohnforderungen unten S. 500 ff.

[38] [1974] 3 All E.R. 616 (C.A.). Ebenso BG 23. Mai 1978, BGE 104 II 108, 116 ff., wo ein ganz ähnlicher Vertrag wegen Verstoßes gegen Art. 27 II ZGB (oben N. 2) als nichtig angesehen wurde.

[39] So besonders das Votum von *Lord Diplock* aaO S. 623 f. Vgl. dazu kritisch *Trebilcock*, An Economic Approach to the Doctrine of Unconscionability, in: Reiter/Swan (Hrsg.), Studies in Contract Law (1980) 379, 396 ff. Er weist insbesondere darauf hin, dass Musikverlage durch diese Entscheidung vom Abschluss entsprechender Verträge abgeschreckt werden und damit jungen unentdeckten Liedermachern die Chance einer Absicherung ihrer wirtschaftlichen Existenz genommen würde. Ein Kompromiss hätte darin bestanden, solche Verträge als wirksam anzusehen, aber ihre Laufzeit zu beschränken.

[40] BGHZ 22, 347, 354.

schränkt, dass der Beklagte sich jederzeit aus seiner Produktion die Rosinen herauspicken und selbst verlegen könne.

2. *Langfristige Vertragsbindungen.* – Anders kann eine langfristige Vertragsbindung zu beurteilen sein, wenn die Partei, auf deren Wunsch sie in den Vertrag aufgenommen wurde, sich verpflichtet hat, in den Betrieb ihres Kontrahenten erhebliches Kapital zu investieren, dessen Amortisierung und Verzinsung nur dann gewährleistet sind, wenn der Vertrag über einen längeren Zeitraum hinweg vom Kontrahenten nicht aufgelöst werden kann. So liegt es typischerweise bei Verträgen, durch die sich die Betreiber von Tankstellen oder Gaststätten für mehrere Jahre verpflichten, ihren Bedarf an Kraftstoffen oder Getränken ausschließlich von einer bestimmten Mineralölgesellschaft oder Brauerei zu beziehen. Würde man auch hier längere Bindungsfristen als unzulässig ansehen, so täte man damit kapitalschwachen Tankstellenstationären und Gastwirten keinen Gefallen, weil die Bereitschaft ihrer Vertragspartner zur Überlassung von Betriebsinventar und zur Gewährung von Investitionsdarlehen abnehmen würde. Auch in diesen Fällen darf aber die Bindungsfrist nicht übermäßig lang sein. Das House of Lords hat bei einem Tankstellenvertrag eine Bindungsfrist von 5 Jahren gebilligt, eine Frist von 21 Jahren aber als zu lang angesehen;[41] der Bundesgerichtshof hält 5 Jahre für in jedem Falle zulässig und würde wohl auch längere Fristen akzeptieren.[42] Dagegen kann sich eine Mineralölgesellschaft, wenn ein Tankstellenvertrag nach Ablauf von 25 Jahren vom Betreiber gekündigt worden ist, nicht auf eine Abrede berufen, nach der sie berechtigt ist, in das Angebot einzutreten, das dem Betreiber für die Zeit danach von einer anderen Gesellschaft gemacht wird: Diese Abrede ist ungültig, weil sie »die wirtschaftliche Selbständigkeit und berufliche Bewegungsfreiheit des Vertragspartners einer Mineralölgesellschaft in nicht hinnehmbarer Weise einschränken« würde.[43] Zu beachten ist im übrigen, dass solche Verträge nicht nur wegen einer Beschränkung der Handlungsfreiheit des einen Vertragspartners, sondern auch deshalb ungültig sein können, weil durch sie der Wettbewerb in unzulässiger Weise beschränkt wird und sie daher gegen die Wettbewerbsregeln des nationalen oder des europäischen Rechts (Art. 81 ff. EWGV, jetzt Art. 101 ff. AEUV) verstoßen.

---

[41] *Esso Petroleum Co. Ltd.* v. *Harper's Garage (Stourport) Ltd.* [1968] A.C. 269.

[42] Vgl. BGH 9. Juni 1969, BGHZ 52, 171, 176. Bei Bierlieferungsverträgen sieht die Rspr. eine Vertragsdauer von 20 Jahren als äußerste Grenze an. Dabei kommt es stets auf die Umstände des Einzelfalles an, so z.B. darauf, ob die Bezugsbindung des Gastwirts sich auf sein gesamtes Getränkesortiment erstreckt oder nur auf einen Teil davon, ob eine Mindestabnahmemenge vereinbart ist und wie hoch der Kapitaleinsatz der Brauerei ist. Vgl. BGH 14. Juni 1972, NJW 1972, 1459; BGH 17. Jan. 1979, NJW 1979, 865; BG 21. Juni 1988, BGE 114 II 159; OGH 13. Okt. 1983, SZ 56 Nr. 144; OGH 21. März 1991, JBl. 1992, 517.

[43] BGH 31. März 1982, BGHZ 83, 313, 319.

3. *Wettbewerbsverbote.* – Wegen einer unzulässigen Einschränkung der wirtschaftlichen Handlungsfreiheit kann auch eine Vereinbarung nichtig sein, mit
der sich jemand verpflichtet, nicht in Wettbewerb zu seinem Vertragspartner
zu treten. Solche Wettbewerbsverbote werden häufig in Arbeitsverträgen vereinbart. An ihnen hat der Arbeitgeber ein Interesse, wenn er damit rechnen
muss, dass seine Angestellten nach dem Ende des Arbeitsverhältnisses zu einer
Konkurrenzfirma wechseln oder ein eigenes Unternehmen gründen und sich
sodann die Kundenkontakte und Spezialkenntnisse zunutze machen, die sie
im Rahmen ihrer bisherigen Tätigkeit erworben haben. Auf der anderen Seite
kann ein Wettbewerbsverbot den Arbeitnehmer in der Verwertung seiner Arbeitskraft – in der Regel seiner einzigen Erwerbsquelle – erheblich behindern;
auch wird eine solche Vereinbarung wegen der besonderen Verhandlungsstärke
des Arbeitgebers oft nur seinen Interessen, nicht auch denen des Arbeitnehmers
angemessen Rechnung tragen. Deshalb werden im Arbeitsrecht Wettbewerbsverbote nur unter besonderen Voraussetzungen zugelassen. Sie sind in manchen
Ländern in gesetzlichen oder tarifvertraglichen Bestimmungen im einzelnen
festgelegt. So sieht Art. 2125 Codice civile vor, dass ein Wettbewerbsverbot nur
gültig ist, wenn es schriftlich vereinbart und nach Umfang, zeitlicher Dauer
und örtlichem Geltungsbereich beschränkt ist; außerdem muss dem Arbeitnehmer eine besondere Entschädigung in Geld zugesagt sein.[44] In Frankreich und
England sind ähnliche Regeln von der Rechtsprechung entwickelt worden.[45]
    Sehr häufig kommt es vor, dass sich der Verkäufer eines Unternehmens dem
Käufer gegenüber zur Unterlassung von Wettbewerb verpflichtet. An der Vereinbarung eines solchen Wettbewerbsverbots hat auch der Verkäufer ein Interesse, weil der Kaufpreis, der sich für sein Unternehmen erzielen lässt, umso höher sein wird, je sicherer der Käufer sein kann, dass der Verkäufer nicht in Wettbewerb zu ihm treten, also seine früheren Kunden nicht zu sich hinüberziehen
und seine besonderen Kenntnisse über Bezugsquellen und Absatzchancen für
sich auswerten wird. Damit ist auch schon der wesentliche Gesichtspunkt genannt, auf den es für die Beurteilung der Gültigkeit eines solchen Wettbewerbsverbots ankommt: Es darf den Verkäufer in seiner Wettbewerbsfreiheit nur insoweit beschränken, als dies erforderlich ist, um das verkaufte Unternehmen
und die in ihm steckenden wirtschaftlichen Werte (Kundschaft, Absatzchancen, Bezugsquellen usw.) auf den Käufer zu überführen.[46] Daraus folgt, dass

---

[44] Die Dauer des Wettbewerbsverbots darf 3 Jahre – bei leitenden Angestellten 5 Jahre
– nicht überschreiten. Vgl. auch die entsprechenden Regeln in § 74 ff. HGB, Art. 340 ff.
OR, Art. 2125 Codice civile (für Angestellte), § 90a HGB, Art. 418d OR, Art. 1751–bis
Codice civile (für Handelsvertreter).
[45] Vgl. *Treitel (-Peel)* no. 11-056 ff.
[46] Auch hier kommt daneben ein Verstoß gegen das nationale oder europäische Wettbewerbsrecht in Betracht. Vgl. BGH 3. Nov. 1981, NJW 1982, 2000: Hier war das Wett-

ein zeitlich oder räumlich unbeschränktes Wettbewerbsverbot nur ganz ausnahmsweise gültig ist.

Um einen solchen Ausnahmefall ging es in *Nordenfelt* v. *Maxim Nordenfelt*:[47]
Hier hatte sich der Verkäufer einer Waffen- und Munitionsfabrik für 25 Jahre
verpflichtet, nirgends auf der Welt eine gleichartige geschäftliche Tätigkeit
aufzunehmen. Trotzdem wurde das Wettbewerbsverbot als gültig angesehen. Denn der Verkäufer hatte seinerseits Geschäftsbeziehungen zu Kunden
aus aller Welt geknüpft: »He had upon his books almost every monarch and
almost every State of note in the habitable globe.« Daher hatte der Käufer ein
vernünftiges Interesse daran, dass der Verkäufer sich ohne jede geographische
Beschränkung nicht mehr in der gleichen Branche betätige. Im allgemeinen
sind aber zeitliche, räumliche und gegenständliche Begrenzungen erforderlich.
So hatte der Bundesgerichtshof einen Fall zu entscheiden, in dem sich der ge-
schäftsführende Gesellschafter eines Unternehmens bei seinem Ausscheiden aus
der Gesellschaft einem Wettbewerbsverbot unterworfen hatte, nach dem er 10
Jahre lang in einem Umkreis von 25 km um den Standort des Betriebes ein
ähnliches Unternehmen weder gründen oder betreiben noch sich daran beteiligen durfte. Diese Frist hielt das Gericht für zu lang, weil der Vorteil, den der
ausgeschiedene Gesellschafter aus der Nutzung seiner früheren geschäftlichen
Kontakte ziehen könne, sich schon sehr viel eher verflüchtigt haben und sein
Wiedereintritt in den Wettbewerb daher für die Gesellschaft schon sehr viel
eher keine größere Gefahr darstellen würde als die Konkurrenz eines neu auf
den Markt kommenden Unternehmers.[48]

Die gleichen Regeln gelten auch dort, wo ein Rechtsanwalt, Wirtschaftsprüfer oder beratender Ingenieur sich für die Zeit nach dem Ausscheiden aus
dem Unternehmen, dem er bis dahin als Sozius oder Gesellschafter angehörte,
einem Wettbewerbsverbot unterwirft. Gültig ist eine Vereinbarung, die es
einem Wirtschaftprüfer verbietet, 2 Jahre lang nach seinem Ausscheiden aus
der Gesellschaft in geschäftlichen Kontakt mit Unternehmen zu treten, die
während der letzten 3 Jahre vor seinem Ausscheiden zu ihren Mandanten gehörten.[49] Strenger ist die Rechtsprechung, wenn durch das Wettbewerbsver-

---

bewerbsverbot in einem Unternehmenskaufvertrag zwar mit § 138 BGB vereinbar, aber
zweifelhaft, ob es gegen § 1 des Gesetzes gegen Wettbewerbsbeschränkungen verstoße.

[47] [1894] A.C. 535.

[48] BGH 13. März 1979, NJW 1979, 1605. Sehr viel großzügiger aber offenbar Com.
19. Jan. 1981, D.S. 1982 I.R. 204 mit Anm. *Serra*: Hier wurde ein Wettbewerbsverbot
als gültig angesehen, in dem sich der Verkäufer eines Lebensmittelgeschäfts verpflichtet
hatte, 20 Jahre lang im Umkreis von 20 km um den Sitz des verkauften Unternehmens
mit dem Käufer nicht in Wettbewerb zu treten.

[49] BGH 26. März 1984, BGHZ 91, 1, 6 ff.; vgl. ferner BGH 9. Mai 1968, NJW 1968,
1717. Ebenso *Bridge* v. *Deacons* [1984] A.C. 705 (P.C.): Ein *solicitor* kann sich wirksam verpflichten, nach seinem Ausscheiden aus der Anwaltssozietät 5 Jahre solche Personen nicht
rechtlich zu beraten, die während der letzten 3 Jahre vor seinem Ausscheiden Mandanten

bot nicht nur ein Eindringen in den Kreis der Mandanten verhindert, sondern der Verpflichtete generell als Wettbewerber ausgeschaltet werden soll. Daher ist eine Abrede ungültig, nach der ein beratender Ingenieur nach seinem Ausscheiden 5 Jahre lang ohne jede geographische Beschränkung Beratungsleistungen auf seinem Spezialgebiet nicht soll erbringen dürfen, dies jedenfalls dann, wenn der Ingenieur 45 Jahre alt ist und »il n'est plus temps pour lui de se reconvertir utilement dans une autre branche d'activité, notamment dans celle d'un ingénieur conseil«.[50] Erst recht unzulässig ist eine Abrede, mit der sich der Verkäufer einer Rechtsanwaltskanzlei einem örtlich und zeitlich unbeschränkten Wettbewerbsverbot unterwirft.[51]

4. *Teilweise Ungültigkeit.* – Charakteristisch für viele der hier erörterten Fälle ist es, dass die vertraglich vereinbarte Beschränkung der Handlungsfreiheit das zulässige Maß überschreitet, also nach Umfang, Dauer oder örtlichem Geltungsbereich weiter geht als erlaubt. Zwar wird im allgemeinen angenommen, dass eine solche Vereinbarung nicht den Vertrag im übrigen nichtig macht. Zweifelhaft ist aber, ob die Vereinbarung selbst auf ihren zulässigen Kern reduziert werden darf oder ob sie als ganze unwirksam ist. In *Mason* v. *Provident Clothing & Supply Co. Ltd.*[52] hatte sich der Beklagte verpflichtet, 3 Jahre lang nach seinem Ausscheiden aus dem Arbeitsverhältnis mit der Klägerin »within 25 miles of London« nicht in Wettbewerb zu ihr zu treten. Das House of Lords hielt den geographischen Radius dieses Wettbewerbsverbots für zu groß. Da aber der Beklagte seine Konkurrenztätigkeit im gleichen Londoner Stadtteil aufgenommen hatte, in dem er bisher für die Klägerin tätig gewesen war, wurde das Argument vorgetragen, dass das Verbot auf seinen zulässigen Kern – nämlich auf den betreffenden Londoner Stadtteil – reduziert und der Unterlassungsklage alsdann stattgegeben werden müsse. Das House of Lords wollte davon nichts wissen:

»It would in my opinion be pessimi exempli if, when an employer had exacted a covenant deliberately framed in unreasonably wide terms, the Courts were to come to his assistance and, by applying their ingenuity and knowledge of the law, carve out of this void covenant the maximum of what he might validly have required ... The hardship imposed by the exaction of unreasonable covenants by employers would be greatly increased if they could continue the practice with the expectation that, having exposed the servant to the anxiety and expense of litigation, the Court would in the end enable them to obtain everything which they could have obtained by acting reasonably.«[53]

---

der Sozietät waren. Vgl. auch Soc. 12. Juni 1986, D.S. 1987 Somm. 264 mit Anm. *Serra*: Danach ist ein Wettbewerbsverbot gültig, aufgrund dessen der von einem *conseil juridique* angestellte Rechtsanwalt 3 Jahre lang nach seinem Ausscheiden Mandanten seines bisherigen Arbeitgebers nicht beraten darf.

[50] Paris 7. Feb. 1980, J.C.P. 1981.II.19669 mit Anm. *Edwards*.
[51] BGH 28. April 1986, NJW 1986, 2944.
[52] [1913] A.C. 724.
[53] *Lord Moulton* aaO S. 754 f. Ebenso (mit gleicher Begründung) BGH 28. April 1986 (oben N. 51); BGH 15. März 1989, NJW-RR 1989, 800. Anders OLG Zweibrücken

Freilich findet man auch viele Entscheidungen, in denen die Gerichte einen anderen Standpunkt eingenommen haben. So hat der Bundesgerichtshof einen Bierlieferungsvertrag, der den Gastwirt 24 Jahre lang an die Brauerei band und deshalb gegen die guten Sitten verstieß, mit einer Dauer von 16 Jahren aufrechterhalten und daher den Gastwirt, der den Vertrag schon nach 10 Jahren nicht mehr erfüllen wollte, zur Zahlung der vereinbarten Vertragsstrafe in Höhe von 15 % des während der verbleibenden 6 Jahre voraussichtlich erzielten Bierabsatzes verurteilt.[54] Auch in der englischen Rechtsprechung findet man Urteile, in denen die Gerichte Wettbewerbsverbote auf das zulässige Maß zurückgestutzt haben.[55] Ebenso in Frankreich: Hat sich ein Arbeitnehmer verpflichtet, nach seinem Ausscheiden aus dem Arbeitsverhältnis für 10 Jahre – also für eine viel zu lange Zeit – für keinen Unternehmer der gleichen Branche tätig zu werden, so muss er seinem bisherigen Arbeitgeber dennoch Schadensersatz leisten, wenn er schon am Tage nach der Kündigung eine Stelle bei einem Konkurrenten in der gleichen Stadt angenommen hat, denn »une clause de non-concurrence … ne doit être annulée que dans la mesure où elle porte atteinte à la liberté du travail en raison de son étendue dans le temps et dans l'espace et quant à la nature de l'activité de l'intéressé«.[56]

Ob eine Freiheitsbeschränkung in der geschilderten Weise auf ihren zulässigen Umfang reduziert werden kann, wird oft davon abhängig gemacht, ob der zu beanstandende Teil vom Rest der Vereinbarung »abgetrennt« werden kann und

---

21. Sept. 1989, NJW-RR 1990, 482: Hier hatten die Parteien allerdings ausdrücklich vereinbart, dass im Falle der Unwirksamkeit einer Vertragsabrede an ihre Stelle eine Regelung treten solle, »die dem wirtschaftlichen Sinngehalt der unwirksamen Bestimmung am nächsten kommt«. Daher hat das Gericht ein zeitlich unbegrenztes Wettbewerbsverbot auf 5 Jahre reduziert und der Klage stattgegeben.

[54] BGH 16./17. Sept. 1974, NJW 1974, 2089. Vgl. auch BG 5. Okt. 1965, BGE 91 II 372; BG 27. Juli 1970, BGE 96 II 139 und BG 21. Juni 1988 (oben N. 42): Dort wurde ein »auf ewig« abgeschlossener Bierlieferungsvertrag auf eine Laufzeit von 20 Jahren reduziert, und zwar mit der Begründung, dass die Parteien, »wenn sie sich der Unzulässigkeit ewiger Verträge bewusst gewesen wären«, nach den Umständen des Falles eine Laufzeit von 20 Jahren vereinbart hätten. Anders, wenn der Vertrag nicht nur eine zu lange Bindungsfrist hat, sondern sein Inhalt – z.B. wegen der Unwirksamkeit vieler AGB-Klauseln – auch noch in zahlreichen sonstigen Punkten zu beanstanden ist; vgl. BGH 27. Feb. 1985, NJW 1985, 2693, 2695.

[55] Vgl. z.B. *Goldsoll* v. *Goldman* [1915] 1 Ch. 292 (C.A.); *T. Lucas & Co. Ltd.* v. *Mitchell* [1974] Ch. 129; *Attwood* v. *Lamont* [1920] 3 K.B. 571 und dazu ausführlich *Treitel (-Peel)* no. 11-158 ff. Vgl. auch BGH 26. März 1984 (oben N. 49) 6 f.: Hier hat das Gericht ein Wettbewerbsverbot insoweit als *gültig* angesehen, als es dem Beklagten ein Eindringen in den Mandantenkreis des Klägers, hingegen als *ungültig* soweit es ihm die Aufnahme einer Konkurrenztätigkeit im allgemeinen verbot. Ebenso die schweizerische Rspr., vgl. BG 5. Okt. 1965, BGE 91 II 372 (zeitliche und geographische Einschränkung eines Wettbewerbsverbots für einen Handelsreisenden).

[56] Soc. 21. Okt. 1960, J.C.P. 1960.II.11886; Soc. 1. Dez. 1982, Bull.cass. 1982.V. no. 668; Soc. 25. Jan. 1984, Bull.cass. 1984.V. no. 31. Vgl. dazu auch *Ghestin* no. 915.

ob der Vertrag nach der Amputation des unzulässigen Teils noch jenes Gleichgewicht von Leistung und Gegenleistung aufweist, auf das die Parteien bei Abschluss des Vertrages abgezielt haben. Auch heißt es oft, dass der Richter sich
nicht an die Stelle der Parteien setzen und ihnen durch die geschilderte Operation einen »neuen« Vertrag aufdrängen dürfe. Vor allem sollte es aber darauf
ankommen, ob der Politik, auf der das Verbot übermäßiger Beschränkung der
wirtschaftlichen Handlungsfreiheit beruht, besser durch Reduktion oder besser
durch Kassation der streitigen Abrede gedient wird. Hat z.B. eine Partei keinen
ernsthaften Versuch einer vernünftigen Beschränkung des Wettbewerbsverbots
gemacht, sondern ihrem Kontrahenten eine eindeutig unzulässige Abrede okt-
royiert, so spricht viel für eine Kassation, weil nur so die Abschreckungswirkung
erzeugt wird, auf die es im Interesse jener Politik ankommen muss.

IV. Verstoß gegen gesetzliche Vorschriften

Überall kann man beobachten, dass der moderne Wohlfahrtsstaat zur Durchsetzung seiner wirtschafts-, sozial- und rechtspolitischen Ziele Gesetze erlässt,
die ein bestimmtes Verhalten verbieten oder seine Zulässigkeit von behördlichen Erlaubnissen oder Genehmigungen abhängig machen. Hier stellt sich
dann die Frage, ob ein Vertrag nichtig ist, dessen Abschluss oder Durchführung
mit solchen gesetzlichen Vorschriften kollidiert.

Daran besteht kein Zweifel, wenn das Gesetz die Nichtigkeit des Vertrages
ausdrücklich bestimmt. So heißt es in § 1 des deutschen Gesetzes gegen Wettbewerbsbeschränkungen, dass Verträge zwischen Unternehmen unwirksam sind,
wenn sie »eine Verhinderung, Einschränkung oder Verfälschung des Wettbe-
werbs bezwecken oder bewirken«. Ebenso liegt es, wenn ein Gesetz einem Unternehmer »den Abschluss und die Durchführung von Versicherungsverträgen«
verbietet, sofern er nicht von der zuständigen Behörde eine Erlaubnis zum Betrieb eines Versicherungsunternehmens erhalten hat. Wird er aufgrund eines
Versicherungsvertrages, den er ohne diese Erlaubnis abgeschlossen hat, von seinem Vertragspartner auf Zahlung der Versicherungssumme in Anspruch genommen, so muss die Klage abgewiesen werden. Das mag für den Kläger bitter
sein, wenn er an der Gültigkeit des Vertrages zu zweifeln keinen Anlass hatte.
Aber der Richter hat keine andere Wahl, weil er den Beklagten nicht sehenden Auges zur Zahlung der Versicherungssumme, also zur »Durchführung« des
Vertrages und damit zu einem Verhalten verurteilen kann, das ihm der Gesetzgeber ausdrücklich verboten hat.[57]

---

[57] *Bedford Insurance Co. Ltd.* v. *Instituto de Resseguros do Brasil* [1985] Q.B. 966; *Phoenix
General Insurance Co. of Greece S.A.* v. *Halvanon Insurance Co. Ltd.* [1988] Q.B. 216.

Häufiger kommt es vor, dass sich das Gesetz zu der Frage der Gültigkeit des verbotswidrig abgeschlossenen Vertrages nicht klar äußert und sich darauf beschränkt, denjenigen mit einer Strafe, mit dem Widerruf einer Erlaubnis oder mit einer anderen Sanktion zu bedrohen, der das Verbot verletzt hat. Hier muss dann der Richter durch Auslegung des Gesetzes klären, ob es nach seinem Sinn und Zweck (auch) die Nichtigkeit des verbotswidrig abgeschlossenen Vertrages gebietet. Deshalb bestimmt § 134 BGB zwar, dass Rechtsgeschäfte – vor allem also: Verträge – nichtig sind, wenn sie gegen ein Gesetz verstoßen, fügt aber aus gutem Grunde hinzu, dass dies nur dann gilt, »wenn sich nicht aus dem Gesetz ein anderes ergibt«.[58]

Richtet sich das gesetzliche Verbot gegen beide Parteien und haben beide Parteien durch den Abschluss des Vertrages das Verbot verletzt, so wird man daraus in aller Regel den Schluss ziehen müssen, dass der Vertrag ungültig ist.[59] Wird also z.B. durch Gesetz bestimmt, dass sowohl der Verkäufer wie der Käufer zum Abschluss eines Geschäfts über bestimmte Waren einer behördlichen Genehmigung bedürfen, so ist ein Vertrag nichtig, wenn zwar der Verkäufer, nicht aber der Käufer eine solche Genehmigung besaß. Klagt der Verkäufer auf Schadensersatz wegen Nichtabnahme der Ware, so kann sich der Käufer mit der Ungültigkeit des Vertrages verteidigen; er kann dies, »however shabby it may appear to be«, auch dann, wenn er dem Verkäufer arglistig vorgespiegelt hat, dass er die geforderte Genehmigung besitze.[60] Auch das deutsche Gesetz zur Bekämpfung der Schwarzarbeit[61] bedroht beide Parteien mit einer Strafe, also sowohl denjenigen, der ein Handwerk selbständig betreibt, ohne in die

---

[58] Ebenso Art. 3:40 II BW.

[59] Das wird auch dann anzunehmen sein, wenn zwar nur eine Vertragspartei gegen das Gesetz verstoßen, die andere Partei aber davon gewusst hat. Setzt z.B. ein Transportunternehmer für die Beförderung von Schwergut ein Fahrzeug ein, dessen Verwendung für diesen Zweck ihm gesetzlich untersagt ist, so steht dem Auftraggeber, wenn die Ladung beschädigt wird, kein vertraglicher Schadensersatzanspruch zu, wenn er den Gesetzesverstoß des Unternehmers kannte. So *Ashmore Benson Peace & Co. Ltd.* v. *A.V. Dawson Ltd.* [1973] 2 All E.R. 856.

[60] *Re Mahmoud and Ispahani* [1921] 2 K.B. 716 (C.A.): »If an act is prohibited by statute for the public benefit, the Court must enforce the prohibition, even though the person breaking the law relies on his own illegality.« (aaO S. 729). Eine andere Frage ist es, ob der Verkäufer vom Käufer in diesem Falle Schadensersatz wegen Betruges oder, wenn er den Kaufpreis bereits bezahlt hat, Rückzahlung verlangen kann. Damit brauchte sich der Court of Appeal nicht zu befassen, weil über die Klage des Verkäufers ein Schiedsgericht zu entscheiden und der Schiedsrichter dem staatlichen Gericht lediglich die Frage vorgelegt hatte, ob der Vertrag gültig sei oder nicht.

[61] Gesetz vom 31. Mai 1974 (BGBl. 1974 I 1252; Neufassung BGBl. 1995 I 165). Vgl. auch die entsprechenden französischen Vorschriften zur Bekämpfung des »travail dissimulé«: Code du travail Art. L 8221-1 ff. Diese Gesetze wollen in erster Linie verhindern, dass handwerkliche Leistungen von Personen erbracht werden, die sich den staatlichen Kontrollen entziehen, Steuern und Sozialabgaben nicht abführen, Unfallverhütungsvorschriften nicht befolgen, unerlaubt ausländische Arbeitnehmer beschäftigen und da-

Handwerksrolle eingetragen zu sein, wie denjenigen, der dem »Schwarzarbeiter« einen Auftrag erteilt und daraus erhebliche wirtschaftliche Vorteile erzielt. Daraus leitet die Rechtsprechung her, dass ein Vertrag, durch dessen Abschluss und Durchführung beide Parteien bewusst gegen das Gesetz verstoßen haben, ungültig ist und daher keine Partei von der anderen Erfüllung des Vertrages oder Schadensersatz wegen Nichterfüllung verlangen kann.[62]

Häufig liegt es so, dass durch den Abschluss des Vertrages nur eine der Parteien gegen das Gesetz verstoßen hat. Hier kommt es darauf an, ob es zur Erreichung des mit dem Gesetz erstrebten Ziels ausreicht, dass die in ihm selbst angedrohten Sanktionen verhängt werden, oder ob es dazu auch noch erforderlich erscheint, den verbotswidrig abgeschlossenen Vertrag selbst als ungültig anzusehen:

»Where a statute merely prohibits one party from entering into a contract … it does not follow that the contract itself is impliedly prohibited so as to render it illegal and void. Whether or not the statute has this effect depends on considerations of public policy in the light of the mischief which the statute is designed to prevent, its language, scope and purpose, the consequences for the innocent party, and any other relevant consideration.«[63]

Wenn z.B. ein Gesetz den Gerichtsvollziehern die Ausübung einer gewerblichen Tätigkeit für eigene Rechnung verbietet, so kann zweifelhaft sein, ob ihnen, wenn sie sich verbotswidrig als Makler betätigt und Geschäfte vermittelt haben, ein Anspruch gegen ihre Auftraggeber auf die vereinbarte Provision zusteht. Zwar will das Gesetz die Gerichtsvollzieher von Geschäften für eigene Rechnung abschrecken, und es wäre sicherlich diesem Ziel dienlich, wenn ihnen Ansprüche auf ein Entgelt aberkannt würden. Auf der anderen Seite muss man aber fragen, ob sich das Ziel des Gesetzes nicht schon durch die Disziplinarstrafen erreichen lässt, mit denen es die Gerichtsvollzieher bedroht. Zu beachten mag auch sein, dass die Disziplinarstrafe in ein angemessenes Ver-

---

her die Preise der in die Handwerksrolle eingetragenen oder sonst ordnungsmäßig registrierten Unternehmer leicht unterbieten können.

[62] BGH 23. Sept. 1982, BGHZ 85, 39. Auch hier ist es aber eine andere Frage, ob die Parteien, soweit sie den (nichtigen) Vertrag ausgeführt haben, voneinander Rückerstattung der erbrachten Leistungen oder, wenn das nicht möglich ist, Ersatz ihres Werts verlangen können. Vgl. dazu noch unten S. 182 ff.

[63] *Kerr*, L.J. in *Phoenix General Insurance Co. of Greece S.A.* (oben N. 57) 176. Ähnlich BGH 23. Okt. 1980, BGHZ 78, 263, 265. Eine solche »flexible« Lösung findet sich auch in Art. 15:102 PECL. Danach kommt es in erster Linie darauf an, ob das Verbotsgesetz selbst eine klare Regelung über die Gültigkeit des Vertrages enthält. Fehlt es an einer solchen Regelung, so hängt die Frage, ob der Vertrag gültig, ungültig oder teilweise gültig ist, von den Umständen ab, insbesondere vom Zweck der Verbotsvorschrift, ferner davon, ob die Partei, die sich auf die Ungültigkeit des Vertrages beruft, zur Kategorie derjenigen Personen gehört, die die Verbotsvorschrift schützen will, ferner von den sonstigen Sanktionen, die nach dieser Vorschrift gegen die verbotswidrig handelnde Partei ergriffen werden können. Ähnlich auch Art. 3.3.1 (3) PICC; Art. II. -7:302(3) DCFR.

hältnis zur Schwere der Schuld des Gerichtsvollziehers gesetzt und dem Umfang nach so bemessen werden kann, dass der Gewinn abgeschöpft wird, den er
durch das verbotene Eigengeschäft gemacht hat. Wenn man weiterhin bedenkt,
dass das Gesetz in erster Linie die »dignité professionnelle« der Gerichtsvollzieher gewährleisten, nicht aber ihre Vertragspartner schützen will und dass diesen ein unverdienter Vorteil zuflösse, wenn sie die Vermittlungsleistung nicht
zu bezahlen bräuchten, so wird verständlich, dass der Kassationshof den Vertrag als wirksam angesehen und dem Gerichtsvollzieher einen Anspruch auf
die Provision zugebilligt hat.[64] Ebenso ist entschieden worden, wenn ein Spediteur[65] oder ein Grundstücksmakler[66] sein Gewerbe ohne die gesetzlich geforderte Erlaubnis ausgeübt und Verträge mit Dritten abgeschlossen hat oder
wenn ein Steuerberater sich verbotswidrig als gewerblicher Makler betätigt[67]
oder ein Unternehmer einen Beförderungsvertrag mit Lastwagen ausgeführt
hat, die nur für die Beförderung eigener, nicht für die Beförderung fremder
Waren behördlich zugelassen waren.[68] Als gültig ist auch ein Werkvertrag über
die Errichtung eines Hauses angesehen worden, wenn der Unternehmer zwar
seine Leistung als »Schwarzarbeiter« erbringen wollte und (teilweise) bereits erbracht hat, der Auftraggeber aber von dem Gesetzesverstoß seines Kontrahenten nichts wusste. Zwar kann der Auftraggeber dann nicht verlangen, dass der
Unternehmer die (noch nicht erbrachte) Vertragsleistung durch »Schwarzarbeit«
erfülle, wohl aber, dass er sie durch einen in der Handwerksrolle eingetragenen
Unternehmer erbringen lässt oder dass er, wenn er dies verweigert hat, den
Schaden ersetzt, der dem Auftraggeber durch die von ihm selbst veranlasste
Einschaltung eines solchen Unternehmers entsteht.[69]

Freilich kann der Richter auch zu dem Ergebnis kommen, dass zwar nur eine
Partei durch den Abschluss oder die Durchführung des Vertrages gegen ein Gesetz verstoßen hat, gleichwohl aber Sinn und Zweck des Gesetzes die Ungültigkeit des Vertrages erfordern. So ist ein Vertrag als nichtig angesehen worden,

---

[64] Civ. 15. Feb. 1961, Bull.cass. 1961.I. no. 105; Civ. 21. Okt. 1968, D.S. 1969, 81.

[65] Com. 11. Mai 1976, J.C.P. 1976.II.18452 mit Anm. *Rodière* (Spediteur erwirbt aufgrund des Vertrages ein gültiges Pfandrecht an den Gütern seines Auftraggebers).

[66] BGH 23. Okt. 1980, BGHZ 78, 269 (Makler kann Zahlung der vereinbarten Provision verlangen).

[67] BGH 23. Okt. 1980, BGHZ 78, 263 (Steuerberater kann Zahlung der vereinbarten
Provision verlangen).

[68] *Archbolds (Freightage) Ltd. v. S. Spanglett Ltd.* [1961] 1 Q.B. 374 (C.A.): Der Unternehmer kann sich, wenn er wegen des Verlusts der Ladung auf Schadensersatz in Anspruch genommen wird, nicht mit der Ungültigkeit des Beförderungsvertrages verteidigen. Könnte er umgekehrt Zahlung des vereinbarten Beförderungsentgelts verlangen?
Das ist in *St. John Shipping Corp. v. Joseph Rank Ltd.* [1957] 1 Q.B. 267 bejaht worden: Der
Klage eines Reeders auf Zahlung der Fracht wurde stattgegeben, obwohl sein Kapitän
das Schiff überladen hatte und deshalb bestraft worden war.

[69] BGH 19. Jan. 1984, BGHZ 89, 369.

mit dem ein Architekt seinem Vertragspartner die Zahlung einer Provision versprach, falls er ihm einen Auftraggeber zuführe. Zwar verstieß durch den Abschluss dieses Vertrages nur der Architekt gegen ein Gesetz. Dennoch wurde
die Klage seines Vertragspartners auf Zahlung der Provision abgewiesen.[70] So
entscheidet die Rechtsprechung insbesondere dann, wenn das gesetzliche Verbot, das sich an die eine Partei richtet, den Schutz der anderen bezweckt. Wenn
z.B. der gewerbsmäßige Abschluss von Leasing-Verträgen kraft Gesetzes Unternehmen vorbehalten ist, die zum Betrieb von Bankgeschäften zugelassen
sind, so kann sich ein Schuldner auf die Ungültigkeit des mit einer Nicht-Bank
geschlossenen Leasing-Vertrages berufen, weil das Gesetz »non seulement l'intérêt général et celui de l'établissement de crédit, mais aussi celui du crédit-pre-
neur« schützen will.[71] Wenn dagegen einer Baugenossenschaft durch Gesetz
die Gewährung erststelliger Grundschulden vorgeschrieben ist, so kann sich
ihr Schuldner, wenn er aus einer zweitstelligen Grundschuld in Anspruch genommen wird, nicht mit der Ungültigkeit des Vertrages verteidigen. Denn das
Gesetz will die Gläubiger und Gesellschafter der Baugenossenschaft, nicht aber
ihre Schuldner schützen.[72]

V. Rückforderung von Leistungen

Ist ein Vertrag nichtig, so kann keine Vertragspartei von der anderen Erfüllung
des Vertrages verlangen; ebensowenig kann sie einen Schadensersatzanspruch
daraus herleiten, dass ihr Kontrahent eine durch den Vertrag begründete Verpflichtung verletzt habe. Eine andere Frage ist es aber, ob Leistungen, die von
einer Partei zur Erfüllung des nichtigen Vertrages erbracht worden sind, zurückverlangt werden können. Das ist besonders dann zweifelhaft, wenn beide
Parteien mit der Leistung einen sittenwidrigen Zweck verfolgt haben. Schon
die römischen Quellen liefern hier eine reiche Kasuistik. Wer einen Richter mit
Geld bestochen[73] oder – beim Ehebruch ertappt – dem Entdecker Schweigegeld
gezahlt[74] oder unzüchtige Handlungen entlohnt hat,[75] kann das Geleistete nicht

---

[70] Amiens 9. Feb. 1976, J.C.P. 1977.IV.45.
[71] Com. 19. Nov. 1991 mit Anm. *Mestre* in Rev.trim.civ. 91 (1992) 381. Anders Civ.
13. Okt. 1982, Bull.cass. 1982.I. no. 286: Hier war von einer Nicht-Bank ein gewöhnlicher Kredit in Höhe von 600.000 ffrs. gewährt worden. Zwar ist durch Gesetz der
gewerbsmäßige Abschluss von Kreditverträgen den dafür zugelassenen Instituten vorbehalten. Hier war jedoch der Kassationshof der Meinung, dass der Gesetzesverstoß des
Kreditgebers »ne porte atteinte qu'à l'intérêt général et à celui de la profession du ban-
quier ... n'est pas de nature à entraîner la nullité du contrat de prêt«.
[72] *Nash* v. *Halifax Building Society* [1979] 2 All E.R. 19.
[73] Paulus D. 12, 5, 3.
[74] Ulpian D. 12, 5, 4 pr.
[75] Ulpian D. 12, 5, 4, 3.

zurückfordern: »Dixi cum ob turpem causam dantis et accipientis pecunia numeretur, cessare condicionem et in delicto pari potiorem esse possessorem.«[76]

Dieser alte Satz lebt auch heute noch fort. In manchen Ländern ist er gesetzlich niedergelegt;[77] in anderen wird er in der einen oder anderen Form von der Rechtsprechung anerkannt.[78] Seine praktische Anwendung ist freilich unter den modernen Verhältnissen zunehmend schwieriger geworden.

Solange man es mit Fällen zu tun hatte, in denen die Beteiligten gegen elementare sittliche Gebote verstoßen oder sich zur Begehung einer eindeu-

---

[76] Papinian D. 12, 7, 5 pr. Vgl. dazu die rechtshistorischen und rechtsvergleichenden Bemerkungen bei *Zimmermann* 863 ff.

[77] Vgl. § 817 Satz 2 BGB; Art. 66 OR; § 1174 ABGB; Art. 2035 Codice civile. Anders das holländische Recht: Grundsätzlich können die aufgrund eines nichtigen Vertrages erbrachten Leistungen zurückgefordert werden, und zwar auch dann, wenn der Vertrag wegen Verstoßes gegen das Gesetz oder die guten Sitten nichtig ist. Aber gemäß Art. 6:211 BW kann der Richter eine Rückforderungsklage insoweit abweisen, als dies nach Redlichkeit und Billigkeit geboten ist. Vgl. dazu schon HR 28. Juni 1991, Ned. Jur. 1992, 787. Diese Lösung hat den Vorteil, dass sie dem Richter die offene Abwägung der für und gegen die Rückforderung sprechenden Gründe gestattet. Auch in England hat man eine solche flexible Lösung bereits vorgeschlagen. In *Tinsley* v. *Milligan* [1992] Ch. 310 (C.A.), [1993] 3 W.L.R. 126 (H.L.) hatten die Parteien aus gemeinsamen Mitteln ein Haus erworben und vereinbart, dass es ihnen je zur Hälfte als Miteigentümerinnen zustehen, aber die Klägerin als Alleineigentümerin registriert werden solle, damit sich die Beklagte gegenüber der Sozialbehörde wahrheitswidrig als vermögenslos darstellen und höhere Leistungen in Anspruch nehmen könne. Nachdem sich die Parteien zerstritten hatten, verlangte die Klägerin von der Beklagten unter Berufung auf ihr Alleineigentum Räumung des Hauses, die Beklagte im Wege der Widerklage, dass das Gericht den Verkauf des Hauses anordne und die Hälfte des Erlöses an sie ausgekehrt werde. Sowohl der Court of Appeal wie das House of Lords gaben der Widerklage statt, gewährten also der Beklagten, obwohl sie mit Hilfe des Geschäfts die Sozialbehörde täuschen und sich einen unerlaubten Vorteil sichern wollte, einen Anspruch gegen die Klägerin auf Herausgabe des halben Grundstückswerts. Im Court of Appeal stützte sich *Nicholls*, L.J auf das, was er den »public conscience test« nannte: »The court must weigh, or balance, the adverse consequences of granting relief against the adverse consequences of refusing relief. The ultimate decision calls for a value judgment … Balancing these considerations I have no doubt that, far from it being an affront to the public conscience to grant relief in this case, it would be an affront to the public conscience not to do so. Right-thinking people would not consider that condemnation of the parties' fraudulent activities ought to have the consequence of permitting the plaintiff to retain the defendant's half-share of this house. That would be to visit on the defendant a disproportionate penalty, in the circumstances as they are now.« (S. 319, 321) Das House of Lords wollte freilich von einem solchen »public conscience test« nichts wissen und gab der Widerklage aus anderen Gründen statt. Vgl. dazu näher *McKendrick* no. 15.18.

[78] In Frankreich wird hier gern die Formel »Nemo auditur propriam turpitudinem allegans« verwendet. Sie geht freilich sehr viel weiter und gibt daher im französischen Schrifttum auch Anlass zu der Frage, ob nicht vielleicht sogar die Geltendmachung der Nichtigkeit des Vertrages selbst oder die Erhebung von deliktischen Schadensersatzansprüchen ausgeschlossen ist; vgl. *Le Tourneau* J.Cl. Art. 1131 à 1133 (Règle »nemo auditur«) no. 34 ff.

tig strafbaren Handlung verbündet hatten, mochte es noch plausibel sein, das Rückforderungsverbot »als Strafe für die Betätigung verwerflicher Gesinnung«[79] oder als zum Schutz der Würde des Gerichts erforderlich zu rechtfertigen: »No court will lend its aid to a man who founds his cause of action upon an immoral or illegal act.«[80] Ähnlich in Deutschland: Der Ausschluss der Rückforderung sei notwendig, »um den Staat vor missbräuchlicher Inanspruchnahme seiner Gerichtsbarkeit durch bewusste Rechtsbrecher zu schützen«;[81] das gleiche meinte *Larombière*, als er schrieb, dass in Fällen der hier in Rede stehenden Art »la Justice se voile dans un mouvement d'indignation et de dégoût«.[82]

Heute lässt sich durch solche hochherzigen Formeln nicht mehr viel gewinnen. Denn heute stellt sich das Problem meist in Fällen, in denen das Geschäft gegen Verbotsregeln verstößt, die einen eher technischen Charakter haben, nämlich bestimmte Ziele der staatlichen Wirtschafts- und Sozialpolitik durchsetzen sollen und manchmal einem oder gar beiden Beteiligten im Zeitpunkt des Vertragsabschlusses nicht einmal bekannt sind. Hier ist – wie wir gesehen haben – oft schon zweifelhaft, ob der Gesetzesverstoß den Vertrag selbst überhaupt nichtig macht (oben S. 171 ff.); ist das der Fall, so kann ebenso zweifelhaft sein, ob es vernünftig ist, nicht nur die vertraglichen Ansprüche auf Erfüllung oder wegen Nichterfüllung, sondern außerdem auch noch diejenigen Ansprüche auszuschließen, mit denen die Rückgabe des auf den Vertrag hin Geleisteten verlangt wird. Für beide Fragen sollte es auf den Zweck des Verbotsgesetzes ankommen. Er entscheidet darüber, ob der Vertrag unwirksam ist oder nicht. Ist er unwirksam, so sollte wiederum gefragt werden, ob dem Zweck der Verbotsvorschrift besser dadurch gedient wird, dass die in Vollzug des Vertrages bewirkte Leistung dem Empfänger verbleibt, oder besser dadurch, dass sie dem Leistenden zurückerstattet wird. Nicht anders liegt es, wenn der Vertrag nicht wegen Verstoßes gegen ein Gesetz, sondern wegen Verstoßes gegen die guten Sitten oder gegen public policy nichtig ist. Auch hier muss der Richter offen prüfen, ob das öffentliche Interesse an der Repression von Geschäften des streitigen Typs die Versagung des Rückforderungsanspruchs erfordert oder nicht;

---

[79] So häufig die deutsche Rspr., vgl. z.B. RG 8. Nov. 1922, RGZ 105, 270, 271 und BGH 31. Jan. 1963, BGHZ 39, 87, 91. Diese »Straftheorie« leuchtet schon deshalb nicht ein, weil die »Strafe« – nämlich der Ausschluss der Rückforderung – ganz außer Verhältnis zur Schwere des Verstoßes stehen kann, den der Kläger begangen hat, und weil außerdem die »Strafe« zu einer Bereicherung des beklagten Komplizen führt, indem dieser das Empfangene selbst dann behalten darf, wenn er sehr viel verwerflicher als der Kläger und daher sehr viel »strafwürdiger« als er gehandelt hat. Konsequent wäre es dagegen, wenn man das verbotswidrig Geleistete keiner Vertragspartei zukommen ließe, sondern es zugunsten des Staates einzöge. So in der Tat das Allgemeine Landrecht für die Preußischen Staaten (1794) in § 172 f. I 16 und Art. 411 f. poln. ZGB; Art. 361 III ung. ZGB.

[80] *Lord Mansfield* in *Holman* v. *Johnson* (1775) 1 Cowp. 341, 98 Eng. Rep. 1120.

[81] Oberster Gerichtshof für die Britische Zone 10. Dez. 1950, OGHZ 4, 57, 60.

[82] Théorie et pratique des obligations I (2. Aufl. 1885) 333, zitiert nach *Ghestin* no. 931.

dabei muss er auch in Betracht ziehen, zu welchen praktischen Konsequenzen die eine oder die andere Lösung im konkreten Fall führt.[83]

Wenn also der Richter prüfen muss, ob das öffentliche Interesse, um dessen Durchsetzung es im konkreten Fall geht, mehr für eine Zulassung oder mehr für einen Ausschluss der Rückforderung spricht, so ist nunmehr zu fragen, ob die Rechtsprechung genauere Regeln und Standards entwickelt hat, von denen sie sich bei dieser Prüfung leiten lässt. Dazu gehört sicherlich die Regel, nach der die Rückforderung zugelassen wird, wenn der Verstoß gegen das Gesetz oder die guten Sitten in erster Linie dem Beklagten zur Last fällt, der Kläger hingegen vergleichsweise »unschuldig« ist oder gar schutzwürdig erscheint. Im englischen Recht spricht man in diesem Zusammenhang davon, dass die Rückforderungsklage nur dann abzuweisen sei, wenn die Parteien »in pari delicto« sind. Nicht »in pari delicto« (und deshalb zur Rückforderung seiner Leistung berechtigt) ist ein Kläger, dem der Beklagte die Erlaubtheit des Vertrages arglistig vorgespiegelt oder dessen Notlage, Unerfahrenheit oder Leichtsinn er ausgebeutet hat oder der einer Personengruppe angehört, deren Schutz das verletzte Verbotsgesetz bezweckt. Auch die französische Rechtsprechung beruht im wesentlichen auf dem Grundsatz, dass die Rückforderungsklage nur im Falle einer »égale culpabilité« der Parteien abzuweisen sei, dass hingegen eine Partei ihre Leistung zurückfordern darf, wenn sie »paraît moins coupable que l'autre«.[84] Auch der deutschen Rechtsprechung ist dieser Gedanke nicht fremd. Sie nimmt nämlich an, dass dem Kläger die Rückforderung gemäß § 817 Satz 2 BGB nur dann versagt werden darf, wenn er bei Erbringung seiner Leistung vorsätzlich gehandelt, also bewusst gegen die guten Sitten oder gegen das Gesetz verstoßen hat. Diese Voraussetzung ist z.B. dann nicht erfüllt, wenn er sich in einer Zwangslage befunden und sich »in dieser Zwangslage dem Verlangen

---

[83] Ebenso *Treitel* (-*Peel*) no. 11-127: Die »allgemeine Regel« gehe zwar dahin, dass die in Erfüllung eines verbotswidrigen Vertrages erbrachten Leistungen nicht zurückgefordert werden könnten. Aber: »It would be better if the law did not adopt a ›general rule‹ but asked in relation to each type of illegality whether it was recovery or non-recovery that was the more likely to promote the purpose of the invalidating rule«. Diesen Weg geht auch Art. 15:104 PECL. Danach kommt es für die Frage, ob die aufgrund des ungültigen Vertrags erbrachten Leistungen zurückgegeben werden müssen, auf die Abwägung der gleichen Gründe an, nach denen entschieden werden muss, ob der Vertrag überhaupt ungültig ist. Ähnlich auch Art. 3.3.2 (2) PICC.

[84] Vgl. *Larroumet* no. 581. Für die Unterscheidung nach dem »Verschuldensgrad« besteht besonders dort ein Bedürfnis, wo die Gründe der Ungültigkeit des Vertrages einer Partei unbekannt sind und sie deshalb »unschuldig« ist. Auch in einem solchen Fall können sowohl die »schuldige« wie die »unschuldige« Partei die Ungültigkeit des Vertrags geltend machen (vgl. Civ. 7. Okt. 1998, D. 1998, 563 = J.C.P. 1998.II.10202 mit Anm. *M.H. Maleville* = J.C.P. 1999.I.114 mit Anm. *C. Jamin*). Tut dies die »schuldige Partei«, so wird ihr allerdings der Anspruch auf Rückgewähr der erbrachten Leistungen nach der Regel »nemo auditur« zu versagen sein; außerdem mag sie dem Vertragspartner auch Schadensersatz nach den Regeln des Deliktsrechts schulden.

der wirtschaftlich stärkeren [Beklagten] nur widerwillig gefügt« und nur aus diesem Grunde den von ihr geforderten gesetzlich verbotenen Preis bezahlt hat.[85]

Daher gewährt die Rechtsprechung überall dem Mieter einen Anspruch auf Rückgewähr der gesetzlich verbotenen Geldzahlungen, die er dem Vermieter geleistet hat, um ihn zur Überlassung einer Mietwohnung zu bewegen.[86] Ist ein Ratenkaufvertrag nichtig, weil der Käufer bei Vertragsabschluss die gesetzlich vorgeschriebene Mindestanzahlung nicht geleistet hat, so steht ihm ein Rückforderungsrecht auch dann zu, wenn er »en pleine connaissance de cause« gehandelt hat, also den Gesetzesverstoß ebensogut gekannt hat wie der Verkäufer. Denn das Gesetz will den Käufer schützen; dieses Ziel würde vereitelt, wenn er seine auf den (nichtigen) Vertrag hin erbrachten Leistungen nicht zurückfordern könnte.[87] Allerdings muss er auch seinerseits das Empfangene herausgeben, soweit er es noch hat. Das hat das schweizerische Bundesgericht in einem Falle verkannt, in dem eine Bank unter Verstoß gegen ein damals noch geltendes Gesetz ein zweites Darlehen ausgezahlt hatte, obwohl ein anderes, ihrem Kunden schon früher gewährtes Darlehen von diesem noch nicht zurückgezahlt war. Das Bundesgericht hielt nicht nur den zweiten Darlehensvertrag wegen Gesetzesverstoßes für ungültig, sondern versagte der Bank auch noch die Rückforderung des ausgezahlten Geldes.[88] Damit hat das Gericht aber wohl den Bogen überspannt. Denn das Gesetz drohte den Banken für den Fall der

---

[85] RG 24. Okt. 1919, RGZ 97, 82, 84. Der Kläger konnte daher den gesetzlich verbotenen Mehrpreis zurückverlangen. Ebenso BGH 23. Nov. 1959, LM § 817 BGB Nr. 12: Ein Kaufmann kann die auf ein sittenwidriges Darlehen gezahlten Zinsen zurückverlangen. Zwar hat auch er durch die Zahlung der überhöhten Zinsen gegen die guten Sitten verstoßen, weil er sich als Geschäftsmann sagen musste, dass sein finanzieller Zusammenbruch durch sein Verhalten beschleunigt und seine übrigen Gläubiger benachteiligt werden würden. Aber eine »verwerfliche Gesinnung« komme in seinem Verhalten nicht zum Ausdruck, wenn er das Darlehen in einer wirtschaftlichen Zwangslage aufgenommen hat. Vgl. auch BG 21. Nov. 1950, BGE 76 II 346, 369 ff.: Wer strafbare Handlungen begangen und ein Schweigegeld gezahlt hat, kann trotz Art. 66 OR Rückzahlung verlangen, wenn er zu der Zahlung durch eine rechtswidrige Drohung bestimmt worden ist: Wer unter Berufung auf Art. 66 OR die Rückzahlung des Schweigegelds verweigere, handele rechtsmissbräuchlich (Art. 2 schweiz. ZGB).

[86] RG 10. Jan. 1930, RGZ 127, 276, 279; *Gray* v. *Southouse* [1949] 2 All E.R. 1019; *Kiriri Cotton Co. Ltd.* v. *Dewani* [1960] A.C. 192 (P.C.).

[87] Vgl. Com. 11. Mai 1976, Bull.cass. 1976.IV. no. 162.

[88] BG 21. Dez. 1976, BGE 102 II 401, 411 f. Diese Entscheidung leuchtet nicht ein. Eher akzeptabel wäre es gewesen, wenn die Bank das zweite Darlehen wenigstens nach Ablauf der vereinbarten Laufzeit hätte zurückfordern können. So entscheiden die deutschen Gerichte, wenn jemand ein Darlehen zu wucherischen Bedingungen gewährt und dadurch gegen die guten Sitten verstoßen hat: Hier führt § 817 Satz 2 BGB dazu, dass der Darlehensgeber zwar das Darlehen für die vereinbarte Zeit dem Darlehensnehmer zinslos belassen muss, es aber nach Ablauf der Zeit zurückverlangen kann. Vgl. RG 30. Juni 1939, RGZ 161, 52, 57 ff. und seither ständige Rspr.

Zuwiderhandlung strenge Geldbußen an; für eine zusätzliche Bestrafung der Banken durch den Verlust der Rückforderungsansprüche bestand ebensowenig ein Anlass wie für die unverdiente Privilegierung, die sich daraus für ihre Kunden ergab. Hinzu kommt, dass der Zweck des Gesetzes nicht im Schutz der Darlehensnehmer, sondern in der Dämpfung der Konjunktur lag. Indem das Gericht dem Darlehensnehmer das empfangene Geld beließ, setzte es ihn aber zur Anheizung der Konjunktur erst richtig instand.

Im französischen Schrifttum wird oft darauf hingewiesen, dass die Rückforderung bei *sittenwidrigen* Verträgen ausgeschlossen, bei bloß *gesetzwidrigen* hingegen im allgemeinen zugelassen werde.[89] Obwohl die Unterscheidung zwischen einem »contrat immoral« und einem »contrat seulement illicite« in vielen Fällen schwierig ist, enthält die Regel immerhin einen richtigen Kern. Denn dem Zweck einer bloß »technischen« Verbotsregel, mit der der Gesetzgeber wirtschaftliche Abläufe kontrollieren und regulieren will, wird oft schon dadurch ausreichend Rechnung getragen, dass der verbotswidrig abgeschlossene Vertrag als nichtig angesehen und damit ein Anspruch auf Erfüllung oder auf Schadensersatz wegen Nichterfüllung ausgeschlossen wird. Dagegen wird die Rückforderung des auf einen solchen Vertrag hin gezahlten Geldes oft zugelassen, so etwa dann, wenn mit der Zahlung ein gesetzlich bestimmter Höchstpreis oder der gesetzlich zulässige Mietzins überschritten worden ist oder wenn das gezahlte Geld den Empfänger zur Ausführung eines Geschäfts instandsetzen sollte, das gegen währungsrechtliche Vorschriften verstößt oder ohne die erforderliche staatliche Genehmigung abgewickelt werden sollte.[90] Allerdings kommt es dabei stets auf den Zweck des Verbotsgesetzes und auf die besonderen Umstände des Einzelfalles an. Für ein Rückforderungsrecht des Klägers spricht es, wenn der Beklagte sein Vertrauen missbraucht hat, dem Kläger der Verstoß gegen währungsrechtliche Vorschriften nicht bewusst war[91] oder das Verbotsgesetz einen bloß technischen Charakter hat, also nicht zu denjenigen Vorschriften gehört, »die kraft ihrer inneren Bedeutung und der langen Zeit ihrer Geltung in das Allgemeinbewusstsein des Volkes übergegangen sind, so dass sie regelmäßig als bekannt vorausgesetzt werden dürfen«.[92] Dagegen hat das schweizerische Bundesgericht eine Klage auf Rückzahlung des Geldes abgewiesen, mit dem der Beklagte unter Verstoß gegen das damals geltende Recht

---

[89] Vgl. z.B. *Starck/Roland/Boyer* no. 937 ff.; *Carbonnier* no. 49. So ausdrücklich Aix 28. März 1945, Gaz.Pal. 1945.2.12; Colmar 4. Jan. 1961, Gaz.Pal. 1961.1.304. Alle Autoren stimmen darin überein, dass es sich hier nur um eine Faustregel handelt.

[90] Civ. 18.6.1969, J.C.P. 1969.II.16131 mit Anm. *P.L.*; vgl. auch Angers 2. April 1952, J.C.P. 1952.II.6953.

[91] *Shelley* v. *Paddock* [1980] 1 All E.R. 1009 (C.A.). Anders, wenn beide Parteien wissen, dass das in Aussicht genommene Geschäft gegen Währungsrecht verstößt; vgl. *Bigos* v. *Bousted* [1951] 1 All E.R. 92.

[92] RG 16. Mai 1919, RGZ 95, 347, 349.

für den Kläger Gold erwerben sollte: Zwar sei es »moralisch unbefriedigend«, wenn der Beklagte das empfangene Geld behalten könne. Aber vom Abschluss verbotener Geschäfte könne wirksam nur abgeschreckt werden, wenn die Beteiligten mit dem Verlust sämtlicher Ansprüche rechnen müssten.[93] Freilich kann es auch anders liegen. Ein Vertrag über die Leistung von »Schwarzarbeit« ist zwar nichtig, wenn sich beide Parteien des Gesetzesverstoßes bewusst waren.[94] Aber der erforderliche Abschreckungseffekt wird in diesem Fall schon dadurch erreicht, dass der »Schwarzarbeiter« keinen Anspruch auf das vertragliche vereinbarte Entgelt hat und damit rechnen muss, dass er bestraft und zur Nachzahlung von Steuern herangezogen werden wird. Dagegen verlangt es der Zweck des Gesetzes nicht, dass der »Schwarzarbeiter« ganz leer ausgeht und der Auftraggeber die aufgrund des nichtigen Vertrages ihm erbrachten (und noch nicht bezahlten) Arbeitsleistungen unentgeltlich behalten kann. Vielmehr muss er ihren objektiven Wert ersetzen; dieser Wert liegt allerdings deshalb erheblich niedriger als die vertraglich vereinbarte Vergütung, weil dem Auftraggeber keinerlei vertragliche Schadensersatzansprüche zustehen, wenn die Leistung des »Schwarzarbeiters« mangelhaft war.[95]

Im englischen Recht ist anerkannt, dass eine Rückforderungsklage Erfolg hat, wenn sie zu einem Zeitpunkt erhoben wird, in dem das verbotene Geschäft noch nicht vollständig abgewickelt worden ist. Dies beruht auf der Überlegung, dass dem Kläger ein Anreiz zu tätiger Reue, ein − wie es in der englischen Rechtssprache heißt − »locus poenitentiae« eingeräumt werden müsse, der ihn dazu ermuntern soll, von dem anrüchigen Geschäft noch vor seiner Ausführung Abstand zu nehmen. Freilich ist die Anwendung dieser Regel in der Praxis nicht einfach. Denn es kann zweifelhaft sein, bis zu welchem Grade die Realisierung des verbotenen Geschäfts fortgeschritten sein darf und ob es genügt, wenn seine Ausführung nicht deshalb unterblieben ist, weil der Kläger sich eines Besseren besonnen hat, sondern deshalb, weil dem Beklagten die Lust zu dem Geschäft vergangen oder seine Ausführung durch äußere Umstände verhindert worden ist.[96]

---

[93] Eine Ausnahme will das Bundesgericht nur dann zulassen, wenn der Beklagte den Kläger betrogen hat. So die Entscheidung BG 27. Jan. 1948, BGE 74 II 23. Vgl. auch OLG Hamm 22. Mai 1986, NJW 1986, 2440: Wer eine Gaststätte ohne die gesetzlich vorgesehene Konzession betreibt, kann den Geldbetrag, mit dessen Hilfe der Empfänger den wahren Konzessionsinhaber zum Stillhalten veranlassen sollte, nicht zurückfordern, es sei denn, dass dieser eine wirtschaftliche Zwangslage oder die geschäftliche Unerfahrenheit des Klägers ausgebeutet hat und daher die Parteien − so würde ein englischer Richter vielleicht sagen − nicht »in pari delicto« waren.
[94] Vgl. oben Text zu N. 62.
[95] So BGH 31. Mai 1990, BGHZ 111, 308, 312 ff.
[96] Vgl. dazu *Treitel (-Peel)* no. 11-136 ff.

Andere englische Entscheidungen beruhen auf der Regel, dass dem Kläger die Rückforderung zu bewilligen ist, wenn er seinen Anspruch ohne Erwähnung des verbotenen Geschäfts begründen kann. Das ist ihm vor allem dann möglich, wenn er Sachen, deren Eigentümer er ist, aufgrund einer verbotenen Abrede dem Beklagten verpfändet, verpachtet, zur Verwahrung übergeben oder unter Eigentumsvorbehalt verkauft hat. Hier braucht er zur Begründung seines Anspruchs auf Herausgabe oder Schadensersatz lediglich zu behaupten, dass er Eigentümer der Sachen sei oder dass der Beklagte die Sachen ohne seine Zustimmung veräußert oder verbraucht habe. Erst der Beklagte wird sich dann damit verteidigen, dass der Kläger ihm die Sachen aufgrund einer verbotenen Abrede überlassen habe und deshalb mit seiner Klage abzuweisen sei. Hier neigt die Rechtsprechung dazu, dem Kläger Recht zu geben, weil er sich lediglich auf sein Eigentum stützt und deshalb scheinbar »unschuldig« ist.[97] Ähnlich argumentieren auch die französischen Gerichte, wenn sie z.B. dem Eigentümer, der sein Grundstück zum Betrieb eines Freudenhauses vermietet hat, ohne weiteres einen Anspruch gegen den Mieter auf sofortige Räumung zubilligen.[98] Auch in Deutschland geht die Rechtsprechung von dem Grundsatz aus, dass dem Herausgabeanspruch des Eigentümers die Vorschrift des § 817 Satz 2 BGB nicht entgegengehalten werden kann.[99] Freilich sollte die Entscheidung auch in diesen Fällen nicht davon abhängen, ob sich der Kläger auf sein Eigentum berufen kann, sondern davon, ob dem Zweck des Verbotsgesetzes oder dem öffentlichen Interesse an der Repression sittenwidriger Geschäfte besser durch Zubilligung oder besser durch Ausschluss der Rückforderung Rechnung getragen werden kann. Dagegen sollte es nicht darauf ankommen, ob der Kläger dem Beklagten verbotswidrig eine Sache vermietet oder ob er ihm Geld geliehen hat, ebensowenig darauf, ob das Eigentum an der verbotswidrig verkauften Sache auf den Käufer übergegangen ist oder nicht. Allgemein anerkannt ist, dass der Pächter eines Freudenhauses – auf Herausgabe verklagt – nicht geltend machen kann, dass auch der Verpächter gegen die guten Sitten verstoßen habe. Das hat seinen Grund aber nicht darin, dass der Verpächter die Klage auf sein Eigentum stützen kann, sondern darin, dass es – so mit Recht der Bundesgerichtshof – auf eine »Legalisierung des Bordellbetriebes« hinausliefe, wenn dem Pächter diese Verteidigung zugebilligt und er dadurch instand gesetzt würde,

---

[97] Vgl. dazu *Bowmakers Ltd.* v. *Barnet Instruments Ltd.* [1945] K.B. 65 und dazu *Treitel (-Peel)* no. 11-139 ff.

[98] Vgl. z.B. Paris 16. März 1926, S. 1926.2.76; Nancy 8. Juni 1934, D.P. 1935.2.33 mit Anm. *Voirin.*

[99] Ein Eigentümer kann daher, auch wenn er seine Sache dem Beklagten unter sitten- oder gesetzwidrigen Umständen überlassen hat, verlangen, dass ihm der Beklagte wegen einer Beschädigung der Sache Schadensersatz leiste oder ihm den objektiven Wert der Nutzungen ersetze, die er aus der Sache gezogen hat; vgl. BGH 14. Juni 1951, NJW 1951, 643; BGH 8. Jan. 1975, BGHZ 63, 365, 368 f.

das Grundstück auch weiterhin in der von der Rechtsordnung missbilligten Form zu nutzen.[100]

---

[100] BGH 20. Mai 1964, BGHZ 41, 341, 343 ff. Ebenso müsste entschieden werden, wenn der Kläger die sofortige Rückzahlung eines zum Betrieb eines Freudenhauses gewährten *Darlehens* verlangt. Hier kann sich der Kläger von vornherein nicht auf sein Eigentum stützen. Aber auch hier muss seiner Klage stattgegeben werden, weil sonst der Beklagte das Darlehen weiterhin zu dem sittenwidrigen Zweck nutzen könnte (und nicht einmal die vereinbarten Zinsen zu zahlen bräuchte).

§ 8 Die Kontrolle unangemessener Vertragsbedingungen

I. Das Problem

Dass ein Vertrag im Ganzen unwirksam ist, kann auf verschiedenen Gründen beruhen: Er kann gegen *Formvorschriften* (§ 6) oder gegen die *guten Sitten* oder den *ordre public* verstoßen (§ 7). Auch kann sich eine Partei bei Abschluss des Vertrages in einem relevanten Irrtum befunden haben (§ 9) oder von ihrem Kontrahenten arglistig getäuscht oder in unerlaubter Weise *bedroht* worden und deshalb berechtigt sein, die Ungültigkeit des Vertrages geltend zu machen (§ 10). Hierher mag man auch den Fall zählen, in dem es einer Partei unter bestimmten Voraussetzungen gestattet wird, den Vertrag nachträglich und ohne die Angabe irgendwelcher Gründe durch einen *Widerruf* aufzuheben (§ 11). Davon ist der Fall zu unterscheiden, in dem zwar die Gültigkeit des Vertrags im Ganzen nicht in Zweifel gezogen wird, aber eine Partei daran interessiert ist, eine einzelne Vertragsklausel zu Fall zu bringen, sei es, wie sie nicht Bestandteil des Vertrages geworden ist, sei es, weil sie »unangemessen«, »unreasonable« oder »missbräuchlich« ist, »gegen Treu und Glauben« verstößt oder ihn auf andere Weise »gröblich benachteiligt«. Wird. z.B. die verkaufte Ware nicht oder nicht rechtzeitig oder in vertragswidriger Beschaffenheit geliefert, so wird der Käufer oft feststellen, dass er sich auf eine Vertragsbedingung eingelassen hat, durch die seine Ansprüche auf Schadensersatz, auf Lieferung fehlerfreier Ersatzware, auf Nachbesserung der fehlerhaften Ware oder auf Rücktritt vom Vertrage ausgeschlossen oder beschränkt werden. Er wird dann nicht behaupten, dass der Vertrag als ganzer von Anfang an ungültig sei. Denn dann müsste er die Ware zurückgeben; daran ist er aber in der Regel gar nicht interessiert. Vielmehr wird er den Verkäufer an dem Vertrage festhalten wollen und sich auf den Standpunkt stellen, dass lediglich die »Freizeichnungsklausel« ungültig ist und daher seinen vertraglichen Ansprüchen nicht entgegengehalten werden kann. Die gleiche Frage tritt auf, wenn die streitige Klausel für den Käufer aus einem anderen Grunde nachteilig ist, so etwa deshalb, weil sie ihm die Aufrechnung mit einer Gegenforderung verbietet oder dem Verkäufer das Recht einräumt, von dem Vertrag jederzeit ohne Angabe von Gründen zurückzutreten, den Kaufpreis nachträglich zu erhöhen, den Vertrag auch durch die Lieferung einer anderen als der vereinbarten Ware zu erfüllen oder im Falle der Nichtabnahme der Ware vom Käufer eine Vertragsstrafe zu verlangen.

Gelegentlich kommt es vor, dass solche Vertragsklauseln das wohlüberlegte Ergebnis von Verhandlungen sind, die die Parteien über den Inhalt des Vertrages geführt haben. Aber die Regel ist das nicht. Meist werden die Klauseln von der einen Partei einseitig »vorformuliert« und Verhandlungen über ihren Inhalt nicht geführt. Gelegentlich kommt es vor, dass die von der einen Partei »vorformulierten« Klauseln nur für den einzelnen Vertrag gedacht sind, den sie mit ihrem Kunden abschließen will. Meist liegt es aber so, dass sie die Klausel sämtlichen Verträgen zugrunde legen weil, die sie künftig über Geschäfte gleicher Art mit ihren Kunden abzuschließen gedenkt. Ganz gleich, ob solche Klauseln auf eine Garderobenmarke, einen Fahrschein oder ein Parkticket gedruckt, im Geschäftslokal einer Wäscherei ausgehängt oder zusammen mit vielen anderen Klauseln in ein umfangreiches und sorgfältig redigiertes Formular aufgenommen worden sind – überall haben wir es mit »Allgemeinen Geschäftsbedingungen« (»clauses prérédigées«, »standard terms of business«) zu tun, die allein von der einen Partei für Geschäfte gleicher Art formuliert sind und dennoch auch die andere Partei binden, sofern sie sie kannte oder kennen konnte und sich mit ihrer Geltung ausdrücklich oder durch schlüssiges Verhalten einverstanden erklärt hat.

Allgemeine Geschäftsbedingungen (im folgenden: AGB) sind ein Kind der industriellen Revolution des 19. Jahrhunderts. Mit der Serienproduktion standardisierter Waren und Leistungen geht Hand in Hand die Standardisierung der Vertragsbedingungen, zu denen diese Waren oder Leistungen im Verkehr abgesetzt werden. AGB leisten damit einen wichtigen Beitrag zur Rationalisierung und Abwicklung von Massengeschäften. Sie ersparen dem Unternehmer und seinen Kunden die Kosten und Mühe, die anderenfalls dadurch entstünden, dass der Inhalt des Vertrages im einzelnen ausgehandelt oder, wenn dies unterbleibt, nachträglich vom Gericht durch Auslegung des Vertrages oder durch Ergänzung seiner Lücken festgelegt werden müsste. AGB erleichtern daher dem Unternehmer die Kalkulation, vereinfachen die Geschäftsabwicklung und tragen damit zu einer Senkung seiner Kosten und damit auch seiner Preise bei.

Freilich hat die Medaille eine Kehrseite. Sie besteht darin, dass der Unternehmer bei der Formulierung der AGB nicht nur das Ziel einer Rationalisierung der Vertragsabwicklung, sondern stets auch das Ziel verfolgt, die Risiken des Geschäfts nach Möglichkeit auf die andere Partei abzuwälzen. Zwar kann man von der »Abwälzung« eines Risikos nur dann sprechen, wenn man weiß, welches die an sich »richtige« Risikoverteilung ist. Sie ergibt sich aber oft aus den Regeln, die im Falle des Fehlens vertraglicher Vereinbarungen vom Gesetzgeber oder von der Rechtsprechung bereitgestellt werden und sich am Ziel eines vernünftigen Interessenausgleichs orientieren. Den Unternehmer hingegen leitet allein das eigene Interesse; gerade deshalb ersetzt er jene Regeln durch AGB-Klauseln, die einseitig seinen Vorteil wahren und deshalb von der anderen Partei als »unfair« empfunden werden.

Heute besteht allgemein Einverständnis darüber, dass Gesetzgeber und Rechtsprechung der Gültigkeit solcher Klauseln bestimmte Grenzen setzen müssen. Zweifelhaft ist aber, welches der innere Grund ist, der eine Überprüfung der Gültigkeit von AGB-Klauseln rechtfertigt. Der Umstand allein, dass der Kunde im Regelfall die ihm nachteiligen Klauseln widerspruchslos hingenommen hat, reicht dafür nicht aus. Die entscheidende Frage ist vielmehr, *warum* der Kunde sich so verhält. Meist wird behauptet dass dies an der ungleichen Verhandlungsstärke (»unequal bargaining power«) der Beteiligten liege. Angesichts der wirtschaftlichen Übermacht des Unternehmers bleibe dem Kunden keine andere Möglichkeit, als sich seinen AGB-Klauseln zu »unterwerfen«. Manchmal habe er es mit einem Unternehmer zu tun, der eine Monopolstellung innehat und sich schon deshalb auf Verhandlungen über den Inhalt des Vertrages nicht einzulassen braucht. Selbst dort, wo Wettbewerb besteht, würden oft von allen Konkurrenten die gleichen AGB-Klauseln verwandt. Auch wird oft auf die psychologische und intellektuelle Übermacht des Unternehmers hingewiesen. Sie liege darin, dass er in bezug auf Rechtskunde und geschäftliche Erfahrung einen gewaltigen Vorsprung besitzt, der dem Kunden jeden Protest gegen die ihm nachteiligen AGB-Klauseln als aussichtslos erscheinen lässt. So sei es zu erklären, dass – wie *Friedrich Kessler* in einem einflußreichen und vielzitierten Aufsatz schon im Jahre 1943 schrieb –

»standard contracts in particular could … become effective instruments in the hands of powerful industrial and commercial overlords enabling them to impose a new feudal order of their own making upon a vast host of vassals.«[1]

---

[1] *Kessler*, Contracts of Adhesion – Some Thoughts About Freedom of Contract, Col.L.J. 43 (1943) 629, 640.

Der Gedanke, dass es bei der Gültigkeitskontrolle von AGB um den Schutz des Schwachen und Unerfahrenen gegen den Mächtigen und Gewitzten gehe, hat sich in der rechtspolitischen Diskussion als außerordentlich wirksam erwiesen. Nachdem ihn die moderne Verbraucherschutzbewegung an ihre Fahnen geheftet hatte, sind seit Beginn der siebziger Jahre in den meisten europäischen Ländern Gesetze in Kraft getreten, die – wenn auch in unterschiedlichem Ausmaß – auf der Überlegung beruhen, dass der Verbraucher als die »schwächere« Vertragspartei gegen Vertragsklauseln geschützt werden müsse, die ihm von den Unternehmern durch einen Missbrauch ihrer wirtschaftlichen Übermacht aufgezwungen werden. Auch die EG-Richtlinie vom 5. April 1993 über »missbräuchliche Klauseln in Verbraucherverträgen« beruht auf der Vorstellung, es liege der entscheidende Grund für die Kontrolle von AGB darin, dass auf diese Weise der »Machtmissbrauch« korrigiert wird, der im Verhältnis zwischen Unternehmern und »Verbrauchern« regelmäßig bestehe.[2]

Es ist aber sehr zweifelhaft, ob dieser Gedanke den Kern der Sache trifft. Gewiss gibt es Fälle, in denen der Kunde sich gegen eine ihm ungünstige Vertragsbedingung wehren möchte und dies nur deshalb unterlässt, weil ihm Verhandlungen über diesen Punkt wegen der wirtschaftlichen oder sonstigen Übermacht des Unternehmers aussichtslos erscheinen. Aber das ist nicht die Regel. Dies zeigt schon der Umstand, dass vorformulierte Vertragsklauseln auch von sehr geschäftskundigen Vertragsparteien und auch in solchen Branchen ohne Gegenwehr hingenommen werden, in denen unter den Anbietern lebhafter Wettbewerb besteht und von ihrer wirtschaftlichen Übermacht nicht die Rede sein kann. Auch Kaufleute verhandeln nicht über den Inhalt von AGB-Klauseln, die ihnen von Frachtführern, Lagerhaltern, Kreditinstituten, Bewachungsunternehmern oder Kreditauskunfteien in vorformulierter Form präsentiert werden. Wenn sich in all diesen Fällen der Kunde den Vertragsbedingungen des Unternehmers »unterwirft«, so deshalb, weil es sich für ihn nicht lohnt, Zeit und Geld in diejenigen Bemühungen zu investieren, derer es bedürfte, um entweder in Verhandlungen eine Abänderung zu erreichen oder andere Anbieter ausfindig zu machen, deren Vertragsbedingungen in diesem oder jenem Punkt eine für ihn günstigere Regelung enthalten. Wer – sei es als Privatmann, sei es als Kaufmann im Rahmen einer geschäftlichen Tätigkeit – ein Kraftfahrzeug in einer Parkgarage abstellt, einen Beförderungsvertrag schließt oder eine Datenverarbeitungsanlage kauft, nimmt die von seinem Vertragspartner offerierten Vertragsklauseln ohne Diskussion hin, dies nicht deshalb, weil sie ihm von einem »powerful industrial or commercial overlord« aufgezwungen werden, sondern deshalb, weil der Aufwand, der ihm durch die Führung von Verhandlungen, durch die Beschaffung der dafür erforderlichen Informationen oder durch die Aufsuchung eines günstigeren Angebots ent-

---

[2] So ausdrücklich Erwägungsgrund 9 zu dieser Richtlinie (ABl. EG 1993 L 95/29).

stünde, außer Verhältnis zu dem dadurch für ihn erreichbaren Vorteil steht. Dieser Umstand wird von dem Unternehmer ausgenutzt, indem er durch seine Geschäftsbedingungen die vertraglichen Risiken auf den Kunden abwälzt und darauf spekuliert, dass dieser aus den erwähnten Gründen sich weder dagegen wehren noch zu einem anderen Anbieter übergehen werde. Zwar erklärt sich der Kunde mit der Geltung der Bedingungen einverstanden. Es widerspricht aber nicht dem Prinzip der Vertragsfreiheit, wenn man sie gleichwohl einer rechtlichen Kontrolle unterwirft. Denn dieses Prinzip verlangt die Respektierung eines Vertrages nur dann, wenn jede Partei eine faire Chance hatte, auf seinen Inhalt Einfluss zu nehmen. Dass der Kunde in den hier interessierenden Fällen eine solche Chance nicht hat, liegt nicht an der wirtschaftlichen oder sonstigen Übermacht des Unternehmers, sondern an den prohibitiv hohen Transaktionskosten, die ihm durch die Wahrnehmung jener Chance entstünden.[3] Wir kommen darauf noch später zurück.

II. Richterliche Kontrolle unangemessener Vertragsbedingungen

Die Rechtsprechung hat erst allmählich allgemeine Regeln entwickelt, mit denen sich Schutz gegen unbillige Vertragsklauseln gewähren ließ. Dabei hat sie zunächst die Frage gestellt, ob die streitige Klausel überhaupt Vertragsinhalt geworden sei. Das lässt sich immer dann in Zweifel ziehen, wenn der Unternehmer dem Kunden keine vernünftige Möglichkeit gegeben hat, vor Vertragsabschluss vom Inhalt der Klausel Kenntnis zu nehmen. Wenn also ein Unternehmer seine Bedingungen in kaum leserlicher Schriftgröße auf der Vertragsurkunde abgedruckt oder sie in seinem Geschäftslokal an versteckter Stelle ausgehängt oder auf der Rückseite einer – dem Kunden erst nach Vertragsschluss übergebenen – Garderobenmarke versteckt hat, so kann man annehmen, dass in der Erklärung, mit der der Kunde dem Vertrag zustimmt, nicht auch sein Einverständnis mit jenen Vertragsbedingungen liegt. Wer einen

---

[3] Vgl. dazu *Trebilcock/Dewees*, Judicial Control of Standard Form Contracts, in: Burrows/Veljanovski (Hrsg.), The Economic Approach to Law (1981) 93; *M. Adams*, Ökonomische Analyse des Gesetzes zur Regelung des Rechts der AGB, in: H. Neumann (Hrsg.), Ansprüche, Eigentums- und Verfügungsrechte, Schriften des Vereins für Socialpolitik (1983) 655; *P. Behrens*, Die ökonomischen Grundlagen des Rechts (1986) 155 ff., 170–172; *M. Eisenberg*, The Limits of Cognition and the Limits of Contract, Stan.L.Rev. 47 (1955) 211, 243; *H.B. Schäfer/C. Ott*, Lehrbuch der ökonomischen Analyse des Zivilrechts (5. Aufl. 2012) 552 ff; *H. Kötz*, Der Schutzzweck der AGB-Kontrolle, JuS 2003, 209; *G. Wagner*, Zwingendes Vertragsrecht, in : H. Eidenmüller/F. Faust/H.C. Grigoleit/N.Jansen/G. Wagner/R. Zimmermann (Hrsg.), Revision des Verbraucher-*acquis* (2011) 1, 31 ff.; *P. Leyens/H.B. Schäfer*, Inhaltskontrolle allgemeiner Geschäftsbedingungen, AcP 210 (2010) 771; *L. Leuschner*, AGB-Kontrolle im unternehmerischen Verkehr, JZ 2010, 875, alle mit weiteren Nachweisen.

Strandkorb mietet und gegen Zahlung des Preises ein Zettelchen ausgehändigt erhält, braucht sich daher eine Freizeichnungsklausel nicht entgegenhalten zu lassen, die auf der Rückseite des Zettels abgedruckt ist und ihm, wenn der Strandkorb zusammenbricht, jeden Anspruch auf Ersatz des dadurch verursachten Körperschadens nimmt.[4] In der englischen Rechtsprechung findet man die Regel, nach der der Verfasser einer Klausel seinen Vertragspartner umso deutlicher und nachdrücklicher auf sie hinweisen muss, je ungewöhnlicher ihr Inhalt ist und je stärker sie ihn belastet.[5] Niemand weiß freilich genau, bei welchen Klauseln Fettdruck oder eine größere Drucktype ausreichend, vielleicht ein zusätzlicher roter Pfeil ratsam oder gar ein besonderes, durch eine zweite Unterschrift erklärtes Einverständnis erforderlich ist. Keinesfalls genügt es, wenn der Kunde erst nach Vertragsabschluss eine Gelegenheit erhält, von der Klausel Kenntnis zu nehmen. Nicht Vertragsbestandteil wird daher eine Klausel, mit der sich ein Hotelunternehmer von der Haftung für den Verlust von Wertsachen freizeichnet, wenn die Klausel im Hotelzimmer ausgehängt ist, der Gast also von ihr erst dann Kenntnis nehmen kann, wenn er den Hotelvertrag bereits geschlossen, nämlich an der Rezeption den Zimmerschlüssel entgegengenommen hat.[6] Ebenso liegt es, wenn ein Automat am Eingang einer Parkgarage gegen Einwurf einer Geldmünze ein Ticket ausspeit, auf dessen Rückseite eine Freizeichnungsklausel abgedruckt ist.[7]

In vielen Ländern gibt es gesetzliche Vorschriften, nach denen sich beurteilt, unter welchen Voraussetzungen AGB-Klauseln Vertragsinhalt werden. Den Anfang machte der italienische Codice civile von 1942, der als erstes Zivilgesetzbuch der Welt Regeln über »condizioni generali di contratto« enthielt und in Art. 1341 bestimmte, dass sie nur dann Vertragsbestandteil werden, wenn der Kunde sie bei Vertragsabschluss kannte oder als sorgfältiger Mensch kennen konnte. Soweit es sich allerdings um besonders »gefährliche« (in Art. 1341 Abs. 2 aufgelistete) Klauseln handelt, muss der Kunde »durch besondere schriftliche Erklärung« ihrer Geltung zugestimmt haben.[8] Die neueren Gesetze begnügen sich hingegen mit flexibleren Regeln, die ohne die zeitraubende und oft unpraktikable Formalität einer besonderen Unterschriftsleistung auskommen. So heißt es z.B. in § 305 Abs. 2 BGB, dass AGB nur dann Vertragsinhalt werden, wenn der Unternehmer bei Abschluss des Vertrages auf sie hingewiesen

---

[4] Vgl. *Chapelton v. Barry Urban District Council* [1940] 1 K.B. 532. Weitere Entscheidungen bei *Treitel (-Peel)* no. 7-003 ff.

[5] Vgl. *Interfoto Library Ltd. v. Stiletto Ltd.* [1989] 1 Q.B. 433 (C.A.) mit einem lesenswerten (auch rechtsvergleichend argumentierenden) Votum von *Bingham*, L.J.

[6] *Olley v. Marlborough Court Ltd.* [1949] 1 K.B. 532; ähnlich Lyon 12. Juni 1950, D. 1951. Somm. 2. Vgl. dazu ausführlich *J. Calais-Auloy/H. Temple*, Droit de la consommation (8. Aufl. 2010) 162 ff.

[7] Vgl. *Thornton v. Shoe Lane Parking Ltd.* [1971] 2 Q.B. 163.

[8] Vgl. dazu it. Cass. 23. Mai 1994 no. 5024 und dazu *E. M. Kieninger* ZEuP 1996, 468.

und der anderen Vertragspartei die Möglichkeit verschafft hat, »in zumutbarer Weise von ihrem Inhalt Kenntnis zu nehmen«. Selbst wenn diese Voraussetzung erfüllt ist, kann der Richter Klauseln immer noch dadurch als »nicht in den Vertrag einbezogen« ansehen, dass er annimmt, sie seien »so ungewöhnlich«, dass der Kunde nach den Umständen »mit ihnen nicht zu rechnen brauchte.«[9]

Einen weiteren Schutz gegen unangemessene AGB-Klauseln hat die Rechtsprechung schon seit langem dadurch gewährt, dass sie in einem ersten Schritt annimmt, die streitige Klausel sei unklar oder mehrdeutig, und sodann in einem zweiten Schritt die dem Kunden günstigere Auslegung als die maßgebliche ansieht, dies gestützt auf den Satz, dass Freizeichnungsklauseln im Zweifel eng auszulegen sind, oder darauf, dass mehrdeutige Klauseln »contra proferentem«, also zum Nachteil desjenigen ausgelegt werden müssen, der sie aufgestellt hat.[10] Diesen Weg haben die Gerichte in zahllosen Fällen beschritten.[11] Gegen ihn hat man eingewandt, dass der Richter die streitige Klausel in Wahrheit ihrem Inhalt nach als unfair missbilligt und nur deshalb zu dem Kunstmittel der Auslegung greift, weil er einseits den Kunden vor der Klausel schützen, sie andererseits aber nicht offen als ungültig bezeichnen und damit das Prinzip der Vertragsfreiheit verletzen will. Man hat ferner eingewandt, dass diese Form der richterlichen Kontrolle unfairer Vertragsbedingungen keine nachhaltige Wirkung haben kann, weil sie lediglich einen Anreiz für den Unternehmer setzt, mit Hilfe des Scharfsinns seiner juristischen Berater Klauseln zu entwickeln, die zwar den gleichen Inhalt haben, aber so klar formuliert sind, dass sie mit Mitteln der Auslegung nicht angegriffen werden können.[12]

Nur in wenigen Ländern haben die Gerichte den Mut aufgebracht, über die geschilderten Techniken der nur »verdeckten Inhaltskontrolle« hinauszugehen und auch ohne klare gesetzliche Grundlage AGB-Klauseln als unwirksam anzusehen, wenn sie nach ihrem *Inhalt* nicht akzeptabel sind, weil sie den Kunden ohne vernünftigen Grund übermäßig benachteiligen. In Einzelfällen konnte man zwar helfen, so etwa dann, wenn ein Unternehmer sich hinter ei-

---

[9] So § 305c Abs.1 BGB; § 864 a ABGB. Vgl. zur Einbeziehung von AGB in den Vertrag die rechtsvergleichende Darstellung bei *F. Ranieri*, Europäisches Obligationenrecht (3. Aufl. 2009) 333 ff. Im CISG findet sich eine Regelung über die Einbeziehung von AGB zwar nicht. Die Rspr. kommt aber auf anderem Weg zum gleichen Ergebnis. Vgl. z.B. BGH 31. Okt. 2001, NJW 2002, 370 und *Ranieri* a.a.O. S. 357 ff.

[10] Vgl. dazu schon oben S. 145 f.

[11] Vgl. zur englischen Rechtsprechung das lesenswerte Votum von *Lord Denning* in *George Mitchell (Chesterhall) Ltd.* v. *Finney Lock Seeds Ltd.* [1983] Q.B. 284, 297 (C.A.) und ferner *Treitel (-Peel)* no. 7–014 ff. Ebenso Art. 1370 Codice civile; § 305 c Abs. 2 BGB; Art. 11 port. Gesetz Nr. 446–85 vom 25. Okt. 1985. Inzwischen wird – freilich nur für Geschäfte mit Verbrauchern – in Art. 5 Satz 2 der EG-Klauselrichtlinie (oben N. 2) bestimmt: »Bei Zweifeln über die Bedeutung einer Klausel gilt die für den Verbraucher günstigste Auslegung.«

[12] Vgl. dazu schon *Llewellyn* Harv.L.Rev. 52 (1938) 700, 702 f.

ner Freizeichnungsklausel verschanzte, obwohl seine Haftung auf Arglist oder grobe Fahrlässigkeit[13] gestützt wurde. In Frankreich hat die Rechtsprechung eine AGB-Klausel auch dann als ungültig angesehen, wenn sich eine Vertragspartei mit ihrer Hilfe von der Haftung für die Verletzung einer »obligation essentielle« freizeichnen will.[14] Auch hat die französische Rechtsprechung den Grundsatz aufgestellt, dass der gewerbliche Verkäufer fehlerhafter Waren sich so behandeln lassen muss, als seien ihm ihre Fehler bekannt. Für diesen Fall verbietet aber Art. 1643 Code civil jede Berufung des Verkäufers auf einen vertraglichen Haftungsausschluss, und das bedeutet, dass entsprechende Vertragsklauseln wirkungslos sind, sofern nicht der Käufer den Fehler der Ware kannte oder deshalb nicht schutzbedürftig ist, weil er selbst als Kaufmann mit Waren ähnlicher Beschaffenheit Handel treibt.[15] Auch diese Rechtsprechung betrifft aber nur solche Vertragsklauseln, durch die sich ein Verkäufer von seiner Haftung für die Lieferung fehlerhafter Waren freizeichnet. Eine Befugnis zu »offener Inhaltskontrolle« *sämtlicher* vorformulierter Vertragsklauseln hat zuerst die deutsche Rechtsprechung für sich in Anspruch genommen.[16] Dazu hat sie sich auf § 242 BGB gestützt. Aber es ist klar, dass die Beschwörung dieser Generalklausel eher rituellen Charakter hat. Denn dort heißt es lediglich, dass Vertragspflichten von den Parteien so zu erfüllen sind, »wie Treu und Glauben mit Rücksicht auf die Verkehrssitte es erfordern«. In der Sache handelt es sich um Richterrecht reinsten Wassers und noch dazu um eine hoch anzuerkennende Leistung der deutschen Rechtsprechung, die für viele Jahre in anderen Ländern ohne Gegenstück geblieben ist.[17]

Inzwischen sind in allen europäischen Ländern Gesetze in Kraft getreten, die die Gerichte unter bestimmten Voraussetzungen ermächtigen, missbräuchliche Vertragsbedingungen für nichtig zu erklären.[18] Allerdings bestehen zwi-

---

[13] Vgl. Art. 1229 Codice civile; Art. 100 OR. Die fr. Rspr. nimmt das gleiche an, sofern dem Unternehmern *dol ou faute lourde équivalente au dol* vorzuwerfen ist; vgl. z.B. Ass. plén. 30. Juni 1998, J.C.P. 1998.II. 10146 mit Anm. *Delebeque.*

[14] Com. 22. Okt. 1996, D. 1997, 121 (*Chronopost*) und dazu schon oben S. 74.

[15] Vgl. z.B. Civ. 30. Okt. 1978 und Com. 6. Nov. 1978, J.C.P. 1979.II.19178 mit Anm. *Ghestin.*

[16] Bahnbrechend war BGH 29. Okt. 1956, BGHZ 22, 90.

[17] Vgl. immerhin HR 19. Mai 1967, Ned.Jur. 1967, 261 mit Anm. *Scholten.*

[18] Eine bemerkenswerte Ausnahme bildet die *Schweiz.* Zwar kann sich auch nach schweizerischem Recht keine Partei auf einen vertraglich vereinbarten Ausschluss ihrer Haftung berufen, wenn sie ihren Kontrahenten vorsätzlich oder grob fahrlässig geschädigt hat (Art. 100 Abs. 1 OR und oben N. 13). Auch hält die Rechtsprechung eine AGB-Klausel ausnahmsweise für ungültig, wenn sie so »ungewöhnlich« ist, dass die betroffene Partei mit ihr nicht zu rechnen brauchte (vgl. BG 5. Aug. 1993, BGE 119 II 443). Es fehlt aber an einer allgemeinen gesetzlichen Regelung, die den Gerichten auf breiter Front die Kontrolle des Inhalts von AGB-Klauseln gestattet. Vgl. dazu *F. Ranieri* (oben N. 9) 449 ff.

schen diesen Gesetzen erhebliche Unterschiede, die auch dadurch nicht beseitigt worden sind, dass inzwischen die EG-Richtlinie vom 5. April 1993 »über
missbräuchliche Klauseln in Verbraucherverträgen« in Kraft getreten ist.[19] Zwar
werden die EU-Mitgliedstaaten durch die Richtlinie zum Erlass von Vorschriften verpflichtet, die es dem Richter gestatten, eine Vertragsklausel für ungültig
zu erklären, »wenn sie entgegen den Geboten von Treu und Glauben zum Nachteil eines Verbrauchers ein erhebliches und ungerechtfertigtes Missverhältnis
der vertraglichen Rechte und Pflichten der Vertragspartner verursacht« (Art. 3
Abs. 1). Die Richtlinie ist aber – wie schon ihr Name sagt – auf »Verbraucherverträge« beschränkt. Sie gilt also nur dann, wenn der Vertrag zwischen einem
Unternehmer und einer »natürlichen Person« geschlossen worden ist, die mit
dem Vertrag einen Zweck verfolgt hat, »der nicht ihrer gewerblichen oder beruflichen Tätigkeit zugerechnet werden kann« (Art. 2 b). Ferner gilt die Richtlinie nicht für alle, sondern nur für solche Vertragsbedingungen, die nicht »im
einzelnen ausgehandelt«, sondern »im Voraus abgefasst« wurden, dies mit der
Folge, dass der Verbraucher »keinen Einfluss auf ihren Inhalt nehmen konnte«
(Art. 3 Abs. 1 und 2). Und schließlich dürfen Vertragsbedingungen, sofern sie
klar und verständlich abgefasst sind, nicht als missbräuchlich angesehen werden, soweit sie den »Hauptgegenstand des Vertrages« oder die Angemessenheit
des Verhältnisses der vertraglich geschuldeten Leistungen betreffen (vgl. Art. 4
Abs. 2). Zu diesen Fragen werden in manchen Mitgliedstaaten weitergehende
Auffassungen vertreten, denen sie, ohne in Widerspruch zur Richtlinie zu geraten, auch durchaus Rechnung tragen dürfen. Insbesondere dürfen sie, »um ein
höheres Schutzniveau für die Verbraucher zu gewährleisten«, ein noch strengeres
Regime einführen, als es sich schon in der Richtlinie findet (Art. 8). Erst recht
können die Mitgliedstaaten außerhalb des von der Richtlinie geregelten Gebiets
tätig werden, insbesondere dadurch, dass sie die Überprüfung des Inhalts von
Vertragsbedingungen auch bei solchen Verträgen zulassen, die nicht »Verbraucherverträge« sind, sondern zwischen Unternehmern geschlossen werden.

---

[19] Die Richtlinie ist inzwischen von allen EU-Mitgliedstaaten in nationales Recht
umgesetzt worden, freilich in sehr unterschiedlichen Formen. Manche Länder haben die
Regeln der Richtlinie in ihren Zivilgesetzbüchern untergebracht, so z.B. die Nieder-
lande und (nach der Schuldrechtsmodernisierung) auch Deutschland. Andere Länder haben besondere Verbraucherschutzgesetze erlassen und in ihnen der Richtlinie Rechnung
getragen, so z.B. Frankreich (Code de consommation) und Italien (Codice del consumo).
In Großbritannien ist die Richtlinie wortwörtlich durch die Unfair Terms in Consumer
Contracts Regulations 1994 (vgl. dazu jetzt Statutory Instruments 1999/2083) übernommen worden. Dabei blieb die Frage offen, wie dieser Text mit dem schon seit langem
geltenden Unfair Contract Terms Act 1977 zu vereinbaren sei. Einen Überblick über die
verschiedenen Formen der Umsetzung der Richtlinie findet sich bei *J. Basedow*, Münchener Kommentar zum BGB (6. Aufl. 2012) vor § 305 BGB Rn. 22–49.

III. Die Optionen des Gesetzgebers

Der Gesetzgeber, der eine richterliche Kompetenz zur Überprüfung von Vertragsklauseln schaffen will, kann zwischen verschiedenen Optionen wählen.

1. *Unfaire Vertragsklauseln im Verkehr unter Kaufleuten.* – Zunächst muss entschieden werden, ob es nur um den Schutz des Verbrauchers oder auch um den Schutz desjenigen gehen soll, der sich als Gewerbetreibender im Rahmen seiner geschäftlichen Tätigkeit auf die streitige Klausel eingelassen hat. Die europäischen Gesetzgeber haben in dieser Frage unterschiedliche Positionen eingenommen.

Viele europäische Gesetzgeber erlauben die Überprüfung von Vertragsbedingungen auch dann, wenn sie in einen zwischen Unternehmern geschlossenen Vertrag aufgenommen worden sind. Auch hier gibt es aber mancherlei Unterschiede.

In den nordischen Ländern sind zwar durchweg Verbraucherschutzgesetze erlassen worden, die inzwischen auch den Vorgaben der Richtlinie Rechnung tragen. Daneben gilt dort aber überall die Generalklausel gemäß § 36 Vertragsgesetz. Sie bestimmt in ganz allgemeiner Form, dass Vertragsbedingungen abgeändert werden oder unbeachtet bleiben können, wenn sie der Richter nach den Umständen für »unbillig« hält. Dabei muss er zwar gemäß § 36 Abs. 2 besondere Rücksicht auf die Schutzbedürftigkeit der betroffenen Partei nehmen, insbesondere darauf, ob sie als Verbraucher oder aus anderen Gründen »eine unterlegene Stellung einnimmt«. Aber das ändert nichts daran, dass Vertragsklauseln einer richterlichen Überprüfung auch dann unterliegen, wenn sie im Verkehr zwischen Unternehmern vereinbart worden sind. Den gleichen Standpunkt vertritt seit langem das deutsche Recht. Zwar wurde bei der vor 30 Jahren geführten Diskussion um die ersten Entwürfe einer gesetzlichen Regelung noch der Standpunkt vertreten, dass eine AGB-Kontrolle nur bei »Verbrauchern« in Betracht komme. Diese Entscheidung wurde bald aufgegeben, hauptsächlich deshalb, weil gezeigt werden konnte, dass die Rechtsprechung, die schon vorher – ohne gesetzliche Grundlage – AGB-Klauseln für ungültig gehalten hatte, ganz überwiegend mit Fällen befasst war, in denen es um Verträge zwischen Unternehmern ging. Auch in Österreich, in den Niederlanden, in manchen baltischen Ländern und in Portugal wird zwischen Verträgen mit Verbrauchern und Verträgen zwischen Unternehmern kein grundsätzlicher Unterschied gemacht.[20]

---

[20] In den Niederlanden können sich allerdings Gewerbetreibende auf die Generalklausel in Art. 6:233 BW nicht berufen, wenn sie mehr als 50 Personen beschäftigen oder als Handelsgesellschaft zur Veröffentlichung eines Jahresabschlusses verpflichtet sind (Art. 6:235 BW). Selbst in diesem Falle kann sich die Ungültigkeit der Klausel immer noch aus dem allgemeinen Prinzip ergeben, nach dem das Verhalten der Vertragsparteien mit den Geboten der »Redlichkeit und Billigkeit« in Einklang stehen muss (Art. 6:2 und 6:248 BW).

Der britische Unfair Contract Terms Act 1977 enthält zwar keine Generalklausel, sondern nur Vorschriften, die die Grenzen der Gültigkeit solcher Vereinbarungen behandeln, durch die eine Vertragspartei ihre Haftung ausschließen
oder beschränken will. Von diesen Vorschriften betreffen zwar manche nur
solche Vereinbarungen, auf die sich der Unternehmer »against a person dealing
as consumer« beruft.[21] Anderen Vorschriften ist aber eine solche Beschränkung
fremd. So ist gemäß s. 2 eine Vereinbarung stets unwirksam, mit der eine Person ihre Haftung für solche Schäden ausschließen oder beschränken will, die
sie durch die fahrlässige Tötung oder Verletzung eines Menschen herbeigeführt
hat. Soweit eine Haftung für sonstige Schäden ausgeschlossen oder beschränkt
werden soll, ist sie – auch im Verkehr unter Unternehmern – wirksam nur dann,
wenn sie »reasonable« ist. Was »reasonable« ist, entscheidet der Richter; dafür
kommt es insbesondere auf die Umstände des Falles an,

»the respective bargaining power of the parties, whether the exclusion clause was freely
negotiated, the extent to which the parties were legally advised, the availability of insurance, the availability of an alternative source of supply to the innocent party and the
extent to which the party seeking to rely on the exclusion clause sought to explain its effect to the other party«[22]

In der Tat gibt es keine überzeugenden Gründe, die rechtfertigen könnten, dass
die richterliche Befugnis zur Überprüfung von Vertragsbedingungen auf Fälle
beschränkt wird, in denen die benachteiligte Partei den Vertrag als Verbraucher
geschlossen hat.

Denn der Grund, der die zwingenden Vorschriften über die Kontrolle von
Vertragsbedingungen rechtfertigt, liegt nicht darin, dass der Schwache gegen
den Mächtigen geschützt werden muss, sondern darin, dass Verhandlungen
über den Inhalt von AGB-Klauseln regelmäßig unterbleiben, weil sie sich für
die von ihnen betroffene Partei wegen zu hoher Transaktionskosten nicht aus-
zahlen.[23] Die Regel, dass niemand etwas tut, was zu tun sich nicht lohnt, gilt
für jeden rational handelnden Menschen, ganz gleich, ob er Verbraucher oder
auch Geschäftsmann ist. Gewiss wird es bei Geschäftsleuten häufiger als bei
Verbrauchern Umstände geben, die die Führung von Verhandlungen über den
Vertragsinhalt lohnend machen. Aber darin liegt noch kein Grund, Verträge
zwischen Unternehmern von jeglicher AGB-Kontrolle freizustellen. Auch
Art. 4:110 PECL hat sich für diese Lösung entschieden. Danach unterliegen
Vertragsbedingungen, sofern sie nicht ausgehandelt sind, einer richterlichen

---

[21] Vgl. s. 6 und 7 Unfair Contract Terms Act 1977. Als »consumer« wird gemäß s. 12
ein Vertragspartner angesehen, »if he neither makes the contract in the course of a business nor holds himself out as doing so; and the other party does make the contract in the
course of a business.«

[22] *McKendrick* no. 11.14. Vgl. auch die dort erörterte Rechtsprechung, deren wesentliche Ergebnisse in diesem Zitat zusammengefasst sind.

[23] Vgl. dazu schon oben S. 194 f. sowie S. 206 ff.

Inhaltskontrolle, dies auch dann, wenn der Vertrag zwischen Unternehmern geschlossen ist, ja sogar dann, wenn es sich bei beiden Parteien um Privatleute handelt.[24] Auch das französische Recht scheint sich in diese Richtung zu bewegen. Zwar erlaubt es zur Zeit eine Inhaltskontrolle nur bei Verträgen mit Verbrauchern.[25] Aber der Reformentwurf Catala will in den Code civil eine allgemeine Bestimmung aufnehmen, nach der der Richter eine nicht ausgehandelte Vertragsbedingung ändern oder streichen kann, wenn durch sie »un déséquilibre significatif au détriment de l'une des parties« geschaffen wird.[26]

Wer die Inhaltskontrolle auch auf Verträge zwischen Unternehmern erstrecken will, muss sich freilich darauf einstellen, dass in diesem Bereich flexiblere Kriterien anzuwenden sind und den Besonderheiten des unternehmerischen Geschäftsverkehrs Rechnung getragen werden muss. Besonders vom deutschen Recht ist behauptet worden, dass es diesen Erfordernissen nicht gerecht wird. In der Tat geht die deutsche Rechtsprechung davon aus, dass auch bei Verträgen zwischen Unternehmern eine Vertragsbedingung nur dann »ausgehandelt« und daher nur dann der Inhaltskontrolle entzogen ist, wenn die Parteien sie im Laufe der Vertragsverhandlungen tatsächlich geändert haben.[27] Hinzu kommt, dass von AGB-Klauseln, die bei Verbrauchergeschäften gemäß §§ 308 und 309 BGB stets unwirksam sind, durchweg angenommen wird, sie verstießen auch im Verkehr zwischen Unternehmern gegen die Generalklausel des § 307 BGB und seien deshalb auch in diesem Bereich ungültig.[28] Dagegen ist nichts einzu-

---

[24] Auch das CESL will die Kontrolle nicht ausgehandelter Vertragsbedingungen auf Verträge zwischen Unternehmern erstrecken. Jedoch soll dafür ein anderer Kontrollmaßstab gelten: In Verträgen mit *Verbrauchern* soll eine solche Vertragsbedingung unfair und deshalb ungültig sein, wenn sie gegen Treu und Glauben verstößt und zum Nachteil des Verbrauchers ein »erhebliches Ungleichgewicht« der vertraglichen Rechte und Pflichten zur Folge hat (Art. 83). Anders, wenn die Parteien *Unternehmer* sind: Dann soll die Klausel nur dann unwirksam sein, »when its use grossly deviates from good commercial practice« (Art. 86). Vgl. dazu die berechtigte Kritik bei *N. Jansen*, in: H. Eidenmüller u.a. (Hrsg), Revision des Verbraucher-*acquis* (2011) 53, 85; *H. Eidenmüller, N. Jansen, E.M. Kieninger, G. Wagner, R. Zimmermann*, Der Vorschlag für eine Verordnung über ein Gemeinsames Europäisches Kaufrecht, JZ 2012, 275, 278 ff.

[25] Vgl. Civ. 24. Jan. 1995, D. 1995, 327 und dazu *E.M. Kieninger*, ZEuP 1996. 468, 476 ff.

[26] Art. 11–2 Reformentwurf Catala. Zustimmend *B. Fauvarque-Cosson/D. Mazeaud*, L'avant-projet de réforme du droit des obligations et du droit de la prescription, Rev. dr. unif. 11 (2006) 103, 121 f.

[27] Ist die Vertragsbedingung nicht geändert, also gerade so in den Vertrag übernommen worden, wie sie von der einen Partei – dem »Verwender« – vorgeschlagen war, so gilt sie nur ganz ausnahmsweise als »ausgehandelt«, nämlich nur dann, wenn der Verwender sie bei den Vertragsverhandlungen deutlich erkennbar zur Disposition gestellt hat und dies seinem Kunden bewusst gewesen ist. So BGH 3. Nov. 1999, BGHZ 143, 103, 111 f.; BGH 17. Feb. 2010, BGHZ 184, 259 (ständige Rspr.).

[28] Vgl. z.B. BGH 18. März 1984, BGHZ 90, 273, 278; BGH 19. Sept. 2007, BGHZ 174, 1. Juristische Praktiker haben deshalb behauptet, es sei schon bisher nicht selten ge-

wenden, wenn im Verkehr zwischen Unternehmern Verträge über geringwertige Güter oder Leistungen abgeschlossen werden, also z.B. ein Unternehmer
seinen Lieferwagen in einer Parkgarage abstellt, von einer Auskunftei die finanzielle Lage eines Kunden erforschen lässt, für seine Betriebsküche Lebensmittel
einkauft oder seine Waren von einem anderen Unternehmer befördern lässt
oder sie bei ihm einlagert. Anders liegt es, wenn das Geschäft für die Parteien
nach den Umständen eine erhebliche wirtschaftliche Bedeutung hat und es sich
deshalb für sie lohnt, den von der Gegenseite vorgelegten Vertragsentwurf –
vielleicht auch mit der Hilfe juristischer Fachleute – genau zu analysieren und
über seinen Inhalt, auch soweit er die Verteilung entfernt liegender Risiken
betrifft, Verhandlungen zu führen. Diese Voraussetzungen können z.B. erfüllt
sein, wenn ein Vertrag über den Verkauf eines Unternehmens, die Einrichtung
einer industriellen Anlage, die Aufnahme eines langfristigen Kredits oder die
Lieferung einer großen Warenmenge geschlossen wird. Streitig ist allerdings,
ob zur Lösung dieses Problems gesetzliche Vorschriften erforderlich sind und
wie sie unter Beachtung der Gebote der Rechtsicherheit beschaffen sein sollten. Zu weit geht der Vorschlag einer Regelung, nach der es dem Unternehmer gestattet würde, jede Kontrolle des Inhalts seiner AGB »durch eine ausdrückliche, individualvertragliche Abrede« auszuschließen.[29] Eher akzeptabel
erscheint es, dass Vertragsbedingungen – sie mögen von den Parteien geändert

---

wesen und jedenfalls für künftige Fälle zu empfehlen, dass kaufmännische Parteien, um
die strenge Inhaltskontrolle des deutschen Rechts auszuschließen, die Anwendbarkeit
schweizerischen Rechts vereinbaren (vgl. oben N. 18). Den gleichen Dienst würde auch
die Vereinbarung der Maßgeblichkeit des *britischen* Rechts leisten. In s. 27 Unfair Contract Terms Act 1977 ist nämlich ausdrücklich bestimmt, dass in einem solchen Fall die
maßgeblichen Vorschriften dieses Gesetzes *nicht* anzuwenden sind. Das gleiche gilt gemäß s. 26, wenn die Parteien einen »international supply contract« abgeschlossen haben.
Ähnlich das niederländische Recht: Gemäß Art. 6:247 BW finden die Vorschriften über
die Inhaltskontrolle von AGB-Klauseln keine Anwendung, wenn die Parteien Unternehmer sind, ihren Geschäftssitz nicht in den Niederlanden haben und die Anwendbarkeit niederländischen Rechts auf einer Rechtswahlvereinbarung beruht. Vgl. dazu *E.M.
Kieninger*, ABG-Kontrolle von grenzüberschreitenden Geschäften im unternehmerischen
Verkehr, in: P. Jung u.a. (Hrsg.), Einheit und Vielfalt im Unternehmensrecht, Festschrift
für U. Blaurock (2013) 177. Es ist sogar behauptet worden, dass zwischen den nationalen
Rechtsordnungen insofern Wettbewerb (»regulatory competition«) besteht, als sie alle
versuchen, internationale Fälle dadurch vor ihre Gerichte zu bringen, dass sie den beteiligten Unternehmen gestatten, unter bestimmten Voraussetzungen für diesen Fall die Inhaltskontrolle ihrer Vertragsbedingungen auszuschalten. Vgl. dazu *H. Eidenmüller*, Recht
als Produkt, JZ 2009, 641, 645.
[29] So *Jansen* (N. 24) 87; *H. Eidenmüller/N. Jansen/E.M. Kieninger/G. Wagner/R. Zimmermann* (N. 24) 280. Dadurch würde dem Unternehmer der Ausschluss der Inhaltskontrolle seiner AGB auch dann erlaubt, wenn es um ein geringwertiges Geschäft geht und
deshalb anzunehmen ist, dass der andere Unternehmer aus eben diesem Grunde nicht nur
die ihm vorgeschlagenen AGB, sondern auch die Ausschlussklausel selbst unbesehen und
ohne inhaltliche Prüfung hinnehmen würde.

worden sein oder auch nicht – immer dann als »ausgehandelt« gelten und damit einer Kontrolle ihres Inhalts entzogen sind, wenn die beteiligten Unternehmer über sie »in einer dem Gegenstand des Vertrages und den Umständen des Vertragsschlusses angemessenen Weise verhandelt haben«.[30] Die Law Commission für England und Schottland hat vorgeschlagen, dass im Verkehr zwischen Unternehmern eine Inhaltskontrolle zu unterbleiben hat, wenn der Geschäftswert 500.000 £ überschreitet;[31] andere Autoren verlangen einen Geschäftswert von mindestens 500.000 oder 1 Million €.[32]

2. *AGB und »im Einzelnen ausgehandelte Vertragsbedingungen«* – Eine weitere Frage geht dahin, ob sich die richterliche Kontrolle auf alle Vertragsbedingungen erstrecken oder auf solche Bedingungen beschränkt werden sollte, die von der einen Partei (für alle ihre künftigen gleichartigen Geschäfte oder auch nur für den konkret ins Auge gefassten Vertrag) *vorformuliert* und mit der anderen Partei *nicht ausgehandelt* worden sind. Viele Rechtsordnungen wollen von einer solchen Beschränkung nichts wissen. Das gilt für die nordischen Rechtsordnungen[33]; auch nach französischem und belgischem Recht ist bei Verbraucherverträgen die Inhaltskontrolle selbst dann zulässig, wenn die in Rede stehende Vertragsbedingung von den Parteien »ausgehandelt« worden ist.[34] Anders z.B. das deutsche und niederländische Recht.[35] Besonders in Deutschland wird die Beschränkung der Inhaltskontrolle auf AGB als wichtig angesehen. Als im Jahre 1990 ein Entwurf der EG-Klauselrichtlinie vorgelegt wurde, der *sämtliche* Vertragsbedingungen richterlicher Prüfung unterwerfen wollte, erhob sich flammender Protest. Man glaubte geradezu, dass damit der Markt-

---

[30] So die für das deutsche Recht vorgeschlagene Lösung von *K.P. Berger*, Für eine Reform des AGB-Rechts im unternehmerischen Geschäftsverkehr, NJW 2010, 465, 467 ff. Ähnlich *T. Miethaner*, NJW 2010, 3121.

[31] Vgl. English and Scottish Law Commissions, Unfair Terms in Contracts, Reports No. 292 und No. 199 (2005) S. 55 ff. Danach sollen kleine Unternehmer mit weniger als 9 Beschäftigten wie Verbraucher behandelt werden, sofern der Wert des Geschäfts weniger als 500.000 £ beträgt. Vgl. dazu *McKendrick* no. 11.16.

[32] Vgl. dazu näher *Leyens/Schäfer* (oben N. 3) 793 ff.; *Leuschner* (oben N. 3) 882 ff., *W. Müller/C. Griebeler/J. Pfeil*, Für eine maßvolle Kontrolle von AGB im unternehmerischen Verkehr, BB 2009, 2658; *E.-M. Kieninger* (oben N. 28), *Miethaner* (oben N. 30).

[33] Vgl. oben S. 200 zu § 36 Vertragsgesetz.

[34] Vgl. Art. L 13 – 1 (3) Code de la consommation: Danach bezieht sich bei Verbraucherverträgen die Prüfungskompetenz des Richters auf alle Vertragsklauseln »quels que soient leur forme ou leur support.« Vgl. auch § 6 öst. Konsumentenschutzgesetz: Danach sind die meisten der dort (in Abs. 1) genannten Klauseln auch dann unwirksam, wenn sie »im Einzelnen« ausgehandelt wurden. Die Generalklausel in § 879 III ABGB gilt dagegen nur für Vertragsbestimmungen, die »in AGB oder Vertragsformblättern« enthalten sind.

[35] Vgl. § 307 BGB, Art. 6:231 BW. Auch nach Art. 4:110 PECL und Art. 83 (1) und 86 (1) CESL ist eine Inhaltskontrolle nur dann zulässig, wenn es um eine Vertragsbedingung geht, »which has not been individually negotiated.«

wirtschaft das Todesglöckchen geläutet würde.[36] Unter dem Eindruck dieses Protests hat sich die Richtlinie auf Vertragsklauseln beschränkt, die *nicht* »im Einzelnen ausgehandelt« sind.

Dass diese Frage so viele Leidenschaften freigesetzt hat, wäre verständlich, wenn man befürchten müsste, dass die Rechtsprechung, wenn sie auch »ausgehandelte« Klauseln« überprüfen dürfte, auf breiter Front zu einer offenen Kontrolle der Äquivalenz von Leistung und Gegenleistung übergehen würde. Für ein solches Misstrauen besteht aber kein Anlass. Dass der Richter eine Vertragsklausel nicht deshalb aufheben darf, weil wegen dieser Klausel das Verhältnis zwischen dem Preis und der dafür vereinbarten Gegenleistung »unangemessen« zu sein scheint, ist selbstverständlich und ergibt sich für Verbraucherverträge auch aus Art. 4 Abs. 2 der EG-Klauselrichtlinie.[37] Praktisch geht es also nur um die Kontrolle vertraglicher Nebenabreden. Sie können aber in Geschäften mit Verbrauchern auch dann »missbräuchlich« oder »unangemessen« sein, wenn sie ausgehandelt sind, mag das auch nur selten vorkommen. Auch zweifelt niemand daran, dass Vertragsbedingungen stets ungültig sind, wenn sie gegen die besonderen Gesetze verstoßen, die den Verbraucher als Kreditnehmer, Pauschalreisenden oder Käufer schützen: In diesen Fällen kommt es nirgends darauf an, ob die dem Verbraucher ungünstige Vertragsklausel im konkreten Fall »vorformuliert« oder ob sie »im Einzelnen ausgehandelt« war. Auch kann eine Regelung, nach der nur »vorformulierte« Klauseln überprüft werden dürfen, dadurch Rechtsunsicherheit schaffen, dass nicht selten zweifelhaft sein wird, ob die Klausel, die der Kunde als ungültig angreifen will, mit ihm »im Einzelnen

---

[36] Vgl. dazu *H.E. Brandner/P. Ulmer*, Die EG-Richtlinie über missbräuchliche Klauseln in Verbraucherverträgen, BB 1991, 701, 704.

[37] Vgl. oben S. 199 und die Regeln, nach denen die Bestimmung des Art. 4 Abs. 2 der Richtlinie in die nationalen Rechtsordnungen umgesetzt worden ist. Vgl. z.B. § 879 Abs. 3 ABGB; Art. L 132 – 1 (7) Code de la consommation; Art. 6: 231 BW; No. 6 (2) Unfair Terms in Consumer Contracts Regulations 1999. In den nordischen Ländern enthält die Generalkausel in § 36 Vertragsgesetz eine solche Beschränkung nicht. Dass sich die Richter deshalb zu Preiskommissaren aufgeworfen hätten, ist bisher aber nicht berichtet worden. Richtig ist allerdings, dass über das richtige Verständnis der Regelung in Art. 4 Abs. 2 der Richtlinie (und der nationalen Umsetzungsvorschriften) Streit bestehen kann; oft wird von den nationalen Gerichten auch verkannt, dass die Frage in Zweifelsfällen vom EuGH zu entscheiden und ihm deshalb vorzulegen ist. Vgl. z.B. *Office of Fair Trading* v. *Abbey National plc and others)* [2010] 1 All E.R. 667: Dort hat der britische Supreme Court angenommen, dass die Klauseln in den AGB der britischen Banken, nach denen von einem Kunden, wenn er sein Konto überzieht, besondere Gebühren verlangt werden können, der Inhaltskontrolle *nicht* unterliegen, weil sie den »Hauptgegenstand des Vertrags«, nämlich den Preis beträfen, den die Kunden für die Leistungen der Bank zu zahlen hätten. Anders der Court of Appeal mit der zutreffenden Begründung, dass die genannten Klauseln nicht »part of the essential bargain«, sondern bloß »ancillary terms« und deshalb kontrollfähig seien. Vgl. dazu *H. Kötz*, Schranken der Inhaltskotrolle bei den AGB der Banken, ZEuP 2012, 332. Ebenso HR 19. Sept. 1997, Ned. Jur. 1998 Nr. 6.

ausgehandelt« war oder nicht. Es würde deshalb wohl keinen großen Schaden anrichten, wenn – freilich nur bei Verbraucherverträgen – die Inhaltskontrolle auf sämtliche Vertragsbedingungen erstreckt würde.[38]

3. *Wann ist eine Vertragsklausel »unangemessen«?* – In manchen Fällen kann der Gesetzgeber unfaire Vertragsklauseln so präzis definieren, dass kein vernünftiger Zweifel an ihrer Ungültigkeit besteht. Oft muss er sich aber dabei mit unbestimmten Begriffen begnügen, so etwa dann, wenn er eine Vertragsklausel für ungültig erklärt, sofern sie dem Unternehmer einen Schadensersatzanspruch »in unangemessener Höhe« gewährt, ihm den Rücktritt vom Vertrag »ohne sachlich gerechtfertigten Grund« gestattet oder die andere Partei für eine »unangemessen lange Zeit« an dem Vertrage festhält. Erst recht hat der Richter einen weiten Ermessensspielraum, wenn er die Gültigkeit einer Vertragsbedingung anhand einer »Generalklausel« prüft, also die Frage stellen muss, ob die Vertragsbedingung »entgegen dem Gebot von Treu und Glauben zum Nachteil des Verbrauchers ein erhebliches und ungerechtfertigtes Missverhältnis der vertraglichen Rechte und Pflichten«[39] oder »un déséquilibre manifeste entre les droits et obligations des parties«[40] herbeiführt, die andere Partei »unangemessen benachteiligt«[41] oder zu ihrem Nachteil »wesentliche Rechte oder Pflichten, die sich aus der Natur des Vertrages ergeben, so einschränkt, dass die Erreichung des Vertragszweckes gefährdet ist«.[42] Auch der Unfair Contract Terms Act 1977 hat sich keinen anderen Weg gewusst, als immer wieder den unbestimmten Begriff der »reasonableness« als Kontrollmaßstab zu verwenden.[43]

Solche Formeln haben – für sich genommen – keinen greifbaren operationalen Gehalt. Man muss deshalb fragen, ob sie mehr bedeuten als einen Appell an das Gerechtigkeitsgefühl und den gesunden Menschenverstand des Richters. Gibt es konkrete Regeln, nach denen sich beurteilen lässt, ob eine Vertragsbedingung »unfair«, »unangemessen« oder »unvernünftig« ist? Zu diesem Zweck ist noch einmal daran zu erinnern, dass in den hier interessierenden Fällen Vertragsbedingungen als ungültig angesehen werden, weil der durch sie benachteiligte Vertragspartner keine faire Chance hat, auf ihren Inhalt Einfluss zu neh-

---

[38] Vgl. dazu *Jansen* (oben N. 24) 90 und (ablehnend) *Wagner* (oben N. 3) 32 ff.

[39] Art. 3 I EG-Richtlinie vom 5. April 1993 (oben N. 2). Ob diese Voraussetzungen (nach ihrer Umsetzung in nationales Recht) in einem konkreten Fall erfüllt sind oder nicht, muss grundsätzlich von den *nationalen Gerichten* entschieden werden, dies jedenfalls dann, wenn es dafür auf eine Würdigung der besonderen Umstände des einzelnen Falles ankommt. Vgl. dazu EuGH 1. April 2004, Rs. C-237/02 – *Freiburger Kommunalbauten*, Slg. 2004, I-3403 = ZEuP 2005, 418. Streitig ist, ob nicht in solchen Fällen die nationalen Gerichte von ihrer Verpflichtung befreit sind, die Sache dem EuGH vorzulegen. Vgl. dazu *W. Wurmnest,* in: Münchener Kommentar zum BGB (6. Aufl. 2012) § 307 Rn. 29 f.

[40] Art. 31 belg. Gesetz vom 14. Juli 1991.

[41] Art. 6:233 BW.

[42] § 307 Abs. 2 Nr. 2 BGB.

[43] Vgl. oben S. 201.

men. Das liegt in der Regel nicht daran, dass er sich der überlegenen wirtschaftlichen Macht oder Verhandlungsstärke des Unternehmers gebeugt hat, sondern daran, dass ihm durch die Prüfung der Bedingungen, durch den Vergleich mit den Bedingungen anderer Anbieter, durch die Formulierung von Gegenvorschlägen und durch die Führung von Vertragsverhandlungen Aufwendungen (Transaktionskosten) entstehen, die größer sind als der dadurch für ihn erreichbare Vorteil. Dieses (durchaus rationale) Verhalten seiner Kunden nutzt der Unternehmer planmäßig zu seinem Vorteil aus. Seine Vertragsbedingungen sollten deshalb als »unangemessen« oder »unvernünftig« angesehen werden, wenn sie zum Nachteil des Kunden von denjenigen Vereinbarungen abweichen, wie sie getroffen worden wären, wenn die Parteien über den streitigen Punkt in einer Welt ohne Transaktionskosten hätten verhandeln können.[44]

In diesem Falle wäre das vertragliche Risiko, um dessen Verteilung es geht, von derjenigen Partei übernommen worden, die es mit geringeren Kosten als die andere hätte abwenden können. Kann sich z.B. ein Käufer gegen bestimmte Risiken, die ihm im Falle der Belieferung mit fehlerhafter Ware drohen, durch Vorsorgemaßnahmen schützen, die einen geringeren Aufwand verursachen, als er dem Verkäufer durch eine lückenlose Kontrolle der Fehlerfreiheit seiner Ware entstünde, so würde der Käufer das Risiko übernehmen und den Preis, den er für die Ware bietet, um seinen Präventionsaufwand reduzieren. Eine solche Vereinbarung würde beide Parteien besser stellen, als wenn der *Verkäufer* das Risiko übernommen und den Preis für seine Ware um den dadurch *ihm* entstehenden (höheren) Aufwand erhöht hätte. Freilich gilt das nicht, wenn Vorsorgemaßnahmen zur Abwendung des Risikos unmöglich oder zwar möglich, aber so teuer sind, dass sie sich mit Rücksicht auf den Umfang des drohenden Schadens nicht lohnen.[45] In einem solchen Fall würden vernünftige Vertragsparteien das Risiko derjenigen zuweisen, die sich gegen die schädlichen Folgen seiner Verwirklichung mit geringeren Kosten als die andere schützen, insbesondere: es mit geringeren Kosten unter Versicherungsschutz bringen kann.

Mit Recht hat daher der Bundesgerichtshof eine Vertragsklausel als unwirksam angesehen, durch die sich ein Heizöllieferant von jeglicher Haftung für Schäden freigezeichnet hatte, die dadurch entstehen würden, dass die von seinen Kunden bestellten Ölmengen nicht in die von ihnen dafür vorgesehenen Tanks passen und überlaufen.[46] Denn damit hat er ein Risiko auf seine Kunden abgewälzt, dem er selbst mit geringeren Kosten als sie entgegenwirken kann. Denn

---

[44] Ebenso *W. Wurmnest* (oben N. 39) § 307 Rn. 39 und *J. Basedow* (ebenda) vor § 305 Rn. 4–6. Vgl. dazu auch *H. Kötz*, Vertragsrecht (2. Aufl. 2012) Rn. 272 ff.

[45] So liegt es, wenn sich die Kosten der Präventionsmaßnahmen auf 100 belaufen und der Schaden, dessen Verhütung sie bezwecken, zwar 1000 betragen, aber doch nur mit einer Wahrscheinlichkeit von 1:50 eintreten würde, falls die Präventionsmaßnahmen unterbleiben.

[46] BGH 24. Feb. 1971, NJW 1971, 1036.

er hat es im Rahmen seines Geschäftsbetriebs jahraus jahrein mit der Befüllung von Heizöltanks zu tun. Der Aufwand, der ihm dadurch entsteht, dass er geeignetes Personal auswählt, es in der fachmännischen Überprüfung des Fassungsvermögens der Tanks schult und mit den dafür erforderlichen Gerätschaften ausrüstet, ist pro Befüllungsvorgang wesentlich niedriger als der Aufwand, den der Kunde treiben müsste, um sich als Nichtfachmann bei der alljährlich einmaligen Befüllung seines Tanks gegen die Möglichkeit eines Versagens der Tankuhr zuverlässig zu schützen. Anders ist in einem Falle entschieden worden, in dem ein Schiffseigner Ersatz des Schadens verlangte, den sein Schiff dadurch erlitten hatte, dass es durch Fahrlässigkeit der Leute des beklagten Werftunternehmers während der Vornahme von Reparaturarbeiten in Brand geraten war. Hier hat der Bundesgerichtshof die Freizeichnungsklausel in den Geschäftsbedingungen des Werftunternehmers nicht beanstandet, weil das Schiffspersonal während der Reparaturarbeiten an Bord geblieben war und daher Vorsorgemaßnahmen zum Schutz gegen die Brandgefahr ebensogut treffen konnte wie die Leute der Werft. Hinzu kam, dass Schäden der hier eingetretenen Art nach einer verbreiteten Branchenübung in praktisch allen Fällen durch eine von den Schiffseignern genommene Kaskoversicherung gedeckt sind.[47]

In *Photo Production Ltd.* v. *Securicor Transport Ltd.*[48] hatte ein Wachmann des beklagten Bewachungsunternehmers bei einem nächtlichen Rundgang in der Fabrik des Klägers ein Feuer entzündet, das ihm aus der Kontrolle geraten war und das Gebäude in Schutt und Asche gelegt hatte. In dem Bewachungsvertrag fand sich eine Freizeichnungsklausel, nach der der Unternehmer zwar für die sorgfältige Auswahl und Überwachung seiner Wachleute, nicht aber dafür haften wollte, dass es infolge des Fehlers eines (sorgfältig ausgewählten und überwachten) Wachmannes zu einem Schaden kommen würde. *Lord Diplock* war der Auffassung,

»that this apportionment of the risk of the factory being damaged or destroyed by the injurious act of an employee of Securicor while carrying out a visit to the factory is one which reasonable business-men in the position of Securicor and the factory owners might well think was the most economical … The risk that a servant of Securicor would damage or destroy the factory or steal goods from it, despite the exercise of all reasonable diligence by Securicor to prevent it, is what in the context of maritime law would be called a ›misfortune risk‹ – something which reasonable diligence of neither party to the contract can prevent. Either party can insure against it. It is generally more economical for the person by whom the loss will be directly sustained to do so rather than that it should be covered by the other party by liability insurance.«[49]

---

[47] BGH 3. März 1988, BGHZ 103, 316.

[48] [1980] A.C. 827.

[49] AaO (vorige N.) S. 851. Ebenso BGH 29. Sept. 1960, BGHZ 33, 216: Ein Bewachungsunternehmer hatte seine Haftung für den Fall einer Beschädigung des bewachten Schiffs auf den lächerlich niedrigen Betrag von 300,- DM beschränkt. Gleichwohl wurde diese Klausel als wirksam angesehen, weil eine Kaskoversicherung bestand und der Scha-

So wird auch verständlich, warum eine Freizeichnungsklausel *gültig* ist, mit der ein Reeder seine Haftung für einen vom Schiffspersonal *während der Reise* verursachten Ladungsschaden ausschließt (oder beschränkt), dagegen *ungültig*, soweit sie den Reeder von seiner Haftung für Ladungsschäden freistellt, die darauf zurückzuführen sind, dass sein Schiff für die Beförderung der Ladung *von Anfang an* untauglich war.[50] Zwar werden die Ladungsschäden in beiden Fällen durch die branchenübliche Transportversicherung des Verladers gedeckt. Der Unterschied liegt darin, dass Maßnahmen der Schadensprävention im ersteren Fall von dem Reeder nicht oder nur zu hohen Kosten, im letzteren Fall hingegen mit geringer Mühe getroffen werden können. Der Reeder hat kaum eine Möglichkeit, während der Reise auf Kapitän und Besatzung seines Schiffes dahin einzuwirken, dass es nicht durch nautische oder andere Fehler zu Ladungsschäden kommt.[51] Dagegen kann er mit geringer Mühe – jedenfalls mit geringerer Mühe als der Verlader – vor Antritt der Reise feststellen, ob sein Schiff für die Ladung überhaupt tauglich ist, also z.B. seine Kühlkapazität für die Beförderung von Bananen ausreicht oder die Lukendeckel dicht genug sind, um das Eindringen von Spritzwasser und damit Rostschäden an den beförderten Blechen zu verhindern.

Nach den gleichen Regeln lassen sich auch Freizeichnungsklauseln in Kaufverträgen beurteilen. In *George Mitchell (Chesterhall) Ltd. v. Finney Lock Seeds Ltd.*[52] hatte der Verkäufer einem Landwirt Saatgut für £ 200 geliefert, das sich als völlig ungeeignet herausstellte und zu einer Missernte führte. Gegen die Klage des Landwirts, mit der er Schadensersatz in Höhe von £ 61.500 verlangte, verteidigte sich der Verkäufer mit einer Freizeichnungsklausel, nach der er lediglich den Kaufpreis hätte zurückzuzahlen brauchen. Das House of Lords entschied, dass die Klausel nicht »reasonable« und daher ungültig sei. Dafür stützte es sich auch auf Erwägungen zur Schadensprävention und zum Versicherungsschutz. Während der Landwirt den Fehler des Saatgutes nicht

---

den entstanden war »durch Nachlässigkeiten oder Versehen, wie sie bei Angestellten oder Arbeitern auch eines ordnungsmäßigen Betriebes nicht auszuschließen sind«. Anders wäre entschieden worden, wenn die beklagte Bewachungsfirma »die allgemeinen Voraussetzungen für die Erfüllung ihrer Bewachungspflicht, z.B. infolge mangelhafter Organisation, nicht erfüllt hätte« (S. 222).

[50] Vgl. einerseits BGH 2. Juli 1973, NJW 1973, 2107; andererseits BGH 25. Juni 1973, NJW 1973, 1878 und BGH 8. Dez. 1975, BGHZ 65, 364. Diese Fälle sind näher untersucht bei *Kötz*, Unfair Exemption Clauses, An Economic Analysis, Svensk Juristtidning 72 (1987) 473.

[51] Das Risiko solcher Fehler ist ein »misfortune risk« im Sinne der Ausführungen von *Lord Diplock* (oben zu N. 48), also ein Risiko, das der Reeder auch durch richtige Auswahl seines Personals und richtige Organisation des Schiffsbetriebs nicht oder nur zu unwirtschaftlich hohen Kosten *ausschließen* kann und daher derjenigen Vertragspartei zugewiesen wird, die es mit geringeren Kosten als die andere *durch Versicherung decken* kann.

[52] [1983] 2 A.C. 803.

entdecken und nicht abwenden konnte, war eine solche Möglichkeit für den Verkäufer (oder seinen Vorlieferanten, eine Schwestergesellschaft des gleichen Konzerns) gegeben und fahrlässig nicht genutzt worden. Versicherungsschutz gegen durch mangelhaftes Saatgut verursachte Ernteausfälle war für den Landwirt kaum zu erlangen, dagegen Haftpflichtversicherungsschutz für Saatgutlieferanten durchaus üblich.[53]

4. *Teilweise ungültige Vertragsklauseln.* – Ist eine Vertragsklausel nichtig, so bleibt der Vertrag im übrigen wirksam. Das folgt aus der Überlegung, dass die Regeln über die Ungültigkeit unangemessener Vertragsbedingungen den durch sie benachteiligten Kontrahenten schützen wollen. Dieses Ziel würde nicht erreicht, wenn sich der Unternehmer auf die Ungültigkeit des Vertrages im ganzen berufen, seinen Kunden damit zur Rückabwicklung des Geschäfts zwingen und die Risiken, die sich daraus ergeben, auf ihn abwälzen könnte. Deshalb führt der Wegfall einer einzelnen Vertragsbedingung nicht zur Unwirksamkeit des Vertrages im Ganzen.[54] Damit ist noch nicht die Frage entschieden, ob an die Stelle der unwirksamen Klausel eine andere Regelung tritt und welchen Inhalt sie hätte. Manchmal genügt es, dass die Klausel wegfällt, so etwa dann, wenn in ihr auf unwirksame Weise eine Vertragsstrafe vereinbart worden ist. Wenn sie allerdings einen Punkt betrifft, für den die Rechtsordnung eine Lösung in der Form von »dispositivem Recht«, »règles supplétives« oder »terms implied by law« bereithält, tritt diese Regelung an die Stelle der unwirksamen Klausel.[55] Hat also z.B. der Verkäufer dem Käufer durch eine Vertragsklausel verboten, gegen den Kaufpreisanspruch mit Gegenforderungen aufzurechnen, und ist diese Klausel unwirksam, so kann der Käufer aufrechnen, wenn die allgemeinen Voraussetzungen erfüllt sind, unter denen eine Aufrechnung zulässig ist. Fehlt es an passendem dispositiven Recht, so muss es auch erlaubt sein, dass der Richter an die Stelle der unwirksamen Klausel dasjenige setzt, was sich aus der »ergänzenden Vertragsauslegung« ergibt.[56]

---

[53] Vgl. dazu das Urteil des Court of Appeal in [1983] Q.B. 284, 302, 307, 313 f. – Vgl. auch die Überlegungen zum »reasonableness test« in *Philipps Products Ltd.* v. *Hyland and Hamstead Plant Hire Co. Ltd.* [1987] 2 All E.R. 620.

[54] So für Verbraucherverträge Art. 6 Abs. 1 EG-Klauselrichtlinie. Die gleiche Regel muss aber auch für Verträge zwischen Unternehmern gelten. So z.B. § 306 Abs. 1 BGB. Auch nach Art. 4:106 PECL bleibt der Vertrag im Falle der Unwirksamkeit einer einzelnen Klausel im übrigen gültig, sofern dies nicht nach den Umständen »unreasonable« wäre. Ebenso Art. 79 (2) CESL.

[55] So § 306 Abs. 2 BGB. Zu einem ähnlichen Ergebnis dürften auch diejenigen Rechtsordnungen kommen, nach denen unwirksame Vertragsbedingungen nicht nur unbeachtet bleiben, sondern vom Richter auch »angepasst« werden können. So z.B. § 36 Abs. 1 nord. Vertragsgesetz.

[56] Vgl. dazu S. 146 ff.

Manchmal geht eine Vertragsklausel nur zu einem Teil über dasjenige hinaus, was zulässigerweise in ihr hätte vorgesehen werden können. Darf sie in einem solchen Fall mit ihrem unbedenklichen Teil als gültig angesehen werden? Das wird man dann bejahen müssen, wenn sich die Klausel in plausibler Weise in einen zulässigen und einen unzulässigen Teil aufspalten lässt. So entscheidet der Bundesgerichtshof.[57] Anders der Court of Appeal in *Stewart Gill Ltd. v. Horatio Myer & Co. Ltd.*[58] Hier hatte ein Käufer einen Teil des Kaufpreises mit der Begründung zurückgehalten, dass ihm vertragswidrige Ware geliefert worden sei und ihm deshalb Gegenansprüche zuständen. Der Verkäufer berief sich demgegenüber auf eine Vertragsklausel, die dem Käufer die Zurückbehaltung des Kaufpreises verbot, und zwar sowohl für den Fall der Lieferung vertragswidriger Ware wie auch »for any other reason«. Der Court of Appeal sah diese Klausel als in toto »unreasonable« und daher ungültig an. Denn sie verbiete nach ihrem Wortlaut dem Käufer die Zurückbehaltung des Kaufpreises sogar dann, wenn ihm ein Gegenanspruch wegen einer vom Verkäufer begangenen arglistigen Täuschung zustehe oder er aus der Abwicklung eines anderen Vertrages ein Guthaben habe. Es gehe aber nicht an, »to put a blue pencil through the most offensive parts [of the clause] and say that what is left is reasonable«.[59] Dagegen lässt sich einwenden, dass man den in der Klausel ausdrücklich erwähnten Fall, in dem sich der Käufer auf eine Vertragsverletzung des Verkäufers beruft, in sinnvoller und plausibler Weise von allen anderen denkbaren Gründen für ein Zurückbehaltungsrecht trennen kann. Es hätte daher gefragt werden müssen, ob der Ausschluss des Zurückbehaltungsrechts *für diesen Fall* »reasonable« ist. Dafür hätten sich bei einem Vertrag unter Kaufleuten gute Gründe finden lassen.

Anders wird dagegen der Fall beurteilt, in dem sich der zulässige vom unzulässigen Teil der Klausel nicht ohne weiteres trennen lässt. Hier nimmt die deutsche Rechtsprechung an, dass die Klausel in toto ungültig ist:[60] Der Richter dürfe nicht eine an sich unzulässige Klausel auf das gerade noch zulässige Maß reduzieren, weil dadurch für den Unternehmer ein Anreiz gesetzt werde, evident unzulässige Klauseln zum Vertragsinhalt zu machen und darauf zu spekulieren, dass sich die meisten seiner Kunden durch ihren Wortlaut täuschen lassen würden und auch die übrigen bei Gericht nicht mehr erreichen könnten als

---

[57] Vgl. z.B. BGH 18. Nov. 1988, BGHZ 106, 19, 25 f.; BGH 18. April 1989, BGHZ 107, 185, 190 f. Vgl. dazu *J. Basedow* (oben N. 19) § 306 BGB Rn. 17 f.

[58] [1992] 2 All E.R. 257. Anders BGH 18. April 1989 (vorige N.) in einem ähnlichen Fall.

[59] *Stuart-Smith*, L.J. in *Stewart Gill Ltd. v. Horatio Myer Co. Ltd.* (vorige N.) 263.

[60] BGH 17. Mai 1982, BGHZ 84, 109, 114 ff.; BGH 24. Sept. 1985, BGHZ 96, 18, 25 ff. Man spricht von der Unzulässigkeit einer »geltungserhaltenden Reduktion«. Vgl. kritisch dazu *J. Basedow* (oben N. 19) § 306 BGB Rn. 12 ff.

ein Urteil, das die Klausel teilweise aufrecht erhält und sie damit immer noch schlechter stellt, als sie ohne die Klausel stünden.[61]

IV. Präventive Kontrolle

Sicherlich ist es nützlich, wenn durch Gesetzgebung und Rechtsprechung einer Vertragspartei die Möglichkeit gegeben wird, die Ungültigkeit einer unangemessenen Vertragsklausel geltend zu machen. Dadurch allein wird freilich dasjenige Ziel noch nicht erreicht, um das es im Grunde geht, nämlich dass die Verwendung solcher Vertragsklauseln in der Praxis unterbleibt.

Die bisher erörterten Regeln über die Ungültigkeit unfairer Vertragsklauseln entfalten praktische Wirksamkeit erst dann, wenn die durch sie geschützte Vertragspartei sich in den Verhandlungen mit ihrem Kontrahenten oder in einem mit ihm geführten Prozess auf sie beruft. Das ist aber in vielen Fällen nicht sinnvoll und manchmal geradezu unvernünftig. Denn dadurch, dass die Partei (oder der von ihr beauftragte Rechtsanwalt) die maßgeblichen Rechtsregeln ermitteln, Verhandlungen mit dem Kontrahenten führen und in manchen Fällen das Gericht anrufen muss, werden Kosten und Mühen verursacht, die oft viel schwerer wiegen als der Nachteil, der sich für die Partei aus der kampflosen Hinnahme der (an sich ungültigen) Vertragsklausel ergibt. Dieser Umstand bleibt auch den Unternehmern nicht verborgen und setzt für sie einen Anreiz, Vertragsklauseln trotz Kenntnis ihrer Unzulässigkeit zu verwenden und darauf zu hoffen, dass sich die meisten Kunden gegen sie nicht zur Wehr setzen werden. Bekommt es ein Unternehmer mit einem Kunden zu tun, der zu einer gerichtlichen Auseinandersetzung bereit ist, so kann er ihm, wenn das vorteilhaft erscheint, die Klage dadurch abkaufen, dass er sich »kulant gibt und seinen Wünschen entgegenkommt, aber die (an sich unzulässigen) Vertragsklauseln gegenüber anderen Kunden mit eiserner Stirn weiterhin verwendet. Selbst wenn die Unzulässigkeit der Klausel in dem mit einem seiner Kunden geführten Prozess gerichtlich festgestellt worden ist, wird sie der Unternehmer gleichwohl im Verhältnis zu anderen Kunden weiter verwenden, wenn die Vorteile, die er daraus erhoffen kann, größer sind als die Nachteile.

Daraus folgt, dass sich die Verwendung unzulässiger Vertragsklauseln nicht allein dadurch verhindern lässt, dass man es der durch sie betroffenen Partei gestattet, sich auf ihre Ungültigkeit zu berufen. Vielmehr muss die Rechtsordnung, um das Verhalten der Unternehmer in die richtige Richtung zu steuern, weitere Sanktionen vorsehen. Hier bieten sich verschiedene Möglichkeiten.

---

[61] Ein ähnliches Problem ergibt sich, wenn eine vertragliche Vereinbarung teilweise wegen eines Verstoßes gegen Gesetz oder gute Sitten nichtig ist; vgl. S. 176 ff.

1. *Strafrechtliche Sanktionen* werden meist nur dort angedroht, wo sich jemand von seinem Vertragspartner unter Ausnutzung seiner Notlage eine krass überhöhte Leistung hat versprechen lassen. So kann z.B. gemäß § 291 des deutschen Strafgesetzbuchs derjenige bestraft werden, der die Zwangslage seines Vertragspartners dadurch ausgebeutet hat, dass er sich von ihm – besonders beim Abschluss eines Wohnungsmiet- oder Kreditvertrages – eine Leistung ausbedungen hat, die in einem »auffälligen Missverhältnis« zur Gegenleistung steht. Dagegen werden bloße Verstöße gegen die Vorschriften der Verbraucherschutzgesetze nur selten strafrechtlich sanktioniert. Anders in Frankreich: »Le droit pénal occupe … une place importante dans le droit de la consommation, du moins en France.«.[62]

Freilich wird man die Wirksamkeit strafrechtlicher Sanktionen auf dem hier interessierenden Gebiet mit Skepsis beurteilen müssen. Sie wäre nur dann gewährleistet, wenn die Höhe der Strafe (multipliziert mit der Wahrscheinlichkeit, ertappt und verurteilt zu werden) die Vorteile mehr als aufwöge, die sich durch das strafbare Verhalten erzielen lassen. Diese Voraussetzung wird aber oft nicht erfüllt sein, weil die Strafverfolgungsbehörden nicht mit den erforderlichen Ressourcen ausgestattet sind und »the penalties imposed by the courts for criminal offences might still leave the trader with a net profit out of his illegal activities«.[63]

2. *Verbandsklage.* – Größere praktische Wirkung ist von der Einführung einer Klagbefugnis der Verbraucherverbände zu erhoffen. Diesen Weg hat der Gesetzgeber zuerst in Deutschland,[64] inzwischen aber auch in vielen anderen Ländern[65] beschritten. In der Tat macht es die EG-Klauselrichtlinie den Mitgliedstaaten zur Pflicht, Rechtsvorschriften einzuführen, durch die es Verbraucherverbänden ermöglicht wird, Gerichte oder Verwaltungsbehörden anzurufen, »damit diese darüber entscheiden, ob Vertragsklauseln … missbräuchlich sind, und angemessene und wirksame Mittel anwenden, um der Verwendung solcher Klauseln ein Ende zu setzen« (Art. 7 II).

Danach wird bestimmten Verbänden – insbesondere den Verbraucherverbänden – die Befugnis eingeräumt, ein Gerichtsurteil zu erwirken, durch das dem beklagten Unternehmer die künftige Verwendung bestimmter, vom Gericht als unzulässig angesehener Vertragsklauseln verboten wird. Die Respektierung eines solchen Unterlassungsurteils wird dadurch gesichert, dass der Beklagte im Falle einer Zuwiderhandlung dazu verurteilt werden kann, eine Geldbuße an den Staat oder – so z.B. in Frankreich – eine »astreinte« an den

---

[62] *J. Calais-Auloy/H. Temple* (oben N. 6) no. 18.
[63] *Borrie*, The Development of Consumer Law and Policy (1984) 71.
[64] Vgl. jetzt das Gesetz über Unterlassungsklagen bei Verbraucherrechts- und anderen Verstößen vom 27. Aug. 2002.
[65] Vgl. z.B. Art. 421-6 Code de la consommation; Art. 6:240 ff. BW; §§ 28 ff. öst. Konsumentenschutzgesetz.

Kläger zu zahlen. Zwar sind andere Unternehmer an das Urteil nicht gebunden und deshalb nicht daran gehindert, im Verhältnis zu ihren Kunden die gleichen Vertragsklauseln weiterhin zu verwenden. Aber das wird sich oft deshalb nicht empfehlen, weil die Verbraucherverbände für die Veröffentlichung der von ihnen erstrittenen Unterlassungsurteile in der Fach- und Tagespresse sorgen und solche Urteile auch in ein öffentliches und jedermann zugängliches Register aufgenommen werden.

Das Institut der Verbandsklage wäre noch wirksamer, wenn der Kläger auch Schadensersatz verlangen könnte. Diese Möglichkeit wird ihm aber nur in Frankreich gewährt. Dort hat die Rechtsprechung entschieden, dass der Unternehmer durch eine Verbandsklage auch zum Ersatz des Schadens verurteilt werden kann, den er durch sein Verhalten dem »intérêt collectif des consommateurs« zugefügt hat.[66] Der danach zu zahlende Betrag wird vom Richter bestimmt und kann sich auch auf einen »franc symbolique« beschränken. Der Schaden hingegen, der durch die Verwendung einer unerlaubten Vertragsbedingung dem *einzelnen Verbraucher* entstanden ist, kann nur von ihm selbst geltend gemacht werden. In der Praxis geschieht das schon deshalb nicht, weil sich für ihn die Erhebung einer solchen Klage nicht lohnt: Dafür ist der ihm entstandene Schaden in der Regel zu gering und das Interesse des Unternehmers an einer Klagabweisung zu groß. Immerhin wird in der Europäischen Gemeinschaft darüber nachgedacht, ob nicht (ähnlich wie durch die in den USA zugelassene »class action«) den Verbraucherverbänden eine »Gruppenklage« gewährt werden sollte.[67]

Die Wirksamkeit der Verbandsklage wird unterschiedlich beurteilt. In Deutschland werden von den Verbraucherverbänden jährlich Hunderte von Unterlassungsurteilen erstritten; in einer viel größeren Zahl von Fällen genügt die bloße Androhung der Klage, um den Unternehmer zur Unterlassung der Verwendung der beanstandeten Klausel zu bringen. Obwohl es den Verbänden nicht selten gelungen ist, durch aufsehenerregende, bis zum Bundesgerichtshof geführte Prozesse auch bedeutende Unternehmen oder Branchen in die Knie zu zwingen, wird von den Kritikern geltend gemacht, dass nach wie vor unzulässige Vertragsbedingungen gang und gäbe sind und daher auch die Verbandsklage nicht die erhofften Wirkungen erzeugt hat.

3. *Administrative Kontrolle.* – Die Schlagkraft der Verbraucherverbände wird dadurch erheblich begrenzt, dass ihnen oft nur sehr beschränkte finanzielle Mittel zur Verfügung stehen. Man hat deshalb immer wieder vorgeschlagen, staatliche Verwaltungsbehörden mit einer umfassenden Kompetenz zur Überprüfung des Marktverhaltens der Unternehmer zu schaffen. Diesen Weg ist zu-

---

[66] Vgl. Grenoble 13. Juni 1991, J.C.P. 1992. II. 21819 mit Anm. *Paisant* und jetzt Civ. 1. Feb. 2005, J.C.P. 2005.II.10057 mit Anm. *Paisant.*

[67] Vgl. dazu zuletzt (mit weiteren Nachweisen) H. *Koch/J. Zekoll* ZEuP 2010, 107 und S. *Madaus* ZEuP 2012, 99.

erst Schweden gegangen. Seit 1971 besteht dort eine besondere Behörde unter der Leitung des »Verbraucher-Ombudsman«, die den Auftrag hat, dafür zu sorgen, dass das Marktverhalten der Gewerbetreibenden »good commercial standards« entspricht. Stellt die Behörde fest, dass Gewerbetreibende Waren auf den Markt bringen, von denen unvernünftig große Gefahren ausgehen, oder dass sie irreführende Werbung treiben, unlautere Wettbewerbspraktiken einsetzen oder – darauf kommt es hier an – unzulässige Vertragsklauseln verwenden, so kann sie durch Verhandlungen mit den Gewerbetreibenden oder dem Unternehmensverband, dem sie angehören, auf eine Änderung des Verhaltens hinwirken. Hier liegt das Schwergewicht der behördlichen Tätigkeit. Führen solche Verhandlungen nicht zu dem gewünschten Ergebnis, so kann die Behörde eine Unterlassungsklage bei einem speziell für diesen Zweck geschaffenen »Marktgerichtshof« erheben.[68]

Auch in Großbritannien ist durch den Fair Trading Act 1973 eine besondere Behörde (Office of Fair Trading) eingerichtet worden, zu deren Zuständigkeit es gehört, das Marktverhalten der Unternehmer auf solche Praktiken zu überprüfen, die die Interessen der Verbraucher unangemessen beeinträchtigen.[69] Die Bekämpfung unzulässiger Vertragsbedingungen bildet daher auch hier nur einen Ausschnitt der Tätigkeit dieser Behörde. Zwar kann sie ein Gericht um den Erlaß eines Unterlassungsurteils bitten. In der Praxis viel wichtiger sind aber die Verhandlungen, die die Behörde mit den Unternehmern führt. Insbesondere hat sie durch solche Verhandlungen erreicht, dass von wichtigen Unternehmensverbänden freiwillige Verhaltensregeln (Codes of Practice) akzeptiert wurden, nach denen beim Vertrieb bestimmter Güter und Leistungen an Verbraucher (z.B. Kraftfahrzeuge, Möbel, Pauschalreisen) zu verfahren ist. Auch in anderen Ländern findet man gelegentlich branchenweit praktizierte Geschäftsbedingungen, deren Ausgewogenheit darauf beruht, dass sie zwischen Verbraucher- und Unternehmensverbänden ausgehandelt worden sind. Allerdings fehlt es oft an Verbänden, die die Interessen der Verbraucher in solchen Verhandlungen energisch wahrnehmen können.[70] Deshalb spricht viel dafür, eine staatliche Behörde mit einem entsprechenden Verhandlungsmandat zu betrauen. In den Niederlanden ist man noch einen anderen Weg gegangen. Dort erlaubt Art. 6:214 BW die Einrichtung einer Regierungskommission, die

---

[68]   Vgl. dazu *J.N. Ebersohl*, Vertragsfreiheit und Verbraucherschutz in der schwedischen Gesetzgebung (2003).

[69]   Vgl. dazu näher *Borrie* (oben N. 63); *Treitel (-Peel)* no. 7-118; *Whittaker*, in: Chitty on Contracts (31. Aufl. 2012) no. 15-149 ff.

[70]   Das wesentliche Organisationshemmnis liegt darin, dass der Aufwand, der durch die Bildung und den Betrieb eines Verbraucherverbandes für jedes seiner Mitglieder entsteht, oft größer ist als der Nutzen, den sich das Mitglied aus seiner Mitgliedschaft erhoffen kann. Auch werden sich viele sagen, dass ihnen die Vorteile der Verbandstätigkeit auch als »free riders« zufließen, also selbst dann, wenn sie ihm nicht als Mitglied beitreten.

für bestimmte Bereiche wirtschaftlicher Tätigkeit »Standardverträge« ausarbei-
ten kann. Ist ein solcher »Standardvertrag« von der Regierung genehmigt und
amtlich veröffentlicht worden, so gilt er – ähnlich wie ein Gesetz – für alle von
ihm erfassten Einzelverträge, sofern nicht die Parteien eine abweichende Vereinbarung getroffen haben.

§ 9 Irrtum

A. Einleitung

Mitunter muss eine Vertragspartei feststellen, dass sie sich beim Abschluss des Vertrages von Annahmen und Erwartungen hat leiten lassen, die sich später als unzutreffend herausstellen. Kann die Partei sich in einem solchen Fall darauf berufen, dass sie einem Irrtum unterlegen sei und ihr daher das Recht zustehe, den Vertrag als unwirksam anzusehen? Grundsätzlich wird man diese

Frage verneinen müssen. Wer einen heißen Sommer erwartet und deshalb Aktien einer Brauerei gekauft hat, kann den Vertrag nicht wegen Irrtums rückgängig machen, wenn der Sommer kühl ausfällt, der Bierabsatz zurückgeht und der Kurs der Aktien fällt. Aber es gibt auch Fälle, in denen man anders entscheiden muss. Es kommt mithin darauf an, wie die Grenzlinie zwischen den rechtlich erheblichen und den unerheblichen Irrtümern zu ziehen ist.

Einig ist man sich darüber, dass eine Partei an den Vertrag jedenfalls dann nicht gebunden ist, wenn ihr Irrtum durch eine arglistige Täuschung des anderen Teils erzeugt war (vgl. unten § 11). Wir wollen uns zunächst aber auf Fälle beschränken, in denen der Irrtum auf andere Weise entstanden ist. Diese Fälle sind nicht einfach zu entscheiden, weil es verschiedene Gesichtspunkte gibt, von denen sich mit guten Gründen behaupten lässt, dass sie für oder auch gegen die Anerkennung eines Irrtums als Grundes für die Ungültigkeit des Vertrages sprechen.[1]

Gesetzt den Fall, jemand habe ein Gemälde für billiges Geld in der Annahme verkauft, dass es sich dabei um das Werk eines unbekannten Malers handele. Später habe sich jedoch herausgestellt, dass es von einem berühmten Meister stammt und deshalb der zwanzig- oder gar hundertfache Kaufpreis seinem wahren Wert entsprochen hätte. Soll hier der Verkäufer schon deshalb die Rückgabe des Bildes fordern können, weil er sich infolge seines Irrtums auf einen zu niedrigen Preis eingelassen hat? Wie liegt es, wenn der Verkäufer es unterlassen hat, einen Fachmann mit einem Gutachten über die Herkunft des Bildes zu beauftragen, und er sich daher anders verhalten hat, als dies ein vernünftiger Mensch in gleicher Lage getan hätte? Soll es darauf ankommen, welche Partei der anderen an Sachkunde überlegen war und deshalb leichter als die andere die Herkunft des Bildes hätte erkennen können? Wie, wenn auch der Käufer, obwohl Kunsthändler, der Überzeugung war, dass das Bild von einem Unbekannten stamme und er deshalb dem Verkäufer, einem Laien, auf seine Frage eine entsprechende – objektiv allerdings unrichtige – Auskunft gegeben und ihn dadurch zum Abschluss des Vertrages bewogen hat? Wie, wenn jemand eine Wohnung nur deshalb zu einem niedrigen Mietzins vermietet hat, weil er irrtümlich annahm, sie unterliege einer gesetzlichen Mietpreisbindung? Wie, wenn ein Bauunternehmer die Ausschachtung einer Baugrube verspricht und nach Aufnahme der Arbeiten unerwartet auf felsigen Grund stößt, dessen Aushebung erhebliche Mehrkosten verursacht?

Es ist offensichtlich, dass es kein ganz einfaches Kriterium geben kann, mit dessen Hilfe sich entscheiden ließe, wann in den geschilderten Fällen die irrende Partei von dem Vertrag Abstand zu nehmen berechtigt ist und wann nicht. Immerhin gibt es zwei verschiedene Grundpositionen, die eine Rechtsordnung

---

[1] Vgl. dazu die umfassende rechtsvergleichende Darstellung von *E. Kramer*, Der Irrtum bei Vertragsschluss (1998).

in dieser Frage zum Ausgangspunkt nehmen kann. Die eine Grundposition beruft sich auf die »Willenstheorie«: Danach liegt der eigentliche Grund für die rechtliche Anerkennung und Durchsetzung vertraglicher Verpflichtungen darin, dass die verpflichtete Partei ihre Bindung gewollt hat; deshalb ist es von entscheidender Bedeutung, ob dieser Wille fehlerfrei zustande gekommen ist. Diese Voraussetzung ist nicht erfüllt, wenn der Wille der Vertragspartei durch einen Irrtum (oder auch durch eine Täuschung oder Drohung des Kontrahenten) verfälscht worden ist. In diesen Fällen liegt ein »Willensmangel« vor, aufgrund dessen diejenige Partei, deren Wille fehlerhaft zustande gekommen ist, die Ungültigkeit des Vertrages geltend machen oder – wie wir im folgenden auch sagen wollen – den Vertrag »anfechten« darf.

Die Schwäche dieses Gedankengangs liegt darin, dass mit ihm den Interessen des Vertragspartners des Irrenden nicht genügend Rechnung getragen wird. Diese Interessen sind es, zu deren Anwalt sich die Gegenposition macht. Sie geht davon aus, dass jeder, der im geschäftlichen Verkehr eine Erklärung abgibt, das Risiko dafür tragen muss, dass die Vorstellungen, von denen er sich dabei hat leiten lassen, mit der Wirklichkeit nicht übereinstimmen. Zwar ist es sein gutes Recht, der anderen Partei diese Vorstellungen bekanntzugeben und mit ihr eine Vereinbarung zu treffen, nach der der Vertrag nur dann gelten soll, wenn die Vorstellungen richtig sind. Trifft er eine solche Vereinbarung aber nicht, so ist er an seine Erklärung gebunden. Könnte er sich gleichwohl auf seinen Irrtum berufen und dadurch die Gültigkeit des Vertrages in Frage stellen, so würde der Geschäftsverkehr in erhebliche Unsicherheit gestürzt. Eine Anfechtung des Vertrages wegen Irrtums darf deshalb nach dieser Ansicht nur ausnahmsweise zugelassen werden, nämlich nur dann, wenn das Vertrauen der anderen Partei auf die Gültigkeit des Vertrages aus besonderen Gründen keinen Schutz verdient.

Die älteren kontinentaleuropäischen Kodifikationen – bis hin zum Bürgerlichen Gesetzbuch von 1900 – haben sich durchweg auf den Boden der Willenstheorie gestellt. Ihr entspricht es, dass die Doktrin den allgemeinen Begriff des Willensmangels (*vice de consentement*, *vizio del consenso*) entwickelt hat und annimmt, dass der Wille des Erklärenden durch einen Irrtum, aber auch durch eine Täuschung oder Drohung verfälscht wird, daher nicht wirksam ist und mithin einen gültigen Vertrag nicht zustandebringt. Nicht ohne Pathos sagt deshalb Art. 1109 Code civil, dass es an einer gültigen vertraglichen Einigung stets dann fehle, »si le consentement n'a été donné que par erreur, ou s'il a été extorqué par violence ou surpris par dol.«[2] Was den Irrtum anlangt, so beschränkt sich Art. 1110 auf die allgemeine Regel, nach der ein Irrtum den Vertrag ungültig macht, wenn er »la substance même de la chose« betreffe; das gleiche soll für den Irrtum über die Person des anderen Vertragspartners gelten, wenn ihre Identität für den Irrenden von besonderer Bedeutung ist.

---

[2] Ebenso Art. 1427 Codice civile und Art. 1265 span. CC.

Anders das Common Law. Dass ein Vertrag wegen Irrtums zu Fall gebracht werden könne, ist eine Vorstellung, die ihm bis in das 19. Jahrhundert hinein weitgehend unbekannt war. Zwar konnte – und kann auch heute – ein Vertrag aufgelöst werden, wenn die eine Partei bei den Vertragsverhandlungen eine unzutreffende Erklärung (*misrepresentation*) abgegeben und die andere Partei in schutzwürdigem Vertrauen auf diese Erklärung den Vertrag geschlossen hat. Aber der Akzent liegt hier nicht so sehr auf dem Irrtum der Vertragspartei, sondern darauf, dass ihr Kontrahent – sei es in betrügerischer Absicht, sei es bona fide – eine unrichtige Erklärung abgegeben und dadurch den Irrtum *veranlasst* hat. In anderen Fällen half der englische Richter durch Auslegung des Vertrages: Er nahm an, dass der Vertrag von den Parteien unter der stillschweigenden Bedingung (*implied condition*) des Vorhandenseins bestimmter, von ihnen als wesentlich angesehener Umstände geschlossen worden sei.[3] Dagegen kannte das Common Law keine allgemeinen Regeln über die Annullierung von Verträgen wegen Irrtums, weil ihm die Sorge der Kontinentaleuropäer um das »fehlerfreie« Zustandekommen des Parteiwillens fremd war. Ihm ging es in erster Linie um den Schutz der Vertragspartei, die sich aufgrund der ihr erkennbaren Umstände auf das Vorhandensein eines solchen Willens verlassen hat und vernünftigerweise auch verlassen durfte. Damit trägt das Common Law in besonderem Maße den Bedürfnissen des kaufmännischen Verkehrs Rechnung, und man hat das damit erklärt, dass das englische Vertragsrecht – anders als das kontinentaleuropäische – eher für ein Volk von Händlern als für ein Volk von Bauern entwickelt worden sei.[4]

Heute ist in der englischen Rechtsprechung anerkannt, dass ein Vertrag unter bestimmten Voraussetzungen auch wegen eines Irrtums (*mistake*) unwirksam sein kann. Diese Rechtsprechung geht aber auf Entscheidungen zurück, die erst aus der zweiten Hälfte des 19. Jahrhunderts stammen und von Richtern

---

[3] Vgl. *Couturier* v. *Hastie* (1856) [1843–60] All E.R. 280: Eine Schiffsladung Mais hatte sich auf der Reise von Saloniki nach London überhitzt und war deshalb im Wege des Notverkaufs in Tunis veräußert worden. Die Parteien in London ahnten davon nichts und schlossen einen Kaufvertrag über einen – in Wahrheit nicht mehr existierenden – Teil der Maisladung. Die Kaufpreisklage des Verkäufers wurde abgewiesen, dies aber nicht, weil der Käufer sich auf einen Irrtum berufen konnte oder der Vertrag auf eine unmögliche Leistung gerichtet und deshalb nichtig war (vgl. dazu unten zu N. 88), sondern deshalb, weil der Vertrag – richtig ausgelegt – von den Parteien unter der Bedingung des Vorhandenseins der Ware geschlossen worden sei: »The whole question turns upon the construction of the contract … Looking to the contract itself alone it appears to me clearly that what the parties contemplated, those who bought and those who sold, was that there was an existing something to be sold and bought« (*Lord Cranworth* aaO S. 681). Vgl. zum Verhältnis von Irrtumsanfechtung und Vertragsauslegung auch noch *Simpson*, Innovation in Nineteenth Century Contract Law, L.Q.Rev. 91 (1975) 247, 268 f.

[4] Vgl. oben § 4 N. 30.

gefällt wurden, die sich im römischen Recht gut auskannten und insbesondere von den Lehrsätzen beeindruckt waren, die *Pothier* zu dieser Frage aufgestellt hatte.[5] Ob sich dieser späte Import kontinentaleuropäischer Rechtsvorstellungen in das primär am Verkehrsschutz orientierte Common Law gut eingefügt hat, wird heute in England von manchen Autoren bezweifelt.[6]

B. Anwendungsbereich der Irrtumsanfechtung

I. Keine Irrtumsanfechtung ohne Vertrag

Die Regeln über die Anfechtung oder Aufhebung des Vertrages wegen Irrtums dürfen nur dann angewandt werden, wenn feststeht, dass der Vertrag, um den es geht, überhaupt zustandegekommen ist. Das ist deshalb hervorzuheben, weil es vorkommen kann, dass der Irrtum schon das Zustandekommen des Vertrages selbst verhindert. Ein solcher Fall ist freilich selten.[7] Er liegt nicht schon dann vor, wenn ein Angebot vom Offerenten anders gemeint war, als es von demjenigen verstanden worden ist, der es angenommen hat. Zwar befindet sich hier jede der Parteien in einem Irrtum über den Sinn, den ihr Kontrahent ihrer Erklärung beilegt. Aber ein Vertrag kommt gleichwohl zustande. Denn dafür ist es nicht erheblich, von welchen subjektiven Vorstellungen sich die Parteien bei Abgabe ihrer Erklärungen leiten ließen und ob jene Vorstellungen sich tatsächlich deckten und daher eine echte »Willensübereinstimmung«, ein wirklicher »consensus ad idem«, ein »meeting of the minds« gegeben war. Vielmehr ist durch Auslegung festzustellen, ob die Erklärungen der Parteien nach ihrem objektiven Sinn, also aus der Sicht eines mit den Umständen vertrauten vernünftigen Dritten, übereinstimmen. Erst wenn sich in dieser Weise das Zustandekommen eines Vertrages hat bejahen lassen, darf geprüft werden, ob er wegen Irrtums angefochten werden kann. Nur wenn sich durch Auslegung ein eindeutiges Ergebnis nicht erzielen lässt, weil die Erklärungen der Parteien auch aus der Sicht eines vernünftigen Beobachters objektiv mehrdeutig sind, kommt ein Vertrag nicht zustande.[8]

---

[5] Vgl. z.B. *Blackburn*, J. in *Kennedy* v. *Panama, New Zealand and Australian Royal Mail Co. Ltd.* (1867) L.R. 2 Q.B. 580, 588 und mit weiteren Nachweisen *Zimmermann* 618 ff.

[6] So hat man die Regeln über die Ungültigkeit von Verträgen wegen *mistake* als »unhappy piece of innovation« (*Simpson* [oben N. 3] 268) und als »hopelessly confused« bezeichnet, »a confusion which could have been avoided if English law had resisted the meddlesome transplants of Victorian contract lawyers.« So *Collins*, Methods and Aims of Comparative Contract Law, Oxf.J.Leg.Stud. 11 (1991) 396, 398.

[7] Vgl. zum folgenden schon oben S. 142 f.

[8] In Frankreich findet man im Schrifttum noch gelegentlich die Auffassung, dass es Irrtümer gäbe, die so schwer wögen, dass sie das Zustandekommen einer vertraglichen

II. Irrtumsanfechtung und Vertragshaftung

Wird ein Vertrag von der einen Partei nicht oder nicht ordentlich erfüllt, so kann ihrem Kontrahenten ein Anspruch wegen Vertragsverletzung zustehen. Wenn die Voraussetzungen eines solchen vertraglichen Anspruchs nicht gegeben oder der Anspruch verjährt oder vertraglich abbedungen ist, so fragt sich, ob der Kontrahent in einem solchen Falle nicht auch auf einem anderen Wege zum Ziel kommen kann, nämlich dadurch, dass er den Vertrag wegen Irrtums anficht oder aufhebt.

1. *Ansprüche des Käufers wegen Lieferung vertragswidriger Sachen.* – Ist einem Käufer ein bestimmter Ring als goldener Ring verkauft, aber nur ein vergoldeter Ring geliefert worden, so stehen ihm Ansprüche aus Vertragsverletzung zu. Der Käufer kann daher von dem Vertrag Abstand nehmen und Zug um Zug gegen die Rückgabe des Rings Rückzahlung des Kaufpreises fordern. Daneben kann sich der Käufer aber auch auf den Standpunkt stellen, dass er bei Abschluss des Vertrages den Ring irrtümlich für golden gehalten habe und daher den Vertrag wegen Irrtums anfechte. Auch auf diesem Wege könnte er sein Geld zurückerhalten.

Im allgemeinen wird der Käufer in einem solchen Fall seinen Anspruch auf Rückzahlung des Kaufpreises darauf stützen, dass der Verkäufer den Vertrag nicht ordentlich erfüllt, nämlich fehlerhafte Ware geliefert habe. Denn er braucht dann nur zu beweisen, dass dem Ring die vertraglich vereinbarte Beschaffenheit fehlt, nicht – was oft schwieriger ist –, dass er sich bei Vertragsschluss bestimmte unzutreffende Vorstellungen über die Beschaffenheit des Ringes gemacht habe und deshalb einem Irrtum unterlegen sei. Anders liegt es aber z.B. dann, wenn die Frist, innerhalb derer der Anspruch aus Vertragsverletzung geltend zu machen war, bereits abgelaufen ist, aber die für die Irrtumsanfechtung geltende Frist noch läuft: Hier wird der Käufer auf die Irrtumsanfechtung rekurrieren wollen und die Beweisschwierigkeiten, die damit verbunden sein können, gern in Kauf nehmen. Ebenso, wenn die Ansprüche aus Vertragsverletzung wegen Versäumung einer Mängelrüge erloschen sind oder deshalb nicht bestehen, weil die Haftung des Verkäufers für Mängel der Kaufsache durch eine vertragliche Vereinbarung ausgeschlossen ist. Soll es in

---

Einigung selbst verhinderten. Man spricht von »erreur-obstacle« (im Gegensatz zu »erreur-vice de consentement«) und will darunter z.B. den Fall bringen, in dem jemand nach dem objektiven Sinn seiner Erklärung gekauft hat, während er sich eigentlich nur mit einer ihm gemachten Schenkung einverstanden erklären wollte; vgl. *Terré/Simler/Lequette* no. 210 ff. Die Rechtsprechung ist dieser Lehre aber nur in einigen wenigen Fällen gefolgt, und viele Autoren lehnen sie mit guten Gründen ab, so z.B. *Ghestin* no. 495; *Larroumet* no. 321 und 346.

solchen Fällen dem Käufer gleichwohl gestattet sein, auf dem Wege über die Anfechtung des Vertrages wegen Irrtums zum Ziel zu kommen?[9]

Diese Frage ist jedenfalls dann zu verneinen, wenn ein vertraglicher Haftungsausschluss wirksam vereinbart war, also z.B. die Sache »wie sie steht und liegt« verkauft worden ist. Denn wenn der Käufer einer solchen Vereinbarung zugestimmt hat und diese Vereinbarung gültig ist, so liegt darin auch ein Verzicht auf das Recht der Irrtumsanfechtung.[10] Man sollte die Frage aber auch dann verneinen, wenn der Käufer die erforderliche Mängelrüge unterlassen oder die Frist versäumt hat, innerhalb derer er Ansprüche aus Vertragsverletzung hätte geltend machen müssen.[10a] Sind ihm vertragswidrige Waren geliefert worden, so werden die Ansprüche, die ihm deshalb gegen den Verkäufer zustehen, aus wohlerwogenen Gründen davon abhängig gemacht, dass er den Mangel der Waren rechtzeitig anzeigt oder die für die Geltendmachung der Ansprüche vorgesehene Frist wahrt. Es besteht kein Grund, den Käufer von diesen Erfordernissen nur deshalb freizustellen, weil er bei Vertragsabschluss – wie sich später zeigt: irrtümlich – angenommen hat, der Verkäufer werde den Vertrag richtig erfüllen, nämlich die Ware so wie vertraglich vereinbart liefern.

In Deutschland und Italien nimmt die Rechtsprechung daher an, dass eine Anfechtung des Kaufvertrages wegen Irrtums über eine Eigenschaft der Kaufsache a limine ausgeschlossen ist, wenn der Käufer irrtümlich eine Eigenschaft als vorhanden angesehen hat, deren Fehlen die Sache vertragswidrig macht und daher Ansprüche wegen Vertragsverletzung auslösen kann.[11] In England hat der Court of Appeal in einer neueren Entscheidung keinen Zweifel daran

---

[9] Vgl. dazu die ausführlichen rechtsvergleichenden Darlegungen bei: *F. Ranieri,* Europäisches Obligationenrecht (3. Aufl. 2009) 953 ff.

[10] Vgl. dazu auch noch den Text zu N. 55.

[10a] So ausdrücklich Art. 917 port. ZGB. Auch Art. 7:23 BW wird im gleichen Sinne verstanden. Denn dort heißt es, dass der Käufer, der die Vertragswidrigkeit der Kaufsache nicht innerhalb der dafür vorgesehenen Frist gerügt hat, »sich nicht mehr darauf berufen [kann], dass das Gelieferte nicht dem Vertrag entspricht«. Auch Art. 3.2.4 PICC bestimmt: »A party is not entitled to avoid the contract on the ground of mistake if the circumstances on which that party relies afford, or could have afforded, a remedy for non-performance«. Anders aber Art. 4:119 PECL, Art. II.-7:216 DCFR; Art. 57 CESL.

[11] BGH 14. Dez. 1960, BGHZ 34, 32 (ständige Rspr.); Cass. 14. Okt. 1960 n. 2737, Foro it. 1960, 1914. Dagegen soll der Käufer wegen Irrtums anfechten können, wenn die Kaufsache vertragsmäßig war, ihr aber eine sonstige Eigenschaft fehlte, deren Vorhandensein der Käufer glaubte erwarten zu dürfen, vgl. BGH 26. Okt. 1978, NJW 1979, 160; BGH 9. Okt. 1980, BGHZ 78, 216, 218. Das überzeugt nicht. Hat der Verkäufer vertragsmäßige Ware geliefert, die die ausdrücklich vereinbarten Eigenschaften hat und für den »nach dem Vertrag vorausgesetzten Gebrauch« tauglich ist (459 BGB), so hat er seine Schuldigkeit getan. Das Risiko, dass die Ware den Erwartungen des Käufers auch dann noch nicht entspricht, muss der Käufer tragen, weil er es ist, der diese besonderen Erwartungen kannte und sie zum Gegenstand einer vertraglichen Vereinbarung hätte machen können und müssen.

gelassen, dass ein Grundstückskäufer, der nach den getroffenen Vereinbarungen das Risiko eines bestimmten Grundstücksmangels trägt, nicht etwa den Vertrag unter Berufung auf einen Irrtum (mistake) zu Fall bringen kann.[12] In Frankreich wird dem Käufer zwar die Anfechtung des Kaufvertrages wegen Irrtums gestattet. Aber der Kassationshof hat in einigen Entscheidungen gefordert, dass die Nichtigkeit des Kaufvertrages »dans un bref délai«, also innerhalb der gleichen Frist geltend zu machen ist, die der Käufer gemäß Art. 1648 Code civil auch zur Wahrung seiner kaufrechtlichen Ansprüche wegen eines »vice caché« einhalten muss.[13] Die französische Rechtsprechung hinterlässt allerdings ein verwirrendes Bild. In einigen Entscheidungen hat zwar der Kassationshof die Irrtumsanfechtung zugelassen, obwohl die Käufer fehlerhafter Gebrauchtwagen den »bref délai« versäumt hatten, den sie eigentlich für die Geltendmachung von Mängelansprüchen hätten beachten müssen.[14] Dann hat er seine Position wieder geändert und angenommen, dass der Käufer nach Versäumung des »bref délai« den Vertrag nicht mehr wegen eines Irrtums (wohl aber wegen einer Täuschung) aufheben könne.[15] Das schweizerische Bundesgericht hat einem Käufer, der seine kaufrechtlichen Ansprüche wegen Versäumung der Frist des Art. 210 OR verloren hatte, die Berufung auf einen Irrtum über die Eigenschaften der Kaufsache gestattet, weil »Bedeutung und Funktionen des einfachen Kaufvertrages mit der technischen Entwicklung und der allgemeinen Tendenz zum Massenvertrag sich gewandelt haben, weshalb der Käufer mehr denn je als der schutzwürdigere Teil erscheint, wenn er schlecht bedient worden ist.«[16] Mit dieser Begründung passt freilich schlecht zusammen, dass es in dieser Entscheidung um den Kauf eines teuren Gemäldes ging, also gewiss nicht um einen »Massenvertrag« und ebensowenig um eine Art von Käufer, deren Schutz sich die Rechtsordnung besonders zu Herzen nehmen müsste. Im übrigen ist einzuwenden: Wenn man der Meinung ist, dass die Fristen, innerhalb derer die kaufrechtlichen Ansprüche geltend zu machen sind, verlängert werden sollten – dafür gibt es gewiss gute Gründe –, so sollte man das Problem dort lösen, wo

---

[12] *William Sindall Plc v. Cambridgeshire County Council* [1994] 1 W.L.R. 1016, 1034 f. (*Hoffmann*, L.J.).

[13] Civ. 1. Juli 1960, Bull.cass. 1960.I. no. 408; Civ. 11. Feb. 1981, J.C.P. 1982. II.19758 mit Anm. *Ghestin*.

[14] Civ. 18. Mai 1988, D. 1989, 450; Civ. 28. Juni 1988, Bull. cass. 1989. I. no. 268.

[15] Civ. 14. Mai 1996, D. 1998, 305 mit Anm. *Jault-Seseke*; vgl. dazu *Terré/Simler/Lequette* no. 255 und *Ranieri* (oben N. 9) 356 ff.

[16] BG 7. Juni 1988, BGE 114 II 131, 138 (ständige Rspr.). Die schweizerische Doktrin steht dieser Rechtsprechung überwiegend kritisch gegenüber; vgl. z.B. *H. Merz* ZBJV 1990, 256. Auch die österreichische Rechtsprechung räumt dem Käufer neben den kaufrechtlichen Ansprüchen das Recht zur Anfechtung wegen Irrtums über die Beschaffenheit der Kaufsache ein, vgl. z.B. OGH 26. April 1966, ÖJZ 1966, 461; OGH 30. April 1975, SZ 48 Nr. 56; OGH 13. Jan. 1982, SZ 55 Nr. 2.

es entsteht, nämlich im Kaufrecht, nicht dadurch, dass man die Regeln über die Vertragsanfechtung wegen Irrtums zum Nothelfer macht.

In einem besonderen Licht erscheint die hier erörterte Frage, wenn es um einen Kaufvertrag geht, der von Parteien mit Niederlassungen in verschiedenen Staaten abgeschlossen worden ist und deshalb in der Regel nach den Vorschriften des CISG beurteilt werden muss. Danach stehen einem Käufer, dem vertragswidrige Ware geliefert worden ist, die in Art. 45 ff. genannten Rechtsbehelfe zu. Kann er außerdem den Kaufvertrag auch wegen Irrtums über eine Eigenschaft der Ware anfechten und auf diesem Wege die Rückzahlung des Kaufpreises erreichen? Diese Frage wird allgemein verneint, weil die Regeln des CISG, soweit sie die Rechte der Käufer bei Lieferung mangelhafter Waren betreffen, als eine abschließende lex specialis gedacht sind.[17]

2. Sonstige Ansprüche wegen Nichterfüllung des Vertrages. – Auch in anderen Fällen sollte den Regeln über die Haftung aus Vertragsverletzung der Vorrang gegenüber der Irrtumsanfechtung gegeben werden. Das gilt z.B. dort, wo ein Verkäufer dem Käufer kein lastenfreies Eigentum an der verkauften Ware verschafft hat, weil sie ihm nicht gehörte oder mit dem Recht eines Dritten belastet war: Hier stehen dem Käufer Ansprüche wegen Vertragsverletzung und damit auch ein Recht zur Rückgängigmachung des Vertrages zu; er kann nicht statt dessen geltend machen, dass er den Verkäufer irrtümlich für den Eigentümer oder die Ware irrtümlich für unbelastet gehalten habe und daher den Vertrag wegen Irrtums anfechte. Das gleiche muss gelten, wenn die vermietete Wohnung oder das von dem Unternehmer hergestellte Werk nicht den vertraglichen Vereinbarungen entspricht.

Die gleiche Frage tritt auch dort auf, wo ein vertraglicher Anspruch daran scheitert, dass sich ein Risiko verwirklicht hat, das nach den vertraglichen Vereinbarungen von demjenigen zu tragen ist, der sich des Anspruchs berühmt. In einer englischen Entscheidung[18] ging es um einen Fall, in dem die Klägerin ihrem Kunden, um ihm Geld zu verschaffen, 4 Werkzeugmaschinen für ca. 1 Mio. £ abgekauft und sie ihm sogleich wieder aufgrund eines Leasing-Vertrages zur Nutzung überlassen hatte (sale and leaseback agreement). Für alle aus

---

[17] So *I. Schwenzer* in P. Schlechtriem/I. Schwenzer (Hrsg.), Kommentar zum Einheitlichen UN-Kaufrecht (6. Aufl. 2013) Art. 39 Rn. 30; *P. Schlechtriem/U. Schroeter*, Internationales UN-Kaufrecht (5. Aufl. 2013) Rn. 169 ff.; *P. Huber*, UN-Kaufrecht und Irrtumsanfechtung, ZEuP 1994, 585. Dafür spricht die folgende Überlegung: Die Regeln über die Irrtumsanfechtung sind durch das CISG nicht vereinheitlicht worden. Sie müssten daher derjenigen Rechtsordnung entnommen werden, die nach dem IPR des Gerichts, vor dem der Rechtsstreit schwebt, auf den Kaufvertrag anzuwenden ist. Damit würde der Zweck des CISG, nämlich die Vereinheitlichung des auf internationale Kaufverträge anwendbaren Rechts, in einem wichtigen Punkt vereitelt werden.

[18] *Associated Japanese Bank (International) Ltd.* v. *Crédit du Nord S.A.* [1988] 3 All E.R. 902.

dem Leasing-Vertrag sich ergebenden Verpflichtungen des Kunden hatte die Beklagte der Klägerin gegenüber eine Bürgschaft übernommen. Später stellte sich heraus, dass die Werkzeugmaschinen überhaupt nicht existierten und der Kunde ein Betrüger war. Auf die Klage aus der Bürgschaft wandte die Beklagte ein, dass der Bürgschaftsvertrag – richtig ausgelegt – ihr eine Einstandspflicht nur für den Fall des Vorhandenseins der Maschinen auferlegt habe, ferner, dass der Vertrag wegen *mistake* ungültig sei. Für *Steyn*, J. war dasjenige vorrangig, was die Beklagte in dem Bürgschaftsvertrag der Klägerin versprochen hatte:

»Logically, before one can turn to the rules as to mistake … one must first determine whether the contract itself, by express or implied condition precedent or otherwise, provides who bears the risk of the relevant mistake. It is at this hurdle that many pleas of mistake will either fail or prove to have been unnecessary. Only if the contract is silent on the point, is there scope for invoking mistake.«[19]

Im vorliegenden Fall kam der Richter zu dem Ergebnis, dass das Risiko der Nichtexistenz der Leasing-Sache von der Klägerin zu tragen und nicht etwa aufgrund des Bürgschaftsvertrages von der Beklagten übernommen sei. Damit war die Klage abzuweisen. In Ausführungen, die zwar lesenswert, aber – streng genommen – bloße obiter dicta sind, nahm er weiterhin hilfsweise an, dass der Bürgschaftsvertrag auch wegen *mistake* unwirksam sei.

Ähnliche Überlegungen hat das Gericht in der vieldiskutierten Entscheidung *McRae* v. *Commonwealth Disposals Commission*[20] angestellt. Die Beklagte hatte dem Kläger, einem Bergungsunternehmer, einen havarierten Öltanker verkauft, von dem sie behauptete, dass er in der Korallensee »on Jourmand Reef approximately 100 miles north of Samarai« gestrandet sei. In Wahrheit gab es ein solches Wrack nicht. Auch hier verteidigte sich die Beklagte mit der Behauptung, dass der Vertrag wegen eines beiderseitigen Irrtums über das Vorhandensein des Tankers nichtig sei; auch hier ließ sich das Gericht darauf nicht ein. Es hielt den Vertrag für gültig und legte ihn – im Wege der ergänzenden Vertragsauslegung – dahin aus, dass die Beklagte stillschweigend die Existenz des Wracks an dem bezeichneten Ort zugesichert habe und daher dem Kläger Ersatz der ihm durch die Ausrüstung der Bergungsexpedition entstandenen Aufwendungen schulde. Auf einen Irrtum könne sich die Beklagte schon deshalb nicht berufen, weil sie ihn selbst schuldhaft veranlasst habe.

---

[19] AaO S. 912.
[20] (1951) 84 C.L.R. 377. Die Entscheidung ist zwar vom australischen High Court gefällt worden, beruht aber auf englischem Recht.

C. Voraussetzungen der Irrtumsanfechtung

I. Zur historischen Entwicklung

Historisch am ältesten ist eine Unterscheidung zwischen beachtlichen und unbeachtlichen Irrtümern, die darauf abstellt, worauf sich der Irrtum bezieht. Sie ist aus den Fällen entwickelt worden, in denen die römischen Juristen angenommen hatten, dass es an einem Einverständnis der Parteien über wesentliche Punkte des Vertrages fehle und ein gültiger Vertrag daher nicht zustande gekommen sei. Ein Beispiel dafür bildet der Fall, in dem bei einem Grundstückskaufvertrag der Verkäufer das eine, der Käufer ein anderes Grundstück im Sinn gehabt hatte. Hier war es zu einer wirklichen Einigung über die Identität der Kaufsache nicht gekommen; der Vertrag war daher – wie man später sagte – wegen eines error in corpore ungültig. Erhält jemand ein Darlehen von A ausgezahlt, glaubt er aber, dass B sein Darlehensgläubiger sei, so nahm man an, dass der Darlehensvertrag mit A wegen eines error in persona nicht zustande gekommen sei. Als error in negotio wurde der Fall bezeichnet, in dem jemand sich über die Art des abgeschlossenen Geschäfts geirrt, also z.B. Geld von einem anderen in der Meinung angenommen hatte, dass es sich um ein Darlehen handele, während er nach der Absicht des Zahlenden das Geld in Wahrheit nur verwahren sollte. Schließlich der error in substantia: Hier waren die Parteien zwar einig darüber, welche Sache verkauft sein sollte. Aber der Käufer hielt die Sache für einen Ring aus Gold oder für ein Faß mit Wein, während es sich in Wahrheit um einen Ring aus Silber oder ein Faß mit Öl handelte. Solange die Kaufsache aus einem ganz anderen Material bestand, als es sich der Käufer vorgestellt hatte, war man sich über die Nichtigkeit des Vertrages einig. Zweifel bestanden aber schon unter den römischen Juristen darüber, ob dies auch dann gelte, wenn dem Käufer aus seiner Sicht nicht ein aliud, sondern ein peius geliefert worden, also der verkaufte Goldring nur vergoldet oder der verkaufte Wein sauer war.[21]

Diese aus dem römischen Recht überkommenen und jahrhundertelang immer wieder diskutierten Irrtumstypen werden auch in vielen heute geltenden Zivilgesetzbüchern noch erwähnt. Freilich geschieht dies oft nur aus Pietät gegenüber einer alten Tradition und nur deshalb, weil man Beispiele für Irrtümer nennen will, die als »wesentlich« zur Anfechtung berechtigen. So gilt gemäß Art. 24 I Nr. 1 und 2 OR als »wesentlich« ein Irrtum, bei dem »der Irrende einen anderen Vertrag eingehen wollte als denjenigen, für den er seine Zustimmung erklärt hat« (error in negotio), oder bei dem »der Wille des Irren-

---

[21] Vgl. dazu *Zimmermann* 587 ff., *W. Ernst*, Irrtum, Ein Streifzug durch die Dogmengeschichte, in R. Zimmermann (Hg.), Störungen der Willensbildung bei Verragsschluss (2007) 1.

den auf eine andere Sache oder … auf eine andere Person gerichtet war, als er erklärt hat« (error in corpore und in persona).[22] Schon die Naturrechtslehrer standen aber den überkommen Irrtumskategorien skeptisch gegenüber und versuchten, den Irrtum mit einer allgemeinen Formel zu beschreiben.[23] Insbesondere unterschieden sie schon zwischen dem Willen, den die Vertragspartei zu äußern beabsichtigt, und der Erklärung, die sie tatsächlich der anderen Partei gegenüber abgibt. Mit dieser Unterscheidung war die Grundlage geschaffen, auf der sich die Ansicht entwickeln konnte, dass – anders als im römischen Recht – auch die Interessen der anderen Vertragspartei zu berücksichtigen und ihr Vertrauen auf die Erklärung zu schützen sei. Welche Konsequenzen man daraus im einzelnen zu ziehen habe, war zwar auch unter den Naturrechtslehrern streitig. Aber man findet doch bei ihnen zuerst den Gedanken, dass sich der Vertragspartner des Irrenden die Ungültigkeit des Vertrages nur unter besonderen Umständen entgegenhalten lassen brauche, so etwa dann, wenn sein Vertrauen auf die Erklärung des Irrenden keinen Schutz verdient. Auch machten sie den Vorschlag, dem Vertragspartner des Irrenden mit einem Schadensersatzanspruch zu helfen. Schließlich entwickelten sie die Vorstellung, dass im Falle eines Irrtums die Nichtigkeit des Vertrages nicht von selbst, sondern erst dann eintrete, wenn sie von demjenigen, der dem Irrtum unterlegen ist, geltend gemacht wird.

II. Der Irrtum über Eigenschaften einer Sache oder Person

Die aus den römischen Quellen entwickelte Kategorisierung der Irrtümer ist veraltet und trägt zu einer brauchbaren Unterscheidung zwischen den beachtlichen und unbeachtlichen Irrtümern nichts bei. Die meisten kontinentaleuropäischen Zivilgesetzbücher standen aber noch so stark unter dem Einfluss der Tradition, dass sie dem error in substantia und dem error in persona besondere Vorschriften gewidmet haben. Diese Vorschriften verdienen besonderes Interesse, weil sie in der Auslegung, die ihnen die Rechtsprechung gegeben hat, noch heute die große Mehrheit der Irrtumsfälle erfassen.

1. *Allgemeines.* – Gemäß Art. 1110 Code civil ist ein Irrtum beachtlich, wenn er die Substanz der Sache (»la substance même de la chose«) betrifft. Die französische Rechtsprechung hat sich aber über den zu eng geratenen Wortlaut der Vorschrift schon bald hinweggesetzt und lässt seit langem als Irrtum über »la substance même de la chose« auch einen Irrtum genügen, der lediglich die »qualités substantielles de la chose« betrifft. Damit nimmt sie den gleichen

---

[22] Vgl. auch Art. 1110 Code civil, Art. 1428 Codice civile; Art. 142 griech. ZGB; Art. 1266 span. CC; Art. 251 port. CC.

[23] Vgl. auch dazu *Zimmermann* 612 ff., *Ernst* (oben N. 21) 25 ff.

Ausgangspunkt ein, der in anderen kontinentalen Rechtsordnungen durch nahezu gleichlautende Vorschriften vorgegeben wird. So berechtigt gemäß § 119 II BGB zur Anfechtung ein »Irrtum über solche Eigenschaften ... der Sache, die im Verkehr als wesentlich angesehen werden«, oder gemäß § 871 ABGB ein »Irrtum, der die Hauptsache oder eine wesentliche Beschaffenheit derselben betrifft«.[24] Daher kann ein Käufer den Vertrag wegen Irrtums anfechten, wenn ihm ein Baugrundstück verkauft worden ist, das sich als unbebaubar herausstellt[25] oder nicht die vertraglich vereinbarte Fläche aufweist.[26] Ebenso ist entschieden worden, wenn das verkaufte Bild nicht von dem Maler stammt, der nach den Angaben des Verkäufers sein Urheber sein soll,[27] oder wenn die als echt verkauften Perlen Zuchtperlen sind,[28] oder wenn die Gesellschaft, deren Aktienmehrheit verkauft worden ist, entgegen der Erwartung des Käufers zur Fortsetzung ihres Geschäftsbetriebs vollkommen außerstande ist.[29]

In all diesen Fällen handelt es sich um Irrtümer eines Käufers.[30] Auf die Regeln über den Eigenschaftsirrtum kann sich aber auch ein Verkäufer berufen, so z.B. dann, wenn er für wenig Geld ein Gemälde verkauft hat, von dem sich später herausstellt, dass es von der Hand eines berühmten Meisters stammt.[31]

---

[24] Vgl. auch die Regelungen über den Eigenschaftsirrtum in Art. 142 griech. ZGB; Art. 1429 Nr. 2 Codice civile; Art. 1266 I span. CC.

[25] Civ. 2. März 1964, Bull.cass. 1964.I. no. 122; BG 7. Juli 1970, BGE 96 II 101, 103.

[26] OGH 2. Nov. 1955, JBl. 1956, 365; Civ. 15. Dez. 1981, D.S. 1982 I.R. 164.

[27] Vgl. Civ. 16. Dez. 1964, Bull.cass. 1964.I. no. 575; Civ. 20. Okt. 1970, J.C.P. 1971. II. 16916 mit Anm. *Ghestin*; BG 7. Juni 1988 (oben N. 16).

[28] Req. 5. Nov. 1929, S. 1930.1.180.

[29] Com. 7. Feb. 1995, D. 1996, 50 mit Anm. *Blassele*. Vgl. dazu im Einzelnen *Terré/ Simler/Lequette* no. 216 mit vielen weiteren Beispielen aus der fr. Rspr.

[30] Daher wäre es möglich (und nach der hier vertretenen Ansicht erforderlich), dass der Käufer die Rückgängigmachung des Kaufvertrages auf eine Vertragsverletzung stützt, indem er geltend macht, dass die vom Verkäufer gelieferte Sache nicht die vertraglich vereinbarte Beschaffenheit aufweist; vgl. dazu oben S. 222 ff.

[31] Vgl. RG 22. Feb. 1929, RGZ 124, 115, 120; BGH 8. Juni 1988, NJW 1988, 2597, 2599; Civ. 24. Jan. 1979, Bull.cass. 1979.I. no. 34 sowie die zahlreichen Entscheidungen in der berühmten »affaire du Poussin«, die bei *Capitant (-Terré/Lequette)*, Les grands arrêts de la jurisprudence civile (10. Aufl. 1994) 351 ff. abgedruckt und besprochen sind, darunter insbesondere Civ. 22. Feb. 1978, D. 1978, 601 mit Anm. *P. Malinvaud* und Civ. 13. Dez. 1983, D. 1984, 340 mit Anm. *J.-L. Aubert*. Ebenso Civ. 17. Sept. 2003, Bull. cass. 2003. I. no. 183: Ein Gemälde, das im Versteigerungskatalog als aus der »Schule des Nicolas Poussin« stammend beschrieben worden war, wurde im Jahre 1985 für 1,6 Mio. Francs verkauft. Neun Jahre später kam der Verkäufer aufgrund des Studiums von Veröffentlichungen über Poussin zu dem – sodann auch von einem Sachverständigen bestätigten – Ergebnis, dass das Bild von Poussin *selbst* stamme und deshalb zwischen 45 und 60 Mio. Francs wert sei. Seiner Klage auf Aufhebung des Kaufvertrages wurde stattgegeben. Freilich ist sehr zweifelhaft, ob der Verkäufer, der sich über den wahren Wert der Kaufsache geirrt hat, allein aus diesem Grunde zur Aufhebung des Kaufvertrags berechtigt sein soll. Die Frage wird grundsätzlich verneint von *H. Fleischer*, Zum

Ein Recht zur Anfechtung wegen Irrtums steht auch einem Erben zu, der die Erbschaft in der irrtümlichen Annahme ausgeschlagen hat, sie falle infolge der Ausschlagung einem bestimmten Dritten an,[32] ebenso einem Versicherungs-

---

Verkäuferirrtum über werterhöhende Eigenschaften im Spiegel der Rspr., in: R. Zimmermann (Hrsg.), Störungen der Willensbildung bei Vertragsschluss (2007) 35. Besonders bei Kaufverträgen über Objekte, deren Herkunft oder Alter nicht völlig sicher sind, wird oft anzunehmen sein, dass es sich um »Risikogeschäfte« handelt, dies mit der Folge, dass ein Recht zur Vertragsaufhebung wegen Irrtums weder dem Verkäufer zusteht, wenn das Objekt mehr wert ist als angenommen, noch dem Käufer, wenn es weniger wert ist (vgl. dazu noch S. 236 f.). Besonders ungereimt ist das Aufhebungsrecht des Verkäufers, wenn es erst die Anstrengungen des *Käufers* waren, die die wahre Beschaffenheit der Kaufsache aufgeklärt haben. In einem solchen Fall bedeutet die Vertragsaufhebung die Bestrafung derjenigen, »qui savent découvrir des pièces de qualité, là ou les autres n'ont rien decelé; c'est décourager l'effort intellectuel et le goût« (*Terré/Simler/Lequette* no. 218). Vgl. dazu die bekannte »Kantharos«-Entscheidung des Hoge Rad (19. Juni 1959, Ned. Jur. 1960 Nr. 59): Hier ging es um einen metallenen Becher, der im Jahre 1943 bei Baggerarbeiten in der Maas gefunden und vom Finder an einen Verwandten verkauft worden war. Zwei Fachleute, die seine Erbin um die Auskunft über die Herkunft des Bechers hatte, kamen zu dem Ergebnis, dass er zwar aus reinem Silber sei, aber keinen besonderen historischen oder künstlerischen Wert habe. Der eine der beiden Fachleute, ein kunsthistorisch interessierter Goldschmied, kaufte der Erbin den Becher für 125 Gulden ab. Freilich ließ ihm die Klärung seiner Herkunft keine Ruhe. Nachdem er mühevolle und zeitraubende Recherchen unternommen und weitere Fachleute um Begutachtung gebeten hatte, wurde schließlich festgestellt, dass es sich um einen Kantharos aus dem 2. Jahrhundert n.Chr. von unschätzbarem Wert handele. Die Klage der Erbin auf Herausgabe des Bechers wurde abgewiesen, weil das Gericht ein arglistiges oder schuldhaftes Verhalten des Käufers nicht feststellen konnte, aber auch die Voraussetzungen einer Irrtumsanfechtung als nicht gegeben ansah. Diese Entscheidung ist im Ergebnis sicherlich richtig. Denn an der Klärung der Herkunft von Sachen, die möglicherweise einen hohen kunsthistorischen Wert haben, besteht ein allgemeines Interesse. Dem Käufer einer solchen Sache würde jeder Anreiz genommen, den zur Klärung ihrer Herkunft erforderlichen Aufwand zu treiben, wenn er sie dem Verkäufer, falls seine Recherchen Erfolg gehabt haben, herausgeben müsste. Aus diesem Grunde hat ein französisches Gericht in einem vergleichbaren Fall dem Verkäufer eines Bildes zwar die Anfechtung gestattet, aber angedeutet, dass der Käufer bei seinen Recherchen für den Verkäufer als dessen »Geschäftsführer ohne Auftrag« (negotiorum gestor) tätig geworden sei und deshalb von ihm die Aufwendungen ersetzt verlangen könne, die ihm durch die Klärung der Urheberschaft des Bildes entstanden waren. Freilich hätte das Gericht die Klage abweisen sollen, weil es nicht genügt, wenn der Käufer für seine Mühe lediglich mit einem Anspruch auf Aufwendungsersatz abgefunden wird. Vgl. zu dieser (nicht veröffentlichten) Entscheidung des Trib.gr.inst. Paris vom 6. März 1985 *Ghestin* no. 641. Vgl. auch Civ. 25. Mai 1992, J.C.P. 1992.IV.2129: Wer ein dem Maler Fragonard zugeschriebenes Bild für 55 000 ffrs. kauft und, nachdem es sich im Zuge der von ihm veranlassten Restaurierungsarbeiten als *echter* Fragonard entpuppt hat, für 5,15 Mio. ffrs. an den Louvre weiterverkauft, muss sich zwar die Anfechtung des Verkäufers wegen Irrtums gefallen lassen, kann von ihm aber Aufwendungsersatz in Höhe von 1,5 Mio. ffrs. aus dem Gesichtspunkt der ungerechtfertigten Bereicherung verlangen (!).

[32]   Civ. 15. Juni 1960, J.C.P. 1961.II.12274; ähnlich OLG Hamm 27. Nov. 1965, NJW 1966, 1080.

nehmer, der am 15. Oktober einen Versicherungsvertrag mit Wirkung zum
1. Oktober aufgelöst hat, ohne zu wissen, dass er damit seine Ansprüche auf
Deckung eines am 9. Oktober eingetretenen, aber ihm erst viele Monate später
zur Kenntnis gelangten Schadensfalls verlieren werde.[33]

Diese Beispielsfälle mögen den Eindruck erwecken, dass jeder Irrtum, sofern
er nicht ganz belanglos ist, zur Anfechtung des Vertrages berechtigt. Dieser
Eindruck wäre aber nicht richtig. Die Rechtsprechung hat Regeln entwickelt,
die das Recht zur Anfechtung des Vertrages wegen Eigenschaftsirrtums einschränken und damit den Interessen des anderen Vertragspartners Rechnung
tragen wollen. Davon soll im folgenden die Rede sein.

2. *Kausalität des Irrtums.* – Überall anerkannt ist, dass ein Irrtum nur dann zur
Anfechtung des Vertrages berechtigt, wenn er für die Erklärung des Irrenden
»le motif principal et déterminant« gewesen ist[34] oder der Irrende die Erklärung
»bei Kenntnis der Sachlage und bei verständiger Würdigung des Falles nicht
abgegeben haben würde« (§ 119 II BGB).[35] Eine solche Einschränkung ist erforderlich, weil verhindert werden muss, dass jemand einen im Grunde nicht wesentlichen Irrtum zum Vorwand nimmt, um einen Vertrag zu Fall zu bringen,
dessen Abschluss ihn aus anderen Gründen reut.

Man muss also fragen, ob ein vernünftiger Mensch, den man sich »frei von
Eigensinn, subjektiven Launen und törichten Anschauungen« vorstellen muss,[36]
den Vertrag nicht auch bei Kenntnis der wahren Sachlage geschlossen hätte.
Wer ein Bild von Delacroix gekauft und geliefert erhalten hat, kann deshalb
den Vertrag nicht mit der Begründung anfechten, dass er irrtümlich angenommen habe, das Bild habe zu Lebzeiten des Künstlers in seinem Schlafzimmer an
der Wand gehangen.[37] Auch kann sich der Käufer eines Rennwagens nicht auf
einen Irrtum berufen, wenn der Motor zwar einen etwas größeren Hubraum
als vertraglich vereinbart hat, das Fahrzeug aber auch in diesem Zustand als

---

[33] Civ. 25. Feb. 1986, Bull.cass. 1986.I. no. 40.

[34] Req. 17. Juni 1946, Gaz.Pal. 1946.2.204; vgl. auch *Ghestin* 498; *Starck/Roland/
Boyer* no. 406 ff. und ausführlich *Vivien*, De l'erreur déterminante et substantielle, Rev.
trim.civ. 91 (1992) 305, alle mit weiteren Nachweisen aus der Rspr.

[35] Vgl. auch Art. 6:228 BW. Ähnliche Formeln finden sich auch in Art. 4:103 (1) (b)
PECL und Art. 3.2.2 PICC. Auch gemäß Art. 48 (1) (a) CESL hängt das Recht einer Partei
zur Aufhebung eines Vertrages wegen Irrtums u.a. davon ab, dass sie »but for the mistake,
would not have concluded the contract or would have done so only on fundamentally
different contract terms and the other party knew or could be expected to have known
this«. Vgl. dazu *S. Martens*, Die Regelung der Willensmängel im Vorschlag für eine VO
über ein gemeinsames Europäisches Kaufrecht, AcP 211 (2011) 845, 854 f.; *D. Looschelders*,
Das allgemeine Vertragsrecht des CESL, AcP 212 (2012) 581, 618 ff., beide mit umfassenden Hinweisen.

[36] RG 22. Dez. 1905, RGZ 62, 201, 206.

[37] Vgl. Trib.civ. Seine 8. Dez. 1950, D. 1951, 50.

Rennwagen eingesetzt werden kann.[38] Anders in einem Falle, in dem der Verkäufer ein Bild als von dem Maler Duveneck stammend verkauft hatte und den Kaufvertrag rückgängig zu machen suchte, nachdem sich gezeigt hatte, dass es sich in Wahrheit um ein Bild von Leibl handelte. Obwohl für die Bilder beider Maler gleich hohe Preise bezahlt wurden und dem Verkäufer daher durch seinen Irrtum kein wirtschaftlicher Nachteil entstanden war, wurde ihm gleichwohl die Anfechtung gestattet, weil es nicht unverständig sei, dass er als Münchener für den Münchener Maler Leibl eine besondere Wertschätzung empfinde.[39]

3. *Motivirrtum*. – In manchen kontinentalen Rechtsordnungen findet man in der Doktrin und mitunter auch in gesetzlichen Vorschriften den Grundsatz, dass ein bloßer »Motivirrtum« nicht zur Anfechtung eines Vertrages berechtige.[40] Dieser Grundsatz kann sich auf die Autorität von *Savigny* berufen. Er lehrte, dass man das Stadium, in dem eine Partei ihren Willen zum Abschluss des Vertrages bildet, unterscheiden müsse von dem nachfolgenden Stadium, in dem sie den Willen in eine Erklärung umsetzt: Wenn jemandem der Irrtum schon in der Phase der Willensbildung unterlaufe, so handele es sich um einen rechtlich unbeachtlichen Motivirrtum. Hingegen sei zur Anfechtung berechtigt, wer seinen (irrtumsfrei gebildeten) Willen in eine Erklärung umgesetzt hat, die jenen Willen irrtümlich nicht richtig zum Ausdruck bringt.[41]

Die Lehre *Savignys* hat freilich in den Vorschriften des Bürgerlichen Gesetzbuchs einen Widerhall nur in § 119 I gefunden.[42] Hingegen lässt sich kaum leugnen, dass der in der Praxis besonders wichtige Irrtum über eine wesentliche

---

[38] Civ. 3. Okt. 1979, D.S. 1980, 28.

[39] BGH 8. Juni 1988 (oben N. 31) 2599.

[40] Vgl. Art. 24 II OR; § 901 Satz 2 ABGB; Art. 143 griech. ZGB.

[41] Vgl. ausführlich zu »Savignys Irrtumslehre« den gleichnamigen Aufsatz von *Luig*, Ius commune 8 (1979) 36, *W. Flume*, Allgemeiner Teil des Bürgerlichen Rechts II (2. Aufl. 1975) § 22, 2; *Ernst* (oben N. 21) 23 ff.

[42] Danach darf eine Erklärung angefochten werden, die der Erklärende mit diesem Inhalt »überhaupt nicht abgeben wollte«, so etwa dann, wenn er sich bei Abgabe der Erklärung versprochen oder verschrieben hat (»Erklärungsirrtum«). Anfechten darf gemäß § 119 I BGB auch derjenige, der zwar gesagt oder geschrieben hat, was er sagen oder schreiben wollte, aber mit seiner Erklärung einen anderen Sinn verband, als ihn die andere Partei der Erklärung begelegt hat und beilegen durfte (»Inhaltsirrtum«). In beiden Fällen kann man sagen, dass im Sinne *Savignys* ein Widerspruch zwischen Wille und Erklärung vorliegt und daher die Anfechtung berechtigt ist. Von »Erklärungsirrtümern« und »Inhaltsirrtümern« i.S. des § 119 I BGB soll im folgenden nicht mehr besonders gesprochen werden, weil sie eine vergleichsweise geringe praktische Bedeutung haben, anderen Rechtsordnungen ganz unbekannt sind und die einschränkenden Voraussetzungen, unter denen eine Irrtumsanfechtung zulässig ist, auch für sie gelten müssen. Ebenso Art. 4:104 PECL; Art. 3.2.3 PICC; Art. 48 (3) CESL und dazu kritisch *Ernst* (oben N. 21) 31 ff., *Martens* (oben N. 35) 857 f.

Eigenschaft der Sache oder der Person (§ 119 II BGB) in der Regel schon die Willensbildung selbst – und nicht erst die daraufhin formulierte Erklärung – beeinflußt und deshalb als »Motivirrtum« anzusehen ist. Gleichwohl hat der von *Savigny* betonte Grundsatz der Unbeachtlichkeit des bloßen Motivirrtums einen rechtspolitisch richtigen Kern. Zu den »Motiven«, die die Parteien zum Abschluss eines Vertrages veranlassen, gehören nämlich oft Erwartungen, Annahmen, Absichten oder Pläne, die sie mit dem Vertrag zu realisieren hoffen, die aber dem Kontrahenten entweder unbekannt sind oder ihn nicht zu interessieren brauchen. Hat sich die Partei in ihren Erwartungen verschätzt oder ist sie von unzutreffenden Annahmen ausgegangen, so wäre es fatal, wenn sie aus diesem Grunde die Gültigkeit des Vertrages in Frage stellen könnte. Daher kann, wer ein Hochzeitsgeschenk gekauft hat, den Vertrag nicht anfechten, wenn die Hochzeit abgesagt wird. Ebensowenig kann ein Beamter einen Mietvertrag wegen Irrtums anfechten, wenn die von ihm als sicher angesehene Versetzung an den Ort der Mietwohnung scheitert. Schließt der Eigentümer einer Sache einen Versicherungsvertrag, der das Risiko einer Beschädigung der Sache deckt, und nimmt er dabei an, dass der Nießbraucher die Prämie zahlen oder ihm erstatten werde, so kann er, wenn diese Annahme auf einem Irrtum beruht, den Vertrag nicht anfechten, denn »les motifs vrais ou erronés qui peuvent inciter une partie à conclure une opération à titre onéreux … sont sans influence sur la validité de l'opération«.[43] Ein Vertrag über die Herstellung von Werbemitteln kann nicht aufgelöst werden, wenn die Werbung den vom Auftraggeber erhofften Erfolg nicht hat;[44] auch kann ein Käufer den Grundstückskaufvertrag nicht wegen Irrtums aufheben, wenn seine Erwartung enttäuscht wird, er werde die Kosten der Renovierung des Grundstücks von seinen Einkünften absetzen und auf diese Weise Steuervorteile erzielen können.[45]

Anders liegt es, wenn der Vertrag eine ausdrückliche Vereinbarung enthält, nach der die eine Partei nur unter der Bedingung vertraglich verpflichtet sein soll, dass die Erwartungen oder Hoffnungen, die sie mit dem Vertrag verknüpft, sich tatsächlich realisieren lassen. Eine solche Vereinbarung muss nicht ausdrücklich getroffen sein, sondern kann sich auch aus einer (ergänzenden) Auslegung des Vertrages ergeben.[46] Das gleiche Ergebnis lässt sich dadurch

---

[43] Civ. 3. Aug. 1942, D.A. 1943, 18.

[44] Civ. 16. Mai 1939, S. 1939.1.260.

[45] Civ. 13. Feb. 2001, Bull. cass. 2001. I. no. 31. Dies gilt auch dann, wenn der Verkäufer die Erwartung des Käufers gekannt hat; anders nur dann, wenn die Parteien die Realisierung der Steuervorteile ausdrücklich zu einer Grundlage des Vertrages gemacht haben: »L'absence de satisfaction du motif considéré … ne pouvait entraîner l'annulation du contrat faute d'une stipulation expresse qui aurait fait entrer ce motif dans le champ contractuel en l'érigeant en condition de ce contrat«.

[46] Vgl. dazu S. 146 ff.

erreichen, dass man in einem solchen Fall die Anfechtung wegen Irrtums zulässt, wenn die Erwartungen und Vorstellungen der Partei in den Vertrag erkennbar Eingang gefunden haben, oder wenn sie – so eine in Frankreich oft verwandte Formel – »sont entrées dans le champ contractuel«. Das bedeutet für den Eigenschaftsirrtum: Wenn »Motiv« für den Vertragsschluss die Erwartung einer Partei war, dass der Gegenstand, um den es in dem Vertrag geht (oder die Person, mit der sie kontrahiert), bestimmte Eigenschaften habe, so kann sie, wenn diese Erwartung enttäuscht wird, den Vertrag wegen Irrtums nur dann anfechten, wenn der Gegenstand oder die Person hinsichtlich der erwarteten Eigenschaft »nicht dem Vertrag entspricht«[47] oder wenn – so *Ghestin* – es sich bei der erwarteten, aber tatsächlich nicht vorhandenen Eigenschaft um eine »qualité convenue« handelt.[48]

Hat also jemand einen Unternehmer mit Bauarbeiten beauftragt, so kann er den Vertrag nicht wegen Irrtums über eine Eigenschaft der Person anfechten, wenn sich später herausstellt, dass der Unternehmer nicht in die Handwerksrolle eingetragen ist und daher seine Leistung als »Schwarzarbeiter« erbracht hat. Anders wäre es, wenn der Auftraggeber bei den Vertragsverhandlungen zum Ausdruck gebracht hätte, dass es ihm auf jene Eigenschaft ankommt, und wenn die andere Vertragspartei sich darauf eingelassen hätte:

»Soll der Begriff des Eigenschaftsirrtums nicht … eine unerträgliche Rechtsunsicherheit hervorrufen, so dürfen als verkehrswesentlich nur solche Eigenschaften der Person berücksichtigt werden, die von dem Erklärenden in irgendeiner Weise erkennbar dem Vertrag zugrunde gelegt worden sind, ohne dass er sie geradezu zum Inhalt der Erklärung gemacht haben muss.«[49]

Ähnlich hat der Kassationshof in einem Fall entschieden, in dem sich der Geschäftsführer einer GmbH für die Schulden der Gesellschaft verbürgt hatte und später vom Gläubiger aus Forderungen in Anspruch genommen wurde, die er gegen die Gesellschaft erst nach dem Ausscheiden des Bürgen aus seiner Stellung als Geschäftsführer erworben hatte. Es möge sein – so der Kassationshof –, dass die Annahme des Bürgen, er hafte nur für die während seiner Tätigkeit als Geschäftsführer begründeten Forderungen, für ihn zu den »motifs détermi-

---

[47] So besonders *Flume* (oben N. 41) 477 f. Ihm folgt heute die in Deutschland herrschende Meinung; vgl. die unten in N. 49 zitierte Rspr.

[48] Vgl. *Ghestin* no. 526: »L'erreur ne justifie l'annulation du contrat que lorsqu'elle s'analyse en un désaccord entre l'objet réel et sa définition contractuelle. Il faut qu'elle porte sur une qualité expressément ou tacitement convenue.« Vgl. auch *Ghestin* in Anm. zu Com. 20. Okt. 1970, J.C.P. 1971.II.16916 und zu Com. 4. Juli 1973, D. 1974, 538. Vgl. ferner *Malinvaud*, De l'erreur sur la substance, D. 1972 Chron. 215, 216; *Vivien* (oben N. 34) 332 f.; *Terré/Simler/Lequette* no. 217.

[49] BGH 22. Sept. 1983, BGHZ 88, 240, 246. Ebenso BGH 18. Dez. 1954, BGHZ 16, 54, 57 f. (zum Irrtum über die Eigenschaften einer Sache).

nants« für den Abschluss des Bürgschaftsvertrages gehört habe. Diese Motive seien aber, »n'ayant pas été introduits dans le champ contractuel«, unbeachtlich; daher komme eine Anfechtung nicht in Betracht.[50]

4. *Irrtum über den Wert der Sache.* – Einig ist man sich auch darüber, dass ein Vertrag nicht angefochten werden kann, wenn sich eine Partei lediglich über den Wert der Sache geirrt hat, die den Gegenstand des Vertrages bildet. Allerdings gilt das nur für einen Irrtum über den Wert als solchen, dagegen nicht, wenn sich der Irrtum auf Eigenschaften der Sache bezieht, mögen sie auch für ihren Wert von Bedeutung sein.[51] Die Unbeachtlichkeit des Irrtums über den Wert als solchen wird oft auf die Überlegung gestützt, dass der Preis für eine Ware oder Leistung nicht feststeht, sondern sich mit Angebot und Nachfrage ständig verändert. Daher müsse sich z.B. ein Verkäufer, dem ein höherer Preis als der Marktpreis geboten wird, darauf verlassen dürfen, dass das Angebot des Käufers nicht auf einem Irrtum, sondern auf einer veränderten Einschätzung der Marktlage beruht. Die beste Begründung liegt aber darin, dass jede Partei das Risiko einer Falschbewertung der Leistung, die sie aufgrund des Vertrages erbringen muss oder erhalten will, selber zu tragen hat und dass die Sicherheit des geschäftlichen Verkehrs ruiniert würde, wenn eine Partei den Vertrag für erledigt erklären könnte, nur weil sich später zeigt, dass sie »zu teuer« gekauft oder »zu billig« verkauft hat. Mit Recht hat deshalb der Bundesgerichtshof einem Arzt die Anfechtung eines Vertrages verweigert, aufgrund dessen er ein teures medizinisches Gerät gekauft hatte, das zwar technisch in Ordnung war, aber nicht die von ihm erhofften Verwendungsmöglichkeiten bot. Dies hat das Gericht damit begründet, dass der Wert einer Sache, damit aber auch ihre »wirtschaftliche Verwertungsmöglichkeit« keine verkehrswesentliche Eigenschaft i.S. des § 119 II BGB sei.[52] Der wahre Grund liegt aber wohl darin, dass die fehlerhafte Einschätzung der »wirtschaftlichen Verwertungsmöglichkeit« einer Kaufsache eine typisches Käuferrisiko ist.

Stellt man in dieser Weise auf die angemessene Risikoverteilung ab, so gerät freilich auch die Unterscheidung zwischen dem Irrtum über den Wert als solchen und dem Irrtum über die (für den Wert wesentlichen) Eigenschaften ins Wanken. Gesetzt den Fall, jemand habe Aktien einer Gesellschaft gekauft: Soll es einen Unterschied machen, ob er sich über ihren Wert als solchen oder

---

[50] Com. 6. Dez. 1988, D.S. 1988, 185 mit Anm. *Aynès*. Vgl. auch Paris 15. Nov. 1990, D. 1991. Somm. 160: Der Verkäufer einer Statue kann den Vertrag nicht anfechten, sei es, weil die genaue Herkunft der Statue von den Parteien nicht zu einer »qualité convenue« des Vertrages gemacht worden ist, sei es, weil der Verkäufer fahrlässig unterlassen hat, vor Abschluss des Vertrages Recherchen über die Herkunft der Statue anzustellen, und sein Irrtum, weil von ihm verschuldet, daher nicht zur Anfechtung berechtigt (dazu noch unten S. 237 f.).

[51] BGH 18. Dez. 1954 (oben N. 49) 57; BGH 14. Dez. 1960 (oben N. 11) 41.

[52] BGH 18. Dez. 1954 (oben N. 49).

darüber geirrt hat, dass er mit Hilfe der Aktien einen beherrschenden Einfluss auf die Gesellschaft erlangen werde?[53]

Man ist sich darüber einig, dass der Kaufvertrag über ein Miethaus vom Käufer nicht angefochten werden kann, wenn er den Wert des Hauses falsch eingeschätzt hat. Soll es anders liegen, wenn der Käufer den Wert des Hauses deshalb falsch eingeschätzt hat, weil er irrtümlich annahm, es werde demnächst in der Nähe des Hauses eine Durchgangsstraße oder eine U-Bahnstation gebaut? Ob der Käufer anfechten kann, sollte in diesem Fall nicht davon abhängen, ob sich sein Irrtum auf den Wert des Hauses als solchen oder auf eine Eigenschaft des Hauses, nämlich auf seine Verkehrsanbindung, bezieht, auch nicht davon, ob jene Eigenschaft »im Verkehr als wesentlich« angesehen wird oder eine »qualité substantielle« darstellt. Vielmehr sollte es darauf ankommen, ob der Irrtum, um den es geht, in die Risikosphäre des Käufers fällt. Diese Frage muss man aber wohl bejahen. Denn nur der Käufer weiß, welche Erwartungen er mit dem Kauf des Hauses verbindet und welche Pläne er damit realisieren will. Seine Sache ist es deshalb zu prüfen, ob die Umstände, auf die er seine Erwartungen stützt, vorliegen oder künftig eintreten werden. Ist ihm die Beschaffung der dafür erforderlichen Informationen nicht möglich oder zu schwierig, zu zeitraubend oder zu kostspielig, so muss er sich vom Verkäufer entsprechende Zusicherungen geben lassen oder dafür sorgen, dass die Eigenschaften, auf die es ihm ankommt, als »qualités convenues« in den Vertrag Eingang finden. Unterlässt er das, so muss er vor der eigenen Tür kehren.

5. *Risikogeschäfte.* – In manchen Fällen liegt der Risikocharakter eines Geschäfts besonders deutlich zutage; hier ist es offensichtlich, dass die Partei den Konsequenzen, die sich für sie aus der Übernahme des Risikos ergeben, nicht durch eine Anfechtung wegen Irrtums ausweichen kann: »L'aléa chasse la nullité pour erreur.«[54] Eine solche Risikoübernahme kann durch eine ausdrückliche Vereinbarung erfolgen. Hat sich z.B. der Verkäufer ausbedungen, dass er für Mängel der Kaufsache nicht haften wolle, so kann der Käufer, wenn die Sache mangelhaft ist, eine Auflösung des Kaufvertrages weder auf eine Vertragsverletzung stützen noch darauf, dass er die Kaufsache irrtümlich für mangelfrei gehalten habe.[55] Ebenso entscheidet die Rechtsprechung, wenn der Ri-

---

[53] Vgl. Com. 26. März 1974, Bull.cass. 1974.IV. no. 108 und *Ghestin* no. 512; *Mestre* Rev.trim.civ. 86 (1987) 741 ff.; *Terré/Simler/Lequette* no. 220.

[54] *Mestre* (vorige N.) 743. Vgl. dazu auch *Ghestin* no. 529 f.; *Larroumet* no. 345; *Terré/ Simler/Lequette* no. 217.

[55] Vgl. BG 13. Juli 1965, BGE 91 II 275, 279 (Anfechtung verstößt in diesem Fall gegen Treu und Glauben); Com. 4. Dez. 1979, Bull.cass. 1979.IV. no. 324 (Anfechtung nur zulässig, weil der Haftungsausschluss nicht Vertragsinhalt geworden war); BGH 15. Jan. 1975, BGHZ 63, 369, 377 (Käufer eines unechten Bildes kann, wenn ein Haftungsausschluss vereinbart ist, nicht wegen Irrtums anfechten, weil dies die mit dem Haftungsausschluss »erstrebte Risikobeschränkung … nahezu wertlos machen würde«).

sikocharakter des Geschäfts den Umständen zu entnehmen ist. So liegt es z.B.
dort, wo jemand eine Haftung für die Schulden eines anderen übernommen
hat: Hier können sich weder ein Bürge[56] noch ein Pfandbesteller[57] damit herausreden, dass sie den Schuldner irrtümlich für zahlungsfähiger gehalten haben, als er es tatsächlich war. Besonders im Kunsthandel kommt es häufig zu
Geschäften, bei denen sich aus den Umständen ergibt, dass der Käufer das Risiko der Unechtheit des verkauften Gegenstandes übernommen hat.[58] Das neue
niederländische Zivilgesetzbuch hat den Ausschluss der Irrtumsanfechtung bei
Risikogeschäften sogar in Gesetzesform gekleidet: Gemäß Art. 3:228 II besteht kein Anfechtungsrecht, wenn der Irrtum »nach der Natur des Vertrages,
der Verkehrsauffassung oder nach den Umständen des Falles auf Rechnung des
Irrenden zu gehen hat«.

6. *Der verschuldete Irrtum.* – Ein Vertrag kann nicht angefochten werden,
wenn sich der Irrtum auf Umstände bezieht, von denen sich der Irrende bei
den Vertragsverhandlungen ein zutreffendes Bild hätte verschaffen können und
müssen. Wer eine Jagd pachtet und später feststellt, dass viel weniger Wild vorhanden ist als erwartet, kann sich daher nicht auf einen Irrtum berufen, wenn
er vor dem Vertragsabschluss durch Begehung des Geländes den Wildbestand
selbst hätte feststellen können.[59] Dieses Ergebnis lässt sich auf verschiedene
Weise begründen. Man kann sagen, dass nach den Umständen des Falles – z.B.
wegen des relativ niedrigen Pachtzinses – das Vorhandensein eines Wildbestandes in der von dem Pächter erwarteten Größe nicht von den Parteien zur
Grundlage des Geschäfts – zu einer »qualité convenue« des Pachtgeländes – ge-

---

[56] Civ. 11. Feb. 1986, Bull.cass. 1986.I. no. 22; vgl. auch BGH 2. Dez. 1964, NJW
1965, 438: Wird der Schuldner infolge unvorhersehbarer Umstände zahlungsunfähig, so
kann sich der Bürge nicht auf einen »Wegfall der Geschäftsgrundlage«, aber auch nicht –
so wird man ergänzen dürfen – auf eine Anfechtung wegen Irrtums berufen. Eine andere
Frage ist es, ob der Bürge sich nicht deshalb auf die Ungültigkeit des Vertrages berufen
kann, weil er von dem anderen Vertragspartner nicht über die Zahlungsunfähigkeit des
Schuldners aufgeklärt worden ist. Vgl. dazu § 10 N. 39.
[57] BG 16. Juli 1982, BGE 108 II 410, 412.
[58] Vgl. z.B. Civ. 24. März 1987, D. 1987, 489 mit Anm. *Aubert* (ein Bild war nicht als
von Fragonard stammend, sondern lediglich als »attribué à Fragonard« verkauft worden);
Civ. 31. März 1987, Bull.cass. 1987.I. no. 115 (eine Statue aus der Tang-Zeit war als »très
restaurée« verkauft worden). Vgl. zu beiden Entscheidungen *Mestre* (oben N. 53). Auch
Kaufverträge auf dem Flohmarkt oder in einem Antiquariat können für beide Parteien
ein Risikogeschäft sein. Sind dort z.B. alte Notenblätter verkauft worden, so kann sich
wegen Irrtums weder der Verkäufer von dem Vertrag lösen, wenn sich zeigt, dass die
Blätter vielleicht von Mozart stammen, noch der Käufer, wenn sie sich später als moderne
Fälschung und damit als wertlos herausstellen. Vgl. AG Coburg 24. April 1992, NJW
1993, 938 und ausführlich *Fleischer* (oben N. 31) 42–51.
[59] Amiens 30. Nov. 1954, D.H. 1955, 420. Ebenso Req. 21. Jan. 1935, S. 1935, 179
(kein Anfechtungsrecht des Unternehmers, wenn sich herausstellt, dass die von ihm mit
einem Anstrich zu versehende Fläche erheblich größer als erwartet ist).

macht worden sei; daher liege ein bloßer Motivirrtum des Pächters vor (vgl. oben S. 232 ff.). Man kann auch sagen, dass ein Jagdpachtvertrag, soweit es um die Menge des vorhandenen Wildbestandes geht und Vereinbarungen darüber nicht getroffen worden sind, für den Pächter ein »Risikogeschäft« darstellt und ihm aus diesem Grunde ein Anfechtungsrecht nicht zusteht (vgl. oben S. 236 f.). Man kann aber auch die Auffassung vertreten, dass eine Anfechtung ausgeschlossen ist, wenn der Irrtum, auf den sie gestützt wird, auf einem eigenen Verschulden des Irrenden beruht. Diesen Weg geht vor allem die französische, belgische und spanische Rechtsprechung.[60] Dabei kommt es darauf an, ob sich der Irrende vor dem Vertragsabschluss ein zutreffendes Bild von der wirklichen Sachlage hätte verschaffen können und ob er, indem er dies unterließ, sich anders verhalten hat, als es ein vernünftiger Mensch unter den gleichen Umständen getan hätte. Das wird um so eher angenommen, je größer die berufliche Sachkunde und geschäftliche Erfahrung der Partei ist; umgekehrt sind die Gerichte geneigt, einen Irrtum als entschuldbar anzusehen, wenn der Irrende im Abschluss von Geschäften gleicher Art ungeübt ist oder aus anderen Gründen nicht wissen kann, auf welche Informationen es ankommt und wie man sich den Zugang zu ihnen verschafft.[61]

Nach Art. 26 OR ist der Irrende, sofern er »seinen Irrtum der eigenen Fahrlässigkeit zuzuschreiben« hat, seinem Vertragspartner zum Ersatz des ihm durch die Anfechtung entstehenden Schadens verpflichtet.[62] Daraus hat das Bundesgericht den Schluss gezogen, dass das Verschulden des Irrenden zwar zu einer Haftung führt, nicht aber schon die Anfechtung selbst ausschließt.[63] Das wird auch für das deutsche Recht vertreten, weil in § 119 BGB ein Verschulden des Irrenden als Grund für den Ausschluss seines Anfechtungsrechts nicht ausdrücklich genannt sei.[64] Aber das wird man nicht für bare Münze nehmen dürfen. Denn die gleichen Erwägungen, mit denen die französische Rechtsprechung begründet, dass der Irrtum verschuldet sei, können vom deutschen Richter dort verwendet werden, wo es für ihn um die Frage geht, ob der in Rede stehende Irrtum bloßer Motivirrtum ist oder in die Risikosphäre des Irrenden fällt.

---

[60] Civ. 29. Juni 1959, Bull.cass. 1959.I. no. 320; Civ. 2. März 1964, Bull.cass. 1964.I. no. 122; Civ. 9. Okt. 1969, Bull.cass. 1969.III. no. 634 und dazu *Terré/Simler/Lequette* no. 223; vgl. ferner Cass. belge 6. Jan. 1944, Pas. 1944.I.133; T.S. 14. Juni 1943, Aranzadi 1943 no. 719; T.S. 16. Dez. 1953, Aranzadi 1953 No. 3514.

[61] Vgl. dazu *Ghestin* no. 523; *Starck/Roland/Boyer* no. 438 ff., alle mit zahlreichen Hinweisen auf die Rspr.

[62] Das gilt nicht, wenn der Vertragspartner des Irrenden den Irrtum gekannt oder infolge von Fahrlässigkeit nicht gekannt hat. Gemäß Art. 145 III griech. ZGB und § 122 BGB besteht eine Schadensersatzpflicht des Irrenden sogar ohne Rücksicht auf sein Verschulden.

[63] BG 13. Juli 1965, BGE 91 II 275, 280.

[64] RG 22. Dez. 1905, RGZ 66, 201, 205.

7. *Angebot der Freistellung von den Irrtumsfolgen.* – Nach allgemeiner Ansicht entfällt das Anfechtungsrecht, wenn der Vertragspartner auf die Mitteilung des Irrenden, dass der Vertrag wegen Irrtums angefochten werde, unverzüglich erklärt, dass er bereit sei, ihn von den nachteiligen Folgen des Irrtums freizustellen und den Vertrag so gelten zu lassen, wie ihn der Irrende ohne den Irrtum geschlossen hätte.[65] Die praktische Bedeutung dieser Regel ist aber offenbar gering.

III. Der veranlasste Irrtum

Hat jemand bei den Vertragsverhandlungen bewusst die Unwahrheit gesagt, so steht demjenigen, der dadurch in die Irre geführt worden ist, ein Anfechtungsrecht wegen arglistiger Täuschung zu (vgl. § 11). Der Irrende braucht den Vertrag aber auch dann nicht gelten zu lassen, wenn der andere Vertragspartner seine unrichtige Erklärung für richtig gehalten hat. Zwar hat er dann nicht in Täuschungsabsicht gehandelt. Aber er hat doch immerhin den Irrtum seines Kontrahenten – sei es fahrlässig, sei es schuldlos – *veranlasst* und verdient deshalb in seinem Vertrauen auf den Bestand des Vertrages keinen Schutz.

Häufig führt die unrichtige Erklärung zu einer entsprechenden vertraglichen Vereinbarung. So liegt es vor allem dann, wenn der Verkäufer bei den Verhandlungen mit dem Käufer (unrichtige) Erklärungen über die Beschaffenheit der Ware abgibt und darin nach den Umständen des Falles die vertragliche Zusicherung des Vorhandenseins einer Eigenschaft der Ware liegt: Hier stehen dem Käufer Ansprüche aus Vertragsverletzung zu. Aber auch wenn die unrichtige Erklärung nicht Gegenstand einer vertraglichen Vereinbarung geworden ist, darf sich der Erklärende nicht beschweren, wenn der von ihm in die Irre geführte Vertragspartner den Vertrag nicht gelten lassen will. In diesen Fällen gestattet das englische Recht dem Adressaten der unrichtigen Erklärung, den Vertrag wegen *misrepresentation* aufzulösen und unter bestimmten Voraussetzungen Schadensersatz zu verlangen. Der gleiche Gedanke ist aber auch in vielen kontinentalen Rechtsordnungen anerkannt. Dort wird darauf abgestellt, dass es infolge der unrichtigen Erklärung zu einem Irrtum der anderen Vertragspartei kommt; sie kann deshalb den Vertrag anfechten, sofern ihr Irrtum »durch den anderen veranlasst war« (§ 871 ABGB) oder »auf eine Erklärung der anderen Vertragspartei zurückzuführen ist« (Art. 6:228 I a BW).[66]

---

[65] So. Art. 25 II OR; Art. 1432 Codice civile; Art. 6:230 BW; Art. 144 griech. ZGB; Art. 248 port. CC; ebenso Art. 4:105 PECL; Art. 3.2.10 PICC; Art. II.-7:203 DCFR. Die gleiche Lösung wird in Deutschland von der Doktrin vertreten; vgl. *Flume* (oben N. 41) 421 f.; *C. Armbrüster* in Münchener Kommentar (6. Aufl. 2012) § 119 BGB Rn. 141.

[66] Ebenso Art. 84 I poln. ZGB; Art. 210 I ung. ZGB. Der französischen und deutschen Rspr. ist der Begriff des »veranlassten Irrtums« unbekannt. Allerdings wird ein

Besonders die englische Rechtsprechung bietet hier ein reichhaltiges Anschauungsmaterial. Sie sieht als *misrepresentation* eine bei den Vertragsverhandlungen abgegebene unrichtige (schriftliche oder mündliche) Erklärung an, ebenso jedes sonstige Verhalten, das – wie z.B. ein Kopfschütteln, ein Handzeichen, ein Stirnrunzeln – den Wert einer Erklärung hat. Bloße Meinungsäußerungen und Rechtsansichten zählen dazu nicht, ebensowenig die üblichen geschäftlichen Anpreisungen, die von einem vernünftigen Menschen nicht für bare Münze genommen werden. So darf sich ein Grundstückskäufer auf die Erklärung des Verkäufers verlassen, dass der gegenwärtige Mieter »a most desirable tenant« sei: Darin liegt eine *misrepresentation*, wenn der Mieter in Wahrheit mit dem Mietzins mehrere Monate im Rückstand war.[67] Dagegen liegt eine unverbindliche Anpreisung vor, wenn der Verkäufer ein landwirtschaftlich genutztes Grundstück als »fertile and improvable« bezeichnet.[68] Behauptet er, dass man auf dem Grundstück 2000 Schafe halten könne, so hängt es von den Umständen ab, ob darin eine *misrepresentation* liegt. Das ist jedenfalls dann zu verneinen, wenn der Verkäufer, wie dem Käufer bekannt ist, auf dem Grundstück selbst Schafe nicht gezüchtet hat und seine Erklärung deshalb von einem vernünftigen Menschen als bloße Meinungsäußerung verstanden worden wäre.[69] Liegt eine *misrepresentation* vor und ist die irregeführte Vertragspartei durch sie – wie es ihr Kontrahent beabsichtigt hat – zum Abschluss des Vertrages (mit)bestimmt worden, so kann sie von ihm Schadensersatz verlan

---

Irrtum, der die Voraussetzungen des Art. 1110 Code civil oder § 119 II BGB erfüllt, oft ein veranlasster Irrtum sein, ohne dass dies besonders hervorgehoben zu werden braucht. Vgl. z.B. Req. 19. Jan. 1925, S. 1925.1.101. Auch wird bei einem fahrlässig veranlassten Irrtum dem Irregeführten gelegentlich zwar kein Recht zur Anfechtung des Vertrages wegen Irrtums, wohl aber – mit dem gleichen Ergebnis – ein Schadensersatzanspruch gemäß Art. 1382 Code civil oder aus culpa in contrahendo gewährt. In BGH 31. Jan. 1962, NJW 1962, 1196 hatte der Verkäufer bei den Verhandlungen über den Verkauf einer Maschine den von der Käuferin für sie vorgesehenen Standort ausgemessen und sodann – wie sich später zeigte: zu Unrecht – behauptet, dass die Maschine sich dort werde aufstellen lassen. Zwar ließ sich diese Behauptung des Verkäufers nicht als die vertragliche Zusicherung einer Eigenschaft der Maschine auffassen. Da aber der Verkäufer die Käuferin schuldhaft falsch beraten und damit eine ihm schon während der Vertragsverhandlungen obliegende Sorgfaltspflicht verletzt hatte, haftete er ihr auf Schadensersatz, und zwar hier: auf Befreiung von dem Kaufvertrag, den sie ohne den falschen Hinweis nicht eingegangen wäre. Vgl. auch RG 4. Dez. 1920, RGZ 101, 51: Der Kläger hatte von der beklagten Sparkasse Wertpapiere zu einem bestimmten Preis gekauft, von dem die Beklagte behauptet hatte, dass er dem Tageskurs entspreche; in Wahrheit lag der Tageskurs niedriger. Das Berufungsgericht gewährte dem Kläger einen Schadensersatzanspruch, weil er von der Beklagten schuldhaft unrichtig informiert worden sei. Das Reichsgericht sah die Voraussetzungen eines Irrtums gemäß § 119 II BGB als gegeben an. Vgl. dazu ausführlich *Henrich*, Die unbewusste Irreführung, AcP 162 (1963) 88, 92 ff.

[67] *Smith* v. *Land and House Property Corp.* (1884) 28 Ch.D. 7.
[68] *Dimmock* v. *Hallett* (1866) L.R. 2 Ch.App. 21.
[69] *Bissett* v. *Wilkinson* [1927] A.C. 177.

gen, es sei denn, er könne beweisen, dass er nicht schuldhaft gehandelt, nämlich die von ihm gemachten (unrichtigen) Angaben ohne Fahrlässigkeit für richtig gehalten hat.[70] Statt dessen kann die irregeführte Partei aber auch den Vertrag rückgängig machen, dies selbst dann, wenn eine *innocent misrepresentation* vorliegt, also die andere Partei ihre Erklärung schuldlos für richtig hielt. Allerdings kann darin eine zu strenge Sanktion liegen, wenn die Durchführung des Vertrages für den Irregeführten nur einen geringen Nachteil, seine Aufhebung aber für den anderen Partner einen erheblichen Verlust bedeuten würde. Deshalb kann das Gericht den Irregeführten an dem Vertrag festhalten und ihn mit einem Schadensersatzanspruch abfinden, wenn ihm dies nach Lage des Falles vernünftig erscheint.[71]

Erhebliche praktische Bedeutung hat die Frage, ob auch das bloße Schweigen eines Verhandlungspartners als *misrepresentation* oder als »Veranlassung« eines Irrtums angesehen werden kann. Das ist nur dann der Fall, wenn ihn eine Verpflichtung traf, von sich aus − also auch ohne danach gefragt worden zu sein − bestimmte Tatsachen zu offenbaren oder bestimmte Informationen und Hinweise zu erteilen. Wer solche Tatsachen verschweigt, wird sie in der Regel gekannt und deshalb eine arglistige Täuschung begangen haben. Daher soll das Problem der Verletzung von Aufklärungspflichten näher unten in § 10 A II erörtert werden.

IV. Der erkennbare Irrtum

In vielen Rechtsordnungen vertritt man den Standpunkt, dass eine Vertragspartei in ihrem Vertrauen auf den Bestand des Vertrages keinen Schutz verdient, wenn sie den Irrtum ihres Kontrahenten bei Abschluss des Vertrages erkannt hat oder erkennen konnte. Art. 1428 Codice civile verlangt deshalb für die Anfechtbarkeit eines Vertrages, dass der Irrtum nicht nur »wesentlich«, sondern für den Vertragspartner des Irrenden auch »erkennbar« gewesen sei. Diese Voraussetzung ist erfüllt, wenn im Hinblick auf den Vertragsinhalt, die Umstände des Vertragsschlusses und die Stellung der Parteien eine Person von gewöhnlicher Sorgfalt den Irrtum hätte erkennen können (Art. 1431). Ebenso § 871 ABGB: Danach berechtigt ein (wesentlicher) Irrtum zur Anfechtung, wenn er der anderen Vertragspartei »aus den Umständen offenbar auffallen musste«.[72] Auch in Rechtsordnungen, die den Begriff des »erkennbaren Irrtums« nicht kennen, findet man gelegentlich Entscheidungen, in denen

[70] S. 2 (1) Misrepresentation Act 1967.
[71] S. 2 (2) Misrepresentation Act 1967. Vgl. dazu im einzelnen *Treitel (-Peel)* no. 361 ff.
[72] Ähnliche Vorschriften findet man in § 32 I schwed. Vertragsgesetz; Art. 6:228 I b BW; Art. 247 port. CC; Art. 210 I ung. ZGB; Art. 84 I poln. ZGB.

gleichwohl auf dieses Merkmal abgestellt wird. So kommt es nach Ansicht des schweizerischen Bundesgerichts für die Frage, ob ein Irrtum gemäß Art. 24 I Nr. 4 OR als »wesentlich« anzusehen ist, auch darauf an, »ob für die Klägerin nach der allgemeinen Lebenserfahrung oder nach dem, was darüber in tatsächlicher Hinsicht feststeht, erkennbar war, dass der Beklagte der falschen Vorstellung entscheidende Bedeutung beimaß, den Vertrag ohne den Irrtum also nicht geschlossen hätte«.[73]

Allerdings wird man diese Regel einschränken müssen. Wenn es z.B. im Verlauf der Vertragsverhandlungen für den Verkäufer erkennbar wird, wie der Käufer die Kaufsache zu nutzen oder zu verwerten plant, so wird man dem Käufer ein Recht zur Vertragsauflösung nicht schon deshalb einräumen können, weil der Verkäufer Umstände kannte, die der vom Käufer geplanten Nutzung oder Verwertung entgegenstehen. Ebenso liegt es, wenn der Käufer einen hohen Preis für die Ware bewilligt hat, weil er irrtümlich annahm, dass die Nachfrage nach ihr noch für lange Zeit das Angebot erheblich übersteigen werde: Auch hier wird der Käufer nicht schon deshalb anfechten dürfen, weil der Verkäufer eine bessere Kenntnis der Marktverhältnisse besaß und deshalb wusste, dass das Angebot, etwa weil gute Ernten prognostiziert waren oder ein Sinken der Frachtraten bevorstand, sehr bald erheblich zunehmen und die Preise deshalb sehr bald erheblich sinken werden. Zwar kann man in diesen beiden Fällen dem Käufer das Anfechtungsrecht auch schon deshalb versagen, weil das Risiko, dass die Kaufsache sich nicht wie geplant verwerten lässt, von ihm zu tragen ist (oben S. 235 f.) oder weil ein Irrtum über den Wert der Kaufsache als bloßer Motivirrtum unbeachtlich ist (oben S. 232 ff.). Stellt man aber auf die Erkennbarkeit des Irrtums ab, so wird man zusätzlich verlangen müssen, dass derjenige, dem der Irrtum seines Kontrahenten bekannt oder erkennbar war, nicht einfach schweigen durfte, sondern nach den Umständen des Falles zur Richtigstellung des Irrtums verpflichtet war und diese Verpflichtung verletzt hat.[74] Auch hier zeigt sich wieder, dass die Frage, ob ein Vertrag wegen eines Irrtums rückgängig gemacht werden kann, in engem Zusammenhang mit der Frage steht, ob der Irrtum durch die Verletzung einer Informationspflicht der anderen Vertragspartei veranlasst oder – so liegt der Fall hier – nicht richtiggestellt worden ist. Davon wird unten S. 257 ff. noch näher zu reden sein.

---

[73] BG 10. Feb. 1987, BGE 113 II 25, 27 f.

[74] So ausdrücklich Art. 6:228 I b BW. In OGH 19. Okt. 1978, SZ 51 Nr. 144 war diese Voraussetzung erfüllt: ein Verkäufer hatte infolge eines Versehens einen Kaufpreis genannt, der sich zu dem Marktpreis für die Ware wie 1:140 verhielt. Dies war ein Versehen, das dem Käufer nicht nur »offenbar auffallen musste« (871 ABGB), sondern das aufzudecken er nach den Anschauungen des redlichen kaufmännischen Verkehrs auch verpflichtet war. Vgl. auch OGH 7. Dez. 1966, JBl. 1967, 426 mit Anm. *Bydlinski.*

V. Der gemeinsame Irrtum

In vielen Rechtsordnungen wird eine besondere Kategorie für diejenigen Fälle gebildet, in denen ein »gemeinsamer Irrtum« vorliegt, also beide Parteien bei Abschluss des Vertrages einem und demselben Irrtum unterlegen sind. So lässt Art. 6:228 I c BW eine Anfechtung zu, »wenn die andere Vertragspartei beim Abschluss des Vertrages von derselben unrichtigen Vorstellung wie der Irrende ausgegangen ist« und sich darüber klar sein musste, dass der Irrende bei richtiger Erkenntnis der Sachlage den Vertrag nicht abgeschlossen hätte. Ebenso das schweizerische Recht: Gemäß Art. 24 I Nr. 4 OR kann angefochten werden, wenn der Irrtum einen Sachverhalt betrifft, »der vom Irrenden nach Treu und Glauben als eine notwendige Grundlage des Vertrages betrachtet wurde«. Für einen solchen »Grundlagenirrtum« ist nach der Rechtsprechung erforderlich »eine falsche Vorstellung, die notwendigerweise beiden Parteien bewusst oder unbewusst gemeinsam und bei objektiver Betrachtung eine unerläßliche Voraussetzung für den Abschluss des Vertrages gewesen ist«.[75] Das Bürgerliche Gesetzbuch regelt den gemeinsamen Irrtum zwar nicht. Die Rechtsprechung schließt diese Lücke aber dadurch, dass sie die Regeln über den »Wegfall der Geschäftsgrundlage« anwendet, wenn die Parteien sich bei Vertragsabschluss über einen für sie wesentlichen Umstand gemeinsam geirrt haben.[76] Im englischen Recht gehört der gemeinsame Irrtum (*common mistake*) zu den wenigen Irrtümern, wegen derer überhaupt ein Vertrag für ungültig erklärt werden kann. Freilich ist erforderlich, dass der gemeinsame Irrtum einen »fundamentalen« Charakter hat; das ist nur dann der Fall, wenn er sich auf einen Umstand bezieht, den beide Parteien »must necessarily have accepted in their minds as an

---

[75] BG 10. Feb. 1987 (oben N. 73) 27; ebenso BG 25. Okt. 1983, BGE 109 II 319, 322.

[76] Vgl. z.B. BGH 13. Nov. 1975, NJW 1976, 565 (gemeinsamer Irrtum über die Spielberechtigung eines durch Vertrag transferierten Lizenz-Fußballspielers); BGH 25. Sept. 1986, NJW 1987, 890 (gemeinsamer Irrtum über das Nichtbestehen eines Vorkaufsrechts zugunsten eines Dritten); BGH 6. Dez. 1989, NJW 1990, 567 (gemeinsamer Irrtum über den in der verpachteten Gaststätte erzielbaren Umsatz). Inzwischen bestimmt § 313 Abs. 2 BGB ausdrücklich, dass die Regeln über den Wegfall der Geschäftsgrundlage gemäß § 313 Abs. 1 BGB auch dann gelten, wenn ein gemeinsamer Irrtum der Parteien vorliegt, nämlich »wesentliche Vorstellungen, die zur Grundlage des Vertrags geworden sind, sich als falsch herausstellen.« Die darin liegende Verweisung auf § 313 Abs. 1 BGB bedeutet, dass die durch eine solchen gemeinsamen Irrtum benachteiligte Partei sich nicht auf einen Wegfall der Geschäftsgrundlage berufen kann, wenn sich aus der »Berücksichtigung aller Umstände des Einzelfalls, insbesondere der vertraglichen oder gesetzlichen Risikoverteilung« ergibt, dass sie an dem Vertrag festgehalten werden muss (vgl. auch noch S. 413). Anderenfalls kann die Partei eine »Anpassung des Vertrages« verlangen oder, wenn sie nicht möglich oder nicht zumutbar ist, von dem Vertrag zurücktreten. Eine »Anpassung des Vertrages« wird bei gemeinsamem Irrtum auch durch Art. 4:105 (3) PECL und Art. II.-7:203 (3) DCFR zugelassen.

essential and integral element of the subject matter«;[77] der gemeinsame Irrtum muss – mit anderen Worten – »render the subject matter of the contract essentially and radically different from the subject matter which the parties believed to exist«.[78] Diese Voraussetzung wird nur selten als erfüllt angesehen, dies insbesondere dann, wenn sich der gemeinsame Irrtum auf die Beschaffenheit der Ware oder der Leistung bezieht, die sich die eine Partei aufgrund des Vertrages hat versprechen lassen. Ein »fundamentaler« gemeinsamer Irrtum liegt z.B. nicht vor, wenn sich die Parteien von der unrichtigen Vorstellung leiten ließen, dass das verkaufte Gemälde von einem bestimmten Maler stamme,[79] dass das verkaufte Naturprodukt keinerlei Fremdstoffe enthalte[80] oder dass das verkaufte Auto im Jahre 1948 (statt im Jahre 1939) hergestellt sei.[81] Ebenso wurde in einem Fall entschieden, in dem die beklagte Bergungsunternehmerin es unternommen hatte, für ein im Stillen Ozean havariertes Schiff Bergungs- und Hilfeleistungsdienste zu organisieren. Zu diesem Zweck schloss sie mit dem Eigentümer der »Great Peace«, einem in der Nähe des Havaristen befindlichen Schiff, einen Vertrag, in dem vereinbart wurde, dass gegen Zahlung von mindestens 82.500 $ die »Great Peace« für 5 Tage Hilfe leisten, nämlich ihren Kurs sofort ändern, so schnell wie möglich zu dem Havaristen fahren und im Falle seines Untergangs die Mannschaft übernehmen sollte. Beide Parteien gingen bei Abschluss des Vertrages von der unrichtigen Vorstellung aus, dass die beiden Schiffe nur etwa 35 Seemeilen voneinander entfernt seien und die »Great Peace« daher den Havaristen in wenigen Stunden erreichen werde. Sehr bald zeigte sich freilich, dass der Abstand in Wahrheit 415 Seemeilen betrug. Die Beklagte engagierte daraufhin ein anderes Schiff und erklärte sodann dem Eigentümer der »Great Peace«, dass der mit ihm abgeschlossene Vertrag wegen eines gemeinsamen Irrtums über den genauen Standort des Havaristen ungültig sei. Der Court of Appeal war anderer Meinung. Er hielt den Irrtum nicht für »fundamental«, sah den Vertrag als wirksam an und gab der Klage auf die vereinbarte Mindestvergütung statt.[82]

Es zeigt sich also, dass die Voraussetzungen, unter denen in den hier interessierenden Fällen der Vertrag aufgelöst werden kann, überall mit ähnlichen allgemeinen Formeln umschrieben werden, ganz gleich, ob von einem »gemeinsamen

---

[77] *Lord Thankerton* in *Bell* v. *Lever Brothers Ltd.* [1932] A.C. 161, 235.

[78] *Lord Steyn* in *Associated Japanese Bank (International) Ltd.* v. *Crédit du Nord S.A.* (oben N. 18) 912 f.

[79] *Leaf* v. *International Galleries* [1950] 2 K. B. 86. Vgl. auch *Lord Atkin* in *Bell* v. *Lever Brothers* (oben N. 77.) 224: »A buys a picture from B; both A and B believe it to be the work of an old master and a high price is paid. It turns out to be a modern copy. A has no remedy in the absence of representation or warranty.«

[80] *Harrison and Jones* v. *Burton and Lancaster* [1953] 1 Q.B. 646.

[81] *Oscar Chess Ltd.* v. *Williams* [1957] 1 W.L.R. 370.

[82] *Great Peace Shipping Ltd.* v. *Tsavliris Salvage (International) Ltd.* [2003] Q. B. 679. Die Rechtsprechung der britischen Gerichte ist freilich nicht ganz einheitlich. Vgl. ausführlich zum *common mistake* Treitel (-Peel) no. 8–002 ff.; *McKendrick* no. 14.2.

Irrtum«, einem »Grundlagenirrtum« oder einem »common mistake« gesprochen wird. Allerdings muss man zugeben, dass die Gerichte, wenn sie diese Formeln auf praktische Fälle anzuwenden haben, oft zu durchaus unterschiedlichen Ergebnissen kommen.

VI. Ein europäisches Irrtumsrecht?

Die vorstehenden Ausführungen haben gezeigt, dass die europäischen Rechtsordnungen eine recht verwirrende Fülle unterschiedlicher Gesichtspunkte verwenden, um zu entscheiden, ob ein Vertrag wegen Irrtums für ungültig erklärt werden kann oder nicht.[83] Auch hat sich gezeigt, dass diese Gesichtspunkte in vielen Fällen gegenseitig austauschbar sind. Ist etwa der Richter der Auffassung, dass ein Vertrag trotz des Irrtums der einen Vertragspartei als gültig behandelt werden muss, so kann er dieses Ergebnis sowohl damit begründen, dass er den Irrtum als verschuldet, als bloßen Motivirrtum oder als Irrtum über den Wert der Sache ansieht oder damit, dass er aufgrund einer Auslegung des Vertrages den Irrtum der Risikosphäre des Irrenden zuweist und aus diesem Grunde ein Anfechtungsrecht verneint. Welchen Weg der Richter geht, hängt von den Traditionen und Konventionen der für ihn maßgeblichen Rechtsordnung ab und ist wohl manchmal auch eine Frage seines juristischen Geschmacks.

Immerhin lassen sich gleichwohl einige wesentliche gemeinsame Grundlinien der europäischen Rechtsentwicklung erkennen. Nur so lässt sich erklären, dass die Vorschläge, die in den internationalen Regelwerken zu den Voraussetzungen der Vertragsaufhebung wegen Irrtums gemacht worden sind, auf durchaus ähnlichen Grundgedanken beruhen.[84]

---

[83] Hinzu kommt, dass der hier gegebene Überblick noch nicht einmal vollständig ist. So lässt z.B. das österreichische Recht die Anfechtung auch dann zu, wenn der Irrtum »noch rechtzeitig aufgeklärt wurde« (871 ABGB). »Noch rechtzeitig« bedeutet, dass der andere Vertragspartner von dem Irrtum Kenntnis erhalten haben muss, ehe er im Vertrauen auf die Gültigkeit des Vertrages Dispositionen getroffen oder zu treffen unterlassen hat und ihm dadurch ein Nachteil entstanden ist. Vgl. z.B. OGH 20. Mai 1953, SZ Nr. 129. Freilich leuchtet nicht ein, warum das Vertrauen des anderen Vertragspartners auf den Bestand des Vertrages nur dann Schutz verdienen sollte, wenn er den Beweis dafür erbringen kann, dass er bereits Dispositionen getroffen und dadurch einen Nachteil erlitten hat. Ebenso *Kramer* ZEuP 1999, 209, 217 f. und 2007, 247, 256. Eine andere Frage ist es, ob man nicht in einem solchen Fall die Anfechtung zwar zulassen, aber dem Richter, wenn die Rückabwicklung des Geschäfts wegen der bereits getroffenen Dispositionen »beschwerlich« ist, die Befugnis einräumen sollte, den Vertrag als ganz oder teilweise gültig anzusehen und den Irrenden mit einem Schadensersatzanspruch abzufinden. So Art. 3:53 II BW. Vgl. dazu auch noch die auf einem ähnlichen Gedanken beruhende Regelung in s. 2 (2) Misrepresentation Act 1967 (oben N. 71).

[84] Vgl. Art. 4:103 PECL; Art. 3.2.2 PICC; Art. 151 CEC; Art. II.-7:201 DCFR; Art. 48 CESL. Vgl. dazu *E. Kramer*, Die Gültigkeit der Verträge nach den UNIDROIT-

1. »*Vorrang des Vertrages*«. – Zunächst ist allerdings zu bedenken, dass es viele
Fälle gibt, in denen die eine oder andere Partei sich zwar geirrt hat, die Regeln über die Vertragsaufhebung wegen Irrtums aber dennoch nicht angewendet werden dürfen. So liegt es z.B., wenn es zwar so scheint, als hätten sich die
Parteien geeinigt, ihre Erklärungen aber mehrdeutig sind, also auch aus der Sicht
eines vernünftigen Menschen sowohl das eine wie das andere bedeuten können:
Hier haben sich die Parteien missverstanden; ein Vertrag, der erst noch wegen
des Irrtums einer Partei aufgehoben werden musste, kommt schon deshalb nicht
zustande, weil es an einer Einigung der Parteien fehlt.[85] Häufiger kommt es vor,
dass ein Vertrag zwar zustande gekommen ist, sich *ihm selbst* aber entnehmen
lässt, dass seine Aufhebung wegen eines Irrtums nicht in Betracht kommt. Wenn
etwa die dem Käufer gelieferte Ware nach Menge, Identität oder Eigenschaften
dem Vertrage nicht entspricht oder ihm das lastenfreie Eigentum nicht verschafft
wird oder die Lieferung ganz unterbleibt, so kann der Käufer zwar behaupten,
dass er einem »Irrtum« unterlegen sei, weil er zu Unrecht angenommen habe,
dass der Verkäufer den Vertrag wie versprochen erfüllen werde. Und doch besteht kein Anlass, die Regeln über die Ansprüche des Käufers wegen Vertragsverletzung dadurch aus dem Sattel zu heben, dass man ihm statt ihrer oder neben
ihnen ein Recht zur Vertragsauflösung wegen Irrtums zubilligt.[86] Vielmehr gilt
der allgemeine Grundsatz, dass der Richter, ehe er sich den Regeln über die Aufhebung des Vertrages wegen Irrtums zuwendet, »must first determine whether
the contract itself ... provides who bears the risk of the relevant mistake«.[87] Ist
also eine bestimmte Warenmenge verkauft worden, die – was die Parteien nicht
wussten – schon im Zeitpunkt des Vertragsabschlusses nicht mehr existierte, so
wird zwar in manchen Rechtsordnungen durch eine gesetzliche Vorschrift bestimmt, dass der Vertrag in einem solchen Falle ungültig sei.[88] Aber diese Vorschriften werden meist nicht als zwingend angesehen, so dass die Auslegung des

---

Principles of International Commercial Contracts, ZEuP 1999, 209; *M. Wolf*, Willensmängel und sonstige Beeinträchtigungen der Entscheidungsfreiheit in einem europäischen Vertragsrecht, in: J. Basedow (Hrsg.), Europäische Vertragsrechtsvereinheitlichung und deutsches Recht (2000) 85; *E. Kramer*, Bausteine für einen »Common Frame
of Reference« des europäischen Irrtumsrechts, ZEuP 2007, 247; *R. Sefton-Green* (Hrsg.),
Mistake, Fraud and Precontractual Duties to Inform in European Contract Law (2005);
N. Jansen/R. Zimmermann, Vertragsschluss und Irrtum im europäischen Vertragsrecht,
AcP 210 (2010) 196, 229 ff.; *S. Martens* (oben N. 35) 854 ff.

[85] Vgl. oben S. 142 f.
[86] Vgl. oben S. 222 ff.
[87] *Lord Steyn* (oben N. 19).
[88] So. z.B. s. 6 Sale of Goods Act 1979; Art. 20 OR; § 878 ABGB; Art. 1346 Codice
civile. Anders aber Art. 6:74 BW; anders auch Art. 4:102 PECL und Art: 3.1.3 PICC.
Auch die frühere Regel in § 306 BGB, die den Vertrag für unwirksam hielt, ist inzwischen durch § 311 a BGB ersetzt worden. Danach ist der Vertrag wirksam. Der Käufer
kann zwar nicht mehr Erfüllung des Vertrages, wohl aber Schadensersatz verlangen, es
sei denn, dass der Verkäufer beweisen kann, dass er bei Vertragsschluss die Nichtexistenz

Vertrages durchaus das Ergebnis haben kann, dass der Verkäufer das Vorhandensein der verkauften Ware garantiert oder – anders ausgedrückt – das Risiko
ihres Nichtvorhandenseins übernommen hat. Dass er in einem solchen Fall den
Vertrag nicht mit der Behauptung auflösen kann, er und der Verkäufer hätten
sich bei Vertragsabschluss in einem gemeinsamen Irrtum über die Existenz der
Ware befunden, ist offensichtlich. Diese Überlegungen müssen auch dort gelten,
wo sich der Irrtum der Parteien nicht auf die Frage bezieht, ob der Verkäufer
zur Lieferung vertragsmäßiger Ware imstande sein wird. Wenn also die Parteien eines Mietvertrages irrtümlich annehmen, dass die vermietete Wohnung
keiner gesetzlichen Mietpreisbindung unterliegt oder wenn sie bei Abschluss eines Bürgschaftsvertrages zu Unrecht davon ausgehen, dass der Schuldner dem
Gläubiger zur Sicherung seiner Forderung das Eigentum an Sachen übertragen
und der Bürge daher nur ein Restrisiko zu übernehmen hat,[89] so liegt zwar ein
Irrtum der Parteien vor. Aber damit ist noch nicht entschieden, dass der Vertrag
von derjenigen Partei aufgehoben werden darf, die ihn, nachdem der Irrtum
aufgedeckt ist, als für sich nachteilig empfindet. Vielmehr kommt es darauf an,
wer nach den vertraglichen Vereinbarungen und den Umständen des Falles das
Risiko des Irrtums trägt. Ist dies der Kläger – etwa weil er sich bei Vertragsabschluss mit geringerem Aufwand als der Beklagte die erforderlichen Informationen hätte beschaffen können –, so muss er sich an dem Vertrage festhalten lassen.
Das gilt auch dann, wenn das Irrtumsrisiko gleichermaßen von beiden Parteien
oder allein von dem Beklagten zu tragen ist. Solange der Vertrag etwas über die
Risikoverteilung sagt – dies wird sich oft erst aus seiner (ergänzenden) Auslegung ergeben –, kommt eine Aufhebung wegen eines Irrtums nicht in Betracht.
Für Verträge mit spekulativem oder aleatorischem Charakter ist das überall anerkannt.[90] In gewissem Umfang hat es aber jeder Vertrag mit der Verteilung von
Risiken zu tun; daher kann jedem Vertrag, sofern man ihn nur streng genug befragt, eine Auskunft darüber zu entnehmen sein, ob nicht bestimmte unrichtige
Vorstellungen oder Erwartungen, von denen sich eine Partei hat bewegen lassen, zu ihren Lasten gehen und daher für eine Vertragsaufhebung wegen Irrtums
kein Raum ist.[91] Schließlich kommt es häufig vor, dass eine Partei sich zwar in
einem Irrtum befindet, aber deshalb nicht (oder nicht allein) die Aufhebung des

---

der verkauften Waren »nicht kannte und seine Unkenntnis auch nicht zu vertreten hat«.
Vgl. dazu *H. Kötz*, Vertragsrecht (2. Aufl. 2012) Rn. 788 f., 1107 f.

[89] So lag der Fall in *Associated Japanese Bank (International) Ltd.* v. *Crédit du Nord* (oben
N. 18).

[90] Vgl. oben S. 236 f.

[91] Vgl. auch Art. 6:101 und 102 PECL: Dort sind die Voraussetzungen genannt, unter
denen eine ausdrückliche oder im Wege der ergänzenden Vertragsauslegung zu erschlie-
ßende Erklärung der Parteien »is to be treated as a contractual obligation«. Sind diese Voraussetzungen gegeben, so haftet die Partei, die ihre Pflichten nicht erfüllt hat, wegen
Vertragsverletzung; sie kann sich dieser Haftung nicht dadurch entziehen, dass sie den
Vertrag wegen Irrtums aufhebt.

Vertrages verlangt, sondern in erster Linie geltend macht, dass die andere Partei den Irrtum durch die *Verletzung einer Auskunftspflicht* verursacht habe und deshalb zum Ersatz des daraus entstandenen *Schadens* verpflichtet sei. Das liegt besonders nahe, wenn die andere Partei bei den Vertragsverhandlungen *bewusst* etwas Unrichtiges oder Unvollständiges erklärt und dadurch ihren Kontrahenten *getäuscht* hat.[92] Schadensersatz muss aber auch dann geleistet werden – sei es wegen Verschuldens bei Vertragsverhandlungen, sei es auch wegen einer unerlaubten Handlung –, wenn die Partei bei Abgabe der unrichtigen oder unvollständigen Erklärung *fahrlässig* gehandelt oder wenn sie geschwiegen, aber dadurch gegen eine Aufklärungspflicht verstoßen hat.[93]

2. *Voraussetzungen der Irrtumsanfechtung* – Ist die Anfechtung oder Aufhebung des Vertrages wegen eines Irrtums nicht von vornherein ausgeschlossen, so bleibt die Frage, unter welchen Voraussetzungen sie zulässig sein soll.

Die altehrwürdige Kategorisierung der Irrtümer nach error in persona, in substantia, in negotio usw. trägt dazu offensichtlich nichts bei. Ebensowenig reicht es aus, wenn verlangt wird, dass der Irrtum sich auf eine »qualité substantielle de la chose« oder auf eine »im Verkehr als wesentlich« angesehene Eigenschaft der Sache oder Person bezogen haben muss. Diese Formeln haben – für sich genommen – wenig greifbaren operationalen Gehalt und lassen vor allem kaum erkennen, dass es für die Zulassung einer Irrtumsanfechtung entscheidend auf das Interesse der anderen Vertragspartei ankommt, also darauf, ob und unter welchen Voraussetzungen sie es hinnehmen muss, dass der Vertrag aufgehoben und damit ihre geschäftliche Planung über den Haufen geworfen wird.

Dass dies nur unter besonderen Umständen zulässig sein kann, ist stets die Grundposition des englischen Rechts gewesen. Sie wird aber auch vom österreichischen ABGB geteilt, dessen § 871 unter dem Einfluss einer stark am Verkehrsschutz orientierten Doktrin der Naturrechtslehrer formuliert worden ist. Auch die moderneren Zivilgesetzbücher – besonders der Codice civile und das holländische BW – haben sich diesen Standpunkt zu eigen gemacht. In Deutschland und Frankreich ist es die Rechtsprechung gewesen, die – wie wir gesehen haben – durch Auslegung der allzu geräumig und unbestimmt gefassten gesetzlichen Vorschriften dem Gedanken des Verkehrs- und Vertrauensschutzes Rechnung getragen hat.

Grundsätzlich muss jeder Vertrag so gelten, wie ihn die Parteien abgeschlossen haben. Daran ändert sich nichts, wenn sie sich bei Vertragsabschluss geirrt haben: Die nachteiligen Konsequenzen eines solchen Irrtums müssen in aller Regel demjenigen zur Last fallen, dem er unterlaufen ist. Zwar muss es Ausnahmen von diesem Grundsatz geben. Für sie darf es aber nicht darauf ankommen, bei welchen psychologischen Vorgängen der Irrtum entstanden ist, ob er ein

---

[92] Vgl. unten § 10 A.
[93] Vgl. unten S. 236 ff.

Motiv, die »Hauptsache« oder eine Eigenschaft oder den Wert des Vertragsgegenstandes betrifft oder ob sich die Vertragspartei über die gegenwärtige Lage
oder die künftige Entwicklung oder über tatsächliche oder rechtliche Annahmen geirrt hat. Vielmehr darf eine Partei den Vertrag wegen Irrtums nur dann
aufheben, wenn es besondere Gründe gibt, aus denen das Vertrauen der anderen
Partei auf die Gültigkeit des Vertrages ausnahmsweise keinen Schutz verdient,
weil auf die eine oder andere Weise der Irrtum auch ihr »zugerechnet« werden
kann. Diesem Ausgangspunkt folgen alle internationalen Regelwerke. Welche
besonderen Gründe sind es, die danach die Aufhebung des Vertrages rechtfertigen?

Zunächst muss man verlangen, dass der Irrtum sich nicht auf einen Neben-
punkt bezieht, also einen Punkt von solcher Wichtigkeit betrifft, dass ein vernünftiger Mensch, wenn ihm der wahre Sachverhalt bekannt gewesen wäre,
den Vertrag überhaupt nicht oder zu wesentlich anderen Bedingungen geschlossen hätte.[94] Ist diese Voraussetzung erfüllt, so ist die Vertragsaufhebung
wegen Irrtums zulässig, wenn die andere Vertragspartei den Irrtum ihres Kontrahenten *veranlasst* hat, ihm also – vielleicht sogar schuldlos – Unrichtiges oder
Unvollständiges erklärt und dadurch in die Irre geführt hat und es sich deshalb
gefallen lassen muss, dass der Kontrahent wegen dieses Irrtums den Vertrag
aufhebt.[95] Eine Vertragspartei kann den Irrtum ihres Kontrahenten auch dadurch veranlasst haben, dass sie geschwiegen hat; das gilt aber natürlich nur
dann, wenn sie nach den Umständen des Falles eine *Aufklärungspflicht* traf und
sie deshalb hätte reden müssen.[96] Weiterhin ist die Vertragsaufhebung zulässig,
wenn die andere Vertragspartei den Irrtum zwar nicht veranlasst hat, aber deshalb keinen Schutz auf den Bestand des Vertrages verdient, weil sie den Irrtum
des Kontrahenten *erkannt* hat oder vernünftigerweise *hätte erkennen müssen* und
ihn darüber nicht aufgeklärt hat, obwohl sie nach den Anschauungen des redlichen Geschäftsverkehrs dazu verpflichtet gewesen wäre.[97] Schließlich wird
die Aufhebung gestattet, wenn beide Parteien bei Abschluss des Vertrages dem
gleichen Irrtum unterlegen sind, also ein *gemeinsamer Irrtum* vorliegt.[98]

---

[94] So Art. 3.2.2 (1) PICC. Vgl. Art. 4:103 (1) (b) PECL; Art. II.-7:201 (1) (a) DCFR;
Art. 48 (1) (a) CESL.

[95] Art. 4:103 (1) (a) (i) PECL; Art. 3.2.2 (1) (a) PICC; Art. II.-7:201 (1) (b) (i) DCFR;
Art. 48 (1) (b) (i) CESL.

[96] In Art. II.-7:203 (1) (b) (iii) DCFR und Art. 48 (1) (b) (ii) CESL ist ausdrücklich bestimmt, dass die Vertragsaufhebung auch dann zulässig ist, wenn die andere Vertragspartei »caused the contract to be concluded in mistake by failing to comply with a pre-contractual information duty«. Vgl. dazu auch noch unten S. 257 ff.

[97] Art. 4:103 (1) (a) (ii) PECL; Art. 3.2.2 (1) (a) PICC; Art. II.-7:201 (1) (b) (ii) DCFR;
Art. 48 (1) (b) (iii) CESL.

[98] Art. 4:103 (1) (a) (iii) PECL; Art. 3.2.2 (1) (a) PICC; Art. II.-7:201 (1) (b) (iv) DCFR;
Art. 48 (1) (b) (iv) CESL. – Gemäß Art. 3.2.2 (1) (b) PICC soll die Vertragsaufhebung wegen Irrtums stets zulässig sein, wenn die andere Vertragspartei im Zeitpunkt der Auf-

Ob die eben genannten Voraussetzungen erfüllt sind, braucht *nicht* geprüft zu werden, wenn Gründe vorliegen, die die Vertragsaufhebung wegen Irrtums von vornherein ausschließen. Der eine Grund liegt darin, dass der Irrtum »*unentschuldbar*« war,[99] dass also die Partei, die sich auf den Irrtum beruft, »was grossly negligent in committing the error«.[100] Praktisch wichtiger ist der andere Grund: Danach kommt eine Aufhebung nicht in Betracht, wenn sich aus dem Vertrag – manchmal auch aufgrund seiner (ergänzenden) Auslegung – ergibt, dass das *Risiko* des Irrtums nur von einer Partei zu tragen war: Diese Partei kann den Vertrag nicht wegen Irrtums aufheben, weil sie sich damit den Nachteilen entzöge, die sie nach der vertraglichen Risikoverteilung zu tragen hat.[101]

Sicherlich ist zu begrüßen, dass es bei den Regeln über die Vertragsaufhebung wegen Irrtums in den internationalen Regelwerken einen weitgehenden Konsens gibt. Aber daraus darf man nicht den Schluss ziehen, dass die europäischen Gerichte bei der Anwendung dieser Regeln überall zu den gleichen Ergebnissen kämen. Es mag zu bedauern sein, ist aber unvermeidlich, dass dem Gesetzgeber – auch dem europäischen – in dieser Frage kein anderer Weg offensteht, als sich auf ziemlich allgemeine und unbestimmte Formeln zu beschränken. Ob z.B. in einem konkreten Fall ein bestimmtes Risiko von dieser oder jener Partei zu tragen ist, ob eine Partei eine Aufklärungspflicht erfüllen und deshalb ihrem Kontrahenten auch ungefragt bestimmte Informationen erteilen muss oder ob sie ihren Kontrahenten, nachdem sie seinen Irrtum erkannt hat, darauf aufmerksam zu machen hat – dies alles sind Fragen, die der Gesetzgeber zwar stellen, aber nur der Richter beantworten kann, und zwar aufgrund von Wertungen, die – wie die obigen Ausführungen zeigen – von Land zu Land unterschiedlich sein können und oft auch davon abhängen, welche Art von Fällen typischerweise vor die Gerichte kommen und welche Art von Kundschaft es typischerweise ist, deren Bedürfnissen die Gerichte Rechnung zu tragen haben.

---

hebungserklärung noch nicht im Vertrauen auf den Vertrag gehandelt, also noch keine Dispositionen getroffen hat (ebenso § 871 ABGB). Vgl. dazu oben N. 83.

[99] Art. 4:103 (2) (a) PECL; Art. II.-7:201 (2) (a) DCFR.

[100] Art. 3.2.2 (2) (a) PICC. Vgl. dazu kritisch *Kramer* (oben N. 83) ZEuP 2007, 258 f. Auch Art. 48 CESL sieht von einer solchen Regelung ab.

[101] Art. 4:103 (2) (b) PECL; Art. 3.2.2 (2) (b) PICC; Art. II.-7:201 (2) (b) DCFR; Art. 48 (2) CESL: Auf die vertragliche Risikoverteilung wird es besonders dort ankommen, wo eine Partei die Vertragsaufhebung wegen eines gemeinsamen Irrtums erklärt. Vgl. dazu S. 243 ff.

D. Rechtsfolgen der Irrtumsanfechtung

Das Recht zur Anfechtung oder Aufhebung des Vertrages wegen Irrtums wird von der irrenden Partei dadurch ausgeübt, dass sie durch eine ausdrückliche oder stillschweigende Erklärung oder durch schlüssiges Verhalten unmissverständlich zu erkennen gibt, dass sie wegen ihres Irrtums an den Vertrag nicht gebunden sein will. Besonders in den romanischen Rechtsordnungen wird allerdings manchmal verlangt, dass die Ungültigkeit des Vertrages von der irrenden Partei nicht durch eine Erklärung, sondern durch eine Klage (oder durch eine Einrede im Prozess) geltend gemacht wird.[102] Für eine solche Regelung gibt es aber keine überzeugenden Gründe. Hält der Vertragspartner des Irrenden die Aufhebungserklärung für *berechtigt*, so kann er sich auch in den romanischen Ländern mit dem Irrenden über die daraus zu ziehenden Konsequenzen formlos einigen. Hält er umgekehrt die Aufhebungserklärung für *unbegründet*, so wird er gegen den Irrenden eine Klage auf Erfüllung oder wegen Nichterfüllung des – nach seiner Meinung gültigen – Vertrages erheben; auch hier ist es also letztlich das Gericht, das darüber zu entscheiden hat, ob der Vertrag wegen Irrtums aufgehoben ist oder nicht.

Unterschiedlich wird die Frist bestimmt, innerhalb derer die Aufhebungserklärung der anderen Partei zugegangen und damit wirksam geworden sein muss. Zu laufen beginnt sie, wenn der Irrende die Gründe kennt, die ihn zur Aufhebung des Vertrages berechtigen; manchmal soll die Frist schon vorher, nämlich schon dann zu laufen beginnen, wenn der Irrende jene Gründe kennen *konnte*. Für die Frist wird in manchen Rechtsordnungen ein genauer Zeitraum bestimmt, etwa 1 Jahr (Art. 31 OR), 3 Jahre (Art. 3:52 c BW) oder 5 Jahre (Art. 1304 Code civil).[103] Dafür sprechen Gründe der Rechtssicherheit. Andererseits besteht je nach der Art des Geschäfts ein unterschiedliches Interesse daran, dass der Vertrag nach Ablauf eines gewissen Zeitraums endgültig wirksam ist. So muss etwa die Anfechtung eines Kaufvertrages über Waren, die zu rasch fluktuierenden Preisen gehandelt oder binnen kurzer Frist weiterveräußert werden, schneller erfolgen als die Anfechtung eines Grundstückskaufvertrages. Auch besteht bei einer zeitlich genau fixierten Anfechtungsfrist die Gefahr, dass der Irrende auf Kosten seines Kontrahenten spekuliert, nämlich wartet, bis er übersehen kann, ob sich die Marktverhältnisse zu seinem Vorteil oder Nachteil entwickeln. Deshalb spricht viel für eine flexiblere Lösung. § 121 BGB wählt eine solche Lösung in der Weise, dass dort bestimmt wird,

---

[102] Vgl. Art. 1117 Code civil; Art. 1441 f. Codice civile; Art. 1301 span. CC.

[103] In den romanischen Rechtsordnungen neigt man dazu, dem Irrenden die Berufung auf den Irrtum *ohne* jede zeitliche Beschränkung zu gestatten, sofern er sich mit ihr auf Ansprüche aus dem Vertrag *verteidigt*; vgl. z.B. Art. 1442 IV Codice civile; Art. 287 II port. CC; *Larroumet* no. 569 mit Nachweisen aus der fr. Rspr.

es müsse der Irrende, nachdem ihm der Anfechtungsgrund bekannt geworden ist, seine Erklärung unverzüglich, also »ohne schuldhaftes Zögern« abgeben; das bedeutet praktisch, dass dem Irrenden diejenige Frist zuzubilligen ist, die unter Berücksichtigung der Interessen auch seines Vertragspartners vernünftig erscheint. Auf das Gleiche läuft die Lösung der internationalen Regelungswerke hinaus: Danach muss der Irrende, sobald er seinen Irrtum erkannt hat oder erkennen konnte, die Aufhebung des Vertrages »within a reasonable time« erklären.[104]

---

[104] So Art. 4:113 (1) PECL, Art. 3.2.12 PICC; Art. II.-7:210 DCFR. In Art. 52 (2) CESL wird allerdings bestimmt, dass der Irrende, nachdem ihm der Aufhebungsgrund bekannt geworden ist, bis zur Erklärung der Aufhebung 6 Monate Zeit hat. Das steht zwar in deutlichem Gegensatz zu § 121 BGB, erscheint aber deshalb sinnvoll, weil gemäß Art. 48 CESL die Vertragsaufhebung wegen Irrtums (anders als nach deutschem Recht) nur dann gewährt wird, wenn der Irrtum aus den oben dargestellten Gründen auch dem Vertragspartner des Irrenden »zugerechnet« werden kann. Dann aber erscheint es – so mit Recht *Martens* (oben N. 35) 880 – in der Tat »gerechtfertigt, diesen Vertragspartner länger der Unsicherheit einer möglichen Anfechtung auszusetzen als im deutschen Recht, das ein Anfechtungsrecht auch bei rein internen und sogar bei selbstverschuldeten Irrtümern gewährt«.

§ 10 Täuschung und Drohung

A. Täuschung

I. Voraussetzungen

Irrtum und Täuschung haben miteinander gemeinsam, dass auch der Getäuschte den Vertrag unter dem Einfluss eines Irrtums schließt. Bei der Täuschung ist dieser Irrtum allerdings von der anderen Vertragspartei bewusst herbeigeführt worden. Man kann deshalb in der Täuschung einen Spezialfall des »veranlassten« Irrtums sehen.[1] So das englische Recht: Es bildet die Kategorie der durch *misrepresentation* veranlassten Irrtümer und unterscheidet innerhalb dieser Kategorie danach, ob die unrichtige Erklärung schuldlos oder fahrlässig abgegeben worden ist (*innocent* oder *negligent misrepresentation*) oder ob der Erklärende seine Erklärung in Kenntnis ihrer Unrichtigkeit abgegeben hat. Im letzteren Fall spricht man in England von *fraudulent misrepresentation*, in Frankreich und anderen romanischen Ländern von *dol* oder *dolo*, in Deutschland und in der Schweiz von »arglistiger« oder »absichtlicher Täuschung«, in Österreich von »List«, in Holland von *bedrog*.

---

[1] Vgl. oben S. 239 ff.

Ist jemand beim Abschluss eines Vertrages einem Irrtum unterlegen, so wird es oft empfehlenswert sein, dass er die Anfechtung nicht auf einen Irrtum, sondern (auch) auf eine Täuschung stützt. Mit dem Nachweis einer Täuschung wird nämlich nicht nur der Vertrag zu Fall gebracht, sondern stets auch die Grundlage für einen Schadensersatzanspruch gelegt.[2] Weiterhin berechtigt ein durch Täuschung veranlasster Irrtum auch dann zur Anfechtung, wenn es sich dabei um einen Motivirrtum handelt oder der Irrtum nicht »wesentlich« ist oder er aus einem anderen Grunde die Voraussetzungen nicht erfüllt, unter denen eine Anfechtung wegen Irrtums zugelassen wird.[3] Gelegentlich sind auch die Fristen für die Täuschungsanfechtung großzügiger bemessen als für die Anfechtung wegen Irrtums. Schließlich sind vertragliche Abreden, nach denen eine Irrtumsanfechtung ausgeschlossen ist, insoweit wirkungslos, als der Irrtum, um den es geht, durch eine Täuschung herbeigeführt worden ist. Denn niemand kann sich durch vertragliche Vereinbarung einen Freibrief für Täuschungsmanöver ausstellen. Hat sich also ein Gebrauchtwagenhändler für den Fall, dass der verkaufte Wagen Mängel aufweist, von seiner Haftung (wirksam) freigezeichnet und damit dem Käufer auch das Recht genommen, den Vertrag wegen eines Irrtums über die Eigenschaften des Wagens anzufechten,[4] so kann der Käufer gleichwohl den Vertrag auflösen, wenn er beweisen kann, dass der Verkäufer ihn über die Eigenschaften des Wagens getäuscht hat.

Dieser Beweis ist allerdings manchmal schwierig zu führen. Denn wer die Anfechtung des Vertrages auf eine Täuschung stützt, muss beweisen, dass der andere Vertragspartner entweder die Unrichtigkeit seiner Erklärung gekannt oder dass er die Erklärung abgegeben hat, obwohl er wusste, dass sie möglicherweise unrichtig sei.[5] Eine Täuschung liegt also auch dann vor, wenn jemand eine Behauptung »ins Blaue hinein« abgibt. So liegt es z.B., wenn ein Gebrauchtwagenhändler den Wagen, den er verkaufen will, nicht näher untersucht hat und gleichwohl bei den Vertragsverhandlungen auf gut Glück die (unrichtige) Erklärung abgibt, dass der Wagen bisher »nur kleine Blechschäden« erlitten habe.[6] Wenn dagegen eine Vertragspartei ihre Erklärung für richtig gehalten hat, so liegt keine Täuschung vor, mag diese Annahme auch fahrlässig gewesen sein.[7]

---

[2] Vgl. unten S. 263 ff.

[3] So ausdrücklich Art. 28 I OR; Art. 86 poln. ZGB; ebenso Com. 19. Dez. 1961, D. 1962, 240; Civ. 13. Feb. 1967, Bull.cass. 1967.I. no. 58; BG 22. Juni 1982, BGE 108 II 102, 107; OGH 3. Feb. 1932, SZ 14 Nr. 18; RG 22. Nov. 1912, RGZ 81, 13, 16; HR 27. Jan. 1950, Ned.Jur. 1950 Nr. 559.

[4] Vgl. oben S. 222 ff.

[5] Vgl. *Derry* v. *Peek* (1889) 14 App.Cas. 337, 374: »Fraud is proved when it is shown that a false representation has been made knowingly without belief in its truth, or recklessly, careless whether it be true or false.«

[6] BGH 18. März 1981, NJW 1981, 1441; BGH 8. Mai 1980, NJW 1980, 2460.

[7] In diesem Fall kann freilich der anderen Vertragspartei ein Schadensersatzanspruch

Weiterhin muss die Täuschung »arglistig« (§ 123 BGB) oder »absichtlich« (Art. 28 OR) sein, d.h. auf der Absicht beruhen, die andere Partei durch eine unrichtige Erklärung zum Abschluss des Vertrages zu verleiten. In der Regel wird mit einer Täuschung auch eine Schädigung der anderen Partei bezweckt oder in Kauf genommen sein. Aber erforderlich ist das nicht. Hat also der Verkäufer durch bewusst unrichtige Angaben den Abschluss eines Kaufvertrages herbeigeführt, so kann der getäuschte Käufer den Vertrag auch dann anfechten, wenn der vereinbarte Kaufpreis dem objektiven Wert der Kaufsache entspricht und der Verkäufer dies wusste, also den Käufer nicht schädigen wollte. Denn durch die Regeln über die Anfechtung wegen Täuschung soll der Vertragspartner nicht vor Schaden bewahrt, sondern es soll sichergestellt werden, dass er seinen Vertragswillen auf einer zutreffenden tatsächlichen Grundlage bilden kann.[8]

Kein Anfechtungsrecht ist gegeben, wenn die Täuschung für den Vertragsabschluss nicht ursächlich geworden ist, weil der Getäuschte den Vertrag – und zwar zu den gleichen Bedingungen – auch dann geschlossen hätte, wenn man sich die Täuschung wegdenkt. So liegt es, wenn jemand das Täuschungsmanöver seines Vertragspartners durchschaut und gleichwohl den Vertrag geschlossen hat, ebenso dann, wenn der Getäuschte *omnimodo facturus* war, also feststeht, dass er den Vertrag auch dann geschlossen hätte, wenn ihm reiner Wein eingeschenkt worden wäre.[9]

In manchen romanischen Rechtsordnungen wird die Auffassung vertreten, dass eine Täuschung nur dann zur Anfechtung berechtigt, wenn der Getäuschte, wäre er richtig informiert worden, den Vertrag *überhaupt nicht* geschlossen hätte. Falls er hingegen sich auch ohne die Täuschung auf den Vertrag eingelassen hätte – wenn auch zu anderen, ihm günstigeren Bedingungen – so soll er, weil bloßer *dolus incidens* vorliegt, nur Schadensersatz verlangen können.[10] Daraus folgt, dass der Käufer, der über die Eigenschaften der Kaufsache

---

zustehen, der sich im Ergebnis – wie bei einer Anfechtung – auch auf die Rückgängigmachung des Vertrages richten kann. Vgl. dazu unten S. 263 ff.

   [8] Vgl. OGH 2. Sept. 1980, SZ 51 Nr. 52; *Ghestin* no. 561; *H. Kötz,* Vertragsrecht (2. Aufl. 2012) Rn. 338, alle mit Nachweisen aus der Rspr.

   [9] Solche Fälle sind selten. Wenn etwa ein Verkäufer wider besseres Wissen behauptet hat, der Dachstuhl des verkauften Hauses sei in Ordnung, so wird der Käufer auch dann anfechten können, wenn er das Haus abzubrechen gedachte. Zwar ist ihm in diesem Falle der Erhaltungszustand des Dachstuhls gleichgültig. In der Regel wird er aber ohne die Täuschung nur einen niedrigeren Kaufpreis zu bezahlen bereit gewesen. Das genügt für die Anfechtung.

   [10] Dies wird aus dem Wortlaut des Art. 1116 Code civil abgeleitet: Danach ist das Anfechtungsrecht nur gegeben, wenn die Täuschungsmanöver von der Art waren, »qu'il est évident que, sans ces manœuvres, l'autre partie n'aurait pas contracté«. Ebenso Art. 1440 Codice civile; Art. 1270 II span. CC. Die Lehre vom *dolus incidens* ist von den Glossatoren aus einer recht unklaren Digestenstelle (Ulp. D. 4, 3, 7 pr.) entwickelt worden und

getäuscht worden ist, den Vertrag nicht wegen der Täuschung rückgängig machen, sondern nur Schadensersatz in Gestalt einer Minderung des Kaufpreises verlangen kann, sofern der Richter davon überzeugt ist, dass er die Ware auch bei Kenntnis ihrer wahren Beschaffenheit zu niedrigerem Preis gekauft hätte. In der Tat wird in einem solchen Fall der Käufer oft von sich aus bei dem Vertrag stehenbleiben und sich mit einer Minderung des Kaufpreises begnügen. Freilich muss er, wenn ihm das nach Lage des Falles richtig erscheint, auch den Vertrag rückgängig machen dürfen.[11]

Äußerungen des Verkäufers zum Wert seiner Ware muss man *cum grano salis* nehmen. Daher liegt keine arglistige Täuschung vor, wenn der Käufer sich durch Anpreisungen oder Werturteile des Verkäufers hat irreführen lassen, die ein vernünftiger Mensch nicht für bare Münze genommen hätte.[12] Hat der Verkäufer konkrete tatsächliche Angaben gemacht, so kann der Käufer, der sich dadurch hat täuschen lassen, den Vertrag auch dann anfechten, wenn ihm Fahrlässigkeit zur Last fällt, etwa deshalb, weil er – vielleicht sogar mit geringer Mühe – eigene Nachforschungen hätte anstellen und die Unwahrheit der Angaben hätte aufdecken können.[13]

über *Pothier* in den Code civil gelangt; vgl. dazu im einzelnen *Zimmermann* 670 ff.; *Coing* I 420 und II 450 f.

[11] Dafür spricht folgende Überlegung: Ein Käufer, dem fehlerhafte Waren geliefert worden sind, kann grundsätzlich zwischen Minderung des Kaufpreises und Rückgängigmachung des Kaufvertrages (und Schadensersatz) frei wählen; nicht etwa ist er auf die Minderung beschränkt, wenn er nach Auffassung des Richters bereit gewesen wäre, fehlerhafte Ware zu einem niedrigeren Preis zu kaufen. Dieses Wahlrecht muss ihm erst recht gegeben sein, wenn er getäuscht worden ist. Die französische Doktrin steht denn auch der Lehre vom *dolus incidens* überwiegend kritisch gegenüber; vgl. z.B. *Ghestin* no. 576; *Terré/Simler/Lequette* no. 238 mit Nachweisen zu der nicht einheitlichen französischen Rspr. Das schweizerische Bundesgericht hat in einem ausführlichen und sorgfältig begründeten Urteil die Lehre vom *dolus incidens* abgelehnt (BG 4. Mai 1938, BGE 64 II 144), ist ihr aber in Ausnahmefällen doch wieder gefolgt: »Lorsque la rescision du contrat paraît choquante dans un cas où le dol n'a été qu'incident, le juge peut la refuser et se borner à réduire les prestations du lésé dans la mesure où celui-ci aurait conclu le contrat s'il n'avait pas été trompé« (BG 7. Juni 1955, BGE 81 II 213, 219; vgl. auch BG 25. Sept. 1973, BGE 99 II 308).

[12] Vgl. *Ghestin* no. 564; *Terré/Simler/Lequette* no. 232 sowie (zum englischen Recht) oben S. 240. Gemäß Art. 3:44 III BW sind unwahre »allgemein gefasste Anpreisungen« für sich genommen nicht als Täuschung anzusehen.

[13] *Redgrave* v. *Hurd* (1881) 20 Ch.D. 1 (C.A.); BGH 28. April 1971, NJW 1971, 1795, 1798; OGH 10. März 1954, SZ 27 Nr. 63 (S. 150 f.); BG 8. Juni 1906, BGE 32 II 337, 350. In Frankreich nimmt die Rspr. zwar an, dass wegen eines verschuldeten Irrtums nicht angefochten werden könne (oben S. 237 ff.). Ein Irrtum, der durch *dol* des anderen Vertragspartners herbeigeführt worden ist, wird jedoch allein deshalb als »excusable« angesehen und die Anfechtung daher zugelassen. So. Civ. 23. Mai 1977, Bull.cass. 1977.I. no. 244 und dazu *Ghestin* no. 564; *Terré/Simler/Lequette* no. 232.

Grundsätzlich bezweifelt niemand, dass eine Täuschung begeht, wer dem Verhandlungspartner bewusst eine Unwahrheit auftischt, um ihn so zum Abschluss eines Vertrages zu bewegen. Dennoch gibt es Fälle, in denen gelogen werden darf und eine Täuschung deshalb ausnahmsweise erlaubt ist. So liegt es, wenn jemand ein von der Rechtsordnung geschütztes Interesse daran hat, dass bestimmte Merkmale oder Eigenschaften seiner Person vom Verhandlungspartner *nicht* zur Grundlage einer Entscheidung über den Abschluss des Vertrages gemacht werden. Eine Frau, die sich um einen Arbeitsplatz bewirbt, braucht also dem Arbeitgeber nicht ungefragt zu offenbaren, dass sie schwanger sei; wird sie gleichwohl danach gefragt, so ist die Frage unzulässig und ihre wahrheitswidrige Verneinung erlaubt, sofern die Verweigerung einer Auskunft vom Arbeitgeber als Bejahung seiner Frage verstanden werden würde.[14] Das muss auch gelten, soweit der Gesetzgeber – in Umsetzung zahlreicher EU-Richtlinien[15] – die Diskriminierung einer Person aufgrund von Merkmalen oder Eigenschaften verhindern will, die sich auf ihre Rasse oder ethnische Herkunft, auf ihr Geschlecht, ihre Religion, ihr Alter oder ihre Behinderung beziehen.

II. *Täuschung durch Unterlassung gebotener Aufklärung*

1. *Aufklärungspflichten im allgemeinen.* – In den Zivilgesetzbüchern mancher romanischer Länder wird verlangt, dass der Irrtum des Getäuschten durch besondere arglistige Kunstgriffe – durch »manoeuvres«,[16] »raggiri«,[17] »maquinaciones insidiosas«[18] – herbeigeführt sei. Gleichwohl ist überall anerkannt, dass eine Täuschung auch in einer einfachen Lüge liegen kann, ebenso darin, dass jemand bei den Vertragsverhandlungen Umstände verschweigt, von denen er erkannt hat oder erkennen musste, dass sie für die andere Vertragspartei von Bedeutung sind. In dem Verschweigen solcher Umstände – also in einer bloßen Unterlassung – kann aber eine Täuschung nur dann liegen, wenn eine entsprechende *Aufklärungspflicht* bestand.

Vorvertragliche Aufklärungspflichten werden manchmal durch besondere gesetzliche Vorschriften begründet. So muss, wer einen Versicherungsvertrag

---

[14] Vgl. BAG 15. Okt. 1992 , NJW 1993, 1154; Soc. 2. Feb. 1994, Bull. cass. 1994. V. no. 38 und dazu ausführlich *G. Wagner*, Lügen im Vertragsrecht, in R. Zimmermann (Hrsg.), Störungen der Willensbildung bei Vertragsschluss (2007) 59 ff.

[15] Vgl. dazu ausführlich *Riesenhuber* § 6.

[16] Art. 1116 und 1117 Code civil. Dort heißt es zwar, dass der durch eine Täuschung zustandegebrachte Vertrag »nichtig« sei. Aber es ist anerkannt, dass der Vertrag so lange gültig ist, wie seine Unwirksamkeit nicht von der getäuschten Partei geltend gemacht worden ist.

[17] Art. 1439 Codice civile.

[18] Art. 1269 span. CC. Ähnlich auch Art. 253 port. CC.

abschließen will, dem Versicherer bei den Vertragsverhandlungen alle Umstände offenbaren, die ihm bekannt und für den Umfang der von dem Versicherer zu übernehmenden Gefahr erheblich sind.[19] Auch bei Verträgen mit Verbrauchern haben in den letzten Jahren zahlreiche EU-Richtlinien dafür gesorgt, dass durch die Gesetzgebung der Mitgliedsstaaten den Unternehmern vorvertragliche Auskunftspflichten auferlegt werden, die außerordentlich detailliert geregelt sind und manchmal einen geradezu barocken Umfang erreichen.[20] Im Übrigen sind es die Gerichte, die entscheiden müssen, ob im konkreten Fall eine Auskunftspflicht besteht oder nicht. Soweit sich allgemeine gesetzliche Vorschriften mit dieser Frage befassen, haben sie wenig Aussagekraft. Gemäß Art. 3:44 III BW liegt eine Täuschung vor, wenn bei den Vertragsverhandlungen absichtlich Umstände verschwiegen werden, die »die der Schweigende mitzuteilen verpflichtet war«. Unter welchen Voraussetzungen dies der Fall ist, sagt der Gesetzgeber nicht.

Auch die von der Rechtsprechung entwickelten allgemeinen Formeln helfen kaum weiter. Der französische Kassationshof spricht davon, »que le dol peut être constitué par le silence d'une partie dissimulant à son cocontractant un fait qui, s'il avait été connu de lui, l'aurait empêché de contracter«.[21] Auch beim Bundesgerichtshof liest man, dass bei Vertragsverhandlungen grundsätzlich die Verpflichtung besteht, »den anderen Teil über solche Umstände aufzuklären, die den Vertragszweck des anderen vereiteln können und daher für seinen Ent-

---

[19]   Vgl. z.B. § 19 dt. Versicherungsvertragsgesetz; Art. L 113–8 fr. Code des assurances.

[20]   Solche Aufklärungspflichten bestehen nicht nur bei Fernabsatz- und Verbraucherkreditverträgen, sondern – wie sich aus Art. 5 der Richtlinie über die Rechte der Verbraucher vom 25. Okt. 2011 ergibt – bei *sämtlichen* Verträgen: Überall muss der Unternehmer den Verbraucher in allen Einzelheiten von den wesentlichen Eigenschaften seiner Waren oder Dienstleistungen, von seiner Anschrift und Telefonnummer, von dem geforderten Preis, von den Zahlungs- und Lieferungsbedingungen und von vielem anderen unterrichten. Immerhin ist man erleichtert zu erfahren, dass eine Aufklärungspflicht nicht besteht, soweit sich die in Rede stehende Information »bereits unmittelbar aus den Umständen« ergibt, ebensowenig dort, wo Verträge mit Verbrauchern »Geschäfte des täglichen Lebens zum Gegenstand haben und zum Zeitpunkt des Vertragsabschlusses sofort erfüllt werden« (Art. 5 III Richtlinie über die Rechte der Verbraucher). Die gleichen Regeln finden sich in Art. 20 CESL; dort wird in Art. 49 (1) auch noch bestimmt, dass ein Unternehmer eine Täuschung begeht, wenn er, um den Verbraucher zum Abschluss des Vertrages zu veranlassen, Umstände verschweigt, die er aufgrund der Aufklärungspflichten, wie sie in Art. 13–28 CESL im Überfluß geregelt sind, hätte offenlegen müssen. Vgl. dazu *Riesenhuber* § 7 Rn. 16 ff. und (mehr oder weniger kritisch) *B. Heiderhoff*, Informationspflichten (Verbrauchervertrag), in: HWB des Europäischen Vertragsrechts (2009) 858; *H.C. Grigoleit* in: H. Eidenmüller/F. Faust/H.C. Grigoleit/N. Jansen/G. Wagner/R. Zimmermann (Hrsg.), Revision des Verbraucher-*acquis* (2011) 223, 229 ff.; *Terré/Simler/Lequette* no. 261 f.

[21]   Ständige Rspr., vgl. z.B. Civ. 15. Jan. 1971, Bull.cass. 1971.I. no. 38; Civ. 2. Okt. 1974, Bull.cass. 1974.III. no. 330. Vgl. dazu *Terré/Simler/Lequette* no. 233.

schluss von wesentlicher Bedeutung sind, sofern er die Mitteilung nach der Verkehrsauffassung erwarten durfte«.[22] Und nach Auffassung des schweizerischen Bundesgerichts liegt eine absichtliche Täuschung »dans le silence gardé sur des faits que la bonne foi commerciale exigeait de signaler«.[23]

Einen hilfreichen Vorschlag machen die internationalen Regelwerke. Sie stellen zunächst klar, dass eine Täuschung auch dann vorliegt, wenn eine Partei Informationen verschweigt, die sie »in accordance with good faith and fair dealing« hätte offenlegen müssen. Um dieser Generalklausel mehr Substanz zu geben, werden dann aber konkrete Umstände genannt, die der Richter bei dieser Frage zu prüfen hat. Danach darf er einer Verhandlungspartei eine Aufklärungspflicht umso eher auferlegen, je größer der Sachverstand ist, über den sie (im Vergleich zu ihrem Kontrahenten) in Bezug auf die in Rede stehende Information verfügt und je geringer die Kosten sind, die sie (im Vergleich zu ihrem Kontrahenten) für die Beschaffung der Information aufwenden muss; auch soll es darauf ankommen, ob nicht der Kontrahent die Information sich vernünftigerweise selbst hätte verschaffen können und welche Bedeutung sie für ihn hat.[24] Die folgende Darstellung wird, zeigen, dass diese Punkte – und dazu noch andere – auch schon bisher in der Rechtsprechung der Gerichte bedacht worden sind.

2. *Die richtige Zuordnung von Aufklärungspflichten.* – Was Kaufverträge (und ähnliche entgeltliche Geschäfte) anlangt, so hat schon das Reichsgericht erklärt, dass

»gerade beim Kauf … die Aufklärungspflicht nicht zu weit ausgedehnt werden [darf]. Käufer und Verkäufer können wegen der widerstreitenden Interessen nach den Anschauungen des Verkehrs voneinander regelmäßig nicht eine Aufklärung über die für die Preisbildung in Betracht kommenden allgemeinen Verhältnisse des Marktes, insbesondere darüber erwarten, ob nach der Marktlage ein Steigen oder Fallen der Preise eintreten wird, sondern müssen in dieser Beziehung sich bei unbeteiligten Personen unterrichten«.[25]

In der Tat müssen die Rechtsnormen einer Wettbewerbswirtschaft Anreize setzen, die es dem Bürger lohnend erscheinen lassen, dass er sich Informationen über wertsteigernde Eigenschaften, Nutzungsmöglichkeiten und Absatzchancen von Gütern und Leistungen verschafft. Dieses Ziel würde verfehlt, wenn man denjenigen, der solche Informationen aufgrund seiner besonderen Ausbildung oder Erfahrung oder durch besondere Suchanstrengungen er-

---

[22] So z.B. BGH 2. März 1979, NJW 1979, 2243; BGH 27. Feb. 1974, NJW 1974, 849, 851. Ähnlich auch OGH 12. Dez. 1991, JBl. 1982, 450.

[23] BG 13. Mai 1931, BGE 57 II 276, 280. Vgl. auch RG 15. Nov. 1911, RGZ 77, 309, 314: »Eine arglistige Täuschung kann auch durch Stillschweigen begangen werden, wenn Treu und Glauben nach der Verkehrsauffassung das Reden erfordern.«

[24] Vgl. Art. 4:107 (3) PECL; Art. II.-7:105 (3) DCFR; Art. 49 (3) CESL.

[25] RG 7. Juli 1925, RGZ 111, 233, 234 f.; ähnlich auch BGH 13. Juli 1988, NJW 1989, 763 und OGH 15. Juli 1981, JBl. 1982, 86, 87.

langt hat, zur Aufklärung seines Verhandlungspartners verpflichten und damit zur Preisgabe seines Informationsvorsprungs zwingen würde.[26] Hat etwa ein Unternehmer mit hohem Aufwand entdeckt, dass in einem bestimmten Gebiet gute Aussichten für die Auffindung eines Erdölvorkommens bestehen, so braucht er bei den Verhandlungen über den Ankauf der in diesem Gebiet belegenen Grundstücke den Verkäufer über seine Erkenntnisse nicht aufzuklären. Ebenso kann es liegen, wenn ein Kunstexperte seine Erfahrungen dazu nutzt, um auf dem Kunstmarkt nach Objekten zu forschen, deren wahrer Wert verkannt wird: Auch er ist, wenn er fündig wird, nicht verpflichtet, dem Verkäufer eines solchen Objekts sein Wissen ungefragt mitzuteilen und dadurch seinen Suchaufwand zu entwerten.[27] Ähnlich liegt es wohl auch in dem berühmten, von Cicero gebildeten Fall, in dem ein ägyptischer Kaufmann von einer Hungersnot auf Rhodos erfährt, ein Schiff mit Getreide belädt, nach Rhodos segelt und das Getreide dort zu einem hohen Preis verkauft, dabei aber verschweigt, dass er unterwegs noch andere Getreidesegler gesichtet hat und die Preise daher bald sinken werden. Cicero meinte zwar, dass der Kaufmann diesen Umstand habe offenbaren müssen.[28] Aber das ist zweifelhaft, weil dadurch Kaufleuten der Anreiz genommen würde, sich so zu verhalten, wie das dem Interesse der Opfer von Hungersnöten am besten entspricht, nämlich möglichst schnell und möglichst als erster mit Nahrungsmitteln dort zur Stelle zu sein, wo sie

---

[26] Vgl. dazu näher *Kronman*, Mistake, Disclosure, Information and the Law of Contract, J.Leg.Stud. 7 (1978) 1; *Adams*, Irrtümer und Offenbarungspflichten im Vertragsrecht, AcP 186 (1986) 453; *Fabre-Magnan*, Duties of Disclosure and French Contract Law, in: Beatson/Friedmann (Hrsg.), Good Faith and Fault in Contract Law (1995) 99; *Schäfer/ Ott*, Lehrbuch der ökonomischen Analyse des Zivilrechts (5. Aufl. 2012) 557 ff.; *Ghestin* no. 641 f.; *Rudden,* Le juste et l'inefficace, Pour un non-devoir de renseignements, Rev. trim.civ. 1985, 91 und grundsätzlich *H. Fleischer*, Informationsasymmetrie im Vertragsrecht (2001).

[27] In der »affaire du Poussin« (vgl. oben S. 229 N. 31) haben die französischen Gerichte einem Verkäufer die Anfechtung des Vertrages wegen Irrtums gestattet, weil das für wenig Geld verkaufte Gemälde sich später als ein echter Poussin herausstellte. Käufer war das Musée du Louvre, dessen Fachleute – so darf man vermuten – die Pariser Kunstauktionen beobachtet, die wahre Herkunft des Bildes vermutet und daher das gesetzliche Vorkaufsrecht des Staates ausgeübt hatten. Gegen diese Entscheidung hat man daher mit Recht eingewandt, dass sie diejenigen (privaten und staatlichen) Kunstsammler entmutigen müsse, die aufgrund ihres Sachverstandes Qualität von Durchschnittsware unterscheiden könnten: »Sanctionner une telle aptitude est sanctionner en même temps ceux qui ont le plus de goût, de flair ou d'oeil, bref tous ceux qui font progresser l'histoire de l'art.« So *Chatelain* Rép.not. Défrénois 102 (1982) 681, 682 f. Erst recht sollte eine Irrtumsanfechtung nicht zugelassen werden, wenn der Käufer erst *nach* dem Abschluss des Vertrages Suchanstrengungen unternimmt und erst dadurch der wahre Wert der Kaufsache aufgedeckt wird (vgl. dazu oben S. 229 N. 31).

[28] *Cicero*, De officiis 3.50 und 57. Anderer Ansicht *Hugo Grotius*: Der Kaufmann habe »mit erlaubter Gewandtheit« (*licita sollertia*) gehandelt. Vgl. De iure belli ac pacis libri tres (1625) II 12.9.2.

besonders dringend benötigt werden. In einem vom Bundesgerichtshof entschiedenen Fall hatte der Inhaber des Rechts zur Verwertung einer bestimmten
amerikanischen Fernsehserie eine Gesellschaft damit beauftragt, eine deutsche
Fernsehanstalt für die Ausstrahlung der Sendung zu gewinnen; wenn ihr dies
gelinge, sollte der dadurch erzielte Erlös den beiden Parteien je zur Hälfte zustehen. Auf Vorschlag des Rechtsinhabers wurde einige Zeit danach ein weiterer
Vertrag geschlossen, durch den er für 10.000 $ auch seine Erlöshälfte der Gesell-
schaft übertrug. Allerdings verschwieg die Gesellschaft dabei, dass das Interesse
an der Verwertung amerikanischer Fernsehserien inzwischen sprunghaft gestiegen war und ihr bereits das Angebot einer Fernsehanstalt vorlag, mit dem
ihr für die Ausstrahlungserlaubnis ein Preis von DM 8,3 Mio. geboten worden
war. Beide Tatsacheninstanzen waren der Meinung, dass die Gesellschaft zur
Aufklärung über diese Umstände nicht verpflichtet gewesen sei und dem Kläger daher ein Recht zur Anfechtung des Vertrages wegen Täuschung nicht zustehe. Der Bundesgerichtshof war anderer Ansicht, weil zwischen den Parteien
ein langjähriger intensiver geschäftlicher Kontakt und sogar eine persönliche
Beziehung bestanden habe.[29] Ob das richtig ist, erscheint zweifelhaft. Immerhin war der Kläger ein professioneller Lizenzhändler, der den Abschluss des für
ihn erkennbar riskanten Vertrags selbst vorgeschlagen hatte und sich mit geringer Mühe ein eigenes Bild von den erheblich veränderten Marktverhältnissen
hätte verschaffen können. Dass zwischen den Parteien enge geschäftliche und
persönliche Beziehungen bestanden, ändert daran nichts, weil man im Verkehr
unter Kaufleuten recht gut weiß, wo die Freundschaft endet und wo das Geschäft beginnt.[30]

Eine Aufklärungspflicht besteht daher nicht, wenn der Informationsvor-
sprung der einen Partei darauf beruht, dass sie sich durch eigene Anstrengungen
eine bessere Übersicht über die Marktverhältnisse oder genauere Kenntnisse
über die werterhöhenden Eigenschaften des Vertragsgegenstandes verschafft
hat. Anders ist zu entscheiden, wenn die Informationen, die die eine Partei der
anderen voraushat, ihr durch Zufall oder ohne besonderen Aufwand in den
Schoß gefallen sind oder wenn sie sich den Zugang zu ihnen mit erheblich geringeren Kosten als die andere Partei verschaffen kann. Daher ist ein professioneller Verkäufer, der als Hersteller oder Händler die Eignung der von ihm an-

---

[29] BGH 31. Jan. 1979, LM § 123 BGB Nr. 52. Vgl. dazu kritisch *H. Kötz*, Undogmati-
sches (2005) 246 ff. und *Fleischer* (oben N. 26) 322 ff.

[30] Anders, wenn unter den Beteiligten ein fiduziarisches Verhältnis besteht, aufgrund
dessen die geschützte Partei von ihrem Partner die Offenlegung aller relevanten Informationen erwarten darf. So verhält es sich z.B., wenn unter den Beteiligten ein Treuhand-,
Gesellschafts-, Arbeits- oder Geschäftsbesorgungsverhältnis oder wenn unter ihnen ver-
wandtschaftliche Beziehungen bestehen. Das ist überall anerkannt. Vgl. zum deutschen
Recht: *C. Armbrüster* in Münchener Kommentar (6. Aufl. 2012) § 123 BGB Rn. 32; zum
französischen Recht: *Ghestin* no. 657 ff.; zum englischen Recht: unten S. 265 ff.

gebotenen Sachen ohnehin kennt oder sich diese Kenntnis mit geringer Mühe verschaffen kann, zur Aufklärung des Käufers verpflichtet, und zwar um so eher, je aufwendiger es für den Käufer wäre, sich die gleichen Informationen durch eigene Bemühungen zu verschaffen.[31]

Aus diesem Grunde werden gewerbsmäßige Verkäufer von Gebrauchtwagen in der Regel als verpflichtet angesehen, ihre Kunden auch ungefragt über diejenigen Mängel des Fahrzeugs aufzuklären, die von ihnen als Nichtfachleuten nur mit einem erheblich größeren Aufwand entdeckt werden können und für ihre Entschließung ersichtlich von wesentlicher Bedeutung sind.[32] Ebenso wird bei Grundstückskaufverträgen eine arglistige Täuschung angenommen, wenn der Verkäufer Kenntnisse, die er während der Zeit seines Besitzes – und daher oft ohne besondere Mühe – über die Bebaubarkeit des Grundstücks oder die Eigenschaften des darauf errichteten Hauses erworben hat, nicht an den Käufer (auch ungefragt) weitergibt, obwohl er weiß oder wissen muss, dass es dem Käufer auf diese für ihn schwer zugänglichen Informationen entscheidend ankommt. Weiß z.B. der Verkäufer, dass der Käufer auf dem Grundstück ein bestimmtes gewerbliches Unternehmen betreiben will und dass dafür ein Trinkwasseranschluss oder der Bau eines Schornsteins erforderlich ist, so darf er nicht verschweigen, dass jener Trinkwasseranschluss fehlt[33] oder der Schorn-

---

[31] Hätten die Parteien in diesem Fall Verhandlungen darüber geführt, ob der Verkäufer (gegen einen Aufpreis) zur Aufklärung verpflichtet oder (gegen einen Preisabschlag) zum Schweigen berechtigt sein solle, so wäre von ihnen die erstere Lösung gewählt und die Aufklärungspflicht vom Verkäufer übernommen worden, weil sich bei dieser Lösung beide Parteien besser gestanden hätten als bei der anderen. Freilich werden Verhandlungen über diesen Punkt in der Wirklichkeit selten geführt, weil der Verhandlungsaufwand nicht lohnt. Soweit es daher zu einer Lücke in den Parteivereinbarungen kommt, sollte die Rechtsordnung eine Regel bereitstellen, die die Lücke so schließt, wie sie von den Parteien, wenn sie verhandelt hätten, geschlossen worden wäre.

[32] Vgl. z.B. Civ. 19. Juni 1985, Bull.cass. 1985.I. no. 201 (ein Händler handelt arglistig, wenn er einem Privatmann einen 4 Jahre alten Gebrauchtwagen mit Austauschmotor verkauft und dabei verschweigt, dass der Motor bereits 11 Jahre alt ist); OGH 5. Sept. 1973, SZ 46 Nr. 84 (ein Händler »veranlasst« einen Irrtum, wenn er dem Käufer eines äußerlich präsentablen Gebrauchtwagens nicht mitteilt, dass seine Karosserie verrostet und der Wagen daher »nurmehr als Wrack anzusprechen« ist); BGH 3. März 1982, NJW 1982, 1386 (ein Händler muss dem Käufer eines wenige Jahre alten Gebrauchtwagens von sich aus darüber aufklären, dass der Wagen einen schweren Unfall erlitten hat und dadurch erhebliche Reparaturen erforderlich gewesen sind). – Zur Begründung dieser Rspr. wird oft vorgetragen, dass der Käufer auf den Sachverstand des Verkäufers »habe vertrauen dürfen«. Damit passt es aber schlecht zusammen, dass Gebrauchtwagenhändler vermutlich zu denjenigen Personen gehören, die im Verkehr als besonders wenig vertrauenswürdig angesehen werden. In Wahrheit wird der Käufer nicht geschützt, weil er »vertraut« hat, sondern weil es wenig zweckmäßig wäre, ihn die Folgen eines Irrtums tragen zu lassen, den zu korrigieren den Händler *wenig* und den zu vermeiden den Käufer *viel* Geld gekostet hätte.

[33] Civ. 7. Mai 1974, Bull.cass. 1974.III. no. 186.

stein nicht gebaut werden darf.[34] Ebenso muss der Verkäufer offenbaren, dass ein Haus, das sich nach außen hin als massiver Ziegelbau darstellt, in Wahrheit in einer Holzkonstruktion errichtet ist[35] oder dass der Dachstuhl des Hauses einmal vom Hausschwamm befallen war, den der Verkäufer zwar beseitigt hat, bei dem aber die latente Gefahr der Wiederkehr besteht.[36] Teilt der Verkäufer dem Käufer mit, dass die zuständige Behörde das Grundstück für bebaubar erklärt hat, so muss er ihm auch sagen, dass die Entscheidung der Behörde durch eine Klage vor dem Verwaltungsgericht angefochten worden ist.[37] Ist ein »Wohn- und Geschäftshaus« verkauft worden, so darf der Verkäufer den Käufer nicht darüber im unklaren lassen, dass die Nutzung eines Teils des Hauses zu Wohnzwecken zwar von der Behörde genehmigt, diese Genehmigung inzwischen aber widerrufen worden ist.[38] Hingegen braucht der Verkäufer nicht über Umstände aufzuklären, von denen sich der Käufer mit gleicher Mühe Kenntnis verschaffen kann wie er. Wer eine Konditorei verkauft, muss dem Käufer daher nicht mitteilen, dass demnächst auf dem Nachbargrundstück eine weitere Konditorei eröffnet werden wird, wenn die dort betriebenen Umbauarbeiten dem Käufer ebensogut erkennbar waren wie dem Verkäufer und der Käufer daher allen Anlass hatte, sich selbst über die Art des auf dem Nachbargrundstück geplanten Betriebes ins Bild zu setzen.[39]

3. *Fahrlässige Verletzung von Aufklärungspflichten.* – Wer die gebotene Aufklärung seines Verhandlungspartners unterlässt, begeht nur dann eine Täuschung, wenn er die Umstände, über die er hätte aufklären müssen, kennt und weiß, dass durch sein Schweigen der andere in einen Irrtum geführt und durch den Irrtum zum Abschluss des Vertrages bestimmt oder mitbestimmt werden wird. Freilich ist in vielen Rechtsordnungen anerkannt, dass eine Partei den Vertrag

---

[34] BGH 16. Okt. 1987, NJW-RR 1988, 394.
[35] OGH 20. April 1955, SZ 28 Nr. 103.
[36] BGH 23. Feb. 1989, NJW-RR 1989, 972.
[37] Civ. 25. Feb. 1987, Bull.cass. 1987.III. no. 36.
[38] BGH 16. Juni 1988, NJW-RR 1988, 1290.
[39] Versailles 21. Mai 1986, D.S. 1986, 560 mit Anm. *Jeantin*. Vgl. aber auch Civ. 27. März 1991, Bull.cass. 1991.III. no. 108 und dazu *Mestre* Rev.trim.civ. 91 (1992) 81: Der Verkäufer stützte die Nichtigkeit eines Grundstückskaufvertrages auf den Umstand, dass die Käuferin, eine Gemeinde, ihn nicht darüber aufgeklärt habe, dass sie ein Verfahren zu einer Änderung des Bebauungsplans bereits in Gang gesetzt hatte. Der Kassationshof sah einen Rechtsfehler darin, dass das Berufungsgericht auf diesen Umstand nicht eingegangen war. Aber hätte der Verkäufer nicht durch eigene Nachforschungen in Erfahrung bringen können, dass eine Änderung des Bebauungsplans und damit eine wesentliche Steigerung des Grundstückswerts bevorstand? Aus dem gleichen Grunde erscheint auch anfechtbar, dass der Kassationshof dem Bürgen die Anfechtung des Bürgschaftsvertrages wegen »dol par réticence« schon dann gestattet, wenn die Bank ihn nicht von sich aus darüber informiert, »que la situation de son débiteur est irrémédiablement compromise ou à tout le moins lourdement obérée«; so Civ. 10. Mai 1989, Bull.cass. 1989.I. no. 187. Ebenso aber auch HR 1. Juni 1990, Ned.Jur. 1991, 759.

auch dann auflösen (und Schadensersatz verlangen) kann, wenn die andere Partei eine Aufklärungspflicht nur fahrlässig verletzt hat. So hatte der französische Kassationshof einen Fall zu entscheiden, in dem die Verkäuferin ein Grundstück, nachdem es von der Behörde für bebaubar erklärt worden war, in 3 Parzellen aufgeteilt und eine davon dem Käufer zur Errichtung eines Wohnhauses verkauft hatte. Dann stellte sich jedoch heraus, dass die Aufteilung des Grundstücks nicht von der Behörde genehmigt werden würde und daher zwar das Grundstück als ganzes, nicht aber die dem Käufer verkaufte Parzelle bebaubar war. Obwohl in dem Urteil des Kassationshofs nirgends festgestellt wird, dass die Verkäuferin von der Unbebaubarkeit der Parzelle gewusst habe, wurde der Klage des Käufers stattgegeben und der Kaufvertrag aufgehoben: Die Verkäuferin sei als eine auf Grundstücksgeschäfte spezialisierte Immobiliengesellschaft verpflichtet gewesen, den Käufer, einen Privatmann, über die Bebaubarkeit der Parzelle genau zu informieren.[40] Hier wird offenbar die schuldhafte Verletzung einer Aufklärungspflicht durch einen professionellen Verkäufer wie eine bewusste Täuschung behandelt. Gelegentlich sind die französischen Gerichte noch einen Schritt weiter gegangen, indem sie die Frage, ob es infolge der Verletzung einer Aufklärungspflicht zu einer Täuschung gekommen sei, gar nicht mehr gestellt, sondern angenommen haben, dass das schuldhafte Schweigen des zur Aufklärung Verpflichteten per se zu einem Schadensersatzanspruch führt.[41]

Die gleiche Entwicklung kann man auch in Deutschland, in der Schweiz und in Österreich beobachten. Dort gilt seit langem der Grundsatz, dass durch den Eintritt in Vertragsverhandlungen für jede Partei eine Verpflichtung zur Rücksichtnahme auf die Interessen ihres Verhandlungspartners begründet wird. Sie muss ihm daher auch die nach Lage des Falles gebotenen Informationen, Auskünfte und Hinweise erteilen und haftet ihm, wenn sie diese Aufklärungspflicht schuldhaft – also auch nur fahrlässig – verletzt, wegen culpa in contrahendo auf Schadensersatz.[42] Diese Regel passt schlecht mit den Bestim-

---

[40] Civ. 3. Feb. 1981, D. 1984, 457 mit Anm. *Ghestin.* Vgl. auch Com. 13. Okt. 1980, D.S. 1981.I.R. 309 mit Anm. *Ghestin.*

[41] Diese Entwicklung ist besonders von *Ghestin* gründlich analysiert worden; vgl. *Ghestin* no. 565 ff., 593 ff.; *Terré/Simler/Lequette* no. 234; *Legrand*, Pre-Contractual Disclosure and Information: English Law and French Law Compared, Oxf.J.Leg.Stud. 6 (1986) 322. Vgl. auch Civ. 28. Mai. 2008, Bull. cass. 2008. I. no. 154: Hier hatte der Verkäufer einer Wohnung den Käufer fahrlässig nicht darüber aufgeklärt, dass sein Blick aus der Wohnung ins Grüne durch ein von der Gemeinde auf einem Nachbargrundstück geplantes Bauvorhaben beeinträchtigt werden würde. Der Kassationshof hielt es für zulässig, dass der Käufer, weil sich das Verhalten des Verkäufers »s'analysait aussi en un manquement de l'obligation précontractuelle d'information«, ohne weiteres Schadensersatz verlangen könne. Vgl. dazu die Anmerkung von *Looschelders* ZEuP 2009, 800.

[42] Die Haftung auf Schadensersatz ist von der dt. Rspr. seit langem akzeptiert worden und lässt sich inzwischen auch auf eine gesetzliche Grundlage stützen, nämlich auf §§ 311 Abs. 2, 276, 280 BGB. Vgl. dazu z.B. *H. Kötz*, Vertragsrecht (2. Aufl. 2012) Rn. 359 ff. Ähnlich – jedenfalls im Ergebnis – auch das öst. und schweiz. Recht. Vgl. z.B. *Weber* in

mungen der §§ 123 BGB, 870 ABGB und Art. 28 OR zusammen, die offensichtlich auf dem Gedanken beruhen, dass das Verschweigen einer Information
nur dann zur Anfechtbarkeit des Vertrages führt, wenn in dem Schweigen eine
Täuschung liegt. Die deutsche Rechtsprechung hat gleichwohl stets die Auffassung vertreten,

»dass der schuldhaft falsch beratene und irregeführte [Vertragspartner] auch dann, wenn
die Voraussetzungen einer Anfechtung des Vertrages wegen arglistiger Täuschung nicht
gegeben sind, mit einem Schadensersatzanspruch aus Verschulden bei Vertragsschluss
verlangen kann, dass Rechtsfolgen aus dem so zustande gekommenen Vertrag nicht hergeleitet werden dürfen«.[43]

4. *»Duties of disclosure« im englischen Recht.* – Das englische Recht kennt eine allgemeine vorvertragliche »duty of disclosure« nicht.[44] Zwar werden in einigen
verstreut umherliegenden Fallgruppen Ausnahmen zugelassen. Aber die Vorstellung, dass diesen Fallgruppen ein allgemeines Prinzip zugrunde liege, ist
dem englischen Recht bis heute fremd. Die traditionelle – noch vom robusten
Individualismus des 19. Jahrhunderts geprägte – Auffassung geht dahin, dass
jede Partei selbst für die Beschaffung der Informationen verantwortlich ist, die
sie als für ihre Entscheidung wichtig ansieht. Sie darf nicht erwarten, dass ihr
Verhandlungspartner solche Informationen von sich aus preisgibt, dies selbst
dann nicht, wenn er den Irrtum des Kontrahenten erkannt hat und ihn mit geringer Mühe hätte richtigstellen können.[45]

Hat allerdings jemand bei den Vertragsverhandlungen Erklärungen abgegeben, so müssen sie zutreffend sein, und das sind sie nicht, wenn sie unvollständig
sind und deshalb in die Irre führen. Wer als Verkäufer eines Hauses wahrheits-

---

Berner Kommentar Band VI (2000) Art. 97 OR Rn. 88 ff.; *Rummel* in Kommentar zum
ABGB (3. Aufl. 2000) vor § 918 ABGB Rn. 14 ff.

[43] BGH 2. April 1969, NJW 1969, 1625, 1626. Vgl. auch BGH 26. Sept. 1997, NJW
1998, 302; BGH 6. April 2001, NJW 2001, 2875. Diese Rspr. ist für die Gerichte deshalb
besonders attraktiv, weil sie auf diese Weise die für den Beklagten ehrenrührige Feststellung, er habe den Kläger arglistig getäuscht, vermeiden und gleichwohl der Klage stattgeben können, indem sie annehmen, der Beklagte habe fahrlässig eine Aufklärungspflicht
verletzt und müsse daher Schadensersatz (auch) dadurch leisten, dass er seinen Kontrahenten von der Bindung an den Vertrag befreit.

[44] Vgl. zum folgenden *Nicholas*, The Pre-Contractual Obligation to Disclose Infor-
mation, English Report, in: Harris/Tallon (Hrsg.), Contract Law Today, Anglo-French
Comparisons (1989) 166; *Legrand* (oben N. 41) 323 ff.; *Atiyah* (-*Smith*) 241 ff.; *Waddams*,
Pre-Contractual Duties of Disclosure, in: Cane/Stapleton (Hrsg.), Essays for Patrick
Atiyah (1991) 237 sowie *Treitel (-Peel)* no. 9-123 ff.; *Mc Kendrick* no. 12.1–7.

[45] Vgl. *Smith* v. *Hughes* (1871) L.R. 6 Q.B. 597: Danach ist ein Käufer, der irrtümlich
der Kaufsache eine bestimmte Eigenschaft beigelegt hat, an den Vertrag auch dann gebunden, wenn bewiesen ist, dass der Verkäufer den Irrtum des Käufers erkannt und ihn
nicht aufgeklärt hat, »for, whatever may be the case in a court of morals, there is no legal
obligation on the vendor to inform the purchaser that he is under a mistake, not induced
by the act of the vendor« (*Blackburn*, J. aaO S. 606 f.).

gemäß erklärt, dass es einem bestimmten Mieter für einen jährlichen Mietzins von £ 950 überlassen sei, haftet daher aus *misrepresentation*, wenn er es unterlässt, den Käufer auch davon zu unterrichten, dass der Mieter zahlungsunfähig ist oder den Mietvertrag bereits gekündigt hat.[46] Hat jemand bei den Vertragsverhandlungen eine zutreffende Erklärung abgegeben, von der er noch vor dem Abschluss des Vertrages erfährt, dass sie unzutreffend geworden ist, so muss er sie von sich aus richtigstellen.[47] Auch bei Versicherungsverträgen und anderen »contracts uberrimae fidei« werden weitgehende Aufklärungspflichten angenommen, ebenso dort, wo unter den Parteien besondere Treuepflichten bestehen, so etwa im Verhältnis zwischen Treuhänder und Begünstigtem, Vormund und Mündel, Eltern und Kindern, Anwalt und Mandant, *principal* und *agent*.[48]

Gleichwohl hat man den Eindruck, dass das englische Recht – anders als das kontinentale – der Anerkennung vorvertraglicher Aufklärungspflichten mit Zurückhaltung gegenübersteht. Gelegentlich wird daran im Schrifttum Kritik geübt. Die englische Position – so wird gesagt – passe zwar für den Verkehr unter geschäftskundigen Kaufleuten, führe aber manchmal zu unannehmbaren Konsequenzen, wenn Verträge zwischen Privatleuten geschlossen werden.[49] Der Verkäufer eines Grundstücks müsse zwar die Wahrheit sagen, wenn er vom Käufer nach Mängeln gefragt werde; anderenfalls dürfe er aber verschweigen, dass – wie er sehr wohl weiß – in den Dachsparren der Holzwurm sitze, die Versorgungsleitungen defekt seien oder demnächst in der Nähe des Grundstückes mit dem Bau einer Durchgangsstraße begonnen werde. Dennoch ist der Unterschied vielleicht nicht so groß, wie es zunächst scheint. Auch die kontinentalen Gerichte verlangen nicht, dass der Verkäufer Mängel offenbart, die offensichtlich oder beiden Parteien gleich gut erkennbar sind.[50] In manchen der oben genannten Fälle würden umgekehrt auch die englischen Gerichte dem Käufer einen Schadensersatzanspruch gewähren.[51] Dennoch sollte im Verkehr unter Privatleuten eine

---

[46] Vgl. *Dimmock* v. *Hallett* (1866) 2 Ch.App. 21. Hätte der Verkäufer *nichts* erklärt, so läge es vermutlich anders, dies selbst dann, wenn er weiß, dass der Käufer irrtümlich den gegenwärtigen Mieter für zahlungsfähig oder den Mietvertrag für ungekündigt hält.

[47] Vgl. *With* v. *O'Flanagan* [1936] Ch. 575; *Davis* v. *London & Provincial Marine Insurance Co.* (1878) 8 Ch.D. 469, aber auch *Wales* v. *Wadham* [1977] 1 W.L.R. 199.

[48] Vgl. dazu S. 166, 444. Gelegentlich lässt sich auch mit einem deliktischen Schadensersatzanspruch aus *negligence* helfen, so insbesondere dann, wenn jemand eine Sache in Verkehr gebracht, aber unterlassen hat, über den richtigen Umgang mit der Sache so aufzuklären, wie das ein vernünftiger Mensch getan hätte, um vorhersehbare Schädigungen Dritter zu vermeiden.

[49] Vgl. z.B. *Atiyah (-Smith)* 243; *McKendrick* no. 12.1 ff.

[50] Vgl. z.B. BGH 13. Juli 1988, NJW 1989, 763: Danach muss grundsätzlich »derjenige, der einen Vertrag schließt, sich selbst darüber … vergewissern, ob er für ihn von Vorteil ist oder nicht. Darauf darf sich der andere Vertragsteil einstellen und braucht deshalb nicht auf Umstände hinzuweisen, von denen er annehmen darf, dass er nach ihnen gefragt werde, falls auf sie Wert gelegt wird«.

[51] So in dem Fall oben N. 37 wegen *misrepresentation*, in den Fällen N. 38 und 40 we-

vorvertragliche Aufklärungspflicht bejaht werden, wenn es um dem Verkäufer bekannte Mängel geht, die verborgen sind oder aus anderen Gründen vom Käufer nur mit einem ganz erheblichen Aufwand aufgedeckt werden können. Dafür sprechen auch handfeste Gründe der ökonomisch richtigen Risikoverteilung.

III. Täuschung durch einen Dritten

Zweifelhaft ist, ob man einen Vertrag auch dann wegen Täuschung anfechten kann, wenn die Täuschung nicht von der anderen Vertragspartei, sondern von einem Dritten ausgegangen ist. Zwar ist auch in diesem Falle der Wille einer Vertragspartei durch eine Täuschung beeinflußt worden und daher »fehlerhaft« zustande gekommen. Wenn aber die andere Vertragspartei an der Täuschung nicht beteiligt war, so wird ihr Interesse an der Gültigkeit des Vertrages überall als vorrangig angesehen. Der Getäuschte kann deshalb nicht anfechten. Soweit ihm durch die fortdauernde Bindung an den Vertrag ein Nachteil entsteht, muss er sehen, ob er sich dafür bei dem Dritten, der ihn getäuscht hat, schadlos halten kann.

In den meisten europäischen Zivilgesetzbüchern wird daher ausdrücklich bestimmt, dass eine Täuschung nicht zur Anfechtung des Vertrages berechtigt, wenn sie »durch einen Dritten« begangen worden ist.[52] In Frankreich wird der gleiche Schluss daraus gezogen, dass gemäß Art. 1116 Code civil eine Täuschung zur Nichtigkeit des Vertrages nur dann führt, wenn sie »von einer der Vertragsparteien« begangen worden ist.[53]

Übereinstimmung besteht auch darüber, dass man nicht von einer Täuschung »durch einen Dritten« sprechen kann, wenn sie von jemandem begangen worden ist, der bei den Vertragsverhandlungen als Vertreter der anderen Vertragspartei, als ihr Beauftragter, Verhandlungsgehilfe oder als »Mann ihres Vertrauens« tätig geworden ist. Wer Vertragsverhandlungen nicht selbst führt, sondern sie von einer Hilfsperson für sich und in seinem Interesse führen lässt, muss es sich gefallen lassen, dass die Täuschung der Hilfsperson ihm als eigene Täuschung zugerechnet wird. Darauf, ob er die Täuschung der Hilfsperson kannte oder kennen musste, kommt es nicht an, ebensowenig darauf, ob die Hilfsperson durch ihr Verhalten von internen Weisungen abgewichen ist.[54] Auch in England wird die Täuschung desjenigen, der im Auftrag eines

---

gen Verletzung der (ausdrücklichen oder stillschweigenden) Zusage, dass das verkaufte Haus ein »Wohnhaus« oder dass die verkaufte Parzelle »bebaubar« sei.

[52] Vgl. § 123 BGB; Art. 28 II OR; § 875 ABGB; Art. 3:44 V BW; Art. 147 griech. ZGB; Art. 1439 II Codice civile; Art. 254 II port. CC; Art. 210 IV ung. ZGB; Art. 86 II poln. ZGB; vgl. auch § 30 I schwed. Vertragsgesetz.

[53] Ebenso Art. 1269 span. CC.

[54] OGH 28. Juni 1967, JBl. 1968, 365; OGH 15. Okt. 1970, JBl. 1971, 304; BGH

principal als sein *agent* Vertragsverhandlungen führt, als Täuschung des principal angesehen.[55]

Daraus folgt, dass ein Bürge den Bürgschaftsvertrag, den er mit dem Gläubiger – in der Regel einer Bank – abgeschlossen hat, nicht mit der Begründung
anfechten kann, dass er vom Schuldner getäuscht worden sei. Im Verhältnis
zu den Parteien des Bürgschaftsvertrages ist der Schuldner »Dritter«; dies ist
er auch dann, wenn die Bank den Schuldner zur Führung der Verhandlungen
mit dem Bürgen aufgefordert und ihm eine von ihr bereits fertig vorbereitete
Bürgschaftserklärung mitgegeben hat.[56]

Hat jemand Waren auf Kredit gekauft und sich sodann von einer Bank ein
Darlehen verschafft, um damit den Kaufpreis zu bezahlen, so kann er den Darlehensvertrag mit der Bank nicht deshalb anfechten, weil er vom Verkäufer bei
Abschluss des Kaufvertrages getäuscht worden ist.[57] Kaufvertrag und Darlehensvertrag stehen hier unverbunden nebeneinander; wenn es beim Abschluss
des einen Vertrages zu einer Täuschung gekommen ist, so folgt daraus nicht,
dass aus diesem Grunde auch der andere Vertrag angefochten werden könne.
Anders liegt es aber, wenn die beiden Verträge eng miteinander verknüpft sind,
so etwa dann, wenn Verkäufer und Bank vereinbart haben, dass der Verkäufer
seinen Kunden den Abschluss von Darlehensverträgen mit der Bank zur Finanzierung des Kaufpreises vermitteln und die dazu erforderlichen Verhandlungen für die Bank mit dem Kunden führen soll. In einem solchen Fall hat der
Bundesgerichtshof schon 1956 angenommen, dass der Kunde den Darlehensvertrag mit der Bank auch dann wegen Täuschung anfechten kann, wenn es
der *Verkäufer* ist, der ihn durch die Täuschung zum Abschluss des *Kaufvertrages*

---

8. Feb. 1956, BGHZ 20, 36, 39 f.; BG 10. Feb. 1937, BGE 63 II 77; BG 7. Juni 1955, BGE
81 II 213, 217; Com. 27. Nov. 1972, Bull.cass. 1972.IV. no. 308; Civ. 2. Nov. 1954, Gaz.
Pal. 1955.1.74. Ebenso Art. 4:111 (1) PECL; Art. II.-7:208 (1) DCFR: Danach muss eine
Vertragspartei für das Verhalten des Dritten wie für eigenes Verhalten einstehen, wenn
sie für den Dritten »verantwortlich« war oder der Dritte mit ihrer Zustimmung die Verhandlungen mit dem Getäuschten geführt hat. Ähnlich Art. 3.2.8 (1) PICC.

[55] »Every person who authorizes another to act for him in the making of any contract, undertakes for the absence of fraud in that person in the execution of the authority
given, as much as he undertakes for its absence in himself when he makes the contract.«
So *Bramwell*, L.J. in *Briess* v. *Bell* (1878) 3 Ex.D. 238, 245. Vgl. auch *Briess* v. *Woolley* [1954]
A.C. 333, 348; *London County Freehold* v. *Berkeley Property Co. Ltd.* [1936] 2 All E.R. 1039;
Kingsnorth Trust Ltd. v. *Bell* [1986] 1 All E.R. 423. Vgl. auch *Barclays Bank Plc* v. *O'Brien*
[1993] 3 W.L.R. 786 (H.L.).

[56] Civ. 26. Jan. 1977, Bull.cass. 1977.I. no. 52; Civ. 28. Juni 1978, Bull.cass. 1978.I.
no. 246; BGH 5. April 1965, WM 1965, 473. Vgl. aber auch OGH 29. April 1971, SZ 44
NR. 59: Dort hatte die Bank dem Schuldner einen Auftrag zur Führung von Verhandlungen mit dem Bürgen erteilt und ihn damit gegenüber dem Bürgen »zur Person ihres
Vertrauens« gemacht. Daher wurde dem Bürgen, der vom Schuldner getäuscht worden
war, ausnahmsweise die Anfechtung des Bürgschaftsvertrages erlaubt.

[57] So ausdrücklich Com. 14. Dez. 1977, Bull.cass. 1977.IV. no. 293.

bestimmt hat.[58] Inzwischen sind in den meisten europäischen Ländern Gesetze zur Regelung des Verbraucherkredits in Kraft getreten, in denen sich entsprechende Vorschriften finden.[59]

Grundsätzlich bleibt es aber dabei, dass ein entgeltlicher[60] Vertrag nicht wegen Täuschung angefochten werden kann, wenn die Täuschung von einem vertragsfremden Dritten begangen worden ist. Das gilt nicht, wenn der Vertragspartner von dem Täuschungsmanöver des Dritten wusste und gleichwohl nunmehr den Vorteil einstreichen möchte, der sich aus dem so zustande gekommenen Vertrag für ihn ergibt. Das wird in den meisten Zivilgesetzbüchern ausdrücklich bestimmt[61] und in Frankreich, wo es an einer solchen Bestimmung fehlt, von der Rechtsprechung angenommen.[62] Das Gleiche muss aber auch dann gelten, wenn der Vertragspartner die Täuschung des Dritten zwar nicht kannte, aber einen entsprechenden Verdacht nach den Umständen hätte schöpfen müssen und mit geringer Mühe hätte klären können.[63] So liegt es, wenn eine Bank einem Kunden für seine geschäftlichen Zwecke einen Kredit gewähren will und weiß, dass er seine Ehefrau um die Übernahme einer Mithaftung, insbesondere: um ihr Einverständnis mit der Belastung eines ihr gehörenden Grundstücks bitten wird. Hier muss die Bank stets mit der Möglichkeit rechnen, dass der Kunde das Haftungsrisiko gegenüber seiner Ehefrau wahrheitswidrig verharmlosen oder verschleiern oder sie in anderer Weise – »by kicks or kisses« – zur Übernahme des Risikos veranlassen wird. In einem solchen Fall nimmt die englische Rechtsprechung an, dass die Bank, sofern sie weiß, dass

---

[58] BGH 8. Feb. 1956, BGHZ 20, 36 und von da an ständig.

[59] Vgl. z.B. § 359 BGB; Art. L. 311-20 ff. Code de la consommation. Vgl. auch s. 56 des Consumer Credit Act 1974: Führt ein Verkäufer, der in einer Verbindung zu einer Bank steht, Verhandlungen mit einem Käufer über einen Kaufvertrag, dessen Kaufpreis durch einen Kredit der Bank finanziert werden soll, so gelten die Verhandlungen des Verkäufers als von ihm »in the capacity of agent of the creditor« geführt. Daraus wird man schließen dürfen, dass eine vom Verkäufer (als *agent*) begangene Täuschung der Bank (als *principal*) zugerechnet werden darf (vgl. oben N. 55). – Ähnliche Regelungen sind inzwischen in allen Mitgliedstaaten der Europäischen Gemeinschaft in Kraft gesetzt worden; vgl. jetzt Art. 15 (2) der EG-Richtlinie vom 23. April 2008 über Verbraucherkreditverträge (ABl. EG 2008 L 133/66).

[60] Hat jemand eine *unentgeltliche* Leistung versprochen, so soll er das Versprechen nach der fr. Rspr. auch im Falle der Täuschung durch einen Dritten anfechten können; vgl. *Ghestin* no. 573 (am Ende). Ebenso Art. 86 II poln. ZGB.

[61] Vgl. die oben N. 52 genannten Gesetzestexte.

[62] Vgl. Com. 25. März 1974, Bull.cass. 1974.IV. no. 104; Com. 10. Juli 1978, D.S. 1979.I.R.149 mit Anm. *Landraud*; *Ghestin* no. 573.

[63] Vgl. die oben N. 52 genannten Gesetzestexte. Ebenso Art. 4:111 (2) PECL; Art. II.-7:208 (2) DCFR; Art. 3.2.8 (2) PICC. Allerdings heißt es überall, dass dem Getäuschten die Aufhebung des Vertrages auch dann gestattet werden muss, wenn der anderen Vertragspartei das täuschende Verhalten des Dritten zwar unbekannt war und unbekannt sein durfte, sie aber bei Zugang der Aufhebungserklärung im Vertrauen auf den Vertrag noch keine Dispositionen getroffen hat (»has not acted in reliance on the contract«).

der dem Schuldner gewährte Kredit allein seinen geschäftlichen Interessen dient, »constructive notice« von der Täuschung besitzt; sie muss es sich also gefallen lassen, dass sich die Ehefrau ihr gegenüber mit der von ihrem Mann begangenen Täuschung verteidigen wird. Wie kann sich die Bank gegen dieses Risiko schützen? Nach der englischen Rechtsprechung ist dafür erforderlich, dass sie vor Abschluss des Geschäfts die Ehefrau darauf hinweist, dass sie die Sache in Abwesenheit ihres Mannes mit einem Rechtsanwalt bespricht, und dass sie den Vertrag mit der Ehefrau erst dann schließt, wenn sich aus der ihr vorgelegten schriftlichen Erklärung des Anwalts ergibt, dass er sie mit den Risiken des Geschäfts vertraut gemacht hat.[64]

IV. Schadensersatz

Wer durch eine Täuschung zum Abschluss eines für ihn ungünstigen Vertrages bestimmt worden ist, wird in erster Linie an der Aufhebung des Vertrages interessiert sein. Oft wird aber die getäuschte Vertragspartei damit allein nicht zufrieden sein. Denn es kann sein, dass sie im Vertrauen auf die Gültigkeit dieses Vertrages bereits Dispositionen getroffen hat, die sie nicht mehr kostenlos rückgängig machen kann; denkbar ist auch, dass sie die Gelegenheit zum Abschluss eines anderen Vertrages hat vorübergehen lassen, den sie jetzt, nachdem sie die Täuschung entdeckt und deshalb den ursprünglichen Vertrag für erledigt erklärt hat, nicht mehr ebenso günstig abschließen kann. Kann sie Ersatz dieses Schadens verlangen? Die Frage wird in allen Rechtsordnungen bejaht, dies auch dann, wenn die geschädigte Partei nicht im strengen Sinne »getäuscht«, sondern dadurch zum Abschluss des Vertrages gebracht worden ist, dass die andere Vertragspartei ihr *fahrlässig* eine unzutreffende oder lückenhafte Information erteilt oder *fahrlässig* eine Auskunftspflicht verletzt hat. Unterschiedliche Auffassungen werden allerdings zu der Frage vertreten, worin dieser Schadensersatzanspruch seine rechtliche Grundlage findet. In Frankreich sieht man in einer während der Vertragsverhandlungen begangenen Täuschung oder Irreführung eine unerlaubte Handlung; daher wird der Anspruch auf Art. 1382 f. Code civil gestützt. Auch in England leitet man, wenn eine Täuschung vorliegt, den Anspruch aus dem Deliktstatbestand *deceit* und, wenn *negligent misrepresentation* gegeben ist, aus dem Misrepresentation Act 1967 oder aus dem Deliktstatbestand negligence her. In Deutschland kommt zwar bei einer Täuschung ein Anspruch aus unerlaubter Handlung gemäß § 826 BGB in Betracht. Aber die Praxis zieht es vor, in dem Verhalten desjenigen, der seinen Vertragspartner getäuscht oder fahrlässig in die Irre geführt hat, eine schuldhafte Verletzung seiner vorvertraglichen

---

[64] Vgl. dazu schon oben S. 165 ff.

Aufklärungspflicht zu sehen; er haftet daher aus culpa in contrahendo nach den Regeln, wie sie für die Verletzung vertraglicher Pflichten gelten.[65]

Damit steht in Einklang, dass die internationalen Regelwerke der getäuschten Partei einen Schadensersatzanspruch gewähren, sofern ihr Kontrahent die Täuschung kannte oder kennen musste[66]; der gleiche Anspruch besteht auch dann, wenn die Partei durch einen von ihrem Kontrahenten fahrlässig herbeigeführten Irrtum zum Abschluss des Vertrages veranlasst worden ist. Wird der Vertrag wegen der Täuschung (oder wegen des fahrlässig herbeigeführten Irrtums) aufgehoben, so hat der Schadensersatzanspruch zum Ziel, »to put the avoiding party as nearly as possible into the same position as if it had not concluded the contract«. Wird der Vertrag nicht aufgehoben, weil die Aufhebungsfrist versäumt worden ist oder die getäuschte oder in die Irre geführte Partei an dem Vertrage festhält, so richtet sich ihr Schadensersatzanspruch nur auf den Ausgleich des Nachteils, der ihr durch die Täuschung oder Irreführung entstanden ist.[67]

B. Drohung

I. Drohung und Ausnutzung einer Zwangslage

Neben Irrtum und Täuschung ist auch die Drohung in allen kontinentalen Rechtsordnungen als ein Fall des »Willensmangels« anerkannt. Wer von seinem Verhandlungspartner durch eine Drohung[68] durch »Erregung gegründeter Furcht«,[69] durch »violence«,[70] »intimidación«[71] oder »coacçao moral«[72] in eine Zwangslage versetzt worden ist, in der er befürchten muss, »dass er oder eine ihm nahe verbundene Person an Leib oder Leben, Ehre oder Vermögen mit einer nahen und erheblichen Gefahr bedroht sei«,[73] kann von dem Vertrag Abstand nehmen, den er zur Abwendung jener Gefahr geschlossen hat.

---

[65] Vgl. schon oben zu N. 42.

[66] Art. 4:117 PECL; Art. 3.2.16 PICC; Art. II.-7:214 DCFR.

[67] Vgl. Art. 4:117 (2) PECL und Art. II.-7:214 (2) DCFR. In Art. 55 CESL wird zwischen Aufhebung und Nichtaufhebung des Vertrages kein Unterschied gemacht; der Ersatzanspruch zielt also in beiden Fällen auf den Ausgleich des Schadens ab, der dem Vertragspartner durch die Täuschung oder den schuldhaft veranlassten Irrtum entstanden ist.

[68] Vgl. § 123 BGB; Art. 3:44 II BW; §§ 28 und 29 schwed. Vertragsgesetz; Art. 150 und 151 griech. ZGB; Art. 210 IV ung. ZGB; Art. 87 poln. ZGB.

[69] Art. 29 I OR; vgl. auch § 870 ABGB.

[70] Art. 1111 Code civil; Art. 1434 Codice civile; Art. 1267 span. CC.

[71] Art. 1267 span. CC.

[72] Art. 255 port. CC.

[73] So Art. 30 I OR. Ähnliche Umschreibungen findet man in Art. 1112 und 1113

Nach englischem Recht kann in einem solchen Fall der Bedrohte den Vertrag wegen *duress* rückgängig machen. Ursprünglich wurde *duress* allerdings nur dann bejaht, wenn jemand einem anderen die Anwendung körperlicher Gewalt angedroht hatte. Heute ist aber anerkannt, dass ein Vertrag auch wegen *economic duress* unwirksam sein kann. So liegt es, wenn eine Vertragspartei ihrem Kontrahenten ökonomische Nachteile angedroht hat, diese Drohung nach den Umständen nicht berechtigt ist und der Bedrohte den Vertrag nur deshalb abgeschlossen hat, weil er auf andere Weise die Nachteile nicht vermeiden konnte. Damit verwandt – und oft nicht klar zu unterscheiden – sind die Regeln über *undue influence*. Danach kann sich eine Partei von einem für sie ungünstigen Vertrag lösen, wenn bewiesen werden kann, dass sie zu seinem Abschluss durch »ungehörigen Einfluss« der anderen Vertragspartei bestimmt worden ist. Ein solcher »ungehöriger Einfluss« wird vor allem dann angenommen, wenn zwischen ihr und der anderen Partei ein besonderes Vertrauensverhältnis bestanden hat und deshalb die Vermutung begründet ist, dass der Abschluss des Vertrages auf eine unerlaubte Ausnutzung jenes Vertrauensverhältnisses zurückzuführen ist.[74]

II. Voraussetzungen der Drohung

Wer vor der Frage steht, ob er einen ihm angebotenen Vertrag schließen soll oder nicht, befindet sich sehr oft in einer Lage, in der er nicht wirklich »frei« entscheiden kann, sondern wählen muss, ob das geringere Übel für ihn in der Annahme oder in der Ablehnung des Vertragsangebots liegt. Manchmal werden ihm von seinem Verhandlungspartner lediglich die Nachteile vor Augen geführt, zu denen die Ablehnung des Angebots führen würde; darin liegt eine bloße *Warnung*, solange jene Nachteile ohne eigenes Zutun des Verhandlungspartners eintreten würden. Von einer *Drohung* kann man erst dann sprechen, wenn der Verhandlungspartner für den Fall der Ablehnung seines Angebots Nachteile in Aussicht stellt, die er selbst durch eigenes Tun herbeizuführen in der Lage ist. Auch solche Drohungen sind durchaus erlaubt; unerlaubt sind sie erst dann, wenn eine bestimmte Grenze überschritten worden ist. Gesetzliche Vorschriften suchen diese Grenze dadurch zu markieren, dass sie für die Anfechtbarkeit eines Vertrages nicht bloß eine Drohung verlangen, sondern außerdem vorschreiben, dass das Verhalten des Drohenden »widerrechtlich« gewesen sein muss.[75] Daran wird auch deutlich, dass es nicht den Kern der Sache trifft, wenn

---

Code civil; Art. 1435 und 1436 Codice civile; Art. 151 griech. ZGB; Art. 1267 II span. CC.

[74] Vgl. dazu schon oben S. 165 ff.

[75] Vgl. § 123 BGB; Art. 29 I OR; § 870 ABGB; Art. 3:44 II BW; Art. 150 griech. ZGB; Art. 255 I port. CC.

man die Drohung als »Willensmangel« ansieht und für entscheidend hält, dass durch sie der Wille des Bedrohten verfälscht, vergewaltigt oder sonstwie mit einem Fehler behaftet wird. Denn der Bedrohte weiß ganz genau, was er will, und niemand wird die Übereignung seiner Brieftasche ernsthafter wollen als derjenige, dem die Pistole auf die Brust gesetzt ist. Wenn gleichwohl dem Bedrohten erlaubt wird, sich von einem Vertrag zu lösen, den er bei voller Einsicht in seine Lage und mit allem Ernst gewollt hat, so deshalb, weil die Rechtsordnung das Verhalten desjenigen missbilligt, der jene Lage durch seine Drohung geschaffen hat.[76] Hat z.B. der Käufer den Vertrag geschlossen, weil ihm der Verkäufer damit gedroht hat, dass er ihn anderenfalls künftig nicht mehr beliefern werde, so kommt es allein darauf an, ob es Gründe gibt, die das Verhalten des Verkäufers unter den gegebenen Umständen rechtswidrig machen. Das kann etwa deshalb der Fall sein, weil der Verkäufer durch die Androhung der Belieferungssperre in unerlaubter Weise eine marktbeherrschende Stellung ausgenutzt hat.[77]

Sicherlich rechtswidrig ist das Verhalten des Drohenden, wenn er seinem Verhandlungspartner eine Maßnahme in Aussicht stellt, die in jedem Falle – ganz gleich, zu welchem Zweck sie ergriffen wird – gegen das Recht verstößt. So liegt es z.B., wenn jemand dadurch Druck auszuüben sucht, dass er damit droht, er werde seinen Verhandlungspartner verprügeln oder töten[78] oder ihm seine Sachen wegnehmen[79] oder ihn, obwohl unschuldig, durch eine bewusst falsche Strafanzeige hinter Gitter bringen.[80] Schwieriger liegt es, wenn die angedrohte Handlung – für sich genommen – erlaubt ist. Das ist insbesondere dort der Fall, wo jemand mit der Geltendmachung eines ihm zustehenden Rechts droht, also z.B. mit der Erhebung einer Klage, mit der Erstattung einer Strafanzeige, mit der Protestierung eines Wechsels, mit der Ausübung eines Rechts zur Kündigung eines Vertrages. Nach Art. 1438 Codice civile kann in diesem Falle ein Vertrag nur dann annulliert werden, wenn mit der Drohung auf die Erlangung eines »ungerechtfertigten« oder – so Art. 30 II OR – eines »übermäßigen«

[76] Vgl. dazu die überzeugenden Ausführungen bei *Atiyah*, Economic Duress and the »Overborne Will«, L.Q.Rev. 98 (1982) 197.
[77] Die Rechtswidrigkeit seines Verhaltens ergibt sich hier in der Regel aus besonderen Vorschriften des Wettbewerbsrechts; vgl. in Deutschland: § 20 GWB; in Frankreich: Art. 420-2, 442-6 Code de commerce.
[78] *Barton* v. *Armstrong* [1976] A.C. 104.
[79] *Maskell* v. *Horner* [1915] 3 K.B. 106 (C.A.).
[80] Hat eine Gewerkschaft einem Reeder angedroht, sie werde seine Leute zur Arbeitsniederlegung auffordern und damit sein Schiff am Auslaufen hindern, wenn er nicht einen bestimmten Geldbetrag in ihren Sozialfonds zahle, so beruht die Zahlung auf *duress* und kann zurückgefordert werden, es sei denn, dass die Gewerkschaft ihre Drohung im Rahmen eines rechtmäßigen Arbeitskampfes ausgesprochen hat. Vgl. *Universe Tankships Inc. of Monrovia* v. *International Transport Workers' Federation* [1983] 1 A.C. 366 sowie *Dimskal Shipping Co. S.A.* v. *International Transport Workers' Federation* [1991] 4 All E.R. 871.

Vorteils abgezielt wurde.[81] Der französische Kassationshof verlangt ein »miss-
bräuchliches« Verhalten des Drohenden. Diese Voraussetzung sei erfüllt, wenn
die Beschreitung des Rechtsweges in zweckwidriger Weise – »en la détournant
de son but« – als Mittel der Drohung eingesetzt oder wenn mit Hilfe der Drohung ein Vorteil erlangt wird, der in keiner Beziehung oder außer Verhältnis
zu der ursprünglichen Verpflichtung des Bedrohten steht.[82] Auch wer ein Mittel androht, das er durchaus wählen darf, handelt in unerlaubter Weise, wenn er
dadurch erreichen will, dass der Bedrohte etwas Verbotenes tut. Hat also jemand
Kenntnis von der strafbaren Handlung eines anderen erlangt, so ist es sein gutes Recht, deswegen Strafanzeige zu erstatten; aber es ist missbräuchlich, mit
der Strafanzeige zu drohen, um ein Schweigegeld zu erpressen.[83] Anders liegt
es, wenn derjenige, der mit der Strafanzeige oder mit gerichtlichen Schritten
droht, selbst von dem Bedrohten geschädigt worden war und durch die Drohung lediglich erreichen will, dass der Bedrohte den Schaden schneller oder
wirksamer wiedergutmacht, als er das »freiwillig« zu tun bereit wäre. Auch in

---

[81] Vgl. auch Art. 255 III port. CC: Danach liegt »coacçao moral« nicht vor, wenn jemand mit der »normalen« Ausübung eines ihm zustehenden Rechts droht.

[82] Civ. 17. Jan. 1984, Bull.cass. 1984.III. no. 13; ebenso die Vorinstanz Paris 8. Juli
1982, D.S. 1983, 473 mit Anm. *Landraud.* Vgl. dazu auch *Terré/Simler/Lequette* no. 245. –
Hierher gehören auch die Fälle, in denen der Kapitän eines in Seenot geratenen Schiffs
den exorbitanten Bergelohn akzeptiert, den der zur Rettung herbeigeeilte Bergungsunternehmer fordert: Kann sich der Reeder darauf berufen, dass der vereinbarte Bergelohn
zu hoch und der Bergungsvertrag, weil unter dem Einfluss von »economic duress« geschlossen, nichtig sei und er daher nichts zu zahlen habe? Eine so drakonische Entscheidung hätte den Nachteil, dass Bergungsunternehmer durch sie allgemein von der Vereinbarung zu hoher Bergelöhne abgeschreckt würden. Die richtige Lösung muss doch wohl
darin bestehen, dass der Bergelohn auf einen Betrag reduziert wird, der den Bergungsun-
ternehmern einen genügenden ökonomischen Anreiz für die Bereithaltung ihrer volkswirtschaftlich erwünschten Dienste erhält. Vgl. Civ. 27. April 1887, D.P. 1888.1.263; *The
Port Caledonia* [1903] P. 184: *R.E. Cooper,* Between a Rock and a Hard Place: Illegitimate
Pressure in Commercial Negotiations, Austr. L.J. 71 (1997) 686 und jetzt die Vorschriften, die von den nationalen Rechtsordnungen in Ausführung des Internationalen Ber-
gungsübereinkommens vom 28. April 1989 erlassen worden sind. Vgl. dazu ausführlich
T.-N. Trümper, Bergung, in: HWB des Europäischen Privatrechts (2009) 187 ff.

[83] BG 21. Nov. 1950, BGE 76 II 346, 368 f. Diesen Gedanken drücken Art. 4:108
PECL; Art. 3.2.6 PICC; Art. II.-7:206 DCFR dadurch aus, dass es dort heißt, es liege
eine Drohung auch dann vor, wenn die Herbeiführung des angedrohten Nachteils zwar
erlaubt ist, es aber dennoch nach den Umständen als »wrongful« erscheint, dass der Drohende auf diesem (an sich zulässigen) Weg den Abschluss des Vertrages erreichen wollte.
Deshalb ist die Formulierung in Art. 50 CESL nicht gelungen, weil dort ein »wrongful
act« des Drohenden verlangt und nicht klargestellt wird, dass es erst die Verknüpfung des
angedrohten Nachteils mit dem damit angestrebten Ziel ist, die das Verhalten des Drohenden unerlaubt macht. So mit Recht *S. Martens,* Die Regelung der Willensmängel im
Vorschlag für eine VO über ein gemeinsames Europäisches Kaufrecht, AcP 211 (2011)
845, 865 f. Vgl. auch *S. Martens,* Drohung, in: HWB des Europäischen Vertragsrechts
(2009) 329 ff.

diesem Fall wird aber verlangt, dass die von dem Bedrohten versprochene Leistung nicht außer Verhältnis zu seiner ursprünglichen Verpflichtung steht und zu einem angemessenen Wert auf sie angerechnet wird. Hat der Schuldner, um die ihm angedrohten gerichtlichen Schritte abzuwenden, seinem Gläubiger ein Grundstück verkauft, so kann er den Kaufvertrag nicht wegen Drohung anfechten, wenn der Kaufpreis angemessen ist,[84] wohl aber dann, wenn der Gläubiger erst während der notariellen Verhandlung den Schuldner mit der Erklärung überrascht, dass er auch noch weitere Nachteile hinzunehmen habe, und wenn er, statt ihm in dieser Lage Bedenkzeit zu geben, damit droht, dass er sonst »am nächsten Montag« einen Wechsel zu Protest geben und den Schuldner damit ruinieren werde.[85] Besonders heikel liegt es, wenn unter dem Eindruck der Drohung mit einer Strafanzeige nicht der Täter der strafbaren Handlung, sondern seine Ehefrau (oder ein sonstiger Familienangehöriger) dem Gläubiger eine Leistung verspricht. Der Bundesgerichtshof hat in einem solchen Fall die Drohung des Gläubigers als erlaubt angesehen, wenn die Ehefrau an der Straftat ihres Mannes irgendwie beteiligt war oder selbst auf die eine oder andere Weise Vorteile aus ihr gezogen hat.[86] Fehlt es an solchen besonderen Umständen, so kann sie ihr Versprechen anfechten, sei es wegen Drohung,[87] sei es wegen *undue influence*.[88]

Nicht selten kommt es vor, dass eine Vertragspartei eine nachträgliche Änderung des Vertrages verlangt und ihrem Verlangen dadurch Nachdruck verleiht, dass sie mit der Nichterfüllung des Vertrages droht. Zwar kann hier der Bedrohte die Vertragsänderung ablehnen und, wenn die andere Vertragspartei mit ihrer Drohung ernstmacht, sie auf Schadensersatz wegen Vertragsverletzung in Anspruch nehmen. In manchen Fällen ist aber dieser Weg für den Bedrohten vernünftigerweise nicht zumutbar. Wird etwa einem Arbeitnehmer mit der

---

[84] Civ. 17. Jan. 1984 (oben N. 87).
[85] BGH 25. Juni 1965, LM § 123 BGB Nr. 32.
[86] BGH 23. Sept. 1957, BGHZ 25, 217.
[87] OLG Karlsruhe 11. Jan. 1991, VersR 1992, 703. Fehlt es an einer Drohung, so kommt auch noch in Betracht, dass der Vertrag gegen die »guten Sitten« verstößt, also gemäß § 138 Abs. 1 BGB unwirksam ist. Das setzt aber voraus, dass eine Partei die besondere Zwangslage ihres Kontrahenten ausgenutzt hat und ihr Verhalten nach den besonderen Umständen des Falles als »verwerflich« erscheint. Vgl. BGH 7. Juni 1988, NJW 1988, 2599 und oben S. 169. Im französischen Schrifttum wird gelegentlich sogar die Auffassung vertreten, dass ein Fall der »Drohung« auch dann gegeben sei, wenn eine Vertragspartei sich lediglich durch Ausnutzung der »wirtschaftlichen Unterlegenheit« ihres Kontrahenten einen übermäßigen Vorteil gesichert hat. Vgl. dazu kritisch *Terré/Simler/ Lequette* no. 248. Anders – jedenfalls bisher – der Kassationshof. Vgl. Com. 20. Mai 1980, Bull.cass. 1980. III. no. 212; Com. 21. Feb. 1995, Bull.cass. 1995. IV. no. 50; vgl. aber auch Civ. 30. Mai 2000, D. 2000, 879 mit Anm. *Chazal* = Rev.trim.civ. 2000, 827, mit Anm. *Mestre/Fages*.
[88] *Kaufman* v. *Gerson* [1904] 1 K.B. 591; *Mutual Finance Ltd*. v. *John Wetton & Sons Ltd*. [1937] 2 K.B. 389 und dazu *Treitel (-Peel)* no. 10-009.

Einstellung der Gehaltszahlung gedroht, wenn er nicht einer ihm nachteiligen
Änderung des Arbeitsvertrages zustimmt, so wird man nicht verlangen können, dass er hart bleibt, Klage auf Zahlung des ihm vorenthaltenen Gehalts erhebt und einstweilen von seinen Ersparnissen lebt. Vielmehr muss er, wenn er
in dieser Lage dem Druck des Arbeitgebers nachgegeben und in die Vertragsänderung eingewilligt hat, seine Erklärung wegen Drohung anfechten können.[89]
Ein ausländischer Verkäufer, der 4 Waggons Eier verkauft hat, darf sein Verlangen nach einer nachträglichen Preiserhöhung für 2 Waggonladungen nicht mit
der Drohung unterstützen, dass er sonst die beiden anderen bereits auf der Reise
befindlichen Waggons umdirigieren werde. Der Käufer, der in dieser Zwangslage unter lebhaftem Protest die Preiserhöhung zugestanden hat – anderenfalls
hätte er im Ausland Klage auf Schadensersatz wegen der Nichtlieferung von 4
Waggons erheben müssen – kann daher seine Erklärung anfechten und die Zahlung des Mehrpreises verweigern.[90]

Daraus wird man den allgemeinen Schluss ziehen dürfen, dass eine Drohung
in der Regel nicht erlaubt ist, wenn eine Vertragspartei von ihrem Kontrahenten die Änderung eines mit ihm bereits geschlossenen Vertrages verlangt und
ihm androht, dass sie, wenn er sich auf die Änderung nicht einlässt, *selbst* den
Vertrag nicht erfüllen werde. Denn hier wird ein Vertragsbruch angedroht, also
ein Verhalten, das selbst nicht erlaubt ist und daher die Drohung unrechtmäßig
macht. Ob das immer richtig ist, lässt sich aber bezweifeln. Sollte es nicht auch
darauf ankommen, ob der bedrohten Partei ausreichend Zeit für eine sorgfältige
Abwägung ihrer Optionen zur Verfügung stand und ob sie sich kampflos oder
nur unter Protest auf die Vertragsänderung eingelassen hat? Sollte die bedrohte
Partei das Recht zur Aufhebung des Änderungsvertrages nicht verlieren, wenn
ihr auch eine vernünftige Alternative zur Verfügung stand, sie nämlich nach
den Umständen das Änderungsverlangen hätte zurückweisen und dem Drohenden hätte klarmachen können, dass sie von ihm Schadensersatz verlangen werde,
wenn er die Drohung wahrmachen und den Vertrag nicht erfüllen sollte?[91] Auch
sollte es wohl von Bedeutung sein, ob das Änderungsverlangen immerhin vertretbar erscheint, etwa weil mit ihm eine offensichtliche Unausgewogenheit des
ursprünglichen Vertrages korrigiert oder eine Lücke des Vertrages in vernünftiger Weise ausgefüllt wird. Auch kann die Unterscheidung zwischen einer (zulässigen) Warnung und einer (unzulässigen) Drohung schwierig sein. Wenn z.B.
ein Bauunternehmer damit »droht«, dass er in finanzielle Schwierigkeit geraten

---

[89] So Soc. 30. Okt. 1973, Bull.cass. 1973.V. no. 541.

[90] BG 6. Okt. 1906, BGE 32 II 641.

[91] In der Tat wird in den oben N. 83 genannten Regelungen (nicht aber in Art. 50
CESL) bestimmt, dass eine Drohung, auch wenn sie »wrongful« ist, nicht zur Aufhebung
des Vertrages berechtigt, wenn dem Bedrohten »a reasonable alternative« zur Verfügung
stand, er sie aber nicht ergriffen und sich stattdessen auf die Vertragsänderung eingelassen hat.

sei und deshalb den Vertrag trotz Anspannung aller seiner Kräfte vielleicht nicht werde erfüllen können, so mag es sein, dass ihm daraufhin sein Auftraggeber unter Abänderung des bestehenden Vertrages einen Mehrpreis bewilligt. Kann sich der Auftraggeber, wenn er nach Ausführung des Vertrages auf Zahlung jenes Mehrpreises verklagt wird, damit verteidigen, dass er die Vereinbarung über den Mehrpreis unter dem Einfluss einer unerlaubten Drohung abgeschlossen habe? Diese Frage wird man verneinen müssen.[92] Auch muss man verlangen, dass die Partei sich sobald wie möglich von der ihr aufgezwungenen Vertragsänderung lossagt. In einer englischen Entscheidung aus dem Jahre 1978[93] ging es um einen Fall, in dem eine Werft den Bau eines Tankers zu einem US $-Festpreis versprochen, aber nach einer 10%igen Abwertung dieser Währung von ihrem Auftraggeber eine Erhöhung der noch ausstehende Werklohnraten um 10% verlangt und ihm angedroht hatte, dass sie den Tanker anderenfalls nicht liefern werde. Obwohl dem Auftraggeber klar war, dass der Anspruch der Werft auf Preiserhöhung unbegründet war, willigte er in ihr Verlangen ein, weil er den Tanker bereits an eine Mineralölgesellschaft verchartert hatte und die Mühen und Ungewissheiten einer gerichtlichen Durchsetzung seiner Schadensersatzansprüche vermeiden wollte. Das Gericht sah das Verhalten der Werft als unerlaubt an und hätte dem Auftraggeber einen Anspruch auf Rückzahlung des Preiszuschlags wegen *economic duress* zugebilligt, wenn er nicht, nachdem ihm der Tanker geliefert und die Zwangssituation beendet war, 8 Monate mit der Geltendmachung des Anspruchs gezögert und dadurch die Vertragsänderung »bestätigt« hätte.

III. Drohung durch einen Dritten

Ebenso wie bei der Täuschung stellt sich auch hier die Frage, ob der Bedrohte den Vertrag auch dann aufheben kann, wenn die Drohung nicht von seinem Vertragspartner (oder einem für ihn handelnden Vertreter oder Beauftragten),

---

[92] So – wenn auch nur im Ergebnis – *Williams* v. *Roffey Brothers* [1991] I Q. B. 1. Vgl. dazu *McKendrick* no. 17.2. Er weist mit Recht darauf hin, dass anders zu entscheiden wäre, wenn der Bauunternehmer sich von vornherein absichtlich einen zu niedrigen Werklohn ausbedungen (und sich auf diese Weise den Zuschlag gesichert) hat und nunmehr Zahlung des nachträglich erhöhten Werklohns verlangt. Für den englischen Richter stellt sich in diesen Fällen oft auch noch die weitere Frage, ob nicht die Vertragsänderung schon deshalb unwirksam ist, weil der Vertragspartei, die sich zu ihrem Nachteil auf die Änderung eingelassen hat, keine Gegenleistung (*consideration*) von ihrem Kontrahenten erbracht worden ist. Vgl. dazu. S. 93 ff.

[93] *North Ocean Shipping Co.* v. *Hyundai Construction Co.* [1978] 3 All E.R. 1170. Vgl. ferner *Pao On* v. *Lau Yiu Long* [1980] A.C. 614 (P.C.); *Atlas Express Ltd.* v. *Kafco Ltd.* [1989] 1 All E.R. 641; *Dimskal Shipping Co. S.A.* v. *International Transport Workers' Federation* (oben N. 80); *The Evia Luck (No. 2)* [1992] 2 A.C. 152, 166.

sondern von einem Dritten ausgegangen ist. Obwohl diese Frage in der Praxis
keine große Rolle zu spielen scheint, wird sie doch von allen kontinentalen Zivilgesetzbüchern geregelt, freilich in unterschiedlicher Weise. Manche Rechtsordnungen machen in dieser Frage zwischen Täuschung und Drohung keinen
Unterschied und lassen deshalb auch bei der Drohung die Aufhebung nur dann
zu, wenn der Vertragspartner des Bedrohten die Drohung des Dritten kannte
oder kennen musste.[94] Die romanischen Rechtsordnungen und das deutsche
Recht stehen auf dem Standpunkt, dass der Wille der Vertragspartei durch eine
Drohung stets in stärkerem Maße verfälscht wird als durch eine Täuschung;
daher soll im Falle einer Drohung der Vertrag auch gegenüber einer gutgläubigen Partei aufgelöst werden können.[95] Andere Rechtsordnungen lassen dies
nur dann zu, wenn eine besonders brutale Drohung vorliegt, also der Dritte
z.B. mit Gewalt gegen die Person oder mit einem anderen, besonders gravierenden und unmittelbar bevorstehenden Übel gedroht hat.[96] Wieder anders das
schweizerische Recht: Danach muss sich zwar die Vertragspartei die Anfechtung auch dann gefallen lassen, wenn sie die Drohung des Dritten weder kannte
noch kennen konnte; jedoch kann sie in diesem Fall, wenn es der Billigkeit entspricht, von der bedrohten Vertragspartei den Ersatz des Vertrauensschadens
verlangen.[97]

---

[94] So § 875 ABGB; Art. 3:44 V BW; Art. 210 IV ung. ZGB. So auch das englische
Recht. Hat sich z.B. eine Bank ein Darlehen dadurch sichern lassen, dass der Darlehensnehmer seine Eltern unter Druck gesetzt oder ihre Gutgläubigkeit arglistig ausgenutzt
und sie dadurch zur Bestellung eines Grundpfandrechts zugunsten der Bank veranlasst
hat, so können die Eltern den Vertrag mit der Bank wegen Ausübung von *undue influence*
nur dann anfechten, wenn die Bank den Darlehensnehmer als ihren *agent* bei den Verhandlungen eingesetzt hat oder sein unerlaubtes Verhalten kannte oder kennen musste.
Vgl. *Avon Finance Co. Ltd.* v. *Bridger* [1985] 2 All E.R. 281; *Coldunell* v. *Gallon* [1986]
Q.B. 1184 und *Barclays Bank Plc* v. *O'Brien* (oben N. 55). Die gleiche Lösung findet sich in
Art. 4:111 (2) PECL; Art. 3.2.8 (2) PICC; Art. II.-7:208 (2) DCFR. Allerdings wird dort
die Vertragsaufhebung wegen Drohung auch dann zugelassen, wenn die andere Vertragspartei zwar gutgläubig war, also die Drohung des Dritten weder kannte noch kennen
konnte, aber die Aufhebung zu einem Zeitpunkt erklärt wird, in dem diese Partei noch
nicht im Vertrauen auf den Vertrag »gehandelt«, also noch keine Dispositionen getroffen
hat.
[95] So § 123 BGB; Art. 1111 Code civil; Art. 1434 Codice civile; Art. 1268 span. CC.
[96] Vgl. Art. 28 und 29 schwed. Vertragsgesetz und Art. 256 port. CC.
[97] Art. 29 II OR; ähnlich Art. 153 griech. ZGB.

§ 11 Widerrufsrechte

I. Einleitung

Für bestimmte Verträge wird durch zwingende gesetzliche Vorschriften bestimmt, dass sie binnen einer bestimmten Frist nach ihrem Abschluss von einer Partei widerrufen werden können, ohne dass sie dafür irgendwelche Gründe nennen müsste. Ein solcher Widerruf ist daher auch dann zulässig, wenn die andere Partei den Vertrag ordentlich erfüllt hat oder wenn es keinen Zweifel daran gibt, dass sie ihn künftig ordentlich erfüllen werde. Das Widerrufsrecht soll eine Partei dazu instand setzen, sich nachträglich – während einer »cooling-off period« – Klarheit darüber zu verschaffen, ob sie an dem Vertrag wirklich festhalten oder ob sie ihn aufheben will, etwa deshalb, weil sie durch ein Überrumpelungsmanöver oder durch eine andere Form »psychischen Drucks« zu seinem Abschluss gedrängt worden ist, oder auch deshalb, weil sie erst jetzt, nachdem die andere Partei die Szene verlassen hat, die Zeit zu nochmaliger ruhiger Überprüfung des Vertrages findet und, weil sie nun erst seine Nachteile erkennt, sich von ihm lösen möchte. Ein besonderer Fall liegt vor, wenn jemand bestimme Waren aufgrund ihrer Beschreibung in einem Katalog oder Prospekt telefonisch oder durch eine E-mail oder durch Absendung einer Bestellkarte gekauft hat, aber, nachdem die Waren geliefert sind, sich darüber klar wird, dass sie mangelhaft sind, ihm nicht gefallen oder er aus anderen Gründen zur Erfüllung des Vertrages keine Lust mehr hat. Auch in einem solchen Fall wird der Partei durch ein Widerrufsrecht die nachträgliche Aufhebung des Vertrages gestattet.

Widerrufsrechte haben in den europäischen Rechtsordnungen eine lange Geschichte. Sie sind zunächst für Kaufverträge eingeführt worden, in denen sich der Käufer zur ratenweisen Zahlung des Kaufpreises verpflichtet hatte, später für alle Verträge, die von jemandem im Bereich seiner privaten Wohnung oder an seinem Arbeitsplatz oder während der Fahrt in einer Straßenbahn abgeschlossen worden waren. Seit den achtziger Jahren ist die Initiative zur Schaffung von Widerrufsrechten auf die Europäische Gemeinschaft übergegangen, die zur Durchsetzung ihres Verbraucherschutzprogramms zahlreiche entsprechende Richtlinien in Kraft gesetzt hat.[1] Rechtseinheit ist dadurch allerdings nicht geschaffen worden. In manchen Fällen wird durch die Richtlinien zwar zugunsten des Verbrauchers ein Widerrufsrecht für bestimmte Verträge eingeführt, aber die nähere Ausgestaltung seiner Voraussetzungen und Folgen den nationalen Rechtsordnungen überlassen. Diesen Rechtsordnungen steht es auch frei, den Verbraucher noch stärker zu schützen, als dies in den Richtlinien selbst geschieht. Erst recht können sie Widerrufsrechte für Verträge einführen, die von den Richtlinien nicht erfasst sind. So kann in den Niederlanden gemäß Art. 7:2 BW der Käufer eines Grundstücks binnen 3 Tagen nach Aushändigung der Vertragsurkunden den Widerruf des Vertrages erklären. In Deutschland darf jedermann, auch wenn er nicht Verbraucher ist, einen Versicherungsvertrags widerrufen, es sei denn, dass mehr als 14 Tage vergangen sind, seit ihm die gesetzlich vorgeschriebenen Informationen erteilt, die Vertragsurkunde ausgehändigt und er über sein Widerrufsrecht belehrt worden ist (§ 8 Versicherungsvertragsgesetz). In Frankreich lässt sich die Liste der Verträge, in denen ein solches Widerrufsrecht durch zwingende Regeln vorgeschrieben wird, kaum noch übersehen.[2]

II. Voraussetzungen und Gründe des Widerrufsrechts

Durch ein zwingendes Widerrufsrecht wird es einer Vertragspartei erlaubt, einen bereits zustande gekommenen Vertrag nachträglich ohne besondere Begründung aufzuheben. Darin liegt eine klare Durchbrechung des Grundsatzes

---

[1] Vgl. dazu ausführlich und mit umfassenden Nachweisen *P. Mankowski*, Widerrufsrecht, in HWB des Europäischen Privatrechts (2009) 1791; *H. Eidenmüller*, Widerrufsrechte, in H. Eidenmüller/F. Faust/H.C. Grigoleit/N. Jansen/G. Wagner/R. Zimmermann (Hrsg.), Revision des Verbraucher-*acquis* (2011) 109; *G. Wagner*, Zwingendes Vertragsrecht (ebenda) 1, 21 ff. Vgl. auch *K. Kroll-Ludwigs*, Die Zukunft des verbraucherschützenden Widerrufrechts in Europa, ZEuP 2010, 509: Dort wird vorgeschlagen, auf das Widerrufsrecht des Verbrauchers gänzlich zu verzichten und ihn stattdessen dadurch zu schützen, dass dem Unternehmer weitgehende Informationspflichten auferlegt werden.

[2] Vgl. dazu die Übersicht bei *Terré/Simler/Lequette* no. 263. Dort werden auch die vielen weiteren Fälle erwähnt, in denen das französische Recht die für »schwach« gehaltene Vertragspartei auch noch durch eine »Wartepflicht« schützt, also dadurch, dass ihr verboten wird, ein ihr gemachtes Angebot vor Ablauf einer gesetzlich bestimmten Wartefrist anzunehmen; jede vorher erklärte Annahme ist wirkungslos.

der Vertragsfreiheit. Deshalb ist zu fragen, für welche Verträge ein solches Widerrufsrecht gewährt wird und ob es sich in diesen Fällen durch gute Gründe rechtfertigen lässt.

1. Für *Haustürgeschäfte* ist dem Verbraucher ein Widerrufsrecht ursprünglich durch die EG-Richtlinie vom 20. Dezember 1985 eingeräumt worden.[3] Danach darf er Verträge widerrufen, die er in seiner Wohnung oder an seinem Arbeitsplatz geschlossen hat, es sei denn, dass er den Unternehmer ausdrücklich darum gebeten hat, er möge von ihm oder seinen Hilfspersonen in seiner Wohnung oder an seinem Arbeitsplatz zum Zweck von Vertragsverhandlungen besucht werden. Widerruflich sind ferner Verträge, die der Verbraucher während eines von dem Unternehmer organisierten Ausflugs geschossen hat, also z.B. im Laufe einer von ihm veranstalteten »Kaffeefahrt« oder einer sonstigen Freizeitveranstaltung. Bei solchen Geschäften bestehen in der Tat gute Gründe für die Schaffung eines zwingenden Widerrufsrechts. Sie liegen allerdings nicht darin, dass der Verbraucher »schwach« oder dem Unternehmer wirtschaftlich oder intellektuell »unterlegen« ist, auch nicht darin, dass ihm in solchen Fällen für sein gutes Geld oft schlechte Ware aufgeredet wird. Vielmehr liegen sie darin, dass der Verbraucher in solchen Situationen eine wohlüberlegte Entscheidung in verantwortlicher Weise nicht treffen kann, weil er auf Vertragsverhandlungen nicht vorbereitet ist, er durch sie überrascht oder überrumpelt wird, er die ihm angebotenen Waren oder Leistungen in Bezug auf Preis und Qualität nicht mit den Angeboten anderer Unternehmer vergleichen kann und er sich manchmal auf den Vertrag nur deshalb einlassen wird, weil er glaubt, dass er den unerwünschten Besuch auf andere Weise nicht loswerden kann.

Inzwischen ist eine neue Richtlinie über die Rechte der Verbraucher vom 25. Oktober 2011 in Kraft getreten.[4] Sie verpflichtet die EU-Mitgliedstaaten dazu, bis zum 13. Dezember 2013 Vorschriften in Kraft zu setzen, die ein Widerrufsrecht immer dann gewähren, wenn der Verbraucher den Vertrag »außerhalb der Geschäftsräume« des Unternehmers abgeschlossen hat. Es mag zutreffen, dass der Verbraucher durch Verträge, die er »außerhalb der Geschäftsräume« des Unternehmers schließt, auf ähnliche Weise überrascht oder überrumpelt wird, wie wenn er sich auf den Vertrag in seiner Wohnung oder an seinem Arbeitsplatz eingelassen hätte.[5] Dagegen leuchtet es nicht ein, dass

---

[3] Richtlinie 85/577/EWG (ABl. Nr. L 372/31). Vgl. zur Umsetzung in nationales Recht z.B. § 312 BGB; Art. L 121-21 ff. Code de la consommation; § 3 öst. Konsumentenschutzgesetz; Consumer Protection (Cancellation of Contracts concluded away from Business Premises) Order 1987 (Statutory Instruments 1987/2112).

[4] Richtlinie 2011/83/EU vom 25. Okt. 2011 (ABl. 2011 L 304/64).

[5] Nach deutschem Recht steht schon heute demjenigen ein Widerrufsrecht zu, der »außerhalb der ständigen Geschäftsräume« des Unternehmers Anteilscheine an einer Kapitalanlagegesellschaft gekauft hat (vgl. § 23 Gesetz über Kapitalanlagegesellschaften vom 9. Sept. 1988).

die neue Richtlinie dem Verbraucher ein Widerrufsrecht auch dann gewähren will, wenn er selbst den Unternehmer zu den Verhandlungen außerhalb
seiner Geschäftsräume eingeladen hat.[6] So liegt es z.B., wenn jemand, weil er
aus gesundheitlichen Gründen den Weg in das Geschäftslokal des Unternehmers nicht mehr zurücklegen mag, ihn ausdrücklich um einen Besuch in seiner
Wohnung bittet. Dass er durch einen solchen Besuch »überrascht« oder »überrumpelt« wird, kann man gewiss nicht sagen. Zwar kann es vorkommen, dass
er auch bei einem solchen Besuch von dem Unternehmer oder seinen Hilfspersonen in die Irre geführt, getäuscht, bedroht oder unter psychischen Druck
gesetzt wird. Das kann aber auch dann geschehen, wenn die Verhandlungen
im Geschäft des Unternehmers geführt werden. In solchen Fällen muss mit
den allgemeinen Regeln geholfen werden, nach denen ein Vertrag wegen eines
Irrtums, einer Täuschung oder einer Drohung aufgehoben werden kann. Ein
Recht zum Widerruf *sämtlicher* von einem Verbraucher abgeschlossenen Verträge gibt es aber derzeit nicht, vielleicht – so muss man fürchten – *noch* nicht.[7]

    2. Auch bei *Darlehensverträgen* und *Verträgen über Teilzeitwohnrechte* steht dem
Verbraucher ein Widerrufsrecht zu.[8] Zu seiner Begründung wird geltend gemacht, dass es bei diesen Verträgen um rechtlich komplizierte Transaktionen
geht, die den Verbraucher auf lange Frist erheblich belasten können. Freilich
gibt es viele andere Geschäfte, bei denen, obwohl sie den Verbraucher in ähnlicher Weise belasten, ein Widerrufsrecht nicht besteht. Auch muss man fragen
dürfen, warum dem Verbraucher innerhalb der Widerrufsfrist von 14 Tagen
Bedenken kommen sollten, die ihm *vor* Abschluss des Vertrages, als er dafür
noch alle Zeit der Welt hatte, *nicht* gekommen sind. Anderseits spricht einiges dafür, dass der Verbraucher bei den genannten Verträgen besonders häufig
durch das Personal des Unternehmers zu einer Unterschätzung der vertraglichen Risiken verleitet wird und es aus *diesem* Grunde sinnvoll ist, dass er sich
nachträglich – jetzt in Abwesenheit des Personals – das Geschäft noch einmal

---

    [6] Vgl. Art. 2 (8) der Richtlinie. Ebenso Art. 40 CESL in Verbindung mit der Defi-
nition der »off-premises contract« in Art. 2 (9) des Entwurfs einer Verordnung über das
CESL.
    [7] Ebenso *Eidenmüller* (oben N. 1) 141 ff.; *O. Unger*, Die Richtlinie über die Rechte der
Verbraucher, Eine systematische Einführung, ZEuP 2012, 270, 279. Ebenso anfechtbar
ist die entsprechende Regelung des CESL (oben N. 5); vgl. dazu *B. Zöchling-Jud*, Acquis-
Revision, CESL und Verbraucherrichtlinie, AcP 212 (2012) 550, 566.
    [8] Vgl. Art. 14 Richtlinie 2008/48/EG über den Verbraucherkredit vom 23. April
2008 (ABl. 2008 L. 133/79); Art. 6 Richtlinie 2008/122/EG über den Schutz der Verbraucher im Hinblick auf bestimmte Aspekte von Teilnutzungsverträgen vom 14. Jan.
2009 (ABl. 2009 L 33/10). Die zuletzt genannte Richtlinie hat den Schutz des Verbrauchers u.a. auf Verträge über »langfristige Urlaubsprodukte« erweitert. Vgl. dazu im Einzelnen *B. Haar*, Verbraucherkredit (Regelungsgrundsätze), in: HWB des Europäischen
Privatrechts (2009) 1609; *A. Staudinger*, Teilzeitwohnrechteverträge, in: HWB des Europäischen Privatrechts (2009) 1468.

überlegen kann.[9] Zu bedenken ist auch, dass bei den genannten Verträgen vom
Widerrufrecht selten Gebrauch gemacht wird, dass die dadurch entstehenden
Kosten nicht ins Gewicht fallen und dass der Unternehmer sich mit geringer
Mühe darauf einstellen kann, dass der Vertrag nicht schon mit seiner Unterzeichnung, sondern erst 14 Tage später wirksam wird. Allerdings verlängert
sich die Widerrufsfrist um ein Jahr, sofern es der Unternehmer unterlassen hat,
den Verbraucher vor Vertragsschluss über sein Widerrufsrecht zu belehren.
Außerdem muss er, um rechtliche Nachteile von sich abzuwenden, dem Verbraucher schon vor dem Vertragsschluss die gesetzlich genau bestimmten Informationen vollständig und in der dafür vorgesehenen Form erteilt haben. Auf
einem anderen Blatt steht es, dass die danach erforderlichen Informationen so
zahlreich und kompliziert sind und das Wichtige vom Unwichtigen so wenig
unterscheiden, dass man zweifeln kann, ob sie nicht die Fähigkeit des Verbrauchers zu ihrer angemessenen Verarbeitung übersteigen.[10]

3. Bei *Fernabsatzverträgen* hat das Widerrufsrecht eine andere Bedeutung.[11]
Solche Verträge kommen unter ausschließlicher Verwendung von Fernkommu-
nikationsmitteln (z.B. Telefon, E-mail, Internet) zustande, dies mit der Folge,
dass Verbraucher und Unternehmer sich vor dem Vertragsschluss persönlich
nicht begegnen und der Verbraucher bis zu diesem Zeitpunkt keine Möglichkeit hat, den Vertragsgegenstand ebenso in Augenschein zu nehmen und seine
Eigenschaften zu überprüfen, wie er das beim Kauf im Laden hätte tun können.
Wer als Unternehmer seine Waren im Wege des Fernabsatzes anbietet, wird
sich darüber klar sein, dass er mit einem solchen Vertriebssystem nur dann Erfolg haben wird, wenn er seinen Kunden, falls ihnen die Ware nach der Lieferung nicht gefällt, das Recht zu ihrer Rückgabe anbietet; deshalb spricht viel
dafür, dass die Unternehmer bei solchen Verträgen ein Widerrufsrecht *freiwillig* einräumen würden. Dennoch wird durch eine zwingende Regel bestimmt,
dass dem Verbraucher ein solches Widerrufsrecht zu gewähren ist; auch dieses
Recht muss er binnen 14 Tagen nach Empfang der Ware ausüben. Außerdem
müssen dem Verbraucher schon vor dem Vertragsabschluss zahlreiche Informationen über den Vertragsgegenstand mitgeteilt werden.[12] Ob das sinnvoll ist,
kann man bezweifeln, weil der Verbraucher seine Entscheidung über den Fortbestand des Vertrages von einer Prüfung der gelieferten Ware abhängig machen

---

[9] So *Eidenmüller* (oben N. 1) 147 ff.
[10] Vgl. zum vieldiskutierten Problem des »information overload« *H.C. Grigoleit*, Die
Aufklärungspflichten des acquis, in H. Eidenmüller/F. Faust/H.C. Grigoleit/N. Jan-
sen/G. Wagner/R. Zimmermann (Hrsg.), Revision des Verbraucher-*acquis* (2011) 223,
247 ff. (mit weiteren Nachweisen).
[11] Vgl. dazu *G. Rühl*, Fernabsatzverträge, in: HWB des Europäischen Privatrechts
(2009) 588.
[12] Vgl. Art. 9 Richtlinie (oben N. 4) zum Widerrufsrecht und Art. 6 zu den in breitem
Detail ausgemalten Informationspflichten.

wird und deshalb keinen Anlass hat, den Aufwand zur Verarbeitung jener Informationen schon vorher auf sich zu nehmen und von einem Vertragsschluss
schon aus diesem Grunde Abstand zu nehmen. Es ist sogar in Zweifel gezogen
worden, ob es bei Fernabsatzverträgen ausreichende Gründe gibt, die in allen
Fällen ein zwingendes Widerrufsrecht rechtfertigen. Aus den für Deutschland
vorgelegten empirischen Studien ergibt sich nämlich, dass etwa bei einem Drit-
tel aller Fernabsatzverträge – bei Damenbekleidung in mehr als der Hälfte der
Fälle – vom Widerrufsrecht Gebrauch gemacht wird.[13] Der Aufwand, der dem
Unternehmer durch die Bearbeitung jener Fälle und durch den oft erheblichen
Wertverlust der retournierten Waren entsteht, wird von ihm auf seine Preise
aufgeschlagen und ist deshalb von *allen* Kunden zu tragen, auch von denjenigen,
die das Widerrufsrecht *nicht* ausgeübt oder sich – auch das kommt vor – seine
Ausübung *nicht* zum Steckenpferd gemacht haben. Es ist deshalb vorgeschlagen worden, dass zwar an einer zwingenden Regelung festgehalten, der Unternehmer durch sie aber lediglich zur Einräumung eines Wahlrechts verpflichtet
werden sollte, indem er dem Verbraucher ermöglicht, entweder die Ware zu
einem höheren Preis *mit* Widerrufsrecht oder zu einem geringeren Preis *ohne*
Widerrufsrecht zu kaufen.[14] Die Richtlinie (und Art. 40 CESL) hat sich gegen
eine solche Lösung entschieden. Dafür spricht in der Tat, dass sie dem Kunden
einen Anreiz zu »opportunistischem Verhalten« geben, ihm nämlich nahelegen
würde, dass er die Ware zunächst zu höherem Preise *mit* Widerrufsrecht kauft,
sie sodann, obwohl sie ihm gefällt, gegen Rückzahlung des höheren Preises
zurückgibt und sie schließlich noch einmal bestellt, jetzt allerdings zu niedrigerem Preis und ohne Widerrufrecht.

III. Widerrufsfolgen

Mit der Ausübung des Widerrufrechts sind die Parteien nicht mehr zur Erfüllung des Vertrages verpflichtet. Außerdem können sie dasjenige zurückfordern,
was sie bisher schon aufgrund des widerrufenen Vertrages einander geleistet haben. Für Fernabsatzverträge und für Verträge, die der Verbraucher außerhalb
der Geschäftsräume des Unternehmers abgeschlossen hat, findet sich dazu eine
ausführliche Regelung in Art. 12–15 der Richtlinie vom 25. Oktober 2011.[15]

---

[13] Vgl. dazu ausführlich *Eidenmüller* (oben N. 1) 120 ff.
[14] So *Eidenmüller* (oben N. 1) 133 ff.; *Wagner* (oben N. 1) 29 f., ablehnend *Zöchling-Jud*
(oben N. 7) 565 f.
[15] Oben N. 4. Ebenso Art. 44–46 CESL. Vgl. zu der Regelung in der Richtlinie ausführlich *Unger* (oben N. 7). Eine ausführliche Darstellung, die auch die Regeln
des DCFR und der PECL und PICC berücksichtigt, findet sich bei *R. Zimmermann*,
Rückabwicklung nach Widerruf, in H. Eidenmüller/F. Faust/H.C. Grigoleit/N. Jan-
sen/G. Wagner/R. Zimmermann (Hrsg.). Revision des Verbraucher-*acquis* (2009) 167 ff.

Danach müssen der Verbraucher die gelieferte Ware und der Unternehmer die empfangenen Zahlungen »unverzüglich und in jedem Fall spätestens 14 Tage« nach demjenigen Zeitpunkt zurückleisten, indem der Verbraucher die Widerrufserklärung abgesandt und der Unternehmer von ihr Kenntnis erhalten hat. Nur dem Unternehmer steht ein Recht zur Zurückhaltung der empfangenen Zahlungen zu, auch dies aber nur bis zu dem Zeitpunkt, indem er die Ware zurückerhalten oder abgeholt oder der Verbraucher ihm den Nachweis ihrer Absendung erbracht hat. Gemäß Art. 13 (1) Richtlinie muss der Unternehmer *alles* zurückzahlen, was er von dem Verbraucher empfangen hat, auch die »Hinsendekosten«, die ihm durch die Lieferung der Ware entstanden und vom Verbraucher bezahlt worden sind.[16] Hingegen ist es zulässig, dass der Unternehmer die »Rücksendekosten« dem Verbraucher aufbürdet, ohne dass es dabei auf den Wert der zurückgesandten Ware ankommt; wäre es anders, so wäre auch der letzte Anreiz beseitigt, der den Verbraucher zu einer einigermaßen sorgfältigen Prüfung der Ware anspornen könnte. Allerdings setzt das voraus, dass er schon vor dem Vertragsschluss von dem Unternehmer darauf hingewiesen worden ist, dass er, wenn er widerruft, die Rücksendekosten zu tragen haben wird; unterlässt der Unternehmer diesen Hinweis, so muss er die Rücksendekosten selbst übernehmen.[17]

Große praktische Bedeutung hat die Frage, ob der Verbraucher im Falle des Widerrufs dem Unternehmer die Wertminderung ersetzen muss, den die Ware vor ihrer Rücksendung erlitten hat. Gemäß Art. 14 (2) Richtlinie braucht er die Wertminderung insoweit nicht zu erstatten, als sie sich allein daraus ergibt, dass er mit der Ware so umgegangen ist, wie er dies beim Kauf im Laden hätte tun können; er haftet also »nur« dann, wenn die Wertminderung der Ware dadurch eingetreten ist, dass er sie anders behandelt hat, als dies »zur Prüfung der Beschaf-

---

– Ist der widerrufene Vertrag ein *Kreditvertrag*, so muss der Verbraucher binnen 30 Tagen nach Absendung der Widerrufserklärung dem Unternehmer das empfangene Darlehen zurückzahlen und ihm ferner die Zinsen in der vertraglich vereinbarten Höhe erstatten, soweit sie zwischen der Inanspruchnahme des Kredits und seiner Rückzahlung aufgelaufen sind.

[16] So auch schon (zur früheren Richtlinie über Fernabsatzverträge) EuGH 15. April 2010, Rs. C-511/08 (*Heine* v. *Verbraucherzentrale NRW*), Slg. 2010, 3047 = NJW 2010, 1941 und BGH 7. Juli 2010, NJW 2010, 1651.

[17] Gemäß Art. 14 (1) Abs. 3 Richtlinie sollen diese Regeln auch dann gelten, wenn der Vertrag »außerhalb der Geschäftsräume« des Unternehmers geschlossen worden ist. In diesem Fall soll er nur ausnahmsweise die Ware beim Verbraucher abholen (und ihm so die Rücksendekosten ersparen) müssen, nämlich nur dann, wenn die Waren »so beschaffen sind, dass sie normalerweise nicht per Post zurückgesandt werden können«. Diese Einschränkung leuchtet nicht ein, weil der Verbraucher durch einen Vertragsabschluss »außerhalb der Geschäftsräume« stets überrascht wird und ihm deshalb die Rücksendekosten in *keinem* Fall zur Last fallen sollten. So mit Recht *Zimmermann* (oben N. 15) 191.

fenheit, Eigenschaften und Funktionsweise« notwendig war. Auch dafür haftet der Verbraucher nicht, wenn ihm der Unternehmer nicht in der erforderlichen Form über sein Widerrufsrecht belehrt hat.[18]

---

[18] Von dem Verlust, der durch eine Wertminderung der Ware verursacht wird, muss der Gewinn unterschieden werden, den der Verbraucher dadurch erzielt haben kann, dass er die Ware bis zum Widerruf genutzt hat. Hat also der Verbraucher ausnahmsweise die Wertminderung zu ersetzen, so kann man fragen, ob er nicht in diesem Falle auch einen Geldbetrag zahlen muss, der dem Wert der ihm entstandenen Gebrauchsvorteile entspricht. Die Richtlinie sagt dazu nichts. Vgl. dazu *Unger* (oben N. 7) 294 und *Zimmermann* (oben N. 15) 186 ff. – Vgl. ferner *Unger* (oben N. 7) 296 ff. zu der Frage, ob der Verbraucher den Wert der *Dienstleistungen* ersetzen muss, die ihm bis zum Widerruf erbracht worden sind.

B. Vertragliche Rechtsbehelfe

§ 12 Erfüllungsanspruch

A. Einleitung

Wer einen Vertrag schließt, vertraut darauf, dass die andere Partei den Vertrag erfüllen werde. Wie liegt es, wenn dieses Vertrauen enttäuscht, also z.B. die verkaufte Ware dem Käufer nicht oder nicht pünktlich geliefert wird? Was kann der Bauherr tun, wenn der Unternehmer mit den versprochenen Bauarbeiten nicht beginnt oder sie vor Fertigstellung des Bauwerks abbricht? Am nächsten mag es hier liegen, dass die vertragstreue Partei – meist »Gläubiger« genannt – auf der Einhaltung des Vertrages besteht, also von ihrem Kontrahenten – dem »Schuldner« – dasjenige verlangt, was zu tun er vertraglich versprochen hat. In diesem Falle macht der Gläubiger den Erfüllungsanspruch geltend, indem er eine Klage gegen den Schuldner erhebt und den Richter um den Erlass eines Urteils bittet, das dem Beklagten die Lieferung der verkauften Waren oder die Aufnahme oder Fortsetzung der vereinbarten Bauarbeiten befiehlt.

Die Geltendmachung dieses Anspruchs ist allerdings in vielen Fällen für den Gläubiger nicht zweckmäßig. Es kann für ihn nämlich vorteilhaft sein, dass er auf den Erfüllungsanspruch verzichtet und stattdessen andere Rechtsbehelfe geltend macht, die ihm, wenn der Vertrag nicht oder nicht richtig erfüllt worden ist, gegen den Schuldner zustehen können. So liegt es z.B., wenn ein Verkäufer die Waren dem Käufer nicht pünktlich geliefert hat und der Marktpreis für die Waren inzwischen gefallen ist: Hier wäre es töricht, wenn der Käufer auf der Erfüllung des Vertrages bestünde, weil er, wenn die Lieferung nachgeholt wird, für die Ware einen Kaufpreis bezahlen musste, der höher als der (inzwischen gefallene) Marktpreis ist. Stattdessen wird er prüfen, ob er von dem

Vertrag mit dem Verkäufer zurücktreten (dazu § 13) und sich die gleiche Ware zu einem niedrigeren Preis von einem anderen Lieferanten beschaffen kann. Wie liegt es, wenn der Preis für die Ware gestiegen ist? In diesem Falle kann der Käufer zwar an seinem Erfüllungsanspruch festhalten und von dem Verkäufer Ersatz des Schadens verlangen, der ihm durch die Verzögerung der Lieferung entstanden ist. Oft wird es sich aber auch in diesem Fall dem Käufer empfehlen, dass er den Vertrag mit dem Verkäufer aufhebt. Dadurch verliert er zwar seinen Erfüllungsanspruch. Aber er braucht auch den vereinbarten Kaufpreis nicht mehr zu bezahlen. Vielmehr kann er sich die gleiche Ware durch einen Deckungskauf von einem Dritten beschaffen und den Mehrpreis, den er dafür bezahlen muss, vom Käufer als Schadensersatz wegen Nichterfüllung des Vertrages (dazu § 14) verlangen.

Dennoch ist der Erfüllungsanspruch in vielen Fällen für den Gläubiger von großer Bedeutung. Das liegt auf der Hand, soweit sich dieser Anspruch auf die Zahlung von Geld richtet.[1] Das gilt aber auch dann, wenn der Schuldner aufgrund des Vertrages eine andere Leistung zu erbringen hat. Hat der Gläubiger in dieser Lage kein Interesse an den anderen Rechtsbehelfen, die ihm zustehen können, so stellt sich die Frage, ob und unter welchen Voraussetzungen er ein auf Erfüllung gerichtetes Urteil gegen den Schuldner erwirken kann und wie für die Respektierung eines solchen Urteils gesorgt wird.

B. Die Lösungen der nationalen Rechtsordnungen

I. Kontinentaleuropäisches Recht

Alle kontinentaleuropäischen Rechtsordnungen folgen heute dem Grundsatz, dass jeder Vertragspartei ein Anspruch auf Erfüllung des Vertrags zusteht und sie diesen Anspruch auch vor Gericht durchsetzen kann. Selbstverständlich ist das nicht. Zwar kann der Gläubiger, wenn ihm der Schuldner die versprochene Leistung nicht erbringt, nicht einfach zur Selbsthilfe schreiten. Er darf also die ihm verkaufte Sache dem Verkäufer nicht gegen seinen Willen wegnehmen, den Mieter bei Vertragsende selbst nicht zwangsweise aus der Mietwohnung entfernen und den Vertragspartner nicht durch die Androhung von Gewalt oder durch andere unerlaubte Druckmittel zur Vertragserfüllung anhalten.

---

[1] Ein auf die Zahlung von Geld gerichteter Erfüllungsanspruch wird überall anerkannt, wenn auch manchmal von bestimmten zusätzlichen Erfordernissen abhängig gemacht. Vgl. z.B. Art. 9:101 PECL, Art. 7.2.1 PICC, Art. III.–3:301 DCFR und (zum Zahlungsanspruch des Verkäufers) Art. 62 CISG, Art. 123 CESL. Vgl. dazu ausführlich A. *Flessner*, Der Geld-Erfüllungsanspruch im europäischen Vertragsrecht auf den Stufen zum Gemeinsamen Referenzrahmen, Festschrift für E. Bucher (2009) 145 ff.

Vielmehr muss er sich wegen seiner Ansprüche an ein Gericht wenden; auch das vom Gericht zu seinen Gunsten erlassene Urteil kann nur in einem staatlich geregelten Verfahren gegen den Schuldner durchgesetzt werden. Lange Zeit war aber zweifelhaft, ob das Gericht ein solches – auf Erfüllung des Vertrages in natura gerichtetes – Urteil überhaupt erlassen könne und ob nicht der Gläubiger lediglich zu Schadensersatz berechtigt sei. Das klassische römische Recht ging ursprünglich von der Regel aus, dass das gerichtliche Urteil nur auf die Zahlung von Geld lauten könne (»omnis condemnatio pecuniaria«). Von dieser Regel wurden aber im Laufe der Zeit mehr und mehr Ausnahmen gemacht, so besonders in dem Fall, in dem der Schuldner dem Gläubiger eine bestimmte Sache schuldete, er also z.B. als Verkäufer die Lieferung oder als Mieter oder Entleiher die Rückgabe einer solchen Sache versprochen hatte.[2] Wenn sich der Schuldner hingegen in dem Vertrag zu einem Tun oder Unterlassen verpflichtet hatte, so neigte man dazu, dem Gläubiger lediglich Schadensersatz zuzubilligen, dies vielleicht deshalb, weil sich in einem solchen Fall die versprochene Leistung im Urteil nicht präzis beschreiben lässt oder der Schuldner als freier Mensch nicht gegen seinen Willen durch staatlichen Zwang zu einem bestimmten Verhalten genötigt werden darf.

Eine ähnliche Unterscheidung liegt auch den Vorschriften des französischen Code civil zugrunde. Widerspruchsfrei sind sie allerdings nicht. Art. 1142 erweckt den Anschein, als werde der Erfüllungsanspruch ausgeschlossen, wenn der Schuldner eine »obligation de faire ou de ne pas faire« übernommen hat. Denn dort heißt es, dass der Gläubiger im Falle der Nichterfüllung einer solchen Verpflichtung nur Schadensersatz verlangen kann. Andererseits bestimmt Art. 1184 Abs. 2, dass der Gläubiger, dem bei einem gegenseitigen Vertrag die geschuldete Leistung nicht erbracht wird, zwar die Aufhebung des Vertrages und Schadensersatz verlangen kann, aber nach seiner Wahl auch berechtigt ist, den Vertragspartner zur Erfüllung des Vertrages zu zwingen, sofern das noch möglich ist. Inzwischen hat sich die französische Rechtsprechung auf breiter Front für die zuletzt genannte Regel entschieden und damit den Erfüllungsanspruch als zulässig angesehen. Das versteht sich von selbst, wenn eine individuell bestimmte Sache oder wenn Waren verkauft sind, die der Verkäufer für den Käufer bereits ausgesondert und bereitgestellt hat. An ihnen erwirbt der Käufer das Eigentum schon mit Abschluss des Kaufvertrages, so dass ihm ein Anspruch nicht auf Lieferung fremder, sondern auf Herausgabe eigener Sachen zusteht, der, nachdem er vom Gericht bestätigt ist, dadurch vollstreckt werden kann, dass der Gerichtsvollzieher dem Verkäufer die betreffenden Sachen wegnimmt. Sind Gattungssachen verkauft, so wird sich der nicht belieferte Käufer gemäß Art. 1144 vom Gericht ermächtigen lassen, sich die Sachen auf Kosten des Verkäufers dadurch zu beschaffen, dass er ein Deckungsgeschäft mit einem

---

[2] Vgl. zur historischen Entwicklung ausführlich *Zimmermann* 771 ff.

anderen Lieferanten abschließt. Im Übrigen kann aber der Gläubiger stets die
Erfüllung des Vertrages verlangen, wenn dies dem Gericht im konkreten Fall
angemessen erscheint, es sei denn, dass die Erfüllung unmöglich ist oder in einer ganz persönlichen Leistung des Schuldners – etwa in einer künstlerischen
oder wissenschaftlichen Tätigkeit – besteht.[3]

Ähnliche Regeln gelten auch in den anderen kontinentaleuropäischen
Rechtsordnungen. Sie sind manchmal in gesetzlichen Vorschriften niedergelegt,[4] werden manchmal aber auch als geradezu selbstverständlich angesehen.
So heißt es in § 241 Abs. 1 BGB lediglich, dass aufgrund eines Schuldverhält-
nisses – hier also: aufgrund eines Vertrages – der Gläubiger berechtigt ist, »von
dem Schuldner eine Leistung zu fordern«; das bedeutet auch, dass er die ihm
nach dem Vertrag geschuldete Leistung vor Gericht einfordern kann und zu
seinen Gunsten ein auf Erfüllung gerichtetes Urteil erlassen werden darf. Auf
die Art der Vertragspflicht kommt es nicht an. Der Gläubiger kann also, wenn
die anderen ihm zu Gebote stehenden Rechtsbehelfe ausgeschlossen sind oder
aus seiner Sicht nicht zum Ziel führen, als Käufer auf Lieferung der Kaufsache,
als Verkäufer auf ihre Abnahme, als Vermieter auf die Rückgabe der Wohnung
oder als Auftraggeber auf die Herstellung der versprochenen Werkleistung klagen; ebenso kann er als Verkäufer verlangen, dass es der Käufer unterlasse, die
gekauften Waren entgegen einer vertraglich übernommenen Verpflichtung an
Dritte zu verkaufen. Überall anerkannt ist auch die Regel, nach der ein Erfüllungsanspruch nicht besteht, wenn dem Schuldner die Erbringung der versprochenen Leistung »unmöglich« ist (so § 275 Abs. 1 BGB. Art. 1184 Abs. 2 Code
civil). Ist also dem Käufer ein bestimmtes Schiff, ein bestimmter Gebrauchtwagen oder ein bestimmtes Gemälde verkauft worden, so wird dem Verkäufer
die Lieferung »unmöglich« – und damit der Erfüllungsanspruch des Käufers
ausgeschlossen –, wenn die Kaufsache beim Verkäufer zerstört oder von unbekannten Dritten gestohlen worden ist. Hier steht dem Käufer nur ein Rück-

---

[3] Man spricht deshalb in Frankreich manchmal davon, dass dem Erfüllungsanspruch
ein Vorrang (»primauté«) zukomme. Vgl. dazu kritisch *Y.-M. Laithier*, La prétendue
primauté de l'exécution en nature, RDC 2005, 161. Auch die Entwürfe zu einer Reform des französischen Vertragsrechts gehen von dem Grundsatz aus, dass alle vertraglichen Pflichten in natura zu erfüllen sind. Im Entwurf Catala wird dies ausdrücklich in
Art. 1152 Abs. 3, 1154 Abs. 1, 1155 Abs. 3 bestimmt (vgl. dazu die deutsche Übersetzung
in ZEuP 2007, 633). Den knappsten und elegantesten Vorschlag findet man in Art. 105
des Reformentwurfs Terré: Danach kann der Gläubiger, nachdem er den Schuldner in
Verzug gesetzt hat, »exiger l'exécution forcée d'une obligation chaque fois qu'elle est possible et que son coût n'est pas manifestement disproportionné par rapport à l'intérêt que
le créancier en retire«.Vgl. dazu *Y.-M. Laithier*, The Enforcement of Contractual Obligations, in: J. Cartwright, S. Vogenauer, S. Whittaker, Reforming the French Law of Obligations (2009) 123.

[4] Vgl. z.B. §§ 918, 919 ABGB, Art. 3:296 (1) BW, Art. 1453 Abs. 1 Codice civile. Auch
in den Kaufgesetzen der skandinavischen Länder wird dem nicht belieferten Käufer ein
Erfüllungsanspruch gewährt.

trittsrecht und, wenn der Verkäufer nach dem Vertrage auch für die Zerstörung oder den Diebstahl einzustehen hat, ein Schadensersatzanspruch zu.

Ein auf Vertragserfüllung gerichtetes Urteil nützt dem Kläger nur dann etwas, wenn es nicht bloß eine leere Drohung enthält, sondern die Rechtsordnung Mittel zu seiner wirksamen Durchsetzung bereitstellt. Ob und wie das geschieht, hängt von dem Zivilprozessrecht des nationalen Gerichts ab, von dem das Erfüllungsurteil erlassen worden ist. Diese Regeln können auch dann sehr unterschiedlich sein, wenn man unterstellt, dass das materielle Recht, das den Erfüllungsanspruch gewährt, in Europa einheitlich ausgestaltet wäre.

Aus den Regeln des Zivilprozessrechts ergibt sich oft, dass die Vollstreckung von Erfüllungsurteilen für den Gläubiger so schwierig und zeitraubend ist, dass er guten Grund hat zu prüfen, ob er nicht mit Hilfe seiner anderen Rechtsbehelfe schneller zum Ziel kommt. Wenn sich z.B. der Erfüllungsanspruch eines Käufers auf die Lieferung der ihm verkauften Sache richtet, so darf nach deutschem Recht ein Erfüllungsurteil gegen den Verkäufer nur dann erlassen werden, wenn in ihm die verkaufte Sache so genau bezeichnet ist, dass der Gerichtsvollzieher sie mühelos von anderem Besitz des Schuldners unterscheiden und ihm wegnehmen kann (vgl. §§ 883–886 ZPO). Das ist einfach, wenn der Schuldner ein Grundstück herausgeben oder eine individuell bestimmte Sache zu liefern hat. Das mag auch dort noch möglich sein, wo der Verkäufer die für den Käufer bestimmten Gattungssachen in der vereinbarten Menge bereitgestellt hat und der Käufer weiß, an welchem Ort sich die Sachen befinden. Das ist aber unmöglich, wenn der Verkäufer die Waren selbst noch gar nicht in Besitz hat, weil er sie sich erst noch von irgendeinem Dritten beschaffen muss. Richtet sich das Erfüllungsurteil auf die Vornahme einer Handlung, die nicht nur vom Schuldner, sondern auch von einem Dritten vorgenommen werden kann, so wird es gemäß § 887 ZPO dadurch vollstreckt, dass der Gläubiger vom Gericht ermächtigt wird, die Handlung auf Kosten des Schuldners von einem Dritten vornehmen zu lassen. Damit erreicht der Gläubiger aber nur dasjenige, was er oft einfacher und billiger dadurch erreichen kann, dass er auf den Erfüllungsanspruch verzichtet, den Vertrag durch einen Rücktritt aufhebt, einen Dritten mit der Vornahme der Handlung beauftragt und den Mehraufwand, der ihm dadurch entstehen mag, in der Weise ausgleicht, dass er vom Schuldner Schadensersatz wegen Nichterfüllung des Vertrages verlangt. Noch weniger empfiehlt sich ein Erfüllungsurteil, wenn es sich auf die Vornahme einer Handlung richtet, die nur vom Schuldner, nicht von einem Dritten vorgenommen werden kann. Zwar kann ihm das Gericht für den Fall, dass er die Handlung nicht ausführt, ein in die Staatskasse fließendes Zwangsgeld oder, wenn er es nicht bezahlen kann, Haft androhen (§ 888 Abs. 1 ZPO). Aber das gilt nur dann, wenn die Vornahme der Handlung »ausschließlich vom Willen des Schuldners« abhängt. Ist das nicht der Fall, weil zu der Handlung auch noch das Tätigwerden dritter Personen erforderlich ist oder weil der Schuldner auch

noch eine künstlerische Inspiration oder eine wissenschaftliche Befähigung
einsetzen muss, so kommt eine Vollstreckung des Urteils nicht in Betracht.
Zwar darf ein Erfüllungsurteil ergehen. Ein Autor kann also auf Antrag seines
Verlegers zur Ablieferung des Manuskripts für das vereinbarte Buch verurteilt
werden. Aber die Vollstreckung eines solchen Urteils ist ausgeschlossen; der
Verleger muss sehen, ob er nicht mit Hilfe seines Anspruches auf Schadensersatz
zum Ziel kommt (§ 893 ZPO). Ausgeschlossen ist auch die Vollstreckung eines
Urteils, das den Schuldner zur Leistung der vertraglich versprochenen Dienste
verurteilt (§ 888 Abs. 3 ZPO). Anders liegt es, wenn der Schuldner zur Abgabe
einer vertraglich vereinbarten Erklärung verurteilt wird. In diesem Fall gilt die
Erklärung mit Rechtskraft des Urteils als abgegeben (§ 894 ZPO). Und wenn
das Urteil den Schuldner zu einer Unterlassung verpflichtet, so kann ihm eine
Geldstrafe angedroht und, wenn er die Unterlassungspflicht verletzt, gegen ihn
verhängt werden (§ 890 ZPO). Auch diese Geldstrafe fließt in die Staatskasse.

Einen besonderen Weg der Durchsetzung von Erfüllungsurteilen geht das
französische Recht. Dort haben die Gerichte seit langem für sich die Befugnis
in Anspruch genommen, den zur Erfüllung verurteilten Schuldner mit einem
an den Gläubiger zu zahlenden Zwangsgeld (»*astreinte*«) zu bedrohen, wenn er
die geschuldete Leistung nicht erbringt.[5] Dies geschieht in der Regel dadurch,
dass das Gericht dem Schuldner für die Vornahme der Leistung eine bestimmte
Frist setzt und ihm für jeden Tag, den er nach Fristablauf säumig bleibt, mit
der Zahlung einer bestimmten Geldsumme bedroht. Wird die Leistung überhaupt nicht oder erst nach Ablauf der Frist erbracht, so kann das Gericht auf
Antrag des Gläubigers den Betrag, den ihm der Schuldner zahlen muss, definitiv festsetzen. Dabei bleibt außer Betracht, wie hoch der Schaden ist, der dem
Gläubiger durch die Nichterfüllung oder die verspätete Erfüllung entstanden
ist. Maßgeblich ist vielmehr, in welchem Grade dem Schuldner aus seiner Untätigkeit ein Vorwurf gemacht werden kann, in welchen finanziellen Verhältnissen er sich befindet und ob er berechtigte Gründe darlegen kann, die ihm die
rechtzeitige Erbringung der Leistung erschwert haben. Soweit der Schuldner
beweisen kann, dass er durch eine »cause étrangère« oder durch »force majeure«
an der Leistung gehindert worden ist, darf eine *astreinte* nicht verhängt werden.[6]

Zwar darf ein Erfüllungsurteil nicht erlassen und auch eine *astreinte* nicht angedroht werden, wenn die Leistung dem Schuldner unmöglich ist oder wenn

---

[5] Inzwischen wird die Verhängung einer *astreinte* durch gesetzliche Vorschriften geregelt. Vgl. Art. 33 ff. des Gesetzes Nr. 91-650 vom 9. Juli 1991. Art. 33 Abs. 1 bestimmt,
dass »tout juge peut, même d'office, ordonner une astreinte pour assurer l'excécution de
sa décision«. Eine ausführliche Darstellung der *astreinte* findet sich bei *O. Remien*, Rechts-
verwirklichung durch Zwangsgeld: Vergleich, Vereinheitlichung, Kollisionsrecht (1992)
33 ff.

[6] So Art. 36 des in der vorigen Fn. genannten Gesetzes. Zum Begriff der »cause
étrangère« und »force majeure« vgl. S. 364 ff.

sie einen »persönlichen« Charakter hat, nämlich vorausssetzt, dass der Schuldner in Ausübung einer besonderen künstlerischen oder wissenschaftlichen Be-
gabung tätig wird. Im Übrigen ist aber die *astreinte* ein weit verbreitetes Mittel
der Durchsetzung von Erfüllungsansprüchen, so etwa dort, wo ein Geschäftsführer zur Rechnungslegung,[7] ein Arbeitgeber zu Erstellung eines Dienstzeug-
nisses[8] oder ein Vermieter zur Herstellung eines elektrischen Anschlusses in
der Mietwohnung[9] verurteilt worden ist. Selbst dort haben die Gerichte eine
astreinte angedroht, wo es dem Gläubiger an sich möglich gewesen wäre, seinen
Erfüllungsanspruch durch das staatlich geregelte Verfahren der Zwangsvollstreckung – also z.B. mit Hilfe des Gerichtsvollziehers – durchzusetzen, also
z.B. dort, wo der Schuldner ein bestimmtes Kraftfahrzeug herauszugeben[10]
oder der Mieter eine Wohnung zu räumen hatte.[11] Eine *astreinte* ist auch dort
als zulässig angesehen worden, wo ein Nachbar zum Abriss einer Grenzmauer[12]
oder ein Bauunternehmer zur Lieferung einer Wohnung[13] verpflichtet war, obwohl der Gläubiger sich in diesen Fällen auch vom Gericht hätte ermächtigen
lassen können, die Handlung des Schuldners auf dessen Kosten von einem Dritten ausführen zu lassen. Geldschulden werden gewöhnlich dadurch vollstreckt,
dass das Vermögen des Schuldners gepfändet, versteigert und der Erlös an den
Gläubiger herausgegeben wird. Selbst in einem solchen Fall hat es der Kassationshof für zulässig gehalten, dem Schuldner für den Fall der Nichtzahlung
eine *astreinte* anzudrohen, dies jedenfalls dann, wenn dem Gläubiger ein anderes wirksames Mittel zur Durchsetzung seines Zahlungsanspruchs nicht zu
Gebote stand.[14]

Zwar ist die *astreinte* ein gesetzlich geregeltes und offensichtlich weit verbreitetes Mittel der Durchsetzung von Erfüllungsansprüchen. Dennoch hat man
auch in Frankreich schon oft Bedenken gegen sie erhoben. Problematisch ist
insbesondere, dass sie einerseits den Widerstand des Schuldners gegen die Respektierung des Erfüllungsurteils brechen soll und deshalb in ihrer Höhe von
der Vorwerfbarkeit seines Verhaltens und von seiner finanziellen Leistungsfähigkeit abhängt, dass sie aber dennoch in das private Vermögen des Gläubigers
fließt. Hinzu kommt, dass die *astreinte* den Schadensersatzanspruch des Gläubigers unberührt lässt. Es kann deshalb nicht ausgeschlossen werden, dass der
Gläubiger, nachdem ihm das durch die *astreinte* festgesetzte Zwangsgeld gezahlt

---

[7] Civ. 5. Juli 1933, D. H. 1933, 425.

[8] Soc. 29. Juni 1966, Bull. cass. 1966. IV. no. 641.

[9] Civ. 17. März 1965, Bull. cass. 1965. I. no. 195.

[10] Com. 12. Dez. 1966, Bull. cass. 1966. III. no. 478.

[11] Com. 15. Nov. 1967, Bull. cass. 1967. III. no. 369.

[12] Civ. 7. April 1965, Bull. cass. 1965. I. no. 262.

[13] Civ. 12. Februar 1964, Bull. cass. 1964. I. no. 82.

[14] So Com. 17. April 1956, J.C.P. 1956.9330 mit Anm. *Vellieux* in einem Falle, in dem
der Gläubiger eine Geldforderung gegen die Stadt Marseille hatte.

worden ist, auf seinen Erfüllungsanspruch verzichtet und vom Schuldner nunmehr auch noch Schadensersatz wegen Nichterfüllung des Vertrages verlangt.
Dennoch gibt es auch in anderen europäischen Ländern Regeln, die dem französischen Modell verwandt sind, so besonders in Belgien, Luxemburg und den
Niederlanden.[15] Auch in Art. 7.2.4 PICC heißt es, dass, wenn »ein Gericht eine
Partei zur Erfüllung [verurteilt], … es auch anordnen [kann], dass diese Partei
ein Zwangsgeld zahlt, wenn sie dem Urteil nicht nachkommt.«[16]

II. Common Law

Anders als die kontinentaleuropäischen Rechtsordnungen geht das Common
Law von dem Grundsatz aus, dass der Gläubiger, dem die geschuldete Leistung nicht erbracht wird, den Schuldner nur in Ausnahmefällen auf Erfüllung
seines Versprechens in Anspruch nehmen kann. Zwar ist anerkannt, dass der
Gläubiger stets ein Urteil erwirken kann, das sich auf die Zahlung eines ihm
geschuldeten Geldbetrags richtet. Anders liegt es aber, wenn der Gläubiger vom
Schuldner die Lieferung oder die Abnahme der verkauften Waren, die Herstellung eines Bauwerks, die Leistung der vereinbarten Dienste oder irgendein anderes vertraglich geschuldetes Tun oder Unterlassen verlangt. Hier steht dem
Gläubiger zwar ein Anspruch auf Schadensersatz wegen Vertragsverletzung zu,
wenn die dafür erforderlichen Voraussetzungen gegeben sind; einen Anspruch
auf Erfüllung hat er dagegen nicht. Der bekannte amerikanische Richter *O.W.
Holmes* hat deshalb geradezu behauptet, dass »the only universal consequence of
a legally binding promise is that the law makes the promisor pay damages if the
promised event does not come to pass.«[17]
    Dieser Grundsatz gilt aber nur mit wichtigen Ausnahmen. Die Klage, die die
Gerichte dem Gläubiger im Falle einer Vertragsverletzung gewährten, hat sich
historisch gesehen aus deliktischer Wurzel entwickelt; so erklärt sich, warum sie
allein auf Schadensersatz gerichtet war.[18] Daneben haben sich aber in der Praxis
der *equity*-Gerichte schon früh Regeln entwickelt, nach denen der Gläubiger
vom Schuldner die Erfüllung des Vertrages in natura verlangen konnte, in-

---

[15] Vgl. z.B. Art. 611 a ff. der niederländischen Zivilprozessordnung und dazu ausführlich *Remien* (o. Fn. 5) 41 ff.
    [16] Freilich war den Verfassern des PICC klar, dass diese Regelung oft in Widerspruch
zum anwendbaren Zwangsvollstreckungsrecht stehen wird. Deshalb heißt es in Art. 7.2.4
(2), dass das Zwangsgeld nur dann zu zahlen ist, »wenn nicht zwingende Bestimmungen des Rechts des Gerichtsorts anderes bestimmen.« Vgl. dazu *Schelhaas* in Vogenauer/
Kleinheisterkamp (Hrsg.), Commentary on the PICC (2009) Art. 7.2.4.
    [17] *O.W. Holmes*, The Common Law (1881) 301. Ebenso *O.W. Holmes*, The Path of
the Law, Harv. L. Rev. 10 (1896) 457, 462: »The duty to keep a contract at common law
means a prediction that you must pay damages if you do not keep it – and nothing else.«
    [18] Vgl. oben S. 70 und ausführlich *Zimmermann* 776 ff.

dem ihm eine »order for specific performance« oder, wenn eine Unterlassung geschuldet war, eine »injunction« gewährt wurde. Das war aber nur ausnahmsweise zulässig, nämlich nur dann, wenn das *equity*-Gericht davon überzeugt werden konnte, dass die allgemeine Klage auf Schadensersatz im konkreten Fall »inadequate« war, also aus besonderen Gründen den Interessen des Gläubigers nicht genügend Rechnung trug. Dies ist auch heute noch die Grundposition des Common Law. Auch wird noch heute gern betont, dass es »im freien Ermessen« des Richters steht, ob er, weil der Schadensersatzanspruch »inadequate« erscheint, ausnahmsweise dem Gläubiger den Erfüllungsanspruch gewähren will. Aber dieses Ermessen ist inzwischen längst zu festen Regeln geronnen, die es mit einer gewissen Sicherheit erlauben vorauszusagen, wann das Gericht ausnahmsweise dem Antrag des Gläubigers auf Erlass einer »order for specific performance« oder einer »injunction« stattgeben wird.

»Inadequate« ist der Schadensersatzanspruch z.B. dann, wenn sich der Gläubiger anstelle der ihm vertraglich geschuldeten Leistung eine gleichwertige Ersatzleistung für Geld nicht kaufen kann. So liegt es, wenn er ein Grundstück gekauft hat. In einem solchen Fall lässt sich nämlich sein Interesse am Erwerb gerade dieses Grundstücks nicht leicht in Geld ausdrücken, weil es nirgends ein vollkommen gleichwertiges anderes Grundstück gibt, durch dessen Erwerb er gerade so gestellt würde, wie wenn ihm das gekaufte Grundstück geliefert worden wäre. Ebenso verhält es sich, wenn es sich bei der dem Kläger verkauften Ware um eine bestimmte Einzelsache handelt, die äußerst selten oder von schwer schätzbarem Wert ist oder an deren Erwerb der Kläger ein besonderes immaterielles Interesse hat. Hat also der Käufer ein altes Erbstück, eine bestimmte Segelyacht, eine seltene Tabaksdose oder hat er ein bestimmtes Pferd gekauft, das er für seine eigenen Zwecke ausgesucht oder vielleicht schon zugeritten hat, so kann er, wenn der Verkäufer nicht leistet, die Erfüllung des Vertrages verlangen.[19] Anders liegt es beim Kauf von Gattungswaren. Sind sie nicht zum vertraglich vorgesehenen Zeitpunkt geliefert worden und ist auch die Gefahr an den Waren auf den Käufer noch nicht übergegangen, so kann er den Verkäufer nicht auf *specific performance* in Anspruch nehmen, dies auch dann nicht, wenn die Waren auf dem Markt durchaus noch greifbar sind und ihre Beschaffung dem Verkäufer durchaus noch möglich wäre. Hier vertritt das Common Law die Auffassung, dass es auf eine Verschwendung von Zeit und Geld hinausliefe, wenn der Käufer *specific performance* verlangen und dem Verkäufer die Erfüllung des Vertrages in natura aufgegeben werden könnte. Vielmehr sei es ausreichend, wenn dem Käufer Schadensersatz wegen Vertragsbruchs zuerkannt und er dadurch instandgesetzt werde, die Dinge in die eigene Hand zu

---

[19] Dem entspricht es, dass nach s. 52 des Sale of Goods Act 1979 das Gericht dem Verkäufer, sofern er »specific or ascertained goods« zu liefern hat, durch Urteil aufgeben kann, »that the contract shall be performed specifically.«

nehmen und sich mit Hilfe eines Deckungsgeschäfts die Ware von einem anderen Lieferanten zu beschaffen.[20] Die gleiche Haltung wird dort vertreten,
wo der Schuldner die versprochene Werk- oder Dienstleistung nicht erbracht
hat und der Gläubiger in der Lage ist, sie ohne besondere Schwierigkeiten von
einem Dritten zu erhalten. So liegt es in der Regel bei Werkverträgen, wenn
etwa die versprochene Bauleistung auch von einem anderen Unternehmer erbracht werden könnte.[21]

Specific performance darf grundsätzlich auch dann nicht gewährt werden,
wenn die Erfüllung des Vertrages von besonderen persönlichen Eigenschaften
des Schuldners abhängt. Ist der Schuldner jemand, der die Dienstleistungen seines Vertragspartners entgegenzunehmen (und zu bezahlen) hat – etwa ein Arbeitgeber oder der Schüler eines Fortbildungskurses –, so kann er zwar, wenn
er den Vertrag zu Unrecht gekündigt hat, zur Fortsetzung des Vertrags verurteilt werden, wenn das dafür erforderliche Vertrauensverhältnis zwischen den
Vertragsparteien noch besteht.[22] Anders im umgekehrten Fall, in dem derjenige
auf *specific performance* in Anspruch genommen werden soll, der die Dienstleistung *schuldet*. Hat sich also eine Schauspielerin verpflichtet, der Klägerin für die
Dauer eines Jahres zur Durchführung von Filmarbeiten zur Verfügung zu stehen, so darf sie, wenn sie die Ausführung des Vertrages verweigert, nicht durch
specific performance zu seiner Erfüllung gezwungen werden. Das wird manchmal
damit begründet, dass sie sonst zu einer Art Sklaverei genötigt würde, ferner
damit, dass Dienste, die auf diese Weise erzwungen würden, wahrscheinlich
von zweifelhaftem Wert sind, schließlich damit, dass es für das Gericht schwierig wäre festzustellen, ob die Dienste der Schauspielerin vertragsmäßig sind
und sie damit dem Erfüllungsurteil ausreichend Rechnung trägt. Aus diesem
Grunde hat das Gericht die Schauspielerin zwar nicht zur Leistung der versprochenen Dienste an die Klägerin verurteilt; wohl aber hat es ihr durch eine
injunction verboten, sich für die Dauer des Vertragsjahres einem *anderen* Un-

---

[20] Vgl. aber *Sky Petroleum Ltd.* v *VIP Petroleum Ltd.* [1974] 1 W.L.R. 576: Die Klägerin
hatte aufgrund eines Vertrages mit langer Laufzeit für die von ihr betriebenen Tankstellen große Mengen Benzins von der Beklagten gekauft, aber nicht geliefert erhalten, weil
ihr wegen eines rasanten Anstiegs der Benzinpreise die Lust zur Erfüllung des Vertrags
vergangen war. Hier hat das Gericht die von der Klägerin beantragte *order for specific performance* erlassen, weil sie sich wegen der außerordentlichen Benzinknappheit nirgendwo
sonst mit Hilfe eines Deckungskaufs versorgen konnte.
[21] Vgl. aber *Wolverhampton Corp.* v. *Emmons* [1901] 1 K.B. 515. Dort werden auf
S. 524 f. die Voraussetzungen beschrieben, unter denen ein Bauunternehmer ausnahmsweise zu Erfüllung des Bauvertrages angehalten werden darf.
[22] Vgl. *Powell* v. *Brent London Borough Council* [1987] Industrial Relations L.R. 466.
Ebenso BAG 10.11.1955, NJW 1956, 359. Auch im Arbeitsrecht kann im Falle einer unzulässigen Kündigung der Arbeitgeber zur Fortsetzung des Arbeitsverhältnisses verpflichtet werden. Vgl. Employment Protection (Consolidation) Act 1972, ebenso z.B. das
dt. Kündigungsschutzgesetz 1969.

ternehmer für Filmarbeiten zur Verfügung zu stellen.[23] Eine Voraussetzung
dafür war allerdings, dass der Anspruch der Klägerin auf Schadensersatz, weil
schwierig zu berechnen, nach Auffassung des Gerichts nicht »adequate« war und
dass die Schauspielerin, auch wenn ihr Filmarbeiten für einen anderen Unternehmer verboten würden, sinnvolle *andere* Tätigkeiten ausführen könne und
sie daher nicht mittelbar doch zur Erfüllung des Vertrages mit der Klägerin
gezwungen werde.

Gegen den Erlass einer *order for specific performance* spricht ferner der Umstand,
dass es für das Gericht schwierig wäre zu prüfen, ob der zur Erfüllung verurteilte Schuldner seine Leistung gerade so erbracht hat, wie sie nach dem Vertrag
geschuldet war. So liegt es besonders dann, wenn der Vertrag eine lange Laufzeit hat, das Verhalten des Schuldners in ihm nicht klar und eindeutig bestimmt
ist und deshalb unter den Parteien immer wieder ein – vom Gericht zu entscheidender – Streit darüber entstehen kann, ob sich der Schuldner vertragsmäßig
verhalten und damit *specific performance* geleistet hat oder nicht. Das zeigt eine
Entscheidung des House of Lords aus dem Jahre 1998.[24] Die beklagte Pächterin hatte sich in einem langfristigen Pachtvertrag verpflichtet, in einem von
der Verpächterin errichteten Einkaufszentrum bestimmte Ladenräume während der üblichen Geschäftszeit für den Betrieb eines Supermarkts zu nutzen.
Nachdem die Pächterin erkannt hatte, dass der Betrieb des Supermarkts für sie
ein Verlustgeschäft war, erklärte sie den Pachtvertrag für erledigt und bot der
Klägerin, um sich von dem Vertrag »loszukaufen«, die Zahlung von Schadensersatz an. Damit war die Klägerin aber nicht einverstanden. Sie wandte sich an
das Gericht mit dem Antrag, die Beklagte durch eine *order for specific performance*
zum Betrieb des Supermarkts für die restliche Vertragslaufzeit – nämlich für
weitere 9 Jahre – zu verpflichten. Der Court of Appeal gab dem Antrag statt;
das House of Lords wies ihn zurück:

»From a wider perspective, it cannot be in the public interest for the courts to require so-
meone to carry on business at a loss if there is any plausible alternative by which the other
party can be given compensation. It is not only a waste of resources but yokes the parties
together in a continuing hostile relationship. The order for specific performance prolongs
the battle. If the defendant is ordered to run a business, its conduct becomes the subject
of a flow of complaints, solicitors' letters and affidavits. This is wasteful for both parties
and the legal system. An award of damages, on the other hand, brings the litigation to an
end. The defendant pays damages, the forensic link between them is severed, they go their
separate ways and the wounds of conflict can heal.«[25]

---

[23] *Warner Brothers Pictures Inc.* v. *Nelson* [1937] 1 K.B. 209 Vgl. aber auch *Page One Re-
cords* v. *Bitton* [1968] 1 W.L.R. 157.
[24] *Co-operative Insurance Society Ltd.* v. *Argyll Stores (Holdings) Ltd.* [1998] A.C. 1. Vgl.
ferner *Ryan* v. *Mutual Tontine Westminster Chambers Ass.* [1893] 1 Ch. 116; *Giles Co.* v.
Morris [1972] 1 W.L.R. 307.
[25] *Lord Hoffmann* in: *Co-operative Insurance Society* (vorige Fn.) 15–16. – Nach deutschen Recht könnte die Verpächterin zwar ein Erfüllungsurteil erwirken. Aber ob das

Wenn das Gericht dem Schuldner durch eine *order for specific performance* oder *injunction* die Erfüllung des Vertrages in natura befohlen hat, so wird es im Common Law als eine Missachtung des Gerichts – als »contempt of court« – angesehen, wenn der Schuldner nicht dasjenige tut oder unterlässt, was ihm danach geboten war. Das gilt zwar nicht, wenn dem Gläubiger ein Anspruch auf Lieferung eines Grundstücks oder einer bestimmten beweglichen Sache zuerkannt ist: Ein solches Urteil wird in der Regel dadurch vollstreckt, dass das Gericht den Gerichtsvollzieher zur Wegnahme des Grundstücks oder der Sache ermächtigt. In den übrigen Fällen muss aber der Schuldner fürchten, dass gegen ihn wegen »contempt of court« eine Geldstrafe oder Haft verhängt wird, die nach dem Ermessen des Gerichts festgesetzt wird und offenbar einen drastischen Umfang erreichen kann. Vielleicht erklärt sich auch damit die Zurückhaltung, mit der der englische Richter den Anträgen auf Erlass eines Erfüllungsurteils gegenübertritt.[26]

C. Einheitliche Regeln in Europa

I. Ansprüche auf Erfüllung

Ansprüche auf Vertragserfüllung werden in den kontinentaleuropäischen Ländern grundsätzlich für zulässig gehalten, im Common Law dagegen nicht. Für die zuerst genannte Lösung spricht der Gedanke, dass jede Vertragspartei zur Erfüllung ihres Versprechens nicht nur moralisch, sondern auch rechtlich verpflichtet sein sollte: *Pacta sunt servanda.* Aus dem allgemeinen Grundsatz der Vertragstreue folgt, dass auch im Falle einer Vertragsverletzung die Parteien zunächst an dem Vertrag festgehalten und dass ihnen eine faire Chance gegeben werden sollte, auf seiner Grundlage die aufgetretenen Probleme zu lösen. Demgegenüber neigt das Common Law zu der Auffassung, dass im Falle ei-

---

sinnvoll wäre, ist zweifelhaft, weil unsicher ist, ob das Urteil vollstreckt werden könnte. Gemäß § 888 Abs. 1 ZPO darf nämlich dem Schuldner für den Fall der Nichterfüllung eine Geldstrafe nur dann angedroht werden, wenn die geschuldete Leistung nur von ihm (nicht von einem Dritten) vorgenommen werden kann und wenn sie außerdem »ausschließlich von dem Willen des Schuldners« abhängt (vgl. oben S. 293 f.). Beide Voraussetzungen wurden in einem Falle verneint, in dem das Erfüllungsurteil einen Pächter verpflichtet hatte, in den Räumen des Verpächters ein Nahrungsmittelgeschäft zu betreiben (OLG Hamm 10. Okt. 1972, NJW 1973, 1135). Dem Verpächter blieb daher nur der Schadensersatzanspruch.

[26] Vgl. auch dazu *Lord Hoffmann* (vorige Fn.): »The quasi-criminal procedure of punishment for contempt … is a powerful weapon; so powerful in fact, as often to be unsuitable as an instrument for adjudication upon the disputes which may arise over whether a business is being run in accordance with the terms of a court's order.«

ner Vertragsverletzung schnell reiner Tisch gemacht und die Sache dadurch erledigt wird, dass der vertragstreuen Partei ein Recht zum Rücktritt und zur Leistung von Schadensersatz gewährt wird. Nur so lässt sich auch vermeiden, dass die streitenden Parteien gegen ihren Willen und manchmal sogar auf lange Zeit zu einem unfriedlichen Verhältnis zusammengespannt werden. Wären Erfüllungsurteile zulässig, so müssten sie vom Gericht überwacht und, wenn der Schuldner sie nicht respektiert, gegen ihn Sanktionen verhängt werden. Auch bestünde in diesem Fall die Gefahr, dass die vertragstreue Partei vom Schuldner *mehr* als bloß Schadensersatz verlangen könnte; auch dafür fehlt es nach der Auffassung des Common Law an einem überzeugenden Grund.[27]

Diesen Konflikt haben auch die Regeln des UN-Übereinkommens über den internationalen Warenkauf (CISG) nicht gelöst. Zwar werden dort Ansprüche auf Vertragserfüllung in weitem Umfang als zulässig angesehen. Ein Verkäufer kann also auf Abnahme der Ware, ein Käufer auf Lieferung, ferner, wenn die Ware nicht vertragsmäßig ist und darin eine wesentliche Vertragsverletzung liegt, auch auf Nachbesserung oder auf Ersatzlieferung vertragsmäßiger Ware klagen (Art. 46 Abs. 2 und 3, 62 CISC). Aber damit verspricht das CISG mehr, als es halten kann. Denn gemäß Art. 28 CISG darf das Gericht den Erlass eines Erfüllungsurteils ablehnen, wenn es »dies auch nach seinem eigenen Recht bei gleichartigen Kaufverträgen täte, die nicht unter dieses Übereinkommen fallen.« Das bedeutet praktisch, dass der Richter eines Landes, in dem das Common Law gilt, den Erfüllungsanspruch ablehnen kann, obwohl im Falle der Anrufung eines französischen Gerichts bei sonst gleichem Sachverhalt der Erfüllungsklage stattgegeben werden müsste.

Einer Lösung des Konflikts kommt man aber näher, wenn man die allgemeinen Überlegungen zum Pro und Contra des Erfüllungsanspruchs auf sich beruhen lässt und stattdessen die nüchterne Frage stellt, unter welchen Voraussetzungen bei bestimmten Falltypen die europäischen Rechtsordnungen den Erfüllungsanspruch tatsächlich zulassen oder ablehnen. Schon vor 25 Jahren hat nämlich *G. Treitel* festgestellt, dass der Abstand zwischen dem Common Law und den Rechtsordnungen des Kontinents

»is not as great as might appear. On the one hand specific enforceability in civil law countries is subject to important exceptions; in particular, most of them observe the principle that obligations to render personal services cannot, in the last resort, be specifically en-

---

[27] Wird nämlich gegen den Schuldner ein Erfüllungsurteil erlassen, dessen Beachtung ihn viel Geld kostet, so liegt es nahe, dass er dem Gläubiger, um ihn zu einem Verzicht auf das Urteil zu bewegen, einen Preis bieten wird, der höher ist als der dem Gläubiger entstandene Schaden. Damit wird der Gläubiger praktisch so gestellt, wie er stünde, wenn in dem Vertrag von den Parteien für den Fall seiner Nichterfüllung eine *Vertragsstrafe* ausbedungen worden wäre. Eine solche Vereinbarung haben die Parteien aber gerade nicht getroffen; auch werden gegen ihre Gültigkeit von vielen Rechtsordnungen Bedenken erhoben (vgl. S. 401 ff.).

forced; orders for enforced performance of other obligations are sometimes more difficult to enforce than in common law countries; and, perhaps most important of all, an
aggrieved contracting party will often prefer to claim compensation in money, as that is
generally a quicker and to that extent a better remedy. On the other hand, some of the restrictions on specific performance are beginning to disappear in common law countries,
as their historical foundations are eroded. This is not to say that there are no differences at
all between civil and common law systems, but they are less considerable than the starting
theories of the two approaches might suggest.«[28]

Auf dieser Grundlage haben die Regeln der PECL und der PICC einen überzeugenden Kompromissvorschlag entwickelt. Zwar werden Ansprüche auf
Vertragserfüllung – anders als im Common Law – grundsätzlich zugelassen.
Aber sie werden ausgeschlossen, wenn sie auch nach den kontinentaleuropäischen Rechtsordnungen unzulässig wären oder wenn sie dort zwar zulässig
sind, aber nicht vollstreckt werden können, oder wenn sie für den Gläubiger
deshalb keine praktische Bedeutung haben, weil die Vollstreckung zu mühevoll
ist oder er mit Hilfe der ihm zustehenden *anderen* Rechtsbehelfe – insbesondere
des Schadensersatzanspruchs – schneller zum Ziel kommt.

   1. *Unmöglichkeit der Erfüllung.* – Ein Erfüllungsanspruch ist danach ausgeschlossen, wenn dem Schuldner aus tatsächlichen oder rechtlichen Gründen
die Erfüllung *unmöglich* ist.[29] Ist also das verkaufte Gemälde zerstört oder das
vermietete Schiff von hoher Hand beschlagnahmt worden, so kann ein Urteil nicht mehr ergehen, das den Verkäufer zur Lieferung des Gemäldes oder
den Vermieter zur Übergabe des Schiffes verpflichtet. Das gleiche gilt, wenn
sich der Verkäufer zur Lieferung nigerianischer Erdnüsse aus der Ernte 2012
verpflichtet, aber Nigeria für Erdnüsse dieser Ernte ein Exportverbot erlassen
hat und daher die Erfüllung des Vertrags für den Verkäufer aus rechtlichen
Gründen unmöglich ist. Diese Regel ist überall anerkannt.[30] In der Tat wird

---

   [28] G. *Treitel*, Remedies for Breach of Contract, A Comparative Account (1988) 71.
   [29] Art. 9:102 (2) (a) PECL, Art. 7.2.2. (a) PICC, Art. III.-3:302 (3)(a) DCFR. Ebenso
Art. 110 (3) (a) CESL, soweit es um die Verpflichtung des Verkäufers zur Lieferung geht.
   [30] Vgl. z.B. § 275 Abs. 1 BGB, Art. 1184 Abs. 2 Code civil, Art. 1463 Codice civile,
Art. 3:236 BW, Art. 119 Abs. 1 OR, § 1447 ABGB. – Wenn die verkauften Waren einer
Gattung gleicher Waren angehören und vom Verkäufer in einer vertraglich bestimmten Menge und Qualität zu liefern sind, so wird ihm die Erfüllung der Lieferpflicht erst
dann unmöglich (und daher der Erfüllungsanspruch des Käufers nur dann ausgeschlossen), wenn die Gattung als ganze vernichtet, vom Staat beschlagnahmt oder durch ein
Exportverbot erfasst ist und lieferfähige Stücke der Gattung nirgends mehr aufzutreiben
sind. Zu beachten ist ferner, dass der Käufer ein Urteil auf Lieferung der ihm verkauften
Gattungswaren auch dann nicht mehr erwirken kann, wenn sie nach dem Zeitpunkt untergegangen, gestohlen, beschädigt oder sonst wie abhandengekommen sind, in dem sie
der Verkäufer für den Käufer ausgesondert und so wie vertraglich vereinbart behandelt,
insbesondere: sie einem Beförderer zum Zweck des Transports zum Käufer übergeben
hat. In diesem Fall ist nämlich die »Gefahr« schon auf dem Käufer übergegangen (vgl.
dazu Art. 66 ff. CISG, Art. IV. A.-5:101 ff. DCFR, Art. 140 ff. CESL). Das hat zur Folge,

man nirgends einen Richter finden, der den Schuldner sehenden Auges zu einer Leistung verurteilt, von der feststeht, dass er sie nicht erbringen kann. Ob in einem solchen Falle der Gläubiger vom Schuldner Schadensersatz verlangen kann, steht natürlich auf einem anderen Blatt.

2. *Unvernünftig hoher Aufwand.* – Ausgeschlossen ist ein Erfüllungsanspruch ferner dann, wenn dem Schuldner durch die Erfüllung ein unvernünftig hoher Aufwand entstünde.[31] Welcher Aufwand »unvernünftig hoch« ist, muss der Richter anhand der Umstände des konkreten Falles bestimmen. Er muss also prüfen, ob nicht die Aufwendungen, die der Schuldner im Falle der Erfüllung des Vertrages hätte, »in einem groben Missverhältnis« zum Interesse des Gläubigers an der Erfüllung stehen. Die Frage stellt sich besonders häufig in Fällen, in denen der Gläubiger nicht Erfüllung im strengen Sinne, sondern, weil der Schuldner mangelhaft geleistet hat, *Nacherfüllung* verlangt, also ein Urteil erbittet, das den Schuldner zur Instandsetzung der mangelhaften Leistung oder zur Lieferung mangelfreien Ersatzes auffordert.[32] Lehrreich ist ein vieldiskutierter englischer Fall, in dem ein Bauunternehmer für eine Vergütung von 17.800 £ ein Schwimmbad errichtet hatte, das nicht – wie vertraglich vereinbart – eine Tiefe von ca. 2,29 m, sondern nur von ca. 2,06 m hatte, aber nach der Überzeugung des Gerichts durchaus tauglich war und den Grundstückswert ebenso erhöhte, wie wenn es die vertragsmäßige Tiefe gehabt hätte. Der Auftraggeber verlangte von dem Unternehmer zwar nicht die Erfüllung des Vertrages. also, da eine Reparatur nicht möglich war, die Neuherstellung eines fehlerfreien Schwimmbads. Ein solcher Anspruch auf specific performance ist nach englischem Recht ausgeschlossen, weil Schadensersatz in Geld »adequate« ist; auch nach anderen Rechtsordnungen hätte der Unternehmer die Neuherstellung, weil unverhältnismäßig teuer, verweigern dürfen.[33] Vielmehr verlangte

---

dass der Käufer, obwohl er die Ware nicht erhält, den Kaufpreis zahlen muss. Erst recht verliert er damit den Erfüllungsanspruch: Er kann also nicht etwa die Zahlung des Kaufpreises davon abhängig machen, dass ihm der Verkäufer zum zweiten Male Waren der vereinbarten Gattung liefert.

[31] Art. 9:102 (2) (b) PECL, Art. 7.2.2 (b) PICC, Art. III.-3:302 (3) (b) DCFR. Ebenso Art. 110 (3) (b) CESL. Danach kann der Verkäufer nicht zur Lieferung verurteilt werden, wenn »the burden or expense of performance would be disproportionate to the benefit that the buyer would obtain.«

[32] Vgl. dazu auch noch unten S. 306 f.

[33] Vgl. z.B. § 275 Abs. 2 BGB, ferner §§ 439 Abs. 3, 635 Abs. 3 BGB: Danach dürfen der Verkäufer und der Werkunternehmer die Nacherfüllung verweigern, »wenn sie nur mit unverhältnismäßigen Kosten möglich ist.« Anders das französische Recht. Vgl. Civ. 11. Mai 2005, Bull. cass. 2005. III. no. 103: Der Auftraggeber machte geltend, dass das von einem Bauunternehmer errichtete Haus die vertraglich vereinbarte Höhe um 33 cm unterschritten habe und er deshalb zum Abriss und zur Neuherstellung verpflichtete sei. Das Berufungsgericht wies die Klage ab; der Kassationshof gab ihr statt. Vgl. dazu kritisch *D. Mazeaud* RDC 2006, 323 und (rechtsvergleichend) *B. Fauvarque-Cosson* RDC 2006, 529.

der Auftraggeber Schadensersatz in Höhe des für die Neuherstellung erforderlichen Betrages von 21.500 £. Der Court of Appeal hielt diesen Anspruch in
vollem Umfang für begründet; das House of Lords war dagegen der Meinung,
dass der Schaden des Auftraggebers vernünftigerweise nur im Verlust gewisser Annehmlichkeiten bestehe und daher vom erstinstanzlichen Richter mit
2.500 £ richtig bewertet worden sei.[34]

Es kann auch noch andere besondere Gründe geben, die die Erfüllung des
Vertrages für den Schuldner »unverhältnismäßig« teuer machen und deshalb
den Erlass eines Erfüllungsurteils verbieten. So lag es in einem anderen englischen Fall, in dem ein Grundstückskäufer die Übereignung des ihm verkauften
Grundstücks verlangte. Obwohl in einem solchen Fall eine *order for specific performance* regelmäßig erlassen wird, wies das Gericht in diesem besonderen Fall
die Klage gegen den Verkäufer ab, weil seit Abschluss des Kaufvertrags ohne
Verschulden der Parteien 4 Jahre vergangen waren und der Verkäufer während
dieser Zeit schwer erkrankt und deshalb dringend auf die dauernde Hilfe seiner Nachbarn, damit aber auch auf die Beibehaltung seines Wohnsitzes in dem
verkauften Haus angewiesen war.[35] Darin sah das Gericht einen Fall besonderer
»hardship«. In der Tat sind die Fälle, in denen sich der Schuldner auf die Erfüllungsklage mit dem Hinweis auf einen »unvernünftig hohen Aufwand« verteidigt, schwer zu unterscheiden von anderen Fällen, in denen er gegen die Klage
auf Erfüllung, aber auch auf Schadensersatz einwendet, dass sich die Umstände
seit Vertragsabschluss »wesentlich verändert« hätten, die »Geschäftsgrundlage«
des Vertrages weggefallen sei oder in der Erfüllung des Vertrages für ihn eine
besondere »hardship« liege.[36]

3. *Persönliche Leistungen.* – Überall anerkannt ist auch die Regel, nach der
ein Erfüllungsanspruch ausgeschlossen ist, wenn der Schuldner Dienst- oder
Werkleistungen erbringen soll, die einen »persönlichen Charakter« haben oder
von einer »persönlichen Beziehung« der Vertragsparteien geprägt sind.[37] In
Frankreich und England sind ähnliche Grundsätze von der Rechtsprechung

---

[34] *Ruxley Electronics and Construction Ltd.* v. *Forsyth* [1996] A.C. 344.

[35] *Patel* v. *Ali* [1984] Ch. 283 (Court of Appeal). – Auch nach deutschem Recht würde
in diesem Fall der Antrag des Käufers gemäß § 275 Abs. 2 BGB abgewiesen werden. Selbst
wenn ihm stattgegeben und das Erfüllungsurteil erlassen würde, könnte das Gericht seine
Vollstreckung verhindern, wenn dies »unter voller Würdigung des Schutzbedürfnisses des
Gläubigers wegen ganz besonderer Umstände eine Härte bedeutet, die mit den guten Sitten nicht vereinbar ist.« (§ 765 a ZPO).

[36] Vgl. dazu unten § 15, ferner Art. 6:111 PECL, Art. 6.2.2 PICC und dazu *Schelhaas*
in: Vogenauer/Kleinheisterkamp (o. Fn. 17) Art. 7.2.2 Rn. 30 f. – Ein Erfüllungsanspruch
ist auch dort ausgeschlossen, wo der Schuldner beweisen kann, dass der Erfüllung ein
außerhalb seines Einflussbereichs liegendes Hindernis entgegensteht (vgl. Art. 79 CISG,
Art. 8:108 PECL, Art. 7.1.7. PICC und unten S. 374 f., 421).

[37] Art. 9:102 (2) (c) PECL, ähnlich Art. 7.2.2 (d) PICC, Art. III.–3:302 (3) (c) DCFR.

entwickelt worden;[38] in Deutschland bestimmt § 275 Abs. 3 BGB, dass die Leistung verweigert werden darf und ein Erfüllungsurteil daher nicht ergehen kann, wenn die Leistung vom Schuldner »persönlich« zu erbringen ist und sie ihm unter Abwägung der Interessen beider Vertragsparteien »nicht zugemutet werden kann.«[39]

4. *Abschluss eines Deckungsgeschäfts.* – Dem Gläubiger steht ein Erfüllungsanspruch auch dann nicht zu, wenn er sich die geschuldete Leistung von einem Dritten beschaffen kann und ein vernünftiger Mensch in gleicher Lage ein solches Deckungsgeschäft abgeschlossen hätte.[40] Diese Regelung deckt sich mit der Auffassung des Common Law. Zwar weicht sie von der Lösung der kontinentaleuropäischen Rechtsordnungen ab. Aber auch in diesen Ländern hat der Gläubiger allen Anlass, sich nicht erst noch lange damit aufzuhalten, dass er den leistungsunwilligen oder leistungsunfähigen Schuldner auf Erfüllung in Anspruch nimmt.[41] Vielmehr liegt in aller Regel die für den Gläubiger günstigste Lösung darin, dass er das Geschäft sofort für erledigt erklärt und vom Schuldner Schadensersatz wegen Nichterfüllung des Vertrages verlangt. Dass dem Gläubiger im Falle der Möglichkeit eines Deckungsgeschäfts der Erfüllungsanspruch genommen wird, bedeutet zwar für die kontinentaleuropäischen Rechtsordnungen ein Opfer. Aber dieses Opfer wiegt aus praktischen

---

[38] Vgl. dazu den Text zu Fn. 3 und 22.

[39] Außerdem ist zu bedenken, dass der Gläubiger an einem Erfüllungsurteil schon deshalb nicht interessiert sein wird, weil die Vollstreckung eines solchen Urteils nach deutschem Recht ausgeschlossen ist, sofern der Schuldner aufgrund des Urteils Dienste zu leisten oder ein Werk herzustellen hat, das er – z.B. als Maler, Schauspieler, Autor, Gutachter oder Chirurg – nicht ohne ein bestimmtes künstlerisches oder wissenschaftliches Engagement erbringen kann (vgl. o. S. 293 ff.).

[40] Art. 9:102 (2) (d) PECL, Art. 7.2.2 (c) PICC. Anders Art. III.–3:302 (5) DCFR und wohl auch die Regelung des CESL (vgl. Art. 110 (3), 163 (1), 164): Danach darf zwar der Gläubiger auch dann auf Erfüllung bestehen, wenn er sich die Leistung durch ein Deckungsgeschäft beschaffen kann. Freilich ist das für ihn riskant. Wenn nämlich der Abschluss eines solchen Geschäfts für ihn »vernünftig« und ohne »erhebliche« Kosten und Mühe möglich gewesen wäre, er aber gleichwohl untätig geblieben ist und sich zunächst auf den Erfüllungsanspruch versteift hat, so muss er es sich, wenn er später zum Anspruch auf Schadensersatz wegen Nichterfüllung des Vertrages übergeht, gefallen lassen, dass sein Anspruch nur auf der Basis desjenigen Deckungsgeschäfts errechnet wird, das er als vernünftiger Mensch *sofort* hätte abschließen können. Ist also der Schuldner ein Verkäufer, der die von ihm verkaufte Ware bei Fälligkeit nicht geliefert oder die Vertragserfüllung rundheraus verweigert hat, so tut der Käufer gut daran – vor allem bei tendenziell steigenden Preisen –, wenn er das Deckungsgeschäft *sofort* abschließt und *sofort* Schadensersatz verlangt. Das ist aber praktisch die Lösung des Common Law, die auch von den eingangs genannten Regeln in den PECL und PICC übernommen worden ist.

[41] Oft ist ein Erfüllungsurteil auch deshalb für den Gläubiger nicht attraktiv, weil die Vollstreckung eines solchen Urteils ausgeschlossen oder schwierig ist oder doch nur dazu führt, dass er vom Gericht ermächtigt wird, sich die geschuldete Leistung auf Kosten des Schuldners durch ein Deckungsgeschäft mit einem Dritten zu beschaffen (vgl. o. S. 291 f.).

Gründen nicht schwer. Immerhin ergibt sich aber in diesem Fall aus dem Ausschluss des Erfüllungsanspruchs eine nicht unwichtige praktische Folge: Liefert
der Verkäufer die verkauften Waren trotz Fälligkeit nicht oder verweigert er
die Erfüllung des Vertrages, so muss der Käufer seinen Schadensersatzanspruch
gegen den Verkäufer nach demjenigen Deckungsgeschäft berechnen, das er *sofort* nach Erlangung der Kenntnis von der Nichterfüllung oder Leistungsver-
weigerung mit einem Dritten abgeschlossen hat oder hätte abschließen können.
Nicht etwa kann er sich zunächst hinter seinem Erfüllungsanspruch verschan-
zen und erst dann zum Anspruch auf Schadensersatz übergehen, wenn sich gezeigt hat, dass der Preis für die verkaufte Ware gestiegen und sein Ersatzanspruch – berechnet auf der Basis eines erst jetzt abgeschlossenen Deckungsgeschäfts – besonders hoch ist.

5. *Rechtzeitigkeit des Erfüllungsanspruchs.* – Wenn die eben genannten Gründe
für einen Ausschluss des Erfüllungsanspruchs nicht eingreifen, entsteht für den
Schuldner Ungewissheit darüber, ob er vom Gläubiger noch auf Erfüllung in
Anspruch genommen werden wird und die dafür erforderliche Leistung bereithalten muss, oder ob er sich stattdessen auf Schadensersatz einstellen kann. Um
diesen Zeitraum der Ungewissheit zu verkürzen, wird in Art. 9:102 (3) PECL
bestimmt, dass der Gläubiger den Erfüllungsanspruch verliert, wenn er von der
Nichterfüllung des Vertrages Kenntnis erlangt hat oder erlangt haben muss und
es gleichwohl unterlässt, den Erfüllungsanspruch innerhalb eines angemessenen
Zeitraums danach geltend zu machen.[42]

II. Ansprüche auf Nacherfüllung

Um eine besondere Form des Erfüllungsanspruchs geht es, wenn die vertragstreue Partei Nacherfüllung verlangt. So liegt es, wenn ihr Kontrahent zwar
einen ersten Versuch der Erfüllung unternommen, aber dabei eine Leistung
erbracht hat, die nicht die vertraglich vereinbarte Beschaffenheit aufweist, also
fehlerhaft ist. Ist die vertragstreue Partei – der Gläubiger – in einem solchen
Falle berechtigt, vom Schuldner Nacherfüllung zu verlangen, sei es dadurch,
dass er die fehlerhafte Leistung nachträglich instand setzt, sei es dadurch, dass er
statt ihrer fehlerfreien Ersatz leistet? Darf der Gläubiger vom Vertrag erst dann
zurücktreten oder Schadensersatz wegen Nichterfüllung verlangen, wenn er
zuvor den Anspruch auf Nacherfüllung geltend gemacht und damit keinen Erfolg gehabt hat? Soll die andere Partei, nachdem sie eine mangelhafte Leistung
erbracht hat, noch nachträglich eine Chance erhalten, ihren Vertragspflichten
durch fehlerfreie Nacherfüllung gerecht zu werden und dadurch zu verhin-

---

[42] Ebenso Art. 7.2.2 (e) PICC, Art. III.–3:302 (4) DCFR. Ebenso auch § 376 Abs. 1
HGB.

dern, dass die vertragstreue Partei sofort ein Rücktrittsrecht ausübt oder wegen der Nichterfüllung des Vertrages Schadensersatz verlangt? In erster Linie kommt es auf diese Fragen bei Kauf- und Werkverträgen an, wenn der Verkäufer Waren geliefert oder der Unternehmer Werkleistungen erbracht hat, die nicht so wie vertraglich vereinbart beschaffen sind.

Ansprüche auf Nacherfüllung waren den kontinentaleuropäischen Rechtsordnungen solange unbekannt, wie sie sich am Vorbild des römischen Rechts orientierten. Auf den Märkten des antiken Roms wurden vor allem Sklaven, Tiere und Lebensmittel gehandelt. Es ging also um Waren, die der Käufer vor Vertragsabschluss mit eigenen Augen überprüfen konnte und deren versteckte Mängel sich nicht nachträglich noch beseitigen ließen. So erklärt sich, warum der Käufer nach römischem Recht – aber auch nach dem in Deutschland bis zum Jahre 2002 geltenden Recht – im Falle eines Mangels der Kaufsache nicht Nacherfüllung, sondern lediglich die Rückgängigmachung des Vertrages, eine Minderung des Kaufpreises und in bestimmten Fällen Schadensersatz verlangen konnte. Diese Regelung verlor umso mehr ihren Sinn, je häufiger Waren gehandelt wurden, die in großen Serien industriell hergestellt wurden, sich von den Käufern vor Vertragsabschluss nicht genau untersuchen ließen und deren verborgene Mängel behebbar waren, also vom Verkäufer beseitigt werden konnten, und zwar zu Kosten, die für ihn niedriger sind, als wenn der Vertrag aufgelöst oder er auf Schadensersatz wegen Nichterfüllung in Anspruch genommen würde. Dass die alten Regeln, obwohl rundum veraltet, gleichwohl im Gesetzbuch stehen bleiben konnten, beruht auf dem segensreichen Umstand, dass sie dispositiver Natur waren, also durch eine anderweitige vertragliche Vereinbarung außer Kraft gesetzt werden konnten. In der Tat gingen gewerbliche Verkäufer auf breiter Front dazu über, durch vertragliche Vereinbarungen – in der Regel durch Klauseln ihrer Allgemeinen Geschäftsbedingungen – festzulegen, dass der Käufer im Falle der Fehlerhaftigkeit der Kaufsache nur Nacherfüllung verlangen und dass er weitergehende Rechtsbehelfe – Rücktritt oder Schadensersatz – nur dann geltend machen könne, wenn die Nacherfüllung unmöglich, vom Verkäufer verweigert oder fehlgeschlagen sei.

Inzwischen spiegelt sich diese Entwicklung auch in den gesetzlichen Regeln über das Kaufrecht wider. Auf der internationalen Ebene haben dafür die Vorschriften des einheitlichen Kaufrechts eine besondere Rolle gespielt. Sie sehen vor, dass im Falle der Lieferung fehlerhafter Waren grundsätzlich sowohl der Käufer wie der Verkäufer berechtigt sind, Nacherfüllung zu verlangen oder zu leisten. Was den *Käufer* anlangt, so steht ihm gemäß Art. 46 Abs. 2 CISG ein Anspruch auf Nacherfüllung in Form der *Ersatzlieferung* allerdings nur dann zu, wenn in der Lieferung der mangelhaften Ware eine »wesentliche Vertragsverletzung« liegt. Diese Voraussetzung wird nur selten erfüllt sein. An ihr fehlt es jedenfalls dann, wenn sich der Fehler nachträglich beheben lässt. In diesem Falle kann aber der Käufer gemäß Art. 46 Abs. 3 CISG Nacherfüllung in Gestalt der *Nachbesserung* verlangen, sofern sie nicht nach den Umständen für den Verkäufer »unzumutbar« ist, etwa deshalb, weil ihm durch die Reparatur unverhältnismäßig hohe Kosten entstünden. Hat der Käufer nach dem Inhalt des Vertrages auf das Vorhandensein bestimmter Eigenschaften besonderen Wert gelegt und hat er, weil sie fehlten, in zulässiger Weise Nachbesserung verlangt, dafür dem Verkäufer eine angemessene Frist gesetzt und ihm noch einmal eingeschärft, dass es ihm auf die nachträgliche Lieferung vertragsmäßiger Ware entscheidend ankommt, so wird es in der Regel als eine »wesentliche Vertragsverletzung« anzusehen sein, wenn der Verkäufer auch in der ihm gesetzten Frist nichts unternommen hat oder ihm die Nachbesserung misslungen ist. Alsdann kann der Käufer binnen einer angemessenen Frist die Aufhebung des Vertrages erklären.[43] Umgekehrt ist aber gemäß Art. 48 CISC auch der *Verkäufer* berechtigt, den Fehler der von ihm gelieferten Ware durch Nacherfüllung zu beheben, sofern dies für den Käufer »keine unzumutbare Verzögerung nach sich zieht.« Hat der Verkäufer dem Käufer erklärt, dass er bereit sei, binnen einer bestimmten Frist Nacherfüllung zu leisten, so kann der Käufer zwar den Schaden ersetzt verlangen, der ihm durch die Verzögerung der Erfüllung entsteht. Dagegen kann er vor Fristablauf nicht die Aufhebung des Vertrages erklären.

Dem Modell des CISG folgen nicht nur die Regeln der PECL und PICC.[44] Auch das Gemeinsame Europäische Kaufrecht (CESL) hat sich ihnen angeschlossen, allerdings nur insoweit, als der Käufer nicht Verbraucher ist. Ein solcher Käufer kann also, wenn er mit fehlerhafter Ware beliefert worden ist, vom Verkäufer verlangen, dass er auf eigene Kosten Nacherfüllung leistet, es sei denn, dass sie unmöglich ist, rechtswidrig wäre oder für den Verkäufer Kosten mit sich brächte, die im Vergleich zum Vorteil des Käufers »unverhältnismäßig« sind (Art. 110 CESL). Der Käufer ist aber nicht berechtigt, wegen der Belieferung mit fehlerhafter Ware den Vertrag sofort aufzuheben und vom Verkäufer Schadensersatz wegen Nichterfüllung zu verlangen. Er muss ihm also zunächst die Chance geben, die Lieferung fehlerhafter Ware dadurch

---

[43] Vgl. dazu *P. Schlechtriem/U. Schroeter,* Internationales UN-Kaufrecht (5. Aufl. 2013) Rn. 328 ff., 465, 483.

[44] Aus Art. 9:102 PECL und Art. 7.2.3 PICC ergibt sich, dass auch im Falle einer fehlerhaften Leistung dem Gläubiger – in der Regel einem Käufer – ein Anspruch auf Erfüllung, hier also: auf Nacherfüllung zusteht, es sei denn, dass dieser Anspruch aus den oben genannten Gründen ausgeschlossen ist oder zu spät geltend gemacht wird (vgl. o. S. 303). Allerdings kann der Gläubiger – anders als der Käufer gemäß Art. 46 (2) CISG – Nacherfüllung in Gestalt der *Ersatzlieferung* auch dann verlangen, wenn es an einer »wesentlichen Vertragsverletzung« des Schuldners fehlt. Umgekehrt ist auch der Schuldner – in der Regel der Verkäufer – unter bestimmten Voraussetzungen berechtigt, dem Gläubiger von sich aus die prompte Nacherfüllung anzubieten und dafür eine Frist zu setzen, dies mit der Folge, dass der Gläubiger so lange an der Geltendmachung anderer Rechtsbehelfe gehindert wird, wie die Frist noch nicht abgelaufen ist (vgl. dazu Art. 8:104–106 PECL, Art. 7.1.4-5 PICC).

nachträglich zu »heilen«, dass er auf eigene Kosten nacherfüllt, und sei es auch zu einem Zeitpunkt, der nach dem vertraglich vereinbarten Lieferdatum liegt (Art. 106 (2) (a) CESL).[45] Dazu ist der Verkäufer allerdings nicht berechtigt, wenn durch die von ihm angebotene »Heilung« dem Käufer erhebliche Nachteile entstünden, der Käufer aus guten Gründen die Zuverlässigkeit des Verkäufers in Zweifel ziehen darf oder besondere Gründe gegeben sind, die den Käufer ausnahmsweise zur sofortigen Aufhebung des Vertrages berechtigen (vgl. Art. 109 (4) CESL). Zwar enthalten diese Regeln viele unbestimmte Begriffe, die es schwierig machen vorauszusagen, wie im Einzelfall zu entscheiden ist. Im Ganzen erscheint es aber zweckmäßig, dem Käufer, der mit vertragswidriger Ware beliefert worden ist, zwar grundsätzlich einen Anspruch auf Nacherfüllung zu gewähren, sofern sie nicht für den Verkäufer mit unverhältnismäßig hohen Kosten verbunden ist, dem Käufer aber andererseits das Recht zur Aufhebung des Vertrags solange zu verweigern, wie der Verkäufer zur Nacherfüllung bereit und innerhalb einer vernünftigen Frist imstande ist. Zwar hat der Verkäufer durch die Lieferung fehlerhafter Ware seine vertraglichen Pflichten verletzt; auch hat der Käufer oft ein starkes Interesse an der sofortigen Auflösung des Vertrages, etwa weil der Preis für die Ware inzwischen gesunken ist. Immerhin wird dem Käufer aber durch die Nacherfüllung dasjenige geleistet, was ihm im Vertrag versprochen war; außerdem erhält er denjenigen Schaden ersetzt, der ihm dadurch entstanden sein kann, dass er die vertragsmäßige Ware erst nach dem vereinbarten Liefertermin erhält. Unter diesen Umständen sollte dem Verkäufer die Wahrnehmung des Vorteils erlaubt sein, der sich für ihn aus der Nacherfüllung ergibt: Er liegt darin, dass er sie dem Käufer nur dann anbieten wird, wenn er ihre Kosten für niedriger hält als den Aufwand, der ihm im Falle der Auflösung des Vertrages entstünde.

Ein ganz anderes Bild zeigt sich, wenn man Kaufverträge betrachtet, bei denen der Verkäufer ein Unternehmer und der Käufer ein *Verbraucher* ist. Für solche Verträge ergibt sich aus der EG-Richtlinie über den Verbrauchsgüterkauf, dass der Käufer, dem fehlerhafte Ware geliefert worden ist, vom Verkäu-

---

[45] Ebenso § 323 Abs. 1 und 2 BGB (und unten § 13 IV 6 = S. 345): Danach muss der Käufer, der mit fehlerhafter Ware beliefert worden ist, dem Verkäufer eine »angemessene Frist« für die Nacherfüllung setzen; zurücktreten darf er erst nach erfolglosem Ablauf der Frist. Die Fristsetzung ist entbehrlich (und der sofortige Rücktritt erlaubt), wenn ein »Fixgeschäft« vorliegt, sich also aus den Vereinbarungen der Parteien ergibt, dass sie die pünktliche Lieferung der Ware als so wichtig angesehen haben, dass der Vertrag mit ihr »stehen oder fallen« soll. – Strenger das englische Recht: Es erlaubt dem Verkäufer die Heilung durch Nacherfüllung nur dann, wenn er sie selbst angeboten hat und noch vor Ablauf des vertraglich vereinbarten Liefertermins bewirken kann. Anderenfalls kann der Käufer zurücktreten, es sei denn, dass die in der Lieferung vertragswidriger Ware liegende Vertragsverletzung »is so slight that it would be unreasonable for [the buyer] to reject them« (s. 15A Sale of Goods Act 1979, ebenso § 323 Abs. 5 S. 2 BGB. Vgl. dazu auch noch unten S. 346 f.

fer Nacherfüllung verlangen kann, und zwar nach seiner Wahl entweder die Beseitigung des Mangels oder die Ersatzlieferung fehlerfreier Ware.[46] Beides muss »innerhalb einer angemessenen Frist«, »ohne erhebliche Unannehmlichkeiten für den Verbraucher« und »unentgeltlich« erfolgen.[47] Allerdings darf der Verkäufer gemäß Art. 3 (3) der Richtlinie die vom Käufer gewählte Form der Nacherfüllung verweigern, wenn sie unmöglich ist oder ihm unverhältnismäßige Kosten verursacht.[48] Vom Vertrag zurücktreten oder eine Minderung des Kaufpreises verlangen darf der Käufer nur dann, wenn der Verkäufer beide Formen der Nacherfüllung verweigert hat oder die vom Käufer gewählte Form fehlgeschlagen oder unzumutbar ist.

Diese Regelung ist für den Käufer, wenn er Verbraucher ist, einigermaßen vorteilhaft, zumal zu bedenken ist, dass Zweifel über ihre genaue Tragweite bisher von EuGH durchweg zu seinen Gunsten entschieden worden sind. Gleichwohl macht das Gemeinsame Europäische Kaufrecht einen Vorschlag, der den Käufer *noch* günstiger stellt. Gemäß Art. 106 (3)(a) CESL soll er nämlich auch dann den Kaufpreis mindern oder vom Vertrag zurücktreten (und den Kaufpreis zurückfordern) dürfen, wenn die Nacherfüllung dem Verkäufer durchaus möglich ist und er sie dem Käufer in zumutbarer Form angeboten hat. Gemäß Art. 114 (2) CESL gilt das zwar nicht, wenn der Mangel der Ware »unerheblich« ist. In allen anderen Fällen kann sich aber der Käufer über die Bereitschaft des Verkäufers zur Nacherfüllung hinwegsetzen und sofort von dem Vertrag zurücktreten, dies auch dann, wenn der wahre Grund für den Rücktritt darin liegt, dass der Preis für die Ware gesunken ist und der Käufer sie inzwischen

---

[46] Art. 3 Richtlinie 1999/44/EG vom 25. Mai 1999 (ABl. EG Nr. L 171 S. 13). Vgl. zur Implementation dieser Regelung durch den nationalen Gesetzgeber z.B. Art. L 211-9 Code de la consommation; s. 48 A und B Sale of Goods Act 1979, §§ 439, 475 Abs. 1 BGB. Die deutschen Regeln gelten auch für Kaufverträge, die unter Unternehmern abgeschlossen werden. Insoweit sind sie allerdings dispositiver Natur, können also durch abweichende Vereinbarungen ersetzt werden. Diese Vereinbarungen müssen freilich, wenn sie (wie fast immer) in die Form von AGB-Klauseln gekleidet sind, der Inhaltskontrolle standhalten (vgl. dazu S. 206 ff.).

[47] Aus dem Begriff der »Unentgeltlichkeit« hat der EuGH den Schluss gezogen, dass der Käufer, wenn ihm fehlerfreier Ersatz geliefert worden ist, keinen Ausgleich dafür leisten muss, dass er die fehlerhafte Sache – und sei es auch für lange Zeit – genutzt und daraus einen erheblichen Vorteil gezogen hat (vgl. EuGH 17.4.2008 Rs. C-404/06, Slg. 2008 I-2685 = NJW 2008, 1433). Ebenso Art. 112 (2) CESL.

[48] Auch diese Regel hat der EuGH in einem dem Verbraucher günstigen Sinne ausgelegt. Ist nämlich die fehlerhafte Ware im Haus des Käufers eingebaut worden und kommt als Nacherfüllung nur die Ersatzlieferung fehlerfreier Ware in Betracht, so muss der Verkäufer die Kosten auch dafür übernehmen, dass die fehlerhafte Ware ausgebaut und die fehlerfreie Ware eingebaut wird; nicht etwa darf er, weil diese Kosten »unverhältnismäßig« seien, die Ersatzlieferung verweigern (und damit den Käufer auf die Minderung des Kaufpreises oder die Aufhebung des Vertrages beschränken). So EuGH 16.6.2011, Rs. 65/09, Slg. 2011 I- 5257 = NJW 2011, 2269.

anderswo billiger erwerben kann, oder auch darin, dass er aus anderen Gründen die Lust an der Durchführung des Vertrages verloren hat. Zulässig ist der sofortige Rücktritt des Käufers auch dann, wenn feststeht, dass die Kosten der vom Verkäufer angebotenen Instandsetzung wesentlich niedriger sind als der Aufwand, der ihm entstünde, wenn er sie zurücknehmen und (mit oder ohne Instandsetzung) für billiges Geld auf dem Markt für Gebrauchtwaren losschlagen muss. Es liegt auf der Hand, dass der dadurch entstehende Mehraufwand vom Verkäufer in seinen Preis einkalkuliert und auf alle Käufer umgelegt werden wird. Ob das sinnvoll ist, darf bezweifelt werden. Es wäre deshalb vernünftig, wenn vertragliche Vereinbarungen zulässig wären, nach denen der Käufer – vielleicht gegen einen Preisnachlass – den Vorrang einer Nacherfüllung durch den Verkäufer akzeptiert. Solche Vereinbarungen sind aber unwirksam. Denn die Verfasser des CESL behaupten mit eiserner Stirn, dass ihre Lösung die beste sei; sie haben ihr deshalb zwingenden Charakter gegeben (Art. 108 CESL).

D. Der effiziente Vertragsbruch

Wenn Rechtsnormen vom ökonomischen Standpunkt aus betrachtet werden, geht es um die Frage, ob sie einen Beitrag zur effizienten Zuordnung knapper Ressourcen leisten, anders gesagt: ob sie Anreize setzen, die den Einzelnen dazu anspornen, sich so zu verhalten, dass seine Handlungen nicht nur seinem privaten Vorteil dienen, sondern auch den gesamtgesellschaftlichen Nutzen steigern. Aus dieser Sicht stößt der Erfüllungsanspruch bei den Rechtsökonomen auf Skepsis. Warum sollte – so fragen sie – eine Partei zur Erfüllung oder Nacherfüllung eines Vertrages verpflichtet sein, wenn ihr dadurch Kosten entstehen, die höher sind als dasjenige, was sie ihrem Vertragspartner als Schadensersatz zu leisten hätte? Wäre nicht eine Regel effizient, nach der die vertragsbrüchige Partei zwar zu Schadensersatz verpflichtet wäre, sie aber von der Erfüllung oder Nacherfüllung des Vertrages freigestellt und ihr so die Möglichkeit verschafft würde, die dadurch freiwerdenden Ressourcen so einzusetzen, dass ihr auch nach der Leistung von Schadensersatz noch ein Überschuss verbleibt?[49] Rechtsethisch unanfechtbar wäre eine solche Lösung vielleicht nicht. Denn sie würde dem Schuldner einen Anreiz bieten, sich sehenden Auges, wenn auch gegen

---

[49] Vgl. dazu *H.-B. Schäfer/C. Ott*, Lehrbuch der ökonomischen Analyse des Zivilrechts (5. Aufl. 2012) 504 ff.; *D. Friedman*, The Efficient Breach Fallacy, J. Leg. Stud. 18 (1989) 1; *T. Ulen*, The Efficiency of Specific Performance, Mich. L. Rev. 83 (1984) 341; *R.J. Scalese*, Why No »Efficient Breach« in the Civil Law?: A Comparative Assessment of the Doctrine of Efficient Breach of Contract, Am. J. Comp. L. 55 (2007) 721. Vgl. ferner *U. Huber*, Leistungsstörungen, Band I (1999) 49 ff.; *Neufang*, Erfüllungszwang als »remedy« bei Nichterfüllung (1998) 366 ff.; *H. Kötz*, Vertragsrecht (2. Aufl. 2012) Rn. 774 ff.

Leistung vollen Schadensersatzes, aus einem bindenden Vertrag nur deshalb zu verabschieden, weil ihm dies aufgrund eines privaten Nutzen-Kosten-Kalküls vorteilhaft erscheint. Da im Common Law der Erfüllungsanspruch mit starker Zurückhaltung betrachtet wird, hat es den Anschein, als stehe es dem »effizienten Vertragsbruch« näher als die kontinentaleuropäischen Rechte. Ob sich dies wirklich so verhält, lässt sich am besten beurteilen, wenn man bestimmte Falltypen ins Auge fasst.

Die Frage des »effizienten Vertragsbruchs« wird gern am Beispiel eines Kaufvertrags diskutiert, in dem sich der Verkäufer vertraglich einem Käufer zur Lieferung einer Sache verpflichtet hat, ihm aber nach Vertragsabschluss für die gleiche Sache von einem Dritten ein höherer Preis geboten wird. Nimmt der Verkäufer das Angebot des Dritten an und erklärt er sodann dem Käufer, dass er den mit ihm geschlossenen Vertrag nicht erfüllen, sondern Schadensersatz leisten werde, so wäre sein Vertragsbruch »effizient«, wenn der von dem Dritten gezahlte Kaufpreis so hoch wäre, dass dem Verkäufer auch nach der Leistung von Schadensersatz ein Überschuss verbleibt. Diese Rechnung geht allerdings nur dann auf, wenn der vom Verkäufer zu leistende Schadensersatz die Nachteile voll und ganz ausgleicht, die dem Käufer durch die Nichtbelieferung entstehen. So verhält es sich aber nicht, wenn ein Grundstück oder eine bestimmte Einzelsache verkauft ist, für die es gleichwertigen Ersatz durch den Abschluss eines Deckungsgeschäfts nicht gibt. Dies ist der Grund, warum in diesem Falle auch das Common Law annimmt, dass der Käufer den Verkäufer auf Erfüllung des Vertrags in Anspruch nehmen kann.[50] Zwar kommt ein solcher Erfüllungsanspruch nicht mehr in Betracht, wenn der Verkäufer die Sache dem Dritten bereits geliefert hat und sie sich deshalb nicht mehr in seinem Besitz befindet. Denn dann ist ihm die Erfüllung nicht oder doch nur dadurch noch möglich, dass er sie zu unverhältnismäßig hohen Kosten von dem Dritten zurückkauft. Selbst in diesem Fall wird aber dem Verkäufer sein Interesse an einem »effizienten Vertragsbruch« auf verschiedene Weise vergällt. Das kann z.B. dadurch geschehen, dass er verpflichtet wird, dem Käufer dasjenige herauszugeben, was er als Kaufpreis von dem Dritten erlangt hat.[51] Manchmal wird es auch dem Verkäufer schwerfallen, einen Dritten zu finden, der ihm die Ware zu einem höheren Preis abkauft. Denn wenn der Dritte von dem Vertragsbruch des Verkäufers nicht nur weiß, sondern ihn darin bestärkt und ihm vielleicht auch noch versprochen hat, er werde ihn von den Schadensersatzansprüchen des Käufers

---

[50] Zu beachten ist immerhin, dass ein Verkäufer, selbst wenn er zur Lieferung der Kaufsache verurteilt worden ist, allein dadurch von einem »effizienten Vertragsbruch« nicht immer abgeschreckt wird. Denn es liegt nicht fern, dass er dem Käufer das zu seinen Gunsten ergangene Erfüllungsurteil »abkaufen« wird, und zwar für einen Preis, der zwar hoch ist (insbesondere höher als der dem Käufer zustehende Schadensersatz), aber immer noch unter demjenigen Preis liegt, der ihm von dem Dritten als Kaufpreis gezahlt wird.

[51] So § 285 BGB.

freistellen, so kann darin eine unerlaubte Handlung des Dritten liegen, die ihn dazu verpflichtet, dem Käufer Schadensersatz zu leisten.[52] Keinen Anreiz zu einem »effizienten Vertragsbruch« hat der Verkäufer aber auch dann, wenn *vertretbare Sachen* verkauft sind, die sich in gleicher Qualität auch noch aus anderer Quelle beschaffen lassen. Für solche Sachen wird ihm nämlich ein Dritter nur dann einen höheren Preis bieten, wenn inzwischen der Marktpreis für die Sachen gestiegen ist. Im Gleichschritt damit steigt dann aber auch der Schadensersatz, den der Käufer vom Verkäufer verlangen wird. Denn er wird ihn auf der Grundlage des Deckungsgeschäfts berechnen, das er über die gleichen Sachen zu dem inzwischen gestiegenen Preis abgeschlossen hat oder abschließen könnte Damit lohnt sich der Vertragsbruch für den Verkäufer nicht mehr, und die Frage, ob er auch noch auf Erfüllung des Vertrags haften würde, kann auf sich beruhen.

Anders liegt es bei *Werkverträgen.* Hier wird der »effiziente Vertragsbruch« überall zugelassen. Das zeigt schon der Fall, in dem einem Bauunternehmer ein Auftrag zur Errichtung eines Gebäudes erteilt worden ist, der Auftraggeber aber nunmehr feststellt, dass die Durchführung des Geschäfts für ihn nicht mehr vorteilhaft ist, weil es einen anderen Unternehmer gibt, der für einen niedrigeren Preis das gleiche Gebäude zu errichten bereit ist. In einem solchen Falle wird dem Auftraggeber überall ohne weiteres gestattet, den Vertrag ohne die Angabe irgendwelcher Gründe zu kündigen, dies auch dann, wenn der Bauunternehmer mit seinen Arbeiten bereits begonnen hat. Allerdings besteht der Preis für die Kündigung darin, dass der Auftraggeber die vereinbarte Vergütung zahlen muss; davon darf er dasjenige abziehen, was der Unternehmer infolge der vorzeitigen Beendigung seiner Arbeiten erspart hat oder durch anderweitige Verwendung seiner Mittel erworben oder zu erwerben aus bösem Willen unterlassen hat.[53] Praktisch bedeutet das nichts anderes, als dass der Auftraggeber Schadensersatz leisten muss. Ebenso liegt es in dem umgekehrten Fall, in dem es der Unternehmer ist, der nach Vertragsschluss erkennt, dass die Beendigung des Vertrages für ihn lohnend wäre, weil der anderweitige Einsatz seiner Ressourcen einen Gewinn verspricht, der höher ist als dasjenige, was er dem Auftraggeber an Schadensersatz zu leisten hat. Zwar steht dem Unterneh-

---

[52] In einem solchen Fall haftet der Dritte nach deutschem Recht gemäß § 826 BGB wegen »Verleitung zum Vertragsbruch«, nach englischem Recht aufgrund des »tort of procuring a breach of contract«, nach französischem Recht aufgrund des Art. 1382 Code civil, weil in seinem Verhalten eine »faute« liegt. Vgl. dazu im Einzelnen *Scalese* (o. Fn. 49) 756 ff.; *V. Palmer,* A Comparative Study (from a Common Law Perspective) of the French Action for Wrongful Interference with Contract, Am. J. Comp. L. 40 (1992) 297.

[53] So § 649 BGB, Art. 324 OR, § 1168 ABGB, Art. 7A:1647 BW, Art. 377 OR, Art. 700 griech. ZGB, Art. 644 poln. ZGB. Andere Rechtsordnungen entscheiden ebenso, indem sie den Auftraggeber nach erfolgter Kündigung zum Ersatz des dem Unternehmer entstehenden Schadens verpflichten. So z.B. Art. 1794 Code civil, Art. 1671 Codice civile.

mer in diesem Fall kein Kündigungsrecht zu, und es mag sogar sein, dass er auf
Klage seines Auftraggebers zur Erfüllung des Vertrages verurteilt wird. Aber
die Erwirkung eines solchen Urteils ist für den Auftraggeber nicht sinnvoll, sei
es, weil seine Vollstreckung ganz ausgeschlossen ist – so z.B. dann, wenn der
Unternehmer eine künstlerische oder wissenschaftliche Leistung zu erbringen
hat – sei es auch, weil die Vollstreckung doch nur dazu führt, dass er vom Gericht ermächtigt wird, die vom Unternehmer versprochene Leistung auf seine
Kosten von einem Dritten ausführen zu lassen; damit erhält der Auftraggeber
auch hier im Ergebnis nur Schadensersatz. Auch bei *Dienstverträgen* müssen die
Parteien Schadensersatz leisten, wenn sie die versprochene Dienstleistung nicht
annehmen oder nicht erbringen wollen und darin eine Vertragsverletzung
liegt. Ein Erfüllungsurteil brauchen sie hingegen nicht zu fürchten. Wenn z.B.
der Mandant mit seinem Rechtsanwalt, der Patient mit seinem Arzt, die Schü-
lerin mit dem Betreiber eines Internats Dienstverträge geschlossen haben, so
kann ein Urteil, das den Schuldner zur Erbringung der versprochenen Dienstleistung verpflichtet, meist schon deshalb nicht ergehen, weil sie einen persönlichen Charakter hat oder von einer Vertrauensbeziehung zwischen den Parteien abhängt. Auch wenn ein Erfüllungsurteil erlassen werden darf, ist doch
oft seine *Vollstreckung* ausgeschlossen oder für den Gläubiger nicht praktikabel.
Nicht anders liegt es in dem umgekehrten Fall, in dem der Verpflichtete die
Dienstleistung erbringen, aber der Berechtigte sei nicht annehmen will: Auch
hier kann der Berechtigte nicht durch ein Erfüllungsurteil zur Entgegennahme
der Dienste verurteilt werden. Vielmehr muss er die vereinbarte Vergütung
(mit gewissen Abzügen) zahlen, praktisch also: Schadensersatz leisten.[54]

Wie lässt sich erklären, warum insbesondere bei Werkverträgen dem Unternehmer der »effiziente Vertragsbruch« erlaubt, dagegen dem Verkäufer bei
Kaufverträgen über Grundstücke und bestimmte Einzelsachen verweigert oder
erheblich erschwert wird? Bei den genannten Kaufverträgen liegt die Annahme
nahe, dass mit Abschluss des Vertrages die Kaufsache zwar noch dem Verkäufer
gehören mag, er aber das Eigentum nur als »Treuhänder« zugunsten des Käufers innehat und er sie ihm deshalb liefern und, wenn das nicht mehr möglich
ist, die Vorteile herausgeben muss, die er aus einer anderen Verwertung der
Sache erzielt. Bei einem Werkvertrag muss der Unternehmer zwar das versprochene Werk herstellen. Aber er bleibt derjenige, der selbst den Einsatz seiner
Leute und Maschinen bestimmt und die Abläufe seines Betriebes organisiert;
deshalb gebühren ihm die Vorteile, die sich nachträglich aus einer profitab-
leren Nutzung seiner Ressourcen ergeben. Der Auftraggeber erhält den ihm
entstehenden Schaden ersetzt und wird dadurch so gestellt, wie er ohne den
Vertragsbruch stünde. Beim Spezieskauf liegt es anders. Denn der Schadenser-

---

[54] Vgl. § 615 BGB, § 1155 ABGB, Art. 324 OR, Art. 7 A:1638 d BW, Art. 2227 Codice civile.

satzanspruch des Käufers ist in diesem Fall »inadequate«, weil ein Deckungsgeschäft als Grundlage für die Schadensberechnung in der Regel nicht in Betracht kommt und der Schaden des Käufers oft immaterieller Natur ist und durch Geld nicht voll ausgeglichen wird. Wenn aber der Preis, den der Verkäufer durch die Leistung von Schadensersatz zahlen muss, zu niedrig ist, wäre sein Vertragsbruch nicht mehr »effizient«; die Rechtsordnung tut deshalb – auch aus ökonomischer Sicht – gut daran, wenn sie ihn zu verhindern sucht.

§ 13 Vertragsaufhebung

I. Einleitung

Jede Vertragspartei vertraut darauf, dass ihr Kontrahent den Vertrag so erfüllen werde, wie er es versprochen hat. Wenn das nicht geschieht, so stellt sich stets die Frage, wie die vertragstreue Partei – wir wollen sie im Folgenden durchweg als »Gläubiger« bezeichnen – auf diesen Umstand reagieren kann. Der eine Weg besteht darin, dass sie auf der Erfüllung des Vertrages besteht. Ist also die andere Partei – der »Schuldner« – ein Verkäufer, der die verkaufte Ware nicht oder nicht zu dem vertraglich vereinbarten Zeitpunkt, nicht am vereinbarten Ort, nicht in der vereinbarten Verpackung oder nicht in der vertraglich vereinbarten Beschaffenheit geliefert hat, so kann der Käufer an dem Kaufvertrag festhalten und seinen Erfüllungsanspruch geltend machen (vgl. dazu § 12). Er kann also weiterhin auf der Lieferung der Kaufsache bestehen und dem Verkäufer eine Frist setzen, bis zu der sie nachzuholen ist; er kann, wenn die gelieferten Waren mangelhaft waren, ihre Instandsetzung oder die Lieferung fehlerfreien Ersatzes verlangen;[1] er kann auch, wenn der Verkäufer die Initiative ergreift und

---

[1] Man spricht in diesem Falle meist von »Nacherfüllung«; vgl. oben S. 306 ff.

Zahlung des Kaufpreises begehrt, ein Zurückbehaltungsrecht geltend machen, indem er die Zahlung des Kaufpreises so lange verweigert, bis der Verkäufer seinerseits die ihm obliegende Leistung erbracht, also die verkauften Waren so wie vertraglich vereinbart angeboten hat.[2] Im Übrigen steht es dem Käufer auch frei, den Erfüllungsanspruch geltend zu machen und außerdem den Schaden ersetzt zu verlangen, den ihm der Verkäufer dadurch zugefügt hat, dass er nicht zu den vertraglich vereinbarten Bedingungen geliefert oder irgendeine andere Vertragspflicht verletzt hat.

Solange die vertragstreue Partei in dieser Weise auf der Erfüllung des Vertrages besteht, muss sie sich freilich darauf einstellen, dass sie, wenn der Schuldner vertragsgemäß leistet, auch die ihr obliegende *Gegenleistung* noch wird erbringen müssen. Das kann ihr lästig sein. So liegt es z.B., wenn sie sich die Lieferung von Waren oder die Erbringung von Leistungen hat versprechen lassen, inzwischen aber die Preise für gleiche Waren oder gleiche Leistungen gesunken sind: Dann hat sie ein offensichtliches Interesse daran, die eigene Verpflichtung zur Zahlung des Preises loszuwerden und freie Hand für den Abschluss des Geschäfts zu günstigerem Preis mit einem anderen Vertragspartner zu gewinnen. Dies ist die Frage, mit der sich die folgenden Ausführungen beschäftigen sollen: Unter welchen Voraussetzungen ist die vertragstreue Partei berechtigt, den Vertrag aufzuheben und dadurch zu erreichen, dass von nun an sowohl sie selbst wie die andere Partei den Vertrag nicht mehr zu erfüllen brauchen? Ist der Vertrag aufgehoben, so entsteht danach die weitere Frage, wie seine Rückabwicklung zu erfolgen hat.[3]

Der folgende Text spricht von der »Aufhebung« des Vertrages. Stattdessen hätte auch der Ausdruck »Abstandnahme vom Vertrag«,[4] »Befreiung vom Vertrag«,[5] oder »Vertragsbeendigung« verwendet werden können. Im deutschen

---

[2] Wer bei einem gegenseitigen (»synallagmatischen«) Vertrag die »Einrede des nicht erfüllten Vertrages« erheben darf, macht damit nur geltend, dass er seine Leistung verweigere, nicht, dass seine Leistungspflicht weggefallen sei. Praktisch verhält es sich aber oft so, dass eine Vertragspartei sich zunächst mit dieser Einrede verteidigen und erst später, wenn es bei der Nichterfüllung des Vertrags bleibt, den Vertrag aufheben und damit seine eigene Leistungspflicht zum Erlöschen bringen wird. Vgl. zur »exceptio non adimpleti contractus« z.B. § 320 BGB; §§ 1052, 1062 ABGB; Art. 6:262 BW; Art. 374 griech. ZGB; Art. 1460 (1) Codice civile; Art. 428 port. CC. In manchen Rechtsordnungen wird diese Einrede für Kaufverträge durch eine gesetzliche Regelung festgelegt (vgl. s. 28 Sale of Goods Act 1979, Art. 1612, 1653 Code civil), aber von der Rechtsprechung allgemein bejaht, sofern sich aus dem Vertrag ergibt, dass die Verpflichtungen der Parteien »Zug um Zug« zu erfüllen sind; vgl. *Treitel (-Peel)* no. 17–013 ff.; *Terré/Simler/Lequette* no. 630 ff. Vgl. auch Art. 58 CISG und Art. 9:201 PECL; Art. 7.1.3 PICC; Art. III.-3:401 DCFR; Art. 133 CESL.

[3] Vgl. dazu unten V (= S. 348 ff.).

[4] Vgl. *P. Schlechtriem*, Abstandnahme vom Vertrag, in: J. Basedow (Hrsg.), Europäische Vertragsrechtsvereinheitlichung und deutsches Recht (2000) 159.

[5] Vgl. *A. Flessner*, Befreiung vom Vertrag wegen Nichterfüllung, ZEuP 1997, 255.

Recht ist von »Rücktritt« und »Kündigung«, im französischen von »résolution« und »résiliation«, im italienischen von »risoluzione« und »recesso«, im niederländischen von »ontbinding«, also von der »Auflösung« des Vertrages die Rede. Auch im englischen Recht werden verschiedene Ausdrücke verwendet, neuerdings aber meistens der Ausdruck »termination«;[6] dieser Ausdruck ist auch von den internationalen Regelwerken übernommen worden. Welche Bezeichnung man wählt, ist letztlich eine Frage des juristischen Geschmacks, sofern nur feststeht, dass die wesentliche Folge der Vertragsbeendigung im künftigen Wegfall der beiderseitigen Erfüllungspflichten besteht.

II. Interessenlage

Die Frage, ob eine Partei den Vertrag in der geschilderten Weise aufheben kann, ist nicht einfach zu entscheiden.[7] Auf der einen Seite kann derjenige, der sich mit einem vertragswidrigen Verhalten seines Kontrahenten konfrontiert sieht, ein starkes Interesse daran haben, den Vertrag aus diesem Grunde zu »liquidieren« und sich damit, wenn ihm das vorteilhaft erscheint, freie Hand zum Abschluss eines Vertrages mit einem Dritten zu schaffen. Dem steht aber oft ein ebenso starkes Interesse der anderen Partei am Fortbestand des Vertrages gegenüber. Der Interessenkonflikt, um den es hier geht, wird deutlich, wenn man sich einen Vertrag vorstellt, durch den sich jemand – der »Gläubiger« – zur Zahlung eines Preises, die andere Partei – der »Schuldner« – zur Lieferung oder Herstellung von Waren, zu Errichtung eines Hauses oder als Vermieter zur Überlassung eines Geschäftsgebäudes oder eines Schiffes verpflichtet hat. Was kann der Gläubiger tun, wenn der Schuldner seine vertraglichen Pflichten nicht oder nicht richtig erfüllt? Der Schuldner erklärt z.B., dass ihm die Lieferung der verkauften Waren vom Gesetzgeber verboten oder aus einem anderen Grunde unmöglich geworden sei, dass ihn sein Vorlieferant nicht beliefert habe und deshalb auch er selbst nicht liefern könne, dass wegen eines Streiks seiner Leute die Bauarbeiten nur mit erheblicher Verspätung zu Ende gebracht werden könnten oder dass er infolge von Transportproblemen oder aus anderen Gründen zu rechtzeitiger Lieferung der verkauften Waren nicht imstande sei. Wie liegt es, wenn der Schuldner zwar pünktlich liefert, aber die Waren nicht die vertraglich vereinbarte Beschaffenheit haben? Wie, wenn es der Schuldner unter Verstoß gegen seine Vertragspflichten unterlässt, Mängel des von ihm vermieteten Gebäudes auf seine Kosten zu beseitigen oder den Maschinenschaden

---

[6] Vgl. dazu insbesondere den Abschnitt über »termination« bei *G.H. Treitel*, Remedies for Breach of Contract, A Comparative Account (1988) s. 239 ff.

[7] Vgl. dazu die überzeugenden Überlegungen bei *Flessner* (oben N. 5) 264 ff. und *Treitel* (vorige N.) s. 241 f., 259.

des vermieteten Schiffes auf seine Kosten reparieren zu lassen? Wie, wenn der Schuldner zwar einen ersten Teil der verkauften Waren pünktlich geliefert hat, sich dann aber zeigt, dass er eine Vertragspflicht verletzt, nämlich die gleichen Waren an einen Konkurrenten des Gläubigers – vielleicht sogar zu niedrigerem Preise – geliefert hat?

Oft wird es sich in den eben genannten Fällen dem Gläubiger empfehlen, an dem Vertrag festzuhalten und seine Erfüllung vom Schuldner zu verlangen. Er kann also, wenn er nicht pünktlich beliefert worden ist, auf der nachträglichen Lieferung bestehen, mag sie auch, wenn sie schließlich erfolgt, verspätet sein. Auch wenn die Ware oder Leistung einen Fehler hat, ist der Gläubiger berechtigt und oft sogar verpflichtet (jedenfalls zunächst), einen Anspruch auf *Nacherfüllung* geltend zu machen, also vom Schuldner zu verlangen, dass er den Fehler der Ware oder Leistung nachträglich beseitigt oder nachträglich eine fehlerfreie Ersatzware oder Ersatzleistung erbringt. Ferner kann der Gläubiger die fehlerhafte Ware oder Leistung behalten und vom Schuldner eine Minderung des für sie vereinbarten Preises verlangen. Und schließlich ist zu bedenken, dass der Gläubiger, auch wenn er auf der Erfüllung oder Nacherfüllung des Vertrages besteht, keineswegs gehindert ist, den Schaden ersetzt zu verlangen, der ihm dadurch entsteht, dass der Schuldner den Vertrag bisher nicht oder nicht richtig erfüllt hat.

Im Vordergrund der folgende Überlegungen steht aber eine andere Frage: Unter welchen Voraussetzungen ist der Gläubiger zur *Aufhebung* des Vertrages berechtigt, wenn der Schuldner seine Vertragspflichten nicht oder nicht richtig erfüllt hat? Daran kann er schon deshalb interessiert sein, weil er dem Schuldner nicht länger vertraut, sich mit ihm über die richtige Vertragserfüllung nicht länger auseinandersetzen und schnell reinen Tisch schaffen will. Ein anderer Grund kann darin liegen, dass der Preis für die vom Schuldner versprochene Leistung nach Abschluss des Vertrages gefallen ist und der Gläubiger sie sich deshalb mit geringerem Aufwand von einem Dritten beschaffen könnte. Ebenso verhält es sich, wenn der Preis gestiegen ist und der Verkäufer, weil der Käufer unter Verstoß gegen die vertraglichen Vereinbarungen einen Teil des Kaufpreises nicht vorausbezahlt hat, den Vertrag aus diesem Grunde gern aufheben und die verkauften Waren zu höherem Preis anderswo verkaufen möchte. Auch kann es sein, dass der Gläubiger nach Abschluss des Vertrages erkennt, dass er ein schlechtes Geschäft gemacht hat, aus diesem Grunde an der Durchführung des Vertrages nicht mehr interessiert ist und das vertragswidrige Verhalten des Schuldners nur allzu gern zum Anlass für die Aufhebung des Vertrages nimmt. Andererseits sind aber auch die Interessen des Schuldners zu bedenken. Dass er infolge der Aufhebung den Gewinn verliert, den er bei der Durchführung des Geschäfts erzielt hätte, ist offensichtlich. Ein zusätzlicher Verlust kann ihm z.B. dann entstehen, wenn er bestimmte Bauleistungen oder die Herstellung und Lieferung von Waren versprochen hat: Hat er mit der Ausführung des Vertrages bereits begonnen, also die Baustelle eingerichtet, Verträge mit Subunternehmern geschlossen, Rohstoffe beschafft oder die zu liefernden Waren teilweise bereits hergestellt, so ist der dadurch entstandene Aufwand verloren, wenn der Gläubiger zur Aufhebung des Vertrages berechtigt wäre. Richtig ist zwar, dass der Schuldner vor der eigenen Tür kehren muss, weil er seine vertraglichen Pflichten verletzt, also z.B. die versprochenen Waren oder Leistungen nicht oder nicht rechtzeitig oder in fehlerhafter Qualität geliefert hat. Aber er würde in vielen Fällen den dadurch entstandenen Schaden gern ersetzen, wenn er nur eines vermeiden könnte, nämlich dass der Gläubiger die Aufhebung des Vertrages erklärt und ihm damit den Vertrag im Ganzen unter den Füßen wegzieht.

Aus diesen Gründen haben die Parteien allen Anlass, vertragliche Vereinbarungen zu treffen, die diese Risiken angemessen verteilen. Solche Vereinbarungen können der vertragstreuen Partei die Vertragsaufhebung *erleichtern*, indem ihr z.B. als Käuferin im Falle einer Überschreitung der Lieferfrist ein sofortiges Aufhebungsrecht zugebilligt wird. Sie können die Vertragsaufhebung aber auch *erschweren*. So liegt es z.B., wenn sie ausgeschlossen wird und der Schuldner nur zum Ersatz des Schadens verpflichtet sein soll, der dem Gläubiger durch die Nicht- oder Schlechterfüllung entstanden ist. Auch kann vereinbart werden, dass die Aufhebung des Vertrages nur dann zulässig sein soll, wenn die Pflichtverletzung des Schuldners besonders gravierende Konsequenzen gehabt oder wenn der Gläubiger dem Schuldner nach Fälligkeit seiner Leistung für die richtige Erfüllung des Vertrages eine bestimmte Frist gesetzt hat und diese Frist erfolglos abgelaufen ist. Dass solche Vereinbarungen häufig getroffen werden, ändert aber nichts daran, dass, soweit sie fehlen, »dispositive« Regeln in die Bresche springen müssen, die die Voraussetzungen einer Vertragsaufhebung allgemein regeln. Welchen Inhalt sollten solche Regeln haben?

III. Lösungsmodelle

Es mag selbstverständlich erscheinen, dass ein Gläubiger den Vertrag muss auflösen können, wenn er die ihm versprochene Leistung nicht erhält oder der Schuldner in anderer Weise seine Vertragspflichten verletzt. Dennoch haben sich allgemeine Regeln über das Recht zur Vertragsaufhebung in den europäischen Rechtsordnungen erst spät entwickelt. Im römischen Recht gab es solche Regeln nicht. Zwar konnte in Kaufverträgen eine Vereinbarung getroffen werden, die den Verkäufer berechtigte, den Vertrag für erledigt zu erklären, wenn der Käufer den Kaufpreis zu dem vertraglich bestimmten Zeitpunkt nicht gezahlt hatte.[8] Auch finden sich schon im römischen Recht An-

---

[8] Vgl. zu dieser – »lex commissoria« genannten – Vereinbarung *Zimmermann* S. 737 f.

haltpunkte dafür, dass die auf Erfüllung verklagte Vertragspartei sich auf eine
– später »exceptio non adimpleti contractus« genannte – Verteidigung berufen,
also ihre Leistung verweigern kann, wenn der Kläger selbst den Vertrag nicht
erfüllt hat.[9] Diese Regel wurde auch vom kanonischen Recht übernommen
und auf eine breitere Grundlage gestellt. Aus dem Grundsatz, dass der Bruch
jedes Versprechens Sünde und deshalb moralisch verwerflich sei, wurde nicht
nur der Schluss gezogen, dass grundsätzlich alle Verträge gültig seien.[10] Daraus
wurde ebenfalls hergeleitet, dass, wer selbst nicht vertragstreu ist, auch von seinem Vertragspartner nicht Vertragserfüllung verlangen könne: »Fidem fran-
genti fides non est servanda«. Die Naturrechtslehrer kleideten den gleichen Gedanken in eine andere Form: Sie nahmen an, dass bei gegenseitigen Verträgen
jede Partei die Erfüllung ihrer Pflichten nur »unter der Bedingung« verspre-
che, dass auch die andere Partei erfülle; ferner hieß es, dass sich in einem solchen
Falle die vertragstreue Partei nicht nur mit einer Einrede verteidigen, sondern
noch einen Schritt weitergehen, nämlich sich von dem Vertrag im Ganzen lösen könne.

1. *Französisches Recht.* – Dieser Gedanke ist es auch, auf den sich Art. 1184
Code civil gestützt hat. Dort heißt es in Abs. 1 – in einer eher nach einem Lehrbuch, als nach einem Gesetz klingenden Formulierung –, dass bei gegenseitigen Verträgen, wenn eine Partei ihre Vertragspflichten nicht erfüllt, eine »auf-
lösende Bedingung stets zu unterstellen« sei.[11] In einem solchen Falle kann die
vertragstreue Partei wählen, ob sie, wenn das möglich ist, den Erfüllungsanspruch geltend machen oder ob sie stattdessen von der anderen Partei die Auflösung des Vertrages und Schadensersatz verlangen will (Abs. 2). Ob dieses Verlangen begründet ist, entscheidet gemäß Abs. 3 der Richter: »La résolution doit
être demandée en justice, et il peut être accordé au défendeur un délai selon les
circonstances«.

Danach kann also ein Vertrag nicht durch eine einseitige Erklärung des
Gläubigers, sondern nur dadurch aufgehoben werden, dass auf sein Verlagen
der Richter eine entsprechende Entscheidung trifft. Bemerkenswert ist auch,
dass der Code civil nichts Genaues über die Voraussetzungen einer Vertragsauflösung sagt. Zwar wird in Art. 1184 Abs. 1 verlangt, dass »l'une des deux parties
ne satisfera point à son engagement«. Aber es kommt nach dem Wortlaut des
Art. 1184 nicht darauf an, ob der Schuldner eine »wesentliche« Vertragspflicht
verletzt hat, ob seine Pflichten gänzlich oder nur teilweise nicht beachtet worden sind oder ob ihm für die richtige Erfüllung des Vertrages eine zusätzliche

---

[9] Vgl. dazu ausführlich und mit Nachweisen über die umfangreiche historische Literatur *Zimmermann* S. 800 ff.; ferner *R. Zimmermann*, »Heard melodies are sweet, but those
unheard are sweeter …«, AcP 193 (1993) 121, 160 ff.

[10] Vgl. dazu schon oben S. 69 ff.

[11] Vgl. Art. 1184 Abs. 1: »[L]a condition résolutoire est toujours sous-entendue.« Vgl.
über die historische Entwicklung dieser Formulierung *Terré/Simler/Lequette* no. 644.

Frist gesetzt war und er auch diese Frist nicht eingehalten hat. Ebensowenig wird darauf abgestellt, ob und in welchem Umfang dem Gläubiger ein Schaden entstanden ist oder ob die Nicht- oder Schlechterfüllung des Vertrages auf einem vorwerfbaren Verhalten des Schuldners oder auf einem Zufall oder auf höherer Gewalt beruht. In allen diesen Fällen kann die Auflösung des Vertrages verlangt werden; es ist alsdann – wie noch zu zeigen sein wird – allein Sache des Richters, die genannten Umstände gegeneinander abzuwägen und alsdann eine Entscheidung zu treffen. Mit ihr kann er die Auflösung des Vertrages verweigern, dies u.U. mit der Maßgabe, dass der Vertrag zwar aufrechterhalten, der Schuldner aber zur Nachlieferung vertragsmäßiger Ware, zur Instandsetzung fehlerhafter Ware, zu einer Reduzierung seines Kaufpreis- oder Werklohnanspruchs oder wegen seiner Pflichtverletzung zu Schadensersatz verurteilt wird. Der Richter kann die Vertragsauflösung aber auch bewilligen. Auch dies kann freilich in der Weise geschehen, dass der Richter dem Schuldner für die Nachholung seiner Leistung einen »délai de grâce« bewilligt und anordnet, dass der Vertrag erst nach erfolglosem Ablauf dieser Frist aufgehoben sein soll.

Es ist offensichtlich, dass der Grundsatz der *gerichtlichen* Vertragsauflösung für die Praxis des kaufmännischen Geschäftsverkehrs Nachteile mit sich bringt. Wenn mit diesem Grundsatz ernst gemacht und davon ausgegangen würde, dass eine Vertragspartei bis zum Erlass des Aufhebungsurteils an ihre vertraglichen Verpflichtungen in vollem Umfang gebunden bliebe, so würde dies dazu führen können, dass erst nach einem solchen Urteil der Verkäufer die Waren anderweitig verkaufen oder der Käufer bei einem anderen Lieferanten einen Deckungskauf vornehmen könnte. Dieses Ergebnis vermeidet die französische Rechtsprechung dadurch, dass sie in einer langen Reihe von »Ausnahmefällen« der vertragstreuen Partei ein Recht zu einseitiger Vertragsaufhebung zubilligt. So liegt es, wenn ihr der Vertrag selbst in einer Vereinbarung ein solches Auflösungsrecht zubilligt. Das Gleiche wird – auch ohne eine solche Vereinbarung – angenommen, wenn der Vertrag – wie ein Mietvertrag oder ein Arbeitsvertrag – auf unbestimmte Zeit abgeschlossen ist oder die zeitlich gestaffelte Erbringung mehrerer Teilleistungen vorsieht, ebenso dann, wenn es in dem Vertrag um eine Geschäftsbesorgung geht, also z.B. um die Einlagerung von Waren, um die Erbringung von Beratungsleistungen, um die Mitarbeit in einer Gesellschaft, um den Vertrieb der Waren des Auftraggebers oder um die Ausführung irgendeinen anderen Auftrags: In solchen Fällen kann jede Partei den Vertrag durch einseitige Erklärung aufheben, wenn sie aus berechtigtem Grund ihr Vertrauen auf die Zuverlässigkeit oder Kompetenz der anderen Vertragspartei verloren hat.[12] Hier und da lässt sich das Recht zu einseitiger Vertragsaufhebung auch einer Vorschrift des Code civil entnehmen. Sind

---

[12] Vgl. dazu ausführlich *Terré/Simler/Lequette* no. 478 ff.; *Malaurie/Aynès/Stoffel-Munck* no. 881. In solchen Fällen spricht man nicht von der »résolution«, sondern von der »rési-

dem Käufer Gattungssachen nicht pünktlich geliefert worden, so darf er den Vertrag als erledigt ansehen und sich gemäß Art. 1144 die Sache auf Kosten des Verkäufers von einem anderen Lieferanten beschaffen. Das darf er zwar grundsätzlich nur dann, wenn er dazu vom Gericht ermächtigt worden ist. Im kaufmännischen Geschäftsverkehr ist aber die Einschaltung des Gerichts nicht erforderlich, wenn nach den Umständen Eile geboten ist und der Käufer dem Verkäufer erfolglos eine zusätzliche Frist für die Lieferung gesetzt hat. Gemäß Art. 1657 kann aber auch der *Verkäufer* den Vertrag einseitig auflösen, wenn »Lebensmittel oder bewegliche Sachen« verkauft sind und der Käufer sie nicht zu dem vertraglich vereinbarten Zeitpunkt abgenommen hat.[13] Schließlich hat der Kassationshof in einem vielbeachteten Urteil vom 13. Oktober 1998 entschieden, dass eine einseitige Vertragsaufhebung auch dann zulässig ist, wenn die andere Partei einen besonders schweren Verstoß gegen ihre Vertragspflichten begangen hat.[14] Wann ein solcher »schwerer Verstoß« vorliegt, hängt von den Umständen ab; in der Regel wird er nur dann gegeben sein, wenn der Gläubiger nach Fälligkeit der Leistung dem Schuldner eine Frist gesetzt und er auch diese Frist nicht beachtet hat. Richtig ist, dass die Rechtsprechung dem Gläubiger immer wieder einschärft, dass er bei einseitiger Vertragsaufhebung »à ses risques et périls« handele. Aber damit wird nur gesagt, was eigentlich selbstverständlich ist, nämlich, dass der Schuldner sich nachträglich an das Gericht wenden und die einseitige Vertragsaufhebung als unberechtigt bekämpfen darf. Hat er damit Erfolg, so hat der Gläubiger dadurch, dass er den Vertrag ohne stichhaltigen Grund aufgelöst hat, *selbst* eine Vertragsverletzung begangen, für die er Schadensersatz leisten muss. Aus alledem zieht die französische Literatur den Schluss, dass die beherrschende Rolle, die Art. 1184 dem Richter zuweist, sich in der Praxis »se réduit en fait de plus en plus à une sorte de contrôle après coup de l'attitude des parties«.[15]

---

liation« des Vertrages, dies mit der Folge, dass er nur mit Wirkung für die Zukunft aufgehoben wird. Vgl. dazu noch unten S. 350.

[13] Vgl. auch dazu *Terré/Simler/Lequette* no. 658 f.

[14] »La gravité du comportement d'une partie à un contrat peut justifier que l'autre partie y mette fin de façon unilatérale à ses risques et périls.« So Civ. 13. Okt. 1998, D. 1999, 198 mit Anm. *Jamin* = J.C.P. 1999.II.10133 mit Anm. *Rzepecki*. Ebenso Civ. 20 Feb. 2001, D. 2001, 1568 mit Anm. *Jamin* = Rev. trim. civ. 2001, 363 mit Anm. *Mestre/Fages*. Vgl. dazu auch *Terré/Simler/Lequette* no. 660; *Malaurie/Aynès/Stoffel-Munck* no. 891; *Storck*, J.Cl. civil Art. 1184 Fasc. 10 (2007) no. 68, alle mit Nachweisen zur fr. Rspr.

[15] So *Terré/Simler/Lequette* no. 661; ebenso *Storck* (vorige N.) no. 72. Daraus wird hergeleitet, dass der praktische Unterschied zu den Regeln der anderen europäischen Rechtsordnungen nicht mehr sehr groß sei. Auch die Entwürfe zu einer Reform des fr. Obligationenrechts gehen davon aus, dass eine einseitige Vertragsaufhebung durch den Gläubiger jedenfalls im Falle einer »grave inexécution« zulässig sei, allerdings in der Regel voraussetze, dass der Schuldner seine Leistung auch innerhalb einer ihm vom Gläubiger gesetzten Frist nicht nachgeholt hat. So Art. 108 ff. Reformentwurf Terré, ähnlich Art. 1158 Reformentwurf Catala und dazu kritisch *M. Fabre-Magnan* und *S. Whittaker*, in:

2. *Englisches Recht.* – Das englische Recht geht von dem allgemeinen Prinzip aus, dass die vertragstreue Partei einen Vertrag grundsätzlich aufheben darf, wenn die Vertragsverletzung der anderen Partei »wesentliches Gewicht« hat, nämlich zu einer »substantial failure of performance« führt. Das ist allerdings nur eine Faustformel, die von vielen Ausnahmen durchbrochen wird.

Für eine genauere Abgrenzung der »wesentlichen« von den sonstigen Vertragspflichten stützt sich die englische Rechtsprechung zunächst darauf, dass sie zwischen »warranties« und »conditions« unterscheidet. Jede vertragliche Zusage – sie sei ausdrücklich oder stillschweigend in den Vertrag aufgenommen – ist eine »express« oder »implied warranty«. Wird eine solche Zusage nicht eingehalten, so ist die vertragstreue Partei berechtigt, Schadensersatz wegen »breach of contract« zu verlangen; im Übrigen bleibt sie aber an den Vertrag gebunden. Die Möglichkeit, von dem Vertrage im Ganzen Abstand zu nehmen, hat sie nur dann, wenn die von der anderen Partei nicht eingehaltene Zusage auch eine »condition« darstellt.

Dass das englische Recht in diesem Zusammenhang – ebenso wie das französische in Art. 1184 Code civil – von einer »condition« spricht, ist kein Zufall. Auch im englischen Recht wurde nämlich die Erfüllung eines wesentlichen vertraglichen Versprechens als »Bedingung« dafür angesehen, dass die durch das Versprechen begünstigte Partei ihre Gegenleistung zu erbringen habe. Die vertragstreue Partei konnte also, sofern sie nicht ausnahmsweise zu einer Vorleistung verpflichtet war, die Gegenleistung verweigern, solange nicht auch ihr Kontrahent seine Leistung erbracht oder sie ihr so wie vertraglich vereinbart angeboten hatte. Später wurde dieser Gedanke dahin verschärft, dass bei Verletzung einer »condition« die vertragstreue Partei ihre Pflicht zur Erbringung der Gegenleistung *pro futuro* als erledigt ansehen, also den Vertrag aufheben und noch dazu unter bestimmten Voraussetzungen Schadensersatz verlangen konnte, diesmal sogar wegen der Nichterfüllung des ganzen (nunmehr aufgehobenen) Vertrages.[16]

Wie wird zwischen »warranties« und »conditions« unterschieden?[17] Wenn der Vertrag eine klare Vereinbarung enthält, in der eine bestimmte vertragliche Zusage als »condition« bezeichnet wird, so wird das von der Rechtsprechung im allgemeinen akzeptiert, dies selbst dann, wenn die Nachteile,

---

Cartwright/Vogenauer/Whittaker (Hrsg.), Reforming the French Law of Obligations (2009) 169 und 187.

[16] Vgl. dazu ausführlich *Zimmermann* (oben N. 9) 153 ff. Er zieht aus der Verwendung des Begriffs der »Bedingung« im fr. und engl. Recht den Schluss, dass zwischen dem naturrechtlichen Denken und dem ius commune einerseits und dem Common Law andererseits eine enge historische Verbindung besteht und beide Rechtstraditionen »jedenfalls im Vertragsrecht weithin aus demselben Stoff gewirkt sind« (S. 169).

[17] Vgl. dazu die ausführliche Darstellung bei *Treitel (-Peel)* no. 18–039 ff; *McKendrick* no. 10.1 ff., 19.6 ff. sowie (rechtsvergleichend) *Treitel* (oben N. 6) s. 259 ff. und *Flessner* (oben N. 5) 266 ff.

die der vertragstreuen Partei durch die Nichteinhaltung der Zusage entstehen, im Einzelfall nicht besonders schwer wiegen.[18] In *Schuler AG v. Wickman Machine Tool Sales Ltd.*[19] lag es anders. Dort hatte sich ein Vertragshändler seinem Auftraggeber gegenüber verpflichtet, sechs namentlich genannte Firmen mindestens einmal pro Woche zu besuchen und sich dabei für den Absatz der Produkte des Auftraggebers einzusetzen. Diese Verpflichtung war von dem Vertriebshändler verletzt worden. Obwohl sie in dem Vertrag als »condition« bezeichnet worden war, wurde dem Auftraggeber ein Recht zur Vertragsaufhebung verweigert, weil die Parteien nicht gewollt haben könnten, dass die pflichtwidrige Unterlassung auch nur eines einzigen Besuchs die drastische Konsequenz einer Aufhebung des Vertrages nach sich ziehen könne. Fehlt es an einer Vereinbarung, die eine bestimmte Vertragspflicht ausdrücklich als »condition« bezeichnet, so kommt es darauf an, ob die Pflichtverletzung zu einer »substantial failure of performance« führt oder – so wird oft gesagt – »goes to the very root of the matter«. Dafür ist in der Regel bedeutsam, wie schwer die Folgen wiegen, die der vertragstreuen Partei durch die Pflichtverletzung entstehen. Gegen die Annahme einer »condition« spricht es deshalb, wenn die vertragstreue Partei im Falle ihrer Verletzung nur einen geringfügigen Schaden erleidet oder wenn ihr nach den Umständen zugemutet werden kann, dass sie sich mit einem Schadensersatzanspruch begnügt, im Übrigen aber an den Vertrag gebunden bleibt.

Andererseits gibt es Fälle, in denen vertragliche Zusagen, die im Verkehr unter Geschäftsleuten abgegeben worden sind, mit eiserner Strenge als »conditions« qualifiziert werden. Das gilt nach der Rechtsprechung besonders dann, wenn eine Partei verspricht, dass sie für die Erbringung ihrer Leistungen oder für die Abgabe von Erklärungen einen bestimmten Zeitraum oder eine bestimmte Frist beachten werde. In *Bunge Corp. v. Tradax SA*[20] hatte sich ein Käufer verpflichtet, zur Abnahme der ihm free on board verkauften 15.000 t Soja ein Schiff in einem beliebigen Hafen der US-amerikanischen Golfküste bereitzustellen und dies dem Verkäufer mindestens 15 Tage vor dem Verladedatum mitzuteilen, damit er den Hafen auswählen und die Ware dort zur Verladung anliefern könne. Der Käufer nannte eine Frist von weniger als 15 Tagen. Daraufhin erklärte der Verkäufer den Vertrag sofort für erledigt. Die Gerichte gaben ihm Recht. Im Verkehr unter Kaufleuten gilt grundsätzlich die Regel »time is of the essence«. Die Vereinbarung über die 15-Tage-Frist war daher eine »condition« und der Verkäufer zur Vertragsaufhebung berechtigt, ohne dass es darauf ankam, ob er auch innerhalb einer Frist von weniger als 15 Tagen die Ware hätte bereitstellen können oder ob und in welcher Höhe ihm dadurch

---

[18] Vgl. z.B. *Lombard North Central plc v. Butterworth* [1987] Q.B. 527.
[19] [1974] A.C. 235.
[20] [1981] 1 W.L.R. 711 (H.L.).

zusätzliche Aufwendungen entstanden wären. Der Fall wäre sicherlich auch
dann nicht anders entschieden worden, wenn der Soja-Preis seit Vertragsabschluss gestiegen und es dem Verkäufer in erster Linie darum gegangen wäre,
sich durch die Aufhebung des Vertrages die Freiheit zum Abschluss eines günstigeren Geschäfts mit einem anderen Käufer zu verschaffen. Die strenge Haltung der Gerichte wird auf den Gedanken der Rechtssicherheit gestützt. Dass
es dabei gelegentlich zu einer Entscheidung kommt, die einer Partei den Aus-
stieg aus einem für sie ungünstig gewordenen Geschäft ermöglicht und deshalb
ungerecht erscheinen mag, muss hingenommen werden.[21]

Manchmal ist es auch der Gesetzgeber, der bestimmte (ausdrücklich oder
stillschweigend abgegebene) vertragliche Zusagen in den Rang einer »condition« erhebt. Das gilt vor allem dort, wo ein Verkäufer Waren geliefert hat, die
der vertraglichen Beschreibung nicht entsprechen, für die Erreichung des vertraglich vereinbarten Ziels nicht tauglich sind oder aus anderen Gründen nicht
die Beschaffenheit haben, die nach den Umständen als »befriedigend« angesehen
werden kann. Aus ss. 12–15 Sale of Goods Act 1979 ergibt sich nämlich, dass
der Verkäufer in diesen Fällen einen »implied term« verletzt hat; diese »implied
terms« werden ausdrücklich als »conditions« bezeichnet.[22] Dennoch darf der
Käufer gemäß s. 15(A) den Kaufvertrag ausnahmsweise *nicht* aufheben, wenn
der Fehler der gelieferten Ware »geringfügig« ist; in diesem Falle muss er sich
mit dem Anspruch auf Schadensersatz bescheiden.[23]

Wie liegt es, wenn eine vertragliche Zusage weder durch eine Vereinbarung
der Parteien noch durch die Rechtsprechung oder den Gesetzgeber als »condition« oder als »warranty« qualifiziert wird? Auch eine solche Zusage – meist »intermediate« oder »innominate term« genannt – kann im Falle ihrer Verletzung
Folgen haben, die so schwer wiegen, dass die vertragtreue Partei im Wesentlichen dasjenige nicht mehr erhält, was ihr nach dem Vertrag hätte zufließen
sollen; auch in diesem Falle darf die Aufhebung des Vertrages verlangt werden.
Maßgeblich ist dafür ein *leading case* aus dem Jahre 1962.[24] Die Klägerin hatte
der Beklagten für 2 Jahre ein Schiff vermietet, das schon im Zeitpunkt seiner
Übergabe wegen seiner altersschwachen Maschine nicht seetüchtig gewesen
war. Nachdem das Schiff aus diesem Grunde schon während seiner ersten Reise
von Liverpool nach Osaka für 5 Wochen und nach seiner Ankunft in Osaka für
weitere 15 Wochen zwecks Reparatur der Maschine festgelegen hatte, nahm
die Beklagte von dem Chartervertrag Abstand; dafür spielte es auch eine Rolle,
dass inzwischen der Mietpreis für Schiffe gleicher Art gefallen war und sie da-

---

[21] Vgl. dazu die eindrucksvollen Überlegungen von *Lord Wilberforce* in *Bunge* (vorige
N.) 715, ferner *Treitel (-Peel)* no.18-042 und 18-050; *McKendrick* no. 10.4.

[22] Vgl. ss. 11 (3), 13 (1A) und 14 (6) Sale of Goods Act 1977.

[23] Das gilt nicht, wenn der Käufer Verbraucher ist (vgl. dazu noch unten S. 346 ff.).
Vgl. zur Kritik an s. 15 (A) Sale of Goods Act 1977 *Treitel (-Peel)* no. 18–053 f.

[24] *Hong Kong Fir Shipping Co. Ltd.* v. *Kawasaki Kishen Kaisha Ltd.* [1962] 2 Q.B. 26.

von ausgehen konnte, dass sie bei Abschluss eines neuen Chartervertrages über das gleiche oder ein ähnliches Schiff einen niedrigeren Mietpreis zu zahlen haben würde. Die Klägerin war hingegen der Meinung, dass sie zwar den Vertrag durch die Überlassung eines seeuntüchtigen Schiffes verletzt haben möge, dass dieser Umstand aber die Beklagte zur Aufhebung des Vertrages nicht berechtigt habe, dass deshalb in der Aufhebung selbst eine Vertragsverletzung liege und dass ihr daher die Beklagte Schadensersatz wegen Nichterfüllung des Vertrages schulde. Diesem Standpunkt folgte der Court of Appeal. Zwar habe die Klägerin ihre Verpflichtung zur Übergabe eines seetüchtigen Schiffes verletzt; richtig sei auch, dass sie deshalb der Beklagten nach Maßgabe des Vertrages Schadensersatz schulden könne. Jedoch wiege dieser Verstoß der Klägerin nach den Umständen nicht so schwer, dass die Beklagte den Vertrag im Ganzen habe aufheben dürfen. Dass sie es dennoch ohne stichhaltigen Grund getan habe, stelle eine wesentliche Vertragsverletzung dar, die die Klägerin berechtige, von ihr Schadensersatz wegen Nichterfüllung des Vertrages zu verlangen.

3. *Deutsches Recht.* – Im deutschen Recht wird die Aufhebung eines gegenseitigen Vertrages »Rücktritt« genannt.[25] Eine solche Aufhebung ist zulässig, wenn der Schuldner seine Leistung trotz Fälligkeit nicht oder nicht vertragsgemäß erbracht hat und ihm der Gläubiger außerdem »erfolglos eine angemessene Frist für die Leistung oder Nacherfüllung bestimmt hat« (§ 323 Abs. 1 BGB). Dieses »Nachfristmodell« wird auch in anderen Rechtsordnungen zum Ausgangspunkt der gesetzlichen Regelung über die Vertragsaufhebung gemacht.[26] Im französischen und englischen Recht findet man dazu nichts, obwohl auch dort anerkannt ist, dass es in manchen Fällen für die Aufhebbarkeit eines Vertrages wichtig ist, ob der Gläubiger darlegen kann, dass der Schuldner nicht nur nicht oder schlecht erfüllt, sondern auch noch eine ihm für die richtige Erfüllung gesetzte Frist nicht beachtet hat.

Auch das deutsche Recht kennt allerdings zahlreiche wichtige Fälle, in denen die Setzung einer Frist entbehrlich und damit die sofortige Vertragsauf-

---

[25] Dagegen wird von *Kündigung* gesprochen, wenn jemand von einem gegenseitigen Vertrag Abstand nehmen will, durch den ein *Dauerschuldverhältnis* geschlossen wird, also z.B. ein Mietvertrag, ein Dienstvertrag, ein Gesellschaftsvertrag oder ein auf Dauer angelegter Geschäftsbesorgungsvertrag. Die Voraussetzungen, unter denen ein solcher Vertrag gekündigt werden darf, werden oft durch eine vertragliche Vereinbarung, ferner, wenn es an einer solchen Vereinbarung fehlt oder sie nicht gültig ist, durch gesetzliche Vorschriften festgelegt. Sie erlauben insbesondere dann eine »außerordentliche« Kündigung, wenn dafür ein »wichtiger Grund« geltend gemacht werden kann. Fehlt es an solchen Regeln, so greift die zwingende Vorschrift des § 314 BGB ein: Sie gestattet die Kündigung eines Dauerschuldverhältnisses »aus wichtigem Grund«.

[26] Vgl. Art. 107 OR; § 918 ABGB; Art. 383 griech. ZGB; Art. 808 port. CC. Ebenso Art. 2:265 und 6:82 BW und Art. 1454 Codice civile, beide mit der weiteren Voraussetzung, dass die Frist schriftlich gesetzt werden und – so das it. Recht – in der Regel mindestens 15 Tage betragen muss. Vgl. dazu *Flessner* (oben N. 5) 271 f.

hebung zulässig ist. Das gilt zunächst dann, wenn die Leistung dem Schuldner
gemäß § 275 BGB »unmöglich« ist.[27] Steht also fest, dass das verkaufte Gemälde
zerstört worden ist oder die verkauften Gattungssachen nirgendwo mehr greifbar sind, so verliert der Käufer seinen Anspruch auf Vertragserfüllung; von seiner Verpflichtung zur Zahlung des Kaufpreises kann er sich dadurch befreien,
dass er den Kaufvertrag sofort aufhebt, ohne dass er noch eine – hier in der Tat
ganz sinnlose – Frist setzen müsste (§ 326 Abs. 5 BGB).

Wichtiger sind die Fälle der sofortigen Vertragsaufhebung, die in § 323
Abs. 2 BGB (ebenso in Art. 108 OR) genannt sind. Keine Frist braucht der
Gläubiger zu setzen, wenn der Schuldner seine Leistung, nachdem sie fällig geworden ist, von sich aus »ernsthaft und endgültig verweigert«.[28] Eine Fristsetzung ist ferner nicht nötig, wenn der Schuldner seine Leistung nicht zu dem im
Vertrag bestimmten Zeitpunkt oder nicht binnen der dort bestimmten Frist erbracht hat und sich aus dem Vertrag ergibt, dass der Gläubiger »den Fortbestand
seines Leistungsinteresses an die Rechtzeitigkeit der Leistung gebunden hat«.
Mit dieser wolkigen Formulierung sind Fälle gemeint, in denen der – oft erst
durch Auslegung zu ermittelnde – Wille der Parteien dahin geht, dass der Vertrag mit der pünktlichen Leistung des Schuldners »stehen oder fallen« soll. So
kann es liegen, wenn der Termin für die Leistung in dem Vertrag als »fix« oder
»fest« bezeichnet oder wenn vereinbart worden ist, dass der Schuldner »ohne
jede Nachfrist« oder »keinesfalls später als zu dem genannten Zeitpunkt« leisten
soll. Ebenso wird zu entscheiden sein, wenn sich dem Vertrag entnehmen lässt,
dass Waren für eine bestimmte Verwendung – für den Absatz in der kommenden Badesaison, für die Ausstellung auf einer bestimmten Messe, für die Verladung auf ein Schiff mit bestimmter Abfahrtszeit – gedacht sind: Auch hier muss
der Käufer, nachdem er nicht pünktlich beliefert worden ist, den Vertrag ohne
Fristsetzung aufheben dürfen, wenn feststeht, dass sich die gedachte Verwendung im Falle der Nachlieferung nicht mehr realisieren lässt. Auch aus anderen
Gründen, etwa beim Handel mit Waren, deren Preis sich von Tag zu Tag ändert, kann es so liegen, dass – wie man in England sagt – »time is of the essence«.

Schließlich ist die sofortige Vertragsaufhebung auch dann erlaubt, wenn sie
durch »besondere Umstände« gerechtfertigt ist (§ 323 Abs. 2 BGB). Die Rechtsprechung zeigt, dass diese Voraussetzung erfüllt ist, wenn der Schuldner den
Vertrag nicht oder nicht vertragsgemäß erfüllt hat und dieser Umstand allein
dazu führt, dass der Gläubiger kein Interesse mehr an einer nachträglichen Leistung des Schuldners hat und daher den Vertrag sofort muss aufheben können.

---

[27] Vgl. dazu schon oben S. 292 f., 302 f.

[28] So z.B. BGH 25 Feb. 1971, NJW 1971, 798. – Wenn der Schuldner schon *vor* der
Fälligkeit seiner Leistung erklärt oder zu erkennen gibt, dass er sie nicht erbringen wolle
oder könne, so liegt darin einer derjenigen Fälle, in denen gemäß § 323 Abs. 4 BGB »offensichtlich« ist, dass die Voraussetzungen des Rücktritts vorliegen werden; auch hier ist
die Setzung einer Frist nicht erforderlich. Vgl. dazu unten S. 335 f.

Zwar genügt es dafür nicht, das z.B. der Marktpreis für die vom Käufer gekauften Waren inzwischen gefallen ist und er schon deshalb den Vertrag ohne Fristsetzung aufheben möchte. Denn dieses Risiko hätte er auch bei pünktlicher Belieferung tragen müssen. Wohl aber fällt das Interesse des Käufers an der Nachlieferung der Ware weg, wenn er sie, ehe er selbst beliefert war, an einen seiner
Kunden weiterverkauft und dieser Kunde den darüber geschlossenen Vertrag
storniert hat, weil der Käufer nicht vom Verkäufer und daher auch er selbst
nicht vom Käufer beliefert worden ist. Ebenso kann ein Bauunternehmer, der
eine bestimmte ihm versprochene Lieferung von einem Subunternehmer nicht
pünktlich erhalten hat, den Vertrag mit ihm sofort aufheben, wenn der Bauherr
seinerseits die Leistung von dem Bauunternehmer nicht rechtzeitig empfangen
und deshalb von dem mit ihm geschlossenen Vertrag Abstand genommen hat.[29]

Wenn man alle diese Fälle der fristlosen Vertragsaufhebung zusammenzieht,
so scheint es, dass ihr gemeinsames Merkmal darin besteht, dass die Nicht- oder
Schlechterfüllung des Vertrages für die vertragstreue Partei einen Nachteil bedeutet, der – für sich allein genommen – so schwer wiegt, dass »ihr im Wesentlichen entgeht, was sie nach dem Vertrag hätte erwarten dürfen«. Das ist gerade diejenige Definition der »wesentlichen Vertragsverletzung«, die in Art. 25
CISG als die wichtigste Voraussetzung einer sofortigen Vertragsaufhebung angesehen wird. Daraus lässt sich der Schluss ziehen, dass die Voraussetzungen,
unter denen ein nicht oder schlecht erfüllter Vertrag ohne Fristsetzung aufgehoben werden kann, im deutschen Recht nicht wesentlich anders geregelt sind
als im CISG.

IV. *Voraussetzungen*

1. *Grundregeln*. – In der rechtsvergleichenden Literatur besteht heute kein wesentlicher Streit mehr über die Grundregeln, die für die Voraussetzungen einer Vertragsaufhebung maßgeblich sind. Für diesen Konsens war es von maßgeblicher Bedeutung, dass diese Frage bei der Ausarbeitung des Einheitlichen
Kaufgesetzes (CISG) besonders gründlich erörtert worden ist und dort eine im
Ganzen überzeugende Lösung gefunden hat. Zwar gilt das CISG nur für Kaufverträge, und noch dazu nur für Warenkaufverträge, die von Kaufleuten im internationalen Handelsverkehr abgeschlossen worden sind. Dennoch hat das Lö-

---

[29] Vgl. z.B. RG 26 Mai 1922, RGZ 104, 373, 375; BGH 25 Feb. 1971 (vorige N.);
BGH 10. März 1998, NJW-RR 1998, 1489, 1491 und dazu *W. Ernst*, in: Münchener
Kommentar zum BGB (6. Aufl. 2012) § 323 Rn. 122 ff. und insbesondere *U. Huber*, Leistungsstörungen II (1999) §§ 48 II 2, 49 III 1. Die genannten Entscheidungen und die Ausführungen von *Huber* betreffen zwar die inzwischen außer Kraft getretene Vorschrift des
§ 326 Abs. 2 BGB, gelten aber auch heute, weil § 323 Abs. 2 Nr. 3 BGB eine ganz ähnliche
Regelung enthält.

sungsmodell, das im CISG für die Vertragsaufhebung gewählt worden ist, bei
der Reform der nationalen Vertragsrechte – auch bei der »Schuldrechtsmodernisierung« des deutschen Rechts im Jahre 2002 – eine wichtige Rolle gespielt.
Hinzu kommt, dass das CISG inzwischen von 80 Staaten – auch von fast allen
Mitgliedstaaten der Europäischen Union – ratifiziert und von den Gerichten
und Schiedsgerichten in zahllosen Entscheidungen angewendet worden ist.[30]

Der Konsens, von dem eben die Rede war, bezieht sich auf drei wesentliche
Punkte. *Erstens* wird es bei einem gegenseitigen Vertrag in die Hand des Gläubigers gestellt, ob er die Aufhebung des Vertrages erklären will. Anders als nach
Art. 1184 Abs. 1 Code civil ist es also nicht erst die Entscheidung des Gerichts,
die den Vertrag aufhebt. Dies ändert natürlich nichts daran, dass das Gericht
nachträglich prüfen kann, ob die vom Gläubiger erklärte Vertragsaufhebung
begründet war oder nicht. *Zweitens* ist die Aufhebung des Vertrages durch den
Gläubiger nur dann begründet, wenn die Vertragsverletzung des Schuldners
ein gewisses Gewicht hat: »The most important single principle used to control the remedy of termination … is that the remedy is only available if the default attains a certain minimum degree of seriousness.«[31] Aus diesem Grunde
wird für die Vertragsaufhebung durchweg verlangt, dass die Vertragsverletzung »wesentlich« oder »fundamental« sein müsse. *Drittens* ist anerkannt, dass
– besonders dann, wenn die Vertragsverletzung nicht »wesentlich« ist oder der
Gläubiger an ihrer »Wesentlichkeit« Zweifel hat – die Aufhebung des Vertrages
begründet sein kann, wenn er, nachdem der Schuldner seine Leistung trotz Fälligkeit nicht oder nicht richtig erbracht hat, ihm für die Nachholung der Leistung eine angemessene Frist gesetzt und der Schuldner auch diese Frist nicht
eingehalten hat.

Es lässt sich nicht leugnen, dass diese drei Punkte sehr unbestimmt gefasst
sind; es wird deshalb noch zu zeigen sein, ob und wie sie sich je nach der Art
der vom Schuldner begangenen Pflichtverletzung präzisieren lassen. Besonders
zweifelhaft ist, wie der Begriff der »wesentlichen Vertragsverletzung« zu bestimmen ist. Dazu kann man auf die Folgen der Vertragsverletzung abstellen,
also vor allem darauf, wie groß die Nachteile sind, die der Gläubiger durch
sie bereits erlitten hat oder künftig erleiden wird. Man kann aber auch fragen, welches Gewicht die vom Schuldner verletzte Pflicht nach dem Inhalt des
Vertrages hat. Artikel 25 CISG wählt eine Formulierung, die beiden Ansatz-
punkten Rechnung zu tragen sucht. Ob eine »wesentliche Vertragsverletzung«
vorliegt, hängt danach einerseits von den »Nachteilen« ab, die durch sie dem
Gläubiger entstehen, andererseits auch davon, ob ihm infolge dieser Nachteile

---

[30] Die Literatur zum CISG ist inzwischen kaum noch zu übersehen. Vgl. zur Einführung *P. Schlechtriem/U. Schroeter*, Internationales UN-Kaufrecht (5. Aufl. 2013).
[31] *Treitel* (oben N. 6) s. 259; vgl. auch *Flessner* (oben N. 5) 266 ff.

dasjenige entgeht, was er »nach dem Vertrage« vom Schuldner hätte erwarten dürfen.[32]

Ein erster wichtiger Fall der Nichterfüllung des Vertrages liegt vor, wenn dem Schuldner die Leistung auf Dauer definitiv unmöglich (dazu 2). In eine ähnliche Lage gerät der Gläubiger, wenn der Schuldner schon vor der Fälligkeit von sich aus zum Ausdruck bringt, dass er die Leistung verweigere (dazu 3). Sodann ist der Fall zu erörtern, in dem der Schuldner seine Leistung zum vertraglich vereinbarten Zeitpunkt nicht erbringt, also mit seiner Leistung säumig wird, aber ihre Nachholung möglich ist oder vom Gläubiger für möglich gehalten wird (dazu 4). Es folgen die beiden Fälle der »unvollständigen« und der »mangelhaften« Leistung (dazu 5 und 6).

2. *Unmöglichkeit der Leistung.* – Dem Schuldner ist die Leistung unmöglich, wenn feststeht, dass er aus tatsächlichen oder rechtlichen Gründen zu ihrer Erbringung auf Dauer nicht imstande ist. So liegt es, wenn der Verkäufer ein bestimmtes Schiff verkauft hat, es aber dem Käufer nicht liefern kann, weil es untergegangen, vom Staat beschlagnahmt oder von Unbekannten gestohlen worden ist oder weil er es einem Dritten verkauft und übergeben hat. Auch die Lieferung von Gattungssachen kann dem Verkäufer schon bei Vertragsabschluss unmöglich sein oder später unmöglich werden, so z.B. dann, wenn die Gattung, aus der zu liefern war, durch eine Missernte als ganze untergegangen ist oder aus anderen Gründen Einzelstücke aus der Gattung nirgendwo mehr aufzutreiben sind. Dass sich in solchen Fällen der Käufer von seiner Verpflichtung zur Zahlung des Kaufpreises muss befreien können, ist selbstverständlich. Denn bei einem gegenseitigen Vertrag verspricht jede Partei ihre Leistung gerade deshalb und nur deshalb, weil sie im Gegenzug die Leistung ihres

---

[32] Das soll allerdings nicht gelten, wenn diese Folgen der Vertragsverletzung für eine vernünftige Person in der Lage des Schuldners unvorhersehbar waren. Vgl. ausführlich zu Art. 25 CISG *Schlechtriem/Schroeter* (oben N. 30) Rn. 317 ff.; *G. Lubbe*, Fundamental Breach under the CISG: A Source of Fundamentally Divergent Results, RabelsZ 68 (2004) 444. Die internationalen Regelwerke folgen dem CISG insoweit, als auch sie die Vertragsaufhebung nur dann zulassen, wenn die Vertragsverletzung des Schuldners »fundamental« ist. So Art. 9:301 (1) PECL; Art. 7.3.1 (1) PICC; Art. III.-3:502 (1) DCFR; Art. 114, 134 CESL. Andererseits findet man in ihnen Regeln, die den Begriff der »wesentlichen Vertragsverletzung« näher bestimmen, als das im CISG geschehen ist, oder Kriterien nennen, die der Richter bei dieser Frage in Betracht ziehen soll. Nach der Definition in Art. 8:103 PECL ist eine Vertragsverletzung »fundamental«, wenn »strict compliance with the obligation is of the essence of the contract«, wenn die Vertragsverletzung des Schuldners »essentially deprives the aggrieved party of what it was entitled to expect from the contract« oder wenn der Schuldner die Vertragsverletzung bewusst begangen hat und die vertragstreue Partei aus diesem Grunde fürchten muss, dass der Schuldner den Vertrag auch künftig nicht mehr erfüllen wird. Ähnlich Art. III.-3:502 (2) DCFR und Art. 87 (2) CESL. In Art. 7.3.1 (2) PICC werden nicht weniger als sechs Punkte genannt, die der Richter bedenken soll, wenn es um die »Wesentlichkeit« der Vertragsverletzung geht.

Partners zu erlangen hofft: Warum sollen der Käufer den Kaufpreis, der Mieter die Miete oder der Auftraggeber die Vergütung zahlen müssen, wenn umgekehrt ihre Vertragspartner die versprochene Gegenleistung nicht erbringen können? In solchen Fällen ist die vertragstreue Partei im Kern ihrer vertraglichen Erwartungen so erheblich berührt, dass stets eine »wesentliche Vertragsverletzung« vorliegen wird und sie deshalb den Vertrag sofort – also ohne die Setzung einer ohnehin nutzlosen Frist – aufheben und sich dadurch von ihrer Pflicht zur Erbringung der Gegenleistung befreien kann.[33]

Daraus ergibt sich auch, dass das Recht des Gläubigers zur Vertragsaufhebung nicht davon abhängt, ob der Schuldner die Pflichtverletzung fahrlässig oder vorsätzlich herbeigeführt hat oder ob er für sie aus anderen Gründen verantwortlich ist. Beruht also die Unmöglichkeit der Leistung auf Gründen, für die der Schuldner nicht verantwortlich ist, weil sie auf »force majeure« oder einem »cas fortuit« beruhen[34] oder weil sie einen Hinderungsgrund darstellen, der gemäß Art. 79 CISG »außerhalb seines Einflussbereichs« liegt,[35] oder weil sie zu einem »Wegfall der Geschäftsgrundlage« oder einer »frustration of contract« führen, so ergibt sich daraus zwar, dass der Schuldner nicht Schadensersatz wegen Nichterfüllung des Vertrages zu leisten braucht.[36] Wohl aber muss

---

[33] Vgl. Art. 25, 49 Abs. 1 (a) CISG und dazu *Schlechtriem/Schroeter* (oben N. 30) Rn. 468. Ebenso § 326 Abs. 5 BGB (vgl. den Text oben zu N. 27). In manchen Rechtsordnungen gibt es zwar noch die veraltete Regel, nach der Verträge nichtig sind, wenn sie sich auf eine von Anfang an unmögliche Leistung richten (vgl. Art. 20 Abs. 1 OR; § 878 ABGB; Art. 1346 Codice civile). Anders aber Art. 4:102 PECL: »A contract is not invalid merely because at the time it was concluded performance of the obligation assumed was impossible ...« Ebenso Art. II.-7:102 DCFR und auch § 311a Abs. 1 BGB: Danach sind Verträge auch dann gültig, wenn die versprochene Leistung dem Schuldner von Anfang an unmöglich ist; solche Verträge können vom Gläubiger sofort – also ohne Setzung einer Frist – aufgehoben werden (§§ 275 Abs. 4, 326 Abs. 5 BGB).

[34] Vgl. dazu aus der ständigen fr. Rspr. Civ. 2. Juni 1982, Bull. cass. 1982.I.no.205 = Rev. trim. civ. 1983, 340 mit Anm. *Chabas.* Danach darf ein Vertrag wegen Nichterfüllung des Schuldners gemäß Art. 1184 Code civil vom Gericht aufgelöst werden, »même si cette inexécution n'est pas fautive et quel que soit le motif qui a empêché cette partie de remplir ses engagements, alors même que cet empêchement résulterait du fait d'un tiers ou de la force majeure«.

[35] In Art. 79 Abs. 5 CISG heißt es ausdrücklich, dass der Schuldner in dem genannten Fall zwar nicht Schadensersatz leisten muss, dass aber der Gläubiger berechtigt bleibt, seine anderen Rechte – insbesondere sein Recht zur Aufhebung des Vertrages – auszuüben. Ebenso Art. 8:101 (2) PECL: Wenn der Schuldner für die Nichterbringung seiner Leistung aus den besonderen Gründen des Art. 8:108 nicht verantwortlich ist, so kann der Gläubiger von ihm zwar nicht mehr die Erfüllung des Vertrages oder Schadensersatz verlangen; wohl aber kann er den Vertrag aufheben. Ebenso Art. 7.1.7 PICC; Art. III.-3:101 (2) und 3:104 DCFR.

[36] Deshalb werden die genannten »Entlastungsgründe« erst in dem Abschnitt über Schadensersatz (§ 14) erörtert.

er sich gefallen lassen, dass der Gläubiger den Vertrag aufhebt, und manchmal gilt in solchen Fällen der Vertrag sogar »automatisch« als erledigt.[37]

Grundsätzlich hängt also das Recht zur Vertragsaufhebung nicht davon ab, dass der Schuldner die Vertragsverletzung schuldhaft begangen hat oder aus anderen Gründen für sie einzustehen hat. Das schließt freilich nicht aus, dass in manchen Fällen eine »wesentliche Vertragsverletzung« umso eher anzunehmen ist, je deutlicher sich aus dem Verhalten des Schuldners ergibt, dass er die Erfüllung des Vertrages zwar nicht rundheraus verweigert (dazu sogleich), sie aber doch auf die leichte Schulter nimmt, sich um sie nicht ernsthaft bemühen wird und der Gläubiger deshalb Grund zu der Annahme hat, dass die künftige Vertragserfüllung ungewiss ist. Gemäß Art. 8:103 (c) PECL liegt deshalb eine »wesentliche Vertragsverletzung« auch dann vor, wenn sie vom Schuldner absichtlich begangen worden ist und der Gläubiger deshalb die begründete Sorge haben darf, dass er sich künftig auf die Vertragstreue des Schuldners nicht verlassen kann.[38] In diesem Falle ist der Gläubiger zu sofortiger Vertragsaufhebung auch dann berechtigt, wenn ihm bis dahin durch das Verhalten des Schuldners ein Schaden noch gar nicht oder nur in geringer Höhe entstanden ist.

Dagegen kann der Gläubiger den Vertrag nicht aufheben, wenn er zwar die Leistung vom Schuldner nicht erhält, er aber selbst dafür die Verantwortung trägt. Ein solcher Fall liegt insbesondere vor, wenn der Gläubiger selbst den Vertrag verletzt und dadurch den Schuldner an seiner Leistung gehindert hat. Hat also der Schuldner zu dem dafür vereinbarten Zeitpunkt mit den versprochenen Bauarbeiten nicht begonnen oder die verkauften Waren nicht geliefert, so kann die Ursache dafür in einem vertragswidrigen Verhalten des Gläubigers liegen, also etwa darin, dass er dem Schuldner den Zutritt zur Baustelle verweigert oder ihm die Instruktionen nicht erteilt hat, die er nach dem Vertrage brauchte, um die Baumaterialien richtig auszuwählen oder die Ware richtig zu verpacken oder an die richtige Anschrift zu versenden. Nicht nur kann der Gläubiger in solchen Fällen den Vertrag nicht aufheben; er muss, weil er ihn selbst verletzt hat, dem Schuldner den daraus entstehenden Schaden ersetzen.[39]

---

[37] Eine besondere Aufhebungserklärung des Gläubigers ist nicht erforderlich, wenn gemäß § 313 BGB die »Geschäftsgrundlage« des Vertrages weggefallen ist oder der Vertrag als »frustriert« gilt; vgl. *Treitel (-Peel)* no. 19-090 ff. Vgl. ferner Art. 9:304 (4) PECL: Wenn dem Schuldner die Leistung auf Dauer unmöglich ist und dies auf einem Hindernis beruht, für das er gemäß Art. 8:103 nicht verantwortlich ist, so bedeutet dies, dass »the contract is terminated automatically and without notice at the time the impediment arises«. Ebenso Art. III.-3:104 (4) DCFR.

[38] Ebenso Art. 7.3.1 (2c) PICC; Art. III.-3:502 (2b) DCFR; Art. 87 (2b) CESL. Vgl. auch *Treitel (-Peel)* no. 18-034 f. und unten S. 343 f.

[39] Vgl. Art. 8:101 (3) PECL; Art. 7.1.2 PICC; Art. III.-3:101 (3) DCFR. Auch Art. 80 CISG bestimmt, dass eine Partei sich auf die Nichterfüllung des Vertrages nicht »berufen«, also den Vertrag auch nicht aufheben kann, wenn sie *selbst* es ist, die »diese Nichterfüllung durch ihre Handlung oder Unterlassung verursacht« hat. Ebenso viele nationale

Ferner kann der Gläubiger den Vertrag auch dann nicht aufheben, wenn er aus besonderen Gründen das *Risiko* dafür trägt, dass die ihm geschuldete, aber noch nicht erbrachte Leistung zerstört, beschädigt oder gestohlen und dadurch dem Schuldner die Erfüllung des Vertrages unmöglich wird. Einen ersten Grund für einen solchen Übergang des Risikos auf den Gläubiger sehen viele Rechtsordnungen darin, dass der Schuldner ihm zwar die Leistung in der vertraglich vereinbarten Form angeboten, der Gläubiger sie aber aus irgendwelchen Gründen nicht angenommen hat und dadurch in »Annahmeverzug« gekommen ist: Geht die Leistung nunmehr – also nach Eintritt des »Annahmeverzugs« – ohne Verschulden des Schuldners unter, so kann er zwar den Vertrag nicht mehr erfüllen; wohl aber bleibt ihm sein Anspruch auf die Gegenleistung erhalten. Ist also der Schuldner ein Verkäufer, so kann er in diesen Fällen vom Käufer die Zahlung des Kaufpreises verlangen, obwohl dieser die Ware nicht erhält, und es ist offensichtlich, dass der Käufer sich von seiner Pflicht zur Zahlung des Kaufpreises nicht dadurch befreien kann, dass er, weil ihm die Ware nicht geliefert worden ist, den Vertrag aufhebt.[40] Ein weiterer wichtiger Grund für den Risikoübergang liegt bei Kaufverträgen vor, wenn in ihnen vereinbart ist, dass der Verkäufer die Ware an den Käufer zu versenden hat: Hier geht die Gefahr eines von den Vertragsparteien nicht verschuldeten Untergangs auf den Käufer über, »sobald die Ware gemäß dem Kaufvertrag dem ersten Beförderer zur Übermittlung an den Käufer übergeben wird«.[41] Der Käufer muss also den

---

Rechtsordnungen. Vgl. z.B. §§ 323 Abs. 5, 326 Abs. 2 BGB; Art. 6:266 Abs. 1 BW; Civ. 21. Okt. 1964, Bull. cass. 1964.I.no. 463; Civ. 25. Mai 1976, Bull. cass. 1976.III.no.229.

[40] Regelungen über den »Annahmeverzug« mit der Folge des Risikoübergangs auf den Gläubiger finden sich z.B. in §§ 323 Abs. 6, 326 Abs. 2, 293 ff. BGB; Art. 1257 ff. Code civil; Art. 1206 ff. Codice civile; § 1419 ABGB; Art. 815 port. CC; Art. 381 Abs. 2 griech. ZGB; vgl. dazu auch *Flessner* (oben N. 5) 299 f. – Im CISG wird das gleiche Ergebnis dadurch erreicht, dass dem Verkäufer der Anspruch auf Zahlung des Kaufpreises auch dann erhalten bleibt (und damit eine Aufhebung des Vertrages durch den Käufer ausgeschlossen wird), wenn dem Käufer »die Ware zur Verfügung gestellt wird und er durch Nichtabnahme eine Vertragsverletzung begeht«. So Art. 69 Abs. 1 CISG. Vgl. auch die ähnlichen Regelungen in Art. IV.A.-5:201 DCFR; Art. 140, 142 (3), 144 CESL.

[41] So Art. 67 Abs. 1 Satz 1 CISG, ähnlich auch Art. IV.A.-5:202 DCFR und Art. 145 CESL. Entsprechende Regeln finden sich auch in den nationalen Rechtsordnungen. Vgl. z.B. § 447 BGB; Art. 185 Abs. 2 OR. In Frankreich wird der Käufer im Verhältnis zum Verkäufer schon mit Abschluss des Kaufvertrages Eigentümer der Kaufsache, dies auch dann, wenn Gattungswaren verkauft, aber die dem Käufer zu liefernden Stücke genügend »individualisiert« sind. Daraus wird der Schluss gezogen, dass auch das Risiko des zufälligen Untergangs der Kaufsache schon mit Abschluss des Kaufvertrages auf den Käufer übergeht. Vgl. *Terré/Simler/Lequette* no. 669. – Anders das englische Recht: Dort geht das Verlust- und Beschädigungsrisiko grundsätzlich erst dann auf den Käufer über, wenn er das Eigentum an der Ware erlangt. Aber davon werden Ausnahmen gemacht, wenn der Verkäufer die Ware einem Beförderer zum Zweck der Versendung an den Käufer übergibt. Vgl. *Guest/Reynolds/Beale*, Sale of Goods, in: Chitty on Contracts II (31. Aufl. 2012) no. 43-222 ff. – Anders liegt es allerdings, wenn der Käufer Verbraucher

Kaufpreis auch dann bezahlen, wenn die Ware während ihres Transports zerstört wird oder zu Schaden kommt; auch hier kann er den Vertrag nicht aufheben, weil er die Ware nicht erhalten habe.[42]

3. *Erfüllungsverweigerung.* – Zur Aufhebung des Vertrages ist der Gläubiger auch dann berechtigt, wenn der Schuldner schon vor dem Zeitpunkt der Fälligkeit seiner Leistung ernsthaft und eindeutig zu erkennen gibt, dass er die Leistung nicht erbringen und damit eine wesentliche Vertragspflicht nicht erfüllen werde. Dafür mag er vorschützen, dass er den Vertrag für ungültig halte oder dass er ihn schon selbst wegen einer angeblichen Vertragsverletzung des Gläubigers aufgehoben habe. In solchen Fällen mag es dem Gläubiger sinnvoll erscheinen, den Schuldner trotz seiner Erfüllungsverweigerung an dem Vertrag festzuhalten und von ihm Erfüllung zu verlangen. Er kann aber die Erfüllungsverweigerung auch so akzeptieren, wie sie gemeint ist. Dann befindet er sich in der gleichen Lage, wie wenn dem Schuldner die Leistung unmöglich wäre: Er kann den Vertrag ohne Fristsetzung aufheben.[43] Außerdem kann er Schadens-

---

[42] ist: Hier geht das Risiko eines Verlusts oder einer Beschädigung der Waren auch im Falle ihrer Versendung erst dann auf den Käufer über, wenn sie in seinen Besitz gelangt sind. Es ist also der Verkäufer, auf dessen Gefahr die Waren zum Verbraucherkäufer reisen. Das soll nur dann nicht gelten, wenn der Käufer selbst den Beförderer beauftragt hat und bei seiner Auswahl nicht etwa einem Vorschlag des Verkäufers gefolgt ist. So Art. 20 der EG-Richtlinie 2011/83/EU über die Rechte des Verbrauchers vom 25. Okt. 2011. Die gleiche Regelung findet sich auch in Art. 142 (4) CESL.

[42] Ähnlich kann es bei *Werkverträgen* liegen. Grundsätzlich ist es auch dort der Unternehmer, der das Risiko dafür trägt, dass seine Bauleistungen vor der Abnahme untergehen oder zerstört oder beschädigt werden. Ist also das zur Hälfte fertige Haus durch einen Brand vernichtet worden, so muss der Unternehmer mit seinen Arbeiten neu beginnen; würde er das verweigern, obwohl das Bauvorhaben nach wie vor ausgeführt werden kann, so läge darin eine Vertragsverletzung, die den Auftraggeber zur Vertragsaufhebung berechtigen kann. Anders aber, wenn der Brand auf Ursachen beruht, die aus dem Verantwortungsbereich des Auftraggebers stammen, so etwa, wenn das Feuer von ihm oder seinen Leuten gelegt worden ist, er selbst hochentzündliches Material auf der Baustelle gelagert oder er selbst die nach dem Vertrag von ihm geforderten Brandsicherungsmaßnahmen nicht ergriffen hat. Vgl. dazu im Einzelnen *Flessner* (oben N. 5) 301 f.

[43] Vgl. § 323 Abs. 2 Nr. 1, Abs. 4 BGB und dazu die (zwar das frühere Recht betreffenden, aber immer noch maßgebenden) Ausführungen bei *U. Huber*, Leistungsstörungen (1999) §§ 51–53. Vgl. ferner Art. 108 Nr. 1 OR; BG 15. Mai 1984, BGE 110 II 141, 143 f.; Art. 6:83 (c) BW; OGH 19. April 1967, SZ 40 Nr. 53; OGH 21. Dez. 1987, SZ 60 Nr. 287 (S. 784); Art. 385 griech. ZGB; Art. 313 ung. ZGB. Vgl. zum französischen Recht *S. Whittaker*, How Does French Law Deal with Anticipatory Breaches of Contract?, Int. Comp. L.Q. 45 (1996) 662. – Art. 72 Abs. 1 CISG erlaubt die Aufhebung des Vertrages, wenn schon vor der Fälligkeit der Leistung des Schuldners »offensichtlich« ist, dass er eine wesentliche Vertragspflicht nicht erfüllen wird. Ebenso Art. 9:304 PECL; Art. 7.3.4 PICC; Art. III.-3:504 DCFR; Art. 116, 136 CESL. In England spricht man in diesen Fällen von »anticipatory breach of contract«; vgl. dazu ausführlich *Treitel* (-*Peel*) no. 17-073 ff.; *McKendrick* no. 19.9. – Anerkannt ist überall, dass der Gläubiger durch die Erfüllungsverweigerung des Schuldners nicht zur Aufhebung des Vertrages *gezwungen*

ersatz wegen Nichterfüllung des Vertrages verlangen, sofern sich der Schuldner nicht aus besonderen Gründen von seiner Haftung entlasten kann.

4. *Verspätete Leistung.* – In den bisher behandelten Fällen bleibt die Leistung aus, weil sie dem Schuldner unmöglich ist oder er von sich aus die Erfüllung des Vertrages verweigert hat. Viel häufiger kommt es vor, dass der Schuldner seine Leistung nicht erbracht hat – weder zu dem dafür vertraglich vereinbarten Zeitpunkt noch sonst binnen einer angemessenen Zeit nach Vertragsschluss –, aber dem Gläubiger der Grund dafür unbekannt ist und er daher auch nicht weiß, ob der Schuldner die Leistung nachzuholen imstande ist und wann das der Fall sein wird. Unter welchen Voraussetzungen kann der Gläubiger in solchen Fällen den Vertrag aufheben?

Manchmal kann schon die bloße Versäumung des für die Leistung vereinbarten Zeitpunktes ausreichen, um den Gläubiger zur sofortigen Aufhebung des Vertrages zu berechtigen. Das setzt allerdings voraus, dass er an der pünktlichen Leistung ein ganz besonderes Interesse hat. Das CISG und die internationalen Regelwerke gewähren deshalb dem Gläubiger ein Recht zur sofortigen Vertragsaufhebung nur dann, wenn der Schuldner durch die Versäumung des für die Leistung vereinbarten Zeitpunkts eine »wesentliche Vertragsverletzung« begangen hat.[44] Dies deckt sich mit der Auffassung des englischen Rechts.[45] Dem deutschen Recht ist der Begriff der »wesentlichen Vertragsverletzung« zwar unbekannt. Denn es folgt dem »Nachfristmodell«, macht also das Aufhebungsrecht des Gläubigers grundsätzlich davon abhängig, dass er dem Schuldner, wenn die fällige Leistung von ihm nicht erbracht worden ist, eine angemessene Frist gesetzt und der Schuldner auch diese Frist nicht eingehalten hat. Freilich hat sich gezeigt, dass das deutsche Recht in vielen Fällen – insbesondere beim »Fixgeschäft« und dort, wo der Gläubiger an der Nachholung der Leistung kein »Interesse« mehr hat – vom Erfordernis der Fristsetzung absieht und die sofortige Vertragsaufhebung zulässt.[46] Wenn man bereit ist, in diesen besonderen Fällen in der Versäumung des für die Leistung vereinbarten Zeitpunkts eine »wesentliche Vertragsverletzung« zu sehen, so wäre der praktische Unterschied zwischen dem deutschen Recht und der Lösung des CISG nicht mehr sehr groß. Auch im französischen Recht ist immerhin anerkannt, dass die Parteien eine vertragliche Vereinbarung treffen können, nach der der Gläubiger den Vertrag durch einseitige Erklärung – also ohne die Einschaltung des Gerichts – schon dann aufheben kann, wenn der Schuldner den für seine Leistung vereinbarten Zeitpunkt versäumt hat.

---

ist, vielmehr wählen darf, ob er nicht, weil ihm das vorteilhaft erscheint, an dem Vertrag festhalten und die sich daraus ergebenden Ansprüche geltend machen will.

[44] Vgl. Art. 49 (Ia), 64 (Ia) CISG und die oben in N. 32 genannten Bestimmungen der internationalen Regelwerke.

[45] Vgl. dazu oben III.2 (= S. 325 f.).

[46] Vgl. dazu oben III.3 (= S. 328 f.).

Dennoch kann man nicht leugnen, dass in diesen Fällen die Bereitschaft der nationalen Gerichte zur Zulassung einer sofortigen Vertragsaufhebung unterschiedlich stark ausgeprägt ist. Gewiss kann sich in Frankreich der Gläubiger vertraglich ein solches Recht ausbedingen. Aber das ändert nichts daran, dass der Schuldner nachträglich das Gericht anrufen und die Aufhebung des Vertrages als unbegründet angreifen kann, dies z.B. mit der Behauptung, dass die vertragliche Vereinbarung, auf die sich der Gläubiger stützt, nicht genügend eindeutig gefasst sei, dass jeder Zweifel an ihrer genauen Tragweite zum Nachteil des Gläubigers entschieden werden müsse oder dass sie, weil in die Form einer AGB-Klausel gekleidet, den Bedingungen nicht standhalte, die zum Schutz des Verbrauchers in den dafür maßgeblichen Vorschriften aufgestellt sind.[47] Dies steht in einem gewissen Gegensatz zu der Unerbittlichkeit, mit der die englischen Gerichte die Versäumung des für die Leistung vereinbarten Zeitpunktes als eine »wesentliche Vertragsverletzung« ansehen, dies jedenfalls dann, wenn der Vertrag von Kaufleuten gleicher Verhandlungsstärke abgeschlossen worden ist. So lag es in *Union Eagle Ltd.* v. *Golden Achievement Ltd.*[48] Hier hatte der Käufer einer Wohnung in einer Vereinbarung, die in dem Vertrag als »of the essence of the agreement« bezeichnet war, die Verpflichtung übernommen, den restlichen Kaufpreis bis zum 30. September 1991 um 17:00 Uhr zu bezahlen. Er bot das Geld 10 Minuten zu spät an. Der Verkäufer lehnte die Annahme ab und hob den Vertrag auf der Stelle auf. Der Käufer hielt das für unbillig (»unconscionable«) und verlangte die Erfüllung des Vertrages. Seine Klage wurde abgewiesen:

»The principle that equity will restrain the enforcement of legal rights when it would be unconscionable to insist upon them has attractive breadth. But the reasons why the courts have rejected such generalisations are founded not merely upon authority … but also upon practical considerations of business. These are, in summary, that in many forms of transaction it is of great importance that if something happens for which the contract has made express provision, the parties should know with certainty that the term of the contract will be enforced. The existence of an undefined discretion to refuse to enforce

---

[47] Vgl. dazu *Terré/Simler/Lequette* no. 662 und die eindrucksvolle Übersicht über die Rspr. zur Einschränkung der Gültigkeit von »clauses résolutoires« bei *Storck* (oben N. 14) Fasc. 20 no. 7 ff. – Vgl. auch BGH 17. Jan. 1990, BGHZ 110, 88: Eine Weinkellerei hatte zum Verschluss ihrer Flaschen ca. 1 Mio Aluminiumkapseln gekauft, die – wie unstreitig war – wegen eines versteckten Mangels unbrauchbar waren. Sie trat deshalb von dem Vertrag zurück und verlangte Schadensersatz. Dazu musste sie sich allerdings auf Klauseln ihrer AGB stützen, nach denen ihre Ansprüche erst 3 Jahre nach Lieferung verjähren sollten und außerdem der vereinbarte Liefertermin als »fix« anzusehen und die Aufhebung des Vertrages daher ohne Setzung einer Frist zulässig sei. Obwohl die Parteien Kaufleute waren, hat das Gericht die AGB-Klauseln als ungültig, nämlich als »überraschend« und »unangemessen« angesehen und daher die Klage abgewiesen.

[48] [1997] A.C. 514 (P.C.)

the contract on the ground that this would be ›unconscionable‹ is sufficient to create un-certainty.«[49]

Es bleiben die Fälle, in denen die besonderen Voraussetzungen eines Rechts zur sofortigen Vertragsaufhebung nicht gegeben sind oder dem Gläubiger so zwei-felhaft erscheinen, dass er das Risiko nicht tragen will, das mit der Ausübung dieses Rechts verbunden wäre. Dieses Risiko liegt darin, dass die sofortige Ver-tragsaufhebung, wenn sie später vom Gericht überprüft und als unzulässig an-gesehen wird, selbst eine Vertragsverletzung darstellt, die zur Folge hat, dass der Schuldner Ersatz des Schadens verlangen kann, der ihm dadurch entstanden ist, dass der Gläubiger ohne Grund den Vertrag aufgehoben, seine eigene Leis-tung verweigert und Leistungsangebote des Schuldners zurückgewiesen hat.

In dieser Lage stellt das CISG dem Gläubiger einen Weg zur Verfügung, der der Nachfristlösung des deutschen Rechts entspricht. Ist er ein Käufer, dem die Ware zum vereinbarten Zeitpunkt nicht geliefert worden ist, so kann er ge-mäß Art. 47 dem Verkäufer zur Erfüllung seiner Lieferpflicht »eine angemes-sene Nachfrist« setzen. Während des Laufs der Frist kann er den Vertrag nicht aufheben. Sein Recht, vom Schuldner Schadensersatz wegen Verzögerung sei-ner Leistung zu verlangen, bleibt aber unberührt. Ob die gesetzte Frist »ange-messen« ist, hängt von den Umständen ab, z.B. von der Art der geschuldeten Leistung, von den Gründen, die den Schuldner an der rechtzeitigen Leistung gehindert haben, vom Gewicht des Interesses, das der Gläubiger an einer baldi-gen Nachholung der Leistung hat. Ist die gesetzte Frist zu kurz, so wird meist angenommen, dass der Gläubiger erst nach Ablauf einer längeren »angemesse-nen« Frist seine weitergehenden Recht geltend machen kann.[50] Erforderlich ist in jedem Falle, dass eine Frist gesetzt wird; die bloße Aufforderung, dass der Schuldner »so bald wie möglich« leisten möge, genügt daher nicht. Auch muss dem Schuldner klargemacht werden, dass der erfolglose Ablauf der Frist recht-liche Konsequenzen haben kann. Zulässig, wenn auch nicht notwendig, ist so-gar eine Erklärung des Gläubigers, nach der der Vertrag, sofern die Fristsetzung

---

[49] *Lord Hoffmann* (vorige N.) 519. – Vgl. zu den Gründen, auf denen die unterschied-liche Haltung der Gerichte im Civil Law und im Common Law beruht, die treffenden Überlegungen von *H. Beale*, Remedies: Termination, in: Hartkamp u.a., Towards a Eu-ropean Civil Code (2. Aufl. 1998) 348 ff.

[50] So die dt. Rspr. Vgl. z.B. RG 16. Dez. 1903, RGZ 56, 231, 234 f.; BGH 12. Aug. 2009, NJW 2009, 3153 und dazu ausführlich *Huber* (oben N. 29) § 43 I 5. In der Schweiz darf das Gericht eine zu kurze Frist nur dann auf eine »angemessene« Dauer verlängern, wenn der Schuldner gegen die zu kurze Frist ausdrücklich protestiert hat; wenn er das unterlässt, muss er sie als verbindlich hinnehmen. Vgl. BG 30. Jan. 1979, BGE 105 II 28, 34; BG 24. Sept. 1990, BGE 116 II 436, 440 f. – Anders zu Art. 47 CISG *Schlechtriem/ Schroeter* (oben N. 30) Rn. 471: Danach muss der Gläubiger, der eine zu kurze Frist ge-setzt hat, eine neue Frist von angemessener Länge setzen; erst nach erfolglosem Ablauf dieser neuen Frist darf der Gläubiger den Vertrag aufheben.

erfolglos bleibt, »automatisch« – also ohne eine besondere weitere Erklärung – als aufgehoben gelten soll.

Wird die Leistung bis zum Ende der Frist nicht erbracht, so kann nunmehr der Gläubiger, wenn er der Käufer ist, den Vertrag gemäß Art. 49 Abs. 1 (b) CISG aufheben.[51] Darin liegt ein vernünftiger Ausgleich der Interessen beider Parteien. Der Schuldner erhält eine letzte Chance, die Aufhebung des Vertrages dadurch abzuwenden, dass er seine Leistung innerhalb der ihm gesetzten Frist nachholt. Der Gläubiger muss zwar den Ablauf der Frist abwarten. Aber er erlangt auf diese Weise Gewissheit über sein Aufhebungsrecht und kann auch das oben dargestellte Risiko vermeiden. Im Übrigen kann er, auch wenn der Schuldner fristgemäß nachleistet, von ihm Ersatz des Schadens verlangen, der ihm dadurch entsteht, dass die Leistung nicht zu dem für sie vereinbarten Zeitpunkt, sondern erst verspätet erbracht wird.

Diese Lösung findet sich nicht nur im deutschen Recht und anderen nationalen Rechtsordnungen.[52] Auch in Frankreich wird das Gericht, wenn es gemäß Art. 1184 Code civil zu entscheiden hat, die Vertragsaufhebung sehr häufig vom erfolglosen Ablauf einer – von ihm festgesetzten – Frist abhängig machen. Auch demjenigen Gläubiger, der sich durch eine klare vertragliche Abmachung ein Auflösungsrecht ausbedungen hat, wird immer wieder eingeschärft, dass er gut daran tue, dieses Recht erst dann auszuüben, wenn er eine Frist gesetzt hat und auch diese Frist erfolglos abgelaufen ist.[53] Auch in England ist anerkannt, dass in Fällen, in denen der vertraglich vereinbarte Zeitpunkt für die Leistung »not of the essence of the agreement« ist, der Gläubiger eine Frist für die Nachholung der Leistung setzen kann: »If the time stipulated is reasonable and the guilty party has failed to comply when it expires the injured party is entitled to terminate.«[54]

5. *Unvollständige Leistung.* – Ein besonderer Fall des Ausbleibens der Leistung liegt vor, wenn der Schuldner die geschuldete Leistung teilweise erbracht hat, aber die Restleistung ausbleibt. Eine solche »Teilleistung« liegt nicht vor, wenn die Leistung des Schuldners zwar in Teilen erbracht werden soll, aber diese Teile nach dem Willen der Parteien eine Einheit bilden: In diesem Falle wird, wenn der Schuldner einen »Teil« der Leistung nicht erbringt, der Vertrag im Ganzen nicht erfüllt; daher kommt nur eine Aufhebung des ganzen Vertrages in Betracht. Ist also der Gläubiger ein Gastwirt, der von einer Brauerei für den Betrieb seines Unternehmens ein Grundstück gekauft und sich außerdem zum Bezug ihres Bieres verpflichtet hat, so kann es sein, dass die Veräußerung des

---

[51] Ist der Gläubiger der Verkäufer, so gilt gemäß Art. 64 Abs. 1b CISG das Gleiche. Diese Lösung findet sich in Art. 9:301 (2) und 8:106 (3) PECL; Art. 7.3.1 (3) und 7.1.5 PICC; Art. III.-3:503 DCFR; Art. 115, 135 CESL.
[52] Vgl. oben den Text zu N. 26.
[53] Vgl. dazu *Stork* (oben N. 14) Fasc. 20 no. 10 ff.
[54] *Treitel (-Peel)* no. 18-095 mit weiteren Nachweisen.

Grundstücks und der Bierbezug eine »Einheit« bilden sollten. Dies hätte zur
Folge, dass der Gastwirt, wenn das Bier minderwertig ist, den Vertrag nur im
Ganzen aufheben kann und, wenn er dies tut, auch das Grundstück zurückgeben muss.[55] Anders aber, wenn die Leistungen des Schuldners teilbar sind, er
also z.B. 500.000 Dachpfannen verkauft und einen Teil davon geliefert hat,
aber die Restlieferung ausbleibt, weil sie ihm unmöglich ist, er sie ernsthaft
und endgültig verweigert oder er die ihm dafür gesetzte angemessene Frist
nicht beachtet hat.

Auch in einem solchen Fall kann der Gläubiger ein Interesse daran haben,
den Vertrag im Ganzen aufzuheben. Das ist ein radikaler Schritt, an dem er besonders dann interessiert sein wird, wenn er als Käufer oder Auftraggeber den
Preis für die Gesamtleistung vorausbezahlt hat und ihn trotz Empfangs einer
Teilleistung zur Gänze zurückverlangen möchte. Die Aufhebung des Vertrages im Ganzen ist deshalb nur dann erlaubt, wenn – so drückt es Art. 51 Abs. 2
CISG aus – »die unvollständige … Lieferung eine wesentliche Vertragsverletzung darstellt«.[56]

So liegt es, wenn der Gläubiger mit der empfangenen Teilleistung allein
nichts anfangen kann und ihm auch nicht möglich oder nicht zuzumuten ist,
dass er sich die Restleistung von einem Dritten beschafft (und den Mehrpreis als
Schadensersatz liquidiert). Das Gleiche ergibt sich auch aus § 323 Abs. 5 Satz 1
BGB. Danach darf der Gläubiger, wenn der Schuldner nur eine Teilleistung bewirkt hat, »vom ganzen Vertrag nur zurücktreten, wenn er an der Teilleistung
kein Interesse hat«.[57] Ein solches Interesse hat der Gläubiger nicht, wenn er mit
der empfangenen Teilleistung nicht mehr den Zweck erreichen kann, den er
mit dem Abschluss des Vertrages verfolgt hat. So würde es in dem oben geschil-

---

[55] Vgl. RG 16. Nov. 1907, RGZ 67, 101 und dazu *Huber* (oben N. 29) § 45 I 2 c. – Vgl.
auch Civ. 13. Jan. 1987, Bull. cass. 1987.I.no. 11 = J.C.P. 1987.II.20860: Eine Fahrschule
hatte sich verpflichtet, ihren Kunden auf die Fahrprüfung vorzubereiten und, wenn er sie
nicht bestehen sollte, seine Ausbildung fortzusetzen, bis er sie bestehen würde. Nachdem
die Fahrschule die Fortsetzung der Ausbildung verweigert hatte, hob der Kunde den Vertrag im Ganzen auf und verlangte Rückzahlung des gesamten Honorars. Der Kassationshof gab ihm recht, weil die Parteien »ont voulu faire une convention indivisible«, nicht
eine Vereinbarung »fractionnée en une série de contrats«. Vgl. dazu auch *Terré/Simler/
Lequette* no. 655.

[56] Ebenso Art. 9:302 Satz 2 PECL: Danach darf der Gläubiger die Aufhebung des gesamten Vertrages nur dann erklären, »if the non-performance is fundamental to the contract as a whole«. Vgl. auch Art. III.-3:506 (3) DCFR; Art. 117 (3), 137 (3) CESL.

[57] Ebenso § 920 Satz 2 ABGB. Ähnlich auch Art. 6:265 BW: Danach darf der Gläubiger, wenn der Schuldner irgendeine Vertragsverletzung begangen hat, den Vertrag teilweise oder im Ganzen aufheben, es sei denn, dass dies wegen der besonderen Art der
Vertragsverletzung oder wegen ihrer geringfügigen Folgen nicht gerechtfertigt ist. Nach
Art. 1464 Codice civile kann der Gläubiger, wenn dem Schuldner die Vertragserfüllung
»teilweise unmöglich« ist, zwar grundsätzlich den Vertrag im Ganzen aufheben, dies aber
nicht, wenn der Gläubiger an der Teilerfüllung ein »nennenswertes Interesse« hat.

derten Fall liegen, wenn der Käufer mit den Dachpfannen das Dach seines Hauses decken wollte, aber die empfangene Teilmenge dafür nicht ausreicht und er
sich die fehlende Menge in gleicher Qualität nirgendwo sonst beschaffen kann
oder ihm eine solche Beschaffung nicht zumutbar ist. Ebenso kann der Käufer
den Vertrag im Ganzen aufheben, wenn ihm der Verkäufer zwar das verkaufte
Auto geliefert, ihm aber nicht den Kraftfahrzeugbrief verschafft hat oder wenn
der Käufer eine EDV-Anlage gekauft und entgegengenommen, aber der Verkäufer ihm nicht die mitverkaufte und auf seinen Betrieb besonders zugeschnit-
tene Software geliefert hat.[58]

Noch strenger wird die Aufhebung des ganzen Vertrages vom englischen
Recht eingeschränkt. Grundsätzlich wird dem Käufer oder Auftraggeber ein
solches Recht nur dann zugebilligt, wenn er vom Verkäufer oder Unternehmer
nichts empfangen hat und deshalb eine »total failure of consideration« vorliegt;
anderenfalls kann der Käufer oder Auftraggeber zwar Schadensersatz verlangen, bleibt aber an den Vertrag gebunden. Diese Regel ist freilich umstritten;
eine Ausnahme gilt jedenfalls dann, wenn zwar eine Teilleistung erbracht worden ist, sich aber dem Vertragsinhalt und den Umständen entnehmen lässt, dass
ein bestimmter Teil des Kaufpreises oder Werklohns auf die Teilleistung entfällt; in diesem Fall kann der nicht verdiente Restteil des Preises nach Aufhebung des Vertrages zurückgefordert werden.[59]

Manchmal ist die Aufhebung des Vertrages im Ganzen unzulässig oder zwar
zulässig, aber der Gläubiger daran nicht interessiert. Dann kann sich die Frage
stellen, ob ihm ein Recht zur *Teilaufhebung* des Vertrages zusteht, er also zwar
die empfangene Teilleistung behält und die auf sie entfallende Gegenleistung
erbringen muss, er aber den Vertrag im Übrigen aufhebt und damit insoweit
auch von seiner Verpflichtung zur Gegenleistung befreit wird. Die erste Voraussetzung für eine solche Teilaufhebung liegt darin, dass in der Nichterfüllung der noch ausstehenden Leistungen eine erhebliche Vertragsverletzung des
Schuldners liegt. Deshalb bestimmt Art. 51 Abs. 1 CISG, dass der Gläubiger,
wenn er als Käufer nur einen Teil der Ware empfangen hat, zu einer Teilaufhebung des Vertrages im Übrigen nur dann berechtigt ist, wenn »für den Teil,

---

[58] So BGH 7. März 1990, NJW 1990, 3011. Zum gleichen Ergebnis kommt man,
wenn die Lieferung von Auto und Kraftfahrzeugbrief oder die Lieferung von EDV-Anlage und Software nach dem Willen der Parteien als eine *Einheit* betrachtet wird und daher in der Lieferung nur des Autos oder nur der EDV-Anlage keine »Teilleistung«, sondern eine Nichterfüllung des ganzen Vertrages liegt und der Käufer schon deshalb, wenn
die übrigen Voraussetzungen erfüllt sind, den Vertrag im Ganzen aufheben darf.
[59] So *Ebrahim Dawood Ltd.* v. *Heath Ltd.* [1961] 2 Lloyd's L.Rep. 512. Vgl. dazu ausführlich *Treitel (-Peel)* no. 22-033 f.; *McKendrick* no. 20.5. Die Regel gilt nicht, wenn der
Vertrag wegen Wegfalls der Geschäftsgrundlage (»frustration«) ungültig ist: In diesem
Falle richtet sich die Rückgewähr bereits erbrachter Leistungen nach s. 1 (2) Law Reform (Frustrated Contracts) Act 1943; vgl. dazu *Treitel (-Peel)* no. 19–094; *McKendrick*
no. 14.17.

der fehlt«, die Voraussetzungen des Art. 49 CISG erfüllt sind, also das Ausblei-
ben des fehlenden Teils eine »wesentliche Vertragsverletzung« bedeutet oder der
Verkäufer den fehlenden Teil auch innerhalb einer ihm dafür gesetzten Nachfrist nicht geliefert hat. Das allein reicht aber nicht aus. Denn bei einer Teilaufhebung bleibt der Vertrag teilweise gültig; daher muss gewährleistet sein,
dass den Parteien nicht ein »Restvertrag« aufgebürdet wird, der etwas ganz anderes darstellt als der von ihnen ursprünglich geschlossene Vertrag. Eine Teilaufhebung kommt deshalb nur dann in Betracht, wenn sowohl die Leistung
des Schuldners wie die Gegenleistung des Gläubigers »teilbar« sind und eine
getrennte Abrechnung beider »Teile« vom vermutlichen Willen der Parteien
gedeckt ist. Daran fehlt es, wenn die Leistungen des Schuldners als eine Einheit gewollt waren und deshalb nur eine Aufhebung des Vertrages im Ganzen
möglich ist. Die Gegenleistung des Gläubigers ist zwar in der Regel teilbar,
dies jedenfalls dann, wenn sie in der Zahlung eines Geldbetrages besteht. Selbst
dann kann es aber schwierig sein zu berechnen, welcher Teilbetrag auf die vom
Schuldner erbrachte Teilleistung entfällt. Wenn in dem oben geschilderten Fall
der Käufer die Hälfte der ihm verkauften Dachpfannen entgegengenommen
hat, er aber den Vertrag im Übrigen aufheben will, so setzt das voraus, dass sich
der Kaufpreis für die empfangene Ware in plausibler Weise auf einen Teilbetrag
reduzieren lässt, der sich, wenn der Verkäufer ursprünglich einen Mengenrabatt
gewährt hat, auf mehr als die Hälfte belaufen wird.[60]

Ähnliche Regeln gelten, wenn der Schuldner aufgrund des Vertrages eine bestimmte Gesamtleistung in Teilleistungen zu erbringen hat, oder wenn zwar die
Gesamtleistung nicht genau bestimmt ist, aber der Schuldner für einen festgelegten Zeitraum diejenigen Teilleistungen schuldet, die der Gläubiger benötigt
und jeweils bei ihm abruft. Auch bei solchen »Sukzessivlieferungsverträgen« stellt
sich die Frage, welche Folgen es hat, wenn der Schuldner eine Teilleistung nicht
erbringt. Gemäß Art. 73 CISG darf der Gläubiger auch in diesem Falle den Vertrag grundsätzlich nur teilweise, nämlich nur »in Bezug auf diese Teillieferung«
aufheben, wenn dafür die erforderlichen Voraussetzungen gegeben sind. Dagegen darf der Gläubiger die »Aufhebung des Vertrages für die Zukunft« nur dann
erklären, wenn die Teilleistung unter Umständen ausgeblieben ist, die in dem
Gläubiger die berechtigte Besorgnis erwecken, dass der Schuldner auch künftig Teillieferungen nicht erbringen wird. Ausnahmsweise kann der Gläubiger
sogar die Aufhebung des Vertrages »in Bezug auf bereits erhaltene Lieferungen«
erklären, wenn zwischen den bereits erbrachten und den noch zu erbringenden

---

[60] Vgl. Art. 9:302 Satz 1 PECL: Danach ist eine Teilaufhebung nur dann zulässig,
wenn der Vertrag vom Schuldner »in separate parts« zu erfüllen ist (seine Leistungen also
nicht eine »Einheit« bilden) und wenn sich ferner die Gegenleistung des Gläubigers auf
die Teilleistung aufteilen lässt (»can be apportioned«). Ebenso Art. III.-3:506 (1) und (2)
DCFR; Art. 117 (1), 137 (1) CESL.

Teillieferungen ein so enger Zusammenhang besteht, dass der Gläubiger mit den bereits erbrachten Leistungen nichts anfangen kann.[61]

6. *Mangelhafte Leistung.* – Eine Vertragsverletzung begeht der Schuldner auch dann, wenn seine Leistung mangelhaft ist, also aus irgendeinem Grunde hinter demjenigen zurückbleibt, was er nach dem (richtig ausgelegten) Vertrage zu leisten versprochen hat. Hierher gehört vor allem der Fall der Lieferung einer mangelhaften Kaufsache. Eine mangelhafte Erfüllung der Vertragspflichten kann aber auch in vielen anderen Fällen gegeben sein, so etwa dann, wenn der Verkäufer die Verpflichtung verletzt, das Markenzeichen des Käufers nur auf den für ihn bestimmten Waren, nicht auf »eigenen« Waren anzubringen, oder wenn er Betriebsgeheimnisse des Käufers ausplaudert, von denen er bei Durchführung des Vertrages erfahren hat, oder wenn der Käufer gegen seine vertraglichen Pflichten dadurch verstößt, dass er die gekauften Waren zu einem niedrigeren als dem dafür vereinbarten Preis oder als Ramschware auf Billigmärkten weiterverkauft.

In diesen Fällen hat es meist damit sein Bewenden, dass die vertragstreue Partei von ihrem Kontrahenten Schadensersatz wegen Vertragsverletzung verlangt. Manchmal ist sie aber auch daran interessiert, den Vertrag *im Ganzen aufzuheben* und infolgedessen die Rückgabe der bereits erbrachten Leistungen und vielleicht auch Schadensersatz wegen Nichterfüllung des Vertrages zu verlangen. Auch dieses Recht steht ihr aber nur dann zu, wenn die Vertragsverletzung »wesentlich« ist, zu einer »substantial failure of performance« führt oder ein solches Gewicht hat, dass ihr die weitere Erfüllung des Vertrages »nicht mehr zuzumuten ist«.[62] Ob der Schuldner eine »Hauptpflicht« oder eine »Nebenpflicht« verletzt hat, ist irrelevant, weil diese Unterscheidung doch nur dazu führen würde, dass der Richter eine Pflicht zur »Hauptpflicht« erheben würde, wenn er die Vertragsaufhebung für zulässig hält, und zur »Nebenpflicht«, wenn er die Sache anders sieht. Ebensowenig kommt es darauf an, ob der Schuldner die Pflichtverletzung schuldhaft begangen hat oder sie ihm aus anderen Gründen vorgeworfen werden kann. Das schließt aber auch hier nicht aus, dass eine »wesentliche Vertragsverletzung« umso eher vorliegen kann, je deutlicher sich aus dem Verhalten des Schuldners ergibt, dass er den Vertrag

---

[61] Vgl. zu Art. 73 CISG *Schlechtriem/Schroeter* (oben N. 30) Rn. 622 ff. und (mit vergleichenden Hinweisen) *Flessner* (oben N. 5) 294 ff.

[62] §§ 324, 241 Abs. 2 BGB erlauben die sofortige Aufhebung des Vertrages, wenn der Schuldner bei der Erfüllung nicht genügend »auf die Rechte, Rechtsgüter und Interessen« des Gläubigers Rücksicht genommen und dadurch seine vertraglichen Pflichten verletzt hat. Hat also der Fahrer des Verkäufers bei Anlieferung der Ware die Betriebsanlagen des Käufers beschädigt oder sein Personal beleidigt, so kann die sofortige Aufhebung des Vertrages im Ganzen gerechtfertigt sein. Die gleiche Folge kann sich in den anderen oben genannten Fällen aus § 323 BGB ergeben, weil der Schuldner seine Leistung »nicht vertragsgemäß« erbracht hat, die Pflichtverletzung nicht »unerheblich« und die Setzung einer Frist oder eine Abmahnung gemäß § 323 Abs. 2 Nr. 3 entbehrlich ist.

auch künftig nicht mehr erfüllen werde.[63] Hat also der Verkäufer unter Verstoß gegen seine Vertragspflichten eigene Waren mit dem Markenzeichen des
Käufers ausgestattet und auf einer Messe ausgestellt, so kann darin eine »wesentliche Vertragsverletzung« im Sinne des Art. 25 CISG liegen, die den Käufer
zur sofortigen Aufhebung des Vertrages berechtigt.[64] In einem englischen Fall
hatte sich ein Werbeunternehmer verpflichtet, für die Gemüsekonserven des
Klägers dadurch zu werben, dass er mit seinem Flugzeug ein Spruchband mit
dem Text »Eat Batchelor's Peas« hinter sich herzog. Zum Entsetzen aller Beteiligten überflog er den Marktplatz einer Stadt zu einem Zeitpunkt, zu dem dort
eine vieltausendköpfige Menschenmenge aus Anlass des Heldengedenktages in
einer Schweigeminute verharrte. Das Gericht sah diese Vertragsverletzung als
so »disastrous« an, dass es dem Kläger erlaubte, den gesamten Vertrag mit einem Schlage aufzuheben und jede weitere Erfüllungshandlung abzulehnen.[65]
Der praktisch wichtigste Fall einer mangelhaften Leistung liegt vor, wenn
der Verkäufer Ware liefert, die nicht die vertraglich vereinbarte Beschaffenheit
hat. In vielen kontinentaleuropäischen Rechtsordnungen bestanden früher und
bestehen manchmal noch heute besondere Regeln, die dem Käufer in diesem
Fall die sofortige Aufhebung des Vertrages oder die sofortige Minderung des
Kaufpreises gestatten. Diese kaufrechtlichen Sonderregeln beruhen auf dem
Vorbild des römischen Rechts und waren so lange sinnvoll, wie Waren gehandelt wurden, die den Parteien bei Vertragsschluss vor Augen standen, sich deshalb von ihnen auf ihre Beschaffenheit überprüfen ließen und deren Mängel
vom Verkäufer auch nachträglich nicht mehr beseitigt werden konnten. Heute
passen diese Regeln nicht mehr, weil in zunehmendem Umfang industriell hergestellte Waren verkauft werden, die der Käufer nicht bei Vertragsschluss untersuchen kann, deren Mängel behebbar sind oder für die der Verkäufer tadel-
lose Ersatzstücke liefern kann.[66] In manchen Ländern – so z.B. in Frankreich
– sind die alten Regeln mit einiger Mühe an die neuen Erfordernisse angepasst
worden; in den Niederlanden und in Deutschland sind sie inzwischen ganz auf-

---

[63] Vgl. dazu schon oben zu N. 38 und ferner zum dt. Recht *H. Kötz*, Vertragsrecht
(2. Aufl. 2012) Rn. 922 f.; zum engl. Recht *Treitel (-Peel)* no. 18-034; zum fr. Recht *Terré/
Simler/Lequette* no. 652, 660.
[64] So OLG Frankfurt 17. Sept. 1991, NJW 1992, 633 und dazu *Schlechtriem/Schroeter*
(oben N. 30) Rn. 325 ff.
[65] *Aerial Advertising Co.* v. *Batchelors Peas Ltd.* [1938] 2 All E.R. 788 und dazu *Treitel
(-Peel)* no. 18-036. – Vgl. auch Com. 11. Dez. 1990, Bull. cass. 1990.IV.no. 316 = Rev.
trim.civ. 1991, 527 mit Anm. *Mestre*: Jemand hatte den Vertrag über die Bewachung seines Grundstücks aufgehoben, weil ein Wachmann in den überwachten Räumen Dieb-
stähle ausgeführt hatte. Obwohl das Bewachungsunternehmen zur Erfüllung seiner Aufgaben nur zum Teil den unredlichen Wachmann, im Übrigen aber ordentliches Personal
eingesetzt hatte, wurde dem Auftraggeber erlaubt, den Vertrag im Ganzen aufzuheben
und die Zahlung des Entgelts in vollem Umfang zu verweigern.
[66] Vgl. schon oben S. 307 f.

gegeben und durch Bestimmungen ersetzt worden, die die Aufhebung des Vertrages wegen eines Mangels der Kaufsache erheblich erschweren. Auch die internationalen Regelwerke sehen heute – wie schon immer das Common Law –
in der Lieferung einer mangelhaften Kaufsache oder auch in der Herstellung
eines mangelhaften Werks einen gewöhnlichen Fall der Vertragsverletzung;
sie erlauben daher die Aufhebung des Vertrages nur dann, wenn die dafür allgemein geforderten Voraussetzungen gegeben sind.

Wie streng diese Voraussetzungen sind, lässt sich für den Bereich der Kaufverträge schon am Beispiel des CISG zeigen. Gemäß Art. 49 Abs. 1 (a) kann
nämlich der Käufer den Vertrag nur dann aufheben, wenn sich die Lieferung
der mangelhaften Sache als eine »wesentliche Vertragsverletzung« ansehen
lässt.[67] Diese Voraussetzung kann erfüllt sein, wenn sich schon aus den ausdrücklichen Vereinbarungen des Vertrages selbst ergibt, dass der Käufer ein un-
bedingtes Interesse am Vorhandensein bestimmter Eigenschaften der Kaufsache
hat. Fehlt es an solchen Vereinbarungen, so kommt es darauf an, ob nach den
Umständen des Falles die Annahme einer »wesentlichen Vertragsverletzung«
gerechtfertigt ist. Das ist nicht der Fall, wenn sich den Interessen des Käufers
schon dadurch Rechnung tragen lässt, dass er die anderen Rechtsbehelfe geltend macht, die ihm im Falle der Lieferung mangelhafter Ware zustehen. Dazu
zählt sein Recht, die mangelhafte Ware zu akzeptieren und den Kaufpreis, den
er für sie bezahlen muss, entsprechend zu mindern.[68] Wenn sich der Mangel
nachträglich beseitigen lässt und der Verkäufer von sich aus dem Käufer eine
solche Beseitigung angeboten hat – und zwar auf eigene Kosten, innerhalb einer vernünftigen Frist und ohne dass dadurch dem Käufer besondere Nachteile
entstehen –, so fehlt es an einer »wesentlichen Vertragsverletzung«, wenn vom
Käufer nach den Umständen erwartet werden kann, dass er sich auf dieses Verfahren einlässt.[69] Schließlich ist zu bedenken, dass der Käufer, auch wenn ihm
das Aufhebungsrecht versagt und er damit an dem Vertrag festgehalten wird,
seine Interessen oft dadurch ausreichend wahren kann, dass er Ersatz des Schadens verlangt, den ihm der Verkäufer durch seine Vertragsverletzung – hier
also durch die Lieferung mangelhafter Waren – zugefügt hat. Aus diesen Grün-

---

[67] Auch in den internationalen Regelwerken wird die Verschaffung einer nicht vertragsmäßigen und daher mangelhaften Leistung als Vertragsverletzung angesehen und
dem benachteiligten Vertragspartner ein Aufhebungsrecht grundsätzlich nur dann gewährt, wenn die Vertragsverletzung »wesentlich« oder »fundamental« ist. Vgl. dazu oben
N. 32.

[68] Art. 50 CISG; ebenso Art. 9:401 PECL; Art. III.-3:601 DCFR; Art. 120 CESL.
Die Minderung des Kaufpreises bedeutet der Sache nach eine Teilaufhebung des Vertrages, weil der Käufer nur einen Teil des Preises zu bezahlen braucht und andererseits
der Verkäufer von seiner Verpflichtung zur Lieferung einer vertragsmäßigen Ware »teilweise« befreit wird.

[69] Art. 48 CISG. Vgl. auch Art. 8:104 PECL; Art. 7.1.4 PICC; Art. III.-3:201–204
DCFR; Art. 109 CESL.

den hat der Bundesgerichtshof einem Käufer ein Recht zur Vertragsaufhebung
versagt, obwohl die ihm gelieferte Ware weder in Bezug auf ihre Beschaffenheit noch in Bezug auf ihre Herkunft den vertraglichen Anforderungen entsprach: Der Käufer könne den Kaufpreis mindern oder die Ware zu niedrigem
Preis anderswo verkaufen und vom Verkäufer Schadensersatz verlangen. Auch
habe er es unterlassen, in dem Vertrag ausdrücklich klarzustellen, dass die Einhaltung der vereinbarten Beschaffenheitsmerkmale für ihn »wesentliche Bedeutung« habe.[70] Die Aufhebung des Vertrages wird daher als »letzte Möglichkeit« angesehen, dies sicherlich deshalb, weil sie zu einer Rückabwicklung des
Geschäfts und damit bei grenzüberschreitenden Distanzkäufen zu besonders
hohen Kosten und Risiken führen würde. Bei einigem guten Willen kann man
auch in den nationalen Rechtsordnungen eine Tendenz zur Einschränkung der
Vertragsaufhebung erkennen. Insbesondere wird dieses Recht dem Käufer verweigert, wenn die ihm gelieferte Ware zwar nicht vertragsmäßig ist, dieser
Umstand aber deshalb nicht stark ins Gewicht fällt, weil der Mangel geringfügig ist oder die Vertragsverletzung des Verkäufers »does not go to the root of
the contract«. In einem englischen Fall hatte sich der Verkäufer zur Lieferung
von ca. 3.300 t Apfelsinenrinden verpflichtet, die zu Pellets gepresst, vom Käufer zur Herstellung von Viehfutter bestimmt und ihm vom Verkäufer »in good
condition« zu verschiffen waren. Als sich die Ware nach ihrer Ankunft in Rot-
terdam als teilweise mangelhaft herausstellte, lehnte der Käufer die Annahme
ab und verlangte Rückerstattung des von ihm vorausbezahlten Kaufpreises in
Höhe von rund 100.000 £. Danach wurde die Ware mit Genehmigung eines
niederländischen Gerichts freihändig verkauft, und zwar an niemand anderes
als den Käufer, der jetzt für sie nur noch 30.000 £ zu bezahlen hatte und sie gerade so wie ursprünglich geplant für die Herstellung von Viehfutter verwenden
konnte. Der Court of Appeal nahm an, dass die Vereinbarung, es sei die Ware
»in good condition« zu verschiffen, nicht als »condition« im technischen Sinne,
sondern als »intermediate term« anzusehen und dass die Vertragsaufhebung daher unzulässig sei, weil unter diesen besonderen Umständen die Andienung
fehlerhafter Ware nicht »to the root of the contract« gehe.[71]

    In die gleiche Richtung gehen gesetzliche Vorschriften, die dem Käufer das
Aufhebungsrecht versagen, wenn die gelieferten Waren zwar vertragswidrig
sind, aber die darin liegende Vertragsverletzung »is so slight, that it would be
unreasonable for the [buyer] to reject them«.[72] Auch § 323 Abs. 5 Satz 2 BGB

---

[70] BGH 3. April 1996, BGHZ 132, 290. Vgl. ferner OLG Düsseldorf 9. Juli 2010,
IHR 2011, 120; Appellationsgericht Basel-Stadt 22. Aug. 2003; IHR 2005, 117; BG
18. Mai 2009, IHR 2010, 27; OGH 22. Nov. 2011, IHR 2012, 114 und *Schlechtriem/*
Schroeter (oben N. 30) Rn. 328 ff.

[71] *Cehave N.V.* v. *Bremer Handelsgesellschaft m.b.H. (The Hansa Nord)* [1975] 3 W.L.R.
447. Vgl. dazu oben den Text zu N. 24 und *Treitel (-Peel)* no. 18-049 ff.

[72] S. 15 (A) Sale of Goods Act 1979, ebenso S. 5 (A) Supply of Goods and Services Act

bestimmt, dass das Aufhebungsrecht des Gläubigers ausgeschlossen ist, wenn die Leistung seines Vertragspartners zwar nicht vertragsgemäß, aber die darin liegende Pflichtverletzung »unerheblich« ist.[73]

Zu bedenken ist schließlich, dass viele Rechtsordnungen die Aufhebung des Vertrages erst dann zulassen, wenn der Gläubiger nach dem Empfang der vertragswidrigen Leistung dem Schuldner eine angemessene Frist für die »Nacherfüllung« bestimmt hat und wenn diese Frist erfolglos abgelaufen ist. Richtig ist zwar, dass eine solche Frist in manchen Fällen nicht gesetzt zu werden braucht.[74] Richtig ist auch, dass die Nacherfüllung – sei es durch Instandsetzung der vertragswidrigen Leistung, sei es durch die Ersatzlieferung einer fehlerfreien Leistung – dem Schuldner unmöglich sein kann oder von ihm verweigert wird; in diesen Fällen ist eine Fristsetzung nicht erforderlich und die sofortige Vertragsaufhebung zulässig.[75] Aber das sind Ausnahmen. Grundsätzlich darf ein Käufer den Vertrag erst dann aufheben, wenn er dem Verkäufer die Chance gegeben hat, die Lieferung mangelhafter Ware dadurch zu »heilen«, dass er innerhalb einer angemessenen Frist den Mangel beseitigt oder fehlerfreie Ersatzware liefert.[76]

Alle diese Regeln sind freilich »dispositiv«, können also durch anderweitige vertragliche Vereinbarungen abbedungen werden, die allerdings, wenn sie in die Form von AGB-Klauseln gekleidet sind, den dafür bestehenden Kontrollmaßstäben standhalten müssen. Strengere Regeln gelten, wenn der Käufer eine bewegliche Sache gekauft und dabei als Verbraucher gehandelt hat. Nach der EG-Richtlinie 1999/44/EG vom 25. Mai 1999 (Art. 3) haben alle Mitgliedstaa-

---

1982. Beide Bestimmungen sind durch den Sale and Supply of Goods Act 1994 eingeführt worden. Vgl. dazu kritisch *Treitel (-Peel)* no. 18-054.

[73] Ist die Kaufsache mangelhaft, so kommt es für die Frage, ob die darin liegende Pflichtverletzung des Verkäufers »unerheblich« ist, »regelmäßig auf die Relation zwischen den Kosten der Mängelbeseitigung und dem Kaufpreis an«. Ist der Mangel nicht oder nur mit hohen Kosten behebbar, so kommt es darauf an, welches Gewicht die »Funktionsbeeinträchtigung« hat. Vgl. BGH 29. Juni 2011, NJW 2011, 2872, 2873. Vgl. auch OGH 24. Mai 2005, JBl. 2005, 720 und dazu *W. Faber*, ZEuP 2006, 67.

[74] Vgl. den Text oben zu N. 27 ff.

[75] Vgl. z.B. §§ 439, 440 BGB und dazu *Kötz* (oben N. 63) Rn. 952 ff.

[76] Anders wird die Frage im CISG entschieden, sofern nicht schon die Lieferung vertragswidriger Ware *selbst* eine »wesentliche Vertragsverletzung« darstellt. In einem solchen Fall kann der Käufer zwar nicht die Lieferung mangelfreier Ersatzware (Art. 46 Abs. 2), wohl aber die Beseitigung der Mängel verlangen; dafür kann er auch eine Frist setzen (Art. 46 Abs. 3, 47). Selbst wenn aber diese Frist vom Verkäufer nicht gewahrt wird, kann der Käufer nicht allein deshalb die Aufhebung des Vertrages erklären. Denn das ist gemäß Art. 49 Abs. 1b nur dann zulässig, wenn der Käufer überhaupt nicht beliefert worden ist, nicht schon dann, wenn die Lieferung mangelhaft war. Er bleibt also an den Vertrag gebunden und muss sehen, ob er nicht mit seinem Schadensersatzanspruch oder mit dem Recht zur Minderung des Kaufpreises zu Rande kommt. Vgl. dazu im Einzelnen *Schlechtriem/Schroeter* (oben N. 30) Rn. 336.

ten zwingende Vorschriften einführen müssen, die dem Verbraucher, sofern der Mangel der ihm gelieferten Ware nicht »geringfügig« ist, das Recht einräumen, vom Verkäufer zu verlangen, dass er unentgeltlich und binnen einer angemessenen Frist Nacherfüllung leiste, und zwar nach Wahl des Käufers entweder durch Nachbesserung oder durch Ersatzlieferung fehlerfreier Ware. Den Kaufpreis mindern oder den Vertrag aufheben kann der Verbraucher erst dann, wenn die Nacherfüllung in ihren beiden Formen vom Verkäufer als unmöglich oder unverhältnismäßig verweigert worden oder wegen der mit ihr verbundenen Unzuträglichkeiten dem Käufer nicht zumutbar ist, ebenso dann, wenn die Nacherfüllung vom Verkäufer zwar versucht, aber fehlgeschlagen ist.[77]

V. Rückabwicklung des Vertrages

Hat der Schuldner seine Vertragspflichten nicht oder nicht richtig erfüllt, so steht dem Gläubiger ein Wahlrecht zu: Er kann einerseits an dem Vertrage festhalten und vom Schuldner weiterhin Erfüllung verlangen, sofern ihm dies überhaupt noch möglich ist; daneben steht ihm auch ein Anspruch auf Ersatz des durch die Vertragsverletzung entstandenen Schadens zu. Stattdessen kann sich der Gläubiger in manchen Fällen aber auch vom Vertrag lösen, indem er ihn aufhebt und evtl. vom Schuldner Schadensersatz wegen seiner Nichterfüllung verlangt.[78] Wenn der Gläubiger zur Aufhebung des Vertrages berechtigt ist und er den Schuldner rechtzeitig davon unterrichtet hat, dass er dieses Recht ausübe und den Vertrag nunmehr als erledigt ansehe, so bedeutet das zunächst, dass beide Parteien zur Erfüllung des Vertrages von nun an nicht mehr verpflichtet sind. Sofern sie schon vor der Vertragsaufhebung einander Leistungen erbracht haben, stellt sich aber die weitere Frage, unter welchen Voraussetzungen sie diese Leistungen einander zurückgewähren müssen.

Grundsätzlich muss es das Ziel der Rückabwicklung des Vertrages sein, dass der *status quo* ante wiederhergestellt wird. Um eine solche Rückabwicklung geht es allerdings nicht nur dann, wenn der Vertrag aufgehoben worden ist, sondern auch dann, wenn er aus einem anderen Grunde »gescheitert« ist, etwa deshalb, weil eine Partei geltend machen kann, dass der Vertrag gegen gesetzliche Vorschriften oder die guten Sitten verstoße oder sie ihn wegen eines Irrtums, einer Täuschung oder einer Drohung angefochten habe. Viele Rechtsordnungen haben deshalb Regeln über die Rückabwicklung entwickelt, die nach den jeweiligen Gründen eines »Scheiterns« des Vertrages unterscheiden.[79]

---

[77] Vgl. dazu oben S. 309 ff.

[78] Vgl. zu diesem Wahlrecht des Gläubigers die rechtsvergleichenden Überlegungen bei *Flessner* (oben N. 5) 302 ff. und *Treitel* (oben N. 6) s. 177 ff.

[79] Auch nach den PECL gelten unterschiedliche Regeln über die Rückabwicklung. Ist der Vertrag wegen eines Irrtums, einer Täuschung, einer Drohung oder deshalb

Hinzu kommt, dass sich aufgrund von Richtlinien der EG in den Rechtsordnungen der Mitgliedstaaten besondere Regeln über die Rückabwicklung finden, die nur den Fall betreffen, in dem ein Verbraucher den Vertrag widerrufen[80] oder ihn als Käufer wegen der Lieferung mangelhafter Ware aufgehoben hat.[81] Ob nicht in allen diesen Fällen grundsätzlich die gleichen Rückabwicklungsbestimmungen gelten sollten, ist eine vieldiskutierte Frage.[82] Wir wollen uns hier auf die Grundzüge der Rückabwicklung nur solcher Verträge beschränken, die sich infolge einer Aufhebung erledigt haben.

Einverständnis besteht darüber, dass die Parteien mit der Aufhebung des Vertrages von ihren Verpflichtungen zu (weiterer) Vertragserfüllung befreit werden. Einen Rückwirkungseffekt hat die Aufhebung aber nicht.[83] Leistungen, die sich die Parteien schon vorher erbracht haben, verlieren deshalb durch die Aufhebung nicht ihren »Rechtsgrund« (Art. 6:271 BW). Zwar sind die Parteien verpflichtet, »die empfangenen Leistungen zurückzugewähren und die gezogenen Nutzungen herauszugeben« (§ 346 Abs. 1 BGB). Aber diese Verpflichtungen beruhen – ebenso wie der vielleicht bestehende Schadensersatzanspruch – auf dem Vertrag; in Deutschland wird sogar oft gesagt, dass der Vertrag trotz seiner Aufhebung als ein auf Rückabwicklung gerichtetes Schuldverhältnis fortbestehe.

---

unwirksam, weil sich eine Partei ein »excessive benefit« oder einen »unfair advantage« hat versprechen lassen, so gilt Art. 4:115; verstößt der Vertrag gegen das Gesetz oder die guten Sitten, so gilt Art. 15:104; und Art. 9:305 ist maßgeblich, wenn der Vertrag von einer Partei aufgehoben worden ist. Die PICC kennen hingegen nur noch ein einziges Rückabwicklungsregime. Zwar wird noch danach unterschieden, ob der Vertrag aus irgendeinem Grunde angefochten oder wegen Verstoßes gegen ein Gesetz ungültig ist (Art. 3.2.15; Art. 3.2.3 Abs. 3) oder ob er sich durch eine Aufhebung erledigt hat (Art. 7.3.6). Die Regeln, die in diesen beiden Fällen gelten, sind weitgehend identisch. Vgl. dazu *R. Zimmermann*, Restitutio in integrum: Die Rückabwicklung fehlgeschlagener Verträge nach den PECL, den PICC und dem Avant-projet eines Code Européen des Contrats, in: Festschrift für E. Kramer (2004) 737; *R. Zimmermann*, The Unwinding of Failed Contracts in the UNIDROIT Principles 2010, Uniform L.Rev. 2011, 585; *S. Vogenauer*, Die UNIDROIT Grundregeln über internationale Handelsverträge 2010, ZEuP 2013, 7, 33–38.

[80] Vgl. dazu oben S. 284 ff.

[81] Vgl. dazu oben S. 343 ff.

[82] Sie wird bejaht von *P. Hellwege*, Rückabwicklung von Verträgen, in: HWB des Europäischen Privatrechts (2009) 1318. Vgl. auch die dort zitierte rechtsvergleichende Literatur, ferner die oben N. 79 genannten Aufsätze.

[83] Auch Art. 9:305 PECL geht in Abs. 1 davon aus, dass die Vertragsaufhebung eine Wirkung nur pro futuro hat; darüber hinaus bestimmt Abs. 2, dass die Aufhebung »does not affect any provision of the contract for the settlement of disputes or any other provision which is to operate even after termination«. Ebenso Art. 7.3.5 (3) PICC; Art. III.-3:509 (2) und (3) DCFR. Auch Art. 6:269 BW bestimmt, dass die Vertragsaufhebung »keine zurückwirkende Kraft« hat.

Schon in Bezug auf diesen Ausgangspunkt vertritt allerdings das französische Recht eine andere Auffassung. Wird der Vertrag aufgehoben und damit eine Partei von ihren Erfüllungspflichten freigestellt, so gilt damit eine »Bedingung« als eingetreten, von der die Parteien die Gültigkeit des Vertrages im Ganzen abhängig gemacht haben. Das hat zur Folge, dass der aufgehobene Vertrag »est considéré comme n'ayant jamais été conclu; il est anéanti rétroactivement«.[84] Zwischen dem aufgehobenen und dem von Anfang an ungültigen Vertrag wird daher kein Unterschied gemacht; es sind in beiden Fällen die Regeln des Bereicherungsrechts, nach denen sich die Rückgabe der empfangenen Leistungen richtet. Diesen Grundsatz kann das französische Recht freilich nicht mit voller Strenge durchhalten. Insbesondere bleiben diejenigen vertraglichen Vereinbarungen wirksam, von denen angenommen werden kann, dass sie nach dem Willen der Parteien gerade auch für den Fall der Vertragsaufhebung fortgelten sollten. Danach bleiben Vereinbarungen gültig, die z.B. den Umfang der Rückabwicklungspflichten bestimmen, ein bestimmtes Gericht als zuständig bezeichnen, eine Vertragsstrafe festlegen oder die Parteien zur Wahrung der Vertraulichkeit oder zur Unterlassung von Wettbewerb verpflichten.[85] Eine Rückwirkung scheidet auch dann aus, wenn sich der Vertrag in Teile zerlegen lässt und angenommen werden kann, dass die Aufhebung sich nur auf den künftigen, noch nicht ausgeführten Teil des Vertrages beschränkt.[86] Das Gleiche gilt, wenn es sich um einen Vertrag »à exécution successive ou échelonnée« handelt[87] oder wenn der Vertrag auf Dauer angelegt ist, wie z.B. ein Mietvertrag, ein Arbeitsvertrag oder ein Vertragshändlervertrag: Wenn solche Verträge bereits teilweise oder zeitweise von den Parteien ordnungsgemäß erfüllt worden sind und die Aufhebung erst dann erfolgt – in Frankreich spricht man dann von einer »résiliation« –, so hat auch sie Wirkung nur *pro futuro.*[88]

---

[84] *Terré/Simler/Lequette* no. 653. Diese Regel führt z.B. dann zu erheblichen praktischen Problemen, wenn ein Käufer die ihm gelieferte Sache einem Dritten übereignet hat und es erst danach zu einer Aufhebung des Kaufvertrages kommt. Infolge des Rückwirkungseffekts wird es dann so angesehen, als sei der Käufer nicht Eigentümer geworden, dies mit der Folge, dass der Dritte nur dann Eigentümer wird, wenn er gutgläubig ist. Vgl. dazu *Terré/Simler/Lequette* no. 656; *Malaurie/Aynès/Stoffel-Munck* no. 880; *Stork* (oben N. 14) Fasc. 10 no. 85 ff. – Anders das italienische Recht: Gemäß Art. 1458 Codice civile hat die Vertragsaufhebung zwar rückwirkende Kraft (Abs. 1), aber sie beeinträchtigt nicht »die von Dritten erworbenen Rechte« (Abs. 2).

[85] Vgl. *Terré/Simler/Lequette* no. 653; *Malaurie/Aynès/Stoffel-Munck* no. 879 f. und mit ausführlichen Hinweisen zu der fr. Rspr. *Stork* (oben N. 14) Fasc. 10 no. 96 ff.

[86] Vgl. oben N. 55.

[87] *Terré/Simler/Lequette* no. 655; *Stork* (oben N. 14) Fasc. 10 no. 54, 80 ff. Ebenso Art. 1458 Abs. 1 Codice civile.

[88] *Terré/Simler/Lequette* no. 479, 655; *Malaurie/Aynès/Stoffel-Munck* no. 881. In Italien spricht man hier von »recesso«, in Deutschland von der »Kündigung« eines »Dauerschuldverhältnisses«. Vgl. dazu oben den Text zu N. 4 ff., und *Flessner* (oben N. 5) 293 ff., 313; *Treitel* (oben N. 6) no. 179 ff.

Schwierige Probleme ergeben sich bei der Frage, welche Ansprüche auf Rückabwicklung den Parteien zustehen und worauf sie sich richten. Einfach liegt der Fall, in dem die Leistungen, die die Parteien einander erbracht haben, im Zeitpunkt der Vertragsaufhebung noch gerade so wie ursprünglich geleistet vorhanden sind: Hier kann jede Partei Rückgabe desjenigen verlangen, was sie aufgrund des aufgehobenen Vertrages geleistet hat, sofern sie ihrerseits Zug um Zug dasjenige zurückgibt, was sie selbst aufgrund dieses Vertrages empfangen hat.[89] Schwieriger liegt es bei Kaufverträgen, wenn der Käufer die Ware empfangen hat, sie aber nicht in natura zurückgeben kann, weil sie bei ihm untergegangen oder beschädigt worden ist oder er sie verbraucht, verarbeitet oder an einen Dritten weiterveräußert hat. Sollte in einem solchen Fall das Aufhebungsrecht ganz ausgeschlossen werden? Was sollte der Käufer herausgeben müssen, wenn ihm die Aufhebung erlaubt wird?

Im CISG wird das Aufhebungsrecht des Käufers gemäß Art. 82 Abs. 1 ausgeschlossen, »wenn es ihm unmöglich ist, die Ware im Wesentlichen in dem Zustand zurückzugeben, in dem er sie erhalten hat«. Davon werden allerdings in Abs. 2 wichtige Ausnahmen gemacht. Sie betreffen zunächst den Fall, in dem die Unmöglichkeit der Rückgabe »nicht auf einer Handlung oder Unterlassung des Käufers beruht«. Was das bedeutet, ist nicht ganz klar. Sicherlich bleibt dem Käufer das Aufhebungsrecht erhalten, wenn die Ware ohne sein Zutun durch eine Feuersbrunst, eine Überschwemmung oder ein Erdbeben vernichtet oder beschädigt wird. Ebenso liegt es, wenn die Ware einen Mangel hatte und es gerade dieser – vom Käufer nicht erkannte und ihm auch nicht erkennbare – Mangel gewesen ist, der zu dem Untergang der Ware oder zu ihrer Beschädigung geführt hat. Dagegen steht dem Käufer ein Aufhebungsrecht wohl nicht zu, wenn die Ware durch das Eindringen von Wasser vernichtet worden ist und dieses Risiko dem Käufer deshalb »zugerechnet« werden kann, weil er sie – wenn auch ohne Verschulden – in einem flutgefährdeten Lagerhaus aufbewahrt hat.[90] Gemäß Art. 82 Abs. 2 CISG kann der Käufer den Vertrag auch dann aufheben, wenn er zwar die Ware nicht mehr zurückgeben kann, dies aber daran liegt, dass er sie »im normalen Geschäftsverkehr« verkauft oder sie »verbraucht oder verändert« hat. In diesem Falle kann er zwar den Vertrag aufheben und den Kaufpreis zurückverlangen, wenn er ihn bereits gezahlt hat; aber er muss dem Verkäufer den »Gegenwert aller Vorteile« herausgeben, die er durch den Verkauf der Ware oder durch ihren Verbrauch oder ihre Veränderung erlangt hat (Art. 84 CISG).

---

[89] Vgl. § 346 Abs. 1 BGB und Art. 6:271 BW. Ebenso das fr. Recht: vgl. *Terré/Simler/ Lequette* no. 654; *Malaurie/Aynès/Stoffel-Munck* no. 880. Art. 7.3.6 (1) PICC bestimmt, dass nach Vertragsaufhebung »either party may claim restitution of whatever it has supplied under the contract, provided that such party concurrently makes restitution of whatever it has received under the contract«. Ähnlich Art. III.-3:511 (1) DCFR; Art. 81 (2) CISG.

[90] Vgl. dazu *Schlechtriem/Schroeter* (oben N. 30) Rn. 767 f.

Anders wird in den meisten nationalen Rechtsordnungen und den internationalen Regelwerken entschieden. Sie gewähren dem Käufer das Aufhebungsrecht auch dann, wenn er die empfangene Ware dem Verkäufer nicht
mehr zurückgeben kann. Allerdings muss er ihm den Wert der Ware erstatten.
Diese Wertersatzpflicht besteht nicht nur dann, wenn der Käufer die Ware verbraucht, verarbeitet oder veräußert hat oder wenn ihr Untergang oder ihre Beschädigung auf seinem Verschulden beruht. Vielmehr trägt er auch die Gefahr
dafür, dass die Ware durch Zufall oder höhere Gewalt zerstört oder beschädigt
wird: Da er die Herrschaft über die Ware hatte, soll er auch das Risiko ihrer
zufälligen Zerstörung oder Verschlechterung tragen und deshalb im Falle der
Vertragsaufhebung ihren Wert ersetzen müssen.[91] Eine Wertersatzpflicht besteht nur dann nicht, wenn der Untergang oder die Beschädigung der Ware auf
ein Verschulden des Verkäufers zurückzuführen ist oder er zwar nicht schuldhaft gehandelt hat, aber der Untergang oder die Beschädigung auf einem versteckten Mangel der von ihm gelieferten Ware beruht.[92]

---

[91] Art. 7.3.6 (2) PICC bestimmt, dass, wenn die Rückgabe der empfangenen Leistung
in natura nicht möglich (oder, weil zu kostspielig, nicht praktisch) ist, »an allowance has
to be made in money whenever reasonable«. Diese »allowance« soll sich im Regelfall nach
dem Wert der Leistung bestimmen. Vgl. dazu ausführlich *Zimmermann* (oben N. 79) Uniform L.Rev. 2011, 572 ff.; *Hellwege* (oben N. 82) 1320 f.; *Vogenauer* (oben N. 79) 35 ff. Eine
ähnliche, wenn auch viel genauer gefasste Regelung über die Wertersatzpflicht findet sich
in § 346 Abs. 2 Nr. 2 und 3 BGB und in Art. III.-3:511 (4) und 3:513 DCFR.
[92] Gemäß Art. 7.3.6 (3) PICC braucht der Rückgewährpflichtige den Wert der empfangenen Leistung nicht zu ersetzen, wenn der Umstand, der ihm die Rückgabe in natura
unmöglich gemacht hat, »is attributable to the other party«. Vgl. dazu auch die entsprechende Regelung in § 346 Abs. 3 Nr. 2 BGB; Art. 1647 Abs. 1 Code civil, Art. 1492 Abs. 2
Codice civile und Art. III.-3:513 (3) DCFR.

§ 14 Schadensersatz

Wenn eine Vertragspartei ihre vertraglichen Verpflichtungen nicht oder nicht richtig erfüllt, so kann ihr Kontrahent zunächst auf der Einhaltung des Vertrages bestehen. Er macht dann seinen Anspruch auf *Erfüllung* oder – wenn ihm eine fehlerhafte Leistung erbracht worden ist – auf *Nacherfüllung* geltend; unter bestimmten Voraussetzungen kann er sogar ein Gerichtsurteil erwirken, das der anderen Vertragspartei die Erfüllung oder Nacherfüllung des Vertrages befiehlt (§ 12). In manchen Fällen ist er allerdings an der Erfüllung des Vertrages nicht oder nicht mehr interessiert. Dann wird er prüfen müssen, ob der Kontrahent seine Vertragspflichten so erheblich verletzt hat, dass er den Vertrag *aufheben* kann (§ 13). Außerdem kann die vertragstreue Partei auch *Schadensersatz* verlangen. Sie kann also auf der Erfüllung des Vertrages bestehen und gleichzeitig Ersatz des Schadens verlangen, der ihr dadurch entstanden ist, dass die andere Vertragspartei verspätet geleistet oder ihre vertraglichen Pflichten auf andere Weise verletzt hat. Ein Schadensersatzanspruch kann ihr aber auch dann zustehen, wenn sie den Vertrag aufgehoben hat. Durch die Aufhebung verliert sie zwar den Anspruch auf Erfüllung. Aber sie kann in diesem Falle Schadensersatz wegen Nichterfüllung des Vertrages oder – wie das deutsche Recht sagt – »Schadensersatz statt der Leistung« verlangen.[1]

Übereinstimmung besteht über die wesentlichen Voraussetzungen, unter denen der vertragstreuen Partei ein Anspruch auf Schadensersatz zustehen kann: Dafür wird *erstens* verlangt, dass die andere Partei den Vertrag nicht oder nicht richtig erfüllt oder dass sie ihn »verletzt« hat (darüber I). *Zweitens* muss ihr die Nichterfüllung des Vertrages »zugerechnet« werden können; sie muss – wie auch gesagt wird – für die Nichterfüllung »verantwortlich« sein, für sie »einzustehen« oder sie »zu vertreten« haben (darüber II). *Drittens* muss zwischen der Nichterfüllung des Vertrages und dem Schaden, dessen Ersatz verlangt wird, ein rechtlich relevanter Zusammenhang bestehen (darüber III). *Schließlich* kann zweifelhaft sein, welche Schäden zu ersetzen sind und wie sich ihr Ersatz berechnen lässt (darüber IV). Dabei wird sich zeigen, dass sich diese Voraussetzungen nicht immer klar voneinander abgrenzen lassen; zeigen wird sich auch, dass es sich bei den darzustellenden Regeln weithin um »dispositives Recht« handelt, also um Regeln, die immer dann zurücktreten müssen, soweit die Parteien etwas anderes vertraglich vereinbart haben, so z.B. dadurch, dass sie die Voraussetzungen der Haftung näher bestimmt oder die Haftung in wirksamer Weise ausgeschlossen, eingeschränkt oder im Voraus auf einen bestimmten Betrag festgelegt haben.

I. Nichterfüllung des Vertrages

Nach den internationalen Regelwerken ist eine Vertragspartei nur dann zum Schadensersatz verpflichtet, wenn sie den Schaden durch eine *Nichterfüllung* (»non-performance«) des Vertrages herbeigeführt hat. Dabei wird unter Nichterfüllung jeder Fall verstanden, in dem die Partei ihre Vertragspflichten nicht oder nicht richtig erfüllt hat. Es kommt also nicht darauf an, ob die Nicht-

---

[1] Dass der Schadensersatzanspruch mit den anderen »remedies« der vertragstreuen Partei konkurriert, ist allgemeine Meinung und wird oft auch ausdrücklich bestimmt. So ergibt sich aus Art. 45 (2) und 64 (2) CISG, dass Käufer und Verkäufer ihren Schadensersatzanspruch nicht dadurch verlieren, dass sie »andere Rechtsbehelfe« ausüben. Ebenso Art. 8:102 Satz 2 PECL. Dort heißt es, dass »a party is not deprived of its right to damages by exercising its right to any other remedy«. Oft wird ausdrücklich erklärt, dass eine Partei auch dann Schadensersatz verlangen kann, wenn sie den Vertrag aufgehoben hat oder von ihm »zurückgetreten« ist. Vgl. § 325 BGB: »Das Recht, bei einem gegenseitigen Vertrag Schadensersatz zu verlangen, wird durch den Rücktritt nicht ausgeschlossen.« Ebenso § 921 ABGB: »Der Rücktritt vom Vertrag lässt den Anspruch auf Ersatz des durch die verschuldete Nichterfüllung verursachten Schadens unberührt.« Ebenso auch Art. 7..3.5 PICC: »Termination does not preclude a claim for damages for non-performance.«

erfüllung entschuldigt war; ebensowenig ist von Bedeutung, ob die Partei ihre Leistung verspätet erbracht hat, ob sie nicht diejenige Beschaffenheit hatte, die vertraglich vereinbart war, oder ob irgendeine andere »failure to co-operate in order to give full effect to the contract« vorliegt.[2] Auch in Frankreich wird der Begriff der »inéxecution de l'obligation contractuelle« im gleichen Sinne verwendet.[3] In Deutschland hängt die Schadensersatzpflicht einer Vertragspartei davon ab, dass sie »eine Pflicht aus dem Schuldverhältnis« – hier also: aus einem Vertrag – »verletzt« hat.[4] Auch das CISG bestimmt in Art. 74, dass Schadensersatz »für die durch eine Partei begangene Vertragsverletzung« verlangt werden kann. In der Sache macht es aber keinen wesentlichen Unterschied, ob die »Nichterfüllung des Vertrages« oder die »Pflichtverletzung« zum Ausgangspunkt genommen wird. Zwar verbindet man im alltäglichen Sprachgebrauch mit dem Begriff der »Pflichtverletzung« die Vorstellung, dass das Verhalten der Vertragspartei tadelnswert oder vorwerfbar ist oder Missbilligung verdient. So ist dieser Begriff hier aber nicht zu verstehen. Vielmehr ist mit einer »Pflichtverletzung« das Gleiche gemeint wie mit dem neutralen und deshalb weniger wertbeladenen Begriff der »Nichterfüllung«. Gemeint ist nämlich, dass das Verhalten einer Vertragspartei hinter demjenigen zurückgeblieben ist, was sie nach dem Vertrage zu leisten versprochen hatte. Geht jemand nicht zur Arbeit, weil er krank geworden ist, so macht ihm dies gewiss niemand zum Vorwurf; eine Pflichtverletzung (oder Nichterfüllung) des Arbeitsvertrages liegt aber dennoch vor. Nicht anders ist es, wenn eine Partei die versprochene Leistung nicht erbringen kann, weil ihr dies »unmöglich« oder deshalb nicht zumutbar ist, weil die Erfüllung des Vertrages einen unverhältnismäßig hohen Aufwand erfordern würde: In einem solchen Fall kann die vertragstreue Partei zwar nicht die Erfüllung des Vertrages verlangen (vgl. § 12 C 1). Wohl aber kann sie den Vertrag aufheben (vgl. § 13 IV 2). Außerdem kann sie Schadensersatz wegen Nichterfüllung verlangen, dies freilich nur dann, wenn die andere Partei nicht beweisen kann, dass ihr aus besonderen Gründen die »Pflichtverletzung« oder »Nichterfüllung« des Vertrages nicht »zugerechnet« werden kann.[5]

---

[2] Gemäß Art. 9:501 (1) PECL ist eine Vertragspartei ersatzpflichtig, wenn sie den Schaden ihres Kontrahenten durch eine »non-performance« herbeigeführt hat; was unter »non-performance« zu verstehen ist, wird in Art. 1:301 (4) PECL näher definiert. Ebenso Art. 7.4.1 und 7.1.1 PICC; Art. III.-3:701 und III.-1:101 (3) DCFR; Art. 159 (1) und 87 (1) CESL.

[3] Vgl. nur *Terré/Simler/Lequette* no. 570.

[4] § 280 Abs. 1 BGB. Gemäß Art. 97 Abs. 1 OR hängt die Ersatzpflicht einer Vertragspartei davon ab, dass sie »die Erfüllung der Verbindlichkeit überhaupt nicht oder nicht gehörig bewirkt« hat, gemäß Art. 6:74 BW davon, dass das Verhalten des Schuldners auf irgendeine Art und Weise hinter demjenigen »zurückbleibt«, was sie nach dem Vertrag zu leisten hatte.

[5] So ausdrücklich § 275 Abs. 4 BGB. Allerdings muss nach deutschem Recht unterschieden werden, ob die Unmöglichkeit oder Unzumutbarkeit der Erfüllung schon bei

Für bestimmte Formen der Nichterfüllung gelten besondere Regeln. Das betrifft zunächst den Fall, in dem die vertragstreue Partei von dem Vertrag Abstand nehmen und Schadensersatz wegen Nichterfüllung verlangen will. Wenn sie sich auf die Aufhebung des Vertrages beschränkt – schon allein damit kann sie ja oft genug ihre Interessen wahren –, so muss sie in vielen kontinentalen Rechtsordnungen dem anderen Vertragspartner zuvor eine angemessene Nachfrist gesetzt haben; den Vertrag aufheben kann sie erst, wenn diese Frist erfolglos abgelaufen ist. Das muss natürlich auch dann gelten, wenn sie den Vertrag nicht nur aufheben, sondern außerdem auch noch Schadensersatz wegen seiner Nichterfüllung verlangen will.[6] Im Common Law und in den internationalen Regelwerken hängt zwar die Vertragsaufhebung nicht von der Setzung einer Nachfrist ab. Wohl aber setzt sie voraus, dass der Schuldner eine »wesentliche Vertragsverletzung« begangen hat oder dass eine »fundamental non-performance« vorliegt. Der praktische Unterschied ist aber deshalb nicht besonders groß, weil in den meisten Fällen einer »fundamental non-performance« auch die Setzung einer Nachfrist nicht erforderlich ist.[7]

Besondere Regeln gelten auch dann, wenn der Gläubiger an dem Vertrag festhalten will und nur den »Verzögerungsschaden« verlangt, der ihm durch die vertragswidrige Verspätung der Leistung entstanden ist. Auch hier gehen die kontinentaleuropäischen Rechtsordnungen – anders als das englische Recht und die internationalen Regelwerke – von dem Grundsatz aus, dass dem Gläubiger ein solcher Anspruch nicht schon dann zusteht, wenn die Leistung fällig geworden und vom Schuldner nicht erbracht worden ist, sondern erst dann, wenn der Gläubiger ihn zur Erbringung der fälligen Leistung durch eine besondere *Mahnung* aufgefordert und ihn dadurch, wenn er auch jetzt nicht leistet, in Verzug gesetzt hat.[8] Dieses Erfordernis (*mora debitoris*) ist geradezu als das – schon im römischen Recht anerkannte – besondere Kennzeichen eines »humanen« Vertragsrechts gefeiert worden.[9] Daran darf man aber zweifeln. Immerhin wird überall in gesetzlichen Vorschriften bestimmt, dass der Schuldner

---

Vertragsabschluss gegeben war oder erst danach eingetreten ist. Im ersteren Fall haftet der Schuldner auf Schadensersatz, sofern er nicht beweisen kann, dass er das Leistungshindernis »nicht kannte und seine Unkenntnis auch nicht zu vertreten hat« (§ 311a Abs. 2 BGB). Im letzteren Fall muss er beweisen, dass er die Pflichtverletzung – oder die Nichterfüllung – des Vertrages »nicht zu vertreten hat« (§§ 283, 280 Abs. 1 BGB).

[6] Gemäß §§ 280 Abs. 3, 281 kann deshalb der Gläubiger Schadensersatz statt der Leistung grundsätzlich erst dann verlangen, »wenn er dem Schuldner erfolglos eine angemessene Frist zur Leistung oder Nacherfüllung bestimmt hat«. Ebenso Art. 107 OR.

[7] Vgl. dazu schon oben § 13 III 3 = S. 329.

[8] So §§ 280 Abs. 2, 286 BGB; Art. 102 f. OR; Art. 1729 ff. Codice civile; Art. 1146 Code civil. Vgl. ausführlich zum französischen Recht *P. Pichonnaz*, Schadensersatz und Mahnung im französischen Recht, ZEuP 2010, 387.

[9] So *E. Bucher*, Mora früher und heute, in: Mélanges en l'honneur de Bruno Schmidlin (1998) 407.

auch ohne Mahnung in Verzug geraten kann, wenn für seine Leistung ein bestimmter Zeitpunkt vertraglich festgelegt ist (*dies interpellat pro homine*), wenn er
die pünktliche Leistung von sich aus verweigert hat oder wenn – so drückt es
§ 286 Abs. 2 BGB aus – »aus besonderen Gründen unter Abwägung der beiderseitigen Interessen der sofortige Eintritt des Verzuges gerechtfertigt ist«. Ähnlich liegt es auch nach englischem Recht, wenn die Parteien in dem Vertrag
einen genauen Zeitpunkt für die Leistung nicht vereinbart oder nicht als »of
the essence« angesehen haben. In einem solchen Fall ist der Gläubiger zwar
nicht verpflichtet, aber doch berechtigt, dasjenige zu tun, was ihm der gesunde
Menschenverstand nahelegen wird, nämlich den Schuldner darauf hinzuweisen, dass er die Leistung binnen einer bestimmten Frist erwarte: »If the time stipulated is reasonable and the guilty party has failed to comply when it expires,
the injured party is entitled to terminate.«[10] Kann der Gläubiger den Vertrag in
diesem Fall aufheben, so muss er erst recht, wenn er die Leistung des Schuldners nach Fristablauf noch annimmt, Ersatz des Schadens verlangen können,
der ihm dadurch entsteht, dass der Schuldner zwischen dem Ablauf der Frist
und der Erbringung der Leistung säumig gewesen ist.

II. Zurechnung

Hat der Schuldner seine Vertragspflichten nicht oder nicht richtig erfüllt, so
bedeutet das noch nicht, dass er allein aus diesem Grund dem Gläubiger den
daraus entstehenden Schaden ersetzen muss. Vielmehr haftet der Schuldner auf
Schadensersatz nur dann, wenn ihm die Nichterfüllung des Vertrages auf irgendeine Art und Weise »zugerechnet« oder er für sie »verantwortlich« gemacht
werden kann. Auf eine solche »Zurechnung« kommt es zwar nicht an, wenn der
Gläubiger den Vertrag lediglich aufheben möchte. Denn damit erstrebt er nur
die Befreiung von der weiteren Bindung an den Vertrag. Das muss ihm schon
dann möglich sein, wenn der andere Vertragspartner die versprochene Leistung
nicht erbracht oder eine andere wesentliche Vertragspflicht verletzt hat.[11] Wenn
aber der Gläubiger Schadensersatz verlangt, so will er durch die Zahlung eines
Geldbetrages so gestellt werden, wie er bei ordentlicher Vertragserfüllung gestanden hätte. Dafür genügt die bloße Nichterfüllung des Vertrages nicht; sie
muss dem Schuldner, weil er für die durch sie verursachten Nachteile einstehen
soll, auch noch »zugerechnet« werden können.

Wir unterscheiden also zwischen der Frage, ob der Schuldner den Vertrag
»nicht erfüllt« hat, und der Frage, ob ihm die Nichterfüllung »zugerechnet«
werden kann. Alle kontinentaleuropäischen Rechtsordnungen gehen von die-

---

[10] *Treitel (-Peel)* no. 18-095.
[11] Vgl. dazu oben § 13 IV 2 = S. 331 ff.

ser Unterscheidung aus. Dem Common Law ist sie dagegen ganz unbekannt.
Sie leuchtet aber auch im Civil Law nicht ein, so z.b. dann nicht, wenn der
Schuldner aufgrund des (richtig ausgelegten) Vertrages dem Gläubiger die Leistung bestimmter Dienste versprochen und dieses Versprechen verletzt hat. Hat
z.B. ein Arzt seinem Patienten eine Heilbehandlung, ein Anwalt seinem Mandanten die Wahrnehmung seiner Interessen oder eine Bank ihrem Kunden eine
Beratung bei der Anschaffung von Wertpapieren versprochen, so kann man,
wenn Arzt, Anwalt oder Bank auf Schadensersatz in Anspruch genommen werden, nicht mehr säuberlich danach trennen, ob sie ihre Vertragspflichten »nicht
erfüllt« und, wenn ja, ob ihnen sodann die Nichterfüllung »zugerechnet« werden kann. Vielmehr hängt die Haftung von der Antwort auf eine *einzige* Frage
ab, davon nämlich, ob Arzt, Anwalt oder Bank sich so verhalten haben, wie
dies nach dem Inhalt des Vertrages von einem vernünftigen Vertragspartner in
gleicher Lage erwartet werden musste. Ist das nicht der Fall, so steht damit ihre
Haftung fest, ohne dass noch irgendein Raum für die Frage wäre, ob ihnen die
Nichterfüllung des Vertrages – insbesondere wegen Verschuldens – auch noch
»zugerechnet« werden kann.[12]

   1. *Verschuldensprinzip.* – Dennoch wird in den meisten Rechtsordnungen –
wenigstens stillschweigend – zwischen »Nichterfüllung« und »Zurechnung« unterschieden und der maßgebliche Grund für die »Zurechnung« darin gesehen,
dass der Schuldner die Nichterfüllung des Vertrages durch ein *Verschulden* herbeigeführt hat. Zwar wird ein solches Verschulden zum Vorteil des Gläubigers
vermutet. Es ist also der Schuldner, der, wenn er seine Haftung auf Schadensersatz vermeiden will, den Beweis dafür erbringen muss, dass er die Nichterfüllung des Vertrages – so drückt es § 280 Abs. 1 BGB aus – »nicht zu vertreten«
hat, dass sie also gemäß § 276 Abs. 1 BGB weder auf »Vorsatz« noch auf »Fahrlässigkeit« beruht. Dabei wird derjenige Schuldner als »fahrlässig« angesehen,
der gemäß § 276 Abs. 2 BGB »die im Verkehr erforderliche Sorgfalt außer Acht«
gelassen, sich also anders verhalten hat, als dies eine vernünftige Vertragspartei
in gleicher Lage im Interesse der ordentlichen Vertragserfüllung getan hätte.

---

[12] Vgl. dazu treffend *G.H. Treitel*, Remedies for Breach of Contract (1988) s. 8. Dort
heißt es, dass im Common Law »the requirement of fault is discussed (if at all) … in order
to determine whether there is a breach … In Civil Law systems, however, the question
of fault is more commonly discussed under the heading of the legal effects of a failure in
performance«. Im Common Law spielt also das Verschulden allenfalls dort eine Rolle,
wo es darum geht, ob ein »breach of contract« vorliegt. Ist das der Fall, so ist es selbstverständlich, dass der Gläubiger Schadensersatz verlangen kann. Im Civil Law kommt
es dagegen für die Nichterfüllung des Vertrages allein darauf an, ob zwischen dem vertraglich geschuldeten Soll-Verhalten des Schuldners und seinem Ist-Verhalten eine Differenz besteht. Vom Verschulden wird erst dann gesprochen, wenn sich die Frage stellt, ob
der Gläubiger Schadensersatz verlangen kann: Das setzt voraus, dass dem Schuldner die
Nichterfüllung »zugerechnet« werden kann, insbesondere deshalb, weil er sie verschuldet
hat. Vgl. dazu auch *H. Kötz*, Vertragsrecht (2. Aufl. 2012) Rn. 1079.

Dabei macht es gemäß § 278 BGB keinen Unterschied, ob der Schuldner persönlich schuldhaft gehandelt hat oder ob das Verschulden einem Dritten zur Last fällt, sofern dieser Dritte vom Schuldner zum Zweck der Erfüllung seiner vertraglichen Pflichten – meist als sein Angestellter, manchmal aber auch als selbständiger Unternehmer – in die Abwicklung des Vertrages eingeschaltet worden ist. Auch nach schweizerischem Recht haftet der Schuldner auf Schadensersatz, sofern er nicht beweist, dass weder ihm selbst noch einer von ihm eingesetzten »Hilfsperson« irgendein Verschulden zur Last fällt (Art. 97 Abs. 1, 101 OR). Nicht anders liegt es gemäß Art. 6:74–76 BW: Schadensersatz muss eine Vertragspartei für jede Nichterfüllung leisten, die ihr »zugerechnet« werden kann; »zuzurechnen« ist ihr jedes Verschulden, auch das Verschulden eines Dritten, sofern sie sich des Dritten zur Erfüllung ihrer Vertragspflichten bedient hat.

Alle Rechtsordnungen, die das »Verschuldensprinzip« zum Ausgangspunkt nehmen, werden allerdings nicht müde zu betonen, dass davon viele »Ausnahmen« gemacht werden müssen. Oft muss also der Schuldner Schadensersatz auch dann leisten, wenn weder ihn noch seine Hilfspersonen an der Nichterfüllung des Vertrages ein Verschulden trifft. Eine erste »Ausnahme« gilt, wenn der Schuldner den Vertrag nicht erfüllt, weil es ihm an dem dafür erforderlichen Geld gefehlt hat. Für seine finanzielle Leistungsfähigkeit muss der Schuldner unter allen Umständen einstehen.[13] Das gilt, wenn er aus diesem Grunde den Kaufpreis, den Werklohn oder den Mietpreis zum vereinbarten Zeitpunkt nicht zahlen kann. Das gilt auch dann, wenn er nach dem Vertrag eine andere Leistung schuldete und sie nur deshalb nicht erbracht hat, weil ihm dafür das erforderliche Geld gefehlt hat und er es sich auch nicht durch einen Kredit seiner Bank beschaffen konnte. Wer die verkaufte Ware nicht pünktlich liefert oder die versprochene Bauleistung nicht pünktlich erbringt, weil er aus Mangel an Geld die Ware bei einem Dritten nicht einkaufen, die benötigten Baustoffe sich von einem Dritten nicht beschaffen oder den für die Bauarbeiten erforderlichen Kran von einem Dritten nicht mieten kann, haftet auf Ersatz des dadurch entstehenden Schadens, ohne dass er sich damit herausreden könnte, dass sein Geldmangel nicht von ihm verschuldet sei.

Manchmal sind es besondere gesetzliche Vorschriften, nach denen es für die Haftung des Schuldners auf sein Verschulden entweder überhaupt nicht ankommt oder er nur dann haftet, wenn die Nichterfüllung des Vertrages auf Umstände zurückzuführen ist, die er auch bei »größter Sorgfalt« nicht vermeiden konnte. Wenn z.B. der Schaden eines Mieters darauf beruht, dass die ihm vermietete Sache schon bei Abschluss des Mietvertrages mangelhaft, also für den vertraglich vereinbarten Gebrauch nicht tauglich war, so muss der Vermieter Ersatz leisten, ohne dass er sich damit »entschuldigen« könnte, dass er die

---

13 Vgl. dazu rechtsvergleichend *Treitel* (vorige N.) s. 17.

Sache ohne jedes Verschulden für mangelfrei gehalten hat (§ 536a BGB). Wer
als Frachtführer Waren zu befördern hat, muss seinem Auftraggeber den Schaden ersetzen, den er dadurch erleidet, dass die Ware während der Reise verloren
geht, dass sie beschädigt oder dass die Lieferfrist nicht eingehalten wird; diese
Haftung kann der Frachtführer nur ganz ausnahmsweise, nämlich nur dann
vermeiden, wenn er beweisen kann, dass er die Nichterfüllung des Vertrages
»auch bei größter Sorgfalt nicht vermeiden« und ihre Folgen »auch bei größter
Sorgfalt nicht abwenden« konnte (§ 426 HGB).[14]

Eine weitere wichtige Ausnahme vom »Verschuldensprinzip« wird in denjenigen Fällen gemacht, in denen eine strengere Haftung des Schuldners entweder vertraglich vereinbart ist oder sich dem Inhalt des richtig ausgelegten
Vertrages entnehmen lässt. So wird nach Art. 6:75 BW dem Schuldner die
Nichterfüllung des Vertrages auch dann »zugerechnet«, wenn er sie zwar nicht
verschuldet hat, aber dennoch für sie einstehen muss, weil sich dies aus einer gesetzlichen Vorschrift, einer vertraglichen Vereinbarung oder aus der allgemeinen Verkehrsübung (»in het verkeer geldende opvattingen«) ergibt. Auch § 276
BGB bekennt sich zwar zunächst mit vollem Pathos zum Verschuldensprinzip,
fügt aber gleich hinzu, dass sich etwas anderes aus dem Vertrag und seiner Auslegung ergeben kann, und zwar »insbesondere aus der Übernahme einer Garantie oder eines Beschaffungsrisikos«. Ein Beschaffungsrisiko wird nach der Auffassung des kaufmännischen Geschäftsverkehrs vor allem dann übernommen,
wenn jemand Waren verkauft hat, die einer im Vertrag bezeichneten Gattung
gleicher Sachen angehören und dem Käufer in einer vertraglich festgelegten –
nach Stückzahl, Gewicht oder anderen Messgrößen bestimmten – Menge zu
liefern sind. In einem solchen Fall will der Verkäufer dafür einstehen, dass er
zum vereinbarten Zeitpunkt über die verkaufte Ware wird verfügen und sie
dem Käufer wird liefern können. Wenn ihm dies nicht gelingt und der Käufer
deshalb den Ersatz des Verzögerungsschadens oder (nach Aufhebung des Vertrages) Schadensersatz wegen Nichterfüllung verlangt, so kann sich der Verkäufer von seiner Haftung nur dadurch entlasten, dass er beweist, es seien Waren der verkauften Gattung nirgendwo mehr vorhanden; dabei hängt es von
den vertraglichen Vereinbarungen ab, wie die Gattung, aus der er liefern muss,

---

[14] Umgekehrt gibt es auch Fälle, in denen der Schuldner nicht für jedes Verschulden,
sondern nur dann haften soll, wenn er die Nichterfüllung des Vertrages durch vorsätz-
liches oder »grob fahrlässiges« Verhalten verursacht hat. Diese Belohnung verdient der
Schuldner z.B. dann, wenn er bei Abschluss des Vertrags uneigennützig gehandelt und
sich dadurch eine Milderung seiner Haftung verdient hat. Gemäß Art. 99 OR haftet er
zwar »im allgemeinen für jedes Verschulden«, aber das Maß seiner Haftung wird insbesondere dann »milder beurteilt, wenn das Geschäft für den Schuldner keinen Vorteil bezweckt«. Vgl. auch §§ 521, 599 BGB: Danach hat derjenige nur Vorsatz und grobe Fahrlässigkeit zu vertreten, der als Schenker die versprochene Leistung unentgeltlich erbracht
hat (ebenso Art. 248 Abs. 1 OR) oder als Verleiher den Gebrauch einer Sache dem Vertragspartner unentgeltlich überlassen hat.

zu bestimmen ist, insbesondere, ob die Gattung sich auf einen besonderen Warenvorrat oder auf die Produktion eines bestimmten Herstellers beschränkt. Sind Waren der verkauften Gattung noch vorhanden, so hängt die Entlastung in erster Linie von den darüber getroffenen vertraglichen Vereinbarungen ab. Es kommt also z.B. darauf an, ob vereinbart ist, dass der Verkäufer nicht für Lieferhindernisse haften soll, die auf höherer Gewalt (*force majeure, act of God*), auf kriegerischen Ereignissen, Naturkatastrophen, Streiks oder Missernten beruhen; manchmal behält sich der Verkäufer in dem Vertrag auch die »richtige und rechtzeitige Selbstbelieferung« vor: Danach will er nicht haften, wenn er selbst von seinem Vorlieferanten nicht beliefert worden ist.[15] Fehlt es an solchen ausdrücklichen Vereinbarungen und kann der Verkäufer nicht liefern, weil Waren aus der (vertraglich vereinbarten) Gattung nicht mehr vorhanden sind, so kann er sich von seiner Haftung auf Schadensersatz nur dann befreien, wenn er beweist, dass die Umstände, die zum Wegfall der Gattung geführt haben, nicht von ihm zu vertreten sind, also nicht in seine Risikosphäre fallen. Kann also der Winzer, der einem Hotel Wein aus der eigenen Produktion verkauft hat, nicht liefern, weil seine Weinstöcke durch Schädlingsbefall oder seine Produktionsanlagen durch einen Brand vernichtet worden sind, so haftet er nicht, es sei denn, dass der Schädlingsbefall oder der Brand auf eigenem Verschulden oder auf dem Verschulden seiner Leute beruhen. Davon lässt sich noch der Fall unterscheiden, in dem der Verkäufer zwar noch liefern kann, sich aber ausnahmsweise darauf berufen darf, dass er wegen eines Wegfalls der Geschäftsgrundlage oder wegen einer »frustration of contract« von seiner Vertragsbindung befreit wird.[16]

Das »Verschuldensprinzip« gilt ferner nicht, wenn sich dem richtig ausgelegten Vertrag entnehmen lässt, dass eine Partei eine *Garantie* übernommen hat, also dafür einstehen will, dass sich ein bestimmtes Risiko nicht verwirklicht und die ordentliche Vertragserfüllung dadurch beeinträchtigt wird. Eine Vertragspartei kann z.B. garantieren, dass sie über die für die Vertragserfüllung erforderlichen Fähigkeiten, Kenntnisse und Gerätschaften verfügt, dass sie die Eigentümerin der von ihr verkauften Sache ist, dass für die Lieferung der verkauften Sache eine behördliche Genehmigung nicht erforderlich ist oder von ihr noch beschafft werden wird, oder dass sie die verkaufte Sache zwar noch nicht besitze, sie sich aber von einem Dritten noch beschaffen und sie sodann dem Kontrahenten pünktlich liefern werde. Wenn sich diese Risiken verwirklichen und es deshalb zu einer Nichterfüllung des Vertrages kommt, so muss der Schuldner den dadurch entstehenden Schaden ersetzen, ohne dass er sich

---

[15] Vgl. zur Auslegung einer solchen »Selbstbelieferungsklausel« BGH 6. März 1968, BGHZ 49, 388; BGH 14. Nov. 1984, BGHZ 92, 396; BGH 22. März 1995, NJW 1995, 1959.

[16] Vgl. dazu unten § 15 = S. 407 ff., ferner die rechtsvergleichende Darstellung bei *Treitel* (oben N. 12) s. 18.

durch den Nachweis fehlenden Verschuldens von seiner Haftung entlasten
könnte. Ob eine solche Garantie übernommen worden ist, bestimmt sich allein
nach dem Vertrag. Wenn es darin zu diesem Punkte an klaren Vereinbarungen
fehlt, muss der Parteiwille durch ergänzende Vertragsauslegung ermittelt werden; dabei sind auch die Handelsbräuche, die Verkehrssitte und die Begleitum-
stände zu berücksichtigten.

Besondere praktische Bedeutung hat die Frage, ob der Verkäufer eine Garantie für die *Beschaffenheit* der verkauften Ware übernommen, also vertraglich zugesichert hat, dass sie bestimmte Eigenschaften besitze oder frei von bestimmten Mängeln sei. Zwar wird in aller Regel die Sollbeschaffenheit der Ware in
dem Kaufvertrag beschrieben; falls es dazu an ausdrücklichen Vereinbarungen fehlt, wird sich mit Hilfe der ergänzenden Vertragsauslegung bestimmen
lassen, dass sie diejenigen Eigenschaften haben muss, die sie für die vertraglich vorausgesetzte oder für die gewöhnliche Verwendung tauglich machen.
Damit allein wird freilich vom Verkäufer noch keine Beschaffenheitsgarantie
übernommen. Nach den Rechtsordnungen, die dem Grundsatz des »Verschul-
densprinzips« folgen, haftet der Verkäufer deshalb nicht auf Schadensersatz,
wenn er beweisen kann, dass ihn an den Mängeln der Ware kein Verschulden
trifft.[17] Anders liegt es aber, wenn der Verkäufer eine bestimmte Beschaffenheit der Ware »garantiert« hat. Das wird allerdings von der deutschen Rechtsprechung nur ausnahmsweise, nämlich nur dann angenommen, wenn sich aus
dem richtig ausgelegten Vertrag ergibt, »dass der Verkäufer in vertragsmäßig
bindender Weise die Gewähr für das Vorhandensein der vereinbarten Beschaffenheit der Kaufsache übernimmt und damit seine Bereitschaft zu erkennen
gibt, für alle Folgen des Fehlens dieser Beschaffenheit einzustehen«.[18] Zwar
kann sich eine solche Garantie auch aus der Auslegung des Vertrages ergeben;
dennoch wird für sie regelmäßig verlangt, dass der Verkäufer über eine besondere Sachkunde und Erfahrung verfügt und erkennen konnte, dass der Käufer
sich auf seine Angaben zur Beschaffenheit der Kaufsache unbedingt verlassen
und nicht imstande sein würde, die damit verbundenen Risiken zu vernünftigen Kosten (etwa durch eine Qualitätskontrolle) abzuwenden oder sich gegen
die ihm dadurch entstehenden nachteiligen Folgen (etwa durch eine Versicherung) zu schützen.

Fehlt es an einer solchen »Beschaffenheitsgarantie«, so kann sich der Verkäufer auf den Schadensersatzanspruch des Käufers zwar damit verteidigen,
dass er beweist, ihn treffe an dem Fehler der Kaufsache kein Verschulden. Das
Gleiche gilt, wenn ein Unternehmer ein fehlerhaftes Werk abgeliefert hat. In

---

[17] Das schließt nicht aus, dass der Käufer unter bestimmten Voraussetzungen wegen
des Mangels der Ware den Kaufvertrag *aufheben* kann, sei es gänzlich, sei es, indem er eine
Minderung des Kaufpreises verlangt, teilweise. Vgl. dazu § 13 IV 6 = S. 343 ff.
[18] BGH 29. Nov. 2006, BGHZ 170, 86, 92 (ständige Rspr.).

vielen Fällen ist dieser Entlastungsbeweis aber praktisch nicht zu erbringen, so vor allem dann nicht, wenn der Verkäufer oder der Unternehmer die fehlerhafte Vertragsleistung selbst *hergestellt* hat: Hier geht die Praxis von der robusten Faustregel aus, dass, wer als Unternehmer sorgfältig arbeitet, keine Fehler macht, und dass, wer fehlerhafte Sachen produziert, nicht sorgfältig war.[19] In solchen Fällen wird meist nur darüber gestritten, welche Beschaffenheit die Kaufsache oder das Werk nach dem Vertrag haben sollte. Wenn dies feststeht und auch klar ist, dass der vertraglich vereinbarte Standard vom Verkäufer oder Unternehmer nicht eingehalten worden ist, so ist der Entlastungsbeweis für sie eine *probatio diabolica*. Anders liegt es, wenn der Verkäufer ein *Händler* ist, der die fehlerhaft produzierte Ware von ihrem Hersteller bezogen hat, oder wenn ein Unternehmer in das von ihm für seinen Auftraggeber errichtete Haus Fenster eingebaut hat, die ihm in fehlerhafter Beschaffenheit von einem Produzenten geliefert worden sind. Hier wird von der deutschen Rechtsprechung ein Unterschied gemacht: Wenn der Verkäufer oder Unternehmer nach den Umständen verpflichtet war, die ihm gelieferten Waren vor dem Verkauf oder dem Einbau zu untersuchen, so ist der Entlastungsbeweis zwar zulässig, aber deshalb schwierig zu erbringen, weil mit ihm gezeigt werden muss, dass sich der Fehler auch durch eine solche Untersuchung nicht hätte aufdecken lassen. Dagegen wird der Entlastungsbeweis oft gelingen, wenn eine Untersuchungspflicht *nicht* besteht, etwa deshalb nicht, weil dem Verkäufer oder Unternehmer die dafür erforderlichen Fachkenntnisse oder Gerätschaften fehlen oder weil die Ware durch eine solche Untersuchung zerstört oder unverkäuflich werden würde.[20]

---

[19] Ebenso – wenn auch in vorsichtigerer Formulierung – BGH 25. Jan. 1989, NJW-RR 1989, 559, 560: Wenn der Verkäufer die Kaufsache selbst hergestellt hat, »so liegt die Annahme schuldhaften Verhaltens nicht fern, wenn diese Mängel aufweist, etwa weil sie … nicht dem vertraglich vorausgesetzten Verwendungszweck entsprechend konstruiert ist«.

[20] Zwar wird dem Käufer, der die fehlerhafte Kaufsache als *Verbraucher* gekauft hat, durch zwingende Regeln das Recht gewährt, vom Verkäufer *Nacherfüllung* oder eine *Minderung* des Kaufpreises zu verlangen; unter bestimmten Voraussetzungen kann er auch den Vertrag aufheben (Art. 3 EG-Richtlinie vom 25. Mai 1999 über den Verbrauchsgüterkauf). Dagegen bleiben die Vorschriften der nationalen Rechtsordnungen insoweit anwendbar, als es um den *Schadensersatzanspruch* des Käufers geht (vgl. § 485 Abs. 3 BGB). Sind also dem Käufer Parkettstäbe geliefert worden, die die Verkäuferin in fehlerhafter Beschaffenheit von einem Hersteller bezogen hatte, so haftet sie ihm nicht auf Schadensersatz, weil ihr »als Händlerin der Mangel der vom Hersteller verpackt gelieferten Parkettstäbe nicht erkennbar war« und sie sich auch ein »etwaiges Verschulden des Herstellers … nicht gemäß § 278 BGB zurechnen lassen [muss], weil der Hersteller nicht Erfüllungsgehilfe des Verkäufers ist« (BGH 15. Juli 2008, BGHZ 177, 224, 235). Vgl. dazu kritisch *U. Schroeter*, Untersuchungspflicht und Vertretenmüssen des Händlers bei Lieferung sachmangelhafter Ware, JZ 2010, 495. Nach seiner Auffassung bedient sich der Händler des Herstellers als seiner Hilfsperson; er muss sich deshalb im Streit mit dem Käufer gemäß § 278 BGB das Verschulden, das dem Hersteller bei der Produktion der fehlerhaften Ware zur Last fällt, wie eigenes Verschulden anrechnen lassen. Die Rspr.

Ob es allerdings richtig ist, dass die deutsche Rechtsprechung in diesen Fällen den Entlastungsbeweis zulässt, ist sehr zweifelhaft. Immerhin ist es der Verkäufer oder Unternehmer, der sich den Hersteller als Vertragspartner ausgesucht hat und deshalb die Auseinandersetzungen mit ihm führen und das Risiko seiner Leistungs- oder Zahlungsfähigkeit tragen sollte. Es wird noch zu zeigen sein, dass die deutsche Rechtsprechung mit ihrer Haltung ziemlich allein steht. Auch in den Niederlanden wird in dieser Frage eine andere Ansicht vertreten. So hatte der Hoge Raad einen Fall zu beurteilen, in dem dem Käufer – einem Rosenzüchter – ein fehlerhaftes Unkrautvernichtungsmittel geliefert worden war, das der Verkäufer vom Hersteller, einer chemischen Fabrik, in fertig verpackter Form bezogen hatte. Der Verkäufer musste Schadensersatz leisten, obwohl er den Fehler des Mittels weder kannte noch kennen konnte. Ihm könne dennoch gemäß Art. 6:76 BW die Nichterfüllung des Vertrages »zugerechnet« werden, zwar nicht wegen Verschuldens, aber doch deshalb, weil er nach den »in het verkeer geldenden opvattingen« das Fehlerrisiko zu tragen habe.[21]

2. *»Obligations de moyens« und »obligations de résultat«.* – Für die Frage, ob der Schuldner im Falle der Nichterfüllung des Vertrages Schadensersatz leisten muss, hat die französische Rechtsprechung eine besondere Lösung entwickelt. Aus dem Code civil lässt sie sich nicht ablesen. Denn er beschränkt sich darauf, für die Beantwortung dieser Frage zwei verschiedene Regeln bereitzustellen. Einerseits bestimmt Art. 1137, dass der Schuldner, der aufgrund des Vertrages eine Sache für den Gläubiger aufzubewahren oder bereitzuhalten hat, seine Pflichten richtig erfüllt, wenn er zu diesem Zweck »tous les soins d'un bon père de famille« beachtet, also alle Maßnahmen getroffen hat, die von einem sorgfältigen und aufmerksamen Menschen in gleicher Lage zu erwarten sind. Daneben findet sich in Art. 1147 eine strengere Regelung. Sie besagt, dass der Schuldner, wenn er den Vertrag nicht oder verspätet erfüllt, Schadensersatz leisten muss, sofern er nicht beweisen kann, »que l'inexécution provient d'une cause étrangère qui ne peut lui être imputée«. Eine solche »cause étrangère« liegt gemäß Art. 1148 nur dann vor, wenn die Nichterfüllung des Vertrages »par suite d'une force majeure ou d'un cas fortuit« eingetreten ist.

Auf der Grundlage dieser beiden Regeln haben die französische Rechtslehre und – ihr folgend – die Rechtsprechung ein allgemeines System der Haftung für die Nichterfüllung des Vertrages errichtet. Die zuerst genannte mildere Regel, die dem »Verschuldensprinzip« entspricht, wird angewendet, wenn dem

---

wendet § 278 BGB nur ganz ausnahmsweise an, etwa dann, wenn der Verkäufer den Käufer über den richtigen Umgang mit der Kaufsache belehren muss und ihm zu diesem Zweck eine Bedienungsanleitung übergibt, die vom Hersteller der Kaufsache stammt und erhebliche Lücken aufweist. In diesem Fall haftet der Verkäufer gemäß § 278 BGB für den Fehler des Herstellers. So BGH 5. April 1967, BGHZ 47, 312, 316.

[21] HR 27. April 2001, Ned.Jur. 2002, 1461 (Nr. 213).

Schuldner nach dem Inhalt des Vertrages eine »obligation de moyens« obliegt, er also versprochen hat, alle Anstrengungen zu unternehmen, die ein sorgfältiger Mensch in gleicher Lage zur Erreichung des Vertragszweckes treffen würde. In einem solchen Fall muss der Gläubiger zur Begründung seines Schadensersatzanspruches beweisen, dass der Schuldner den Vertrag nicht erfüllt hat, ferner, dass die Nichterfüllung durch eine »faute« des Schuldners, also eine Verletzung der im Verkehr erforderlichen Sorgfalt verursacht worden ist. Gelegentlich bildet die Rechtsprechung auch noch die Kategorie einer »obligation de moyens renforcée«: Hier wird die »faute« des Schuldners vermutet und seine Entlastung daher nur dann erlaubt, wenn er die Vermutung widerlegen, also beweisen kann, dass er die im Verkehr erforderliche Sorgfalt beachtet hat. In beiden Fällen wird, obwohl es dafür an einer ausdrücklichen gesetzlichen Grundlage fehlt, das Verschulden einer Person, die der Schuldner zur Erfüllung seiner Vertragspflichten hinzugezogen hat, ebenso behandelt wie sein eigenes Verschulden.

Die strenge Haftung des Art. 1147 gilt dann, wenn sich die Vertragspflichten des Schuldners als eine »obligation de résultat« darstellen, also dem Vertrag entnommen werden kann, dass er die Herbeiführung eines bestimmten Erfolges versprochen hat. Tritt dieser Erfolg nicht ein, so muss er Schadensersatz leisten. Zwar kann er sich auch in diesem Fall von seiner Haftung entlasten, dies aber nicht schon dadurch, dass er beweist, er und seine Hilfspersonen hätten sorgfältig gehandelt. Vielmehr muss er, sofern dazu keine besonderen vertraglichen Vereinbarungen getroffen worden sind, den Beweis dafür erbringen, dass die Umstände, die die Herbeiführung des vertraglich versprochenen Erfolges verhindert haben, als »force majeure« (oder, was das Gleiche bedeutet, als »cas fortuit«) anzusehen sind; dies ist nur dann der Fall, wenn sie »imprévisible« und »irrésistible« sind, also nicht vorhergesehen und auch durch äußerste Anstrengungen nicht abgewendet werden konnten.[22]

---

[22] Die Unterscheidung zwischen »obligation de résultat« und »obligation de moyens« ist auch in der Rechtslehre und Rspr. anderer europäischer Länder diskutiert worden, besonders in *Italien*. Gemäß Art. 1218 Codice civile muss ein Schuldner, der den Vertrag nicht oder verspätet erfüllt hat, Schadensersatz leisten, es sei denn, er könne beweisen, dass die Nichterfüllung des Vertrages auf einer »impossibilità della prestazione derivante da causa a lui non imputabile« beruht. Diese Bestimmung entspricht im Wesentlichen der Regel des Art. 1147 Code civil, weil der Schuldner Schadensersatz auch dann schuldet, wenn ihm die Leistung zwar unmöglich geworden ist, dies aber auf Gründen beruht, die ihm zugerechnet werden können. Andererseits spricht aber Art. 1176 Codice civile – wie Art. 1137 Code civil – auch davon, dass der Schuldner nur zu der Sorgfalt eines »buon padre di famiglia« verpflichtet ist. Für die manchmal schwierige Frage, ob in einem bestimmten Fall die strengere oder die mildere Haftung maßgeblich ist, spielt auch in Italien die Haltung der französischen Gerichte eine wichtige Rolle. Vgl. dazu näher *F. Ranieri*, Europäisches Obligationenrecht (3. Aufl. 2009) 594 ff., 636 ff.; *M. Pellegrino*, Subjektive oder objektive Vertragshaftung?, ZEuP 1997, 41, 44 ff. (beide mit ausführlichen Hinweisen).

Die richtige Abgrenzung zwischen »obligation de résultat« und »obligation de moyens« ist manchmal schwierig, oft aber ganz eindeutig. Wer sich z.b. als Verkäufer verpflichtet, die im Vertrag bezeichneten Waren rechtzeitig dem Käufer zu liefern, verspricht damit einen bestimmten Erfolg; er schuldet deshalb eine »obligation de résultat« und kann sich, wenn der versprochene Erfolg nicht eintritt, von seiner Haftung nur unter den genannten strengen Voraussetzungen entlasten. Wenn z.B. eine bestimmte Menge Hafer der Ernte des Jahres 1914 verkauft, aber nicht geliefert worden ist, weil die Militärbehörden die Haferernte dieses Jahres beschlagnahmt haben, so kann der Verkäufer dennoch Schadensersatz schulden: Zwar ist die Beschlagnahme im allgemeinen als »force majeure« anzusehen; anders jedoch, wenn der Verkäufer nach den Umständen des Falles eine Gelegenheit versäumt hat, die Ware noch vor ihrer Beschlagnahme auf den Weg zum Käufer zu bringen.[23] Wird die Herstellung, die Beförderung oder die Lieferung der versprochenen Leistung durch einen *Streik* verhindert oder verzögert, so wird darin umso eher ein befreiendes Leistungshindernis gesehen, je allgemeiner und unvorhersehbarer der Streik im konkreten Fall gewesen ist.[24] Man kann deshalb sagen, dass in Fällen, in denen Gattungswaren verkauft und nicht oder nicht rechtzeitig geliefert worden sind, die französische Rechtsprechung im Wesentlichen zu den gleichen Ergebnissen kommt, wie sie für diese Fallgruppe auch in Deutschland – dort freilich gestützt auf die Annahme, dass der Verkäufer ein »Beschaffungsrisiko« übernommen habe – erzielt werden.

Ebenso liegt es bei einem Werkvertrag, sofern der Unternehmer seinem Auftraggeber nicht nur *Bemühungen* um den von ihm ins Auge gefassten Erfolg – dann läge ein Dienstvertrag vor –, sondern den *Erfolg selbst* versprochen hat. In Art. 1792 Code civil wird ausdrücklich bestimmt, dass Bauunternehmer und Architekten den Schaden ersetzen müssen, den sie durch fehlerhafte Bau- oder Planungsleistungen dem Bauherrn zugefügt haben, es sei denn, dass sie sich von der Haftung durch den Nachweis einer »cause étrangère« entlasten können.[25]

---

[23] Civ. 16. Mai 1922, D. 1922.I.131. Vgl. ferner Civ. 19. Juni 1923, D.P. 1923.I.94; Req. 28. Nov. 1934, S. 1935.I.105. Vgl. dazu rechtsvergleichend *Treitel* (oben N. 12) s. 18.
[24] Vgl. z.B. Ch. mixte 4. Feb. 1983, Bull.cass. 1983 no. 1 und 2; Civ. 7 März 1966, D. 1966 Somm. 82; Com. 24 Nov. 1953, J.C.P. 1954.II.8302 mit Anm. *Radouant*; Com. 6. März 1985, Bull.cass. 1985.IV. no. 90; Civ. 6. Okt. 1973, J.C.P. 1993.II.22154 mit Anm. *Waquet.*
[25] Bei anderen Werkverträgen ist die Rspr. nicht eindeutig. Vgl. dazu *Terré/Simler/ Lequette* no. 590 (N. 29). Hat z.B. der Unternehmer die Reinigung eines Kleidungsstücks versprochen, so haftet er wegen Verletzung einer »obligation de résultat«, wenn das Kleidungsstück während der Reinigung verlorengegangen ist und nicht zurückgegeben werden kann. Dagegen besteht, wenn die Reinigung misslungen und das Kleidungsstück beschädigt worden ist, zwar eine Vermutung dafür, dass dafür ein Verschulden des Unternehmers ursächlich gewesen ist; diese Vermutung ist aber widerleglich. Vgl. Civ. 20. Dez. 1993, Bull.cass. 1993.I. no. 376; Versailles 28. Okt. 1983, Gaz.Pal. 1984.2. Somm. 354.

Ein strenge Haftung besteht auch dann, wenn der Verkäufer Waren geliefert hat, die einen versteckten Mangel aufweisen. Zwar obliegt ihm insoweit keine »obligation de résultat«. Wohl aber verletzt er die »garantie des vices cachés«, die ihn nach den kaufrechtlichen Regeln der Art. 1641 ff. Code civil trifft. Zwar haftet der Verkäufer in einem solchen Fall nur auf Rückerstattung des Kaufpreises und auf Ersatz der dem Käufer entstandenen Kosten; und richtig ist auch, dass er auf vollen Schadensersatz nur dann haftet, wenn er den Mangel der Sache *gekannt* hat (Art. 1645 f.). Aber die französische Rechtsprechung entscheidet in ständiger Praxis, dass ein Verkäufer, der Sachen gleicher Art gewerbsmäßig zu verkaufen pflegt, so zu behandeln ist, wie wenn er den Mangel gekannt hätte. Er schuldet daher vollen Schadensersatz, ohne dass nach seinem Verschulden gefragt werden müsste; diese Verpflichtung trifft ihn sogar dann, wenn er sich in dem Vertrag von seiner Haftung für versteckte Mängel freigezeichnet oder sie beschränkt hat.[26]

Ersatz verlangen kann auch derjenige, der im Zuge der Durchführung eines Vertrages die von der anderen Partei beherrschten Räume und technischen Anlagen benutzt und dabei einen Schaden erlitten hat. Da in solchen Fällen dem Geschädigten meist ein Körper- oder Sachschaden entsteht, liegt die Frage nahe, ob als Grundlage seines Anspruchs nicht auch eine unerlaubte Handlung in Betracht kommt. Die französische Rechtsprechung vertritt jedoch in ständiger Praxis die Auffassung, dass der Geschädigte, wenn er mit dem Schädiger in vertraglicher Verbindung steht, deliktische Ansprüche gegen ihn nicht geltend machen darf, vielmehr auf vertragliche Ansprüche beschränkt ist.[27] In der eben genannten Fallgruppe werden diese Ansprüche auf die Nichterfüllung einer vertraglichen »obligation de sécurité« gestützt, bei der wiederum danach unterschieden wird, ob es sich um eine »obligation de résultat« oder eine »obligation de moyens« handelt. Wer z.B. als Unternehmer einer Eisenbahn einen Beförderungsvertrag geschlossen hat, muss den Reisenden aufgrund ei-

---

[26] Vgl. nur Civ. 30. Okt. 1978 und Com. 6. Nov. 1978, J.C.P. 1979.II.19178 mit Anm. *Ghestin.* Daneben kann derjenige, der – er mag Käufer sein oder auch nicht – infolge der fehlerhaften Beschaffenheit eines Produkts einen Körperschaden oder einen Schaden an seinen sonstigen Sachen erlitten hat, Schadensersatz vom Hersteller des fehlerhaften Produkts verlangen, unter bestimmten Voraussetzungen auch von demjenigen, der »wie ein Hersteller« aufgetreten ist, das Produkt importiert oder es als Lieferant in Verkehr gebracht hat. Diese (von vertraglichen Ansprüchen unabhängige) »Produkthaftung« ist durch die EG-Richtlinie 85/374/EWG vom 25. Juli 1985 eingeführt und in Frankreich durch Art. 1386–1 ff. Code civil umgesetzt worden. Vgl. dazu *F. Bruder*, Produkthaftung, in: HWB des Europäischen Privatrechts (2009) 1200.

[27] Dieser Grundsatz des »non-cumul des responsabilités contractuelle et délictuelle« ist eine Besonderheit des fr. Rechts; vgl. dazu *Terré/Simler/Lequette* no. 875 f. Anders das britische Recht; vgl. *Henderson* v. *Merrett Syndicates Ltd.* [1994] 3 All E.R. 506, 523 ff. Anders auch das deutsche Recht; vgl. BGH 24. Mai 1976, BGHZ 66, 315 und *G. Wagner* in: MünchKomm (6. Aufl. 2013) vor § 823 BGB Rn. 68 ff. Vgl. dazu rechtsvergleichend *T. Weir*, Int.Enc.Comp.L. XI Torts (1983) Ch. 12, s. 47 ff.

ner »obligation de sécurité de résultat« wohlbehalten zum Zielort bringen; er kann sich also, wenn der Reisende während der Fahrt verletzt wird, von seiner Ersatzpflicht nur dadurch befreien, dass er beweist, es sei die Verletzung auf eine »cause étrangère«, praktisch also: auf höhere Gewalt, zurückzuführen.[28] Schwieriger liegen Fälle, in denen der Geschädigte bei der Nutzung der Anlage über eine gewisse Selbständigkeit und Bewegungsfreiheit verfügt. Hat jemand auf einem Jahrmarkt seinem Kunden einen Autoscooter überlassen, so trifft ihn, wenn der Autoscooter fehlerhaft ist und der Kunde deshalb einen Schaden erleidet, eine »obligation de résultat«,[29] dagegen nur eine »obligation de moyens«, wenn der Kunde den Unfall vor oder nach der Fahrt mit dem Autoscooter erlitten hat, weil er z.B. beim Betreten der Anlage auf ihren Stufen zu Fall gekommen ist.[30] Eine »obligation de moyens« schuldet derjenige, der als Unternehmer eines Hotels oder Restaurants seinen Kunden verkehrssichere Räume oder Treppen[31] oder als Betreiber eines Schwimmbades eine verkehrssichere Badeanlage[32] überlassen muss.

Nur eine »obligation de moyens« hat auch derjenige zu erfüllen, der seinem Vertragspartner die Besorgung seiner Geschäfte versprochen hat, also z.B. als Rechtsanwalt, Notar oder Steuerberater die rechtlichen oder steuerlichen Interessen seines Mandanten wahrnehmen, als Sachverständiger für seinen Auftragge-

---

[28] Das gilt nur dann, wenn der Reisende den Unfall erlitten hat, nachdem er den Waggon zu betreten begonnen und bevor er das Aussteigen beendet hat. Ist es vor oder nach diesem Zeitpunkt zu dem Unfall gekommen, etwa weil der Reisende auf dem vereisten Bahnsteig ausgeglitten und auf die Gleise gestürzt ist, so soll er seine Ansprüche auf eine unerlaubte Handlung stützen dürfen. Vgl. z.B. Civ. 7. März 1989, Bull.cass. 1989.I. no. 118 = D. 1989, 1 mit Anm. *Malaurie*; Civ. 13. März 2008, J.C.P. 2008.II.10085. Der Eisenbahnunternehmer muss auch dann Ersatz leisten, wenn der Reisende während der Fahrt als Opfer eines Raubüberfalls körperlich verletzt und bestohlen worden ist: Er kann sich nicht auf »force majeure« berufen, weil Raubüberfälle für ihn vorhersehbar sind und er einen gewissen Abschreckungseffekt durch »la présence de contrôleurs en nombre suffisant parcourant les wagons de façon regulière« erreichen kann (Civ. 3. Juli 2002, D. 2002, 2631). Die strenge Haftung gilt auch dann, wenn der Schaden des Reisenden darin besteht, dass während der Reise sein Gepäck verlorengeht (Civ. 26. Sept. 2006, J.C.P. 2006.II.10206).

[29] Ebenso im Ergebnis das deutsche Recht: Der Unternehmer hat den Autoscooter vermietet; daher trifft ihn gemäß § 536a BGB eine »Garantie« dafür, dass er im Zeitpunkt des Vertragsschlusses tauglich war. So BGH 21. Feb. 1962, NJW 1962, 908.

[30] Civ. 30. Okt. 1968, D. 1969, 650; Civ. 28. April 1969, J.C.P. 1970.II.16166 mit Anm. *Rabut*. Vgl. auch Civ. 11. März 1986, J.C.P. 1986.IV.186 (Kabinenlift); Civ. 4. Nov. 1992, D. 1994, 45 mit Anm. *Brun* (Schlepplift).

[31] Civ. 7. Feb. 1966, D. 1966, 314; Civ. 22. Mai 1991, Bull.cass. 1991.I. no. 163. Auch hier kann zweifelhaft sein, ob den Hotel- oder Restaurantunternehmer eine »obligation de moyens renforcée« trifft, also sein Verschulden vermutet wird und er die Haftung nur durch die Führung des Gegenbeweises vermeiden kann. Hat der Unternehmer seinem Kunden fehlerhaftes Essen geliefert, so haftet er wegen Verletzung einer »obligation de résultat«; vgl. Poitiers 16. Dez. 1970, J.C.P. 1972.II.17127 mit Anm. *Mémetau*.

[32] Civ. 20. Okt. 1971, Bull.cass. 1971.I. no. 227.

ber ein Gutachten erstatten, als Architekt für ihn den ordnungsmäßigen Ablauf eines Bauvorhabens überwachen oder ihm Auskünfte erteilen, seine Forderungen gegen Dritte einziehen oder seine Wertpapiere verwahren soll. Auch der Arzt, der dem Patienten medizinische Leistungen versprochen hat, haftet ihm nur nach Maßgabe einer »obligation de moyens«. Auch hier lässt sich aber eine Tendenz zur Verschärfung der Haftung des Arztes beobachten. So besteht zugunsten des Patienten eine Vermutung dafür, dass ihn der Arzt nicht richtig über die Gefahren seiner Behandlung aufgeklärt habe; es ist daher Sache des Arztes, den Gegenbeweis zu führen.[33] Eine noch strengere »obligation de sécurité de résultat« trifft das Krankenhaus, wenn der Patient dort zum Opfer einer – mit seinem eigentlichen Leiden nicht zusammenhängenden – Infektionskrankheit wird; das Krankenhaus kann sich also von seiner Haftung nur durch den Nachweis einer »cause étrangère« befreien.[34] Ebenso streng haftet der Arzt, wenn der Schaden seines Patienten darauf beruht, dass er zu seiner Behandlung eine fehlerhafte Sache eingesetzt, also eine fehlerhafte Zahnprothese geliefert, ein fehlerhaftes Medikament verordnet oder ein fehlerhaftes Blutprodukt verwendet hat.[35]

3. »Breach of contract«. – Im Unterschied zu den kontinentaleuropäischen Rechtsordnungen fasst das Common Law den Vertrag grundsätzlich als ein Garantieversprechen auf. Hat der Schuldner nicht dasjenige geleistet, was zu leisten er in dem Vertrag versprochen hat, so muss er wegen »breach of contract« Schadensersatz leisten. Diese Haftung ist »strikt«, weil es für sie im Allgemeinen nicht darauf ankommt, ob der Schuldner selbst, seine Hilfspersonen oder der von ihm in die Vertragserfüllung eingeschaltete Unternehmer die Nichterfüllung zu vertreten, in der Regel also: verschuldet haben. Gewiss gibt es auch im Common Law – wie sich gleich zeigen wird – viele Fälle, in denen der Schuldner Schadensersatz nur dann leisten muss, wenn er die nach den Umständen geforderte Sorgfalt verletzt hat. Hat er in solchen Fällen sorgfältig gehandelt, so fehlt es schon an einem »breach of contract«. Der Schuldner hat nämlich durch sein sorgfältiges Verhalten alles dasjenige getan, was zu tun schon der richtig ausgelegte Vertrag *selbst* von ihm verlangt hat.[36]

---

[33] Civ. 25. Feb. 1997, J.C.P. 1997.I.4025 mit Anm. *Viney.* Vgl. ausführlich zur Arzthaftung *Terré/Simler/Lequette* no. 1004 ff.

[34] Civ. 18. Feb. 2009, Bull.cass. 2009.I. no. 37.

[35] Civ. 15. Nov. 1988, Bull.cass. 1988.I. no. 319; Civ. 9. Nov. 1999, J.C.P. 2000. II.10251 mit Anm. *Brun*; Civ. 7. Nov. 2000, Bull.cass. 2000.I. no. 279 = J.C.P. 2001.I.340 mit Anm. *Viney.* Anders jedoch, wenn ein Chirurg bei einer Operation Latex-Handschuhe verwendet und dadurch bei seiner Patientin eine erhebliche allergische Reaktion ausgelöst hat. Da die Handschuhe nicht fehlerhaft waren und der Chirurg nicht schuldhaft gehandelt hatte, wurde die Klage der Patientin abgewiesen (Civ. 22. Nov. 2007, J.C.P. 2008.II.10069 mit Anm. *Corpart*). Immerhin kann sie in einem solchen Falle unter bestimmten Voraussetzungen Schadensersatz von der *Staatskasse* verlangen. Vgl. dazu die *Loi Kouchner* vom 4. März 2002 (L. 1142–1 Code de la santé publique).

[36] Vgl. dazu schon oben den Text zu N. 12.

Die strikte Haftung aus »breach of contract« wird in England gern auf die alte Entscheidung *Paradine v. Jane*[37] gestützt, in der der Kläger ein Verpächter war, der zwar nicht Schadensersatz wegen »breach of contract«, sondern Erfüllung des Vertrages, nämlich die Zahlung rückständiger Pachtzinsen verlangte. Der Pächter wandte ein, dass er das Pachtgrundstück, weil es von bewaffneten Aufrührern mit Gewalt in Besitz genommen worden war, während der Pachtzeit nicht habe nutzen können. Diese Verteidigung war erfolglos: »When the party by his own contract creates a duty or charge upon himself, he is bound to make it good, notwithstanding any accident by inevitable necessity, because he might have provided against it by his contract«. Der Pächter hätte also nicht zu zahlen brauchen, wenn vertraglich vereinbart gewesen wäre, dass er den Pachtzins im Falle der Besetzung des Grundstückes durch gewaltbereite Dritte nicht zu leisten haben würde und jenes Risiko daher vom Verpächter zu tragen sei. In der Tat sind noch heute Vertragsvereinbarungen gang und gäbe, nach denen der Schuldner nicht zu haften braucht, wenn die Nichterfüllung des Vertrages auf bestimmten Leistungshindernissen beruht, etwa auf Arbeitskämpfen, kriegerischen Ereignissen, Naturkatastrophen oder auch darauf, dass der Schuldner von seinem Vorlieferanten nicht beliefert wird. Hinzu kommt, dass sich die Haftungsbefreiung nicht nur aus ausdrücklichen Vereinbarungen, sondern auch aus einer ergänzenden Auslegung des Vertrages ergeben kann. Dieser Weg wurde in *Taylor v. Caldwell* beschritten. Hier hatte der Kläger eine Musikhalle von dem Beklagten gepachtet, um darin an vier aufeinander folgenden Tagen Konzerte stattfinden zu lassen. Vor dem ersten Aufführungstag brannte die Halle durch Zufall ab. Die Klage des Pächters auf Ersatz des ihm durch den Ausfall der Konzerte entstandenen Schadens wurde abgewiesen, dies aber nicht deshalb, weil der Verpächter den Vertrag nicht erfüllt, aber die Nichterfüllung nicht verschuldet habe, sondern deshalb, weil der richtig ausgelegte Vertrag schon selbst eine stillschweigende Abrede (»implied condition«) enthält, nach der »in contracts in which the performance depends on the continued existence of a given person or thing a condition is implied that the impossibility arising from the perishing of the person or thing shall excuse the performance.«[38] Der Grundgedanke dieser Entscheidung ist nach und nach zu der allgemeinen – in § 15 noch näher darzustellenden – »doctrine of frustration« verbreitet worden. Danach werden die Parteien von der Bindung an den Vertrag befreit – damit erledigt sich auch eine Haftung wegen »breach of contract« – wenn nach Vertragsabschluss durch eine nicht vorausbedachte Veränderung der Umstände, für die keine Partei das Risiko trägt, die Vertragserfüllung unmöglich gemacht oder ganz erheblich erschwert wird.

---

[37] (1647) 82 Engl.Rep. 897.
[38] (1863) 122 Engl.Rep. 309, 314.

Solche Fälle kommen freilich selten vor. Nach der allgemeinen Regel trifft den Schuldner eine strenge Haftung, wenn er etwas vertraglich versprochen hat, aber dann das Versprochene nicht leistet.[39] Diese Regel gilt nicht nur dann, wenn der Schuldner den versprochenen Geldbetrag nicht zahlen kann. Sie gilt auch, wenn er in dem Vertrag die Verschaffung oder Bearbeitung einer Sache versprochen, also z.B. ein Verkäufer sich zur Lieferung von Waren, ein Bauunternehmer zur Errichtung eines Gebäudes, ein Reeder zur Überlassung eines Schiffes oder ein Vermieter zur Bereitstellung eines Hauses verpflichtet haben: Sie alle müssen, sofern nicht etwas anderes vereinbart ist, dafür einstehen, dass die versprochene Leistung rechtzeitig und in der vertraglich zugesagten Beschaffenheit erbracht wird. Hat der Verkäufer die im Vertrag bezeichneten Gattungswaren nicht geliefert, so muss er zwar auch in Deutschland oder Frankreich Schadensersatz leisten, ohne dass es auf sein Verschulden ankommt: in Deutschland, weil angenommen wird, ihn treffe in diesem Fall ein Beschaffungsrisiko, in Frankreich, weil er eine »obligation de résultat« übernommen hat und sich durch den Beweis einer »cause étrangère« nur selten wird entlasten können. In England folgt dieses Ergebnis schon aus der allgemeinen Grundregel; es ist allein Sache der Vertragsauslegung zu bestimmen, welche spezifischen Risiken der Verkäufer übernommen hat und welche nicht.[40] Das Gleiche gilt, wenn der Verkäufer fehlerhafte Waren geliefert hat: Wer Milch kauft und, weil sie bakteriell verseucht ist, krank wird, kann auch dann Schadensersatz verlangen, wenn der Verkäufer beweisen kann, dass er die gesundheitsgefährdenden Eigenschaften der Milch auch bei größter Sorgfalt nicht erkennen konnte.[41] Auch der Bauunternehmer muss Schadensersatz leisten, wenn er in

---

[39] »It is axiomatic that, in relation to claims for damages for breach of contract, it is, in general, immaterial why the defendant failed to fulfill his obligation, and certainly no defence to plead that he had done his best« (*Lord Edmund Davies* in *Raineri* v. *Miles* [1981] A.C. 1050, 1086). »It does not matter whether the failure to fulfill the contract by the seller is because he is indifferent or wilfully negligent or just unfortunate. It does not matter what the reason is. What matters is the fact of performance. Has he performed or not?« (*Sellers* J. in *Nicolene Ltd.* v. *Simmonds* [1952] 2 Lloyd's Rep. 419, 425). Ähnlich *Lord Greene* M.R. in einem Fall, in dem es um die Haftung einer Wäscherei ging: »The laundry company undertakes not to exercise due care in laundering the customer's goods, but to launder them, and if it fails to launder them it is no use saying ›I did my best. I exercised due care and took reasonable precautions, and I am very sorry if as a result the linen is not properly laundered‹.« (*Alderslade* v. *Hendon Laundry* [1945] 1 All E.R. 244, 246 [C.A.]). Dieser Entscheidung lässt sich allerdings auch entnehmen, dass den Reinigungsunternehmer, wenn das Kleidungsstück *verloren geht* und aus *diesem* Grunde nicht zurückgegeben werden kann, keine Haftung trifft, wenn er beweisen kann, dass er seine Obhutspflichten mit der im Verkehr erforderlichen Sorgfalt erfüllt hat.

[40] Vgl. dazu *Treitel (-Peel)* no. 17–064 und rechtsvergleichend *Treitel* (oben N. 12) s. 18.

[41] *Frost* v. *Aylesbury Dairy Co. Ltd.* [1905] 1 K.B. 608; *Daniels* v. *White & Son* [1938] 4 All E.R. 258. Vgl. *Treitel (-Peel)* no. 17–065 und rechtsvergleichend *Treitel* (oben N. 12) s. 19. Ebenso im Ergebnis das französische Recht (vgl. oben zu N. 26). Anders das deutsche

das Bauwerk Sachen eingebaut hat, die ihm vom Hersteller in fehlerhafter Beschaffenheit zugeliefert worden sind: Auch er kann sich nicht durch den Beweis entlasten, dass er den Hersteller ohne jedes Verschulden als zuverlässig ansehen durfte oder dass er den Fehler der zugelieferten Sachen auch durch eine sorgfältige Untersuchung nicht entdeckt hat oder hätte entdecken können.[42]

Anders liegt es, wenn eine Dienstleistung von einem Arzt, Rechtsanwalt, Wirtschaftsprüfer oder Anlageberater versprochen worden ist. Was sie nach dem Vertrag schulden, ist nicht die Herbeiführung eines bestimmten Erfolges; vielmehr schulden sie nur diejenigen Anstrengungen, die – wenn auch im Interesse der Herbeiführung jenes Erfolges – von einem vernünftigen Arzt, Rechtsanwalt, Wirtschaftsprüfer oder Anlageberater in gleicher Lage zu erwarten sind. Hat also ein Sachverständiger ein Gutachten über den Wert eines Grundstückes zu erstatten, so liegt eine Nichterfüllung des Vertrages und damit ein »breach of contract« nicht schon dann vor, wenn das Gutachten falsch ist, sondern erst dann, wenn der Fehler des Gutachters auf die Verletzung der von einem berufsmäßigen Sachverständigen zu erwartenden Sorgfalt zurückzuführen ist.[43] Auch aus s. 13 Supply of Goods and Services Act 1982 ergibt sich, dass, wenn jemand im Rahmen seiner geschäftlichen Tätigkeit eine Dienstleistung versprochen hat, »there is an implied term that the supplier will carry out the service with reasonable care and skill«. Freilich wird in dem Gesetz klargestellt, dass diese Regel nur »dispositv« ist, also eine strengere Haftung des Schuldners ausdrücklich vereinbart oder sich aus der Auslegung des Vertrages ergeben kann. Daher muss man bei der Haftung eines Architekten unterscheiden: Ihn trifft eine strenge Haftung, soweit seine Pläne fehlerhaft sind, hingegen schuldet er nur die nach den Umständen erforderliche Sorgfalt, soweit er die Bauaufsicht führen oder die Tätigkeit der Bauunternehmer, auch soweit sie Baumaterial von Dritten beziehen, überwachen muss.[44] Auch ein Zahnarzt kann sich, wenn die Prothese fehlerhaft ist, nicht damit entschuldigen, dass er sein Bestes getan habe,[45] und in zwei Entscheidungen ist lebhaft darüber gestritten worden, wie die Erklärungen eines Arztes, der die Sterilisierung eines Patienten übernommen hatte, zu verstehen seien: ob nur als ein Versprechen zur Leis-

---

Recht jedenfalls dann, wenn der Verkäufer die fehlerhafte Sache nicht hergestellt, sondern als Händler geliefert hat (vgl. oben zu N. 20).

[42] *G.H. Myers* v. *Brent Cross Service Co.* [1934] 1 K.B. 46; *Young & Marten Ltd.* v. *McManus Childs Ltd.* [1969] 1 A.C. 454. Vgl. *Treitel (-Peel)* no. 17–065 und rechtsvergleichend *Treitel* (oben N. 12) s. 19.

[43] Vgl. *South Australia Asset Management Corp.* v. *York Montague* [1997] A.C. 191 (H.L.). Steht danach die Haftung des Sachverständigen fest, so kann allerdings sehr zweifelhaft sein, in welchem Umfang er Schadensersatz leisten muss. Vgl. dazu unten zu N. 65 f.

[44] *Greaves & Co.* v. *Baynham Meikle & Partners* [1975] 3 All E.R. 99, 103. Vgl. auch dazu *Treitel (-Peel)* no. 17–068 und rechtsvergleichend *Treitel* (oben N. 12) s. 25 ff.

[45] *Samuels* v. *Davis* [1943] 1 K.B. 526.

tung sorgfältiger Dienste, oder als das Versprechen, einen bestimmten Erfolg
– nämlich die Unfruchtbarkeit des Patienten – herbeizuführen.[46]

4. *Internationale Regelwerke.* – Es hat sich gezeigt, dass die nationalen Rechtsordnungen in der hier interessierenden Frage unterschiedliche Ansätze wählen.
Zwar wird nirgends eine »Einheitslösung« akzeptiert, die entweder nur auf dem
Verschuldensprinzip oder nur auf dem Prinzip der Garantiehaftung beruht.
Vielmehr gelten überall »Mischsysteme«. Manche Rechtsordnungen – insbesondere das deutsche Recht – erlauben zwar dem Schuldner den Nachweis,
dass er die Nichterfüllung des Vertrages nicht »zu vertreten«, nämlich weder
vorsätzlich noch fahrlässig verursacht habe. Dieses »Verschuldensprinzip« findet in § 276 BGB »its clearest and most explicit expression«.[47] Allerdings wird
es – wie wir gesehen haben – erheblich eingeschränkt. Strenger scheint die Haftung in Frankreich zu sein, dies jedenfalls in den häufigen Fällen, in denen der
Schuldner eine »obligation de résultat« zu erfüllen hat und deshalb seine Haftung nur dadurch vermeiden kann, dass er eine »cause étrangère« beweist, also
zeigen kann, dass die Nichterfüllung des Vertrages auf »force majeure«, also
auf äußeren Umständen beruht, die nicht vorhersehbar waren und von ihm
auch durch äußerste Sorgfalt nicht abgewendet werden konnten. Das Common
Law geht zwar vom »Garantieprinzip« aus. Aber auch darin liegt nur die halbe
Wahrheit, weil es nicht selten vorkommt, dass der Schuldner in dem Vertrag
nur die Sorgfalt eines vernünftigen Menschen verspricht und es deshalb, wenn
diese Sorgfalt gewahrt ist, schon an einer Nichterfüllung des Vertrages und damit an einem »breach of contract« fehlt.

Immerhin hat sich aber auch gezeigt, dass trotz dieser unterschiedlichen Aus-
gangspunkte ähnliche Fälle oft ähnlich entschieden werden. Zu den Unterschieden zwischen dem Common Law und dem Civil Law hat deshalb *Treitel* mit Recht bemerkt, dass »the practical differences between the two types
of systems are much less significant than their apparently conflicting theories
might suggest«.[48] Dies ist sicherlich ein Grund, der es den Verfassern der internationalen Regelwerke erleichtert hat, eine einheitliche Lösung vorzuschlagen.

Diese Lösung beruht auf der Regel, dass der Schuldner den Schaden ersetzen
muss, den er dem Gläubiger durch irgendeine Art der Nichterfüllung des
Vertrages (*non-performance*) verursacht hat.[49] Für die Frage, was unter einer
Nichterfüllung zu verstehen ist, kommt es einzig und allein darauf an, was der
Schuldner dem Gläubiger in dem Vertrag versprochen hat. Hat er versprochen,
dass er einen bestimmten Erfolg herbeiführen oder einen bestimmten Zustand

---

[46] *Thake v. Maurice* [1986] Q.B. 644; *Eyre v. Measday* [1986] 1 All E.R. 488.

[47] *Treitel* (oben N. 12) S. 9.

[48] *Treitel* (oben N. 12) S. 8. Ebenso *P. Schlechtriem*, Rechtsvereinheitlichung in Europa
und Schuldrechtsreform in Deutschland, ZEuP 1993, 217, 228 ff.

[49] Art. 9:501 (1) PECL; Art. 7.4.1 PICC; Art. III.-3:701 (1) DCFR; Art. 159 (1) CESL.

herstellen werde, so hat er den Vertrag nicht erfüllt, wenn die danach versprochene Leistung ausbleibt, nicht vertragsgemäß ist, verspätet erbracht wird oder
auf irgendeine andere Weise hinter demjenigen zurückbleibt, was der Schuldner
in dem Vertrag versprochen hat. Aus dem Vertrag kann sich aber auch ergeben,
dass der Schuldner sich nur verpflichtet hat, dasjenige zu unternehmen, was von
einem vernünftigen Menschen in gleicher Lage zur Erreichung des Vertragszwecks erwartet wird.[50] Steht nach diesen Regeln fest, dass der Schuldner sein
vertragliches Versprechen nicht erfüllt hat, so muss er Schadensersatz leisten.
Er kann seine Haftung nur dann vermeiden, wenn ihm der Beweis dafür gelingt, dass die Nichterfüllung des Vertrages auf ein Hindernis (»impediment«)
zurückzuführen ist, dass außerhalb seines Einflussbereichs (»control«) liegt und
von dem vernünftigerweise nicht erwartet werden konnte, dass er es bei Vertragsabschluss in Betracht ziehe oder es vermeiden oder überwinden werde.[51]

Damit haben sich die internationalen Regelwerke für eine Lösung entschieden, die dem vertragsbrüchigen Schuldner nur unter strengen Voraussetzungen
gestattet, seine Haftung auf Schadensersatz auszuschließen. Sie sind damit der
Vorschrift des Art. 79 CISG gefolgt, die – allerdings beschränkt auf (internationale) Kaufverträge – das Problem der Entlastung des Schuldners in gleicher Weise regelt. Danach besteht eine Schadensersatzpflicht nur dann nicht,
wenn der Schuldner – meist der Verkäufer – beweisen kann, dass die Nichterfüllung seiner vertraglichen Pflichten auf ein Leistungshindernis zurückzuführen ist, das »außerhalb seines Einflussbereichs« liegt. Hat also der Verkäufer
seine Pflichten nicht erfüllt, weil ihm das dafür erforderliche Geld gefehlt hat
und er es sich auch durch einen Kredit seiner Bank nicht beschaffen konnte, so
mag es sich dabei für ihn zwar um ein Leistungshindernis handeln, nicht aber
um eines, das »außerhalb seines Einflussbereichs« liegt. Diese Voraussetzung ist
nur bei Leistungshindernissen erfüllt, die »extern« sind, also nicht auf irgendwelchen Mängeln des eigenen Geschäftskreises beruhen. Eine Entlastung des
Verkäufers scheidet also aus, wenn die Nichterfüllung seiner Pflichten auf dem
Fehlen der notwendigen finanziellen Ausstattung, auf dem Fehlen der für die

---

[50] Auch in Art. 5.1.4 PICC heißt es in Abs. 1, dass eine Partei nach dem Vertrage verpflichtet sein kann, »to achieve a specific result«; davon wird in Abs. 2 der Fall unterschieden, in dem sie nur eine »duty of best efforts in the performance of an activity« schuldet.
Diese Regeln beruhen auf der Unterscheidung, die im fr. Recht zwischen »obligations
de résultat« und »obligations de moyens« getroffen wird. In den PECL findet sich diese
Unterscheidung zwar nicht. Immerhin bestimmt Art. 6:102 PECL, das für den Vertragsinhalt auch die »implied terms« zu berücksichtigen sind; gerade sie könnten aber – wie
sich aus der Begründung ergibt – für die Frage wichtig sein, ob der Schuldner nach dem
Vertrag eine »duty to achieve a specific result« oder eine »duty to use reasonable efforts«
übernommen hat. Für die Abgrenzung zwischen beiden Fällen werden in der Begründung die gleichen Kriterien wie in Art. 5.1.5 PICC genannt.
[51] So auch Art. 8:108 PECL; Art. 7.1.7 PICC; Art. III.-3:104 DCFR; Art. 88 CESL.
Vgl. dazu noch unten § 15.

Abwendung des Leistungshindernisses erforderlichen fachlichen Fähigkeiten
oder auf Fehlleistungen beruht, die ihm oder dem von ihm in die Vertragsabwicklung eingeschalteten Unternehmer unterlaufen sind; dabei spielt es keine
Rolle, ob die Fehlleistung verschuldet ist oder nicht. Daraus hat der Bundesgerichtshof hergeleitet, dass der Verkäufer gemäß Art. 79 CISG – anders als
nach dem geltenden deutschen Recht – auch dann Schadensersatz leisten muss,
wenn er als bloßer Zwischenhändler tätig geworden ist, also die fehlerhafte
Ware vom Hersteller erworben hat, sie in ihrer Originalverpackung direkt an
den Käufer geliefert worden ist und die Ursache des Fehlers allein im Bereich
des Herstellers liegt.[52] Sofern nichts anderes vereinbart ist, liegt innerhalb seines Geschäftskreises auch der Umstand, dass er nicht liefern kann, weil er selbst
von seinem Vorlieferanten nicht beliefert worden ist, von dem er die verkaufte
Ware oder das zu ihrer Herstellung benötigte Material beziehen wollte. Dagegen kann es außerhalb seines Geschäftskreises liegen, wenn sein Betrieb durch
einen Brand oder ein Hochwasser zum Erliegen gekommen ist und er alle Maßnahmen getroffen hat, die zur Abwendung des Brandes oder zum Schutz vor
den Gefahren des Hochwassers erforderlich waren. »Extern« können auch Leistungshindernisse sein, die durch einen Streik, durch den Ausbruch kriegeri-
scher Ereignisse oder durch Export- oder Importverbote entstehen. Selbst für
»externe« Leistungshindernisse haftet der Verkäufer, wenn von ihm vernünftigerweise erwartet werden konnte, dass er sie bei Vertragsabschluss »in Betracht
zieht«. Er haftet also, wenn ihm Maßnahmen möglich, aber dennoch von ihm
nicht ergriffen worden sind, die den Eintritt des Leistungshindernisses oder
seine Folgen hätten verhindern können. Im Übrigen ist zu bedenken, dass sich
der Verkäufer gegen ein erkennbar drohendes Leistungshindernis auch dadurch
schützen kann, dass er sich in dem Vertrag für den Fall seines Eintritts von der
Haftung freizeichnet oder dass er, wenn ihm das nicht gelingt, vom Abschluss
des Vertrages ganz absieht.

Damit wird das Verschuldensprinzip in seiner allgemeinen Form aufgegeben. Bedauern muss man das nicht. Richtig ist zwar, dass das deutsche Recht
an diesem Prinzip in stärkerem Umfang als andere Rechtsordnungen festhält,
und richtig ist auch, dass zu seiner Verteidigung gelegentlich geltend gemacht
wird, ihm wohne im Vergleich zum Garantieprinzip eine »höhere« rechtsethi-
sche Überzeugungskraft« inne.[53] Damit passt es aber schlecht zusammen, dass

---

[52] BGH 24. März 1999, BGHZ 141, 129,134. Vgl. ausführlich zu den Einzelheiten
des Art. 79 CISG z.B. *P. Schlechtriem/U. Schroeter*, Internationales UN-Kaufrecht (5. Aufl.
2013) Rn. 644 ff.; *P. Winship*, Exemptions under Art. 79 of the Vienna Sales Convention,
RabelsZ 68 82004) 495, beide mit umfassenden Nachweisen.

[53] So *C.-W. Canaris*, Die Reform des Rechts der Leistungsstörungen, JZ 2001, 494,
506. – Vgl. dazu auch *D. Medicus*, Voraussetzungen einer Haftung wegen Vertragsverletzung, in: J. Basedow (Hrsg.), Europäische Vertragsrechtsvereinheitlichung und deutsches
Recht (2000) 179, 187: Eine verschuldensunabhängige Haftung könne manchmal »zu

auch im deutschen Recht das Verschuldensprinzip in wichtigen Fällen zugunsten einer strengeren Haftung abgedankt hat und dass oft die Praxis mit ihm selbst dann wenig Federlesens macht, wenn es an sich maßgeblich ist. Hat eine Partei in dem Vertrag nicht bloß Anstrengungen in Richtung auf einen Erfolg, sondern den Erfolg selbst versprochen, so ist es auch rechtsethisch vorzugswürdig, dass sie an ihrem Versprechen festgehalten wird, dies auch dann, wenn sich später zeigt, dass sie in dem Vertrag mehr versprochen hat, als sie nach ihren Kräften leisten kann.

III. *Zusammenhang von Nichterfüllung und Schaden*

Hat der Schuldner den Vertrag nicht erfüllt, so muss er grundsätzlich den gesamten Schaden ersetzen, der dem Gläubiger daraus entsteht. Das gilt allerdings nur insoweit, als zwischen der Nichterfüllung des Vertrages und dem Schaden ein ausreichender Zusammenhang besteht. Das ist insbesondere in zwei Fallgruppen zweifelhaft. In der ersten Fallgruppe geht es um Schäden, die zwar durch die Nichterfüllung des Vertrages »verursacht« sind, aber doch so entfernt liegen, dass fraglich ist, ob der Schuldner auch für sie noch ersatzpflichtig sein soll. In der anderen Fallgruppe geht es um Schäden, die nicht oder nicht allein auf die Nichterfüllung des Vertrages, sondern ganz oder teilweise auf das eigene Verhalten des Gläubigers zurückzuführen sind, sei es dadurch, dass er selbst für die Entstehung des Schadens ganz oder teilweise verantwortlich ist, sei es dadurch, dass er Maßnahmen unterlassen hat, die ein vernünftiger Mensch getroffen hätte, um einen bereits entstandenen Schaden noch nachträglich zu mindern oder ganz abzuwenden.

1. *Haftung für entfernt liegende Schäden.* – In keinem Falle muss der Schuldner Schäden ersetzen, die der Gläubiger auch dann erlitten hätte, wenn man sich die Nichterfüllung des Vertrages wegdenkt. So kann es z.B. liegen, wenn jemand Ersatz eines Körperschadens verlangt und behauptet, dass er als Hotelgast durch einen Sturz auf der schadhaften Hoteltreppe oder als Patient durch eine falsche Diagnose seines Arztes zu Schaden gekommen sei: Hier haftet der Hotelunternehmer nicht, wenn die Beweisaufnahme ergibt, dass sein Gast

---

unzumutbaren Härten« führen, so etwa dann, wenn der Inhaber eines »kleineren Unternehmens« krank und die von ihm versprochene Handwerksleistung daher unausführbar geworden sei. Auch in diesem Falle muss man aber fragen, warum das Risiko einer Erkrankung des Handwerkers nicht von ihm, sondern von seinem Auftraggeber getragen werden sollte. In einem Fall, in dem der Auftraggeber weiß, dass das versprochene Werk nur von seinem Vertragspartner und von niemand anderem hergestellt werden kann, hat der Kassationshof angenommen, dass der Unternehmer zwar eine »obligation de résultat« übernommen habe, seine Erkrankung aber ausnahmsweise einen Fall der »force majeure« darstelle. Vgl. Ass.plén. 14. April 2006, Bull.cass. 2006 no. 5 und dazu ausführlich *Ranieri* (oben N. 22) 590 ff.

nicht wegen der schadhaften Hoteltreppe, sondern in Wahrheit wegen eines Herzanfalls gestürzt ist und sich dabei verletzt hat. Auch der Arzt braucht für die Gesundheitsschäden des Patienten nicht aufzukommen, wenn feststeht, dass sie sich auch bei richtiger Diagnose nicht mehr hätten abwenden lassen. Gewiss haben Hotelunternehmer und Arzt den Vertrag nicht erfüllt. Aber die Nichterfüllung ist nicht Ursache des Schadens gewesen, dessen Ersatz verlangt wird.

Auch wenn der danach erforderliche Ursachenzusammenhang zwischen Nichterfüllung und Schaden gegeben ist, steht damit allein die Haftung des Schuldners noch nicht fest. Denn es gibt Schäden, die zwar, wenn man sich die Nichterfüllung wegdenkt, nicht eingetreten wären, aber doch mit ihr nur so locker und so indirekt verknüpft sind, dass aus normativen Gründen zweifelhaft ist, ob auch sie noch den Schuldner zugerechnet werden können. Das wird an dem vieldiskutierten Beispielsfall deutlich, der schon von *Ulpian*[54] und dann besonders ausführlich von *Pothier*[55] diskutiert und schließlich zur Grundlage der Regeln des Code civil gemacht worden ist: Hat der Verkäufer eine kranke Kuh geliefert, so muss er dem Käufer nicht nur den Wert der Kuh, sondern auch den Wert des gesunden Viehs ersetzen, das sich an der Kuh angesteckt hat. Er hafte aber nicht auf den Ersatz des Schadens, der dadurch eintritt, dass der Käufer, weil sein Vieh eingegangen ist, sein Land nicht mehr bestellen kann, erst recht nicht dafür, dass der Käufer, weil zur Bestellung seines Landes außerstande, zahlungsunfähig wird, seine Schulden nicht ausgleichen kann und deshalb sein Hof von den Gläubigern gepfändet und für einen geringen Preis an Dritte losgeschlagen wird. Diese Schäden sind nach Auffassung von *Pothier* mit der Lieferung der kranken Kuh nur »indirekt« verknüpft; deshalb bestimmt Art. 1151 Code civil, dass nur derjenige Schaden zu ersetzen sei, »qui est une suite immédiate et directe de l'inexécution de la convention«. Außerdem wird die Haftung auch noch durch Art. 1150 Code civil beschränkt. Danach haftet der Schuldner nicht für Schäden, die bei Abschluss des Vertrages weder von ihm vorhergesehen waren noch auch von ihm vorhergesehen werden konnten.[56]

---

[54] *Ulpian* D. 19, 1, 13 pr. und dazu *Zimmermann* 829 ff.

[55] *R. J. Pothier*, Traité des obligations no. 166 f., in: *R. J. Pothier*, Traités de droit civil et de jurisprudence française, Band I (2. Aufl. 1781).

[56] Diese »Vorhersehbarkeitsregel« gilt allerdings nicht, wenn der Schuldner arglistig oder – so die fr. Rspr. – grob schuldhaft gehandelt hat. Auch in *Pothiers* Beispielsfall wusste der Verkäufer von der Krankheit der Kuh; er war deshalb arglistig und haftete daher zwar auch für »unvorhersehbare«, nicht aber für »indirekte« Schäden. Ebenso Art. 1225 Codice civile und Art. 1107 span. ZGB, sofern dem Schuldner Arglist zur Last fällt. Auch in anderen Rechtsordnungen kann der Schuldner durch eine besonders weitgehende Haftung »bestraft« werden, wenn er vorsätzlich oder grob schuldhaft gehandelt hat. So z.B. in Österreich (vgl. §§ 1323 f. ABGB); auch in der Schweiz darf der Richter bei der Bemessung des zu ersetzenden Schadens »die Größe des Verschuldens« berücksichtigen (Art. 43 I, 99 III OR). Vgl. auch Art. 9:503 PECl und Art. III.-3:703 DCFR. Eine

Eine ähnliche Regel gilt seit der Entscheidung in *Hadley v. Baxendale*[57] auch in England. Hier betrieb der Kläger eine Mühle, in deren Maschine ein Schaft gebrochen war, der von dem beklagten Fuhrunternehmer zum Hersteller befördert werden und dort als Vorlage für die Anfertigung eines Ersatzstücks dienen sollte. Durch einen Fehler des Fuhrunternehmers verzögerte sich die Beförderung, so dass die Mühle längere Zeit stillstand und der Kläger Ersatz des ihm dadurch entstandenen Schadens verlangte. Die Klage wurde abgewiesen. Nach Auffassung des Gerichts sind Schäden ohne weiteres zu ersetzen, die »nach dem gewöhnlichen Lauf der Dinge« als Folge der Nichterfüllung des Vertrages eintreten, außerdem auch solche Schäden, die »may reasonably be supposed to have been in the contemplation of both parties at the time they made the contract as the probable result of the breach«. Als eine »gewöhnliche« Folge der verspäteten Lieferung sei der Stillstand der Mühle aber nicht anzusehen; der Beklagte hafte ferner deshalb nicht, weil nach den Umständen des Falles zwar der Kläger, nicht aber er bei Vertragsschluss habe in Betracht ziehen müssen, dass die Mühle für die Dauer der Verspätung stillstehen werde.

Diese Regel gilt auch dann, wenn zwar die *Art* der drohenden Schäden, nicht aber ihr *Umfang* von den Parteien bei Vertragsschluss in Betracht gezogen werden konnte. Hat also ein Verkäufer die sofortige Lieferung eines Maschinenteils versprochen und dabei gewusst, dass der Teil vom Käufer für den Betrieb seiner Waschmaschinen verwendet werden würde, so muss er, wenn sich die Lieferung um 5 Monate verzögert, zwar den gewöhnlichen Gewinn ersetzen, den der Käufer bei ordentlicher Vertragserfüllung gemacht hätte, nicht aber den »ungewöhnlichen« Gewinn, den er nur deshalb erzielt hätte, weil er bei pünktlicher Lieferung exzeptionell günstige Verträge mit bestimmten Drit-

---

solche »Bestrafung« des Schuldners mag erwägenswert sein, wenn er den Schaden des Gläubigers durch eine unerlaubte Handlung herbeigeführt hat, nicht aber, wenn er einen Vertrag nicht erfüllt hat. Denn dann liegt der wahre Grund seiner Haftung nicht darin, dass er mehr oder weniger schuldhaft gehandelt, sondern darin, dass er in dem Vertrag die Erfüllung bestimmter Pflichten versprochen hat und daher für diejenigen Schäden haften muss, die die Parteien durch die Begründung der Pflichten abzuwenden bezweckt haben. Vgl. dazu noch S. 380.

[57] (1854) 9 Exch. 341, 156 Eng.Rep. 145. Manches spricht dafür, dass die Richter bei Erlass dieser Entscheidung die »Vorhersehbarkeitsregel« des fr. Rechts nicht nur kannten, sondern sich von ihr als einer »sensible rule« auch leiten ließen. Die Entscheidung ist immer wieder unter historischen, ökonomischen und rechtsvergleichenden Gesichtspunkten erörtert worden. Vgl. z.B. *R. Danzig, Hadley* v. *Baxendale*: A Study in the Industrialization of the Law, J.Leg.Stud. 4 (1975) 249; *F. Faust, Hadley* v. *Baxendale*: An Understandable Miscarriage of Justice, Journal of Legal History 15 (1994) 41; *A.W.B. Simpson*, Innovation in 19th Century Contract Law, L.Q.Rev. 91 (1975) 247, 278; *F. Faust*, Die Vorhersehbarkeit des Schadens gem´Art. 74 Satz 2 UN-Kaufrecht (CISG) (1996) 198 ff.; *U. Huber*, Leistungsstörungen, Band II (1999) § 39 I 2; *J. Gordley*, The Foreseeability Limitation on Liability in Contract, in: A. Hartkamp u.a. (Hrsg.), Towards a European Civil Code (4. Aufl. 2011) 699; *Treitel* (oben N. 12) s. 127 ff.

ten hätte abschließen können: Diese besonderen Gewinnchancen habe der Verkäufer bei Vertragsabschluss nicht gekannt und auch nicht kennen können.[58] Zu
ähnlichen Ergebnissen kommt die französische Rechtsprechung in den vielen
Fällen, in denen ein Beförderungsunternehmer zwar für den Verlust oder die
Beschädigung von Sachen haftet, aber sich damit verteidigen kann, dass die Sachen einen ungewöhnlichen Wert gehabt hätten und dieser Umstand bei Vertragsabschluss ihm nicht mitgeteilt, daher für ihn nicht vorhersehbar gewesen
und eine Haftung mithin gemäß Art. 1150 Code civil ausgeschlossen sei.[59] Die
Vorhersehbarkeitsregel ist auch von anderen Rechtsordnungen und inzwischen
auch vom CISG und den internationalen Regelwerken übernommen worden.[60]

Gibt es einen ökonomischen Grund, der die Vorhersehbarkeitsregel plausibel
erscheinen lässt? Sie setzt einen wünschenswerten Anreiz dafür, dass der Gläubiger den Schuldner schon bei Abschluss des Vertrages auf die Gefahr eines besonders hohen Schadens hinweist. Der Schuldner mag dann den Abschluss des
Vertrages ablehnen. Will er ihn schließen, so wird er, weil er den Umfang des
ihm drohenden Risikos kennt, den Aufwand richtig dimensionieren, den er zur
Abwendung des Risikos treiben muss; er wird damit den Preis für seine Leistung richtig festsetzen können oder eine Haftungsbeschränkung aushandeln
wollen. Müsste er auch ohne den Hinweis stets vollen Ersatz leisten, so müsste
er seinen Preis für *alle* Gläubiger erhöhen; damit käme es zu einer unangemessenen Begünstigung (»Quersubventionierung«) derjenigen, die zwar den gleichen
Preis wie andere Gläubiger gezahlt haben, aber im Falle einer Nichterfüllung
des Vertrages einen besonders hohen Schaden ersetzt verlangen können.

Unter diesen Umständen ist es nicht überraschend, dass das deutsche Recht
die »Vorhersehbarkeitsregel« zwar nicht kennt, aber dennoch auf anderen Wegen ähnliche Ergebnisse erreicht. Insbesondere darf der Anspruch des Gläubigers ausgeschlossen oder seinem Umfang nach beschränkt werden, wenn er
es »unterlassen hat, den Schuldner auf die Gefahr eines ungewöhnlich hohen
Schadens aufmerksam zu machen« und wenn der Schuldner diese Gefahr »weder kannte noch kennen musste« (§ 254 Abs. 2 Satz 1 BGB). Anders als im Common Law und im französischen Recht wird dies aber nicht damit begründet,
dass der *Schuldner* ohne den Hinweis das ihm drohende besondere Risiko nicht
vorhersehen konnte, sondern damit, dass der *Gläubiger*, wenn er den Hinweis unterließ und damit gegen die von einem vernünftigen Menschen zu erwartende

---

[58] *Victoria Laundry (Windsor) Ltd. v. Newman Industries Ltd.* [1949] 2 K.B. 528.
[59] Vgl. z.B. Civ. 3. März 1897, D.P. 1898.1.118; Com. 9. Juli und 23. Dez. 1913, D.P.
1915.1.35; Com. 6. Jan. 1970, Bull.cass. 1970.IV. no. 6. In anderen Fällen wird die Ablehnung (auch) damit begründet, dass der Schaden keine »suite immédiate et directe« der
Nichterfüllung sei: Vgl. Req. 18. Mai 1915, S. 1917.1.38; Civ. 16. Mai 1922, S. 1922.1.358;
Com. 30. Juni 1969, Bull.cass. 1969.IV. no. 249.
[60] Vgl. z.B. Art. 1225 Codice civile und Art. 1107 span. ZGB, ferner Art. 74 Satz 2
CISG; Art. 9:503 PECL; Art. 7.4.4 PICC; Art. III.-3:703 DCFR; Art. 161 CESL.

Sorgfalt verstieß, den ihm entstehenden Schaden ganz oder teilweise *selbst verursacht* hat.[61] Ein wesentlicher praktischer Unterschied liegt darin aber nicht.

In anderen Fällen wird die Haftung des Schuldners mit Hilfe der »Adäquanz-
theorie« begrenzt. Danach haftet der Schuldner für solche Schäden nicht, mit
denen nach dem Urteil eines neutralen Beobachters »nur unter besonders ei-
genartigen, ganz unwahrscheinlichen und nach dem regelmäßigen Verlauf
der Dinge außer Betracht zu lassenden Umständen« zu rechnen war.[62] Diese
Theorie stellt im Wesentlichen auf das gänzlich unbestimmte Kriterium der
»Wahrscheinlichkeit« des Schadens ab und wird deshalb im Schrifttum durchweg abgelehnt.[63] Sie wird mehr und mehr ergänzt – besser: ersetzt – durch
die »Schutzzwecktheorie«: Sie ermittelt zunächst die Pflicht, die der Schuldner nach dem Vertrag zu erfüllen und im konkreten Fall verletzt hat; dann
rechnet sie ihm alle, aber auch nur diejenigen Schäden zu, für die er nach dem
»Schutzzweck« der von ihm übernommenen Pflicht einstehen wollte. Danach
kommt es nicht mehr darauf an, in welchem Grade der Schaden »wahrscheinlich« oder »vorhersehbar« war, sondern darauf, ob er zu denjenigen Schäden
gehört, die abzuwenden nach dem richtig ausgelegten Vertrag der Zweck der
vom Schuldner übernommenen Vertragspflicht war.[64]

Auch in der neueren englischen Rechtsprechung finden sich Anzeichen dafür, dass zwar an der Regel in *Hadley v. Baxendale* festgehalten wird, dies aber
nur unter dem Vorbehalt, dass sich nicht schon dem Vertrag selbst entnehmen
lässt, dass der Schuldner für Schäden der in Rede stehenden Art, auch wenn

---

[61] Vgl. BGH 29. Jan. 1969, NJW 1969, 789: Danach kann ein Mitverschulden des
Hotelgastes darin liegen, dass er dem Betreiber des Hotels sein Auto zur Verwahrung
übergeben, ihn dabei aber nicht darauf hingewiesen hat, dass sich im Kofferraum eine
Sammlung goldener Armbanduhren befindet. Ist der Hinweis gemacht, so bedeutet das
nicht, dass der durch den Diebstahl der Uhren entstandene Schaden in voller Höhe dem
Hotelbetreiber zur Last fällt. Vielmehr hängt die Frage, ob und in welchem Umfang
Ersatz geleistet werden muss, von den Umständen und zwar »insbesondere davon ab, in-
wieweit der Schaden vorwiegend von dem einen oder anderen Teil verursacht worden
ist«. Vgl. ferner OLG Hamm 28. Feb. 1989, NJW 1989, 2066; OLG Hamm 17. Juni 1996,
NJW-RR 1998, 380, ferner (in Fällen des unterlassenen Hinweises auf den ungewöhnlich hohen Wert der zu befördernden Waren) BGH 1. Dez. 2005, NJW-RR 2006, 1108;
BGH 20. Juli 2006, NJW-RR 2007, 28.
[62] BGH 9. Okt. 1997, NJW 1998, 138, 140; BGH 16. April 2002, NJW 2002, 2232,
2233.
[63] Vgl. dazu ausführlich *Oetker* in: MünchKomm (6. Aufl. 2012) § 249 BGB Rn. 103 ff.
[64] Vgl. z.B. BGH 3. Dez. 1991, NJW 1992, 555, 556: »Es ist anerkannt, dass der Verstoß gegen eine Rechtspflicht nur zum Ersatz des Schadens verpflichtet, dessen Eintritt
die Einhaltung der Pflicht verhindern sollte. Das trifft nicht nur für den Bereich des Deliktsrechts, sondern auch im Vertragsrecht zu; auch hier muss der Schaden nach Art und
Entstehungsweise aus dem Bereich der Gefahren stammen, zu deren Abwendung die verletzte Pflicht bestimmt war.« Ebenso BGH 6. Juni 2002, NJW 2002, 2459, 2460; BGH
13. Feb. 2003, NJW-RR 2003, 1035.

sie für ihn vorhersehbar waren, *überhaupt nicht* verantwortlich sein sollte.[65] Hat z.B. ein Sachverständiger im Auftrag einer Bank ein Gutachten über den Wert eines Grundstückes erstattet, so muss er, wenn er dabei sorglos vorgegangen ist und für das Grundstück einen zu hohen Wert angesetzt hat, der Bank den Schaden ersetzen, der ihr dadurch entsteht, dass sie das Grundstück zu hoch beliehen hat. Muss er ihr auch insoweit Ersatz leisten, als ihr ein zusätzlicher Schaden daraus entsteht, dass nach Erstattung des Gutachtens ein allgemeiner Verfall der Grundstückspreise eingetreten ist? Die Frage wurde verneint, weil der Sachverständige nach richtiger Auslegung des Vertrages sich zwar zu sorgfältiger Herstellung des Gutachtens verpflichtet, damit aber nicht das Risiko eines allgemeinen Sinkens der Immobilienpreise übernommen hatte, dies auch dann nicht, wenn jenes Risiko bei Abschluss des Vertrages von ihm durchaus vorhergesehen werden konnte und die Bank im Falle der Richtigkeit des Gutachtens von der Beleihung des Grundstücks ganz abgesehen hätte.[66]

2. *Mitverantwortlichkeit des Gläubigers.* – Hat der Schuldner den Vertrag nicht erfüllt, so muss er den Schaden ersetzen, der dadurch dem Gläubiger entstanden ist. Wie verhält es sich aber, wenn nicht nur der Schuldner, sondern auch der Gläubiger für den Schaden verantwortlich ist? Dabei kann es so sein, dass der Gläubiger schon für die Entstehung des Schadens mitverantwortlich ist; es kann auch so liegen, dass der Schaden zwar zunächst ganz ohne Zutun des Gläubigers entstanden ist, er aber Maßnahmen unterlassen hat, die zu einer Minderung oder sogar zum Wegfall des Schadens geführt hätten, oder dass er Maßnahmen getroffen hat, die den Schaden noch vergrößert haben.

Früher vertrat man die Auffassung, dass ein Schadensersatzanspruch des Gläubigers ausgeschlossen sei, wenn (auch) er selbst schuldhaft gehandelt und dadurch den Schaden herbeigeführt hat. Eine Ausnahme zugunsten des Gläubigers wurde nur dann gemacht, wenn der Schuldner vorsätzlich gehandelt hatte.

---

[65] So *Lord Hoffmann* in *Transfield Shipping Inc.* v. *Mercator Shipping Inc.* [2009] 1 A.C. 61 (H.L.). Danach kommt es für die Frage, ob der Schuldner für einen bestimmten Schaden im Rahmen der Vorhersehbarkeitsregel haftet oder ob er, auch wenn der Schaden vorhersehbar war, *nicht* haftet, darauf an, »what these parties contracting against the background of market expectations …, would reasonably have considered the extent of the liability they were undertaking« (Nr. 23).

[66] *South Australia Asset Management Corp.* v. *York Montague Ltd.* (oben N. 43). Der Fall liegt nicht anders als der dort von *Lord Hoffmann* auf S. 213 erwähnte Beispielsfall: Ein Bergsteiger will eine schwierige Tour unternehmen und fragt deshalb vorher seinen Arzt, ob sein lädiertes Knie dafür ausreichend leistungsfähig sei. Auch wenn der Arzt leichtfertig zu Werke geht und die ihm gestellte Frage zu Unrecht bejaht, haftet er nicht für den Schaden, den der Bergsteiger auf seiner Tour nicht durch ein Versagen seines Knies, sondern durch Steinschlag erleidet, dies auch dann nicht, wenn er bei richtiger Beratung die Tour überhaupt nicht unternommen hätte. Denn der »Schutzzweck« der von dem Arzt übernommenen Beratungspflicht war nicht die Sicherung gegen die allgemeinen Gefahren von Bergtouren.

Eine »Schadensteilung« je nach dem Maß der Verantwortlichkeit der beiden Beteiligten wurde als unmöglich angesehen.[67] Erst im 19. Jahrhundert wurde diese Regel allmählich aufgelockert. Zuerst wurde in Österreich durch § 1304 ABGB bestimmt, dass, »wenn bei einer Beschädigung zugleich ein Verschulden von Seiten des Beschädigten eintritt«, der Schaden zwischen den Beteiligten »verhältnismäßig« zu teilen sei. In ähnlicher Weise schreibt Art. 6:101 (1) BW vor, dass der Schaden zwischen Gläubiger und Schuldner »verteilt« werden muss, wenn er »auch die Folge eines Umstands ist, der dem Geschädigten zugerechnet werden kann«; dabei kommt es für die »Verteilung« auf das Maß an, in dem die den Parteien zuzurechnenden Umstände zu dem Schaden beigetragen haben. Noch knapper wird dieser Gedanke in Art. 44 OR formuliert: Danach darf der Richter die Ersatzpflicht des Schuldners ermäßigen oder ganz entfallen lassen, wenn der Schaden durch Umstände herbeigeführt oder verschlimmert worden ist, für die der Gläubiger »einstehen muss«. Dagegen erweckt § 254 BGB den Anschein, als dürfe der Schadensersatzanspruch des Gläubigers nur dann ausgeschlossen oder beschränkt werden, wenn ihn ein *Mitverschulden* trifft.[68] Davon darf man sich aber nicht in die Irre führen lassen. Einerseits ist mit dem Begriff des »Verschuldens« in § 254 BGB nicht das Gleiche gemeint wie dort, wo jemand wegen Verschuldens einem Dritten gemäß § 276 BGB haftet.[69] Andererseits ist anerkannt, dass der Gläubiger sich gemäß § 254 BGB einen Ausschluss oder eine Minderung seines Schadensersatzanspruches auch dann gefallen lassen muss, wenn er zwar nicht »schuldhaft« gehandelt, er aber aus anderen Gründen für den Schaden »verantwortlich« ist, weil er sich ihm »zurechnen« lässt oder er für ihn »einzustehen« hat.[70] Manche Rechtsordnungen machen auch noch den Versuch, zwischen Fällen zu unterscheiden, in denen sich die Mitverantwortung des Gläubigers auf die *Entstehung* des Schadens be-

---

[67] Vgl. dazu *Zimmermann* 1010 ff., 1047 ff.

[68] Ebenso z.B. Art. 1227 Codice civile; Art. 300 griech. ZGB; Art. 570 port. CC.

[69] Wer einem Dritten haftet, verletzt durch sein schuldhaftes Verhalten eine *Pflicht*, die er dem Dritten schuldet. In § 254 BGB geht es hingegen um einen *eigenen* Schaden: Wer einen eigenen Schaden herbeiführt oder nicht abwendet oder mindert, verletzt deshalb nur eine *Obliegenheit*. Ob er sie beachten will oder nicht, steht ihm frei. Allerdings bezahlt er für ihre Verletzung einen Preis. Er besteht darin, dass sein Anspruch gegen den Schuldner auf Ersatz des (eigenen) Schadens gemindert oder ausgeschlossen wird.

[70] Das gilt jedenfalls dann, wenn die Verantwortung des Gläubigers auf einem Verhalten beruht, wegen dessen er ohne Rücksicht auf sein Verschulden einem Dritten haften würde. Hat z.B. ein Fuhrunternehmer einen Schaden dadurch erlitten, dass er die von ihm beförderte Ladung auf dem Fabrikgrundstück seines Auftraggebers abliefern wollte, aber dabei über die Gefahren der Benutzung dieses Grundstücks nicht aufgeklärt worden und deshalb mit seinem Fahrzeug verunglückt ist, so kann er von dem Auftraggeber Schadensersatz verlangen, muss sich aber, auch wenn er nicht schuldhaft gehandelt hat, auf seinen Anspruch die von seinem Fahrzeug ausgehende »Betriebsgefahr« anrechnen lassen. Denn er würde wegen dieser »Betriebsgefahr« gemäß § 7 Straßenverkehrsgesetz auch einem Dritten ohne Rücksicht auf ein Verschulden haften.

zieht oder er den bereits entstandenen Schaden nicht abgewendet oder gemindert hat. Zwar hängt von dieser Unterscheidung nicht viel ab, weil es überall um die Durchsetzung des gleichen Grundprinzips geht. Immerhin kann man zwischen der »Entstehung« und der »Verschlimmerung« des Schadens unterscheiden (so Art. 44 OR). Auch in § 254 BGB wird in Abs. 1 das Grundprinzip der Schadensteilung festgelegt, von dem es dann in Abs. 2 heißt, dass es »auch dann maßgeblich« sei, wenn der Gläubiger den Schuldner »auf die Gefahr eines ungewöhnlich hohen Schadens« nicht aufmerksam gemacht oder wenn er die Abwendung oder Minderung des Schadens unterlassen hat.[71] Verantwortlich ist der Gläubiger in diesen Fällen, sofern er sich anders verhalten hat, als dies in gleicher Lage ein vernünftiger Mensch in eigenem Interesse zur Abwendung oder Minderung des Schadens getan hätte. Es ist offensichtlich, dass dadurch dem Richter ein weiter Beurteilungsspielraum gegeben wird.

Im französischen Recht fehlt es zwar an einer allgemeinen gesetzlichen Regelung über die Mitverantwortlichkeit des Gläubigers. Auch ohne sie kommt aber die Rechtsprechung zu ähnlichen Ergebnissen. So kann sich der Schuldner von seiner Haftung durch den Beweis einer »cause étrangère« entlasten. Ein Fall der »cause étrangère« ist auch dann gegeben, wenn der Schaden auf einer »faute de la victime« beruht, also z.B. darauf, dass der Reisende während der Beförderung in der Eisenbahn zwar einen Schaden erlitten hat, der Bahnunternehmer aber beweisen kann, dass der Reisende selbst unvorsichtig gewesen ist und deshalb den Schaden selbst verursacht oder mitverursacht hat.[72] Hat es der Gläubiger unterlassen, bei Vertragsabschluss den Schuldner auf das Risiko eines besonders hohen Schadens hinzuweisen, so wird sein Ersatzanspruch in Deutschland gemäß § 254 BGB ausgeschlossen oder gemindert, ebenso aber auch in Frankreich, weil im Falle der Unterlassung eines solchen Hinweises der besonders hohe Schaden des Gläubigers für den Schuldner nicht vorhersehbar war und daher seine Haftung gemäß Art. 1150 Code civil insoweit ausgeschlossen ist.[73] Darüber hinaus wird vielfach die Ansicht vertreten, dass die Anhaltspunkte, die sich dazu in der Rechtsprechung finden lassen, zu einer allgemeinen Regel verbreitert werden sollten, die dem Gläubiger die nach den Umständen gebotene »Minimierung« des eingetretenen Schadens vorschreibt und ihn, wenn er die danach erforderlichen Maßnahmen unterlässt, mit ei-

---

[71] Der Grundsatz der Schadensteilung gilt auch dann, wenn der Gläubiger eine gebotene Schadens*minderung* unterlassen hat. Wenn also der Schuldner durch die Nichterfüllung des Vertrages einen Schaden von 500 herbeigeführt und der Gläubiger sodann diesen Schaden nicht um 100 gemindert hat, so hängt es von den Umständen ab, ob sein Anspruch um 100 (auf 400) oder vielleicht um einen geringeren Betrag (auf 410 oder 420) gemindert wird. Das ergibt sich aus dem Wortlaut des § 254 BGB und aus der Rspr. Vgl. z.B. BGH 24. Juli 2001, NJW 2001, 3257, 3258.

[72] Vgl. dazu mit Nachweisen aus der Rspr. *Terré/Simler/Lequette* no. 584.

[73] Vgl. dazu oben N. 59.

ner Reduzierung seines Ersatzanspruchs bedroht.[74] Der Reformentwurf Terré
schlägt deshalb in Art. 121 vor, dass der Ersatzanspruch nicht nur dann ausgeschlossen oder beschränkt ist, wenn der Gläubiger unter Verletzung seiner Vertragspflichten den Schaden selbst herbeigeführt hat, sondern auch dann, wenn
er »n'a point pris les mesures sûres et raisonnables propre à éviter, à modérer ou
à supprimer son préjudice«.

Auch in England fehlt es an einer allgemeinen Regelung. Dort wird zwischen
zwei Fallgruppen unterschieden. In der ersten Fallgruppe macht der Schuldner
geltend, dass der Gläubiger vernünftige Maßnahmen unterlassen hat, die den
Schaden gemindert hätten, oder dass er Maßnahmen getroffen hat, die er, weil
sie den Schaden vergrößert haben, besser unterlassen hätte. In der zweiten Fallgruppe behauptet er, dass der Gläubiger durch schuldhaftes Verhalten schon für
die Entstehung des Schadens verantwortlich oder mitverantwortlich ist.

In der ersten Fallgruppe besteht für den Gläubiger eine »duty to mitigate«. Er
muss sich also so verhalten, wie dies in gleicher Lage ein vernünftiger Mensch
zum Zweck der Schadensminderung getan hätte. Hat z.B. der Käufer Lebensmittel gekauft, aber nicht abgenommen, so darf der Verkäufer die Waren nicht
einfach verderben lassen und den dadurch eintretenden Verlust ersetzt verlangen. Vielmehr muss er die Waren bestmöglich anderswo verkaufen. Aus Gründen der Schadensminderung kann auch der nicht belieferte Käufer verpflichtet
sein, sich die Ware durch ein Deckungsgeschäft von Dritten zu beschaffen, und
mit dieser Ware die Verträge mit seinen Kunden erfüllen.[75] Ähnlich liegt es,
wenn dem nicht belieferten Käufer vom Verkäufer die Nachholung der Lieferung oder die Lieferung einer anderen ähnlichen Ware angeboten wird: Zwar
ist der Käufer zur Annahme eines solchen Angebots nicht verpflichtet. Aber
wenn er es ausschlägt, so kann dies zu einer Minderung seines Schadensersatzanspruchs gegen den Verkäufer führen, sofern ein vernünftiger Mensch in gleicher Lage das Angebot angenommen hätte und dadurch der Schaden verringert
worden wäre.[76] Zu beachten ist auch, dass der Ersatzanspruch des Gläubigers in
jedem Falle und in voller Höhe um denjenigen Betrag gemindert wird, um den
er den Schaden hätte mindern können, aber nicht gemindert hat.[77]

---

[74] Vgl. *Terré/Simler/Lequette* no. 597; *B. Fages*, Einige neuere Entwicklungen des französischen allgemeinen Vertragsrechts im Lichte der Grundregeln der Lando-Kommis-
sion, ZEuP 2003, 514, 521.
[75] Vgl. dazu noch unten zu N. 94 ff.
[76] *The Solnit* [1983] 1 Lloyd's Rep. 605.
[77] Vgl. *British Westinghouse Co.* v. *Underground Electric Railways Co. of London Ltd.* [1912]
A.C. 673, 689: Danach muss der Gläubiger alle vernünftigen Schritte zu einer Minderung des Schadens treffen; unterlässt er dies, so wird sein Ersatzanspruch *in vollem Umfang*
um denjenigen Betrag gemindert, um den er den Schaden durch solche Schritte hätte
vermindern können.

Was die zweite Fallgruppe anlangt, so wird durch ein besonderes Gesetz aus dem Jahre 1945 ausdrücklich bestimmt, dass dem Gläubiger ein Mitverschulden jedenfalls dann zur Last gelegt werden darf, wenn ihm der Schuldner wegen einer unerlaubten Handlung Ersatz leisten muss.[78] Wie liegt es aber, wenn der Gläubiger den Schuldner wegen »breach of contract« in Anspruch nimmt? In der Regel wird angenommen, dass in diesen Fällen die Anrechnung eines Mitverschuldens nur dann in Betracht kommt, wenn zwei Voraussetzungen erfüllt sind: Der Schuldner darf nach dem Vertrag nicht zur Herbeiführung eines bestimmten Erfolges verpflichtet sein; vielmehr muss er nur versprochen haben, im Interesse der Erreichung des Vertragszweckes die im Verkehr erforderliche Sorgfalt aufzubieten.[79] Ferner muss der Schuldner, wenn er es an dieser Sorgfalt hat fehlen lassen, dem Gläubiger (auch) aus unerlaubter Handlung haften. So liegt es z.B., wenn sich eine Bank von einem Sachverständigen ein Gutachten über den Wert eines Grundstücks hat erstatten lassen und ihn nunmehr auf Schadensersatz in Anspruch nimmt, weil er die erforderliche Sorgfalt verletzt und deshalb ein unrichtiges Gutachten abgeliefert hat. Obwohl dadurch der Bank nur ein reiner Vermögensschaden entsteht, haftet ihr der Sachverständige dennoch aus dem Deliktstatbestand *negligence*;[80] daher darf er sich damit verteidigen, dass der Bank ein mitwirkendes Verschulden zur Last falle, etwa deshalb, weil sie aus anderen Gründen von der Beleihung des Grundstücks hätte absehen müssen und diese Gründe schuldhaft außer Acht gelassen hat. Dass eine solche Verteidigung in anderen Fällen ausgeschlossen ist, wird freilich oft kritisiert.[81]

Leider findet sich in den internationalen Regelwerken keine einheitliche Lösung, die den gesamten Bereich der Mitverantwortung des Gläubigers erfasst. Das hätte deshalb nahegelegen, weil es in diesem Bereich überall um die gleiche Frage geht, nämlich darum, in welchem Umfang der Ersatzanspruch des Gläubigers reduziert werden darf, wenn der Schaden sowohl ihm wie dem Schuldner zugerechnet werden kann. Stattdessen wird wie im englischen Recht eine besondere Regel nur für den Fall gebildet, in dem sich die Mitverantwortung des Gläubigers darauf bezieht, dass er durch sein Verhalten zu der Nichterfüllung des Vertrages oder zu den sich daraus ergebenden Schadensfolgen beigetragen hat.[82] Daneben gibt es eine weitere Regel, die den Ersatzanspruch des

---

[78] S. 4 Law Reform (Contributory Negligence) Act 1945.

[79] Vgl. dazu oben zu N. 43–46.

[80] Vgl. dazu oben § 3 zu N. 83; § 4 zu N. 69 f.

[81] Vgl. dazu *Treitel (-Peel)* no. 20–105 ff.; *McKendrick* no. 20.12.

[82] Vgl. Art. 9:504 PECL: Danach haftet der Schuldner nicht »to the extent that the aggrieved party contributed to the non-performance or its effects«. Ebenso Art. III.-3:704 (1) DCFR und Art. 162 CESL. Etwas genauer ist Art. 7.4.7 PICC: Der Schadensersatzanspruch des Gläubigers darf in dem Maße reduziert werden, in dem sein Verhalten oder Umstände, für die er das Risiko trägt, zu dem Schaden beigetragen haben.

Gläubigers insoweit gänzlich ausschließt, als er den ohne sein Zutun eingetretenen Schaden durch vernünftige Maßnahmen hätte mindern können.[83] Das
steht im Widerspruch zu der in vielen kontinentalen Rechtsordnungen vertretenen Lösung. Danach ist es, wenn der Gläubiger eine sinnvolle Reduzierung
des Schadens um 100 unterlassen hat, zwar möglich, seinen Ersatzanspruch um
100 zu mindern. Es ist aber auch zulässig, den Schaden zu teilen. Dafür kann
z.B. ein Bedürfnis bestehen, wenn der Schuldner den Schaden in seiner gesamten Höhe durch einen vorsätzlichen oder zwar fahrlässigen, aber mit Händen zu
greifenden Verstoß gegen seine Vertragspflichten herbeigeführt und dadurch
den Gläubiger in eine bedrängte Lage gebracht hat, in der er schnell reagieren
musste und dabei leicht fahrlässig eine Reduzierung des Schadens um 100 unterlassen hat.[84]

IV. Art und Umfang des Schadensersatzes

1. *Haftung auf das Erfüllungsinteresse.* – Wer einen Vertrag nicht erfüllt hat und
verpflichtet ist, den der anderen Partei dadurch entstandenen Schaden zu ersetzen, muss sie durch Zahlung eines Geldbetrages in diejenige Lage bringen, in
der sie sich befände, wenn der Vertrag erfüllt worden wäre. Diese Grundregel
ist überall anerkannt. Sie beruht auf der Überlegung, dass derjenige, der ein
bindendes vertragliches Versprechen abgegeben hat, in dem Versprechensempfänger die Erwartung weckt, dass er das Versprechen erfüllen werde. Tut er
das nicht, so muss er ihm das »Erfüllungsinteresse« (»expectation interest«) ersetzen, ihn also durch die Zahlung von Geld so stellen, wie er im Falle der Erfüllung des Vertrages gestanden hätte.[85] Die Anwendung dieses einfach klin-

---

[83] Vgl. Art. 9:505 (1) PECL; Art. 7.4.8 (1) PICC; Art. III.-3:705 (1) DCFR; Art. 77
CISG; Art. 163 CESL.

[84] Ebenso mit ausführlichen rechtsvergleichenden Hinweisen *H. Koziol*, Rechtsfolgen
der Verletzung einer Schadensminderungspflicht, Rückkehr der archaischen Kulpakom-
pensation?, ZEuP 1998, 593; *A. Keirse*, Why the Proposed Optional Common European
Sales Law Has Not, But Should Have, Abandoned the Principle of All or Nothing: A
Guide to How to Sanction the Duty to Mitigate the Loss, Eur.Rev.P.L. 2011, 951.

[85] Vgl. auch *Robinson* v. *Harman* (1848) 1 Ex. 850, 855: »The rule of the common law
is, that where a party sustains loss by reason of a breach of contract, he is, so far as money
can do it, to be placed in the same situation, with respect to damages, as if the contract
had been performed.« Die gleiche Formel findet sich auch in Art. 9:502 Satz 1 PECL;
Art. 7.4.2 (1) PICC; Art. III.-3:702 Satz 1 DCFR; Art. 74 Satz 1 CISG; Art. 160 CESL.
– Dass Schadensersatz stets durch *Geldzahlung* geleistet werden muss, ist nach deutschem
Recht nicht selbstverständlich. Denn gemäß § 249 BGB (vgl. auch § 1323 ABGB; Art. 43
OR) kann Schadensersatz auch durch »Naturalherstellung« geleistet werden, also dadurch, dass der Ersatzpflichtige denjenigen Zustand herstellt, »der bestehen würde, wenn
der zum Ersatz verpflichtende Umstand nicht eingetreten wäre«. Die praktische Bedeutung dieses Anspruchs ist aber gering, weil eine Naturalrestitution oft gar nicht möglich

genden Grundsatzes führt in vielen Fällen zu einem einleuchtenden Ergebnis. Manchmal führt seine Umsetzung aber zu erheblichen Problemen. Das mögen folgende Beispiele vor Augen führen.

Durch die Nichterfüllung des Vertrages entsteht dem Gläubiger in der Regel ein Verlust, oft aber auch ein *Vorteil*, den er sich auf seinen Schadensersatzanspruch anrechnen lassen muss. Hat sich also der Käufer, der von seinem Verkäufer nicht beliefert worden ist, die gleiche Ware zu höherem Preise durch einen »Deckungskauf« von einem Dritten beschafft, so müssen sowohl die Nachteile wie die Vorteile beider Geschäfte – sowohl des nicht durchgeführten Kaufvertrages wie des tatsächlich vorgenommenen Deckungskaufs – je für sich ermittelt und gegeneinander saldiert werden; ein Schadensersatzanspruch steht dem Käufer nur insoweit zu, als sich für ihn aus der Differenz der beiden Salden ein Verlust ergibt. Es kann aber vorkommen, dass der Schuldner zwar den Vertrag nicht erfüllt hat, dem Gläubiger aber irgendwelche Vorteile entstehen, die dazu führen, dass der Schaden, den die Nichterfüllung zur Folge hat, gar nicht erst entsteht oder nachträglich gemindert wird oder wegfällt. Muss sich der Gläubiger eine Anrechnung dieser Vorteile gefallen lassen? Oder bleibt es trotz dieser Vorteile dabei, dass er vom Schuldner in voller Höhe Schadensersatz wegen Nichterfüllung verlangen kann? Wie liegt es z.B., wenn der Mieter beim Auszug aus der Wohnung die vertraglich vereinbarten Renovierungsarbeiten zwar nicht ausführt, dem Vermieter aber daraus kein Schaden entsteht, weil er einen neuen Mieter gefunden hat, der die Renovierung auf eigene Rechnung ausführt? Der Bundesgerichtshof hat in diesem Falle eine »Vorteilsausgleichung« – eine »compensatio lucri cum damno« – nicht zugelassen; der Mieter musste deshalb dem Vermieter die für die Renovierung erforderlichen Kosten bezahlen.[86] Auch der Unternehmer, der nach dem Vertrag eine Anlage zu liefern hat,

---

ist oder nur mit unverhältnismäßigen Aufwendungen gelingen kann oder zur Entschädigung des Gläubigers nicht genügend ist und er deshalb gemäß § 251 BGB auf einer Entschädigung durch Geld besteht. Davon ist der Fall zu unterscheiden, in dem der Gläubiger nicht Schadensersatz wegen Nichterfüllung, sondern die *Erfüllung* des Vertrages verlangt. Vgl. dazu oben § 12.

[86] BGH 15. Nov. 1967, BGHZ 49, 56. Vgl. zu dieser (umstrittenen) Entscheidung *H. Oetker* in: MünchKomm (6. Aufl. 2012), § 249 Rn. 263. Die gleiche Frage wird auch in der Rspr. der englischen Gerichte oft erörtert; vgl. dazu ausführlich *Treitel (-Peel)* no. 20–037 ff. In *Redford* v. *De Froberville* [1978] 1 All E.R. 33 hat das Gericht im Ergebnis ebenso wie der BGH entschieden. Vgl. aber auch *Tito* v. *Waddell (No. 2)* [1977] Ch. 106, 328 ff.: Die Kläger hatten als Eigentümer einer kleinen pazifischen Insel der beklagten Bergbaugesellschaft das Recht zur Phosphatgewinnung übertragen, sich aber ausbedungen, dass die Insel vor ihrer Rückgabe von der Beklagten wieder restauriert und bepflanzt werden müsse. Obwohl dies unterblieben war, wurde die Klage auf Ersatz der Restaurierungs- und Bepflanzungskosten abgewiesen, weil sich die Kläger während der 30jährigen Dauer des Vertrages auf einer anderen Insel niedergelassen hatten, dort mit Erfolg als Landwirte tätig geworden waren und an eine Rückkehr auf die der Beklagten überlassene Insel nicht ernsthaft dachten. Vgl. auch *Ruxley Electronics* (oben § 12 C I 2 =

dabei aber so fahrlässig vorgeht, dass die Fabrik seines Auftraggebers in Brand gerät und zerstört wird, muss den dadurch entstandenen Schaden vollständig ersetzen; er kann sich nicht auf den Vorteil berufen, der dem Auftraggeber dadurch entsteht, dass er im neuen Gebäude sein Geschäft viel günstiger als im alten betreiben kann.[87]

Unter den Begriff des »Erfüllungsinteresses« fallen auch die Nachteile, die dem Gläubiger dadurch entstehen, dass er nach Abschluss des Vertrages im Vertrauen auf seine Durchführung Dispositionen getroffen hat, die sich nach der Aufhebung des Vertrages als sinnlos herausstellen. Wenn also ein Musicalunternehmer in der Werbung für die bevorstehenden Aufführungen den Namen des Stars genannt hat, so kann er, wenn der Star in letzter Minute seinen Auftritt grundlos abgesagt hat, von ihm nicht nur den Ersatz des ihm entgangenen *Gewinns*,[88] sondern auch den Ausgleich der *Verluste* verlangen, die durch die »frustrierten« Werbeaufwendungen entstanden sind. Es kann aber vorkommen, dass dem Gläubiger durch die Nichterfüllung des Vertrages Gewinne nicht oder nur in geringer Höhe entgangen sind oder er sie wegen ihrer Ungewissheit nicht beweisen kann. In solchen Fällen, darf der Gläubiger seinen Anspruch auf den Ersatz der *Aufwendungen* beschränken. Zwar verlangt er dann nicht das »Erfüllungsinteresse«, sondern lediglich das »Vertrauensinteresse« (»reliance interest«). Denn er möchte so gestellt werden, wie er stünde, wenn er den Vertrag nicht abgeschlossen, die Dispositionen nicht getroffen und den damit verbundenen Verlust nicht erlitten hätte. Das wird grundsätzlich als zulässig angesehen. So bestimmt z.B. Art. 109 Abs. 2 OR ausdrücklich, dass der Gläubiger

---

S. 303 f.): Hier hatte ein Unternehmer seinem Auftraggeber ein fehlerhaftes Schwimmbad geliefert. Er brauchte ihm die erheblichen (unverhältnismäßig hohen) Kosten der Beseitigung des Mangels nicht zu ersetzen, sondern musste nur den Schaden ausgleichen, der dem Auftraggeber (in viel geringerer Höhe) dadurch entstanden war, dass er durch die Nutzung des fehlerhaften Schwimmbades »Annehmlichkeiten« einbüßte, die ihm bei fehlerfreier Erfüllung des Vertrages zugute gekommen wären.

[87] So *Harbutt's »Plasticine« Ltd.* v. *Wayne Tank and Pump Co. Ltd.* [1970] 1 Q.B. 447. Vgl. auch *British Westinghouse* (oben N. 77): Der Schuldner lieferte mangelhafte Turbinen, die der Gläubiger – unter Vorbehalt seiner Schadensersatzansprüche – zunächst einbaute, aber einige Jahre später durch moderne Turbinen ersetzte, deren Betrieb für ihn deshalb besonders vorteilhaft war, weil dafür weniger Kohlen benötigt wurden, als im Falle der Lieferung vertragsmäßiger Turbinen erforderlich gewesen wären. Das House of Lords entschied, dass der Schuldner nur denjenigen Schaden zu ersetzen brauche, der dem Gläubiger bis zum Einbau der neuen Turbinen entstanden war. Auf mehr haftete er nicht. Zwar habe der Gläubiger die neuen Turbinen nur deshalb angeschafft, weil er mit dem Betrieb der vom Schuldner gelieferten vertragswidrigen Turbinen unzufrieden war. Dennoch brauche der Schuldner die dadurch dem Gläubiger entstandenen Aufwendungen nicht zu ersetzen, weil sie durch die Vorteile des Betriebs der neuen Turbinen mehr als aufgezehrt würden. Vgl. dazu *Treitel (-Peel)* no. 20–010 ff. und 20–104 und (rechtsvergleichend) *Treitel* (oben N. 12) s. 149 f.

[88] Dieser Beweis eines entgangenen Gewinns kann schwierig sein. Vgl. dazu unten 3 = S. 392 ff.

nach Aufhebung des Vertrages vom Schuldner auch »Ersatz des aus dem Dahin-
fallen des Vertrages erwachsenen Schadens« und damit die Herstellung der Lage
verlangen kann, in der er sich befände, wenn er den Vertrag mit dem Schuldner nicht abgeschlossen hätte.[89] In Deutschland ist die in die gleiche Richtung
gehende Rechtsprechung durch § 284 BGB auf eine gesetzliche Grundlage gestellt worden. Danach kann der Gläubiger auf seinen Anspruch auf Schadensersatz wegen Nichterfüllung verzichten und stattdessen vom Schuldner »Ersatz
der Aufwendungen verlangen, die er im Vertrauen auf den Erhalt der Leistung
gemacht hat und billigerweise machen durfte«.[90]

2. *Schadensberechnung bei der Nichterfüllung von Kaufverträgen.* – Besondere praktische Bedeutung hat die Schadensberechnung, wenn ein Käufer die ihm vertragsgemäß angebotene Ware nicht abgenommen oder der Verkäufer sie ihm
nicht vertragsgemäß geliefert hat und wenn daraufhin der Verkäufer oder der
Käufer den Vertrag aufgehoben haben. In einem solchen Fall können sie von
ihrem Kontrahenten Schadensersatz wegen Nichterfüllung des Vertrages verlangen. Wie ist dieser Schaden zu berechnen? Für den *Käufer* besteht er darin,
dass die Ware, wenn er sie erhalten hätte, mehr *wert* ist als der Vertragspreis, den
er hätte zahlen müssen, für den *Verkäufer* darin, dass die Ware, die ihm der Käufer nicht abgenommen hat und sich daher noch in seinem Besitz befindet, einen
geringeren *Wert* hat als der Vertragspreis, den er hätte verlangen können. Es
kommt also in beiden Fällen auf die Bestimmung des *Werts* an, den die Ware bei
Beendigung des Vertrages für den Käufer oder den Verkäufer hatte. Für seine
Berechnung gibt es zwei Methoden, für die sich verschiedene Namen einge-
bürgert haben. In Deutschland werden sie als die »konkrete« und die »abstrakte
Schadensberechnung« bezeichnet. Art. 75 f. CISG unterscheidet danach, ob ein
»Deckungsgeschäft« vorgenommen worden ist oder nicht, und die internatio-

---

[89] Vgl. dazu BG 22. Sept. 1964, BGE 90 II 285, 294. In Frankreich stützt sich die
Rspr. darauf, dass der Gläubiger gemäß Art. 1149 Code civil vom Schuldner auch »la
perte qu'il a faite« ersetzt verlangen und seinen Anspruch darauf auch beschränken
kann.

[90] Vgl. zur früheren Rspr. und (kritisch) zu der inzwischen in Kraft getretenen Vorschrift des § 284 BGB *Huber* (oben N. 57) § 39 II. Auch nach englischem Recht darf der
Gläubiger grundsätzlich wählen, ob er das »Erfüllungsinteresse« oder das »Vertrauensinteresse« geltend machen will; geht er den zuletzt genannt Weg, so kann er manchmal so-
gar den Ersatz von Aufwendungen verlangen, die er *vor* Vertragsabschluss getätigt hat.
Vgl. dazu *Treitel (-Peel)* no. 20–023 f., 20–031 ff.; *McKendrick* no. 20.7. Vgl. dazu auch
McRae v. *Commonwealth Disposals Commission* (§ 9 N. 20): Hier hatte die Beklagte dem
Kläger, einem Bergungsunternehmer, ein Schiffswrack verkauft, von dem sie behauptete, es sei an einem bestimmten Ort gelegen. In Wahrheit gab es ein solches Wrack nicht.
Das Gericht hielt den Vertrag für gültig. Zwar wurde die Klage des Bergungsunterneh-
mers insoweit abgewiesen, als er den Gewinn ersetzt verlangte, den er gemacht hätte,
wenn das Wrack vorhanden gewesen und von ihm geborgen worden wäre; dieser Gewinn sei zu spekulativ. Wohl aber konnte der Kläger Ersatz des Aufwands verlangen, der
ihm durch die Ausrüstung der Bergungsexpedition entstanden war.

nalen Regelwerke stellen darauf ab, ob die Schadensberechnung aufgrund einer
»substitute transaction« vorgenommen wird oder ob sie sich an dem Marktpreis
(»current price«) orientieren soll, der für die vereinbarte, aber nicht erbrachte
Leistung gewöhnlich bezahlt wird.[91]

Beide Methoden der Schadensberechnung sind überall anerkannt. Entscheidet sich ein Käufer für die »konkrete Schadensberechnung«, so muss er Tatsachen behaupten und, wenn sie bestritten werden, beweisen, aus denen sich
ergibt, zu welchem Preis er sich durch einen »konkreten« Deckungskauf eine
gleichwertige andere Ware von einem bestimmten Dritten beschafft hat. In
Frankreich kann sich der nicht belieferte Käufer gemäß Art. 1144 Code civil
vom Gericht ermächtigen lassen, sich auf Kosten des Verkäufers die Ware dadurch zu beschaffen, dass er mit einem Dritten einen Deckungskauf abschließt;
inzwischen wird es aber zugelassen, dass im Handelsverkehr und in dringlichen
Fällen der Käufer auch ohne gerichtliche Ermächtigung den Deckungskauf abschließen und den Verkäufer auf Ersatz des ihm dadurch entstehenden Auf-
wandes (abzüglich des ersparten Vertragspreises) in Anspruch nehmen kann.[92]
Ebenso in Deutschland;[93] auch gemäß Art. 7:37 BW ist der Käufer, wenn er
einen »dekkingskoop« abgeschlossen und dabei vernünftig gehandelt hat, berechtigt zu verlangen, dass ihm als Schadensersatz die Differenz zwischen dem
Vertragspreis und dem Preis des Deckungskaufs gezahlt wird. Das gilt sinngemäß auch dann, wenn der *Verkäufer* Schadensersatz verlangt; in beiden Fällen
steht es der vertragstreuen Partei frei, einen höheren Schaden ersetzt zu verlangen (Art. 7:38 BW).

Allerdings gibt es oft Gründe, die den Gläubiger daran hindern werden, dass
er seinen Schaden »konkret« berechnet. In einem solchen Falle muss er nämlich
damit rechnen, dass ihm die andere Vertragspartei ein Mitverschulden zur Last
legt, also z.B. behaupten wird, dass er den Abschluss des Deckungsgeschäfts
hinausgezögert und dadurch den Schaden ohne Not vergrößert hat.[94] Manch-

---

[91] Vgl. Art. 9:506 und 507 PECl; Art. 7.4.5 und 6 PICC; Art. III.-3:706 und 707
DCFR. Ebenso Art. 164 und 165 CESL. Vgl. auch die rechtsvergleichenden Ausführungen zur »konkreten« und »abstrakten« Schadensberechnung bei *Treitel* (oben N. 12) s. 102.

[92] *Terré/Simler/Lequette* no. 1116. Vgl. auch Art. 1515, 1516 Codice civile.

[93] In § 376 Abs. 3 HGB wird – wenn auch nur für Fixgeschäfte unter Kaufleuten –
bestimmt, dass die Schadensberechnung »nach dem Ergebnis eines anderweit vorgenommenen Verkaufs oder Kaufes« erfolgen darf. Die konkrete Schadensberechnung wird
aber auch sonst zugelassen, dies auch dann, wenn ein Käufer darlegt, mit welchem seiner Abnehmer er ein »konkretes« Anschlussgeschäft über die ihm nicht gelieferte Ware
abgeschlossen hat und was ihm dadurch entgeht, dass er, weil er selbst vom Verkäufer
nicht beliefert worden ist, auch das Geschäft mit dem Abnehmer nicht mehr durchführen
kann. Vgl. dazu im Einzelnen *Huber* (oben N. 57) § 38 III 1.

[94] So BGH 17. Jan. 1997, NJW 1997, 1231: Hier verlangte der Verkäufer Schadens-
ersatz in Höhe von 300.000 DM, weil er das Grundstück, das der Käufer für 800.000
DM gekauft, aber aus Geldmangel nicht abgenommen hatte, für 500.000 DM an einen
Dritten verkauft hatte. Der Käufer durfte sich damit verteidigen, dass der Verkäufer zu

mal wird der Gläubiger auch einen Nachteil darin sehen, dass er zum Beweis
des von ihm getätigten Deckungsgeschäfts dem Gericht Dokumente vorlegen
muss, die dem Schuldner einen Einblick in seine Betriebsinterna, Kalkulations-
grundlagen und geschäftlichen Kontakte eröffnen. Ist der Gläubiger ein Händler, der im laufenden Geschäftsverkehr von Tag zu Tag Verträge über Waren
gleicher Art schließt, so kann es für ihn manchmal schwierig sein zu beweisen,
dass das Deckungsgeschäft, auf das er sich stützt, sich gerade dem vom Schuldner nicht erfüllten Vertrag zurechnen lässt.

Aus diesen Gründen wird es sich dem Gläubiger oft empfehlen, dass er seinen
Schaden »abstrakt« berechnet, also vom Schuldner die Differenz zwischen dem
Vertragspreis und demjenigen Preis verlangt, zu dem sich die Ware im Zeitpunkt der Aufhebung des Kaufvertrages durch ein hypothetisches Deckungsgeschäft hätte kaufen oder verkaufen lassen. Damit werden die praktischen
Schwierigkeiten der »konkreten« Schadensberechnung vermieden. Vielleicht ist
dies der Grund, warum das englische Recht die »konkrete« Methode zwar keineswegs ausschließt, aber doch den Regelfall darin sieht, dass »[w]here there is
an available market for the goods in question, the measure of damages is prima
facie to be ascertained by the difference between the contract price and the market or current price of the goods«.[95] Diesen Weg kann der Gläubiger auch dann
gehen, wenn er ein Deckungsgeschäft tatsächlich abgeschlossen und dabei einen
für ihn günstigeren Preis als den Marktpreis erzielt haben sollte. Auch nach niederländischem Recht sind Käufer und Verkäufer zwar zur »konkreten« Schadensberechnung berechtigt; verpflichtet sind sie dazu aber nicht: Sie können gemäß Art. 7:36 BW stets die »abstrakte« Methode wählen. Das Gleiche bestimmt
§ 376 Abs. 2 HGB für Geschäfte, die im Handelsverkehr abgeschlossen werden
und in denen für die Leistung der Parteien ein festbestimmter Zeitpunkt vereinbart ist. Es gibt aber keinen Grund, warum dieser Weg nicht auch dort zulässig sein sollte, wo der Vertrag nicht im Handelsverkehr abgeschlossen wird und
nicht einen Kauf, sondern ein anderes Geschäft betrifft, sofern nur überhaupt
für die vom Schuldner nicht erbrachte Leistung ein Marktpreis besteht.[96] Wenn
also ein Käufer die ihm für 100 € verkaufte Ware nicht abnimmt, obwohl sie
ihm so wie vertraglich vereinbart angeboten war, so kann der Verkäufer 20 €
als Schadensersatz verlangen, wenn er den Kaufvertrag aufgehoben hat und
zu diesem Zeitpunkt der Marktpreis der Ware nur noch 80 € beträgt. Dies ist

---

einem früheren Zeitpunkt einen Deckungsverkauf zu höherem Preise hätte abschließen
können. Vgl. dazu kritisch *Huber* (oben N. 57) § 35 VI 3. Die gleiche Frage stellt sich auch
im englischen Recht. Vgl. *Treitel (-Peel)* no. 20−099 und (rechtsvergleichend) *Treitel* (oben
N. 12) s. 147: »[O]n a buyer's failure to accept or a seller's to deliver in accordance with the
terms of the contract, the aggrieved party cannot recover loss due to market movements
after the time when he ought to have gone into the market to make a substitute contract.«
[95] So s. 51 (3) Sale of Goods Act 1979.
[96] So *Huber* (oben N. 57) § 38 II 2 (S. 237) und § 38 III 3 (S. 248 f.).

der Mindestschaden, den der Verkäufer in jedem Falle verlangen kann. Dazu muss er auch dann berechtigt sein, wenn er einen Deckungsverkauf über die Ware abgeschlossen und dabei für sie – vielleicht unter Ausnutzung besonderer geschäftlicher Kontakte – einen Preis von 90 € erzielt hat, ebenso dann, wenn er die Ware nicht zum Marktpreis von 80 € verkauft, sondern abgewartet, auf steigende Preise spekuliert, mit dieser Spekulation Erfolg gehabt und daher die Ware später für 90 € oder einen noch höheren Preis verkauft hat. Auch in diesen Fällen muss es dabei bleiben, dass der Käufer nach der »abstrakten« Methode Schadensersatz in Höhe von 20 € zahlen muss: »Was der Verkäufer tatsächlich mit der Ware gemacht hat, geht den Käufer nichts an.«[97] Richtig ist zwar, dass nach Art. 76 CISG, nach den internationalen Regelwerken und nach Art. 165 CESL die »abstrakte« Schadensberechnung nicht mehr zulässig sein soll, wenn ein Deckungsgeschäft bereits tatsächlich vorgenommen worden ist. Für eine solche Beschränkung gibt es aber keinen einleuchtenden Grund.

3. *Haftung für entgangene Gewinne und Gewinnchancen.* – Schadensersatz muss der Schuldner auch insoweit leisten, als dem Gläubiger durch die Nichterfüllung des Vertrages ein Gewinn entgeht, den er sonst gemacht hätte.[98] In Frankreich muss der Schaden zwar »une suite immédiate et directe« der Nichterfüllung des Vertrages sein, aber niemand zweifelt daran, dass dieses Erfordernis auch bei einem »préjudice futur« erfüllt sein kann.[99] Allerdings muss der Richter eine hinreichende »Gewissheit« darüber erlangt haben, dass und in welcher Höhe es bei Erfüllung des Vertrages zu einem solchen »hypothetischen« Gewinn des Gläubigers gekommen wäre. Nach englischem Recht soll es dafür ausreichen, dass der Richter zu der Auffassung kommt, es spreche eine größere Wahrscheinlichkeit für den Eintritt des Gewinns als dagegen.[100] In den kontinentaleuropäischen Ländern wird zwar durchweg verlangt, dass der Richter über die Ursächlichkeit der Nichterfüllung für den eingetretenen Verlust »Gewissheit« erlangt haben muss, mag damit auch nur »ein für das praktische Leben brauchbarer Grad von Gewissheit« gemeint sein, der »den Zweifeln Schweigen

---

[97] So *Huber* (oben N. 57) § 38 II 2 (S. 238). Zwar wird es für zulässig gehalten, dass der Käufer den Abschluss des vom Verkäufer vorgenommenen Deckungsverkaufs beweist. Aber dieser Beweis ist für ihn schwer zu führen, weil er keinen Einblick in die Betriebsinterna des Verkäufers hat. Es wäre auch in der Sache nicht angemessen, wenn er einen Vorteil daraus herleiten könnte, dass der Verkäufer bei dem Deckungsverkauf besondere geschäftliche Kenntnisse genutzt oder auf eigene Rechnung erfolgreich spekuliert hat.

[98] So z.B. § 252 Satz 1 BGB; Art. 6:105 (1) BW; §§ 1324 f. ABGB.

[99] Vgl. *Terré/Simler/Lequette* no. 700.

[100] Danach hat der Richter die Frage »on a balance of probabilities« zu entscheiden. Vgl. z.B. *Allied Maples Group Ltd.* v. *Simmons & Simmons* [1995] 1 W.L.R. 1602 (C.A.). – Nach Art. 6:105 (1) BW kann der Richter über einen künftigen Schaden entscheiden, indem er die dafür und dagegen sprechenden Chancen gegeneinander abwägt.

gebietet, ohne« sie völlig auszuschließen«.[101] Von dieser Regel wird aber gerade dann eine Ausnahme zugunsten des Klägers gemacht, wenn er behauptet, dass ihm ein Gewinn entgangen sei. In diesem Falle genügt es, wenn er beweisen kann, dass der Gewinn »nach dem gewöhnlichen Lauf der Dinge … mit Wahrscheinlichkeit erwartet werden konnte« (§ 252 Satz 2 BGB).[102]

Daraus folgt, dass die Klage abgewiesen werden muss, wenn der Kläger nicht mit der erforderlichen Sicherheit beweisen kann, dass die Nichterfüllung des Vertrages für den künftigen Gewinn, dessen Ersatz er verlangt, ursächlich geworden ist. Hat er sich z.B. als Architekt an einem Wettbewerb beteiligt, den eine Stadt ausgeschrieben hat, so kann er, wenn die Stadt die Beiträge von 42 anderen Bewerbern zugelassen, seinen Beitrag aber zu Unrecht als verspätet zurückgewiesen hat, von ihr nicht die Zahlung des Preisgeldes verlangen, das für den Gewinner des Wettbewerbes ausgesetzt war. Denn es ist höchst ungewiss, ob er den Wettbewerb im Falle der Zulassung seines Beitrags gewonnen hätte.[103] Nicht anders liegt es, wenn jemand den Ersatz des Werts der ihm gestohlenen Gegenstände von dem Unternehmer verlangt, der bei ihm eine Sicherungsanlage installiert hat, die, wenn sie fehlerlos gewesen wäre, die Polizei von dem Einbruchsversuch in Kenntnis gesetzt hätte. Denn auch hier ist es keineswegs ausgemacht, dass die Gegenstände nicht gestohlen worden wären, wenn die Anlage funktioniert und die Polizei sich auf den Weg gemacht hätte.[104] Zweifelhaft ist jedoch, ob nicht der Kläger in diesen Fällen dadurch zum Ziel kommen kann, dass er behauptet, er sei durch die Nichterfüllung des Vertrages um die *Chance* der Erzielung eines Gewinns oder der Vermeidung eines Verlustes gebracht worden. Er würde dann seine Klage nicht auf das Preisgeld oder den Wert des Diebesguts richten, sondern auf einen geringeren Betrag, der der vom Richter zu schätzenden *Wahrscheinlichkeit* entspricht, mit der ihm bei ordnungsmäßiger Vertragserfüllung das Preisgeld zuerkannt oder der Diebstahl seiner Sachen vermieden worden wäre. Die deutsche Rechtsprechung hält dies bisher für unzulässig. Sie folgt einem strengen Alles-oder-Nichts-Prinzip, indem sie dem Kläger Schadensersatz in voller Höhe gewährt, wenn es nach dem Beweisergebnis hinreichend sicher erscheint, dass der er-

---

[101] Vgl. z.B. BGH 17. Feb. 1970, BGHZ 53, 245, 256.

[102] Nach Art. 9:501 (2b) PECL ist künftiger Schaden zu ersetzen, »which is reasonably likely to occur«. Ebenso Art. III.-3:701 (2) DCFR. Art. 7.4.3 (1) PICC verlangt »a reasonable degree of certainty«, erlaubt aber, wenn es daran fehlt, gemäß (3) auch noch, dass »the assessment is at the discretion of the court«.

[103] So BGH 23. Sept. 1982 (oben § 2 N. 75). Vgl. dazu kritisch *H. Kötz/H.B. Schäfer*, Judex oeconomicus (2003) 266. Dass die Rechtsbeziehungen zwischen Architekten und Stadt nach den Regeln des Vertragsrechts zu beurteilen sind, ergibt sich aus den Vorschriften über die Auslobung, die eine Preisbewerbung zum Gegenstand hat (§§ 657 ff., 661 BGB).

[104] Vgl. Civ. 17. Mai 1988, Bull.cass. 1988.I. no. 148; Civ. 6. Okt. 1998, Bull.cass. 1998.I. no. 276.

strebte Gewinn von ihm gemacht worden oder der befürchtete Verlust nicht eingetreten wäre; anderenfalls erhält der Kläger nichts.[105] Ganz anders wird im englischen[106] und französischen Recht[107] entschieden. Zwar ist es oft nicht einfach festzustellen, ob die Chance, um die es geht, genügend fassbar und konkret ist und welchen tatsächlichen Wert sie nach den Umständen hat. Aber unüberwindbar sind diese Schwierigkeiten keineswegs, und die Rechtsprechung in England und Frankreich zeigt, dass es keinen einleuchtenden Grund gibt, warum die Lösung den Richtern nicht anvertraut werden sollte.[108]

4. *Haftung auf Gewinnherausgabe.* – Grundsätzlich kann der Gläubiger Schadensersatz nur dann verlangen, wenn ihm infolge der Nichterfüllung des Vertrages ein Schaden entstanden ist. Wie liegt es, wenn der Gläubiger zwar kei-

---

[105] So BGH 23. Sept. 1982 (oben N. 103). Im dt. Schrifttum wird dies lebhaft kritisiert. Vgl. insbesondere *H. Fleischer,* Ersatz für verlorene Chancen im Vertrags- und Deliktsrecht, JZ 1999, 766; *G. Wagner,* Neue Perspektiven im Schadensersatzrecht, Verhandlungen des 66. Deutschen Juristentages (2006) A 53; *G. Mäsch,* Chance und Schaden (2004). Vgl. ferner *N. Jansen,* The Idea of a Lost Chance, Oxf.J.Leg.Stud. 19 (1999) 271; *H. Koziol,* Schadensersatz für den Verlust einer Chance?, in: Festschrift für Hans Stoll (2001) 233; *T. Kadner Graziano,* »Alles oder nichts« oder anteilige Haftung bei Verursachungszweifeln?, ZEuP 2011, 171; *L. Khoury,* Causation and Loss of Risk in the Highest Courts of Canada, England and France, L.Q.Rev. 124 (2008) 103.

[106] Vgl. z.B. *Chaplin* v. *Hicks* [1911] 2 K.B. 786 (C.A.): Der Veranstalter eines Schönheitswettbewerbs vereitelt der Klägerin die Chance einer erfolgreichen Teilnahme. Vgl. auch *Kitchen* v. *Royal Air Force Association* [1958] 1 W.R. 563 (C.A.) und *Allied Maples Group Ltd.* v. *Simmons & Simmons* (oben N. 100): Anwälte vereiteln die Chance ihrer Mandanten, mit Erfolg einen Prozess oder Verhandlungen mit Dritten zu führen. Vgl. dazu auch *K. Oliphant,* Loss of Chance in English Law, Eur.Rev.P.L. 2008, 1061.

[107] Eine Übersicht über die umfangreiche fr. Rspr. zur Haftung für die »perte d'une chance« findet sich bei *Terré/Simler/Lequette* no. 701.

[108] Auch gemäß Art. 7.4.3 (2) PICC darf Schadensersatz zugebilligt werden »for the loss of a chance in proportion to the probability of its occurrence«. – Umstritten ist die Frage, ob auch dem Patienten ein Ausgleich dafür zu gewähren ist, dass ihn sein Arzt durch Nichterfüllung seiner vertraglichen Pflichten oder durch eine unerlaubte Handlung um die Chance einer Heilung bringt. Die Frage wird in Frankreich bejaht, in England verneint. Vgl. einerseits Civ. 29. Juni 1999, J.C.P. 1999.II.10138 mit Anm. *Sargos,* andererseits *Gregg* v. *Scott* [2005] 2 A.C. 176 mit Anm. von *Mäsch* in ZEuP 2006, 656. Man darf freilich nicht verkennen, dass die Fälle der Arzthaftung anders liegen, als wenn dem Gläubiger die Chance eines Gewinns genommen wird. Im letzteren Fall steht fest, dass das Verhalten des Schuldners für den Schaden des Gläubigers, nämlich den Verlust einer Gewinnchance, ursächlich geworden ist; es geht also »nur« um die Frage der richtigen Bemessung eines sicher eingetretenen Verlusts. Wenn hingegen der Patient bei richtiger Behandlung in der Hälfte der Fälle überlebt hätte und in den übrigen Fällen gestorben wäre, so ist ganz ungewiss, zu welcher Hälfte er gehört hat und ob sein Tod die Folge seiner fehlerhaften Behandlung ist oder auch bei richtiger Behandlung eingetreten wäre. Fraglich ist, ob aus diesem Unterschied rechtliche Konsequenzen gezogen werden müssen. Vgl. dazu (bejahend) *Fleischer* (oben N. 105) 771 ff. und (verneinend) *Wagner* (oben N. 105) A 57 ff.; *Mäsch* ZEuP 2006, 659 ff.; *Kadner Graziano* (oben N. 105) 183 ff.

nen Schaden erlitten, wohl aber der Schuldner durch die Nichterfüllung des Vertrages einen Gewinn erzielt hat? Kann der Gläubiger in einem solchen Fall Herausgabe des Gewinns verlangen?

Manchmal ergibt sich ein solcher Anspruch aus besonderen gesetzlichen Vorschriften. So darf ein Angestellter während der Dauer des Arbeitsvertrages keine Geschäfte für eigene Rechnung abschließen, die zum Geschäftszweig seines Arbeitgebers gehören. Verletzt er diese Verpflichtung, so kann der Arbeitgeber – unabhängig davon, ob er einen Schaden erlitten hat – von dem Angestellten Herausgabe des Gewinns verlangen, den er durch das unerlaubte Geschäft erzielt hat.[109] Einen größeren Anwendungsbereich hat § 285 BGB.[110] Diese Vorschrift betrifft vor allem den Fall, in dem der Verkäufer einen bestimmten Gegenstand zum Marktpreis einem ersten Käufer und danach zu höherem Preis einem zweiten Käufer verkauft und sodann dem zweiten Käufer geliefert hat. In einem solchen Fall kann der erste Käufer nicht mehr die *Erfüllung* des Vertrages verlangen, weil dem Verkäufer die Lieferung unmöglich geworden ist oder er sie nur gegen einen unverhältnismäßig hohen Aufwand bewirken könnte.[111] Auch der *Schadensersatzanspruch* nützt dem ersten Käufer nicht viel, weil er zum Marktpreis gekauft hat und sich den Gegenstand zum gleichen Preis anderswo beschaffen kann. Gemäß § 285 BGB kann er aber vom Verkäufer Herausgabe des höheren Kaufpreises verlangen, den dieser vom zweiten Käufer gezahlt erhalten hat; davon wird der (niedrigere) Kaufpreis abgezogen, den er selbst dem Verkäufer versprochen, aber jetzt erspart hat (§ 326 Abs. 3 BGB). Damit wird dem ersten Käufer eine »Abschöpfung des Gewinns« erlaubt, den der Verkäufer durch den zweiten Verkauf des gleichen Gegenstandes erzielt hat. Das lässt sich vielleicht am besten dadurch erklären, dass der Gegenstand nach dem Abschluss des ersten Kaufvertrages dem Verkäufer zwar noch gehört, er aber das Eigentum daran nur als »Treuhänder« zugunsten des ersten Käufers innehat und deshalb, wenn er über den Gegenstand noch einmal »treuwidrig« zugunsten des zweiten Käufers disponiert, den dadurch erlangten Vorteil nicht für sich behalten darf, sondern dem ersten Käufer herausgeben muss.[112] Die Frage, ob der Gläubiger nicht auch in anderen Fällen den Gewinn »abschöpfen« kann, den der Schuldner durch die Nichterfüllung des Vertrages

---

[109] So das dt. Recht gemäß §§ 60, 61 Abs. HGB. Das gleiche gilt, wenn ein Gesellschafter in unerlaubter Weise für eigene Rechnung Geschäfte geführt hat, die im Tätigkeitsbereich der Gesellschaft liegen; vgl. §§ 112 ff. HGB und § 88 Aktiengesetz.

[110] Vgl. auch Art. 1303 Code civil; Art. 1259 Codice civile.

[111] Vgl. dazu schon oben § 12 D = S. 312, 314 f.

[112] Vgl. *Lake* v. *Bayliss* [1974] 1 W.L.R. 1073: Nach dem Abschluss eines Grundstückskaufvertrags ist der Verkäufer zugunsten des Käufers »trustee« des Grundstücks. Verkauft er sodann das Grundstück zum zweiten Mal, so muss er den dadurch erlangten Kaufpreis an den ersten Käufer herausgeben, dies auch dann, wenn der erste Käufer einen Schaden nicht oder nur in geringer Höhe erlitten hat. Vgl. dazu im Einzelnen *Treitel* (-*Peel*) no. 20–003 ff.

erzielt hat, wird heute lebhaft diskutiert, zumal sie auch vom House of Lords in einem vielbeachteten Urteil bejaht worden ist. Hier war der Beklagte ein Mitarbeiter des britischen Geheimdienstes, der seinem Arbeitgeber – der britischen Krone – versprochen hatte, alle Informationen geheimzuhalten, von denen er im Zuge seiner dienstlichen Tätigkeit Kenntnis erlangen würde. Viele Jahre später schrieb er eine erfolgreiche Autobiographie, die jene Informationen einer breiten Öffentlichkeit zugänglich machte. Das House of Lords gab der Klage der Krone auf Herausgabe des Autorenhonorars statt: Zwar sei der Klägerin durch die Vertragsverletzung des Beklagten kein greifbarer Nachteil entstanden. Dennoch stehe ihr ein Anspruch auf »restitutionary damages« zu, sei es, weil der Beklagte als »Treuhänder« der ihm zur Kenntnis gelangten Informationen anzusehen sei und deshalb den Gewinn herausgeben müsse, den er durch ihre »treuwidrige« Verwertung erzielt habe, sei es auch, weil der Klägerin ein legitimes Interesse an der Geheimhaltung der Informationen zustehe und verhindert werden müsse, dass Geheimdienstmitarbeitern ein finanzieller Anreiz zu ihrer Offenlegung gesetzt werde.[113] Im Schrifttum wird die Auffassung vertreten, dass der durch eine Vertragsverletzung erzielte Gewinn jedenfalls dann herauszugeben sei, wenn »sich der Ersatzpflichtige vorsätzlich über die Berechtigung des Gläubigers hinweggesetzt« hat.[114] Eine ganz unbestimmte Regelung enthält Art. 6:104 BW: Dort heißt es, dass der Richter den »Schaden« des Gläubigers ganz oder teilweise nach dem Gewinn berechnen darf, den der Schuldner aus der Vertragsverletzung erzielt hat.[115]

5. *Haftung für immaterielle Schäden.* – Als »immaterieller Schaden« werden Nachteile bezeichnet, die sich nicht nach einem objektiven Maßstab bewerten lassen, weil ihr Gewicht wesentlich von der Empfindsamkeit, Gemütsverfassung und Sensibilität des im Einzelfall betroffenen Menschen abhängen. Dabei kann es sich um »Verluste« handeln, wie sie einem Menschen durch körperliche Schmerzen, durch eine bleibende Behinderung, durch seelischen Kummer oder durch eine Minderung seiner sozialen Reputation entstehen. Auch

---

[113] *Attorney General* v. *Blake* [2001] 1 A.C. 268 und dazu ausführlich *K. Rusch* ZEuP 2002, 122. Dadurch ist das Urteil des Berufungsgerichts (*Attorney General* v. *Blake* [1998] Ch. 439 und dazu *R. Bollenberger* ZEuP 2000, 893) aufgehoben worden.

[114] So *G. Wagner* (oben N. 105) A 83 ff., A 97. Auch der Reformentwurf Terré bestimmt in Art. 120, dass der Schuldner, sofern ihm »dol« – also eine absichtliche Verletzung seiner Vertragspflichten – vorgeworfen werden kann, zur Herausgabe des daraus gezogenen Gewinns verurteilt werden darf.

[115] Vgl. zur rechtsvergleichenden Diskussion der Haftung auf Gewinnherausgabe z.B. *K. Rusch* (oben N. 113); *K. Rusch*, Restitutionary Damages for Breach of Contract: A Comparative Analysis of English and German Law, S.Afr.L.J. 118 (2001) 59; *R. Bollenberger*, Das stellvertretende Commodum (1999); *P. Schlechtriem*, Restitution und Bereicherungsausgleich in Europa II (2001) 191 ff.; *T. Helms*, Gewinnherausgabe als haftungsrechtliches Problem (2007); *J. Köndgen*, Immaterialschadensersatz, Gewinnabschöpfung oder Privatstrafen als Sanktionen für Vertragsbruch), RabelsZ 56 (1992) 696.

können dem Betroffenen »Gewinne« entgehen, weil er Gefühle der Freude, der Zufriedenheit oder des Wohlbehagens nicht mehr oder nicht so wie erhofft empfinden kann. Dass manche Rechtsordnungen dem Ausgleich solcher immaterieller Nachteile durch Zahlung eines Geldbetrages mit einiger Zurückhaltung gegenüberstehen, wird gern auf zwei Gründe gestützt: Die Festsetzung einer Geldsumme sei schwierig, weil das Gewicht jener Nachteile von Person zu Person unterschiedlich sei und es keinen »Markt« gibt, auf dem sich im Licht von Angebot und Nachfrage ein allgemein maßgeblicher »Preis« bildet, der zur Vermeidung der genannten »Verluste« oder zur Erhaltung der genannten »Gewinne« bezahlt wird. Auch wird behauptet, dass mit der Zubilligung eines Geldausgleichs für den Kläger ein Anreiz gesetzt wird, immaterielle Einbußen vorzutäuschen und vielleicht sogar dem Gericht Krokodilstränen vorzuweinen, um den Anspruch zu begründen oder aufzublähen.

In manchen Ländern gelten für den Ausgleich immaterieller Schäden unterschiedliche Regeln, je nachdem, ob der Kläger seinen Anspruch darauf stützt, dass der Beklagte wegen der Nichterfüllung eines Vertrages oder aus unerlaubter Handlung haftet. Hier muss der Kläger wählen, ob er den einen oder anderen Weg gehen und auf ihm zum Ziel kommen kann. Anders liegt es in Frankreich. Dort nimmt die Rechtsprechung seit langem an, dass sich der Schadensersatzanspruch des Klägers, sofern zwischen ihm und dem Beklagten eine Vertragsbeziehung besteht, *nur* nach den Regeln des Vertragsrechts beurteilt.[116] In der Praxis hat dies aber deshalb keine Bedeutung, weil die Frage, was unter einem Schaden (»dommage«) zu verstehen ist, im Vertragsrecht und im Deliktsrecht gleich behandelt wird[117] und weil noch dazu der immaterielle Schaden (»dommage moral«) mit ganz besonderer Großzügigkeit ersetzt wird. Ein »dommage moral« ist also nicht nur dann zu ersetzen, wenn der Kläger als Folge einer Körperverletzung Schmerzen erlitten hat und ihm deshalb ein – in Deutschland »Schmerzensgeld« genannter – Ausgleich gewährt wird. Vielmehr legt die französische Rechtsprechung großes Gewicht auf die Frage, ob der Kläger auch nach wiederhergestellter Gesundheit nicht mehr die gewohnte Lebensfreude empfinden, nicht mehr am sozialen Leben teilnehmen, als Musiker nicht mehr Klavier spielen oder als Sportler sich nicht mehr körperlich betätigen kann. Wie weit die Rechtsprechung hier geht, zeigt der Fall, in dem der Beklagte schuldhaft den Tod eines dem Kläger gehörenden Reitpferdes verursacht hatte. Hier kommt es zunächst nicht darauf an, ob der Beklagte wegen einer unerlaubten Handlung oder wegen der Verletzung vertraglicher Pflichten Schadensersatz leisten muss. Auch wenn er aufgrund eines Vertrages zu sorg-

---

[116] Vgl. zum Prinzip des »non-cumul des responsabilités contractuelle et délictuelle« schon oben N. 27.

[117] Ein gewisser Unterschied besteht nur darin, dass der Schuldner, dessen Haftung auf eine Vertragsverletzung gestützt wird, nur den »voraussehbaren« Schaden zu ersetzen braucht. Vgl. Art. 1150 Code civil und oben III.1 = S. 376 ff.

fältiger Pflege des Pferdes verpflichtet war, muss er dem Kläger nicht nur die
Kosten der Wiederbeschaffung eines anderen gleichwertigen Pferdes, sondern
auch den immateriellen Schaden ersetzen, »que lui causait la perte d'un animal
auquel il était attaché«.[118] Auch ein Beerdigungsunternehmer, der unter Verletz-
zung seiner Vertragspflichten den Leichnam des Verstorbenen nicht rechtzeitig
angeliefert hat, muss den Angehörigen den immateriellen Schaden ersetzen, der
ihnen durch den Ausfall der Beerdigungszeremonie entstanden ist.[119]

Viel zurückhaltender ist das deutsche Recht. Es führt seit langem ein Rück-
zugsgefecht gegen die traditionelle – aus dem römischen Recht stammende –
Auffassung, nach der ein Ausgleich durch Geld grundsätzlich nicht in Betracht
kommt, wenn jemand in seiner Ehre oder körperlichen Integrität verletzt
wird.[120] Zwar konnte das Bürgerliche Gesetzbuch an dieser Position nicht festhalten. Es bestimmte in § 253 Abs. 1, dass immaterielle Schäden nur dann zu ersetzen seien, wenn dies durch eine besondere gesetzliche Vorschrift zugelassen
werde; eine solche Zulassung fand sich aber nur im Deliktsrecht und auch dort
im Wesentlichen nur für den Fall, dass der immaterielle Schaden auf einer Körperverletzung beruhte.[121] Die Rechtsprechung hat sich über diese gesetzliche
Regelung dadurch hinweggesetzt, dass sie dem Kläger einen Ausgleich auch
dann gewährt hat, wenn sein immaterieller Schaden die Folge einer Verletzung
seines »allgemeinen Persönlichkeitsrechts« war. Eine weitere Frontbegradigung
nahm der Gesetzgeber vor, als er im Jahre 2002 entschied, dass der immaterielle Schaden auch im Falle einer Vertragsverletzung zu ersetzen sei, auch dies
freilich nur dann, wenn jener Schaden sich aus einer Verletzung des Körpers,
der Gesundheit, der Freiheit oder der sexuellen Selbstbestimmung des Klägers
oder – das wird man ergänzen müssen – aus einer Verletzung seines »allgemeinen Persönlichkeitsrechts« ergibt.[122] Ein besonderer Fall wird schon seit 1979 in

---

[118] Civ. 16. Jan. 1962, Bull.cass. 1962.I. no. 33 = D. 1962, 1999 mit Anm. *Rodière*.

[119] Trib.civ. Seine 20. Dez. 1932, S. 1932.2.144 und ausführlich *Terré/Simler/Lequette*
no. 562.

[120] Vgl. dazu z.B. *Zimmermann* 1090 ff.; *N. Jansen*, Konturen eines europäischen Scha-
densrechts, JZ 2006, 160, 166 ff.

[121] Auch gemäß Art. 2059 Codice civile sollte ein immaterieller Schaden ursprünglich nur dann ersetzt werden können, wenn er durch ein strafbares Verhalten des Beklagten herbeigeführt worden ist. Darüber hat sich die it. Rspr. dadurch hinweggesetzt, dass
sie einen »danno biologico« oder »danno esistenziale« annimmt, wenn jemand – auch
durch eine Vertragsverletzung – infolge einer Beeinträchtigung seiner Gesundheit oder
seines Wohlbefindens in seiner persönlichen Entfaltung im sozialen Umfeld behindert
wird. Vgl. Cass. 11. Nov. 2008, Nr. 26973, Foro it. 2009, 120 und dazu ausführlich (auch
rechtsvergleichend) *G. Christandl*, Das it. Nichtvermögensschadensrecht nach 2008,
ZEuP 2011, 392. – Nach Art. 6:106 (1) BW ist eine Haftung auf Ersatz immaterieller
Schäden nur dann zulässig, wenn sie von dem Beklagten vorsätzlich herbeigeführt worden sind oder der Kläger körperlich oder in seiner Ehre oder Reputation verletzt worden
oder »op andere wijze in zijn persoon is angetast«.

[122] Vgl. § 253 Abs. 2 BGB und dazu ausführlich und rechtsvergleichend *G. Wagner*,

§ 651 f. Abs. 2 BGB geregelt: Danach muss der Unternehmer, der einen Reise-
vertrag geschlossen hat, seinem Kunden den immateriellen Schaden ersetzen,
der ihm beim Ausfall oder bei einer erheblichen Beeinträchtigung der Reise
»wegen nutzlos aufgewendeter Urlaubszeit« entsteht.[123] Es liegt auf der Hand,
dass es auch andere Verträge geben kann, bei denen es für die Anerkennung immateriellen Schadensersatzes gleich gute Gründe gibt. Gewiss genügt es nicht,
dass jemand darüber enttäuscht oder betrübt ist, dass sein Vertragspartner den
Vertrag nicht erfüllt hat. Wohl aber kann es Vertragspflichten geben, mit deren
Erfüllung die Parteien nach den besonderen Umständen des Falles (auch) den
Zweck verfolgen, dass die eine von ihnen vor dem Eintritt bestimmter immaterieller Schäden geschützt werden soll. Wenn z.B. ein Hotelunternehmer seinen
frischverheirateten Kunden an einem bestimmten Tage ein »Hochzeitsessen im
Kaminzimmer« oder ein Beerdigungsunternehmer den Angehörigen zu einem
bestimmten Zeitpunkt die ordnungsmäßige Abwicklung der Trauerzeremonie
versprochen hat, so müssen sie, wenn das »Kaminzimmer« von anderen Gästen
besetzt oder der Trauertag von dem Unternehmer vergessen worden ist, auch
den immateriellen Schaden ersetzen, der dadurch den Eheleuten oder den Angehörigen entstanden ist. So weit geht die deutsche Rechtsprechung nicht, jedenfalls noch nicht.[124] Im Schrifttum hat man vorgeschlagen, dass § 253 Abs. 2

Ersatz immaterieller Schäden: Bestandsaufnahme und europäische Perspektiven, JZ
2004, 319; *G. Wagner* (oben N. 105) A 51 ff.; *F. Maultzsch*, Der Schutz von Affektionsin-
teressen bei Leistungsstörungen im englischen und deutschen Recht, JZ 2010, 937.

[123] Der EuGH hat Art. 5 der Pauschalreise-Richtlinie 90/314/EWG vom 13. Juni
1990 dahin ausgelegt, dass der Reiseunternehmer, wenn die von ihm verkaufte Reise
ausfällt oder mangelhaft ist, seinem Kunden auch den dadurch verursachten immateriellen Schaden ersetzen muss. Vgl. EuGH 12. März 2002, Rs. C-168/00 (*Leitner* v. *TUI*),
Slg. 2002, I-2631.

[124] Vgl. OLG Saarbrücken 20. Juli 1998, NJW 1998, 2912: Kein Schadensersatzanspruch steht der Braut zu, wenn der Hotelunternehmer das vermietete »Kaminzimmer«
der Hochzeitsgesellschaft zum vereinbarten Zeitpunkt nicht bereitstellen kann und sie
deshalb einen Nervenzusammenbruch erleidet. Leer geht auch derjenige aus, dem durch
einen Fehler seines Vertragspartners der geplante »Klinikaufenthalt in landschaftlich
reizvoller Umgebung« verdorben wird, ebenso derjenige, dem die Yacht nicht geliefert
wird, mit der er eine Segeltour auf der Ostsee unternehmen wollte. In beiden Fällen fehlt
es an den Voraussetzungen des § 651f BGB. Vgl. BGH 21. Mai 1981, BGHZ 80, 366;
BGH 29. Juni 1995, BGHZ 130, 128. Vgl. auch BGH 9. Juli 2009, NJW 2009, 3025: Hier
hatte ein Rechtsanwalt durch einen Beratungsfehler in seiner Mandantin die unrichtige
Vorstellung einer existenzbedrohenden Schadensersatzpflicht hervorgerufen. Dadurch
erlitt sie einen Nervenzusammenbruch und verlangte von dem Anwalt Schadensersatz.
Zwar kam der BGH zu dem Ergebnis, dass die körperliche und psychische Beeinträchtigung der Mandantin genügend schwer wog, um eine Verletzung ihrer »Gesundheit«
anzunehmen. Die Klage wurde aber deshalb abgewiesen, weil die Vertragspflichten des
Anwalts nach ihrem »Schutzzweck« (vgl. oben zu N. 64) nur den Bestand des Vermögens
seiner Mandantin, nicht die Erhaltung ihrer Gesundheit bezweckten. Anders würde entschieden werden, wenn der Mandant durch einen Fehler seines Strafverteidigers in Haft
genommen wird: Einerseits wird der Mandant durch die Verhaftung in seiner »Freiheit«

BGB als dispositive Regelung von den Parteien abbedungen und im Wege der
(ergänzenden) Vertragsauslegung angenommen werden kann, dass der Vertrag
auf die Verschaffung bestimmter immaterieller Vorteile gerichtet war und im
Falle seiner Nichterfüllung für die dadurch entstehenden immateriellen Nachteile gehaftet werden sollte.[125]

Die Rechtsprechung der englischen Gerichte zeigt, dass die hier erörterte
Frage zwar manchmal schwer zu beantworten ist, aber doch keine unlösba-
ren Probleme aufwirft. Auch in England gilt zwar der Grundsatz, dass die immateriellen Nachteile des Klägers nicht schon deshalb durch einen Geldbetrag
auszugleichen sind, wenn sie durch eine Vertragsverletzung des Beklagten verursacht wurden. Macht also ein Rechtsanwalt, der von seinem Mandanten mit
der Vorbereitung des Erwerbs von Grundstücken beauftragt worden ist, einen
Fehler nach dem anderen, so kann der Mandant keinen Ausgleich dafür verlangen, dass er über längere Zeit in Angst und Schrecken versetzt worden ist und
»mental distress« erlitten hat. Zwar hat der Anwalt seine Vertragspflichten erheblich verletzt. Aber darin liegt ein »incident of commercial life which players
in the game are expected to meet with mental fortitude«.[126] Anders liegt es
aber nicht nur dann, wenn eine Reise verkauft worden ist, die dem Reisenden
während seiner knapp bemessenen Urlaubszeit einen vertraglich beschriebenen
Genuss verschaffen sollte, aber so fehlerhaft war, dass seine berechtigten Erwartungen gründlich enttäuscht worden sind.[127] Anders liegt es auch, wenn der
einem Rechtsanwalt erteilte Auftrag den ersichtlichen Zweck verfolgt, seine
Mandantin davor zu schützen, dass sie von einem Dritten unerlaubt belästigt[128]
oder ihr Kind von ihrem Ehemann nach Übersee entführt wird.[129] Wenn hier
infolge eines Anwaltsfehlers gerade dasjenige geschieht, was abzuwenden der
Anwalt pflichtwidrig unterlassen hat, so muss er seiner Mandantin durch Zahlung einer nach den Umständen festzusetzenden Geldsumme einen Ausgleich
für das ihr entstehende seelische Leid zahlen; im Falle der Kindesentführung ist
diese Summe auf 20.000 £ bestimmt und in dieser Höhe vom House of Lords
gebilligt worden. Sogar der mit einem Grundstücksmakler geschlossene Vertrag kann den Zweck verfolgen, seinem Auftraggeber bei der Nutzung des von
ihm zu erwerbenden Grundstücks ein Gefühl des Wohlbehagens und der Zu-

---

verletzt. Andererseits soll der Anwalt durch ordentliche Erfüllung seiner Pflichten den
Mandanten (auch) gegen unbegründete Verhaftungen schützen.

[125] Auch der Gesetzgeber ist zu Hilfe gerufen worden. Nach dem Vorschlag von
Wagner (oben N. 105) A 53 sollte § 253 BGB dahin abgeändert werden, dass Ersatz auch
dann geschuldet wird, wenn Gegenstand eines Vertrages »der Schutz oder die Förderung
der immateriellen Interessen« eines Vertragspartners ist.

[126] *Johnson* v. *Gore Wood Co.* [2002] A.C. 1, 49.

[127] *Jarvis* v. *Swans Tours Ltd.* [1973] 1 All E.R. 71 (C.A.).

[128] *Heywood* v. *Wellers* [1976] Q.B. 446.

[129] *Hamilton Jones* v. *David & Snape* [2004] 1 All E.R. 657.

friedenheit zu verschaffen. So lag es in *Farley v. Skinner*.[130] Hier war jemandem
ein bestimmtes Landgrundstück als »gracious country residence« zum Kauf angeboten worden. Da es in der Nähe des Flugplatzes Gatwick lag, wies er einen
Grundstücksmakler darauf hin, dass er an einer friedlichen und geruhsamen
Nutzbarkeit des Grundstücks stark interessiert sei und ihn deshalb darum bitte
zu klären, ob mit einer Belastung durch Fluglärm zu rechnen sei. Der Makler
unterließ die nach Sachlage gebotenen Recherchen und teilte seinem Auftraggeber mit, dass er sich über diese Frage keine Sorgen machen müsse. Daraufhin
erwarb der Auftraggeber das Grundstück zu einem angemessenen Preis; einen
Vermögensschaden erlitt er daher nicht. Dennoch musste ihm der Makler einen Betrag von 10.000 £ zum Ausgleich der immateriellen Nachteile zahlen,
die er wegen des Fluglärms hinzunehmen hatte. Es spricht deshalb viel für den
Vorschlag der internationalen Regelwerke, nach dem auch für »non-pecuniary
loss« Ersatz geschuldet sein kann.[131]

   6. *Vereinbarungen über die Höhe des Schadensersatzes.* – Gelegentlich werden Vereinbarungen getroffen, in denen sich eine Partei verpflichtet, im Falle einer
Nichterfüllung ihrer Vertragspflichten der anderen Partei einen bestimmten
Geldbetrag zu zahlen. In der Regel ist es die vertragstreue Partei, die an solchen
Vereinbarungen ein Interesse hat. Sie kann dadurch die Schwierigkeiten ver

---

[130] [2002] 2 A.C. 732. In *Watts* v. *Morrow* [1991] 1 W.L.R. 1421 hatte es ein Grundstückssachverständiger schuldhaft unterlassen, seinen Auftraggeber darauf hinzuweisen,
dass das Grundstück, das er erwerben wollte, in erheblichem Umfang reparaturbedürftig war. Er musste seinem Auftraggeber eine Entschädigung dafür zahlen, dass er während der Reparaturarbeiten in dem Haus wohnen musste und dadurch »physical inconvenience and discomfort« sowie »mental suffering directly related to that inconvenience
and discomfort« zu erleiden hatte (S. 1425). – Vgl. auch *Ruxley Electronics* (N. 86; vgl.
auch S. 303 f.): Hier wurde dem Auftraggeber, dem ein Bauunternehmer ein fehlerhaftes
Schwimmbad geliefert hatte, Schadensersatz zugebilligt, aber nicht in Höhe der Kosten,
die ihm in gewaltigem Umfang entstanden wären, wenn er die Beseitigung des Mangels –
praktisch also: den Neubau des Schwimmbads – einem anderen Unternehmer übertragen
hätte, sondern nur in Höhe von 2.500 £ als Ausgleich für den Verlust der »Annehmlichkeiten«, die die Nutzung des fehlerhaften Schwimmbades mit sich brachte. Ebenso wäre
wohl nach deutschem Recht zu entscheiden: Dem Bauherrn steht zwar kein Anspruch
auf *Nacherfüllung* gegen den Unternehmer zu (§ 275 Abs. 2 BGB), wohl aber ein Anspruch
auf *Schadensersatz* (oder auf Minderung des Werklohns), für dessen Umfang allerdings
zu bedenken ist, dass der Bauherr das Schwimmbad trotz seines Fehlers durchaus benutzen und in dieser Weise den ihm entstandenen Schaden mindern konnte (§ 254 Abs. 2
Satz 1 Halbsatz 2 BGB) und daher Schadensersatz nur insoweit verlangen kann, als er die
»Annehmlichkeiten« einbüßt, die er aus der Nutzung eines fehlerfreien Schwimmbads
hätte ziehen können. So auch *P. Schlechtriem*, Schuldrecht, Besonderer Teil (6. Aufl. 2003)
Rn. 435.
[131] Vgl. Art. 9:501 (2a) PECL; Art. 7.4.2 (2) PICC; Art. III.-3:701 (3) DCFR. Nach
Art. 2c des Entwurfs einer EU-Verordnung über das CESL soll zwar »non-economic loss
in the form of pain and suffering« zu ersetzen sein, nicht aber »non-economic loss such as
impairment of the quality of life and loss of enjoyment«. Wie aber soll ein Ausgleich für
»suffering« bestimmt werden, ohne dass dabei auch »loss of enjoyment« mitbedacht wird?

meiden, die sich für sie daraus ergeben können, dass sie den Umfang des ihr durch die Nichterfüllung tatsächlich entstehenden Schadens nicht mit der erforderlichen Sicherheit beweisen kann oder dass dieser Schaden vom Schuldner nicht ersetzt zu werden braucht, weil er »zu entfernt« oder für ihn »nicht vorhersehbar« ist oder weil er immaterielle Nachteile oder den Verlust bloßer Gewinnchancen ausgleichen soll.[132] Für die Wirksamkeit solcher Vereinbarungen spricht zwar der Grundgedanke der Vertragsfreiheit. Ungefährlich sind sie aber nicht. Wenn sie auf den Vorschlag der vertragstreuen Partei – des »Gläubigers« – zurückgehen, so kann es sein, dass sie vom Schuldner im Vertrauen darauf, dass es mit der Vertragserfüllung »schon gut gehen« werde, ohne genaue Prüfung hingenommen werden und dass dadurch für den Gläubiger, der das weiß und darauf vielleicht sogar spekuliert, ein Anreiz gesetzt wird, die zu leistende Geldsumme auf einen hohen Betrag festzulegen, dadurch den Schuldner einem erheblichen Druck auszusetzen und von ihm, wenn er den Vertrag trotz des Drucks nicht erfüllt, Zahlung eines Geldbetrages zu verlangen, der mit dem wirklich entstandenen Schaden nur in einer lockeren Beziehung steht. Es geht deshalb um die Lösung eines Interessenkonflikts: Einerseits sind solche Vereinbarungen sinnvoll und erwünscht, weil sie die Schadensregulierung vereinfachen, dem Schuldner die Folgen einer Nichterfüllung des Vertrages klar vor Augen führen und die Gerichte entlasten. Andererseits muss der Schuldner gegen die Gefahr des Missbrauchs solcher Vereinbarungen geschützt werden.

Für die Erfassung solcher Vereinbarungen stellen alle Rechtsordnungen zwei Begriffe bereit. Auf der einen Seite gibt es Vereinbarungen, deren Zweck darin besteht, den durch die Nichterfüllung des Vertrages drohenden Schaden im Vorhinein einigermaßen genau abzuschätzen und dadurch unter den Parteien außer Streit zu stellen. Hier spricht man von »Abreden zur Schadenspauschalierung« oder »liquidated damages clauses«. Auf der anderen Seite können die Parteien aber auch eine Vertragsstrafe vereinbart haben (»penalty clause«, »clause pénale«, »clausula penale«). Mit ihr soll nicht nur der Schadensersatz auf einen bestimmten Betrag fixiert, sondern vor allem der Schuldner mit Nachdruck zu ordentlicher Vertragserfüllung angespornt werden. Zweifelhaft ist allerdings, wie diese beiden Vereinbarungstypen voneinander abzugrenzen sind und welche Konsequenzen es hat, ob eine Vereinbarung so oder so qualifiziert wird.[133]

---

[132] Vgl. dazu oben S. 376 ff., 392 ff. – Seltener kommt es vor, dass die im Falle der Nichterfüllung des Vertrages zu zahlende Geldsumme durch vertragliche Vereinbarung auf einen besonders *niedrigen* Betrag festgesetzt wird. Eine solche Vereinbarung liegt im Interesse des *Schuldners* und wird dann oft auf *sein* Drängen in den Vertrag aufgenommen.

[133] Vgl. aus dem umfangreichen Schrifttum z.B. *M. Baum*, Vertragsstrafe, in: HWB des Europäischen Privatrechts (2009) 1701 ff.; *Treitel* (oben N. 12) s. 164 ff.; *I. Steltmann*, Die Vertragsstrafe in einem Europäischen Vertragsrecht (2000); *H.N. Schelhaas*, Het

Die Vertragsstrafe ist eine altehrwürdige Form der vertraglichen Vereinbarung, die schon dem römischen Recht wohlbekannt war.[134] Sie diente dort nicht nur dem Zweck der Bestimmung des dem Gläubiger zu zahlenden Schadensersatzes. Sie wurde oft auch dort vereinbart, wo es dem Gläubiger nicht um Schadensersatz, sondern darum ging, den Schuldner zur Vornahme irgendeiner Handlung zu veranlassen. Hatte z.B. der Schuldner dem Gläubiger versprochen, dass er einem Dritten eine Leistung erbringen werde, so konnte der Dritte zwar nicht selbst den Schuldner zu der versprochenen Leistung zwingen: *Alteri nemo stipulari potest.* Immerhin konnte der Schuldner für den Fall, dass die dem Dritten zugedachte Leistung ausbleibt, dem Gläubiger eine Vertragsstrafe versprechen und ihm dadurch eine gewisse Gewähr dafür bieten, dass der Dritte die Leistung erhalten werde.[135] Dies ist der Grund, warum in den meisten kontinentalen Rechtsordnungen die Vertragsstrafe in einem eigenen besonderen Abschnitt geregelt ist und nicht gerade dort, wo sie heute allein noch Bedeutung hat, nämlich beim Schadensersatz wegen Nichterfüllung des Vertrages.[136]

Gewöhnlich wird der im Voraus festgelegte Betrag, den der Schuldner im Falle der Nichterfüllung zu zahlen hat, höher sein als der dem Gläubiger tatsächlich entstandene Schaden. Wenn es anders liegt, kann man fragen, ob der Gläubiger nur den festgelegten Betrag verlangen oder ob er sich auch dafür entscheiden kann, seinen Schadensersatzanspruch nach den allgemeinen Regeln geltend zu machen. Maßgeblich ist in erster Linie, was die Parteien dazu vereinbart haben. Anderenfalls wird der Gläubiger nach manchen Rechtsordnungen auf den festgelegten Betrag beschränkt.[137] Das deutsche Recht vertritt eine dem Gläubiger günstigere Position, weil es ihm die freie Wahl zwischen den beiden Möglichkeiten erlaubt und sogar zulässt, dass er die Vertragsstrafe verlangt und außerdem auch noch den weiteren Schaden geltend macht, der ihm entstanden sein kann.[138]

---

boetebeding in het Europese contractenrecht (2004); *L. Miller*, Penalty Clauses in England and France, Int.Comp.L.Q. 53 (2004) 79.

[134] Vgl. dazu *Zimmermann* 95 ff.; *R. Knütel*, Stipulatio Poenae, Studien zur römischen Privatstrafe (1976), *R.P. Sossna*, Die Geschichte der Begrenzung von Vertragsstrafen (1993).

[135] Vgl. dazu § 17 A = S. 470 ff.

[136] Vgl. z.B. §§ 339–345 BGB; Art. 158–163 OR; Art. 1382–1384 Codice civile; Art. 6:91–94 BW. Vgl. in Frankreich einerseits Art. 1152 Code civil (im Abschnitt über »Schadensersatz«), andererseits Art. 1226–1233 Code civil.

[137] So Art. 1382 (1) Codice civile. In Art. 6:92 (2) BW heißt es zwar, dass die Vertragsstrafe »an die Stelle« des Schadensersatzanspruchs tritt. Aber gemäß Art. 6:94 (2) BW kann der Gläubiger auch mehr als die Vertragsstrafe verlangen, wenn dies der Billigkeit entspricht. Gemäß Art. 1229 Code civil ist der Gläubiger auf den im Voraus festgelegten Betrag beschränkt, es sei denn, dass die Nichterfüllung des Vertrages auf einem vorsätzlichen oder grob schuldhaften Verhalten des Schuldners beruht. Vgl. dazu *Terré/Simler/Lequette* no. 625.

[138] Vgl. § 340 Abs. 2 BGB sowie § 1336 Abs. 3 ABGB. Art. 161 Abs. 2 OR bestimmt,

Große praktische Bedeutung hat der Umstand, dass in allen kontinentaleuropäischen Rechtsordnungen – ganz anders als im Common Law – zwingende
gesetzliche Vorschriften bestehen, die den Richter – meist nur auf Antrag des
Schuldners, manchmal sogar allein aufgrund eigener Entschließung – dazu ermächtigen, eine im Voraus festgelegte Schadensersatzsumme herabzusetzen,
wenn er sie als »unverhältnismäßig hoch« oder als »manifestement excessive«
ansieht.[139] Manchmal besteht diese Herabsetzungsbefugnis in *allen* Fällen einer
Vereinbarung über die Höhe des Schadensersatzes,[140] manchmal aber – so in
Deutschland und in der Schweiz – nur dann, wenn die maßgebliche vertragliche Vereinbarung eine *Vertragsstrafe* darstellt.

Für die Frage, ob eine Vertragsstrafe vorliegt, soll es nach der deutschen
Rechtsprechung darauf ankommen, ob die Parteien den vereinbarten Betrag
so festgelegt haben, dass er als ein »Zwangsmittel« wirken, also in erster Linie auf den Schuldner einen »möglichst wirkungsvollen Druck« in Richtung
auf eine ordnungsmäßige Vertragserfüllung ausüben soll.[141] Dieses Kriterium
ist nicht befriedigend, weil »jede Schadenspauschalierung stets auch als Zwang
zu ordentlicher Erfüllung, jede Vertragsstrafe stets auch als Vereinfachung der
Schadensregulierung« empfunden wird und »eine nach diesen Gesichtspunkten vorgenommene Abgrenzung kaum je zu wirklich überzeugenden Ergebnissen führen« kann.[142] Dennoch ist die Abgrenzung von großer praktischer
Bedeutung, einmal deshalb, weil eine richterliche Herabsetzung nur bei einer
Vertragsstrafe möglich ist, aber auch deshalb, weil die vertragliche Festlegung
des zu leistenden Geldbetrages, wenn sie eine Vertragsstrafe darstellt und als
AGB-Klausel vereinbart ist, stets gänzlich unwirksam, als Schadenspauschalierung hingegen wirksam ist, sofern nicht der vereinbarte Betrag den »nach dem
gewöhnlichen Lauf der Dinge zu erwartenden Schaden ... übersteigt« oder
dem Kunden »nicht ausdrücklich der Nachweis gestattet wird, ein Schaden ...
sei überhaupt nicht entstanden oder wesentlich niedriger als die Pauschale«.[143]

---

dass der Gläubiger, wenn sein Schaden größer als die Vertragsstrafe ist, »den Mehrbetrag
nur insoweit einfordern [kann], als er ein Verschulden nachweist«.

[139] § 343 BGB; § 1336 Abs. 2 ABGB; Art. 163 Abs. 3 OR; Art. 1152 Code civil;
Art. 1384 Codice civile; § 36 Vertragsgesetz (Dänemark, Schweden, Finnland); Art. 6:94
Abs. 1 BW; Art. 409 griech. ZGB; Art. 1154 span. CC (vgl. dazu *S. Leible*, Die richterliche
Herabsetzung von Vertragsstrafen im spanischen Recht, ZEuP 2000, 322). Diese richterliche Befugnis war dem römischen Recht unbekannt (vgl. *Zimmermann* 106 ff.), hat sich
nur gegen beträchtlichen Widerstand durchsetzen können und ist in Frankreich erst 1975,
in den Niederlanden erst 1992 eingeführt worden.

[140] Vgl. Art. 1152, 1226 Code civil; Art. 6:94 BW (und dazu rechtsvergleichend *H.
Schelhaas*, The Judicial Power to Reduce a Contractual Penalty, ZEuP 2004, 386).

[141] So die ständige Rspr. Vgl. z:B. BGH 25. Nov. 1982, NJW 1983, 1542.

[142] So mit Recht *W. Wurmnest* in: MünchKomm (6. Aufl. 2012) § 309 Nr. 5 BGB
Rn. 6.

[143] Vgl. § 309 Nr. 5 und 6 BGB. Diese Unterscheidung zwischen Vertragsstrafe und
Schadenspauschalierung hat der deutsche Gesetzgeber ohne Not eingeführt. Denn er war

Diese strengen Regeln über die Wirksamkeit von AGB-Klauseln gelten zwar nur, wenn der Schuldner, der den im Voraus festgelegten Betrag zu zahlen hat, Verbraucher ist. Sie werden aber gemäß §§ 307, 310 Abs. 2 Satz 2 BGB auch auf Verträge unter Kaufleuten angewendet, soweit eine *Schadenspauschalierung* vorliegt. Haben die Kaufleute eine *Vertragsstrafe* vereinbart, so kann sie zwar vom Richter nicht herabgesetzt werden (§ 348 HGB). Wohl aber kann sie, wenn sie in einer AGB-Klausel niedergelegt ist, gemäß § 307 BGB auf ihre Angemessenheit überprüft werden; immerhin ist insoweit anerkannt, dass es gute Gründe für ihre Angemessenheit geben kann.[144]

Auch im Common Law wird zwischen »penalties« und »liquidated damages« unterschieden. »Penalties« sind stets – auch im kaufmännischen Geschäftsverkehr – unwirksam, während eine Vereinbarung, mit der die Parteien »liquidated damages« festgelegt haben, gültig ist. Ganz unbekannt ist dem Common Law die Befugnis des Richters, den vertraglich bestimmten Betrag herabzusetzen, sofern er ihm unverhältnismäßig hoch erscheint. Es hat sich damit für eine Alles-oder-Nichts-Lösung entschieden: Entweder ist die Vereinbarung als »penalty clause« ganz unwirksam, dies mit der Folge, dass der Gläubiger seinen Ersatzanspruch auf die allgemeinen Regeln stützen muss. Oder sie ist als »liquidated damages clause« gültig.[145] Die Unterscheidung ist deshalb von erheblicher praktischer Bedeutung. Nach einer Leitentscheidung aus dem Jahre 1915 kommt es für sie im Wesentlichen darauf an, ob die vereinbarte Summe »a genuine pre-estimate of damages« darstellt – dann ist sie gültig – oder ob sie ungültig, nämlich so hoch ist, dass sie »as *in terrorem* of the offending party« vereinbart angesehen werden muss.[146] Eine solche »penalty clause« liegt insbesondere vor, wenn die Summe »is extravagant and unconscionable in amount in comparison with the greatest loss which could conceivably be proved to have followed from the breach«. Dazu gibt es eine gewaltige Rechtsprechung, die hier nicht im Einzelnen dargestellt werden kann.[147]

Wie könnte eine europäische Lösung des Problems aussehen? Vieles spricht für den Weg, für den sich schon heute das französische und niederländische

---

gemäß Art. 3 (3) und Anhang 1e der Richtlinie 93/13/EWG über missbräuchliche Klauseln in Verbraucherverträgen nur dazu verpflichtet, AGB-Klauseln für unwirksam zu erklären, wenn durch sie »dem Verbraucher, der seinen Verpflichtungen nicht nachkommt, ein unverhältnismäßig hoher Entschädigungsbetrag auferlegt wird«.

[144] Vgl. dazu *Wurmnest* (oben N. 142) § 309 Nr. 6 BGB Rn. 19 ff.

[145] Ist allerdings eine Vereinbarung über »liquidated damages« als AGB-Klausel in den Vertrag mit einem Verbraucher einbezogen worden, so greift die schon oben N. 143 erwähnte Regelung der – von Großbritannien wortwörtlich übernommenen – Richtlinie 93/13/EWG ein. Vgl. *H. Beale*, in: Chitty on Contracts I (31. Aufl. 2012) no. 26–192 A.

[146] *Dunlop Pneumatic Tyre Co. Ltd.* v. *New Garage and Motor Co. Ltd.* [1915] A.C. 847.

[147] Vgl. z.B. *Treitel* (-*Peel*) no. 20–121 ff.; *H. Beale* (vorige N.) no. 26–171 ff.; *McKendrick* no. 21.5 ff.

Recht, aber auch die internationalen Regelwerke entschieden haben. Danach
wird zwischen »Vertragsstrafe« und »Schadenspauschalierung« kein Unterschied mehr gemacht. Beides wird vielmehr in den Regelwerken unter den
Begriff »agreed payment for non-performance« zusammengefasst. Gleichzeitig wird aber bestimmt, dass der Richter den Betrag, wenn er ihn für »grossly
excessive« hält, auf einen »reasonable amount« reduzieren kann.[148] Für das britische Recht ist diese Lösung allerdings schwer zu akzeptieren. Der Grund dafür
liegt wohl nicht darin, dass es – anders als auf dem Kontinent – dem Anspruch
auf »specific performance« mit Zurückhaltung gegenübersteht und deshalb
nicht zulassen mag, dass der Schuldner auf mittelbare Weise – nämlich durch
eine »penalty clause« – zur Erfüllung gezwungen wird. Denn der Erfüllungsanspruch steht auch in den kontinentalen Rechtsordnungen auf dem Papier,
soweit er sich nicht auf die Zahlung von Geld richtet.[149] Der Grund liegt eher
in einem anderen Umstand. Zwar würden nach der hier vorgeschlagenen Lösung die erheblichen Schwierigkeiten der Unterscheidung zwischen »penalties«
und »liquidated damages« wegfallen. Aber der Preis dafür bestünde darin, dass
Rechtsunsicherheit in einem anderen Punkt geschaffen, der Richter nämlich
ermächtigt würde, den »richtigen« Betrag nach seinem Ermessen zu bestimmen. Das verträgt sich schlecht mit der traditionellen Skepsis, die der englische
Richter empfindet, wenn er einen Vertrag zwar als wirksam ansehen, ihn aber
über die Köpfe der Parteien hinweg inhaltlich so modifizieren soll, dass er nunmehr »angemessen« erscheint.

---

[148] Vgl. Art. 9:509 PECL; Art. 7.4.13 PICC; Art. III.-3:710 DCFR.
[149] Vgl. dazu oben § 12.

§ 15 Haftungsbefreiung bei nachträglicher Veränderung der Umstände

I. Einleitung

Im folgenden Abschnitt geht es um Fälle, in denen nach dem Abschluss des Vertrages Umstände eintreten, die den Schuldner an der Erbringung der versprochenen Leistung zwar nicht hindern, sie ihm also nicht unmöglich machen, ihm aber die Leistung erheblich erschweren oder sie ihm als sinnlos geworden erscheinen lassen. So liegt es z.B. dann, wenn sich nach Vertragsschluss zeigt, dass die Lieferung der verkauften Ware oder die Herstellung des versprochenen Werkes für den Verkäufer oder den Unternehmer sehr viel teurer wird, als er das bei Vertragsschluss erwartet hat. Hierher gehört auch der Fall, in dem die Währung, in der der Kaufpreis oder die Vergütung bezahlt werden soll, nach Vertragsabschluss abgewertet wird. In solchen Fällen einer nachträglichen Veränderung des Werts von Leistung und Gegenleistung spricht man oft von einer »Äquivalenzstörung«. Davon kann man die Fälle der »Zweckvereitelung« unterscheiden. Hier lässt sich der Zweck, zu dem die Parteien den Vertrag geschlossen haben, infolge des Eintritts der neuen Umstände nicht mehr erreichen. Zwar kann der Schuldner seine Vertragspflichten immer noch erfüllen. Er macht aber geltend, dass sich der Zweck, den er mit dem Vertrag verbunden hat, nicht mehr erreichen lässt und er ihn deshalb nicht mehr zu erfüllen und erst recht nicht mehr Schadensersatz wegen Nichterfüllung zu leisten brauche.

Unter welchen Voraussetzungen kann sich der Schuldner von seiner Haftung ganz oder teilweise befreien, wenn ihm seine Leistung durch den nachträglichen Eintritt besonderer Umstände erschwert wird?[1] In den kontinentalen Rechtsordnungen und in den internationalen Regelwerken wird für diese Fälle eine besondere Kategorie gebildet. In Frankreich spricht man von »imprévision«, in Italien von »eccessiva onerosità«, in Deutschland von einer »Störung der Geschäftsgrundlage«, in den Niederlanden von »onvorziene omstadigheden«. Manchmal ist von der »clausula rebus sic stantibus« die Rede, manchmal – so in Dänemark und Schweden – davon, dass es zu einem »Wegfall der Voraussetzungen des Vertrages« gekommen sei. Im Common Law gilt in Fällen einer nachträglichen Leistungserschwerung die »doctrine of frustration«. Sie gilt allerdings – wie noch zu zeigen sein wird – auch dann, wenn der Schuldner behauptet, dass ihm durch nachträgliche Umstände die Leistung unmöglich gemacht wird.

II. Lösungsmodelle

1. *Französisches Recht.* – In Frankreich nimmt jede Diskussion der hier interessierenden Frage ihren Ausgangspunkt bei einer berühmt gewordenen Entscheidung des Kassationshofs vom 6. März 1876.[2] In einem Vertrag aus der Mitte des 16. Jahrhunderts hatte sich eine Partei gegen Zahlung eines bestimmten Preises zur Lieferung von Wasser verpflichtet, das ihr Kontrahent zur Bewässerung

---

[1] Vgl. dazu ausführlich *E. Hondius/H.C. Grigoleit* (Hrsg.), Unexpected Circumstances in European Contract Law (2011): Hier werden die Regeln dargestellt, mit deren Hilfe 17 europäische Rechtsordnungen dem Problem der nachträglichen »unerwarteten Umstände« zu Leibe rücken; außerdem wird im Einzelnen geprüft, wie 15 ausgewählte Musterfälle von diesen Rechtsordnungen entschieden werden würden. Vgl. dazu auch die Rezension von *H. Kötz*, RabelsZ 77 (2013) 865. Das Schrifttum zu dieser Frage ist kaum noch zu übersehen. Vgl. z.B. *H. Rösler*, Hardship in German Codified Private Law in Comparative Perspective to English, French and International Contract Law, Eur. Rev.P.L. 15 (2007) 483; *H. Rösler*, Geschäftsgrundlage, in: HWB des Europäischen Privatrechts (2009) 710; *F. Ranieri*, Europäisches Obligationenrecht (3. Aufl. 2009) 815 ff.; *M. Mekki/M. Kloepfer-Pelèse*, Hardship and Modification (or »Revision«) of the Contract, in: A. Hartkamp et al. (Hrsg.), Towards a European Civil Code (4. Aufl. 2011) 651; *E. McKendrick* (Hrsg.), Force Majeure and Frustration of Contract (2. Aufl. 1995); *G.H. Treitel*, Frustration and Force Majeure (3. Aufl. 2014); *A. Janzen*, Unforeseen Circumstances and the Balance of Contract: A Comparison of the Approach to Hardship in the UNIDROIT Principles and the German Law of Obligations, J.C.L. 22 (2006) 156; *S.H. Jenkins*, Exemption for Non-Performance: UCC, CISG, UNIDROIT Principles, A Comparative Assessment, Tul.L.Rev. 72 (1998) 2015.

[2] D.P.1876.1.197 (»Canal de Créponne«) und dazu ausführlich *W. Doralt*, Der Wegfall der Geschäftsgrundlage, Altes und Neues zur *théorie de l'imprévision* in Frankreich, RabelsZ 76 (2012) 761.

landwirtschaftlich genutzter Gebiete verwenden wollte. Rund 300 Jahre später verlangte der Wasserlieferant eine Erhöhung des vereinbarten Preises, weil das Geld an Kaufkraft verloren habe, seine Personalkosten erheblich gestiegen seien und der Preis daher nicht mehr ausreiche. Beide Vorinstanzen gaben der Klage statt und erhöhten den Preis um einen angemessenen Zuschlag. Der Kassationshof wies dagegen die Klage ab, weil es den Gerichten verwehrt sei, »de prendre en considération le temps et les circonstances pour modifier les conventions des parties et substituer des clauses nouvelles à celles qui ont été librement acceptées par les contractants«. An dieser Entscheidung hat die französische Rechtsprechung bis heute festgehalten.[3]

Für sie lässt sich geltend machen, dass der Gesetzgeber besser als die Rechtsprechung beurteilen könne, ob und wie dem Kaufkraftverlust der Währung Rechnung zu tragen sei; in der Tat sind nach beiden Weltkriegen zu diesem Zweck sondergesetzliche Vorschriften erlassen worden.[4] Auch kann man sich darauf berufen, dass es jedenfalls bei langfristigen Verträgen Sache der Parteien ist, dasjenige zu tun, was zu tun schon der gesunde Menschenverstand fordert, nämlich eine vertragliche Vereinbarung zu treffen, in der bestimmt wird, unter welchen Bedingungen der Preis an den sinkenden Geldwert anzupassen ist. Gewiss – so kann man sagen – mag die Entscheidung des Kassationshofs hart sein. Aber gerade deshalb setzt sie für die Parteien einen starken und durchaus begrüßenswerten Anreiz dafür, dass sie das für jedermann erkennbare Problem des Währungsverfalls zum Gegenstand einer wohlbedachten Preisänderungs-, Wertsicherungs- oder Neuverhandlungsklausel machen.

Allerdings betrifft die strenge Haltung der französischen Rechtsprechung nicht bloß Fälle, in denen es bei langfristigen Verträgen um die Verteilung des Risikos eines Kaufkraftverlusts der Währung geht. Vielmehr gilt das Verbot einer richterlichen »révision pour imprévision« für alle Verträge, dies auch dann, wenn es andere nach Vertragsschluss eingetretene Umstände sind, die einer Partei die Vertragserfüllung erheblich erschweren.[5] Hin und wieder findet man

---

[3] Vgl. z.B. Com. 18. Dez. 1979, J.C.P. 1980.IV.85 = Rev.trim.civ. 1980, 780 mit Anm. *Cornu*. Vgl. ferner die bei *Terré/Simler/Lequette* no. 466 zitierte Rspr.

[4] Vgl. dazu sowie zu anderen gesetzlichen Bestimmungen, die dem Richter z.B. die Anpassung von Mietzinsen und Arbeitslöhnen gestatten, *Terré/Simler/Lequette* no. 468.

[5] Ausnahmsweise wird eine richterliche Preiserhöhung zugelassen, wenn sie in einem Prozess vor den Verwaltungsgerichten von einem Unternehmer verlangt wird, der sich gegenüber einer staatlichen Behörde gegen einen festen Preis zur Ausführung von Arbeiten am Straßen- oder Schienennetz oder zur Lieferung von Gas, Wasser oder Elektrizität verpflichtet hat. Wenn in diesen Fällen die richterliche Vertragsanpassung unzulässig wäre, so würde die Gefahr bestehen, dass der Unternehmer durch die strenge Bindung an den unveränderten Vertrag zahlungsunfähig und dadurch die im öffentlichen Interesse liegende Versorgung der Bevölkerung mit wichtigen Gütern und Leistungen unterbrochen wird. Vgl. dazu Conseil d'État 30. März 1916, D.P.1916.3.25 und 9. Dez. 1932, D.P.1933.3.17.

Fälle, in denen zwar – bei Lichte besehen – eine solche nachträgliche Veränderung der Umstände vorliegt, aber die Unwirksamkeit des Vertrages aus *anderen* Regeln des Vertragsrechts hergeleitet wird. Hat z.B. jemand ein Grundstück als Bauland zu einem dafür angemessenen Preis verkauft, so kann der Vertrag wegen eines *gemeinsamen Irrtums* ungültig sein, wenn sich nachträglich herausstellt, dass die von beiden Parteien erwartete Baugenehmigung von der Behörde nicht erteilt wird.[6] Manchmal wird auch die Allzweckwaffe der »cause« hervorgezogen: Danach kann eine Vertragspartei die ihr versprochene Vergütung nicht verlangen, wenn sich später zeigt, dass ihre Gegenleistung nichts wert ist und dem Vertrag daher die zu seiner Gültigkeit erforderliche »cause« fehlt.[7] Auch wenn der Kassationshof bisher von dem Verbot einer »révision pour imprévision« nicht offen abgewichen ist, so hat er doch immerhin entschieden, dass eine Vertragspartei, wenn ihrem Kontrahenten wegen einer wesentlichen Veränderung der Umstände die Durchführung des Vertrages erheblich erschwert wird, nach Treu und Glauben verpflichtet sei, mit ihm in Verhandlungen über eine Anpassung des Vertrages zu treten.[8] Offen ist aber, was gilt, wenn diese Verhandlungen scheitern: Muss die Partei, die die Verhandlungen abgebrochen hat, mit der Möglichkeit rechnen, dass sie auf Schadensersatz haftet, wenn ihr Kontrahent darlegen kann, dass sie die Verhandlungen zu schnell oder ohne stichhaltigen Grund, aus Opportunismus oder in böser Absicht abgebrochen hat? Wie wäre der Schaden zu berechnen?

Im französischen Schrifttum wird mit wachsendem Nachdruck die Auffassung vertreten, dass im Zuge der bevorstehenden Reform des Code civil eine Regelung erforderlich sei, die dem Richter die Anpassung des Vertrages gestattet, wenn – so etwa der Reformentwurf Terré – seine Erfüllung »par suite d'un changement imprévisible des circonstances« für eine Partei »excessivement onéreuse« geworden ist und sie das Risiko für den Eintritt jener Umstände in dem Vertrag nicht übernommen hat.[9] Auch nach diesem Reformvorschlag soll der Richter erst dann tätig werden dürfen, wenn die Anpas-

---

[6] Civ. 13. Juli 1999, Bull.Cass. 1999.III. no. 178.

[7] Civ. 3. Juli 1996, D. 1997, 499 mit Anm. *Reigné.* Vgl. dazu schon oben § 4 B = S. 72 ff.

[8] Com. 3. Nov. 1992, J.C.P. 1993.II.22164 (arrêt *Huard*) mit Anm. *Virassamy* = Rev. trim.civ. 1993, 124 mit Anm. *Mestre*; Com. 24. Nov. 1998, Bull.cass. 1998.IV. no. 277 = Rev.trim.civ. 1999, 98 mit Anm. *Mestre.*

[9] Vgl. z.B. *B. Fauvarque-Cosson*, Le changement de circonstances, R.D.C. 2004, 67; *P. Ancel/R. Wintgen*, La théorie du »fondement contractuel« (*Geschäftsgrundlage*) et son intérêt pour le droit français, R.D.C. 2006, 897, aber auch (mit einiger Zurückhaltung) *Terré/Simler/Lequette* no. 470 f. und *Y.-M. Laithier*, L'incidence de la crise économique sur le contrat dans les droits de *common law*, R.D.C. 2010, 407. Vgl. dazu auch *Doralt* (oben N. 2) 768 f.

sungsverhandlungen nach Ablauf einer vernünftigen Frist zu keinem Ergebnis gekommen sind.[10]

2. *Deutsches Recht.* – Die Verfasser des Bürgerlichen Gesetzbuchs haben bewusst von einer Regelung abgesehen, die es dem Schuldner gestattet hätte, einen Vertrag als ungültig oder anpassungsbedürftig anzusehen, wenn seine Erfüllung für ihn durch eine nachträgliche Veränderung der Umstände besonders schwierig geworden ist. Dafür hätten sich Anhaltspunkte zwar nicht im klassischen römischen Recht finden lassen, wohl aber in der zuerst im kanonischen Recht entwickelten Lehre von der »clausula rebus sic stantibus«.[11] Sie wurde von den Glossatoren übernommen, lässt sich bis zu *Grotius* und *Pufendorf* verfolgen und wurde in manche vom Naturrecht beeinflusste Gesetzbücher aufgenommen. Vor den Augen der gemeinrechtlichen Wissenschaft fand sie aber wenig Gnade. Zwar wurde ihr wesentlicher Grundgedanke in die »Lehre von der Voraussetzung« übernommen, die *Bernhard Windscheid* entwickelt hatte.[12] Dagegen wurde aber eingewandt, dass es zwar das gute Recht der Parteien sei, eine Vereinbarung zu treffen, nach der der Vertrag bei einer nachträglichen Veränderung der Umstände ungültig sei oder nur mit anderem Inhalt fortgelten solle, dass aber, wenn es an einer solchen Vereinbarung fehlt, die bloße Erwartung des Fortbestands der Umstände für jede Vertragspartei ein bloß einseitiges und deshalb unbeachtliches »Motiv« darstelle. Bei den Beratungen zum Entwurf des BGB setzte sich deshalb am Ende die Auffassung durch, »dass diese Lehre die Sicherheit des Verkehrs gefährde« und befürchtet werden müsse, »dass sich für die Beurteilung der Unterschied zwischen Voraussetzung und Motiv vermische und dass die Praxis irrtümlicher Weise dahin gelangen könne, die Einwirkung eines außerhalb des Vertrages liegenden Beweggrundes zu beachten«.[13]

Freilich wurde bald deutlich, dass sich die Entscheidung des Gesetzgebers gegen die Macht der Tatsachen auf die Dauer nicht würde behaupten können. Besonders nach dem Ausbruch des I. Weltkriegs mussten nämlich immer häufiger Fälle entschieden werden, in denen Verkäufern die Beschaffung und Lieferung der Ware durch die unerwarteten Folgen des Krieges so erheblich erschwert worden waren, dass zweifelhaft wurde, ob sie an dem Vertrag mit voller Strenge festgehalten werden könnten. Zunächst half das Reichsgericht mit der Annahme, dass die bloße Erschwerung der Leistung so behandelt wer-

---

[10] Vgl. Reformentwurf Terré Art. 92. Weitere Reformvorschläge werden bei *Doralt* (oben N. 2) 777 ff. diskutiert. Danach soll der Richter im Falle des Scheiterns der Anpassungsverhandlungen auf Antrag auch nur einer Partei berechtigt sein, den Vertrag zu demjenigen Zeitpunkt und zu denjenigen Bedingungen zu beenden, die er nach den Umständen des Falles für angemessen hält.

[11] Vgl. dazu *Zimmermann* 579 ff.; *Ranieri* (oben N. 1) 815 ff.

[12] Lehrbuch des Pandektenrechts (1865) §§ 97 ff.

[13] Protokolle der Kommission für die zweite Lesung des Entwurfs des BGB, Band II (1897) 690 f.

den dürfe, wie wenn sie dem Verkäufer »wirtschaftlich unmöglich« geworden
sei. Wenn also ein Verkäufer überseeische Rohprodukte nicht liefern konnte,
weil ihr Import durch die kriegsbedingte Blockade der deutschen Seehäfen erheblich erschwert oder ganz unterbrochen war, so wurde darin der Fall einer
»wirtschaftlichen Unmöglichkeit« gesehen, und zwar nicht nur einer zeitlich
(nämlich auf die Dauer des Krieges) beschränkten, sondern einer endgültigen
Unmöglichkeit, weil nämlich »die wirtschaftlichen Verhältnisse, unter denen
die nach der Beendigung des Krieges auszuführende Lieferung stattzufinden
hätte, bei mehrjähriger Kriegsdauer völlig andere sein werden, als sie bei dem
noch in die Friedenszeit fallenden Abschlüsse der ursprünglichen Verträge …
gewesen sind«.[14] War aber dem Verkäufer die Lieferung »unmöglich«, so haftete er weder auf die Erfüllung des Vertrages noch, weil er die Unmöglichkeit
nicht zu vertreten hatte, auf Schadensersatz. Schwieriger lagen Fälle, in denen
sich der Verkäufer die zu liefernde Ware zwar noch beschaffen konnte, ihm
dadurch aber hohe Kosten entstanden, weil die Ware sich durch die Folgen des
Krieges erheblich verknappt und ihr Preis sich deshalb stark erhöht hatte. Auch
hier hat das Reichsgericht zunächst noch den Begriff der »wirtschaftlichen Unmöglichkeit« verwendet, dies aber nur unter der Voraussetzung, dass die »Beschaffung des Leistungsgegenstandes … mit so außergewöhnlichen Schwierigkeiten verbunden [ist], dass diese Schwierigkeiten nach der Auffassung des
Verkehrs der Unmöglichkeit gleichgeachtet werden« könnten.[15] Dann aber gab
das Reichsgericht dem Begriff der »wirtschaftlichen Unmöglichkeit« den Abschied und stützte sich stattdessen auf die – von *Paul Oertmann* entwickelte –
»Lehre von der Geschäftsgrundlage«. Dies geschah zum ersten Mal in einem
Fall, in dem der Verkäufer zum üblichen Preis ein Grundstück verkauft hatte,
das er sich vom gegenwärtigen Eigentümer – einer in Liquidation befindlichen
Gesellschaft – erst noch beschaffen musste. Die Liquidation zögerte sich aber
hinaus, und weil die Grundstückspreise inzwischen durch die Folgen der In-
flation auf ein Mehrfaches gestiegen waren, wollte der Verkäufer den Vertrag
nicht mehr zu den ursprünglichen Bedingungen erfüllen. Das Reichsgericht
gab ihm grundsätzlich Recht. »Geschäftsgrundlage« des Vertrages sei die bei
seinem Abschluss zutage getretene gemeinsame Vorstellung der Parteien von
einer gewissen Stabilität der Preisentwicklung; sie sei mit der galoppierenden
Geldentwertung weggefallen. Daraus folge aber nicht automatisch ein Rücktrittsrecht des Verkäufers. Vielmehr müsse er erst den Käufer zu einer Erhöhung des Kaufpreises auffordern: »erst wenn dieser sich weigert, ist er frei. Dies
folgt aus der Vorschrift des § 242 BGB, wonach die Rücksicht auf Treu und

---

[14] RG 22. Okt. 1918, RGZ 94, 68, 69 f. Vgl. auch RG 4. Feb. 1916, RGZ 88, 71; RG
27. März 1917, RGZ 90, 102.
[15] So schon RG 23. Feb. 1904, RGZ 57, 116, 118 f. Vgl. dazu auch RG 25. Feb. 1919,
JW, 1919, 499 und (einschränkend) RG 21. März 1916, RGZ 88, 172.

Glauben die oberste Richtschnur des Vertragsschuldners bilden soll«.[16] Von hier war es dann nur noch ein Schritt zu der berühmt gewordenen Rechtsprechung des Reichsgerichts, mit der es den Grundstückseigentümern praktisch verboten wurde, eine Hypothek durch die Zahlung wertlos gewordenen Papiergeldes abzulösen; stattdessen wurde dem Hypothekengläubiger ein Anspruch gegen den Grundeigentümer auf Zahlung eines Zusatzbetrages gewährt, durch den die Geldentwertung ausgeglichen werden sollte.[17]

Seither hat die deutsche Rechtsprechung in zahllosen Fällen geprüft, ob ein Vertrag wegen Wegfalls der Geschäftsgrundlage angepasst oder aufgehoben werden kann. Die Voraussetzungen, die dafür verlangt werden, sind in ihren wesentlichen Elementen zusammengefasst und im Jahre 2002 durch § 313 in das Bürgerliche Gesetzbuch eingefügt worden. Diese Vorschrift kann natürlich nur eine Generalklausel sein, in der viele unbestimmte Begriffe aneinandergereiht werden. Erforderlich ist zunächst, dass sich die Geschäftsgrundlage, also »Umstände, die zur Grundlage des Vertrages geworden sind, nach Vertragsschluss schwerwiegend verändert« haben. Als »Geschäftsgrundlage« beschreibt die Rechtsprechung die bei Vertragsschluss »zu Tage getretenen gemeinsamen Vorstellungen beider Vertragsparteien … vom Vorhandensein oder dem künftigen Eintritt gewisser Umstände, sofern der Geschäftswille der Parteien auf diesen Vorstellungen aufbaut«; ausreichend ist es auch, wenn jene Vorstellungen den Vertragsparteien zwar nicht gemeinsam sind, aber der einen Partei erkennbar waren und von der anderen Partei nicht beanstandet wurden.[18] Wenn sich diese – zur Geschäftsgrundlage gewordenen – Vorstellungen nachträglich schwerwiegend verändert haben, kann die dadurch benachteiligte Partei vom Richter eine Vertragsanpassung verlangen, sofern ihr die weitere Bindung an den unveränderten Vertrag nicht »zugemutet« werden kann; dafür soll es »auf die Umstände des Einzelfalles, insbesondere der vertraglichen oder gesetzlichen Risikoverteilung« ankommen. Ist eine Anpassung des Vertrages durch den Richter nicht möglich oder einer Partei nicht »zumutbar«, so kommt auch ein Recht zur Aufhebung des Vertrages oder – bei Dauerschuldverhältnissen – zu seiner Kündigung in Betracht.[19]

---

[16] RG 3. Feb. 1922, RGZ 103, 328.

[17] RG 28. Nov. 1923, RGZ 107, 78. Erst nach diesem Urteil wurde der Gesetzgeber dadurch tätig, dass er 1925 das Aufwertungsgesetz erließ. Vgl. dazu RG 10. Feb. 1926, RGZ 112, 329 und RG 30. Jan. 1928, RGZ 119, 133.

[18] So die in ständiger Rspr. verwendeten Formulierungen. Vgl. z.B. BGH 21. Juli 2010, NJW 2010, 2884. – Gemäß §§ 313 Abs. 2 BGB kann ein Wegfall der Geschäftsgrundlage auch dann gegeben sein, wenn »wesentliche Vorstellungen, die zur Grundlage des Vertrages geworden sind, sich als falsch herausstellen«. Damit ist der Fall gemeint, in dem die Parteien irrtümlich von wesentlichen Umständen ausgegangen sind, die *schon bei Vertragsschluss* nicht gegeben waren. Hier handelt es sich also um Fälle eines gemeinsamen Irrtums. Vgl. dazu oben § 9 C V = S. 243 ff.

[19] Ähnliche Regeln finden sich auch in der Gesetzgebung und der Rspr. vieler konti-

Nur aus der Analyse bestimmter Fallgruppen lässt sich erschließen, was die
wolkigen Formulierungen des § 313 BGB praktisch bedeuten. In vielen Fällen liegt allerdings die entscheidende Überlegung darin, dass eine Partei sich
auf einen Wegfall der Geschäftsgrundlage jedenfalls dann nicht berufen kann,
wenn sie ihn auf Umstände stützt, für deren Eintritt sie selbst nach dem (richtig ausgelegten) Vertrag das Risiko trägt. Hat sich z.B. ein Bauunternehmer
erfolgreich an einer Ausschreibung beteiligt und ist ihm daraufhin vom Auftraggeber für 15 Mio. € ein Auftrag für die Rekultivierung einer vorher für
den Braunkohleabbau genutzten Grundfläche erteilt worden, so kann er nicht
später geltend machen, dass er bei der Kalkulation seines Preises das befristete
Angebot eines Dritten über die Belieferung mit billigem Strom zugrunde gelegt, dieses Angebot aber deshalb nicht mehr hat annehmen können, weil ihm
der Zuschlag vom Auftraggeber viel später als erwartet erteilt worden sei und
er deshalb für den benötigten Strom 1,8 Mio. € mehr als kalkuliert habe bezahlen müssen.[20] Wer verspricht, er werde Fernwärme herstellen und sie seinen Kunden für denjenigen Preis liefern, der auch von einem städtischen Ver-
sorger für Fernwärme verlangt wird, kann sich nicht darauf berufen, dass der
Preis für Heizöl, das er für die Produktion der Fernwärme benötigt, infolge
der Ölkrise des Jahres 1973 dramatisch gestiegen, der Preis des städtischen
Versorgers hingegen aus der Steuerkasse subventioniert und deshalb aus politischen Gründen niedrig geblieben sei.[21] Auch wer sich als Händler für einen
bestimmten Preis zur Lieferung von Heizöl verpflichtet hat, trägt das Risiko
dafür, dass sich die Ware nach Vertragsschluss erheblich verknappt und ihr

---

nentaler Rechtsordnungen. Vgl. z.B. Art. 1467 ff. Codice civile (dazu *C. Reiter*, Vertrag
und Geschäftsgrundlage im deutschen und italienischen Recht [2002]); Art. 6:258 ff.
BW; Art. 437 port. CC (dazu *A. Pinto Monteiro/J. Gomez* ZEuP 1998, 319); Art. 388
griech. ZGB (dazu *P. Papanikolaou* ZEuP 1998, 303); Art. 357 poln. ZGB. In Österreich
und in der Schweiz fehlt es zwar an einer ausdrücklichen gesetzlichen Regelung. Die
Rspr. folgt aber weithin den Regeln, die sich dazu in Deutschland entwickelt haben, in
der Schweiz allerdings mit der Begründung, dass eine Partei unter Verstoß gegen Art. 2
Abs. 2 ZG »rechtsmissbräuchlich« handelt, wenn sie trotz einer wesentlichen Veränderung der Umstände auf der Einhaltung des Vertrages besteht. Vgl. dazu kritisch *E.
Kramer*, Neues zur clausula rebus sic stantibus, SJZ 110 (2014) 273. In den skandinavischen Ländern stützt sich die Rspr. auf die »Lehre von den Voraussetzungen«; außerdem
kann eine vertragliche Vereinbarung, auch wenn sie nicht eine AGB-Klausel, sondern
individuell ausgehandelt ist, gemäß § 36 Vertragsgesetz vom Gericht als »unvernünftig« angesehen und deshalb angepasst oder aufgehoben werden, wenn sich eine Partei
trotz einer wesentlichen Veränderung der Umstände auf die Vereinbarung beruft. Vgl.
B. Lehrberg, Renegotiation Clauses, the Doctrine of Assumptions and Unfair Contract
Terms, Eur.Rev.P.L. 3 (1998) 265. Das ganze Thema wird ausführlich und mit vielen
Nachweisen von *Ranieri* (oben N. 1) 815 ff. und insbesondere von *Hondius/Grigoleit* (oben
N. 1) 55 ff. erörtert.
[20] BGH 10. Sept. 2009, NJW 2010, 519.
[21] BGH 25. Mai 1977, NJW 1977, 2262.

Preis sich deshalb erheblich erhöht.[22] Ebensowenig kann sich derjenige, der ein altersschwaches Hotel auf der Insel Juist gepachtet hat, darauf berufen, dass er wegen starker Nachfrageschwankungen, veränderter Reisegewohnheiten und gestiegener Komfortanforderungen Jahr für Jahr hohe Verluste erleide und er deshalb berechtigt sei, die Halbierung des Pachtzinses zu verlangen: Denn alle diese Umstände fallen »in den Risikobereich nur des einen Vertragsteils«; sie seiend deshalb »grundsätzlich nicht geeignet, … eine Berufung auf den Wegfall der Geschäftsgrundlage zu ermöglichen«, und zwar auch dann nicht, wenn die enttäuschten Erwartungen des Pächters für ihn »existenzbedrohende Folgen« haben.[23]

Eine ähnlich strenge Haltung vertritt die Rechtsprechung in Fällen, in denen die versprochene Leistung vom Schuldner zwar durchaus erbracht werden kann, sie aber für den Gläubiger deshalb sinnlos wird, weil er sie infolge einer nachträglichen Veränderung der Umstände nicht mehr für den Zweck einsetzen kann, der ihm bei Vertragsabschluss vorgeschwebt hat. Grundsätzlich muss jeder Vertragspartner, der sich als Käufer die Lieferung der Kaufsache oder als Mieter die Überlassung des Mietobjekts hat versprechen lassen, das »Verwendungsrisiko« dafür tragen, dass er die Sache nicht mehr so verwerten oder so nutzen kann, wie er – und vielleicht auch die andere Partei – sich dies bei Abschluss des Vertrages vorgestellt haben. Wer für seinen Sohn einen silbernen Brotkorb als Hochzeitsgeschenk kauft, trägt das Risiko dafür, dass die Hochzeit abgesagt wird und er für den Brotkorb keine Verwendung mehr hat. Nicht anders liegt es, wenn jemand Land kauft, weil er hofft, dass seine Bebauung von der Behörde genehmigt werden wird: Auch er kann sich, wenn die Genehmigung versagt wird, nicht auf einen Wegfall der Geschäftsgrundlage berufen.[24] Denn es wäre seine Sache gewesen, dieses Risiko durch vertragliche Vereinbarung von sich abzuwenden, auch wenn er dafür dem Verkäufer einen höheren Preis hätte bewilligen müssen. Freilich gibt es auch Ausnahmen. Der Bundesgerichtshof hatte einen Fall zu beurteilen, in dem sich ein Unternehmer zur Her-

---

[22] BGH 8. Feb. 1978, JZ 1978, 235. Dieses Ergebnis folgt schon aus dem Umstand, dass der Händler sich zur Lieferung von Gattungswaren verpflichtet und deshalb für sie das »Beschaffungsrisiko« übernommen hatte (vgl. dazu schon § 14 II 1 = S. 358 ff.). Der BGH hat dagegen die Berufung des Händlers auf den Wegfall der Geschäftsgrundlage vor allem deshalb zurückgewiesen, weil er die Möglichkeit eines weiteren Preisanstiegs frühzeitig erkannt, aber in der Hoffnung auf ein Sinken der Preise von einem vorsorglichen »Deckungskauf« zu niedrigem Preis abgesehen habe.

[23] BGH 19. April 1978, NJW 1978, 2390. Vgl. auch BGH 21. Sept. 2005, NJW 2006, 899: Hat jemand in einem noch zu errichtenden Einkaufszentrum Räume für den Betrieb eines Spielcasinos gemietet, so hat er das Risiko dafür zu tragen, dass das Einkaufszentrum nach seiner Errichtung nicht in der von den Vertragsparteien erwarteten Weise von den Kunden angenommen wird. Auch er kann sich daher nicht auf den Wegfall der Geschäftsgrundlage berufen.

[24] BGH 1. Juni 1979, BGHZ 74, 370.

stellung von 600 Bohrhämmern verpflichtet hatte, von denen beide Parteien wussten, dass sie technisch veraltet waren und sich deshalb vom Auftraggeber nur noch in die damals von der Sowjetunion besetzte »Ostzone« Deutschlands würden exportieren lassen. Als sich zeigte, dass der Export in die »Ostzone« nicht mehr möglich sein werde, wollte der Auftraggeber an den Vertrag nicht mehr gebunden sein. Gute Gründe sprechen zwar dafür, dass auch in diesem Fall das »Verwendungsrisiko« allein vom Auftraggeber zu tragen ist. Der Bundesgerichtshof nahm gleichwohl an, dass die Annahme der Parteien, es würden sich die Bohrhämmer in die »Ostzone« exportieren lassen, zur Geschäftsgrundlage des Vertrages geworden und der Vertrag deshalb an die neue Lage »anzupassen« sei: Der Auftraggeber musste daher ein Viertel des vereinbarten Preises zahlen und dadurch – so darf man annehmen – dem Unternehmer die Kosten erstatten, die ihm bis dahin durch die Herstellung eines Teils der Bohrhämmer entstanden waren.[25]

3. *Englisches Recht*. – Sind nach Abschluss des Vertrages Umstände eingetreten, die seine Erfüllung für eine Partei verhindern oder erheblich verändern oder erschweren, so kann sie sich nach englischem Recht auf die »doctrine of frustration« berufen. Hat sie damit Erfolg, so bedeutet dies, dass der Vertrag mit dem Eintritt jener Umstände als ungültig angesehen wird und ein vertraglicher Anspruch – auch ein Schadensersatzanspruch wegen »breach of contract« – nicht mehr auf ihn gestützt werden kann.

Die »doctrine of frustration« greift nicht nur dann ein, wenn der Eintritt der Umstände dem Schuldner die Leistung erschwert hat oder sie ihm als sinnlos geworden erscheinen lässt. Sie gilt auch dann, wenn in jenen Umständen ein Hinderungsgrund liegt, der ihm die Leistung *unmöglich* macht. In den kontinentalen Rechtsordnungen entlastet sich der Schuldner in solchen Fällen durch den Beweis, dass er den Hinderungsgrund »nicht zu vertreten« habe oder dass, wenn er einen Erfolg versprochen hat, in dem Hinderungsgrund ein Fall der »force majeure« liege.[26] In England muss sich der Schuldner auf »frustration« auch dann berufen, wenn er behauptet, dass ihm die Erfüllung des Vertrages unmöglich geworden sei; in der Tat heißt es im Schrifttum, dass »[s]upervening impossibility of perfomance is the most obvious ground of frustration«.[27] Das zeigt schon die Entscheidung in *Taylor v. Caldwell.*[28] Denn hier war dem Verpächter die Überlassung der verpachteten Musikhalle dadurch unmöglich geworden, dass sie nach Vertragsabschluss durch Zufall abgebrannt war; daher brauchte er dem Pächter nicht den Schaden zu ersetzen, der ihm durch den

---

[25] BGH 16. Jan. 1953, MDR 1953, 282. Die Rspr. zur »Zweckvereitelung« des Vertrages ist bei *T. Finkenauer* in MünchKomm (6. Aufl. 2012) § 313 BGB Rn. 252 ff. ausführlich dargestellt.

[26] Vgl. dazu oben § 14 II = S. 357 ff.

[27] *Treitel (-Peel)* no. 19–008.

[28] (1863) 122 Engl. Rep. 309 und dazu schon oben § 14 II 3 = S. 370.

Ausfall der geplanten Konzerte entstanden war. Die »doctrine of frustration«
ist auch in vielen anderen Fällen der Unmöglichkeit angewandt worden, so
z.B. dann, wenn der Verkäufer Sachen zu liefern hatte, die Einzelstücke waren oder aus einem bestimmten Vorrat entnommen werden mussten: Auch
hier waren die Kaufverträge wegen »frustration« ungültig und eine Haftung
des Verkäufers zu verneinen, wenn das Einzelstück[29] oder der Vorrat[30] nach
Vertragsschluss vernichtet worden und dem Verkäufer dadurch die Erfüllung
der versprochenen Leistung »unmöglich« geworden war. Das gilt nicht, wenn
der Verkäufer den Untergang der Sache verschuldet hat, ebensowenig dann,
wenn die Sachen untergegangen sind, nachdem das Risiko des Untergangs
aus besonderen Gründen auf den Käufer bereits übergegangen war, obwohl er
Besitz an den Sachen noch nicht erlangt hatte.[31] In allen diesen Fällen kommt
es wesentlich darauf an, ob nicht der Schuldner das Risiko der Möglichkeit
seiner Leistung nach dem Vertrage übernommen hat oder − anders gesagt −
ob nicht er es ist, dem das Risiko ihrer Unmöglichkeit zur Last fällt. Wer es
als Verkäufer übernommen hat, dem Käufer die Ware per Schiff in der Weise
zu liefern, dass er sie ihm zum vereinbarten Zeitpunkt in einem bestimmten
Hafen bereitstellt, kann sich deshalb nicht auf »frustration« berufen, wenn sich
zeigt, dass aus Gründen, für die er nichts kann, geeigneter Schiffsraum nicht
zu beschaffen und ihm deshalb die vertraglich vereinbarte Lieferung unmöglich ist.[32] Ein Vertrag kann sich auch dann durch »frustration« erledigen, wenn
sich eine Pianistin für einen bestimmten Tag zu einem Konzertauftritt verpflichtet hat, ihr aber der Auftritt wegen einer Krankheit unmöglich wird,[33]
ebenso dann, wenn der Verkäufer nicht liefern darf, weil ihm dies durch den
»Trading with the Enemy Act 1939« verboten wird, oder wenn jemand das
von ihm vermietete Schiff nicht übergeben kann, weil es vor dem dafür vereinbarten Zeitpunkt untergegangen oder vom Staat beschlagnahmt worden
ist. Auch wer ein Schiff für 6 Monate gemietet hat, braucht den dafür vereinbarten Preis nicht zu bezahlen, wenn der Vermieter das Schiff zwar pünktlich
im vereinbarten Hafen bereitgestellt hat, der Mieter es dort aber deshalb nicht
beladen kann, weil der Hafen wegen eines langdauernden Streiks für Monate
geschlossen ist.[34]

---

[29] Vgl. s. 7 Sale of Goods Act 1979: Danach ist ein Kaufvertrag über »specific goods«
ungültig, wenn der Vertrag geschlossen ist und »subsequently the goods, without any
fault on the part of the seller or buyer, perish before the risk passes to the buyer«.

[30] *Howell* v. *Coupland* (1876) 1 Q.B.D. 258 und dazu *Treitel (-Peel)* no. 19−023 ff.

[31] So liegt es z.B. dann, wenn die Sachen untergegangen oder beschädigt worden
sind, nachdem sie der Verkäufer zum Zweck der Beförderung an den Käufer einem Beförderer übergeben hat. Vgl. dazu schon oben § 13 IV 2 = S. 334 f.

[32] *Lewis Emanuel & Son Ltd.* v. *Sammut* [1952] 2 Lloyd's Rep. 629.

[33] *Robinson* v. *Davison* (1871) L.R. 6 Ex. 269.

[34] *Pioneer Shipping Ltd.* v. *BTP Tioxide Ltd., The Nema* [1982] A.C. 724.

Die »frustration«-Doktrin wird aber auch in Fällen angewandt, in denen die Leistung dem Schuldner zwar nicht »unmöglich« wird, sie sich aber infolge des Eintritts der neuen Umstände für ihn erheblich verteuert hat oder er sie nur nach Überwindung unvorhergesehener Schwierigkeiten erbringen kann. In solchen Fällen wird der Vertrag allerdings nur dann als durch »frustration« erledigt angesehen, wenn sich die Leistung des Schuldners wegen der neuen Umstände darstellt als »a thing radically different from that which was undertaken by the contract«.[35] Manchmal wird auch – ähnlich wie im deutschen Recht – davon gesprochen, es müssten die neuen Umstände »be of a character and extent so sweeping that the foundation of what the parties are deemed to have had in contemplation has disappeared, and the contract itself has vanished with that foundation«.[36] Welche dieser Formulierungen gewählt wird, ist nicht wichtig. Wichtig ist, ob die nachträgliche Veränderung der Umstände zu Ereignissen geführt hat, die nach der Auffassung des redlichen Geschäftsverkehrs sich noch innerhalb der *Risikosphäre* desjenigen Vertragspartners befinden, der sich von dem Vertrag zu lösen versucht.

Das gilt auch dann, wenn sich der Gläubiger eine Sache oder Leistung hat versprechen lassen, von denen er behauptet, dass er mit ihnen infolge des Eintritts der neuen Umstände nicht mehr den *Zweck* erreichen kann, der ihm bei Vertragsabschluss vorgeschwebt hat und oft auch dem Schuldner durchaus bekannt war. *Krell* v. *Henry*[37] ist der berühmteste Fall einer solchen »Zweckvereitelung«. Ein Vermieter hatte seine Wohnung dem Beklagten für den Tag vermietet, an dem aus Anlass der Krönung von *Edward VII.* ein Festzug daran vorbeiziehen sollte. Obwohl der König krank geworden und der Festzug ausgefallen war, verlangte der Vermieter die Zahlung des vereinbarten Mietzinses. Die Klage wurde abgewiesen: Die Regel aus *Taylor* v. *Caldwell* sei nicht nur dann anzuwenden, wenn dem Schuldner die versprochene Leistung unmöglich werde, sondern auch dann, wenn »the event which renders the contract incapable of performance is the cessation or non-existence of an express condition or state of things, going to the root of the contract, and essential to its performance«.[38] Die Rechtsprechung zeigt aber, dass ein Vertrag nur selten wegen

---

[35] *Davis Contractors Ltd.* v. *Fareham Urban DC* [1956] A.C. 696, 729 (*Lord Radcliffe*). In diesem Fall hatte ein Bauunternehmer die Errichtung von 78 Häusern versprochen, aber den Vertrag nicht erfüllen wollen, weil geschultes Personal für ihn schwer aufzutreiben war und er deshalb für die Ausführung des Bauvorhabens nicht – wie erwartet – 8, sondern 22 Monate benötigte. Dadurch entstanden dem Unternehmer erhebliche Mehrkosten. Das *House of Lords* sah den Vertrag gleichwohl als gültig an.

[36] *F.A. Tamplin Steamship Co. Ltd.* v. *Anglo-Mexican Petroleum Products Co. Ltd.* [1916] 2 A.C. 397, 406 (*Lord Haldane*).

[37] [1903] 2 K.B. 740.

[38] Der Fall würde so auch in Deutschland entschieden werden. Nur eine Frage des juristischen Geschmacks ist es, ob die Abhaltung des Festzugs zur »Geschäftsgrundlage«

einer »frustration of purpose« ungültig ist. Denn dafür ist erforderlich, dass
der Zweck, den der Gläubiger mit der ihm versprochenen Sache oder Leistung verfolgt, dem Schuldner nicht nur bekannt ist, sondern dass der Schuldner auch noch das *Risiko* des Eintritts der »zweckvereitelnden« neuen Umstände
übernommen hat. Will z.B. der Käufer die gekauften Waren in ein bestimmtes
Land exportieren, so geht es zu seinen Lasten, wenn ihm die Beschaffung der
dafür erforderlichen Genehmigung nicht gelingt. Hat ein Käufer zum Zweck
der Bebauung ein Grundstück für 1,7 Mio. £ gekauft, so bleibt der Vertrag auch
dann wirksam, wenn dem Käufer am Tage nach der Unterzeichnung von der
Behörde mitgeteilt wird, dass das Grundstück für »denkmalgeschützt« erklärt
werde und sich deshalb nicht mehr bebauen lasse, dies mit der Folge, dass sich
sein Verkehrswert auf jetzt nur noch 0,2 Mio. £ belief. Zwar hatten bei Vertragsabschluss *beide* Parteien erwartet, dass das Grundstück in Zukunft *nicht*
unter Denkmalschutz gestellt werde. Daher war der hohe Kaufpreis vereinbart
worden. Damit musste dem Käufer aber klar sein, dass das Risiko einer Ent-
täuschung dieser Erwartung allein ihn treffe. Seine Sache wäre es gewesen, sich
durch eine vertragliche Vereinbarung zu schützen, die ihm in diesem Falle ein
Recht zur Vertragsaufhebung gewährt oder den Kaufpreis zum Gegenstand
neuer Verhandlungen gemacht hätte.[39]

Auch der Umstand, dass der Schuldner die versprochene Leistung wegen der
neuen Umstände nur zu erheblich höheren Kosten erbringen kann, ändert an
der Gültigkeit des Vertrages grundsätzlich nichts. Das hat zwar zur Folge, dass
seine Durchführung für ihn zu einem schlechten Geschäft wird. Aber die »frustration«-Doktrin verfolgt nicht den Zweck, »to relieve the contracting parties
of the normal consequences of imprudent bargains«.[40] Das setzt allerdings voraus, dass die Umstände, die für die Verteuerung der Leistung des Schuldners

---

des Vertrages erhoben oder ob stattdessen angenommen wird, es habe der Vermieter
dem Mieter nicht nur die Überlassung seiner Wohnung, sondern mitsamt der Wohnung auch den Festzug versprochen. Im letzteren Falle wäre dem Vermieter seine Leistung »unmöglich« geworden. Ob er unter diesen Umständen seinen Anspruch auf den
Mietzins verliert (§ 326 Abs. 1 BGB) oder ob er ihn behält (§ 326 Abs. 2 BGB) hängt
von der entscheidenden Frage ab, welche Partei das Risiko der Abhaltung des Festzugs
zu tragen hat. Dass dies der Vermieter ist, ergibt sich daraus, dass die Parteien nichts
anderes vereinbart hätten, wenn man unterstellt, dass bei Abschluss des Vertrages ihre
Aufmerksamkeit auf diesen Punkt gelenkt worden wäre. Aus diesem Grunde wäre der
Fall anders zu entscheiden, wenn ein gewerblich tätiger Unternehmer sein Schiff für
die Durchführung von Kreuzfahrten ständig bereithält und sein Kunde zwar immer
noch die Ausfahrt genießen kann, aber den vereinbarten Preis nicht zahlen will, weil die
Flottenparade ausgefallen ist, mit der er gerechnet hat. So *Herne Bay Steamboat* v. *Hutton*
[1903] 2 K.B. 683.

[39] *Amalgamated Investment & Property Co. Ltd.* v. *John Walker & Son Ltd.* [1977] 1
W.L.R. 164 und dazu ausführlich *Treitel (-Peel)* no. 19–043.

[40] *Pioneer Shipping* (oben N. 34) 752 (*Lord Roskill*).

ursächlich geworden sind, in seinen Risikobereich fallen. Mit welcher Strenge die englischen Gerichte diese Frage behandeln, zeigt ein Fall, in dem ein Verkäufer geltend machte, es sei die Erfüllung des Vertrages – nämlich die Lieferung von 300 t sudanesischer Erdnüsse *cif* Hamburg – für ihn dadurch erheblich erschwert worden, dass gegen die Erwartungen beider Vertragsparteien der Suez-Kanal infolge des Krieges zwischen Israel und Ägypten blockiert worden sei und er die Ware nur auf dem Wege über das Kap der Guten Hoffnung und deshalb unter Verdoppelung der Beförderungskosten habe nach Hamburg bringen können. Dennoch sah das Gericht den Vertrag als wirksam an. Denn es stand fest, dass die Qualität der Erdnüsse durch den längeren Transportweg nicht beeinträchtigt werden würde; auch war es dem Käufer gleichgültig, wie der Verkäufer die Beförderung der Ware organisieren und wann sie in Hamburg eintreffen werde.[41]

Die englische Rechtsprechung führt zwar manchmal zu Ergebnissen, die hart erscheinen mögen. Aber sie trägt den Interessen derjenigen Kundschaft Rechnung, der die Londoner Handelsgerichte ihre Dienstleistungen in erster Linie anbieten, nämlich großen, oft international tätigen Unternehmen. Sie setzt ihnen einen starken Anreiz dafür, dass sie die »frustration«-Doktrin abwählen, indem sie ausdrückliche Vereinbarungen treffen, mit denen für den Fall vorgesorgt wird, dass die Erfüllung des Vertrages durch kriegerische Ereignisse, Streiks, Naturkatastrophen oder durch den Erlass von Ein- oder Ausfuhrverboten oder andere »hardship«-Situationen unmöglich gemacht oder verteuert wird. Die strenge Rechtsprechung lässt sich auch auf die umgekehrte Erwägung stützen, nämlich darauf, dass den englischen Gerichten die weite Verbreitung solcher Vereinbarungen bekannt ist und sie deshalb einer Vertragspartei den Rekurs auf die »frustration«-Doktrin nur ungern gestatten, wenn der Fall so liegt, dass sie sich nach Lage des Falles durch solche Vereinbarungen hätte schützen können, sich aber tatsächlich nicht geschützt hat.

---

[41] *Tsakiroglou & Co. Ltd.* v. *Noblee Thörl GmbH* [1962] A.C. 93. Vgl. auch *Ocean Tramp Tankers Corp.* v. *V/O Sovfracht* [1964] 2 W.L.R. 114: Hier hatte eine Vertragspartei ein Schiff für eine Reise von Genua nach indischen Häfen gemietet und sich verpflichtet, für jeden Reisetag einen bestimmten Mietzins zu bezahlen. Der Mieter berief sich – wiederum ohne Erfolg – darauf, dass wegen der Sperrung des Suez-Kanals die Reise nach Indien 138 (statt 108) Tage dauere und ihm dadurch die Erfüllung des Vertrages erheblich erschwert worden sei.

III. Die internationalen Regelwerke

Wenn der Schuldner behauptet, dass er durch eine nachträgliche Veränderung der Umstände von seiner Haftung wegen Vertragsverletzung befreit sei, so unterscheiden die internationalen Regelwerke zwei Fälle: In dem einen Fall stellen jene Umstände ein *Leistungshindernis* dar, das dem Schuldner die Vertragserfüllung unmöglich macht.[42] In dem anderen Fall wird ihm die Leistung durch jene Umstände *erschwert*.[43] Im letzteren Fall darf das Gericht den Vertrag nur dann aufheben oder ändern, wenn die Erfüllung des Vertrages durch den Eintritt der nachträglichen Umstände für den Schuldner »übermäßig belastend«, »excessively onerous«[44] geworden ist oder wenn sie ihn so stark belastet, »that it would be manifestly unjust to hold the debtor to the obligation«.[45] Manchmal heißt es auch, dass ein Vertrag wegen »hardship« nur dann aufgehoben oder geändert werden kann, wenn der Eintritt der leistungserschwerenden Umstände »fundamentally alters the equilibrium of the contract«.[46] Außerdem wird überall bestimmt, dass eine Partei sich über die nachträgliche Erschwerung ihrer Leistung nicht beklagen kann, wenn sie in dem Vertrag das Risiko einer ihr nachteiligen Veränderung der Umstände übernommen hat, ebensowenig dann, wenn sie schon bei Vertragsabschluss vernünftigerweise die Möglichkeit einer solchen Veränderung hätte in Betracht ziehen müssen und sich gegen sie z.B. dadurch hätte sichern können, dass sie sich in dem Vertrag eine entsprechende Haftungs-

---

[42] Vgl. Art. 8:108 PECL; Art. 7.1.7 PICC; Art. III.-3:104 DCFR.

[43] Art. 6:111 PECL; Art. 6.2.1 ff. PICC; Art. III.-1:110 DCFR; Art. 89 CESL. Allerdings kann die Unterscheidung zwischen einem Leistungs*hindernis* (»impediment«) und einer Leistungs*erschwerung* schwierig sein: »Of course there is sometimes a very fine line between a performance which is only possible by totally unreasonable efforts, and a performance which is only very difficult even if it may drive the debtor into bankruptcy. It is up to the court to decide which situation is before it« (Art. 6:111 PECL Comment A). – Art. 79 CISG regelt die Haftungsbefreiung nur für den Fall, in dem der Schuldner den Vertrag wegen eines Hinderungsgrundes (»impediment«) nicht erfüllen kann. Nach herrschender Meinung darf aber Art. 79 CISG auch dann angewendet werden, wenn die Leistung dem Schuldner durch die nachträglichen Umstände *erschwert* wird. Vgl. dazu *P. Schlechriem/U. Schroeter*, Internationales UN-Kaufrecht (5. Aufl. 2013) Rn. 678 ff. Allerdings wird es praktisch sehr selten vorkommen, dass ein Verkäufer nur deshalb von seiner Haftung befreit wird, weil der Preis, zu dem er sich die verkauften Waren von einem Dritten beschaffen oder sie zum Käufer befördern muss, nach Vertragsschluss gestiegen ist. Zwar wird ihm dadurch seine Leistung erschwert. Aber das Risiko einer solchen Preiserhöhung ist vom Verkäufer »bei Vertragsabschluss in Betracht zu ziehen« und kann ihn deshalb, wenn es sich verwirklicht, nicht von seiner Haftung befreien.

[44] Art. 6:111 (2) PECL; Art. 89 CESL.

[45] Art. III.-1:110 (2) DCFR.

[46] Art. 6.2.2 PICC.

beschränkung ausbedingt. Diese Formulierungen sind gewiss sehr allgemein
und unbestimmt; auch zeigt der Blick in die nationalen Rechtsordnungen, dass
die Leistungsfähigkeit des Gesetzgebers, wenn er das Problem überhaupt an-
packen will, beschränkt ist, weil er nicht viele Worte machen kann und sich
deshalb auf allgemeine Formeln beschränken muss. Letzten Endes wird es aber
darauf ankommen, welche der Parteien das Risiko des Eintritts jener nachträglichen leistungserschwerenden Umstände tragen muss. Fehlt es dazu in dem
Vertrag an ausdrücklichen Vereinbarungen – sie haben immer den Vorrang,
sofern sie nicht ausnahmsweise gegen zwingendes Recht verstoßen und deshalb
ungültig sind –, so liegt eine *Vertragslücke* vor, die durch ergänzende Vertragsauslegung zu schließen ist, also dadurch, dass gefragt wird, wie die Risikoverteilung von den Parteien geregelt worden wäre, wenn ihnen dieser Punkt bei
Vertragsabschluss vor Augen gestanden hätte.[47] Zustimmung verdient deshalb
die Lösung, die in Art. 89.2 (a) CESL für diese Frage gewählt worden ist. Dort
heißt es nämlich, dass der Richter, wenn die Vertragserfüllung für eine Partei durch eine nachträgliche Veränderung der Umstände »excessively onerous«
geworden ist, den Vertrag anpassen oder auch aufheben darf, dies aber nur mit
dem Ziel, ihn auf diese Weise in Übereinstimmung mit demjenigen zu bringen, »what the parties would reasonably have agreed at the time of contracting
if they had taken the change of circumstances into account«. Gewiss kann es
schwierig zu bestimmen sein, »what the parties would reasonably have agreed«.
Aber man darf annehmen, dass sie sich auf die für beide Seiten vorteilhafteste
und deshalb »effiziente« Lösung verständigt hätten, dass also das Risiko von
derjenigen Partei übernommen worden wäre, die es mit geringeren Kosten als
die andere abwenden, die Wahrscheinlichkeit seines Eintritts mit geringeren
Kosten mindern oder sich gegen die Folgen des Eintritts mit geringeren Kosten
durch Vorsorgemaßnahmen – auch durch die Beschaffung von Versicherungsschutz – sichern kann.

Wenn sich der Schuldner darauf beruft, dass eine Leistung durch nachträgliche Umstände erheblich erschwert worden sei, so darf das Gericht, wenn es
die Behauptung des Schuldners für berechtigt hält, den Vertrag an die neue
Lage »anpassen«. Entweder kann es den Vertrag zwar aufrechterhalten, ihn aber
so abändern, dass er nunmehr der neuen Lage »in a just and equitable manner«
Rechnung trägt. Es kann aber auch den Vertrag der Parteien für erledigt erklären, und zwar »at the date and on terms to be determined by the court«.[48] Eine
solche richterliche Befugnis zur Anpassung des Vertrages findet man in allen
kontinentalen Rechtsordnungen, die sich mit der Frage befassen; sie wird auch
für die Reform des französischen Rechts vorgeschlagen. Nach englischer Auf-

---

[47] Ebenso *E. Kramer*, Neues zur clausula rebus sic stantibus, SJZ 110 (2014) 273, 276 ff.
[48] Vgl. Art. 6:111 (3) PECL; Art. 6.2.3 (4) PICC; Art. III.-1:110 (2) DCFR; Art. 89 (2)
CESL.

fassung sind es hingegen allein die Parteien; die darüber zu entscheiden haben, ob und wie der Vertrag an die neue Lage anzupassen sei. Gelingt ihnen der Abschluss einer neuen Vereinbarung nicht, so wird es nicht als eine Aufgabe des Richters angesehen, über den Kopf der Parteien hinweg von sich aus dasjenige anzuordnen, was er für richtig hält. Daraus folgt, dass der Vertrag, wenn die Voraussetzungen einer »frustration« gegeben sind, stets ungültig ist und Schadensersatzansprüche wegen »breach of contract« aus ihm nicht hergeleitet werden können.[49] Wenn allerdings die Parteien vor dem Eintritt der nachträglichen Ereignisse auf den (noch gültigen) Vertrag einander bereits Leistungen erbracht haben, darf der Richter von sich aus eine vernünftige Lösung über ihre Rückgabe treffen.[50]

Es liegt auf der Hand, dass die Parteien miteinander Verhandlungen führen werden, wenn eine von ihnen behauptet, dass ihr die Erfüllung des Vertrages durch eine nachträgliche Veränderung der Umstände erschwert worden sei. Dass eine Partei sich in diesem Falle, ohne mit der anderen ein Wort zu wechseln, sofort an das Gericht wendet oder abwartet, bis sie von der anderen verklagt wird, kommt praktisch nicht vor und liegt auch deshalb ganz fern, weil die Parteien in der Regel an der Fortsetzung ihres geschäftlichen Kontaktes, praktisch also: am Abschluss von Wiederholungsgeschäften, interessiert sind und, wenn sich bei Abwicklung eines bestimmten Vertrages ein Problem ergibt, schon deshalb über eine einverständliche Lösung miteinander sprechen werden.

Bemerkenswert und wenig einleuchtend ist es aber, dass die internationalen Regelwerke es als eine *Verpflichtung* der Parteien ansehen, »to enter into negotiations with a view to adapting the contract or ending it« und dass sie ferner dem *Richter* die Anpassung des Vertrages erst dann erlauben, wenn die Parteien Verhandlungen miteinander tatsächlich geführt und dabei innerhalb einer »vernünftigen Frist« ein Ergebnis nicht erzielt haben.[51] Außerdem wird auch noch bestimmt, dass das Gericht eine Partei zum Ersatz des Schadens soll verurteilen

---

[49] Ebenso ist zu entscheiden, wenn man mit der herrschenden Auffassung annimmt, dass Art. 79 CISG auch den Fall der nachträglichen Leistungserschwerung erfasst (vgl. oben N. 43). Sind in einem solchen Fall die Voraussetzungen des Art. 79 CISG erfüllt, wird der Schuldner von seiner Haftung auf Schadensersatz wegen Nichterfüllung des Vertrages befreit. Eine richterliche Anpassung des Vertrages scheidet aus, weil die nationalen Regelungen, die sie vielleicht vorsehen, durch Art. 79 CISG verdrängt werden. Vgl. dazu *Schlechtriem/Schroeter* (oben N. 43) Rn. 681 f.

[50] Vgl. s. 1 (3) Law Reform (Frustrated Contracts) Act 1943 und dazu *Treitel (-Peel* no. 19–090 ff. und *McKendrick* no. 14.17. – Das gleiche Prinzip der richterlichen Zurückhaltung gilt in England auch bei »penalty clauses«: Sie werden immer als ungültig angesehen; eine richterliche Herabsetzung auf den »angemessenen« Umfang ist ausgeschlossen. Vgl. dazu § 14 IV 6 = S. 405 f.

[51] Vgl. Art. 6:111 (2) und (3) PECL; Art. 6.2.3 PICC; Art. 89 (1) und (2) CESL.

können, den sie dadurch verursacht, dass sie die Führung von Verhandlungen
verweigert oder sie »unter Verstoß gegen Treu und Glauben« abgebrochen hat.[52]

Niemand bestreitet, dass es günstiger ist, wenn das Problem einer nachträglichen Leistungserschwerung nicht durch Gerichtsurteil, sondern durch Parteivereinbarung gelöst wird. Niemand bestreitet auch, dass die Parteien berechtigt
und manchmal gut beraten sind, wenn sie eine Verhandlungspflicht vertraglich
vereinbaren. Es ist aber zweifelhaft, ob die Einführung einer Verhandlungs-
pflicht (auch beim Fehlen einer solchen Vereinbarung) sinnvoll ist und nicht bloß
zu leeren Formalitäten führt. Wie liegt es z.B. in dem typischen Fall, in dem
ein Verkäufer nicht liefern will, weil er die verkaufte Ware sich erst noch bei
einem Dritten beschaffen und ihm wegen einer Änderung der Marktlage dafür
einen Preis zahlen muss, der ca. 70 % höher ist, als er das bei Vertragsabschluss
angenommen hat?[53] Hier wird der Verkäufer *schon von sich aus* vorschlagen, dass
der Käufer einen höheren als den vereinbarten Preis zahlen möge. Aber wenn
der Käufer an dem Vertrag festhalten will und den Vorschlag deshalb als unbegründet ansieht, wird er ihn nach dem Vorschlag der internationalen Regelwerke nicht auf der Stelle ablehnen dürfen; vielmehr muss er sich – notfalls zum
Schein und jedenfalls bis zum Ablauf einer vernünftigen Frist – auf Verhandlungen einlassen, weil er nur so das Risiko vermeiden kann, dass ihm wegen der
Verweigerung der Verhandlungen eine Haftung auferlegt wird. Zu bedenken
ist ferner, dass Verhandlungen stets »in the shadow of the law« geführt werden.
Beide Parteien werden also die voraussichtliche richterliche Entscheidung in
ihre Betrachtung einbeziehen und sich auf eine einverständliche Lösung nur
dann einlassen, wenn sie durch sie nicht schlechter gestellt werden, als dies nach
ihrer Einschätzung von der richterlichen Entscheidung zu erwarten ist. Nicht
der böse Wille einer Partei, sondern *diese* Gründe sind es in der Regel, die zur
Verweigerung oder zum Abbruch der Verhandlungen führen. Verweigert also
der Käufer in dem eben genannten Fall die Anhebung des vertraglich vereinbarten Kaufpreises oder bricht er die darüber mit dem Verkäufer geführten

---

[52]   So Art. 6:111 (3) PECL.

[53]   So lag der Fall in der vieldiskutierten Entscheidung des belg. Kassationshofs vom
19. Juni 2009 (*Scafom International BV* v. *Lorraine Tubes SAS*, CISG online Nr. 1963). Das
Gericht ging zwar mit Recht davon aus, dass auch der Fall der Leistungs*erschwerung*, wie
sie hier vom Verkäufer behauptet wurde, nach Art. 79 CISG zu beurteilen sei. Es hielt
aber zu Unrecht die Voraussetzungen dieser Vorschrift für gegeben (vgl. oben N. 43). Zu
beanstanden ist auch, dass es Art. 79 CISG für »lückenhaft« hielt und dass es diese »Lücke«
gemäß Art. 7 (2) CISG durch einen Rückgriff auf Art. 6.2.3 PICC geschlossen und angenommen hat, es sei der Käufer zu Verhandlungen über die Abänderung des Vertrages verpflichtet gewesen. Vgl. dazu u.a. *Schlechtriem/Schroeter* (oben N. 43). Rn. 682; *I.
Schwenzer*, Die clausula und das CISG, in: Festschrift E. Bucher (2009) 723; *D. Philippe*,
Renégociation du contrat en cas de changement de circonstances dans la vente internationale, RDC 2011, 963, ferner die ausführlichen Besprechungen der Entscheidung in Eur.
Rev.P.L. 19 (2011) 101–154.

Verhandlungen ab, so sollte der Richter entscheiden müssen, ob die Anhebung gerechtfertigt ist oder nicht. Es leuchtet nicht ein, warum er diese Entscheidung vermeiden und stattdessen Recherchen über die inneren Gründe anstellen sollte, die den Käufer zur Ablehnung oder zum Abbruch der Verhandlungen veranlasst haben könnten und warum er ihn je nach dem Ergebnis dieser Recherchen zur Leistung von Schadensersatz sollte verurteilen dürfen.[54]

---

[54] Auch § 313 BGB erlaubt dem Richter zwar eine Anpassung des Vertrages, wenn durch eine nachträgliche Veränderung der Umstände seine »Geschäftsgrundlage« gestört ist, verpflichtet die Parteien aber nicht, vorher selbst Verhandlungen über die Anpassung zu führen. Diese Auffassung wird im Schrifttum überwiegend gebilligt, ist allerdings umstritten. Anders z.B. – gestützt auf BGH 30. Sept. 2011, BGHZ 191, 139 – *J. Lüttringhaus*, Verhandlungspflichten bei Störung der Geschäftsgrundlage, AcP 213 (2013) 266 mit umfassenden Nachweisen. Nur in Ausnahmefällen wird man eine Schadensersatzpflicht bejahen müssen, so etwa dann, wenn die Verpflichtungen aus einem langfristigen Vertrag (z.B. einem Arbeits-, Gesellschafts- oder Vertriebshändlervertrag) von einer Partei wegen einer Veränderung der Umstände nicht mehr erfüllt werden können und die andere Partei aus sachfremden oder rechtsmissbräuchlichen Gründen Verhandlungen über eine Änderung des Vertrages kategorisch ablehnt oder nur ersichtlich unzureichende Vorschläge unterbreitet: So lag der Fall, den der Kassationshof im arrêt *Huard* (oben N. 8) beurteilt hat.

C. Die Beteiligung Dritter am Vertrag

§ 16 Vertretung

A. Historische Entwicklung und wirtschaftliche Bedeutung

Ein entwickeltes Wirtschaftssystem der arbeitsteiligen Produktion von Gütern und Leistungen könnte nicht funktionieren, wenn nicht Verträge auch von anderen Personen als den Vertragsparteien selbst ausgehandelt und abgeschlossen werden könnten. Wer ein Handwerk als Alleinunternehmer betreibt, mag vielleicht noch in der Lage sein, alle Verträge über den Erwerb der von ihm benötigten Rohstoffe und über den Vertrieb seiner Waren und

Leistungen persönlich abzuschließen. Aber sobald er seinen Betrieb erweitert, Verträge in größerer Zahl mit verschiedenen und räumlich weit voneinander entfernten Parteien abzuschließen sind oder der Abschluss solcher Verträge besondere Sachkunde voraussetzt, wird er früher oder später gezwungen sein, andere für sich handeln zu lassen. Der Unternehmer, der seinen Angestellten mit dem Einkauf der Rohstoffe beauftragt, die Erben, die dem Auktionator die Versteigerung des Nachlasses anvertrauen, der Eigentümer, der einem Fachmann die mit der Verwaltung seines Grundstücks zusammenhängenden Geschäfte überträgt, der Hersteller, der seine Produkte durch die Angestellten seiner Vertriebsabteilung, durch Handelsvertreter oder Kommissionäre verkaufen lässt – sie alle können oder wollen aus den verschiedensten Gründen nicht persönlich tätig werden, sondern erweitern ihren Aktionsradius dadurch, dass sie andere Personen einschalten, welche »für sie«, »für ihre Rechnung«, »in ihrem Auftrag«, »in ihrem Interesse« Verträge mit Dritten abschließen oder auch Erklärungen abgeben oder entgegennehmen, die für die Abwicklung solcher Verträge rechtlich bedeutsam sind. Der Tätigkeit dieser Personen liegt überall die gleiche Funktion zugrunde: Sie vermitteln ihrem Auftraggeber die Teilnahme am geschäftlichen Verkehr, und sie tun dies, weil sie auf die eine oder andere Weise dazu von ihm angewiesen, beauftragt oder ermächtigt sind.

Damit ist zunächst nur der Sachverhalt im Umriss beschrieben, um den es in diesem Abschnitt geht. Der Jurist braucht aber mehr. Er braucht Regeln, nach denen die hier auftretenden Interessenkonflikte entschieden werden können, und er braucht Begriffe, mit deren Hilfe sich diese Regeln in eine befriedigende systematische Ordnung bringen lassen.

Im römischen Recht finden wir einen allgemeinen Begriff der Vertretung nicht. Einmal deshalb nicht, weil die römischen Juristen von Haus aus wenig Sinn und Geschmack für juristische Systembildung hatten. Vor allem haben sie sich aber nie von der hergebrachten Vorstellung gelöst, nach der ein römischer Bürger durch ein von ihm abgeschlossenes Geschäft Rechte und Pflichten nur für und gegen sich selbst, nicht für und gegen einen Dritten begründen kann. Das mag damit zusammenhängen, dass im älteren römischen Recht eine rechtliche Bindung nur durch formgebundenes Handeln – etwa durch den Gebrauch einer Spruchformel mit vorgeschriebenem Inhalt – erzeugt werden und daher eine solche Bindung auch nur für denjenigen eintreten konnte, der persönlich formgebunden gehandelt hatte. Dieser Gedanke hat zwar im Laufe der Entwicklung des römischen Rechts seine praktische Bedeutung weitgehend verloren, weil formfreie und dennoch bindende Geschäfte in immer größerem Umfang zugelassen wurden.[1] Aber an dem hergebrachten Grundsatz konnte man gleichwohl festhalten, weil sich dem Be-

---

[1] Vgl. dazu oben S. 107.

dürfnis nach Zulassung eines Handelns mit rechtlichen Wirkungen für Dritte auch auf andere Weise Rechnung tragen ließ. So war, was den *Erwerb* von Eigentum und anderen Rechten anlangt, stets anerkannt, dass dem pater familias alles gehörte, was von den unter seiner Hausgewalt stehenden Familienangehörigen oder Sklaven erworben worden war. Dieser Erwerb trat nicht deshalb ein, weil der pater familias dem Gewaltunterworfenen einen entsprechenden Auftrag erteilt hatte. Vielmehr beruhte er auf der römischen Sozialverfassung, nach der der Gewaltunterworfene den »Status« eines »verlängerten Arms« des Gewalthabers hatte. Für die von dem Gewaltunterworfenen kontrahierten *Schulden* haftete der pater familias zwar nicht. Von diesem Grundsatz machte der Prätor allerdings mehr und mehr Ausnahmen. Sie betrafen vor allem den Fall, in dem jemand einen Gewaltunterworfenen oder auch einen Gewaltfreien zum Kapitän eines Schiffs oder zum Betreiber eines Ladens oder eines anderen Erwerbsgeschäfts gemacht hatte: Wenn hier der Kapitän oder der Geschäftsbetreiber im Rahmen der ihm erteilten Befugnisse eine Schuld gegenüber einem Dritten eingegangen war, so konnte dieser Erfüllung auch von dem Geschäftsherrn verlangen. Das gleiche galt, wenn jemand einem Gewaltunterworfenen ein Sondervermögen (peculium) zu eigener Verwaltung überlassen hatte, soweit die Ansprüche des Dritten den Wert des Sondervermögens nicht überschritten. Auch in diesem Fall war aber die Haftung des Geschäftsherrn stets nur eine zusätzliche Haftung, die *neben* die Haftung des Handelnden trat. Das römische Recht hat sich daher nie zu der Annahme verstanden, dass eine Verpflichtung von vornherein nur in der Person desjenigen entstehen könne, in dessen Auftrag oder Interesse sie von einem anderen begründet worden war: »Ursprünglich gibt es nirgends direkte Stellvertretung. Sie ist ein juristisches Wunder.«[2]

Dieses »Wunder« wurde erst möglich, als die Naturrechtslehrer das Vertragsrecht aus dem Gedanken der Parteiautonomie heraus neu begründeten und damit einen festen Punkt außerhalb des römischen Rechts gefunden hatten, der eine ganz neue Sicht auf das Problem gestattete. *Hugo Grotius* hielt es für zulässig, dass ein Versprechen »auf den Namen dessen gestellt wird, der die Sache erhalten soll« und dass in diesem Falle das Eigentum unmittelbar von demjenigen erworben werde, »auf dessen Namen« das Erwerbsgeschäft gestellt sei.[3] *Christian Wolff* ging noch einen wichtigen Schritt weiter: Er lehrte, dass durch den Vertrag, den ein mandatarius oder procurator weisungsgemäß für seinen Auftraggeber abschließt, nicht nur für ihn Rechte erworben, sondern auch zu sei-

---

[2] *Rabel*, Die Stellvertretung in den hellenistischen Rechten und in Rom, in: Atti del congresso internazionale del diritto romano I (1934) 235, 238 = H. G. Leser (Hrsg.), Gesammelte Aufsätze (1971) 492. Vgl. ausführlich zum römischen Recht und seiner Entwicklung *Zimmermann* 45 ff. mit zahlreichen Nachweisen.

[3] De iure belli ac pacis, Lib. II, Cap. XI § 18.

nem Nachteil Verpflichtungen eingegangen werden könnten.[4] Damit war das
Fundament gelegt, auf dem die Kodifikationen der Aufklärungszeit gebaut haben: Um durch Vertrag Rechte und Pflichten für einen Dritten zu begründen,
muss der Vertragspartner von dem Dritten entsprechend beauftragt sein; ferner
muss er das vertragliche Versprechen »auf den Namen des Dritten« gestellt, also
den Vertrag *in dessen Namen* geschlossen haben. So wurde die Regel klar und
präzis von *Pothier* dargestellt,[5] und so übernahm sie der Code civil, indem er in
Art. 1984 den Auftrag oder die Geschäftsbesorgung als ein Geschäft definierte,
»par lequel une personne donne à une autre le pouvoir de faire quelque chose
pour le mandant et en son nom.«[6]

Aus dem Erfordernis, dass der Beauftragte das Geschäft mit dem Dritten
»im Namen« seines Auftraggebers geschlossen haben muss, ergibt sich der na-
heliegende Umkehrschluss, dass das Geschäft *keine* rechtlichen Wirkungen für
den Auftraggeber erzeugt, wenn der Beauftragte sich zwar im Rahmen seines
Auftrags gehalten, aber *nicht* im Namen des Auftraggebers gehandelt, also *nicht*
offenkundig oder erkennbar gemacht hat, dass die rechtlichen Wirkungen des
Geschäfts den Auftraggeber treffen sollen. Ob es gerechtfertigt ist, das Handeln in fremdem Namen so streng vom Handeln in eigenem Namen zu trennen, ist aber sehr zweifelhaft. Denn nicht nur liegt es in beiden Fällen so, dass
der Beauftragte im Interesse des Auftraggebers, für dessen Rechnung und im
Rahmen der ihm erteilten Weisungen tätig wird. Auch das wirtschaftliche
Ziel, das die Beteiligten verfolgen, ist in beiden Fällen dasselbe. Hat etwa jemand einen Kunsthändler beauftragt, für ihn von einem Dritten ein bestimmtes Gemälde zu erwerben, so zielen die Parteien darauf ab, dass der Auftraggeber Eigentümer des Bildes wird, den Kaufpreis aufbringt und dem Händler
seine Auslagen ersetzt und ihm eine Vergütung zahlt. Dieses Ziel lässt sich
unabhängig davon erreichen, ob der Kunsthändler bei seinen Verhandlungen
mit dem Dritten klargestellt, angedeutet oder auch verschwiegen hat, dass
er für einen (benannten oder unbenannten) Auftraggeber tätig werde. Das
Common Law spricht in allen diesen Fällen von »agency«, und es bezeichnet
daher als Gegenstand des »law of agency« alle Rechtsbeziehungen, die entstehen, wenn jemand einen anderen beauftragt, für ihn, für seine Rechnung oder
in seinem Interesse Geschäfte mit Dritten abzuschließen.[7] Zwar wird durchaus

---

[4] Institutiones iuris naturae et gentium (1761) § 380 und 381. Vgl. dazu im einzelnen
Coing I 429 f.

[5] Traité des obligations (1761) no. 74 und 75.

[6] Ähnlich auch § 5 ff. I 13 ALR und § 1002 ABGB.

[7] *G. H. L. Fridman*, Law of Agency (7. Aufl. 1996) 11 definiert »agency« als »the relationship that exists between two persons when one, called the *agent*, is considered in law
to represent the other, called the *principal*, in such a way as to be able to affect the principal's legal position in respect to strangers to the relationship by the making of contracts
or the disposition of property.«

anerkannt, dass unterschiedliche Interessen auf dem Spiel stehen und daher unterschiedliche Regeln erforderlich sind, je nachdem, ob dem Dritten bei Vertragsabschluss erkennbar war, dass der Auftraggeber sein Vertragspartner werden solle. Gleichwohl geht es nach Auffassung des Common Law in beiden Fällen um den gleichen Lebenssachverhalt, nämlich darum, dass jemand im Auftrag und im Interesse eines anderen mit einem Dritten in eine geschäftliche Verbindung tritt. Demgegenüber neigt man auf dem Kontinent dazu, eine scharfe Trennlinie zwischen dem Handeln in fremdem und in eigenem Namen zu ziehen und anzunehmen, dass im letzteren Fall, so schwierig seine Abgrenzung vom ersteren in der Praxis auch manchmal sein mag, dem Auftraggeber keinerlei direkte vertragliche Ansprüche gegen den Dritten und umgekehrt diesem keinerlei direkte vertragliche Ansprüche gegen den Auftraggeber zustehen könnten. Freilich kann diese strenge Trennung – wie wir noch sehen werden – von den kontinentaleuropäischen Rechtsordnungen nicht durchgehalten werden. In der Tat sind Handeln in eigenem Namen und Handeln in fremdem Namen – von ihrer wirtschaftlichen Funktion her betrachtet – Holz vom gleichen Stamm. Deshalb sollen im folgenden *beide* Formen des Handelns in fremdem Interesse erörtert werden. Dafür spricht auch, dass man bei den Bemühungen um die Rechtsvereinheitlichung dieses Gebiets dem Begriff der »Vertretung« den auch hier zugrundegelegten weiten Inhalt gegeben hat. Auch die internationalen Regelwerke haben diesen Weg gewählt.[8]

Noch eine andere Erkenntnis ist – jedenfalls in den kontinentaleuropäischen Rechtsordnungen – für die Frage wichtig geworden, wie sich die hier interessierenden Regeln am besten in eine systematische Ordnung bringen und in dieser Ordnung gesetzlich formulieren lassen. Dabei geht es um das Verhältnis zwischen dem Vertrag, durch den Auftraggeber und Beauftragter

---

[8] Vgl. Art. 3:101 f. PECL; Art. 2.2.1 PICC; Art. II.-6:105 f. DCFR und dazu näher unten S. 457 ff. Vgl. ferner *J. Kleinschmidt*, Stellvertretung, in: HWB des Europäischen Privatrechts (2009) 1437; *M.J. Bonell*, Agency, in: Hartkamp et al. (Hrsg.), Towards a European Civil Code (4. Aufl. 2011) 515. Auch die »Convention on Agency in the International Sale of Goods« (Genf 1983, im folgenden: Genfer Übereinkommen, noch nicht in Kraft getreten) bestimmt ihren Anwendungsbereich in Art. 1 I wie folgt: »This Convention applies where one person, the agent, has authority or purports to have authority on behalf of another person, the principal, to conclude a contract of sale of goods with a third party.« Gemäß Art. 1 IV gilt das »irrespective of whether the agent acts in his own name or in that of the principal.« Vgl. dazu *Bonell*, The 1983 Geneva Convention on Agency in the International Sale of Goods, Am.J.Comp.L. 32 (1984) 717 (mit Abdruck des Wortlauts des Genfer Übereinkommens auf S. 751 ff.); *Malcolm*, Rapport explicatif sur la Convention sur la représentation en matière de vente internationale de marchandises, Rev.dr.unif. 1984, 72; *Hanisch*, Das Genfer Abkommen über die Stellvertretung beim internationalen Warenkauf, Festschrift Giger (1989) 251; *Stöcker*, Das Genfer Übereinkommen über die Vertretung beim internationalen Warenkauf, WM 1983, 778; *Mouly*, La Convention de Genève sur la représentation en matière de vente internationale, Rev. int.dr.comp. 35 (1983) 829.

miteinander verbunden sind, und dem Geschäft, durch das der Auftraggeber dem Beauftragten »Vollmacht« erteilt, ihm also die Befugnis überträgt, ihn beim Abschluss von Verträgen mit Dritten zu vertreten. Zwischen beidem ist früher ein Unterschied nicht gemacht worden. Man nahm vielmehr an, dass jede Vollmacht auf einem Auftrag beruhe und mit ihm stehe oder falle oder gar mit ihm identisch sei. Daher werden im Preußischen ALR (§ 5 I 13), im Code civil (Art. 1984) und im ABGB (§ 1002) Auftrag und Vollmacht im wesentlichen als ein und dasselbe Phänomen behandelt. Demgegenüber hat *Jhering*[9] als erster darauf hingewiesen, dass zwischen dem die Parteien verbindenden Vertragsverhältnis – dabei kann es sich um einen Auftrag, aber auch um einen Dienstvertrag, Gesellschaftsvertrag usw. handeln – und der Erteilung der Vollmacht unterschieden werden müsse; und *Laband*[10] vertrat sogar die Auffassung, dass beide Geschäfte voneinander ganz unabhängig seien, dass also die Frage, ob, mit welchem Umfang und für welche Dauer eine Vollmacht erteilt sei (und daher der Bevollmächtigte mit Wirkung für und gegen den Vollmachtgeber handeln *könne*) streng zu trennen sei von der anderen Frage, ob unter den Parteien ein Vertrag zustande gekommen sei (und was also der Beauftragte nach dem Inhalt des Vertrages für den anderen tun *solle*). Diese Doktrin hat sich nicht nur in Deutschland durchgesetzt, sondern einen »beispiellosen Siegeslauf« unter den modernen Gesetzgebern angetreten.[11] Zwar werden mit ihr praktische Fälle nicht anders entschieden als ohne sie. Wohl aber hat sie zur Folge gehabt, dass die Regeln über Erteilung, Umfang, Dauer und Widerruf einer Vollmacht von den Regeln über den Inhalt des die Parteien verbindenden Vertragsverhältnisses klar getrennt und nicht nur in Lehrbüchern und der wissenschaftlichen Doktrin je für sich behandelt, sondern auch in den Gesetzbüchern in verschiedenen Abschnitten niedergelegt werden. So ist nicht nur das Bürgerliche Gesetzbuch verfahren. Seinem Beispiel sind auch das schweizerische Obligationenrecht (1911), das schwedische – von den anderen nordischen Ländern später übernommene – Vertragsgesetz (1915), das griechische Zivilgesetzbuch (1940), der italienische Codice civile (1942), das portugiesische Zivilgesetzbuch (1966) und das niederländische Nieuw Burgerlijk Wetboek (1992) gefolgt.[12]

---

[9] Jherings Jahrbücher 1 (1857) 273.

[10] ZHR 10 (1866) 183.

[11] *Müller-Freienfels*, Die Vertretung beim Rechtsgeschäft (1955) 2; dortselbst auch umfassende Hinweise auf die Gesetze vieler Länder, denen die Trennung von Auftrag und Vollmacht zugrunde liegt. Vgl. dazu auch *F. Ranieri*, Europäisches Obligationenrecht (3. Aufl. 2009) 489 ff.

[12] Auch in Österreich und Frankreich hat die Wissenschaft die zeitbedingte Ungenauigkeit der gesetzlichen Regeln längst erkannt. Vgl. zum Verhältnis zwischen »mandat« und »représentation« im geltenden französischen Recht *Ghestin*, Mandat et représentation civile et commerciale en droit français, in: Leser/Isomura (Hrsg.), Wege zum japanischen Recht, Festschrift für Kitagawa (1992) 317. Auch die modernen Lehrbücher

B. Gesetzliche Vertretung

Die Befugnis, für Rechnung und im Interesse eines anderen Verträge zu schließen – sei es in eigenem, sei es in fremdem Namen –, beruht in der Regel darauf, dass der andere seinen Willen zur Einräumung einer solchen Befugnis durch eine entsprechende Erklärung zum Ausdruck gebracht hat. Das muss aber nicht so sein. Es kann auch so liegen, dass jemand durch eine gesetzliche Vorschrift zum Inhaber einer solchen Befugnis gemacht wird, ohne dass es auf den Willen desjenigen ankommt, für den er handeln soll. In den kontinentaleuropäischen Ländern spricht man hier von »gesetzlicher Vertretung«. Sie wird vom Gesetzgeber überall dort angeordnet, wo jemand – wie z.B. ein Minderjähriger oder Geisteskranker – selbst nicht oder nicht unbeschränkt geschäftsfähig ist. Insbesondere steht den Eltern kraft Gesetzes ein umfassendes Recht zur Vertretung ihrer unmündigen Kinder zu; das gleiche gilt für den Vormund, wenn die Eltern des Minderjährigen nicht mehr leben oder ihr Sorgerecht aus anderen Gründen nicht wahrnehmen können. Auch in vielen anderen Fällen besteht ein Bedürfnis, die Rechte zur Verfügung und Verwaltung einer Sache oder eines Vermögens einem anderen als dem Eigentümer zu übertragen, so z.B. dann, wenn das Gericht einen Konkurs- oder Nachlassverwalter bestellt. Schließlich passt der Gedanke der »gesetzlichen Vertretung« auch dort, wo juristische Personen durch ihre »Organe« vertreten werden. In all diesen Fällen werden Umfang und Dauer der Befugnisse des »gesetzlichen Vertreters« durch besondere Vorschriften im einzelnen geregelt. Anerkannt ist aber, dass der Richter, soweit es an solchen Vorschriften fehlt, auf die allgemeinen Regeln über die Vertretung zurückgreifen oder sie per analogiam anwenden darf, selbst wenn diese Regeln in erster Linie für den Fall gedacht sind, in dem die Vertretungsbefugnis durch eine Willenserklärung des Vertretenen eingeräumt worden ist.

Bemerkenswert ist, dass es im englischen Recht nur einige, verstreut umherliegende Einzelfälle gibt, in denen jemand kraft Gesetzes zum »agent« eines anderen gemacht wird. Die allgemeine Vorstellung hingegen, dass man handlungsunfähigen Personen mit Hilfe der »gesetzlichen Vertretung« eine Teilnahme am Geschäftsverkehr ermöglichen könne, ist dem Common Law fremd.[13] Insbesondere sind die Eltern nicht zur umfassenden Vertretung ihrer Kinder im geschäftlichen Verkehr und vor Gericht berechtigt.[14] Zwar wird durch den Children Act 1989 den Eltern »parental responsibility« übertragen,

des fr. Obligationenrechts widmen der »représentation« eigene Abschnitte, in denen zwischen ihr und dem »mandat« ein klarer Unterschied gemacht wird. Vgl. z.B. Terré/Simler/Lequette no. 173 ff.; M. Mekki, Mandat, in: J.CL. Art. 1984–1990 Code civil (2009) Fasc. 10 no. 5 und 11. Auch der Reformentwurf Catala enthält in Art. 1119 ff. eine eigenständige Regelung der Vertretung.

[13] Vgl. zum folgenden die Überlegungen bei Müller-Freienfels (oben N. 11) 166 ff.
[14] So aber z.B. Art. 389 Code civil; § 1629 BGB.

die ihrerseits definiert wird als »all the rights, duties, powers, responsibilities and authority which by law a parent of a child has in relation to the child and his property« (s. 3 I). Aber *welche* Rechte dies sind, wird in dem Gesetz nicht gesagt und muss von Fall zu Fall entschieden werden, je nachdem, ob es sich z.B. um die Verwaltung des Kindesvermögens, um die Zustimmung zu einer ärztlichen Behandlung des Kindes oder um seine Vertretung als Kläger oder Beklagter eines Zivilprozesses handelt.[15] Schließt der Minderjährige einen Vertrag, so hängt seine Wirksamkeit nicht von einer Zustimmung des »gesetzlichen Vertreters«, sondern grundsätzlich davon ab, ob der Vertrag dem Minderjährigen nützt oder schadet.[16] Ist der Minderjährige Eigentümer eines Grundstücks oder Inhaber eines Vermögens, so muss es zwar jemanden geben, der befugt ist, das Grundstück oder das Vermögen für den Minderjährigen zu verwalten und darüber zu verfügen. Aber auch dafür braucht man eine »gesetzliche Vertretung« durch die Eltern nicht. Denn wenn ein Kind im Erbgang oder durch Schenkung Vermögen erwirbt, so geschieht dies im Common Law in aller Regel dadurch, dass der Erblasser oder Schenker das Vermögen einem Treuhänder (trustee) zuwendet, der daran den »legal title« und damit die Verwaltungs- und Verfügungsbefugnis erwirbt; das Kind kann als »equitable owner« lediglich die Vermögenserträge beanspruchen, soweit dies nach den Anordnungen des Erblassers oder Schenkers zulässig ist.[17] Muß das Kind einen Prozess führen – etwa in dem eben genannten Fall gegen den Treuhänder, der die Vermögenserträge nicht ausgekehrt oder sich auf andere Weise treuwidrig verhalten hat –, so wird es zwar in der Regel dabei von seinen Eltern vertreten werden, dies aber nicht deshalb, weil sie als »gesetzliche Vertreter« des Kindes dazu automatisch befugt wären, sondern deshalb, weil sie das Gericht ad hoc zum »next friend« – im Falle eines Prozesses *gegen* das Kind: zum »guardian ad litem« – bestellen wird, sofern ihm dies nach Lage des Falles vernünftig erscheint.[18]

C. Erteilung, Umfang und Erlöschen der Vertretungsmacht

Im folgenden Abschnitt wird die Frage untersucht, wie Vertretungsmacht erteilt wird (darüber unter I–III), welchen Umfang sie hat (IV–V) und wann sie erlischt (VI–VII). Dabei ist noch einmal daran zu erinnern, dass in den konti-

---

[15] Vgl. dazu *Cretney/Masson/Bailey-Harris*, Principles of Family Law (7. Aufl. 2003) no. 18-001.

[16] Vgl. dazu *Terré/Simler/Lequette* no. 12-001 ff.

[17] Hat der Erblasser oder Schenker – wie häufig – das Vermögen den *Eltern* als trustees zugewandt, so verfügen sie über das Vermögen nicht im Namen des Kindes als dessen »gesetzliche Vertreter«, sondern als Inhaber des »legal title« in eigenem Namen.

[18] Vgl. Rules of the Supreme Court, Order 80 rule 2 (1).

nentaleuropäischen Ländern mit dem Begriff »Vertretungsmacht« (»pouvoir de représentation«, »potere di rappresentanza«) nur der Fall gemeint ist, in dem jemandem von einem anderen gestattet wird, durch Handeln im Namen des anderen rechtliche Wirkungen für und gegen ihn zu erzeugen. Wenn man demgegenüber im Common Law davon spricht, es werde dem agent vom principal »authority« eingeräumt, so bedeutet dies, dass der agent zu einem Handeln »on behalf of the principal« – sei es mit, sei es ohne Offenlegung des Vertretungsverhältnisses – berechtigt wird.

I. Erteilung von Vertretungsmacht

In der Regel wird Vertretungsmacht dadurch erteilt, dass der Geschäftsherr dem Vertreter gegenüber eine entsprechende Erklärung abgibt; die auf diesem Wege begründete Vertretungsmacht wird im deutschen Recht »Vollmacht« genannt (vgl. § 166 II BGB). Im englischen Recht wird für die Einräumung von authority ein entsprechender Konsens von principal und agent verlangt. Ein – mindestens stillschweigend geäußertes – Einverständnis desjenigen, dem die Vollmacht erteilt werden soll, wird praktisch aber auch in den kontinentaleuropäischen Rechtsordnungen stets vorliegen.[19] Auch einem Minderjährigen kann Vertretungsmacht erteilt werden, sofern er nur überhaupt vernünftig zu handeln imstande ist. Das wird in vielen Rechtsordnungen ausdrücklich bestimmt,[20] ist aber auch dort anerkannt, wo es an einer solchen Vorschrift fehlt.[21]

Dass für die Erteilung von Vertretungsmacht zwar kein gültiger Vertrag, aber doch ein Konsens der Beteiligten erforderlich ist, kann dort zweifelhaft sein, wo ausdrücklich bestimmt ist, dass Vertretungsmacht auch durch eine Erklärung des Geschäftsherrn erteilt werden kann, die er gegenüber dem Dritten abgegeben hat, mit dem der Vertreter künftig in geschäftlichen Kontakt treten soll (»Außenvollmacht«).[22] Aber diesen Unterschied sollte man nicht dramatisieren. Selbst wenn in diesem Fall die Vertretungsmacht ohne Wissen des Vertreters entsteht, so treten Rechtswirkungen für und gegen den Vertretenen doch

---

[19] Gemäß § 167 I BGB, Art. 217 griech. ZGB genügt es zwar für die Erteilung von Vertretungsmacht, wenn die entsprechende Erklärung des Vollmachtgebers dem Vertreter zugeht. Ob Vertretungsmacht auch dann begründet wird, wenn der Adressat erklärt, er lehne die Vollmacht ab, ist aber wohl eine rein theoretische Frage.

[20] 165 BGB; Art. 3:63 I BW; Art. 1389 Codice civile; Art. 213 griech. ZGB; Art. 263 port. CC; Art. 100 poln. ZGB; Art. 219 I ung. ZGB. Gemäß Art. 1990 Code civil und Art. 1716 span. CC kann einem Minderjährigen ein gültiger Auftrag erteilt werden. Daraus schließt man, dass auch der von ihm im Namen des Auftraggebers mit dem Dritten geschlossene Vertrag gültig ist. Vgl. Civ. 5. Dez. 1933, D.H. 1934, 49 und *Mekki* (oben N. 12) Fasc. 20 no. 5.

[21] *Fridman* (oben N. 7) 59; *Treitel* (-*Peel*) no. 16-012.

[22] So § 167 BGB; Art. 33 III OR; Art. 217 I griech. ZGB.

erst dann ein, wenn der Vertreter als Vertreter gehandelt, also von dem Beste-hen von Vertretungsmacht zustimmend Kenntnis genommen hat.[23]

II. Stillschweigende Erteilung von Vertretungsmacht

Vertretungsmacht wird oft durch eine ausdrückliche (mündliche oder schrift-liche) Erklärung des Geschäftsherrn erteilt. Notwendig ist das aber nicht. Es reicht aus, wenn sich aus den Umständen des Falles mit hinreichender Sicher-heit der Schluss ziehen lässt, dass der Geschäftsherr Vertretungsmacht erteilen wollte. Man spricht dann von einer »stillschweigend« oder »durch schlüssiges Verhalten« erteilten Vertretungsmacht.[24]

Wer als Kaufmann einen anderen zum Geschäftsführer seines Unterneh-mens bestellt oder als Bauherr einen Architekten mit der Durchführung ei-nes Bauvorhabens beauftragt, erteilt Vertretungsmacht, selbst wenn darüber unter den Beteiligten kein Wort gewechselt worden ist; eine andere Frage ist es allerdings, welchen *Umfang* in solchen Fällen die Vertretungsmacht hat (vgl. darüber sogleich). Auch wenn durch ausdrückliche Erklärung eine bestimmte Vertretungsmacht erteilt ist, kann sich aus den Umständen ergeben, dass der Geschäftsherr auch für andere, nicht ausdrücklich genannte Geschäfte Vertre-tungsmacht hat einräumen wollen.[25]

Große praktische Bedeutung hat der überall anerkannte Grundsatz, dass derjenige, der einem anderen eine bestimmte »Stellung« überträgt, ihm damit auch Vertretungsmacht oder authority für solche Geschäfte einräumt, die zur ordnungsgemäßen Erfüllung der mit der betreffenden »Stellung« verbundenen Aufgaben erforderlich ist. Das schwedische Vertragsgesetz bestimmt in § 10 II, dass derjenige, der »als Angestellter im Dienste eines anderen oder sonst infolge eines Vertrages mit einem anderen eine Stellung einnimmt, aus der nach Gesetz oder Brauch eine gewisse rechtliche Macht folgt, im Namen eines anderen zu handeln, ... als zur Vornahme von Rechtsgeschäften bevollmächtigt [gilt], die innerhalb der Grenzen dieser Macht liegen.« In vielen Rechtsordnungen findet man Vorschriften, die diesen Grundsatz für bestimmte »Stellungen« näher kon-kretisieren, so etwa für denjenigen, der vom Inhaber eines Unternehmens »in

---

[23]   So treffend *Fridman* (oben N. 7) 55.

[24]   So ausdrücklich Art. 3:61 I BW. Vgl. auch BG 15. Mai 1973, BGE 99 II 39, 41; Civ. 27. März 1979, Bull.cass. 1979.I. no. 102. Ebenso Art. 9 I Genfer Übereinkommen (oben N. 8).

[25]   Vgl. *Fridman* (oben N. 7) 69: »Every agent has implied authority to do everything neccessary for, and ordinarily incidental to carrying out his express authority according to the usual way in which such authority is executed.« Ebenso auch Art. 1708 I Codice civile und Art. 9 II Genfer Übereinkommen (oben N. 8): »The agent has authority to perform all acts necessary in the circumstances to achieve the purposes for which the au-thorisation was given.«

einem Laden oder in einem offenen Warenlager«[26] oder als Geschäftsführer (»institore«)[27] oder »sei es zum Betriebe des ganzen Gewerbes, sei es zu bestimmten Geschäften in einem Gewerbe«[28] angestellt ist. Dieser Grundsatz ist auch im englischen Recht anerkannt, weil »every agent has implied authority to do everything necessary for, and incidental to, carrying out his express authority according to the usual way in which such authority is executed«.[29]

III. Form der Erteilung von Vertretungsmacht

Vertretungsmacht oder authority kann grundsätzlich ohne Einhaltung einer besonderen Form, also auch durch mündliche Erklärung erteilt werden. Von diesem Grundsatz werden aber überall wichtige Ausnahmen gemacht.

Manchmal werden durch gesetzliche Vorschrift einzelne Geschäfte bezeichnet, zu deren Vornahme nur in einer bestimmten Form Vollmacht oder authority erteilt werden kann. So bedarf z.B. gemäß Art. 493 VI OR eine »Vollmacht zur Eingehung einer Bürgschaft« der gleichen Form wie die Bürgschaft selbst; sie muss also durch schriftliche Erklärung erteilt werden, in der ein zahlenmäßig bestimmter Höchstbetrag zu nennen ist.[30] In England muss, wenn ein agent für den principal ein Grundstücksrecht begründen oder über ein solches Recht verfügen soll, seine authority auf einer schriftlichen Erklärung des principal beruhen.[31] Gelegentlich wird die Schriftform auch für die Erteilung einer Generalvollmacht verlangt.[32]

Von besonderem Interesse sind solche Einschränkungen des Grundsatzes der Formfreiheit, die in allgemeine Regeln gefasst sind. So bestimmt Art. 1985 Code civil, dass der Beweis für das Zustandekommen eines Auftragsverhältnisses (mandat) – und damit auch der Beweis für die Erteilung von Vertretungsmacht – den gleichen Beschränkungen unterliegt, wie sie Art. 1341 Code civil ganz allgemein für das Zustandekommen von Verträgen aufstellt. Das bedeutet auch hier, dass der Beweis nicht durch Zeugen, sondern nur durch eine (schriftliche oder notariell beurkundete) Erklärung

---

[26] 56 HGB. Ähnlich auch § 1030 ABGB, Art. 220 I ung. ZGB; Art. 97 poln. ZGB.

[27] Art. 2204 Codice civile.

[28] Art. 462 OR, § 54 HGB.

[29] *Fridman* (oben N. 7) 69. Ebenso Art. 3:201 (2) PECL; Art. 2.2.2 (2), PICC; Art. II.-6:104 (2) DCFR.

[30] Das gilt nicht, wenn es sich um eine »allgemeine Vollmacht mit gesetzlich umschriebenem Umfang« handelt, also z.B. um eine Prokura oder eine Handlungsvollmacht; BG 8. Feb. 1955, BGE 81 II 60, 62.

[31] Law of Property Act 1925, s. 53 I, 54. – Vgl. auch § 27 II schwed. Vertragsgesetz: Danach bedarf die Vollmacht zum Verkauf oder zur Belastung eines Grundstücks der für diese Geschäfte bestimmten Form.

[32] Art. 99 II poln. ZGB; Art. 223 I 2 ung. ZGB.

geführt werden darf, wenn das Geschäft, zu dessen Abschluss bevollmächtigt werden soll, den Wert von 1.500 € übersteigt. Zwar gilt diese Regel nicht im Verkehr unter Kaufleuten; sie ist auch sonst erheblich eingeschränkt worden (vgl. oben S. 144 ff.). Gleichwohl geht von ihr ein starker mittelbarer Druck auf schriftliche Vollmachtserteilung aus.

In zahlreichen Rechtsordnungen wird der Grundsatz der Formfreiheit durch eine Regel eingeschränkt, nach der die Erteilung von Vertretungsmacht derjenigen Form bedarf, die für das von dem Vertreter abzuschließende Geschäft erforderlich ist.[33] Die Rechtsprechung ist zu einem ähnlichen Ergebnis aber auch in denjenigen Ländern gelangt, in denen – wie in Frankreich und Österreich – eine solche gesetzliche Vorschrift fehlt oder sogar – wie in Deutschland – durch gesetzliche Vorschrift das Gegenteil angeordnet wird.

Gemäß § 167 II BGB bedarf die Vollmachtserklärung »nicht der Form, welche für das Rechtsgeschäft bestimmt ist, auf das sich die Vollmacht bezieht«. Trotz des klaren Wortlauts dieser Vorschrift ist in ständiger Rechtsprechung anerkannt, dass die Formvorschrift, die für das Geschäft des Vertreters gilt, auch auf die Erteilung der Vollmacht für dieses Geschäft anzuwenden ist, sofern schon durch sie für den Vollmachtgeber praktisch die gleiche Bindung eintritt, wie sie durch den Abschluss des Geschäfts selbst für ihn begründet würde. Soll eine Formvorschrift vor der Übernahme einer vertraglichen Bindung warnen oder gar – wie die notarielle Form – sicherstellen, dass sie nur in Anwesenheit eines unabhängigen Rechtskundigen übernommen wird, der auf die rechtliche Tragweite des Geschäfts hinzuweisen hat, so muss, wenn die Bindung schon durch die Vollmachtserteilung eintritt, auch sie der Formvorschrift unterliegen. Daher bedarf eine Vollmacht zum Abschluss eines Vertrages, durch den der Vertreter ein Grundstück des Geschäftsherrn verkaufen oder es für ihn kaufen soll, jedenfalls dann der notariellen Beurkundung gemäß § 311 b BGB, wenn die Vollmacht unwiderruflich ist und der Vertreter das Geschäft auch mit sich selbst soll abschließen dürfen;[34] das gleiche gilt auch für die unwiderrufliche Vollmacht zur Abgabe einer (nach § 766 BGB der Schriftform bedürfenden) Bürgschaftserklärung

---

[33] Art. 1392 Codice civile; Art. 217 II griech. ZGB; Art. 262 II port. CC; Art. 223 I 1 ung. ZGB; Art. 99 II poln. ZGB. Im niederländischen BW findet man eine solche allgemeine Regel nicht. Vgl. aber Art. 3:260 III: Danach bedarf die Vollmacht zur Bestellung einer Hypothek der gleichen (notariellen) Form wie die Bestellung selbst.

[34] BGH 23. Feb. 1979, NJW 1979, 2306. Anders aber in der Schweiz: Obwohl Grundstückskaufverträge aus den gleichen Gründen wie in Deutschland notariell beurkundet werden müssen (Art. 216 OR), ist die Vollmacht zum Abschluss eines solchen Vertrages formlos gültig, BG 1. April 1958, BGE 84 II 151, 157; BG 29. Mai 1973, BGE 99 II 159, 161 f. – Auch in England kann authority zum Abschluss eines Grundstückskaufvertrages mündlich erteilt werden, obwohl der Vertrag selbst der Schriftform bedarf; vgl. *Fridman* (oben N. 7) 56 f. und oben N. 31.

gelten.[35] Ebenso entscheidet die österreichische Rechtsprechung, wenn die Formvorschrift die Ernstlichkeit des Parteiwillens sichern und nicht bloß den Inhalt der Erklärung zu Beweiszwecken feststellen soll.[36] Nicht anders verhält es sich in Frankreich: Wenn eine Formvorschrift den Schutz einer bestimmten Person bezweckt, so muss, wenn diese Person den Vertrag nicht selbst, sondern durch einen Vertreter abschließen will, auch die von ihr erteilte Vollmacht der Form genügen.[37]

IV. Umfang der Vertretungsmacht

Meist wird nicht darüber gestritten, *ob* Vertretungsmacht erteilt ist, sondern darüber, *welchen Umfang* die erteilte Vertretungsmacht hat. Auch dafür kommt es grundsätzlich auf den erklärten Willen desjenigen an, der den Vertreter für sich handeln lassen will. Ist in seiner Erklärung der Umfang der Vollmacht nicht klar bestimmt, so wird nach den allgemeinen Auslegungsregeln entschieden, wie die Erklärung zu verstehen ist. Hat er die Erklärung gegenüber dem Vertreter abgegeben (»Innenvollmacht«), so muss man fragen, wie dieser sie verstehen konnte und durfte. Ist die Erklärung gegenüber Dritten abgegeben worden (»Außenvollmacht«), so kommt es auf das Verständnis des Dritten oder derjenigen Verkehrskreise an, in denen der Vertreter tätig werden sollte. Diese Regeln gelten auch dort, wo dem agent von seinem principal »authority« eingeräumt wird.[38]

Klarheit über den Umfang der Vertretungsmacht ist daher oft nur durch Rückfrage beim Vollmachtgeber, in anderen Fällen nur durch Auslegung der Vollmachtserklärung zu gewinnen. Besonders im kaufmännischen Verkehr wäre dies aber unbefriedigend, weil es dort geradezu die Regel ist, dass Verträge nicht von den Parteien persönlich, sondern für sie von Hilfspersonen abgeschlossen werden, und deshalb Zweifel am Umfang ihrer Vertretungsmacht besonders unerwünscht sind. Deshalb findet man in vielen Rechtsordnungen gesetzliche Vorschriften, die den Umfang der Vertretungsmacht bestimmter, im Handelsverkehr regelmäßig auftretender Hilfspersonen festlegen und oft auch bestimmen, dass dem Dritten, der mit einer solchen Hilfsperson kontra-

---

[35] BGH 29. Feb. 1996, BGHZ 132, 119, 125.

[36] OGH 26. Jan. 1963, JBl. 1964, 101; OGH 29. April 1970, JBl. 1970, 423.

[37] Vgl. *Terré/Simler/Lequette* no. 110; *Mekki* (oben N. 12) Fasc. 20 no. 35. Manchmal ergibt sich die Formbedürftigkeit der Vollmachtserteilung schon aus dem Umstand, dass das fr. Recht den *gesamten Vertrag* zwischen Auftraggeber und Beauftragtem als formbedürftig ansieht, so z.B. den Vertrag, durch den jemand einen Auftrag zur Veräußerung seines Grundstücks erteilt; vgl. dazu *Mekki* a.a.O. no. 31. Schließlich kann die schriftliche Erteilung der Vollmacht deshalb zweckmäßig sein, weil im Falle ihrer bloßen mündlichen Erteilung der *Beweis durch Zeugen* ausgeschlossen sein kann (vgl. oben S. 114 ff.).

[38] Vgl. *Fridman* (oben N. 7) 64 ff.

hiert hat, Beschränkungen ihrer Vertretungsmacht nicht oder nur unter besonderen Voraussetzungen entgegengehalten werden können.

In Deutschland, Österreich und der Schweiz ist der *Prokurist* eine besonders wichtige kraft Gesetzes mit einer bestimmten Vertretungsmacht ausgestattete Hilfsperson. Wer von einem Unternehmer zum Prokuristen bestellt ist, hat Vertretungsmacht für sämtliche Geschäfte, die der Betrieb des Unternehmens mit sich bringt, ausgenommen die Veräußerung und Belastung von Grundstücken.[39] Die Vertretungsmacht desjenigen, der »zur Vornahme einer bestimmten, zu einem Handelsgewerbe gehörenden Art von Geschäften« und damit zum *Handlungsbevollmächtigten* bestellt ist, erstreckt sich – wiederum mit bestimmten, gesetzlich geregelten Ausnahmen – auf alle Handlungen, die »die Vornahme derartiger Geschäfte gewöhnlich mit sich bringt«.[40] Hat ein *mercantile agent* über Waren, deren Besitz ihm der principal überlassen hat, eine Verfügung »in the ordinary course of business as a mercantile agent« getroffen, so gilt er als zur Vornahme einer solchen Verfügung »expressly authorized«, mag ihm auch der principal andere Weisungen erteilt haben.[41] Eine besonders umfassende Vertretungsmacht wird auch dem Gesellschafter einer Personengesellschaft, dem Geschäftsführer einer Gesellschaft mit beschränkter Haftung und dem Vorstandsmitglied einer Aktiengesellschaft eingeräumt.[42]

In all diesen Fällen wird der Dritte in seinem Vertrauen auf das Bestehen von Vertretungsmacht in dem gesetzlich geregelten Umfang geschützt. Hat der Geschäftsherr mit dem Vertreter eine »interne« Vereinbarung getroffen, nach der ihm Vertretungsmacht nur in einem geringeren Umfange zustehen solle, so kann er dies einem Dritten nur dann entgegenhalten, wenn er beweisen kann, dass der Dritte »bösgläubig« war. Im allgemeinen ist bösgläubig, wer die Beschränkung der Vertretungsmacht kannte oder infolge von Fahrlässigkeit nicht kannte.[43] Wer von einem mercantile agent Waren des principal »in the ordinary course of business« übereignet oder verpfändet erhält, wird in seinem Vertrauen auf das Bestehen einer entsprechenden Verfügungsbefugnis geschützt, wenn – so formuliert es s. 2 I Factors Act – »the person taking under the disposition acts in good faith, and has not at the time of the disposition notice that the person making the disposition has not authority to make it.« Gelegentlich wird verlangt, dass die Unkenntnis des Dritten auf grober Fahrlässigkeit beruhen müsse,[44] und in

---

[39] §§ 48 ff. HGB (gilt auch in Österreich); Art. 458 ff. OR.

[40] § 54 HGB; Art. 462 OR; Art. 97 poln. ZGB. Vgl. auch § 69 ff. Versicherungsvertragsgesetz zum Umfang der Vertretungsmacht des Versicherungsvertreters und § 10 II schwed. Vertragsgesetz zum Umfang der Vertretungsmacht desjenigen, der vom Geschäftsherrn in eine bestimmte »Stellung« eingewiesen ist (vgl. Text zu oben N. 26–29).

[41] Factors Act 1889, s. 2 I; dazu ausführlich *Fridman* (oben N. 7) 290 ff.

[42] Vgl. z.B. § 126 HGB, 35 GmbHG, 78 AktG.

[43] So z.B. § 54 III HGB, 11 I schwed. Vertragsgesetz.

[44] So § 69 Abs. 2 Satz 2 Versicherungsvertragsgesetz.

manchen Fällen wird die gesetzlich umschriebene Vertretungsmacht als schlechthin unbeschränkbar bezeichnet und damit der Eindruck erweckt, als könne auch bösgläubigen Dritten die Beschränkung der Vertretungsmacht in keinem Falle entgegengehalten werden.[45]

Gewisse Grenzen hat aber auch hier die Rechtsprechung gezogen. Klar ist der Fall der *Kollusion*: Danach ist ein Geschäft ungültig, wenn der Vertreter sich bei seinem Abschluss zwar im Rahmen der Vertretungsmacht gehalten, aber bewusst mit dem Dritten in der Erkenntnis zusammengewirkt hat, dass es zu einer Schädigung des Geschäftsherrn kommen werde.[46] Schwieriger liegt es, wenn der Vertreter sich bei Abschluss des Geschäfts über die Anordnungen des Vollmachtgebers – bewusst oder unbewusst, mit oder ohne die Absicht der Erlangung eines unerlaubten eigenen Vorteils – hinweggesetzt und daher seine Vertretungsmacht »missbraucht« hat, der Dritte aber von diesem Missbrauch keine positive Kenntnis hatte. Das schweizerische Bundesgericht hatte einen Fall zu entscheiden, in dem ein Geschäftsherr dem Vertreter schriftlich eine unbeschränkte Vollmacht zum Verkauf eines Grundstücks erteilt, ihn aber ausdrücklich angewiesen hatte, eine bestimmte Person *nicht* als Käufer zu berücksichtigen. Gleichwohl wurde das Grundstück dieser Person verkauft und ihr dabei von dem Vertreter die Vollmachtsurkunde vorgelegt. Der Käufer könne sich – so entschied das Bundesgericht – »auf die ihm kundgegebene Vollmacht nicht berufen, wenn er, auch ohne dass von einer eigentlichen Kollusion gesprochen werden kann, den Vollmachtsmissbrauch des Vertreters erkennt oder bei Beachtung der gebotenen Aufmerksamkeit erkennen musste.«[47] Die Voraussetzungen, unter denen die deutsche Rechtsprechung ein Geschäft des Vertreters wegen »Missbrauchs der Vollmacht« als ungültig ansieht, scheinen etwas strenger zu sein. Danach muss der Dritte den Missbrauch entweder erkannt oder es muss der Vertreter von seiner Vollmacht in so ersichtlich verdächtiger Weise Gebrauch gemacht haben, dass sich dem Dritten Zweifel geradezu aufdrängen mussten.[48] Noch strenger ist die Rechtsprechung, wenn eine Vertretungsmacht missbraucht wird, die – wie diejenige des Prokuristen oder des Geschäftsführers einer GmbH – unbeschränkbar ist. Hier wird in der Regel verlangt, dass der Vertreter *bewusst zum Nachteil des Geschäftsherrn* gehandelt haben muss; wenig konsequent ist allerdings, dass es in diesem Fall schon genügen soll, wenn »der Dritte dies bei Anwendung der im Verkehr erforderlichen Sorgfalt erkennen musste.«[49]

---

[45] So bei der Prokura (50 HGB) und bei der Vertretungsmacht des Gesellschafters und der Organe von Kapitalgesellschaften (126 II HGB, 37 II GmbHG, 82 AktG).
[46] BGH 6. Mai 1999, BGHZ 141, 357; BGH 17. Mai 1988, NJW 1989, 26; Civ. 9. Juni 1958, Bull.cass. 1958.I. no. 295; Civ. 11. Dez. 1950, Bull.cass. 1950.I. no. 254.
[47] BG 20. März 1951, BGE 77 II 138, 143.
[48] BGH 25. Okt. 1994, BGHZ 127, 239; BGH 29. Juni 1999, NJW 1999, 2883.
[49] So BGH 25. März 1968, BGHZ 50, 112 (Prokura); vgl. aber auch BGH 5. Dez. 1983, NJW 1984, 1461 (GmbH-Geschäftsführer).

In anderen Rechtsordnungen sind besondere Regeln über den »Missbrauch der Vollmacht« nicht ausgebildet worden. Das hat seinen Grund vermutlich darin, dass man dort nicht so streng wie im deutschen Recht unterscheidet zwischen demjenigen, was der Vertreter im Außenverhältnis zu Dritten kraft seiner Vollmacht tun *kann* und demjenigen, was er nach Maßgabe des Innenverhältnisses zum Geschäftsherrn tun *soll*. Zwar wird auch in Frankreich ein Geschäft als ungültig angesehen, mit dem sich der Vertreter über die Interessen seines Geschäftsherrn bewusst hinwegsetzt. Die Ungültigkeit wird aber nicht aus dem Missbrauch einer an sich bestehenden Vertretungsmacht, sondern daraus hergeleitet, dass dem Vertreter für ein solches Geschäft von vornherein kein »mandat« – und damit auch keine Vertretungsmacht – erteilt war.[50]

V. Geschäfte des Vertreters mit sich selbst

Dem Vorteil, der sich für den Geschäftsherrn aus der Einschaltung eines Vertreters ergibt, steht ein erheblicher Nachteil gegenüber: Es besteht die Gefahr, dass der Vertreter nicht – wie ihm aufgetragen – die Interessen seines Geschäftsherrn wahrnimmt, sondern von der ihm erteilten Vertretungsmacht zu seinem eigenen Vorteil Gebrauch macht. Alle Rechtsordnungen haben deshalb Regeln entwickelt, nach denen solche Geschäfte ungültig sind.

Im englischen Recht nimmt man an, dass der agent seinem principal eine umfassende Treuepflicht (»fiduciary duty«) schuldet; dies führt zu dem Grundsatz, »that the agent must not let his own personal interest conflict with the obligations he owes to the principal.«[51] Daraus wird die Regel hergeleitet, dass jedes Geschäft vom principal als ungültig behandelt werden kann, das der agent mit sich selbst, mit einem für ihn auftretenden Strohmann, mit einem Angehörigen seiner Familie, mit sich selbst als agent eines Dritten oder sonst unter Umständen abschließt, in denen ein Konflikt zwischen seinen Interessen und denen des principal nicht ausgeschlossen ist. Dies gilt nur dann nicht, wenn der agent den principal vorher über den Inhalt des Geschäfts vollständig aufgeklärt und dieser sein Einverständnis erteilt hat. Eine solche Aufklärungspflicht besteht ohne Rücksicht darauf, ob das Geschäft für den principal vorteilhaft ist oder vom agent für vorteilhaft gehalten werden durfte.[52]

---

[50] Vgl. Req. 14. April 1908, D.P. 1908.1.344; Civ. 29. Nov. 1972, Bull.cass. 1972.III. no. 647; Civ. 9. Juni 1958, Bull.cass. 1958.I. no. 295.

[51] *Fridman* (oben N. 7) 175. Vgl. dazu ausführlich *S. Festner*, Interessenkonflikte im dt. und engl. Vertretungsrecht (2006).

[52] Vgl. dazu ausführlich *Fridman* (oben N. 7) 175 ff.; *Treitel (-Peel)* no. 16-095 ff. Das Problem des Interessenkonflikts wird ausführlich in Art. 3:205 PECL; Art. 2.2.7 PICC; Art. II.-6:109 DCFR behandelt. Danach darf der Vertretene das von dem Vertreter abgeschlossene Geschäft als unwirksam ansehen, wenn der Vertreter sich dabei in einem

In den kontinentaleuropäischen Rechtsordnungen wird meist durch besondere gesetzliche Vorschrift bestimmt, dass ein Geschäft ungültig ist, das der Vertreter »im Namen des Vertretenen mit sich im eigenen Namen oder als Vertreter eines Dritten« abschließt.[53] Das gilt nicht, wenn der Geschäftsherr seine Zustimmung zu dem Geschäft erteilt hat, ferner dann nicht, wenn – so Art. 1395 Codice civile – »der Inhalt des Vertrages so festgelegt ist, dass die Möglichkeit eines Interessenkonflikts ausgeschlossen ist«[54] oder – so die schweizerische Rechtsprechung – »die Natur des Geschäfts die Gefahr der Benachteiligung des Vertretenen ausschließt.«[55] Danach hängt also die Gültigkeit des Geschäfts davon ab, ob der Richter im konkreten Fall einen Interessenkonflikt feststellen kann. Anders liegt es bei § 181 BGB, weil es nach dieser Vorschrift allein darauf ankommt, ob das Geschäft vom Vertreter mit sich (oder mit sich als Vertreter eines Dritten) abgeschlossen worden ist. Zwar sieht auch die deutsche Rechtsprechung die ratio legis des § 181 BGB darin zu verhindern, »dass verschiedene und einander widerstreitende Interessen durch eine und dieselbe Person vertreten werden …, weil ein solches Selbstkontrahieren stets die Gefahr eines Interessenkonflikts und damit einer Schädigung des einen oder anderen Teils mit sich bringt.«[56] Aber im Wortlaut des § 181 BGB wird dieser Gedanke nicht zum Ausdruck gebracht, weil im Interesse der Rechtssicherheit der unbestimmte Begriff des »Interessenkonflikts« im Gesetzestext vermieden werden sollte. Das hat dazu geführt, dass die Rechtsprechung sich immer wieder mit der Frage beschäftigen musste, ob ein Geschäft auch dann als gültig angesehen werden kann, wenn es zwar vom Wortlaut des § 181 BGB erfasst wird, aber die Möglichkeit eines Interessenkonflikts

---

Interessenkonflikt befunden hat und der Dritte davon Kenntnis hatte oder haben musste. Ein solcher Interessenkonflikt wird vermutet, wenn der Vertreter bei Abschluss des Geschäfts auch als Vertreter des Dritten gehandelt oder es mit sich selbst abgeschlossen hat. Die Unwirksamkeit darf von dem Vertretenen nicht geltend gemacht werden, wenn er das Verhalten des Vertreters kannte oder kennen musste, ferner dann nicht, wenn der Vertreter ihn von dem Geschäft unterrichtet und er ihm nicht innerhalb einer vernünftigen Frist widersprochen hat.

[53] So § 181 BGB; Art. 1395 Codice civile; Art. 235 griech. ZGB; Art. 108 poln. ZGB; Art. 221 III ung. ZGB. – Das französische Recht kennt keine vergleichbare allgemeine Vorschrift, sondern nur Spezialbestimmungen. Zu ihnen gehört Art. 1596 CC: Danach sind Verträge nichtig, aufgrund derer ein Beauftragter Sachen, die er für seinen Auftraggeber verkaufen sollte, selbst in einer öffentlichen Versteigerung erwirbt (oder durch einen Strohmann für sich erwerben lässt). Die Rechtsprechung hat diese Vorschrift auch in Fällen angewandt, in denen der Beauftragte die Sachen seines Auftraggebers außerhalb einer öffentlichen Versteigerung an sich bringt. Vgl. Paris 12. Nov. 1964, D. 1965, 415; Civ. 27. Jan. 1987, Bull.cass. 1987.I. no. 32 und *Terré/Simler/Lequette* no. 182.

[54] So oder ähnlich auch Art. 3:68 BW; Art. 108 poln. ZGB; Art. 221 III ung. ZGB.

[55] BG 30. Sept. 1963, BGE 89 II 321, 326. So auch OGH 16. Sept. 1971, SZ 44 Nr. 141; OGH 9. April 1981, SZ 54 Nr. 57.

[56] BGH 19. April 1971, BGHZ 56, 97, 101.

ausgeschlossen ist,[57] ebenso mit der umgekehrten Frage, ob ein Geschäft nicht wegen eines Interessenkonflikts nichtig ist, obwohl es nicht unter § 181 BGB subsumiert werden kann.[58]

Besondere Vorschriften gelten in den kontinentalen Rechtsordnungen für den Fall, dass der Vertreter Geschäfte nicht im Namen des Geschäftsherrn, sondern – etwa als Kommissionär – für dessen Rechnung in eigenem Namen abschließt. Auch hier ist die Gefahr eines Interessenkonflikts vor allem dann gegeben, wenn der Kommissionär die Waren seines Auftraggebers, die er für dessen Rechnung verkaufen soll, selbst als Käufer übernimmt, oder wenn er Waren, die er für ihn kaufen soll, selbst als Verkäufer liefert. Solche Geschäfte sind nur unter ganz besonderen Voraussetzungen gültig, so etwa dann, wenn der Kommissionär nachweisen kann, dass der dem Auftraggeber berechnete Preis dem zum fraglichen Zeitpunkt maßgeblichen Börsen- oder Marktpreis entspricht.[59]

VI. Erlöschen der Vertretungsmacht

Die Vertretungsmacht erlischt, wenn der Geschäftsherr sie widerruft, der Vertreter auf sie verzichtet oder die Frist abgelaufen ist, für die sie erteilt war. Sofern nichts anderes vereinbart ist, erlischt sie ferner, wenn das Vertragsverhältnis, dem ihre Erteilung zugrunde liegt, beendet wird, sei es durch Rücktritt, Kündigung oder Fristablauf, sei es durch die Erreichung des mit ihm verfolgten Zwecks oder durch den Wegfall seiner Geschäftsgrundlage.[60] All dies gilt auch dann, wenn es um das Erlöschen der authority eines agent geht.[61] Ver-

---

[57] So liegt es z.B., wenn der Alleingesellschafter einer GmbH ein Geschäft mit sich selbst abschließt. Für die Gültigkeit dieses Geschäfts BGH (vorige N.). Vgl. dazu näher *H. Kötz*, Vertragsrecht (2. Aufl. 2012) Rn. 455 ff.

[58] In einem Falle, in dem ein Vertreter eine persönliche Schuld dadurch sicherte, dass er im Namen des Vertretenen einen Bürgschaftsvertrag mit seinem Gläubiger schloß, hat das RG die Vorschrift des § 181 BGB für unanwendbar gehalten, weil der Vertreter nicht mit sich, sondern mit seinem Gläubiger kontrahiert habe (RG 14. Juni 1909, RGZ 71, 219, 220). Diese engherzige Betrachtungsweise richtet nur deshalb keinen Schaden an, weil in diesem Fall der Vertreter seine Vertretungsmacht missbraucht hat und der Geschäftsherr daher aus der Bürgschaft nicht haftet, wenn er beweisen kann, dass der Gläubiger den Vollmachtsmissbrauch erkannt hat oder Zweifel sich ihm aufdrängen mussten.

[59] Vgl. z.B. §§ 400 ff. HGB; Art. 436 ff. OR; §§ 40 ff. schwedisches Gesetz über Kommission, Handelsagentur und Handelsreisende vom 18. April 1914 (in ähnlicher Form auch von Dänemark und Norwegen übernommen); Art. 1735 Codice civile; Art. 7:409 und 410 BW. In Frankreich fehlt es an einer gesetzlichen Vorschrift, jedoch hat die Rechtsprechung eine entsprechende Regel entwickelt; vgl. *Ripert/Roblot/Delebeque/Germain*, Traité de droit commercial II (15. Aufl. 1996) no. 2647 ff.

[60] § 168 BGB; Art. 35 OR; § 1020 f. ABGB; Art. 2003 Code civil; Art. 3:72 BW; Art. 218, 222 griech. ZGB; Art. 1732 span. CC; Art. 265 port. CC.

[61] *Fridman* (oben N. 7) 389 ff.

tretungsmacht und authority erlöschen in der Regel auch, wenn der Vertreter oder der agent sterben oder geschäftsunfähig werden. Das gleiche gilt beim Tode oder beim Eintritt der Geschäftsunfähigkeit des Geschäftsherrn.[62] Allerdings wird hier häufig etwas anderes vereinbart, indem vom Geschäftsherrn eine »Vollmacht über den Tod hinaus« erteilt wird. Für den Fall, dass es an einer solchen Erklärung des Geschäftsherrn fehlt, wird manchmal durch gesetzliche Vorschrift bestimmt, dass die Vertretungsmacht bis zum Widerruf durch die Erben insoweit als fortbestehend gilt, als es um unaufschiebbare Geschäfte geht. Als Erlöschensgrund gilt auch der Konkurs des Geschäftsherrn.[63]

Schließt der Vertreter ein Geschäft mit einem Dritten ab, obwohl seine Vertretungsmacht bereits erloschen war, so erzeugt dieses Geschäft grundsätzlich keine rechtlichen Wirkungen für oder gegen den Geschäftsherrn. Das gilt jedoch nicht, wenn – wie häufig – der Geschäftsherr durch Erklärungen oder durch ein sonstiges Verhalten bei Dritten ein Vertrauen auf den Bestand von Vertretungsmacht erweckt hat. Das kann auch dadurch geschehen, dass er dem Vertreter eine Vollmachtsurkunde übergeben und sie nach dem Erlöschen der Vertretungsmacht nicht zurückverlangt, damit also die Gefahr geschaffen hat, dass der Vertreter weiterhin mit einem Dritten unter Vorlage der Urkunde kontrahiert.[64] In all diesen Fällen kann sich der Dritte so lange auf den Bestand der Vertretungsmacht berufen, wie er nicht Kenntnis von ihrem Erlöschen – sei es durch eine entsprechende Erklärung des Geschäftsherrn, sei es auch aus anderer Quelle – erlangt hat.[65] Das gilt auch, soweit es um den Fortbestand einer dem Dritten kundgegebenen authority geht.[66]

---

[62] Vgl. dazu im einzelnen *Fridman* (oben N. 7) 406 ff.; §§ 168, 672, 675 BGB; §§ 1022, 1025 ABGB; Art. 2003 Code civil; Art. 35 OR; Art. 3:72 f. BW; § 21 f. schwed. Vertragsgesetz; Art. 222 griech. ZGB; Art. 101 II poln. ZGB; Art. 222 III ung. ZGB.

[63] *Fridman* (oben N. 7) 398 f.; §§ 115 ff. InsO; § 1024 ABGB; Art. 35 OR; Art. 3:72 BW; § 24 schwed. Vertragsgesetz.

[64] Deshalb wird oft durch besondere gesetzliche Vorschrift bestimmt, dass der Geschäftsherr von dem Vertreter nach dem Erlöschen seiner Vertretungsmacht die Vollmachtsurkunde zurückfordern oder sie notfalls in einem amtlichen Verfahren für kraftlos erklären kann; vgl. §§ 175 f. BGB; §§ 16 f. schwed. Vertragsgesetz; Art. 36 OR; Art. 3:75 BW; Art. 2004 Code civil; Art. 1397 Codice civile; Art. 227 griech. ZGB; Art. 267 port. CC; Art. 102 poln. ZGB.

[65] Vgl. §§ 170–173 BGB; Art. 34 III OR und BG 15. Mai 1973, BGE 99 II 31, 45; § 1026 ABGB; §§ 12–16, 19 f. schwed. Vertragsgesetz; Art. 2005 Code civil; Art. 1396 Codice civile; Art. 224 griech. ZGB; Art. 266 port. ZGB; Art. 223 II ung. ZGB. Ebenso Art. 19 Genfer Übereinkommen (oben N. 8). Vgl. auch Art. 3:209 PECL; Art. 2.2.10 PICC; Art. II.-6:112 DCFR. Allerdings wird dort bestimmt, dass der Dritte in seinem Vertrauen auf den Fortbestand der – in Wahrheit bereits erloschenen – Vertretungsmacht oder authority nicht nur dann nicht geschützt wird, wenn er von dem Erlöschen Kenntnis hatte, sondern auch dann, wenn er nach den Umständen davon »hätte wissen müssen«.

[66] Vgl. *Brett*, L.J. in *Drew* v. *Nunn* (1879) 40 L.T. 671, 673: »If the agent has been held out as having authority to the third person, and the latter acts with the agent before he has received any notice of the authority having ceased, the principal is still bound upon

VII. Unwiderruflichkeit der Vertretungsmacht

Gemäß Art. 2004 Code civil kann der Auftraggeber den Auftrag – und damit zugleich die mit ihm erteilte Vertretungsmacht – jederzeit widerrufen, »quand bon lui semble«. Diese Regel hat einen guten Sinn, wenn der Geschäftsherr mit der Erteilung von Vertretungsmacht ein eigenes Interesse an der Erweiterung seines Aktionsradius verfolgt: Fällt dieses Interesse weg, so muss auch die Vertretungsmacht beendet werden können. Eine andere Frage ist es, ob diese Regel zwingenden Charakter hat, eine Vollmacht also auch dann widerruflich sein soll, wenn der Geschäftsherr auf einen Widerruf verzichtet oder die Vollmacht ausdrücklich als unwiderruflich bezeichnet hat. Dafür mag auf den ersten Blick der Gedanke sprechen, dass eine unwiderrufliche Vollmacht, besonders wenn sie einen weiten Umfang hat, den Geschäftsherrn auf Dauer in eine gewisse Abhängigkeit von seinem Vertreter bringt. Dies ist wohl der Grund, warum Art. 34 II OR bestimmt, dass ein »vom Vollmachtgeber zum voraus erklärter Verzicht« auf sein Widerrufsrecht ungültig ist.

Damit ist das schweizerische Recht aber doch wohl über das Ziel hinausgeschossen. Alle anderen europäischen Rechtsordnungen halten nämlich eine unwiderrufliche Vollmacht für gültig. Den Gefahren, die darin liegen mögen, tragen sie dadurch Rechnung, dass sie dem Geschäftsherrn den Widerruf einer als unwiderruflich bezeichneten Vollmacht dann gestatten, wenn dafür ein »wichtiger Grund«,[67] eine »cause légitime reconnue en justice«,[68] eine »justa causa«[69] oder »gewichtige redenen«[70] vorliegen. Das ist in der Regel der Fall, wenn der Vertreter die Vollmacht schuldhaft missbraucht, Vertragspflichten verletzt oder das in ihn gesetzte Vertrauen auf andere Weise enttäuscht hat.

Es bleibt die praktisch wichtige Frage, unter welchen Voraussetzungen eine Vollmacht auch dann als unwiderruflich anzusehen ist, wenn sie nicht ausdrücklich als unwiderruflich bezeichnet worden ist. In welcher Richtung die Lösung dieser Frage liegt, ergibt sich, wenn man bedenkt, dass ein Verkäufer sich nicht einseitig von seiner vertraglichen Verpflichtung zur Lieferung der verkauften Waren lösen kann. Dies muss sinngemäß aber auch dann gelten, wenn der Verkäufer sich zwar nicht zur Lieferung der Waren verpflichtet, wohl aber in dem Kaufvertrag dem Käufer eine Vollmacht erteilt hat, über die Waren des Verkäufers zu verfügen, sei es, dass er durch eine solche Verfügung einen

---

the ground that he made representations upon which the third party had a right to act, and cannot retract from the consequences of those representations.« Vgl. dazu ausführlich *Fridman* (oben N. 7) 402 ff.

[67] BGH 12. Mai 1969, WM 1969, 1009; BGH 8. Feb. 1985, WM 1985, 646.

[68] Com. 10. Nov. 1959, J.C.P. 1960.II.11509; Com. 20. Mai 1969, Bull.cass. 1969.IV. no. 186.

[69] Art. 265 III port. CC.

[70] Art. 3:74 IV BW.

Dritten, sei es, dass er (durch »Selbstkontrahieren«) sich selbst zu ihrem Eigentümer soll machen können. Eine Vollmacht ist also dann als unwiderruflich anzusehen, wenn durch ihre Erteilung ein besonderes, vertraglich geschütztes, eigenes Interesse des Bevollmächtigten gesichert werden soll.

Die Formeln, in die man diesen Gedanken in den europäischen Rechtsordnungen kleidet, unterscheiden sich nur im Wortlaut, nicht in der Sache. In England sagt man, dass eine authority unwiderruflich ist, wenn es sich dabei um eine »authority coupled with an interest held by the agent« handelt.[71] Nach Art. 3:74 I BW darf eine unwiderrufliche Vollmacht erteilt werden, wenn das Geschäft, zu dessen Vornahme sie berechtigt, »im Interesse des Bevollmächtigten oder eines Dritten liegt«.[72] In Art. 218 griech. ZGB heißt es, dass eine Vollmacht, wenn sie »ausschließlich im Interesse des Vollmachtgebers« liegt, stets widerruflich ist;[73] daraus wird man den Gegenschluss ziehen müssen, dass sie als unwiderruflich angesehen werden darf, wenn sie (auch) einem eigenen Interesse des Bevollmächtigten dient. In Frankreich wird zwischen Vollmacht und »Grundgeschäft« nicht scharf unterschieden; daher kreist dort die Diskussion um die Frage, wann ein »mandat« entgegen Art. 2004 Code civil nicht widerrufen werden darf. Dies wird in ständiger Rechtsprechung bejaht, wenn es sich um ein »mandat d'intérêt commun« handelt, also die Ausführung der Geschäfte, zu denen Vollmacht erteilt ist, auch im eigenen Interesse des Bevollmächtigten liegt. Das ist z.B. dann anzunehmen, wenn der Auftrag (und die mit ihm erteilte Vertretungsmacht) dem Beauftragten den Aufbau eines Vertriebsnetzes und eines eigenen Kundenstamms ermöglichen soll.[74] Auch in einem solchen Falle ist die Beendigung von Auftrag und Vertretungsmacht zwar zulässig, führt aber dazu, dass der Auftraggeber dem Beauftragten den Schaden ersetzen muss, den er durch die Beendigung erleidet.[75]

---

[71] Vgl. *Treitel (-Peel)* no. 16-110 ff.; *Fridman* (oben N. 7) 389 ff.

[72] Ebenso Art. 1723 II Codice civile und Art. 265 III port. CC. Auch die deutsche Rechtsprechung verlangt für die Unwiderruflichkeit ein »besonderes Interesse« des Bevollmächtigten an dem von ihm auszuführenden Geschäft; vgl. z.B. BGH 8. Feb. 1985 (oben N. 67); BGH 13. Mai 1971, WM 1971, 956.

[73] So auch BGH 13. Mai 1971 (vorige Note).

[74] Vgl. dazu ausführlich *Mekki* (oben N. 12) Fasc. 10 no. 70 ff. Das bloße Interesse des Bevollmächtigten am Verdienst einer Provision genügt allerdings nicht. Vgl. Civ. 11. Juni 1969, Bull. cass. 1969. I. no. 223, ebenso *Treitel (-Peel)* no. 16–111; *Fridman* (oben N. 7) 390. Vgl. auch RG 25. Sept. 1926, JW 1927, 1139.

[75] Civ. 11. Juni 1969 (vorige N.); Civ. 17. März 1987, Bull. cass. 1987. I. no. 94; Com. 17. Mai 1989, Bull. cass. 1989. IV. no. 157. Vgl. dazu *Ghestin* (oben N. 12) 340 ff. und *Mekki* (wie vorige N.).

D. Handeln ohne Vertretungsmacht

Hat ein Vertreter oder agent ein Geschäft mit einem Dritten abgeschlossen, so erzeugt dieses Geschäft keine rechtlichen Wirkungen für und gegen den Geschäftsherrn, wenn es dem Vertreter oder agent für den Abschluss des Geschäfts an Vertretungsmacht oder authority gefehlt hat. Jedoch kann der Geschäftsherr ein solches Geschäft genehmigen und ihm dadurch die gleichen Wirkungen verleihen, die es gehabt hätte, wenn Vertretungsmacht oder authority von Anfang an bestanden hätten (darüber unter I). Auch wenn eine solche Genehmigung nicht erteilt wird, kann der Geschäftsherr aus besonderen Gründen daran gehindert sein, sich dem Dritten gegenüber auf das Fehlen von Vertretungsmacht oder authority zu berufen (darüber unter II). Liegen solche besonderen Gründe nicht vor, so stellt sich die Frage, ob der Dritte sich nicht wenigstens an den Vertreter oder agent halten kann (darüber unter III).[76]

I. Genehmigung durch den Geschäftsherrn

Überall anerkannt ist der Grundsatz, dass ein Geschäft, das jemand als Vertreter ohne Vertretungsmacht (»falsus procurator«) abgeschlossen hat, vom Geschäftsherrn genehmigt werden kann.[77] Dies gilt ohne Rücksicht darauf, ob dem Vertreter bei Abschluss des Geschäfts jegliche Vertretungsmacht gefehlt oder ob er dabei eine vorhandene Vertretungsmacht überschritten hat. Die Genehmigung muss nicht ausdrücklich erklärt sein; es genügen »tous actes, faits et circonstances qui manifestent de la part du mandant la volonté certaine de ratifier.«[78]

Diese Regeln gelten auch dort, wo einem agent die für den Abschluss des Geschäfts erforderliche authority gefehlt hat.[79] Bemerkenswert ist allerdings, dass das englische Recht ein Geschäft nur dann als genehmigungsfähig ansieht, wenn der agent bei Abschluss des Geschäfts erkennbar für einen bestimmten oder mindestens bestimmbaren principal gehandelt hat. Hat der agent für einen principal handeln wollen, aber diesen Umstand nicht offengelegt, so dass der Dritte annehmen musste, dass der agent für sich tätig werde, so liegt »undisclo-

---

[76] Vgl. dazu ausführlich *D. Busch/L. J. Macgregor* (Hrsg.), The Unauthorized Agent, Perspectives from European and Comparative Law (2009).

[77] § 177 I BGB; Art. 38 I OR; § 1016 ABGB; Art. 3:69 I BW; Art. 1998 II Code civil; Art. 1399 I Codice civile; Art. 2295 S. 1 griech. ZGB; Art. 1259 II span. CC; Art. 268 I port. CC; Art. 103 poln. ZGB. Ebenso Art. 15 I Genfer Übereinkommen (oben N. 8) und Art. 3:207 PECL; Art. 2.2.9 PICC; Art. II.-6:111 DCFR.

[78] Civ. 2. Dez. 1935, D.H. 1936, 52.

[79] Vgl. *Fridman* (oben N. 7) 84 ff.; *Treitel (-Peel)* no. 16-042 ff.

sed agency« vor: In einem solchen Fall kommt eine Genehmigung durch den undisclosed principal nicht in Betracht.[80]

Ist ein Geschäft von einem falsus procurator abgeschlossen worden, so entsteht zunächst ein Schwebezustand, weil ungewiss ist, ob eine Genehmigung noch erfolgen wird. Ihn kann der Dritte dadurch abkürzen, dass er denjenigen, für den der falsus procurator gehandelt hat, zu einer Genehmigung des Geschäfts auffordert und ihm dafür eine angemessene Frist setzt; nach Ablauf dieser Frist gilt die Genehmigung als verweigert.[81] Auch ohne eine solche Aufforderung wird aber der Geschäftsherr, nachdem er Kenntnis von dem Geschäft erlangt hat, mit der Genehmigung nicht länger warten dürfen, als dies nach Lage des Falles angemessen ist: er könnte sonst zu Lasten des Dritten spekulieren, nämlich seine Entscheidung davon abhängig machen, ob ihm das Geschäft unter den sich verändernden Marktbedingungen als lohnend erscheint.

Hat der Dritte das Geschäft abgeschlossen, ohne zu diesem Zeitpunkt vom Fehlen der Vertretungsmacht zu wissen, so kann er, solange die Genehmigung nicht erfolgt ist, seine Erklärung widerrufen und sich damit von dem Geschäft lossagen.[82] Das englische Recht entscheidet hier anders. In *Bolton Partners v. Lambert*[83] hatte ein agent für seinen principal ein Grundstück gekauft. Als sich herausstellte, dass der agent ohne authority gehandelt hatte, nahm der Verkäufer von dem Geschäft Abstand; dann wurde es vom principal genehmigt. Das Gericht hielt den Kaufvertrag für gültig: Die Genehmigung des principal habe rückwirkende Kraft, mache also das von dem agent abgeschlossene Geschäft ab initio wirksam.[84]

Diese Regel überzeugt aber nicht. Sie verträgt sich auch schlecht damit, dass das englische Recht in anderen Fällen die Genehmigung *nicht* auf den Zeitpunkt der Vornahme des Geschäfts zurückwirken lässt. So z.B. in dem Fall, in dem von dem agent ein Geschäft ohne authority vorgenommen worden ist und sodann ein Dritter an der Sache, die den Gegenstand des Geschäfts bildete, ein Recht erworben hat: Erfolgt nunmehr erst eine Genehmigung des principal,

---

[80] *Keighley, Maxstead & Co.* v. *Durant* [1901] A.C. 240 und dazu *Fridman* (oben N. 7) 89 ff.; *Treitel (-Peel)* no. 16-045.

[81] Vgl. § 177 II BGB; Art. 38 II OR; Art. 3:69 IV BW; Art. 1399 IV Codice civile; Art. 229 S. 2 griech. ZGB; Art. 268 III port. ZGB; Art. 103 II poln. ZGB.

[82] § 178 BGB; Art. 3:69 III BW; Art. 1399 II Codice civile; Art. 230 griech. ZGB; Art. 1259 II span. CC; Art. 268 IV port. CC. Ebenso Art. 15 II Genfer Übereinkommen (oben N. 8).

[83] (1889) 41 Ch.D. 295.

[84] Die Entscheidung ist umstritten und jedenfalls durch spätere Rechtsprechung erheblich eingeschränkt worden. Insbesondere gilt die Regel dieser Entscheidung nicht, wenn der agent die fehlende authority offengelegt und das Geschäft mit dem Dritten »subject to ratification« abgeschlossen hat. Vgl. *Watson* v. *Davies* [1931] 1 Ch. 455 und ausführlich *Fridman* (oben N. 7) 97 ff.; *Treitel (-Peel)* no. 16-050 ff.

so bleibt das von dem Dritten erworbene Recht bestehen.[85] Anerkannt ist auch, dass ein Vertrag nicht zustande kommt, wenn die dafür erforderliche Annahmeerklärung zwar *vor* Ablauf der dafür gesetzten Frist von dem falsus procurator abgegeben, seine Erklärung aber erst *nach* Fristablauf vom Geschäftsherrn genehmigt worden ist.[86]

II. Anscheinsvollmacht

Aus einem Geschäft, das ein Vertreter ohne Vertretungsmacht oder ein agent ohne authority mit einem Dritten abgeschlossen hat, kann dieser grundsätzlich keine Ansprüche gegen den Geschäftsherrn herleiten. Das gilt nicht, wenn der Geschäftsherr das Geschäft genehmigt hat. Das gilt aber auch dann nicht, wenn der Geschäftsherr einen Anschein für das Bestehen von Vertretungsmacht oder authority geschaffen und wenn der Dritte in berechtigtem Vertrauen auf diesen Anschein das Geschäft mit dem Vertreter oder agent abgeschlossen hat. In diesem Falle kann der Dritte geltend machen, dass eine »Anscheinsvollmacht« (»mandat apparent«, »apparent authority«) bestanden habe und dass ihm daher der Geschäftsherr gerade so hafte, als ob er Vertretungsmacht oder authority erteilt hätte.

1. *Schaffung eines Anscheins für das Bestehen von Vertretungsmacht.* – Voraussetzung für eine solche Haftung ist zunächst, dass der Geschäftsherr durch Erklärungen oder durch ein sonstiges Verhalten den Anschein erweckt hat, dass ein anderer berechtigt sei, als sein Vertreter in seinem Interesse mit Dritten ein Geschäft der streitigen Art zu schließen. Ein solcher Anschein wird z.B. dadurch geschaffen, dass der Geschäftsherr dem Vertreter eine Vollmachtsurkunde übergibt, aus der ein Dritter Beschränkungen der Vertretungsmacht nicht oder nicht klar genug entnehmen kann. Ein Anschein für das Bestehen von Vertretungsmacht wird auch dann geweckt, wenn der Geschäftsherr zwar gewusst hat, dass jemand als sein Vertreter mit Dritten Geschäfte abgeschlossen hat, aber, obwohl ihm das möglich gewesen wäre, dagegen nicht eingeschritten ist: Hier haftet der Geschäftsherr dem Dritten, der sich auf den dadurch geschaffenen Anschein verlassen und mit dem angeblichen Vertreter ein Geschäft geschlossen hat.[87] Das gleiche gilt, wenn der Geschäftsherr einem

---

[85] *Fridman* (oben N. 7) 97 f. Ebenso §§ 177 I, 184 II BGB; Art. 1399 Codice civile; Art. 268 II port. CC.

[86] Civ. 18. April 1934, Gaz.Pal. 1934.1.970; BGH 13. Juli 1973, NJW 1973, 1789; *Dibbins* v. *Dibbins* [1896] 2 Ch. 348.

[87] Vgl. dazu auch *Ranieri* (oben N. 11) 500 ff. – Im deutschen und schweizerischen Recht spricht man hier von »Duldungsvollmacht«, während man in Frankreich auch diese Fälle unter den Begriff des »mandat apparent« bringt. Vgl. z.B. BGH 4. Juli 1966, BGH NJW 1966, 1915 (eine Ehefrau, die sich aus ihrem Geschäft zurückgezogen, aber

anderen eine Stellung eingeräumt hat, die nach den Gepflogenheiten des kaufmännischen Verkehrs oder nach allgemeiner Verkehrsauffassung mit einer Vertretungsmacht bestimmten Umfangs verbunden ist: Auch hier kann sich der Geschäftsherr einem Dritten gegenüber nicht darauf berufen, dass er dem Betreffenden in Wahrheit Vertretungsmacht nicht oder nur in geringerem als dem allgemein erwarteten Umfang erteilt hat. Um Fälle einer Anscheinsvollmacht handelt es sich schließlich auch dort, wo der Dritte zwar von der Erteilung der Vertretungsmacht, nicht aber von ihrem Erlöschen in Kenntnis gesetzt worden ist und in berechtigtem Vertrauen auf ihr Fortbestehen mit dem nicht mehr legitimierten Vertreter ein Geschäft geschlossen hat.[88]

Die französische Rechtsprechung hat die Haftung aus einem »mandat apparent« lange Zeit aus einem Verschulden des Geschäftsherrn hergeleitet. Sie nahm an, dass derjenige, der vorsätzlich oder fahrlässig den Anschein eines in Wirklichkeit nicht bestehenden »mandat« – damit auch den Anschein des Bestehens von Vertretungsmacht – geschaffen habe, gemäß Art. 1382 f. Code civil aus unerlaubter Handlung dem Dritten auf Ersatz des ihm dadurch entstandenen Schadens hafte. Von diesem Grundsatz ist der Kassationshof in der wichtigen Entscheidung vom 13. Dez. 1962[89] abgegangen. Es ging um einen Fall, in dem eine als Aktiengesellschaft organisierte Bank aus einer Bürgschaftserklärung in Anspruch genommen wurde, die allein von ihrem Vorstandsvorsitzenden unterzeichnet worden war. Die Bank verteidigte sich mit dem Hinweis darauf, dass nach ihrer Satzung in einem solchen Fall die Unterschrift zweier Vor-

---

geduldet hat, dass es von ihrem Ehemann weitergeführt wird, haftet für die von ihm eingegangenen Geschäftsschulden); BGH 15. Dez. 1955, NJW 1956, 460; BG 19. Jan. 1993, BGE 119 II 23; BG 16. März 1995, BGE 121 III 69; BG 21. März 1995, BGE 121 III 176; Civ. 18. Jan. 1977, Bull.cass. 1977.III. no. 26; Civ. 15. März 1984, Bull.cass. 1984. IV. no. 106. Auch die englische Rechtsprechung sieht es als einen Fall von »apparent authority« an, wenn »the agent has had a course of dealing with a particular contractor and the principal has acquiesced in this course of dealing and honoured transactions arising out of it« (*Lord Keith* in *Armagas Ltd.* v. *Mundogas S.A.* [1986] 2 All.E.R. 385, 389 f.). Vgl. dazu *Fridman* (oben N. 7) 111 ff.; *Treitel (-Peel)* no. 16-020 ff. – In Fällen der »Duldungsvollmacht«, aber auch in anderen hier erörterten Fällen lässt sich auch der Standpunkt vertreten, dass kein Fall der Anscheinsvollmacht vorliege, vielmehr Vertretungsmacht tatsächlich erteilt sei, nämlich durch eine »stillschweigende« Erklärung oder durch »schlüssiges Verhalten« des Geschäftsherrn. Die Übergänge zwischen »Duldungsvollmacht« und »Anscheinsvollmacht«, »mandat tacite« und »mandat apparent«, »implied authority« und »apparent authority« sind in der Tat fließend, weil es eine Frage des juristischen Geschmacks ist, ob man ein bestimmtes Verhalten des Geschäftsherrn noch als (stillschweigende) Vollmachtserteilung bewerten oder ob man eine solche Annahme als reine Fiktion ansehen will. Die entscheidende Frage geht in jedem Fall dahin, wie ein vernünftiger und redlicher Dritter den Sachverhalt, der sich ihm erkennbar darbot, verstehen durfte und musste.

[88] Vgl. oben N. 65 f.
[89] Ass.plén. 13. Dez. 1962, D. 1963, 277 mit Anm. *Calais-Auloy*=J.C.P. 1963.II.13105 mit Anm. *Esmein*. Vgl. dazu ausführlich *Mekki* (oben N. 12) Fasc. 50 no. 70 ff.

standsmitglieder erforderlich gewesen wäre. Sie machte ferner geltend, dass die Satzung ordnungsgemäß veröffentlicht worden sei und ihr daher ein Verschulden nicht vorgeworfen werden könne. Der Kassationshof hielt diese Verteidigung für unschlüssig: Eine Haftung aus einem »mandat apparent« könne auch dort begründet sein, wo es an einem vorwerfbaren Verhalten des Geschäftsherrn fehle, sofern nur das Vertrauen des Dritten auf den Umfang der Vertretungsmacht berechtigt gewesen sei; dies sei der Fall, wenn der Dritte nach den Umständen nähere Nachforschungen nicht habe anzustellen brauchen.

Nach dieser Rechtsprechung kommt es zwar nicht mehr auf ein Verschulden des Geschäftsherrn an. Notwendig ist aber immer noch, dass die Umstände, die den Anschein des Bestehens von Vertretungsmacht geweckt haben, dem Geschäftsherrn zugerechnet werden können, also von ihm – sei es auch schuldlos – veranlasst worden sind oder der von ihm beherrschten Risikosphäre entstammen. In der Rechtsprechung wird dies dahin umschrieben, dass der Geschäftsherr nicht »complètement étranger à l'apparence alléguée« sein dürfe. Mit dieser Begründung wird ein »mandat apparent« z.B. dort abgelehnt, wo ein Wechsel von einem falsus procurator gezeichnet worden ist, der in dem Betrieb des angeblichen Geschäftsherrn nicht angestellt war und dessen Auftreten dieser nicht kannte.[90]

Auch nach der englischen Rechtsprechung setzt »apparent authority« voraus, dass der principal dem agent eine Stellung eingeräumt hat, »which in the outside world is generally regarded as carrying authority to enter into transactions of the kind in question.«[91] Zwar heißt es gelegentlich, dass das Verhalten, durch das eine »apparent authority« des agent begründet wird, auf Vorsatz oder Fahrlässigkeit des principal beruhen müsse;[92] und auch die deutsche Rechtsprechung verlangt, dass der Geschäftsherr das vollmachtlose Handeln des Vertreters bei pflichtgemäßer Sorgfalt habe erkennen müssen und verhindern können.[93] Aber damit ist nur gemeint, dass dem Geschäftsherrn die Umstände bekannt oder erkennbar gewesen sein müssen, die den Anschein einer Vertretungsmacht oder authority geschaffen haben, nicht dagegen, dass der Geschäftsherr seiner Haftung durch den Nachweis entgehen könnte, dass er das Risiko einer Schädigung Dritter schuldlos verkannt habe.

---

[90] Com. 12. Dez. 1973, Bull.cass. 1973.IV. no. 361; Com. 27. Mai 1976, D.S. 1977, 421 mit Anm. *Arrighi*. Vgl. dazu auch *J. Kleinschmidt*, Stellvertretung in Deutschland und Frankreich, Perspektiven für eine Rechtsvereinheitlichung, ZEuP 2001, 697, 723 ff.
[91] *Lord Keith* in *Armagas Ltd.* v. *Mundogas S.A.* (oben N. 87) 389.
[92] Vgl. *Fridman* (oben N. 7) 118. Bei *Treitel (-Peel)* no. 16-024 wird ein solches Erfordernis nicht erwähnt.
[93] BGH 12. Feb. 1952, BGHZ 5, 111, 116; BGH 12. März 1981, NJW 1981, 1727, 1728.

2. *Berechtigtes Vertrauen des Dritten.* – Dass der Geschäftsherr auf eine ihm zuzurechnende Weise den Anschein für das Bestehen von Vertretungsmacht oder authority geschaffen hat, ist eine notwendige, aber noch keine ausreichende Voraussetzung seiner Haftung. Hinzu kommen muss, dass der Dritte auf den Anschein vertraut hat und dass sein Vertrauen berechtigt war und für den Abschluss des Geschäfts ursächlich geworden ist.[94] Diese Voraussetzungen sind nicht erfüllt, wenn der Dritte den Anschein durchschaut, also den wahren Sachverhalt erkannt hat. Ist dem Dritten der wahre Sachverhalt infolge eines Irrtums verborgen geblieben, so kommt es darauf an, ob auch ein redlicher und vernünftiger Mensch unter den Umständen des zur Entscheidung stehenden Falles auf das Bestehen von Vertretungsmacht vertraut und (weitere) Nachforschungen nicht angestellt, also z.B. die Vorlage einer Vollmachtsurkunde nicht verlangt oder eine Rückfrage bei dem angeblichen Geschäftsherrn unterlassen hätte. Ob solche Vorsichtsmaßnahmen erforderlich sind, kann je nach den Besonderheiten des einzelnen Falles von den kaufmännischen Usancen des betreffenden Geschäftszweiges abhängen, ferner davon, ob das Geschäft besonders eilbedürftig ist oder nicht, ob ein Alltagsgeschäft oder ein Vertrag von großer wirtschaftlicher Bedeutung abgeschlossen werden soll, ob der Dritte über viel oder wenig geschäftliche Erfahrung verfügt, wie zeitraubend und mühevoll Nachforschungen gewesen wären und wie groß das – durch solche Nachforschungen abwendbare – Risiko für den Dritten ist, ferner, ob der Vertreter mit dem Abschluss des Geschäfts (auch) ein erhebliches eigenes Interesse zu fördern sucht und der Dritte schon aus diesem Grunde Argwohn hätte schöpfen müssen.

Dass die Rechtsprechung sich überall von den gleichen Überlegungen leiten lässt, hat seinen Grund darin, dass es überall um die gleiche Frage geht, nämlich darum, ob das Risiko, das sich aus dem Handeln eines Vertreters ohne Vertretungsmacht ergibt, von dem Geschäftsherrn oder von dem Dritten getragen werden muss. Jede Rechtsordnung wird die dafür maßgeblichen Regeln so ausgestalten, dass diejenige Partei mit einer Haftung bedroht (und dadurch zu Maßnahmen der Haftungsvermeidung angespornt) wird, die das Risiko mit geringeren Kosten als die andere abwenden kann. Geprüft wird deshalb, wel-

---

[94] Das niederländische BW hat dafür eine gelungene Formel entwickelt: Gemäß Art. 3:61 II kann sich der Geschäftsherr auf das Fehlen einer Vertretungsmacht nicht berufen, »wenn [der Vertragsgegner] aufgrund einer Erklärung [des Geschäftsherrn] oder aufgrund seines Verhaltens angenommen hat und nach den gegebenen Umständen vernünftigerweise auch annehmen durfte, dass eine ausreichende Vollmacht erteilt sei.« Vgl. dazu HR 27. Nov. 1992, Ned.Jur. 1993, 287. – Eine ähnliche Regelung findet man in Art. 14 II Genfer Übereinkommen (oben N. 8). Gemäß Art. 3:201 (3) PECL muss eine Person wie ein Vollmachtgeber behandelt werden, »if the person's statements or conduct induce the third party reasonably and in good faith to believe that the apparent agent has been granted authority for the act performed by it«. Ähnlich Art. 2.2.5 (2) PICC; Art. II.-6:103 (3) DCFR; Art. 61 CEC.

cher Aufwand dem Geschäftsherrn durch Maßnahmen entstanden wäre, mit denen er die Entstehung des Anscheins einer Vertretungsmacht hätte verhindern können; damit werden die Kosten derjenigen Maßnahmen verglichen, die dem Dritten Klarheit über die wirkliche Sachlage verschafft hätten. Man darf die Vermutung wagen, dass die Rechtsprechung der europäischen Länder deshalb in dieser Frage zu weitgehend übereinstimmenden Regeln gelangt, weil die Richter überall – zwar nicht bewusst, aber doch intuitiv – die geschilderte Abwägung vornehmen und je nach ihrem Ergebnis eine Anscheinsvollmacht entweder bejahen oder verneinen.

III. Haftung des Vertreters

Wer seinem Vertragspartner klargemacht hat, dass er den Vertrag als Vertreter oder agent schließe, hat damit – mindestens stillschweigend – auch erklärt, dass ihm die dafür erforderliche Vertretungsmacht oder authority vom Geschäftsherrn erteilt sei. Trifft dies nicht zu, so haftet er dem Vertragspartner auf Schadensersatz, es sei denn, dass dieser vom Fehlen der Vertretungsmacht oder authority wusste oder wissen konnte. Über diesen Grundsatz ist man sich einig. Jedoch bestehen in den Einzelheiten manche Unterschiede.

Eine besonders strenge Haftung des Vertreters findet man im englischen Recht. Es geht davon aus, dass jeder agent dem Dritten gegenüber eine »implied warranty of authority« übernehme. Fehlt es ihm an authority oder hat er die Grenzen der ihm erteilten authority überschritten, so haftet er dem Dritten aus verletzter Garantie auf Schadensersatz, es sei denn, dass der Dritte die fehlende Legitimation des agent erkannt hat oder erkennen konnte. Diese Haftung greift auch dann ein, wenn der agent schuldlos an das Bestehen von authority geglaubt hat;[95] auch in diesem Falle muss er dem Dritten das Erfüllungsinteresse ersetzen, ihn also durch die Zahlung einer Geldsumme in diejenige Lage bringen, in der er sich befände, wenn der agent zum Abschluss des Vertrages befugt gewesen wäre. Im Schrifttum wird diese Regel als in manchen Fällen zu streng bezeichnet und vorgeschlagen, die »implied warranty« des agent dahin auszulegen, dass er mit ihr lediglich Sorgfalt bei der Überprüfung seiner authority zusichere.[96]

Eine weniger strenge Position wird auch in den meisten kontinentaleuropäischen Rechtsordnungen vertreten. Sie lassen den Vertreter nur dann auf das Erfüllungsinteresse haften, wenn er das Fehlen von Vertretungsmacht kannte.

---

[95] *Collen* v. *Wright* (1857) 8 E. & B. 647, 119 Eng.Rep. 1259; *Yonge* v. *Toynbee* [1910] 1 K.B. 215. Ebenso streng Art. 16 Genfer Übereinkommen (oben N. 8); Art. 3:204 PECL; Art. 2.2.6 PICC; Art. II.-6:107 (2) und (3) DCFR und wohl auch § 25 schwed. Vertragsgesetz und Art. 3:70 BW.

[96] So *Treitel (-Peel)* no. 16-077.

Hat er sich irrtümlich für bevollmächtigt gehalten, so haftet er auf das Vertrauensinteresse, braucht also dem Dritten nur denjenigen Schaden zu ersetzen, der ihm dadurch entstanden ist, dass er im Vertrauen auf das Vorliegen eines gültigen Geschäfts Aufwendungen gemacht oder die Chance eines anderen günstigen Geschäfts nicht wahrgenommen hat.[97] Eine flexible Lösung bietet das schweizerische Recht. Gemäß Art. 39 OR haftet der Vertreter nur auf das Vertrauensinteresse; hat er sich aber schuldhaft für bevollmächtigt gehalten, so kann der Richter, »wo es der Billigkeit entspricht«, den Schadensersatz bis auf das Erfüllungsinteresse erhöhen.[98]

Auch die französische Rechtsprechung billigt dem Dritten einen Schadensersatzanspruch gegen den Vertreter zu. Dies ergibt sich mittelbar aus Art. 1997 Code civil: Danach trifft den Vertreter, der seine Vertretungsmacht überschritten hat, *keine* Haftung, wenn er dem Dritten »une suffisante connaissance de ses pouvoirs« gegeben hat, ferner dann nicht – so die Rechtsprechung[99] – wenn der Dritte das Fehlen der Vertretungsmacht hätte erkennen können. Anderenfalls muss der Vertreter haften. Seine Haftung wird manchmal auf eine unerlaubte Handlung gemäß Art. 1382 f. Code civil gestützt und setzt dann ein schuldhaftes Verhalten des Vertreters voraus. Sie wird mitunter aber auch daraus hergeleitet, dass der Vertreter stillschweigend eine Garantie für das Bestehen von Vertretungsmacht übernommen habe.[100]

Der Schadensersatzanspruch des Dritten hängt davon ab, dass er schuldlos eine Vertretungsmacht oder authority als vorhanden angesehen hat. In einem solchen Fall kann der Dritte aber oft auch den *Geschäftsherrn* aus einer Anscheinsvollmacht in Anspruch nehmen. Ist das möglich, so wird dadurch eine Haftung des Vertreters ausgeschlossen.[101]

E. Wirkungen der Vertretung

Hat der Vertreter oder agent im Rahmen der ihm vom Geschäftsherrn erteilten Vertretungsmacht oder authority ein Geschäft mit einem Dritten abgeschlossen, so hängen die rechtlichen Wirkungen dieses Geschäfts wesentlich davon ab, ob ein Fall der »offenen Vertretung« oder der »verdeckten Vertretung« vor-

---

[97] Dies gilt auch dann, wenn der Irrtum des falsus procurator über das Bestehen von Vertretungsmacht unverschuldet war; vgl. § 179 BGB; OGH 19. Nov. 1975, JBl. 1978, 32, 35; Art. 1398 Codice civile; Art. 231 griech. ZGB; Art. 103 III poln. ZGB. Nach Art. 221 I ung. ZGB kann der Richter einen schuldlosen Vertreter unter bestimmten Voraussetzungen von der Haftung ganz freistellen.

[98] Vgl. BG 10. Juni 1980, BGE 106 II 131, 132.

[99] Civ. 16. Juni 1954, Bull.cass. 1954.I. no. 200.

[100] So Dijon 19. Mai 1931, D.H. 1931, 405.

[101] So *Rainbow* v. *Howkins* [1904] 2 K.B. 322; BGH 20. Jan. 1983, BGHZ 86, 273.

liegt. Diese Unterscheidung ist – jedenfalls in ihren Grundzügen – überall anerkannt, auch wenn manchmal von »direkter« und »indirekter Stellvertretung«,
von »représentation parfaite« oder »imparfaite« oder von »disclosed« oder »undisclosed agency« gesprochen wird. Danach liegt »offene Vertretung« vor, wenn
der Dritte bei Abschluss des Geschäfts erkannt hat oder erkennen konnte, dass
der Vertreter oder agent für einen Geschäftsherrn tätig geworden ist (darüber
unter I). Um »verdeckte Vertretung« geht es, wenn das Vertretungsverhältnis
nicht offengelegt worden ist und der Dritte deshalb angenommen hat oder aufgrund der Umstände annehmen durfte, dass der Vertreter oder agent das Geschäft für sich abschließe (darüber unter II).

I. Offene Vertretung

Anerkannt ist, dass ein Vertrag, den der Vertreter mit dem Dritten in offener
Vertretung abschließt, unmittelbar zwischen dem Dritten und dem Geschäftsherrn zustande kommt. Aufgrund dieses Vertrages können Ansprüche daher
nur dem Geschäftsherrn und dem Dritten, nicht dem Vertreter zustehen.[102]
Dem gleichen Grundsatz folgt das Common Law: Liegen die Voraussetzungen
einer offenen Vertretung (»disclosed agency«) vor, so wird damit »a direct contractual relationship ... between principal and third party« begründet.[103]
    Die kontinentaleuropäischen Rechtsordnungen verlangen für eine offene
Vertretung, dass der Vertreter »im Namen« des Geschäftsherrn gehandelt hat.[104]
Daraus folgt aber keineswegs, dass der Name des Geschäftsherrn dem Dritten bei Vertragsabschluss ausdrücklich mitgeteilt worden sein muss. Es genügt,
wenn es für den Dritten aufgrund der Umstände hinreichend offenkundig ist,
dass die rechtlichen Wirkungen des Geschäfts nicht den Vertreter, sondern einen Geschäftsherrn treffen sollen.[105] Auch im Common Law liegt offene Ver-

---

[102] § 164 I BGB; § 1017 ABGB; Art. 32 I OR; Art. 3:66 I BW; § 10 I schwed. Vertragsgesetz; Art. 1998 Code civil; Art. 1388 Codice civile; Art. 211 griech. ZGB; Art. 95 II
poln. ZGB; Art. 219 II ung. ZGB.

[103] *Fridman* (oben N. 7) 216.

[104] Vgl. dazu die oben N. 102 genannten Gesetzesbestimmungen.

[105] Vgl. auch Art. 12 des Genfer Übereinkommens (oben N. 8): Danach liegt offene
Vertretung vor, »where an agent acts on behalf of a principal within the scope of his authority and the third party knew or ought to have known that the agent was acting as
an agent.« Gemäß Art. 3:102 PECL liegt »direct representation« vor, »where an agent acts
in the name of a principal«; dem steht nicht entgegen, dass die Identität des principal
dem Dritten erst zu einem späteren Zeitpunkt offenbart wird. Dagegen handelt es sich
um »indirect representation«, wenn jemand zwar aufgrund der Instruktionen und für
Rechnung eines principal, »but not in the name of the principal« tätig (und deshalb als
»intermediary« bezeichnet) wird; das gilt auch, wenn der Dritte »neither knows nor has
reason to know that the intermediary acts as an agent«. In den PICC wird in ähnlicher

tretung vor, wenn der agent bei Vertragsabschluss den principal benennt und den Vertrag ausdrücklich für ihn schließt. Ebenso liegt es, wenn der principal bei Abschluss des Geschäfts noch nicht benannt ist, aber der agent und der Dritte darüber einig sind, dass er zu einem späteren Zeitpunkt benannt werden oder dass seine Identität sich aus der weiteren Entwicklung der Umstände ergeben soll.[106] Fehlt es an eindeutigen Hinweisen, aus denen sich ergibt, ob der Vertreter oder agent das Geschäft für einen Geschäftsherrn oder für sich abgeschlossen hat, so kommt es überall auf die Auslegung der (unklaren) Parteivereinbarungen, auf die Gepflogenheiten des kaufmännischen Geschäftsverkehrs und auf die erkennbare Interessenlage an. Dies mögen einige Fälle aus der Rechtsprechung belegen:

Schiffsagenten vertreten gewöhnlich einen Reeder; daher wird der Reeder Vertragspartei auch dann, wenn der Agent bei Abschluss des Geschäfts ihn als Geschäftsherrn nicht ausdrücklich benannt hat. Wenn aber der Schiffsagent ausnahmsweise einen Beförderungsvertrag für den Absender *mit* einem Reeder abschließt und damit sein typisches Aufgabegebiet verlässt, so muss er klarstellen, dass er für einen Geschäftsherrn kontrahieren will; tut er das nicht, so wird er selbst Vertragspartner.[107] In *Universal Steam Navigation Co. v. McKelvie*[108] war ein Schiff für die Beförderung einer Ladung Kohlen gechartert und in dem Chartervertrag zwar als Vertragspartei die Firma »James McKelvie & Co., charterers« genannt, der Vertrag dann aber »for and on behalf of James McKelvie & Co. (as agents)« unterzeichnet worden. Auf die Klage des Schiffseigentümers machte die Firma McKelvie mit Erfolg geltend, dass sie nicht die richtige Beklagte sei, weil sie den Chartervertrag nicht für sich, sondern »as agents« für einen principal – nämlich für den italienischen Empfänger der Kohlenladung – unterzeichnet habe. Aus den Umständen kann sich auch ergeben, dass ein agent zwar in offener Vertretung für einen principal gehandelt, also ihn aus dem Vertrage berechtigt und verpflichtet hat, gleichzeitig aber auch selbst Vertragspartei geworden ist. So wurde in *The Swan*[109] entschieden: Dort hatte jemand sein Schiff einer von ihm gegründeten Gesellschaft, deren Alleingeschäftsführer er war, zur Bereederung überlassen. Obwohl er einen Vertrag über die Reparatur des Schiffes ausdrücklich als Geschäftsführer der Gesellschaft unterzeichnet hatte, nahm das Gericht aufgrund der besonderen Umstände des Falles an,

---

Weise zwischen »disclosed« und »undisclosed agency« unterschieden. Vgl. Art. 2.2.3 (1); Art. 2.2.4 (1) und dazu *Bonell* (oben N. 8) 523 ff.

[106] Im Common Law spricht man hier von einem »unnamed principal«; vgl. *Treitel (-Peel)* no. 16-054. Auch auf dem Kontinent ist anerkannt, dass für einen (noch) nicht benannten Geschäftsherrn in offener Vertretung gehandelt werden kann. Vgl. z.B. BG 19. Dez. 1934, BGE 60 II 492; BGH 23 Juni 1988, NJW 1989, 164, 166 und *Mekki* (oben N. 12) Fasc. 10 no. 20 (»déclaration de command«).

[107] OLG Hamburg 8. Okt. 1981, VersR 1983, 79.

[108] [1923] A.C. 492.

[109] [1968] 1 Lloyd's Rep. 5.

dass nicht nur die (inzwischen zahlungsunfähige) Gesellschaft, sondern auch er selbst als erkennbarer Eigentümer des Schiffes auf Zahlung des Werklohns hafte. Ähnlich die Entscheidung des Bundesgerichtshofs vom 1. Dez. 1965:[110] Eine Molkerei hatte mit einem Fuhrunternehmer vereinbart, dass er regelmäßig die Milchproduktion der Landwirte eines bestimmten Bezirks zu ihr befördern solle. Obwohl die Molkerei den Vertrag als Vertreterin der milchliefernden Landwirte abgeschlossen hatte, nahm das Gericht an, dass auch sie selbst dem Fuhrunternehmer auf den Fuhrlohn hafte. Das ergebe sich aus dem der Molkerei erkennbaren »begründeten Interesse des Fuhrunternehmers daran, dass er … nicht mit sämtlichen Landwirten einzeln nach der jeweils übernommenen Einzelmenge und den unterschiedlichen Transportwegen abrechnen müsse.« Wer für eine 10köpfige Reisegruppe bei einem Reisebüro Flugreisen bestellt, handelt nur insoweit für sich (»in eigenem Namen«), als es um seinen eigenen Flug geht, im übrigen handelt er im Namen der anderen Reisenden, auch wenn das Auftragsformular allein von ihm »als Kunde« unterschrieben worden ist.[111] Hat eine Bank ein Darlehen »namens einer Bankengruppe« gewährt, so kann gleichwohl angenommen werden, dass nur die Bank Vertragspartei wird, dies insbesondere dann, wenn die Mitglieder jener Bankengruppe bei Vertragsabschluss noch nicht feststehen.[112]

In aller Regel hat der Dritte ein erhebliches Interesse daran zu wissen, wer sein Vertragspartner wird. Das ist der Grund, warum offene Vertretung nur dann vorliegt, wenn der Dritte erkannt hat oder nach den Umständen erkennen musste, wen die rechtlichen Wirkungen des Geschäfts treffen würden. Davon kann man dort eine Ausnahme machen, wo es dem Dritten gleichgültig ist, mit wem der Vertrag zustande kommt. In solchen Fällen darf als Vertragspartner des Dritten derjenige angesehen werden, für dessen Rechnung und in dessen Interesse der Vertreter das Geschäft abgeschlossen hat, mag die Existenz dieser Person dem Dritten auch unerkennbar gewesen sein.[113] Freilich wird es nur bei Bargeschäften des täglichen Lebens so liegen, dass dem Dritten gleichgültig ist,

---

[110] LM § 164 BGB Nr. 26.

[111] BGH 6. April 1978, LM § 164 Nr. 43 Vgl. auch *Bork* Rn. 1382 ff. zu der Frage, wie »durch Auslegung festzustellen ist, ob der Erklärende im eigenen oder im fremden Namen gehandelt hat.«

[112] BG 19. Dez. 1934 (oben N. 106) 501: »Diese Formulierung [»namens einer Bankengruppe«] lässt in der Tat nach dem gewöhnlichen Sprachgebrauch auf direkte Stellvertretung schließen. Unwiderleglich ist aber der Schluss nicht, sondern es muss der Gegenpartei der Beweis dafür offengehalten werden, dass in casu die Formel etwas anderes bedeutete und die Rechte und Pflichten aus dem Vertrage in der Person des angeblichen Vertreters selber begründet werden sollten.«

[113] Vgl. Art. 32 II OR: Hat der Vertreter nicht erkennbar gemacht, dass er den Vertrag für einen Geschäftsherrn abschließe, so wird dieser gleichwohl Vertragspartner, wenn es dem Dritten »gleichgültig war, mit wem er den Vertrag schließe.« In Deutschland spricht man hier vom »Handeln für den, den es angeht«; vgl. dazu *Bork* Rn. 1397 ff.

wer sein Vertragspartner wird, und daher hat diese Fallgruppe in der forensischen Praxis nur geringe Bedeutung.

II. Verdeckte Vertretung

Um verdeckte Vertretung handelt es sich, wenn jemand einen Vertrag im Interesse und für Rechnung eines Geschäftsherrn mit einem Dritten abschließt, ohne dass dem Dritten im Zeitpunkt des Vertragsabschlusses die Existenz eines Geschäftsherrn bekannt oder auch nur erkennbar war. Der Dritte nimmt also an, dass nur der Handelnde sein Vertragspartner wird. Als ein Fall der verdeckten Vertretung muss auch der – nur auf dem Kontinent praktisch bedeutsame – Fall angesehen werden, in dem ein Kommissionär für Rechnung seines Auftraggebers einen Vertrag mit einem Dritten abschließt. Hier ist es zwar dem Dritten häufig durchaus bekannt, dass der Kommissionär für Rechnung und im Auftrag eines Geschäftsherrn handelt; der Dritte mag sogar die Identität des Geschäftsherrn kennen. Gleichwohl entspricht es der den Beteiligten bekannten kaufmännischen Übung, dass Kommissionäre in aller Regel nur selbst Partei der von ihnen abgeschlossenen Geschäfte werden. Das wird vielfach auch in gesetzlichen Vorschriften festgelegt, in denen es heißt, dass die Geschäftätigkeit eines Kommissionärs sich darauf richte, »Waren oder Wertpapiere für Rechnung eines anderen (des Kommittenten) in eigenem Namen zu kaufen oder zu verkaufen.«[114] Das bedeutet, dass der Kommissionär selbst Vertragspartei wird, mag auch die andere Partei gewusst haben, dass der Vertrag für Rechnung eines Auftraggebers geschlossen wird.[115] Man spricht in diesen Fällen oft auch von »mittelbarer« oder »indirekter« Vertretung oder davon, dass ein »mandat sans représentation« vorliege.[116]

---

[114] Vgl. § 383 HGB; Art. 94 fr. Code de commerce; Art. 1731 Codice civile; § 4 schwed. Gesetz über Kommission, Handelsagentur und Handelsreisende vom 18.4.1914 (auch von Dänemark und Norwegen übernommen). – Auch wer es gewerbsmäßig übernimmt, Verträge über die Beförderung von Waren für Rechnung seines Auftraggebers zu schließen, handelt als »Spediteur« oder »commissionnaire de transport« in eigenem Namen, wird also selbst Partei des Beförderungsvertrages, vgl. § 407 HGB; Art. 96 fr. Code de commerce; Art. 1737 Codice civile.

[115] So ausdrücklich Art. 1705 Codice civile. – In Art. 2.2.3 (2) PICC soll der Fall der Kommission dadurch erfasst werden, dass es dort heißt, es entstünden Vertragsbeziehungen auch dann *nur* zwischen dem Agent und dem Dritten, wenn der Dritte zwar wisse, für wen der *agent* tätig werde, der Agent aber »with the consent of the principal undertakes to become the party of the contract«.

[116] Vgl. dazu ausführlich *D. Busch*, Indirect Representation in European Contract Law (2005). – Ein Fall der »verdeckten Vertretung« liegt auch vor, wenn jemand zwar in eigenem Namen handelt, dabei aber als »Strohmann« oder »prête-nom« im Interesse und für Rechnung eines an dem Geschäft interessierten »Hintermanns« tätig wird. Die fr. Rspr. gewährt allerdings in diesem Fall dem Dritten ein Wahlrecht: Er kann sich an

Alle europäischen Rechtsordnungen stimmen darin überein, dass in einem Fall »verdeckter Vertretung« Vertragsbeziehungen grundsätzlich nur zwischen dem Dritten und dem »verdeckten Vertreter« zustande kommen. Nur der »verdeckte Vertreter« erwirbt also die Ansprüche gegen den Dritten, ganz gleich, ob sie sich auf die Zahlung von Geld oder auf die Lieferung der verkauften Waren oder die Leistung der versprochenen Dienste richten. Der *Auftraggeber* erwirbt diese Ansprüche grundsätzlich nur dann und erst dann, wenn sie ihm vom »verdeckten Vertreter« durch ein besonderes Transfergeschäft – insbesondere durch eine Abtretung – übertragen worden sind.[117]

Das Common Law geht hier einen wesentlichen Schritt weiter. Schließt ein agent im Rahmen seiner authority einen Vertrag mit einem Dritten ab und zwar so, dass dem Dritten die Existenz eines principal verborgen bleibt (»undisclosed agency«), so erwirbt gleichwohl auch der principal das Recht, den Dritten aus diesem Vertrag in Anspruch zu nehmen; umgekehrt kann auch der Dritte vertragliche Ansprüche gegen den principal geltend machen, sofern er später – nach dem Vertragsabschluss – von dessen Existenz erfahren hat.

Danach können also Ansprüche aus einem Vertrag von jemandem geltend gemacht und gegen jemanden durchgesetzt werden, der an dem Abschluss des Vertrages nicht beteiligt war – weder persönlich, noch dadurch, dass ein anderer in offener Vertretung für ihn gehandelt hat – und von dessen Existenz daher die andere Vertragspartei nichts gewusst hat und nichts wissen konnte. Dass sich dies mit den allgemeinen Regeln über die Reichweite vertraglicher Bindungen nicht verträgt, ist offensichtlich und auch im Common Law immer wieder gesehen worden.[118]

Es fragt sich deshalb, wie die Regeln über die »undisclosed agency« in ihrer praktischen Anwendung den Interessen sowohl des Geschäftsherrn wie des

---

den »prête-nom« als seinen Vertragspartner halten, darf aber auch den mit ihm geschlossenen Vertrag wie ein Scheingeschäft (»simulation«) behandeln und den Hintermann direkt in Anspruch nehmen. Vgl. dazu *Mekki* (oben N. 12) Fasc. 10 no. 8; Civ. 8. Juli 1992, J.C.P. 1993. II. 21982 mit Anm. *G. Wiederkehr*; Com. 24. April 1982, Bull. cass. 1982. IV. no. 133.

[117] Oft steht dem Auftraggeber aufgrund des Vertrages, den er mit dem »verdeckten Vertreter« geschlossen hat, ein Anspruch auf eine solche Abtretung zu. Sie kann auch »im Voraus« erfolgen, also zu einem Zeitpunkt, in dem der »verdeckte Vertreter« den Vertrag mit dem Dritten noch gar nicht geschlossen und Ansprüche gegen ihn noch gar nicht erworben hat. Vgl. dazu S. 504 ff.

[118] Vgl. z.B. *Pollock* L.Q.Rev. 3 (1887) 358, 359: »The plain truth ought never to be forgotten that the whole law as to the rights and liabilities of an undisclosed principal is inconsistent with the elementary doctrines of the law of contract. The right of one person to sue another on a contract not really made with the person suing is unknown to every legal system except that of England and America.« – Viel Scharfsinn hat man auf die Frage verwandt, welcher tiefere Grund diese »Anomalie« des Common Law rechtfertigen könne. Vgl. dazu besonders *Müller-Freienfels* RabelsZ 17 (1952) 578; 18 (1953) 12; *Fridman* (oben N. 7) 253 ff., alle mit Hinweisen auf das umfangreiche Schrifttum.

Dritten Rechnung tragen wollen. Insbesondere geht es um zwei Fragen: Wie wird der Dritte geschützt, wenn er von dem zunächst verdeckt gebliebenen Geschäftsherrn auf Erfüllung des Vertrages in Anspruch genommen wird (darüber unter 1)? Wie liegt es in dem umgekehrten Fall, in dem der Dritte Vertragserfüllung nicht von dem agent als seinem Vertragspartner, sondern von dessen Auftraggeber verlangt (darüber unter 2)?

1. *Ansprüche des Geschäftsherrn gegen den Dritten.* – Für den Dritten kann es eine unliebsame Überraschung darstellen, wenn Erfüllung des Vertrages von jemandem verlangt wird, der nicht sein Vertragspartner ist, sondern lediglich beweisen kann, dass der Vertrag für seine Rechnung abgeschlossen wurde. Wie werden hier die Interessen des Dritten geschützt?

Der Dritte kann zunächst geltend machen, dass nach den Vereinbarungen, die er mit dem agent getroffen hat, ein Klagerecht des Geschäftsherrn ausgeschlossen sein sollte. Das kann sich auch aus den Umständen des Falls ergeben. In *Said v. Butt*[119] hatte sich der Kläger den Besuch einer Premiere in den Kopf gesetzt. Da die Theaterleitung ihm nicht wohlgesonnen war und ihm deshalb eine Eintrittskarte nicht verkauft hätte, ließ er sie sich durch einen Freund besorgen. Jedoch vergeblich: Am Abend der Premiere ließ der beklagte Theaterdirektor den Kläger nicht auf seinen Platz. Das Argument des Klägers, er habe als undisclosed principal aus dem für ihn von seinem agent abgeschlossenen Theaterbesuchsvertrag Einlass begehren können, ließ das Gericht nicht gelten. Man kann daher folgende Regel bilden: Ergibt die Vertragsauslegung, dass der Dritte ein berechtigtes Interesse daran hatte, zur Leistung nur an den ihm bekannten Vertragspartner verpflichtet zu sein, so ist dem undisclosed principal ein Klagerecht versagt.[120]

Ferner kann sich der Dritte auf die Klage des undisclosed principal mit allen Einwendungen verteidigen, die er dem agent auf dessen Klage hätte entgegenhalten können. Insbesondere kann er geltend machen, dass er seine Vertragsleistung bereits an den agent im Vertrauen darauf erbracht hat, dass dieser allein sein Vertragspartner sei. Ferner kann der Dritte gegenüber dem undisclosed principal mit Forderungen aufrechnen, die ihm gegen den agent zustehen. All dies setzt aber voraus, dass der Dritte seine Vertragsleistung an den agent erbracht oder seine Aufrechnungsforderung gegen den agent erworben hat, ehe er wusste oder nach den Umständen wissen konnte, dass sich möglicherweise hinter dem agent ein undisclosed principal verberge.[121]

Es zeigt sich also, dass der Dritte dem principal die gleichen Einwendungen entgegenhalten kann, wie sie ihm zustünden, wenn der agent die Ansprüche

---

[119] [1920] 3 K.B. 497.
[120] Vgl. dazu *Treitel (-Peel)* no. 16-056 ff. mit einer Erörterung zahlreicher weiterer Entscheidungen.
[121] Vgl. *Treitel (-Peel)* no. 16-060.

aus dem Vertrag dem principal *abgetreten* hätte und die Klage von ihm als *Zessionar* erhoben würde. In der Tat ist die Interessenlage in beiden Fällen ähnlich, weil in beiden Fällen dem Dritten jemand als Gläubiger gegenübertritt, mit dem er ursprünglich nicht zu rechnen brauchte. Im Common Law hat man denn auch die Auffassung vertreten, dass das Klagerecht des undisclosed principal auf einer Abtretung beruhe, zu der es nicht aufgrund einer Erklärung des agent, sondern unmittelbar von Rechts wegen komme.[122] Auf der gleichen Linie liegt es, wenn ein hoher englischer Richter erklärt hat, dass die Regeln über die undisclosed agency auf eine Vereinfachung der Prozessführung abzielten, nämlich eine besondere Klage des principal überflüssig machen wollten, mit der er sonst vom agent erst noch die Zustimmung zur Geltendmachung der Rechte gegen den Dritten verlangen müsste.[123]

Damit ist der Unterschied zu den kontinentaleuropäischen Rechtsordnungen nicht mehr sehr groß. Zwar geht man dort davon aus, dass nur der Beauftragte Ansprüche aus dem Geschäft erwirbt, das er in eigenem Namen mit dem Dritten abschließt. Andererseits bestimmt Art. 401 I OR, dass die Forderungsrechte, die »der Beauftragte für Rechnung des Auftraggebers in eigenem Namen gegen Dritte erworben [hat], auf den Auftraggeber übergehen, sobald dieser seinerseits allen Verbindlichkeiten aus dem Auftragsverhältnis nachgekommen ist.« Hier wird also jene cessio legis vom Gesetzgeber angeordnet, die man im Common Law zur Erklärung des Klagerechts des undisclosed principal herangezogen hat. Die romanischen Rechtsordnungen erreichen das gleiche Ergebnis, soweit sie dem Auftraggeber eine »action directe« gegen den Dritten zubilligen.[124] Eine besonders sorgfältig ausgearbeitete Regelung gilt in den nordischen Ländern. Danach kann der Kommittent vertragliche Ansprüche,

---

[122] So *Goodhart/Hamson* Camb.L.J. 4 (1931) 320, 351 f.; vgl. dazu auch *Fridman* (oben N. 7) 257.

[123] Vgl. *Diplock*, L.J. in *Freeman & Lockyer* v. *Buckhurst Park Properties* [1964] 2 Q.B. 480, 503: »It may be that this rule relating to ›undisclosed principals‹, which is peculiar to English law, can be rationalised as avoiding circuity of action, for the principal could in equity compel the agent to lend his name in an action to enforce the contract against the contractor, and would at common law be liable to indemnify the agent in respect of the performance of the obligations assumed by the agent under the contract.«

[124] So Art. 1705 II 2 Codice civile. Im fr. Recht ist sehr umstritten, ob im Falle der Kommission dem Kommittenten eine *action directe* gegen den Dritten zusteht. Es fehlt an eindeutigen Gerichtsentscheidungen. Vgl. dazu *B. Starck* in: Hamel (Hrsg.), Le contrat de commisson (1949) 157, 164 ff.; *Houin/Pédamon*, Droit commercial (9. Aufl. 1990) no. 615; *Ripert/Roblot/Delebecque/Germain*, Traité de droit commercial II (15. Aufl. 1996) no. 2635; *Jauffret/Mestre*, Droit commercial (23. Aufl. 1997) no. 760; *Mekki* (oben N. 12) Fasc. 10 no. 14. Allerdings wird es im Falle einer Verkaufskommission als zulässig angesehen, dass der Kommittent im Wege einer »action oblique« gemäß Art. 1166 Code civil den Käufer in Anspruch nimmt, sofern dieser den Kaufpreis dem Kommissionär noch nicht bezahlt hat. Vgl. dazu *Mekki* a.a.O. – In Deutschland kann der Kommittent erst dann gegen den Dritten vorgehen, wenn ihm der Kommissionär seine Ansprüche abgetreten hat. Eine

die für seine Rechnung vom Kommissionär durch Handeln in eigenem Namen gegen Dritte begründet worden sind, selbst gegen den Dritten geltend machen, »sobald der Dritte seine Verpflichtungen aus dem Vertrag nicht rechtzeitig erfüllt oder der Kommissionär seine Abrechnungspflicht verletzt oder gegen den Kommittenten unredlich gehandelt hat oder in Konkurs gefallen ist.«[125]

Einigkeit besteht über den Sonderfall in dem die Vertragspartei, die in eigenem Namen aber für Rechnung ihres Auftragebers gehandelt hat, insolvent geworden ist: Hier muss dasjenige, was der Dritte noch schuldig ist, nicht den Gläubigern seines Vertragspartners, sondern demjenigen zugutekommen, für dessen Rechnung der Vertragspartner gehandelt hat. Im englischen Recht ergibt sich dies schon daraus, dass der undisclosed principal sein Klagerecht – vom Konkurs des agent unberührt – unmittelbar gegen den Dritten durchsetzen kann; darin wird sogar einer der Gründe gesehen, die zur Herausbildung der undisclosed agency geführt haben. Die kontinentalen Rechtsordnungen erreichen das gleiche Ergebnis, indem sie dem Auftraggeber ein vorrangiges Befriedigungsrecht an den Forderungen einräumen, die dem Beauftragten aus dem Geschäft mit dem Dritten zustehen.[126]

---

solche Abtretung ist nicht schwierig, wohl sogar üblich, und kann auch im voraus – also schon bei Abschluss des Kommissionsvertrages – erklärt werden.

[125] Der Kommittent muss allerdings, ehe er den Anspruch gegen den Dritten geltend macht, seine Verpflichtungen gegenüber dem Kommissionär erfüllt oder dafür Sicherheit geleistet und ihn ferner von seiner Absicht, gegen den Dritten vorzugehen, verständigt haben. Hat der Dritte seine Vertragsleistung bereits an den Kommissionär erbracht, »so ist er in keinem Falle verpflichtet, auf Verlangen des Kommittenten den Vertrag nochmals zu erfüllen, wenn er nicht bei der Erfüllung erkannte oder erkennen musste, dass der Kommittent derjenige war, der gegen ihn das Forderungsrecht aufgrund des Vertrages geltend zu machen berechtigt war.« Vgl. dazu im einzelnen § 56 ff. schwed. Kommissionsgesetz (oben N. 114). Ähnlich auch Art. 7:412 I BW: Danach kann jeder Auftraggeber (nicht bloß ein Kommittent) die Rechte des Beauftragten gegen den Dritten durch schriftliche Erklärung »auf sich übergehen lassen«, wenn der Beauftragte seine Vertragspflichten gegenüber dem Auftraggeber verletzt hat oder in Konkurs gefallen ist. Auch nach Art. 3:301 PECL kommen zwar Vertragsbeziehungen nur zwischen dem Dritten und dem »intermediary« zustande, wenn der letztere in eigenem Namen gehandelt hat oder der Dritte weder wusste noch wissen konnte, dass der »intermediary« aufgrund von Instruktionen eines *principal* tätig geworden ist. Dennoch kann der *principal* die von dem »intermediary« erworbenen Ansprüche unmittelbar gegen den Dritten geltend machen, wenn der »intermediary« zahlungsunfähig geworden ist oder er den Vertrag mit dem *principal* in einem wesentlichen Punkt nicht erfüllt hat (Art. 3: 302 PECL). Praktisch kann sich also der *principal* immer dann unmittelbar an den Dritten halten, wenn er die ihm versprochene Leistung nicht erhält. Allerdings kann sich der Dritte auf die Klage des principal mit allen Einwendungen verteidigen, die ihm bei einer Klage des »intermediary« zugestanden hätten. Ebenso Art. 13 des Genfer Übereinkommens (oben N. 8). In Art. 2.2.4 PICC wird dagegen ein Direktanspruch des *principal* gegen den Dritten gänzlich ausgeschlossen; vgl. dazu *Bonell* (oben N. 8) 524 ff.

[126] In Deutschland und den nordischen Ländern gilt das allerdings nur dann, wenn es sich bei dem Auftraggeber um einen Kommittenten handelt; vgl. § 392 II HGB, §§ 57 II,

2. *Ansprüche des Dritten gegen den Geschäftsherrn.* – Im englischen Recht besteht an dem Klagerecht des Dritten kein Zweifel, sofern nicht ausnahmsweise bewiesen wird, dass er mit dem agent eine ausdrückliche oder stillschweigende Vereinbarung getroffen hat, nach der ihm nur der agent aus dem Vertrage haften sollte. Fehlt es an einer solchen Vereinbarung, so kann der Dritte, nachdem er Kenntnis von der Person des principal erlangt hat, wählen, ob er ihn oder den agent in Anspruch nehmen will. Allerdings geht dieses Wahlrecht verloren, sobald er sich auf einen der beiden Schuldner festgelegt, also z.B. in Kenntnis der Person des principal den agent verklagt und gegen ihn ein Urteil erstritten hat.[127]

Hat der agent im Auftrag des verdeckt gebliebenen principal Waren von dem Dritten gekauft und sind die Waren in das Eigentum des principal gelangt, so wird dieser wenig dagegen einzuwenden haben, wenn er auf die Klage des Dritten den Kaufpreis direkt an ihn zu zahlen hat. Anders liegt es aber, wenn der principal den Kaufpreis bereits an den agent geleistet und dieser ihn nicht an den Dritten weitergeleitet hat. Muß der principal in diesem Fall den Kaufpreis an den Dritten zum zweiten Mal bezahlen? In der Rechtsprechung wird das grundsätzlich bejaht, weil es in die Risikosphäre des principal gehöre, wenn der von ihm ausgewählte agent den empfangenen Betrag vertragswidrig für eigene Zwecke verwendet.[128]

Den kontinentaleuropäischen Rechtsordnungen ist ein solches Klagerecht des Dritten fremd. Das gilt auch dort, wo das Klagerecht in umgekehrter Richtung bejaht, also ein direkter Anspruch des Geschäftsherrn gegen den Dritten bejaht oder doch wenigstens für möglich gehalten wird.[129] Dies lässt sich auf die Überlegung stützten, dass jeder das Risiko der Zahlungsunfähigkeit seines Vertragspartners selbst zu tragen hat. Weiß jemand bei Vertragsabschluss, dass sein Partner im Auftrag eines Geschäftsherrn handelt, so mag er eine Vereinbarung zu erreichen suchen, nach der vertragliche Beziehungen (auch) zu dem

---

61 schwed. Kommissionsgesetz (oben N. 114). Andere Rechtsordnungen gewähren den gleichen Schutz in allen Fällen der verdeckten Vertretung. Vgl. Art. 401 OR; Art. 121 I, 122 des fr. Gesetzes über das Insolvenzverfahren vom 25. Jan. 1985; Art. 1707 Codice civile.

[127] Vgl. dazu im einzelnen *Treitel (-Peel)* no. 16-075; *Fridman* (oben N. 7) 267.

[128] Vgl. dazu im einzelnen *Treitel (-Peel)* no. 16-064; *Fridman* (oben N. 7) 266 f.

[129] Vgl. *Ripert/Roblot/Delebecque/Germain* (oben N. 124) no. 2658 sowie Trib. de commerce Paris 25. Sept. 1985, Sem. jur. 1986 (Cahiers de droit de l'entreprise no. 3) 10: Eine Einkaufsgenossenschaft Cedac hatte im Auftrag der ihr angeschlossenen Einzelhändler Waren bei den Klägern bestellt. Die Kaufpreisklage, die nach der Zahlungseinstellung der Cedac von den Klägern unmittelbar gegen die Einzelhändler erhoben worden war, wurde abgewiesen, »les ventes devant être considérées comme contractées directement entre Cedac agissant en qualité de commissionnaire et les fournisseurs, ce qui n'autorise pas ces derniers à se retourner vers des détaillants avec lesquels ils n'ont pas de lien de droit.«

Geschäftsherrn begründet werden. Ist das unterblieben und erfährt er erst später, dass es einen Geschäftsherrn gibt und wer er ist, so ist nicht einzusehen, warum er daraus einen Vorteil ziehen, nämlich das Recht erlangen sollte, im Falle der Zahlungsunfähigkeit seines Vertragspartners auch ihn in Anspruch zu nehmen. Dagegen lässt sich immerhin einwenden, dass auch der Geschäftsherr dem Vertreter nicht fernsteht, weil er ihn ausgewählt, zur Förderung seines eigenen Interesses ihm den Auftrag zum Abschluss von Geschäften mit Dritten erteilt, damit sein Tätigwerden im Geschäftsverkehr herbeigeführt und deshalb auch das Risiko geschaffen hat, dass es im Falle seiner Zahlungsunfähigkeit zu einer Schädigung seiner Kontrahenten kommt.

Wer also soll das Risiko dafür tragen, dass der »verdeckte Vertreter« insolvent wird oder seine vertraglichen Pflichten verletzt: der Dritte oder der Auftraggeber? In Art. 3:303 PECL wird diese Frage zum Nachteil des Auftraggebers und zum Vorteil des Dritten – also ebenso wie im Common Law – entschieden: Der Dritte kann, wenn er die ihm von dem »intermediary« versprochene Leistung nicht erhält, weil er insolvent oder vertragsbrüchig geworden ist, sich unmittelbar an den *principal* halten. Der *principal* haftet allerdings nur sehr beschränkt. Zunächst kann er dem Dritten alle Einwendungen entgegenhalten, die dem »intermediary« zugestanden hätten, wenn der Dritte *ihn* in Anspruch genommen hätte. Vor allem kann sich der *principal* auch auf diejenigen Einwendungen stützen, mit denen er sich auf eine gegen ihn vom »intermediary« erhobene Klage hätte verteidigen können.[130] Hat also der Auftraggeber einen Kommissionär mit den Erwerb von Waren beauftragt und ihm den dafür erforderlichen Kaufpreis vorgeschossen, so kann er zwar, wenn der Kommissionär nach Lieferung der Waren zahlungsunfähig geworden ist, von dem Dritten auf Zahlung des Kaufpreises in Anspruch genommen werden. Aber damit kommt der Dritte nicht weit. Denn seinem Anspruch kann der Auftraggeber dasjenige entgegenhalten, was er auch auf die Klage des Kommissionärs hätte einwenden können, nämlich, dass er seine ihm geschuldeten Pflichten bereits erfüllt, nämlich den Kaufpreis vorgeschossen und damit Aufwendungsersatz geleistet habe.

---

[130] Ebenso Art. 7:413 BW und Art. 13 (2) des Genfer Übereinkommens (oben N. 8).

§ 17 Verträge zugunsten Dritter

A. Historische Entwicklung und wirtschaftliche Bedeutung

Art. 1165 Code civil bestimmt: »Les conventions n'ont effet qu'entre les parties contractantes.« Dieser Satz wird jedermann einleuchten. Denn wenn zwei Personen einen Vertrag miteinander geschlossen haben, so erscheint es vernünftig, dass nur sie selbst aus dem Vertrag berechtigt und verpflichtet werden. Daran ändert sich nichts, wenn die Parteien vereinbaren, dass jeder die ihm obliegende Verpflichtung auch durch Leistung an einen Dritten soll erfüllen können. Bezahlt der Käufer den Kaufpreis nicht an den Verkäufer, sondern auf dessen Weisung an seine Bank, oder liefert der Verkäufer nicht an den Käufer, sondern auf dessen Geheiß an einen seiner Abnehmer, so liegt es doch auch in diesen Fällen so, dass jede Partei mit der Leistung an den Dritten eine Verpflichtung erfüllt, die ihr nur gegenüber ihrem Vertragspartner, nicht aber gegenüber dem Dritten obliegt. Hiervon zu unterscheiden ist der Fall in dem die Parteien den Vertrag in der Weise schließen, dass der Dritte – obwohl am Abschluss des Vertrages nicht beteiligt – die geschuldete Leistung nicht bloß soll empfangen dürfen, sondern sie aus eigenem Recht soll fordern können.

Ein praktisches Bedürfnis für Verträge, durch die zugunsten eines vertragsfremden Dritten ein eigenes Forderungsrecht begründet wird, besteht vor allem dort, wo der eine Vertragspartner die Versorgung Familienangehöriger sicherstellen und ihnen aus diesem Grunde als begünstigten Dritten das Forderungsrecht zuwenden will. So liegt es z.B. bei den Hofübergabeverträgen: Wenn der in die Jahre gekommene Bauer den Hof einem seiner Söhne überträgt, so wird er sich ausbedingen, dass der Sohn bestimmte Geld- oder Naturalleistungen an seine Geschwister erbringt. Hier genügt es nicht, dass der Bauer selbst von dem Sohn die Erfüllung seines Versprechens verlangen kann. Vielmehr wird ihm daran liegen, dass den Geschwistern als begünstigten Dritten ein eigenes Recht gegen den Sohn auf die geschuldeten Leistungen zusteht, dies besonders dann, wenn den Geschwistern jene Leistungen auch noch nach dem Tode des Bauern zufließen sollen. Die gleiche Zielrichtung verfolgt ein Vertrag, durch den ein Unternehmen verkauft und dem Käufer die Verpflichtung auferlegt wird, einen Teil des Kaufpreises in der Weise zu leisten, dass er eine Rente an die Ehefrau oder die Abkömmlinge des Verkäufers zahlt. Ebenso liegt es, wenn in einem Gesellschaftsvertrag bestimmt wird, dass nach dem Tode oder beim Ausscheiden eines Gesellschafters die übrigen Gesellschafter verpflichtet sein sollen, bestimmte Zahlungen an Familienangehörige des Ausgeschiedenen zu leisten oder seiner Witwe den Eintritt in die Gesellschaft zu gestatten.

Der klassische Vertragstyp, der die rechtliche Anerkennung des Forderungsrechts vertragsfremder Dritter geradezu erzwungen hat, ist der Versicherungsvertrag. Hier muss nämlich die Versicherungssumme, deren Zahlung der Versicherer nach dem Eintritt des Versicherungsfalls schuldet, häufig nicht an den Versicherungsnehmer, sondern an einen Dritten ausgezahlt werden, so etwa bei der Lebensversicherung an denjenigen, den der Versicherungsnehmer als Begünstigten benannt hat, oder bei der Transportversicherung an denjenigen, der im Zeitpunkt der Beschädigung oder des Verlusts der Ware ihr Eigentümer ist.

Viele andere Verträge haben, wenn sie von den Parteien richtig und pünktlich erfüllt werden, vorteilhafte Auswirkungen auch für Dritte. Auch bei solchen Verträgen kann sich deshalb die Frage stellen, ob dem Dritten nicht auch ein rechtlich durchsetzbarer eigener Anspruch auf jene Vorteile zuzubilligen und der Vertrag daher als »Vertrag zugunsten Dritter« anzusehen ist. Wenn etwa ein Unternehmer sich verpflichtet hat, in Räumen, die von seinem Auftraggeber vermietet sind, ein Heizungs- oder Belüftungssystem zu installieren, so wird häufig auch der Mieter an der richtigen und pünktlichen Ausführung des Werkvertrages ein Interesse haben. Eine andere Frage ist es aber, unter welchen Voraussetzungen dieses Interesse des Mieters auch rechtlichen Schutz verdient. Kann er, wenn die Anlage fehlerhaft installiert oder die Vertragsausführung verzögert worden ist, von dem Unternehmer Schadensersatz mit der Begründung verlangen, dass er richtige Vertragserfüllung nicht nur dem Vermieter als seinem Vertragspartner, sondern auch ihm als Drittem schulde und dass er ihm daher auch Schadensersatz wegen Schlechterfüllung leisten müsse? Wie liegt es, wenn sich der Vermieter in dem Mietvertrag verpflichtet hat, im Falle der Veräußerung des von dem Mieter in den Mieträumen betriebenen Unternehmens das Mietverhältnis mit dem Erwerber fortzusetzen: Steht dem Erwerber ein eigener vertraglicher Anspruch gegen den Vermieter auf Abschluss eines Mietvertrages und, wenn der Vermieter die Räume einem anderen vermietet hat, ein Schadensersatzanspruch zu? Nicht nur Werk- und Mietverträge, sondern auch Kaufverträge können Verträge zugunsten Dritter sein. Wenn etwa ein Krankenhaus von einem Hersteller mit Blutkonserven beliefert worden ist, die, weil mit einem Virus verseucht, zur gesundheitlichen Schädigung eines Patienten geführt haben, so stellt sich die Frage, ob dem Patienten, obwohl selbst nicht Käufer, gleichwohl eigene, auf Vertragsverletzung gestützte Schadensersatzansprüche gegen den Hersteller der Blutkonserven zustehen.[1]

In fast allen modernen europäischen Rechtsordnungen gibt es Regeln, nach denen sich beurteilt, ob und unter welchen Voraussetzungen auch ein vertragsfremder Dritter Ansprüche auf Erfüllung des Vertrages oder auf Schadensersatz wegen Schlechterfüllung geltend machen kann. Diese Regeln bilden das Ergebnis eines langen historischen Prozesses, der in Deutschland erst im 19. Jahrhundert zur Anerkennung vertraglicher Drittbegünstigungen geführt hat, in manchen anderen Ländern aber sogar heute noch nicht abgeschlossen ist. Zu den Widerständen, die im Laufe dieses Prozesses zu überwinden waren, gehörte die Vorstellung, die den Vertrag als ein die beiden Parteien miteinander verbindendes »vinculum iuris« auffasst und es deshalb als unmöglich ansehen muss, dass auch ein vertragsfremder Dritter an dem Vertrage irgendwie soll teilhaben und aus ihm eigene Ansprüche soll ableiten können. Dem klassischen römischen Recht war die selbständige Klagbefugnis eines Dritten unbekannt: »Alteri stipulari nemo potest« (Ulpian D. 45, 1, 38, 17). Nicht einmal demjenigen stand ein Klagerecht zu, der sich die Leistung an den Dritten hatte versprechen lassen, weil nach römischer Auffassung auf Erfüllung eines Versprechens nur derjenige klagen konnte, der daran ein eigenes Interesse hatte: Wo war dieses Interesse, wenn die versprochene Leistung allein einem Dritten zukommen sollte? Zwar ließ sich dieses Hindernis dadurch aus dem Wege räumen, dass sich der Gläubiger vom Schuldner nicht nur die Leistung an den Dritten, sondern zugleich für den Fall, dass der Schuldner an den Dritten nicht leisten werde, auch selbst eine Vertragsstrafe versprechen ließ. Aber auch damit erhielt nur der Gläubi-

---

[1] Vgl. Civ. 17. Dez. 1954, J.C.P. 1955.II.8490 mit Anm. *Savatier*, wo diese Frage in einem ähnlich liegenden Fall bejaht worden ist. Vgl. dazu auch noch unten S. 474 ff.

ger, nicht auch der Dritte ein Klagerecht.[2] Zur Anerkennung eines eigenen Klagerechts des Dritten ist es erst im spätklassischen Recht gekommen, freilich auch dann nur in Einzelfällen, von denen der wichtigste die donatio sub modo betraf: Hatte nämlich jemand einem anderen eine Schenkung unter der Auflage gemacht, dass der Beschenkte eine Leistung an einen Dritten erbringe, so wurde dem Dritten eine actio utilis gegen den Beschenkten gewährt.

Da in das Corpus Iuris sowohl der Grundsatz wie auch seine Ausnahmen und Einschränkungen aufgenommen wurden, war eine reichlich fließende Quelle von Auslegungsstreitigkeiten geschaffen, die Praxis und Lehre bis in die Neuzeit hinein beschäftigt haben.[3] Einen wichtigen Anstoß zur Aufgabe des römischen Grundprinzips gaben die Naturrechtslehrer. Sie stützten sich auf den auch heute noch überzeugenden Gedanken, dass es letztlich der Wille der Parteien ist, der über Art und Umfang der rechtlichen Wirkungen des Vertrages entscheidet; daher sei das eigene Forderungsrecht des Dritten anzuerkennen, sofern es nur von den Vertragsparteien ernstlich gewollt sei. Eine Einschränkung machten aber auch sie noch: Es müsse der Dritte das zu seinen Gunsten begründete Recht »angenommen« haben. Dieser Lösung folgte das preußische ALR. Es bestimmte in § 74 I 5, dass der Dritte aus einem Vertrag, an dessen Abschluss er nicht beteiligt war, zwar ein eigenes Recht erwerben könne, dies aber doch nur dann, wenn er dem Vertrag »mit Bewilligung der Hauptparteien beigetreten ist« (§ 75). Der französische Code civil – 10 Jahre später als das ALR in Kraft getreten – hat sich dagegen noch stärker am römischen Recht orientiert. Nach Art. 1121 ist eine »stipulation au profit d'un tiers« nur dann gültig, wenn derjenige, der sich die Leistung an den Dritten versprechen lässt, entweder dem Versprechenden gleichzeitig eine Schenkung gemacht hat (das ist der Fall der donatio sub modo) oder wenn er sich von dem Versprechenden auch selbst etwas versprechen ließ (und damit ein eigenes Interesse an der Erfüllung des Versprechens erwarb). Diese Einschränkungen sind aber von der Rechtsprechung später fallengelassen worden. Nach heutiger Auffassung entsteht das Recht des Dritten schon dann, wenn dies dem Willen der Parteien entspricht; es kommt deshalb nicht darauf an, ob der Dritte der Entstehung des Rechts zugestimmt oder von der ihn begünstigenden Vereinbarung der Parteien auch nur Kenntnis gehabt hat.[4] Auch in Deutschland hat man lange darüber gestritten, ob für die Entstehung des Rechts des Dritten sein Einverständnis erforderlich sei. Auch hier hat man davon schließlich abgesehen, so dass heute sowohl in § 328 BGB wie in Art. 112 II OR und – nach einer Gesetzesänderung aus dem Jahre

---

[2] Vgl. dazu im einzelnen *Zimmermann* 34 ff., besonders 38 f. sowie *Kötz* Int.Enc. Comp.L. Vol. VII Ch. 13 s. 4 ff.

[3] Vgl. dazu *Zimmermann* 41 ff.; *Coing* I 424 ff., II 452 ff.; *E. Schrage* (Hrsg.), Ius Quaestium Tertio (2008).

[4] Com. 23. Feb. 1993, Rev.trim.civ. 1994, 99 mit Anm. *Mestre*; Civ. 19. Dez. 2000, D. 2001, 3482; *Terré/Simler/Lequette* no. 526 f.

1916 – auch in § 881 II ABGB nur noch verlangt wird, dass das eigene Forderungsrecht des Dritten dem Willen der Vertragsparteien entspricht. Freilich können sie dem Dritten das Forderungsrecht nicht aufdrängen: Weist es der Dritte zurück, so gilt es als von Anfang an nicht entstanden.[5]

Anders in England. Bis 1999 galt dort der Grundsatz, dass ein vertragsfremder Dritter keine Rechte aus einem von anderen Parteien geschlossenen Vertrag herleiten kann, dies auch dann nicht, wenn die Vertragsparteien eine Berechtigung des Dritten ernsthaft gewollt haben und sein Anspruch legitim und einleuchtend erscheint. Gestützt wurde dies auf die »doctrine of privity«, also auf die auch anderen Rechtsordnungen wohlbekannte Regel, nach der vertragliche Ansprüche grundsätzlich nur den Parteien des Vertrages, nicht aber dritten Personen zustehen können. In England wurde die Unzulässigkeit des Vertrages zugunsten Dritter auch noch mit der *consideration*-Lehre begründet. Danach erwirbt jemand einen Anspruch auf eine Leistung grundsätzlich nur dann, wenn er selbst dafür eine Gegenleistung erbracht oder versprochen hat; ein vertragsfremder Dritter leistet oder verspricht aber selbst nichts für die ihm aufgrund eines Vertrages versprochene Leistung und kann sie deshalb auch von der Partei, die sie versprochen hat, nicht fordern. Dass das englische Recht an diesem Grundsatz so lange hat festhalten können, liegt zum einen daran, dass der Gesetzgeber für praktisch wichtige Fälle Ausnahmen geschaffen hat. So wird in s. 11 des Married Women's Property Act 1882 bestimmt, dass bei Lebensversicherungsverträgen, die ein Ehegatte zugunsten des anderen Ehegatten oder seiner Kinder abschließt, der Bezugsberechtigte als Begünstigter eines Treuhandverhältnisses (*trust*) angesehen wird und daher als solcher Ansprüche gegen den Versicherer erwirbt.[6/7] Zum anderen hat die englische Rechtsprechung in vielen Fällen zwar an dem Grundsatz des Ausschlusses der Ansprüche Dritter festgehalten, ihn aber durch mancherlei gekünstelte Ausnahmen so eingeschränkt,

---

[5] Vgl. § 333 BGB; Art. 1411 (3) Codice civile; Art. 413 griech. ZGB; Art. 447 port. CC. Ebenso Art. 6:110 (2) PECL; Art. 5.2.6 PICC; Art. II.-9: 303 (1) DCFR; Art. 78 (4) CESL. Gemäß Art. 6:253 I BW ist dagegen eine »Annahme« des Dritten schon für die Entstehung seines Rechts erforderlich; allerdings wird eine solche »Annahme« des Dritten vermutet, wenn ihm das Recht unentgeltlich und unwiderruflich zugewandt worden ist und er davon Kenntnis erlangt und nicht widersprochen hat (Abs. IV aaO).

[6/7] Dass dem Bezugsberechtigten als »beneficiary« eigene Ansprüche gegen den Versicherer als »trustee« zustehen, ist seit langem durch besondere Regeln des Treuhandrechts anerkannt. Auch bei anderen Versicherungsverträgen wird dem begünstigten Dritten durch besondere gesetzliche Vorschriften ein eigenes Forderungsrecht eingeräumt; vgl. dazu *Treitel* (-*Peel*) no. 14–128 ff.; *McKendrick* no. 7.21. – Eine weitere Ausnahmeregel findet sich in s. 46 Law of Property Act 1925: Diese Vorschrift gilt für Verträge, durch die die Parteien ein Grundstück veräußert (conveyance) oder ein »dingliches Recht« an anderen Sachen begründet haben. Haben sie in einem solchen Fall eine Vereinbarung getroffen, nach der ein Dritter Grundstückseigentümer oder Rechtsinhaber werden soll, so erwirbt der Dritte dieses Recht »although he may not be named as a party to the conveyance or other instrument«. Vgl. dazu *Treitel* (-*Peel*) no. 14–136 ff.

dass nicht nur das Schrifttum, sondern auch viele Richter den überlieferten Grundsatz als überholt kritisiert haben.[7]

Der Boden für den Erlass des Contracts (Rights of Third Parties) Act 1999 war also wohl vorbereitet. Danach ist es nunmehr zwar möglich, dass ein Dritter aufgrund des von anderen Parteien geschlossenen Vertrages ein eigenes Recht erwirbt. Das gilt aber nur unter besonderen Voraussetzungen. Sie sind zunächst dann erfüllt, wenn die Parteien in dem Vertrag den Dritten »ausdrücklich« als Berechtigten benannt haben. Schwieriger liegt es in dem zweiten Fall: Hier kann sich der Dritte auf eine von den Parteien zu seinen Gunsten getroffene vertragliche Vereinbarung stützen, wenn er in ihr zwar nicht »ausdrücklich« als Berechtigter genannt worden ist, aber doch immerhin angenommen werden kann, dass die Vereinbarung »purports to confer a benefit on him«; das soll freilich nicht gelten, wenn die Partei, die von dem Dritten in Anspruch genommen wird, beweisen kann, dass »on a proper construction of the contract it appears that the parties did not intend the term to be enforceable by the third party«. Es kommt also letztlich auf die Auslegung des Vertrages an. Wie die englischen Gerichte dabei verfahren werden, ist, weil es bisher an gerichtlichen Entscheidungen fehlt, noch ziemlich ungewiss.[8] Kein Zweifel besteht nach dem Wortlaut des Gesetzes daran, dass sich der Dritte auch auf einen Ausschluss oder eine Beschränkung der Haftung oder auf ein anderes Verteidigungsmittel berufen kann, mit dem sich die in Anspruch genommene Partei in erster Linie auf eine Klage ihres Kontrahenten, aber auch auf eine Klage des Dritten vertei-

---

[7] So hat z.B. *Lord Diplock* in *Swain* v. *Law Society* [1983] 1 A.C. 598, 611 den vollständigen Ausschluss des Klagerechts vertragsfremder Dritter bezeichnet als »an anachronistic shortcoming that has for many years been regarded as a reproach to English private law«. Vgl. auch *Steyn* L.J. in *Darlington BC* v. *Wiltshier Northern Ltd.* [1995] 1 W.L.R. 68, 77: »[W]e do well to remember that the civil law systems of other members of the European Union recognize such contracts. That our legal system lacks such flexibility is a disadvantage in the single market. Indeed it is a historical curiosity that the legal system of a mercantile country such as England … has not been able to rid itself of this unjust rule deriving from a technical conception of a contract as a purely bilateral vinculum juris«.

[8] Man darf aber davon ausgehen, dass die genannten Voraussetzungen in zwei wichtigen Fallgruppen *nicht* erfüllt sind und der Dritte daher ein eigenes Recht in diesen Fällen *nicht* erwirbt: Das sind zunächst die Fälle, in denen man in Deutschland und in Österreich von »Verträgen mit Schutzwirkung für Dritte« spricht (vgl. S. 478 ff.). Hierher gehören ferner die Fälle einer »Vertragskette«, insbesondere also der Fall, in dem der Generalunternehmer A einem Bauherrn die Errichtung eines Gebäudes vertraglich verspricht und sodann dem Subunternehmer B einen Auftrag zur Vornahme bestimmter Bauarbeiten erteilt. Hier wissen A und B zwar, dass die richtige Ausführung der Bauarbeiten von erheblichem Interesse für den Bauherren ist; es mag auch sein, dass der Bauherr in ihrem Vertrag ausdrücklich benannt ist. Dennoch wird, solange nicht besondere Vereinbarungen getroffen sind, angenommen, dass der Bauherr aufgrund des Vertrages zwischen A und B kein eigenes Recht erwirbt, Ansprüche gegen B geltend zu machen, wenn er die Bauarbeiten nicht richtig ausgeführt hat. So *Treitel (-Peel)* no. 14–099; *McKendrick* no. 7.6.

digen darf. Ferner enthält das Gesetz noch weitere Bestimmungen z.B. zu der Frage, unter welchen Voraussetzungen das dem Dritten zugewandte Recht von den Parteien nachträglich verändert oder aufgehoben werden kann.[9]

B. Voraussetzungen des Vertrags zugunsten Dritter

I. Der Wille der Parteien

Ob aufgrund eines Vertrages ein Dritter eigene Ansprüche erwirbt, hängt davon ab, ob dies von den Vertragsparteien gewollt war. Das ist überall anerkannt und wird manchmal ausdrücklich bestimmt, so etwa in Art. 112 II OR, wo es heißt, dass der Dritte »selbständig die Erfüllung fordern [kann], wenn es die Willensmeinung der beiden anderen war«.[10]

Eine entsprechende Vereinbarung der Parteien ist notwendig, aber für die Entstehung des Forderungsrechts des Dritten auch ausreichend. Zwar macht Art. 1121 Code civil einen gültigen Vertrag zugunsten Dritter noch von weiteren Voraussetzungen abhängig (vgl. oben S. 471). Diese Voraussetzungen sind aber seit langem durch Richterrecht derogiert. Als nämlich um die Mitte des 19. Jahrhunderts das Versicherungswesen aufzublühen begann, bestand in Frankreich ein erhebliches wirtschaftliches Interesse daran, Lebensversicherungsverträge als gültige Verträge zugunsten Dritter anzusehen. Zu diesem Zweck hat der Kassationshof erstmals 1888 und dann ständig entschieden, dass als »Schenkung« i.S. des Art. 1121 jeder Vermögensvorteil anzusehen sei, den der Versprechensempfänger seinem Vertragspartner zuwendet. Ein solcher Vorteil könne auch darin liegen, dass er ihm die Zahlung einer Versicherungsprämie verspricht. Soweit Art. 1121 verlangt, dass der Versprechensempfänger sich auch selbst etwas habe versprechen lassen müssen, soll es genügen, dass aus der Leistung an den Dritten – vor allem also: aus der Zahlung der Lebensversicherungssumme an den Begünstigten – für den Versprechenden ein »profit moral« herausspringt.[11] Das bedeutet praktisch: »Le stipulant ayant nécessairement

---

[9] Vgl. dazu unten S. 488, 491 ff.

[10] Ebenso deutlich auch § 881 II ABGB und Art. 411 griech. ZGB. Ebenso Art. 6:110 (1) PECL; Art. 5.2.1 PICC; Art. II. – 9:301 DCFR; Art. 78 (1) und (2) CESL. Vgl. dazu ausführlich z.B. *H. Kötz* (oben N. 2); *S. Whittaker*, Privity of Contract and the Law of Tort; Oxf. J. Leg. Stud. 15 (1995) 327; *R. Wintgen*, Etude critique de la notion d'opposabilité: Les effets du contrat à l'égard des tiers en droit français et en droit allemand (2004); *S. Vogenauer*, Vertrag zugunsten Dritter, in: HWB des Europäischen Vertragsrechts (2009) 1681, *S. Vogenauer*, The Effects of Contracts on Third Parties, in: Vogenauer, Cartwright, Whittaker (Hrsg.), Reforming the French Law of Obligations (2009) 235.

[11] Gemäß Art. 1411 I Codice civile muss der Versprechensempfänger an der Begünstigung des Dritten ein »Interesse«, gemäß Art. 441 port. CC ein »rechtlich schutzwürdi-

un intérêt, au moins moral, à stipuler pour autrui, toute stipulation pour autrui est donc aujourd'hui valable.«[12]

Die Parteivereinbarung, die das Forderungsrecht des Dritten begründet, kann auch stillschweigend getroffen werden. Das ist dann der Fall, wenn sich aus den ausdrücklichen Abreden, aus dem Zweck des Vertrages und aus den sonstigen Umständen des Falles mit hinreichender Sicherheit ergibt, dass die Parteien dem Dritten einen durchsetzbaren Anspruch einräumen wollten. Gelegentlich sucht der Gesetzgeber die Aufgabe des Richters dadurch zu erleichtern, dass er für bestimmte Falltypen Vermutungen aufstellt. So soll gemäß § 330 BGB der Dritte »im Zweifel« ein eigenes Forderungsrecht erwerben, wenn er in einem Lebensversicherungs- oder Leibrentenvertrag als Begünstigter benannt wird, ebenso dann, wenn derjenige, der ein Vermögen oder einen landwirtschaftlichen oder gewerblichen Betrieb[13] entgeltlich oder unentgeltlich erwirbt, sich in dem Vertrag mit dem Veräußerer zu Leistungen an einen Dritten verpflichtet. Allerdings muss der Dritte – in der Regel ein Familienangehöriger des Veräußerers – durch diese Leistungen »abgefunden«, ihm also z.B. ein Ausgleich für die Verminderung seiner Erbaussichten verschafft werden.

In den bisher geschilderten Fällen ging es demjenigen, der sich von seinem Vertragspartner eine Leistung an einen Dritten versprechen ließ, in der Regel um die Versorgung eines Familienangehörigen. Schwieriger liegt es, wenn es ein sonstiger Dritter ist, der an der Erfüllung eines von anderen geschlossenen Kauf-, Miet-, Beförderungs- oder Lagervertrages ein eigenes Interesse hat und deshalb eigene Ansprüche auf Erfüllung oder wegen Nicht- oder Schlechterfüllung des Vertrages geltend machen will. Dass die Parteien des Vertrages Kenntnis von dem Interesse des Dritten haben, genügt für die Annahme eines Vertrages zugunsten des Dritten nicht. Vielmehr muss es die (ausdrückliche oder stillschweigende) Absicht der Parteien sein, dem Dritten einen durchsetzbaren Anspruch auf eine bestimmte vertragliche Leistung und/oder auf Schadensersatz wegen einer Nicht- oder Schlechtleistung einzuräumen.

Verpflichtet sich z.B. ein Bauunternehmer gegenüber einer Gesellschaft bürgerlichen Rechts zur Errichtung eines Geschäftshauses, so kann, wenn sich die Fertigstellung des Baus verzögert, ein Anspruch auf Ersatz des dadurch entstehenden Schadens auch einem einzelnen Gesellschafter zustehen, sofern der Unternehmer wusste, dass dieser Gesellschafter in dem Haus eine Arztpraxis zu betreiben gedachte und an der Einhaltung des Fertigstellungstermins ein

---

ges Interesse« haben. Aber auch das bedeutet in der Praxis nicht mehr, als dass der Vertrag nach den allgemeinen Regeln gültig sein muss. Vgl. Cass.civ. 12. Juli 1976 no. 2663, Rep. Foro it. 1977, 1731, wonach es ausreicht, dass das Interesse des Versprechensempfängers an der Begünstigung des Dritten »meramente morale« ist.

[12] *Mazeaud (-Chabas)* no. 774. Ebenso Art. 6:110 (1) PECL; Art. 5.2.1 PICC; Art. II.-9:301 DCFR; Art. 78 (1) und (2) CESL.

[13] RG 16. Okt. 1905, JW 1905, 717.

eigenes Interesse hatte.[14] Hat jemand von einem Bauträger ein Grundstück
gekauft und sich in dem Kaufvertrag verpflichtet, bei der Bebauung eine bestimmte Gebäudehöhe nicht zu überschreiten, so können, wenn sich der Käufer daran nicht hält, Schadensersatzansprüche auch zugunsten benachbarter
Grundstückseigentümer gegeben sein, wenn sie vom gleichen Bauträger gekauft und sich dabei – wie der Käufer wusste – auf dessen Erklärung verlassen
haben, dass die Grundstücke eine »unverbaubare Aussicht« hätten.[15] Wenn sich
jemand beim Verkauf seines Unternehmens dem Käufer gegenüber verpflichtet hat, allen denjenigen Arbeitnehmern einen Arbeitsplatz zu beschaffen, die
der Käufer nach einer Reorganisation des gekauften Unternehmens nicht mehr
weiterbeschäftigen kann, so lässt sich das dahin verstehen, dass zugunsten der
betroffenen Arbeitnehmer ein Anspruch gegen den Verkäufer auf Beschäfti-
gung begründet werden sollte.[16] Hat eine Bank mit einem Edelsteingroßhänd-
ler einen Schließfachvertrag geschlossen, so muss, wenn das Schließfach durch
einen Fehler der Bank ausgeraubt worden ist, ein Schadensersatzanspruch auch
dem Juwelier zustehen, der die geraubten Edelsteine dem Großhändler zur Ansicht oder zur Prüfung überlassen hatte. In Frankreich begründet man den Anspruch damit, dass der Juwelier Begünstigter eines Vertrages zugunsten Dritter
sei.[17] Ebenso würde in Deutschland entschieden werden, sofern die Bank bei
Abschluss des Schließfachvertrages Kenntnis davon hatte, dass ihr Kunde auch
Wertsachen Dritter in dem Schließfach verwahren werde.[18] Selbst in England
könnte dem Juwelier geholfen werden, zwar nicht dadurch, dass man ihn als

---

[14] Civ. 14. Juni 1989, Bull.cass. 1989.I. no. 243 = Rev.trim.civ. 89 (1990) 71 mit Anm.
Mestre. Vgl. auch die Übersicht über die fr. Rspr. bei *Larroumet* no. 802.

[15] Vgl. BGH 26. Nov. 1974, NJW 1975, 344. Damit wird den Nachbarn ein ähnlicher Schutz zugebilligt, wie er bestünde, wenn das Grundstück des Käufers zugunsten
der Nachbarn mit einer Grunddienstbarkeit belastet worden wäre. Anders in einem ähnlichen Fall aber Civ. 29. März 1933, D.H. 1933, 282 und dazu kritisch *Mazeaud (-Chabas)*
no. 754.

[16] Com. 14. Mai 1979, D. 1980, 157 mit Anm. *Larroumet.* Erfüllt der Verkäufer seine
Verpflichtung nicht und muss der Käufer deshalb an die arbeitslos gewordenen Arbeitnehmer eine Entschädigung zahlen, so steht ihm deswegen ein Schadensersatzanspruch
gegen den Verkäufer zu, mit dem er gegen dessen Kaufpreisanspruch aufrechnen kann.

[17] Com. 15. Jan. 1985, D. 1985 I.R. 344. Vgl. auch Civ. 21. Nov. 1978, J.C.P. 1980.
I.19315 mit Anm. *P. Rodière*: Der Vertrag zwischen einer Bank und einem Geldtransport-
unternehmer kann Vertrag zugunsten des Bankkunden sein, der sein Geld durch den Unternehmer zur Bank befördern lässt.

[18] Vgl. BGH 10. Mai 1984, NJW 1985, 2411 (»Vertrag mit Schutzwirkung für
Dritte«; vgl. dazu sogleich.) Falls die Bank eine solche Kenntnis nicht hat, würde das
gleiche Ergebnis auf einem anderen Wege erreicht werden: Wer fremde Sachen aufgrund
Vertrages der Obhut eines anderen anvertraut, kann von dem anderen Ersatz des Schadens verlangen, der dem *Eigentümer* der Sachen, also einem vertragsfremden Dritten,
durch eine Verletzung der Obhutspflicht entstanden ist (»Drittschadensliquidation«).
Dieser Anspruch kann von ihm an den Dritten abgetreten und alsdann von diesem geltend gemacht werden.

Begünstigten eines Vertrages zugunsten Dritter ansieht, wohl aber dadurch, dass man annimmt, es habe der Großhändler den Schließfachvertrag mit der Bank auch mit Zustimmung und im Interesse des Juweliers abgeschlossen und daher als sein »agent« gehandelt: Auch wenn er dies in eigenem Namen getan hat, können dem Juwelier als »undisclosed principal« gleichwohl eigene Ansprüche gegen die Bank zustehen (vgl. dazu oben S. 461 ff.).

Es zeigt sich, dass es ganz unterschiedliche Fallkonstellationen und Interessenlagen sind, die mit Hilfe des Vertrages zugunsten Dritter erfasst und geordnet werden können. Es zeigt sich aber auch, dass der Grundsatz, nach dem das Recht eines vertragsfremden Dritten eine entsprechende Parteivereinbarung voraussetzt, kein wirklich eindeutiges Abgrenzungskriterium liefern kann. Denn es lässt sich nicht ausschließen, dass der Richter dasjenige als »stillschweigenden Parteiwillen« ausgeben wird, was ihm nach einer Abwägung der Interessen aller Beteiligten vernünftig erscheint. Dies zeigt der Umstand, dass der Bereich, innerhalb dessen ein eigenes Recht des vertragsfremden Dritten anerkannt wird, in manchen Rechtsordnungen weiter, in anderen enger abgesteckt wird und dass die Grenzen dieses Bereichs um so weiter hinausgeschoben werden, je weniger in der betreffenden Rechtsordnung ein ausreichender Schutz des Dritten durch das *Deliktsrecht* gewährleistet werden kann.

Ein gutes Beispiel dafür liefert eine Entscheidung des Kassationshofs aus dem Jahre 1932, in der angenommen wurde, dass ein Personenbeförderungsvertrag insoweit Vertrag zugunsten Dritter sei, als den Angehörigen des Reisenden eigene Schadensersatzansprüche gegen den Beförderer zustünden, falls es während der Reise zu einem tödlichen Unfall des Reisenden gekommen ist; für diese (vertraglichen) Ansprüche haftet der Beförderer, ohne dass ihm ein Verschulden nachgewiesen werden muss, es sei denn, dass ein Fall der »force majeure« vorliegt.[19] Diese Entscheidung wurde manchmal kritisiert, weil von einem entsprechenden Willen der Parteien des Beförderungsvertrages nicht die Rede sein könne. In der Tat besteht heute für vertragliche Ansprüche der Angehörigen deshalb kein großes Bedürfnis mehr, weil der Beförderer als »gardien« seines Fahrzeugs angesehen wird und deshalb auch nach den Regeln des Deliktsrechts (nämlich aufgrund des Art. 1384 Code civil) ohne Rücksicht auf Verschulden haftet. Hinzu kommt, dass für Kraftfahrzeugunfälle aufgrund des Gesetzes vom 5. Juli 1985 »über die Verbesserung der Lage der Verkehrsunfallopfer« ein besonderes Haftungsregime eingeführt worden ist, das den Angehörigen eigene – vom Verschuldensnachweis unabhängige – Ersatzansprüche gewährt. Deshalb spricht viel für die Entbehrlichkeit einer Regel, nach der die

---

[19] Civ. 6. Dez. 1932, D.P. 1933.1.137 mit Anm. *Josserand* = S. 1934.1.81 mit Anm. *Esmein*. Allerdings stehen solche Ansprüche nur denjenigen Dritten zu, denen der tödlich verunglückte Reisende kraft Gesetzes unterhaltspflichtig ist, nicht also seiner Schwester, dies selbst dann nicht, wenn er für ihren Unterhalt aufgekommen ist. So Civ. 24. Mai 1933, D.P. 1933. I. 137 mit Anm. *Josserand*.

Hinterbliebenen durch eine »opération mentale purement fictive, inventée pour les besoins de la cause« zu Begünstigten eines »Transportvertrages zugunsten Dritter« gemacht werden.[20]

II. Verträge mit Schutzwirkung für Dritte

Besonders in der deutschen Rechtsprechung hat der Vertrag zugunsten Dritter große praktische Bedeutung als Mittel zur Schließung von Schutzlücken des Deliktsrechts erlangt. Wegweisend wurde eine Entscheidung des Reichsgerichts aus dem Jahre 1930. Ein Mieter hatte mit einem Unternehmer einen Vertrag über die Reparatur eines in der Mietwohnung angebrachten Gasofens geschlossen. Infolge eines dem Monteur unterlaufenen Fehlers kam es zu einer Explosion des Ofens und zu einer körperlichen Verletzung der Reinmachefrau, die im Auftrag des Mieters in seiner Wohnung tätig war. Das Reichsgericht billigte ihr einen *vertraglichen* Anspruch auf Schadensersatz gegen den Unternehmer zu, weil der zwischen ihm und dem Mieter abgeschlossene Werkvertrag »einen Vertrag auch zugunsten der Klägerin enthalte«.[21] Zwar handelt es sich dabei nicht – so würde man heute sagen – um einen »echten« Vertrag zugunsten Dritter, weil die Klägerin die von dem Unternehmer aufgrund des Werkvertrags geschuldete Leistung – die fehlerfreie Reparatur des Ofens – nicht selbst von ihm beanspruchen kann. Wohl aber liegt ein »Vertrag mit Schutzwirkung für Dritte« vor, weil die Verpflichtung des Unternehmers, bei der Reparatur des Ofens mit Sorgfalt zu Werke zu gehen, ihm nicht nur gegenüber seinem Auftraggeber, sondern auch gegenüber der Klägerin obliegt und er daher, wenn er diese Sorgfaltspflicht verletzt, Schadensersatz auch ihr leisten muss. Das heißt freilich nicht, dass ein Dritter sich auf die Schutzwirkungen eines von A und B geschlossenen Vertrages schon dann berufen könnte, wenn nur feststeht, dass A den Vertrag verletzt hat und dadurch ihm, dem Dritten, ein Schaden entstanden ist. Die Rechtsprechung sucht den Kreis der geschützten Dritten dadurch einzuengen, dass sie verlangt, es müsse eine Beziehung besonderer »Nähe« zwischen dem Dritten und B bestehen, so dass die Vertragsverletzung des A regelmäßig und in vorhersehbarer Weise auch zu einer Schädigung des Dritten führen wird. Die Rechtsprechung verlangt ferner, dass B ein *schutzwürdiges Interesse* an der Begünstigung des Dritten hat. Und schließlich muss dies alles für A *erkennbar* gewesen sein, so dass er weiß oder doch wissen kann, dass er im Falle einer Vertragsverletzung (auch) dem Dritten haftbar werden wird.[22]

---

[20] So *Josserand* (vorige Note) 138; vgl. auch *Larroumet* no. 803.

[21] RG 10. Feb. 1930, RGZ 127, 218, 221.

[22] Vgl. *Kötz*, Vertragsrecht (2. Aufl. 2012) Rn. 514 ff. und aus der umfangreichen Rechtsprechung RG 26. Nov. 1936, JW 1937, 737 (Vertrag zwischen Hauseigentümer und Gemeinde über die Lieferung von Trinkwasser ist Vertrag mit Schutzwirkung für

Dass das deutsche Recht bei der Zubilligung vertraglicher Schadensersatzansprüche so großzügig ist, hat einen wesentlichen Grund darin, dass solche Ansprüche oft nicht zum Ziel führen würden, wenn sie auf eine unerlaubte Handlung gestützt werden müssten. Ist z.B. jemand beim Besuch eines Kaufhauses auf einer Rolltreppe ausgerutscht oder über ein auf dem Fußboden liegendes Salatblatt gestürzt, so kann sein deliktischer Schadensersatzanspruch daran scheitern, dass der beklagte Kaufhausbetreiber den rechtspolitisch verunglückten Entlastungsbeweis gemäß § 831 BGB führen kann oder dass es dem Kläger nicht gelingt, den Beweis für ein fahrlässiges Verhalten des Beklagten zu erbringen. Hier steht sich der Kläger besser, wenn er seine Ersatzansprüche auf eine Vertragsverletzung stützen kann. Solche Ansprüche stehen ihm nicht nur dann zu, wenn er einen Kaufvertrag mit dem Beklagten bereits abgeschlossen hat oder doch wenigstens abzuschließen gedenkt. In beiden Fällen ist nämlich der Beklagte aufgrund des Vertrages oder der »vorvertraglichen« Beziehung verpflichtet, den Kläger vor Unfallgefahren zu bewahren. Vertragliche Ansprüche stehen auch demjenigen Kläger zu, der sich auf die Schutzwirkungen eines Vertrages berufen kann, den *andere* Parteien abgeschlossen oder auch nur angebahnt haben. Wenn also der 14jährige Sohn seine Mutter bei einem Kaufhausbesuch begleitet und sich dort bei einem Sturz auf dem zu glatten Fußboden verletzt hat, so stehen ihm *vertragliche* Schadensersatzansprüche gegen den Kaufhausbetreiber zu: Seine Mutter hatte mit ihm einen Kaufvertrag zwar noch nicht geschlossen, aber doch

---

die Hausbewohner, die durch den Genuss bleihaltigen Wassers geschädigt werden); BGH 7. Nov. 1960, BGHZ 33, 247 (Vertrag zwischen Fabrikant und Unternehmer über die Lieferung und Montage von Betonplatten ist Vertrag mit Schutzwirkung für die Arbeitnehmer des Fabrikanten, die durch fehlerhafte Montage der Platten einen Schaden erleiden); BGH 23. Juni 1965, NJW 1965, 1757 (Vertrag zwischen einem Verein und einem Hotel über die Überlassung eines Festsaals zur Abhaltung eines Vereinsfestes ist Vertrag mit Schutzwirkung für das Mitglied des Vereins, das auf dem zu glatten Saalboden ausrutscht und sich verletzt); BGH 22. Jan. 1968, BGHZ 49, 350 (Mietvertrag über Geschäftsräume ist Vertrag mit Schutzwirkung für diejenigen, die mit Zustimmung des Mieters ihre Sachen in die Mieträume einbringen und an den Sachen infolge der fehlerhaften Beschaffenheit der Räume einen Schaden erleiden). Ebenso die französische Rechtsprechung: Civ. 13. Okt. 1987, J.C.P. 1987.IV.391 (Vertrag zwischen einem Hotel und dem Veranstalter eines Schulungskurses gewährt dem Kursteilnehmer einen vertraglichen Schadensersatzanspruch gegen das Hotel, wenn seine Kleidungsstücke infolge mangelhafter Überwachung aus der Hotelgarderobe gestohlen wurden). Ebenso OGH 29. April 1981, JBl. 1982, 601 (Vertrag zwischen Grundstückseigentümer und Unternehmer über Planierungsarbeiten zur Anlage eines Weges ist Vertrag mit Schutzwirkung für das Energieversorgungunternehmen, das auf dem Grundstück einen Hochspannungsmast unterhält, der bei den Planierungsarbeiten beschädigt wird). Vgl. auch OGH 20. Nov. 1997, JBl. 1998, 655 (Vertrag zwischen Vermieter und Gebäudereinigungsunternehmer ist Vertrag mit Schutzwirkung zwar zugunsten der Mieter und ihrer Familienangehörigen, nicht aber zugunsten derjenigen Personen, die die Mieter vorübergehend als Gäste besuchen oder sich aus anderen Gründen kurzfristig in den Mieträumen aufhalten).

immerhin ins Auge gefasst, und auf die Schutzwirkungen dieses vertragsvorbe-reitenden Verhältnisses kann sich auch der Sohn als Dritter berufen.[23]

Wie steht es, wenn der Schaden des Klägers nicht auf einer Verletzung sei-nes Körpers oder auf einer Beschädigung seiner Sachen, sondern darauf beruht, dass ihm finanzielle Nachteile entstanden sind, er also einen »reinen Vermögens-schaden« erlitten hat? Typisch ist der Fall, in dem ein Kreditinstitut, ein Wirt-schaftsprüfer, ein Architekt oder ein anderer, aufgrund beruflichen Wissens Sachkundiger beauftragt wird, sich in einer Auskunft oder in einem Gutach-ten über die Vermögenslage oder Zahlungsfähigkeit eines Unternehmens oder über den Wert eines Vermögensgegenstandes zu äußern. Wird eine solche Aus-kunft fahrlässig falsch erteilt, so kann der Auftraggeber Schadensersatz wegen Verletzung des Auskunftsvertrages verlangen. Wie liegt es aber, wenn die Aus-kunft in die Hand eines Dritten gelangt und er es ist, der auf sie vertraut und daher einen Schaden erlitten hat? Auf das Deliktsrecht lassen sich Schadenser-satzansprüche Dritter in Deutschland nicht stützen, weil dort – von Ausnah-men abgesehen – Schadensersatz nur bei Körperverletzungen und im Falle der Beschädigung oder Zerstörung von Sachen geschuldet wird.[24] Auch über diese Schwäche des deutschen Deliktsrechts – wenn es denn eine Schwäche ist – hilft der Vertrag mit Schutzwirkung für Dritte hinweg. Er erlaubt es anzunehmen, dass auch der Dritte in den Schutz des Auskunftsvertrages einbezogen ist, so-fern nur dem Auskunftgeber erkennbar war, dass seine Auskunft (auch) für ei-nen Dritten bestimmt sei und dieser sich auf die Auskunft verlassen und im Ver-trauen auf sie Dispositionen treffen werde.[25] In anderen Ländern können dem Dritten auch in diesem Falle deliktische Ansprüche zustehen: in Frankreich, weil nach Art. 1382 Code civil alle durch »faute« verursachten Schäden – auch

---

[23] So BGH 28. Jan. 1976, BGHZ 66, 51. Solcher Kunststücke bedarf es in denjeni-gen Rechtsordnungen nicht, die über ein leistungsfähigeres Deliktsrecht verfügen, sei es, weil sie einen Entlastungsbeweis für Hilfspersonen nicht kennen, sei es, weil sie von einer strengen (vom Verschuldensbeweis unabhängigen) Haftung ausgehen, sofern der Unfall des Klägers auf die fehlerhafte Beschaffenheit eines von dem Beklagten unterhal-tenen Gebäudes oder sonstigen Werkes ausgehen. So das schweiz. und it. Recht (Art. 58 OR, Art. 2051 Codice civile), ebenso das fr. Recht, wenn der Beklagte »gardien du sol« ist und ihn deshalb die strenge Haftung gemäß Art. 1384 Abs. 1 Code civil trifft. Vgl. dazu ausführlich *F. Ranieri*, Europäisches Obligationenrecht (3. Aufl. 2009) 1345 ff.; *Zweigert/ Kötz*, Einführung in die Rechtsvergleichung (3. Aufl. 1996) § 41 II; *Kötz/Wagner*, Delikts-recht (12. Aufl. 2013) Rn. 319 ff.

[24] Zu den Ausnahmen gehört § 826 BGB. Danach sind Schäden – auch »reine Vermö-gensschäden« – von demjenigen zu ersetzen, der sie durch sittenwidriges Verhalten vor-sätzlich verursacht hat. In krassen Fällen kann daher auch die Haftung eines Auskunft-gebers gegenüber einem Dritten auf diese Vorschrift gestützt werden; vgl. z.B. BGH 17. Sept. 1985, NJW 1986, 180.

[25] Vgl. z.B. BGH 28. April 1982, NJW 1982, 2431; BGH 2. Nov. 1983, NJW 1984, 355; BGH 23. Jan. 1985. JZ 1985, 951; BGH 26. Nov. 1986, NJW 1987, 1758.

»reine Vermögensschäden« – zu ersetzen sind,[26] in England, weil die Haftung
aus dem Deliktstatbestand »negligence« zwar grundsätzlich eine Körperverletzung oder Sachbeschädigung voraussetzt, aber gerade für den Fall der Erteilung
einer schuldhaft unrichtigen Auskunft eine Ausnahme gemacht, nämlich auch
»mere pecuniary loss« ersetzt wird. Wer z.B. als Sachverständiger im Auftrag
einer Bausparkasse den Erhaltungszustand eines Hauses zu begutachten hat und
weiß, dass das Gutachten in die Hand eines Bausparers gelangen und ihn vielleicht zum Kauf des Hauses veranlassen wird, haftet dem Sparer aus dem Delikt
»negligence«, wenn das Gutachten nachlässig erstellt und dem Sparer dadurch
ein Schaden entstanden ist. Das gilt selbst dann, wenn der Sparer das fehlerhafte
Gutachten nie zu Gesicht bekommen, aber aus der Bewilligung des von ihm be-
antragten Darlehens durch die Bausparkasse den Schluss gezogen hat, dass das
Gutachten günstig gewesen sein müsse.[27] Diese Regeln werden auch auf den
Fall übertragen, in dem nicht eine Auskunft falsch erteilt, sondern eine professionelle Dienstleistung schlecht erbracht wird. Wenn etwa ein Rechtsanwalt
im Auftrag seines Mandanten ein Testament so zu erstellen hat, dass ein Dritter Erbe wird, das Testament aber infolge eines Anwaltsfehlers nicht gültig zustande kommt, so kann (nicht nur der gesetzliche Erbe die Erbschaft), sondern
auch der Dritte von dem Anwalt Schadensersatz verlangen: in Deutschland,
weil der Vertrag zwischen Anwalt und Mandant Vertrag mit Schutzwirkung
für den Dritten ist,[28] in England, weil der Anwalt eine deliktische Sorgfaltspflicht verletzt hat, die ihm gegenüber dem Dritten obliegt.[29]

---

[26] Daher kann eine Bank, die einem Nichtkunden eine unrichtige Auskunft erteilt
hat, nach Art. 1382 Code civil ersatzpflichtig sein, vgl. Req. 2. Dez. 1930, Gaz.Pal.
1931.1.38. Vgl. auch Com. 9. Jan. 1978, Bull.cass. 1978.IV. no. 12; Com. 17. Okt. 1984,
J.C.P. 1985. II. 20458 mit Anm. *Viandier*.
[27] *Smith* v. *Bush* [1990] 1 A.C. 831; *Yianni* v. *Edwin Evans & Sons* [1982] 1 Q.B. 438.
Vgl. aber auch zur »negligence«-Haftung des Wirtschaftsprüfers, der ein unrichtiges Tes-
tat erteilt hat, *Caparo Plc* v. *Dickman* [1990] 2 A.C. 605.
[28] BGH 6. Juli 1965, JZ 1966, 141 mit Anm. *Lorenz*. Ebenso BGH 11. Jan. 1977, NJW
1977, 2073: Berät ein Anwalt Eheleute beim Abschluss einer Scheidungsvereinbarung,
durch die die Kinder der Eheleute begünstigt werden sollen, und wird durch einen Fehler des Anwalts dieses Ziel nicht erreicht, so steht den Kindern (als Begünstigten eines
Vertrages mit Schutzwirkung für Dritte) ein vertraglicher Anspruch auf Schadensersatz
gegen den Anwalt zu.
[29] Vgl. dazu *White* v. *Jones* [1995] 2 W.L.R. 187 (H.L.). Hier hatte ein Mandant seinen
Anwalt mit der Errichtung eines Testaments beauftragt, das den Klägerinnen, den Töch-
tern des Mandanten, eine bestimmte Geldsumme zuwenden sollte. Durch einen Fehler
des Anwalts unterblieb die rechtzeitige Errichtung des Testamtens, so dass die Klägerinnen nach dem Tod ihres Vaters leer ausgingen und von dem Anwalt Schadensersatz
verlangten. In seinem lesenswerten Votum erörterte *Lord Goff* die Frage, ob dem Vertrag
zwischen Mandant und Anwalt nicht Schutzwirkungen zugunsten der Klägerinnen zu-
kämen und ihnen daher ein vertraglicher Anspruch zustehe (so in der Tat BGH 6. Juli
1965, vorige N.). Im Ergebnis entschied er sich jedoch mit der Mehrheit der anderen
Richter dafür, dass der Anspruch der Klägerinnen auf den Deliktstatbestand der Haftung

III. Vertragliche Ansprüche Dritter auf anderer Grundlage

Der Dritte erwirbt aufgrund des von den Parteien geschlossenen Vertrages ein eigenes Recht, wenn dies dem ausdrücklichen oder stillschweigenden Willen der Parteien entspricht. Besonders in den romanischen Rechtsordnungen findet man aber Fälle, in denen Gesetzgebung oder Rechtsprechung dem Dritten vertragliche Ansprüche einräumen, ohne dass es auf einen entsprechenden Parteiwillen ankommt.

    1. »*Action directe*«. – Unter dem Begriff »action directe« fasst man im französischen Recht die Fälle zusammen, in denen durch gesetzliche Vorschrift einem Gläubiger das Recht gegeben wird, sich wegen eines Anspruchs, der ihm gegen seinen Schuldner zusteht, unmittelbar an den »Schuldner des Schuldners« zu halten, soweit auch er noch nicht geleistet hat.[30] So kann ein Bauarbeiter, der bei einem Bauunternehmer beschäftigt ist, aber seinen Lohn noch nicht erhalten hat, Zahlung des Lohns unmittelbar vom Bauherrn verlangen, sofern die (nicht entlohnte) Arbeitsleistung auf das Bauvorhaben des Bauherrn verwandt worden ist und der Bauherr dem Unternehmer den Werklohn seinerseits noch nicht bezahlt hat.[31] Das gleiche gilt zugunsten desjenigen, der aufgrund Vertrages mit dem Generalunternehmer eines Bauvorhabens eine Bauleistung als Subunternehmer ausgeführt hat: Auch er kann – etwa im Falle der Zahlungsunfähigkeit des Generalunternehmers – Zahlung des Werklohns unmittelbar vom Bauherrn verlangen, soweit dieser den Werklohnanspruch des Generalunternehmers noch nicht befriedigt hat.[32] Ebenso kann der Vermieter, soweit der Mieter ihm den Mietzins schuldig geblieben ist, unmittelbar gegen den Unter-

---

für negligence gestützt werden müsse und mit dieser Begründung auch zu bejahen sei. Vgl. dazu *T. Weir*, A damnosa hereditas, L.Q.Rev. 111 (1995) 357; *R. Zimmermann*, Erbfolge und Schadensersatz bei Anwaltsverschulden, ZEuP 1996, 672. – Auch in den Niederlanden wird die Haftung eines Notars oder eines anderen Sachverständigen gegenüber einem Dritten auf den Deliktstatbestand des Art. 6:162 BW gestützt. Vgl. HR 23. Dez. 1994, Ned. Jur. 1996, 627; HR 15. Sept. 1995, Ned. Jur. 1996, 629 und dazu *Jansen/van der Lely*, Haftung für Auskünfte: Ein Vergleich zwischen englischem, deutschem und niederländischem Recht, ZEuP 1999, 229.

[30] Vgl. *Jamin*, La notion d'action directe (1991).

[31] Art. 1798 Code civil; Art. 1676 Codice civile; Art. 1597 span. CC; Art. 702 griech. ZGB.

[32] Art. 12 des fr. Gesetzes Nr. 75–1334 vom 31. Dez 1975 »relative à la sous-traitance«. Aus der Entscheidung des Kassationshofs (Chambre mixte) vom 30. Nov. 2007, D. 2008, 5 mit Anm. *Delpech* ergibt sich, dass Art. 12 des Gesetzes, sofern das Bauvorhaben in Frankreich ausgeführt wird, eine »loi de police« darstellt und daher dem Subunternehmer die *action directe* gegen den Bauherrn sogar dann eröffnet, wenn sein Vertrag mit dem Generalunternehmer oder der Vertrag zwischen Generalunternehmer und Bauherrn ausländischem Recht unterliegt. Vgl. dazu *J Bauerreis*, Direkter Zahlungsanspruch des Subunternehmers gegen den Auftraggeber nach fr. Recht unabhängig von der durch die Parteien getroffenen Rechtswahl, ZEuP 2011, 406.

mieter[33] und der Auftraggeber unmittelbar gegen denjenigen vorgehen, an den der Beauftragte die Ausführung des Auftrags weiterübertragen hat.[34] Besonders große praktische Bedeutung hat die »action directe«, mit der ein Geschädigter Zahlung unmittelbar vom Haftpflichtversicherer des Schädigers verlangen kann. Diesen »Direktanspruch« des Geschädigten hat die Rechtsprechung ursprünglich damit begründet, dass der Versicherungsvertrag, durch den der Versicherer gegen Zahlung einer Prämie das Risiko einer Haftung des Versicherungsnehmers gegenüber Dritten übernimmt, Vertrag zugunsten jener Dritter sei. Diese Rechtsprechung ist seit langem vom Gesetzgeber ratifiziert worden.[35] Soweit es um die Haftpflichtversicherung der Kraftfahrzeughalter geht, ist der »Direktanspruch« der Opfer des Straßenverkehrs inzwischen europaweit eingeführt worden.[36]

2. *Vertragliche Ansprüche unter den Parteien »verknüpfter Verträge«.* − Seit langem ist in der französischen Rechtsprechung anerkannt, dass der Käufer den Schaden, der ihm durch verborgene Mängel der Kaufsache entstanden ist, unmittelbar vom Hersteller ersetzt verlangen kann. Anerkannt ist ebenfalls, dass dieser Anspruch des Käufers vertraglicher Natur ist, selbst wenn Vertragsbeziehungen zwischen ihm und dem Hersteller nicht bestehen, weil die Ware aufgrund mehrerer Kaufverträge von Hand zu Hand gegangen und erst ganz am Ende zum Käufer gelangt ist. Auch hier spricht man davon, dass der Käufer seine Ansprüche auf eine *action directe* stützt. Wie allerdings die vertragliche Natur dieses »Direktanspruchs« erklärt werden kann, ist bestritten. Manche Autoren haben in den Kaufvertrag zwischen Hersteller und erstem Käufer eine »stipulation pour autrui« hineingelesen, also angenommen, dass der Hersteller das Fehlen verborgener Mängel nicht nur seinem Vertragspartner, sondern auch allen künftigen Käufern habe garantieren wollen. Andere wollen annehmen, dass der (künftige) Anspruch auf Schadensersatz von jedem Käufer durch (stillschweigende) Abtretung auf den nächsten Käufer übertragen werde oder dass

---

[33] Art. 1753 Code civil; Art. 1595 Codice civile; Art. 1552 span. CC; Art. 1063 port. CC.

[34] Art. 1994 II Code civil; Art. 1705 II Codice civile; Art. 1722 span. CC; Art. 716 III griech. ZGB; Art. 399 III OR. − Die französische Rspr. hat diesen Gedanken auch »umgekehrt«: Der Beauftragte kann seinen Anspruch auf Aufwendungsersatz nicht nur gegen seinen Auftraggeber, sondern auch unmittelbar gegen den »Auftraggeber des Auftraggebers« durchsetzen; vgl. Civ. 27. Dez. 1960, Gaz.Pal. 1961.1.258. Anders aber die schweizerische Rspr.: BG 8. Mai 1915, BGE 41 II 268, 271.

[35] Vgl. heute Art. L. 124−3 Code des assurances. Praktisch zum gleichen Ergebnis dürfte Art. 3:287 BW führen: Danach steht dem Geschädigten ein »voorrecht« an der Forderung zu, die der Schädiger gegen seinen Haftpflichtversicherer auf Deckung des Schadens hat; diese Forderung kann der Geschädigte selbst geltend machen, ohne dass ihm Rechte Dritter entgegengehalten werden können.

[36] Vgl. Art. 6 der Anlage zum Europäischen Übereinkommen vom 20. April 1959 über die obligatorische Haftpflichtversicherung für Kraftfahrzeuge (BGBl. 1965 II 282). Vgl. dazu z.B. § 115 I dt. Vesicherungsvertragsgesetz; s. 148 Road Traffic Act 1988.

der Anspruch gleichsam »Zubehör« der Ware (ein »accessoire« der Kaufsache im Sinne des Art. 1615 Code civil) darstelle und deshalb automatisch auf denjenigen übergehe, der an ihr das Eigentum erwirbt.[37]

Die französische Rechtsprechung hat aber den Bereich, in dem sie Dritte zur Geltendmachung vertraglicher Ansprüche zulässt, in den letzten Jahren erheblich erweitert. Bis vor kurzem schien es so, als werde ein Schadensersatzanspruch immer dann als »vertraglich« qualifiziert, wenn zwar unter den Parteien vertragliche Beziehungen nicht bestehen, aber jede von ihnen einen Vertrag mit einem Dritten geschlossen hat und diese Verträge, obwohl rechtlich voneinander unabhängig, nach ihrer wirtschaftlichen Zielsetzung miteinander zu einem Netzwerk verknüpft sind und deshalb als »*groupe de contrats*« oder als »*ensemble contractuel*« bezeichnet werden können. So liegt es z.B., wenn zur Durchführung eines Bauvorhabens der Bauherr mit einem Generalunternehmer, dieser mit einem Subunternehmer und dieser wiederum mit einem Baustofflieferanten Verträge schließen. Wenn in einem solchen Fall der Lieferant mangelhafte Baustoffe geliefert oder der Subunternehmer eine mangelhafte Bauleistung erbracht hat und der dadurch entstandene Baumangel später vom Bauherrn entdeckt und auf eigene Kosten beseitigt worden ist, so kann er Schadensersatz wegen Vertragsverletzung vom *Generalunternehmer* verlangen, wenn die dafür erforderlichen Voraussetzungen gegeben sind. Wie liegt es aber, wenn der Generalunternehmer zahlungsunfähig oder der Anspruch gegen ihn verjährt ist? Kann der Bauherr in diesem Falle seinen Anspruch auch unmittelbar gegen den Baustofflieferanten oder den Subunternehmer geltend machen? Da zwischen den Parteien in diesem Falle direkte vertragliche Beziehungen nicht bestehen, scheint in erster Linie ein deliktischer Anspruch in Betracht zu kommen und zum Ziel zu führen, weil gemäß Art. 1382 Code civil »tout dommage« – also auch der dem Bauherrn durch den Reparaturaufwand entstandene »reine Vermögensschaden« – zu ersetzen ist, sofern er durch ein rechtswidrig-schuldhaftes Verhalten (»faute«) herbeigeführt wurde.[38] Durch einen solchen deliktsrechtlichen »Durchgriff« würde allerdings die vertraglich geordnete Risikoverteilung unter den mehreren Parteien aus den Angeln gehoben und auch die Verjährungsfrist des Werkvertragsrechts umgangen werden. Deshalb hat der Kassationshof in zahlreichen Entscheidungen den »Durchgriff« zwar zugelassen, aber

---

[37] Vgl. zu diesen verschiedenen »Theorien« *Malinvaud* in Anm. zu Civ. 5. Jan. 1972, J.C.P. 1973.II.17340; *J.-S. Borghetti*, Breach of Contract and Liability to Third Parties in Fench Law: How to Break the Deadlock?, ZEuP 2010, 279, 284 ff.

[38] Anders die Rspr. in Deutschland (BGH 30. Mai 1963, BGHZ 39, 366) und – wenn auch erst nach manchen Schwankungen – in England, vgl. *Murphy* v. *Brentwood* [1990] 2 All E.R. 908 (H.L.). Beide Rechtsordnungen kommen, wenn auch mit unterschiedlicher Begründung, zu dem Ergebnis, dass dem Bauherrn keine Ansprüche aus unerlaubter Handlung zustehen, soweit er mit ihnen den Ausgleich bloßer Vermögensschäden verlangt.

den Anspruch des Klägers, obwohl es an direkten vertraglichen Beziehungen zum Beklagten fehlte, als »vertraglich« qualifiziert, dies mit der Folge, dass zum einen deliktische Ansprüche des Klägers ausschieden[39] und zum anderen der Beklagte sich auf alle Einreden berufen konnte, die sich sowohl aus dem Vertrag mit seinem Vormann wie aus dem Vertrag zwischen diesem und dem Kläger ergaben.[40]

An dieser Rechtsprechung hat man kritisiert, dass sie mit dem in Art. 1165 Code civil niedergelegten Grundsatz der »Relativität vertraglicher Bindung« nicht vereinbar sei und der Begriff »groupe de contrats« sich jeder genauen Abgrenzung entziehe. Und in der Tat hat der Kassationshof den Versuch gemacht, das Ruder herumzuwerfen, indem er in einer Plenarentscheidung erklärte, dass dem Bauherrn gegen den Subunternehmer keine vertraglichen Ansprüche zustünden, er also den Schaden, der ihm durch fehlerhafte Arbeiten des Subunternehmers entstanden sei, nur auf der Grundlage des Deliktsrechts ersetzt verlangen könne, also nur dann, wenn ihm der Beweis eines Verschuldens (faute) gelingt. Daraus folgt auch, dass sich der Subunternehmer auf die Deliktsklage des Bauherrn nicht mit Einreden verteidigen kann, die er dem Generalunternehmer aufgrund des mit ihm geschlossenen Vertrages hätte entgegenhalten können.[41] Aber damit war nicht genug Öl auf die Wogen gegossen worden.

---

[39] Dies folgt aus der »doctrine du non-cumul«: Danach ist eine »Kumulierung« deliktischer Ansprüche mit vertraglichen unzulässig; vielmehr werden die deliktsrechtlichen Ansprüche stets durch vertragliche Ansprüche, sofern sie nur überhaupt in Betracht kommen, verdrängt. Vgl. dazu ausführlich *G. Viney*, Introduction à la responsabilité (3. Aufl. 2008) no. 216 ff.

[40] Vgl. z.B. Civ. 29. Mai 1984, D. 1985, 213 mit Anm. *Bénabent* = J.C.P. 1985.II.20387 mit Anm. *Malinvaud*; Ass.plén. 7. Feb. 1986, D. 1986, 293 mit Anm. *Bénabent* = J.C.P. 1986.II.20616 mit Anm. *Malinvaud*. Vgl. auch Civ. 8. März 1988, J.C.P. 1988.II.21070 mit Anm. *Jourdain*: Hier hatte der Kläger einen Auftrag zum Entwickeln seiner Filme einem Fotogeschäft erteilt, das die Ausführung der Arbeiten einem Labor-Unternehmen übertragen hatte. Von ihm verlangte der Kläger Schadensersatz wegen des Verlusts der Filme. Obwohl zwischen den Parteien vertragliche Beziehungen nicht bestanden, wurde der Anspruch des Klägers als vertraglicher Anspruch bezeichnet und daher dem Beklagten erlaubt, sich auf die Klage mit Einreden aus *beiden* Verträgen zu verteidigen. Vgl. auch Civ. 21. Juni 1988, D. 1989, 5 mit Anm. *Larroumet* = J.C.P. 1988.II.21125 mit Anm. *Jourdain*: Hier wurde das gleiche Ergebnis in einem Fall erzielt, in dem ein Flugzeug beschädigt worden war, als es im Auftrag seines Eigentümers von der Verwaltung eines Flughafens mittels eines von ihr zu diesem Zweck gekauften Traktors über das Rollfeld bewegt wurde. Da der Schaden an dem Flugzeug auf einem mechanischen Versagen des Traktors beruhte, verlangte der Eigentümer Schadensersatz nicht nur von der Flughafenverwaltung, sondern auch von dem Hersteller des Traktors und dem Zulieferer eines defekten Einzelteils. Die vertragliche Natur der Ersatzansprüche des Klägers wurde damit begründet, dass die Verträge unter den (vier) beteiligten Unternehmen als »groupe de contrats« anzusehen seien.

[41] Ass.plén. 12. Juli 1991, J.C.P. 1991.II.21743 (arrêt *Besse*) mit Anm. *Viney* = D. 1991, 549 mit Anm. *Ghestin*; vgl. ferner *Jamin* D. 1991 Chron. 257; vgl. dazu auch *Larroumet*

Einzelne Senate des Kassationshofs entschieden nämlich, dass die Klage des Dritten zwar auf eine unerlaubte Handlung gestützt werden müsse, aber schon dann begründet sei, wenn nur feststehe, dass der Beklagte den mit einem anderen geschlossenen Vertrag verletzt habe und dadurch dem Kläger ein Schaden entstanden sei.[42] Obwohl mit dieser Regel den Klagen geschädigter Dritter Tür und Tor geöffnet wurden, hat sie der Kassationshof in einer weiteren Plenarentscheidung übernommen. Kläger war ein Einzelhändler, der sein Geschäft in Räumen betrieb, die ihm von einem Unternehmer – der Firma *Myr'ho* – vermietet worden waren. Er machte geltend, dass die Räume mangelhaft unterhalten worden seien und er deshalb Umsatzverluste erlitten habe. Schadensersatz verlangte er aber nicht von seinem Vertragspartner *Myr'ho*, sondern von dem Eigentümer des Gebäudes, der es als ganzes – mitsamt den vom Kläger benutzten Räumen – an die Firma *Myr'ho* vermietet hatte. Der Kassationshof gab der Klage des Einzelhändlers statt, dies mit der lapidaren Begründung, dass »ein vertragsfremder Dritter sich auf der Grundlage eines Anspruchs aus unerlaubter Handlung auf eine Vertragsverletzung stützen kann, sofern ihm durch sie ein Schaden entstanden ist«.[43]

Mit dieser Entscheidung hat sich der Kassationshof weit von den Regeln entfernt, nach denen die Klagen vertragsfremder Dritter in anderen Rechtsordnungen behandelt werden.[44] Nach britischem Recht steht dem Dritten grundsätzlich nur eine deliktsrechtliche Klage zu. Sie ist aber, wenn der Ersatz bloßer Vermögensschaden verlangt wird, nur dann begründet, wenn der Richter feststellen kann, dass der Beklagte dem Dritten eine »duty of care« schuldet und er diese Pflicht fahrlässig missachtet hat.[45] Nach deutschem Recht stehen dem

---

J.C.P. 1991.I.3531; *Jourdain* D. 1992 Chron. 149; *Witz/Wolter* ZEuP 1993, 360; *Borghetti* (oben N. 38) 286 f.

[42] Civ. 18. Juli 2000, Bull. cass. 2000. I. no. 221 = J.C.P. 2000. II. 11415 mit Anm. *Sagres*; anders Com. 18. Okt. 2002, J.C.P. 2003. I. 152 mit Anm. *Viney*.

[43] Ass. plén. 6. Okt. 2006, D. 2006, 2825 (arrêt *Myr'ho*) mit Anm. *Viney*. Vgl. dazu kritisch und mit Hinweisen auf das umfangreiche Schrifttum *Borghetti* (oben N. 38) 289 ff.

[44] Zu beachten ist aber, dass die erwähnte Rspr. des Kassationshofs *nicht* diejenigen Fälle betrifft, in denen der Schaden des Dritten auf der fehlerhaften Beschaffenheit einer *Sache* beruht, die aufgrund einer Kette von Verträgen in seinen Besitz gelangt ist: Hier bleibt es dabei, dass dem Dritten *vertragliche* Ansprüche gegen jeden Unternehmer zustehen, der die Sache hergestellt oder sie im Rahmen der Vertragskette weitergegeben hat. Vgl. z.B. Civ. 28. April 1998, Bull. cass. 1998. I. no. 104 und oben S. 483 f. Aus dem Umstand, dass der Anspruch des Dritten in diesen Fällen als vertraglich qualifiziert wird, ergibt sich freilich *nicht*, dass ein französisches Gericht, das über die Klage eines Dritten gegen einen deutschen Hersteller zu urteilen hat, seine internationale Zuständigkeit (gemäß Art. 5 EuGVÜ, jetzt Art. 5 Abs. 1 a Brüssel I-VO) aus dem Umstand herleiten darf, dass es über einen »vertraglichen Anspruch« zu entscheiden habe. Vgl. dazu dazu EuGH 17. Juni 1992, Slg. 1992, I-3967 (*Handte/TMCS*).

[45] Vgl. z.B. die oben N. 28 und 30 genannten Entscheidungen, ferner *Simaan General Contracting Co.* v. *Pilkington Glass Ltd.* (*No. 2*) [1988] Q.B. 758.

Dritten zwar vertragliche Ansprüche zu, auch dies aber nur dann, wenn die besonderen Voraussetzungen erfüllt sind, unter denen ausnahmsweise ein »Vertrag mit Schutzwirkung für Dritte« angenommen werden kann.[46] Nach französischem Recht hat es dagegen den Anschein, als müsse jede Partei, die den mit einem anderen geschlossenen Vertrag verletzt hat, sich darauf einstellen, dass sie nicht nur ihrem Vertragspartner, sondern jedem Dritten haftbar werden kann, sofern ihm als Folge der Vertragsverletzung ein Schaden entstanden ist. Unter diesen Umständen fragt man sich, was noch von dem rechtspolitisch gesunden Grundsatz des Art. 1165 Code civil übrig ist: »Les conventions n'ont effet qu'entre les parties contractantes.«

IV. Haftungsbeschränkungen zugunsten Dritter

Im allgemeinen verhält es sich bei einem Vertrag zugunsten Dritter so, dass der Dritte einen *Anspruch* gegen eine der Vertragsparteien erwirbt. Ist es zulässig, dass in entsprechender Weise durch den Vertrag zugunsten des Dritten eine *Einrede* begründet wird? Können die Parteien dem vertragsfremden Dritten nur ein Schwert, oder können sie ihm auch einen Schild in die Hand geben?

Die Gerichtspraxis in England und Deutschland zeigt, dass die Frage besonders häufig im Transportrecht auftritt. Hat sich jemand in einem Transportvertrag zur Beförderung der Waren des Versenders verpflichtet, so ist es die Regel, dass er in dem Vertrag seine Haftung für den Verlust oder die Beschädigung der Ware einschränkt oder ausschließt. Hinzu kommt häufig, dass der Beförderer die Ausführung des Vertrages ganz oder teilweise einem anderen Frachtführer überträgt oder Hilfsgeschäfte mit Stauerei- oder Lagerhausunternehmern abschließt. Wenn nunmehr der Versender wegen eines Schadens an der Ware nicht seinen Vertragspartner, nämlich den Beförderer, sondern die anderen, an dem Transport beteiligten Unternehmer in Anspruch nimmt, so fragt sich, ob die Haftungsbeschränkungsklausel »Drittwirkung« hat, mit anderen Worten: ob sich auch die anderen Unternehmer, obwohl nicht als Partei an dem vom Versender abgeschlossenen Transportvertrag beteiligt, sich auf die dort vereinbarten Haftungsbeschränkungen berufen können. Die gleiche Frage entsteht, wenn der Versender nicht von den weiteren beteiligten Unternehmern, sondern von ihren Leuten – vom Kapitän, Stauervize oder Kranführer – Schadensersatz verlangt.

Die britischen Gerichte haben die »Drittwirkung« solcher Haftungsausschluss- oder Haftungsbeschränkungsregeln oft bejaht. Dazu bedurfte es freilich einiger juristischer Kunststücke. Die einfache Überlegung, dass die geschützten Dritten sich deshalb auf die Klausel müssten berufen können, weil dies von den

---

[46] Vgl. oben den Text zu N. 22 f.

Parteien ernstlich gewollt sei, stößt sich an dem Dogma »that no one can enforce a contract to which he was not a party«.[47] Deshalb mussten die Gerichte eine Vertragsbeziehung unmittelbar zwischen Versender und Drittem konstruieren, indem sie annahmen, dass entweder der Beförderer bei Abschluss des Beförderungsvertrages, soweit es um die darin enthaltene Freizeichnung geht, auch als »agent« für den Dritten kontrahiert hat, oder dass der Versender die Freizeichnung auch dem Dritten stillschweigend offeriert und dieser die Offerte später ebenso stillschweigend angenommen hat.[48] Inzwischen lässt sich aufgrund des Contracts (Rights of Third Parties) Act 1999 das gleiche Ergebnis auf einfachere Weise erreichen. In s. 1 (6) ist nämlich bestimmt, dass eine Vertragspartei, die sich zugunsten ihres Kontrahenten auf einen Ausschluss oder eine Beschränkung ihrer Haftung eingelassen hat, sich diese Vereinbarung auch dann entgegenhalten lassen muss, wenn sie einen *Dritten* auf Schadensersatz in Anspruch nimmt und es daher dieser Dritte ist, der sich mit dem Ausschluss oder der Beschränkung der Haftung verteidigt. Das gilt allerdings nur dann, wenn der Vertrag den Dritten als Begünstigten ausdrücklich benennt oder sich ihm wenigstens entnehmen lässt, dass er »purports to confer a benefit on him.«

In den Niederlanden sieht Art. 6:253 BW ausdrücklich vor, dass durch Vertrag zugunsten Dritter nicht nur ein Recht des Dritten auf eine Leistung, sondern auch ein Recht des Dritten begründet werden kann, »sich gegenüber einer der Vertragsparteien in anderer Weise auf den Vertrag zu berufen«, insbesondere also: sich ihm gegenüber mit einer in dem Vertrag geregelten Haftungsfreizeichnung oder -beschränkung zu verteidigen. Zum gleichen Ergebnis kommt die deutsche Rechtsprechung. Ist z.B. in einem Transportvertrag vereinbart worden, dass »sämtliche Ansprüche gegen die Reederei in 6 Monaten verjähren«, so kann sich auf diese Vereinbarung nicht nur der Reeder selbst, sondern auch ein von ihm mit dem Transport beauftragter anderer Reeder und sogar dessen Schiffsführer berufen.[49] Die praktisch bedeutsame Frage, ob der Ausschluss oder die Beschränkung der Haftung, die sich ein Unternehmer vertraglich ausbedungen hat, auch sein *Personal* schützt, wird in Art. 6:257 BW klar bejaht: Danach können die Leute des Unternehmers sich gerade so auf die Freizeichnung berufen, »als wären sie selbst Partei der Vereinbarung«, und zwar ohne dass es darauf ankommt, ob nach dem Wortlaut der Vereinbarung ausdrücklich auch sie von der Haftung freigestellt werden sollten.[50] Das gleiche

---

[47] Vgl. *Lord Denning* in *Adler* v. *Dickson* [1955] 1 Q.B. 158, 181.

[48] Vgl. z.B. *Elder, Dempster & Co.* v. *Paterson, Zochonis & Co.* [1924] A.C. 522; *Scruttons Ltd.* v. *Midland Silicones Ltd.* [1962] A.C. 446; *The Eurymedon* [1975] A.C. 154 und dazu ausführlich *Treitel (-Peel)* no. 14-064 ff.

[49] BGH 21. Okt. 1971, VersR 1972, 40; ebenso BGH 7. Juli 1960, VersR 1960, 727, 729; BGH 28. April 1977, VersR 1977, 717.

[50] Art. 6:257 gilt nur zugunsten der Verrichtungsgehilfen (»ondergeschikte«) des Unternehmers. Bei Lager- und Transportverträgen gelten entsprechende Regeln auch

Ergebnis erzielt die deutsche Rechtsprechung auch ohne eine besondere gesetzliche Grundlage. Hat also ein Unternehmer durch Vertrag die Bewachung einer Baustelle übernommen, sich aber von der Haftung für den Fall freigezeichnet, dass es »bei der Bedienung und Bewachung von Maschinen, Öfen, Kesseln und Heizungsvorrichtungen« zu einem Schaden kommt, so muss die Klage, die nach dem Eintritt eines solchen Schadens von dem Bauunternehmer gegen den Wachmann erhoben wird, abgewiesen werden: Es ergebe sich zwar nicht aus dem Wortlaut der getroffenen Vereinbarung, wohl aber aus den Umständen, dass der Bewachungsunternehmer ein eigenes – auch seinem Vertragspartner erkennbares – Interesse daran gehabt hat, den Schutz der Haftungsbeschränkung auch seinen Leuten zugute kommen zu lassen.[51] In der Tat weiß jeder, der mit einem selbständigen Unternehmer einen Werk-, Beförderungs-, Lager- oder Bewachungsvertrag schließt, dass die geschuldeten Leistungen nicht von dem Unternehmer persönlich, sondern von seinen Leuten erbracht werden. Wenn sich der Auftraggeber in einem solchen Falle auf eine (gültige) Freizeichnungsklausel eingelassen hat, so wäre es absurd, wenn er oder sein Versicherer, bei dem er das Risiko gedeckt hat, die Freizeichnungsklausel dadurch ausmanövrieren könnten, dass sie die *Leute* des Vertragspartnersn nach den allgemeinen Regeln des Deliktsrechts auf Schadensersatz in Anspruch nehmen.

C. Wirkungen des Vertrages zugunsten Dritter

I. Rechte des Versprechensempfängers

Wer sich in einem Vertrag zur Leistung an einen Dritten verpflichtet, wird dadurch zwar Schuldner des Dritten, aber nicht sein Vertragspartner. Vertragspartner des Versprechenden ist allein der Versprechensempfänger, und es fragt sich deshalb, welche Rechte ihm (neben dem Dritten) gegen den Versprechenden zustehen.

Allgemein anerkannt ist, dass der Versprechensempfänger, sofern nichts anderes vereinbart ist, von dem Versprechenden verlangen kann, dass er die versprochene Leistung an den Dritten erbringe.[52] Ebenfalls kann er Ersatz des Schadens verlangen, der ihm dadurch entsteht, dass der Versprechende die Leis-

zugunsten selbständiger Unterlagerhalter oder -frachtführer; vgl. Art. 7:608 und 8:71, 362 ff. BW.
[51] BGH 7. Dez. 1961, NJW 1962, 388. Ebenso BGH 12. März 1985, VersR 1985, 595: Hat ein Bauunternehmer seine Haftung wirksam auf den Fall des Vorsatzes oder der groben Fahrlässigkeit beschränkt, so können sich auch seine Leute auf diese Vereinbarung berufen. – Die gleiche Regelung findet sich in Art. 5.2.3 PICC; Art. II. 9:301 (3) DCFR; Art. 78 (2) CESL, nicht aber – wohl versehentlich – in Art. 6:110 PECL.
[52] Civ. 12. Juli 1956, D. 1956, 749 mit Anm. *Radouant*; Com. 14. Mai 1979 (oben

tung an den Dritten verspätet oder gar nicht erbracht hat; in diesem Falle kann er sich auch auf die Einrede des nichterfüllten Vertrages berufen und seine eigene Leistung so lange zurückhalten, bis der Versprechende an den Dritten geleistet hat. Zweifelhaft kann allenfalls sein, ob der Versprechensempfänger den Vertrag anfechten oder von ihm wegen einer Pflichtverletzung des Versprechenden Abstand nehmen und damit auch das Recht des Dritten auf die Leistung zum Erlöschen bringen kann. Im allgemeinen wird diese Frage bejaht. Hat also ein Käufer dem Verkäufer versprochen, einen Teil des Kaufpreises an einen Dritten zu zahlen, so muss der Käufer, wenn er arglistig getäuscht worden ist, den Vertrag anfechten und, wenn die Kaufsache fehlerhaft ist, vom Kaufvertrag Abstand nehmen können; einer Zustimmung des Dritten bedarf er dazu auch dann nicht, wenn das Recht des Dritten unwiderruflich geworden ist (vgl. dazu unten S. 491 ff.).

II. Einwendungen des Versprechenden

Das Recht des Dritten beruht auf dem Vertrag, den der Versprechende mit dem Versprechensempfänger geschlossen hat. Daraus folgt, dass der Versprechende sich gegenüber dem Dritten mit allen Einwendungen verteidigen kann, die er aufgrund des Vertrages dem Versprechensempfänger entgegenhalten könnte, wenn er von ihm auf Leistung an den Dritten in Anspruch genommen würde.[53] Verlangt also der Dritte in dem eben genannten Beispielsfall vom Käufer Zahlung des ihm versprochenen Kaufpreisteils, so kann dieser die Einrede des nicht erfüllten Vertrages erheben und die Zahlung zurückhalten, solange nicht der Verkäufer seine Verpflichtungen aus dem Kaufvertrag erfüllt hat; er kann die Zahlung endgültig ablehnen, wenn er den Kaufvertrag angefochten oder von ihm Abstand genommen hat. Freilich müssen die Einwendungen auf dem Vertrag beruhen, der das Recht des Dritten begründet hat. Sind sie »extérieurs

---

N. 17); § 335 BGB; § 881 I ABGB; Art. 112 I OR; Art. 6–256 BW; Art. 410 griech. ZGB; Art. 444 II port. CC; Art. 233 III ung. ZGB.

[53] Com. 25. März 1969, Bull.cass. 1969.IV. no. 118; Civ. 7. März 1989, J.C.P. 1989. IV.170; Civ. 29. Nov. 1994, Bull.cass. 1994. I. no. 353; § 334 BGB; § 882 II ABGB; Art. 1413 Codice civile; Art. 414 griech. ZGB; Art. 449 port. CC; Art. 393 III poln. ZGB; ebenso Art. 5.2.4 PICC; Art. II.-9:302 (b) DCFR; Art. 78 (3) (b) CESL. Freilich kann in einem Einzelfall auch anders zu entscheiden sein. In BGH 17. Jan. 1985, BGHZ 93, 271 hatte ein Reiseveranstalter bei einer Fluggesellschaft Plätze auf bestimmten Flügen zwischen Frankfurt und den Antillen gechartert und sie an Reisende verkauft, denen als Drittbegünstigten des Chartervertrags ein eigener vertraglicher Anspruch auf Beförderung gegen die Fluggesellschaft zugebilligt wurde. Das Gericht entschied, dass die Fluggesellschaft die Beförderung der Reisenden nicht mit der Begründung verweigern könne, dass der Reiseveranstalter zahlungsunfähig geworden sei und das vertraglich vereinbarte Charterentgelt nicht bezahlt habe.

au contrat générateur de la stipulation pour autrui«[54], so helfen sie dem Versprechenden nicht. Er kann also gegenüber dem Dritten nicht mit einer Forderung aufrechnen, die ihm gegen den Versprechensempfänger aus einem anderen Rechtsgrunde zusteht.[55] Anders liegt es, wenn die Forderung, mit der der Versprechende dem Dritten gegenüber aufrechnen will, unmittelbar aus einer Rechtsbeziehung zu dem Dritten hervorgegangen ist.

III. Nachträgliche Aufhebung oder Veränderung des Rechts des Dritten

Häufig liegt zwischen dem Abschluss des Vertrages und dem Zeitpunkt, in dem der Dritte sein Recht gegen den Versprechenden durchsetzen kann, ein Zeitraum von vielen Jahren. In solchen Fällen ist die Frage wichtig, ob das zugunsten des Dritten durch den Vertragsabschluss begründete Recht während dieses Zeitraums ohne seine Zustimmung modifiziert oder aufgehoben werden darf.

Die meisten europäischen Rechtsordnungen nehmen in dieser Frage die Regel des französischen Code civil zum Ausgangspunkt. Danach kann das Recht des Dritten nicht mehr aufgehoben oder verändert werden, »si le tiers a déclaré vouloir en profiter« (Art. 1121 Satz 2). Auch nach Art. 112 III OR wird das Recht des Dritten unentziehbar, sobald er dem Versprechenden »erklärt hat, von seinem Recht Gebrauch machen zu wollen«.[56]

Allerdings wird dieser Grundsatz oft dadurch eingeschränkt, dass für einen praktisch besonders wichtigen Fall eine Ausnahmeregelung getroffen wird, für den Fall nämlich, dass die Leistung an den Dritten erst nach dem Tode des Versprechensempfängers zu erbringen ist: Ist nichts anderes vereinbart, so kann der Versprechensempfänger in diesem Fall das Recht des Dritten auch dann noch abändern oder aufheben, wenn dieser die Erklärung, dass er von dem Recht Gebrauch machen wolle, abgegeben hat.[57] Im schweizerischen Recht ist anerkannt, dass die Regelung in Art. 112 III OR nicht zwingend ist, die Parteien

---

[54]   *Larroumet* no. 820.

[55]   BGH 27. Feb. 1961, MDR 1961, 481, 482. Hier wird ein charakteristischer Unterschied zur Abtretung deutlich: Hätte der Dritte seine Forderung nicht (originär) durch einen Vertrag zugunsten Dritter, sondern (derivativ) durch eine Abtretung erworben, so müsste er sich die Aufrechnung mit Gegenforderungen gefallenlassen, gleichviel auf welchem Rechtsgrund sie beruhen, sofern sie nur nicht vom Schuldner zu einem Zeitpunkt erworben worden sind, in dem er bereits Kenntnis von der Abtretung hatte (vgl. unten S. 522).

[56]   Ebenso Art. 1411 II Satz 2 Codice civile; Art. 1257 II span. CC; Art. 448 I port. CC; Art. 412 griech. ZGB; Art. 6:253 II BW; Art. 393 II poln. ZGB. Vgl. dazu auch *Kötz* (oben N. 2) s. 39 ff.

[57]   So Art. 1412 I Codice civile; Art. 448 I port. CC.

also vereinbaren können, dass das Recht des Dritten unabhängig von seiner Annahmeerklärung widerruflich sein soll.

In Frankreich wird demgegenüber der Grundsatz des Art. 1121 Satz 2 Code civil streng durchgeführt und offenbar als zwingend angesehen. Insbesondere gilt er auch für Lebensversicherungsverträge, weil nach Art. L 132–8 Code des assurances zwar die Ersetzung des ursprünglich Begünstigten durch einen anderen zugelassen ist, dies aber nur, solange der ursprünglich Begünstigte nicht die »Annahme« erklärt hat. Es hat daher den Anschein, als könne sich der Versprechensempfänger (insbesondere: der Versicherungsnehmer) sein Widerrufsrecht nur dadurch erhalten, dass er den Abschluss des Vertrages vor dem Dritten geheimhält und ihm so die Chance einer »Annahmeerklärung« nimmt. So weit braucht man aber in der Praxis wohl nicht zu gehen. Zum einen liegt eine »Annahmeerklärung« des Dritten nicht schon dann vor, wenn er von seiner Begünstigung zustimmend Kenntnis nimmt, sondern erst dann, wenn er seinen Namen auf die Police gesetzt oder eine entsprechende schriftliche Erklärung gegenüber dem Versicherer abgegeben oder statt des Versicherungsnehmers die Prämien aus eigener Tasche bezahlt und dadurch seinen Annahmewillen deutlich zum Ausdruck gebracht hat. Zum anderen kann der Versicherungsnehmer das Recht des Dritten ausnahmsweise auch dann widerrufen, wenn dieser eine »Annahmeerklärung« abgegeben hat. So liegt es in dem hoffentlich seltenen Fall, in dem der Dritte den Versicherungsnehmer umzubringen versucht hat,[58] ferner dann, wenn die Begünstigung des Dritten schenkungshalber erfolgt ist und der Versicherungsnehmer dartun kann, dass der Dritte sich ihm gegenüber grob undankbar verhalten oder Auflagen nicht erfüllt hat.[59] Aus Art. 1096 Code civil, wonach Schenkungen unter Ehegatten jederzeit widerruflich sind, hat die Rechtsprechung sogar hergeleitet, dass ein Ehegatte auch ohne besonderen Grund die Begünstigung des Ehepartners in einem Lebensversicherungsvertrag jederzeit widerrufen kann, selbst wenn dieser die »Annahme« erklärt haben sollte.[60]

Unter diesen Umständen spricht viel dafür, dass man die Frage, ob das Recht des Dritten nachträglich verändert oder aufgehoben werden kann, nicht durch zwingende gesetzliche Vorschriften regelt, sondern der Parteivereinbarung überlässt. Dies ist die Lösung des deutschen Rechts. Danach kommt es für die Frage, »ob den Vertragschließenden die Befugnis vorbehalten sein soll, das Recht des Dritten ohne dessen Zustimmung aufzuheben oder zu ändern«, auf

---

[58] Art. L. 132–24 Code des assurances.

[59] Vgl. Art. 953 Code civil und dazu Civ. 8. Juli 1991, Bull.cass. 1991. I. no. 230.

[60] So Poitiers 17. Jan. 1962, R.G.A.T. 1963, 54; Nîmes 20. Dez. 1978, R.G.A.T. 1979, 355; aber auch Civ. 13. Mai 1998, Bull.cass. 1998. I. no. 170. Zweifelhaft ist, welche Kosequenzen sich daraus ergeben, dass Art. 1096 Code civil inzwischen geändert und dadurch das Recht eines Ehegatten zum Widerruf von Schenkungen erheblich eingeschränkt worden ist.

die Parteivereinbarungen und, wenn es an einer ausdrücklichen Abrede fehlt, darauf an, was »aus den Umständen, insbesondere aus dem Zweck des Vertrages, zu entnehmen« ist (§ 328 II BGB). Allerdings wird dem Richter nicht gesagt, wie er dabei vorzugehen und welche Erwägungen er dabei anzustellen hat.[61] In den internationalen Regelwerken findet man dazu nähere Bestimmungen. Gemäß Art. 6:110 (3) PECL kann der Versprechensempfänger das Recht des Dritten nicht mehr aufheben oder (so wird man wohl hinzufügen müssen) zu seinem Nachteil abändern, wenn er dem Dritten erklärt hat, dass sein Recht »unwiderruflich« sei, ebenso aber auch dann, wenn der Dritte einer Vertragspartei mitgeteilt hat, dass er das ihm zugewandte Recht »annehme«. Das Gleiche soll gemäß Art. 5.2.5 PICC auch dann gelten, wenn der Dritte auf die ihm zugewandten Rechte vernünftigerweise vertrauen durfte und in diesem Vertrauen vernünftige Dispositionen getroffen hat (»reasonably acted in reliance on them«).[62]

---

[61] In §§ 331 Abs. 1 BGB, 159 Versicherungsvertragsgesetz wird allerdings eine besondere Regel für den Fall aufgestellt, in dem die Leistung an den Dritten erst nach dem Tode des Versprechensempfängers erfolgen soll. So liegt es vor allem beim Lebensversicherungsvertrag. Wenn nichts anderes vereinbart ist, soll in diesem Falle der Dritte das Recht auf die Leistung erst mit dem Tode des Versprechensempfängers erwerben. Daraus folgt, dass der Versprechensempfänger bis zu diesem Zeitpunkt anstelle des ursprünglich von ihm benannten Dritten eine andere Person als Begünstigten einsetzen darf, dies auch dann, wenn der ursprünglich benannte Dritte von seiner Begünstigung erfahren und ihr zugestimmt oder sie auf andere Weise »angenommen« hat. Im Ergebnis ebenso Art. 1411 f. Codice civile: Soll der Dritte die Leistung erst nach dem Tode des Versprechensempfängers erhalten, so darf dieser das Recht des Dritten selbst dann widerrufen, wenn er es inzwischen »angenommen« hat, es sei denn, dass der Versprechensempfänger in schriftlicher Form auf sein Widerrufsrecht verzichtet hat.

[62] Vgl. ferner Art. II. – 9:303 (3) DCFR: Haben die Parteien vereinbart, dass das Recht des Dritten aufgehoben oder abgeändert werden kann, so darf dieses Recht nicht mehr ausgeübt werden, wenn eine Partei in dem Dritten die Erwartung geweckt hat, dass sein Recht »bestandsfest« sei und wenn ferner »the third party has reasonably acted in reliance on it«. Eine ähnliche Regelung findet sich in s. 2 (1) Contracts (Rights of Third Parties) Act 1999.

§ 18 Abtretung

A. Historische Entwicklung und wirtschaftliche Bedeutung

Für eine Wirtschaftsordnung, die auf einem entwickelten Geld- und Kreditverkehr beruht, ist die freie Übertragbarkeit von Forderungsrechten etwas Selbstverständliches. Ebenso, wie ein Eigentümer seine Sache einem anderen übereignen kann, muss er auch eine ihm zustehende Forderung auf einen anderen übertragen können. Der wirtschaftliche Zweck, den der Inhaber der Forderung mit ihrer Abtretung verfolgt, liegt in der Regel darin, dass er die Forderung verkaufen will. Fehlt jemandem bares Geld zur Bezahlung einer Schuld, so kann er stattdessen eine Forderung, die ihm gegen einen Dritten zusteht, an seinen Gläubiger »zahlungshalber« abtreten. Häufig liegt der Forderungsabtretung ein Sicherungszweck zugrunde. Um eine »Sicherungsabtretung« handelt es sich z.B. dort, wo eine Bank einem Schuldner ein Darlehen gewährt und sich zur Sicherung ihres Anspruchs auf Darlehensrückzahlung Forderungen abtreten lässt, die ihrem Schuldner gegen Dritte zustehen. Kennzeichnend für die moderne Entwicklung ist der Umstand, dass häufig durch einen und denselben Vertrag nicht bloß eine einzelne Forderung, sondern ganze »Forderungspakete« verkauft oder zu Sicherungszwecken übertragen werden. Nicht selten lassen sich Kreditinstitute von ihren Schuldnern gleichzeitig Hunderte von Forderungen zur Sicherung abtreten.

Ähnlich liegt es bei den »Factoring-Verträgen«. Sie werden abgeschlossen, wenn ein Hersteller oder Händler Kaufpreisforderungen, die ihm gegen seine Kunden zustehen und zu ganz unterschiedlichen künftigen Zeitpunkten fällig werden, schon heute zu Geld machen will. Er wird sie in diesem Fall an einen »Factor« verkaufen, und zwar für einen Preis, der deshalb niedriger als der Nennwert der verkauften Forderungen liegt, weil der »Factor« Zinsen für die Bevorschussung der Forderungen und außerdem eine Gebühr in Rechnung stellt, die ihn für die von ihm übernommene Mühe der Forderungseintreibung und für das u.U. von ihm übernommene Risiko des Zahlungsausfalls entschädigt. »Factoring-Verträge« und Kreditsicherungsverträge sind oft komplizierte Geschäfte, deren Einzelheiten uns hier nicht zu interessieren brauchen. Worauf es ankommt, ist, dass das Rechtsinstitut der Forderungsabtretung einen zentralen juristischen Baustein dieser Geschäftstypen bildet.

Freilich stehen die leistungsfähigen Regeln über die Forderungsabtretung, die wir im heutigen Recht weithin vorfinden, erst am Ende einer langen historischen Entwicklung. Ihren Ausgangspunkt bildete sowohl im frühen römischen Recht wie im mittelalterlichen Common Law der Grundsatz, dass ein Forderungsrecht etwas Höchstpersönliches sei, das aus der konkreten Rechtsbeziehung zwischen Gläubiger und Schuldner nicht einfach herausgelöst werden kann. Im Laufe der Zeit haben jedoch sowohl das römische Recht wie das Common Law Regeln entwickelt, mit deren Hilfe sich das allmählich immer stärker hervortretende Bedürfnis nach Anerkennung der Forderungsabtretung einigermaßen befriedigen ließ.[1] So erlaubten es die Römer insbesondere, dass der Gläubiger denjenigen, dem er die Forderung zuwenden wollte, zum procurator in rem suam bestellte, indem er ihn ermächtigte, die Forderung in eigenem Namen beim Schuldner einzuklagen und das Erstrittene für sich zu behalten. Einen Nachteil dieser Lösung stellte es dar, dass der Gläubiger die Ermächtigung vor Anhängigwerden der Klage widerrufen und die Forderung, deren Inhaber er nach wie vor geblieben war, selbst einklagen, sie dem Schuldner erlassen oder seine Zahlung mit befreiender Wirkung in Empfang nehmen konnte. In der Kaiserzeit wurde die Rechtsposition des Zessionars dadurch verstärkt, dass man ihn nicht bloß als zur Geltendmachung der Forderung (widerruflich) ermächtigt ansah, sondern ihm in bestimmten Fällen eine eigene

---

[1] Vgl. zum folgenden *Zimmermann* 58 ff.; *Luig*, Zur Geschichte der Zessionslehre (1966) 2 ff.; ferner *Kötz* Int.Enc.Comp.L. Vol. VII Ch. 13 s. 60 ff.

actio utilis gegen den Schuldner gewährte. Das wurde zunächst für den Fall aner-kannt, dass der Zessionar eine Erbschaft – und mit ihr die streitige Forderung – gekauft hatte oder ihm die Forderung als Teil einer Mitgift übertragen worden war, später auch dann, wenn ihm die streitige Forderung selbst verkauft oder vom Zedenten geschenkt worden war. Der Sache nach war daher zur Zeit Justinians die Übertragbarkeit der Forderung anerkannt, weil praktisch jedem Zessionar eine actio utilis, also ein eigenes Klagerecht gegen den Schuldner eingeräumt wurde, sofern er sich nur – aus welchem Rechtsgrund auch immer – mit dem Zedenten über den Übergang der Forderung geeinigt hatte. Allerdings scheint eine »denuntiatio« – eine Mitteilung von der »Abtretung« an den Schuldner – erforderlich gewesen zu sein.

Alles wäre gut gewesen, wenn das Corpus Iuris sich darauf beschränkt hätte, lediglich diesen – am Ende der römischen Rechtsentwicklung stehenden – Grundsatz niederzulegen. So sind die Juristen, die Justinian mit der Auswahl und der systematischen Ordnung der in das Corpus Iuris aufzunehmenden Texte beauftragt hatte, freilich nicht verfahren. Vielmehr haben sie die verschiedenen Techniken, die sich die römischen Juristen *nacheinander* zur Lösung des Problems ausgedacht hatten, im Corpus Iuris *nebeneinander*gestellt und so den Eindruck erweckt, als hätten sie alle gleichzeitig einen Bestandteil des römischen Rechts gebildet. Dies hat dazu geführt, dass die Frage, wie diese unterschiedlichen Techniken miteinander harmonisiert werden könnten, jahrhundertelang eine Quelle von Streitigkeiten gebildet und die Juristen bis in das 19. Jahrhundert hinein beschäftigt hat. So war es noch bis 1850 die herrschende Meinung der deutschen Pandektenlehrer, dass Forderungen nicht übertragbar seien und dass auch die actio utilis des Zessionars nur damit erklärt werden könne, dass ihm vom Zedenten (nicht die Forderung selbst, sondern lediglich) die Befugnis zu ihrer Geltendmachung übertragen worden sei. Schließlich setzte sich aber in der Pandektenlehre die Auffassung durch, dass Forderungsrechte frei übertragbar seien, und diese Auffassung ist schließlich vom Bürgerlichen Gesetzbuch übernommen worden (§§ 398 ff.). Auch sonst ist heute in Europa überall anerkannt, dass Forderungen übertragbar sind mit der Folge, dass der neue Gläubiger an die Stelle des alten tritt und gerade so wie dieser die abgetretene Forderung gegen den Schuldner durchsetzen kann. Art. 1689 Code civil spricht daher klar vom »transport d'une créance« und – in kaufrechtlicher Ausdrucksweise – davon, dass die »Lieferung« der Forderung vom Verkäufer dadurch bewirkt wird, dass dem Käufer die über die Forderung ausgestellte Urkunde übergibt.

Das Common Law hat zwar – ebenso wie das römische Recht – ursprünglich Forderungsrechte als unübertragbar angesehen und später – in unbewusster Nachahmung des römischen Rechts – damit geholfen, dass es annahm, es habe der Zedent dem Zessionar eine Befugnis (power of attorney) zur Geltendmachung der Forderung erteilt.[2] Diese Befugnis galt aber – ähnlich wie im römischen Recht – als widerruflich; sie erlosch auch dann, wenn der Zedent gestorben oder in Konkurs gefallen war. Hier schafften die equity-Gerichte Abhilfe, indem sie etwa seit Anfang des 17. Jahrhunderts dem Zessionar ein eigenes Klagerecht gewährten, sofern nur feststand, dass die Parteien den Übergang des Forderungsrechts ernstlich gewollt hatten.[3]

Die Rechtsentwicklung hat somit überall zu dem Grundsatz der freien Übertragbarkeit von Forderungen geführt. Zu unterschiedlichen Lösungen ist es jedoch in der Frage gekommen, welche Bedeutung es hat, ob und wie dem Schuldner von der Abtretung Kenntnis verschafft worden ist. Dass es für den Zessionar *zweckmäßig* ist, den Schuldner von der geschehenen Abtretung zu unterrichten, liegt auf der Hand, weil er sonst Gefahr läuft, dass der Schuldner, wenn er in Unkenntnis der Abtretung an den Zedenten leistet, befreit wird und er selbst mit leeren Händen dasteht. Eine andere Frage ist es aber, ob die Unterrichtung des Schuldners nicht bloß aus der Sicht des Zessionars zweckmäßig, sondern geradezu *erforderlich* ist, weil nur dadurch erreicht werden kann, dass die Forderung aus dem Vermögen des Zedenten ausscheidet und von jedermann als auf den Zessionar übergegangen angesehen werden muss. Im französischen Recht hat sich schon im 16. Jahrhundert die Vorstellung entwickelt, dass der Zessionar im Prozess gegen den Schuldner sein Recht durch Vorlage oder gerichtlich vermittelte Zustellung der Zessionsurkunde beweisen müsse. Von da war es nur ein kleiner Schritt zu der Annahme, dass der Zessionar überhaupt erst dann *erga omnes* – also auch im Verhältnis zu Dritten – als neuer Gläubiger angesehen werden dürfe, wenn dem Schuldner durch jene formalen Akte Kenntnis von der Abtretung verschafft sei.[4] Dieser Grundsatz fand Eingang in

---

[2] Vgl. dazu im einzelnen *Bailey*, Assignment of Debts in England from the 12th to the 20th Century, L.Q.Rev. 47 (1931) 516, 48 (1932) 248, 547.

[3] Allerdings galten diese Regeln nur für »equitable assignments«, also nur dann, wenn der abgetretene Anspruch von den equity-Gerichten durchgesetzt werden konnte, sich also z.B. darauf richtete, dass der Schuldner als Treuhänder (»trustee«) dem Gläubiger aufgrund eines Treuhandverhältnisses bestimmte Leistungen zu erbringen hatte. Für andere Ansprüche (»legal choses of action«) galt die Regel, dass die Klage gegen den Schuldner von Zessionar und Zedent gemeinsam zu erheben war oder dass der Zessionar, wenn der Zedent die Abtretung bestritt, die Klage auch gegen ihn richten musste. Diese komplizierten Regeln sind dadurch vereinfacht worden, dass s. 136 Law of Property Act 1925 das »statutory assignment« eingeführt hat. Danach kann der Zessionar die Klage gegen den Schuldner allein erheben, wenn die Abtretung in schriftlicher Form erfolgt und der Schuldner von ihr durch eine schriftliche Anzeige verständigt worden ist. Fehlt es an diesen (und anderen Voraussetzungen eines »statutory assignment«), so kann die Abtretung immer noch als »equitable assignment« wirksam sein. Vgl. dazu im Einzelnen *Treitel* (-*Peel*) no. 15–009 ff. Diese Regeln sind in anderen Rechtsordnungen des Common Law seit langem beseitigt worden und sollen auch im Folgenden nicht weiter beachtet werden.

[4] Vgl. dazu *Coing* I 447 und II 470.

die Pariser Coutume (vgl. Art. 108), wurde von *Pothier*[5] gebilligt und schließlich in den Code civil (Art. 1690) übernommen. Die deutsche und niederländische gemeinrechtliche Praxis war in dieser Frage weniger streng. Eine einhel-
lige Meinung bestand allerdings auch hier nicht, und noch *Windscheid* nahm an,
dass die Abtretung zu einem Gläubigerwechsel mit Wirkung erga omnes erst
dann führe, wenn der Zessionar den Schuldner von der Abtretung in Kenntnis gesetzt oder die Klage gegen ihn erhoben habe.[6] Aber damit konnte er sich
nicht gegen die herrschende Meinung durchsetzen, die schließlich Eingang in
das BGB fand: Gemäß § 398 Satz 2 tritt der neue Gläubiger an die Stelle des alten, sobald er sich mit ihm über die Abtretung geeinigt hat; eine Verständigung
des Schuldners ist dafür nicht erforderlich.

Dennoch kann man nicht bestreiten, dass sich in den nationalen Rechtsordnungen manchmal noch Regeln über die Forderungsabtretung finden lassen,
die früheren historischen Schichten entstammen, deshalb heute als veraltet erscheinen und jedenfalls den praktischen Bedürfnissen des modernen Geschäftsverkehrs nicht Rechnung tragen. Dazu gehört die schon erwähnte Regelung
des Art. 1690 Code civil, die in ähnlicher Form auch von anderen Rechtsordnungen übernommen worden ist.[7] Hierher gehört auch der Umstand, dass es in
manchen Rechtsordnungen als zweifelhaft angesehen wird, ob und unter welchen Voraussetzungen auch »künftige« Forderungen abgetreten werden können. Außerdem besteht manchmal auch Unklarheit darüber, welche Folgen es
hat, wenn Gläubiger und Schuldner vereinbart haben, dass die Forderung nicht
abtretbar sein soll: Ist die Abtretung, wenn sie gleichwohl erfolgt, wirksam
oder nicht? Alle diese Regeln vertragen sich schlecht damit, dass Forderungen

---

[5] Traité du contrat de vente, in: Bugnet (Hrsg.), Oeuvres (1847) III no. 554–557.

[6] Lehrbuch des Pandektenrechts (1865) § 331.

[7] Keine praktische Rolle spielt der Umstand, dass der Code civil die Abtretung von
Forderungen noch im Kaufrecht regelt (ebenso Art. 1526 span. CC). Denn es ist offensichtlich, dass es aus ganz unterschiedlichen wirtschaftlichen Gründen zur Abtretung
einer Forderung kommen kann, weil sie nämlich dem Zessionar nicht nur verkauft, sondern ihm auch geschenkt oder zur Sicherung eines von ihm gewährten Kredits übertragen oder ihm statt eines geschuldeten Barbetrages abgetreten werden kann. Daher soll
im Zuge der Reform des französischen Schuldrechts die Abtretung künftig in einem besonderen Abschnitt des allgemeinen Vertragsrechtes geregelt werden. Vgl. dazu z.B. den
Reformentwurf Catala Art. 1251 ff. Es besteht also zwar ein Einverständnis darüber, dass
zwischen dem Abtretungsvertrag der Parteien »als solchem« und demjenigen Vertrag unterschieden werden muss, in dem sie sich über den wirtschaftlichen Grund des Geschäfts
geeinigt haben. Eine andere Frage ist es, wie scharf die Trennlinie zwischen den beiden
Verträgen gezogen werden sollte, mit anderen Worten: ob sie miteinander so eng verknüpft sind, dass sie nur gemeinsam gültig, ungültig oder anfechtbar sein können, oder
ob sie – so nach dem in Deutschland, vielleicht auch in der Schweiz und Österreich anerkannten »Abstraktionsprinzip« – voneinander unabhängig sind, dies z.B. mit der Folge,
dass beim Verkauf einer Forderung die Abtretung auch dann gültig sein kann, wenn der
Kaufvertrag ungültig ist. Vgl. dazu *Kötz* (oben N. 1) s. 66 f.

heute ein wichtiges Wirtschaftsgut sind und von ihrem Inhaber auch schon vor Eintritt der Fälligkeit dadurch müssen verwertet werden können, dass er sie – oft in großer Zahl – seiner Bank zum Zweck der Kreditsicherung überträgt oder sie an Factoring-Unternehmer verkauft.[8] Aus diesem Grunde sind inzwischen in vielen Rechtsordnungen besondere Gesetze erlassen worden, die die geschäftsmäßige Übertragung von Forderungen anders regeln, als dies in den (unverändert fortgeltenden) Regeln des allgemeinen Abtretungsrechts vorgesehen ist. Ein besonders markantes Beispiel dafür ist die in Frankreich schon 1981 eingeführte *Loi Dailly*.[9] Hinzu kommt der Umstand, dass geschäftsmäßige Forderungsabtretungen immer häufiger einen internationalen Charakter haben, sei es, weil Gläubiger und Schuldner, sei es auch, weil Zedent und Zessionar ihren Geschäftssitz in verschiedenen Ländern haben. Insbesondere zwei internationale Übereinkommen suchen für die daraus entstehenden Probleme einheitliche Lösungen zu finden. Dabei handelt es sich um das UNIDROIT-Übereinkommen über internationales Factoring vom 28. Mai 1988[10] und vor allem um das UN-Übereinkommen über die Abtretung von Forderungen im internationalen Handelsverkehr vom 12. Februar 2001.[11] Auch diese Übereinkommen enthalten Regeln, die oft weit über dasjenige hinausgehen, was man noch in den nationalen Vorschriften über die Forderungsabtretung finden kann. Das

---

[8] Ein weiterer Grund für die »massenhafte« Forderungsabtretung liegt auch bei Geschäften vor, die heute meist als »Forderungsverbriefung« (im anglo-amerikanischen Recht als »securitisation«, in Frankreich als »titrisation«) bezeichnet werden: Hierbei werden Forderungen in großer Zahl von ihrem Inhaber einem selbständigen Rechtsträger verkauft und übertragen, ohne dass der Schuldner davon etwas erfährt. Der Rechtsträger emittiert Wertpapiere, bezahlt die ihm abgetretenen Forderungen mit dem dadurch erzielten Erlös und bedient die Wertpapiere mit den Zahlungen, die auf die abgetretenen Forderungen eingehen und an ihn weitergeleitet werden. Der Zweck solcher Geschäfte besteht darin, dass dem Zedenten gegen Zahlung eines vergleichsweise niedrigen Preises die Entlastung von den Risiken der Forderungseinziehung gestattet wird.

[9] Die Regeln der *Loi Dailly* sind inzwischen in den fr. Code monétaire et financier eingefügt worden. Vgl. Art. L 313–23 ff. (dazu noch unten S. 511) und, soweit es um die »titrisation« geht, Art. L 241–43 ff. Ähnliche Gesetze sind z.B. in Italien in Kraft getreten. Vgl. dazu die Hinweise bei *A. Salomons*, Deformalisation of Assignment Law and the Position of the Debtor in European Property Law, Eur.Rev.P.L. 2007, 639.

[10] Das Factoring-Übereinkommen ist von Deutschland ratifiziert worden und, wenn auch nur im Verhältnis zu wenigen Ländern, in Kraft getreten. Vgl. dazu das dt. Gesetz vom 25. Feb. 1988 (BGBl 1998 II 2375).

[11] United Nations Convention on the Assignment of Receivables in International Trade (im Folgenden: CARIT, noch nicht in Kraft getreten. Abgedruckt in ZEuP 2002, 860). Sowohl dieses wie das in der vorigen N. genannte Übereinkommen sind ausführlich behandelt worden von *E. Schütze*, Zession und Einheitsrecht (2005) und *C. Rudolf*, Einheitsrecht für internationale Forderungsabtretungen (2006). Vgl. dazu auch *H. Eidenmüller*, Die Dogmatik der Zession vor dem Hintergrund der internationalen Entwicklung, AcP 204 (2004) 457; *S. Bazinas*, Der Beitrag von UNCITRAL zur Vereinheitlichung der Rechtsvorschriften über Forderungsabtretungen, ZEuP 2002, 782.

gleiche gilt auch für die internationalen Regelwerke, die auf eine Vereinheitlichung des Abtretungsrechts abzielen und ebenfalls von dem Gedanken geleitet sind, dem Interesse des Geschäftsverkehrs an einer Modernisierung dieses
Rechtsgebiets Rechnung zu tragen.

B. Voraussetzungen einer wirksamen Abtretung

Mit einer Abtretung wird das Ziel verfolgt, den Zessionar zum neuen Gläubiger der Forderung zu machen. Dieses Ziel ist erreicht – anders gesagt: die
Abtretung ist »wirksam« –, wenn die Forderung aus dem Vermögen des Zedenten ausscheidet und damit auch seinen Gläubigern nicht mehr als Haf-
tungsobjekt zur Verfügung steht, und wenn ferner der Zessionar sich allen
anderen Personen gegenüber darauf berufen kann, dass nunmehr allein er Inhaber der Forderung sei. Es gibt verschiedene Gründe, die die Erreichung dieses Ziels vereiteln und damit die Abtretung ganz oder teilweise unwirksam
machen können. Zum einen kann schon die Abtretung selbst mangelhaft sein,
dies mit der Folge, dass sie von vornherein nicht gültig zustandekommt oder
eine Partei sich nachträglich von ihr lösen kann (darüber unter I). Weiterhin
kann es so liegen, dass zwar die vertragliche Einigung der Parteien nicht zu
beanstanden ist, aber die Forderung wegen ihrer besonderen Beschaffenheit
nicht abgetreten werden kann, sei es, weil eine Rechtsnorm ihre Unabtretbarkeit vorschreibt, sei es auch, weil ihre Abtretbarkeit durch eine Vereinbarung
zwischen Gläubiger und Schuldner ausgeschlossen ist (darüber unter II). Ferner wird für die Wirksamkeit einer Abtretung oft die Wahrung bestimmter
Formerfordernisse verlangt. Ihre Verletzung kann dazu führen, dass der Zessionar die abgetretene Forderung überhaupt nicht oder dass er sie nur im Verhältnis zum Zedenten, nicht aber im Verhältnis zum Schuldner und anderen
Dritten erwirbt (darüber unter III). Und schließlich sollen die Regeln über
»Prioritätskonflikte« erörtert werden: Solche Konflikte entstehen besonders
dann, wenn der Zedent eine und dieselbe Forderung nacheinander an mehrere
Zessionare abgetreten hat (darüber unter IV).

I. Materielle Gültigkeit der Abtretung

Wie jeder andere Vertrag kann auch eine Abtretung ungültig sein, wenn sie gegen ein gesetzliches Verbot oder gegen die guten Sitten verstößt. Unwirksam
ist die Abtretung auch dann, wenn der Zedent bei Abgabe seiner Erklärung
geschäftsunfähig oder nicht wirksam vertreten war. Ähnlich liegt es, wenn er
sich bei Abgabe seiner Erklärung in einem Irrtum befunden hat oder getäuscht

worden ist und aus diesem Grunde die Abtretung nicht gegen sich gelten lassen muss. In allen diesen Fällen gelten die allgemeinen Regeln über die Ungültigkeit von Verträgen.[12] Dabei macht es praktisch keinen großen Unterschied, ob man – wie in den meisten europäischen Rechtsordnungen – »Grundgeschäft« und Abtretungsvertrag überhaupt voneinander unterscheidet, ob man sie zwar unterscheidet, aber sie so eng miteinander verknüpft, dass sie stets gemeinsam stehen oder fallen, oder ob man schließlich – wie in Deutschland – zwar die beiden Geschäfte streng voneinander trennt, aber dann doch anerkennen muss, dass der Ungültigkeitsgrund, um den es geht, in aller Regel sowohl das eine wie das andere Geschäft unwirksam macht.

Im folgenden sollen nur solche Unwirksamkeitsgründe behandelt werden, die spezifische Bedeutung für Abtretungen haben. Hierher gehört zunächst der Fall, dass die abgetretene Forderung »streitbefangen« ist.

Lange hat man Abtretungen deshalb mit besonderem Argwohn betrachtet, weil man befürchtete, dass Personen es zu einem Geschäft machen könnten, zweifelhafte oder bestrittene Forderungen für wenig Geld gewerbsmäßig aufzukaufen und gegen den Schuldner durchzusetzen. Der Code civil hat daher solche Abtretungen zwar nicht für ungültig erklärt. Er hat aber, »pour mettre un frein à la cupidité des acheteurs de droits litigieux, et pour arrêter les procès«,[13] in Art. 1699 ff. eine – der lex Anastasiana (C.4.35.22) nachgebildete – Regelung aufgenommen, nach der im Falle der entgeltlichen Abtretung einer streitbefangenen Forderung der Schuldner dem Zessionar nur dasjenige zu zahlen braucht, was dieser selbst dem Zedenten für die Forderung bezahlt hat.[14] Einem unerwünschten Handel mit Forderungen will auch eine Regel entgegenwirken, nach der die Abtretung einer Forderung nichtig ist, wenn es sich bei dem Zessionar um einen Rechtsanwalt oder sonstigen Rechtsbesorger handelt, der vor denjenigen Gerichten aufzutreten befugt ist, vor denen ein Streit über die abgetretene Forderung anhängig ist oder anhängig werden kann.[15]

Dem deutschen, österreichischen und schweizerischen Recht sind ähnliche gesetzliche Bestimmungen unbekannt. In der Tat reicht die allgemeine Regel aus, nach der Rechtsgeschäfte – also auch Abtretungsverträge – nichtig sind, wenn sie im Einzelfall gegen ein gesetzliches Verbot oder die guten Sitten verstoßen. Das kommt z.B. dort in Betracht, wo die Abtretung den Zweck hat, dem Zessionar die – den Rechtsanwälten vorbehaltene – geschäftsmäßige Besorgung von Rechtsangelegenheiten zu ermöglichen, oder wo sie bewusst zu-

---

[12] Vgl. dazu oben §§ 7, 9, 10.

[13] *Pothier* (oben N. 5) no. 590.

[14] Ebenso Art. 1535 f. span. CC. Vgl. dazu ausführlich *Terre/Simler/Lequette* no. 1296.

[15] Art. 1597 Code civil; Art. 1261 Codice civile; Art. 1495 Nr. 5 span. CC; Art. 579 f. port. CC. Eine ähnliche Verfügungsbeschränkung, die nicht nur die Abtretung von Forderungen, sondern auch die Übereignung von Sachen betrifft, findet sich in Art. 3:43 BW.

gunsten eines Zessionars erfolgt, der mittellos und deshalb außerstande ist, im
Falle eines Prozessverlusts dem Schuldner die ihm entstandenen Rechtsverfol-
gungskosten zu erstatten.[16]

II. Unabtretbare Forderungen

1. *Lohn-, Unterhalts- und Versorgungsansprüche.* – Forderungen sind unabtretbar,
soweit sie dem Zedenten ein Existenzminimum sichern sollen. Das wird in
der Regel für Lohn-, Unterhalts- und Versorgungsansprüche sowie für Ansprüche gegen Träger der Sozialversicherung angenommen und oft in besonderen gesetzlichen Vorschriften festgelegt. Gelegentlich geschieht dies in der
Weise, dass solche Forderungen im Recht der Zwangsvollstreckung als (teilweise) unpfändbar bezeichnet werden; dann genügt es, wenn Forderungen
insoweit für unabtretbar erklärt werden, als sie unpfändbar sind.[17]

2. *»Persönliche« Forderungen.* – Aufgrund einer Abtretung tritt an die Stelle
des alten Gläubigers ein neuer, ohne dass es auf die Zustimmung des Schuldners ankommt. In vielen Fällen wird es dem Schuldner gleichgültig sein, dass
er seine Leistung nunmehr an einen anderen als den ursprünglichen Gläubiger
erbringen muss, dies vor allem dann, wenn er aufgrund der abgetretenen Forderung lediglich Geld schuldet. Manchmal hat der Schuldner aber ein starkes
Interesse daran, nur seinem ursprünglichen Gläubiger verpflichtet zu sein. In
solchen Fällen kann er sich gegen einen Gläubigerwechsel dadurch schützen,
dass er mit seinem Gläubiger die Unabtretbarkeit der Forderung vereinbart
(vgl. unten S. 508 ff.). Aber auch dann, wenn es an einer solchen Vereinbarung
fehlt, hat die Rechtsprechung Forderungen als unabtretbar angesehen, wenn
die Erwartung des Schuldners, er werde nur an den ursprünglichen Gläubiger leisten müssen, nach den Umständen Schutz verdient. Sie kann sich dabei
oft auf gesetzliche Vorschriften stützen, nach denen Forderungen unabtretbar
sind, die »höchstpersönlicher Natur«[18] oder mit der Person des Gläubigers »eng
verbunden« sind[19] oder ihr »ankleben«.[20] § 399 BGB meint dasselbe, wenn dort
Forderungen als unabtretbar bezeichnet werden, bei denen »die Leistung an
einen anderen als den ursprünglichen Gläubiger nicht ohne Veränderung ihres
Inhalts erfolgen kann«. Auch die englische Rechtsprechung hält Forderungen

---

[16] Vgl. BGH 18. Sept. 1959, MDR 1959, 999; BGH 18. April 1967, BGHZ 47, 364;
BGH 6. Nov. 1973, NJW 1974, 50; OGH 13. Juni 1956, JBl. 1957, 215; BG 27. Juli 1961,
BGE 87 II 203.

[17] So z.B. § 400 BGB; Art. 325 OR; § 293 ff. öst. Exekutionsordnung; Art. 7 A:1638g
BW; *Terre/Simler/Lequette* no. 1278; *Treitel (-Peel)* no. 15-066 und 15-068.

[18] Art. 1260 Codice civile; Art. 328 II ung. ZGB; Art. 509 I poln. ZGB.

[19] Art. 465 griech. ZGB; Art. 577 port. CC.

[20] § 1393 ABGB.

für unabtretbar »if it is clear that the debtor is willing to perform only in favour of one particular creditor.«[21]

Daraus ergibt sich, dass der Anspruch auf Erbringung einer *Dienstleistung* ohne Zustimmung des Schuldners nicht abtretbar ist, sofern dieser ein vernünftiges Interesse daran hat, nur seinem Gläubiger zur Leistung verpflichtet zu sein. Schließt z.B. ein Verleger mit einem Autor einen Verlagsvertrag und veräußert er alsdann den Verlag an einen Dritten, so kann der Autor dem Dritten entgegenhalten, dass der Anspruch auf Erfüllung des Verlagsvertrages nicht übergegangen ist, dies jedenfalls dann, wenn der ursprüngliche Verleger eine besondere Reputation oder Sachkunde oder sonstige Qualifikationen besaß, auf deren Vorhandensein der Autor bei Vertragsabschluss vertraut hat.[22] Anders liegt es, wenn ein *Arbeitgeber* seinen Betrieb veräußert. Aufgrund besonderer Bestimmungen, die zum Teil auf der EG-Richtlinie vom 14.2.1977 beruhen,[23] tritt der Erwerber in die zum Zeitpunkt der Betriebsveräußerung bestehenden Arbeitsverträge ein und erwirbt damit auch den Anspruch auf Erfüllung der Arbeitsverträge. Wer als *Vermieter* oder *Verpächter* einem anderen den Gebrauch einer Sache zu überlassen hat, vertraut in der Regel auf besondere persönliche Qualifikationen seines Vertragspartners; daher sind die Ansprüche des Mieters oder Pächters auf Gebrauchsüberlassung nicht übertragbar.[24] Tritt ein *Käufer* seinen Anspruch auf Belieferung oder ein *Auftraggeber* seinen Anspruch auf Herstellung oder Nachbesserung einer Werkleistung ab, so kommt es darauf an, ob der Verkäufer oder Werkunternehmer durch eine Leistung an den Zessionar nach den Umständen des Falles stärker belastet oder größeren Risiken ausgesetzt würde oder aus anderen Gründen »etwas anderes« als das ursprünglich Vereinbarte leisten müsste.[25]

3. *Teilforderungen.* – Tritt der Gläubiger nur einen Teil seiner Forderung ab oder tritt er sie zur Gänze in der Weise an mehrere Zessionare ab, dass jeder von ihnen einen Teil der Forderung erwirbt, so kann der Schuldner dadurch in eine

---

[21] *Treitel (-Peel)* no. 15–051. Ebenso Art. 11:302 PECL; Art. 9.1.7 (2) PICC; Art. III.-5:109 DCFR.

[22] Vgl. §§ 613 II, 664 II BGB; *Griffith* v. *Tower Publ. Co.* [1897] 1 Ch. 21.

[23] Richtlinie 77/187/EWG (ABl. 1977 L 61/26), umgesetzt in Deutschland durch § 613a BGB, in England durch Transfer of Undertakings Regulations 2006 (Statutory Instruments 2006/246), in Frankreich durch Code du travail Art. L 122–12–1. Allerdings geht es hier nicht um die Abtretung von Forderungen, sondern um den Übergang eines Vertrages im Ganzen.

[24] Vgl. *Mazeaud* (-*Chabas*) no. 1258; *Roth* in: Münchener Kommentar zum BGB (6. Aufl. 2012) § 399 Rn. 24 ff.

[25] Vgl. BGH 24. Okt. 1985, BGHZ 96, 146, 149 (Abtretbarkeit eines Anspruchs auf Nachbesserung bejaht). Vgl. ferner zur Abtretbarkeit des Belieferungsanspruchs eines Käufers *Kemp* v. *Baerselman* [1906] 2 K.B. 604 und BG 17. Dez. 1968, BGE 94, II 274 (Abtretbarkeit verneint), *Tolhurst* v. *Associated Portland Cement Co.* [1903] A.C. 414 (Abtretbarkeit bejaht).

schwierige Lage geraten. Zum einen kann ihm ein besonderer Aufwand dadurch entstehen, dass er sich mit mehreren Berechtigten über Grund und Umfang der abgetretenen Teilforderungen auseinandersetzen muss. Zum anderen besteht, wenn er von den mehreren Berechtigten in verschiedenen Prozessen verklagt wird, die Gefahr einander widersprechender Entscheidungen.

Gleichwohl ist die Abtretbarkeit von Teilforderungen allgemein anerkannt, sofern die Forderung – wie z.B. eine Geldforderung – teilbar ist.[26] Gegen die Gefahr widersprechender Entscheidungen wird der Schuldner dadurch geschützt, dass er berechtigt ist zu verlangen, dass sich alle Forderungsinhaber an der gegen ihn erhobenen Klage beteiligen.[27] Das Risiko zusätzlicher Aufwendungen muss hingegen der Schuldner tragen, sofern dies nicht aus besonderen Gründen unzumutbar ist. So hat der Bundesgerichtshof in einem Fall entschieden, in dem ein Arbeitgeber die Teilabtretung einer Gehaltsforderung mit der Begründung angriff, dass ihm, wenn alle seine 8.000 Leute Gehaltsansprüche teilweise abtreten könnten, ein unzumutbarer Aufwand entstünde. Das Gericht folgte dieser Ansicht nicht: Arbeitnehmer hätten an der teilweisen Abtretung ihrer Gehaltsansprüche ein schutzwürdiges Interesse; auch könne sich der Arbeitgeber dadurch schützen, dass er in den Tarifvertrag oder die Betriebsvereinbarung ein Abtretungsverbot (vgl. unten S. 508 ff.) aufnehme.[28]

4. *Künftige Forderungen.* – Kann man auch Forderungen abtreten, die erst zu einem künftigen Zeitpunkt durchsetzbar sein werden? Wie liegt es, wenn die Forderung im Zeitpunkt ihrer Abtretung noch nicht entstanden und ihre künftige Entstehung von den Parteien lediglich erhofft ist?

Früher hat man die Abtretung einer noch nicht bestehenden Forderung oft als rechtlich »unmöglich« angesehen: Nemo plus iuris transferre potest quam ipse haberet. Auch glaubte man, dass die Abtretung bloßer »Hoffnungen« regelmäßig einen spekulativen oder sonstwie unseriösen Charakter habe und dass ein in Not geratener Schuldner, würde ihm die Abtretung seiner sämtlichen künftigen Forderungen gegen Dritte erlaubt, sich in eine Lage bringen könnte, in der er jegliche persönliche und wirtschaftliche Bewegungsfreiheit eingebüßt hat. Demgegenüber besteht aber im modernen Geschäftsverkehr ein dringendes Bedürfnis nach der Abtretbarkeit auch künftiger Forderungen, dies beson-

---

[26] So ausdrücklich Art. 577 I port. CC; Art. 456 II griech. ZGB. Vgl. aber auch *Roth* in Münchener Kommentar (oben N. 24) § 398 Rn. 63 ff. Auch Art. 11:103 PECL hält die Teilabtretung für zulässig, dies aber mit dem Vorbehalt, dass »the assignor is liable to the debtor for any increased costs which the debtor thereby incurs.« Ebenso Art. 9.1.4 (1) und Art. 9.1.8. PIC; Art. III.-5:107 (1) und (3) DCFR.

[27] Diesen Weg geht namentlich das Common Law. Vgl. *Treitel (-Peel)* no. 15-013. Andere Rechtsordnungen verzichten auf solche Spezialregeln und schützen den Schuldner durch die allgemeinen prozessrechtlichen Vorschriften über die Streitverkündung und die Streitgenossenschaft.

[28] BGH 20. Dez. 1956, BGHZ 23, 53, 56.

ders dort, wo die Abtretung zu Sicherungszwecken in der Praxis verbreitet ist. Heute ist die Abtretbarkeit künftiger Forderungen weithin anerkannt.

Einig ist man sich zunächst über den Fall, in dem die von der Abtretung erfassten künftigen Forderungen einen solchen Umfang haben, dass der Zedent, hielte man die Abtretung für gültig, dadurch seine Fähigkeit zu wirtschaftlichen Dispositionen verlieren und sich gleichsam selbst entmündigen würde: Eine solche Abtretung ist ungültig. Hat also der Zedent seinem Gläubiger sämtliche Lohnforderungen abgetreten, die ihm gegen künftige Arbeitgeber zustehen, so ist eine solche Abtretung unwirksam, dies zwar nicht deshalb, weil es sich bei den abgetretenen Forderungen um »künftige« Forderungen handelt, sondern deshalb, weil ein solches Geschäft aus den genannten Gründen gegen die öffentliche Ordnung oder die guten Sitten verstößt oder die abgetretenen Forderungen das Existenzminimum des Zedenten sichern sollen und deshalb (teilweise) unabtretbar sind.[29]

Einig ist man sich auch darüber, dass eine Forderung abgetreten werden kann, die im Zeitpunkt der Abtretung zwar schon besteht, aber deshalb noch nicht durchsetzbar ist, weil sie noch nicht fällig ist, ihre Höhe noch nicht genau feststeht oder eine Bedingung noch nicht eingetreten ist, von der ihre Durchsetzbarkeit abhängt. Hat sich also ein Bauunternehmer zur Errichtung eines Bauwerks oder ein Verkäufer zur Lieferung von Waren vertraglich verpflichtet, so können sie ihren Werklohn- oder Kaufpreisanspruch auch dann schon abtreten, wenn die Bauarbeiten noch nicht begonnen haben oder die Waren noch nicht geliefert sind und daher dem Werklohn- oder Kaufpreisanspruch vom Schuldner die Einrede des nichterfüllten Vertrages entgegengehalten werden könnte. Durch die Abtretbarkeit einer noch nicht durchsetzbaren Forderung entsteht dem Schuldner kein Nachteil, weil ihm gegenüber dem Zessionar alle Einreden – also auch die Einrede des nichterfüllten Vertrages – zustehen, mit denen er dem Zedenten gegenüber die fehlende Durchsetzbarkeit der Forderung hätte geltend machen können (vgl. unten S. 519 ff.).

---

[29] Vgl. oben S. 161 ff. und BG 13. März 1958, BGE 84 II 355, 366 f.; BG 11. Dez. 1986, BGE 112 II 433, 436; *King* v. *Michael Faraday & Partners Ltd.* [1939] 2 K.B. 753 und *Treitel (-Peel)* no. 15-066. In der Schweiz ist durch eine Änderung des Art. 325 OR bestimmt worden, dass die Abtretung künftiger Lohnforderungen unwirksam ist, wenn sie zur Sicherung von Verbindlichkeiten vorgenommen wurde. Das gleiche gilt, wenn der Zedent seine sämtlichen gegenwärtigen und künftigen Forderungen seiner Bank zur Sicherung eines von ihr gewährten Kredits übertragen hat: Eine solche Sicherungsabtretung ist ungültig, wenn durch sie die wirtschaftliche Bewegungsfreiheit des Zedenten über Gebühr eingeschränkt wird, oder wenn von Anfang an feststeht, dass ein auffälliges Missverhältnis zwischen dem gewährten Kredit und dem Wert, der zu seiner Sicherung übertragenen Forderungen gegeben ist. Vgl. dazu *Roth* (oben N. 24) § 398 Rn. 129 ff. Ungültig kann eine Sicherungsabtretung auch dann sein, wenn die gleiche Forderung, die der Zedent seiner Bank übertragen hat, von ihm im Rahmen eines »verlängerten Eigentumsvorbehalts« auch seinem Lieferanten im Voraus abgetreten worden ist (vgl. N. 64).

Zweifelhaft ist dagegen der Fall, in dem die Forderung im Zeitpunkt der Abtretung noch nicht einmal entstanden ist. So liegt es, wenn der Zedent einen Kauf-, Miet- oder Werkvertrag noch gar nicht abgeschlossen, aber gleichwohl seinen künftigen Anspruch auf den Kaufpreis, Mietzins oder Werklohn an den Zessionar abgetreten hat (»Vorausabtretung«). Im allgemeinen geht man davon aus, dass die Abtretbarkeit einer solchen Forderung davon abhänge, ob sie »bestimmt« oder wenigstens »bestimmbar« sei; daran wird sodann die Frage geknüpft, ob die Forderung schon im Zeitpunkt ihrer Abtretung »bestimmbar« sein müsse, oder ob es ausreiche, wenn dieses Erfordernis im Zeitpunkt ihrer Entstehung erfüllt sei. In Deutschland hat sich die Rechtsprechung auf den letzteren Standpunkt gestellt. Danach erwirbt der Zessionar die im voraus abgetretene Forderung, sobald sie entsteht, sofern sich zu diesem Zeitpunkt zuverlässig feststellen lässt, dass und in welchem Umfang sie nach dem Willen der Parteien von der Abtretung erfasst sein sollte. Daraus folgt, dass auch solche Forderungen abtretbar sind, die dem Zedenten im Zeitpunkt der Abtretung noch nicht zustehen, weil er den Vertrag, dem sie entspringen könnten, noch nicht geschlossen hat und daher zu diesem Zeitpunkt noch nicht einmal bekannt ist, wer der Schuldner der Forderung sein und welchen Umfang sie haben wird. Allerdings erwirbt der Zessionar die Forderung nur dann, wenn sie entsteht – das ist selbstverständlich – und wenn sich ferner aus dem Abtretungsvertrag ergibt, dass der Wille der Parteien auf die Abtretung gerade dieser Forderung gerichtet war. Diese Voraussetzung ist schon dann erfüllt, wenn Forderungen abgetreten werden, die künftig durch den Verkauf bestimmter Waren, durch die Erbringung bestimmter Leistungen oder durch die Vermietung bestimmter Räume entstehen werden, mag auch im Zeitpunkt der Abtretung niemand wissen, wer es sein wird, der schließlich jene Waren kaufen, jene Leistungen in Auftrag geben oder jene Räume mieten und damit Schuldner der abgetretenen Forderung werden wird.[30]

Ob bei der Abtretung künftiger Forderungen auch andere Rechtsordnungen so großzügig verfahren wie das deutsche Recht, ist zweifelhaft. Manchmal wird zwar die Abtretung künftiger Forderungen zugelassen, sie aber erst dann als *erga omnes* wirksam angesehen, wenn der Schuldner von ihr in Kenntnis gesetzt oder wenn die Abtretung amtlich registriert oder wenn für sie ein besonderes »Zeichen« gesetzt worden ist.[31] In Frankreich hatte der Kassationshof einen Fall zu beurteilen, in dem jemand Grundstücke gekauft, sich den Kaufpreis durch einen Kredit seiner Bank beschafft und ihr zur Sicherung ihres Rückzahlungsanspruchs nicht nur Hypotheken an den Grundstücken eingeräumt, sondern auch

---

[30] Vgl. z.B. BGH 25. Okt. 1952, BGHZ 7, 365; BGH 7. Dez. 1977, BGHZ 70, 86; BGH 15. März 1978, BGHZ 71, 75. Vgl. dazu ausführlich *Roth* (oben N. 24) § 398 Rn. 79 ff. Vgl. auch BG 12. Mai 1987, BGE 113 II 163.

[31] Vgl. dazu noch unten S. 511 ff.

noch im Voraus die Ansprüche abgetreten hatte, die er aus der Vermietung der gekauften Grundstücke erzielen würde. Nach dem Konkurs ihres Kunden erhob die Bank aus abgetretenem Recht eine Klage gegen den Mieter. Sie wurde vom Berufungsgericht mit der Begründung abgewiesen, dass der Anspruch gegen den Mieter im Zeitpunkt seiner Abtretung weder bestimmt genug noch auch nur bestimmbar gewesen sei. Der Kassationshof hob die Entscheidung auf: Auch künftige oder eventuelle Ansprüche könnten abgetreten werden, dies freilich »sous la réserve de leur suffisante identification«; diese Prüfung sei bisher unterblieben und müsse nachgeholt werden.[32]

Im Common Law geht man von dem Grundsatz aus, dass der Zessionar aufgrund einer Abtretung nur dann zum neuen Inhaber der abgetretenen Forderung werden kann, wenn die Forderung im Zeitpunkt der Abtretung besteht. Das bedeutet jedoch nicht, dass eine Abrede, mit der der Zedent dem Zessionar eine künftige Forderung überträgt, wirkungslos wäre. Sie lässt sich nämlich als eine Vereinbarung verstehen, mit der sich der Zedent verpflichtet, die Forderung nach ihrer Entstehung zu übertragen. Wenn diese Vereinbarung einen gültigen Vertrag zwischen Zedent und Zessionar darstellt – insbesondere: wenn der Zessionar für das Abtretungsversprechen des Zedenten eine Gegenleistung (consideration) erbracht oder versprochen hat – so wird sie, sofern die Forderung später tatsächlich entsteht, in eine wirksame Abtretung dieser Forderung »konvertiert«.[33]

Es zeigt sich mithin, dass die dogmatischen und rechtspolitischen Bedenken, die man gegen die Abtretbarkeit künftiger Forderungen haben mag, vor »den übermächtigen praktischen Bedürfnissen des Geschäftsverkehrs und insbesondere der Bankpraxis«[34] immer mehr dahinschmelzen und im Grunde nicht stichhaltig sind. Alle internationalen Regelwerke haben diesem Umstand Rechnung getragen. So heißt es in Art. 11:101 (1) PECL ausdrücklich, dass Ansprüche auch dann abgetreten werden können, wenn sie sich aus einem »fu-

---

[32] Civ. 20. März 2001, J.C.P. 2002. II. 10124 mit Anm. *Goaziou* = D. 2001, 3110 mit Anm. *Aynès*. Offen ist freilich, welche Anforderungen an die »Identifizierbarkeit« der künftigen Forderung gestellt werden müssen. Nach *Terré/Simler/Lequette* no. 1278 bleibt es erforderlich, dass die Forderung wenigstens dem Ansatz nach (»en germe«) existent sei; keinesfalls könnten Forderungen abgetreten werden, wenn sie sich aus einem »contract non encore souscrit« ergäben. – Nach den Regeln der *Loi Dailly* (oben N. 9) können zwar auch künftige Forderungen abgetreten werden. Jedoch verlangt es das Gesetz, dass die abgetretenen Forderungen in einer datierten schriftlichen Aufstellung (»bordereau«) aufgelistet werden. Daraus wird man den Schluss ziehen müssen, dass bei Aufstellung der Liste die Identität des Schuldners feststehen muss. – Ähnliches gilt auch für die Forderungsabtretung nach Maßgabe des it. Gesetzes vom 21. Feb. 1991 über die Abtretung von Unternehmensforderungen (Art. 3). Vgl. dazu *Schütze* (oben N. 11) 142 ff. mit weiteren Nachweisen.
[33] *Tailby* v. *Official Receiver* (1888) 13 App.Cas. 523, 543; *Treitel* (-*Peel*) no. 15-025.
[34] So Obergericht Zürich, vgl. BG 11. Dez. 1986 (oben N. 29) 435.

ture contract« ergeben. Für eine solche Abtretung wird lediglich verlangt, dass der künftige Anspruch zum Zeitpunkt seiner Entstehung (oder sonst zu dem von den Parteien dafür vereinbarten Zeitpunkt) »can be identified as the claim to which the assignment relates«.[35] Das gleiche gilt nach dem UN-Übereinkommen über die Abtretung von Forderungen im internationalen Handelsverkehr.[36]

5. *Vertragliche Abtretungsverbote.* – Häufig hat ein Schuldner gute Gründe, eine Vereinbarung zu treffen, die seinem Gläubiger die Abtretung seiner vertraglichen Ansprüche verbietet oder sie ihm nur dann erlaubt, wenn er ihr zugestimmt hat. An einer solchen Vereinbarung hat der Schuldner besonders dann ein Interesse, wenn er sich nur mit seinem Gläubiger und keinem anderen auseinandersetzen oder wenn er sich die Mühe der genauen Erfassung von Abtretungen und Teilabtretungen ersparen und seinen Abrechnungsverkehr klar und übersichtlich gestalten will. Viele Rechtsordnungen gehen deshalb von dem Grundsatz aus, dass vertraglich vereinbarte Abtretungsverbote wirksam sind. Daraus wird der Schluss gezogen, dass eine Abtretung, die in Widerspruch zu einem solchen Verbot steht, nicht bloß im Verhältnis zwischen Gläubiger und Schuldner, sondern »absolut«, also *erga omnes* unwirksam ist, dies mit der Folge, dass auch die Gläubiger des Zedenten geltend machen können, dass die Abtretung ungültig sei, die abgetretene Forderung nach wie vor dem Zedenten zustehe und daher von ihnen gepfändet oder in seinem Konkurs zu ihren Gunsten verwertet werden könne. Dieser Standpunkt wird besonders in Deutschland, in Österreich und in der Schweiz vertreten;[37] in Italien erwirbt der Zessionar

---

[35] Art. 11:102 (2) PECL. Besonders für den Fall, dass ein und derselbe künftige Anspruch von seinem Inhaber *mehrfach* abgetreten worden ist, kommt es nach dem Grundsatz »prior tempore potior iure« auf den Zeitpunkt an, in dem die konkurrierenden Abtretungen wirksam geworden sind. Dazu bestimmt Art. 11:202 (2) PECL, dass es bei künftigen Forderungen auf den Zeitpunkt des Abtretungsvertrages ankommt, mag die Forderung auch erst später entstanden sein. Ebenso in noch knapperer Form Art. 9.1.5 PICC und (allerdings umständlicher) der DCFR; vgl. Art. III.-5:106 (1) und III.-5:114 (2) und dazu *E.-M. Kieninger*, Das Abtretungsrecht des DCFR, ZEuP 2010, 724, 729 ff.

[36] Vgl. Art. 8 CARIT (oben N. 11) und dazu *Schütze* (oben N. 11) 156 ff. Ebenso das Factoring-Übereinkommen (oben N. 10): Es gilt zwar nur für den Fall, dass der Verkäufer dem Factoring-Unternehmer Ansprüche abtritt, die ihm aus *Kaufverträgen* mit Nicht-Verbrauchern entweder bereits entstanden sind oder künftig entstehen werden. Soweit *künftige* Kaufpreisansprüche abgetreten werden, gehen sie auf den Factoring-Unternehmer über, sofern sie schon bei Abschluss des Abtretungsvertrages oder »when they come into existence ... can be identified to the contract« (Art. 5 a); vgl. dazu im Einzelnen *Rudolf* (oben N. 11) 246 ff.

[37] Vgl. § 399 BGB und dazu BGH 14. Okt. 1963, BGHZ 40, 156, 160; BGH 27. Mai 1971, BGHZ 56, 228, 230 f.; BGH 1. Feb. 1978, BGHZ 70, 299, 301. Vgl. ferner Art. 164 OR und dazu BG 25. April 1986, BGE 112 II 241. Ebenso OGH 16. Jan. 1984, JBl. 1984, 311. Auch in anderen Ländern werden vertraglich vereinbarte Abtretungsverbote grundsätzlich als wirksam angesehen. Vgl. Art. 3:83 (2) BW; *Helstan Securities Ltd.* v. *Hartfordshire County Council* [1978] 3 All.E.R. 262; *Linden Gardens Trust Ltd.* v. *Senesta Sludge Dispo-*

die ihm verbotswidrig abgetretene Forderung nur dann nicht, wenn er das Abtretungsverbot kannte.[38]

Wer Abtretungsverbote für wirksam hält, zahlt dafür allerdings einen hohen Preis. In der Tat lassen sich Abtretungsverbote jedenfalls dann, wenn es um Geldforderungen geht, nicht einfach mit dem Interesse des Schuldners an der Übersichtlichkeit seines Abrechnungsverkehrs rechtfertigen. Selbst wenn man die verbotswidrige Abtretung für gültig hält, kann der Schuldner, solange er von ihr nichts weiß, schon nach den allgemeinen Regeln mit befreiender Wirkung an seinen Vertragspartner leisten (vgl. S. 519 ff.). Diese Möglichkeit verliert er zwar, wenn ihn der Gläubiger von der Abtretung unterrichtet hat. Aber den zusätzlichen Aufwand, der ihm dann durch die Beachtung von Abtretungsanzeigen entsteht, kann man sehr wohl zu den allgemeinen Kosten seines Geschäftsbetriebs rechnen. Aus dem allgemeinen Prinzip der Vertragsfreiheit ergibt sich zwar, dass eine Vereinbarung wirksam sein sollte, mit der sich der Schuldner von diesen Kosten entlasten will. Aber die Vertragsfreiheit muss sich dort Einschränkungen gefallen lassen, wo ihre Betätigung zu Vereinbarungen führt, die die Interessen *Dritter* erheblich beeinträchtigen. So liegt es hier. Abtretungsverbote machen nämlich, wenn sie »absolut« wirksam sind, Forderungen zu »res extra commercium«, führen, also dazu, dass die Umlauffähigkeit von Forderungen beseitigt, damit die Bereitschaft von Kreditinstituten und Factoring-Unternehmen zum Erwerb von Forderungen beschränkt und die volkswirtschaftlich erwünschte Leichtigkeit der Kreditversorgung gefährdet wird.

In vielen Ländern sind deshalb in den letzten Jahrzehnten besondere Gesetze erlassen worden, die der Gültigkeit vertraglich vereinbarter Abtretungsverbote enge Grenzen setzen. In Frankreich wurden solche Vereinbarungen schon immer mit Skepsis betrachtet.[39] Durch ein Gesetz aus dem Jahre 2001 ist jetzt ausdrücklich bestimmt, dass Abtretungsverbote ungültig sind, wenn sie sich auf

---

sals Ltd. [1993] 3 W.L.R. 408, 422 f. (H. L.). Überall sind freilich immer wieder Bedenken gegen die »absolute« Wirkung von Abtretungsverboten erhoben worden. Insbesondere wurde vielfach der Standpunkt vertreten, dass ein Abtretungsverbot zwar im Verhältnis zwischen Gläubiger und Schuldner beachtet werden müsse, nicht aber Wirkung gegenüber Dritten haben dürfe. Vgl. dazu mit weiteren Nachweisen *M. Armgardt*, Die Wirkung vertraglicher Abtretungsverbote im dt. und ausländischen Privatrecht, RabelsZ 73 (2009) 314.

[38] Vgl. Art. 1260 (2) Codice civile; Art. 577 (2) port. CC. Auch in Deutschland und der Schweiz wird auf die Gutgläubigkeit des Zessionars abgestellt, allerdings nur in dem besonderen Fall, in dem der Schuldner eine Urkunde über die Forderung ausgestellt hat, in dieser Urkunde das Abtretungsverbot nicht erwähnt ist und der Gläubiger die Forderung unter Vorlage der Urkunde an einen gutgläubigen Zessionar abgetreten hat.

[39] In einer älteren Entscheidung hat der Kassationshof ein solches Verbot als ungültig angesehen, weil es gegen den allgemeinen Grundsatz der freien Veräußerlichkeit von Gütern (»principe de libre disposition des biens«) verstoße; vgl. Civ. 6. Juni 1853, D.P. 1853. I. 191.

im Handelsverkehr begründete Geldforderungen beziehen.[40] In Deutschland
ergibt sich seit 1994 aus einer besonderen Vorschrift des Handelsgesetzbuches
(§ 354 a), dass eine Abtretung trotz Abtretungsverbots wirksam ist, wenn die
abgetretene Forderung durch ein Handelsgeschäft begründet worden ist oder
sich gegen den Staat richtet, es sei denn, dass es sich bei der abgetretenen Forderung um die Darlehensforderung einer Bank handelt. Auch in diesem Fall
kann aber der Schuldner »mit befreiender Wirkung an den bisherigen Gläubiger leisten«, dies selbst dann, wenn er weiß, dass der Gläubiger abgetreten hat
und deshalb nicht mehr Inhaber der Forderung ist.[41] Auch in Österreich wird
durch die im Jahre 2005 eingeführte Regelung des § 1396 a ABGB bestimmt,
dass vertraglich vereinbarte Abtretungsverbote über »Geldforderungen aus unternehmerischen Geschäften« ungültig sind.[42]

Daraus ergibt sich, dass der Gültigkeit vertraglich vereinbarter Abtretungsverbote ein heftiger Wind ins Gesicht bläst. Das zeigen auch die internationalen
Regelwerke. Wer eine Geldforderung unter Verstoß gegen ein Abtretungsverbot an einen Zessionar abtritt, kann sich dadurch zwar seinem Schuldner gegenüber wegen einer Vertragsverletzung haftbar machen.[43] Im Verhältnis zum
Zessionar ist eine solche Abtretung aber wirksam; er erwirbt also die Forderung, sei es, weil ihm gegenüber Abtretungsverbote generell als unwirksam
angesehen werden,[44] sei es, weil sie jedenfalls dann unwirksam sind, wenn die
abgetretene Forderung eine Geldforderung ist, die sich erst künftig aus dem mit
dem Schuldner abgeschlossenen Vertrag ergeben wird.[45]

---

[40] Vgl. jetzt Art. L 442–6 (II c) Code commercial. Das gleiche gilt, wenn eine Forderung, deren Unabtretbarkeit vereinbart war, von ihrem Inhaber nach den Regeln der
Loi Dailly abgetreten worden ist; vgl. Com. 21. Nov. 2000, Bull. cass. 2000. IV. no. 180 =
D. 2001 Actualité jurispr. 123 mit Anm. *Avéna-Robardet*. Vgl. auch *Terré/Simler/Lequette*
no. 1278.

[41] Allerdings steht dem Schuldner ein Wahlrecht zu. Er kann also, wenn ihm das
vorteilhaft erscheint, an den Zessionar leisten. In jedem Falle bleibt es dabei, dass das
Abtretungsverbot im Innenverhältnis zwischen Gläubiger und Schuldner wirksam ist,
der Schuldner also Schadensersatz vom Gläubiger verlangen kann, wenn dieser das Abtretungsverbot missachtet, damit eine Vertragsverletzung begangen und auf diese Weise
dem Schuldner einen Schaden zugefügt hat.

[42] Allerdings gilt das nicht, wenn das Abtretungsverbot »im Einzelnen ausgehandelt
worden ist und den Gläubiger unter Berücksichtigung aller Umstände des Falles nicht
gröblich benachteiligt«. Weiterhin wird – ähnlich wie in § 354 a HGB – der Schuldner
befreit, wenn er, ohne grob fahrlässig zu handeln, an seinen Gläubiger zahlt, bevor ihm
die Abtretung und der Zessionar bekanntgemacht worden sind.

[43] So Art. 11:301 (2) PECL; Art. 9.1.9 (1 Satz 2) PICC; Art. III.-5:108 (6) DCFR.

[44] Art. 9.1.9 (1 Satz 1) PICC.

[45] Art. 11:301 (1 c) PECL. Eine vergleichbare Regelung findet sich in Art. 9 CA-
RIT (oben N. 11); vgl. dazu ausführlich *Schütze* (oben N. 11) 183 ff. und *Eidenmüller* (oben
N. 11) 464 ff. Ähnlich auch Art. 6 (1) und (3) Factoring-Übereinkommen (oben N. 10).
Auch nach der Regelung in Art. III-5:108 DCFR sind Abtretungsverbote zwar grund-
sätzlich unwirksam. Dennoch kann der Schuldner auch in diesem Falle unter bestimmten

III. Formvorschriften

Kaum ein Zessionar wird sich damit zufriedengeben, dass ihm die Abtretung vom Zedenten lediglich mündlich erklärt wird. Denn er muss damit rechnen, dass der Schuldner nur dann leisten wird, wenn er ihm seine Gläubigerstellung beweisen kann. Daher wird der Zessionar vom Zedenten nicht nur die Übergabe der Urkunden verlangen, in denen die abgetretene Forderung dokumentiert ist.[46] Er wird auch auf Erteilung einer schriftlichen Abtretungserklärung dringen[47] oder verlangen, dass der Abtretungsvertrag in schriftlicher Form niedergelegt wird. An der Schriftlichkeit dieses Vertrages besteht aber nicht nur ein Interesse der Parteien. Für sie lässt sich auch ein allgemeines Interesse geltend machen, nämlich das Interesse an der Vermeidung von Streitigkeiten über die Frage, ob und zu welchem Zeitpunkt eine Abtretung erfolgt sei. Manchmal wird deshalb allgemein bestimmt, dass Abtretungen nur dann gültig sind, wenn der Abtretungsvertrag oder die Abtretungserklärung des Zedenten schriftlich niedergelegt ist.[48] Das gilt auch in Frankreich für Abtretungen nach Maßgabe der *Loi Dailly*. Danach ist es erforderlich, dass eine datierte schriftliche Liste der abgetretenen Forderungen (»bordereau«) aufgestellt und dem Zessionar übergeben wird.[49] Die internationalen Regelwerke begnügen sich mit einer allgemeinen Bestimmung, nach der der Abtretungsvertrag keiner besonderen Form bedarf.[50]

Voraussetzungen mit befreiender Wirkung an seinen Gläubiger leisten. Vgl. dazu *Kieninger* (oben N. 34) 732 ff.

[46] Vgl. § 402 BGB; Art. 6:143 BW; Art. 1262 Codice civile; Art. 170 II OR; Art. 456 griech. ZGB; Art. 586 port. CC: Danach kann der Zessionar Übergabe der über die Forderung bestehenden Urkunden und Erteilung der zu ihrer Geltendmachung erforderlichen Auskünfte verlangen.

[47] 403 BGB und Art. 457 griech. ZGB geben dem Zessionar einen Anspruch gegen den Zedenten auf Erteilung einer öffentlich beglaubigten Abtretungserklärung; die Kosten dafür trägt der Zessionar.

[48] Art. 165 I OR und dazu BG 23. Jan. 1962, BGE 88 II 18 und BG 25. Mai 1979, BGE 105 II 83. Nach der letzteren Entscheidung soll keine ausreichende Abtretungserklärung vorliegen, wenn der Verkäufer in der dem Käufer erteilten Rechnung vermerkt, dass die Zahlung an den Zessionar zu erfolgen habe, und eine Kopie der Rechnung dem Zessionar übersendet. Auch Art. 3:94 I BW verlangt einen schriftlichen Abtretungsvertrag. In England wird für ein »statutory assignment« eine schriftliche Abtretungserklärung des Zedenten verlangt. Fehlt es daran, so kann die Abtretung allerdings immer noch als »equitable assignment« aufrechterhalten werden; vgl. dazu oben N. 3.

[49] Vgl. jetzt Code monétaire et financier Art. L 313–23.

[50] Vgl. Art. 11: 104 PECL; Art. 9–1.7 (1) PICC; Art. III.-5:110 (1) in Verbindung mit Art. II.-4:101 DCFR. Das bedeutet freilich nur, dass Zedent und Zessionar nicht behaupten können, es sei der Abtretungsvertrag schon deshalb ungültig, weil die Abtretung nur mündlich vereinbart worden sei oder sich der entsprechende Wille der Parteien lediglich den Umständen entnehmen lasse.

Die Schriftform des Abtretungsvertrages schützt den Zessionar noch nicht gegen die Gefahr, dass der Zedent die gleichen Forderungen schon vorher einem anderen abgetreten oder verpfändet hat und er daher selbst nicht mehr ihr Inhaber ist. Viele Rechtsordnungen verlangen deshalb, dass eine Abtretung, damit sie Dritten gegenüber wirksam ist, auf die eine oder andere Weise »offenkundig« gemacht wird, und zwar insbesondere dadurch, dass der Schuldner von ihr in besonderer Weise in Kenntnis gesetzt worden ist oder sie anerkannt hat; dies muss manchmal noch dazu in einer besonderen Form geschehen. Die deutsche Rechtsprechung ist diesen Weg nicht gegangen. Denn gemäß § 398 BGB geht eine Forderung schon durch den Abtretungsvertrag selbst auf den Zessionar über; eine Verständigung des Schuldners ist dafür nicht erforderlich, dies mit der Folge, dass die Zahlung des Schuldners, wenn sie nach der Abtretung an den Zedenten geleistet wird, zwar an den »Nichtgläubiger« geht, aber dennoch den Schuldner befreit, wenn er bei der Zahlung von der Abtretung nichts wusste (vgl. S. 519 ff.). Andere Rechtsordnungen folgen diesem Standpunkt nicht. So wird in Österreich für die Wirksamkeit einer Sicherungsabtretung verlangt, dass der Schuldner von ihr verständigt worden ist; und wenn die Sicherungsabtretung als »stille Zession« vorgenommen, also dem Schuldner gegenüber geheim gehalten werden soll, so ist für ihre Wirksamkeit ein schriftlicher Abtretungsvertrag und ein besonderer Vermerk in den Büchern des Zedenten erforderlich.[51] Auch das niederländische Recht verlangt für eine »stille Zession«, dass über die Abtretung eine notarielle oder amtlich registrierte Urkunde errichtet wird.[52] In Frankreich führt die Abtretung als solche zwar zu einem Gläubigerwechsel, ohne dass es einer Zustimmung oder Verständigung des Schuldners bedürfte. Aber dies gilt nur im Verhältnis zwischen Zedent und Zessionar. Im Verhältnis zum Schuldner – und vor allem im Verhältnis zu den Gläubigern des Zedenten – gilt der Zessionar gemäß Art. 1690 Code civil erst dann als Inhaber der abgetretenen Forderung, wenn er oder der Zedent den Schuldner von der Abtretung dadurch in Kenntnis gesetzt haben, dass sie ihm eine entsprechende Mitteilung durch den Gerichtsvollzieher haben zustellen lassen (»signification«) oder wenn der Schuldner dem Zessionar gegenüber in notarieller Urkunde die Abtretung angenommen hat (»acceptation«). Obwohl die historischen Gründe, die zu dieser Regelung geführt haben (vgl. oben S. 497 f.), heute nicht mehr überzeugen, haben auch viele andere Zivilgesetzbücher die Notifikation des Schuldners – wenn auch manchmal in abgeschwächter Form – zur Voraussetzung eines erga omnes wirksamen Forderungsübergangs gemacht.[53]

---

[51] Vgl. z.B. OGH 7. Sept. 1978, SZ 51 Nr. 121; OGH 1. März 1989, SZ 62 Nr. 32; OGH 28. Okt. 1997, JBl. 1998, 105 (ständige Rspr.).

[52] Vgl. Art. 3:94 (3) und (4) BW.

[53] Vgl. Art. 1264 Codice civile; Art. 460 griech. ZGB; Art. 583 port. CC.

Es ist offensichtlich, dass es die Beobachtung dieser Formerfordernisse erheblich erschwert, wenn nicht gar unmöglich macht, die Abtretung von Forderungen so zu organisieren, wie dies die Bedürfnisse des heutigen kaufmännischen Geschäftsverkehrs erfordern. Das gilt besonders dort, wo der Zedent ein ganzes »Forderungspaket« durch Verkauf an ein Factoring-Unternehmen zu Geld machen oder zur Sicherung eines Kredits auf seine Bank übertragen will. Zwar hat die französische Rechtsprechung die schwerfälligen Formalitäten des Art. 1690 hier und da abgemildert.[54] Gleichwohl haben Praxis, Rechtsprechung und Gesetzgeber andere Wege beschritten, um die veralteten Zessionsregeln des Code civil zu umgehen. Der eine Weg, der heute allerdings kaum noch Bedeutung hat, stützt sich darauf, dass Forderungen ohne die Formalitäten des Art. 1690 übertragen werden können, wenn sie wertpapiermäßig – insbesondere in Wechseln – verbrieft sind: Hat nämlich ein Gläubiger auf seinen Schuldner einen Wechsel gezogen, so geht die in ihm verbriefte Forderung (provision) auf denjenigen über, an den er den Wechsel indossiert hat, und zwar ohne Rücksicht darauf, ob die Voraussetzungen des Art. 1690 beachtet sind. Weiterhin hält der Code civil selbst ein Rechtsinstitut bereit, mit dessen Hilfe sich Art. 1690 ausmanövrieren lässt. Dies ist die sog. »subrogation personnelle«: Wird eine Schuld nicht vom Schuldner, sondern von einem Dritten bezahlt, so erwirbt der zahlende Dritte die Forderung gegen den Schuldner, sofern der Gläubiger damit einverstanden ist (Art. 1249 f. Code civil).[55] Auf diesem Wege wird heute in Frankreich das Factoring-Geschäft abgewickelt: Der Kaufmann, der seine noch nicht fälligen Forderungen verkaufen will, erklärt dem Factoring-Unternehmer, dass er seine Zahlung als Zahlung des Schuldners entgegennehme und damit einverstanden sei, dass nunmehr er Inhaber der Forderung gegen den Schuldner sein solle. Damit erwirbt der Factoring-Unternehmer die Forderung, ohne dass den umständlichen Formalitäten des Art. 1690 Rechnung getragen werden musste. Schließlich hat der Gesetzgeber selbst den Formalitäten dieser Vorschrift dadurch ein Ende gemacht, dass er für die Abtretung von Geldforderungen, sofern sie im Handelsverkehr begründet worden sind und auf eine Bank übertragen werden sollen, das Verfahren der *Loi Dailly* bereitgestellt

---

[54] Vgl. dazu ausführlich *Terré/Simler/Lequette* no. 1279 ff. Dort heißt es, dass der Formalismus des Art. 1690 trotz dieser Abmilderungen als »excessivement rigide« angesehen werde (no. 1282); es bestehe deshalb »une tendance constante au recul du formalisme de l'article 1690« (no. 1283). In Belgien ist aus diesem Grunde Art. 1690 im Jahre 1994 in eine neue Form gebracht worden. Danach erwirbt der Zessionar die Forderung im Verhältnis zum Schuldner zwar erst dann, wenn er ihn von der Abtretung in Kenntnis gesetzt oder wenn der Schuldner die Abtretung anerkannt hat. Im Verhältnis zu sonstigen Dritten gilt die Forderung aber schon mit dem Abschluss des Abtretungsvertrags als übergegangen. Nur wenn die gleiche Forderung mehreren Zessionaren abgetreten worden ist, soll derjenige von ihnen den Vorrang haben, der als erster im guten Glauben an sein Recht den Schuldner von der Abtretung unterrichtet hat (vgl. unten S. 515 ff.).

[55] Ebenso Art. 1201 Codice civile; Art. 1209 ff. span. CC; Art. 589 ff. port. CC.

hat. Danach gehen solche Forderungen auch ohne eine Verständigung oder eine Anerkennung des Schuldners auf die Bank als Zessionarin über, wenn der Abtretungsvertrag geschlossen und der Bank die Liste der abgetretenen Forderungen übergeben worden ist. Ebenso liegt es, wenn der Zedent nach Übergabe der Liste in Konkurs fällt: Seine Gläubiger müssen es hinnehmen, dass seine Forderungen bereits auf die Bank als Zessionarin übergegangen waren und bei Eröffnung des Insolvenzverfahrens nicht mehr zu seinem Vermögen gehören.

Wir fassen zusammen: Formvorschriften, von denen die Wirksamkeit einer Abtretung abhängig gemacht wird, verfolgen einen doppelten Zweck. Zum einen wollen sie im Interesse der Rechtssicherheit verhindern, dass Streitigkeiten über die Frage entstehen, ob und zu welchem Zeitpunkt eine bestimmte Forderung vom Zessionar erworben worden ist. Aus diesem Grunde wird vielfach verlangt, dass die Abtretungserklärung in einer datierten schriftlichen Erklärung niedergelegt wird; auch der »Buchvermerk« des österreichischen Rechts und das »bordereau« der Loi Dailly dienen diesem Zweck. Zum anderen wird behauptet, dass durch Formvorschriften dem Zessionar die Möglichkeit verschafft werde, Klarheit darüber zu gewinnen, ob die ihm angebotenen Forderungen dem Zedenten wirklich noch zustehen. Besonders in der französischen Doktrin hat man in der Regel des Art. 1690 ein »système de publicité« gesehen, weil nämlich der Zessionar den Schuldner über das Vorliegen einer »signification« oder »acceptation« befragen und sich, wenn seine Frage verneint werde, darauf verlassen könne, dass der Zedent noch Inhaber der Forderung sei. Abgesehen davon, dass der Schuldner wohl kaum verpflichtet ist, dem ihm bis dahin unbekannten Zessionar eine prompte, vollständige und richtige Auskunft zu erteilen, ist dieses »système de publicité« unpraktikabel überall dort, wo im Verkehr unter Kaufleuten zahlreiche Forderungen auf einen Schlag abgetreten oder wo die Abtretungen dem Schuldner vorläufig nicht bekanntgegeben werden sollen. Sicherlich besteht auch in solchen Fällen ein Bedürfnis nach einem System, mit dessen Hilfe sich Dritte – besonders diejenigen, die Forderungen kaufen oder sich zur Sicherung eines Kredits übertragen lassen wollen – prüfen können, ob der Verkäufer oder Kreditnehmer wirklich berechtigter Inhaber der Forderungen ist oder ob er sie schon einem anderen übertragen oder verpfändet hat. Dieses System muss aber wohl darin bestehen, dass ein öffentlich zugängliches Register geschaffen wird, in das die Abtretung solcher Forderungen eingetragen werden kann.[56]

---

[56] Über ein solches Registersystem wird seit langem diskutiert. Vorbilder dafür finden sich insbesondere im Recht der USA, wo ein solches System seit Jahrzehnten erfolgreich praktiziert wird. Vgl. Art. 9 Uniform Commercial Code und dazu z.B. *Schütze* (oben N. 11) 28 ff. Auch nach britischem Recht ist ein »general assignment of book debts« gegenüber den Insolvenzgläubigern des Zedenten nur dann wirksam, wenn die Abtretung in einem öffentlichen Register eingetragen ist; vgl. s. 344 Insolvency Act 1986; s. 395 f. Companies Act 1986. Auch im DCFR wird für Sicherungsabtretungen in Buch

IV. Prioritätskonflikte

In der gerichtlichen Praxis kommt es nicht selten zu Streitigkeiten, bei denen es um die Frage geht, welchem von mehreren Beteiligten in Bezug auf eine und dieselbe Forderung der Vorrang zusteht. Typisch ist der Fall, in dem der Zedent die Forderung zuerst an A und dann an B abgetreten hat. Wenn hier sowohl A wie B Zahlung verlangen, wird der Schuldner, wenn er klug ist, den geschuldeten Betrag hinterlegen und es den beiden Zessionaren überlassen, den Prioritätskonflikt unter sich auszufechten. Hat der Schuldner an B geleistet und ist er dadurch, weil er die Zession zugunsten des A nicht kannte, befreit worden, so wird A von B die Herausgabe des Empfangenen mit der Begründung verlangen, dass ihm an der Forderung Priorität zugestanden habe. Zu ähnlichen Konflikten kommt es häufig auch dann, wenn eine und dieselbe Forderung sowohl abgetreten wie auch von einem Gläubiger des Zedenten gepfändet worden ist oder sie von seinem Konkursverwalter zur Masse gezogen wird.

Überall ist anerkannt, dass für die Entscheidung solcher Streitigkeiten das Prioritätsprinzip maßgeblich ist. Prior tempore potior iure: Wer die Forderung zuerst erwirbt, erhält den Vorrang gegenüber demjenigen, der sie später erworben oder später gepfändet hat. Das folgt auch daraus, dass der Zedent, nachdem er die Forderung wirksam abgetreten hat, nicht mehr ihr Inhaber ist, mithin eine spätere Pfändung der gleichen Forderung ins Leere geht und eine spätere Abtretung dem Zessionar deshalb nichts verschafft, weil es einen gutgläubigen Erwerb von Forderungsrechten nicht gibt.

Es kommt also entscheidend auf den Zeitpunkt an, in dem die für eine wirksame Abtretung erforderlichen Voraussetzungen sämtlich vorliegen. Soweit dazu auch die Einhaltung besonderer Formerfordernisse gehört, ist mithin auf den Zeitpunkt abzustellen, in dem diese Erfordernisse erfüllt sind. Bedarf die Abtretung zu ihrer Wirksamkeit einer Registrierung oder eines Vermerks in den Büchern des Zedenten, so kommt es auf das Datum der Registrierung oder des Vermerks an, und ist eine und dieselbe Forderung in der Weise an zwei Banken abgetreten worden, dass beiden Banken ein »bordereau« i.S. der *Loi Dailly* (oben S. 514) übergeben worden ist, so hat den Vorrang diejenige Bank, deren »bordereau« das frühere Datum trägt; das Entsprechende gilt, wenn zu einem bestimmten Zeitpunkt einer Bank ein »bordereau« übergeben worden ist und erst danach ein Gläubiger des Zedenten eine darin aufgelistete Forderung gepfändet hat oder der Zedent insolvent geworden ist.[57] Wenn hingegen die beiden

---

IX ein solches Registersystem vorgesehen, das den allgemeinen Regeln über die Forderungsabtretung vorgeht; vgl. Art. III.-5:103 (1) DCFR. Vgl. dazu z.B. *Eidenmüller* (oben N. 11) 475 ff.; *E.-M. Kieninger*, Die Zukunft des dt. und europäischen Mobiliarkreditsicherungsrechts, AcP 208 (2008) 182.

[57] Vgl. Art. L 313–27 Code monétaire et financier; Com. 28. Okt. 1986, Bull. cass. 1986. IV. no. 194 = D. 1986, 592 mit Anm. *Vasseur* = J.C.P. 1987. II. 20735 mit Anm.

miteinander kollidierenden Abtretungen den allgemeinen Zessionsregeln des
Code civil unterliegen, so erhält den Vorrang nicht derjenige Zessionar, dem
zuerst abgetreten war, sondern derjenige, der den Schuldner gemäß Art. 1690
zuerst notifiziert hat.[58]

Eine ähnliche Regel gilt in England. Unter bestimmten Voraussetzungen
kann dort ein Zessionar Inhaber der Forderung auch dann werden, wenn die
Abtretung dem Schuldner nicht mitgeteilt worden ist.[59] Auch in diesem Fall ist
für den Zessionar eine Verständigung des Schuldners ratsam. Zum einen kann
er nur dadurch verhindern, dass der Schuldner mit befreiender Wirkung an den
Zedenten leistet. Zum anderen aber hat die Verständigung des Schuldners noch
eine weitere Wirkung, auf die es hier ankommt: Ist nämlich eine und dieselbe
Forderung vom Zedenten mehrfach gegen Entgelt abgetreten worden, so gebührt nach der Regel aus der Entscheidung *Dearle* v. *Hall*[60] demjenigen Zessionar der Vorrang, der, ohne von der anderen Abtretung zu wissen, eher als der
andere Zessionar den Schuldner von der Abtretung in Kenntnis gesetzt hat. Er
erwirbt mit der Notifikation die Forderung und braucht das vom Schuldner
Empfangene dem anderen Zessionar nicht herauszugeben, mag diesem auch
eher als ihm abgetreten sein. Auf dem gleichen Gedanken beruht Art. 11–401
(1) PECL: Tritt der Gläubiger dieselbe Forderung erst an den Zessionar A, danach an den Zessionar B ab, so erhält B den Vorrang, wenn der Schuldner zuerst
von der zugunsten des B erfolgten Abtretung in Kenntnis gesetzt worden ist.[61]

Anders liegt es in denjenigen Rechtsordnungen, die – wie die deutsche – für
die Wirksamkeit der Abtretung auch im Verhältnis zu Dritten nichts weiter als
eine gültige Vereinbarung von Zedent und Zessionar verlangen. Daraus folgt,
dass die Forderung allein von demjenigen Zessionar erworben wird, mit dem
der Abtretungsvertrag *zuerst* abgeschlossen war; hingegen erwirbt derjenige
Zessionar nichts, dem die gleiche Forderung aufgrund einer späteren Abtretung

---

Stoufflet; Com. 7. Dez. 2004, Bull. cass. 2004. IV. no. 213 = D. 2005, 230 mit Anm. *Larroumet*; *Terré/Simler/Lequette* no. 1302.

[58] *Terre/Simler/Lequette* no. 1286. Das soll allerdings dann nicht gelten, wenn dem
zweiten Zessionar die erste Abtretung bekannt war und seine Notifikation bewusst zum
Ziel hatte, sich den Vorrang gegenüber dem ersten Zessionar zu sichern.

[59] So beim »equitable assignment«, vgl. dazu oben N. 3.

[60] (1828) 3 Russ. 1 (48), 38 Eng.Rep. 475 (492). Ebenso § 31 II schwed. Schuldbriefgesetz.

[61] Das gilt nur, wenn B zu dem Zeitpunkt, in dem ihm abgetreten wurde, von der
früheren Abtretung zugunsten des A nichts wusste oder wissen konnte. Ebenso Art. III.-
5:120 (1) DCFR. – Anders liegt es, wenn die Forderung nach ihrer Abtretung von einem
Gläubiger des Zedenten im Wege der Zwangsvollstreckung gepfändet oder beschlagnahmt worden ist: Hier kommt gemäß Art. 11–401 (3) und (4) PECL dem Zessionar der
Vorrang zu, dies auch dann, wenn über das Vermögen des Zedenten ein Insolvenzverfahren eröffnet worden ist und das anwendbare nationale Insolvenzrecht nichts anderes
bestimmt.

noch einmal abgetreten worden ist.[62] Leistet der Schuldner an den zweiten Zessionar, so wird er dadurch zwar befreit, wenn er ihn für seinen Gläubiger halten durfte. Aber das bedeutet nicht, dass der zweite Zessionar die empfangene Leistung behalten darf. Vielmehr muss er sie dem allein berechtigten ersten Zessionar herausgeben.[63] Diese Regeln gelten auch dann, wenn dieselbe Forderung zweimal *im Voraus* abgetreten worden ist: Auch hier wird, sobald die Forderung tatsächlich entsteht, allein derjenige ihr Inhaber, dem sie zuerst im Voraus abgetreten war.[64]

---

[62] Darin liegt ein Unterschied zu denjenigen Rechtsordnungen, die bei mehrfacher Abtretung der gleichen Forderung demjenigen Gläubiger einen Vorrang zubilligen, der geltend machen kann, dass die zu seinen Gunsten erfolgte Abtretung dem Schuldner zuerst notifiziert worden ist. Dieser Unterschied wurde bei den Beratungen über die CARIT (oben N. 11) als unüberbrückbar angesehen; daher wurde in Art. 22 CARIT bestimmt, dass die Frage nach den Regeln des am Sitz des Zedenten maßgeblichen nationalen Rechts zu entscheiden sei. Vgl. dazu ausführlich *Schütze* (oben N. 11) 282 ff. Aus dem gleichen Grunde wird auch in Art. 9.1.11 PICC nur die Frage des Schuldnerschutzes, nicht aber die Frage geregelt, welcher von den mehreren Zessionaren Inhaber der Forderung wird; vgl. *F. Mazza*, in: S. Vogenauer/J. Kleinheisterkamp (Hrsg.), Commentary on the PICC (2009) Art. 9.1.11 no. 1–3.

[63] Die Grundlage dafür liegt darin, dass der zweite Zessionar, indem er die Zahlung des gutgläubigen Schuldners entgegennahm, die allein dem Erstzessionar zustehende Forderung zum Erlöschen gebracht und damit auf dessen Kosten etwas erlangt hat, was zu behalten er ihm gegenüber nicht berechtigt ist. Es handelt sich also um einen Anspruch aus ungerechtfertigter Bereicherung, vgl. § 816 II BGB und BGH 16. Dez. 1957, BGHZ 26, 185, 193; BG 4. Nov. 1930, BGE 56 II 363; BG 1. März 1984, BGE 110 II 199; OGH 11. Juli 1985, JBl. 1986, 235, 236 f.; OGH 30. März 2004, JBl. 2004, 641 und ausführlich *F. Ranieri*, Europäisches Obligationenrecht (3. Aufl. 2009) 1238 ff.

[64] Eine sehr bedeutsame Einschränkung des Prioritätsprinzips hat die deutsche Rechtsprechung für den Fall entwickelt, dass ein Verkäufer eine und dieselbe Kaufpreisforderung im Voraus zur Sicherung sowohl an seine Bank wie an seinen Lieferanten abgetreten hat: Hier geht die Vorausabtretung zugunsten des Lieferanten vor, selbst wenn sie später als die Vorausabtretung zugunsten der Bank vorgenommen worden ist. Gestützt wird der Vorrang der späteren Vorausabtretung auf folgende Überlegung: Die (frühere) Vorausabtretung zugunsten der Bank ist gemäß § 138 BGB wegen Verstoßes gegen die guten Sitten nichtig, wenn die Bank weiß oder wissen muss, dass ihr Kunde Waren von seinen Lieferanten nur unter Vereinbarung eines »verlängerten Eigentumsvorbehalts«, also nur dann erwerben kann, wenn er ihm die aus dem Weiterverkauf entstehenden (und der Bank bereits abgetretenen) Kaufpreisforderungen noch einmal abtritt und damit eine Vertragsverletzung begeht. Vgl. dazu z.B. BGH 30. April 1959, BGHZ 30, 149; BGH 8. Okt. 1986, BGHZ 98, 303, 314 (ständige Rspr.). Die gleiche Regel soll auch dann gelten, wenn die (frühere) Vorausabtretung zugunsten der Bank mit einer (späteren) Abtretung zugunsten eines Factoring-Unternehmers kollidiert, sofern dieser im Falle der Uneinbringlichkeit der ihm abgetretenen Forderung Rückgriff beim Zedenten nehmen kann (»unechtes Factoring«; vgl. BGH 14. Nov. 1981, BGHZ 82, 50, 61).

C. Wirkungen der Abtretung

I. Das Verhältnis zwischen Zedent und Zessionar

Ist es aufgrund der Einigung zwischen Zedent und Zessionar zu einem Gläubigerwechsel gekommen, so kann zweifelhaft sein, welche Rechte und Pflichten sich für die Parteien aus der Abtretung im einzelnen ergeben, insbesondere: welche Ansprüche dem Zessionar gegen den Zedenten zustehen, wenn die abgetretene Forderung nicht besteht oder mangels Zahlungsfähigkeit des Schuldners nicht realisiert werden kann. Diese Rechte und Pflichten ergeben sich nicht aus der Abtretung als solcher, die ja nur die Übertragung des Forderungsrechts selbst zum Gegenstand hat, sondern aus dem ihr zugrundeliegenden Geschäft[65]. Für den Fall, dass es in diesem »Grundgeschäft« an Vereinbarungen über die Rechte und Pflichten der Parteien fehlt und diese Vereinbarungen auch durch Vertragsauslegung nicht gewonnen werden können, findet man überall dispositive Regeln (»règles supplétives«), die die Lücke füllen sollen.

Danach kann der Zessionar vom Zedenten verlangen, dass ihm die über die abgetretene Forderung bestehenden Urkunden übergeben und diejenigen Auskünfte erteilt werden, derer er zur Geltendmachung der Forderung bedarf.[66] Ferner gehen zusammen mit der abgetretenen Forderung im Zweifel auch die für sie bestehenden Sicherungsrechte über, insbesondere Pfandrechte an beweglichen Sachen und an Grundstücken sowie Ansprüche aus Bürgschafts- und Garantieverträgen.[67] Haben Zedent und Schuldner vereinbart, dass die Forderung vor einem Schiedsgericht geltend gemacht werden muss, so wird meist angenommen, dass auch der Zessionar sich auf diese Abrede berufen kann oder sie sich entgegenhalten lassen muss.[68]

Hat der Zessionar vom Schuldner keine Befriedigung erhalten, so fragt sich, ob der Zedent ihm dafür haftet. Die Frage wird verneint, wenn der Zedent die Forderung unentgeltlich abgetreten, also dem Zessionar geschenkt hatte.[69] Bei

---

[65] Vgl. oben N. 7.

[66] Vgl. oben N. 46.

[67] Art. 1692 Code civil; Art. 1263 Codice civile; Art. 1528 span. CC; Art. 582 port. CC; Art. 458 griech. ZGB; Art. 6:142 BW; § 401 BGB; Art. 170 I OR; § 63 tschech. ZGB; Art. 509 poln. ZGB; Art. 329 I ung. ZGB; ebenso Art. 11:201 PECL; Art. 9.1.14 PICC; Art. III.-5:115 DCFR; Art. 10 CARIT (oben N. 11) und dazu ausführlich *Schütze* (oben N. 11) 202 ff.

[68] Vgl. BG 25. Jan. 1977, BGE 103 II 77 BGH 2. März 1978, BGHZ 71, 162; BGH 20. März 1980, BGHZ 77, 32, 35 f.; OGH 16. Jan. 1936, SZ 18 Nr. 12; Civ. 5. Jan. 1999, Bull.cass. 1999.I. no. 1; Civ. 20. Dez. 2001, J.C.P. 2002. IV. 1209; Civ. 28. Mai 2002, J.C.P. 2002. IV. 2221 und dazu *Terre/Simler/Lequette* no. 1290; *The Leage* [1984] 2 Lloyd's Rep. 259.

[69] Anders, wenn der Zedent die Haftung ausdrücklich übernommen hat oder bösgläubig war, vgl. Art. 1266 II Codice civile; § 523 BGB; Art. 171 III OR.

entgeltlichen Abtretungen, also besonders dort, wo die Forderung in Erfüllung eines Kaufvertrages abgetreten war, lautet die Grundregel dahin, dass der Verkäufer im Zweifel für die »Verität«, aber nicht für die »Bonität« der abgetretenen Forderung haftet, also zwar garantiert, dass sie besteht, nicht aber, dass der Schuldner auch zahlungsfähig ist.[70] Gelegentlich wird auch bestimmt, dass der Zedent, wenn er beim Verkauf der Forderung eine Garantie für die Zahlungsfähigkeit des Schuldners übernommen hat, nur bis zur Höhe des empfangenen Kaufpreises und im Zweifel für die Zahlungsfähigkeit auch nur im Zeitpunkt der Abtretung hafte, nicht dafür, dass der Schuldner auch später noch zahlungsfähig bleiben werde.[71] Alle diese Regeln werden aber durchweg als dispositiv, abweichende Parteivereinbarungen also als vorrangig angesehen. Hinzu kommt, dass der Zedent stets nach den allgemeinen Regeln wegen einer Vertragsverletzung haftbar gemacht werden kann. In Frankreich und Italien spricht man davon, dass der Zedent in jedem Falle »garant de son fait personnel« bleibe oder »per il fatto proprio« hafte.[72] Das will sagen: Auch wenn der Zedent als Verkäufer einer Forderung seine Haftung für Verität oder Bonität ausgeschlossen oder beschränkt hat, muss er dem Zessionar doch Schadensersatz leisten, wenn er trotz der Abtretung vom Schuldner eine Zahlung entgegengenommen oder ihm die Schuld erlassen oder gestundet und dadurch die aus dem Kaufvertrag fließende Verpflichtung verletzt hat, alles zu unterlassen, was den Zessionar in der Verwertung der ihm verkauften Forderung beeinträchtigen könnte.

II. Der Schutz des Schuldners

Die neuere Entwicklung geht dahin, dass jedenfalls im kaufmännischen Geschäftsverkehr Forderungen wirksam übertragen werden können, ohne dass der Schuldner von der Abtretung auch nur verständigt zu werden braucht. Selbst dort, wo man eine solche Verständigung des Schuldners verlangt, wird doch nie eine *Zustimmung* des Schuldners zu der Abtretung gefordert. Das bedeutet, dass dem Schuldner auch ohne und vielleicht sogar gegen seinen Willen

---

[70] Art. 1693 Code civil; Art. 1266 Codice civile; Art. 1529 span. CC; Art. 587 port. CC; Art. 467 griech. ZGB; § 437 BGB; Art. 171 OR; § 66 tschech. ZGB; Art. 516 poln. ZGB; § 9 schwed. Schuldbriefgesetz. Nach § 1397 ABGB haftet der Zedent, der die Forderung verkauft hat, im Zweifel auch für die Bonität der Forderung. Eine ausführliche Regelung der Haftung des Zedenten im Verhältnis zum Zessionar findet sich in Art. 11:204 PECL; Art. 9.1.15 PICC; Art. III.-5:112 DCFR; Art. 12 CARIT (oben N. 11) und dazu ausführlich *Schütze* (oben N. 11) 233 ff.

[71] Vgl. im einzelnen Art. 1694 f. Code civil; Art. 1267 Codice civile; Art. 1529 II span. CC; Art. 468 griech. ZGB; § 1397 ABGB; Art. 173 OR; Art. 66 tschech. ZGB; Art. 330 ung. ZGB.

[72] Vgl. *Mazeaud (-Chabas)* no. 1275; Art. 1266 I Codice civile.

ein neuer Gläubiger aufgedrängt werden kann. Daher muss es Regeln geben, die den Schuldner gegen die mit einem Gläubigerwechsel verbundenen Nachteile schützen.

1. *Leistung an den bisherigen Gläubiger.* – Ein Bedürfnis für Schuldnerschutz tritt zunächst dort auf, wo der Schuldner nach geschehener Abtretung an den bisherigen Gläubiger geleistet oder mit ihm eine Stundung oder einen Schulderlass vereinbart oder eine andere, für ihn günstige Abrede mit ihm getroffen hat. Kann sich der Schuldner darauf berufen, wenn nunmehr der Zessionar von ihm die Erfüllung der abgetretenen Forderung verlangt?

Die allgemeine Regel geht dahin, dass der Zessionar sich Zahlungen, Stundungen und sonstige vom Schuldner noch mit dem Zedenten getroffene Vereinbarungen entgegenhalten lassen muss, sofern es zu diesen Vorgängen gekommen ist, ehe der Schuldner Kenntnis von der Abtretung hatte.[73] Kenntnis von der Abtretung besitzt der Schuldner nur dann, wenn in der Erklärung, die er darüber in der Regel vom Zessionar erhält, der Gläubigerwechsel klar und unzweideutig zum Ausdruck gebracht und vielleicht sogar deutlich gesagt wird, dass Zahlungen künftig nur noch an den Zessionar geleistet werden dürften.[74] Ist eine und dieselbe Forderung vom Zedenten mehrfach abgetreten worden und hat der Schuldner an den nachrangigen Zessionar geleistet, so kommt es darauf an, ob er zu diesem Zeitpunkt Kenntnis von der vorrangigen Abtretung hatte.[75]

---

[73] 407 BGB; Art. 167 OR; § 1395 f. ABGB; § 29 schwed. Schuldbriefgesetz. Ebenso das englische Recht, vgl. *Treitel (-Peel)* no. 15-037 ff. – Soweit die Verständigung des Schuldners Voraussetzung eines wirksamen Forderungsübergangs ist, entscheidet ihr Zeitpunkt auch über die im Text genannte Frage. Vgl. Art. 1527 span. CC; Art. 65 tschech. ZGB; Art. 512 poln. ZGB; Art. 328 III ung. ZGB. In Frankreich kommt es nicht bloß auf die Kenntnis des Schuldners an, sondern darauf, ob und wann ihm diese Kenntnis im Einklang mit den besonderen Voraussetzungen des Art. 1690 fr. CC vermittelt worden ist. Hatte der Schuldner lediglich »schlichte« Kenntnis von der Abtretung, so kann er gleichwohl noch an den Zedenten mit befreiender Wirkung leisten, es sei denn, es liege ein Fall der Kollusion zwischen Schuldner und Zedent zum Nachteil des Zessionars vor. Vgl. *Terré/Simler/Lequette* no. 1285. Auch in Art. 11:303 (1) PECL heißt es, dass der Schuldner durch eine Leistung an den Zessionar nur dann befreit wird, »if and only if [he] has received a notice in writing either from the assignor or the assignee which reasonably identifies the claim which has been assigned and requires the debtor to give performance to the assignee«. Hat der Schuldner auf andere Weise (als durch schriftliche Anzeige) von der Abtretung erfahren, so kann er wählen, ob er die Leistung dem Zessionar erbringen oder ob er sie zurückhalten will. Durch eine Leistung an den *Zedenten* wird der Schuldner in jedem Fall nur dann befreit, wenn er keine Kenntnis von der Abtretung hatte. So Art. 11–303 (3) und (4) PECL. Vgl. auch die ähnlichen Regelungen in Art. 9.1.10 PICC; Art. III.-5:118 DCFR und Art. 17 CARIT (oben N. 11) und dazu *Eidenmüller* (oben N. 11) 487 ff. und *Schütze* (oben N. 11) 251 ff.

[74] Vgl. OGH 27. März 1979, EvBl. 1979 Nr. 189; *James Talcott Ltd.* v. *John Lewis & Co. Ltd.* [1940] 3 All E.R. 592 (C.A.); OLG Bremen 23. Okt. 1986, NJW 1987, 912; HD 30. Jan. 1986, N.J.A. 1986, 44.

[75] So ausdrücklich § 408 BGB; Art. 167 OR. Anders wiederum dort, wo es nicht auf

2. *Einwendungen des Schuldners.* – Der Schuldner kann dem Zessionar zunächst entgegenhalten, dass die Abtretung nicht gültig und der Zessionar daher nicht Gläubiger der Forderung geworden sei.

Auch wenn der Zessionar die Forderung erworben hat, darf die Abtretung nicht zu einer Verkürzung der Gegenrechte führen, auf die der Schuldner sich hätte berufen können, wenn es nicht zu der Abtretung gekommen und der Anspruch vom Zedenten geltend gemacht worden wäre. Hätte also der Schuldner sich auf die Klage des Zedenten damit verteidigen können, dass die Forderung nicht entstanden oder nachträglich weggefallen oder gestundet oder verjährt oder aus einem anderen Grunde nicht durchsetzbar sei, so stehen ihm alle diese Verteidigungsmittel auch dann zu, wenn es der Zessionar ist, der den Anspruch geltend macht.[76] Im Common Law sagt man dazu oft: »The assignee stands in the shoes of the assignor« oder »The assignee takes subject to equities«.[77] Gelegentlich heißt es zwar, dass der Schuldner sich nur auf solche Gegenrechte berufen könne, die im Zeitpunkt der Abtretung bereits »begründet« (§ 404 BGB) oder »vorhanden« (Art. 169 OR) waren oder dem Schuldner »zustanden« (Art. 513 poln. ZGB). Aber das darf man nicht dahin verstehen, dass sämtliche Voraussetzungen, unter denen das Gegenrecht durchsetzbar ist, schon zur Zeit der Abtretung vorliegen müssen. Hat etwa ein Bauunternehmer eine Werklohnforderung abgetreten und wird sie nunmehr vom Zessionar gegen den Auftraggeber eingeklagt, so kann dieser sich damit verteidigen, dass der Unternehmer den Vertrag schlecht erfüllt habe und ihm dadurch ein Schaden entstanden sei; der Auftraggeber kann den Schadensbetrag von der Werklohnforderung auch dann absetzen, wenn es zu dem vertragswidrigen Verhalten des Unternehmers erst nach der Abtretung gekommen ist. Es genügt nämlich, wenn in dem Vertrag, dem die abgetretene Forderung entstammt, die Möglichkeit der künftigen Entstehung eines Gegenrechts angelegt war, mag dieses Recht auch erst nach der Abtretung zu voller Durchsetzbarkeit erstarkt sein.[78]

---

das Kriterium der »Kenntnis« des Schuldners von der vorrangigen Abtretung, sondern darauf ankommt, ob ihm eine Abtretungsanzeige zugegangen ist. Hier wird der Schuldner durch eine Leistung an denjenigen befreit, der in der ihm *zuerst* zugegangenen Abtretungsanzeige als Zessionar genannt wird. So Art. III.-5:120 DCFR und Art. 17 (4) CARIT (oben N. 11). Anders Art. 11:305 PECL.

[76] 404 BGB; Art. 169 OR; § 1396 ABGB; Art. 6:145 BW; § 27 schwed. Schuldbriefgesetz; Art. 463 griech. ZGB; Art. 585 port. CC; Art. 67 tschech. ZGB; Art. 513 poln. ZGB; Art. 329 III ung. ZGB. – Ebenso Art. 11:307 (1) PECL; Art. 9.1.13 PICC; Art. III.-5:116 (1) DCFR; Art. 18 (1) CARIT (oben N. 11).

[77] Vgl. z.B. *Business Computers Ltd.* v. *Anglo-African Leasing Ltd.* [1977] 1 W.L.R. 578, 582; *The Raven* [1980] 2 Lloyd's Rep. 266.

[78] RG 11. Nov. 1913, RGZ 83, 279; BGH 26. Juni 1957, BGHZ 25, 27, 29; Obergericht Zürich 6. Dez. 1940, BlZüRspr. 41 (1942) Nr. 65; OGH 19. März 1963, JBl. 1963, 530; OGH 8. Jan. 1980, SZ 53 Nr. 1. Ebenso die französische Rechtsprechung bei einer

Hätte der Schuldner gegenüber dem Zedenten die Aufrechnung mit einer Gegenforderung erklären können, so folgt aus dem Gedanken des Schuldnerschutzes, dass ihm das Aufrechnungsrecht auch gegenüber dem Zessionar zustehen muss, sofern er zu dem Zeitpunkt, in dem er Kenntnis von der Abtretung erlangt hat oder ihm die Abtretungsanzeige zugegangen war, auf die Aufrechnungsmöglichkeit gegenüber dem Zedenten vertrauen durfte. Allerdings werden hier manchmal gewisse Einschränkungen gemacht. So soll nach § 406 BGB eine Aufrechnung ausgeschlossen sein, wenn der Schuldner die Forderung, mit der er aufrechnen möchte, erst nach Kenntnis von der Abtretung erworben hat oder wenn sie erst danach und auch noch später als die abgetretene Forderung *fällig* geworden ist.[79]

3. *Einwendungsverzicht des Schuldners.* – Aus den dargelegten Schuldnerschutzregeln folgt für den Zessionar ein erhebliches Risiko, dass der Schuldner sich auf Gegenrechte berufen und damit die Durchsetzung der abgetretenen Forderung vereiteln kann. Gegen dieses Risiko kann sich der Zessionar dadurch schützen, dass er den Zedenten dazu veranlasst, schon bei Begründung der Forderung eine Vereinbarung mit dem Schuldner zu treffen, nach der dieser im voraus auf die Geltendmachung von Gegenrechten gegenüber seinem Gläubiger (und damit auch gegenüber einem Zessionar) verzichtet. Solche Verzichtserklärungen sind grundsätzlich wirksam, und zwar auch gegenüber dem Zessionar, da sie zu einem Zeitpunkt vereinbart worden sind, in dem die Abtretung noch nicht erfolgt ist oder der Schuldner von ihr nichts wusste. Immerhin ist zu bedenken, dass solche Einwendungsverzichte gewöhnlich in der Form einer AGB-Klausel Vertragsbestandteil werden und deshalb den dafür geltenden Kontrollmaßstäben standhalten müssen.[80] Stets unwirksam sind

---

Forderungsabtretung nach Maßgabe der Loi Dailly (oben zu N. 9): Com. 9. Feb. 1993, Bull.cass. 1993. IV. no. 51; *Government of Newfoundland* v. *Newfoundland Railway* (1888) 13 App.Cas. 199.

[79] Vgl. auch Art. 169 II OR; Art. 6:130 (1) BW; § 28 schwed. Schuldbriefgesetz; Art. 463 II griech. ZGB; Art. 513 II poln. ZGB; Art. 329 III ung. ZGB und die bei *Terré/ Simler/Lequette* no. 1291 und 1302 zitierten fr. Entscheidungen. In England gilt die Regel, »that a debt which accrues due before notice of an assignment is received, whether or not it is payable before that date, ... may be set off against the assignee«; vgl. *Business Computers Ltd.* v. *Anglo-African Leasing Ltd.* (oben N. 77) und dazu *Treitel* (*-Peel*) no. 15–042. – Art. 18 (1) und (2) CARIT (oben N. 11) trifft eine klare und einleuchtende Unterscheidung zwischen der Aufrechnung mit Forderungen, die sich aus demjenigen Vertrag (oder einem mit ihm eng zusammenhängenden Vertrag) ergeben, dem die abgetretene Forderung selbst entstammt: Hier ist die Aufrechnung stets zulässig. Anders, wenn mit einer Forderung aufgerechnet werden soll, die aus einem *anderen* Vertrag herrührt: Dann ist die Aufrechnung nur zulässig, wenn sie dem Schuldner schon zum Zeitpunkt des Zugangs der Abtretungsanzeige möglich war. Vgl. dazu *Eidenmüller* (oben N. 11) 484 ff.; *Schütze* (oben N. 11) 274 f.

[80] Hat ein Verbraucher eine solche AGB-Klausel akzeptiert, so wird sie oft unwirksam sein. Vgl. z.B. § 309 Nr. 2 und 3 BGB; Art. 6:236 f. und 6:237 g BW.

solche Vereinbarungen, wenn durch sie eine Vertragspartei, die als Verbraucher einen Kreditvertrag geschlossen hat, auf das Recht verzichtet, sich auf die Klage des Kreditgebers (und seines Zessionars) mit den ihr zustehenden Einwendungen und Aufrechnungsmöglichkeiten zu verteidigen.[81]

Nicht selten kommt es vor, dass der Schuldner den Einwendungsverzicht erst nachträglich erklärt, nachdem ihn der Zessionar von der Abtretung verständigt und ihn zur Abgabe einer solchen Erklärung aufgefordert hat. Welche Tragweite ein solcher Einwendungsverzicht hat, hängt von einer Auslegung der Erklärung ab. Die Rechtsprechung tendiert deutlich zu einer schuldnerfreundlichen Haltung. Sie nimmt insbesondere an, dass der Schuldner im Zweifel nur auf solche Einwendungen verzichten will, die ihm bei Abgabe seiner Erklärung bekannt sind oder mit denen er rechnen musste.[82]

---

[81] So Art. 17 der EU-Richtlinie Nr. 2008/48/C vom 23. April 2008 über den Verbraucherkredit (ABl. 2008 L 133/6).

[82] Vgl. BGH 18. Okt. 1972, NJW 1973, 29; BGH 25. Mai 1973, NJW 1973, 2019, BGH 23. März 1983, NJW 1983, 1903; OGH 27. Mai 1982, JBl. 1983, 29; OGH 21. Feb. 1985, JBl. 1986, 175. Ähnlich liegt es dann, wenn der Schuldner auf die Aufforderung des Zessionars, der die Forderung nach Maßgabe der *Loi Dailly* erworben hat, die „acceptation" der Abtretung erklärt hat (Art. L 313-29 Code monétaire et financier und dazu *Terré/Simler/Lequette* no. 1302).

Entscheidungsregister

(Gerichte aus Ländern des Common Law)

Sachregister

Lesen, was man wissen muss!

Lesen, was man wissen muss!